KB200308

중국철학사·하

풍우란

박성규 옮김

까치

A HISTORY OF CHINESE PHILOSOPHY 中國哲學史

by Feng You-Lan 馮友蘭

역자 박성규(朴星奎)
전라남도 신안 출생
서울대학교 철학과 졸업
현재 같은 대학교 대학원 박사과정 수학중
한국고등교육재단과 태동고전연구소에서 한학 수학
논문 : 「공자의 향원비판」, 「대학 격물론 소고—주희를 중심으로」

중국철학사 · 하

저자 / 풍우란
역자 / 박성규
발행처 / 까치글방
발행인 / 박종만
주소 / 서울시 마포구 월드컵로 31(합정동 426-7)
전화 / 02 · 735 · 8998, 736 · 7768
팩시밀리 / 02 · 723 · 4591
홈페이지 / www.kachibooks.co.kr
전자우편 / kachisa@unitel.co.kr
등록번호 / 1-528
등록일 / 1977. 8. 5
초판 1쇄 발행일 / 1999. 3. 15
    16쇄 발행일 / 2013. 11. 25

값 / 뒤표지에 쓰여 있음

ISBN 978-89-7291-222-4 94150
    978-89-7291-220-0 (전2권)

차례

일러두기

1. 부호의 의미 등 모든 경우는 상권의 일러두기와 같다.
2. 대본의 부록 말미에 수록된 세 편의 "심사보고(審査報告)"는 일종의 서평인데 저자가 『삼송당자서』에서 그 핵심 내용을 인용하며 회고한 바 있다. 그 인용 부분을 "역자 후기"에 편입했으므로 전문의 번역은 생략했다.
3. 상권과 달리 하권은 더크 보드(Derk Bodde)에 의해 영역될 즈음 상당 부분이 저자에 의해 중문(中文)으로 개작된 다음 영역되었다. 개작되거나 변경된 내용을 보드가 영역본 서문에서 밝힌 내용을 참고하여 고찰하면 다음과 같다.
   - 제5장의 경우 제1절부터 제3절까지는 완전 개작되었고, 제4절의 시작 부분이 첨가되었고, 제5절은 마지막 세 문단은 생략되었다.
   - 제6장의 경우 머리말 부분이 거의 생략되고 짧은 구절로 대체되었고, 제9절의 하반부는 『신원도』, 83 : 2행-84쪽 : 6행("蓋世之談"까지)의 내용을 근간으로 수정하여 대체되었다.
   - 제7장의 경우 제1절은 생략하고 요약문으로 대체했고, 제2절의 끝부분인 "지둔의 「대소품대비요초서」 부분은 생략했고, 제4절부터 제8절까지는 『신원도』, 85쪽 : 8행("在佛學中" 이하)부터 87쪽 : 16행까지의 내용을 근간으로 완전 대체되었다.
   - 제9장의 경우 제2절은 『신원도』의 제8장의 전체 내용을 근간으로 삼아 머리말을 개작하고 새로 작은 절 제목을 붙여서 대체했다.
   - 제13장의 경우 머리말 부분이 개작되었다.
4. - 이 책에서는 위와 같이 개작되고 대체되고 첨가된 내용을 역자 주에 번역하여 실었다.
   - 제5장 제1절부터 제3절까지 개작된 내용은 하권의 말미에 부록 6으로 따로 실었다. 이 내용은 『삼송당전집』III, 부록 "제5장 이문(異文)"으로 장 전체가 중역(中譯)되어 있는데, 제4절 중간 이하는 본래의 문장과 동일하다.
   - 제9장 제2절의 경우는 이미 번역된 『신원도』 "제8장 선종(禪宗)"의 내용과 대동소이하므로 번역하지 않았다.

제2편
경학시대

제1장
경학시대 통론

보통 서양철학자는 서양철학사를 대체로 고대, 중세, 근대로 삼분한다. 이것은 편의적인 임의적 구분만은 아니고, 서양철학사상이 세 시기의 철학은 각기 특별한 정신과 특수한 경향이 있다. 중국철학사도 그 시기만 생각하면 고대, 중세, 근대로 삼분할 수 있고, 각 시기의 철학들을 고대, 중세, 근대의 철학이라고 부를 수 있다. 이런 명칭은 이 책에서도 쓰고 있다. 그러나 다른 측면에서 보면 중국은 사실상 고대와 중세의 철학만 있고 아직 근대철학은 없다.

중국에 근대철학이 없다고 함은 근대에 철학이 없었다는 말이 아니다. 서양철학사상 중세철학과 근대철학은 시대의 차이 외에 정신과 경향 역시 현격한 차이가 있었다. 서양철학사상 플라톤과 아리스토텔레스 등이 건립한 철학체계가 고대철학의 핵심인데, 중세철학은 주로 이 체계들로부터 변신한 것들이다. 중세철학에는 기독교적 우주관과 인생관의 새로운 요소가 있었으며 또 철학자들의 새로운 견해도 있었다. 그러나 이 새로운 성분과 견해들은 모두 고대철학의 체계를 모방하여 고대철학의 술어로써 표출한 것들이었다. 속담에 낡은 병에는 새 술을 담을 수 없다고 했는데, 서양 중세철학에 새 술이 전혀 없지는 않았으나 그 양이 많지 않았고 또 아주 새것은 아니었기 때문에 고대철학의 낡은 병에 그대로 담았던 것이다. 근대에 이르러 인간의 사상은 완전히 변하여 진실을 직접 관찰했고 철학에도 모방이 전혀 없었고 술어 역시 새것이 많았다. 이처럼 새

술이 아주 많고 극히 새로웠기 때문에 낡은 병이 이기지 못하여 터지자 대신 새 병이 생긴 것이다. 요컨대 서양철학사상 중세철학과 근대철학은 시대적 차이 외에 정신과 경향 역시 실로 현격한 차이가 있었다.

제1편에서, 공자(孔子)부터 회남왕(淮南王)까지는 자학시대(子學時代)요, 동중서(董仲舒)부터 강유위(康有爲)까지는 경학시대(經學時代)라고 말했다. 경학시대의 철학자들은 새 견해가 있든 없든 모두 고대 즉 자학시대 철학자들의 이름에 의거해야 했는데, 대부분 경학의 이름에 의거하여 각자의 소견을 발표했고, 그 소견 역시 주로 고대 즉 자학시대 철학의 술어로써 표출했다.[1] 이때 각 철학자들이 빚은 술은 신구를 막론하고 모두 고대철학 —— 대부분이 경학 —— 의 낡은 병에 담았다. 이 낡은 병은 최근에 와서야 터졌다. 이런 면에서 보면 중국철학사상 동중서에서 강유위까지는 모두 중세철학이고, 근대철학은 겨우 싹트고 있을 뿐이다.

인간의 사상은 물질적, 정신적 환경의 제한을 받는다. 춘추전국시대에는 귀족정치가 붕괴하자 정치사회 각 분야에 근본적인 변화가 생겼다. 진한(秦漢)의 대일통(大一統) 시대에는 정치적 규모가 정해지고 경제사회 각 분야의 새로운 질서도 점차 안정되었다. 이후 왕조는 여러 번 바뀌었어도 정치·경제 사회 각 분야에 근본적인 변화는 없었다. 각 분야마다 수성(守成)의 국면을 유지했고 사람들도 새로운 환경 또는 새로운 경험은 거의 접하지 못했다. 이전의 사상이 넓고 깊었으며 또 상당한 수준이었던 만큼 그후의 사상은 그것에 의거하지 않을 수 없었던 것이다.

그러나 그 시대 중국사상에 완전히 새로운 성분이 있었으니 돌연 등장한 불학(佛學)이 그것이었다. 그러나 중국인이 논한 불학의 정신은 역시 중세적이었다. 중국의 불학자들은 그들 자신의 새 견해가 있건 없건 모두 불설(佛說)에 의거하여 소견을 발표했고 그 소견

---

1) 【주】서양과 중국의 중세철학에서 사용한 고대철학의 술어 역시 새로운 의미가 있을 수 있다. 그러나 중세철학자들은 새로운 의미가 있더라도 새로운 술어로써 표출하지 않았는데 이것이 바로 낡은 병에 새 술을 담았다는 말이다.

도 주로 불경의 술어로써 표출했으니, 중국인이 논한 불학 역시 경학으로 볼 수 있다. 다만 의거한 경(經)이 불설이라는 경이었고 유가의 육예가 아닐 뿐이었다.

중국인이 논한 불학은 중국사상계 내의 새로운 성분인데 송명시대(宋明時代) 경학자들은 경학 내로 이끌어들였다. 따라서 중국에 근대철학이 없다고 함은 중세나 근대의 중국사상에 새로운 성분이 전무했다는 말도 아니고 당시 철학자들에게 새로운 견해가 전무했다는 말도 아니다. 역사적 시간은 우리가 항상 완전히 동일한 상황에 머물러 있는 것을 절대 허용하지 않는다. 즉 한대 이후 공자를 논하고『노자』를 논하고 장자를 논하고 또 기타 고대철학자들의 철학을 논한 것들은 그 이론이 공자 등의 원래의 이론보다 사실상 더욱 명석하고 분명해졌고, 그 이론이 의거한 사실도 더욱 풍부해졌으며, 새로운 견해가 항상 들어 있었다. 역사는 진보한다는 제1편[2]에서의 말은 지금도 똑같이 적용된다. 철학자들의 이런 새 견해가 바로 그 이후의 새 술이다. 다만 그리 많지도 않고 그리 새롭지도 않았기 때문에 여전히 고대철학 —— 대부분이 경학 —— 의 병에 담았던 것이다. 이 낡은 병은 탄력성이 풍부했기에 새 술이 많아서 수용할 수 없을 경우 병 스스로 헤아려 용량을 늘릴 수 있었다. 그리하여 이른바 경(經)의 수도 6에서 13으로 늘었고,『논어(論語)』『맹자(孟子)』『대학(大學)』『중용(中庸)』은 송유(宋儒)에 의해서 존중되어 "사서(四書)"로 독립되었는데, 그 권위는 원래 한인(漢人)이 일컫던 육예(六藝)를 압도했다. 중국인이 논한 불학에도 중국인의 새 견해가 많았다. 중국인과 인도인은 물질적, 정신적 환경이 달랐다. 따라서 불학이 동쪽으로 전래된 후 중국인은 중국의 관점에 따라 정리하고 선택하고 해석했는데, 그때마다 중국인의 새 견해가 첨가되었다. 이것이 곧 중국인이 이 방면에서 빚은 새 술이다. 그러나 그것은 그리 많지도 않고 새롭지도 않았기 때문에 여전히 불학의 낡은 병 속에 담아졌고 낡은 병 역시 그것을 수용할 수 있었다. 예컨대 선종(禪宗)의 학설은 불학 가운데 가장 혁명적이고 가장 중

---

2) 제1편 제1장 제11절 참조.

국적인 것이지만, 여전히 "교외별전(敎外別傳)"의 설에 기탁하여 부처의 진의(眞意)임을 천명해야 했던 만큼 역시 낡은 병에 담아졌던 것이다. 즉 중국의 불학은 그 정신도 중세적이었고, 그 학도 일종의 경학이었다.

중세와 근대의 철학은 대체로 각 시기의 경학 또는 불학에서 찾아야 한다. 중세와 근대는 각 시기마다 경학이 달랐던 만큼 상이한 철학이 생겼는데, 각 시기의 철학이 달랐기 때문에 상이한 경학이 생겼다고도 볼 수 있다. 이 경학과 불학 내의 각 종파는 대체로 각기 그 전성기가 있었다. 고대 자학시대의 사상은 횡적인 발전이 더 두드러졌다면, 중세와 근대 경학시대의 사상은 종적인 발전이 더 두드러졌다고 할 수 있다. 따라서 이 책 제1편이 포괄하는 역사적 시간은 400여 년에 불과하나, 하권이 포괄하는 시간은 2,000여 년에 이른다. 이 역시 자학시대와 경학시대의 차이점이다. 중국의 역사적 정치상황에서 보더라도 사상적으로 이 현상이 생길 수 있었다. 즉 고대에는 정치가 통일되지 않았으나 진한시대 이후에는 통일이 일반적인 상황이었던 것이다.

최근까지 중국은 어느 분야를 막론하고 아직 중세에 있다. 중국이 여러 분야에서 서양에 뒤지는 것은 중국역사에 근대가 빠졌기 때문이다. 철학은 다만 그중의 한 항목이다. 요즘 논의되는 동서문화의 차이는 여러 면에서 사실인즉 중세문화와 근대문화의 차이이다. 이는 중국인만이 유독 진보가 없었기 때문이 아니다. 인간의 사상과 행위란 주로 환경의 필요에 적응하는 데서 변화되는 것이기 때문이다. 기존의 사상이 환경의 필요에 계속 적응할 수 있으면 인간 역시 자연 계속 그것을 견지할 것이고, 가끔 새 견해가 생겨도 자연 낡은 체계에 빗대게 되고, 낡은 병이 깨지지 않은 이상 새 술은 자연 낡은 병에 담기게 된다. 그러나 환경이 크게 변하면 필연적으로 낡은 사상은 시세(時勢)의 수요에 응할 수 없게 되고, 시세에 응하여 일어난 새 사상은 이미 너무 많고 너무 새로운 까닭에 낡은 병은 수용을 못하고 마침내 터지고 새 병이 대신 등장한다. 중국은 서양과 교류를 시작한 이후 정치, 사회, 경제, 학술 등 각 분야에서 모두 근본적인 변화가 일어났다. 서양의 학설이 처음 동쪽으로 전래되었을 때 중국인들 예컨대 강유위 무리는 여전히 그것을 경학에 부회하여 낡은 병에 극히 그 새로운 술을 담으려고 했으나, 낡은 병은 용량을 늘리는 일이 이미 한계에 달한 데다가 또 새 술이 아주 많고 극히 새로웠기 때문에 결국 터졌던 것이다. 경학의 낡은 병이 터지자 철학사의 경학시대도 끝이 났다.

제2장
동중서와 금문경학

1. 음양가와 금문경학파

제1편에서 고대의 술수(術數) 중에서 "천문", "역보(歷譜)", "오행" 등은 모두 이른바 "천인지제(天人之際 : 천인 관계)"〈주 100〉를 강조하여 천도와 인간사는 서로 영향을 끼친다고 여겼다.* 그후 음양가(陰陽家)는 바로 그 의미를 부연하여 그러한 종교적 사상을 이론화했다.[1] 음양가는 학파(家)를 형성할 때부터 일부의 유가와 혼합되는 경향이 있었다. 고대로부터 전승된 술수에 대해서는 공자도 상당한 신앙을 가졌던 것 같다. 즉 그는 "봉황이 나타나지 않고 황화(河)에서 그림(圖)이 나오지 않자", "나도 끝이구나!"[2]고 탄식했고, 또 "하늘이 이 문물제도를 없애려고 하지 않을진대, 광(匡) 땅

---

* 『신편』 III, 65쪽 : 동중서는 철학에서 토론해야 할 중요 문제의 하나가 이른바 "천인상여지제(天人相與之際)"라고 여겼다. 이것을 한대 사람들은 "천인지제"라고 약칭했다. 이 문제는 인간과 자연과의 관계 문제이다.……이 문제에 관해서 선진(先秦) 이래로 줄곧 논쟁이 진행되었고……순황(荀況)은 "하늘과 사람 간의 분별을 명확히 인식한다(明於天人之分)"는 원칙하에 비교적 정확히 사람과 자연의 관계를 처리하여 집중적으로 종교 신비주의적 천인감응론(天人感應論)을 배척했었다.……동중서의 철학은 어떤 의미로 보면 고대 천인감응론의 미신을 부활함과 동시에 순황의 천론에 대한 일종의 부정이었다.……천인감응론은 동중서 철학체계의 핵심이다.

1) 제1편(上卷) 제7장 제7절 참조.
2) 子曰 : "鳳鳥不至, 河不出圖, 吾已矣夫!"(『논어』 9 : 9)

사람들이 감히 나를 어쩌겠느냐?"[3]고 말했으니, 역시 "천인지제"를 중시했던 것이다. 사마천(司馬遷)은 「맹자순경열전(孟子荀卿列傳)」에서 추연(騶衍)의 학술을 함께 언급하며 "그의 귀결점은 인의(仁義), 절검(節儉) 등과 같이 군신 상하와 육친 사이에 시행될 것에 그쳤는데, 다만 시작만 황당하게 거창했을 뿐이다"[4]고 했으니, 추연 역시 유가의 학설을 논했던 것이다. 『순자(荀子)』「비십이자편(非十二子篇)」은 자사와 맹가에 대해서 "옛것에 빗대어 새 학설을 조작하여 오행이라고 했다"[5]고 했지만, 현존 『맹자』에는 오행을 언급한 곳이 없는바, 아마 나중에 음양가의 말이 "맹씨 유파"[6]의 학설 속에 뒤섞인 경우가 있었기 때문에 순자가 그런 말을 했던 것 같다. 진한(秦漢) 무렵에 가면 음양가의 언설은 거의 완전히 유가에 뒤섞였다.* 전한(西漢 : 前漢)의 경사(經師)들은 모두 음양가의 언설을 채용하여 경전을 해설했다. 금문학파의 경학이 바로 그런 특색을 지녔다. 당시 일반 사람들의 사상은 음양가의 분위기로 가득 차 있었다. 천도와 인간사는 상호 영향을 준다는 생각을 전한시대 사람들은 믿어 의심치 않았기 때문에 한유(漢儒)들은 늘 재이(災異)를 논했고, 임금도 재난(災)을 만나면 늘 두려워했다. 이른바 삼공(三公)들의 직책은 정사를 처리하는 일 이외에 또 "음양을 조화시켜야

---

3) 天之未喪斯文也, 匡人其如予何! (『논어』 9 : 5) 〈제1편, 제4장, 주45〉

4) 然其歸必止乎仁義節儉, 君臣上下六親之施, 始也濫耳. 〈제1편, 제7장, 주100〉

5) 案往舊造說, 謂之五行. (「비십이자편(非十二子篇)」) 〈제1편, 제12장, 주6〉

6) 孟氏之儒. 〈제1편, 제14장, 주1〉

* [영역본에 추가된 저자의 주] 나는 자사와 맹자에 대한 순자의 비판은 확실한 근거가 있었다고 생각한다. 전통적으로 자사의 저작으로 여겨지는 『중용』에 "국가가 장차 흥할 때도 반드시 길조가 있고 국가가 장차 망할 때도 반드시 흉조가 있다(國家將興, 必有禎祥 ; 國家將亡, 必有妖孽)"고 했고, 『맹자』(4 : 13)에 "오백 년마다 틀림없이 왕자(王者)가 흥기한다"고 했는데, 이러한 예언적 발언이 한대 음양가의 예언적 경향의 전조였던 것 같다. 나아가 나는 동중서가 그 대표인 한대의 금문학파는 무엇보다 "맹자 계열의 유가"로부터 학통을 계승했기 때문에, 『춘추』에 관한 동중서의 학설은 맹자와 마찬가지로 과장된 형식을 띠었다고 확신한다. 같은 맥락에서 고문학파는 무엇보다 "순자 계열의 유가"로부터 학통을 계승했기 때문에, 순자의 합리적인 경향과 일치하게 『춘추』에 대한 과장을 지양했고 또 음양의 이념에 대한 과장된 전개를 거부했다고 확신한다.

했던"것이다. 진평(陳平)은 문제(文帝)에게 "재상이란 위로 천자를 보좌하여 음양을 다스려 사시사철을 순리롭게 하여 만물을 바르게 가꾸어야 한다"고 말했고, 병길(丙吉, ?-55B.C.)은 (더위에) 헐떡이는 소를 두고 "삼공은 음양을 조화시켜야 한다. 지금은 봄으로서 소양(少陽)이 주관하므로 큰 더위는 없어야 하건만, 소가 더위를 먹어 헐떡이는 것은 시절이 올바른 기운을 상실하여 해를 입었기 때문일 것이다"[7]고 주장했다.[8] 삼공은 정치적 책임을 지는 일 외에 자연계 내의 사물 변화에 대해서도 책임을 져야 했다. 따라서 한대에는 재이가 발생하면 삼공을 면책하는 제도가 있었다. 이것은 지금은 기이한 일로 보이지만 음양가의 분위기에 휩싸여 있던 전한시대 일반 사람들은 모두 당연한 일로 여겼다.

2. 음양가 사상 중의 우주 구조

전한시대 사람들의 사상을 밝히려면 먼저 음양가의 학설을 대략은 알아야 하고, 그럴려면 먼저 음양가 사상에서의 우주 구조를 대략 알아야 한다. 음양가는 오행(五行), 사방(四方), 사계(四時), 오음(五音), 십이월(十二月), 십이율(十二律), 천간(天干), 지지(地支)[9]와 수 등을 서로 배합하여 하나의 우주 구조를 수립했고, 음양이 또 이것들 사이에 유행하여 그 구조를 운동, 변화시켜 만물을 낳는다고 여겼다. 이러한 배합은 고대의 술수 속에 이미 존재했었다. 즉『묵자(墨子)』「귀의편(貴義篇)」은 말한다.

묵자가 북쪽으로 제나라로 가는 도중에 일자(日者 : 날짜의 길흉을 보는 역술인)를 만났다. 일자가 말하기를 "하느님이 오늘 흑룡을 북쪽에서 죽이

---

7) "宰相者, 上佐天子理陰陽, 順四時, 遂萬物之宜者也." "三公調和陰陽 ; 今方春少陽用事, 未可大熱. 恐牛因暑而喘, 則時節失氣, 有所傷害."
8) 【주】"한유들은 늘 재이를" 이하 여기까지 조익(趙翼, 1727-1814),『입이사찰기(廿二史札記)』권2 참조. [札 : 箚?]
9) 【주】『사기(史記)』「율서(律書)」에 천간, 지지를 십모(十母), 십이자(十二子)라고 했다.

므로, 선생의 안색은 검으니 북쪽으로 가서는 안 됩니다" 하자,……묵자가
말했다.

　"남쪽 사람이 북쪽으로 갈 수 없으면 북쪽 사람은 남쪽으로 갈 수 없다는
말이다. 안색이 검은 사람도 있고 흰 사람도 있는데 무슨 까닭에 다 안 된다
는 말인가? 또 하느님은 갑을(甲乙)의 날에는 동쪽에서 청룡을 죽이고, 병정
(丙丁)의 날에는 남쪽에서 적룡을 죽이고, 경신(庚辛)의 날에는 서쪽에서 백
룡을 죽이고, 임계(壬癸)의 날에는 북쪽에서 흑룡을 죽이고, 무기(戊己)의 날
에는 중앙에서 황룡을 죽인다는 그대의 말을 따른다면 온 세상 사람의 출행
을 금하는 것이 된다.[10]

즉 십모(十母) 중에서 갑·을은 (오색 중의)청색과 (사방 중의)동쪽,
병·정은 적색과 남쪽, 경·신은 백색과 서쪽, 임·계는 흑색과 북쪽,
무·기는 황색과 중앙에 각각 배당되었다. 술수에서 이러한 배합은
꼭 우주 구조의 의미를 지니지는 않았지만, 그후 음양가는 그와 같
은 배합에 근거하여 학설을 수립했다. 『여씨춘추(呂氏春秋)』와『예
기(禮記)』에 편입된 「월령(月令)」에 따르면 그와 같은 배합은 이미
음양가 사상 내의 우주 구조가 되었다.

　『여씨춘추』와『예기』중의「월령」및『회남자(淮南子)』「시칙훈
(時則訓)」에서는 오행을 사계에 배합시켜, 봄은 나무, 여름은 불, 가
을은 쇠, 겨울은 물에 배당시켰지만 흙은 배합이 없었다. 단「월령」
은 중앙을 흙에, 『회남자』는 계하(季夏)의 달을 흙에 배합시켰다.
사방과의 배합인 경우, 봄 나무는 동쪽, 여름 불은 남쪽, 가을 쇠는
서쪽, 겨울 물은 북쪽, 흙은 중앙이다. 오색과의 배합인 경우, 봄 나
무의 색은 청(靑), 여름 불의 색은 적(赤), 가을 쇠의 색은 백(白), 겨
울 물의 색은 흑(黑), 중앙 흙의 색은 황(黃)이다. 갑·을·병·정 등
십모와의 배합인 경우, 봄 나무는 갑·을, 여름 불은 병·정, 중앙 흙

---

10) 子墨子北之齊, 遇日者. 日者曰: "帝以今日殺黑龍於北方, 而先生之色黑, 不可以
　　北."……子墨子曰: "南之人不得北, 北之人不得南. 其色有黑者, 有白者, 何故皆不
　　遂也? 且帝以甲乙殺青龍於東方, 以丙丁殺赤龍於南方, 以庚辛殺白龍於西方, 以壬
　　癸殺黑龍於北方, (畢本據『太平御覽』增'以戊己殺黃龍於中方') 若用子之言, 則是禁
　　天下之行者也."(『묵자』권12: 10-11쪽)

은 무·기, 가을 쇠는 경·신, 겨울 물은 임·계에 배합했다. 오음 십이
율에 배합한 경우, 봄 나무의 음은 각(角), 여름 불의 음은 치(徵),
중앙 흙의 음은 궁(宮), 가을 쇠의 음은 상(商), 겨울 물의 음은 우
(羽)이고, 또 맹춘의 월률(月律)은 태주(太簇 : 정월), 중춘의 월률은
협종(夾鐘 : 2월), 계춘의 월률은 고세(姑洗 : 3월), 맹하의 월률은 중
려(仲呂 : 4월), 중하의 월률은 유빈(蕤賓 : 5월), 계하의 월률은 임종
(林鐘 : 6월), 맹추의 월률은 이칙(夷則 : 7월), 중추의 월률은 남려
(南呂 : 8월), 계추의 월률은 무역(無射 : 9월), 맹동의 월률은 응종(應
鐘 : 10월), 중동의 월률은 황종(黃鐘 : 11월), 계동의 월률은 대려(大
呂 : 12월)이다. 수와의 배합인 경우, 봄 나무의 수는 8, 여름 불의 수
는 7, 중앙 흙의 수는 5, 가을 쇠의 수는 9, 겨울 물의 수는 6이다.[11]

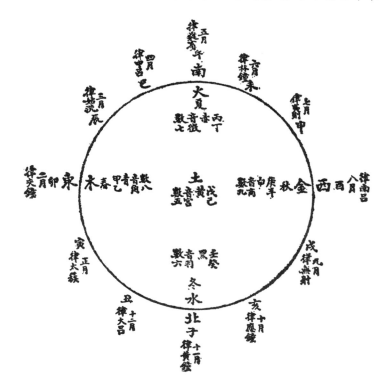

---

11) 【주】이와 같이 배합한 까닭은 무엇인가? 「홍범(洪範)」에 "오행은 첫째는 물, 둘

「월령」은 자·축·인·묘(子丑寅卯) 등 십이자를 이 구조 속에 배합시키지는 않았지만, 통상 11월은 자월(子月), 12월은 축월(丑月), 정월은 인월(寅月), 2월은 묘월(卯月), 3월은 진월(辰月), 4월은 사월(巳月), 5월은 오월(午月), 6월은 미월(未月), 7월은 신월(申月), 8월은 유월(酉月), 9월은 술월(戌月), 10월은 해월(亥月)로 여기는데, 『회남자』「천문훈(天文訓)」에 상세히 언급되어 있다.

이와 같은 배합을 그림으로 설명해보면 앞과 같다.

「월령」은 팔괘를 이 우주 구조 내에 배합시키지 않았다. 선진시대에는 오행설과 팔괘설은 본래 각자 독립적인 체계였다.[12] 팔괘는 그 자체로 하나의 우주 구조가 될 수 있는데, 다음 장에서 따로 상론한다. 여기서는 우선 이들 여러 배합에 대해서 대략 설명하겠다. 그것을 모르면 전한시대 사람들이 한 말의 많은 부분을 이해할 수 없을 것이기 때문이다.

3. 전한시대 유자들 가운데 동중서의 위치

동중서(董仲舒, 197-104B.C.)는 당시의 시대정신과 당시 사람들의 사상을 대표하기에 적당한 인물이다. 『한서(漢書)』는 말한다.

째는 불, 셋째는 나무, 넷째는 쇠, 다섯째는 흙이다"〈제1편,제7장,주107〉고 했는데, 이것이 오행의 순서이다. 이 순서에 따라, 『역(易)』「계사(繫辭)」에서 말한 "하늘 1, 땅 2, 하늘 3, 땅 4, 하늘 5, 땅 6, 하늘 7, 땅 8, 하늘 9, 땅 10"을 배합하면, 하늘 1은 물, 땅 2는 불, 하늘 3은 나무, 땅 4는 쇠, 하늘 5는 흙이고, 땅 6은 다시 물, 하늘 7은 불, 땅 8은 나무, 하늘 9는 쇠, 땅 10은 흙에 해당한다. 1, 2, 3, 4, 5는 수·화·목·금·토의 생수(生數)이고, 6, 7, 8, 9, 10은 수·화·목·금·토의 성수(成數)이다. 하늘의 수(數)[1]가 물을 낳으면(生) 땅의 수[6]가 완성하고, 땅의 수[2]가 불을 낳으면 하늘의 수[7]가 완성하고, 하늘의 수[3]가 나무를 낳으면 땅의 수[8]가 완성하고, 땅의 수[4]가 쇠를 낳으면 하늘의 수[9]가 완성하고, 하늘의 수[5]가 흙을 낳으면 땅의 수[10]가 완성한다. 즉 음양이 짝으로 배합하여 생성(生成)한다(『예기』「월령」의 정현의 주[注]와 공영달의 소[疏]). 그러나 이 설에 따르면 해마다 사계절은 겨울(수), 여름(화), 봄(목), 가을(금)의 순서여야 한다. 이처럼 오행의 순서와 사계의 순서가 맞지 않고 있는데, 그 이유에 대해서는 아무런 해석이 없다.

12) 제1편 제15장 제2절 참조.

동중서는 광천 사람이다. 어렸을 때부터 『춘추』를 공부했고, 효경제[재위 156-141B.C.] 때 박사가 되었다. 그는 장막을 내리고 강론했는데, 제자들은 선후배로 나누어 서로 수업을 했기 때문에 그의 얼굴을 직접 대면하지 못한 경우도 있었다고 한다. 그는 3년 동안 정원을 거닐지 않을 정도로 학문에 정진했다. 모든 행동거지는 예가 아니면 행하지 않았다. 학문하는 선비들로부터 스승으로 존경을 받았다.……동중서의 저작은 모두 경학의 의미를 해명한 것이었다. 상소나 대책문 등이 도합 123편이고, 『춘추』의 사건에 대한 득실을 논한 것으로 「문거(聞擧)」, 「옥배(玉杯)」, 「번로(蕃露)」, 「청명(淸明)」, 「죽림(竹林)」 등의 부류가 또 수십 편 있는데, 총 10여 만 자에 달하며 모두 후세에 전해진다.13)

○유향(劉向, 77?-6B.C.)은 동중서를 왕을 보필할 인재로서, 이윤과 여망에 못지 않다고 칭송했다.……유향의 아들 유흠(劉歆)도 "동중서는 한나라를 맞아 진시황의 분서 이후의 학문을 계승하여 육경의 문구를 낱낱이 분석했는데, 장막을 내리고 발분하여 대업의 성취에 전심전력하여 후세 학자들이 통일적 체계를 세우게 했는바, 뭇 유자의 영수이다"고 평가했다.14)

○옛날 은나라의 도가 해이해지자 문왕이 『주역』을 해설했고, 주나라의 도가 피폐해지자 공자가 『춘추』를 지어 건곤(乾坤)의 음양을 본받고 「홍범」의 구징을 경계삼게 하자 천인지도(天人之道)가 찬란히 빛나게 되었다. 한나라가 흥기하여 진시황 분서 이후의 학문을 계승했는데, 효경제, 효무제[140-87B.C.] 시대에 동중서가 『공양춘추』를 연구하여 비로소 음양의 학설을 천명했고 유자들의 영수가 되었다.15)

---

13) 董仲舒, 廣川人也. 少治『春秋』, 孝景時, 爲博士. 下帷講誦, 弟子傳以久次相授業, 或莫見其面. 蓋三年不窺園, 其精如此. 進退容止, 非禮不行, 學士皆師尊之.……仲舒所著, 皆名經術之意 ; 及上疏條敎, 凡百二十三篇 ; 而說『春秋』事得失, 「聞擧」, 「玉杯」, 「蕃露」, 「淸明」, 「竹林」之屬, 復數十篇, 十餘萬言, 皆傳於後世. (「동중서전(董仲舒傳)」, 『한서』, 2495-526쪽)

14) 劉向稱董仲舒有王佐之材, 雖伊呂亡以加.……至向子歆以爲……仲舒遭漢, 承秦滅學之後, 六經離析, 下帷發憤, 潛心大業, 令後學者, 有所統壹, 爲群儒首. (「동중서전」의 찬(贊), 『한서』, 2526쪽) [伊呂 : 탕왕의 대신 이윤(伊尹)과 주문왕의 사부 여망(呂望)]

15) 昔殷道弛, 文王演『周易』;周道敝, 孔子作『春秋』. 則乾坤之陰陽, 效「洪範」之咎徵,

이것을 보면 전한시대 유자들 가운데 동중서의 위치를 알 수 있다.[16] 『춘추』라는 경전은 이전의 유자들도 중시하기는 했으나, 동중서의 부회(附會)와 확대 해석(引申)을 거치면서부터 후대 유자들이 주목한 『춘추』의 미언대의(微言大義)는 마침내 체계적으로 표현되게 되었으므로, 『춘추』에 대한 동중서의 저서는 『주역(周易)』에 대한 『역전(易傳)』의 경우와 같다고 할 수 있다.

4. 원·천·음양·오행

동중서가 말한 하늘은 때로는 물질지천(物質之天) 즉 땅과 상대적인 하늘을 지칭하고, 때로는 '지력과 의지가 있는 자연'을 지칭한다. '지력과 의지가 있는 자연'이라는 명사 자체는 모순이 있는 것처럼 보이기도 하지만, 동중서가 말한 하늘은 실제로 지력과 의지를 지니지만 인격이 있는 하느님은 아니기 때문에 자연이라고 일컬었다. 동중서는 말했다.

> 하늘(天), 땅(地), 음, 양, 목, 화, 토, 금, 수 아홉 가지에 사람을 보탠 열 가지이면 자연(天)의 수(數)는 완비된다.[17]

여기서 앞의 천(天)은 땅과 상대적인 하늘을 지칭하고, 뒤의 천은 자연 전체를 지칭한다.

동중서는 또 만물은 저마다 시원(所始)이 있다고 하면서, 그 시원을 원(元)이라고 했다. 그는 말했다.

> 일원(一元)이라고 함은 대시(大始)를 말한다.……오직 성인만이 만물을 하나(一)에 귀속시켜 원(元)에 연계할 수 있다.……원(元)은 원(原)과 같으

天人之道, 粲然著矣. 漢興, 承秦滅學之後, 景武之世, 董仲舒治『公羊春秋』, 始推陰陽, 爲儒者宗. (「오행지(五行志)」, 『한서』, 1316~17쪽)

16) 【주】동중서의 생졸년은 『한서』 「동중서전」에 언급되어 있지 않다. 소여(蘇輿, ?-1914)는 「동자연표(董子年表)」를 지을 때 한나라 문제 원년(179B.C.)부터 무제 태초(太初) 원년(104B.C.)으로 잡았다. (소여, 『춘추번로의증(春秋繁露義證)』 참조)

17) 天, 地, 陰, 陽, 木, 火, 土, 金, 水, 九 ; 與人而十者, 天之數畢也. (「천지음양(天地陰陽)」, 『번로(繁露 : 『춘추번로』의 약칭)』, 465쪽)

며, 천지의 시작부터 종말까지 관통한다는 뜻이다.……따라서 원이란 만물
의 근본으로서 **사람의 원도** 거기에 존재한다. 언제 존재했는가? **천지가 생기
기 이전에 존재했다.**[18]

원은 천지의 천이 있기 이전에 있었다. 따라서 "인간의 원도 바로
천지가 생기기 이전에 존재했다." '지력과 의지가 있는 자연' 역시
시원이 있는지 또는 원에서 시작되었는지의 여부는 동중서가 상세
히 언급하지 않았다.

　음양(陰陽)이란 무엇인가? 동중서는 말했다.

　하늘과 땅 사이에 존재하는 음양의 기(공기)가 항상 사람을 적시고 있는
것은 물이 항상 고기를 적시고 있는 경우와 같다. 다만 기가 물과 다른 점은
물은 눈에 보이지만 기는 눈에 보이지 않고 고요하다는 점이다. 사람이 하늘
과 땅 사이에 사는 것은 물고기가 물에 의지하여 사는 것과 마찬가지이다.
그러한 기는 어디에나 있으나 다만 물보다 더 부드러울 따름이다. 물과 공기
의 관계는 마치 진흙과 물의 관계와 같다. 그래서 하늘과 땅 사이는 텅 빈 듯
하지만 (공기로) 꽉 차 있다. 사람은 늘 이 고요한 것(공기) 속에 젖어 있으
면서 치란(治亂)의 기를 바탕으로 그것과 교섭하고 서로 뒤섞인다.[19]

이것은 음양을 두 가지 물질적 기로 여긴 것이다. 그러나 일반적으
로 음양가나 동중서가 그밖의 여러 곳에서 말한 음양은 이와 같은
물질적인 것이 아니다.

　오행(五行)이란 무엇인가? 동중서는 말했다.

　자연(天)에 오행이 있으니 첫째 나무(木), 둘째 불(火), 셋째 흙(土), 넷째
쇠(金), 다섯째 물(水)이 그것이다. 나무는 오행의 시작, 물은 오행의 종결,

---

18) 謂一元者, 大始也.……惟聖人能屬萬物於一而繫之元也.……元猶原也, 其義以隨天
　　地終始也.……故元者, 爲萬物之本, 而人之元在焉. 安在乎? 乃在乎天地之前.……
　　(「옥영(玉英)」, 『번로』, 67-69쪽) [隨 : 근거하다, 거느리다.]

19) 天地之間, 有陰陽之氣, 常漸人者, 若水常漸魚也. 所以異於水者, 可見與不可見耳,
　　其澹澹也. 然則人之居天地之間, 其猶魚之離[離 : 附]水, 一也. 其無間若氣而淖於水.
　　水之比於氣也, 若泥之比於水也. 是天地之間, 若虛而實. 人常漸是澹澹之中, 而以治
　　亂之氣, 與之流通相淆也. (「천지음양」, 『번로』, 467쪽)

흙은 오행의 중앙이다. 이는 하늘이 안배한 질서이다. 나무는 불을 낳고, 불은 흙을 낳고, 흙은 쇠를 낳고, 쇠는 물을 낳고, 물은 나무를 낳는다. 이는 오행의 부자(父子) 관계이다. 나무는 왼쪽, 쇠는 오른쪽, 불은 앞, 물은 뒤, 흙은 중앙에 위치한다. 이는 부자간의 질서에 따른 분포이다.……

오행의 운행은 그 자체의 순서에 따르고 오행의 기능은 각각의 역량을 발휘한다. 그런 까닭에 나무는 동쪽에서 춘기(春氣)를, 불은 남쪽에서 하기(夏氣)를, 쇠는 서쪽에서 추기(秋氣)를, 물은 북쪽에서 동기(冬氣)를 각각 주관한다. 따라서 나무는 삶을, 쇠는 죽음을, 불은 더위를, 물은 추위를 각각 주관한다.……흙은 중앙에 있고 천윤(天潤 : 자연의 혜택)이라고 일컬어진다. 흙은 자연의 수족이므로 그 덕성이 풍성하고 아름다워서 한 계절의 직책에 한정시킬 수 없는데, 오행이 사계에 배당될 때 흙이 사계에 공통되기 때문이다.* 금·목·수·화는 각기 다른 역할이 있지만 흙이 없으면 성립할 수 없다. 이는 마치 신맛, 짠맛, 매운맛, 쓴맛 등이 단맛(감미료)에 의지하지 않으면 각자의 맛을 낼 수 없는 경우와 같다. 단맛이 오미(五味)의 근본이라면, 흙은 오행의 주재자이다. 오행의 주재자가 토기(土氣)인 것은 마치 오미는 그 안에 반드시 단맛이 있어야 완성되는 경우와 같다.[20]

---

* 『신편』III, 56쪽 : 동중서는 전국시대 이래의 음양오행 사상을 흡수하여 하나의 세계도식(世界圖式 : 우주 구조)을 날조해냄으로써 그가 자연계와 인류사회의 질서와 그 변화의 법칙이라고 인식한 것을 설명했다. 그 도식에 따르면, 우주는 하나의 기계론적 구조를 가지고 있고, 하늘과 땅은 그 구조의 테두리이고, 오행은 그 구조의 뼈대이며, 음양은 그 뼈대 속에 운행하는 두 세력이다. 공간적 측면에서 나무는 동쪽, 불은 남쪽, 쇠는 서쪽, 물은 북쪽, 흙은 중앙에 위치한다고 상상했다. 이 다섯 가지 세력은 마치 하나의 "천주지유(天柱地維 : 하늘을 받치는 기둥과 땅을 지탱하는 밧줄)"처럼 온 우주를 지탱하고 있다. 시간적 측면에서 오행 중의 사행이 각각 일 년 사계 중의 한 계절의 기운을 주관하여 나무는 봄 기운을, 불은 여름 기운을, 쇠는 가을 기운을, 물은 겨울 기운을 주관한다고 상상했다.……또 흙은 바로 땅(地)이어서 본래 하늘의 배합이기 때문에 흙은 어느 한 행에 한정되지 않고 사계를 겸하여 주관한다고 여겼다.

20) 天有五行, 一曰木, 二曰火, 三曰土, 四曰金, 五曰水. 木, 五行之始也. 水, 五行之終也. 土, 五行之中也. 此其天次之序也. 木生火, 火生土, 土生金, 金生水, 水生木 ; 此其父子也. 木居左, 金居右, 火居前, 水居後, 土居中央 ; 此其父子之序, 相受而布.……五行之隨, 各如其序 ; 五行之官, 各致其能. 是故木居東方而主春氣 ; 火居南方而主夏氣 ; 金居西方而主秋氣 ; 水居北方而主冬氣. 是故木主生而金主殺 ; 火主暑而水主寒.……土居中央, 謂之天潤. 土者, 天之股肱也. 其德茂美, 不可名以一時之事, 故

○천지의 기운은 합하여 한몸이지만, 음양으로 나뉘고 사계절로 갈리고 오행으로 배열된다. 행(行)이란 운행한다(行)는 의미이다. 저마다의 운행이 같지 않으므로 오행(五行)이라고 일컬은 것이다. 오행이란 다섯 가지 기능(五官)의 뜻이고, 인접한 두 행은 상생관계(比相生)이고, 하나 건너 두 행은 상극관계(間相勝)이다.[21]

오행의 상생(五行相生)은 앞에서 고찰했다. 오행의 상극(五行相勝)이란 "쇠는 나무를 이기고……물은 불을 이기고……나무는 흙을 이기고……불은 쇠를 이기고……흙은 물을 이긴다"[22]는 것이다. 오행의 순서는 목-화-토-금-수이다. 나무는 불을 낳고, 불은 흙을 낳고, 흙은 쇠를 낳고, 쇠는 물을 낳는다. [물은 나무를 낳는다.] 즉 첫째가 둘째를 낳고, 둘째가 셋째를 낳고, 셋째가 넷째를 낳고, 넷째가 다섯째를 낳는다. 이것이 이른바 "비상생(比相生)"이다. 쇠는 나무를 이기는데 중간에 물이 끼어 있고, 물은 불을 이기는데 중간에 나무가 끼어 있고, 나무는 흙을 이기는데 중간에 불이 끼어 있고, 불은 쇠를 이기는데 중간에 흙이 끼어 있고, 흙은 물을 이기는데 중간에 쇠가 끼어 있다. 이것이 이른바 "간상승(間相勝)"이다.[23]

五行以四時者, 土兼之也. 金木水火雖各職, 不因土方不立. 若酸鹹辛苦之不因甘肥之不能成味也. 甘者, 五味之本也 ; 土者, 五行之主也. 五行之主, 土氣也, 猶五味之有甘肥也, 不得不成. (「오행지의(五行之義)」, 『번로』, 321~23쪽)

21) 天地之氣, 合而爲一 ; 分爲陰陽 ; 判爲四時 ; 列爲五行. 行者, 行也. 其行不同, 故謂之五行. 五行者, 五官也, 比相生以間相勝也. (「오행상생(五行相生)」, 『번로』, 362쪽)

22) 金勝木……水勝火……木勝土……火勝金……土勝水. (「오행상승(五行相勝)」, 『번로』, 367~71쪽)

23) 【주】후한(後漢)의 장제(章帝)는 건초(建初) 4년(79A.D.)에 백호관(白虎觀)에서 많은 유자들을 모아놓고 오경에 대한 각종 상이한 해석들을 상세히 연구시키고 신하들에게 표준적인 의미(通義)를 저술하게 했는데, 현존하는 『백호통의(白虎通義)』가 그것이다. 그 내용은 모두 금문경학파의 견해인데 상당히 많은 부분이 동중서의 학설과 동일하다. 예컨대 오행 상생상극설의 경우 더 상세하기는 하지만 『백호통의』의 내용은 동중서와 동일하다. 즉 『백호통의』는 "오행이란 무엇인가? 금-목-수-화-토를 말한다. 행(行)이라고 함은 자연 운행의 기운(天行氣)이라는 뜻이다. 땅이 하늘을 받듦은 마치 아내가 남편을 섬기고 신하가 임금을 섬기는 것과 같다. 땅의 위치는 낮다. 낮은 것은 몸소 일을 떠맡으므로 땅은 스스로 한 행과 동일시함으로써 하늘을 존경하는 것이다(五行者, 何謂也? 謂金木水火土也. 言行

5. 사계

목-화-금-수는 사계(四時 : 四季)의 기운을 각각 주재하고 흙은 중앙에서 그것들을 보좌한다. 사계의 기운이 교대로 성하고 쇠하기 때문에 사계의 순환과 변화가 생긴다. 사계의 기운이 교대로 성쇠하는 까닭은 음양이 그렇게 시키기 때문이다. 동중서는 말했다.

두 상반된 사물이 동시에 함께 일어나지 않고 전일하게(一 : 專一) 되는 것이

者, 欲言爲天行氣之義也. 地之承天, 猶妻之事夫, 臣之事君也. 其位卑, 卑者親視事 ; 故自同於一行, 尊於天也)"(「오행」, 『백호통』, 166쪽)고 했다. 흙은 곧 땅이다. 땅은 감히 하늘과 짝하지 않기 때문에 "스스로 한 행[즉 흙]과 동일시함"으로써 하늘에 대한 존경을 표시한다는 말이다. 또 『백호통의』는 "오행이 번갈아 지배하는 까닭은 무엇인가? 오행이 상생하고 유전하여 끝과 시작이 있기 때문이다. 나무는 불을 낳고, 불은 흙을 낳고, 흙은 쇠를 낳고, 쇠는 물을 낳고, 물은 나무를 낳는다.…… 오행이 상극하는(相害 : 相剋) 까닭은 천지의 본성상 많은 것이 적은 것을 이기므로 물이 불을 이기고, 정밀한 것이 단단한 것을 이기므로 불이 쇠를 이기고, 강한 것이 부드러운 것을 이기므로 쇠가 나무를 이기고, 응집된 것이 흩어진 것을 이기므로 나무가 흙을 이기고, 고체가 액체를 이기므로 흙이 물을 이긴다(五行所以更王何? 以其轉相生, 故有終始也. 木生火, 火生土, 土生金, 金生水, 水生木.……五行所以相害者, 天地之性, 衆勝寡, 故水勝火也. 精勝堅, 故火勝金. 剛勝柔, 故金勝木. 專勝散, 故木勝土. 實勝虛, 故土勝水也)"(『백호통』, 187쪽)고 했다. 또 『오행대의(五行大義)』[숙길(蕭吉, ?-615)의 저서]는 『백호통의』를 인용하며 "나무가 불을 낳는 까닭은 나무는 성품이 온화하여 따뜻한 기운이 그속에 숨어 있어서 부시를 비비면 불이 생기기 때문이다. 불이 흙을 낳는다고 함은 불이 열로 나무를 태울 때 나무가 타서 생긴 재가 곧 흙이므로 불이 흙을 낳는 것이다. 흙이 쇠를 낳는 까닭은 쇠는 산에 있는 돌에 붙어 있다가 생기는데, 흙이 모이면 산이 되고 산에는 돌이 생기기 마련이므로 흙은 쇠를 낳는 것이 된다. 쇠가 물을 낳는다고 함은 소음(少陰 : 가을, 쇠와 연관)의 기운이 축축해지면 흘러넘치고 또 쇠를 녹여도 물이 되고 또 산[쇠의 소재지]에 구름이 일면 습기가 일기 때문에 쇠는 물을 낳는 것이다. 물이 나무를 낳는다고 함은 물은 습기가 있어서 (식물을) 낳기 때문에 물이 나무를 낳는 것이다(木生火者, 木性溫, 暖伏其中, 鑽灼而出, 故生火. 火生土者, 火熱故能焚木 ; 木焚而成灰, 灰卽土也 ; 故火生土. 土生金者, 金居石依山, 津潤而生 ; 聚土成山, 山必生石 ; 故土生金. 金生水者, 少陰之氣, 溫潤流澤 ; 銷金亦爲水 ; 所以山雲而從潤 ; 故金生水. 水生木者, 因水潤而能生, 故水生木)"(『백호통』, 188쪽)고 했다. 즉 오행이 상생상극하는 이유를 말한 것이다.

자연의 영원한 법칙(天之常道)이다. 전일하고 변절하지 않는(一而不二) 것이 자연의 운행(天行)이다. 음과 양은 서로 상반되는 사물이다. 따라서 하나가 나아가면 다른 하나는 들어가고, 하나가 왼쪽에 있으면 다른 하나는 오른쪽에 있다. **음양은 봄에는 모두 남쪽으로 향하고 가을에는 모두 북쪽으로 향하며, 여름에는 앞에서 교차하고 겨울에는 뒤에서 교차한다.** 함께 이동하지만 길이 다르고 서로 교차하여 만나더라도 교대로 주관한다(理 : 다스린다). 이것이 음양의 법식(文)이다.[24]

○**양기는 북동쪽에서 일어나서 남쪽으로 진행**하여 자기 위치로 나아가고, 서쪽을 돌아 북쪽으로 들어가 자기 휴식처로 숨는다. **음기는 남동쪽에서 일어나서 북쪽으로 진행**하여 자기 위치로 나아가고, 서쪽을 돌아 남쪽으로 진입하여 자기 잠복처로 숨는다. 그러므로 양은 남쪽을 자기 (직무의) 위치로 삼고 북쪽을 휴식처로 삼으며, 음은 북쪽을 자기 위치로 삼고 남쪽을 잠복처로 삼는다. 양이 자기 위치에 이르면 큰 더위로 뜨거워지고, 음이 자기 위치에 이르면 큰 추위로 얼어붙는다.[25]

○자연의 법칙(天道)은 끝나면 다시 시작한다. 따라서 북쪽은 자연이 끝나고 시작되는 곳이고 음양이 합쳐지고 갈라지는 곳이다. 동지(冬至) 후에 **음은 수그리어 서쪽으로 들어가고❶ 양은 쳐들어 동쪽으로 나온다①.*** 나오고 들어가는 곳은 항상 서로 반대이다. 음양의 많고 적은 양은 서로 적당한 조화를 이루어 늘 서로 순조롭게 하므로, 많아도 넘치지 않고 적어도 단절되지 않는다. 봄과 여름은 양이 많고 음이 적으며, 가을과 겨울은 양이 적고 음이 많다. 많고 적음이 늘 변동하지만 서로 분리되어 흩어지는 때는 없다. 들어가고 나감으로써 서로 증감하고, 많아지고 적어짐으로써 서로 보충한다. 많은

---

24) 天之常道, 相反之物也, 不得兩起, 故謂之一. 一而不二者, 天之行也. 陰與陽相反之物也, 故或出或入, 或左或右. 春俱南, 秋俱北. 夏交於前, 冬交於後. 並行而不同路, 交會而各代理, 此其文與. (「천도무이(天道無二)」, 『번로』, 345쪽) [文 : pattern]

25) 陽氣始出東北而南行, 就其位也. 西轉而北入, 藏其休也. 陰氣始出東南而北行, 亦就其位也. 西轉而南入, 屛其伏也. 是故陽以南方爲位, 以北方爲休. 陰以北方爲位, 以南方爲伏. 陽至其位而大暑熱. 陰至其位而大寒凍. (「음양위(陰陽位)」, 『번로』, 337-38쪽) [屛 : 가리다, 숨다, 물러나다, 감추다]

* 이하 ❶❷❸……은 음을, ①②③……은 양을 각각 표시한다. 23쪽의 그림 설명문 참조.

것이 적은 것을 압도하는 경우에는 배로 진행된다. 들어가는 것이 **하나가 줄면** 나오는 것은 **둘로 늘어난다.** 이처럼 하늘(자연)은 하나를 움직이면 배의 결과를 낳는데, 항상 저울대 한쪽의 물건을 다른 쪽으로 옮기면 낮은 쪽이 다시 반등하는 형세처럼 동일한 유(類)를 바탕으로 서로 보답(반응)하기 때문에 그 두 기는 서로 견제하면서 서로 변화를 **진행시키는** 것이다.[26]

○금-목-수-화는 각자 주재하는 방위를 받들어 음양을 따르는데 서로 역량을 합하여 함께 같은 공(功 : 효과)을 추구한다. 그러나 사실상 음양만은 아니지만, 음·양은 각 행에 근거하여 그 행이 주재하는 방위를 보조한다. 따라서 소양(少陽)이 나무에 근거하여 나무를 보조하는 것이 봄의 산생이고, 태양(太陽)이 불에 근거하여 불을 보조하는 것이 여름의 양육이고, 소음(少陰)이 쇠에 근거하여 쇠를 보조하는 것이 가을의 성취이고, 태음(太陰)이 물에 근거하여 물을 보조하는 것이 겨울의 저장이다.[27]

음양은 서로 상반되는 사물인데, "자연의 영원한 법칙(常道)"에 의하면 "두 상반되는 사물은 동시에 함께 일어날 수 없기"때문에 양이 나오면 음은 들어가고 음이 들어가면 양이 나온다. 들어가는 것의 세력이 "하나가 줄면" 나오는 것의 세력은 "둘로 늘어난다." 따라서 나오는 것의 세력은 들어가는 것의 세력보다 3분의 2가 더 많아진다.*

---

26) 天之道終而復始. 故北方者, 天之所終始也, 陰陽之所合別也. 冬至之後, 陰俛而西入, 陽仰而東出. 出入之處, 常相反也. 多少調和之適, 常相順也. 有多而無溢, 有少而無絶. 春夏陽多而陰少, 秋冬陽少而陰多. 多少無常, 未嘗不分而相散也. 以出入相損益, 以多少相漑濟也. 多勝少者倍入, 入者損一而出者益二. 天所起一動而再倍. 常乘反衡再登之勢, 以就同類, 與之相報. 故其氣相俠而以變化相輸也. (「음양종시(陰陽終始)」, 『번로』, 339–40쪽) [俛 : 구푸리다]

27) 如金木水火, 各奉其所主, 以從陰陽, 相與一力而幷功. 其實非獨陰陽也, 然而陰陽因之以起助其所主. 故少陽因木而起助, 春之生也. 太陽因火而起助, 夏之養也. 少陰因金而起助, 秋之成也. 太陰因水而起助, 冬之藏也. (「천변재인(天辨在人)」, 『번로』, 334–35쪽)
[『신편』 III, 57쪽 : 음양의 기가 운행하여 어떤 한 방위에 도달하면 원래 그 방위를 주재하는 한 행(行)과 힘과 공을 병합하여 한 계절을 형성한다는 뜻.]

* 보드에 따르면, 이 구절은 문맥이 불분명한 까닭에 정확한 수치로 번역하는 것보다 "나오는 것은 그 세력이 들어가는 것보다 크게 증가된다"로 고치자는 자신의

음양의 운행의 경우, 동중서의 해설은 일반적인 해설과 다르다.
『회남자』「전언훈(詮言訓)」에 "양기는 북동쪽에서 일어나서 남서
쪽에서 다 없어지고, 음기는 남서쪽에서 일어나서 북동쪽에서 다
없어진다"[28]고 했는데, 이것이 그후 일반적인 통념이 되었다. 그런
데 동중서가 만약 그 해설을 따랐다면, 양기는 북동쪽에서 일어나
서 남쪽으로 가는데 동쪽에 이르러 나무가 주재하는 기운을 만나
그것을 도와 왕성케 하
여 봄이 되게 하고, 남
쪽에 이르러 불이 주재
하는 기운을 만나 그것
을 도와 왕성케 하여
여름이 되게 한다. 또
음기는 남서쪽에서 일
어나서 북쪽으로 가는
데 서쪽에 이르러 쇠가
주재하는 기운을 만나
그것을 도와 왕성케 하
여 가을이 되게 하고,

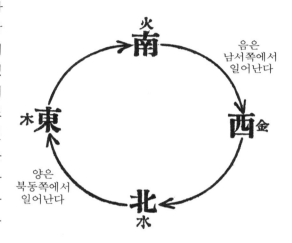

북쪽에 이르러 물이 주재하는 기운을 만나 그것을 도와 왕성케 하
여 겨울이 되게 한다. 이것을 그림으로 설명하면 위와 같다.

이것은 사계 변화에 대한 아주 간명한 해석이다.*

그렇지만 동중서는 이 설을 쓰지 않고, "양기는 북동쪽에서 일어
나서 남쪽으로 진행하고② 음기는 남동쪽에서 일어나서 북쪽으로
진행하며❷",〈주25〉 음양은 "봄에는 모두 남쪽으로 향하고 가을에

제안에 저자가 동의했다고 한다(영역본, 25쪽의 주). 그러나 저자는『신편』에서도
여전히 본래대로 해석했다(『신편』III, 57쪽). 그러나 역자가 보기에 이 구절은 예
컨대 총량이 18이고 양9 : 음9라고 할 때 양1을 덜면 음은 2가 늘어나 양8 : 음10이
되는 현상을 일컫는 것 같다.

28) 陽氣起於東北, 盡於西南. 陰氣起於西南, 盡於東北. (『회남자』, 485쪽)
* 이 문단과 다음 문단은 앞 문단으로부터 역자가 분리했다.

는 모두 북쪽으로 향하며, 여름에는 앞에서 교차하고③ 겨울에는 뒤에서 교차한다❸"〈주24〉고 여겼다. 그리고 다음과 같이 자세히 말했다.

하늘의 운행은 막 초겨울이 닥치면 음·양은 각기 한쪽으로부터 도래하여 뒤로 이동한다. 즉 음은 동쪽으로부터 서쪽으로 이동하고④ 양은 서쪽으로부터 동쪽으로 이동한다④. 한겨울의 달에 이르러 서로 북쪽에서 만나 하나로 합하면❶ 이때가 동지이다. 다시 따로따로 서로 떠나가 음은 오른쪽으로 가고❺ 양은 왼쪽으로 간다⑤.……겨울 달이 다하면 음·양은 모두 남쪽으로 돈다. 즉 양은 남쪽으로 돌아 인(寅)으로 나오고⑥ 음은 남쪽으로 돌아 술(戌)로 들어간다❻.……중춘(仲春)의 달에 이르러 양이 정동(正東)에 있고ⓒ 음이 정서(正西)에 있게❷ 되면 이때가 춘분(春分)이다. 춘분이란 음·양이 서로 반반이다. 따라서 낮과 밤의 길이가 같고, 추위와 더위가 같은 정도로 된다. 음은 날마다 줄어서 쇠하고❼ 양은 날마다 늘어서 성하기⑦ 때문에 따뜻하고 더워진다. 이제 한여름의 달이 되어 서로 남쪽에서 만나 하나로 합하면⑦ 이때가 하지이다. 다시 따로따로 서로 떠나가 양은 오른쪽으로 가고⑧ 음은 왼쪽으로 간다❽.……여름 달이 다하면 음양은 모두 북쪽으로 돈다. 즉 양은 북쪽으로 돌아 신(申)으로 들어가고⑨ 음은 북쪽으로 돌아 신(辰)으로 나온다❾.……중추(中秋)의 달에 이르러 양이 정서(正西)에 있고ⓒ 음이 정동(正東)에 있게❸ 되면 이때가 추분(秋分)이다. 추분이란 음·양이 서로 반반이다. 따라서 낮과 밤의 길이가 같고, 추위와 더위가 같은 정도로 된다. 양은 날마다 줄어서 쇠하고⑩ 음은 날마다 늘어서 성한다❿.[29]

그림으로 설명해보면 다음과 같다.

---

29) 天之道, 初薄大冬, 陰陽各從一方來, 而移於後. 陰由東方來西, 陽由西方來東. 至於中冬之月, 相遇北方, 合而爲一, 謂之日至. 別而相去, 陰適右, 陽適左.……冬月盡而陰陽俱南還. 陽南還出於寅, 陰南還入於戌.……至於中春之月, 陽在正東, 陰在正西, 謂之春分. 春分者, 陰陽相半也. 故晝夜均而寒暑平. 陰日損而隨陽(蘇輿云:'陽字疑衍, 隨謂委隨');陽日益而鴻. 故爲暖熱. 初得大夏之月, 相遇南方, 合而爲一, 謂之日至. 別而相去, 陽適右, 陰適左.……夏月盡而陰陽俱北還. 陽北還而入於申, 陰北還而出於辰.……至於中秋之月, 陽在正西, 陰在正東, 謂之秋分. 秋分者, 陰陽相半也. 故晝夜均而寒暑平. 陽日損而隨陰(蘇輿云:'陰字亦疑衍');陰日益而鴻. (「음양출입(陰陽出入)」,『번로』, 343-44쪽)

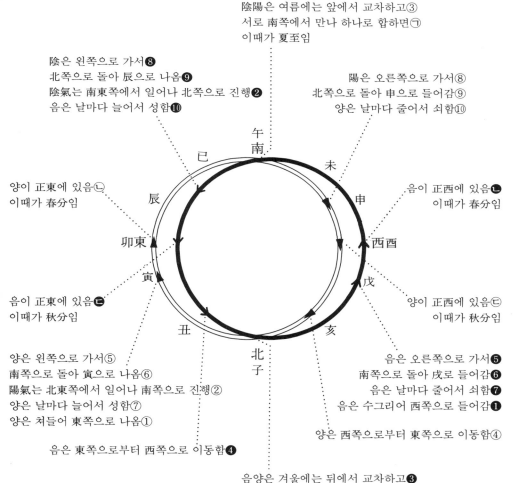

陰陽은 여름에는 앞에서 교차하고❸
서로 南쪽에서 만나 하나로 합하면㉠
이때가 夏至임

陰은 왼쪽으로 가서❽
北쪽으로 돌아 辰으로 나옴❾
陰氣는 南東쪽에서 일어나 北쪽으로 진행❷
음은 날마다 늘어서 성함❿

陽은 오른쪽으로 가서⑧
北쪽으로 돌아 申으로 들어감⑨
양은 날마다 줄어서 쇠함⑩

양이 正東에 있음㉡
이때가 春分임

음이 正西에 있음Ⓛ
이때가 春分임

음이 正東에 있음Ⓔ
이때가 秋分임

양이 正西에 있음㉢
이때가 秋分임

양은 왼쪽으로 가서⑤
南쪽으로 돌아 寅으로 나옴⑥
陽氣는 北東쪽에서 일어나 南쪽으로 진행②
양은 날마다 늘어서 성함⑦
양은 쳐들어 東쪽으로 나옴①

음은 오른쪽으로 가서❺
南쪽으로 돌아 戌로 들어감❻
음은 날마다 줄어서 쇠함❼
음은 수그리어 西쪽으로 들어감❶

양은 西쪽으로부터 東쪽으로 이동함④

음은 東쪽으로부터 西쪽으로 이동함❹

음양은 겨울에는 뒤에서 교차하고❸
서로 北쪽에서 만나 하나로 합하면㉠
이때가 冬至임

이 설명은 비교적 복잡하다. 이 설명에 따르면 가을이 될 때 음은
정서에 있지 않고 정동에 있게 되는데 어떻게 쇠를 보조한다는(助
金) 말인가?* 동중서는 다음과 같이 풀이했다.

* 앞에서 동중서는 "소음이 쇠에 근거하여 쇠를 보조하는 것이 가을의 성취이다(少陰
  因金而起助, 秋之成也)"〈주27〉고 말한 바 있다. (『신편』III, 58쪽)

　　가을의 절기에 이르렀을 때 소음(少陰)이 일어나 가을에 쇠를 따를 수 없는데 쇠를 따르면 불(火)의 공을 상하기 때문이다. 그러나 비록 쇠를 따르지는 못해도 소음은 가을에 동쪽에서 일어나 **엎드려 있으면서 자기의 임무를 다하며** 한 해의 성과를 완성하는데 이것이 바로 권(權)이 아니겠는가?……따라서 천도(天道)에는 질서(倫)도 있고 원칙(經 : 일반적 원칙)도 있고 변통(權 : 원칙의 융통적 운용)도 있다.[30]

　　"봄에 이르러 소양(少陽)은 동쪽에서 나와 나무에 나아가 나무와 함께 산생을 주관하고, 여름에 이르러 태양(太陽)은 남쪽에서 나와 불에 나아가 불과 함께 따뜻함을 주관하는데",[31] 이것이 하늘의 원칙(經)이다. 소음은 동쪽에서 나와 "엎드려 있으면서 자기의 임무를 다하며" 억눌려 있으면서 한 해의 성과를 완성하는데, 이것이 하늘의 변통(權)이다. 하늘이 음으로 하여금 이처럼 억눌림을 받게 한 까닭은 바로 하늘은 "양을 신임하고 음을 신임하지 않으며 덕망을 선호하고 형벌을 싫어하기"[32] 때문이다. "따라서 하늘은 음기를 운행시키면서 작은 부분만 취하여 가을을 완성토록 하고 그 나머지는 모두 겨울에 할당했던 것이다."[33]

　　따라서 사계의 변화는 사실상 음양이 증감하고 유동함으로써 빚어진 결과물이다. 양이 성하면 나무와 불을 보조하여 봄과 여름을 이루고, 만물은 낳고 성장한다. 음이 성하면 쇠와 물을 보조하여 가을과 겨울을 이루고, 만물은 거두고 저장한다. 따라서 양은 "하늘의 덕"이고, 음은 "하늘의 형벌"이다. 동중서는 말했다.

---

30) 至於秋時, 少陰興而不得以秋從金, 從金而傷火功. 雖不得已從金, 亦以秋出於東方, 俛其處而適其事, 以成歲功, 此非權與?……是故天之道有倫, 有經, 有權. (「음양종시」, 『번로』, 340쪽) [適 : 목적지를 향해서 가다, 붙좇다, 조절하다, 향하다]
　　[『신편』III, 58쪽 : 즉 가을에는 음기의 방위가 (동쪽에 있어서) 쇠(金 : 서쪽을 주관하는 행[行])와 서로 배치되는데, 이러한 정황이 "천도"의 "권"의 표현이다.]
31) 至春少陽東出就木, 與之俱生 ; 至夏太陽南出就火, 與之俱煖. (같은 곳)
　　[『신편』III, 58쪽 : 봄, 여름 두 계절은 양기의 운행과 나무와 불 두 행(行)의 방위가 서로 부합하는데, 이러한 정황이 "천도(天道)"의 "경(經 : 원칙)"의 표현이다.]
32) 任陽不任陰, 好德不好刑. (「음양위」, 『번로』, 338쪽)
33) 是故天之行陰氣也, 少取之以成秋, 其餘以歸之冬. (「음양의(陰陽義)」, 『번로』, 342쪽)

우주(천지)의 영원한 법칙은 한번은 음이 되고 한번은 양이 되는 것이다. **양이란 하늘의 덕**이고, 음이란 **하늘의 형벌**이다.……천도는 세 계절을 생성과 삶에 할당하고, 한 계절을 상실과 죽음에 할당했다. 죽음이란 만물이 시들어 떨어진다는 말이고, 상실이란 음기의 슬픔과 설움을 뜻한다. 하늘에도 희로의 기(氣)와 애락의 마음이 있는데 이는 사람과 서로 부합한다. 부류에 따라 부합시키면 하늘과 사람은 동일하다.[34)]

6. 천수에 부합하는 인간

하늘과 인간이 동류(同類)*임은 인간의 생리(生理)에서도 볼 수 있다. 동중서는 말했다.

기(氣)보다 더 정미한 것은 없고 땅보다 더 풍부한 것은 없고 하늘보다 더 신비로운 것은 없다. 천지의 정기로써 생긴 사물 가운데 사람보다 더 귀한 것은 없다. 사람은 하늘에서 명(命)을 받았기 때문에 월등히 사물보다 고귀하다. 사물은 막혀 있어서 그 어느 것도 사랑(仁)과 정의(義)를 행할 수 없고 오직 사람만이 사랑과 정의를 행할 수 있다. 사물은 막혀 있어서 천지와 짝할 수 없지만 오직 사람만은 천지와 짝할 수 있다.

사람의 뼈 360마디는 **천수**(天數 : 자연 운행의 수상[數上]의 법칙)에 짝하고, 신체의 뼈와 살은 땅의 두터움에 짝한다. 사람의 머리에 귀와 눈이 밝게 빛나는 것은 해와 달의 모습이고, 몸에 구멍이 있고 혈맥이 연결된 것은 시내와 계곡의 모습이고, 마음의 희로애락은 신비로운 기의 여러 유형과 같다. 이러한 사람의 신체를 보면 사람은 사물보다 지극히 고귀하며 하늘과 동일한 부류임을 알 수 있다. 사물은 옆으로 꺾여 하늘의 음양을 취하여 생존하

---

34) 天地之常, 一陰一陽. 陽者, 天之德也. 陰者, 天之刑也.……天之道以三時成生, 以一時喪死. 死之者, 謂百物枯落也. 喪之者, 謂陰氣悲哀也. 天亦有喜怒之氣, 哀樂之心, 與人相副. 以類合之, 天人一也. (「음양의」,『번로』, 341쪽)

* 『신편』III, 66쪽 : "천인동류(天人同類)"의 관념은 동중서가 선양한 천인감응론의 이론적 기초이다. 그는 "부류에 따라 부합시키면 하늘과 사람은 동일하다"〈주34〉고 말했다. 즉 하늘과 사람은 같은 부류이므로 사람에게 어떤 것이 있으면 하늘에도 그것이 있고 하늘에 어떤 것이 있으면 사람에게도 그것이 있다는 것이니, 사람은 하늘의 부본(副本), 우주의 축소판이라고도 할 수 있다.

지만 사람은 찬란한 격식과 도리를 갖추고 있다. 그러므로 모든 사물의 형상
은 다 엎드려 기면서 옆으로 꺾여 움직이지만, 오직 사람만은 곧추 서서 머
리를 바로 쳐들고 만물을 똑바로 마주한다. 즉 천지로부터 조금 품수된 것들
은 옆으로 꺾이고, 천지로부터 많이 품수된 존재는 똑바로 마주하는 것이다.
이는 사람이 사물과는 뚜렷이 구별되고 천지에 비견된다는(하늘과 땅과 더
불어 나란히 셋이 된다는) 점을 보여준다.

그러므로 사람의 몸의 경우, 크고 둥근 머리는 하늘의 얼굴을 본떴고, 머
리털은 별들을 본떴고, 밝은 귀와 눈은 해와 달을 본떴고, 코와 입의 호흡은
바람과 공기를 본떴고, 마음이 앎에 통달하는 것은 (천지의) 신명(神明)을
본떴고, 차고 빈 뱃속은 만물을 본떴다.……이처럼 천지의 상징과 음양의 대
응물이 항상 우리 몸에 갖추어져 있다. 몸이 하늘과 같고 또 수(數)가 서로
비견되기 때문에 명(命) 역시 서로 연계된다. 하늘은 한 해를 마치는 수로
사람 몸을 만들었기 때문에 작은 뼈마디 366개는 한 해의 날 수에, 큰 뼈대
12개는 달 수에, 몸 안의 오장은 오행의 수에, 밖의 사지는 사계의 수에 부응
한 것이다. 눈을 뜨고 보다가 눈을 감고 자는 것은 낮과 밤에 부응하고, 강함
과 부드러움은 겨울과 여름에 부응하고, 슬픔과 즐거움은 음과 양에 부응하
고, 마음의 사고력은 천체의 도수(度數)에 부응하고, 행위의 (상하 차등적)
윤리(倫理)는 (높고 낮은) 천지에 부응한 것이다. 이것들은 모두 살처럼 신
체에 붙어 사람과 함께 생긴 것으로 서로 비견하여 깃들어 있는 것이 교묘
히 부합하고 있다(이 구절에는 빠진 문자가 있는 것 같다/소여). 수로 셀 수
있는 것은 수로 부응하고 셀 수 없는 것은 부류로 부응했는데, 모두 하늘과
동일한 차원에서 부응해 있는 점은 마찬가지이다.[35)]

---

35) 莫精於氣, 莫富於地, 莫神於天. 天地之精, 所以生物者莫貴於人. 人受命乎天也, 故
超然有以倚(盧曰:'倚當從下文作高物二字'). 物疢疾莫能爲仁義, 唯人獨能爲仁義.
物疢疾莫能偶天地, 唯人獨能偶天地. 人有三百六十節, 偶天之數也. 形體骨肉, 偶地
之厚也. 上有耳目聰明, 日月之象也. 體有空竅理脈, 川谷之象也. 心有哀樂喜怒, 神
氣之類也. 觀人之體, 亦何高物之甚而類於天也. 物旁析取天之陰陽以生活耳, 而人
乃爛然有其文理. 是故凡物之形, 莫不伏從旁析天地(蘇輿曰:'天地二字疑衍')而行,
人獨題直立端尙, 正正當之. 是故所取天地少者旁析之. 所取天地多者正正當之. 此見
人之絶於物而參天地. 是故人之身, 首妢而員, 象天容也. 髮, 象星辰也. 耳目戾戾,
象日月也. 鼻口呼吸, 象風氣也. 胸中達知, 象神明也. 腹胞實虛, 象百物也.……天地
之符, 陰陽之副, 常設於身. 身猶天也, 數與之相參, 故命與之相連也. 天以終歲之數

○생길 때 사람이 되지 않을 수도 있었는데 사람으로 된 것은 하늘의 운수이다. 즉 사람이 사람으로 된 것은 하늘에 근본을 두고 있으니, 하늘 또한 사람의 증조부이다. 이것이 바로 사람이 위로 하늘과 똑같은 부류인 까닭이다. 사람의 형체는 천수(天數)에 따라 만들어졌고, 사람의 혈기는 하늘의 뜻(天志)에 따라 어질고(仁), 사람의 덕행은 천리(天理)에 따라 의롭다(義). 사람의 좋고 싫은 감정은 하늘의 따뜻함과 서늘함에 따랐고, 사람의 기쁨과 노여움은 하늘의 추위와 더위에 따랐다.……하늘의 대응물이 사람에게 있으니, 사람의 정성(情性)은 하늘에서 비롯된 것이다.[36]

이처럼* 사람은 하늘과 똑같기 때문에 우주에 사람이 없으면 우주 역시 완전하지 못하고 우주가 될 수 없다. 동중서는 말했다.

천-지-인(天地人)은 만물의 근본이다. 하늘은 만물을 산생하고, 땅은 만물을 양육하고, 사람은 만물을 완성한다. 하늘은 효제(孝悌)로써 만물을 산생하고, 땅은 의식(衣食)으로써 만물을 양육하고, 사람은 예악(禮樂)으로써 만물을 완성한다. 이 세 가지는 서로 손발이 되어 한몸을 이루기 때문에 어

成人之身, 故小節三百六十六, 副日數也. 大節十二分, 副月數也. 內有五臟, 副五行數也. 外有四肢, 副四時數也. 乍視乍暝, 副晝夜也. 乍剛乍柔, 副冬夏也. 乍哀乍樂, 副陰陽也. 心有計慮, 副度數也. 行有倫理, 副天地也. 此皆暗膚著身(蘇輿曰: '暗字疑衍.'盧曰: '膚他本作盧'), 與人俱生, 比而偶之弇合(蘇輿曰: '弇合二字上疑有脫文'). 於其可數也, 副數. 於其不可數也, 副類. 皆當同而副天一也. (「인부천수(人副天數)」,『번로』, 354∼57쪽) [疢疾 : 疧病, 흠, 과실, 해침. 妿 : 殰, 큰 머리]

36) 爲生不能爲人, 爲人者, 天也. 人之人本於天(盧文弨曰 : '人之人, 疑當作人之爲人'). 天亦人之曾祖父也. 此人之所以乃上類天也. 人之形體, 化天數而成. 人之血氣, 化天志而仁. 人之德行, 化天理而義. 人之好惡, 化天之暖凊. 人之喜怒, 化天之寒暑.……天之副在乎人. 人之情性, 有由天者矣. (「위인자천(爲人者天)」,『번로』, 318∼19쪽)

* 『신편』III, 66∼67쪽: 앞의 인용문은 사람의 신체구조 측면에서 "천인동류"를 논하고, 뒤의 인용문은 사람의 정감과 의식 측면에서 "천인동류"를 논했다. 이러한 견해들은 모두 전혀 근거가 없는 견강부회들(比附)이다. 그러나 이러한 견강부회는 그의 체계 속에서는 모두 중요한 의미가 있다. 동중서가 보기에 사람은 우주의 축소판이고 하나의 작은 우주이다. 뒤집어 말하면 우주는 사람의 확대판으로서 하나의 "큰 사람(大人)"이다. 그는 실제로 자연을 의인화(擬人化)하여 사람의 각종 속성 특히 정신적 측면의 속성을 자연계에 강요했고 다시 방향을 바꾸어 사람을 자연의 모사본이라고 간주했다. 이것은 일종의 전형적인 관념론적 의인관(擬人觀) 이론이다. 이러한 관념론적 기초 위에서 그는 천인감응론의 미신을 선전했다.

느 하나라도 없을 수 없다. 효제가 없으면 만물을 산생할 수 없고, 의식이 없
으면 만물을 양육할 수 없고, 예악이 없으면 만물을 완성할 수 없다.[37]

이 견해대로라면 사람의 우주간의 지위는 가히 최고라고 하겠다.

7. 성·정

심리 방면을 보면, 사람의 심리에는 성(性)·정(情) 두 가지가 있
는데 이는 하늘의 음(陰)·양(陽)에 상당한다. 동중서는 말했다.

우리의 몸에 성·정이 있는 것은 마치 하늘에 음·양이 있는 것과 같다. 사
람의 바탕(質)을 논하면서 그 정을 빠뜨린다면 하늘의 양을 논하면서 그 음
을 빠뜨린 것과 마찬가지이다.[38]

성이 밖으로 표현된 것이 어짊(仁)이고, 정이 밖으로 표현된 것이
탐욕(貪)이다. 동중서는 말했다.

사람에게는 진실로 탐욕이 있고 어짊(사랑)이 있는데, 어짊과 탐욕의 기
운은 둘 다 우리 몸에 있다. 몸이라는 이름은 하늘에서 취한 것이다. 하늘에
두 음·양의 작용이 있듯이 몸에도 탐욕과 어짊의 두 성(性)이 있다.[39]

탐욕은 정의 표현이고, 어짊은 성의 표현이다.[40]

---

37) 天地人, 萬物之本也. 天生之, 地養之, 人成之. 天生之以孝悌, 地養之以衣食, 人成
之以禮樂. 三者相爲手足, 合以成體, 不可一無也. 無孝悌則亡其所以生, 無衣食則亡
其所以養, 無禮樂則亡其所以成也. (「입원신(立元神)」,『번로』, 168쪽)
38) 身之有性情也, 若天之有陰陽也. 言人之質而無其情, 猶言天之陽而無其陰也. (「심
찰명호(深察名號)」,『번로』, 299쪽) [質 : 꾸미지 아니한 본연 그대로의 성질, 품성]
39) 人之誠有貪有仁. 仁貪之氣, 兩在於身. 身之名取諸天. 天兩有陰陽之施, 身亦兩有貪
仁之性. (「심찰명호」,『번로』, 294-96쪽) [施 : 일을 차려서 벌이다, 행하다]
40) 【주】동중서가 말한 성(性)은 넓은 의미와 좁은 의미의 두 의미가 있는 것 같다. 넓
은 의미로 말한 경우 "생명의 자연적인 자질(資) 같은 것이 성인데, 성이란 바로
바탕(質)이다(如其生之自然之資謂之性 ; 性者, 質也)"(「심찰명호」,『번로』, 291-
92쪽)고 했다. 이 정의에 따르면 성 역시 인간의 "생명의 자연적인 자질"로서 인
간의 "바탕(質)" 안에 있다. 따라서 "자연이 만들어준 것이 바로 성·정이고, 성과

사람의 "바탕" 속에는 성도 있고 정도 있으며 탐욕도 있고 어짊도 있기 때문에 선하다고 할 수는 없다. 동중서는 말했다.

> 성이 이미 선하다면 정은 또 어쩌란(무엇이란) 말인가?[41]

여기서 성이라는 글자는 인간의 바탕을 지칭한 말이다. 또 말했다.

> 선(善)은 쌀과 같고, 성(性)은 벼와 같다. 벼가 비록 쌀을 산출하지만 벼를 쌀이라고 할 수 없듯이, 성이 비록 선을 산출하지만 성을 선이라고 할 수 없다. 쌀과 선은 **인간이 하늘(자연)을 계승**하여 바깥에서(후천적으로) 양성한 것들이지, 자연의 영향력 내에 존재하는 것들이 아니다. 하늘의 영향력은 그 한계 안에 머문다. 그 한계 안이 자연이고, 그 한계 바깥이 왕교(王教 : 성왕의 교화)이다. 왕교는 성 바깥에 존재하지만 성은 양성하지 않으면 안 되기 때문에, '성에는 선한 바탕이 있지만 선이라고 할 수는 없다'고 했다. 이는 결코 꾸미는 말이 아니고 사실이 그러하다. 자연의 영향은 누에고치와 삼실과 벼에 그치고, 삼실에서 베를 만들고 누에고치에서 비단을 만들고 벼에서 쌀을 생산함은 성에서 선을 만드는 일로서 이 모두는 성인이 하늘을 계승하여 진행시킨 것이지 질박한 성·정 자체가 도달할 수 있는 영역이 아니다.[42]

정은 서로 더불어 하나의 잠재력이 되니, 정 역시 성이다(天地之所生謂之性情, 性情相與爲一瞑, 情亦性也)"(같은 책, 298쪽)고 말했다. 좁은 의미로 말한 경우 성은 정과 대립된, 인간의 "바탕" 중의 양(陽)이고, 정은 성과 대립된, 인간의 "바탕" 중의 음(陰)이다. 『설문(說文)』에 "정은 하늘의 음기로서 존재하는 욕망을 말하고, 성은 인간의 양기로서 선한 본성을 말한다(情, 天之陰氣有欲者 ; 性, 人之陽氣性善者也)"했고, 『논형(論衡)』 「본성편(本性篇)」에 따르면 "동중서는 순자, 맹자의 글을 읽고 성·정에 대해서 '하늘의 이법은 음과 양이요, 인간의 이법은 정과 성이다. 성은 양에서 생기고, 정은 음에서 생긴다. 음기는 상스럽고 양기는 어질다. 성선설은 그중에서 양을 지칭한 것이고, 성악설은 그중에서 음을 지칭한 것이다'고 논했다(仲舒覽孫孟之書, 作情性之說, 曰 : '天之大經, 一陰一陽 ; 人之大經, 一情一性. 性生於陽, 情生於陰. 陰氣鄙, 陽氣仁. 曰性善者, 是見其陽也 ; 謂惡者, 是見其陰者也)"(『논형』, 198쪽)고 한다. 이는 모두 동중서가 말한 성의 협의의 의미에 입각한 말들이다. 혼란을 피하기 위해서 이하에서는 동중서가 말한 넓은 의미의 성은 그가 말한 "바탕(質)"이라는 말로써 대체한다.

41) 謂性已善, 奈其情何? (「심찰명호」, 『번로』, 298쪽)

42) 善如米, 性如禾. 禾雖出米, 而禾未可謂米也. 性水出善, 而性未可謂善也. 米與善, 人之繼天而成於外也, 非在天所爲之內也. 天所爲有所至而止, 止之內謂之天 ; 止之

여기의 성이라는 글자 역시 사람의 바탕을 지칭한다. 사람의 바탕에는 정과 상대인 성이 있기 때문에 그 안에는 실제로 선이 들어 있지만 또한 성과 상대인 정도 들어 있기 때문에 본래부터 바로 선할 수는 없다. 노력을 기울여 성으로써 정을 금해야 비로소 우리는 선한 사람이 될 수 있다. 동중서는 말했다.

> 마음에서 온갖 악(惡)을 규제하여 바깥으로 발현되지 않게 하는 것이 마음(心)이다. 따라서 마음의 별명은 바로 '규제자'이다.……하늘이 음(陰)을 억제하듯이 몸은 정욕(情欲)을 규제하므로 천도와 동일하다. 그러므로 음의 운행은 봄과 여름을 간여할 수 없고, 달의 희미한 빛은 늘 햇빛에 가려 둥글어졌다가 곧 기우는 것이다. 하늘이 이와 같이 음을 억제하고 있거늘 인간이 어찌 욕망을 줄여 정(情)을 물리침으로써 하늘에 부응하지 않을 수 있겠는가? 하늘이 억제하는 것은 몸도 억제하기 때문에 몸은 하늘과 같다고 말하는 것이다. 하늘이 억제하는 것을 우리가 억제하는 일은 하늘(天 : 천성)을 억제하는 일이 아니다. 반드시, 천성(天性)은 교화에 의존하지 않으면 끝내 규제될 수 없다는 사실을 알아야 한다.[43]

성으로써 정을 금하는 것이 교화(敎)이므로, 교화란 바로 "인간이 자연을 계승하는 것"이자 사람이 자연을 본받는 일이다.

동중서의 성설(性說)은 한편으로 맹자와 순자를 조화시킨 것이었지만, 한편으로 동중서 역시 사람의 바탕에는 본디 선단(善端 : 선의 실마리)이 있다고 여겼기 때문에 그의 설은 사실상 맹자의 성선설과 어긋나지 않는다. 다만 동중서는 성 속에 겨우 선단만 있는 까닭

外謂之王敎. 王敎在性外, 而性不得不遂. 故曰 : 性有善質, 而未能爲善也. 豈敢美辭, 其實然也. 天之所爲, 止於繭麻與禾. 以麻爲布, 以繭爲絲, 以米爲飯(蘇興曰 : '當作以禾爲米'), 以性爲善, 此皆聖人所繼天而進也, 非情性質樸之能至也. (「실성(實性)」,『번로』, 311쪽)

43) 桎衆惡於內, 弗使得發於外者, 心也. 故心之爲名桎也.……天有陰陽[陽은 연문/유사배]禁 ; 身有情欲桎 ; 與天道一也. 是以陰之行不得干春夏, 而月之魄常厭於日光, 乍全乍傷. 天之禁陰如此, 安得不損其欲而輟其情, 以應天. 天所禁而身禁之, 故曰身猶天也. 禁天所禁, 非禁天也. 必知天性, 不乘於敎, 終不能桎. (「심찰명호」,『번로』, 293-96쪽) [輟 : 중지하다, 수선하다. 乘 : 因]

에 선이라고 할 수는 없다고 여겼다. 따라서 말했다.

혹자가 묻기를 "성에 선단이 있고 마음에 선한 바탕(善質)이 있는데 왜 [인간의 본성이] 선하지 않다는 말인가?" 하자, 나는 이렇게 대답했다.

"그것이 아니다. 누에고치 속에 실이 잠재하지만 누에고치가 실은 아니고 달걀 속에 병아리가 잠재하지만 달걀이 병아리는 아니듯이, 이와 같은 부류는 모두 그러하니 무엇을 의심한단 말인가? 하늘은 백성에게 대원칙(大經)을 내려주었으니 성에 대한 논설도 사람마다 달라서는 안 된다. 그러나 어떤 사람은 성은 선하다고 말하고 어떤 사람은 성은 선하지 않다고 말하는데, 그들은 이른바 성이라는 말을 각각 다른 의미로 쓰고 있다. 즉 성에는 선단(善端)이 있으니 어린아이가 부모를 사랑하듯이 금수보다 선한 점을 일컬어 선이라고 한 경우에는 맹자가 말한 선이고, **삼강**(三綱)·**오기**(五紀)를 따르고 팔단(八端 : 삼강·오기?)의 이치에 통달하여 충직 신실하고 널리 사랑하며 독실하고 예를 좋아하면 선하다고 할 수 있다는 경우에는 성인이 말한 선이다. 그래서 공자는 '선인(善人)을 발견할 수 없다면 지조 있는 사람만이라도 발견하고 싶다'고 했던 것이다. 이로써 보건대 성인이 말하는 선은 쉽게 그것에 해당시킬 수 없는데, 금수보다 선하다고 해서 (인간의 성이) 선하다고 일컬은 것이 아니다.……금수보다 선하다고 해서 (누구의 성이) 선하다고 말할 수 없는 것은 마치 누가 풀이나 나무보다 지혜롭다고 해서 (누가) 지혜롭다고 말할 수 없는 경우와 같다.……금수의 성과 비교하면 만민의 성은 선하겠으나, 인도(人道)의 선과 비교하면 그에 못 미치는 것이다. 만민의 성에 대해서 금수보다 선한 점은 인정되지만 성인이 말한 선은 인정되지 않는다. 즉 내가 성에 대해서 정의한 바는 맹자와 다르다. 맹자는 아래로 금수의 짓과 비교했기 때문에 성은 이미 선하다고 했고, 나는 위로 성인의 행위에 비교했기 때문에 성은 아직 선하지 않다고 했다. 즉 선(善)은 성(性) 너머에 있고 성인(聖人)은 선 너머에 있다."[44]

---

44) 或曰 : 性有善端, 心有善質, 尚安非善? 應之曰 : 非也. 繭有絲, 而繭非絲也. 卵有雛, 而卵非雛也. 比類率然, 有何疑焉? 天生民有六經(蘇輿云 : '或云, 六當爲大'), 言性者不當異. 然其或曰性也善, 或曰性未善. 則所謂善者, 各異意也. 性有善端, 動之愛父母(蘇輿曰 : '動疑作童'), 善於禽獸, 則謂之善 ; 此孟子之善也. 循三綱五紀, 通八端之理, 忠信而博愛, 敦厚而好禮, 乃可謂善 ; 此聖人之善也. 是故孔子曰 : "善人吾不

그러나 이것은 다만 보통 사람들의 "바탕"을 일컬은 것이다. 사람
은 또 날 때부터 단순한 선단 이상을 지닌 사람도 있고, 날 때부터
선단이 거의 없는 사람도 있는데, 공자가 말한 상지(上智)와 하우
(下愚)가 그들이다.* 동중서는 말했다.

> 성(性)이라는 이름은 상지나 하우에는 해당되지 않고 중간 성품의 사람을
> 두고 일컫는 말이다.[45]

> ○성인의 성은 성이라고 부를 수 없다. 또 지극히 도량이 좁은 사람의 성도
> 성이라고 부를 수 없다. 성이라고 하면 보통 사람의 성을 지칭한다. 보통 사
> 람의 성이란 마치 누에고치나 달걀의 경우와 같다. 달걀은 암탉이 20일을
> 품어준 다음에야 병아리가 되고 누에고치는 켜서 물에 끓인 다음에야 실이
> 되듯이, 성은 교화에 훈도된 다음에야 선으로 될 수 있다. 선은 교화의 훈도
> 가 만든 것이지 바탕 그 자체로 도달할 수 있는 바가 아니다.[46]

동중서의 성에 대한 논의는 공자, 맹자, 순자의 설을 융합한 것
이다.

得而見之, 得見有常者斯可矣." 由是觀之, 聖人之所謂善, 未易當也. 非善於禽獸,
則謂之善也.……夫善於禽獸之未得爲善也, 猶知於草木而不得名知.……質於禽獸
之性, 則萬民之性善矣. 質於人道之善, 則民性弗及也. 萬民之性善於禽獸者許之,
聖人之所謂善者弗許. 吾質之命性者異孟子. 孟子下質於禽獸之所爲, 故曰性已善.
吾上質於聖人之所爲, 故謂性未善. 善過性, 聖人過善. (「심찰명호」, 『번로』, 303-
05쪽)

* 공자는 "오직 최고 지혜로운 사람(上智)과 최고 어리석은 사람(下愚)만 변화되지
않는다(子曰 : 唯上知與下愚不移)"(『논어』 17 : 3)고 말했다. 이 말은 흔히 성인은
배울 필요가 없는 "생이지지자(生而知之者)"요 심히 몽매한 백성은 아무리 교화
해도 소용없다는 뜻으로 이해되지만, 그것은 완전한 잘못이다. 『논어』의 사상체계
에 따르면 실제로 상지나 하우의 인간은 세상에 존재하지 않기 때문에, 이 말은 인
간은 자기 스스로 상지나 하우에 자처하지 않는 이상, 즉 자칭 득도자(得道者)나
자포자기한 사람이 아닌 이상, 누구나 훌륭한 인물로 변화될 수 있다는 뜻이다.

45) 名性不以上, 不以下, 以其中名之. (「심찰명호」, 『번로』, 300쪽)

46) 聖人之性, 不可以名性. 斗筲之性, 又不可以名性. 名性者, 中民之性. 中民之性, 如
繭如卵. 卵待覆二十日而後能爲雛; 繭待繰以涫湯而後能爲絲. 性待漸於敎訓而後能
爲善. 善, 敎訓之所然也, 非質樸之所能至也. (「실성」, 『번로』, 311-12쪽)

8. 개인 윤리와 사회 윤리

사람의 바탕 속의 선단을 발전시켜 완전한 선이 되게 하려면 여러 덕목을 실행해야 한다. 그중에서 개인 윤리에 관한 덕목은 인(仁 : 사랑)·의(義 : 의로움)가 가장 중요하다. 동중서는 말했다.

하늘은 우리의 성품(人性)을 만들 때 우리가 "인"·"의"를 행하여 수치스러운 일을 부끄러워하도록 했다. 그리하여 짐승들처럼 그저 삶을 유지하고 구차히 이익만 도모하지 말도록 했다.[47)

이른바 인·의의 의미에 대해서 동중서는 이렇게 말했다.

『춘추』가 다스린 것은 남과 나이다. 남과 나를 다스린 도구는 "인"과 "의"이다. "인"으로써 남을 편안하게 하고 "의"로써 나를 바로잡는다. 따라서 "인"이란 남을 지향한 말이고 "의"란 나를 지향한 말로서, 이름을 정의하여 구별했던 것이다. "인"은 남을 향한 것이고 "의"란 나를 향한 것이라는 사실은 명확히 인식해야 한다. 보통 사람들은 이 이치를 살피지 않고 도리어 "인"으로써 자신에게 관대하고 "의"로써 남을 규제했다. 이처럼 각각의 본령을 속이고 그 이치를 거역했으니 혼란은 거의 불가피했다. 그래서 혼란을 바라는 사람은 아무도 없었건만 항상 혼란에 빠졌던 까닭은 대체로 남과 나에게 적용될 이치를 분간하지 못하여 "인"·"의"가 베풀어질 대상을 성찰하지 않았기 때문이다. 그러므로『춘추』는 "인"·"의"의 기준을 마련하여, "인"의 기준은 남을 사랑함(愛人)에 두고 나를 사랑함에 두지 않았으며, "의"의 기준은 나를 바로잡음(正我)에 두고 남을 바로잡음에 두지 않았다. 내가 나를 바로잡지 않으면 비록 남을 잘 바로잡더라도 "의"를 인정하지 않았고, 남이 그 사랑을 입지 않으면 자신을 잘 사랑해도 "인"을 인정하지 않았다.……멀리 미칠수록 더욱 현명하고 가까운 데에 그칠수록 못난 것이 사랑이다. 따라서 왕자(王者)는 사랑이 사방의 오랑캐에까지 미치고, 패자(霸

---

47) 天之爲人性, 命使行仁義而羞可恥, 非若鳥獸然, 苟爲生苟爲利而已. (「죽림(竹林)」, 『번로』, 61쪽) [仁 : 마음이 너그럽고 인정이 도탑다]

者)는 사랑이 제후에까지 미치고, 안정된 군주는 사랑이 자기 영역에까지 미
치고, 위태로운 군주는 사랑이 측근에만 미치고, 망국의 군주는 사랑이 자기
한 몸에 그친다.……

  따라서 "인이란 남을 사랑함이고 나를 사랑함에 있지 않은데, 이것이 바
로 인의 기준이다"고 말했다.…… "의"는 "인"과 다르다. "인"은 밖으로 나
가고, "의"는 안으로 들어온다. "인"은 멀리 미치는 일이 중요하고, "의"는
가까이 적용하는 일이 중요하다. 사랑이 남에게 미칠 때 "인"이고, 의로움이
내게 있을 때 "의"이다. "인"은 남을 주로 하고 "의"는 나를 주로 한다. 따
라서 "인은 남이 그 대상이고 의는 내가 그 대상이다" 함은 바로 이것을 지
칭한다.[48]

인·의 외에 또 지혜(智)의 덕도 있어야 한다. 동중서는 말했다.

  가장 비근한 것은 "인"이고, 가장 긴급한 것은 "지혜"이다.…… 어질지만
지혜롭지 못하면 사랑에 분별이 없고, 지혜롭지만 어질지 못하면 알아도 행
할 줄 모른다. 따라서 인류를 사랑할 수 있게 하는 것이 "인"이고, 인류의
해악을 제거할 수 있게 하는 것이 "지혜"이다.…… 무엇을 지혜라고 하는가?
먼저 말한 내용이 사리에 합당하게 밝혀진 경우를 말한다. 무릇 사람이 어떤
행위를 선택하거나 그만둘 때는 항상 지혜로써 먼저 헤아린 다음에 행하는
데, 지혜로운 자는 화복(禍福)을 멀리까지 통찰하며, 이해(利害)를 신속히
파악하여 사물이 움직이면 그 변화를 예측하며, 사태가 발생하면 그 귀추를
간파하여 시작을 보고 그 결말을 인식한다. 말은 적지만 충분하고, 함축적이
지만 이해하기 쉽고, 간결하지만 예리하고, 간략하지만 완비되었고, 적어도

48) 『春秋』之所治, 人與我也. 所以治人與我者, 仁與義也. 以仁安人, 以義正我. 故仁之
爲言人也, 義之爲言我也, 言名以別矣. 仁之於人, 義之與我者, 不可不察也. 衆人不
察, 乃反以仁自裕, 而以義設人. 詭其處而逆其理, 鮮不亂矣. 是故人莫欲亂而大抵常
亂, 凡以闇於人我之分, 而不省仁義之所在也. 是故『春秋』爲仁義法. 仁之法在愛人,
不在愛我;義之法在正我, 不在正人. 我不自正, 雖能正人, 弗予爲義. 人不被其愛,
雖厚自愛, 不予爲仁.…… 遠而愈賢, 近而愈不肖者, 愛也. 故王者愛及四夷, 霸者愛
及諸侯, 安者愛及封內, 危者愛及旁側, 亡者愛及獨身.…… 故曰:仁者愛人, 不在愛
我;此其法也.…… 義與仁殊. 仁謂往, 義謂來. 仁大遠, 義大近. 愛在人謂之仁, 義在
我謂之義(蘇興曰:‘上義字疑作宜’). 仁主人, 義主我也. 故曰仁者人也, 義者我也, 此
之謂也. (「인의법(仁義法)」, 『번로』, 249-54쪽)

보탤 수 없고, 많아도 덜 수 없으며, 행동은 법도에 맞고 언어는 임무에 합당한, 이러한 것이 바로 지혜이다.[49]

동중서가 인·의·지를 사람이 반드시 갖추어야 할 덕목으로 여긴 것은 『중용』이 지·인·용을 사람의 달덕(達德)으로 여긴 것과 같다.[50]

---

49) 莫近於仁, 莫急於智.……仁而不智, 則愛而不別也. 智而不仁, 則知而不爲也. 故仁者所以愛人類也, 智者所以除其害也.……何謂之智? 先言而後當, 凡人欲舍行爲, 皆以其智先規而後爲之.……智者見禍福遠, 其知利害蚤. 物動而知其化, 事興而知其歸, 見始而知其終.……其言寡而足, 約而喩, 簡而達, 省而具, 少而不可益, 多而不可損. 其動中倫, 其言當務, 如是者謂之智. (「필인차지(必仁且智)」, 『번로』, 257-59쪽)

50) 【주】인간의 심리, 생리 및 기타 방면과 여러 덕목과의 관계를 『백호통의』는 다음과 같이 더욱 상세히 설명했다. "성·정이란 무엇인가? 성은 양의 혜택이고, 정은 음의 변화물이다. 사람은 음양의 기를 타고나기 때문에 안으로 오성(五性)과 육정(六情)을 품고 있다. 정(情)은 정(靜 : 수동성)이고 성(性)은 생(生 : 선천성)이다. 이 성·정은 사람이 육기(六氣)를 타고날 때 부여된 것이다.……오성이란 무엇인가? 인(仁)·의(義)·예(禮)·지(智)·신(信)을 말한다. '인'이란 모질지 않는 것(不忍)으로 타인에 대한 사랑의 원천이고, '의'란 올바름(宜)으로서 중도에 맞는 결단을 내리는 것이고, '예'란 실천(履)으로서 도를 실천하여 격식을 완성하는 것이고, '지'란 인식으로서 과거 지식에 대한 독특한 통찰을 바탕으로 사물에 미혹되지 않으며 미미한 것을 보고도 앞으로 전개될 내용을 인식하는 것이고, '신'이란 성실함(誠)으로 한결같이 변함이 없는 것을 말한다. 따라서 사람이 태어날 때 8괘의 본체에 감응하여 오기(五氣)를 얻어 법도로 삼은 것이 인·의·예·지·신이다. 육정이란 무엇인가? 희(喜)·노(怒)·애(哀)·락(樂)·애(愛)·오(惡)가 바로 육정인데 오성을 떠받쳐 완성시키는 것이다. '성'은 다섯이고 '정'은 여섯인 까닭은 무엇인가? 인간은 본래 육률(六律), 오행(五行)의 기를 머금고 탄생하기 때문에 몸 안에 오장(五藏)과 육부(六府)가 있고, 이로부터 성·정이 유발된다.……오장이란 무엇인가? 간장, 심장, 폐, 신장, 비장을 말한다.……오장에서 간장은 '인', 폐는 '의', 심장은 '예', 신장은 '지', 비장은 '신'에 상당한다. 간장이 '인'에 상당하는 까닭은 무엇인가? 간장은 나무의 정수이고 '인'은 삶을 좋아하는 것인데, 동쪽은 양이고 만물이 탄생하고 따라서 간의 상징은 나무요 그 색은 푸르고 지엽이 있다. 폐가 '의'에 상당하는 까닭은 무엇인가? 폐는 쇠의 정수이고 '의'란 결단을 내리는 것인데, 서쪽 역시 쇠이고 죽어서 만물을 이루고 따라서 폐의 상징은 쇠이고 그 색은 하얗다. ……심장이 '예'에 상당하는 까닭은 무엇인가? 심장은 불의 정수이고 남쪽은 고귀한 양이 위에 있고 비천한 양이 아래에 있는데 '예'에는 존비(尊卑)가 있고 따라서 심장은 불을 상징하고 색은 붉고 예리하다.……신장이 '지'에 상당하는 까닭은 무엇인가? 신장은 물의 정수이고 '지혜'란 진퇴의 거동에 아무런 의혹이 없는 것인

사회 윤리에 대해서 동중서는 삼강(三綱)·오기(五紀)의 설을 논했다.[51] 동중서는 말했다.

모든 사물은 반드시 짝(배합)이 있다. 배합에는 반드시 위가 있으면 아래가 있고, 왼쪽이 있으면 오른쪽이 있고, 앞이 있으면 뒤가 있고, 겉이 있으면 속이 있고, 아름다움이 있으면 추함이 있고, 순종이 있으면 거역이 있고, 기쁨이 있으면 분노가 있고, 추위가 있으면 더위가 있고, 낮이 있으면 밤이 있

데, 물 역시 의혹이 없이 전진하고 북쪽은 물이고 따라서 신장의 색은 검고 또 물은 음이기 때문에 신장은 쌍이다.……비장이 '신'에 상당하는 까닭은 무엇인가? 비장은 흙의 정수로서 흙은 늘 만물을 맡아 양육하는 상이고 사물을 낳는데, 사사로움이 없는 것은 신실의 극점이고 따라서 비장의 상은 흙이고 색은 누렇다.…… 육부란 무엇인가? 대장, 소장, 위, 방광, 삼초, 쓸개를 말한다. 부(府)란 오장의 궁전의 보고라는 뜻이다. 따라서 「예운」은 '육정이란 오성을 떠받쳐 완성한다'고 기록하고 있다.……기쁨은 서쪽, 분노는 동쪽, 좋아함은 북쪽, 미움은 남쪽, 슬픔은 위, 즐거움은 아래에 위치하는 것은 무엇 때문인가? 서쪽은 만물의 완성을 주관하므로 기쁨이고, 동쪽은 만물의 산생을 주관하므로 분노이고, 북쪽은 양기가 전개되기 시작하므로 좋아함이고, 남쪽은 음기가 일기 시작하므로 미움이고, 위에는 즐거움이 많고 아래에는 슬픔이 많은 것이다(性情者何謂也? 性者陽之施；情者陰之化也. 人稟陰陽氣而生, 故內懷五性六情. 情者靜也；性者生也. 此人所稟六氣以生者也.……五性者何? 謂仁義禮智信也. 仁者不忍也, 施生愛人也. 義者宜也, 斷決得中也. 禮者履也, 履道成文也. 智者知也, 獨見前聞, 不惑於事, 見微知著也. 信者誠也, 專一不移也. 故人生而應八卦之體, 得五氣以爲常, 仁義禮智信也. 六情者何謂也? 喜怒哀樂愛惡爲六情, 所以扶成五性. 性所以五, 情所以六, 何? 人本含六律五行之氣而生, 故內有五藏六府, 此情性之所由出入也.……五藏者何也? 謂肝心肺腎脾也.……五藏：肝仁, 肺義, 心禮, 腎智, 脾信也. 肝所以仁者何? 肝木之精也. 仁者好生. 東方者陽也, 萬物始生. 故肝象木, 色靑而有枝葉.……肺所以義者何? 肺者金之精. 義者斷決. 西方亦金, 殺成萬物也. 故肺象金, 色白也.……心所以爲禮何? 心火之精. 南方尊陽在上, 卑陰在下, 禮有尊卑. 故心象火, 色赤而銳也.……腎所以智何? 腎者水之精. 智者進止無所疑惑, 水亦進而不惑. 北方水, 故腎色黑. 水陰, 故腎雙.……脾所以信何? 脾者土之精也. 土尙任養萬物爲之象, 生物無所私, 信之至也. 故脾象土, 色黃也.……六府者何謂也? 謂大腸小腸胃膀胱三焦膽也. 府者謂五藏宮府也. 故「禮運」記曰：'六情者, 所以扶成五性也.'……喜在西方, 怒在東方, 好在北方, 惡在南方, 哀在下, 樂在上. 何以? 西方萬物之成, 故喜. 東方萬物之生, 故怒. 北方陽氣始施, 故好. 南方陰氣始起, 故惡. 上多樂, 下多哀也)."(「성정(性情)」, 『백호통』, 381-89쪽) "천인합일(天人合一)"의 관점에 따를 때 여러 덕목은 참으로 이와 같은 여러 근거가 있었던 것이다.

51) 「심찰명호」편에 보인다. 〈주44〉

는데 이것이 모두 그 배합이다. 음은 양의 배합이고 아내는 남편의 배합이고
아들은 아버지의 배합이고 신하는 임금의 배합이니, 사물 가운데 배합이 없
는 것은 없고 배합에는 각기 음양이 있다.……**군신, 부자, 부부의 도리는 모두
음양의 도에서 취했다.** 임금은 양이고 신하는 음이며, 아버지는 양이고 아들
은 음이며, 남편은 양이고 아내는 음이다.*……인의(仁義)와 제도의 법칙은
모두 하늘에서 취했다. 하늘은 임금으로서 보호하고 윤택하게 하며, 땅은 신
하로서 보조하고 지탱한다. 또 양은 남편으로서 낳고, 음은 아내로서 기른
다. 봄은 아버지로서 낳고, 여름은 아들로서 양육한다. 이처럼 왕도(王道)의
"세 벼리(三綱)"는 모두 그 원리를 하늘에서 구할 수 있다.[52]

이것은 유가에서 말하는 인류 가운데 특별히 세 가지 윤리를 벼리
(綱)로 내세운 것이다. 그리하여 "임금은 신하의 벼리요, 아버지는

---

* 『신편』III, 75쪽: 그에 따르면 하나의 사물이 있으면 반드시 또 다른 하나의 사물
이 그것과 짝을 이룬다. 그 사물이 주(主 : 주도적인 것)이고 그것과 짝을 이룬 사
물은 종(從 : 종속적인 것)이다. 양은 주이고 음은 종이며, 임금은 주이고 신하는
종이며, 아버지는 주이고 아들은 종이며, 남편은 주이고 아내는 종이다. 이 주종
(主從)의 관계는 서로 전화(轉化)할 수 없는 것이고 영원히 변경할 수 없는 것이
다.……앞의 논의에서 보았듯이 동중서는 자연관 측면에서 양은 영원히 음을 통치
한다고 여겼다. 이 이론을 사회 윤리 사상에 응용하여, 임금은 영원히 신하를 통치
하고, 아버지는 영원히 아들을 통치하며, 남편은 영원히 아내를 통치하는 것이 도
(道)라고 단언했다. "하늘이 변하지 않듯이 도 역시 변하지 않는다"〈주75〉는 것이
다.……동중서의 이러한 사상은 그후 전통사회에서 "강상명교(綱常名教 : 삼강 오
상의 명교)"의 이론으로 발전했다. "강"은 "삼강"을 말한다. 이 이론은 오직 "명
(名)"만 고려하고 그 "명"의 "실(實)"이 어떤 모습의 "실"인지는 고려하지 않는
다. 이 이론에 따르면 임금, 아버지, 남편은 신하, 아들, 아내의 통치자이며, 임금,
아버지, 남편인 사람들이 실제상으로 어떠한 사람인지는 고려하지 않는다. 그들은
그들 "명"이 그들에게 부여한 권리를 누리고, 신하, 아들, 아내는 그들에 대한 절
대 복종의 의무가 있다. 따라서 이 이론은 "명교"라고 불렸다.

52) 凡物必有合. 合必有上必有下, 必有左必有右, 必有前必有後, 必有表必有裏. 有美必
有惡, 有順必有逆, 有喜必有怒, 有寒必有暑, 有晝必有夜, 此皆其合也. 陰者, 陽之
合. 妻者, 夫之合. 子者, 父之合. 臣者, 君之合. 物莫無合, 而合各有陰陽.……君臣父
子夫婦之義, 皆取諸陰陽之道. 君爲陽, 臣爲陰. 父爲陽, 子爲陰. 夫爲陽, 妻爲陰.…
…仁義制度之數, 盡取之天. 天爲君而覆露之, 地爲臣而持載之. 陽爲夫而生之, 陰爲
婦而助之. 春爲父而生之, 夏爲子而養之, 秋爲死而棺之, 冬爲痛而喪之(蘇輿云:
'二語疑衍). 王道之三綱, 可求於天. (「기의(基義)」, 『번로』, 350-51쪽)

아들의 벼리요, 남편은 아내의 벼리이다"는 설은 중국 사회 윤리에서 더욱 세력을 떨쳤다. 종래의 전통적 견해에 따르면 인물에 대한 비평은 주로 "충효의 대절(忠孝大節)"을 중시하여, 만약 대절이 손상되면 그밖의 나머지는 모두 볼 것이 없다고 여겼다. 부인을 비평할 경우 단지 정절 문제, 즉 부부에 대한 하나의 윤리적 행위만 중시하여, "(과부가 가난하여) 굶어죽는 것은 사소한 일이지만 (개가하여) 절개를 잃는 것은 중대한 일이니"[53] 한번 절개를 잃으면 그밖의 일체는 논할 필요도 없었다. "임금은 신하의 벼리요, 아버지는 아들의 벼리요, 남편은 아내의 벼리이니" 여기서 신하, 아들, 아내는 임금, 아버지, 남편의 부속품(附屬品)이었다. 이 점은 형이상학에도 근거를 두고 있었다. 동중서는 "군신, 부자, 부부의 도리는 모두 음양의 도에서 취했다"고 여겼고, 『백호통의』도 그러했다. 유가는 본래 당시의 군신, 남녀, 부자의 관계를 바탕으로 음양의 관계를 유추해서 설명했던 것인데, 음양의 관계를 그렇게 설명하자 다시 당시 군신, 남녀, 부자의 관계가 더욱 이치에 합당한 듯이 보였던 것이다.[54]

---

53) 餓死事小, 失節事大. ["又問：'或有孤孀貧窮無託者, 可再嫁否?' 曰：'只是後世怕寒餓死, 故有是說. 然餓死事極小, 失節事極大.'"(『이천선생어(伊川先生語)』8하)]

54) 【주】이른바 오기(五紀)에 대해서 동중서는 상세히 설명하지 않았다. 『백호통의』는 삼강(三綱)을 더욱 발전시키고 오기는 육기(六紀)로 고쳐서 다음과 같이 말했다. "삼강이란 무엇인가? 군신, 부자, 부부를 말한다. 육기란 숙부, 형제, 동족, 외삼촌, 스승, 친구를 말한다. 따라서 『함문가(含文嘉)』[『예기』의 위서(緯書) 중의 하나]에 '**임금은 신하의 벼리요, 아버지는 아들의 벼리요, 남편은 아내의 벼리이다**'고 했고, 또 '여러 부형(父兄)을 공경하면 육기의 도가 행해진다. 여러 외삼촌들은 의리 있고, 족인들은 질서 있고, 형제들은 친애하고, 스승을 존경하며, 친구들은 옛정을 중시한다'고 했다. 강기(綱紀)란 무엇인가? 강은 통괄하는 것(張：그물을 침)이고, 기는 손질하는 것(理)이다. 큰 벼리가 강이고, 작은 벼리가 기이다. 따라서 강기는 위아래를 통괄하고 손질하여 인도(人道)를 정비하는 것이다. 사람은 모두 오상(五常)의 성을 타고나서 화목과 사랑의 마음이 있기 때문에 강기로써 교화할 수 있다. 마치 그물에 큰 벼리, 작은 벼리가 있어서 모든 그물이 펼쳐지는 것과 같다. 그래서 『시』는 '부지런한 문왕은 사방을 통괄했다(綱紀)'고 말했다. 군신, 부자, 부부 여섯 사람을 삼강이라고 부르는 것은 무엇 때문인가? 한번 음이 되고 한번 양이 되는 것이 도이며, 양은 음을 얻어서 완성되고 음은 양을 얻어서 질서 있

사람은 반드시 이러한 윤리적 규율에 따라 행위해야 비로소 인성
(人性)을 다 발휘하여 진정 사람이 될 수 있다. 동중서는 말했다.

사람은 하늘에서 명을 받았으니 진실로 뭇 생물과 절대로 다르다. 안에서
는 부자와 형제간의 사랑이 있고, 밖에서는 군신 상하간의 도리가 있고, 모
임에서 서로 만날 때는 어른과 젊은이의 구별을 두어 찬연한 격식을 갖추고
서로 접하며 따뜻한 인정으로 서로 사랑하기 때문에 인간은 고귀한 것이다.

게 되며, 강유(剛柔)는 서로 배합하기 때문에 여섯 사람이 삼강을 이루는 것이다
(三綱者, 何謂也? 謂君臣, 父子, 夫婦也. 六紀者, 爲諸父, 兄弟, 族人, 諸舅, 師長, 朋
友也. 故『含文嘉』曰：'君爲臣綱, 父爲子綱, 夫爲妻綱.' 又曰：'敬諸父兄, 六紀道行.
諸舅有義, 族人有序, 昆弟有親, 師長有尊, 朋友有舊.' 何謂綱紀? 綱者, 張也. 紀者,
理也. 大者爲綱, 小者爲紀. 所以張理上下, 整齊人道也. 人皆懷五常之性, 有親愛之
心, 是以綱紀爲化. 若羅網之有紀綱, 而萬目張也.『詩』云：'亹亹文王, 綱紀四方.' 君
臣父子夫婦, 六人也. 所稱三綱何? 一陰一陽謂之道. 陽得陰而成, 陰得陽而序. 剛柔相
配, 故六人爲三綱)."(「삼강육기(三綱六紀)」,『백호통』, 373~74쪽) 또『백호통의』는
더욱 확대 적용하여 사회상의 모든 제도는 모두 오행(五行)에서 법도를 취했다고
생각하며 이렇게 말했다. "아버지가 죽으면 아들이 계승하는 것은 무엇을 본받은
것인가? 나무의 지배가 끝나면 불이 지배하는 것을 본받았다. 형이 죽으면 동생이
계승하는 것은 무엇을 본받은 것인가? 여름이 봄을 계승하는 것을 본받았다. 선에
대한 보상이 자손에까지 미치는 것은 무엇을 본받은 것인가? 봄에 생긴 것이 여름
에 다시 장성하는 것을 본받았다. 악에 대한 징벌이 그 본인에 그치는 것은 무엇
을 본받은 것인가? 가을에 낙엽이 지는 것이 겨울까지 계속되지 않는 것을 본받았
다. 임금이 어리면 신하가 섭정하는 것은 무엇을 본받은 것인가? 흙(土：地인 신하
에 해당)이 늦여름과 초가을 사이를 지배하는 것을 본받았다. 아들이 아버지 원수
를 갚는 것은 무엇을 본받은 것인가? 흙이 물을 이기고 물이 불을 이기는 것을 본
받았다. 아들은 아버지에게 순종하고, 아내는 남편에게 순종하고, 신하는 임금에
게 순종하는 것은 무엇을 본받은 것인가? 땅이 하늘에 순종하는 것을 본받았다.
남자가 부모를 떠나지 않는 것은 무엇을 본받은 것인가? (나무에서 생긴) 불이 나
무를 떠나지 않는 것을 본받았다. 여자가 부모를 떠나는 것은 무엇을 본받은 것인
가? (쇠에서 생긴) 물이 쇠에서 떠나는 것을 본받았다. 아내를 맞을 때 직접 신부
의 집에 가서 맞이하는 것은 무엇을 본받은 것인가? 해가 질 때 양이 음 아래로 들
어가는 것을 본받았다.……(父死子繼何法? 法木終火王也. 兄死弟及何法, 夏之承
春也. 善善及子孫何法? 春生待夏復長也. 惡惡止其身何法? 法秋煞不待冬. 主幼臣
攝政何法? 法土用事於季孟之間也. 子復仇何法? 法土勝水, 水勝火也. 子順父, 妻順
夫, 臣順君, 何法? 法地順天也. 男不離父母何法? 法火不離木也. 如離父母何法? 法
水流去金也. 娶妻親迎何法? 法日入陽下陰也.……)"(「오행」,『백호통』, 194~95쪽)
이런 내용은 아직도 많은데 더 인용하지 않는다.

오곡(五穀 : 쌀, 수수, 보리, 조, 콩)을 심어 밥을 해먹었고, 뽕나무와 삼나무로써 옷을 해입었고, 육축(六畜 : 말, 소, 양, 닭, 개, 돼지)을 잡아 보양했고, 소를 부리고 말을 탔으며, 표범과 호랑이를 잡아 가둔 것은 사람이 하늘의 영명함을 얻어 사물보다 고귀하기 때문이다. 따라서 공자는 "천지의 생물 가운데 사람이 가장 귀하다"고 했다. 하늘이 부여한 본성(天性)을 이해하면 자신이 만물보다 고귀함을 알게 된다. 자신이 만물보다 고귀함을 안 연후에 사랑(仁)과 정의(誼)를 알게 되고 사랑과 정의를 안 연후에 예절을 중시한다. 예절을 중시한 연후에 평안히 선에 처하고 평안히 선에 처한 연후에 즐거이 예를 좇는다. 즐거이 예를 좇을 수 있어야 비로소 군자이다. 따라서 공자가 말한 "명을 알지 못하면 군자가 될 수 없다"는 말이 바로 그런 뜻이다.[55]

즉 인간에게 윤상(倫常)의 도덕(道德)이 없다면 뭇 생물과 다를 바 없고 금수와 구별이 없게 된다.

9. 정치철학과 사회철학

인간의 성(性)은 완전히 선할 수 없기 때문에 성왕(王 : 聖王, 王者)이 다스릴 필요가 있다. 동중서는 말했다.

하늘이 백성의 성품(性)을 만들 때 선한 바탕은 주었지만 아직 선하지는 못했기 때문에 마침내 성왕(王)을 세워 선하게 만든다는 것이 바로 하늘의 뜻(天意)이다. 백성은 아직 선하지 못한 성품을 하늘에서 받아 다시 성왕으로부터 **그 성품을 완성시키는 교화**를 받는다. 즉 성왕은 **하늘의 뜻을 이어받아** 백성의 성품을 완성하는 것을 임무로 삼는 사람이다.[56]

---

55) 人受命於天, 固超然異於群生. 入有父子兄弟之親, 出有君臣上下之誼, 會聚相遇, 則有耆老長幼之施. 粲然有文以相接, 驩然有恩以相愛, 此人之所以貴也. 生五穀以食之, 桑麻以衣之, 六畜以養之, 服牛乘馬, 圈豹欄虎, 是其得天之靈貴於物也. 故孔子曰 : 天地之性人爲貴. 明於天性, 知自貴於物. 知自貴於物, 然後知仁誼. 知仁誼, 然後重禮節. 重禮節, 然後安處善. 安處善, 然後樂順禮. 樂順禮, 然後謂之君子. 故孔子曰, 不知命亡以爲君子, 此之謂也. (「동중서전」, 『한서』, 2516쪽)

56) 天生民性, 有善質而未能善, 於是爲之立王以善之, 此天意也. 民受未能善之性於天, 而退受成性之敎於王 ; 王承天意以成民之性爲任者也. (「심찰명호」, 『번로』, 302쪽)

왕자(王者)는 하늘의 명(天命)을 받아 하늘을 본받아 인간을 다스
리므로 그 지위는 매우 높고 책임은 매우 크다. 동중서는 말했다.

> 옛날에 문자를 만든 사람은 세 획을 긋고 그 가운데를 연결하여 왕(王)이
> 라고 불렀다. 세 획이란 하늘-땅-사람을 뜻하고, 그 가운데를 연결한 것은
> 도를 관통시킨다는 뜻이다. 하늘-땅-사람의 중심을 취하여 연결시켜 서로
> 관통시키는 일은 왕자(王者)가 아니면 그 누가 감당할 수 있겠는가? 그러므
> 로 **왕자는 오로지 하늘을 본받는다. 천시(天時)를 본받아 성취하고, 천명(天命)을
> 본받아 인사에 시행하고, 천수(天數)를 본받아 정사를 일으키고, 천도(天道)를 본
> 받아 정치를 행하고, 천지(天志)를 본받아 사랑(仁)에 귀착한다.**[57]

"왕자는 오로지 하늘을 본받는다." "하늘의 절기(天時)를 본받아
성취하는 것"에 대해서 동중서는 이렇게 말했다.

> 임금의 호(好)·오(惡)·희(喜)·노(怒)는 바로 하늘의 춘·하·추·동에 상응한
> 다. 하늘은 난(暖)·청(淸)·한(寒)·서(暑)를 구비하여 변화함으로써 성과를 성
> 취한다. 하늘이 이 네 가지를 산출할 때 그 시기가 적절하면 풍년이고 시기
> 가 적절하지 못하면 흉년이듯이, 임금이 저 네 가지를 표현할 때 의로우면
> **세상은 태평하고(世治)** 의롭지 못하면 세상은 혼란하다(世亂). 즉 인간의 태
> 평세는 하늘의 풍년과 운수(數)가 똑같고, 난세는 흉년과 운수가 똑같다. 이
> 로써 인간의 원리가 천도(天道)에 부응함을 알 수 있다.……임금은 생살(生
> 殺)의 지위에 서서 하늘과 더불어 똑같이 변화의 권세를 잡고 있다. 사물 가
> 운데 하늘의 조화작용을 거부할 수 있는 것은 없다. 천지의 조화는 마치 사
> 계절과 같이 좋은 바람이 불면 따뜻한 기운이 되어 세상에 생기가 돌고, 나
> 쁜 바람이 불면 써늘한 기운이 되어 세상에 살기가 퍼진다. 마찬가지로 임금
> 이 기뻐하면 뜨거운 기운이 되어 생육하고, 노하면 찬 기운이 되어 폐색된
> 다. 임금이 호·오·희·노로써 습속을 변화시키고 하늘은 난·청·한·서로써 초

---

57) 古之造文者, 三畫而連其中, 謂之王. 三畫者, 天地與人也. 而連其中者, 通其道也.
取天地與人之中以爲貫而參通之, 非王者孰能當是? 是故王者唯天之施, 施其時而成
之(蘇輿日: '疑脫二字, 施疑作法'), 法其命而循之諸人, 法其數而以起事, 治其道而
以出法(蘇輿日: '疑當作法其道而以出治'), 治其志而歸之於仁(蘇輿日: '治疑作法').
(「왕도통삼(王道通三)」, 『번로』, 328-29쪽)

목을 변화시킨다. 희·노가 시기에 맞고 정당하면 풍년이 들고, 시기에 어긋나서 망녕되면 흉년이 든다. 이처럼 천지와 임금은 일체이다.[58]

○천도는 봄의 따뜻함(暖)으로 만물을 산생하고, 여름의 더위(暑)로 양육하고, 가을의 서늘함(清)으로 낙엽지게 하고, 겨울의 추위(寒)로 동면시킨다. 난(暖)·서(暑)·청(清)·한(寒)은 기운은 다르지만 기능은 동일한데, 모두 하늘이 한 해를 완성하는 도구이다. 성인은 하늘의 행동에 부응하여 정치를 행하기 때문에 경사(慶)로써 따뜻함에 부응하여 봄과 균형을 맞추고, 포상(賞)으로써 더위에 부응하여 여름과 균형을 맞추고, 징벌(罰)로써 서늘함에 부응하여 가을과 균형을 맞추고, 형벌(刑)로써 추위에 부응하여 겨울과 균형을 맞춘다. 경·상·벌·형(慶賞罰刑)은 일은 다르지만 기능은 동일한데, 모두 왕자가 덕을 완성하는 도구이다. 경·상·벌·형과 춘·하·추·동은 마치 부절을 합한 것처럼 상이한 부류이면서 서로 감응한다. 따라서 "왕자는 하늘에 배합한다"고 했는데 하늘에 사계(四季)가 있듯이 왕자에게 사정(四政 : 경·상·벌·형)이 있어서 마치 사계와 부류가 상통하는 그 도가 하늘과 인간에게 공존하는 것을 말한다.[59]

임금의 희·노·애·락과 경·상·형·벌은 사계를 모범으로 삼는데, 모두 그 올바름을 획득하면 "세상은 태평해진다."
"하늘은 우리의 성품(人性)을 만들 때 우리가 인·의를 행하여 수치스러운 일을 부끄러워하도록 했으므로"〈주47〉"그 하늘의 명(天

---

58) 然而主之好惡喜怒, 乃天之春夏秋冬也. 其俱暖清寒暑, 而以變化成功也. 天出此物者(蘇興曰 : '物疑作四'), 時則歲美, 不時則歲惡. 人主出此四者, 義則世治, 不義則世亂. 是故治世與美歲同數, 亂世與惡歲同數, 以此見人理之副天道也.……人主立於生殺之位, 與天共持變化之勢. 物莫不應天化. 天地之化如四時. 所好之風出, 則爲暖氣而有生於俗. 所惡之風出, 則爲清氣而有殺於俗. 喜則爲暑氣而有養長也, 怒則爲寒氣而有閉塞也. 人主以好惡喜怒變習俗, 而天以暖清寒暑化草木. 喜怒時而當則歲美, 不時而妄則歲惡, 天地人主一也. (「왕도통삼」, 『번로』, 330–33쪽)

59) 天之道春暖以生, 夏暑以養, 秋清以殺, 冬寒以藏. 暖暑清寒, 異氣而同功, 皆天之所以成歲也. 聖人副天之所行以爲政, 故以慶副暖而當春, 以賞副暑而當夏, 以罰副清而當秋, 以刑副寒而當冬. 慶賞罰刑, 異事而同功, 皆王者之所以成德也. 慶賞罰刑, 與春夏秋冬, 異類相應也, 如合符. 故曰, 王者配天 ; 謂其道, 天有四時, 王有四政, 若四時通類也, 天人所同有也. (「사시지부(四時之副)」, 『번로』, 353쪽)

命)을 본받아 인사에 시행하여" 마땅히 "그 성품을 완성시키는 교화"〈주56〉를 시행하여 "하늘(자연)을 계승하여"〈주42〉 사람의 선을 "완성시켜"야 한다. 동중서는 말했다.

> 하늘의 영(令)이 명(命)이며, 명은 성인이 아니면 시행되지 않는다. 바탕의 순박함이 바로 성품(性)이며, 성품은 교화가 아니면 완성되지 않는다. 인간의 욕망이 바로 정(情)이며, 정은 법도가 아니면 절제되지 않는다. 그러므로 왕자는 위로 삼가 **하늘의 뜻을 이어받아** 명에 순종하고, 아래로 백성에게 교화의 빛을 밝히는 데에 힘써 성품을 완성하고, 법령제도를 올바로 정비하여 상하간의 위계질서를 세움으로써 욕망의 분출을 방비한다. 이 세 가지를 다스리면 대본(大本)이 드높여진다.[60]

이것은 왕자가 "하늘의 뜻을 이어받아" 인간을 교화하는 일이다.
"천수(天數 : 하늘의 이법)를 본받아 정사를 일으킴"에 대해서 동중서는 이렇게 말했다.

> 왕자가 제정한 관직인 3공(公), 9경(卿), 27대부(大夫), 81원사(元士) 즉 총 120명으로 모든 신하는 완비된다. 성왕은 하늘의 대경(大經), 즉 셋씩 일어나 (한 계절을) 이루고 네 번 전변하여 한 해가 끝나는 것을 본보기로 삼았다고 했거니와, 관직제도가 역시 그러하니 바로 그것을 본받은 것이 아니었겠는가? 즉 세 명을 첫번째 선발한 것은 세 달이 한 계절이 되는 것을 본받고, 네 단계로 선발하고 그치는 것은 사계절로 한 해가 끝나는 것을 본받았다. 3공이란 왕이 그 자신을 보좌하게 한 관리들이다. 하늘은 세 달로 계절을 완성하고, 왕은 세 명으로 자신을 보좌하게 했다. 완전한 수[즉 3]를 기준으로 세우고 네 번 중복함으로써 과실을 없앴던 것이다. 천수를 갖추고서 정사를 고찰한다고 함은 도(道)를 살펴 정치한다는 의미이다.……
> 한 가지 양(陽)이 봄의 세 달로 변한 것은 세 달이 한 계절을 이룬 경우가 아니겠는가? 하늘이 네 번 거듭할 때 그때마다 달수는 동일하다. 하늘에 사

---

60) 天令之謂命；命非聖人不行. 質樸之謂性；性非敎化不成. 人欲之謂情；情非制度不節. 是故王者, 上謹於承天意, 以順命也. 下務明敎化民, 以成性也. 正法度之宜, 別上下之序, 以防欲也. 修此三者, 而大本擧矣. (「동중서전」, 『한서』, 2515–16쪽)

계절이 있고 한 계절은 세 달이듯이 왕자는 네 차례 선발하고 매 선발 때마다 세 신하를 두었다. 그러므로 맹(孟)·중(仲)·계(季)가 있는 것이 한 계절의 이치이듯이, 상·중·하가 있는 것이 매 선발의 이치이다. 세 신하로써 첫 단계로 선발하고 네 차례 선발한 다음 그치면 사람의 도리(人情)는 완결된다. 인재(人材) 선발에 진실로 네 단계가 있는 것은 마치 하늘의 절기가 네 번 변하는 것과 같다. 성인(聖人)이 첫 단계로 선발되고 군자(君子)가 그 다음, 선인(善人)이 그 다음, 정인(正人)이 그 다음으로 선발된다. 이 이하는 선발하기에 부족하다.

네 단계 선발마다 각각 등급(節 : 마디, 법도)이 있다. 따라서 하늘이 네 번 계절을 고르고 열두 달을 마침으로써 하늘의 변화는 완결된다. 인간의 변화를 하늘에 부합하게 완결하는 일은 오직 성인만이 할 수 있기 때문에 성인이 왕의 정사(王事)를 수립했다.……따라서 한 해 가운데 사계절이 있고 한 계절에 세 기간이 있는 것이 하늘의 등급(節 : 절기)이다. 사람은 하늘로부터 태어나 하늘의 등급을 체현했기 때문에 대소, 후박의 차이가 있는 것이 인간의 기품(氣)이다. 선왕(先王)은 인간의 기품을 바탕으로 저 차이를 분별하여 네 단계 선발 대상으로 삼았다. 그러므로 3공 자리는 성인 가운데 선발하고, 3경 자리는 군자 가운데 선발하고, 3대부 자리는 선인 가운데 선발하고, 3사(士) 자리는 정직한 인물 가운데 선발했다.

인간의 (재능의) 차이를 분별하여 네 단계로 선발하고 매 선발마다 세 신하를 세운 것은 마치 하늘이 한 해의 차이(변화)를 나누어 사계절로 삼고 매 계절마다 세 시기를 둔 것과 같다. 하늘이 사계절을 골라 열두 절기가 서로 화합하여 한 해를 이루게 했듯이, 왕은 네 단계 인물을 선발하여 열두 지위의 신하들이 서로 격려하고 연마하여 중정(極 : 中正)에 이르게 했는데, 도(道)는 반드시 지극해진 연후에 천지의 아름다움을 획득할 수 있다.[61]

---

61) 王者制官, 三公, 九卿, 二十七大夫, 八十一元士, 凡百二十人, 以列臣備矣. 吾聞聖王所取儀金天之大經(兪云: '金字乃法字之誤'), 三起而成, 四轉而終. 官制亦然者, 此其儀與? 三人而爲一選, 儀於三月而爲一時也. 四選而止, 儀於四時而終也. 三公者, 王之所以自持也. 天以三成之 ; 王以三自持. 立成數以爲植, 而四重之, 其可以無失矣. 備天數以參事, 治謹於道之意也.……一陽而三春, 非自三之時與? 而天四重之, 其數同矣. 天有四時, 時三月. 王有四選, 選三臣. 是故有孟, 有仲, 有季, 一時之情也. 有上, 有下, 有中, 一選之情也. 三臣而爲一選, 四選而止, 人情盡矣. 人之材固有四

벼슬(官)을 설치하고 그 직무(職)를 분리한 것은 모두 하늘의 이법
(天數)을 본받은 것이니 임의로 규정할 수 없다.

"하늘의 도(天道)를 본받아 정치를 행함"에 대해서 동중서는 이
렇게 말했다.

> 하늘의 도에는 질서가 있고 계절이 있고 법도가 있고 등급이 있으며, 변
> 천에는 법칙이 있고 상반되더라도 상호 보완적이며, 미미하지만 멀리 미
> 치고 아득하지만 지극히 빽빽하고 한결같아서 거의 정체되지 않으며, 넓
> 지만 실하고 공허하지만 꽉 차 있다. 성인은 하늘에 견주어 행한다.
>
> 따라서 성인은 마음을 단속할 때는 호(好)·오(惡)·희(喜)·노(怒)의 합당
> 성을 살펴서 하늘이 그 시기가 아니면 난(暖)·청(淸)·한(寒)·서(暑)를 내
> 리지 않는 것에 부합하려고 하고, 정령을 포고하여 풍속을 맑게 교화시킬
> 때는 은근히 진행시킴으로써 하늘이 그 어느 하나라도 순서를 뒤바꾸지
> 않고 한 해를 완성하는 것에 부합하려고 하고(이 문장은 어딘가 잘못된
> 문자가 있는 것 같다/소여), 또 천박함, 말단, 화려함, 허위를 부끄러워하
> 고 정성, 중후함, 충직, 신실함을 중시함으로써 하늘이 묵묵히 말이 없지
> 만 공덕을 쌓고 완성하고 있는 것에 부합하려고 하고, 아부, 파당, 편견,
> 사사로움을 거부하고 널리 사랑하고 이익을 공유하는 것을 찬양함으로써
> 하늘이 사물을 성장시키면서 서리는 적고 이슬은 많이 내리는 것에 부합
> 하려고 한다.[62]

選, 如天之時固有四變也. 聖人爲一選, 君子爲一選, 善人爲一選, 正人爲一選. 由此
而下者, 不足選也. 四選之中, 各有節也. 是故天選四堤十二而人變盡矣(蘇輿云:'疑
當云 : 天選四時, 終十二, 而天變盡矣'). 盡人之變合之天, 唯聖人者能之. 所以立王
事也.……故一歲之中有四時, 一時之重有三長, 天之節也. 人生於天, 而體天之節,
故亦有大小厚薄之變, 人之氣也. 先王因人之氣而分其變, 以爲四選. 是故三公之位,
聖人之選也. 三卿之位, 君子之選也. 三大夫之位, 善人之選也. 三士之位, 正直之選
也. 分人之變, 以爲四選, 選立三臣. 如天之分歲之變以爲四時, 時有三節也. 天以四
時之選, 與十二節相和而成歲. 王以四位之選, 與十二臣相砥礪而致極. 道必極於其
所至, 然後能得天地之美也. (「관제상천(官制象天)」, 『번로』, 214–19쪽)

62) 天之道有序而時, 有度而節, 變而有常, 反而有相奉. 微而至遠, 踔而致精, 一而少積
蓄. 廣而實, 虛而盈. 聖人視天而行. 是故其禁而審好惡喜怒之處也, 欲合諸天之非其
時不出暖淸寒暑也. 其告之以政令而化風之淸微也, 欲合諸天之顚倒其一而以成歲
也(蘇輿云:'兩句並疑有誤字'). 其羞淺末華虛而貴敦厚忠信也, 欲合諸天之默然不

이는 모두 임금이 "하늘의 도"를 본받아 "정치를 행한" 경우이다. "하늘의 뜻(天志)을 본받아 사랑(仁)에 귀착함"에 대해서 동중서는 이렇게 말했다.

> 가장 아름다운 사랑(仁)은 하늘에 있다. 하늘은 사랑이다. 하늘은 만물을 감싸안고 생육하여 조화로 산생한 다음 다시 양육하여 완성시킨다. 이러한 일의 작용은 다함이 없이 끝나면 다시 시작하는데, 결국 모든 것을 들어 인간을 봉양하고 있다. 이러한 하늘의 뜻을 살펴보건대 그 사랑은 한량이 없다. 사람은 하늘의 명을 받아 하늘로부터 사랑을 취해서 스스로 사랑을 행하기 때문에 부자 및 형제간에 친애가 있고 또 충직, 신실, 자비, 은혜의 마음을 가지고 예의염치(禮義廉恥)의 행동을 하며 시비(是非), 역순(逆順)의 정치원리를 소유한다. 인간은 문리(文理 : 禮儀)가 찬란히 빛나고 두터우며 지식은 넓고도 포괄적이기 때문에 오직 인간의 도라야 하늘과 비견할 수 있다. 하늘은 항상 사랑과 이익을 의도하기 때문에 오직 양육과 생장의 일만 하는지라 춘·하·추·동이 모두 그와 같이 작용한다. 왕자 역시 항상 천하에 대한 사랑과 이익을 의도하기 때문에 한 세상을 편안한 낙원으로 만드는 데만 몰두하는지라 그의 호·오·희·노는 모두 그와 같이 작용한다.[63]

하늘은 사람을 사랑하고 이롭게 하는 일을 의도하므로 왕자는 그것을 본받아 역시 사람을 사랑하고 이롭게 하는 일을 의도한다. 이 점은 묵자의 학설과 동일한 면이 있다.

동중서의 사회철학은 빈부를 균등히 하여 "(토지)겸병의 통로를 봉쇄할 것"[64]을 강조했다. 동중서는 말했다.

言而功德積成也. 其不阿黨偏私而美汎愛兼利也, 欲合諸天之所以成物者少霜而多露也. (「천용(天容)」, 『번로』, 333–34쪽)

63) 仁之美者在於天. 天, 仁也. 天覆育萬物, 旣化而生之, 有養而成之(蘇興曰 : '有又同'). 事功無已, 終而復始 ; 凡擧歸之以奉人. 察於天之意, 無窮極之仁也. 人之受命於天也, 取仁於天而仁也. 是故人之受命天之尊(盧文弨曰 : '七字疑衍'), 父兄子弟之親 (盧文弨曰 : '父兄上應有有字'), 有忠信慈惠之心, 有禮義廉恥之行, 有是非逆順之治. 文理燦然而厚, 知廣大有而博. 唯人道爲可以參天. 天常以愛利爲意, 以養長爲事, 春秋冬夏, 皆其用也. 王者亦常以愛利天下爲意, 以安樂一世爲事, 好惡喜怒而備用也 (蘇興曰 : '而備疑當作皆其'). (「왕도통삼」, 『번로』, 329–30쪽)

64) 塞幷兼之路.

　공자는 말하기를 "가난을 걱정하지 말고 불균등을 걱정하라"했다. 즉 많이 쌓아두는 사람이 있으면 텅텅 비는 사람이 있게 된다. 크게 부유하면 교만해지고 크게 가난하면 근심이 생긴다. 근심하면 도둑질하게 되고 교만하면 횡포해지는 것은 뭇 사람의 실정(情)이다. 성인은 그러한 뭇 사람의 실정에 바탕을 두고 혼란의 발생 원천을 통찰하기 때문에 인간의 도리(人道)를 제정하여 최상과 최하의 한계를 정하여, 부자는 충분히 부귀를 과시하더라도 교만에 이르지 못하게 했으며, 가난한 사람은 충분히 생계를 유지하고 근심에 빠지지 않도록 배려했다. 이것을 법도로 삼아 부의 균등을 모색함으로써 재물이 결핍되지 않게 하고 위아래를 서로 안정시켰기 때문에 세상은 쉽게 다스려졌다.

　그러나 지금의 세상은 그러한 법제를 버리고 저마다 그 욕망을 추구하기 때문에 욕망은 그 한계를 몰랐고 뭇 사람이 자기 멋대로 행하는 그 추세는 그 끝을 찾을 수 없어서, 마침내 위의 군자들은 재물이 딸렸고 아래의 서민들은 수척해졌건만, 부자는 더욱 이익을 탐하여 의리에 개의치 않았고 가난한 자는 날마다 금령을 범하기를 그칠 줄 몰랐다. 이 때문에 세상은 다스리기 어려워졌다.……

　하늘은 중복해서 부여하지 않는다. 즉 뿔이 있으면 송곳니를 주지 않았으니 이미 큰 것이 있으면 작은 것을 차지하지 못하게 하는 것이 바로 하늘의 이법(天數)이다. 이미 큰 것이 있는데도 다시 작은 것을 겸하는 일은 하늘도 허락하지 않거늘 하물며 인간에게 있어서랴? 따라서 명철한 성인이 하늘이 하는 바를 본받아 **제도를 만들어 큰 봉록을 누리는 자가 작은 이익을 겸하여 백성과 이익 사업을 다투지 못하게 한 것**은 바로 **천리**(天理)였다.[65]

---

65) 孔子曰 : "不患貧而患不均." 故有所積重, 則有所空虛矣. 大富則驕, 大貧則憂, 憂則爲盜, 驕則爲暴 ; 此衆人之情也. 聖者則於衆人之情, 見亂之所從生. 故其制人道而差上下也. 使富者足以示貴而不至於驕, 貧者足以養生而不至於憂. 以此爲度而調均之, 是以財不匱而上下相安, 故易治也. 今世棄其度制, 而各從其欲. 欲無所窮, 而俗得自恣, 其勢無極. 大人病不足於上, 而小民羸瘠於下. 則富者愈貪利而不肯爲義. 貧者日犯禁而不可得止. 是世之所以難治也.……天不重與. 有角不得有上齒. 故已有大者, 不得有小者, 天數也. 夫已有大者, 又兼小者, 天不能足之, 況人乎? 故明聖者, 象天所爲, 爲制度, 使諸有大奉祿, 亦皆不得兼小利, 與民爭利業, 乃天理也. (「도제(度制)」, 『번로』, 227-30쪽)

"제도를 만들어 큰 봉록을 누리는 자가 작은 이익을 겸하여 백성과 이익 사업을 다투지 못하게 한 일"이 "겸병의 통로를 봉쇄한 일"이다. 이 제도는 "천리"에 부합한다고 동중서는 생각했다.

동중서의 이상(理想) 속의 토지분배 제도는 여전히 정전제도(井田制度)였다. 이른바

사방 1리가 1정(井)이므로 1정은 900무(畝)인데 여기에 인구를 정착시켜, 이 사방 1리에 8가구를 두어 1가구가 100무씩 경작하여 다섯 식구를 먹인다. 상등의 농부는 100무를 경작하여 아홉 식구를 먹이고, 그 다음은 여덟 식구, 그 다음은 일곱 식구, 그 다음은 여섯 식구, 그 다음은 다섯 식구를 먹인다[66]

는 것이다. 귀족정치가 무너진 뒤 인민이 경제 면에서 자유경쟁한 결과, 진한시대 무렵에 신흥 부호들이 늘고 빈부 격차의 현상이 두드러지자 당시 지식인들 사이에는 의론이 분분했는데, 동중서 역시 그 유폐를 시정하려고 힘썼던 것이다.

10. 재이

천인 관계는 이상의 여러 절에서 서술한 바와 같으므로, 인간의 행위가 합당하지 않고 이상하면 하늘도 비상한 현상을 나타낸다. 하늘이 나타낸 그 비상한 현상이 이른바 재이(災異)이다. 동중서는 말했다.

대략 분류하건대 천지간 사물에 이상한 변화가 생긴 것이 "이(異)"이고, 그중 작은 것이 "재(災)"이다. "재"가 통상 먼저 이르고 "이"가 뒤따른다. "재"란 하늘의 견책이고, "이"란 하늘의 위협이다. 견책했는데도 깨닫지 못하면 위협을 하여 두렵게 한다. 『시』에 "하늘의 위협을 두려워한다" 했는데 아마 이것을 일컬은 듯하다. 무릇 재이의 근원은 전부 국가의 실정에서 생긴다. 국가의 실정이 싹트기 시작하면 **하늘은** 재해(災害)를 내려 그것을 **견**

---

66) 方里而一井, 一井而九百畝, 而立口. 方里八家, 一家百畝, 以食五口. 上農夫耕百畝, 食九口, 次八人, 次七人, 次六人, 次五人. (「작국(爵國)」, 『번로』, 240쪽)

책하여 알린다(譴告). 견책하여 알렸는데도 변경할 줄 모르면 괴이(怪異)를
보여 깜짝 놀라게 한다. 깜짝 놀라게 했는데도 아직 경외할 줄 모르면 그때
재난이 닥친다. 이로써 하늘의 뜻은 사랑이며 인간을 함정에 빠뜨리는 것이
아님을 알 수 있다.[67]

즉 인간의 행위가 옳지 못하면 "하늘은 재이를 내려 견책하여 알린
다"는 말이다.* 동중서는 말했다.

　지금 평지에 물을 부으면 마른 곳은 피하고 습한 곳으로 흘러간다. 똑같
은 땔나무에 불을 붙이면 습한 곳은 피하고 마른 곳으로 타들어간다. 이처
럼 모든 사물은 자기와 다른 것은 피하고 자기와 같은 것을 붙좇는다. 즉 기
(氣)가 같으면 모이고 소리가 어울리면 호응하는 이러한 징험은 아주 명백
하다. 한번 거문고를 조율하여 연주해보면, 궁(宮) 음을 당기면 다른 궁 음

---

67) 其大略之類, 天地之物, 有不常之變者, 謂之異 ; 所者謂之災. 災常先至而異乃隨之.
　災者, 天之譴也 ; 異者, 天之威也. 譴之而不知, 乃畏之以威. 『詩』曰 : "畏天之威",
　殆此謂也. 凡災異之本, 盡生於國家之失. 國家之失, 乃始萌芽, 而天出災害以譴告
　之. 譴告之而不知變, 乃見怪異以驚駭之. 驚駭之尙不知畏恐, 其殃咎乃至. 以此見天
　意之仁而不欲陷人也. (「필인차지」, 『번로』, 259쪽)
*『신편』III, 43-44쪽 : 동중서의 "천인감응"의 견해에 따르면 무릇 자연계의 비정
　상적인 현상은 모두 당시의 정치적인 어떤 조치가 잘못을 범했기 때문에 "하늘"
　이 비정상적인 현상을 가지고 통치자에게 경고를 보낸 것이다. 무제(武帝) 때 요동
　지방의 한나라 조묘(祖廟)와 한 고조 능 내의 편전(便殿)에서 연이어 불이 났다.
　이것은 당시로 보아서는 일종의 "재이"였다. 그래서 동중서는 당시의 정치적 현
　실에 부회하여 한 편의 글을 써서 상소할 준비를 했다. 그가 아직 출발하기 전에
　그의 친구인 주부언(主父偃)이 그를 방문했다가 그 원고를 발견하고 훔쳐서 무제
　에게 바쳤다. 무제는 당시의 인물들을 소집하여 토론했고, 동중서의 제자였던 여
　보서(呂步舒)는 그것이 자기의 스승의 원고임을 모르고 "매우 기만적인 글로 보인
　다(以爲大愚)"고 했다. 그리하여 동중서는 사형에 처해지게 되었으나, 무제가 사
　면해주었다.……/『한서』「오행지」에 동중서의 그 글의 대의가 실려 있다. 그가
　말한 내용에 따르면, 그 두 가지 재이는 모두 하늘이 그로써 하늘의 의지를 표현한
　것으로서, 요동 지방의 조묘의 불은 먼 지방의 불법적인 제후를 죽일 것을 말한 것
　이고, 고조 능의 편전의 불은 조정의 불법적인 대신을 죽일 것을 말한 것이었다.
　그의 이런 결론은 당연히 집정자들의 분노를 야기했고, 따라서 그들은 동중서를
　죽이려고 했던 것이다. 동중서는 그후 감히 두번 다시 재이를 말하지 않았다고 하
　는데, 이것은 감히 또다시 구체적으로 실제 정치에 견강부회하지 않았다는 말이
　고, 그가 "천인감응"이라는 저 일반 원칙을 포기한 것은 아니었다.

이 호응하고 상(商) 음을 당기면 다른 상 음이 호응한다. 이처럼 오음이 비례대로 저절로 울리는 것은 **귀신 때문이 아니라 그 이치가 그렇기 때문이다**. 아름다운 일은 아름다운 부류(類)를 부르고 추한 일은 추한 부류를 부르는 것은 부류가 상응하여 생기는 현상으로서, 마치 말이 울면 말이 호응하고 소가 울면 소가 호응하는 것과 같다. 따라서 제왕(帝王)이 장차 흥성하려면 상서로운 징조가 미리 보이고 장차 쇠망하려면 요상한 조짐이 미리 보인다. 사물은 본래 부류에 따라 서로를 부르는 것이다.……

하늘에 음양이 있듯이 사람에게도 음양이 있다. 천지의 음기가 일어나면 사람의 음기도 그에 상응하여 일어나고, 반대로 사람의 음기가 일어나면 천지의 음기도 마땅히 그에 상응하여 일어나는데, 이 도는 하나이다.* 이러한 이치를 깨달은 사람은 비를 내리게 하려면 음기를 동요시켜 음기를 일으키며, 비를 그치게 하려면 양기를 동요시켜 양기를 일으킨다. 따라서 비를 내리게 하는 일은 귀신의 소관이 아님에도 불구하고 귀신의 소관처럼 의심되는 것은 그 이치가 아주 미묘하기 때문이다. 오직 음양의 기만이 그 부류에 따라 불러오거나 물리칠 수 있는 것이 아니고, 재앙이나 복 따위의 발생 원리 역시 그 이치에 따른다. 어떤 것이든 항상 자기가 먼저 원인을 제공하기 때문에 사물이 그 부류에 따라 응하여 촉발되는 것이다.[68]

---

* 『신편』III, 67-69쪽: 순황의 철학체계의 주제는 "하늘과 사람 간의 분별을 명확히 인식하는 것(明於天人之分)"이었지만, 동중서 철학의 중심 사상은 "하늘과 사람은 똑같고(天人一也)" "그 도는 하나이다(其道一也)"는 것이었다.……동중서의 천인감응론은 한대의 신비주의 사조에 지대한 영향을 일으켰다. 그 이론은 자연을 인격화한 관념론 사상의 일종의 표현형식으로서, 자연현상과 사회현상을 혼동하여 사회현상으로써 자연현상을 이해했고, 또 반대로 자연현상으로써 사회현상을 설명했다. 이것은 순황의 "명어천인지분" 사상과 선명한 대비를 이룬다.

68) 今平地注水, 去燥就濕. 均薪施火, 去濕就燥. 百物去其所與異, 而從其所與同. 故氣同則會, 聲比則應, 其驗皦然也. 試調琴瑟而錯之, 鼓其宮則他宮應之, 鼓其商而他商應之. 五音比而自鳴, 非有神, 其數然也. 美事召美類 ; 惡事召惡類, 類之相應而起也. 如馬鳴則馬應之, 牛鳴則牛應之. 帝王之將興也, 其美祥亦先見. 其將亡也, 妖孽亦先見. 物故以類相召也.……天有陰陽, 人亦有陰陽. 天地之陰氣起, 而人之陰氣應之而起. 人之陰氣起, 而天地之陰氣亦宜應之而起. 其道一也. 明於此者, 欲致雨則動陰以起陰 ; 欲止雨則動陽以起陽. 故致雨非神也, 而疑於神者, 其理微妙也. 非獨陰陽之氣可以類進退也, 雖不祥禍福所從生, 亦由是也. 無非己先起之, 而物以類應之而動者也. (「동류상동(同類相同)」, 『번로』, 360쪽)

○형벌이 바르게 적용되지 못하면 요상한 기운이 생긴다. 아래에서 요상한 기운이 쌓이면 위로 원망과 증오가 모인다. 상하가 불화하면 음양이 꼬이고 어그러져 재앙(妖孼)이 발생하고, 이로부터 재이(災異)가 일어나게 된다.[69]

○인간은 아래로 만물을 관장하고 위로 천지와 더불어 나란히 셋이 된다. 따라서 인간의 치란(治亂)의 대사와, 동정(動靜)과 순역(順逆)의 기(氣)는 음양의 조화(化)를 덜거나 보태어 사해를 요동시킨다. 이러한 사물의 이치는, 마치 귀신의 일처럼 이해하기 어렵기는 하지만, 그렇지 않다고 할 수 없다. 가령 땅에 몸을 던지면 죽거나 다칠 뿐 땅을 동요시킬 수 없지만, 진흙에 던지면 그 주변만 동요시키고 물에 던지면 더욱 멀리 동요시키는 것처럼, 사물이 부드러우면 부드러울수록 더욱 변동시키고 동요시키기 쉬움을 알 수 있다. 그런데 기화(氣化)의 부드러움은 단순히 물 정도가 아니다.

그래서 임금이 뭇 백성을 상대로 잠시도 쉬지 않고 동요시키면 항상 치란의 기운이 천지의 조화와 서로 뒤섞여 나라를 잘 다스리지 못하게 된다. 세상이 태평하여 백성이 화합하고 뜻이 평화스러워 기운이 바르게 되면 천지의 조화도 그윽해져(精:아름다워) 만물의 아름다움이 일어난다. 세상이 혼란해져 백성이 반목하고 뜻이 괴팍해지고 기운이 어그러지면 천지의 조화가 손상되어 요상한 기운이 생기고 재해가 일어난다.[70]

즉 인간의 행위가 옳지 못하면 음양의 기가 기계적으로 감응하여 비상한 현상이 출현하게 된다. 그런데 이른바 재이의 원인이 과연 앞에서 서술한 두 가지 가운데 어느 것인지 혹은 두 가지를 겸한 것인지 동중서는 언급하지 않았다. 음양가의 말 가운데는 천인상감

69) 刑罰不中, 則生邪氣. 邪氣積於下, 怨惡畜於上. 上下不和, 則陰陽繆戾 而妖孼生矣. 此災異所緣而起也. (「동중서전」, 『한서』, 2500쪽) [妖孼 : 불길한 징조]

70) 人下長萬物, 上參天地. 故其治亂之故, 動靜順逆之氣, 乃損益陰陽之化, 而搖蕩四海之內. 物之難知者若神, 不可謂不然也. 今投地死傷而不騰相助(孫詒讓云:‘當作而不能相動’). 投淖相動而近, 投水相動而愈遠. 由此觀之, 夫物愈淖而愈易變動搖蕩也. 今氣化之淖, 非直水也, 而人主之以衆動之無已時. 是故常以治亂之氣, 與天地之化相殽, 而不治. 世治而民和, 志平而氣正, 則天地之化精, 而萬物之美起. 世亂而民乖, 志僻而氣逆, 則天地之化傷, 氣生災害起(盧文炤曰:‘氣上疑脫一字’). (「천지음양」, 『번로』, 466쪽)

(天人相感)의 이치에 대해서 본래 이 두 설이 있었다.[71]

11. 역사철학

천인 관계는 상술한 것처럼 밀접한 까닭에 동중서와 일반 한나라 사람들의 눈에는 역사의 변화도 천도의 법칙을 따랐다. 한나라 사람들은 역사가 따르는 천도의 법칙을 두 가지로 설명했다. 하나는 오덕설(五德說)로서 이는 "천지 개벽 이래 오덕(五德: 오행의 역량) 이 순차로 옮아가며 그때마다 각 덕에 합당한 정치가 존재한다"[72] 는 추연(騶衍)의 설인데 제1편에서 이미 설명했다. 이 설의 근본적 인 의미는 한나라 때도 계속 유행했으나, 다만 그 설로써 실제 역사를 해석할 때 각 학파간의 견해는 완전히 일치하지는 않았다. 예컨 대 한나라가 과연 수덕(水德)인지 아니면 토덕(土德) 혹은 화덕(火德)인지가 당시 상당한 쟁론거리였다. 오덕설 외에 삼통설(三統說) 이 있었다. "삼통"이란 흑통(黑統), 백통(白統), 적통(赤統)이다. "삼통"은 "삼정(三正)"이라고도 했다. 동중서는 말했다.

> 삼정은 흑통부터 시작한다. ("정흑통[正黑統]"이란) 역법상의 정월 초를 영실(營室: 페가수스자리) 즉 북두의 "건인(建寅)"*으로 개정하는 것이다.

---

71) 제1편 제7장 제7절 참조.

『신편』III, 68–69쪽: 재이의 문제에 관해서 동중서의 체계 속에는 두 가지 견해 가 제시되어 있다. 하나는 하늘과 인간은 동류이므로(天人同類) 자연적으로 서로 감응하며 "귀신 때문이 아니라 그 이치가 그렇기 때문이다"고 여긴 것인데, 이는 기계론적 경향을 띤 견해이다. 또 하나는 하늘은 희노(喜怒)와 상벌(賞罰)이 있고 재이는 하늘의 의지에서 생긴다고 여긴 것으로 이는 일종의 목적론적 견해이다. 이 두 견해는 선진시대에 이미 있었다.……두 가지는 서로 모순적이지만 동중서의 체계 속에서는 한데 결합되어 있다. 그는 사실상 목적론적 견해에 기초하여 기계론적 견해를 수용했다. 이것은 그가 "의지적 천(天)"을 긍정하는 전제하에 음양 오행설을 흡수했던 방법과 일치한다. 그래서 그는 부득불 기계론적 감응설을 목적론적 체계에 적합하게 수정했던 것이다.]

72) 自天地剖判以來, 五德轉移, 治各有宜. (제1편 제7장 제7절 참조)

* 고대 천문학에서 북두칠성의 자루가 가리키는 곳을 건(建)이라고 불렀다. 일년 중 에서 북두칠성의 자루가 돌아가며 차례로 지향하는 12신(辰)을 12월건(月建)이라

하늘이 양기를 통솔하여 두루 만물을 화육하기 시작하면 만물은 싹이 트는데 그 색은 흑색이다. 따라서 제후가 천자를 알현할 때의 조복은 흑색, 물풀 무늬의 모자도 흑색, 수레의 바탕도 흑색, 말도 흑색이며, 큰 부절과 인끈과 머리쓰개는 흑색을 높이고, 깃발도 흑색, 큰 보옥도 흑색, 교제(郊 : 郊祭, 천지에 올리는 제사)에 쓰는 소도 검은 소, 희생(犧牲 : 종묘 제향용 소)은 뿔이 달걀 모양인 것으로 한다. 관례는 동편 층계(阼 : 대청에 오르는 주인용 계단)에서 행하고, 혼례 때 신랑은 뜰에서 신부를 맞으며, 상례 때 빈소는 동쪽 섬돌 위에 마련한다.……"정백통(正白統)"이란 역법상의 정월 초를 허(虛) 즉 북두의 "건축(建丑)"으로 개정하는 것이다. 하늘이 양기를 통솔하여 만물의 껍질을 벗기고 화육하기 시작하면 만물은 싹이 트며 그 색은 백색이다. 따라서 조복은 백색, 물풀 무늬의 모자도 백색, 수레의 바탕도 백색, 말도 백색이며, 큰 부절과 인끈과 머리쓰개는 백색을 높이고, 깃발도 백색, 큰 보옥도 백색, 교제에 쓰는 소도 흰 소, 희생은 뿔이 누에고치 모양인 것으로 한다. 관례는 대청(堂)에서 행하고, 혼례 때 신랑은 대청에서 신부를 맞으며, 상례 때 빈소는 두 기둥 사이에 마련한다.……"정적통(正赤統)"이란 역법상의 정월 초를 견우(牽牛) 즉 북두의 "건자(建子)"로 개정하는 것이다. 하늘은 양기를 통솔하여 만물에게 베풀어 화육하기 시작하면 만물은 꿈틀거리며 그 색은 적색이다. 따라서 조복은 적색, 물풀 무늬의 모자도 적색, 수레의 바탕도 적색, 말도 적색이며, 큰 부절과 인끈과 머리쓰개는 적색을 높이고, 깃발도 적색, 큰 보옥도 적색, 교제에 쓰는 소도 붉은 소, 희생은 뿔이 밤 모양인 것으로 한다. 관례는 방에서 행하고, 혼례 때 신랑은 문에서 신부를 맞으며, 상례 때 빈소는 서쪽 층계 위에 마련한다.……

정삭[正朔]을 고친다는 의미는 하늘을 받들어 일어난다는 뜻이다. 옛날 왕자(王者)는 천명을 받아 왕이 되었으므로 제도를 개정하고 정월을 고쳐 불렀다. 복색(服色)이 정해진 연후에 교제를 지내어 천지와 뭇 신명께 고하고 먼 조상을 추모한 다음 천하에 포고하면, 제후는 묘당에서 [정삭을] 받아 종

고 불렀다. 이것을 기준으로 하력(夏曆 : 즉 음력)은 달을 나누어, 정월은 건인(建寅), 2월은 건묘(建卯)……11월은 건자(建子), 12월은 건축(建丑)으로 불렀다. 또 한편으로 "건자", "건축", "건인"은 각각 하력 11월(子月), 12월(丑月), 1월(寅月)을 세수(歲首)로 삼은 역법들을 지칭한다.

묘사직과 산천에 고하는데 그러면 천하 사람들은 한결같이 똑같은 역법을 따른다.……이로써 천통(天統)의 의미를 밝혔다. 이른바 통삼정(統三正)에서 정(正)이란 개정(正 : 改正)의 뜻이다. 음양의 기를 통솔하면 만물은 그에 응하여 개정된다. 즉 통솔(統 : 실마리)이 바르면 그밖의 모든 것은 개정되므로 무릇 한 해의 요점은 정월에 있다. 모범적 개정의 도란 근본을 올바로 하면 말단이 호응하고 안을 바르게 하면 바깥이 호응하는 것인데, 모든 행위와 조치들이 변화하여 순종하지 않는 것이 없어야 모범적 개정이라고 할 수 있다.……**따라서 왕자는 바꾸지 않는 것이 있으며, 둘로 반복되는 것, 셋으로 반복되는 것, 넷으로 반복되는 것, 다섯으로 반복되는 것, 아홉으로 반복되는 것**이 있다.……왕자의 제도는 한번은 상(商), 한번은 하(夏), 한번은 질(質), 한번은 문(文)으로 한다. 상과 질은 하늘을 근본으로 삼고, 하와 문은 땅을 근본으로 삼고, 『춘추』는 인간을 근본으로 삼는다.[73]

실제의 역사를 놓고 보면, 하(夏)는 흑통(黑統)이고 인월(寅月)을 정월로 삼고 흑색을 숭상했다. 상(商)은 백통(白統)이고 축월(丑月)을 정월로 삼고 백색을 숭상했다. 주(周)는 적통(赤統)이고 자월(子月)을 정월로 삼고 적색을 숭상했다. 주를 계승하는 자는 다시 흑통이 된다. 역사는 이와 같이 순환 변화하여 한바퀴 돌고 다시 시작한

---

73) 三正以黑統初. 正日月朔於營室, 斗建寅. 天統其始通化物, 物見萌達, 其色黑. 故朝正服黑, 首服藻黑, 正路輿質黑, 馬黑. 大節綬幘尙黑, 旗黑, 大寶玉黑, 郊牲黑, 犧牲角卵. 冠於阼, 昏禮逆於庭, 喪禮殯於東階之上.……正白統者, 歷正日月朔於虛, 斗建丑. 天統氣始蛻化物, 物始芽, 其色白. 故朝正服白, 首服藻白, 正路輿質白馬白. 大節綬幘尙白, 旗白, 大寶玉白, 郊牲白, 犧牲角繭. 冠於堂, 昏禮迎於堂, 喪事殯於楹柱之間.……正赤統者, 力正日月朔於牽牛, 斗建子. 天統氣始施化物, 物始動, 其色赤. 故朝正服赤, 首服藻赤, 正路輿質赤, 馬赤. 大節綬幘尙赤, 旗赤, 大寶玉赤, 郊牲騂, 犧牲角栗. 冠於房, 昏禮迎於戶, 喪禮殯於西階之上.……改正之義, 奉元而起(蘇輿曰 : '奉元疑作奉天'). 古之王者, 受命而王, 改制稱號正月. 服色定, 然後郊告天地及群神, 遠追祖禰, 然後布天下, 諸侯廟受, 以告社稷宗廟山川, 然後感應一其司.……所以明乎天統之義也. 其謂統三正者, 曰 : 正者, 正也. 統致其氣, 萬物皆應而正, 統正, 其餘皆正, 凡歲之要, 在正月也. 法正之道, 正本而末應, 正內而外應, 動作去錯, 靡不變化隨從, 可謂法正也.……故王者有不易者, 有再而復者, 有三而復者, 有四而復者, 有五而復者, 有九而復者.……王者以制(蘇輿曰 : '以疑作之'), 一商, 一夏, 一質, 一文. 商質者主天, 夏文者主地, 『春秋』者主人. (「삼대개제질문(三代改制質文)」, 『번로』, 191~204쪽)

다. "왕자는 바꾸지 않는 것이 있음"에 대해서 동중서는 말했다.

　이른바 새 왕은 반드시 제도를 고친다(改制)고 함은 도를 고친다는 것도 아니고 원리를 고친다는 것도 아니다. 하늘에서 명을 받아 역성(易姓) 혁명으로 왕조를 바꾼 것은 앞 왕을 계승하여 왕이 된 경우가 아닌데, 만일 이전 제도를 그대로 따르고 옛 과업을 수행할 뿐 아무 것도 고치지 않는다면 이것은 앞 왕을 계승하여 왕이 된 경우와 구별할 수 없게 된다. 천명을 받아 임금이 되었다고 함은 하늘에 의해서 크게 드높여졌다는 뜻이다. 아비를 섬기는 자는 그 뜻을 계승하고 임금을 섬기는 자는 그 의지를 붙좇는바 하늘을 섬기는 일 역시 그러하다. 이제 하늘이 자기를 크게 드높였는데도 사물(物 : 칭호, 정삭, 복색 등)을 그대로 승계하고 모든 것을 똑같이 하면 드높여지지도 않고 천명되지도 않는즉, 이것은 하늘의 의지가 아니다. 따라서 반드시 거처를 옮기고 칭호를 바꾸고 정삭(正朔)을 개정하고 복색을 바꾸는 까닭은 다름 아니라 감히 하늘의 의지에 따라 자신을 밝혀 드높이지 않을 수 없기 때문이다.
　그러나 큰 강령(大綱), 인륜(人倫), 도리(道理), 정치(政治), 교화(敎化), 습속(習俗) 그리고 문자(격식?)의 의미(文義)는 모두 옛것과 같으니 무엇을 고칠 필요가 있겠는가? 따라서 왕자는 명목상 제도를 고칠(改制) 뿐 실제로 도를 바꾸지는 않는다. 공자가 말하기를 "작위하지 않고 정치한 사람은 아마 순 임금일 것이다!"라고 했는데, 이 말은 즉 요 임금의 도를 위주로 정치했다는 말이니 이것이 바로 바꾸지 않는 것의 대표적 사례가 아니겠는가?[74]

"도의 대(大)원천은 하늘에서 비롯되니 하늘(天 : 자연계의 최고 원칙)이 변하지 않듯이 도(道 : 사회의 최고 원칙) 역시 변하지 않는다"[75]고 했는데 이것이 저 "바꾸지 않는 것"이다. "둘로 반복되는

---

74) 今所謂新王必改制者, 非改其道, 非變其理. 受命於天, 易姓更王, 非繼前王而王也. 若一因前制, 修故業, 而無有所改, 是與繼前王而王者無以別. 受命之君, 天之所大顯也. 事父者承意, 事君者儀志, 事天亦然. 今天大顯己, 物襲所代而率與同, 則不顯不明, 非天志. 故必徙居處, 更稱號, 改正朔, 易服色者, 無他焉, 不敢不順天志而明自顯也. 若夫大綱人倫, 道理政治, 敎化習俗. 文義, 盡如故, 亦何改哉? 故王者有改制之名, 無易道之實. 孔子曰 : 無爲而治者, 其舜乎! 言其主堯之道而已, 此非不易之效與? (「초장왕(楚莊王)」, 『번로』, 17-19쪽)

75) 道之大原出於天, 天不變, 道亦不變. (「동중서전」, 『한서』, 2518-19쪽)

것"이 문(文)과 질(質)인데, 한 왕조가 문을 숭상하면 그 다음 왕조
는 반드시 질을 숭상하여 앞 왕조의 폐단을 시정한다는 것이다.[76]
"셋으로 반복되는 것"이 "삼통" 즉 "삼정"이다.[77]

---

76) 【주】『백호통의』는 말한다. "왕자가 반드시 한번은 '질(質)', 한번은 '문(文)'으로
교대하는 까닭은 무엇인가? 그렇게 함으로써 천지를 이어받고 음양에 순응하는
것이다. 양의 도가 극에 이르면 음의 도가 이어받고, 음의 도가 극에 이르면 양의
도가 이어받다. 이는 두 음과 두 양은 서로 계승할 수 없음을 밝힌 것이니, 질은
하늘을 본받고 문은 땅을 본받을 따름이다. 따라서 하늘은 질이고, 땅은 그것을
이어받아 변화시켜 양육하고 완성시키기 때문에 문이다. 『상서대전』에도 '왕자가
한번은 질, 한번은 문으로 교대하는 것은 천지의 도에 의거한 것이다' 했고, 『예삼
정기』에도 '질은 하늘을 본받고 문은 땅을 본받는다' 했다. 제왕이 처음 흥기하면
먼저 질을 추구하고 그 다음에 문을 추구하는데 이는 천지의 도와 본말의 의미 및
선후의 순서에 준거한 것이다. 만사는 어느 경우에든 먼저 질성(質性)이 있은 다
음에 문장(文章)이 있게 된다(王者必一質一文者何? 所以承天地, 順陰陽. 陽之道
極, 則陰道受. 陰之道極, 則陽道受. 明二陰二陽, 不能相繼也. 質法天, 文法地而已.
故天爲質, 地受而化之, 養而成之, 故爲文. 『尙書大傳』曰: '王者一質一文, 據天地之
道.' 『禮三正記』曰: '質法天, 文法地也.' 帝王始起, 先質後文者, 順天地之道, 本末
之義, 先後之序也. 事莫不先有質性, 後乃有文章也)."(「삼정(三正)」, 『백호통의』,
368쪽) [『尙書大傳』: 일서, 한대의 복승(伏勝, 자가 子賤, 세칭 伏生)이 지었다고
함. 『三正記』: 일서, 전한시대의 『예(禮)』에 대한 해설서]

77) 【주】『백호통의』는 "삼통", 즉 "삼정"을 더욱 자세히 논한다. "왕자가 천명을 받으
면 반드시 한 해의 시작을 고치는 까닭은 무엇인가? 역성(易姓)을 밝히고 앞 왕
조를 답습하지 않았음을 보여, [명을] 하늘에서 받았고 사람에게서 받지 않았음을
밝힘으로써 민심을 변화시키고 그 이목을 바꿈으로써 교화를 쉽게 하려고 한 때
문이다. 따라서 『대전』에 '왕자가 처음 흥기하여 정삭(正朔)을 고치고, 복색을 바
꾸고, 휘호를 다르게 하고, 기물을 달리하고, 의복을 구별한다' 했다. 정삭에 세
가지가 있는 까닭은 무엇인가? 본디 하늘의 '삼통'을 일컬어 '삼미(三微)의 달'이
라고 한 것에 근거하여, 왕자는 하늘을 받들어 그 뜻을 완성하는 사람이므로 천명
을 받을 때는 각기 하나의 정삭으로 통솔하여 시원을 공경하고 근본을 중시해야
함을 천명한 것이다. 삭(朔)이란 소생(蘇)과 변혁(革)의 뜻이다. 만물이 다시금 새
로 변혁되기 때문에 그것을 통솔한다는 말이다. 『예삼정기』에 '정삭은 셋으로 반
복되고 문과 질은 둘로 반복된다'고 했다. 또 '삼미'란 무엇인가? 양기가 처음 황천
에서 베풀어지기 시작할 때 움직임이 미미하여 아직 드러나지 않은 것을 의미한
다. 11월의 시기는 양기가 황천 아래에서 뿌리의 밑동을 배양하기 시작하므로 만
물은 모두 적색이고 적색은 왕성한 양기이므로, 주나라는 천정(天正)이고 색은 적
색을 숭상했다. 12월의 시기는 만물이 싹트기 시작하므로 백색이고 백색은 음기
이므로, 은나라는 지정(地正)이고 색은 백색을 숭상했다. 13월[즉 1월]의 시기는
만물이 껍데기를 깨고 나오기 시작하므로 만물은 모두 흑색이고 사람은 그것을

"넷으로 반복되는 것"이 상(商), 하(夏), 질(質), 문(文)이다(여기서의 상, 하는 왕조 이름이 아님). 동중서는 말했다.

하늘을 좇아 상(商)을 본받아 왕이 된 경우, 그 도는 양기가 넘치니 부모를 친애하고(親親) 어짊(仁)과 소박함(樸)을 숭상한다. 따라서 아들을 후계자로 세우고 친동생을 후대하며 첩은 아들로 말미암아 귀해지며, 관례는 아버지에 의해서 아들에게 자(字)가 지어지고, 혼례는 부부의 분별 예가 세세하고 부부는 마주 앉아 식사하고, 상례는 부부를 따로 묻으며, 제례는 소와 양의 생고기를 먼저 올리고 부부의 위패는 소목(昭穆)으로 나누어 배열한다.……
땅을 좇아 하(夏)를 본받아 왕이 된 경우, 그 도는 음기로 나아가니 귀인을 존

가지고 공력을 들이므로, 하나라는 인정(人正)이고 색은 흑색을 숭상했다. 『상서대전』에 '하나라는 맹춘(孟春)의 달[음력 1월]을, 은나라는 계동(季冬)의 달[12월]을, 주나라는 중동(仲冬)의 달[11월]을 각각 정삭으로 삼았다' 했는데, 하나라는 13월을 정삭으로 삼고 색은 흑색을 숭상하고 새벽을 시초로 삼았고, 은나라는 12월을 정삭으로 삼고 색은 백색을 숭상하고 닭이 울 무렵을 시초로 삼았고, 주나라는 11월을 정삭으로 삼고 색은 적색을 숭상하고 한밤중을 시초로 삼았다. 2월 이후로는 정삭으로 삼지 않는데, 그렇게 되면 만물이 너무 차이 나서 어느 것도 통솔할 수 없기 때문에 반드시 '삼미의 달' 중의 하나로 했던 것이다. 이 '삼정'이 서로 이어가는 것은 마치 둥근 고리가 순환하는 것과 같다. 공자는 주나라의 폐단을 이어받아 하나라의 역법을 시행하려고 했거니와 그는 [주나라의] 11월의 정삭을 이어받은 다음 왕조의 정삭은 마땅히 13월을 써야 함을 알았던 것이다(王者受命必改制何? 明易姓示不相襲也. 明受之於天, 不受之於人, 所以變易民心, 革其耳目, 以助化也. 故『大傳』曰: '王者始起, 改正朔, 易服色, 殊徽號, 異器械, 別衣服也.' ……正朔有三何? 本天有三統, 謂三微之月也. 明王者當奉順而成之, 故受命各統一正也, 敬始重本也. 朔者, 蘇也, 革也, 言萬物革更於是, 故統焉. 『禮三正記』曰: '正朔三而改, 文質再而復也.' 三微者, 何謂也? 陽氣始施黃泉, 動微而未著也. 十一月之時, 陽氣始養根株, 黃泉之下, 萬物皆赤. 赤者, 盛陽之氣也. 故周爲天正, 色尚赤也. 十二月之時, 萬物始牙而白, 白者陰氣. 故殷爲地正, 色尚白也. 十三月之時, 萬物始達孚甲而出, 皆黑, 人得加功. 故夏爲人正, 色尚黑. 『尙書大傳』曰: '夏以孟春月爲正, 殷以季冬月爲正, 周以仲冬月爲正.' 夏以十三月爲正, 色尚黑, 以平旦爲朔. 殷以十二月爲正, 色尚白, 以鷄鳴爲朔. 周以十一月爲正, 色尚赤, 以夜半爲朔. 不以二月後爲正者, 萬物不齊, 莫適所統, 故必以三微之月也. 三正之相承, 若順連環也. 孔子承周之弊, 行夏之時, 知繼十一月正者, 當用三月也)."(「삼정」, 『백호통』, 360-64쪽) [공자는 다만 하나라의 역법 즉 현재의 음력이 가장 합리적인 역법임을 주장했을 뿐이니(『논어』15:11) "삼정" 사상과는 전혀 무관하다.]

중하고(尊尊) 의리(義)와 절도(節)를 숭상한다. 따라서 손자를 후계자로 세우고 맏아들을 후대하며 첩은 아들로 말미암아 귀한 칭호로 불릴 수 없으며, 관례는 어머니에 의해서 아들에게 자가 주어지고, 혼례는 부부의 분별 예가 세세하고 부부는 나란히 앉아서 식사하고, 상례는 부부를 합장하고, 제례는 삶은 고기를 먼저 올리고 아내의 위패는 남편과 함께 배열한다.……

하늘을 좇아 질(質)을 본받아 왕이 된 경우, 그 도는 양기가 넘치니 부모를 친애하고 바탕(質)과 사랑(愛)을 숭상한다. 따라서 아들을 후계자로 세우고 친동생을 후대하며 첩은 아들로 말미암아 귀해지며, 관례는 아버지에 의해서 아들에게 자가 지어지고, 혼례는 부부의 분별 예가 세세하고 부부는 마주 앉아서 식사하고, 상례는 부부를 따로 묻으며, 제례는 쌀을 먼저 올리고 부부의 위패는 소목(昭穆)으로 나누어 배열한다.……

땅을 좇아 문(文)을 본받아 왕이 된 경우, 그 도는 음기로 나아가니 귀인을 존중하고 예절(禮)과 격식(文)을 숭상한다. 따라서 손자를 후계자로 세우고 맏아들을 후대하며 첩은 아들로 말미암아 귀한 칭호로 불릴 수 없으며, 관례는 어머니에 의해서 아들에게 자가 주어지고, 혼례는 부부의 분별 예가 세세하고 부부는 나란히 앉아서 식사하고, 상례는 부부를 합장하고, 제례는 울창주를 먼저 올리고 아내의 위패는 남편과 함께 배열한다.……[78]

이 "네 가지 법은 마치 사계절과도 같이, 끝나면 다시 시작하고 다하면 근본으로 되돌아간다." 실제 역사에서 보면 "순 임금은 하늘을 좇아 상(商)을 본받아 왕이 되었고", "우 임금은 땅을 좇아 하(夏)를 본받아 왕이 되었고", "탕왕은 하늘을 좇아 질(質)을 본받아 왕이 되었고", "문왕은 땅을 좇아 문(文)을 본받아 왕이 되었

---

78) 主天法商而王, 其道佚陽, 親親而多仁樸. 故立嗣予子, 篤母弟. 妾以子貴. 昏冠之禮, 字子以父. 別眇. 夫婦對坐而食. 喪禮別葬. 祭禮先脾. 夫妻昭穆別位.……主地法夏而王, 其道進陰, 尊尊而多義節. 故立嗣與孫, 篤世子. 妾不以子稱貴號. 昏冠之禮, 字子以母. 別眇. 夫婦同坐而食. 喪禮合葬. 祭禮先享(盧文炤曰: '享, 古烹字'). 婦從夫爲昭穆.……主天法質而王, 其道佚陽, 親親而多質愛. 故立嗣予子, 篤母弟. 妾以子貴. 昏冠之禮, 字子以父. 別眇. 夫婦對坐而食. 喪禮別葬. 祭禮先嘉疏. 夫婦昭穆別位.……主地法文而王, 其道進陰, 尊尊而多禮文. 故立嗣予孫, 篤世子. 妾不以子稱貴號. 昏冠之禮, 字子以母. 別眇. 夫妻同坐而食. 喪禮合葬. 祭禮先秬鬯. 婦從夫爲昭穆.……(「삼대개제질문」, 『번로』, 205-11쪽)

다."[79] 주나라를 이을 왕조는 다시 "하늘을 좇아 상(商)을 본받아 왕이 된다." 이러한 순환이 이른바 "넷으로 반복되는 것"이다. "다섯으로 반복되는 것"은 한 왕이 일어나면 반드시 그 이전의 두 왕조의 후손을 봉하여 여전히 왕이라는 칭호를 쓰게 하고 "본래의 복색을 입고 예악을 행하고 객의 자격으로 입조하게 함"으로써 "삼통을 관통시키고", 두 왕조 이전의 왕은 제(帝)로 불러 오제(五帝)의 후손을 봉하여 "작은 나라로써 제사를 받들게 한"[80] 것을 말한다. 또 오제 이전의 제를 황(皇)으로 "숭상하여(尙推)" 구황(九皇)의 후손을 부용(附庸)으로 보살피는 것이 이른바 "아홉으로 반복되는 것"이다.[81] "멀수록 작호는 높고 땅은 적으며 가까울수록 작호는 낮지만 땅은 크게 했는데, 이것이 친소(親疏)의 도리이다."[82]

또 "삼교(三敎)"의 설이 있다. 동중서는 말했다.

하나라는 충직(忠)을, 은나라는 공경(敬)을, 주나라는 격식(文)을 숭상했다. 앞 왕조의 폐단을 구원할 자는 마땅히 이 원칙에 준거해야 한다. 공자는 말하기를 "은나라는 하례(夏禮)를 답습했으므로 덜고 보태진 바를 알 수 있고, 주나라는 은례(殷禮)를 답습했으므로 덜고 보태진 바를 알 수 있으니, 앞으로 주나라를 계승할 왕조는 **이후 100세대 후라도 알 수 있다**"고 했는데, 이는 모든 왕조가 바로 이 세 가지에 준거한다는 것을 밝힌 말이다.[83]

---

79) 四法如四時然, 終而復始, 窮則反本.……舜主天法商而王……禹主地法夏而王…… 湯主天法質而王…… 文王主地法文而王. (같은 곳, 212쪽)

80) "使服其服, 行其禮樂, 稱客而朝", "通三統", "以小國, 使奉祀之"(같은 곳, 198쪽)

81) 【주】한 왕이 일어날 때 반드시 이전의 두 왕조의 후손을 보존하는 까닭을 『백호통의』는 다음과 같이 설명한다. "왕자가 이전의 두 왕조의 후손을 보존하는 까닭은 무엇인가? 그것은 앞선 왕들을 존중함으로써 천하의 '삼통'을 관통시키고, 천하는 한 사람의 소유가 아님을 밝힌 것이니 삼감과 공경과 겸양의 극치이다. 따라서 각 후손에게 사방 100리의 땅을 봉하여 각자 본래의 복색을 입고 본래의 예악을 행하여 영원히 선조를 섬기게 했던 것이다(王者所以存二王之後何也? 所以尊先王, 通天下之三統也. 明天下非一家之有, 謹敬謙讓之至也. 故封之百里, 使得服其正色, 行其禮樂, 永事先祖)."(「삼정」, 『백호통』, 366쪽) 따라서 "오제"와 "구황"을 반드시 보존했던 도리도 아마 이와 마찬가지일 것이다.

82) 遠者號尊而地小, 近者號卑而地大, 親疏之義也. (같은 곳, 200쪽)

83) 夏上忠, 殷上敬, 周上文者, 所繼之捄, 當用此也. 孔子曰："殷因於夏禮, 所損益, 可

충직숭상주의에 유폐가 생기면 공경을 숭상하여 시정해야 하고, 공
경숭상주의에 유폐가 생기면 격식을 숭상하여 시정해야 하고, 격식
숭상주의에 유폐가 생기면 다시 충직을 숭상하여 시정해야 한다.
이와 같이 순환하기 때문에 "이후 100세대 후라도 알 수 있다"고
말했다.[84)

　　이러한 "천인합일"의 관점에서 보면 역사는 하나의 "신의 희극"
이다. 이 설은 우리에게는 명확히 거짓(不眞)으로 보이지만, 요컨대
철학사상 하나의 체계적인 역사철학임에는 틀림없다.

知也. 周因於殷禮, 所損益, 可知也. 其或繼周者, 雖百世, 可知也."[『논어』 2 : 23] 此
言百王之用以此三者矣. (「동중서전」, 『한서』, 2518쪽)

84) 【주】『백호통의』는 더욱 상세히 언급한다. "왕자가 '삼교'를 설치한 까닭은 무엇
인가? 쇠퇴한 상태를 이어받아 폐단을 시정하여 백성들을 바른 길로 되돌리려고 하
기 때문이다. 삼왕(三王)마다 폐단이 있었기 때문에 '삼교'를 수립하여 새 왕조 때마
다 기본 지침을 받게 한 것이다. 하나라에서 왕의 교화는 '충직'에 의거했는데 그 폐
단은 거칠음(野)에 있었다. 거칠음의 폐단을 시정하는 데는 '공경'이 제일이다. 은
나라에서 왕의 교화는 '공경'에 의거했는데 그 폐단은 요상함(鬼)에 있었다. 요상
함의 폐단을 시정하는 데는 '격식'이 제일이다. 주나라에서 왕의 교화는 '격식'에
의거했는데 그 폐단은 경박함(薄)에 있었다. 경박함의 폐단을 시정하는 데는 '충
직'이 제일이다. 주나라를 계승한 왕조는 흑색의 제도를 숭상하는데 이는 하나라
의 경우와 똑같다. 이 세 가지는 둥근 고리처럼 순환하여 한바퀴 돌고 다시 시작
하고 다하면 근본으로 되돌아간다.……교화가 세 가지인 까닭은 무엇인가? 천-지
-인(天地人)은 안으로 '충직'하고, 밖으로 '공경'하며, '격식'으로 장식하는 까닭에
세 가지로 완비된다. 천-지-인이 본받는 바는 각각 어떤 것인가? '충직'은 사람에
본이 있고, '공경'은 땅에 본이 있고, '격식'은 하늘에 본이 있다. 인도(人道)는 '충
직'을 중시하므로 사람의 지극한 도인 '충직'으로 사람을 가르치는 것이 '충직'의
지극함이다. 사람은 '충직'으로 교화하므로 '충직'은 인교(人敎)이다. 지도(地道)는
겸양이므로 하늘이 낳은 것을 땅은 '공경'으로 양육하므로 '공경'은 지교(地敎)이
다(王者設三敎者何? 承衰救弊, 欲民反正道也. 三王之有失, 故立三敎以相指受. 夏
人之王敎以忠, 其失野. 救野之失莫如敬. 殷人之王敎以敬, 其失鬼. 救鬼之失莫如
文. 周人之王敎以文, 其失薄. 救薄之失莫如忠. 繼周尙黑制, 如夏同. 三者如順連環,
周而復始, 窮則反本.……敎所以三者何? 天地人內以外敬文飾之故, 三而備也. 卽法
天地人各何施? 忠法人, 敬法地, 文法天. 人道主忠, 人以至道敎人, 忠之至也. 人以
忠敎, 故忠爲人敎也. 地道謙卑, 天之所生, 地敬養之, 以敬爲地敎也(盧文꿥曰 : '疑
當有天敎一段, 文脫耳'). "(「삼교(三敎)」, 『백호통』, 369-71쪽)

12. 춘추대의

공자와 『춘추』의 관계는 제1편에서 이미 서술했다.[85] 공자 이후 『춘추』와 유가의 관계는 점점 더 중요해졌고 유가가 부여한『춘추』 의 의미 역시 점점 더 풍부해졌다. 동중서가 『춘추』를 논하게 되자 마침내 이른바『춘추』의 미언대의(微言大義)는 체계적으로 표현되 었고 공자의 지위도 스승에서 왕으로 나아갔다.

동중서에 따르면, 공자는 천명을 받아 주나라의 폐단을 시정하고 새 왕의 제도를 수립했는데, '서수획린'이 곧 공자가 천명을 받았다 는 징조였다. 동중서는 말했다.

인력으로 초치할 수 없고 스스로 이르는 것이 있다. "서수획린(西狩獲麟 : 서쪽의 수렵에서 기린을 잡음)"의 "수명지부(受命之符 : 천명을 받은 증거)" 가 바로 그것이다.* 그후 공자는 『춘추』에 기탁하여 부정한 것을 바로잡는 가운데 제도 개혁(改制)의 의미를 밝혀, 천자를 정점으로 일통(一統)을 추구 하며 천하의 우환을 걱정하고 천하의 근심을 제거하는 데에 힘쓰며, 위로 오 제에 관통하고 아래로 삼왕에 이르기까지 백왕(百王)의 도에 통달하여, 하늘

---

85) 제1편 제4장 제4절[및 제3절].

* 『신편』III, 45-46쪽 : 아마도 한(漢) 왕조 초년에 『춘추공양전(春秋公羊傳)』이 출 현한 것 같다. "전(傳)"이란 주해(注解)를 말한다. 이 전은 공양고(公羊高)가 지었 다고 하기 때문에 『춘추공양전』이라고 했다. 이 일파의 전설에 따르면 공자가 『춘추』를 지을 때 허다한 "미언대의"가 있었고, 그중에는 "이상하고 괴이한 말 (非常可怪之論)"이 많았는데, 당시에는 정치적 박해를 면하기 위해서 감히 붓으로 써내지 못했기 때문에 그저 입과 귀로만 전해져오다가 공양고에 이르러 쓰인 것 이 바로『춘추공양전』이다. 그러한 "이상하고 괴이한 말" 가운데 한 조목이 공자 가 천명을 받아 왕이 되었다는 것이다. 공자가『춘추』를 지을 때 그는 이미 평민 이 아니었고 새로 천명을 받은 하나의 왕이었다고 했다. 이 학파의 견해에 따르면 무릇 하나의 새 왕이 명을 받으면 "하늘"은 일종의 신호를 보내는데 그것이 바로 "수명지부"이다. 공자 역시 그의 "수명지부"가 있었으니 그것이 바로 "서수획린" 이다. 노(魯)나라 애공(哀公) 14년, 나무꾼이 한 괴수(怪獸)를 때려 죽였다. 그 괴 수가 바로 기린이라고 했는데, 『춘추』는 "14년 봄 서수획린"이라고 썼다.……공 자는 그것이 그의 "수명지부"임을 알았기 때문에 『춘추』를 지어 그의 "일왕지법 (一王之法)"을 기탁했다는 것이다.

의 시작과 끝을 추적하여 정치적 득실의 징험을 망라하고 천명의 상징에 현
시된 사실을 고찰하려고 했다. 이리하여 이치를 궁구하여 정성(情性)을 합당
하게 발휘하게 한다면 하늘의 참모습은 펼쳐진다.[86)

공자는 『춘추』에 기탁하여 새 왕의 제도를 수립했다. 동중서는 말
했다.

> 하늘의 명(命)은 무상하니 오직 유덕자를 경축한다. 따라서 **『춘추』는 하늘**
> **에 호응하여 새 왕의 업무를 만들** 때, 절기는 "정흑통(正黑統 : 正朔을 흑통)"으
> 로 했고 노나라를 왕으로 여기고 흑색을 숭상하고 **하나라를 물리치고 주나라**
> **를 친근히 여기고 송나라를 고국으로 여기고 음악은 마땅히 소무(韶舞)를 썼기** 때
> 문에 순 임금을 친근히 했고 작위 제정은 상나라 제도를 체용하여 백(伯), 자
> (子), 남(男)을 한 등급으로 병합했다.[87)

"탕왕은 천명을 받고 왕이 되어 하늘에 호응하여 하(夏)를 바꾸어
은(殷)이라고 부르고 절기는 '정백통(正白統)'으로 하고, 질(質)의
예를 제정하여 하늘을 받들었다. 또 문왕은 천명을 받고 왕이 되어
하늘에 호응하여 은를 바꾸어 주(周)라고 부르고 절기는 '정적통(正
赤統)'으로 하고, 문(文)의 예를 제정하여 하늘을 받들었다."[88) 또
"『춘추』는 천명을 받고 새 왕의 업무를 만들었는데", 주나라의 '정
적통'을 이어받았기 때문에 '정흑통'이고 노나라에 왕을 기탁하여
그 색은 흑색을 숭상했으니, 이른바 "셋으로 반복되는 것"〈주73〉이
다. "하나라를 물리치고 주나라를 친근히 여기고 송나라를 고국으

---

86) 有非力之所能致而自至者, 西狩獲麟, 受命之符是也. 然後託乎『春秋』, 正不正之間,
   而明改制之義. 一統乎天子, 而加憂於天下之憂也. 務除天下所患, 而欲以上通五帝,
   下極三王. 以通百王之道, 而隨天之終始. 博得失之效, 而考命象之爲. 極理以盡情性
   之宜, 則天容遂矣. (「부서(符瑞)」, 『번로』, 157-58쪽)

87) 天子命無常(蘇興曰:'子疑作之'), 唯命是德慶(蘇興曰:'疑作唯德是慶'). 故『春秋』
   應天作新王之事, 時正黑統, 王魯, 尙黑, 絀夏, 親周, 故宋, 樂宜親(蘇興曰:'親字疑
   用之誤')招武(蘇興曰:'招武卽韶舞')故以虞錄親, 樂制(盧云:'疑當作制爵')宜商, 合
   伯子男爲一等. (「삼대개제질문」, 『번로』, 187-91쪽)

88) 湯受命而王, 應天變夏而作殷號, 時正白統.……制質禮以奉天. 文王受命而王, 應天變
   殷作周號. 時正赤統.……制文禮以奉天. (「삼대개제질문」, 『번로』, 186-87쪽)

로 여긴다”함은 앞에서 말했듯이 하나의 왕자는 반드시 그 이전의
두 왕조의 후예를 봉하고 여전히 왕이라는 명칭으로 부르고 두 왕
조 이전의 왕은 물리쳐 제라고 부르므로, “『춘추』는 새 왕에 해당
되기”때문에 주나라와 송나라는 이전 두 왕조의 후예로써 보존하
고 하나라는 오제의 대열에 귀속시켰다는 말이다. 『춘추』는 주나라
를 이어받아 “하늘을 좇아 상(商)을 본받아 왕이 된 경우”〈주78〉에
해당되므로 순 임금과 동일하다. 따라서 “음악은 마땅히 소무(韶
舞)를 썼다”고 했다. 소(韶)는 순 임금의 음악이다.

　“문왕은 문(文)의 예를 제정하여 하늘을 받들었듯이” 주나라는
격식(文)을 숭상했기 때문에 『춘추』는 바탕(質)을 숭상했다. 동중
서는 말했다.

　　예에서 중요한 것은 그 뜻이다. 뜻이 공경스럽고 예절을 갖춘 경우에 대해
　서 군자는 예를 안다고 인정했고, 뜻이 화평하고 음이 올바른 경우에 대해서
　군자는 음악을 안다고 인정했고, 뜻으로 슬퍼하고 절제 생활을 유지한 경우
　에 대해서 군자는 상례를 안다고 인정했다.

　　따라서 ‘예는 헛되이 꾸밀 수 없다’고 했는데 뜻이 중요하다는 말이다. 뜻
　은 바탕이고 사물(물질)은 격식이다. 격식은 물질에 드러나지만 바탕은 격식
　에 있지 않다. 격식이 안온해야 바탕이 펼쳐진다. 바탕과 격식 둘 다 갖추어
　야 비로소 예는 완성된다. 격식과 바탕 가운데 어느 한쪽만 행한다면 나, 너
　라는 분별조차 존재할 수 없을 것이다. 둘 다 갖추지 못하고 하나만 행한다
　면 차라리 바탕은 있고 격식이 없는 쪽이어야 하는데 예라고 인정할 수는 없
　더라도 다소 좋은 면이 있기 때문이다.……그러나 격식은 있되 바탕이 없는
　경우라면 예라고 인정할 수 없을 뿐더러 나쁜 면이 많다.……

　　그러므로 『춘추』는 도의 우선 순위에서 바탕을 앞세우고 격식을 뒤로 돌
　렸으며, 뜻을 중시하고 물질은 경시했다. 따라서 “예절이 무슨 옥이나 비단
　에 대한 논의이겠느냐! 음악이 무슨 종이나 북에 대한 논의이겠느냐!”고 말
　한 공자는 새 왕의 도를 수립하면서 뜻(志)을 중시함으로써 이익(利)에 반대
　한다는 것을 천명하고 진실(誠)을 좋아함으로써 거짓(僞)을 소멸시키겠다는
　것을 보였다. 그가 [격식을 숭상한] 주나라의 폐단을 이어받는다는 (새 왕의)

의식을 가졌기 때문에 이러한 [바탕을 숭상한] 주장을 했던 것이다.[89]

이것은 이른바 "둘로 반복되는 것"〈주73〉이다.[90]

『춘추』는 공자가 천명을 받들어 지은 것이므로 그 대의(大義)는 지극히 광범한 것을 포괄하고 있다. 동중서는 말했다.

『춘추』에서 추구한 학문은 과거를 서술하여 미래를 밝힌 것이다. 그러나 그 내용은 **하늘의 미묘함**(微 : 불가사의)**을 구현한 것**이기 때문에 이해하기 어렵다. 제대로 통찰하지 못하면 아무 것도 없는 듯 적막하지만 올바로 통찰하면 망라되지 않은 사물이 없다. 그러므로 『춘추』 연구자가 하나의 실마리를 얻어 다방면으로 연계하고 하나의 의미를 통찰하여 포괄적으로 관철시킨다면 천하의 모든 일은 전부 파악된다.[91]

---

89) 禮之所重者在其志. 志敬而節具, 則君子予之知禮. 志和而音雅, 則君子予之知樂. 志哀而居約, 則君子予之知喪. 故曰: 非虛加之, 重志之謂也. 志爲質, 物爲文. 文著於質; 質不居文, 文安施質. 質文兩備, 然後其禮成. 文質偏行, 不得有我爾之名. 俱不能備而偏行之, 寧有質而無文. 錐弗予能禮, 尙少善之.……有文無質, 非直不予, 乃少惡之.……然則『春秋』之序道也, 先質而後文, 右志而左物. 故曰: "禮云禮云, 玉帛云乎哉? 樂云樂云, 鐘鼓云乎哉?"[『논어』17 : 11] 是故孔子立新王之道, 明其貴志以反和, 見其好誠以減僞(蘇興曰: '和疑利之誤'). 其有繼周之弊, 故若此也. (「옥배(玉杯)」, 『번로』, 27-30쪽)

90) 【주】하휴(何休, 129-182)는 『공양전주(公羊傳注)』(「환공」11년)에서 이렇게 말했다. "왕자가 일어나면 반드시 격식숭상주의(文)와 바탕숭상주의(質)로 교대하는 것은 쇠란(衰亂)을 이어받아 앞 왕조의 폐단을 시정하려는 것이다. 천도(天道)는 아래에 근본을 두므로 부모친애주의(親親)를 따르고 바탕이 소박하지만, 지도(地道)는 위를 공경하므로 귀인공경주의(尊尊)를 따르고 격식이 번잡하다. 따라서 왕자가 처음 일어나면 먼저 천도에 근본을 두고 천하를 다스리므로 바탕을 앞세워 부모친애주의를 따른다. 이것이 쇠퇴하면 그 폐단은 부모를 친애하면서 귀인을 공경하지 않는 것이다. 그러므로 그후에 일어난 왕자는 지도를 본받아 천하를 다스리므로 격식을 앞세워 귀인공경주의를 따른다. 이것이 쇠퇴하면 그 폐단은 귀인을 공경하면서 부모를 친애하지 않는 것이기 때문에 다시 바탕숭상주의로 되돌아간다(王者起, 所以必改質文者, 爲承衰亂, 救人之失也. 天道本下; 親親而質省. 地道敬上, 尊尊而文煩. 故王者始起, 先本天道, 以治天下, 質而親親. 及其畝, 其失也親親而不尊. 故後王起, 法地道以治天下, 文而尊尊. 及其畝, 其失也尊尊而不親. 故復反之於質也)."

91) 『春秋』之爲學也, 道往而明來者也. 然而其辭體天之微, 故難知也. 弗能察, 寂若無. 能察之, 無物不在. 是故爲『春秋』者, 得一端而多連之, 見一宜而博貫之, 則天下盡矣. (「정화(精華)」, 『번로』, 96-97쪽) [微 : 은밀히, 미묘하다, 어렴풋하다]

여기서 보면『춘추』는 동중서가 말한 "천리"〈주65〉를 서술한 것으로 이른바 "하늘의 미묘함을 구현한 것"이다. 그 대의로는 "십지(十指)", "오시(五始)", "삼세(三世)" 등이 있다.

『춘추』에 "십지"가 있다. 동중서는 말했다.

『춘추』242년간의 글에는 광대한 천하, 방대한 사변 등이 전부 망라되어 있으나, 그 대략의 요점은 "십지(十指 : 열 가지 지침)"에 있다. "십지"란 만사의 근간이고 왕의 교화가 유출되는 근원이다. **사변을 들어 그 중대성을 보임**이 첫째 지침이요, 사변의 귀결점을 보임이 둘째 지침이요, 사변의 발생원인에 근거하여 다스림이 셋째 지침이요, 줄기를 강화하고 가지는 약화시키며 근본을 강조하고 말단은 무시함이 넷째 지침이요, **의심스런 점을 변별하고 동일한 부류의 상이점을 밝힘**이 다섯째 지침이요, 현명한 인재의 기준을 논하고 기능인의 능력을 구별함이 여섯째 지침이요, 가까운 사람을 친애하고 먼 지방 사람을 귀순시켜 백성들의 욕망에 동조함이 일곱째 지침이요, 주나라의 격식숭상주의(文)를 이어받아 바탕숭상주의(質)로 돌아감이 여덟째 지침이요, [봄의 상징인] **나무가 불을 낳아 불이 여름이 되는 데에 하늘의 출발점(天端)**이 있음은 아홉째 지침이요, 비판한 것이 어떻게 응징되었는지 분석하고 재변이 하늘의 원리에 맞았는지 고찰하는 것이 열째 지침이다.

사변을 들어 그 중대성을 보이면 백성은 평안하고, 사변의 귀결점을 보이면 득실이 판명되며, 사변의 발생 원인에 근거하여 다스리면 일의 근본이 바르게 되고, 줄기를 강화하고 가지는 약화시키며 근본을 강조하고 말단은 무시하면 군신의 본분이 밝혀지며, 의심스러운 부분을 변별하고 동일한 부류의 상이점을 밝히면 시비가 드러나고, 현명한 인재의 기준을 논하고 기능인의 능력을 구별하면 백관의 질서가 서며, 주나라의 격식숭상주의를 이어받아 바탕숭상주의로 돌아가면 교화의 핵심이 확립되며, 가까운 사람을 친애하고 먼 지방 사람을 귀순시켜 백성들의 욕망에 동조하면 사랑(仁)과 은덕(恩)이 창달되며, 나무가 불을 낳아 불이 여름이 되면 음양의 사계절의 이치가 상호 질서를 갖추며, 비판된 것의 응징을 분석하고 재변의 적용을 고찰하면 하늘의 의지를 실행하게 된다. 이상 모든 것을 종합하여 제시하건대, "사랑(仁)"은 남에게 베풀고 "의로움(義)"은 자신에게 적용하면 덕택(德澤)이 광대하게 미쳐 사해에 흘러넘치며, 음양이 조화하여 모든 만물이 저마다 그 이치를 획득하게 된다는 말이다. 『춘추』를 논하는 자는 모두 이 십지에 의거한다. 십지는 『춘추』의 법칙이기 때문이다.[92]

"사변을 들어 그 중대성을 보임"에 대해서 동중서는 말했다.

『춘추』는 그처럼 현인을 공경하고 백성을 중시했다. 그러므로 전쟁과 침략이 수백 번 일어났어도 반드시 일일이 기록한 까닭은 귀중한 생명을 해친 것을 애통해했기 때문이다.[93]

전쟁과 침략은 반드시 기록함으로써 전쟁을 증오하고 백성을 중시함을 밝혔다는 말이다. "의심스러운 부분을 변별하고 동일한 부류의 상이점을 밝힘"에 대해서 동중서는 말했다.

"봉축보(逢丑父)*는 자신의 몸을 죽여 그 임금을 살렸건만, 어째서 '권(權: 융통성)'을 알았다고 인정하지 않는가? 봉축보는 진(晉)나라를 속이고 제중(祭仲)**은 송나라 요구를 들어줌으로써, 둘 다 정도를 어기고 자기의 임금을

---

92) 『春秋』二百四十二年之文, 天下之大, 事變之博, 無不有也. 雖然, 大略之要有十指. 十指者, 事之所繫也, 王化之所由得流也. 舉事變見有重焉, 一指也. 見事變之所至者, 一指也. 因其所以至者而治之, 一指也. 強幹弱枝, 大本小末, 一指也. 別嫌疑, 異同類, 一指也. 論賢才之義, 別所長之能, 一指也. 親近來遠, 同民所欲, 一指也. 承周文而反之質, 一指也. 木生火, 火爲夏, 天之端, 一指也. 切刺譏之所罰, 考變異之所加, 天之端, 一指也. 舉事變見有重焉, 則百姓安矣. 見事變之所至者, 則得失審矣. 因其所以至而治之, 則事之本正矣. 強幹弱枝, 大本小末, 則君臣之分明矣. 別嫌疑, 異同類, 則是非著矣. 論賢才之義, 別所長之能, 則百官序矣. 承周文而反之質, 則化所務立矣. 親近來遠, 同民所欲, 則仁恩達矣. 木生火, 火爲夏, 則陰陽四時之理, 相受而次矣. 切刺譏之所罰, 考變異之所加, 則天所欲爲行矣. 統此而舉之, 仁往而義來. 德澤廣大, 衍溢於四海. 陰陽和調, 萬物靡不得其理矣. 說春秋凡用是矣. 此其法也. (「십지(十指)」, 『번로』, 145-47쪽)

93) 『春秋』之敬賢重民如是. 是故戰攻侵伐, 雖數百起, 必一二書. 傷其害所重也. (「죽림(竹林)」, 『번로』, 47쪽) [傷: 앓다, 생각하다, 근심하다, 마음 아파하다]

 * 제(齊)나라가 진(晉)나라와 전쟁하다가 패하여 제나라 경공이 포위당하자 경공의 장수였던 봉축보는 경공으로 위장하여 포로가 됨으로써 경공이 도망칠 수 있게 하고, 자신은 진나라 군에 의해서 "삼군을 속인" 죄로 살해되었다. (『신편』III, 79쪽)

** 『신편』III, 79쪽: 송(宋)나라는 정(鄭)나라의 "재상(相)" 제중을 붙잡고서 그에게

보존시켰다. 봉축보의 행위는 제중보다 험난했음에도 불구하고 제중은 현명하다고 여겨졌지만 봉축보는 그르다고 여겨진 까닭은 무엇인가?"

"시비가 분별하기 어려운 사례가 바로 이것이다. 이것은 **의심스런 점이 서로 비슷**하지만 그 도리의 차이는 명확히 살펴야 한다. 무릇 임금 자리를 버리고 형제에게 양보하는 일은 군자가 매우 숭상하는 바이나, 포로로 잡히고 도망하여 숨는 일은 군자가 천시하는 바이다. 제중은 그 임금을 매우 숭상받는 지경에 둠으로써 그 임금을 살렸기 때문에 『춘추』는 그가 '권'을 알고 현명했다고 여겼으나, 봉축보는 그 임금을 매우 천시받는 지경에 둠으로써 그 임금을 살렸기 때문에 『춘추』는 그가 '권'을 몰랐고 임금을 경시했다고 여겼다. **그들은 모두 정도를 어기고 임금을 보존**시킨 것은 서로 비슷하지만 혹은 임금을 영예롭게 하고 혹은 임금을 욕되게 한 도리는 서로 달랐다. 따라서 인간의 모든 행위는 이전에 어긋났더라도 나중에 의에 합당한 경우는 권에 맞는 것(中權)이므로 성공하지 못하더라도 『춘추』는 찬양했는데, 노나라 은공, 정나라 제중의 경우가 그것이다. 그러나 이전에 옳았더라도 나중에 어긋난 경우는 사도(邪道)이므로 비록 성공하더라도 『춘추』는 좋아하지 않았는데, 봉축보의 경우가 그것이다."[94]

당시 정나라 임금 공자홀(公子忽)을 쫓아내고 송나라의 생질이자 [공자홀의 이복 동생인] 공자돌(公子突)을 세우도록 요구했다. 제중은 그 요구를 수락하고 정나라로 돌아온 이후 과연 그대로 행했다.……『공양전』의 논조에 따르면, 제중이 송나라의 요구를 들어줄 경우 공자홀은 잠시 망명했다가 얼마의 시간이 지난 후에는 원래대로 돌아와 임금이 될 수도 있으며 또 그렇지 못하면 제중 자신이 임금을 쫓아낸 죄를 무릅쓸 수밖에 없게 될 것이나, 그렇다고 그가 송나라의 요구를 거절하면 자신도 죽고 정나라도 멸망하게 되는 그런 정황이었으므로 제중은 그 경중을 헤아린(權) 다음 송나라의 요구를 들어주었다는 것이다. 따라서 제중의 그런 행위는 임금에게 충성한다는 원칙에는 부합하지 않지만 정나라를 멸망에서 구하게 했던 것이니 "정도에는 어긋났으나 결국은 잘한 일이었다"는 것이다.

94) 逢丑父殺其身以生其君, 何以不得謂知權? 丑父欺晉, 祭仲許宋, 俱枉正以存其君. 然而丑父之所爲, 難於祭仲. 祭仲見賢, 而丑父猶見非, 何也? 曰 : 是非難別者在此, 此其嫌疑相似, 而不同理者, 不可不察. 夫去位而避兄弟者, 君子之所甚貴. 獲虜逃遁者, 君子之所賤. 祭仲措其君於人所甚貴, 以生其君, 故『春秋』以爲知權而賢之. 丑父措其君於人所甚賤, 以生其君, 『春秋』以爲不知權而簡之. 其俱枉正以存君相似也, 其使君榮之與使君辱不同理. 故凡人之有爲也, 前枉而後義者, 謂之中權. 雖不能成, 『春秋』善之. 魯隱公鄭祭仲是也. 前正而後有枉者, 謂之邪道. 雖能成之, 『春秋』不愛. 齊頃公逢丑父是也(盧文弨曰 : '齊頃公三字疑衍'). (「竹林」, 『繁露』, 59–61쪽)

제중의 일은 환공(桓公) 11년의 『공양전』에 나오고, 봉축보의 일은 성공(成公) 2년의 『공양전』에 나온다. 봉축보와 제중은 "모두 정도를 어기고 임금을 보존시켰으니" "의심스런 점이 서로 비슷하지만", 『춘추』는 하나는 인정했지만 하나는 인정하지 않았다. 이것이 이른바 "의심스런 부분을 변별하고 동일한 부류의 상이점을 밝힘"이다. "나무가 불을 낳아 불이 여름이 됨"이란 나무는 봄이니 『춘추』는 첫머리에 봄을 기록하여 "하늘의 출발점"을 개정한 것이다는 말이다. 이것은 이하에서 상론한다.[95]

『춘추』의 "오시(五始)"에 대해서 동중서는 말했다.

『춘추』의 도는 원(元)의 심연으로써 하늘의 출발점을 바로잡고, 하늘의 출발점으로써 왕의 정사를 바로잡고, 왕의 정사로써 제후의 즉위를 바로잡고, 제후의 즉위로써 그 경내의 정치를 바로잡는다. 이 다섯 가지가 모두 바르게 되어야 교화가 크게 시행된다.[96]

『춘추』의 첫 구절은 "원년, 춘, 왕정월(元年春王正月)"이다. "춘"은 한 해의 머리인데 먼저 "원"이라고 쓴 다음 "춘"이라고 썼다. 즉 "원의 심연으로써 하늘의 출발점[춘]을 바로잡은 것"이다. "춘" 다음에 "왕"이 이어졌다. 즉 "하늘의 출발점으로써 왕의 정사를 바로잡은 것"이다. "원년"은 바로 [노나라] 임금이 즉위한 해이다.* 즉 "왕의 정사로써 제후의 즉위를 바로잡은 것"이다.

『춘추』의 "삼세(三世)"에 대해서 동중서는 말했다.

『춘추』는 12대(世 : 代)로 나누어지고 세 등급, 즉 [공자가] 본 세대, 들은 세대, 전해들은 세대로 분류된다.** 직접 본 것은 3대, 들은 것은 4대, 전해들

[노나라 은공은 환공에게 양위할 뜻이 있었으나 양위하기 전에 환공에게 시해당했다. 역시 형제에게 양보하다가 살해당했기에 제중과 병칭된다. /소여]

95) 【주】동중서의 "춘추대의"로 또 "육과(六科)"의 설이 있는데(「정관(正貫)」, 『번로』, 143쪽), 이른바 "육과"는 "십지"와 대략 같으므로 낱낱이 인용하지 않는다.

96) 『春秋』之道, 以元之深, 正天之端. 以天之端, 正王之政. 以王之政, 正諸侯之卽位, 以諸侯之卽位, 正境內之治. 五者俱正, 而化大行. (「이단(二端)」, 『번로』, 155-56쪽)

* 노나라 제후의 "원년"과 주나라 "왕의 정월"과의 상관성을 말한다.

** 『신편』III, 50쪽 : "본 세대(所見世)" 내의 일은 공자가 직접 본 것이고, "들은 세대

은 것은 5대이다. 즉 애공, 정공, 소공은 공자가 본 세대이고, 양공, 성공, 문
공, 선공은 공자가 들은 세대이고, 희공, 민공, 장공, 환공, 은공은 공자가 전
해들은 세대이다. 본 것은 61년, 들은 것은 85년, 전해들은 것은 96년이다.

본 세대에 대해서는 그 표현이 은밀했고, 들은 세대에 대해서는 재앙을 애
통해했고, 전해들은 세대에 대해서는 은정을 상쇄하여 인정에 일치시켰다.
그러므로 [소공 25년에] 계씨(季氏) 축출을 기록하면서 기우제를 지냈다고
[사소한 일을 굳이] 언급한 것은 표현이 은밀한 경우이고[즉 계씨 축출은 당
연히 처결해야 했을 일이었다는 의미가 숨겨져 있다는 뜻], [문공 18년에] 자
적(子赤)의 시해에 대해서 그 날짜를 차마 기록하지 못한 것은 그 재앙을 애
통해한 경우이고, [장공 32년에] 자반(子般)의 시해에 대해서 을미(乙未)라고
날짜를 기록한 것은 은정을 상쇄시킨 경우이다. 이처럼 신축적으로 심지를
표현했고, 그에 따라 혹은 상세히 혹은 간략히 기록했던 것이다.

나는 이로부터 공자는[『춘추』는] 친근한 것은 친근하게, 먼 것은 멀게, 친
밀한 것은 친밀하게, 소원한 것은 소원하게 여겼음을 알았다. 또 귀한 것은
귀하게, 천한 것은 천하게, 중요한 것은 중요하게, 가벼운 것은 가볍게 여겼
음을 알았다. 또 도타운 것은 도탑게, 경박한 것은 경박하게, 선한 것은 선하
게, 악한 것은 악하게 보았음을 알았다. 또 양은 양으로, 음은 음으로, 흰 것
은 희다고, 검은 것은 검다고 여겼음을 알았다.[97]

그후 공양학파는 또 이 "삼세"로써 거란세(據亂世), 승평세(升平
世), 태평세(太平世)에 분배했다. 하휴(何休)는 말했다.

(所聞世)" 내의 일은 공자가 들은 것이지만 그 일을 말해준 사람은 직접 그 일을
본 것이고, "전해들은 세대(所傳聞世)" 내의 일은 공자가 들은 것이지만 그 일을
말한 사람 역시 다만 들었을 뿐 스스로 본 적은 없는 것이다.

97) 『春秋』分十二世以爲三等 : 有見, 有聞, 有傳聞. 有見三世, 有聞四世, 有傳聞五世.
故哀, 定, 昭, 君子之所見也. 襄, 成, 文, 宣, 君子之所聞也. 僖, 閔, 莊, 桓, 隱, 君子
之所傳聞也. 所見六十一年, 所聞八十五年, 所傳聞九十六年. 於所見微其辭, 於所聞
痛其禍, 於傳聞殺其恩, 與情俱也. 是故逐季氏而言又雩, 微其辭也. 子赤殺弗忍書
日, 痛其禍也. 子般殺而書乙未, 殺其恩也. 屈伸之志, 詳略之文, 皆應之. 吾以知其
近近而遠遠, 親親而疏疏也. 亦知其貴貴而賤賤, 重重而輕輕也. 有知其厚厚而薄薄,
善善而惡惡也. 有知其陽陽而陰陰, 白白而黑黑也(蘇輿曰 : '有與又同'). (「초장왕」,
『번로』, 9~11쪽)

[공자는] 전해들은 세대의 경우 정치가 쇠란 속에서 일어나는 것을 보았고 개략적인 부분에 주의를 돌렸다. 따라서 그는 국내[노나라]를 중시하고 중국의 다른 나라는 등한시하여 먼저 국내를 자세히 기록한 다음 국외에 관심을 돌려 큰 일만 기록하고 작은 일은 생략했는데, 국내는 작은 악도 기록했지만 국외는 작은 악은 기록하지 않았고, 대국의 경우 대부(大夫)라는 명칭을 썼지만 소국의 경우 인(人)으로 약칭했고, 국내에서 동맹이 무산될 경우 기록했지만 국외에서 동맹이 무산될 경우 기록하지 않은 것이 그것이다. 들은 세대의 경우 정치가 태평에 나아가는(升平) 것을 보았고, 중국의 여러 나라를 중시하고 오랑캐를 도외시했고, 국외의 동맹 무산도 기록했고 소국의 대부도 기록했다.……본 세대의 경우 정치가 태평(太平)임을 보았고, 오랑캐도 작위를 받았고 천하는 원근대소를 막론하고 하나로 통일되었으니, 주의를 더욱 깊고 세밀한 부분에 쏟았고, 따라서 인의(仁義)를 숭상하고 두 글자로 된 이름을 비판했다.……

이처럼 삼세(三世)인 까닭은 예법이 부모의 상은 3년, 조부모의 상은 1년, 증조부모의 상은 재최 3개월로서, 사랑을 친부모로부터 시작하여 [상쇄해갔기] 때문이다. 즉 『춘추』는 애공에 기반을 두고 은공까지 기록하여 위로 조상을 보살폈는데, 이 242년을 통해서 12공으로 본을 취하여 천수(天數)를 갖추고 충분히 정치의 법식을 밝혔던 것이다.[98]

매년은 열두 달이기 때문에 『춘추』 역시 열두 공(公)의 일을 기록했다. 여기서 말하는 "삼세"는 「예운(禮運)」에서 논한 정치철학과 동일한 부분이 있는데, 이 모두는 최근에 다시 찬양의 대상이 되었다.

"『춘추』로써 명분을 계도했거니와",[99] 동중서는 이름을 더욱 중시했다. 동중서는 말했다.

---

98) 於所傳聞之世, 見治起於衰亂之中, 用心尙粗觕. 故內其國而外諸夏, 先詳內而後治外. 錄大略小, 內小惡書, 外小惡不書. 大國有大夫, 小國略稱人. 內離會書, 外離會不書, 是也. 於所聞之世, 見治升平. 內諸夏而外夷狄. 書外離會. 小國有大夫.……至所見之世, 著治太平. 夷狄進至於爵. 天下遠近大小若一. 用心友深而詳. 故崇仁義, 譏二名.……所以三世者, 禮爲父母三年, 爲祖父母期, 爲曾祖父母齊衰三月. 立愛自親始. 故春秋据哀錄隱, 上治祖禰. 所以二百四十二年者, 取法十二公, 天數備, 足著治法式. (『공양전』 「은공」 원년의 주)

99) 『春秋』以道名分. 〈제1편, 제4장, 주4〉

　천하를 다스리는 발단은 사물의 유별과 대강을 통찰하는 데에 있다. 유별과 대강의 발단은 명호(名號)를 깊이 고찰하는 데에 있다. 이름(名)이란 크나큰 이치의 제1장이다. 그 제1장의 의미를 기록하여 그 속의 일을 통찰하면 시비는 알 수 있고, 역순(逆順)은 저절로 명백해져 그 기미는 천지를 관통하게 된다. 시비의 기준은 역순에서 취하고, 역순의 기준은 명호에서 취하며, 명호의 기준은 천지에서 취하므로 천지란 명호의 큰 의미(大義)이다.

　옛 성인이 부르짖으면서 천지를 본받은 것이 바로 호(號)이고, 울음으로서(소리를 내서) 사물을 명명한 것이 바로 명(名)이다. 명의 의미란 울음(鳴)과 명명(命)이고, 호의 의미는 부르짖어 본받는 것이다. 천지를 부르짖어 본받은 것이 호이고 울어서 명명한 것이 이름이다. 명과 호는 그 소리는 다르지만 근본은 똑같으니 모두 울고 부르짖어 하늘의 뜻에 통달하는 것이다. 하늘은 말하지 않고 사람을 통해서 그 뜻을 표출하며, 하늘은 행위하지 않고 사람을 통해서 그 의중을 실행한다. 그러므로 이름이란 성인이 표현한 하늘의 뜻이니 깊이 관찰하지 않을 수 없다.

　천명을 받은 임금은 하늘의 뜻이 인정한 분이다. 따라서 호(號)가 천자(天子)라고 함은 마땅히 하늘을 부모처럼 간주하고 효도로써 하늘을 섬겨야 한다는 뜻이다. 호가 제후(諸侯)라고 함은 마땅히 삼가 돌보는 백성을 잘 살펴(候) 천자를 받든다는 뜻이다. 호가 대부(大夫)라고 함은 마땅히 충직과 신실함을 도탑게 하고 대부의 예의(禮義)를 돈독히 하여 선한 행적이 필부의 의리보다 더욱 위대해야(大) 충분히 교화를 펼 수 있다는 뜻이다. 사(士)란 사(事)의 뜻이고, 민(民)은 명(瞑 : 어둡다, 눈감다)의 뜻이다. 사(士)는 교화는 펼치지 못하고 사(事)를 고수함으로써 윗사람을 추종할 뿐이다.

　이 다섯 가지 호(號)는 저마다 그에 어울리는 직분이 있고, 각 호 범위 내의 구체적인 부분에는 각기 이름이 있다. 이름은 호보다 더 많다. 호는 어떤 것의 전체(大全)에 해당하고, 이름은 호가 분리되고 분산된 경우이다. 호는 총괄적이고 개략적이지만 이름은 상세하고 조목조목이다. 조목은 해당 일을 두루 변별하는 것(目者, 偏辨其事)이고, 총괄은 다만 큰 범주만 든 것(凡者, 獨擧其大)이다.* 귀신에게 흠향시키는 일을 통칭한 호(號)가 제(祭)이고, 제

────────

＊『신편』III, 85쪽 : 호(號)는 한 부류의 사물의 공통적인 성질을 지칭한 것인데 이것이 "독거기대(獨擧其大)"이고, 명(名)은 한 부류의 사물 내의 각종 사물에 특

의 산명(散名)은 봄 제사는 사(祠), 여름 제사는 약(祠), 가을 제사는 상(嘗), 겨울 제사는 증(烝)이다. 금수 사냥을 통칭한 호(號)가 전(田)이고, 전의 산명은 봄 사냥은 묘(苗), 가을 사냥은 수(蒐), 겨울 사냥은 수(狩), 여름 사냥은 선(獮)이다. 이 모두는 하늘의 뜻에 적중하지 않는 것이 없다. 이처럼 사물은 어느 것이든 총괄적인 호와 그 구체적인 산명이 있다.

따라서 일은 각각 그 이름에 순응하고 이름은 모두 하늘에 순응하므로 **천인지제(天人之際)**, 즉 하늘과 사람의 관계는 하나로 합일된다. 동일하면 이치에 통하는데 동일하여 서로 이익을 주고 순응하여 서로 수용하는 것이 바로 도덕(德道 : 道德)이다. 『시』에 "호의 표현에는 조리가 있고 자취가 있다"고 했는데 바로 이것을 말한다.[100]

즉 명호(名號)는 하늘의 뜻을 대표하는, 신비적인 의미를 갖추고 있는 것이므로 이름의 의미를 고찰해보면 그 이름이 지칭하는 사물의 당위성을 알게 된다.

유한 성질을 지칭한 것인데 이것이 "편변기사(偏辨其事)"이다.

100) 治天下之端, 在審辨大. 辨大之端, 在深察名號. 名者, 大理之首章也. 錄其首章之意, 以窺其中之事, 則是非可知, 逆順自著, 其幾通於天地矣. 是非之正, 取之逆順. 逆順之正, 取之名號. 名號之正, 取之天地. 天地爲名號之大義也. 古之聖人, 謞而效天地, 謂之號. 鳴而施命, 謂之名. 名之爲言, 鳴與命也. 號之爲言, 謞而效也. 謞而效天地者爲號 ; 鳴而命者爲名. 名號異聲而同本, 皆鳴號而達天意者也(盧文弨曰 : '號疑本作謞'). 天不言使人發其意, 弗爲使人行其中. 名則聖人所發天意, 不可不深觀也. 受命之君, 天意之所予也. 故號爲天子者, 宜視天如父, 事天以孝道也. 號爲諸侯者, 宜謹視所候奉之天子也. 號爲大夫者, 宜厚其忠信, 敦其禮義, 使善大於匹夫之義, 足以化也. 士者, 事也. 民者, 瞑也. 士不及化, 可使守事從上而已. 五號自讚各有分, 分中委曲有名(蘇輿曰 : '下曲字疑各之誤'). 名衆於號. 號其大全 ; 名也者, 名其別離分散也. 號凡而略 ; 名詳而目. 目者, 偏辨其事也. 凡者, 獨擧其大也. 享鬼神者號一曰祭(蘇輿曰 : '者與之同'). 祭之散名 : 春曰祠, 夏曰礿, 秋曰嘗, 冬曰烝. 獵禽獸者號一曰田. 田之散名 : 春苗, 秋蒐, 冬狩, 夏獮. 無有不皆中天意者. 物莫不有凡號 ; 號莫不有散名如是. 是故事各垂名 ; 名各順於天 ; 天人之際, 合而爲一. 同而通理, 同而相益, 順而相受, 謂之德道. 『詩』曰 : "維號斯言, 有倫有迹." 此之謂也. (「심찰명호」, 『번로』, 284-88쪽)

제3장
양한 무렵의 참위와 상수학

1. 참과 위

앞에서 「월령(月令)」은 팔괘를 음양가의 우주 구조 내에 배합시키지 않았으며, 팔괘는 그 자체로 하나의 우주 구조로 될 수 있었다고 말했다. 전한시대 경학자들은 음양가의 말을 빌려 유가의 경전을 해석했다. 『역(易)』은 본시 시초점(筮)에 쓰인 술수(術數)의 일종이었던 만큼 그런 해석을 수용하기가 더욱 쉬웠다. 소위 『역위(易緯)』가 바로 그 방향으로 『역』을 해석한 것으로서, 전한시대 중엽 이후 '위서(緯書)'가 출현했다. 이른바 "위(緯 : 씨줄)"란 "경(經 : 날줄)"에 대한 말이다. 위서 외에 또 '참서(讖書)'가 있다. 『수서(隋書)』 「경적지(經籍志)」는 말한다.

논자들은 말하기를 공자는 육경을 지어 천인지도(天人之道)를 밝히면서 후세 사람들이 그 뜻을 온전히 이해하지 못할까봐 따로 "위(緯)"와 "참(讖)"을 지어 후세에 남겼는데, 그중에서 전한시대에 나온 「하도(河圖)」 9편, 「낙서(洛書)」 6편은 황제로부터 문왕에게 전수된 원본 문장이며, 또 다른 30편은 최초의 성인부터 공자까지 모두 9명의 성인들이 덧붙이고 부연하여 그 뜻을 확장한 것이고, 또 「칠경위(七經緯)」 36편 역시 공자가 지었으니, 모두 합쳐 81편이라고 주장한다.……그러나 이들 글의 내용은 천박하고 저속하며 뒤죽박죽 어긋나고 거짓되어 성인의 취지에 부합하지 않는다. 세상 사람들의

조작을 거쳐 글자들이 계속 은밀하게 고쳐졌던 만큼 사실적 기록은 아니다.[1]

통상 "참"과 "위"를 연결하여 말하지만, 사실 이 둘은 본래 같은 것이 아니다.『사고전서총목제요(四庫全書總目提要)』는 말한다.

> 유자들은 흔히 "참위"라고 일컫지만 사실은 참은 참, 위는 위이며 같은 부류가 아니다. 참이란 거짓으로 비밀스런 말을 꾸며 길흉을 예언한 것들을 말한다.『사기(史記)』「진본기(秦本紀)」에 노생(盧生)이 「녹도(錄圖)」의 책을 바쳤다는 이야기가 있는데 이것이 참의 시초이다. 위란 경의 지류(支流)로서 다른 의미로까지 부연한 것이다.『사기』「자서(自序)」에 『역』을 인용하여 "조그마한 실수가 큰 잘못을 저지른다"고 했고,『한서(漢書)』「개관요전(蓋寬饒傳)」에 『역』을 인용하여 "오제는 천하를 섬겼지만 삼왕은 천하를 독차지했다"고 한 것에 대해서, 주해자들이 모두 『역위』의 글귀로 여긴 경우가 그것이다. 진한시대 이래 성인 공자로부터 시간적 거리가 날로 멀어지자 유자들은 멋대로 학설을 추론하여 각자 책을 지었으나 경(經)과는 원래 비교가 되지 않았다. 예컨대 복생(伏生)의 『상서대전(尙書大傳)』이나 동중서의 『춘추(春秋)』,『음양(陰陽)』의 문체를 검토해보면 다름 아닌 위서이지만 다만 분명한 저자의 이름이 있었기 때문에 공자에 의탁할* 수 없었을 뿐이다. 기타 사사로이 찬술된 것들•은 차츰 술수의 말들이 섞여 작자가 누구인지 모르게 되었고 따라서 공자에 부회하여 그 학설을 신비화했다. 후세로 전해지면서 더욱 요망한 주장이 첨가되어 마침내 참과 하나로 합쳐지게 되었다.[2]

---

1) 說者又云：孔子旣敍六經, 以明天人之道, 知後世不能稽同其意, 故別立緯及讖, 以遺來世. 其書出於前漢, 有『河圖』九篇,『洛書』六篇, 云自黃帝至周文王所受本文. 又別有三十篇, 云自初起至於孔子, 九聖之所增演, 以廣其意. 又有七經緯三十六篇, 並云孔子所作. 幷前合爲八十一篇.……然其文辭淺俗, 顚倒舛謬, 不類聖人之旨. 相傳疑世人造爲之, 後或者又加點竄, 非其實錄. (『수서』, 941쪽)

* "참위서"에 나오는 "공자왈(孔子曰)"뿐만 아니라『예기』등에 나오는 "공자왈"역시『논어』에 근거한 것이 아닌 경우는 대체로 공자에 가탁(假託)한 말이다.

2) 按儒者多稱讖緯, 其實讖自讖, 緯自緯, 非一類也. 讖者, 詭爲隱語, 預決吉凶 ;『史記』「秦本紀」稱盧生奏『錄圖』書之語是其始也. 緯者, 經之支流, 衍及旁義.『史記』「自序」引『易』："失之毫釐, 差以千里" ;『漢書』「蓋寬饒傳」引『易』："五帝官天下, 三王家天下" ; 注均以爲『易緯』之文是也. 蓋秦漢以來, 去聖日遠, 儒者推闡論說, 各自成書, 與經原不相比附. 如伏生『尙書大傳』, 董仲舒「春秋」「陰陽」, 核其文體, 卽是緯書 ; 特

『후한서(後漢書)』「장형전(張衡傳)」에, 장형은 상소에서 "사전에 수립된 예언이 나중에 검증된 것이 참서(讖書)이다. 참서가 처음 나왔을 때 그것을 알아본 사람은 적었다.……성공[37-7B.C.]과 애공[6-1B.C.] 이후에 처음 출현했는데, 아마 허위의 무리들이 세상에 아부할 목적으로 이용했음에 틀림없다"[3]고 했다. 참서와 위는 함께 논할 수 없지만 위서 가운데 황당무계한 부분이 사실상 참의 부류이고,* 모두 동일한 추세하의 산물이다.

2. 이른바 상수학

위서는 현재 대부분 남아 있지 않다. 남아 있는 것을 보면 『역위』에서 논한 "역리(易理)" 등이 곧 송유(宋儒)가 말한 "상수학(象數之學)"이다. 『좌전(左傳)』 희공(僖公) 15년에 한간(韓簡)은 "거북 등 딱지는 상(象)이고 시초는 수(數)이다. 사물이 생긴 이후에 상이 있고, 상이 있은 이후에 다양함이 있고, 다양함이 있은 이후에 수가 있다"[4]고 말했다. 즉 먼저 사물이 있은 후에 상이 있고 상이 있은 후에 수가 있다는 말이니, 상식에 맞는 설이다. 제1편에서 논한 『역전(易傳)』도 상을 언급했는데, 예컨대 「계사(繫辭)」에 "팔괘가 배열되면 상은 그 안에 있고",[5] "(『역』의 논리로) 기물을 만들 경우 그 상을 중시한다"[6]고 했다. 『역전』은 수도 언급했는데, 예컨대

以顯有主名, 故不能託諸孔子. 其他私相撰述, 漸雜以術數之言, 旣不知作者爲誰, 因附會以神其說. 迨彌傳彌失, 又益以妖妄之辭, 遂與讖合而爲一. (『역』류 부록 『역위』하, 『사고전서총목제요』 권6 : 60쪽)

3) 立言於前, 有徵於後,……謂之讖書. 讖書始出, 蓋知之者寡.……成哀之後, 乃始聞之.……殆必虛僞之徒, 以要世取資." (『후한서』, 1912쪽)

* 『신편』III, 208쪽 : 참(讖)은 완전히 종교적 미신이고 위(緯)는 기본적으로 "경(經)"에 대한 해석과 연역(發揮)으로서, 참과 위는 본래 서로 다른 것이다. 다만 『위서』에는 종종 참이 뒤섞여 있었기 때문에 후세 사람들은 참과 위를 혼동해서 "참위"로 통칭했다. 이런 혼잡은 이미 『공양춘추(公羊春秋)』 안에 본래 존재했다.……

4) 龜象也 ; 筮數也. 物生而後有象, 象而後有滋 ; 滋而後有數. (『좌전』, 365쪽)

5) 八卦成列, 象在其中矣. (『주역(周易)』, 555쪽)

6) (『易』有聖人之道四焉 : 以言者尙其辭)……以制器者尙其象.……(『주역』, 531쪽)

"하늘 1, 땅 2, 하늘 3, 땅 4, 하늘 5, 땅 6, 하늘 7, 땅 8, 하늘 9, 땅 10"[7]이라고 했다. 다만 『역전』은 사물이 있은 후에 상이 있다고 여겼으니, 팔괘의 상은 복희가 천문과 지리를 관찰하여 획득한 것이었다. 그 상이 있은 이후에 사람은 그것을 취해서 기물을 제작한 만큼, 상은 인위적인 사물 이전에 있었다지만 사실은 자연적인 사물 이후에 생긴 것이다. 이후 팔괘의 지위는 점점 더 높아져, 『역』을 논하는 자는 점차 먼저 수가 있은 후에 상이 있고 최후에 사물이 있다고 여기게 되었다. 다만 한대 사람들은 명확히 언명하지는 않았고 송유들이 비로소 분명히 언급했다. 즉 이른바 상수학은 한대에 발달하여 송대에 대성했다.[8]

---

7) 天一, 地二, 天三, 地四, 天五, 地六, 天七, 地八, 天九, 地十. 〈제2장, 주11〉

8) 【주】이른바 상수학은 얼른 보면 하나의 커다란 미신(迷信) 더미로 보이지만 그 의도는 우주와 그 안의 각 방면의 사물을 체계적으로 해석하는 데에 있었다. 상수학이 "수"와 "상"을 중시한 것은 그리스의 피타고라스 학파와 매우 흡사하다. 이에 피타고라스 학파를 약술하여 비교 자료로 삼는다. 아리스토텔레스는 말했다 : "피타고라스 학파에 따르면 분명히 수는 제일원리로서, 존재하는 사물의 질료인(質因)이자 속성과 상태를 구성하는 것이고, 수의 요소는 홀수와 짝수이며, 홀수는 유한(有限)이고 짝수는 무한(無限)이다. 하나로부터 둘이 나오며('일자'는 홀수이기도 하고 짝수이기도 하기 때문에), 하나로부터 모든 수가 생기고 온 우주가 모두 수라고 그들은 생각했다. 이 학파의 한 철학자는 10원리를 논하여 두 항목으로 대립시켜 나열했다 :

유한	무한
홀수	짝수
하나	다수
오른쪽	왼쪽
남성	여성
고요(靜)	운동(動)
직선	곡선
빛	어둠
선	악
정방(正方)	장방(長方)

(아리스토텔레스, 『형이상학』)

디오게네스는 아리스토텔레스가 서술한 피타고라스 학파의 철학을 인용하여, "하나(Monad)는 모든 사물의 시작이며, 하나로부터 부정(不定)의 둘이 나오므로 둘은 하나에 속하고 하나는 둘의 원인이다. 하나와 부정의 둘로부터 수(Numbers)가 생기고 수로부터 상(象, Signs)이 생기고 상으로부터 면적을 구성하는 선이 생기고 면

　중국의 상수학은 그리스 철학 가운데 피타고라스 학파의 학설과 같은 점이 매우 많다. 비교해보면 같은 점이 많다는 데에 놀라지 않을 수 없다. 『역』「계사」에 "역에는 태극이 있고 그것이 양의를 낳

적으로부터 입체가 생기고 입체로부터 눈에 보이는 사물이 생기고 눈에 보이는 사물 가운데 네 가지 원질(原質)이 물, 불, 바람, 흙이다"고 말했다(디오게네스, 『유명 철학자들의 생애, 가르침, 격언(*Lives and Opinions of Eminent Philosophers*)』). 또 버넷에 따르면 피타고라스 학파의 학자인 에우리토스는 예컨대 사람이나 말(馬)과 같은 사물의 수를 제시하며 조약돌을 각종 형식으로 배열하여 표시했다. 아리스토텔레스는 피타고라스의 그러한 질서를, 수를 삼각형이나 정방형 등의 상에 대입한 (以數入象) 경우에 비교했다(버넷, 『초기 그리스 철학(*Early Greek Philosophy*)』). "삼각수(三角數, Tetraktys)"의 상이 바로 피타고라스의 발견이라고 전해오는데, "삼각수"는 그후 여러 종류가 생겼으나 가장 처음 나온 것이 "10수의 삼각수 (Tetraktys of the dekad)"이다. 그 상은 다음과 같다:

이 상은 "4의 삼각형"이 10수를 대표한 것으로 1+2+3+4=10임을 잘 보여준다. 스페우시포스는 일찍이 10수의 여러 가지 속성, 예컨대 수 가운데 똑같은 개수의 소수[1,2,3,5,7]와 합성수[4,6,8,9,10]를 함유한 것으로 10이 그 첫째다는 따위의 속성을 들면서 피타고라스가 발견한 것이라고 말했다. 스페우시포스가 제시한 것들이 과연 얼마나 진짜 피타고라스가 발견한 것인지는 알 수 없다. 다만 피타고라스가 내렸다는 하나의 결론, 즉 그리스인이든 야만인이든 수가 10에 이르면 다시 하나로 돌아감은 자연에 따른 것이라는 결론은 피타고라스가 얻은 것이라고 인정해도 될 것 같다. 이 "삼각수"는 분명 무한히 확장될 수 있는데 그림으로 표시하면 정수의 조화로 계속된다. 이 조화가 바로 "삼각수"이다. 같은 이치에 의해서 홀수의 조화를 계속한 것이 "정방수"이고 짝수의 조화를 계속한 것이 "장방수"이다. 그림은 다음과 같다(같은 책).

피타고라스는 음악을 연구하여 현의 장단을 계산하여 음을 정했다. 피타고라스가 만물은 모두 수라고 여긴 것은 바로 이것 때문인 것 같다. 음악의 소리를 수로 귀결시킬 수 있다면 기타의 사물도 그렇게 하지 못할 이유가 없다고 보아(같은 책), 피타고라스는 자연 역시 하나의 화성(和聲)이고 하나의 수라고 여겼다.

는다"[9]고 했는데, 피타고라스 학파 역시 하나가 둘을 낳는다고 여겼다. 피타고라스 학파가 말한 유한-무한 등의 "10쌍의 대립"을 보면, 유한은 중국역학의 양이고 무한은 중국역학의 음임을 알 수 있다. 그리스 철학에서는 보통 무한은 질료, 유한은 형상이며, 질료가 형상을 받아 한 사물이 된다고 했는데, 중국역학 역시 양은 베풀고 음은 받는다고 여긴다. 이 "10쌍의 대립"을 종합 고찰할 경우, 그중에서 중국역학에서 말한 것과 다른 것은 유한을 정방, 무한을 장방으로 여긴 점이다. 중국역학에서는 하늘은 원이고 땅은 네모라고 여긴다. 그런데 피타고라스 학파에서 유한이 정방인 까닭은 홀수를 "정방수"로 여겼기 때문이고, 무한이 장방인 까닭은 짝수를 "장방수"로 여겼기 때문이므로, 그렇게 보면 이 또한 중국역학에서 승인할 수 있는 내용이다. 그러므로 오직 유한을 고요, 무한을 운동으로 여긴 점만은 중국역학에서 부여한 음양의 속성과 정반대이다.*

피타고라스 학파는 항상 각종 동물(사람이나 말 따위)의 수를 제시하며, 조약돌을 각종 형식으로 배열하여 표시했다. 그것이 바로 "이수입상(以數入象 : 수를 상에 대입함)"〈주8〉인데(앞에서 홀수를 정방수, 짝수를 장방수로 여긴 것도 이수입상의 예이다/『신편』), 중국역학에서 논한 "상", "수" 역시 그러하다. 피타고라스는 자연은 하나의 화성(和聲)으로서 천문과 음악에서 수의 기능이 가장 잘 나타나 있다고 여겼는데, 중국에서도 한대 이후 율려(律呂)와 역법

---

9) 易有太極, 是生兩儀.〈제1편,제15장,주17〉

* 『신편』III, 206쪽 : 그리스 철학자들은 흔히 "무한"은 질료이고 "유한"은 형상이며, 질료는 형상을 받아 한 사물이 된다고 여겼다. 형상은 "일(一)"이고 질료가 형상을 받으면 "다(多)"가 된다. 중국역학 역시 양은 베풀고 음은 받는다고 여겼으므로, 양은 "유한"에 상당하고 음은 "무한"에 상당한다고 말할 수 있다. 이 "10쌍의 대립" 가운데 정방은 "유한" 계열에, 장방은 "무한" 계열에 포함시켰지만, 중국역학은 하늘은 둥글고 땅은 네모지다고 여기므로, 표면상 이것은 하나의 차이점이다. 그러나 사실은 그렇지 않다. 피타고라스 학파는 홀수의 화합을 이어가면 정방형으로 배열되고, 짝수의 화합을 이어가면 장방형으로 배열될 수 있다고 여겼기 때문에 그들은 홀수는 정방수, 짝수는 장방수라고 여긴 것인데, 이는 중국역학에서 승인할 수 있는 내용이다. 다만 각 "쌍" 가운데 운동과 고요, 왼쪽과 오른쪽의 배열만은 중국역학에서 말한 음양의 속성과 정반대이다.

을 논한 사람들은 모두『역』의 "수"를 근거로 삼았다. 이상은 중국 역학과 피타고라스 학파의 같은 점의 대강만을 든 것이지만, 참으로 놀랄 만하다.

3. 음양의 수

『역전』도 한대 초기 인물의 저작이지만 한두 가지를 제외하면 그 가운데의 중요한 사상은 도가 중의 노자학적 경향이 있음은 앞에서 상론했다. 그때는 음양가의 사상이 아직 역학에 깊이 침투하지 않았기 때문이었을 것이다.『역』「계사」의 "위대한 연역의 수(數)는 50이다"는 구절의 문단은 그후 "수"를 논한 자들의 종지가 되었다. 그러나 원문에서의 의미는 서법(筮法)을 설명한 것이 분명하다. 즉 "넷으로 뽑아 사계를 상징하고 나머지는 손가락 사이에 끼워 윤달을 상징한다"[10]고 하여, 서법이 천문과 역법을 상징한 것이지 천문과 역법이 서법을 상징한 것이 아님을 명백히 밝혔다. 이것은 "수"를 논한 자들의 주장과 다르다. 다음의 글을 보면 알 수 있다.

『역위건착도(易緯乾鑿度)』는 말한다.

옛날 성인은 음양에 따라 기울고 차는 우주의 운동을 규정했고, 건곤을 수립하여 천지를 통괄했다. 무릇 유형은 무형에서 생기거늘 건곤은 어디에서 생기는가? 따라서 말했다. "태역(太易)이 있고, 태초(太初)가 있으며, 태시(太始)가 있고, 태소(太素)가 있다." 태역은 아직 기(氣)가 드러나지 않은 것이고, 태초는 기의 개시요, 태시는 형체의 개시요, 태소는 바탕의 개시이다. 기와 형체와 바탕이 갖추어져 있으되 분리되지 않은 것이 바로 혼돈이다.

혼돈이란 만물이 서로 뒤섞여 있고 분리되지 않은 상태를 말한다. 보아도 보이지 않고 들어도 들리지 않고 만져도 잡히지 않기 때문에 역(易)이라고 했다. 역은 형체를 동반하지 않는다. **역은 1로 변하고 1은 7로 변하고** 7은 9로 변하는데 9란 기의 변화의 한계이니, 9는 다시 1로 변한다.[11] 1이란 형체 변

---

10) 大衍之數五十.……揲之以四, 以象四時, 歸奇於扐以象閏. (『주역』, 524-25쪽)
11) 【주】같은 책 권하(卷下)에 이와 같은 문장이 있는데 그곳의 주에서 정현(鄭玄)은 말

화의 개시이다. 맑고 가벼운 것은 위에서 하늘이 되고, 흐리고 무거운 것은 아래에서 땅이 되었다.

사물은 **개시, 장성, 종결**의 3단계가 있다. **따라서 3획으로써 건(乾)을 구성했다.** 건곤은 서로 어울려 생성한다.* 사물에 음과 양이 있기 때문에 중복시켜 6획으로써 괘를 만들었다.……**양은 전진하고 음은 퇴각한다.** 따라서 양은 7, 음은 8이 단(象)이다. 역이 한번 음이 되고 한번 양이 될 때 합하여 15가 되는 것이 도(道)이다. 양이 7에서 9로 변하고, 음이 8에서 6으로 변하는 것 **역시 합하여 15가 된다.** 이처럼 단(象)과 변(變)의 수는 모두 동일하다. 이로부터 5음(五音) 6률(六律) 7숙(七宿)이 생긴다. 따라서 **위대한 연역의 수 50**이면 변화를 완성하고 귀신도 부린다. 일(日) 십간(十干)은 5음에, 신(辰) 12는 6률에, 성(星) 28은 7숙에 상응한다. 이 50으로부터 만물은 생긴다.** 공자는 "양은 3, 음은 4가 올바른 자리이다"고 말했다.[12]

『역』「계사」에 따르면 "하늘 1, 땅 2, 하늘 3, 땅 4, 하늘 5, 땅 6, 하늘 7, 땅 8, 하늘 9, 땅 10이다." 양은 1에서 9에 이르고, 1은 양의 초

했다 : "'다시 1로 변한다'의 1은 잘못이고 2여야 옳다. 그래서 2는 6으로 변하고 6은 8로 변하게 되는바, 7로 변하고 9로 변한다는 앞 구절의 의미와 조화를 이룬다 (乃復變爲一 ; 一變誤耳, 當爲二. 二變而爲六. 六變而爲八. 則與上七九意相協)."

* 『신편』III, 192쪽 : 저 개시, 장성, 종결의 3단계는 양의 발전단계인 1, 7, 9의 3단계에 상당하고, 아울러 음의 발전단계인 2, 8, 6의 3단계에 상당한다. 이것이 이른바 "건곤상병구생(乾坤相幷俱生 : 건곤은 서로 어울려 생성함)"이다.

** 『신편』III, 193쪽 : 5음은 갑·을·병·정 등 십간에 배합하여 10이고, 6률과 6려(六呂)는 자·축·인·묘 등 12신(辰)에 배합하여 12이다. 10+12+28은 50이니, 이것이 『역전』에서 말한 "위대한 연역의 수(大衍之數)"이다.

12) 昔者聖人因陰陽定消息, 立乾坤, 以統天地也. 夫有形生於無形, 乾坤安從生? 故曰 : 有太易, 有太初, 有太始, 有太素也. 太易者, 未見氣也. 太初者, 氣之始也. 太始者, 形之始也. 太素者, 質之始也. 氣形質具而未離, 故曰渾淪. 渾淪者, 言萬物相渾成, 而未相離. 視之不見, 聽之不聞, 循之不得, 故曰易也. 易无形畔. 易變而爲一. 一變而爲七. 七變而爲九. 九者, 氣變之究也. 乃復變而爲一. 一者形變之始. 淸輕者上爲天 ; 濁重者下爲地. 物有始, 有壯, 有究, 故三 而成乾. 乾坤相並俱生, 物有陰陽, 因有重之, 故六畫而成卦.……陽動而進 ; 陰動而退. 故陽以七, 陰以八, 爲象. 易一陰一陽, 合而爲十五, 之謂道. 陽變七之九, 陰變八之六, 亦合於十五, 則象變之數若之一也. 五音六律七變(同書下卷有一段與此文同, 作七宿), 由此作焉. 故大衍之數五十, 所以成變化而行鬼神也. 日十干者, 五音也. 辰十二者, 六律也. 星二十八者, 七宿也. 凡五十所以大閱物而出之者也. 孔子曰 : 陽三陰四, 位之正也.

생(初生), 3은 양의 정위(正位),[13] 7은 양의 단(象),[14] 9는 양의 변(變)
이다. 2는 음의 초생, 4는 음의 정위,[15] 8은 음의 단, 6은 음의 변이
다. "양은 전진하고 음은 퇴각하기" 때문에 양이 변하면 7에서 9로
되고, 음이 변하면 8에서 6으로 된다. (주역은 변화에 근거하여 점
을 치므로/『신편』) 따라서 『역경』은 양효를 9, 음효는 6으로 통칭
했다. 『건착도』는 십오(十五)와 오십(五十)이 서로 비슷한 수이기
때문에 "역시 합하여 십오가 되고……따라서 위대한 연역의 수는
오십이다……"고 말했다. 이 두 수는 모두 오와 십을 쓰고 있기 때
문이다. 정현의 주에 따르면 "오는 하늘의 수인 홀수를 상징하고,
십은 땅의 수인 짝수를 상징한다. 하늘의 수와 땅의 수를 합한 것이
바로 도이다."[16] 십오와 오십은 모두 "하늘의 수와 땅의 수를 합한"
수이다. "역은 1로 변하고 1은 7로 변하므로,……3획으로써 건을
구성했다." 1, 3, 5, 7, 9는 양의 수이고 3획 ☰은 양의 상(象)이며,
2, 4, 6, 8, 10은 음의 수이고 3획 ☷은 음의 상이다. 여기서 3획은
사물의 개시, 장성, 종결을 상징한다. 피타고라스 학파가 1이 2를
낳고(역에서 말한 태극이 양의를 낳는다는 것과 같음), 2는 수를 낳
고, 수는 상을 낳는다고 한 것도 이것과 의미가 같다.

　『건착도』 권하에 이 문단의 글과 똑같은 문단이 있는데, 다음의
글만 약간 다르다.

　　양이 전진할 때 7에서 9로 변함은 기의 홍성을 상징하고, 음이 퇴각할 때 8
　에서 6으로 변함은 기의 쇠미를 상징한다. 따라서 **태일(太一)은 수를 취하여 구
　궁(九宮)을 만들고 사정(四正) 사유(四維)는 어느 경우이든 (결국) 합이 15이다.**[17]

---

13) 【주】정현은 말했다. "원은 지름이 1이면 둘레가 3이다."
14) 【주】정현은 말했다. "단은 효 가운데 변동하지 않는 것(爻之不變動者)이다."
15) 【주】정현은 말했다. "정사각형(方)은 지름이 1이면 둘레가 4이다."
16) 五象天之數奇也 ; 十象地之數偶也. 合天地之數, 乃謂之道.
17) 陽動而進, 變七之九, 象其氣之息也. 陰動而退, 變八之六, 象其氣之消也. 故太一取
　　其數以行九宮, 四正四維, 皆合于十五.
　　[『신편』III, 194-95쪽 : 이른바 "태일"은 역(易)을 뜻한다. 『건착도』에 "역이 일
　　(一)로 변한다"고 했으므로 역은 "태일"이라고 할 수 있다. "태일이 수를 취하여
　　구궁을 만든다"고 함은 바로 1년 사계 중 음양의 기의 성장과 쇠미의 과정을 말한

"태일은 수를 취하여 구궁을 만들고 사정과 사유는 어느 경우이든 (결국) 합이 15이다"는 것이 무슨 뜻인지 명확히 밝히지 않았다. 나중에 그림(圖象)으로 표시된 것이 바로 송나라 유목(劉牧)이 말한 「하도(河圖)」와 주자(朱子)가 말한 「낙서(洛書)」이다. 이들 그림은 피타고라스가 조약돌로 각종 형상을 배열하여 수를 표시했던 것과 같은 부류이다.

4. 팔괘 방위

팔괘로써 사방과 사계 등에 배합한 우주 구조는 『역전』 「설괘(說卦)」에서 언급했다. 「설괘」는 말한다.

> 만물은 진(震☳)에서 생기는데, 진은 동쪽이다. 만물은 손(巽☴)에서 평등해지는데(齊), 손은 남동쪽이며, 평등이란 만물이 깨끗하게 정제되었음을 말한다. 이(離☲)는 밝음이며, 만물이 모두 눈에 띄는 상태로서 남쪽의 괘이다.……곤(坤☷)은 땅이며, 만물은 모두 그곳에서 완전히 양육되기 때문에 "원조는 곤에서 받는다"고 했다. 태(兌☱)는 한가로서, 만물이 기뻐하는 계절이기 때문에 "기쁨은 태를 지칭한다"고 했다. 건(乾☰)에 전쟁이 있는데 건은 북서쪽의 괘이니 음양이 서로 겨루는 것을 말한다. 감(坎☵)은 물이며, 정북의 괘이자 위로의 괘로서 만물이 돌아가는 곳이다. 따라서 "감에서 위로받는다"고 했다. 간(艮☶)은 북동쪽의 괘로서, 만물이 종결하고 다시 시작되는 곳이다. 따라서 "성취는 간에 해당한다"고 했다.[18]

팔괘 방위를 이렇게 배분한 이유를 충분히 말한 것 같지는 않다.

다.……$\begin{smallmatrix} 2 & 9 & 4 \\ 7 & 5 & 3 \\ 6 & 1 & 8 \end{smallmatrix}$ 등이 세계 도식 내의 구궁의 수이다. 네 변[9,7,1,3]이 "사정"이고, 네 모서리[2,6,8,4]가 "사유"이다. 이들 수는 [가로, 세로, 대각선의] 합이 어느 경우이든 15이다. 즉 "사정과 사유는 어느 경우이든 (결국) 합이 15이다"는 말이다.]

18) 萬物出乎震, 震東方也. 齊乎巽, 巽東南也, 齊也者, 言萬物之絜齊也. 離也者, 明也. 萬物皆相見, 南方之卦也.……坤也者, 地也, 萬物皆致養焉, 故曰致役乎坤. 兌, 正秋也. 萬物之所說也, 故曰 : 說言乎兌. 戰乎乾. 乾, 西北之卦也, 言陰陽相薄也. 坎者, 水也, 正北方之卦也 ; 勞卦也 ; 萬物之所歸也, 故曰 : 勞乎坎. 艮, 東北之卦也, 萬物之所成終而所成始也. 故曰 : 成言乎艮. (『주역』, 612-24쪽)

「건착도」는 다음과 같이 더 부연했다.

　공자는 말했다 : 역은 태극에서 시작한다. 태극은 둘로 나누어지므로 천지가 생겼다. 천지에 춘하추동의 구분이 있으므로 사계절이 생겼다. 사계절은 각각 음양(陰陽)과 강유(剛柔)로 나누어지므로 8괘가 생겼다. 8괘가 배열되어 천지의 도가 수립되고 천둥, 바람, 물, 불, 산, 못의 상(象)이 정해져, 각자 분포되어 작용을 일으킨다(用事). 즉 진(震)은 동쪽에서 사물을 낳는데 그 자리는 2월이다. 손(巽)은 남동쪽에서 만물을 분산시키는데 그 자리는 4월이다. 이(離)는 남쪽에서 만물을 성장시키는데 그 자리는 5월이다. 곤(坤)은 남서쪽에서 만물을 양육하는데 그 자리는 6월이다. 태(兌)는 서쪽에서 만물을 거두는데 그 자리는 8월이다. 건(乾)은 북서쪽에서 만물을 규제하는데 그 자리는 10월이다. 감(坎)은 북쪽에서 만물을 저장하는데 그 자리는 11월이다. 간(艮)은 북동쪽에서 만물을 종결하고 개시시키는데 그 자리는 12월이다.

　8괘의 기가 종결되면 **사정**(四正)**과 사유**(四維)의 분리가 명확해져 탄생, 생장, 수렴, 저장(生長收藏)의 도는 완비되어 음양의 본체가 정해지고 신명의 덕이 통하여 만물은 저마다 그 유에 따라 성취된다. 이 모두가 역에 포괄된 내용이니 지극하다! 역의 덕(德 : 역량)이여! 공자는 "한 해는 360일로서 천기(天氣)는 한 바퀴 돈다"고 말했는데, 8괘가 저마다 45일씩 작용하여 비로소 한 해가 완비된다.……

　공자는 말했다 : 건곤은 음양의 주인이다. 양은 해(亥)에서 개시하여 축(丑)에서 모습을 갖추며, 건(乾)이 북서쪽에 자리하니 양은 미미한 기운에도 시작의 기반을 둔다(祖微據始). 음은 사(巳)에서 개시하여 미(未)에서 모습을 갖추며, 바른 자리에다 기반을 두기 때문에 곤(坤)의 자리가 남서쪽에 있을 때 음은 바른 자리가 된다. (음기는 사에서 시작하여 오에서 생기고 미에서 모습을 갖추는데, 음의 도는 비하와 순종이므로 시작점에 근거함으로써 감히 양과 필적하지 않기 때문에 바른 모습을 갖춘 자리에 기반을 둔다./정현) 임금의 도는 시작을 주창하는 것이고 신하의 도는 끝맺음을 바르게 하는 것이다. 그러므로 건의 자리는 해이지만 곤의 자리는 미이다. 이렇게 음양의 직분을 밝히고 군신의 지위를 정했다.[19]

---

19) 孔子曰 : 易始於太極. 太極分而爲二, 故生天地. 天地有春秋冬夏之節, 故生四時. 四

이는 팔괘를 골간으로 한 우주 구조로서 오행을 골간으로 한 것보
다 나중에 나왔다. 팔괘를 사방에 배합시키고 또 남은 네 괘를 다시
북동, 북서, 남동, 남서의 네 귀에 위치시킨 것이 이른바 "사정과 사
유"이다.* 팔괘로 표시한 음양의 소장(消長 : 증감, 성쇠)이 사계의
한서(寒暑) 변천의 원리를 비교적 분명히 설명했기 때문에 이후로
는 나중에 나온 이 설이 크게 유행했다. 그러나 오행을 사계에 배합
한 이전의 설도 폐기되지는 않았다.**

「건착도」는 또 팔괘를 오상(五常)에 배합하며 이렇게 말한다.

　공자는 말했다 : 팔괘의 순서가 제자리에 서면 오기(五氣)가 변형한다. 따
라서 사람은 생길 때 팔괘의 본체에 응하여 오기를 얻어 오상으로 삼는데 인
의예지신(仁義禮智信)이 그것이다.

　時各有陰陽剛柔之分, 故生八卦. 八卦成列, 天地之道立, 雷風水火山澤之象定矣. 其
布散用事也, 震生物於東方, 位在二月. 巽散之於東南, 位在四月. 離長之於南方, 位
在五月. 坤養之於西南方, 位在六月. 兌收之於西方, 位在八月. 乾制之於西北方, 位
在十月. 坎藏之於北方, 位在十一月. 艮終始之於東北方, 位在十二月. 八卦之氣終,
則四正四維之分明, 生長收藏之道備, 陰陽之體定, 神明之德通, 而萬物各以其類成
矣. 皆易之所包也. 至矣哉, 易之德也. 孔子曰 : 歲三百六十日, 而天氣周. 八卦用事,
各四十五日, 方備歲焉.……孔子 : 乾坤, 陰陽之主也. 陽始於亥, 形於丑. 乾位在西
北, 陽祖微據始也. 陰始於巳, 形於未, 據正立位, 故坤位在西南, 陰之正也. (鄭康成
注云 : '陰氣始于巳, 生于午, 形于未. 陰道卑順, 不敢據始以敵, 故立於正形之位.')
君道倡始, 臣道終正. 是以乾位在亥, 坤位在未 ; 所以明陰陽之職, 定君臣之位也.
* 『신편』III, 197쪽 : 감, 진, 이, 태의 4괘는 사방에 배합시키고, 간, 손, 곤, 건의 4괘
는 네 귀에 배합시킨 것이 이른바 "사정(四正)과 사유(四維)"이다.
** 『신편』III, 198쪽 : 건·곤이 "음양의 주인이지만" "사정"에 있지 않고 "사유"에 있
는 까닭은, 『건착도』에 따르면, "양은 해에서 시작하고" "음은 사에서 시작하기"
때문이다. "음은 사에서 시작하지만" 그 자리가 남동이 아닌 까닭은, 『건착도』에
따르면, 양은 존귀하고 음은 비천하기 때문에 양은 "미미한 기운에도 시작의 기반
을 두고(祖微據始)" 그것이 개시하는 방위에 거할 수 있지만, 음은 음이 형성된 자
리에나 거할 수 있기 때문이다. 이 도식에 따르면 매년의 한서의 변화는 모두 팔괘
에 표시된 음양의 소장에서 비롯된다. 각 괘는 모두 작용을 일으키는데 그것이
"용사(用事)"이다. 매년은 360일이므로 각 괘의 "용사"는 45일간이다. 이것은 동
중서와 『회남자』에서 논한, 시공간 속에서의 음양의 기의 운행법칙과 기본적으로
일치한다. 다만 그들은 음양오행가의 세계 도식(우주 구조)을 가지고 표현했고, 역
위(易緯)는 역전의 세계 도식을 가지고 표현했을 뿐이다.

무릇 만물은 진(震)에서 처음 생기며 진은 동쪽의 괘이다. 양기가 생기기 시작한다고 함은 형체가 부여되는 도를 지칭한다. 따라서 동쪽은 인(仁)이다.

만물은 이(離)에서 완성되며 이는 남쪽의 괘이다. 양은 위에서 바른 자리를 얻고 음은 아래에서 바른 자리를 얻어, 존비(尊卑)의 상이 정해진 것은 예(禮)의 질서이다. 따라서 남쪽은 예이다.

만물은 태(兌)로 들어가며 태는 서쪽의 괘이다. 음이 작용을 일으켜 만물이 각기 올바른 상태에 도달함은 의(義)의 이치이다. 따라서 서쪽은 의이다.

만물은 감(坎)에서 잠기며 감은 북쪽의 괘이다. 음기의 형체가 성하지만 음양의 기가 폐색을 품은 격이니 신(信)의 부류이다. 따라서 북쪽은 신이다.

무릇 사방의 도리는 모두 중앙에 통제된다. 따라서 건(乾), 곤(坤), 간(艮), 손(巽)은 사유(四維)에 자리하고 있다. 중앙에서 사방을 규제하는 것은 지(智)의 결단력이다. 따라서 중앙은 지이다.

따라서 도는 인에서 흥하고 예에서 확립되며 의에서 다스려지고 신에서 안정되며 지에서 완성된다. 이 다섯 가지는 도덕이 나뉜 것으로서 자연과 인간의 관련성(天人之際)을 보여준다. 그것으로써 성인은 하늘의 뜻에 교통하고 인륜을 관장하고 지도(至道)를 밝힌다.[20]

이러한 배합은 다음 그림으로 설명할 수 있다.

---

20) 孔子曰：八卦之序成立, 則五氣變形. 故人生而應八卦之體；得五氣, 以爲五常, 仁義禮智信是也. 夫萬物始出於震；震, 東方之卦也. 陽氣始生, 受形之道也, 故東方爲仁. 成於離；離, 南方之卦也. 陽得正於上, 陰得正於下, 尊卑之象定, 禮之序也, 故南方爲禮. 入於兌；兌, 西方之卦也. 陰用事而萬物得其宜, 義之理也, 故西方爲義. 漸於坎；坎, 北方之卦也. 陰氣形盛, 陰陽其含閉, 信之類也, 故北方爲信. 夫四方之義, 皆統於中央. 故乾, 坤, 艮, 巽, 位在四維. 中央所以繩四方行也, 智之決也, 故中央爲智. 故道興於仁, 立於禮, 理於義, 定於信, 成於智. 五者, 道德之分, 天人之際也. 聖人所以通天意, 理人倫, 而明至道也. (「건착도」)

[『신편』III, 198쪽：이는 자연계 안에 봉건 도덕의 초사회적 근거를 만들려는 것으로 견강부회가 뚜렷이 드러나 있다. 이 논조에 따르면 음양의 기에도 도덕적 속성이 있고, 팔괘가 위치한 방위는 도덕적 목적의 구현이다. 이러한 자연과 사회의 관계가 이른바 "천인지제"이다. 이 역시 한대의 어용철학적 관념론이고 일종의 신비주의적 표현형식이다.]

5. 괘기

『역위계람도(易緯稽覽圖)』에는 더욱 상세한 방법이 있는데, 64괘를 사계에 배합시켰다.*『계람도』는 말한다.

　소과(小過)·몽(蒙)·익(益)·점(漸)·태(泰)는　인(寅),　수(需)·수(隨)·진(晋)·해(解)·대장(大壯)은　묘(卯),　예(豫)·송(訟)·고(蠱)·혁(革)·쾌(夬)는　진(辰),

*　『신편』(III, 199쪽)에 보충된 이 문장 앞의 글 : "이 세계 도식은 공간적 도식일 뿐만 아니라 시간적 도식이기도 하다. 위의 논법에 따르면 64괘는 1년의 음양의 기가 소장(消長)하는 가운데 "용사"의 작용을 일으키는데, 그것이 이른바 '괘기(卦氣)'이다."

여(旅)·사(師)·비(比)·소축(小畜)·건(乾)은 사(巳), 대유(大有)·가인(家人)·
정(井)·함(咸)·구(姤)는 오(午), 정(鼎)·풍(豊)·환(渙)·이(離)·둔(遯)은 미
(未), 항(恒)·절(節)·동인(同人)·손(損)·비(否)는 신(申), 손(巽)·췌(萃)·대축
(大畜)·비(賁)·관(觀)은 유(酉), 귀매(歸妹)·무망(无妄)·명이(明夷)·곤(困)·
박(剝)은 술(戌), 간(艮)·기제(旣濟)·서합(噬嗑)·대과(大過)·곤(坤)은 해(亥),
미제(未濟)·건(蹇)·이(頤)·중부(中孚)·복(復)은 자(子), 준(屯)·겸(謙)·규(睽)·
승(升)·임(臨)은 축(丑)이다.

감(坎)은 6, 진(震)은 8, 이(離)는 7, 태(兌)는 9이다. 이 4괘가 사정(四正)
의 괘로서 사상(四象)이다. 매해는 12달이니 매달 5괘이고, 매괘는 6일 7분
(分)이다. 1년의 주기는 365$\frac{1}{4}$일이다.[21]

○사정괘(四正卦)의 괘마다 6효(爻)가 있고, 매효가 (1년 24절기 가운데) 한
절기를 주관한다. 나머지 60괘의 경우 다시 괘마다 6일 7분(즉 $\frac{7}{80}$일)을 주관
한다. 1년은 365$\frac{1}{4}$일이니 이 60괘가 또 1년을 일주한다.[22]

즉 사방에 거하는 4괘, 즉 진(震)(동쪽), 이(離)(남쪽), 태(兌)(서쪽),
감(坎)(북쪽)이 사정괘로서 사계를 주관한다. 매괘는 6효인데 매효
마다 (매년 24절기 중의) 한 절기를 주관한다. 『계람도』에 따르면
감괘의 초육은 동지, 진괘의 초구는 춘분, 이괘의 초구는 하지, 태
괘의 초구는 추분을 각각 주관하고, 나머지 효가 나머지 20절기를
각각 주관한다. 이하의 그림에 자세하다. 64괘는 이 4괘를 제외하고
도 60괘가 남는다. 매괘는 6일 7분을 주관하는데 7분이란 $\frac{7}{80}$일을
말한다. 1년은 365$\frac{1}{4}$일이다. 만약 매괘가 6일을 주관하면 60괘는
360일을 주관하고 5$\frac{1}{4}$일이 남는다. 매일을 80등분할 경우 5$\frac{1}{4}$일은

---

21) 小過蒙益漸泰(寅). 需隨晉解大壯(卯). 豫訟蠱革夬(辰). 旅師比小畜乾(巳). 大有家
   人井咸姤(午). 鼎豊渙離遯(未). 恒節同人損否(申). 巽萃大畜賁觀(酉). 歸妹无妄明
   夷困剝(戌). 艮旣濟噬嗑大過坤(亥). 未濟蹇頤中孚復(子). 屯謙睽升臨(丑). 坎六震
   八離七兌九. 已上四卦者, 四正卦, 爲四象. 每歲十二月, 每月五卦(紀昀等云:'按月
   字當作卦'), 卦六日七分. 每期三百六十六日每四分(紀昀等云:'按六日當作五日, 四
   分當作四分日之一').

22) 四正之卦, 卦有六爻, 爻主一氣. 餘六十卦, 卦主六日七分, 八十分日之七. 正歲三百
   六十五日四分之一. 六十而一周.

총 420분이다. 60으로 420을 나누면 매괘는 7분을 얻는다. 따라서 매괘는 6일 7분을 주관한다. 이 60괘를 12달에 분배하면 매월은 5괘를 얻는다. 이 매월의 5괘를 『역위계람도』는 천자, 제후, 공, 경, 대부에 분배했다. 예컨대 소과(小過)는 정월(즉 寅月)의 제후, 몽(蒙)은 정월의 대부, 익(益)은 정월의 경, 점(漸)은 정월의 공, 태(泰)는 정월의 천자이다. 12달 가운데 천자괘는 (11월부터 시작하여) 복(復), 임(臨), 태(泰), 대장(大壯), 쾌(夬), 건(乾), 구(姤), 둔(遯), 비(否), 관(觀), 박(剝), 곤(坤)이다. 이 12괘가 12달의 주괘(主卦)이기 때문에 천자괘 혹은 벽괘(辟卦)라고 한다. 벽은 임금이다. 이 12괘를 12달의 주괘로 삼은 까닭은 64괘 가운데, 위 5효가 모두 음이고 아래 1효만 양인 것이 복괘 ䷗, 위 4효가 모두 음이고 아래 2효가 양인 것이 임괘 ䷒, 위 3효가 모두 음이고 아래 3효가 양인 것이 태괘 ䷊, 위 2효가 모두 음이고 아래 4효가 양인 것이 대장괘 ䷡, 위 1효가 음이고 아래 5효가 양인 것이 쾌괘 ䷪, 6효 모두 양인 것이 건괘 ䷀, 위 5효가 모두 양이고 아래 1효가 음인 것이 구괘 ䷫, 위 4효가 모두 양이고 아래 2효가 음인 것이 둔괘 ䷠, 위 3효가 모두 양이고 아래 3효가 모두 음인 것이 비괘 ䷋, 위 2효가 양이고 아래 4효가 음인 것이 관괘 ䷓, 위 1효가 양이고 아래 5효가 음인 것이 박괘 ䷖, 6효가 전부 음인 것이 곤괘 ䷁이기 때문이다. 이 12괘를 12달에 분배하면 복괘는 11월, 건괘는 4월, 구괘는 5월, 곤괘는 10월에 해당하는바, 12달 중 음양 성쇠의 상이 뚜렷이 드러난다. 따라서 이 12괘를 벽괘로 삼아 1년의 음양 소식(성쇠)의 상을 표시했다. 그밖의 제후, 공, 경, 대부의 분배의 경우는 이와 같은 뚜렷한 이유가 없다. (이것이 바로 "괘기(卦氣)"이다./『신편』)

6. 맹희와 경방

맹희(孟喜)와 경방(京房)도 괘기설을 논했다. 『한서』「경방전」은 말한다.

경방의 설은 재변(災變)을 다루는 데에 뛰어났다. 64괘를 다시 일상의 업무에 배합시켜, 바람, 비, 추위와 더위를 징후로 간주하여 저마다 점괘의 징조가 있다고 여겼다.[23]

당(唐)나라 스님 일행(一行, 673-727)은 「괘의(卦議)」에서 말했다.

12달에 괘를 배합하는 일은 **맹씨**의 해석에서 비롯되었다. 역에 대한 그의 설명은 절기(氣)에 바탕을 두었고, 그후 인간사를 가지고 그것을 증명했다. **경씨**는 또 괘효로써 1년의 날수에 배합시켰다.[24]

일행은 또 말했다.

맹씨에 따르면 동지(冬至)의 시작과 더불어 중부(中孚) 괘가 작용한다. 한 달의 수는 9와 6과 7이 합한 30이다. 각 괘는 땅의 수 6에 의거하고(卦以地六) 각 후는 하늘의 수 5에 의거하므로(候以天五), 5와 6을 곱하면 소식일변(消息一變 : 성하고 쇠하는 한 번의 변화)의 날수가 된다. 12번 변하면 한 해는 다시 시작한다. 감, 진, 이, 태의 각 24효가 24절기를 차례로 주관하며, 각 괘의 초효가 동지, 하지, 춘분, 추분을 각각 주관한다.

감(坎 ☵)은 음이 양을 싸고 있으므로 북정(北正 : 동지점)에서 출발하여 미미한 양이 아래에서 동하여 위로 올라가지만 아직 절정에 이르지는 않는다. 2월에 그 한계에 달하면 응고된 기가 풀어지고 감의 운행은 종결된다.

춘분은 진(震 ☳)에서 생기고 양은 만물의 원(元)에 의거하기 시작하여 괘 안에서 주관하므로 뭇 음이 감화하여 붙좇는다. 남정(南正 : 하지점)에서 한계에 달하면 풍요와 광대의 변화는 다하고 진의 작용은 종결된다.

이(離 ☲)는 양이 음을 싸고 있으므로 남정에서 출발하여 미미한 음이 땅 아래에서 생겨서 쌓이지만 아직 번창하지는 않는다. 8월에 이르면 문명(文明)의 바탕이 쇠하여 이의 운행은 종결된다.

중추(仲秋)에 음은 태(兌 ☱)에서 형성되고 만물의 말단을 따르기 시작하고 괘 안에서 주관하므로 뭇 양이 내려와 이어받는다. 북정에서 한계에 달하

---

23) 其說長于災變, 分六十四卦, 更直日用事. 以風雨寒溫爲候各有占驗.(『한서』, 3160쪽)

24) 十二月卦, 出於孟氏章句, 其說『易』本於氣, 而後以人事明之. 京氏又以卦爻配朞之日.(『신당서(新唐書)』, 598쪽) [朞 : 돌, 만 하루나 만 1개월, 1주년]

면 자연이 베풀어주는 혜택은 다하고 태의 작용은 종결된다.

따라서 양 7의 고요는 감에서, 양 9의 동요는 진에서, 음 8의 고요는 이에서, 음 6의 동요는 태에서 개시된다. 따라서 사상(四象)의 변화는 모두 6효를 겸하고 절기에 맞는 대응이 갖추어진다.[25]

"맹씨"는 맹희, "경씨"는 경방이다.『한서』「유림전(儒林傳)」은 말한다.

맹희는 자가 장경(長卿)이고, 동해 난릉 사람이다.……역학자들이 음양의 재변을 예언하는 책을 얻었다.……경방은 양(梁)나라 사람 초연수(焦延壽, 자가 연수, 이름은 공[贛])로부터 역을 전수받았는데, 초연수는 말하기를 "일찍이 맹희를 모시고 역을 배운 적이 있다"고 했다. 맹희는 이미 죽었으므로, 경방은 초연수의 역학이 곧 맹희의 사상일 것이라고 생각했다.……성제(成帝, 32-7B.C.) 시대에 유향(劉向)은 서적을 정비하면서 역설을 고찰했는데, 여러 역학자들의 설은 모두 전하(田何), 양숙(楊叔), 정장군(丁將軍)을 본딴 것이었고 큰 의미는 대략 같지만 경방의 설만은 특이하다고 여겼다. 초연수는 홀로 은사들의 설을 터득하여 맹희의 사상으로 가탁했다. 이들의 설은 서로 달랐다. 경방은 재이(災異)를 설명하여 황제의 총애를 받았지만 석현(石顯)의 참소를 받고 죽임을 당했다.[26]

---

25) 當據孟氏, 自冬至初, 中孚用事. 一月之策, 九六七八, 是爲三十. 而卦以地六, 候以天五. 五六相乘, 消息一變. 十有二變而歲復初. 坎震離兌, 二十四氣, 次主一爻. 其初則二至二分也. 坎以陰包陽, 故自北正, 微陽動於下, 升而未達. 極於二月, 凝固之氣消, 坎運終焉. 春分出於震, 始據萬物之元, 爲主於內, 則群陰化而從之. 極於南正, 而豐大之變窮, 震功究焉. 離以陽包陰, 故自南正, 微陰生於地下, 積而未章. 至於八月, 文明之質衰, 離運終焉. 仲秋陰形於兌, 始循萬物之末, 爲主於內, 群陽降而承之. 極於北正, 而天澤之施窮, 兌功究焉. 故陽七之靜始於坎 ; 陽九之動始於震. 陰八之靜始於離 ; 陰六之動始於兌. 故四象之變, 皆兼六爻, 以中節之應備矣. (『신당서』, 599쪽)

26) 孟喜字長卿, 東海蘭陵人也.……得『易』家候陰陽災變書.……京房受『易』梁人焦延壽(師古曰:'延壽其字, 名贛'). 延壽云:嘗從孟喜問『易』, 會喜死, 房以爲延壽『易』即孟氏學.……至成帝時, 劉向校書, 考『易』說, 以諸『易』家說, 皆祖田何, 楊叔, 丁將軍, 大誼略同, 惟京氏爲異黨. 焦延壽獨得隱士之說, 託之孟氏, 不與相同. 房以明災異得幸, 爲石顯所讒誅. (『한서』, 3599-602)

맹희의 생졸년은 「유림전」에서 언급하지 않았다. 다만 맹희의 동문인 시수(施讎)가 "감로 년간에 여러 유자들과 오경의 해석을 놓고 석거각에서 토론했다"[27]고 했는데, 이는 한나라 선제(宣帝) 감로(甘露) 3년(51B.C.)의 일이다. 경방이 죽임을 당한 것은 한나라 원제(元帝) 건소(建昭) 2년(37B.C.)이다. 맹희, 초연수, 경방은 모두 이른바 음양의 재변으로써 『역』을 논했다. 상세한 내용은 서로 다르기도 했겠지만 현재 책이 없으니 고증할 수 없다. 다만 그 요지는 음양가의 주장을 빌려 『역』을 해석한 것이었다. 괘기에 관한 각종 이론은 과연 『역위』가 맹희와 경방의 설을 취한 것이었는지, 혹은 맹희와 경방이 『역위』의 설을 취한 것이었는지, 혹은 『역위』가 바로 맹희와 경방 일파 역학자들의 저작인지는 쉽게 단정할 수 없다. (아무튼 그것은 전한 말기에 유행했던 일종의 상수학이었다./『신편』)

일행의 설명을 보면 맹희도 감, 진, 이, 태가 사방과 사계를 각각 주관하고 그 24효가 24절기를 각각 주관한다고 여겼다. 즉 『역위』의 설과 똑같다. 또 "후이천오(候以天五)"란 맹희가 24절기 안에 72후(候)를 나눈 것을 말한다. 72후는 「월령」에 따랐다. 예컨대 「월령」, "맹춘의 달은 동풍이 불어 얼음이 풀리고 칩충이 꿈틀거리기 시작하고 물고기가 얼음 위로 뛰어오르고 수달이 물고기로 제사 지내고 기러기가 날아온다"[28]는 구절의 정현의 주에 "이는 시후(時候)의 기록이다"[29]고 했는데, 매월 그 "시후"가 있었다. 공영달의 소는 "24절기를 각각 삼등분하면 72절기이고 각 절기 사이는 5일 남짓이니 1년은 72후이다"[30]고 했다. 두 "후" 사이는 "5일 남짓"이므로 이른바 "후이천오(候以天五)"이다. 5는 하늘의 가운데 수(1과 3, 7과 9 사이에 낌)이기 때문에 "천오"라고 했다. 매괘는 6일 남짓 주관하므로 이른바 "괘이지육(卦以地六)"이다. 6은 땅의 가운데 수(2와 4, 8과 10 사이에 낌)이기 때문에 "지육"이라고 했다. 5×6은

27) 甘露中與五經諸儒雜論同異於石渠閣. (『한서』, 3598쪽)
28) 孟春之月……東風解凍, 蟄蟲始振, 魚上冰, 獺祭魚, 鴻雁來. (『예기』 권5 : 1쪽)
29) 皆記時候也.
30) 凡二十四氣, 每三分之, 七十二氣, 其間五日有餘, 故一年有七十二候也.

30이 바로 한 달의 날수요, "소식일변(消息一變)"의 날수이다. 9와 7은 양의 수, 6과 8은 음의 수이다(제3절 참조). 이 네 수를 더한 30도 한 달의 날수요 "소식일변"의 날수이다. 일행은 맹희의 설에 따라 그림을 그려서 설명했다. 그것을 보아도 『역위』의 괘기설을 알 수 있다. 그 그림은 다음과 같다.*

괘기도(卦氣圖)

상기 (常氣)	월중절(月中節) 사정괘(四正卦)	초후(初候) 시괘(始卦)	차후(次候) 중괘(中卦)	말후(末候) 종괘(終卦)
동지 (冬至)	11월 中 감(坎☵)初六	지렁이가 오그라듦 (蚯蚓結) 공(公)- 중부(中孚)	사슴(엘크)의 뿔이 빠짐(麋角解) 벽(辟)- 복(復)	물의 근원이 동요함 (水泉動) 후(侯)- 준(屯)內
소한 (小寒)	12월 節 감 九二	기러기가 북쪽 고향 으로 감(鴈北鄕) 후- 준外	까치가 둥지를 짓기 시작함(鵲始巢) 대부(大夫)- 겸(謙)	꿩이 꾹꾹 울기 시작 함(野雞始鴝) 경(卿)- 규(睽)
대한 (大寒)	12월 中 감 六三	닭이 알을 까기 시작 함(雞始乳) 공- 승(升)	매와 수리가 높이 빨 리 낢(鷙鳥厲疾) 벽- 임(臨)	늪지대가 두터워지 고 굳어짐(水澤腹堅) 후- 소과(小過)內
입춘 (立春)	정월 節 감 六四	동풍이 불어 얼음이 풀림(東風解凍) 후- 소과外	칩충이 꿈틀거리기 시작함(蟄蟲始振) 대부- 몽(蒙)	물고기가 얼음 위로 뛰어오름(魚上冰) 경- 익(益)
우수 (雨水)	정월 中 감 九五	수달이 물고기로 제 사 지냄(獺祭魚) 공- 점(漸)	각종 기러기들이 나 타남(鴻雁來) 벽- 태(泰)	초목이 움트기 시작 함(草木萌動) 후- 수(需)內
경칩 (驚蟄)	2월 節 감 上六	복숭아꽃이 피기 시 작함(桃始華) 후- 수外	꾀꼬리가 옮(倉庚鳴) 대부- 수(隨)	매가 비둘기로 변함 (鷹化爲鳩) 경- 진(晋)
춘분 (春分)	2월 中 진(震☳)初九	제비가 옴 (玄鳥至) 공- 해(解)	천둥이 울림 (雷乃發聲) 벽- 대장(大壯)	번개가 치기 시작함 (始電) 후- 예(豫)內

---

* 『신편』III, 202쪽 : 24절기의 구분은 중국의 과거 역법의 과학적인 요소이고 중국의 일반 서민들이 오랫동안 농업 생산의 실천을 통해서 획득한 지식으로서 현재에도 여전히 농업 생산에 도움이 되고 있다. 72후는 24절기에 나타나는 일련의 자연현상을 절기 변화의 표지로 삼은 것으로서 역시 유용한 것이다. 다만 맹희와 경방이나 역위의 논조에 따르면 마치 그러한 변화가 역괘(易卦)의 영향과 통치를 받는다는 것이니, 24절기의 구분에 대한 해석은 관념론에 빠졌다.

절기	후1	후2	후3
청명 3월 節 (淸明) 진 六二	오동나무 꽃이 피기 시작함(桐始華) 후-예(豫)外	두더지가 메추라기로 변함(田鼠化爲鴽) 대부-송(訟)	무지개가 보이기 시작함(虹始見) 경-고(蠱)
곡우 3월 中 (穀雨) 진 六三	개구리밥이 돋기 시작함(萍始生) 공-혁(革)	우는 비둘기가 깃을 치켜듦(鳴鳩拂其羽) 벽-쾌(夬)	뻐꾸기가 뽕나무에 앉음(戴勝降於桑) 후-여(旅)內
입하 4월 節 (立夏) 진 九四	청개구리가 욺(螻蟈鳴) 후-여外	지렁이가 나옴(蚯蚓生) 대부-사(師)	오이가 생김(王瓜生) 경-비(比)
소만 4월 中 (小滿) 진 六五	씀바귀 꽃이 핌(苦菜秀) 공-소축(小畜)	냉이 풀이 죽음(靡草死) 벽-건(乾)	작은 더위가 시작됨(小暑至) 후-대유內
망종 5월 節 (芒種) 진 上六	사마귀가 생김(螳螂生) 후-대유(大有)外	때까치가 울기 시작함(鵙始鳴) 대부-가인(家人)	두꺼비가 울지 않음(反舌無聲) 경-정(井)
하지 5월 中 (夏至) 이(離)☲初九	사슴의 뿔이 떨어짐(鹿角解) 공-함(咸)	매미가 울기 시작함(蜩始鳴) 벽-구(姤)	반하가 생김(半夏生) 후-정(鼎)內
소서 6월 節 (小暑) 이 六二	따뜻한 바람이 불어옴(溫風至) 후-정外	귀뚜라미가 벽에서 삶(蟋蟀居壁) 대부-풍(豐)	매 새끼가 나는 연습을 함(鷹乃學習) 경-환(渙)
대서 6월 中 (大暑) 이 九三	썩은 풀이 반딧불로 됨(腐草爲螢) 공-이(履)	땅 기운이 축축하고 더움(土潤溽暑) 벽-둔(遯)	큰비가 자주 내림(大雨時行) 후-항(恒)內
입추 7월 節 (立秋) 이 九四	서늘한 바람이 불어옴(涼風至) 후-항外	흰 서리가 내림(白露降) 대부-절(節)	쓰르라미가 욺(寒蟬鳴) 경-동인(同人)
처서 7월 中 (處暑) 이 六五	매가 새로 제사를 지냄(鷹祭鳥) 공-손(損)	천지가 스산해지기 시작함(天地始肅) 벽-비(否)	벼가 익음(禾乃登) 후-손(巽)內
백로 8월 節 (白露) 이 上九	각종 기러기가 날아옴(鴻鴈來) 후-손外	제비가 돌아감(玄鳥歸) 대부-췌(萃)	새들이 먹이를 저장함(群鳥養羞) 경-대축(大畜)
추분 8월 中 (秋分) 태(兌)☱初九	천둥 소리가 숨어듦(雷乃收聲) 공-비(賁)	칩충이 흙으로 구멍을 매움(蟄戶:蟄蟲坏戶) 벽-관(觀)	물이 마르기 시작함(水始涸) 후-귀매(歸妹)內

한로 9월 節 (寒露) 태 九二	각종 기러기가 간혹 머묾(鴻鴈來賓) 후ー귀매外	참새가 물에서 조개 가 됨(雀入大水爲蛤) 대부ー무망(无妄)	국화에 노란 꽃이 핌 (菊有黃華) 경ー명이(明夷)
상강 9월 中 (霜降) 태 六三	승냥이가 짐승으로 제사 지냄(豺乃祭獸) 공ー곤(困)	초목이 단풍이 들어 떨어짐(草木黃落) 벽ー박(剝)	칩충이 모두 들어감 (蟄蟲咸俯) 후ー간(艮)內
입동 10월 節 (立冬) 태 九四	물이 얼기 시작함(水 始冰) 후ー간外	땅이 얼기 시작함(地 始凍) 대부ー기제(既濟)	꿩이 물속에서 조개 가 됨(野雞入水爲蜃) 경ー서합(噬嗑)
소설 10월 中 (小雪) 태 九五	무지개가 숨어 보이 지 않음(虹藏不見) 공ー대과(大過)	천기상승 지기하강 (天氣上騰地氣下降) 벽ー곤(坤)	닫히고 막혀 겨울이 됨(閉塞而成冬) 후ー미제(未濟)內
대설 11월 節 (大雪) 태 上六	산새(싸움꿩)가 울지 않음(鶡鳥不鳴) 후ー미제外	호랑이가 짝짓기를 시작함(虎始交) 대부ー건(蹇)	타래붓꽃이 핌(荔挺 生) 경ー이(頤)

송나라 이개(李漑)의 괘기도는 또 12달의 주괘(主卦)를 72후(候)에 배합시켰다. 1괘는 6효이므로 12괘는 마침 72효였던 것이다. 그 그림은 주진(朱震, 1072-1138)에 의해서 『한상역전(漢上易傳)』에 수록되었다.

7. 음률과 괘의 배합

『한서』 「율력지(律歷志)」는 유흠(劉歆)의 설을 채용하여 12율을 12달에 배합하고,* 12달을 건괘의 6효와 곤괘의 6효에 배합시킨 이른바 효진설(爻辰說)을 채용했고, 황종(黃鐘), 임종(林鐘), 태주(太簇)의 삼률(三律)을 천-지-인 삼통(三統)으로 삼았다. 「율력지」는 말한다.

삼통이란 하늘의 혜택, 땅의 화육, 인간 사업의 벼리를 지칭한다. **11월은**

---

* 『신편』III, 212쪽: 한나라의 유명한 부자(父子)들인 사마담과 사마천, 유향과 유흠, 반표와 반고 등은 모두 부자가 서로 계승하며 학술상의 공헌을 남겼다. 반고는 아버지 반표의 사업을 계승하여 『한서』를 완성했는데, 한나라의 역사, 학술, 전장 제도가 기록되어 있다. 그중의 세 지(志), 즉 「오행지」, 「율력지」, 「예문지(藝文志)」는 유향과 유흠의 저작을 초록한 것이다.

건의 초구이고, 양기가 땅 속에 숨어 있다가 통일적으로 드러나기 시작하면 만물은 싹이 트고 동요한다. 그것은 태음(太陰)에 작용하므로 **황종(黃鐘)**이 **천통(天統)**을 구성하는데, 율의 길이는 9촌(寸)이다. 9란 궁극적으로 중화(中和)에 도달한 것이므로 만물의 근원(元)이다.『역』에 "하늘의 도로써 음양을 수립했다" 했다.

　6월은 곤의 초육이고, 음기가 태양(太陽)에서 위임을 받아 양육을 계승하여 유순하게 변화하여 만물이 생장하고 미(未)에서 무성해지며, 종(種)을 굳세고 강대하게 만들므로 **임종(林鐘)**이 **지통(地統)**을 구성하는데, 율의 길이는 6촌이다. 6이란 양의 베풂을 속에 품고 육합(六合) 안에서 무성하여 강유(剛柔)가 각기 본체를 지니게 되니 "땅의 도로써 강유를 수립했다." "건은 태시(太始)를 주관하고, 곤은 사물의 완성을 보조한다."

　정월은 건의 구이이다. 만물이 형통하고 인(寅)에서 무리가 생기면 사람은 그것을 받들어 완성시킨다. 인(仁)에 의해서 양육하고 의(義)에 의해서 시행하여, 모든 사물로 하여금 그 도리에 맞도록 한다. 인(寅)은 나무요 인(仁)이며 그 소리는 상(商)이고 의(義)이므로 **태주(太簇)**가 **인통(人統)**을 구성하는데, 율의 길이는 8촌이고 8괘를 상징한다. 복희씨는 천지에 순응하고 신명에 통하여 만물의 참모습을 본떴다. 그리하여 "사람의 도로써 인의(仁義)를 수립했다." "하늘에서는 상을 이루고 땅에서는 형체를 이룬다." 임금은 그것을 바탕으로 천지의 도를 관장하고 천지의 올바름을 보필하며 백성을 다스린다. 이것은 바로 삼률(三律)을 말하는데 곧 삼통이다.[31]

황종은 양기가 생기는 달(11월)의 율이고, 율관(律管)의 길이는 9촌

---

31) 三統者, 天施地化人事之紀也. 十一月乾之初九, 陽氣伏於地下, 始著爲一, 萬物萌動, 鐘於太陰, 故黃鐘爲天統. 律長九寸, 九者, 所以究極中和, 爲萬物元也.『易』曰: '立天之道, 曰陰與陽.' 六月坤之初六, 陰氣受任於太陽, 繼養化柔萬物, 生長林之於未, 令種剛彊大, 故林鐘爲地統. 律長六寸, 六者, 所以含陽之施, 林之於六合之內, 令剛柔有體也. '立地之道, 曰柔與剛.' '乾知太始, 坤作成物.' 正月乾之九三(宋祁曰: '當作九二'). 萬物棟通, 族出於寅, 人奉而成之. 仁以養之, 義以行之. 令事物各得其理. 寅, 木也, 爲仁, 其聲, 商也, 爲義. 故太簇爲人統. 律長八寸, 象八卦. 宓羲氏之所以順天地, 通神明, 類萬物之情也. '立人之道, 曰仁與義.' '在天成象, 在地成形', '后以裁成天地之道, 輔相天地之宜, 以左右民,' 此三律之謂矣. 是爲三統. (『한서』, 961쪽)

이다. 임종은 음기가 생기는 달의 율이고, 율관의 길이는 6촌이다. 「율력지」는 또 "9와 6의 음양은 부부(夫婦)와 자모(子母)의 도이다. 율이 아내를 얻고 여가 아들을 낳는 것이니 천지의 이치이다"[32]고 했다. 황종의 관(管 : 피리)을 $\frac{1}{3}$ 줄인, 즉 $\frac{2}{3}$×9촌인 6촌이 바로 임종의 관의 길이이다. 즉 황종이 임종을 낳은 것이니 "율이 아내를 얻었다"는 말이다. 임종의 관을 $\frac{1}{3}$ 늘인, 즉 $\frac{4}{3}$×6촌인 8촌이 바로 태주의 관의 길이이다. 즉 임종이 태주를 낳은 것이니 "여가 아들을 낳았다"는 말이다. 12율을 총칭할 때는 모두 율이라고 하고, 나누어 부를 때는 6양률(陽律)은 율(律), 6음률(陰律)은 여(呂)라고 부른다.* 황종은 율의 첫째, 임종은 여의 첫째이며, 태주는 임종의 소생이다. 따라서 황종이 천통이면 임종은 지통, 태주는 인통이다.

「율력지」에 또 궁상각치우(宮商角徵羽)의 오성을 오행에 배합시킨 것은 「월령」의 경우와 같다. 오성을 그렇게 사계와 오행에 배합시킨 이유는 각 학파 모두 만족할 만하게 설명하지 못했다. 다만 12율을 12달에 분배한 것은 악리(樂理) 측면에서 자못 설명이 된다. 12율 중에서 황종의 율관이 가장 길고 음이 가장 탁하며, 대려의 율관은 그 다음으로 길고 음도 그 다음으로 탁하며, 태주의 율관은 그 다음으로 길고 음도 그 다음으로 탁하다. 11월은 1년 중 양이 생기는 달이므로 황종을 배합했고, 이후는 음의 청탁을 기준으로 차례로 배치했다. 응종의 율관이 가장 짧고 음은 가장 맑으므로 10월에 배치되고 1년이 끝난다. 다만 1년 중에서 양기는 11월에 생기고 5월에 가장 성하고 6월에 음이 생겨서 이후로 양은 점점 쇠하고 음이 점점 성하여 10월에 극에 달하건만, 어째서 12율은 탁한 것에서부터 맑은 것으로 죽 진행되는지 이해하기가 매우 어렵다.**

---

32) 九六陰陽, 夫婦子母之道也. 律娶妻, 而呂生子, 天地之情也. (『한서』, 980-81쪽)

 * 6률(六律) : 황종(黃鐘), 태주(太簇), 고선(姑洗), 유빈(蕤賓), 이칙(夷則), 무역(無射).
   6려(六呂) : 대려(大呂), 협종(夾鐘), 중려(仲呂), 임종(林鐘), 남려(南呂), 응종(應鐘).
** 이하 두 문단은 원래 이 문단과 하나인데 역자가 분리시켰다.

다만 『회남자(淮南子)』 「천문훈(天文訓)」은 12율을 24절기에 배합시켜 "해가 동지일 때 응종에 대비되고 이후는 점차 탁해진다. 하지 때 음은 황종에 대비되고 이후는 점차 맑아진다. 12율이 24절기의 변화에 응한다"[33]고 했고, 또 "양은 자(子)에서 생기고 음은 오(午)에서 생긴다"[34]고 했다. 동지의 음을 응종에 비하면 그 율의 율관은 가장 짧고 음은 가장 맑다. 이로부터 15일 후가 소한(小寒)이고 음은 무역에 비교되며, 무역의 율관은 더 길고 음도 더 탁하다. 이후 양기는 점점 성하고 음기는 점점 쇠하며 그 절후에 대비되는 음도 점점 탁해진다. 하지에 이르면 음은 황종에 대비되며 이 율은 12율의 음 가운데 가장 탁하다. 이후 양기는 점점 쇠하고 음기는 점점 성하며 그 절후에 대비되는 음도 점점 맑아진다. 소서(小暑)의 음은 대려에 대비되고 대서(大暑)의 음은 태주에 대비된다. 이리하여 소설(小雪)의 음은 무역에 대비되고 대설(大雪)의 음은 응종에 대비되어 1년이 일주한다.[35] 이것은 양기가 성하면 음이 탁해지고 음기가 성하면 음이 맑아진다고 여겨, 1년 중 음양이 성쇠하고 순환, 변화함에 따라 음의 청탁 역시 순환, 변화한다고 여겼다. 이 설은 이 체계 가운데 비교적 원만한 설명이다.

"정월이 건의 구이"에 해당되는 까닭은 다음과 같다. 『역위건착도』에 "건은 양, 곤은 음으로써 나란히 관장하며 교대로 작용하니, 건은 11월 자(子)를 기점으로 왼쪽으로 돌아 양의 달이 여섯이고, 곤은 6월 미(未)를 기점으로 오른쪽으로 돌아 음의 달도 여섯이다. 이렇게 교대로 이어받아 1년이 완성된다. 한 해가 끝나면 다음 해는 준괘(屯卦)·몽괘(蒙卦)에 의거한다"[36]고 했다. 즉 11월은 건의 초구에, 정월은 구이에, 3월은 구삼에, 5월은 구사에, 7월은 구오에, 9월은 상구에 해당되므로, "건은 자를 기점으로 왼쪽으로 돌아 양

33) 日冬至比林鐘(據王引之校, 當爲應鐘)浸以濁. 夏至晉比黃鐘, 浸以淸. 以十二律, 應二十四時之變. (『회남자』, 115쪽)
34) 陽生於子, 陰生於午. (『회남자』, 102쪽)
35) 【주】이 부분은 『회남자』 원문에 잘못이 있다. 왕인지(王引之)의 교정을 참조하라.
36) 乾陽也 ; 坤陰也 ; 並治而交錯行. 乾貞於十一月子, 左行, 陽時六. 坤貞於六月未, 右行, 陰時六. 以奉順成其歲. 歲終次從於屯蒙. (『건착도』 권하)

의 달이 여섯이다"고 했고, 6월은 곤의 초육에, 8월은 육이에, 10월은 육삼에, 12월은 육사에, 2월은 육오에, 4월은 상육에 해당되므로, "곤은 6월 미를 기점으로 오른쪽으로 돌며 음의 달은 여섯이다"고 했다. 즉 음양은 "나란히 관장하며 교대로 작용한다"는 말이다. 건곤이 "1년을 주관하고(主歲)" 일단 끝나면 다음 괘인 준몽이 다음 1년을 주관한다. 2괘 중 1괘의 6효는 다른 1괘의 6효와 함께 "달을 번갈아 관장한다(間時而治)." 이와 같이 64괘가 한바퀴 돌고 다시 시작한다. 「율력지」는 이 설을 이용했기 때문에 "11월은 건의 초구이고", "6월은 곤의 초육이다"고 말했다.

8. 기타 위서

기타 위서(緯書)들도 모두 이른바 "천인지도(天人之道)"를 특히 중시했다. 『상서위선기검(尙書緯璇璣鈐)』은 말한다.

상서(尙書)의 책 이름에서 상(尙)은 위(上)를 뜻하고 서(書)는 일치한다(如)는 뜻이다. 위로 하늘이 문(文)의 상(象)을 드리우고 법도를 선포하자, 이 **상서는 하늘의 운행과 일치하게 지어졌다.**[37]

○상서는 **하늘에 근거하여 말하는 데에 힘썼다.**[38]

"상서는 하늘의 운행과 일치하게 지어졌고" "하늘에 근거하여 말했는데", 시(詩) 역시 그러하다. 『시위함신무(詩緯含神霧)』는 말한다.

시란 천지의 마음의 표현이고 임금의 조상의 덕이요 만복의 원천이요 만물의 소리이니(만물이 출입하는 문이니/『신편』), 미미한 것을 수집하여 현저한 것을 헤아리며 위로 원황(元皇)에 연계하고 아래로 **사시(四始)**의 순서를 정하고 **오제(五際)**를 체계적으로 나열한 것이다.[39]

---

37) 尙書篇題號 ; 尙者, 上也 ; 書者, 如也. 上天垂文象, 布節度, 書如天行也.

38) 書務以天言之.

39) 詩者, 天地之心, 君祖之德, 百福之宗, 萬物之聲[聲 : 戶/『신편』]也. 集微揆著, 上統元皇, 下序四始, 羅列五際. [宗 : 근본, 근원. 元 : 시초, 우두머리, 첫째, 근원]

『춘추위설제사(春秋緯說題辭)』는 말한다.

> 시(詩)란 천문(天文)의 정수요, 성신(星辰)의 운행법칙이요, 사람 마음의
> 지조이다.[40]

사시(四始 : 네 가지 시작)와 오제(五際 : 다섯 시기)란 무엇인가?
『시위범력추(詩緯氾歷樞)』는 말한다.

> 「대명(大明)」은 해(亥)에 자리하니 물의 시작(水始)이고, 「사모(四牡)」는
> 인(寅)에 자리하니 나무의 시작(木始)이고, 「가어(嘉魚)」는 사(巳)에 자리하
> 니 불의 시작(火始)이고, 「홍안(鴻雁)」은 신(申)에 자리하니 쇠의 시작(金始)
> 이다.[41]

> ○오(午 : 5월)와 해(亥 : 10월)의 시기는 혁명(革命)이고, 묘(卯 : 2월)와 유
> (酉 : 8월)의 시기는 개정(改正)이다. 진(辰 : 3월)은 하늘 문(天門)에 있으면
> 서 나오고 들어가며 살피고 듣는다.[42] 묘는 「천보(天保)」, 유는 「기보(祈
> 父)」, 오는 「채기(采芑)」, 해는 「대명(大明)」이다. 그러므로 해는 혁명의 때
> 로서 첫째 시기(一際)이다. 술해(戌亥) 사이는 하늘의 문으로서 나오고 들어
> 가면서 살피고 들으니 둘째 시기(二際)이다. 묘는 음양이 교합하는 때로서
> 셋째 시기(三際)이다. 오는 양은 기울고 음은 홍하는 때로서 넷째 시기(四
> 際)이다. 유는 음이 성하고 양이 쇠하는 때이니 다섯째 시기(五際)이다.[43]

이는 『시』의 각 편들을 음양가의 우주 구조에 배합시킨 것이다. 앞
의 여러 그림들을 참고하면서 보아야 한다.

---

40) 詩者, 天文之精, 星辰之度, 人心之操也.

41) 「大明」在亥, 水始也 ; 「四牡」在寅, 木始也 ; 「嘉魚」在巳, 火始也 ; 「鴻雁」在申, 金始也.

42) 【주】『후한서』「낭의전(郎顗傳)」에 『시위범력추』를] 인용하여 "'묘유(卯酉)는 정
치 개혁, 오해(午亥)는 혁명을 뜻한다. 신령은 하늘 문에 있으면서 나오고 들어가
며 살피고 듣는다'고 함은 신령이 술해에 있으면서 제왕의 성쇠와 득실을 규찰하
여 선하면 창성케 하고 악하면 망하게 한다는 말이다"고 했다.

43) 午亥之際爲革命, 卯酉之際爲改正, 辰在天門, 出入候聽(『後漢書』「郎顗傳」引作 :
'卯酉爲革政, 午亥爲革命, 神在天門, 出入候聽. 神在戌亥, 司候帝王興衰得失, 厥善
則昌, 厥惡則亡'). 卯, 「天保」也 ; 酉, 「祈父」也 ; 午, 「采芑」也 ; 亥, 「大明」也. 然則
亥爲革命, 一際也. 亥(陳喬樅曰 : '當作戌亥之間')又爲天門, 出入候聽, 二際也. 卯爲
陰陽交際, 三際也. 午爲陽謝陰興, 四際也. 酉爲陰盛陽微, 五際也.

예(禮)에도 "천인지도"가 있다. 『예위계명징(禮緯稽命徵)』은 말한다.

> 예의 작용은 천지와 같은 기운을 따르며 사계처럼 어김없이 신실하니, 음양이 그 징표가 되며, 해와 달이 그것(예)을 비추어주어 윗사람과 아랫사람을 화합시키니 사람이든 동물이든 타고난 본성을 누릴 수 있게 한다.[44]

『춘추위설제사』는 말한다.

> 예란 몸가짐을 꾸미는 원리이자 천지의 본체를 밝히는 것이다.[45]

○예란 몸소 구현한다는 뜻이다. 사람의 마음에는 슬픔과 즐거움이 있고, 오행에는 흥하고 쇠함이 있다. 따라서 향음(鄕飮)의 예, 상례와 제례의 애도, 혼인의 법도, 조빙(朝聘)의 규범, 존비(尊卑)의 질서를 수립하여 상하간에 예를 지키게 했다. 왕자(王者 : 聖王)가 예를 시행하면 하늘의 중화(中和)가 획득된다. 예가 합당하게 시행되면 천하의 모든 사람이 바르게 되고, 음양이 활발해지고, 만물이 조화를 이루고, 사계절이 화합하며, 움직일 때든 평상시든 항상 도리를 지켜 잠시라도 나태하지 않게 된다.[46]

악(樂)에도 "천인지도"가 있다. 『악위동성의(樂緯動聲儀)』는 말한다.

> 성왕(聖王)은 극도로 성하면 다시 쇠하고, 더위가 극에 달하면 추워지고, 즐거움이 극에 달하면 슬픔이 온다는 진리를 안다. 해도 남중하면 기울고, 달도 차면 기운다. 천지의 차고 비는 것은 시기와 더불어 늘어나고 줄어든다. 예악을 제작하는 사람은 그렇게 함으로써 세상의 풍속을 개량하고 상서로운 기풍을 진작시키고 비와 이슬을 조화시켜 백성을 위해서 황천(皇天 : 하느님)으로부터 복을 획득하려는 사람이다.[47]

---

44) 禮之動搖也, 與天地同氣. 四時合信, 陰陽爲符, 日月爲明, 上下和洽, 則物獸如其性命.

45) 禮者, 所以設容, 明天地之體也.

46) 禮者, 體也. 人情有哀樂, 五行有興減 ; 故立鄕飮之禮, 終始之哀, 婚姻之宜, 朝聘之表. 尊卑有序, 上下有體. 王者行禮, 得天中和. 禮得則天下咸得厥宜, 陰陽滋液, 萬物調, 四時和. 動靜常用, 不可須臾惰也. [體 : 법, 격식, 도리, 본성, 행위, 본받음]

47) 聖王知極盛時衰, 暑極則寒, 樂極則哀 ; 是以日中則昃, 月盈則蝕, 天地盈虛, 與時消息.. 制禮作樂者, 所以改世俗, 致祥風, 和雨露, 爲百姓獲福於皇天者也.

『악위협도징(樂緯協圖徵)』은 말한다.

　　성인이 음악을 지은 것은 스스로 즐기기 위해서가 아니라, 정치적 득실의 결과를 성찰하려는 것이다. 따라서 성인은 한 사람에게서 완전하기를 바라지 않고 8인의 선비에게 맡긴다. 그러므로 종을 치는 사람은 종을, 북을 두드리는 사람은 북을, 피리를 부는 사람은 피리를, 생황을 부는 사람은 생황을, 경쇠를 두드리는 사람은 경쇠를, 거문고를 타는 사람은 거문고를 알면 된다. 따라서 8인의 선비는 혹은 음양을, 혹은 5행을, 혹은 성쇠를, 혹은 율력(律歷)을, 혹은 5음을 조화시켜 천지의 신명과 덕을 합일하므로 7시(七始)와 8기(八氣)*가 저마다 합당하게 된다.……8인의 선비는 항상 동짓날에는 천문(天文)을 완성하고 하짓날에는 지리(地理)를 완성하는데, 음(陰)의 음악을 지어 천문을 완성하고 양(陽)의 음악을 지어 지리를 완성한다.[48]

춘추(春秋)에도 "천인지도"가 있다. 『춘추위악성도(春秋緯握誠圖)』는 말한다.

　　공자는 『춘추』를 지어 천인지제(天人之際 : 자연과 인간의 영향관계, 즉 天人之道)를 진술하고 이변을 기록하고 조짐을 고찰했다.[49]

『춘추위한함자(春秋緯漢含孶)』는 말한다.

　　공자는 말했다.

---

* 『신편』III, 203쪽 : "7시"는 무엇을 의미하는지 알 수 없다. "사방과, 천, 지, 인을 지칭한다고 말하는 사람도 있다. "8기"는 8음이 표현하는 기를 지칭한다고 한다. 8음은 쇠(金), 실(絲), 대(竹), 박(匏), 흙(土), 가죽(革), 나무(木), 돌(石) 등의 여덟 가지 재료로 만든 악기가 내는 소리를 말한다. 『악위동성의』는 여덟 가지 재료의 악기가 내는 음은 각각 입추, 추분, 입동, 동지, 입춘, 춘분, 입하, 하지 절기의 "기"를 나타낸다고 여겼다.

48) 夫聖人之作樂, 不可以自娛也, 所以觀得失之效者也. 故聖人不取於一人, 必從八能之士. 故撞鐘者當知鐘, 聲鼓者當知鼓, 吹管者當知管, 吹竽者當知竽, 擊磬者當知磬, 鼓琴者當知琴. 故八士曰, 或調陰陽, 或調五行, 或調盛衰, 或調律歷, 或調五晉. 如天地神明合德者, 則七始八氣各得其宜也.……八能之士, 常以日冬至成天文, 日夏至成地理. 作陰樂以成天文, 作陽樂以成地理.

49) 孔子作春秋, 陳天人之際, 記異考符.

"나는 역사 기록을 검토하고 옛 그림을 인증하여 자연의 재변을 추론하고 집성하여 **한(漢)나라 임금을 위해서 법을 만들어** 도록(圖錄)으로 정리했다."[50]

이상의 인용문은 "천인지도"를 특히 강조한 것으로 금문경학자들도 늘 말했던 내용이다. 그러나 공자가 직접 『춘추』를 지어 "한나라 임금을 위해서 법을 만들었다"는 주장의 경우는 더욱 황당하다. 이런 황당한 부류의 주장은 위서 속에도 적지 않은데, 예컨대 『춘추위연공도(春秋緯演孔圖)』는 이렇게 말한다.

공자의 어머니 징재(徵在)가 어느 날 큰 무덤의 비탈을 걷다가 잠이 들었는데, 꿈에 흑제(黑帝)가 자기를 알현하도록 했다. 꿈에 관계를 맺은 다음 흑제가 말하기를 "그대는 반드시 뽕나무밭에서 아기에게 젖을 먹이시오"라고 했다. 꿈을 깨자 임신한 것 같은 느낌이 들었는데 과연 뽕나무밭에서 공자를 낳았다. 그래서 공자는 "원성(元聖 : 으뜸 성인)"이라고 불린다. 공자의 머리는 니(尼) 언덕(邱)과 같았으므로 [구(丘)라고] 이름 지었다[자는 중니(仲尼)]. 그의 가슴에는 "제작정세부운(制作定世符運 : 제도의 제작이 정해져 새 왕조의 징조가 도래했다)"이라는 글자가 쓰여 있었다. 공자의 키는 10척, 허리둘레는 9아름이었다. 앉아 있을 때는 웅크린 용 같았고, 서 있을 때는 견우(牽牛) 같았다. 그를 바라보는 사람은 마치 북두칠성을 우러르듯했다. 성인은 공연히 태어나지 않고 반드시 제도를 지어 천심(天心)을 드러내는바, 공자는 목탁(木鐸)으로서 천하의 법제를 지었다.……

기린이 잡힌[西狩獲麟] 이후 하늘은 혈서를 내려 노나라 단문(端門 : 수도의 정문)에 내걸기를 "서둘러 법제를 만들라, 성인 공자가 돌아가시기 전에. 주나라 희씨 왕조는 망하여 혜성은 동쪽에서 떠오른다. 앞으로 진시황의 폭정으로 학술이 마구 파괴되어 모든 기록이 흩어질지라도 공자의 사상은 끊어지지 않는다"고 했다. 자하(子夏 : 공자의 제자)가 그 다음날 가서 그 글을 보았을 때 혈서는 붉은 새로 변해서 날았고 다시 흰 글로 변했는데 그 글 제목이 「연공도(演孔圖)」였다. 그 내용 중에는 그림을 만들고 법을 제정하는 형상이 있었다. 공자가 경(經)을 논하고 있을 때 어떤 새가 글로 변했는데 공

---

50) 孔子曰 : "邱覽史記, 援引古圖, 推集天變, 爲漢帝制法, 陳敍圖錄."

자가 그것을 받들어 하늘에 고하자 그 글 위에 앉아 있던 붉은 새가 황옥(黃玉)으로 변했다. 그 옥에는 "공자가 하늘의 명을 쥐고 하늘의 법에 부응하여 제도를 만들자 붉은 참새들이 내려와 앉았다"고 새겨져 있었다.[51]

이것은 위서 속에 뒤섞인 "참(讖 : 예언)"이다. 여기서 공자는 마침내 신으로 변했다. 공자는 춘추전국시대의 일반 사람들의 눈에는 그저 한 시대의 위대한 스승(大師)일 뿐이었으나, 『공양춘추』에서 공자의 지위는 스승에서 왕으로 나아갔고, 참위서에서 공자는 다시 왕에서 신으로 나아갔다. 각 시대사상의 변천을 여기서도 엿볼 수 있다.

이러한 "이상하고 괴이한 주장"[52]은 전한 말에 이르러 극성했다. 전한 말엽에 참서(讖書)는 크게 성했는데, 모두 "거짓으로 비밀스런 말을 꾸며 길흉을 예언한 것들이다."〈주2〉 왕망(王莽)은 스스로 "참"에 부응한다며 한나라 왕조를 신(新)나라로 바꾸었고, 광무(光武)도 스스로 "참"에 부응한다며 신나라를 다시 한나라로 바꾸었다.* 또한 대신의 진퇴도 "참"으로 결정되었다. 이것들은 본래 음양가의 학설에 있지 않았으나, "천인지도"의 설을 중시한 음양가의 유폐의 극단이 실로 거기에 이르렀던 것이다.

---

51) 孔子母徵在遊於大冢之陂, 睡夢黑帝使請己. 已往夢交, 語曰：女乳必於空桑之中. 覺在若感, 生邱於空桑之中. 故曰元聖. 首類尼邱, 故名. 孔子之胸有文曰："制作定, 世符運." 孔子長十尺, 大九圍, 坐如蹲龍, 立如牽牛. 就之如昂望之如斗. 聖人不空生, 必有所制, 以顯天心. 邱爲木鐸, 制天下法.……得麟之後, 天下血書魯端門, 曰："趨作法, 孔聖沒. 周姬亡, 彗東出. 秦政起, 胡破術. 書紀散, 孔不絕." 子夏明日往視之, 血書飛爲赤鳥, 化爲白書, 書曰「演孔圖」. 中有作圖制法之狀. 孔子論經, 有鳥化爲書. 孔子奉以告天, 赤爵書上, 化爲黃玉. 刻曰："孔提命作, 應法爲制, 赤雀集."

52) 非常可怪之論. [傳春秋者非一, 本據亂而作, 其中多非常異義可怪之論. (『공양전』의 하휴의 서)]

* 『신편』III, 235쪽 : 왕망은 일련의 참어(讖語)를 조작하여 한(漢) 왕조의 정권을 탈취하는 도구로 삼았고, 후한의 광무제도 일련의 참어를 조작하여 자기 자신이 왕망을 뒤엎고 한 왕조의 정권을 회복할 일종의 도구로 삼았고 성공한 이후에도 계속 참을 통치의 도구로 이용했다.

9. 음양가와 과학

음양가의 학설에 그러한 유폐가 있기는 했으나 중국과학의 맹아
는 대체로 그 안에 있었다. 음양가의 주요 동기는 하나의 완전한 체
계를 수립함으로써 우주 만상을 포괄하고 또 그것을 설명하는 데에
있었다. 비록 그 방법이 틀렸고 그 지식은 엉성했으나 우주간 여러
사물을 체계화하여 우주간 여러 사물의 존재 이유(所以然)를 알려
고 했으니 진실로 과학정신이 있었다. 진한(秦漢)의 정치는 중국을
통일했으므로 진한의 학술 역시 우주를 통일하려고 했다. 진한의
통일은 중국에 전에 없던 국면이었다. 당시 사람들은 그것이 가능
하다면 다른 일도 불가능할 것이 없다고 생각했는데, 각 방면에서
사물을 정비하고 체계화한 그들의 노력은 가히 열광적이었다고 할
수 있다. 우리는 반드시 한나라 사람들의 환경을 알아야 비로소 그
들의 위대함을 밝힐 수 있다.

이상에서 약술한 내용을 보면 중국에서 논한 역법과 음악은 대체
로 음양가의 말을 채용했고, 그밖에 예컨대 의학이나 산학을 논한
것들 역시 주로 음양가의 말을 채용했음을 알 수 있다. 한번 『황제
내경(黃帝內經)』과 『주비산경(周髀算經)』등의 책을 보면 알 수 있
다. 이들 각 방면에서의 음양가의 영향력은 최근에 와서야 차츰 소
멸되기 시작했다. 민국(民國) 기원(紀元) 이전 수년 동안의 역서(歷
書 : 책력)에는 여전히 72후(候) 따위가 있었다. 이 측면에서 보더라
도 한나라부터 최근에 이르기까지 중국은 줄곧 중세에 있었고, 근
대정신은 최근에야 비로소 싹트기 시작했음을 알 수 있다.

제4장
고문경학과 양웅·왕충

1. "고학"과 유흠

전한시대에, 음양가의 학설로써 경을 해설하는 경학자들에 불만을 품고 마침내 또 다른 종류의 경학을 수립하여 대항한 사람들이 있었다. 『수서(隋書)』「경적지(經籍志)」는 말한다.

왕망(王莽)은 부명(符命 : 임금이 될 사람에게 내리는 상서로운 하늘의 명)을 좋아했고, 광무제도 도참(圖讖 : 길흉을 예언하는 술법)을 바탕으로 발흥하자, 마침내 도참사상은 온 세상에 성행했다. 한나라 때 천자는 동평왕 창(蒼)에게 오경(五經)의 장구(章句)의 의미를 바로잡되 도참을 바탕으로 정리하라고 명했다. 속유(俗儒)들은 시세에 부합하여 더욱 도참의 학을 추구하니, 수많은 제목의 책들 속에 각종 내용이 첨가되었고, 오경을 논하는 자들도 모두 도참에 의거하여 주장을 펼쳤다. 그런데 오직 공안국(孔安國 : 공자의 12대손), 모공(毛公), 왕황(王璜), 가규(賈逵, 30-101)의 무리만은 그것을 비판하면서 도참은 요망하고 중용의 고전을 혼란시키고 있다고 여겼다. 그리하여 한나라 때 노(魯) 지방의 공왕(恭王), 하간 지방의 헌왕(獻王)이 획득한 고문(古文)을 바탕으로 비교 분석하여 그 의미를 완성시켜 **고학**(古學)이라고 불렀다.[1]

---

1) 王莽好符命, 光武以圖讖興, 遂盛行於世. 漢世又詔東平王蒼正五經章句, 皆命從讖. 俗儒趨時, 益爲其學. 篇卷第目, 轉加增廣. 言五經者, 皆憑讖爲說. 唯孔安國, 毛公,

"고학"은 이른바 고문학파의 경학이다. 그것은 경을 해설할 때 위서나 참서 또는 기타 음양가의 말을 채용하지 않고 당시 "이상하고 괴이한 주장"²⁾을 쓸어내고 공자를 "스승(師)"의 지위로 되돌렸다.* 이런 경학자들은 실제 당시의 사상 혁명가였다.**

청대(淸代)의 금문경학파는 한대(漢代)의 고문 경전은 모두 유흠(劉歆, ?-23B.C.)이 위조한 것이라고 주장했고, 또 유흠은 두루 뭇 경들을 위조하여 왕망의 한나라 찬탈을 도왔다고 말했다. 고문경학파의 경전과 그 해설은 금문경학파의 경전과 그 해설에 비해서 대체로 나중에 나온 것임은 의심할 여지가 없다. 그러나 그것을 위조라고 한다면 금문경학파의 경전도 본래 꼭 공문(孔門)의 원전은 아니었고 그 해설은 더더욱 공문에서 일찍이 꿈도 꾸지 못했던 "이상하고 괴이한 주장"이었으니 대체 무슨 "진짜"일 수 있었겠는가? 경전 해설을 놓고 볼 때 고문경학파의 해설이 오히려 더 공문의 면목

王璜, 賈逵之徒, 獨非之, 相承以爲妖妄, 亂中庸之典 ; 故因漢魯恭王河間獻王所得古文, 參而考之, 以成其義, 爲之古學. (『수서』, 941쪽)

[『신편』III, 208-09쪽 : 한 무제는 『역(易)』, 『시(詩)』, 『서(書)』, 『예(禮)』, 『춘추(春秋)』를 전문적으로 강론하는 "박사(博士)"를 설치하고 제자를 가르치게 했다. 이것이 당시 정부의 "학관(學官)"이었다. "박사"가 강론하는 경전은 모두 당시 통행하는 예서(隸書)로 쓰였기 때문에 금문(今文)이라고 불렸다. 그후 또 전서(篆書)로 쓰인 일련의 경전이 발견되었다고 했는데 그것은 고문(古文)이라고 불렸다.]

2) 非常可怪之論. 〈제3장, 주52〉

* 『신편』III, 219쪽 : 요컨대 공자를 학자로 보느냐 아니면 천명을 받은 왕으로 보느냐가 고문경학과 금문경학이 갈리는 근본 분기점이었고, 사람으로 보느냐 아니면 신으로 보느냐가 고문경학과 참위가 갈리는 근본 분기점이었다.

** 『신편』III, 208쪽 : 춘추공양은 본래 『춘추』에 대한 일종의 주해와 연역이었지만 그 안에는 '참'도 있었다. 공자가 "천명을 받은 새 왕이고 한나라를 위해서 법제를 만들었다(受天命爲新王, 爲漢制法)"는 주장이 바로 최대의 '참' 가운데 하나였다. 이런 측면에서 보면, 『위서』와 춘추공양은 같은 점이 있고 춘추공양학은 종교적 미신을 향해서 진일보한 전개였다. (춘추공양학파의 "천인감응"의 학설 또는 공자가 "천명을 받아 왕이 되었다"는 주장이 종교적 색채를 띠었는데, "참위"는 특히 그런 요소를 확장한 것이었다./220쪽) 고문경학의 흥기는 바로 '참'으로써 "경"을 해석하는 것을 반대하고, 경학에서 종교적 미신을 깨끗이 쓸어낼 것을 주장했다. ······이것은 당시에 일종의 새로운 사상운동으로서, 당시 어용 철학의 중심은 공양춘추였던 만큼 고문경학의 중점 역시 공양춘추에 대한 반대에 있었다.

에 가까웠다. 고문경학파의 경전과 그 해설은 매우 많으므로 한 사람이 한 시기에 "위조"할 수 있는 것이 아니다. 유흠 한 사람이 모든 경들을 "위조"했다고 하면 유흠은 필시 "슈퍼맨(超人)"일 수밖에 없다. 한대에 당시 정통 경학파 즉 이른바 금문경학파의 경전과 그 해석에 불만을 품은 사람들이 각기 그들이 보기에 공자의 정통이라고 생각되는 경전과 그 해석을 수립하게 되어, 이윽고 이른바 "고학"이 자연히 일어났다. 즉 한 시대의 사상계를 혁명할 대(大)운동은 결코 한 사람의 업적일 수 없었다.

"고학"이 유흠이 홀로 창안한 것은 아니나 유흠은 사실상 "고학"을 제창한 가장 대표적인 인물이다. "고학"은 모두 민간에서 흥기했고 학관(學官)에 세워지지 못했다. 한나라 성제(成帝)는 "유향에게 궁중의 장서를 교정하도록 하고 중간실무자 진농에게 천하의 유서(遺書)를 구하도록 했는데",[3] 고문경학파의 경전과 그 해석은 이 기회에 "유서" 자격으로 궁중 도서관으로 들어갔다. 유흠은 아버지 유향의 뒤를 이어 궁중 장서를 교정하면서 그것들을 중요시하여, 애제(哀帝) 때 마침내 고문경학파의 경전과 그 해석인 『좌씨춘추(左氏春秋)』,『모시(毛詩)』,『일례(逸禮)』,『고문상서(古文尙書)』 등을 학관에 세우려고 했으나, 당시 박사들의 거센 반대에 부딪혔고, 그는 그들에게 맞서 논변했지만 끝내 이기지는 못했다. 아무튼 유향은 당시 정치상, 학술상의 지위를 바탕으로 사력을 다하여 "고학"을 위해서 분투했던 만큼 사실상 "고학"의 영수라고 할 수 있다.* 그러나 그 자신의 학설은 여전히 오행(五行)과 재이(災異)를 논

---

3) 劉向校中秘書, 謁者陳農使使求遺書於天下. (「성제기(成帝紀)」, 『한서(漢書)』, 310쪽) [謁者 : 알현을 청하는 자, 중간 안내자, 사방으로 파견되는 사신]

* 『신편』III, 209-10쪽 : 『춘추』에 세 "전(傳)"이 있었는데, 그중 공양춘추(公羊春秋)와 곡량춘추(穀梁春秋)는 금문경학, 좌씨춘추(左氏春秋)는 고문경학이었다. 동중서는 공양춘추의 대사(大師)로서 『춘추』에 의거하여 그의 "봉천법고(奉天法古 : 하늘을 받들고 옛것을 본받음)"와 "천인감응(天人感應)"의 신비주의적이고 관념론적인 사상을 전개했다. 이는 금문경학파의 특징이기도 했는데, 당시 학관 내의 박사들은 모두 금문경학파 일색이었다.……("위서"는 바로 금문경학의 발전이자 신비주의와 종교적 미신으로의 진일보한 타락이었다.) 고문경학은 학관 내에 지위가 없는…… 민간의 경학이었다. 금문경학파의 경향은 유가를 종교화했으나, 고문경학파의 경향

했으니, 그 역시도 음양가의 영향을 벗어나지는 못했음을 알 수 있다. 그러나 그가 지은 『칠략(七略)』*은 고대 학술의 원류와 분파를 종합 논의하여 제자백가의 흥기가 모두 역사적 근거가 있었음을 인정하면서, 이른바 "이상하고 괴이한 주장"을 뒤섞지 않고 실제로 순전히 고문경학파의 견해에 의거하여 주장을 수립한 것이었으니 당시로서는 실로 혁명적인 저작이었다.

2. 양웅

당시 사상계에서 고문경학파의 이런 공헌은 금문경학파의 "이상하고 괴이한 주장"을 쓸어내고 유가 학설을 음양가 학설에서 분리시킨 데에 있었다. 즉 그 공헌은 소극적인 측면에 있었다. 적극적인 측면의 경우 이 학파의 경학자들의 공헌은 아직 소극적인 측면의 위대함에 맞먹지는 못했다.

이 학파의 경학자에 상응하는 사상가가 양웅(揚雄, 53B.C.-18

은 "천인감응" 등의 신비주의 사상으로 유가 경전을 해석하는 것을 반대했다.……유흠, 양웅, 환담은 (서로 매우 친한 벗이었고/236쪽) 모두 당시의 고문경학파였다.……한대의 학술과 철학에 대한 유흠의 공헌은 공양춘추 또는 그것이 야기한 참위 등 종교적 미신의 영향을 반대한 것이었는데, 그 구체적인 표현이 고문경학의 제창이었다. 유흠이 "학관에 설치할 것을" 건의한 고문 경전은 네 종류였지만 중점은 좌씨춘추에 있었다. 금문경학의 중심이 공양춘추였던 만큼 그는 『좌전』으로써 『공양전』을 대처하려고 했기 때문이다.

* 『신편』III, 219-20쪽 : 유흠의 『칠략』은 명확히 고문경학파의 입장에 있었고, 금문경학 또는 참위의 견해를 채용하지 않았다. 한나라 황제는 유향과 유흠 부자에게 선진과 당시의 학술자료를 정리 편집하라고 했는데, 이런 작업을 당시에 교서(校書)라고 불렀다. 교서의 성과를 한 권의 총목록으로 편집한 것이 『칠략』이었다. 명목상으로는 하나의 목록이었지만 실제상으로는 선진시대부터 당시에 이르는 학술사였다. 반고는 『칠략』을 채록하여 『한서』「예문지」로 삼았다.……유흠과 고문경학파가 행한 작업은 공자를 왕에서 역사가, 철학자, 교육자로 환원시키는 일이었다.……따라서 『칠략』은 공자를 유가를 창시한, 선진시대 10개 학파 중의 한 인물로 다루고 어떤 특수 지위도 부여하지 않았는데, 그 10개 학파를 『칠략』은 모두 주(周) 왕조의 "왕관(王官)"에서 나왔다고 여겼다.……이런 견해는 선진시대의 각 학파는, 공자의 유가도 포함해서, 모두 사람이 창조한 것, 즉 역사적 산물이지 "하늘"과는 무관한 것임을 명확히 지적한 것이었다.

A.D.)과 왕충(王充, 27-97?)이다. 이 두 사람은 적극적인 측면에서 그다지 새로운 견해는 없으나, 양한(兩漢) 사상의 국면이 끝나고 위진(魏晋) 사상의 길이 열리는 철학사적인 관점에서 볼 때, 이 두 사람의 사상을 약술하여 양한, 위진 두 시대간의 사상전변(思想轉變)의 자취를 살펴야 한다. 대체로 양한시대는 유가와 음양가가 뒤섞인 사상이 주류였다면, 위진시대는 유가와 도가가 뒤섞인 사상이 주류였다.

『한서』「양웅열전(揚雄列傳)」은 말한다.

> 양웅은 자가 자운(子雲)이고, 촉(蜀) 지방의 성도 사람이다.……어려서부터 학문을 좋아했다. 문구 해석은 천착하지 않고 의미만 통하면 된다고 여겼다. 널리 책을 읽어서 보지 않은 것이 없었다. 사람됨이 소박하고 소탈했고, 말을 더듬어 극적인 이야기는 잘하지 못했지만 묵묵히 침잠하는 사색을 즐겼다. 청정무위(淸靜無爲)하여 물질적 욕망이 적었다. 부귀에 급급하지 않고 빈천에 근심하지 않았으며, 잘나고 모난 행실을 꾀하여 현세에 이름을 내려고 하지 않았다. 집안 살림은 10금(金)이 채 못 되게 궁핍하여 2섬의 저축도 없었으나 태평했다. 스스로 큰 원칙을 지니고 성철(聖哲)의 책이 아니면 좋아하지 않았고, 마음에 맞지 않으면 아무리 부귀한 사람이라도 사귀지 않았다. ……그는 실로 옛것을 좋아하고 도를 즐겼고, 문장을 연마하여 후세에 이름을 남길 결심으로, 경(經)으로는 『역』보다 위대한 것은 없다고 여겨 『태현(太玄)』을 지었고, 전(傳)으로는 『논어』보다 위대한 것은 없다고 여겨 『법언(法言)』을 지었다. 71세의 나이로 천봉(天鳳) 5년(18A.D.)에 세상을 떠났다.[4]

양웅의 저작 가운데 철학과 유관한 것은 『태현』이다. 『태현』은 『역』을 모방하여 지었다. 『역전(易傳)』에 『노자(老子)』의 학설이 채용된 부분이 있다는 점은 이미 앞에서 상론했다. 양웅의 학설에

---

4) 揚雄字子雲, 蜀郡成都人也.……少而好學, 不爲章句, 訓詁通而已. 博覽無所不見. 爲人簡易佚蕩, 口吃不能劇談, 默而好深湛之思. 淸靜亡爲, 少嗜欲, 不汲汲於富貴, 不戚戚於貧賤, 不修廉隅, 以徼名當世, 家不過十金, 乏無儋石之儲, 晏如也. 自有大度, 非聖哲之書不好也, 非其意雖富貴不事也.……實好古而樂道, 其意欲求文章成名於後世. 以爲經莫大於『易』, 故作『太玄』, 傳莫大於『論語』, 作『法言』.……年七十, 天鳳五年(西歷紀元18年)卒. (『한서』, 3513-85쪽) [儋: 두 항아리 분량의 부피]

는 실제『노자』와『역』의 학설이 많다. 양웅은「태현부(太玄賦)」에서 이렇게 말했다.

> 나는 위대한『역』의 차고 기우는 것(損益)을 관찰하고,
> 『노자』가 말한 의복(倚伏 : 행복과 재앙은 서로 뒤얽혀 있음)을 명상한다.
> 근심과 기쁨이 똑같은 문으로 들어옴을 성찰하고
> 길흉이 동일한 영역에 존재함을 관찰한다.
> 이러한 원리가 해와 달처럼 환하게 빛나고 있거늘,
> 세속의 성인이 비추는 희미한 빛이 무슨 의미가 있겠는가?
> 어찌 임금의 총애를 탐하다 재앙을 입어
> 일이 그릇된 다음 한탄한들 무슨 소용이 있겠는가?
> 회오리바람은 아침 내내 불지 않고 소나기는 온종일 계속되지 않으며,
> 요란한 천둥일수록 빨리 끝나고 세찬 불길일수록 빨리 죽듯이,
> 모든 사물은 번성하면 다시 쇠락하거늘,
> 하물며 파란만장한 인간사에 있어서랴?[5]

이는『노자』와『역』에서 말한 "사물의 발전이 극에 달하면 반전한다(物極則反 : 달이 차면 기운다)"는 이치를 서술한 것이다. 사실상 새로운 견해는 없지만, 당시 참서와 위가가 성행하던 무렵에 양웅이『노자』와『역』의 자연주의적 우주관과 인생관을 견지할 수 있었다는 사실은 실로 가히 혁명적 의미가 있었다고 할 수 있다.『노자』와『역』의 사상을 기초로 하여 양웅은『태현』을 지었다.

1)『태현』
양웅은 말했다.

창작자는 객관 세계를 추구하고 사물의 본래 모습(自然)을 체득해야 한다. 추구하는 대상이 위대하면 그 체득 내용도 웅장하지만 추구하는 대상이 왜

---

5) 觀『大易』之損益兮, 覽老氏之倚伏. 省憂喜之共門兮, 察吉凶之同域. 著乎日月兮, 何俗聖之暗燭? 豈惕寵以冒災兮, 將噬臍之不及. 若飄風之不終朝兮, 驟雨不終日. 雷隆隆而輒息兮, 火猶熾而速滅. 自夫物有盛衰兮, 況人事之所極. (『양웅집』, 138쪽)

소하면 체득 내용도 하찮다. 추구하는 대상이 곧으면 체득 내용도 기백이 있지만 추구하는 대상이 바르지 못하면 체득 내용도 산만하다. 그러므로 **이미 있는 것은 제거하지 않고, 없는 것은 강요하지 않는다**. 몸에 비유하건대 덧붙이면 혹이요 떼어내면 불구가 되는 것과 같다. 따라서 (창작의) **골격은 자연에 있고 장식만 인간의 힘에 맡겨졌으니, 어찌 멋대로 덜고 보탤 수 있겠는가?**[6]

즉 책을 지어 주장을 수립하는(著書立說) 사람에게 중요한 것은 자연(自然 : 사물의 본래 모습)을 대상으로 삼는 학설이어야 한다는 점이다. 그가 서술한 대상이 작으면 그 학설도 작고, 그 대상이 크면 그 학설도 크다. 자연이 어떠하냐에 따라, 책을 지어 주장을 수립하는 자의 학설도 그에 부응해야 하고 사사로운 의도로써 덜고 보태서는 안 된다. 즉 "이미 있는 것은 제거하지 않고, 없는 것은 강요하지 않는다"는 말이다. "골격은 자연에 있고 장식만 인간의 힘에 맡겨졌으니, 어찌 멋대로 덜고 보탤 수 있겠는가?" 즉 책을 지어 주장을 수립하는 자는 그 학설이 자연을 주체로 삼아야 하며, 그의 말은 다만 "장식일" 뿐이니 자연에 대해서 덜고 보탤 수 없다.

『태현』에서 말한 현(玄)은 무엇인가? 양웅은 말했다.

　　현이란 모든 사물을 그윽하게 전개시켰으면서도 그 형체를 드러내지 않는다. 허무에 의지하여 생기기 때문일까? 현은 신명(神明)을 규제하여 전범을 규정하고, 과거와 현재를 하나로 관통함으로써 사물의 유(類)를 전개하고 **음양을 베풀고 기를 발산시킨다.**……우러러 쳐다보면 위에 있고, 머리 숙여 굽어보면 밑에 있으며, 발돋움해서 바라보면 앞에 있고, 버려두고 잊으면 뒤에 있으며, 거스르려고 해도 거스를 수 없고, 침묵하더라도 올바로 되는 것이 현이다.……양은 양만 주관하고 음을 주관하지 않으며, 음은 음만 주관하고 양을 주관하지 않지만, **음도 주관하고 양도 주관하며** 평소 때도 주관하고 행동할 때도 주관하며, 어둠도 주관하고 밝음도 주관하는 것은 오직 현이다.[7]

---

6) 夫作者貴其有循而體自然也, 其所循也大, 則其體也壯 ; 其所循也小, 則其體也瘠 ; 其所循也直, 則其體也渾, 其所循也曲, 則其體也散. 故不擺所有, 不疆所無. 譬諸身, 增則贅, 而割則虧. 故質幹在乎自然, 華藻在乎人事也, 其可損益歟?(諸本皆作'華藻在乎人事人事也.'許翰云 :‘人事二字蓋衍’)(「태현영(太玄瑩)」,『태현』, 281쪽)

7) 玄者, 幽攡萬類而不見其形者也, 資陶虛無而生乎? 規攡神明而定摹, 通同古今以開

○무릇 현이란 천도(天道)요, 지도(地道)요, 인도(人道)이다.[8]

이로써 보면 현은 우주의 최고 원리이니, 만물이 운동할 때 질서를 부여하는 것은 모두 현의 작용이다. 양웅은 또 말했다.

현은 (천도에) 순응하여 천구가 선회하듯 혼돈 속에서 운행하여 영원히 쉬지 않으며, **음양을 셋으로 배합한다. 1양이 전체 체계(一統)에 작용하고 만물은 그로써 형체가 생긴다. 방(方), 주(州), 부(部), 가(家)가 삼위(三位)로 분포되어 완성된다. 9×9로 진열되어 [81수(首)의] 수(數)가 생긴다. [739개의] 찬(贊)은 여러 벼리(綱)[즉 81首]에 매여 있고 [수(首)의] 이름에 통할된다. 81수(首)이면 한 해의 일**(계절의 변화)이 모두 바르게 된다.[9]

○현에는 1도(道)가 있다. 1은 (사물을) 셋에 의해서 일으키고, 1은 셋에 의해서 산생된다. **셋에 의해서 일어난(以三起) 것이 방, 주, 부, 가이다. 셋에 의해서 생긴 것은 양기를 삼분하여 세 번 거듭하며 9영역(九營)이 극한이다. 이는 근본은 동일하고 말단이 갈라진 것으로서 천지의 이치이다. 상하좌우에 관통하여 만물은 어우러진다. 9영역이 두루 유전하여 시작과 끝이 바르게 된다. 11월에 개시하여 10월에 끝나는데 9단계로 반복 작용하며 각각 40일씩 작용한다.**[10]

즉 1현(玄)의 총원리가 삼분된 것이 방(方)이며, 1방, 2방, 3방 모두 세 방이 있다. 세 방이 또 각각 삼분된 것이 주(州)이며, 각 방에는

類, 攤措陰陽以發氣.……仰而視之在乎上, 俯而窺之在乎下, 企而望之在乎前, 棄而忘之在乎後. 欲違則不能, 嘿則得其所者, 玄也.……陽知陽而不知陰, 陰知陰而不知陽. 知陰知陽, 知止知行, 知晦知明者, 其惟玄乎? (「태현리(太玄攤)」, 『태현』, 260-62쪽)

8) 夫玄也者, 天道也, 地道也, 人道也. (「태현도(太玄圖)」, 『태현』, 358쪽)
　　[『신편』III, 221-22쪽: 1현(玄)은 세 방(方)인 1방(方), 2방, 3방으로 나누어지는데, 1방은 천현(天玄), 2방은 지현(地玄), 3방은 인현(人玄)이기 때문이다.]

9) 馴乎玄, 渾行无窮, 正象天, 陰陽批參. 以一陽乘一統, 萬物資形. 方州部家, 三位疏成. 曰, 陳其九九, 以爲數生. 贊上群綱, 乃綜乎名. 八十一首, 歲事咸貞. (「현수총서(玄首總序)」, 『태현』, 1쪽) [贊: 칭찬, 돕다, 이끌다, 밝힘, 전달하다]

10) 玄有一道, 一以三起, 一以三生. 以三起者, 方州部家也. 以三生者, 參分陽氣, 以爲三重, 極爲九營. 是爲同本離生[生: 末], 天地之經也. 旁通上下, 萬物幷也. 九營周流, 始終貞也. 始於十一月, 終於十月, 羅重九行, 行四十日. (「태현도」, 『태현』, 358쪽)

1주, 2주, 3주가 있으니 모두 9주이다. 각 주가 또 각각 삼분된 것이
부(部)이며, 각 주에 1부, 2부, 3부가 있으니 모두 27부이다. 각 부가
또 각각 삼분된 것이 가(家)이며, 각 부에 1가, 2가, 3가가 있으니 모
두 81가이다. 즉 "방, 주, 부, 가가 삼위로 분포되어 완성된다"는 말
이고, "셋에 의해서 일어난다"는 말이다.[11]

아무 방 내의 아무 주, 아무 주 내의 아무 부, 아무 부 내의 아무
가를 『태현』은 "수(首)"라고 불렀다. "수"는 『역』의 괘(卦)에 상당
한다.* 예컨대 제1방 제1주 제1부의 제1가는 이른바 "중수(中首)"
[䷀]이고, 제1방 제1주 제1부의 제2가는 이른바 "주수(周首)"[䷀]
이다. 이렇게 배합하여 모두 81수가 얻어진다. 각 수에는 9"찬(贊)"
이 있는데, "찬"은 『역』의 효(爻)와 같다. 9찬은 이름을 가진 "수"
안에 통할되므로, "찬은 여러 벼리[즉 '수']에 매여 있고 이름에 통
할된다"고 말했다. 이와 같이 모두 729찬이 있다. 그래서 "9×9로
진열되어 수가 생긴다"고 했고, "양기를 삼분하여 세 번 거듭하며
9영역이 극한이다"고 했고, "셋에 의해서 생긴다"고 했다. "양기를
삼분한다"고 함은 현(玄)이 비록 "음양을 셋으로 배합하고" "음양
을 베풀고 기를 발산시키고" "음도 주관하고 양도 주관하지만", 그
운행은 사실상 양을 주체로 삼는다는 뜻이다. 즉 "1양이 전체 체계
에 작용하고 만물은 그로써 형체가 생긴다." 이 현의 총원리와 3방
9주 27부 81가와 그것이 구성하는 81"수"와 그 안의 729"찬"은 마
치 우주의 강령과 같으니, 즉 "근본은 동일하고 말단이 갈라진 것

---

11) 【주】양웅이 방, 주, 부, 가의 4중(重)으로 구성한 것은 유가에서 통상 논하는 관제
(官制)도 단지 4중이기 때문일 것이다. 양웅은 이렇게 말했다. "방, 주, 부, 가의
81소(所)를 하, 중, 상으로 구획하여 세계 전부를 나타내고 현술(玄術)이 그것을
밝힌다. 한 임금에 3공(公), 9경(卿), 27대부(大夫), 81원사(元士)가 있다. 적은 것
이 많은 것을 다스리고, 무가 유를 다스리며, 현술이 그것을 밝힌다(方州部家, 八
十一所, 畫下中上, 以表四海, 玄術瑩之. 一辟三公, 九卿, 二十七大夫, 八十一元士,
少則制衆, 無則制有, 玄術瑩之)." (「태현영」, 『태현』, 281쪽)
* 『신편』III, 222쪽 : 『태현』은 『주역』의 효상(爻象)을 모방하여 제1방, 제1주, 제1
부, 제1가는 모두 "━"로 나타냈고 ; 제2방, 제2주, 제2부, 제2가는 모두 "━ ━"로
나타냈고 ; 제3방, 제3주, 제3부, 제3가는 모두 "━━━"로 나타냈다. 매 1수(首)는 모
두 방, 주, 부, 가를 나타내는 부호로 조성된다.

으로서 천지의 이치이다”는 말이다. 이 강령이 있기 때문에 만물은 모두 존재할 수 있으니 즉 “상하좌우에 관통하여 만물은 어우러진다”고 했고, 또 계절의 변화가 완성될 수 있으니 즉 “9영역이 두루 유전하여 시작과 끝이 바르게 된다”고 했고 “81수이면 한 해의 일(계절의 변화)이 모두 바르게 된다”고 했다.＊

『역위(易緯)』와 맹희와 경방의 역학에는 괘기설이 있다. 양웅의 『태현』도 81 “수”를 1년 사계절에 배합하여 “81수이면 계절의 변화가 모두 바르게 된다”는 사실을 밝혔다. 각 ‘주’의 제1부 제1가를 나타내는 “수”를 계절의 현저한 변천을 나타내는 “수”로 삼아 “천天)”이라고 불렀는데 모두 “9천”이 있다. 양웅은 말했다.

> **9천**은 제1단계 **중천**(中天), 제2단계 **선천**(羨天), 제3단계 종천(從天), 제4단계 경천(更天), 제5단계 수천(睟天), 제6단계 확천(廓天), 제7단계 감천(減天), 제8단계 심천(沈天), 제9단계 **성천**(成天)이다.[12]

중(中)은 “수” 이름이고 그것이 대표하는 “천”이 “중천”이고, 선

＊ 『신편』III, 222쪽 : 각 수(首)에 “수사(首辭)”가 있는데 이는 『주역』의 괘사(卦辭)에 상당하고, 각 수마다 9“찬”이 있는데 이는 『주역』의 효사(爻辭)에 상당한다. 이렇게 배합하여 모두 729“찬”이 있다. 여기에 사용한 숫자는 모두 3과 3의 배수인 9, 81 등이다. 즉 “양기를 삼분하여 세 번 거듭하고 9영역이 극한이다”는 말이고, “셋에 의해서 생긴다”는 말이다. 양웅에 따르면, 이 1현, 3방, 9주, 27부, 81가와 그것으로 구성된 81“수” 및 그 속의 729“찬”이 하나의 세계 도식을 구성하고, 이 도식이 사물의 발전과 운동의 강령이다. 따라서 “이것은 근본은 동일하고 말단이 갈라진 것으로서 천지의 이치이다”고 말했다. “근본은 동일하고 말단이 갈라진다”고 함은 사물은 모두 하나의 본원에서 분화된 것이고, 분화된 이후의 사물은 비록 다르지만 서로 관계를 맺고 있다는 말이다. 즉 “상하좌우에 관통하여 만물은 어우러진다”는 말이다. 양웅은 이 강령이 1년 사계의 변화도 설명한다고 여겼다. 즉 “9영역이 두루 유전하여 시작과 끝이 바르게 된다”는 말이다.

12) 九天 : 一爲中天, 二爲羨天, 三爲從天, 四爲更天, 五爲睟天, 六爲廓天, 七爲減天, 八爲沈天, 九爲成天. (「태현수(太玄數)」, 『태현』, 298쪽)
   [『신편』III, 223쪽 : 1년 사계의 변화를 9단계로 나누어 각각의 단계를 하나의 “천(天)”이라고 일컬었다. 이 9단계를 각각 9“수(首)”에 분배했는데, 각 단계의 첫째 “수”의 이름이 각 단계의 “천”을 대표한다.] [즉 81수 가운데 제1수, 제10수, 제19수, 제28수, 제37수, 제46수, 제55수, 제64수, 제73수의 이름이 각각 “중”, “선”, “종”, “경”, “수”, “확”, “감”, “심”, “성”이다.]

(羨)은 "수"이름이고 그것이 대표하는 "천"이 "선천"이다. 이처럼 각 "천"은 각각 40일을 포괄한다. 즉 "11월에 개시하여 10월에 끝나는데 9단계로 반복 작용하며 각각 40일씩 작용한다"는 말이다. (즉 각 "수"는 4일 남짓씩 주관하니 81"수"는 360일을 주관한다. / 『신편』) 양웅은 다시 이렇게 부연했다.

(양기의) **참됨이** (땅) **안에 잠재한** 때가 "중천", 만물이 싹트는 때가 "선천", 구름이 일고 비가 내리는 때가 "종천", 만물이 빠르게 자라 변화무쌍할 때가 "경천", 식물이 무성하게 자라는 때가 "수천", 빈 속이 밖으로 부풀려지는 때가 "확천", 만물이 쇠퇴하고 흩어지는 때가 "감천", 식물이 떨어져 다시 감추어지는 때가 "심천", **타고난 성명(性命)을 완수하고 끝나는** 때가 "성천"이다. 따라서 제1단계(중천)에서 제9단계(성천)에 이르는 것은 음양이 줄고 느는 과정이다. 반복 진술하면 양은 '자(子)'에서 11월에 생기니 음은 10월에 "종(終)"함을 알겠고, 음은 '오(午)'에서 5월에 생기니 양은 4월에 "종(終)"함을 알겠다. 양은 '자'에서 생성되고 음은 '오'에서 생성되기 때문에, 북서쪽에서 '자'의 아름다움이 소진하고 남동쪽에서 '오'의 아름다움이 소진한다.[13]

---

13) 誠有內者存乎中, 宣而出者存乎羨, 雲行雨施存乎從, 變節易度存乎更, 珍光淳全存乎睟, 虛中弘外存乎廓, 削退消部存乎減, 降隊幽藏存乎沈, 考終性命存乎成. 是故一至九者, 陰陽消息之計邪. 反而陳之, 子則陽生於十一月, 陰終十月可見也 ; 午則陰生於五月, 陽終於四月可見也. 生陽莫如子, 生陰莫如午. 西北則子美盡矣, 東南則午美極矣. (「태현도」, 『태현』, 358쪽)

『신편』III, 223쪽 : 양웅의 이 설명에 따르면, 1년의 순환에서 양은 자(子)(中首, 11월, 동지, 정북쪽)에서 생기고 사(巳)(4월, 남동쪽)에서 극성한다. 다만 그것이 극성하는 시기는 또한 쇠미하기 시작하는 시기이기도 하기 때문에 "종(終)"이라고 일컬었다. 실제로는 해(亥)(10월, 북서쪽)에 이르러 완전히 작용을 상실한다. 양기가 쇠미하기 시작할 때 그의 대립물인 음기가 작용하기 시작한다. 음은 오(午)(應首, 5월, 하지, 정남쪽)에서 생기고 해(亥)(10월, 북서쪽)에서 극성한다. 음기가 극성하는 시기는 또한 쇠미하기 시작하는 시기이기도 하기 때문에 "종(終)"이라고 일컬었다. 실제는 사(巳)(4월, 남동쪽)에 이르러 완전히 작용을 상실한다. 음기가 쇠미하기 시작할 때 그것의 대립물인 양기는 작용하기 시작하여 양이 다시 "자에서 생긴다." 북서쪽은 음기가 가장 왕성한 곳이고, 남동쪽은 양기가 가장 왕성한 곳이다.]

양(陽)은 해(亥)에서 개시하여 자(子)에서 생기고, 음(陰)은 사(巳)에서 개시하여 오(午)에서 생긴다. 한 해는 11월에 개시하니 11월은 "중수(中首)"이다. 이때는 만물이 처음 생기지만 맺혀서 겉으로 나타나지 않으니 "참됨이 안에 잠재한다"고 했다. 한 해는 10월에 끝나니 10월은 "성수(成首)"이다. 이때는 만물이 수장되고 사멸하니 "타고난 성명을 완수하고 끝난다"고 했다. 인간의 행위의 경우도 하나의 행위는 9단계로 나눌 수 있다. 양웅은 말했다.

> 제1단계에서 어떤 생각이 일어나면, 제2단계에서 이리저리 고려하고, 제3단계에서 의지가 확정되며, 제4단계에서 **활발히 전개하고**, 제5단계에서 **뚜렷해지고**, 제6단계에서 **극대화되고**, 제7단계에서 **손실을 입고**, 제8단계에서 **마모되고**, 제9단계에서 **소멸된다**. 정신의 발생은 제1단계에서 가장 먼저 이루어지고, 중화(中和)는 제5단계에서 가장 성대하고, 곤란한 지경은 제9단계에서 극심하다. 무릇 제1단계는 생각의 기미요, 제4단계는 복의 풍요로움이요, 제7단계는 **재앙의 계단**이다. 제3단계는 생각의 절정이요, 제6단계는 **복의 전성기**요, 제9단계는 **재앙의 막다름**이다. 제2단계, 제5단계, 제8단계는 각각 생각과 복과 재앙의 중간 단계이다.[14]

인간은 행위할 때, 제1단계에서는 생각이 일어나고, 제2단계에서는 고려하며, 제3단계에서는 일정한 의지를 가지며, 제4단계에 이르면 "활발히 전개하여" 행위로 표출되고, 제5단계에 이르면 "뚜렷해져" 상당한 성공을 획득하니 이른바 "복"이고, 제6단계에 이르면 "극대화되어" "복의 전성기"를 맞는다. 그러나 일이 여기에 이르면 이미 발전은 극에 이르기 때문에 제7단계는 "손실을 입는" "재앙의 계단"이 된다. 만약 다시 제8단계, 제9단계에 이르면 "마모되고" "소멸되어" "재앙의 막다름"에 빠진다. 양웅은 다시 이렇게 부연했다.

> 제1단계에서 제3단계까지는 빈천하여 마음이 괴롭고, 제4단계에서 제6단

---

14) 故思心乎一, 反復乎二, 成意乎三, 條暢乎四, 著明乎五, 極大乎六, 敗損乎七, 剝落乎八, 殄絕乎九. 生神莫先乎一, 中和莫盛乎五, 倨劇莫困乎九. 夫一也者, 思之微者也 ; 四也者, 福之資者也 ; 七也者, 禍之階者也. 三也者, 思之崇者也 ; 六也者, 福之隆者也 ; 九也者, 禍之窮者也. 二五八, 三者之中也. (「태현도」, 『태현』, 358-59쪽)

계까지는 부귀하여 높이 존중받으며, 제7단계에서 제9단계에 이르면 과오를
범하고 재앙을 당한다. 처음부터 제5단계까지는 오르막길이고, 제6단계부터
는 내리막길이다. 단계가 높아갈수록 귀함을 받지만 실상은 궁핍하고, 단계
가 낮을수록 천시당하지만 실상은 풍족하다. 오르막길과 내리막길이 서로
뒤얽히고, 귀천이 서로 교차한다.[15]

이는 모두『노자』와『역』의 설을 양웅이 연역한(述) 것이다.

　다만 양웅은 끝내 음양가의 견해를 완전히 벗어나지는 못했기 때
문에 앞에서 서술한 상수학도 논했던 것이다.『태현』은 말한다.

　1과 6은 근원이 같고(북쪽, 물), 2와 7은 빛이 같고(남쪽, 불), 3과 8은 서로
벗이고(동쪽, 나무), 4와 9는 도가 같고(서쪽, 쇠), 5와 5는 서로 지지한다(중
앙, 흙).[16]

이 역시 앞에서 논한 음양가의 우주 구조로서 수(數)를 사계에 배합
시킨다는 의미이다. 그러나 거기서는 다만 오행의 성수(成數)만 들
었지만, 여기서는 그 생수(生數)를 함께 들었다.[17] 이 수의 배열을
후대에 도상(圖象)으로 표시한 것이 바로 송나라 유목이 말한「낙
서(洛書)」요 주자가 말한「하도(河圖)」이다.

　2)『법언』
　그러나 양웅의 학은 결국 유가를 위주로 했고 공자를 으뜸(宗)으
로 삼았다. 양웅은 말했다.

　산비탈의 샛길은 이루 다 걸을 수 없고, 담장의 문은 이루 다 들어갈 수 없
다. 그렇다면 어디로 들어가야 하는가? 다름 아니라 공자이다. 공자는 바로
[도(道)로] 들어가는 문이다.[18]

15) 自一至三者, 貧賤而心勞；四至六者, 富貴而尊高；七至九者, 離咎而犯菑. 五以下作
息, 五以上消. 數多者見貴而實素, 數少者見賤而實饒. 息與消絀, 貴與賤交. (「태
현도」,『태현』, 359쪽) [離 : 당하다, 걸리다. 素 : 비다, 공허하다]
16) 一與六共宗；二與七共明；三與八成友；四與九同道；五與五相守. (「태현도」,『태
현』, 359쪽)
17) [오행의 성수와 생수에 대해서는] 제2장 제2절〈주11〉참조.
18) 山嶇之蹊, 不可勝由矣；向牆之戶, 不可勝入矣. 曰 : 惡由入? 曰 : 孔氏. 孔氏者, 戶

○어떤 사람이 내게 물었다.

"사람은 저마다 자기가 옳다고 여기는 것을 옳다고 하고 그르다고 여기는 것을 그르다고 하니, 장차 누구로 하여금 교정하게 한단 말입니까?"

"만물이 아무리 뒤얽혀 있어도 하늘에 비추어보면 되고, 주장들이 아무리 혼란하더라도 성인에 비추어 판단하면 된다."

"어떻게 성인에 비추어 판단한단 말입니까?"

"살아계신 성인은 직접 뵈면 되고, 돌아가신 성인은 책을 보면 된다. 그러나 그 근본은 모두 똑같다."[19]

『노자』에 대해서 양웅은 이렇게 말했다.

나는 『노자』의 도덕(道德)에 대한 논의는 받아들이지만,* 인의(仁義)를 배격하고 예절과 학문(禮學)을 멸절하는 관점은 받아들이지 않는다.[20]

유가 외의 다른 학파를 논한 경우에 양웅은 이렇게 말했다.

장자와 양주는 제멋대로여서 법도가 없었고, 묵자와 안영은 검약을 중시했지만 예를 폐기했고, 신불해와 한비는 험악하여 교화를 무시했고, 추연은 허풍스럽고 진실이 없었다.[21]

남아 있는 성인의 글은 『역』, 『서』, 『예』, 『시』, 『춘춘』 등의 여러 경(經)이라며, 양웅은 말했다.

천도를 논한 것으로는 『역』이, 정사를 논한 것으로는 『서』가, 체통(제도, 규제)을 논한 것으로는 『예』가, 뜻을 논한 것으로는 『시』가, 도리를 논한 것

也. (「오자(吾子)」, 『법언(法言)』 2:10) [蹊 : 지름길, 작은 길, 샛길]

19) 或曰："人各是其所是, 而非其所非, 將誰使正之?" 曰："萬物紛錯, 則懸諸天 ; 衆言淆亂, 則折諸聖." 或曰："惡覩乎聖而折諸?" 曰："在則人, 亡則書, 其統一也." (「오자」, 『법언』 2:21) [折 : 결단, 판단하다. 統 : 근본, 법, 계통]

* 『신편』III, 233쪽 : 자연관 측면에서 양웅은 천도는 무위자연(無爲自然)임을 주장하여 일정한 정도에서 도가의 노담을 계승했지만, 사회사상 면에서는 도가의 소극적 무위사상을 버리고 기본적으로 유가의 공자를 계승했다.

20) 老子之言道德, 吾有取焉耳. 及搥提仁義, 絶滅禮學, 吾無取焉耳. (「문도(問道)」, 『법언』 4:6) [搥提 : 던져버림]

21) 莊楊蕩而不法, 墨晏儉而廢禮, 申韓險而無化, 鄒衍迂而不信. (「오백(五百)」, 『법언』 8:28) [迂 : 실제 사정과 멀다, 비뚤어지다, 거짓, 과장하다]

으로는『춘추』가 세상에서 가장 치밀하다.[22]

이들 여러 경들은 모두 공자와 유관하다며 양웅은 말했다.

혹자가 "경도 그 내용을 덜고 보탤 수 있습니까?"라고 묻자, 나는 말했다. "『역』은 처음은 8괘였지만 문왕이 64괘를 만들었으니 보태졌음을 알 수 있다.『시』,『서』,『예』,『춘추』도 혹은 옛것을 답습하고 혹은 창작하기도 했다가 공자에 의해서 완성되었으니 보태졌음을 알 수 있다."[23]

후대 사람들이 학설을 수립하려면(立言) 경(유가 경전)을 표준으로 삼아야 한다며 양웅은 말했다.

글이 경에 부합하지 않으면 글이 아니고, 말이 경에 부합하지 않으면 말이 아니다. 말과 글이 경에 부합하지 않으면 아무리 많아도 군더더기(해로운 것)일 뿐이다.[24]

당시 음양가의 학설에 대해서 양웅은 성인에게 부합하지 않는다고 여겼다. 그는 말했다.

혹자가 "성인도 하늘에 관해서 점을 칩니까?"라고 묻자, 나는 말했다. "하늘에 관해서 점을 친다." "그렇다면 점술가와 무슨 차이가 있습니까?" "점술가는 하늘을 바탕으로 인간사의 길흉을 판단하지만, 성인은 인간사를 바탕으로 하늘의 뜻을 헤아린다."[25]

○혹자가 "황제종시(黃帝終始)"*에 대해서 묻자, 나는 말했다.

---

22) 說天者莫辯乎『易』, 說事者莫辯乎『書』, 說體者莫辯乎『禮』, 說志者莫辯乎『詩』, 說理者莫辯乎『春秋』.(「과견(寡見)」,『법언』7 : 5) [辯 : (시비를) 바로잡다, 밝히다]
23) 或曰 : "經可損益歟?" 曰 : "『易』始八卦, 而文王六十四 ; 其益可知也.『詩』『書』『禮』『春秋』, 或因或作, 而成於仲尼, 其益可知也.(「문신(問神)」,『법언』5 : 6)
24) 書不經非書也 ; 言不經, 非言也. 言書不經, 多多贅矣.(「문신」,『법언』5 : 17)
25) 或問 : "聖人占天乎?" 曰 : "占天地(王榮寶曰 : '天地疑爲天也之誤')." "若此, 則史也何異?" 曰 : "史以天占人, 聖人以人占天."(「중려(重黎)」,『법언』8 : 13)
  * 『신편』III, 233쪽 : 이른바 "황제종시"란 곧 "오덕이 순차로 옮아가며 작용한다는(五德轉移)" 신비적 역사순환론을 말한다.

"그것은 조작된 것일 뿐이다. 옛날 우왕이 홍수와 토지를 다스리자, 무당들이 신을 부를 때의 걸음걸이는 흔히 우왕의 걸음을 흉내냈고, 편작(扁鵲 : 고대 명의)이 노(盧)나라 사람이었기 때문에 의사들은 흔히 노나라 사람으로 자처했다. 무릇 가짜를 파는 사람은 진짜 상표를 빌리는 법이므로, 우왕을 표방하고 여나라를 표방하고 황제를 표방하는 것이다."²⁶⁾

○누가 "심하다! 경전 해석을 빙자한 책들의 거짓이!"라고 말하자, 나는 "거짓이면 거짓에 그쳐야 하는데도 **무당의 북소리**까지 동원한다"고 말했다.²⁷⁾

음양가의 말을 모두 "무당 북소리"의 학설로 여겼다. 방사(方士)들이 말한 신선(神仙)이 장생구시(長生久視)한다는 당시의 설에 대해서도 양웅은 성인에 부합하지 않는다고 여겼다. 그는 말했다.

누가 "조나라 때 귀신이 많은 것은 무엇 때문인가?"라고 묻자, 나는 "귀신은 괴이하고 모호하여 알쏭달쏭하니 성인은 언급하지 않는다"고 말했다.²⁸⁾

○어떤 사람이 내게 물었다.

"사람들이 말하는 (죽지 않는) 신선이 정말 있습니까?"

"뭐라고! 나는 복희와 신농도 죽었고, 황제와 요순도 세상을 떠났으며, 문왕은 필 땅에, 공자는 노나라 도성 밖 북쪽에 묻혀 있다고 들었다. 그런데 오직 그대만 죽기를 싫어하는가? 죽지 않는 일은 사람이 할 수 있는 일이 아니다. 신선 사상은 인류에게 아무런 보탬이 안 된다."

"성인은 신선을 배우지 않으니 그 학술은 서로 다릅니다. 성인은 천하에 대해서 한 사물이라도 알지 못하는 것을 부끄러워하지만, 신선은 천하에 대해서 하루라도 더 오래 살지 못하는 것을 부끄러워합니다."

"말로는 '살아 있다! 살아 있다!'고 하지만 (승천했다는) 신선들 이름은 살아 있을지 몰라도 실제로는 벌써 죽었다."

---

26) 或問黃帝終始. 曰 : "託也. 昔者姒氏治水土, 而巫步多禹 ; 扁鵲盧人也, 而醫多盧. 夫欲雠僞者必假眞. 禹乎, 盧乎, 終始乎?"(「중려」, 『법언』 10 : 2)

27) 或曰 : "甚矣, 傳書之不果也." 曰 : "不果則不果矣, 又(原作人, 依王榮寶校改)以巫鼓."(「군자(君子)」, 『법언』 12 : 10) [果 : 나무 열매(木實)이므로 實과 같은 뜻임]

28) 或問 : "趙世多神, 何也?" 曰 : "神怪茫茫, 若存若亡, 聖人曼云."(「중려」, 『법언』 10 : 4) [曼 : 莫, 不의 뜻]

"세상에 정말 신선이 없다면 어째서 그런 말이 생겼겠습니까?"

"그런 말을 하는 사람은 그냥 지껄이는 것이 아니겠는가? 그냥 지껄이는 것이기 때문에 없는 것도 있다고 만드는 것이다."

"그러면 대체 신선의 실체란 무엇입니까?"

"그런 것은 묻지 마라. 신선이 있는가 없는가는 질문이 못 된다. 질문이란 충효(忠孝) 등에 대한 질문이어야 한다. 임금에게 충성하고 부모를 섬기는 일도 제대로 못하고 있거늘 무슨 신선을 논할 겨를이 있겠는가?"[29]

○생긴 것은 반드시 죽음이 있고 처음이 있으면 반드시 끝이 있는 것이 **자연의 법칙**(自然之道)이다.[30]

생사는 "자연의 법칙"이니, 인간에게 어찌 장생(長生 : 영원한 삶)의 이치가 있겠는가? 방사들의 말이 음양가를 따라 성행하여 미신(迷信)의 분위기가 한 시대를 뒤덮었을 때, 양웅의 이와 같은 주장은 그것을 타파하고 일소하는 업적을 세웠다.

양웅은 또 인성(人性)에 대한 견해도 있었는데, 후세에 회자되었다. 그는 말했다.

사람의 성이란 선악이 뒤섞여 있다. 선한 부분을 연마하면 선한 사람이 되고, 악한 부분을 연마하면 악한 사람이 된다.[31]

즉 인성에 대한 맹자와 순자의 견해를 절충한 것이다.

양웅은 인성에 대한 견해가 맹자와 다르지만 맹자를 매우 숭상했다. 그는 말했다.

어떤 사람이 내게 물었다.

---

29) 或問 : "人言仙者有諸乎?" "吁! 吾聞伏羲神農歿黃帝堯舜殂落而死, 文王畢, 孔子魯城之北, 獨子愛其死乎? 非人之所及也! 仙亦無益子之彙矣." 或曰 : "聖人不師仙, 厭術異也. 聖人之於天下, 恥一物之不知 ; 仙人之於天下, 恥一日之不生." 曰 : "生乎, 生乎, 名生而實死也!" 或曰 : "世無仙, 則焉得斯語?" 曰 : "語乎者, 非囂囂也與? 惟囂囂能使無爲有." 或問仙之實, 曰 : "無以爲也. 有與無, 非問也. 問也者, 忠孝之問也. 忠君孝子, 偟乎不偟." (「군자」, 『법언』 12 : 20)

30) 有生者必有死, 有始者必有終, 自然之道也. (「군자」, 『법언』 12 : 22)

31) 人之性也善惡混. 修其善則爲善人, 修其惡則爲惡人. (「수신(修身)」, 『법언』 3 : 2)

"맹자는 성인 공자의 학설과 도덕의 요지와 본질을 이해했습니까?"

"이해했을 뿐만 아니라 진실로 그것을 실천했다."

"그대는 제자(諸子)를 경시하고 있는데, 맹자도 제자가 아닙니까?"

"제자란 그 지식이 공자와 다른 사람들인데, 맹자는 결코 다르지 않다."[32]

양웅은 자기가 유가의 학문을 회복할 수 있다고 여겨 자신을 맹자에 견주었다. 그는 말했다.

옛날 양주와 묵적이 정도를 가로막았을 때 맹자는 논변으로써 그들을 말끔히 물리쳤다. 그후 지금 다시 정도를 가로막는 자들이 생겼으니 내 자신을 맹자에 견주어본다. [즉 현세의 사설을 물리치는 소임을 떠맡겠다.][33]

철학적 관점에서 보면 양웅의 조예(造詣 : 성취)는 사실상 맹자에게 크게 미치지 못한다. 그러나 음양가의 주장을 물리치고 유가의 학문을 그것으로부터 분리시키는 일이 고문경학파의 공통 과제이기는 했지만, 양웅은 사상적 측면에서 체계적인 표현을 갖출 수 있었으니, 역사적 관점에서 볼 때 양웅 자신도 역사적 위치를 점하고 있다.

3. 왕충

양웅과 동시대이자 조금 뒤에 환담(桓譚, 20B.C.?-56A.D.)이 있었는데 그 역시 참학(讖學)을 반대했다. 『후한서(後漢書)』의 그의 전기에 따르면 그는 "문장에 능했고 특히 고학을 좋아했다. 종종 유흠, 양웅과 함께 의문점을 논변하고 분석했다. 당시의 일을 논한 29편의 글을 지어 『신론(新論)』이라고 불렀다."[34] 그 책은 이미 없

---

32) 或問孟子知言之要, 知德之奧. 曰 : "非苟知之, 亦允蹈之." 或曰 : "子小諸子, 孟子非諸子乎?" 曰 : "諸子者, 以其知異於孔子也. 孟子異乎不異." (「군자」, 『법언』 12 : 4) [奧 : 방 안 깊은 곳, 속, 내부, 깊은 의미]

33) 古者楊墨塞路, 孟子辭而闢之, 廓如也. 後之塞路者有矣, 竊自比於孟子. (「오자」, 『법언』 2 : 20) [廓如 : 활연(豁然), 텅 빈 모양, 활짝 열려 큰 모양]

34) 能文章, 尤好古學. 數從劉歆揚雄, 辯析疑異.……著書言當世行事二十九篇, 號曰 『新論』. (『후한서』, 955-61쪽)

어졌다. 그후 후한 초기 이른바 참학과 위학(緯學)이 계속 성행하자 마침내 진일보한 반작용이 일어났다. 고대 사상 가운데 가장 술수(術數)와 무관한 것이 도가(道家)여서, 후한과 삼국 교체기에 도가 학설 중의 자연주의가 점차 세력을 떨쳤는데, 왕충의 『논형(論衡)』은 바로 도가의 자연주의적 관점에서 당시 일반 사람들의 미신을 비판한 것이었다. 『논형』은 당시의 미신적 분위기를 완전히 타파하고 일소한 업적을 세웠다. 다만 그 내용은 공격과 파괴가 많고 (대안의) 건설이 적은 만큼 그 책의 가치는 요즘 사람들이 상상하는 것만큼 크지는 않다.

『논형』「자기편(自紀篇)」*은 말한다.

왕충은 회계 지방 상우현 사람이고, 자는 중임(仲任)이다.……건무(建武) 3년(27A.D.)에 태어났다.……재능이 뛰어났고 구차한 저작을 무시했으며, 말재주는 있었지만 논쟁은 좋아하지 않았다. 마음에 드는 사람이 아니면 온종일 한마디도 말하지 않았다. 그의 주장에 대해서 사람들은 처음에는 미심쩍어했지만 끝까지 듣고는 인정을 했다. 글로 쓴 경우도 그러했다.……그는 옛 글을 닥치는 대로 읽었고 기이한 주장에 호기심이 많았으며, **세간의 책과 속설(世書俗說)을 대체로 온당하지 못하다고 여겨 홀로 칩거하며 그 허실(虛實)을 논구했다.**[35]

『후한서』의 전기에는 왕충이 영원(永元) 연간에 세상을 떠났다고 했다. 한나라 화제(和帝) 영원은 89년부터 104년까지이므로 왕충은 100년 전후에 죽었다. 왕충은 "세간의 책과 속설을 대체로 온당하지 못하다고 여겼기"때문에 "홀로 칩거하며 그 허실을 논구했다."

---

* 『신편』III, 239쪽 : 한대의 저작자 관습에 따라 『논형』의 최후 한 편은 작자의 자전(自傳)인데 「자기(自紀)」라고 불렸다. 여기서 왕충은 가세(家世)를 서술하고 그의 각종 저작 목록을 열거했고 또 그런 저작을 쓰게 된 동기와 의도를 설명했다.

35) 王充者, 會稽上虞人也, 字仲任.……建武三年(27A.D.)充生.……才高而不尙苟作, 口辯而不好談對, 非其人終日不言. 其論說, 始若詭於衆, 極聽其終, 衆乃是之. 以筆著文, 亦如此焉.……汪讀古文, 甘聞異言, 世書俗說, 多所不安. 幽居獨處, 考論實虛. (『논형』 85 : 1-3) [建武 : 한나라 광무제의 연호, 25-56A.D.]

『논형』은 모두 "세간의 책과 속설"의 "허실"을 "논구한" 저작이다.*

1) 자연주의

"세간의 책과 속설"에 대한 『논형』의 논구는 도가의 자연주의 (自然主義)를 근거로 했다. 『논형』「자연편(自然篇)」은 말한다.

천지가 기(氣)를 합하여 만물이 저절로 생기듯, 부부가 기를 합하여 자식 이 생긴다. 산생된 만물 가운데 혈기를 지닌 동물(인류)은 배고픔을 느끼고 추위를 느끼기 때문에 먹을 만한 오곡을 보면 따서 먹었고, 옷을 지을 만한 실을 보면 취해서 옷을 지어 입었다.……

자연의 운행은 만물을 낳으려고 하지 않아도 만물이 저절로 생기니 그것 이 자연(自然)이다. 기를 베풀면서 만물을 만들려고 하지 않아도 만물이 저 절로 만들어지니 그것이 무위(無爲)이다. 하늘이 자연무위(自然無爲)하다고 함은 무엇인가? 기(氣)를 두고 하는 말이고, 염담(恬澹)하여 욕심이 없고 무 위하여 아무 일도 꾸미지 않는다는 뜻이다.**…… 덕이 높고 순수한 인물은

---

* 『신편』III, 241쪽 : 왕충이 말한 "실(實)"은 실제 혹은 사실의 뜻이다. 그는 "실"에 근거하여 당시의 종교적 미신, 신비주의, 관념론 등의 허위 주장을 첨예하게 비판 했다. 그의 투지는 왕성했고 논변은 격렬했다.……그의 서명의 글자가 바로 그런 정신을 잘 나타낸다. "형이란 논단의 기준이니(衡者, 論之平也)" "즉 논형은 말의 경중을 저울질하고 진위의 기준을 세운 것이다(故論衡者, 所以銓輕重之言, 立眞僞 之平)." "형"자의 본의는 천평이니 "논형"은 즉 당시 언론의 가치를 판정하는 천 평이라는 뜻이다. 그 책의 목적은 "미혹된 마음을 깨우쳐 허와 실을 분간할 수 있 게 하려는(冀悟迷惑之心, 使知虛實之分)"(「자기」) 데에 있었다.

** 『신편』III, 249~51쪽 : 동중서 등의 어용 철학에 따르면 하늘은 의식이 있고 목적 이 있는 것이다. 온 우주는 모두 하나의 목적에 의거하고 하나의 계획에 따라 발전 하고 진행한다. 동중서의 견해에 따르면 사람은 하늘의 부본(副本)이고, 하늘은 의 식적으로 인류를 만들어 하늘의 이상이 인류 사회 속에서 실현되도록 했다. 따라 서 온 우주는 오로지 인류를 위해서 베풀어진 활동장소에 불과했다. /왕충은 그의 자연주의 관점에 근거하여 어용 철학의 저 신비주의적 견해를 배척했다. 왕충은 하늘의 운행은 결코 무슨 목적이 있는 것이 아니고 그저 자연히 그와 같을 뿐임을 지적했다.……"자연"이란 자연계가 무목적적임을 뜻하고, "무위"란 자연계에는 인간처럼 그런 작위가 없음을 뜻한다. 무목적적이고 무의식적인 것이 바로 "자연" 과 "무위"의 특징이다. 의식이 있고 목적이 있는 행위는 "유위"이다.…… /왕충의 자연주의의 주요 타격 대상은 동중서를 영수로 한 어용 철학의 목적론이었기 때문 에 왕충은 특별히 "자연"과 "무위"를 강조했다.

하늘의 기를 많이 타고나므로 하늘을 본받아 자연무위할 수 있다.……현인 가운데 순수한 사람이 바로 황로(黃老)인데, 황은 황제(黃帝), 노는 노자(老子)이다. 황로의 처신은 염담을 지켰고, 정치는 무위를 따랐다. 몸가짐만 엄숙하고 단정하게 하면 음양이 저절로 화합했고, 작위에 노심초사하지 않았어도 사물은 저절로 변화했고, 산생을 도모하지 않았어도 사물은 저절로 생성되었다.

『역』에 "황제와 요·순은 예복만 입고 있어도 천하는 다스려졌다"고 했다. 예복을 입었다고 함은 단정히 무위했다는 말이다.……『역』에 "대인(大人)은 그 덕망이 천지에 필적한다"고 했는데, 황제와 요·순이 바로 대인이다. 그분들의 덕망은 천지에 필적했으므로 무위를 알았던 것이다. 천도는 무위이므로 봄은 탄생(生)을, 여름은 성장(長)을, 가을은 성숙(成)을, 겨울은 저장(藏)을 억지로 도모하지 않건만, 양기가 저절로 생기면 사물은 저절로 탄생하고 성장하고, 음기가 저절로 생기면 사물은 저절로 성숙하고 저장된다. 우물물을 긷고 못을 터서 논밭에 물을 대도 사물은 생장하지만, 큰비가 쏟아져도 사물의 줄기, 잎, 뿌리가 온통 촉촉이 젖는다. 적당하게 적셔주는 단비를, 우물물을 긷고 못을 트는 일에 비할 수 있겠는가? 따라서 무위는 위대하다. 본래 업적을 구하지 않았기에 업적은 수립되고 본래 명성을 구하지 않았기에 명성은 성취되니, 후두두 쏟아지는 비의 업적과 명성은 위대한 것이다. 천지는 도모하지 않아도 기는 화합하고 비는 저절로 모인다.[36]

이는 도가의 자연주의를 왕충이 계술한 것이다.

---

36) 天地合氣, 萬物自生, 猶夫婦合氣, 子自生矣. 萬物之生, 含血之類, 知飢知寒, 見五穀可食取而食之, 見絲麻可衣取而衣之.……天動不欲以生物而物自生, 此則自然也；施氣不欲爲物而物自爲, 此則無爲也. 謂天自然無爲者何? 氣也. 恬澹無欲, 無爲無事者也.……至德純渥之人稟天氣多, 故能則天自然無爲.……賢之純者黃老是也. 黃者, 黃帝也；老者, 老子. 黃老之操身中恬澹, 其治無爲, 正身共己, 而陰陽自和. 無心於爲, 而物自化；無意於生, 而物自成. 『易』曰："黃帝堯舜垂衣裳而天下治." 垂衣裳者, 垂拱無爲也.……『易』曰："大人與天地合其德." 黃帝堯舜大人也, 其德與天地合, 故知無爲也. 天道無爲, 故春不爲生而夏不爲長, 秋不爲成而冬不爲藏. 陽氣自出, 物自生長；陰氣自起, 物自成藏. 汲井決陂, 灌漑田園, 物亦生長. 需然而雨, 物之莖葉根荄, 莫不沾濡. 程量澍澤, 孰與汲井決陂哉? 故無爲之爲大矣. 本不求功, 故其功立；本不求名, 故其名成. 沛然之雨, 功名大矣, 而天地不爲也, 氣和而雨自集. (『논형』 54：1, 4, 14–16)

2) 당시 일반 사람들의 견해에 대한 비판

이 관점에 근거하여 『논형』은 당시 "세속의 책과 속설"의 "허실"을 체계적으로 "논구"했다. 『논형』 「한온편(寒溫篇)」은 말한다.

> 한온(寒溫 : 기상 이변)을 논한 자들은 이렇게 주장한다.
> "임금이 기뻐하면(喜) 날씨가 따뜻해지고(溫) 분노하면(怒) 날씨가 추워진다(寒). 그 까닭은 무엇인가? 희노(喜怒)가 흉중에서 발산된 다음 행위가 밖으로 나타나고 밖으로 상벌(賞罰)로 시행된다. 즉 상벌은 희로의 결과이므로 한온이 크게 성하면 사물을 말리고 사람을 상한다."[37]

이는 음양가의 설이다. 왕충은 다음과 같이 논박했다.

> 무릇 천도는 자연이고 자연은 무위이다. 거북점, 시초점에서 인간사, 기후, 조짐 세 가지가 일치하여 교묘히 부합하는 것은 인간사가 생기기 시작할 때 하늘의 기후(天氣)도 이미 존재했기 때문이고 그래서 도(道)라고 했다. 그런데 기후를 정사(政事)에 부응시키는 입장은 이미 자연이 아니다.[38]

『논형』 「견고편(譴告篇)」은 말한다.

> 재이(災異)를 주장하는 자들은 이렇게 말한다.
> "옛날 임금의 정치가 법도를 상실하면 하늘은 재이를 통해서 그것을 견책하고 경고한다(譴告). 재이는 한번으로 끝나지 않고 다시 한온(寒溫)[이상 기후]으로 나타난다. 임금의 형벌 시행이 시기에 맞지 않으면 추위가 오고, 상을 주는 것이 절기에 어긋나면 더위가 온다. 천신(天神)이 임금을 견책하고 경고하는 것은 마치 임금이 신하를 책망하여 진노하는 것과 같다."[39]

이는 음양가의 설이다. 왕충은 다음과 같이 논박했다.

---

37) 說寒溫者曰 : 人君喜則溫, 怒則寒. 何則? 喜怒發於胸中, 然後行出於外, 外成賞罰. 賞罰喜怒之效, 故寒溫渥盛, 凋物傷人. (『논형』 41 : 1) [渥 : 두텁다, 짙다]

38) 夫天道自然, 自然無爲, 二令參偶, 遭適逢會. 人事始作, 天氣已有, 故曰道也. 使應政事, 是有非自然也. (『논형』 41 : 12) [二令 : 卜筮를 지칭. 參偶 : 人事, 氣候, 兆數의 세 가지가 서로 일치함을 지칭. 天氣 : 비, 바람, 추위, 더위 등의 자연현상]

39) 論災異, 謂古之人爲政失道, 天用災異譴告之也. 災異非一, 復以寒溫爲之效. 人君用刑非時, 則寒 ; 施賞違節, 則溫. 天神譴告人君, 猶人君責怒臣下也. (『논형』 42 : 1)

무릇 천도는 자연이고 무위(無爲)이다. 그런데 만약 하늘이 사람을 견책하고 경고한다면 이는 유위(有爲)이고 자연이 아니다. 천도에 대해서는 황로학파의 논의[즉 자연주의]가 실제(진리)에 부합한다.[40]

『논형』「변동편(變動篇)」은 말한다.

재이를 주장하는 자들은 하늘이 재이를 이용하여 인간을 견책한다는 것이 이미 의심을 받자 다시 이렇게 부연했다.

"재이가 이를 때 아마 임금은 정치로써 하늘을 움직이고 하늘은 기후를 변동시켜 그에 대응해야 할 것 같다. 비유하건대 물건으로 북을 치고 추로써 종을 치는 경우와 같다. 북은 하늘과 같고 추는 정치와 같으며, 종과 북이 소리를 내는 것은 마치 하늘이 응하는 것과 같다. 즉 임금이 하늘 아래에서 정치를 행하면 하늘의 기후가 인간사에 따라 이르는 것이다."[41]

이는 음양가의 설이다. 왕충은 다음과 같이 논박했다.*

사람이 천지 사이에 존재하는 것은 마치 벼룩과 이가 옷 속에 존재하고, 땅강아지와 개미가 구멍 속에 존재하는 것과 같다. 벼룩, 이, 땅강아지, 개미가 전후좌우로 달려 반역하든 순종하든 옷과 구멍 사이의 기후를 변동시킬 수 있는가? 벼룩, 이, 땅강아지, 개미가 할 수 없는데 오직 사람만은 할 수 있다고 주장하는 것은 물기(物氣 : 사물과 기후)의 이치를 모르는 것이다.……

---

40) 夫天道自然也, 無爲 ; 如譴告人, 是有爲, 非自然也. 黃老之家, 論說天道, 得其實矣. (『논형』 42 : 3) [實 : 씨, 참됨, 본질]

41) 論災異者, 已疑於天用災異譴告人矣, 更說曰, 災異之至, 殆人君以政動天, 天動氣以應之. 譬之以物擊鼓, 以椎叩鐘. 鼓猶天, 椎猶政, 鐘鼓聲猶天之應也. 人主爲於下, 則天氣隨人而至矣. (『논형』 43 : 1) [殆 : 대체로, 거의, 아마도]

* 『신편』III, 291-92쪽 : 동중서의 공양춘추와 왕충의 『논형』을 중심으로 형성된 당시의 두 대립적인 진영의 투쟁은 "천인감응(天人感應)"이라는 문제를 둘러싸고 진행되었다. 동중서의 체계적인 각 방면의 논변은 한마디로 "천인감응"이 진리임을 증명하려는 것이었고, 왕충의 체계적인 각 방면의 논변은 한마디로 이른바 "천인감응"이 허망(虛妄)한 것임을 증명하려는 것이었다.……양한(兩漢) 이후 "천인감응"은 더는 철학적 논변의 중심 문제가 아니었다. [『논형』의 편명에 제시된 "한온(寒溫)", "견고(譴告)", "변동(變動)", "초치(招致 : 동류의 것들이 서로 초치됨)" 등이 "천인감응"의 네 가지 주된 주제이다. (『신편』III, 252쪽)]

한온(寒溫)의 기후는 천지에 달려 있고 음양의 통제를 받으니, 어찌 인간사와 국가 정치가 그것을 변동시킬 수 있겠는가?[42]

「상충편(商蟲篇)」은 말한다.

변복지가(變復之家)*는 이렇게 주장한다.

"곤충(蟲)이 곡식을 먹어치우는 것은 지방관리 때문이다. 그들이 끝없는 탐욕으로 (어부가 고기를 그물질하듯 백성의 재물을) 마구 빼앗았기 때문에 곤충이 곡식을 먹는 것이다. 몸이 검고 머리가 붉은 곤충은 무관을 상징하고, 머리가 검고 몸이 붉은 곤충은 문관을 상징한다. 따라서 곤충이 상징하는 부류의 관리를 징벌하면 해당 곤충은 멸식되고 다시 출현하지 않는다.[43]

이 역시 음양가 유파의 설이다. 왕충은 다음과 같이 논박했다.

벌거벗은 동물(蟲) 300종 가운데 사람은 그 영장이다. 이로써 보면 사람 역시 곤충이다. 사람도 곤충이 먹는 것을 먹으며 곤충 역시 사람이 먹는 것을 먹으니, 모두 다 곤충이고 서로 같은 것을 먹는 것이 무엇이 괴이하단 말인가? 그러므로 만약 곤충에게 의식이 있다면 사람을 비난하여 말하기를 "너도 하늘의 산물을 먹고 나 역시 그것을 먹는데, 왜 내 경우만 재변이 되고 너 자신은 재변이 아니라고 말하느냐?" 할 것이다. 무릇 기(氣)를 머금은 동물이라면 맛있는 것을 먹기를 좋아하는 그 구미는 서로 다르지 않다. 사람이 오곡을 즐겨 먹으면서 곤충이 먹으면 혐오하고, 자기도 천지간에 생겼으면서 곤충이 생긴 것은 혐오하는데, 만약 곤충이 말을 하게 되어 똑같은 논리로 사람을 비난한다고 하더라도 사람은 반박할 수 없을 것이다.……

---

42) 人在天地之間, 猶蚤蝨之在衣裳之內, 螻蟻之在穴隙之中. 蚤蝨螻蟻爲逆順, 橫從, 能令衣裳穴隙之間氣變動乎? 蚤蝨螻蟻不能, 而獨謂人能, 不達物氣之理也.…… 寒溫之氣繫於天地, 而統於陰陽, 人事國政, 安能動之? (『논형』43:2, 4)

* 變復之家: 자연재해 혹은 비정상적 현상을 지칭하여 하늘이 재앙을 내린 것으로 여기고, 또 단지 군주가 선왕의 도를 받들어 행하거나 혹은 제사를 지내어 기도를 드리기만 하면 재앙은 없앨 수 있고 원래의 상태를 회복할 수 있다고 주장하는 사람들. "변(變)"은 자연재해나 이상 현상을 지칭하고, "복(復)"은 자연재해나 이상 현상을 없애고 원래의 상태를 회복하는 것을 지칭한다. (원화충, 877쪽)

43) 變復之家, 謂蟲食穀者, 部吏所致也. 貪則[則: 狼]侵漁, 故蟲食穀. 身黑頭赤, 則謂武官; 頭黑身赤, 則謂文官. 使加罰於蟲所象類之吏, 則蟲滅息不復見矣. (『논형』49:1)

　무릇 천지간에 음양의 소생(所生)으로서 맨몸으로 기는 것이든 다리로 기는 것이든, 기를 머금고 생긴 것이라면 입을 벌려 먹을 때 음식맛에 좋고 나쁜 차이가 있는 것은 모든 생물의 욕망은 똑같기 때문이다. 또 강하고 큰 것이 약하고 작은 것을 잡아먹고 간교한 것이 우둔한 것을 이용하는데, 이처럼 기타의 동물들이 크고 작음에 따라 서로 잡아먹는 것에 대해서는 재앙이라고 말하지 않으면서 유독 곤충이 곡식을 먹는 행위만은 정사(政事)에 관련이 있다고 주장하는 일은 도리의 실제(道理之實)에서 벗어났고 물기의 본질(物氣之性)을 이해하지 못한 것이다.[44]

당시 음양가에 대한 왕충의 논변은 대략 이러하다. 그는 또 당시 세속의 각종 미신도 상세히 반박했다. 그중에서 철학적 흥취가 있는 것은 귀신의 유무에 대한 논변이다. 「논사편(論死篇)」은 말한다.

　세상 사람들은 죽은 사람은 귀신이 되어 의식을 가지고 사람을 해친다고 말한다. 사물에 근거하여 그것을 검증해보면 죽은 사람은 귀신이 되지 않고 의식도 없고 사람을 해치지도 않는다. 어떻게 그것을 검증했는가? 사물에 근거하여 검증했다. 사람도 사물이고, 사물은 물론 사물이다. 사물이 죽으면 귀신이 되지 않거늘 어째서 유독 사람만 귀신이 되겠는가? 세상 사람들은 사물이 귀신이 되지 않음은 잘 분별하면서도 사람이 귀신이 되는지 되지 않는지는 제대로 분별하지 못한다. 제대로 분별하지 못하는 이상 사람이 귀신이 된다는 것도 알 길이 없다.

　인간이 생기는 것은 정기(精氣) 때문인데, 죽으면 정기는 소멸된다. 정기를 유지할 수 있게 하는 것은 혈맥이다. 그런데 사람이 죽으면 혈맥이 소진하고 혈맥이 소진하면 정기가 소멸하고 정기가 소멸하면 육체가 썩고 육체가 썩으면 흙이 되는데, 어떻게 귀신이 되겠는가?……

44) 倮蟲三百, 人爲之長. 由此言之, 人亦蟲也. 人食蟲所食, 蟲亦食人所食, 俱爲蟲而相食物, 何爲怪之? 設蟲有知, 亦將非人曰 : 汝食天之所生, 吾亦食之, 謂我爲變, 不自謂爲災. 凡含氣之類所甘嗜者, 口腹不異. 人甘五穀, 惡蟲之食 ; 自生天之間, 惡蟲之出. 設蟲能言, 以此非人, 亦無以詰也.……凡天地之間, 陰陽所生, 蛟蟯之類, 蜫蠕之屬, 含氣而生, 開口而食, 食有甘不, 同心等欲. 彊大食細弱, 知慧反頓[頓 : 鈍]愚. 他物小大連相齧噬, 不謂之災, 獨謂蟲食穀物爲應政事, 失道理之實, 不達物氣之性也. (『논형』 49 : 3, 6)

무릇 죽은 사람은 귀신이 될 수 없으니 의식도 없다. 이는 어떻게 검증되는가? 우리가 태어나지 않았을 때 의식이 없었기 때문이다. 사람은 아직 태어나지 않았을 때는 원기(元氣) 속에 존재했고, 이미 죽으면 다시 원기 상태로 돌아간다. 원기는 어렴풋하고 아득하며 사람의 기도 그 안에 존재한다. 사람이 생기기 전의 상태가 의식이 없었기 때문에 죽으면 다시 의식이 없는 그 본원으로 되돌아간다. 그러니 어떻게 (죽은 후에) 의식이 있겠는가?……

사람에게 총명함과 지혜가 있는 것은 오상의 기운(五常之氣)을 함유했기 때문이고, 오상의 기운이 사람에게 존재하는 까닭은 오장(五藏)이 육체 안에 존재하기 때문이다. 오장이 상하지 않으면 사람의 지혜는 총명하고, 오장에 병이 들면 사람은 혼미해지고 혼미해지면 흐리멍덩해진다. 사람이 죽어 오장이 썩어 오상이 의탁할 데가 없어지는 것은 지혜를 보관해줄 기관이 이미 썩어 지혜를 생기게 하는 것이 이미 몸을 떠났기 때문이다. 육체는 기에 의지하여 완성되고 기는 육체에 의지하여 의식을 지니거니와, 천하에 (연료 없이) 홀로 타는 불꽃이 없거늘 세상에 어찌 육체 없이 홀로 존재하는 정신(精 : 정령)이 있겠는가?……

사람의 죽음은 마치 불의 꺼짐과 같다. 불이 꺼지면 빛은 비추지 못하듯이, 사람이 죽으면 의식은 작용하지 못한다. 이 두 가지는 의미도 같고 실질도 똑같다. 논자들이 여전히 죽은 사람도 의식이 있다고 여기는 것은 미혹이다. 사람이 병들어 죽는 것이 불이 꺼지는 경우와 무엇이 다른가? 불이 꺼져 빛이 사라지면 초만 남듯이, 사람이 죽어 정기가 없어지면 시체만 남는다. 사람이 죽어도 의식은 있다는 주장은 불이 꺼져도 빛은 있다는 말과 같다.

한겨울에 찬 기운이 작용하면(用事) 물은 응고하여 얼음이 되고, 다음 해 봄에 기운이 따뜻해지면 얼음은 녹아 물이 된다. 사람이 천지간에 생긴 것도 마치 얼음과 같다. 음양의 기가 응고하여 사람이 되고, 나이가 차서 목숨이 끊어져 죽으면 다시 기가 된다. 무릇 봄에 녹은 물이 다시 (똑같은) 얼음이 될 수 없듯이 죽은 넋(魂)*이 어떻게 다시 육체가 되겠는가?[45]

---

* 魂 : 혼(魂)과 백(魄) 모두 넋으로 번역되는데, 사람의 생장(生長)을 주관하는 양의 기운(陽氣)이 "혼", 사람의 생장을 보조하는 음의 기운(陰氣)이 "백"이다.

45) 世謂死人爲鬼, 有知能害人. 試以物類驗之, 死人不爲鬼, 無知, 不能害人. 何以驗之? 驗之以物. 人, 物也 ; 物, 亦物也. 物死不爲鬼, 人死何故獨能爲鬼? 世能別人物不能

이것이 왕충의 자연주의적 생사관(生死觀)이다.

3) 역사에 대한 왕충의 견해

왕충의 역사에 대한 견해도 특이점이 있다. 고대의 여러 철학자들은 대체로 옛것에 의탁하여 주장을 수립했고(託古立言), 그 결과 사람들은 고대를 이상화하고 모든 면에서 옛날이 지금보다 나았다고 여기게 되었다. 이 관념을 왕충은 깊이 비판했다.『논형』「제세편(齊世篇)」은 말한다.

> 고대를 다스린 분도 성인(聖人 : 聖王)이고 후세를 다스린 분도 성인이다. 성인의 덕은 전후가 다르지 않고 그 정치도 고금이 다르지 않다. 고대의 하늘은 후세와 같은 하늘이고, 하늘이 변경되지 않았듯이 기운도 변경되지 않았고, 고대의 백성은 후세와 같은 백성이었다. 모두 원기(元氣)를 타고났고 원기가 깨끗하고 조화로운 점이 고금이 다르지 않다. 원기를 타고나서 형체가 된 점은 무엇이 다르겠는가? 무릇 원기가 같으면 타고난 성품도 같고, 성품이 같으면 형체도 같고, 형체가 같으면 미추가 같고, 미추가 같으니 수명도 같은 것이다.
> 똑같은 하늘, 똑같은 땅에 만물은 똑같이 생육한다. 만물은 똑같은 기를 받고 탄생했으니 기의 후박도 만세가 똑같으니, 제왕의 세상 통치는 백 세대라도 그 도리가 똑같다.……고대에도 무도한 사람과 지조 있는 선비가 있었

爲鬼, 則爲鬼不爲鬼, 尙難分明; 如不能別, 則亦無以知其能爲鬼也. 人之所以生者, 精氣也, 死而精氣滅. 能爲精氣者, 血脈也, 人死血脈竭. 竭而精氣滅, 滅而形體朽, 朽而成灰土, 何用爲鬼?……夫死人不能爲鬼, 則亦無所知矣. 何以驗之? 以未生之時, 無所知也. 人未生, 在元氣之中; 旣死, 復歸元氣. 元氣荒忽, 人氣在其中. 人未生無所知, 其死歸無知之本, 何能有知乎? 人之所以聰明智惠者, 以含五常之氣也; 五常之氣所以在人者, 以五藏在形中也. 五藏不傷, 則人智惠; 五藏有病, 則人荒忽, 荒忽則愚癡矣. 人死五藏腐朽, 則五常無所託矣, 所用藏智者已敗矣, 所用爲智者, 已去矣. 形須氣而成, 氣須形而知. 天下無獨燃之火, 世間安得有無體獨存之精.……人之死, 猶火之滅也. 火滅而燿不照, 人死而知不惠, 二者宜同一實. 論者猶謂死有知, 惑也. 人病且死, 如火之且滅何以異? 火滅光消而燭在, 人死精亡而形存. 謂人死有知, 是謂火滅復有光也. 隆冬之月, 寒氣用事, 水凝爲冰, 踰春氣溫, 冰釋爲水. 人生於天地之間, 其猶冰也. 陰陽之氣, 凝而爲人; 年終壽盡, 死還爲氣. 夫春水不能復爲冰, 死魂安能復爲形? (『논형』62 : 1, 2, 8, 11, 12)

다. 선인과 악인이 뒤섞인 현상은 어떤 세대인들 없었겠는가? 다만 역사를 기술한 사람이 옛것을 찬양하고 지금을 비하하기 좋아했고, **전해들은 옛 전설은 중시하고 눈으로 본 현실은 천시했으며**, 또 논변하는 자는 옛것만 논했고 문인은 심원한 것만 기록했으며, 요즘 일은 기이해도 논변에서 언급하지 않았고 지금 일은 이변이라도 기록하지 않았을 따름이다.[46]

세속은 "전해들은 옛 전설은 중시하고 눈으로 본 현실은 천시하여" 옛날이 지금보다 나았다고 여긴다. 그러나 사실을 살펴보면 사실상 지금이 옛날보다 낫다. 『논형』「선한편(宣漢篇)」은 말한다.

> 무릇 덕화(德化)를 실제로 평가하자면 주대(周代)가 한대(漢代)를 능가할 수 없고, 상서로운 조짐을 논하더라도 한대가 주대를 능가한다. 국토의 경계를 헤아리더라도 주대는 한대보다 협소했다. 그런즉 한대가 어째서 주대만 못하며, 오직 주대에만 성인(성왕)이 많았고 정치가 태평성세에 이르렀다고 말하는가? **유자들이 칭송한 성인의 경지는 초월적이어서 본받을 수 없고, 그들이 찬양한 태평성세는 절대적이어서 계승할 수 없다.**[47]

"유자들이 칭송한 성인의 경지는 초월적이어서 본받을 수 없고, 그들이 찬양한 태평성세는 절대적이어서 계승할 수 없다." 즉 유자들이 말한 성왕과 성왕의 정치는 사실상 일종의 이상일 뿐이고 고대의 실제 사실은 아니다. 반드시 그들이 말한 성왕이어야 비로소 성왕이라고 할 수 있다면 "성왕은 초월적이어서 본받을 수 없고", 그들이 말한 성왕의 정치라야 비로소 성왕의 정치라고 할 수 있다면 "태평성세는 절대적이어서 계승할 수 없다."

---

46) 夫上世治者, 聖人也 ; 下世治者, 亦聖人也. 聖人之德, 前後不殊, 則其治世, 古今不異. 上世之天, 下世之天也, 天不變易, 氣不改更. 上世之民, 下世之民也, 俱稟元氣. 元氣純和, 古今不異 ; 則稟以爲形體者, 何故不同? 夫稟氣等則懷性均, 懷性均則形體同, 形體同則醜好齊, 醜好齊則夭壽適. 一天一地, 並生萬物. 萬物之生, 俱得一氣. 氣之薄渥, 萬世若一. 帝王治世, 百代同道……古有無義之人, 今有建節之士. 善惡雜厠, 何世無有? 述事者好高古而下今, 貴所聞而賤所見. 辨士則談其久者, 文人則著其遠者. 近有奇而辨不稱, 今有異而筆不記. (『논형』 56 : 2, 3, 12)

47) 夫實德化則周不能過漢, 論符瑞則漢勝於周, 度土境則周狹於漢, 漢何以不如周? 獨謂周多聖人, 治致太平. 儒者稱聖泰隆, 使聖卓而無跡 ; 稱治亦太盛, 使太平絶而無續也. (『논형』 57 : 10) [符瑞 : 상서로운 징조, 길조(吉兆)]

4) 방법론

왕충은 말했다.

> 『시』300편은 한마디로 말하면 "생각에 사심이 없음(思無邪)"이고, 『논형』수십 편을 한마디로 말하면 **"허위와 거짓에 대한 증오(疾虛妄)"**이다.[48]

『논형』은 "세속의 책과 속설"에 대한 반복적 논구를 계속했는데, 모두 그의 "허위와 거짓에 대한 증오(비판)" 정신의 표현이다. 오직 "허위와 거짓을 증오했기에" 왕충은 모든 논단은 사실에 근거를 두어야 한다고 여겼다. 따라서 『논형』은 하나의 주장을 수립할 때마다 사실을 열거하여 증명했다. 즉 "몇몇 현저한 사례를 들어 실질적 증험을 정립했다."[49]* 「박장편(薄葬篇)」은 말한다.

> 사례는 실제 결과가 있어야 가장 명확하고, 논단은 증거가 있어야 가장 결정적이다.[50]

증거가 있는 논단은 사실에 근거를 둔 논단이다. 사실에 근거를 둔 논단이 비록 결정된 논단이라고 하더라도 그것이 근거한 사실이 정말로 사실인지의 여부는 자못 확정하기 쉽지 않다. 예컨대 묵가(墨家)는 "논단 수립의 세 기준을 두고(言有三表)" 주장을 수립할 때 반드시 "뭇 사람의 이목의 실제 경험에서 고찰했고,"[51] 그래

---

48) 『詩』三百, 一言以蔽之, 曰:思無邪. 『論衡』篇以十數, 亦一言也, 曰:疾虛妄. (「일문(佚文)」, 『논형』 61:15) [虛:속에 든 것이 없이 빔, 거짓, 허위. 妄:거짓]

49) 略擧較著, 以定實驗. (「조호(遭虎)」, 『논형』 48:5)

* 『신편』III, 267쪽:왕충에 따르면 객관 실재가 인식의 대상이자 시비의 기준인데, 그것이 그가 말한 "실"이다. 왕충은 그의 저작 목적은 "허실의 논구(考論虛實)"〈주35〉라고 밝혔다. 당시 세속에는 "실"이 없는 것에 근거한 온갖 주장들(言論)이 있었다. 그런 주장들이 곧 "허(虛)"요 "망(妄)"이다. 왕충은 『논형』의 저작 목적이 "허망에 대한 증오(疾虛妄)"였기 때문에 『논형』을 "실론(實論)"이라고 불렀다.……『논형』에는 「실지(實知)」와 「지실(知實)」 두 편이 있다. 이 편명에서 왕충이 인식과 객관 실재의 관계를 중시했음을 엿볼 수 있다. 인식은 반드시 객관 실재를 대상으로 삼아야 하는데 그것이 이른바 "지실"이다. 진정한 인식은 반드시 객관 실재와 서로 부합해야("지실") 하는데 그것이 이른바 "실지"이다.

50) 事莫明於有效, 論莫定於有證. (『논형』 67:3)

51) "言有三表" "原察百姓耳目之實."〈제1편, 제5장, 주38〉

서 묵자는 「명귀편(明鬼篇)」에서 옛 사람들이 귀신을 보았다는 사례를 일일이 제시하여 귀신의 존재를 증명했으나, 사람의 감각내용이 종종 실제와 꼭 부합하지는 못했던 것이다. 즉 반드시 감각내용이 주장 수립의 근거가 될 수 있는 것은 아니다. 『논형』「박장편」은 말한다.

> 논단을 내릴 때 정신을 집중하고 각성시켜, 외적 현상에 근거하여 사물의 시비를 정립하여, 외적 견문만 믿고 마음속에서 분석 고찰해보지 않으면, 그것은 이목에만 의지한 논단이고 **마음의 사고(心意)**에 의지한 판단이 아니다. 이목만으로 논단할 경우 **허상(虛象)**을 주장할 수도 있는데, 허상이 증거가 되면 실제는 거짓이 된다. 그러므로 시비 판단은 이목뿐만 아니라 반드시 마음의 사고를 거쳐야 한다. 묵자의 논의는 **사고를 통해서 사물을 고찰하지 않고 그저 견문만 믿었기** 때문에 **증거 사례가 아주 뚜렷했어도 여전히 사실에 어긋났다**. 사실에서 벗어난 주장은 남에게 가르치기 어렵다. 우매한 백성의 욕망에는 부합할지 몰라도 지자(知者)의 마음에는 부합하지 않기 때문이다. 묵자의 사상은 인지상정을 희생하고 비용을 아꼈지만 세상에는 보탬이 되지 못했는데, 아마 이 때문에 묵가의 학술은 후세에 계승되지 못했다.[52]

실제와 서로 부합하지 않는 감각은 "허상"일 뿐이다. 따라서 감각내용은 다시 "마음의 사고"로써 분석 고찰하여 "마음의 사고"가 실제와 부합하는 것이라고 인정해야 비로소 참된 사실이다. 묵가는 그저 "뭇 사람의 이목의 실제 경험에서 고찰하여" "사고를 통해서 사물을 고찰하지 않고 그저 견문만 믿었기"때문에, 귀신이 있다는 그들의 논단은 "증거 사례가 아주 뚜렷했어도 여전히 사실에 어긋났다." 이것이 왕충의 방법론이다. 실로 과학정신이 있었지만 애석하게도 그후 계승자가 없었다.

---

52) 夫論不留精澄意, 苟以外效立事是非, 信聞見於外, 不詮訂於內, 是用耳目論, 不以心意議也. 夫以耳目論, 則以虛象爲言. 虛象效, 則以實事爲非. 是故是非者, 不徒耳目, 必開心意. 墨議不以心而原物, 苟信聞見, 則雖效驗章明, 猶爲失實. 失實之議, 難以教. 雖得愚民之欲, 不合知者之心. 喪物索用, 無益於世, 此蓋墨術所以不傳也. (『논형』67 : 5)

5) 성설

왕충도 인성(人性)에 대한 견해가 있다. 『논형』 「본성편(本性篇)」은 말한다.

> 성정(性情)은 정치의 바탕이며 예악(禮樂)의 본원이다. 따라서 성정의 본질을 고찰하여 예(禮)로써 예방하고 악(樂)으로써 절제시켰다. 본성(性)에 겸손과 사양의 덕목이 있으므로 예를 제정하여 그것들이 합당하게 발현되도록 했고, 감정(情)에는 호오희로애락(好惡喜怒哀樂)이 있으므로 음악을 제작하여 그것들을 공경스럽게 발현하게 했다. 즉 예가 제정되고 음악이 제작되는 근거는 바로 성정이다. 과거에 유생들이 글을 쓰고 책을 지을 때마다 항상 성정을 논했건만, 아무도 그 진상을 정립하지 못했다.……
>
> 즉 사태는 알기 쉬워도 그 이치는 논하기 어려움을 알 수 있다. 내용이 풍부한 글은 만발한 꽃처럼 화려하고 재미 있는 말은 꿀처럼 감미롭지만 반드시 진상에 부합하는 것은 아니다. 사람의 재능에 높고 낮음이 있듯이, 사람의 성에는 선도 있고 악도 있다는 것이 바로 그 진상이다.……
>
> 그러므로 나는 인성이 선하다는 맹자의 말은 보통 이상의 사람에 해당되고, 인성이 악하다는 순자의 말은 보통 이하의 사람에 해당되고, 인성에 선과 악이 뒤섞여 있다는 양웅의 말은 보통 사람을 두고 한 말이라고 생각한다. 이 논의들 중에서 경전과 도리에 부합되는 것은 교화의 자료로 삼을 수 있지만 그 어느 것도 본성을 (완벽하게) 규명한 이치로 삼기에는 미진하다.[53]

인성 가운데 악이 있더라도 공 들여 교육을 실시하면 선이 될 수 있다.『논형』 「솔성편(率性篇)」은 말한다.

---

53) 情性者, 人治之本, 禮樂所由生也. 故原性情之極, 禮爲之防, 樂爲之節. 性有卑謙辭讓, 故制禮以適其宜 ; 情有好惡喜怒哀樂, 故作樂以通其敬. 禮所以制, 樂所爲作者, 情與性也. 昔儒舊生, 著作篇章, 莫不論說, 莫能實定.……由此言之, 事易知, 道難論也. 鄗文茂記, 繁如榮華 ; 恢諧劇談, 甘如飴蜜, 未必得實. 實者, 人性有善有惡, 猶人才有高有下也.……余固以孟軻言人性善者, 中人以上者也 ; 孫卿言人性惡者, 中人以下者也 ; 揚雄言人性善惡混者, 中人也. 若反經合道, 則可以爲教 ; 盡性之理, 則未也. (『논형』 13 : 1, 9, 10) [反 : 되돌아가다, 되돌아보다, 부합하다]

사람의 본성에는 반드시 선도 있고 악도 있다. 그 가운데 선은 물론 자체로 선이지만, 악도 가르치고 타이르고 인도하고 면려하면 선이 될 수 있다. 무릇 임금과 아버지 되는 이는 신하와 자식의 품성을 잘 살펴, 선하면 길러주고 면려하고 인도하여 악에 접근하지 못하게 하고, 악하면 보살피고 보호하고 단속하여 차츰 선에 나아가도록 해야 한다. 선은 악에 물들고 또 악은 선에 교화되어 마침내 마치 본성과 같은 행위양식으로 완성된다.……

천도(天道)에는 천성적인 것과 인위적인 것이 있다. 천성적인 것은 본디 저절로 하늘과 상응하지만, 인위적인 것은 사람이 지혜와 노력을 들일 경우 천성적인 것과 차이가 없게 된다.[54]

이 역시 인성에 대한 맹자와 순자의 견해를 절충한 것이다.

6) 운명에 대한 견해

성 외에 또 명(命)이 있다. 『논형』「명의편(命義篇)」은 말한다.

성과 명은 다르다. 품성은 착하지만 명이 흉한 사람도 있고, 품성은 악하지만 명이 길한 사람도 있다. 행실이 선하고 악한 것이 품성이며, 사람의 화복(禍福)과 길흉(吉凶)은 명이다. 행실이 선해도 화를 당함은 품성은 선하나 명이 흉한 경우이고, 행실이 악해도 복을 받음은 품성은 악하나 명이 길한 경우이다. 성에는 자체로 선악이 있고, 명에는 자체로 길흉이 있다. 명이 길한 사람이라면 선을 행하지 않아도 복이 굴러오지만, 명이 흉한 사람이라면 행실에 조심해도 늘 화가 닥친다.[55]

왕충의 이 주장은 본래 "선은 선한 보답을 받고 악은 악한 보답을

---

54) 論人之性, 定有善有惡. 其善者, 固自善矣, 其惡者故可教告率勉使之爲善. 凡人君父, 審觀臣子之性, 善則養育勸率, 無令近惡 ; 惡則輔保禁防, 令漸於善. 善漸於惡, 惡化於善, 成爲性行.……天道有眞僞, 眞者固自與天相應 ; 僞者人加知巧, 亦與眞者無以異也. (『논형』8 : 1, 5)

55) 夫性與命異, 或性善而命凶, 或性惡而命吉. 操行善惡者, 性也 ; 禍福吉凶者, 命也. 或行善而得禍, 是性善而命凶 ; 或行惡而得福, 是性惡而命吉也. 性自有善惡, 命自有吉凶. 使吉命之人, 雖不行善, 未必無福 ; 凶命之人, 雖勉操行, 未必無禍. (『논형』6 : 3) [操行 : 품행, 몸가짐]

받는다"는 세속의 설을 논파하려는 것이었다. 『논형』은 세속의 설을 다음과 같이 서술했다.

세속의 설에 따르면, 선행자는 복을 받고 악행자는 화를 입는다. 화와 복의 보응은 다 하늘에서 비롯된다. 즉 사람의 행실에 따라 하늘은 응답한다. 드러난 선행은 임금이 포상하고 숨은 선행은 천지가 보답한다. 귀천(貴賤), 현우(賢愚)를 막론하고 모든 사람들이 이렇게 생각한다.[56]

○세속의 설에 따르면, 하늘의 복과 도움을 받는 것은 선을 행했기 때문이고, 재앙과 해악을 입는 것은 악을 행했기 때문이다. 즉 은폐된 악과 허물은 천지가 벌을 주고 귀신이 보복한다. 천지의 징벌은 죄의 대소를 가리지 않고, 귀신의 보복은 거리의 원근을 따지지 않는다.[57]

이 세속의 설을 왕충은 다음과 같이 논박했다.

무릇 사람의 행실이 현명하든 어리석든 화를 입느냐 복을 받느냐는 행운에 달려 있고, 행위가 옳든 그르든 상을 받느냐 벌을 받느냐는 우연에 달려 있다. 함께 적병을 만나도 은폐된 사람은 명중되지 않고, 같은 날 서리를 맞아도 덮인 것은 상하지 않는다. 그런데 상한 것이 꼭 악한 것도 아니고 은폐된 것이 꼭 선한 것도 아니니, 은폐된 사람은 행운이며 상한 사람은 불행이다. 다 같이 충성을 바쳐도 혹은 상을 받고 혹은 벌을 받으며, 함께 공을 세워도 혹은 신임을 받고 혹은 의심을 받는다. 상을 받고 신임을 받는 사람이 꼭 참되지는 않으며, 벌을 받고 의심을 받는 사람이 꼭 거짓되지는 않는다. 상을 받고 신임을 받음은 우연히 맞은 것이요, 벌을 받고 의심을 받음은 우연히 어긋난 것이다.

공자의 제자 70여 명 가운데 안회는 요절했다. [안회에 대해서] 공자는 "불행히 단명하여 죽었다"고 말했다. 즉 단명을 불행이라고 했으니, 명이 긴 것은 행운이고 단명은 불행임을 알 수 있다.……

---

56) 世論行善者福至, 爲惡者禍來, 福禍之應, 皆天也. 人爲之, 天應之. 陽恩人君賞其行, 陰惠天地報其德. 無貴賤賢愚, 莫謂不然. (「복허(福虛)」, 『논형』 20 : 1)

57) 世謂受福祐者, 旣以爲行善所致, 又謂被禍害者爲惡所得, 以爲有沈惡伏過, 天地罰之, 鬼神報之. 天地所罰, 小大猶發, 鬼神所報, 遠近猶至. (「화허(禍虛)」, 『논형』 21 : 1)

땅강아지와 개미가 땅 위를 기어갈 때 사람들은 밟고 지나간다. 밟힌 것은 짓눌려 죽고, 밟히지 않은 것은 상하지 않고 온전히 산다. 불이 들풀을 태울 때 마차 바퀴 자국이 있는 곳은 불타지 않는다. 사람들은 그것을 좋아하여 '행초(幸草)'라고 부른다. 밟히지 않고 불에 타지 않은 것이 꼭 선한 것은 아니다. 발길과 불길이 우연히 그렇게 된 것이다.[58]

선을 행하는 사람이 꼭 복이 있는 것은 아니며 악을 짓는 사람이 꼭 화를 입는 것은 아니다. 사람이 화를 입고 복을 받는 것은 순전히 행운을 만나느냐 불행을 만나느냐에 달려 있다. 왕충이 오로지 이 점에 입각하여 입론(立論)했다면 자연주의적 우주관 및 인생관과 서로 부합하고 또 사실과도 부합한다. 그러나 왕충의 입론은 여기서 그치지 않고 사람이 만나는 행불행은 모두 "명" 속에 이미 정해진 것이라고 여겼다. 『논형』 「명록편(命祿篇)」은 말한다.

사람이 임금의 총애를 받거나 해를 입는 것은 모두 "명"에서 비롯된다. 사생(死生)과 수요(壽夭)의 명이 있고, 부귀와 빈천의 명이 있다. 왕공부터 서인에 이르기까지, 성현과 하우(下愚)를 막론하고, 무릇 머리와 눈이 달린 혈기를 지닌 동물이면 모두 명이 있다. 명이 빈천하면 부귀해도 화를 당하고, 명이 부귀하면 빈천해도 복을 만난다. 따라서 명이 귀하면 천한 지위에 있어도 저절로 영달하고, 명이 천하면 부귀한 지위에 있어도 저절로 위태로워진다. 즉 부귀는 마치 신령이 돕는 듯하고, 빈천은 마치 신령이 저주하는 듯하다.……따라서 업무 감당의 유능, 무능이나 행실의 청탁(淸濁)은 품성과 재질에 달려 있고, 벼슬의 귀천과 사업의 빈부는 명과 시운에 달려 있다. 명이란 힘쓴다고 되는 것이 아니고, 시운이란 노력한다고 바뀌는 것이 아니다.[59]

---

58) 凡人操行, 有賢有愚, 及遭禍福, 有幸有不幸. 擧事有是有非, 及觸賞罰, 有偶有不偶. 並時遭兵, 隱者不中 ; 同日被霜, 蔽者不傷. 中傷未必惡, 隱蔽未必善, 隱蔽幸, 中傷不幸. 俱欲納忠, 或賞或罰 ; 並欲有益, 或信或疑. 賞而信者未必眞, 罰而疑者未必僞. 賞信者偶, 罰疑者不偶也. 孔子門徒七十有餘, 顔回蚤夭. 孔子曰 : "不幸短命死矣!" 短命稱不幸, 則知長命者幸也, 短命者不幸也.……螻蟻行於地, 人擧足而涉之, 足所履, 螻蟻苲[苲 : 笮의 잘못]死 ; 足所不蹈, 全活不傷. 火燔野草, 車轢所致, 火所不燔, 俗或喜之, 名曰幸草. 夫足所不蹈, 火所不及, 未必善也. 擧火行有適然也. (「행우(幸偶)」, 『논형』 5 : 1, 2)

59) 凡人偶遇及遭累害, 皆由命也. 有死生壽夭之命, 亦有富貴貧賤之命. 自王公逮庶人,

개인의 경우만 귀천화복의 명이 있는 것이 아니라 나라에도 성쇠치란(盛衰治亂)의 명이 있다. 『논형』「명의편」은 말한다.

> 송나라, 위나라, 진나라, 정나라가 한날 함께 재앙을 당했다. 네 나라 사람들 중에는 출세의 명이 왕성해서 쇠망하지 않아야 할 사람도 있었겠으나, 다 함께 재앙을 입은 것은 나라의 화가 개인의 명을 압도했기 때문이다. 따라서 **국명**(國命)이 개인의 명을 압도하고, 수명(壽命)이 녹명(祿命)을 압도한다.[60]

이 주장에서 추론하면 나라의 성쇠와 치란은 모두 "국명"에서 비롯되며 나라를 다스리는 자의 현명함이나 능력의 여부와는 무관하다. 『논형』「치기편(治期篇)」은 말한다.

> 사람들은 풍요롭게 부를 누리며 안락하게 사는 사람은 그 녹명이 두텁기 때문임은 알면서도, 나라가 평안히 다스려지고 교화가 잘 시행되는 것은 운수(歷數)가 길기 때문임은 알지 못한다. 즉 세상의 태평은 성현의 공이 아니요, 혼란은 무도한 자의 행위 결과가 아니다. 나라가 혼란할 운명이면 성현도 번성시킬 수 없고, 태평할 시운이면 악인도 혼란시킬 수 없다. 즉 세상의 치란은 시운에 달려 있지 정치에 달려 있지 않으며, 나라의 안위(安危)는 운수(數)*에 달려 있지 교화에 달려 있지 않다. (나라의 치란과 안위는) 임금의 현명함 여부나 정치의 깨끗함 여부로 변화시킬 수 있는 것이 아니다.[61]

여기서 보면 개인의 빈천화복이나 일국의 치란성쇠는 모두 그 명이

聖賢及下愚, 凡有首目之類, 含血之屬, 莫不有命. 命當貧賤, 雖富貴之, 猶涉禍患矣; 命當富貴, 雖貧賤之, 猶逢福善矣. 故命貴從賤地自達, 命賤從富位自危. 故夫富貴若有神助, 貧賤若有鬼禍.……故夫臨事知愚, 操行淸濁, 性與才也; 仕宦貴賤, 治産貧富, 命與時也. 命則不可勉, 時則不可力. (『논형』3:1)

60) 宋衛陳鄭, 同日並災. 四國之民, 必有祿盛未當衰之人. 然而俱災, 國禍陵之也. 故國命勝人命, 壽命勝祿命. (『논형』6:1)

* 『신편』III, 282쪽: 왕충은 아마도 일종의 필연적 법칙이 자연과 사회의 변화를 지배하고 있다고 여긴 것 같다. 그러한 변화 가운데 인력(人力)으로 전이(轉移)되지 않는 과정을 "수"라고 불렀다.

61) 人皆知富饒居安樂者命祿厚, 而不知國安治化行者歷數吉也. 故世治非賢聖之功, 衰亂非無道所致. 國當衰亂, 賢聖不能盛; 時當治, 惡人不能亂. 世之治亂, 在時不在政; 國之安危, 在數不在敎. 賢不賢之君, 明不明之政, 無能損益. (『논형』53:7)

있다. 『논형』은 또 "별들은 하늘에 있고 하늘에는 (부귀빈천의) 상이 있으니" 사람이 "부귀의 상을 얻으면 부귀해지고 빈천의 상을 얻으면 빈천해진다"[62]고 했고, 또 사람의 명은 골상(骨相)에 나타나 있다고 했다.[63] 여기서 말하는 명은 유가와 도가에서 말하는 명과 다르다. 맹자는 "아무도 초치하지 않았건만 닥치는 것이 명이다"[64]고 했고, 순자는 "우연히 조우함이 명이다"[65]고 했다. 장자는 "어찌 할 수 없음을 알고 운명처럼 편안히 여긴다"[66]고 했고 또 "나는 나를 이 지경에 빠뜨린 자를 생각해보았지만 찾을 수 없었다. 부모가 어찌 내가 가난하기를 바라겠는가? 또 하늘은 사사로이 감싸지 않고 땅은 사사로이 보듬지 않으니, 천지가 어찌 나를 가난하게 했겠는가? 그 원인을 찾아보았지만 찾지 못했으니 이 경지에 빠진 것은 아마 명 때문일 것이다"[67]고 했다. 사람은 살면서 행불행을 만날 때 그렇게 된 까닭을 찾다가 찾지 못하면 마침내 '그것은 명이다'고 말한다. "우연히 조우한 것이다"는 말이고 "아무도 초치하지 않았건만 닥친 것이다"는 말이다. 앞에서 인용한 『논형』「행우편」의 내용이 이와 같은 뜻이다. 다만 다른 편의 내용에 따르면 개인과 국가는 모두 미리 결정된 운명이 있다. 개인의 빈천화복과 국가의 흥쇠치란은 모두 미리 결정된 운명이 실제로 나타난 것(實現)이니 인력으로는 추호도 개변시킬 수 없다. 여기서 말한 명(운명, 숙명)은 바로 세속에서 말한 명이니 그 안에는 자못 미신적 요소가 있다. 왕충은 여기서는 세속의 견해를 벗어나지 못한 것 같다.*

---

62) 衆星在天, 天有其象. 得富貴象則富貴, 得貧賤象則貧賤. (「명의」, 『논형』 6 : 2)

63) 「골상(骨相)」

64) 莫之致而至者命也. (『맹자』 9 : 6) 〈제1편, 제6장, 주29〉

65) 節遇謂之命. (「정명(正名)」, 『순자』 권16 : 4쪽) 〈제1편, 제12장, 주28〉

66) 知其不可奈何而安之若命. (「인간세」「덕충부」, 『장자』, 155쪽, 199쪽)

67) 吾思夫使我至此極者而弗得也. 父母豈欲吾貧哉? 天無私覆, 地無私載, 天地豈私貧 我哉? 求其爲之者而不得也. 然而至此極者, 命也夫! (「대종사」, 『장자』, 286쪽)

* 『신편』III, 285쪽: 왕충에 따르면 사람의 생사화복과 부귀빈천은 모두 그가 타고 난 원기(元氣), 상응하는 성상(星象) 및 소유한 골상에 의해서 결정되고, "국명"은 "수"에 의해서 결정된다. 그러나 왕충은 결코 원기, 성상, 골상 등이 어떻게 사람의 부귀빈천을 결정하고 "수"가 어떻게 "국명"을 결정하는지 구체적으로 제시하

　　왕충은 음양가의 학설을 공격하기는 했지만 또한 부서(符瑞 : 상서로운 징조)의 설을 주장하기도 했다.『논형』「선한편」은 한대에 나타난 부서를 일일이 제시했으니 음양가의 설에 진배없다. "허위와 거짓에 대한 증오(비판)"를 바탕으로 주장을 수립하여 실증의 추구에 힘썼던 왕충도 이른바 명을 주장했고 또 부서의 설을 주장했으니, 시대의 영향은 막대하여 특출한 학자라도 벗어나기 힘들 때가 있다는 사실을 알 수 있다.

지 못했다. 왕충이 이 방면에서 주장한 필연은 실제으로는 공허한 개념에 불과했다.……그의 우연론(偶然論)과 숙명론(宿命論)은 실질상으로 한 사상의 두 표현형식이었다. 그는 숙명론적 관점에 따라 필연성을 이해했기 때문에 그 결과는 불가불 우연론에 기울지 않을 수 없었다. /동중서는 자연관 측면에서 가장 뚜렷한 목적론적 관점을 제시했는데, 왕충은 어용 철학과 투쟁하는 가운데 기계론적 관점을 제시했다. 중국철학사상 그의 기계론적 사상은 가장 뚜렷하고 가장 철저한 것이었다. 그는 "천지가 기운을 합하면 사물은 우연히 저절로 생긴다(天地合氣, 物偶自生矣)"고 주장함으로써 "천지가 의도적으로 사람을 낳았다(天地故生人)"는 목적론적 견해를 명확히 부정했다.

제5장
남북조의 현학(상)

1. 현학가와 공자

전한 말 후한 초 무렵은 위서와 참서의 전성기였다. 고문경학파
는 참위를 거부하고 공자를 "스승"의 위치로 되돌렸다. 여기서 진
일보한 반동이 도가 학설의 부흥이다. 고대 사상 중 도가가 자연주
의를 가장 강조했으므로, 후한과 삼국 교체기에 도가 학설은 점차
세력을 띠었던 것이다. 왕충의 『논형(論衡)』에도 도가 학설이 있음
은 앞에서 살폈다. 왕충 이후 남북조시대에 이르러 도가의 학은 더
욱 흥성했다. 도가의 학은 당시에 현학(玄學)으로 일컬어졌다. 『진
서』「육운전」에 따르면, 육운(陸運, 262-303)은 본래 현학을 몰랐
는데 어느 날 어두운 밤에 길을 잃고 어떤 집에 들어가 묵게 되어
한 소년을 만나 함께 『노자(老子)』를 논했는데 말이 매우 심원한 데
까지 이르렀고, 새벽에 이르러서야 묵은 곳이 바로 왕필(王弼)의 집
이었음을 알았다. 이후 『노자』가 매우 활발하게 논의되었다.[1] 『남
사』「왕검전」에 따르면, 송나라[420-78] 때 국학이 피폐해져 복구
할 겨를이 없다가 명제가 총명관을 짓고 유(儒), 현(玄), 문(文), 사

1) 「육운전(陸雲傳)」, 『진서(晉書)』, 1485-86쪽. ["初, 雲嘗行, 逗宿故人家, 夜暗迷路,
莫知所從. 忽望草中有火光, 於是趣之. 至一家, 便寄宿, 見一年少, 美風姿, 共談『老
子』, 辭致深遠. 向曉辭去, 行十許里, 至故人家, 云此數十里中無人居, 雲意始悟. 却
尋昨宿處, 乃王弼家. 雲本無玄學, 自此談『老』殊進."]

(史) 네 과를 설치하여 과마다 학사 10명씩을 두었다.[2] 또 「유림전」에 따르면, 복만용(伏曼容, 421-502)은 『노자』와 『역』에 뛰어났고, 송나라 명제에 의해서 혜강(嵇康)에 견주어지기도 했는데, 조회가 파하면 원찬(遠粲, 420-77)과 만나 현리(玄理)를 논했다. 또 엄식지(嚴植之, 457-508)는 젊어서 『노장』에 뛰어났고 현언(玄言)에 능했다. 또 태사 숙명(淑明)도 젊어서 『노장』에 뛰어났고 특히 삼현(三玄)에 정통했다.[3] 이른바 삼현은 『안씨가훈』 「면학편」에서 『노자』, 『장자』, 『주역』이라고 했다.[4] 왕필의 주를 거쳐 『노자』와 『주역』은 이미 같은 부류의 책으로 된 것 같다.

주목할 점은 이런 사람들이 비록 도가를 신봉하기는 했지만, 그 중의 일부는 여전히 공자를 최대의 성인으로 받들었고 그의 학설을 사상의 정통으로 여겼다는 점이다. 예컨대 『세설신어(世說新語)』는 말한다.

　　왕필이 약관의 나이에 배휘(裴徽)를 방문했다. 배휘가 물었다.

　　"무릇 무(無)란 진실로 만물의 원천인데, 성인은 그것을 언급하지 않았던 반면에 노자는 끝없이 강론한 것은 무엇 때문인가?"

　　"성인은 무를 체득했고(體無) 게다가 무는 말할 수 없는 것이기 때문에 논의가 항상 유(有)에 미쳤지만, 노장(老莊)은 유를 벗어나지 못했기 때문에 항상 자기들의 부족한 면(즉 無)에 대해서 강론했던 것입니다."[5]

---

2) 「왕검전(王儉傳)」, 『남사(南史)』, 595쪽. ["宋時國學頹廢, 未暇修復. 宋明帝泰始六年置總明觀以集學士……設…… 儒, 玄, 文, 史, 四科; 科置學士十人."]

3) 「유림전(儒林傳)」, 『남사』, 1731-41쪽. ["伏曼容……善『老』『易』, 宋明帝好『周易』……曼容素美風采, 明帝恒以方嵇叔夜, 使吳人陸探微畫叔夜像以賜之. 爲尙書外兵郞. 嘗與袁粲罷朝相會言玄理." "嚴植之……少善『老』『莊』, 能玄言." "太史叔明,……少善『老』『莊』, 兼通『孝經』『論語』『禮記』, 尤精三玄."]

4) 「면학편(勉學篇)」, 『안씨가훈(顏氏家訓)』, 187쪽. ["其淸談雅論, 剖玄析微, 賓主往復, 娛心悅耳, 非濟世成俗之要也. 泊於梁世, 玆風復闡, 『莊』『老』『周易』, 總爲三玄."]

5) 王輔嗣弱冠詣裴徽, 徽問曰: "夫無者, 誠萬物之所資; 聖人莫肯致言, 而老子申之無已, 何耶?" 弼曰: "聖人體無, 無不可以訓, 故言必及有. 老莊未免於有, 恒訓其所不足." (「문학(文學)」, 『세설』 4:8)
　　[『신편』 IV, 203쪽: 여기서 공자는 이미 "성인"이지만, 노담은 "성인"에 이르지 못했다.……왕필에 따르면 "무"는 이름이 없고 이름이 없는 이상 논할 수 없다. 무를

○손제유(孫齊由, ?-397?)와 제장(齊莊) 두 사람이 어렸을 때 유량(庾亮, 289-340)을 방문했다. 유량이 먼저 제유에게 자를 묻자 그가 대답했다.

"자는 제유라고 합니다."

"누구를 닮으려는 것인가?"

"허유(許由 : 전설적인 '淸隱不仕의 高士')를 닮으려는 것입니다."

다음으로 유량이 제장에게 자를 묻자 그가 대답했다.

"자는 제장이라고 합니다."

"누구를 닮으려는 것인가?"

"장주(莊周)를 닮으려는 것입니다."

"왜 공자를 우러러 받들지 않고 장주를 우러러 받드는가?"

"성인은 하늘이 낸 분(生知)이어서 받들어 본받기가 어렵기 때문입니다."

아이들의 이런 대답에 유량은 몹시 기뻐했다.[6]

모두 공자를 최대의 성인으로 여기고 있다. 그러나 여기서 공자를 최대의 성인으로 여긴 사람이 논한 공자의 학설은 이미 도가화(道家化)된 다른 일파의 경학이었다. 『진서(晉書)』「완적전(阮籍傳)」은 말한다.

완첨(阮瞻, ?-312?)이 사도 왕융(王戎, 234-305)을 만났다. 왕융이 물었다.

"성인은 명교(名敎)를 중시하고 노장은 자연(自然)을 밝혔는데, 그 요지는 같은가요, 다른가요?"

"같지 않을까요(將無同)?"[7]

이해하려면 무와 한 몸이 되어야 하는데 그것이 "체무(體無)"이다. 공자는 이미 "체무"했고 무는 논할 수 없는 것이므로 단지 "유"만 논했다. 왕필은 "무는 무로써 설명할 수 없으니 반드시 유에 근거해야 한다(夫無不可以無明, 必因於有)"고 했다. 노담은 아직 "체무"하지 못했으므로 그것이 그의 부족한 점이었다. 사람은 부족하면 부족할수록 더욱 이야기하려고 하는데 이것이 바로 노담이 오직 무만 논하고 유를 논하지 않은 이유였다.]

6) 孫齊由齊莊二人小時詣庾公, 問齊由何字? 答曰: "字齊由." 公曰: "欲何齊耶?" 曰: "齊許由. 齊莊何字? 答曰: "字齊莊." 公曰: "欲何齊耶?" 曰: "齊莊周." 公曰: "何不慕仲尼而慕莊周?" 曰: "聖人生知, 故難企慕." 公大喜小兒對. (「언어(言語)」, 『세설』 2 : 50) [慕 : 뒤를 따르다, 우러러 받들어 본받다. 生知 : "生而知之者"]

7) (阮瞻)見司徒王戎, 戎問曰: "聖人貴名敎, 老莊明自然, 其旨同異?" 瞻曰: "將無同."

공자와 노장이 "같지 않을까?"라는 것이 바로 당시 일부 사람들의
견해였다.

2. 하안·왕필과 현학가의 경학

삼국시대의 하안(何晏, ?-249)과 왕필(王弼, 226-249)은 도가 학
설을 더욱 체계적으로 논술할 수 있었다.『삼국지(三國志)』「조상
전(曹爽傳)」은 말한다.

> 하안은 하진(何進)의 손자이다. (자는 평숙이다./배송지) 어머니 윤씨는
> [개가하여] 태조 조조의 부인이 되었다. 하안은 궁성에서 자랐고 공주에게
> 장가들었다. 어려서부터 재주가 뛰어나 이름이 알려졌다. 노장의 말을 좋아
> 하여「도덕론(道德論)」을 비롯한 여러 글과 부(賦) 등 수십 편을 저술했다.[8]

『진서』「왕연전(王衍傳)」은 말한다.

> 위나라 정시(正始) 연간에 하안과 왕필 등은 노장을 추존하는* 논의를 수
> 립하여 **천지만물은 모두 무위를 근본으로 삼는다**(以無爲爲本)**고 여겼다. 무릇

(『진서』, 1363쪽)

[『신편』IV, 201-03쪽 :『세설신어』「문학편」에도 이 이야기가 실려 있다. 다만 왕
연(王衍)과 완수(阮修)의 대화로 되어 있다. 왕계와 완첨이든, 아니면 왕연과 완수
이든 이 편의 대화는 당시 유명했기 때문에 내용이 다른 글까지 전해졌을 것이
다. 이들 네 명은 모두 유명한 현학가(玄學家)였고, 왕융과 왕연은 영수격이었다.
따라서 이 문장의 입장이 당시 현학가의 일반적인 견해였다고 할 수 있다.……왕필
과 하안도 공자와 노장의 사상은 기본적으로 똑같다고 여겼다. ("장무(將無)"의 당
시의 의미는 "아마……일 것이다", "대체로……일 것이다", "……일지도 모른다"
였다. 따라서 "장무동"은 "아마 같을 것이다"는 뜻이다./202쪽)]

8) 晏, 何進孫也. (裴注云 : '晏字平叔'). 母尹氏, 爲太祖夫人. 晏長於宮省, 又尙公主. 少
以才秀知名, 好老莊言, 作『道德論』及諸文賦著述凡數十篇.(『삼국지』, 292쪽)

* 『신편』IV, 48쪽 :(『삼국지』와 『진서』에서) 하안과 왕필도 "노장을 조술했다"고
한 말은 옳지 않다. 이 두 사람은 결코『장자』를 논하지 않았다. 혜강과 완적에 이
르러서야『장자』를 논하기 시작했다. 향수와 곽상이『장자』의 영향을 더욱 확대
시킨 이후 사람들은 비로소『장자』와『노자』를 "노장"으로 병칭했다. 그 이전에
는 "황로"라는 말만 있었고 "노장"이라는 말은 없었다. "황로"에서 "노장"에 이
른 것은 당시 사상계에서 적지 않은 변화였다.

** 저자는『신편』IV(48-55쪽)에서 두번째 위(爲) 자를 연문(衍文)으로 보고 이 구절

사물을 열고(開物) 사물의 본분을 완성시키며(成務) 모든 곳에 두루 존재한다. 음양도 무에 의지하여 화생하고, 만물도 무에 의지하여 형체를 이루고, 현자도 무에 의지하여 덕을 완성하며, 불초자도 무에 의지하여 행실을 유지한다. 따라서 무의 역할은 관작이 없지만 고관대작만큼 고귀하다.[9]

하안은 「도론(道論)」에서 말했다.

유가 유로 되는 것은 무에 의지한 산생이고, 일이 일로 되는 것은 무에 의거한 완성이다.* 무릇 설명하려고 해도 설명할 말이 없고, 명명하려고 해도 명명할 **이름이 없다.** 보려고 해도 형체가 없고, 들을려고 해도 소리가 없으니 도(道)는 그처럼 순전하다. 따라서 도는 소리와 그 반향을 밝히고, 기(氣)와 물(物)을 드러내고, 형체와 정신을 구성하고, 빛과 그늘을 구별하게 한다. 검은 것은 도에 의해서 검어지고 흰 것은 도에 의해서 희어지고 직각자는 도에 의해서 직각이 되고 원은 도에 의해서 둥글어진다. 원과 직각은 형체가 있지만 도는 형체가 없고, 흑백은 이름이 있지만 도는 이름이 없다.[10]

하안은 「무명론(無名論)」에서 말했다.

무릇 도란 "무소유(無所有 : 아무 것도 소유하지 않음)"한 것이다. 천지이래 만물은 "유소유(有所有)"이지만 우리가 도를 일컫는 까닭은 도가 "무소

을 "만물은 무를 본으로 삼는다(以無爲本)"고 해석했기 때문에 "무"를 "체", "무위"를 "용"으로 여긴 설명방식을 버리고 이렇게 말했다. "왕필은 본(本)-말(末)의 관계로서 도와 만물, 무와 유의 관계를 설명했고,……체(體)-용(用)의 관계로써 도와 만물, 무와 유의 관계를 설명했다.……왕필은 도는 체이고 만물은 도의 체에 의해서 발생된 작용으로 보았으니, 무는 체이고 유는 용이라고 여겼다."

9) 魏正始中, 何晏王弼等祖述老莊立論, 以爲天地萬物, 皆以無爲爲本. 無也者, 開物成務, 無往而不存者也. 陰陽恃以化生, 萬物恃以成形, 賢者恃以成德, 不肖恃以免身 ; 故無之爲用, 無爵而貴矣. (『진서』, 1236쪽)

* 『신편』 IV, 48−49쪽 : "유가 유로 되는 것은 무에 의지한 산생이다"는 "개물(開物)", "일이 일로 되는 것은 무에 의거한 완성이다"는 "성무(成務)"에 대한 하안의 설명이다.

10) 有之爲有, 恃無以生 ; 事而爲事, 由無以成. 夫道之而無語, 名之而無名, 視之而無形, 聽之而無聲, 則道之全焉. 故能昭音嚮而出氣物, 色形神而彰光影. 玄以之黑, 素以之白, 矩以之方, 規以之圓. 圓方得形而此無形, 白黑得名而此無名也. (「천서편(天瑞篇)」주의 인용문, 『열자(列子)』, 10쪽)

유”의 작용을 하기 때문이다.……하후현(夏侯玄)은 말하기를 “**천지는 자연을 바탕으로 운행하고 성인은 자연을 바탕으로 행위한다**”고 했는데, 자연이란 도이고, 도는 본래 이름이 없다. 따라서 노자는 말하기를 “억지로 이름을 붙인다”고 했고, 공자는 요 임금을 일컬어 “너무 위대하여 이름을 붙일 수 없다”고 한 다음 “얼마나 장엄한가? 그의 업적이!”라고 했으니, 억지로 이름(수식어)을 붙여 세상의 지식에 근거하여 찬양한 것이다. 만약 이름(수식어)이 있었다면 굳이 이름을 붙일 수 없다고 말하셨겠는가? 오직 **이름이 없기 때문에 천하의 모든 이름으로써 명명할 수 있는** 것이지만, 그것이 어찌 그것의 이름이겠는가?[11]

『노자』에 “천지만물은 유(有)에서 생기고, 유는 무(無)에서 생긴다”[12]고 했는데, 하안의 「도론」은 바로 이 말에 대한 부연이다. 도는 “무”이고 구체적인 “유”가 아니기 때문에 모든 “유”에 편재할 수 있고, 도는 “이름이 없기”“때문에 천하의 모든 이름으로써 명명할 수 있다.”『노자』에 “사람은 땅을 본받고, 땅은 하늘을 본받고, 하늘은 도를 본받고, 도는 스스로 그러함(自然)을 본받는다”[13]고 했는데, 그렇기 때문에 “천지는 자연을 바탕으로 운행하고 성인은 자연을 바탕으로 행위한다.” 만물은 다 자연히 그러한데, 이것이 바로 “무”의 “무위”이다. 이 때문에 “천지만물은 모두 무위를 근본으로 삼는다.” 무위이기 때문에 모든 일을 행할(無不爲) 수 있으며, 모든 일을 행할 수 있기 때문에 “무”는 “사물을 열고 사물의 본분을 완성시키며 모든 곳에 두루 존재한다.”

　『삼국지』「종회전(鍾會傳)」은 말한다.

　　약관의 나이 때 종회는 산양 지방의 왕필과 나란히 이름을 날렸다. 왕필은

---

11) 夫道者, 惟無所有者也. 自天地以來, 皆有所有矣, 然猶謂之道者, 以其能復用無所有也.……夏侯玄曰: “天地以自然運, 聖人以自然用.” 自然者, 道也; 道本無名. 故老氏曰: “彊爲之名.” 仲尼稱堯 “蕩蕩無能名焉”, 下云 “巍巍成功”, 則彊爲之名, 取世所知而稱耳, 豈有名而更當云無能名焉者邪? 夫惟無名, 故可得徧以天下之名名之, 然豈其名也哉? (「중니편」 주의 인용문, 『열자』, 121쪽)

12) 天下萬物生於有, 有生於無. (『노자』 40장) 〈제1편, 제8장, 주26〉

13) 人法地, 地法天, 天法道, 道法自然. (『노자』 25장) 〈제1편, 제8장, 주22〉

유가와 도가를 논의하기를 좋아하고, 글재주가 뛰어나 『역』과 『노자』에 대한 주해를 썼고, 상서랑이 되었으며, 20여 세의 나이에 세상을 떠났다.[14]

배송지(裴松之, 372-451)의 주(注)는 다음과 같다.

왕필의 자는 보사(輔嗣)이다. 하소(何劭)는 왕필의 전기에서 말했다. "왕필은 어려서부터 지혜가 총명했다. 나이 10여 세에 『노자』를 좋아하여 그 사상을 정연한 논리로 토론했다.……당시 이부상서였던 하안은 왕필을 매우 기특하게 여기며 '성인이 후생가외(後生可畏)*라고 하셨거니와 바로 이 사람이라면 천인지제(天人之際)를 논할 수 있겠다'고 경탄했다.……

하안은 성인은 희로애락의 정감이 없다고 여겼는데 그 논의가 아주 치밀하여 종회 등이 그것을 부연했다. 그러나 왕필은 그에 동의하지 않고, '성인이 보통 사람보다 풍부한 면은 지혜(神明)이고 보통 사람과 같은 점은 정감(五情)이다. 성인은 지혜가 풍부하기 때문에 충화(庶和 : 천지조화의 기)를 체득하여 무에 통하고(通無),** 정감이 뭇 사람과 똑같기 때문에 **애락(哀樂)을 지니고 사물에 반응하지 않을 수 없다.** 그렇지만 **성인의 정감은 사물에 응하지만 사물에 얽매이지 않는다.** 이제 성인이 사물에 얽매이지 않는 점을 들어 사물에 반응하지 않는 것이라고 말한다면 그것은 매우 큰 잘못이다'고 주장했다. 왕필이 쓴 『역』 주해에 대해서 영천 사람 순융(荀融)이 대연(大衍)에 대한 왕필의 해석을 논란하자, 왕필은 답장을 써서 자신의 생각을 개진했는데 그 답장

---

14) 初會弱冠, 與山陽王弼並知名. 弼好論儒道, 辭才逸辯, 注『易』及『老子』, 爲尚書郞, 年二十餘卒. (『삼국지』, 795쪽)

[『신편』IV, 46쪽 : 왕필은 저작으로 『주역주』, 『주역약례』, 『주역대연론(周易大演論)』(산일), 『노자주』, 『노자지략(老子指略)』, 『논어석의』(산일)가 있다. 『노자주』와 『주역주』는 문자에 따라 주해한 것이고, 『노자지략』과 『주역약례』는 『노자』와 『주역』의 중심 사상에 대한 왕필의 통론이다.]

 * 『논어』 9 : 23 참조. 子曰 : "後生可畏, 焉知來者之不如今也? 四十五十而無聞焉, 斯亦不足畏也已."

** 『신편』IV, 74쪽 : "통무(通無)"는 왕필이 말한 "무에 따라 작용함(以無爲用)"이다. 이른바 "무"의 실제 내용은 "무사(無私)"와 "무위(無僞)"이다. 왕필은 성인의 희로(喜怒)는 이치에 맞고 지나치지 않는다고 말했는데, 사람은 단지 완전 "무사"의 정신 상태에 있기만 하면 그의 희로는 이치에 맞고 지나치지 않을 수 있다. 만약 "사심(私)"이 생기면 그의 희로는 이치에 맞지 않고 지나치는데, 그것은 외물에 대한 자연스런 반영이 아니고 바로 "거짓(僞)"이다.

에서 그는 순융을 놀리면서 말했다. '무릇 지혜가 세계의 극한과 비밀도 논구할 수 있다고 하더라도 **자연의 본성**(自然之性)까지 제거할 수는 없다. 안자(顔子 : 顔回)의 역량은 공자님(孔父 : 尼父, 공자에 대한 존칭)이 기뻐한 바였지만 공자님도 그를 만났을 때는 즐겁지 않을 수 없었고 그가 죽었을 때는 슬프지 않을 수 없었다. 나는 그동안 공자님을 **정감을 이성에 종속시키지**(以情從理)* 못한 사람으로 여겼지만, 이제야 비로소 자연이란 바꿀 수 있는 것이 아님을 깨달았다. 그대는 도량이 이미 가슴 안에 정해져 있건만, 채 한 달도 못 되어 어찌하여 나를 생각하는 마음이 그토록 간절하다는 말인가?[인간이 정감을 품는 것은 인지상정임을 말한 것] 그런즉 안자에 대한 공자님의 태도는 그리 큰 허물이 아니었음을 알 수 있지 않겠는가?'"[15]

장자학은 "이리화정(以理化情 : 이성을 통한 정감의 순화)"을 주장했다. 즉 "만난 때에 조용히 머물다가 자연의 질서에 순응하여 돌아가면 애락(哀樂)은 개입하지 못한다"[16]는 말이다. "하안은 성인은 희로애락의 정감이 없다고 여겼는데", 대체로 장자학 내에 그런 설이 있다고 할 수 있다. 그 설은 왕필도 처음에는 주장했으니 즉 "정감을 이성에 종속시킨 사람"이었다. "안회가 죽었을 때 공자는 통곡했다."[17] "만난 때에 조용히 머물다가 자연의 질서에 순응하여 돌

---

* 『신편』IV, 73쪽 : 예컨대 사람에게는 삶도 있고 죽음도 있다. 이것이 자연의 질서이다. 살아 있을 때 기뻐할 필요가 없고 죽었을 때 슬퍼할 필요가 없음은 이치상 당연한 것(理所當然)이다. 만약 그 "리"를 이해하면 사람은 죽음에 대해서 슬퍼하지 않는다고 상정할 수 있다. 이것이 바로 "이정종리(以情從理)"이다.

15) 弼字輔嗣, 何劭爲其傳曰 : "弼幼而察惠, 年十餘好老氏, 通辯能言……於時何晏爲吏部尙書, 甚奇弼, 歎之曰 : '聖人稱後生可畏, 若斯人者, 可與言天人之際乎?'……何晏以爲聖人無喜怒哀樂, 其論甚精, 鍾會等述之, 弼與不同. 以爲聖人茂於人者, 神明也 ; 同於人者, 五情也. 神明茂, 故能體冲和以通無 ; 五情同, 故不能無哀樂以應物. 然則聖人之情, 應物而無累於物者也. 今以其無累便謂不復應物, 失之多矣. 弼注 『易』, 潁川人荀融難弼大衍義, 弼答其意白書以戲之曰 : '夫明足以尋極幽微, 而不能去自然之性. 顔子之量, 孔父之所預在, 然遇之不能無樂, 喪之不能無哀. 又常狹斯人以爲未能以情從理者也, 而今乃知自然之不可革. 是足下之量雖已定乎胸懷之內, 然而隔蹀旬朔, 何其相思之多乎? 故知尼父之於顔子, 可以無大過矣.'"

16) 安時而處順, 哀樂不能入也. (此古之所謂懸解) 〈제1편, 제10장, 주48〉

17) 顔淵死, 子哭之慟. (『논어』11 : 10) [慟 : 큰 소리로 울면서 슬퍼하다]

아가는" 사람은 "이성(理)"에 따라 관찰하여 "죽음"은 "삶"의 자연
적인 결과임을 알기에 애통해하는 "정감"은 자연 없어진다. 이것이
이른바 "이리화정"이다. 그러나 사람에게 있는 정감도 "자연의 본
성"이니, 이 "자연의 본성"이 있는 이상 "애락을 지니고 사물에 반
응하지 않을 수 없다." 따라서 안자에 대한 공자의 통곡 역시 자연
생길 수 있는 일이다. 다만 성인의 정감은 "사물에 응하지만 사물
에 얽매이지 않는다." 장자에 따르면 "지인의 마음은 거울과 같아
서 추종하지도 맞이하지도 않고 반응만 하고 [정감을] 쌓아두지 않
기 때문에 사물을 제압할 뿐 상처받지 않는다."18) "사물을 제압할
뿐 상처받지 않는다" 함은 즉 "사물에 응하여 사물에 얽매이지 않
는다"는 말이다. 다만 장자(莊子)는 정감을 다스릴 때 이 방법을 쓰
지 않았지만, 왕필은 그 이치를 확대 응용하여 정감을 다스렸다. 이
후 정감을 다스리는 송유(宋儒)의 방법 역시 모두 이와 같았다.

  이 점에 있어서 왕필과 하안의 의견은 달랐지만, "유는 무에서
생긴다"〈주12〉는 『노자』의 설은 왕필과 하안 모두 주장했다. 왕필
은 『논어석의(論語釋疑)』에서 말했다.

  도란 무이다. **관통하지 않는 사물이 없고 근거하지 않는 사물이 없다.** 또한 도
  란 적막하고 본체가 없어서 상(象)이 될 수 없음은 두말할 나위가 없다.19)

『노자』의 "무는 천지의 시원(始)이고, 유는 만물의 모체(母)이다"20)
는 구절의 왕필 주는 말한다.

  무릇 유는 모두 무에서 개시되므로 아직 드러나지 않고 이름이 없는 때가
  만물의 시작이 된다. 형체가 드러나고 이름이 생긴 이후로는 그것을 자라게
  하고, 길러주고, 형체를 드러내어주고, 성숙시켜주니, 유는 그 어머니가 된
  다.* 도는 무형(無形)과 무명(無名)으로 만물을 개시하고 완성한다. 만물은

---

18) 至人之用心若鏡, 不將不迎, 應而不藏, 故能勝物而不傷. (「응제왕(應帝王)」, 『장자
   (莊子)』, 307쪽)
19) 道者, 無之稱也. 無不通也, 無不由也. 況之曰道, 寂然無體, 不可爲象. (형병[邢昺]
   의 정의[正義] 인용문, 『논어주소(論語註疏)』 권7)
20) 無名天地之始, 有名萬物之母. (『노자』 1장) 〈제1편, 제8장, 주24〉
 * 『신편』 Ⅳ, 54쪽 : 아직 만물이 없을 때 만물은 도에서 개시된다. 만물이 이미 생긴

(도에 의해서) 개시되고 완성되지만 (도를) 자각하지 못하는데, 그 까닭이 신비하고 또 신비하기 때문이다.[21]

『역』「복(復)」괘의 단(彖)의 "복귀에서 천지의 마음을 본다"[22]는 구절의 왕필 주는 말한다.

> 복(復)이란 근본으로 돌아간다는 말이다. 천지는 근본을 마음으로 삼는 것이다. 무릇 운동이 그치면 고요가 되지만 고요는 운동의 상대물이 아니다. 말이 그치면 침묵이 되지만 침묵은 말의 상대물이 아니다.* 그런즉 비록 천지는 광대하여 만물로 가득 차 있고 천둥이 치고 바람이 불고 온갖 변화가 어우러지더라도 고요한 지무(至無)가 바로 천지의 근본이다. 따라서 **운동이 땅 속에서 그치면** 천지의 마음이 보인다. 만약 (천지가) **유(有)에 괘념하면 상이한 부류는 서로 공존할 수 없다.**[23]

복괘☷☳는 곤(坤)이 위에 진(震)이 아래에 있으므로 "운동이 땅 속에서 그친다"고 말했다. 도는 무이다. 도는 무이므로 "관통하지 않는

이후에도 도는 여전히 그것들을 늘 보호하고 양육하는데 마치 어머니가 자녀가 출생한 이후에도 여전히 늘 자녀들에게 관심을 가지는 경우와 같다.

21) 凡有皆始於無. 故未形無名之時, 則爲萬物之始 ; 及其有形有名之時, 則長之育之, 亭之毒之, 爲其母也. 言道以無形無名成, 萬物以始, 以成而不知, 其所以玄之又玄也.(『왕필집(王弼集)』, 1쪽) [후반부의 일반적 구두는 "도는 무형, 무명하며 만물을 개시하고 완성한다. 개시하고 완성하지만 그 까닭을 알 수 없으니 신비하고 또 신비하다(道以無形無名, 始成萬物. 以始以成, 而不知其所以, 玄之又玄也)"이다(도홍경, 노사광 등). 亭 : 결실을 맺다, 구별하다, 기르다. 毒 : 성숙하다]

22) 復, 其見天地之心乎?〈제1편, 제15장, 주48〉

* 『신편』IV, 64~65쪽 : 왕필은 "회복(復)"이 사물 변화의 한 근본 원칙이라고 여겼다. 하나의 운동이 그것이 운동하지 않았을 때의 원상을 회복하면 운동은 곧 고요가 되고, 하나의 행위가 아직 행위하지 않았을 때의 원상을 회복하면 그 행위는 곧 정지되고, 하나의 일이 아직 그 일이 생기기 전의 원상을 회복하면 곧 무사(無事)이다("動復則靜, 行復則止, 事復則無事也").……따라서 왕필에 따르면 '동(動)'과 '정(靜)', '어(語)'와 '묵(墨)'은 같이 논할 수 없다. '동'은 '정' 속의 한 간주곡에 불과하고, '어'는 '묵' 속의 한 간주곡에 불과하니 모두 잠시의 현상이다. 즉 '묵'은 절대적이고 '어'는 상대적이며, '정'은 절대적이고 '동'은 상대적이다.

23) 復者, 反本之謂也, 天地以本爲心者也. 凡動息則靜, 靜非對動者也 ; 語息則默, 默非對語者也. 然則天地雖大, 富有萬物, 雷動風行, 運化萬變, 寂然至無, 是其本矣. 故動息地中, 乃天地之心見也. 若其以有爲心, 則異類未獲具存矣. (『왕필집』, 336~37쪽)

사물이 없고 근거하지 않는 사물이 없다.”“유”는 소유가 있고(有所有) 소유가 있으면 사물이 된다. 사물은 이것이면 오직 이것이고 저 것이면 오직 저것일 뿐, 다른 부류로 될 수 없다. 따라서 “(천지가) ‘유’에 괘념하면 상이한 부류는 서로 공존할 수 없다”고 했다.

　도의 체는 “무”이고 그 작용은 “무위”이다. 『노자』의 “천지는 어 질지 않고 만물을 추구로 여긴다”[24]는 구절의 왕필 주는 말한다.

　　천지는 자연(自然 : 스스로 그러함)에 맡기니 작위가 없고 조작이 없으며, 만물은 스스로 서로 다스리므로 천지는 어질지 않다. 어질다 함은 반드시 인 위적인 교화를 실시하여 은혜와 인위를 베푸는 것을 말한다. 인위적인 교화 를 실시하면 사물은 본바탕을 상실하고, (특정 사물에) 은혜와 인위를 베풀 면 사물은 평화롭게 공존할 수 없다. 사물이 평화롭게 공존하지 못하면 [지 상의 사물은] 온전하게 포용될 수 없다. 천지는 짐승을 위해서 풀을 만들지 않았으나 짐승은 풀을 뜯고, 사람을 위해서 개를 만들지 않았으나 사람은 개 를 잡아먹는다. **만물에 대해서 인위를 가하지 않고 만물의 본래의 기능에 맡겨두 면** 모든 것은 항상 풍족할 것이다. (따라서) 은혜를 자기 자신 위주로 수립하 는 사람에게는 만물(만백성)을 맡길 수 없다.[25]

“만물에 대해서 인위를 가하지 않고 만물의 본래의 기능에 맡겨두 기”때문에 “도는 작위하지 않으나(無爲) 모든 것을 이룩할”[26] 수 있다.

　도는 “무”가 체(體)이고 “무위”가 용(用)이다. “무”가 체이므로 모든 것이 존재할 수 있고, “무위”가 용이므로 모든 것을 이룩할 수 있다. 성인의 행위는 이런 도를 본받는다. 왕필은 『노자』38장* 주 에서 말했다.

24) 天地不仁, 以萬物爲芻狗. (『노자』5장) [芻狗 : 제사에 쓰고 버리는 짚으로 만든 개]
25) 天地任自然, 無爲無造, 萬物自相治理, 故不仁也. 仁者必造立施化, 有恩有爲. 造立 施化, 則物失其眞 ; 有恩有爲, 則物不具存. 物不具存, 則不足以備載矣. [天]地不爲 獸生芻而獸食芻, 不爲人生狗而人食狗. 無爲於萬物, 而萬物各適其所用, 則莫不贍 矣. 若恩[恩 : 혹은 慧]由己樹, 未足任也. (『왕필집』, 13쪽)
26) 道(常)無爲而無不爲. [『노자』37장] 〈제1편,제8장,주23〉
＊ 上德不德, 是以有德, 下德不失德, 是以無德, 上德無爲而無以爲,……

천지는 아무리 넓어도 '무(無)'를 중심으로 삼고, 성왕은 아무리 위대해도 '허(虛)'를 위주로 삼는다.……따라서 자기의 사심을 버리고 자신의 명예를 무시하면 온 세상이 우러르며 멀고 가까움을 막론하고 귀의할 것이겠으나, 자신의 명예를 강조하고 사심을 내세우면 제 한 몸도 보전할 수 없고 골육간에도 서로 용납하지 않을 것이다.[27]

『역』「손(損)」괘[䷨]의 "육오는 매우 값진 거북으로 이익을 얻어 아무도 거절하지 않으니 대길하다"[28]는 구절의 왕필 주는 말한다.

유순(柔)이 존귀한 지위에 있는 것이 "손(損)"의 도리이다. 강과 바다는 아래에 있기 때문에 온갖 냇물이 흘러든다. 존귀의 위치에 있을 때 "손"의 원리에 의거하면 항상 유익하다.……음(陰)은 앞장서서 선창하지 않으며, 유순은 자신이 지위를 감당하지 않으며, 존귀의 위치에 자신이 처할 때 "손"의 도리를 견지할 경우 **사람들은 자신의 능력을 발휘하여 일할 때는 모든 공을 다 바친다.** 지혜로운 자는 재능을 짜내고 명철한 자는 계책을 숙고하는 등 각자의 본성을 어기지 않으면 모든 사람들의 재주는 전부 발휘된다. 이익을 얻어 값진 거북을 얻은 격이니 **하늘과 인간의 도움을 다 얻은 셈이다.**[29]

『노자』 49장*의 왕필 주는 말한다.

무릇 "천지의 자리가 정해져 성인이 역할을 완성하니, 사람이 도모하고 귀신이 도모할 때 백성들은 능력자를 돕는다"고 했으니, 능력자는 도와주고 자질이 있으면 얻게 해준다는 말이다. 능력이 크면 크게 되고 자질이 귀하면 귀하게 된다. 사물은 저마다 근원이 있고, 일은 각기 주체가 있다. 이와 같은 즉 (성인은) **면류관 끈이 눈을 가려도 속임을 두려워하지 않고, 주광**(黈纊: 귀막이솜)****이 귀를 막아도 미혹당함을 근심하지 않거늘**, 무엇 때문에 **자기 한 몸의**

---

27) 是以天地雖廣, 以無爲心; 聖王雖大, 以虛爲主.……故減其私而無其身, 則四海莫不瞻, 遠近莫不至; 殊其己而有其心, 則一體不能自全, 肌骨不能相容. (『왕필집』, 93쪽)

28) 六五, 或益之十朋之龜, 不克違元吉. (『주역』, 358쪽)

29) 以柔居尊, 而爲損道. 江海處下, 百谷歸之. 履尊以損, 則或益之矣.……陰非先唱, 柔非自任. 尊以自居, 損以守之. 故人用其力, 事竭其功, 智者慮能, 明者慮策, 弗能違也, 則衆才之用盡矣. 獲益而得十朋之龜, 足以盡天人之助也. (『왕필집』, 423쪽)

* 聖人無常心, 以百姓心爲心.……聖人在天下歙歙, 爲天下渾其心, 聖人皆孩之.

** 黈纊: 누른빛의 솜을 둥글게 뭉친 솜방울을 면류관 양쪽에 늘어뜨려 귓구멍을 가

총명을 혹사하여 백성들의 실정을 굳이 감찰하겠는가?

무릇 똑똑함에 의지하여 사람들을 감찰하면 사람들 또한 다투어 똑똑함을 내세워 대응하고, 불신의 마음으로 사람들을 감찰하면 사람들 또한 다투어 불신의 마음으로 대응할 것이다. 무릇 천하 사람들의 마음은 반드시 꼭 같은 것이 아니거늘 감히 다르게 대응하지 못하게 하면(즉 획일적인 기준을 강요당하면) 아무도 자신들의 참모습을 내보이지 않을 것이다. 심하다! 크나큰 해악 가운데 자기의 똑똑함에 의지하는 것보다 더한 것은 없다! 지혜에 의지하면 사람들은 그와 더불어 재판을 벌일 것이고, 힘에 의지하면 사람들은 그와 더불어 싸움을 걸 것이다. 지혜가 사람들보다 뛰어나지 못하면서 재판정에 서면 궁지에 처하고, 힘이 사람들보다 세지 못하면서 싸움터에 나서면 위험에 빠질 것이나, 사람들의 지혜와 힘을 묶어둘 수는 없는 노릇이니, 결국 **자기는 한 몸으로 사람들을 대적하지만 사람들은 천만 명으로 자기를 대적하는 격이다**. 그렇다고 만일 법망을 확장하고 형벌 조항을 늘려서 사람들의 활동을 봉쇄하고 내면의 마음까지 공략하게 되면, 만물은 각자의 자연성을 상실하고 백성들은 손발도 뜻대로 놀릴 수 없으며, 새는 하늘에서 혼란을 당하고 물고기는 물에서 혼란을 당하게 될 것이다.

그러므로 성인은 천하를 다스릴 때 조용히 움츠려 있고 마음에 아무런 주장도 두지 않으며 천하 사람들과 마음을 뒤섞을 뿐, 무엇에 대한 절대적인 찬성과 절대적인 반대(適莫)*의 의지를 가지지 않는다. (성인이) 굳이 감찰 대상을 정하지 않는데 백성들이 무엇을 기피하겠으며, 굳이 요구 대상을 정하지 않는데 백성들이 무엇을 대응하겠는가? 기피하지도 않고 대응하지도 않으면 결국 사람들은 저마다 각자의 진심(참모습)을 보이게 된다. **사람들이 잘하는 일은 버려두고 잘못하는 일을 도모한다거나 자기의 장점은 버려두고 단점을 도모하는 그런 행위를 꾀하지 않는**, 그런 상태가 되면 말하는 사람은 자기가 아는 것만 말하고 행위자는 자기의 재능을 행하면서, 백성들은 저마다 (내적으로 충실해져 외적 대상이 아닌) 자기의 이목에만 관심을 두게 되니, 다만 그들에게 아이와 같은 마음을 심어주는 것이다.[30]

리게 한 것. 임금은 불요불급한 말을 듣지 않도록 경계한다는 의미.

* 適莫:"子曰:'君子之於天下也, 無適也, 無莫也, 義之與比.'"(『논어』 4:10 참조)

30) 夫天地設位, 聖人成能. 人謀鬼謀, 百姓與能者. 能者與之, 資者取之. 能大則大, 資

성인은 도(道)의 "무(無)"를 본받아 "허심(虛)"을 위주로 하고, 도의 "무위(無爲)"를 본받아 "무위"를 위주로 한다. 성인이 윗자리에 있으면서 "허심하고" "무위"하면, "사람들은 자신의 능력을 발휘하여 일할 때는 모든 공을 다 바치며" "하늘과 인간의 도움을 다 얻을" 수 있게 된다. 따라서 "면류관 끈이 눈을 가려도 속임을 두려워하지 않고, 주광이 귀를 막아도 미혹당함을 근심하지 않는" 것이다. 그러나 "허심"하지 못하고 모든 일을 스스로 도모하려고 하면 "자기는 한 몸으로 사람들을 대적하지만 사람들은 천만 명으로 자기를 대적하는 격이니", 비록 "자기 한 몸의 총명을 혹사하더라도" 성취할 수 없게 된다. 『장자』는 말하기를 "무위하면 온 천하를 부리기에 여유가 있지만, 유위(有爲)하면 천하로부터 부림당하여 늘 부족하다"[31] 했다. 따라서 오직 무위해야 비로소 모든 것을 도모할(無不爲) 수 있다. 인민 자신의 경우는 "잘하는 일은 버려두고 잘못하는 일을 도모한다거나 자기의 장점은 버려두고 단점을 도모하는 그런 행위를 꾀하지 않게 된다." 따라서 성인이 인민 스스로 그러하게 맡겨두면 인민은 "스스로 행복의 증진을 추구할"[32] 수 있게 되어 성인이 대신 도모해주기를 바라지 않는다.

　　왕필은 『주역약례(周易略例)』에서 말했다.

　　　모든 사물은 공연히 존재하는 것은 없고, 반드시 저마다의 리가 있다.[33]

貴則貴. 物有其宗, 事有其主. 如此, 則可冕旒充目而不懼於欺, 黈纊塞耳而無戚於慢. 又何爲勞一身之聰明, 以察百姓之情哉? 夫以明察物, 物亦競以其明應之, 以不信察物, 物亦競以其不信應之. 夫天下之心不必同, 其所應不敢異, 則莫肯用其情矣. 甚矣害之大也, 莫大於用其明矣. 夫在智則人與之訟, 在力則人與之爭. 智不出於人, 而立乎訟地, 則窮矣 ; 力不出於人, 而立乎爭地, 則危矣. 未有能使人無用其智力於己者也. 如此, 則己以一敵人, 而人以千萬敵己也. 若乃多其法網, 煩其刑罰, 塞其徑路, 攻其幽宅, 則萬物失其自然, 百姓喪其手足, 鳥亂於上, 魚亂於下. 是以聖人之於天下, 歙歙焉, 心無所主也 ; 爲天下渾心焉, 意無所適莫也. 無所察焉, 百姓何避 ; 無所求焉, 百姓何應? 無避無應, 則莫不用其情矣. 人無爲舍其所能而爲其所不能, 舍其所長而爲其所短. 如此, 則言者言其所知, 行者行其所能, 百姓各皆注其耳目焉, 吾皆孩之而已. (『왕필집』, 129-30쪽)

31) 無爲也, 故用天下而有餘. 有爲也, 故爲天下用而不足. 〈제1편, 제13장, 주51〉
32) 自求多福. 〈제1편, 제5장, 주59 ; 제1편, 제12장, 주17〉
33) 物無妄然, 必有其理. (『왕필집』, 591쪽)

『역』「손」괘 단사의 "줄어들고 늘어나거나 차고 기우는 현상은 시기에 맞게 진행된다"³⁴라는 구절의 왕필 주는 말한다.

> 자연의 본질은 저마다 본분이 정해져 있다. 몸이 짧다고 부족한 것이 아니고 길다고 넉넉한 것이 아니다. 어찌 줄이고 늘이는 일을 강요할 수 있겠는가? 도는 고정불변적인 것이 아니므로 시기에 맞게 진행된다.³⁵

『노자』 20장의 "학문을 단절하면 근심이 없다"³⁶라는 구절의 왕필 주는 말한다.

> 제비와 참새도 짝이 있고 비둘기와 할미새도 짝이 있으며, 추운 지방 사람들은 틀림없이 솜옷과 가죽옷을 지어 입을 줄 안다. 스스로 그러하게 맡겨두면 이미 족하니 그 상태에 다시 무엇을 보태면 근심만 생긴다.³⁷

『노자』 29장의 "억지로 작위하는 자는 그르치고, 한사고 집착하는 자는 상실한다"³⁸라는 구절의 왕필 주는 말한다.

> 만물의 본성은 자연(自然 : 스스로 그러함, 자발성)이다. 따라서 따를 수는 있어도 억지로 작위할 수는 없고, 소통시킬 수는 있어도 집착할 수는 없다. 사물에는 일정한 본성이 있는데 억지로 작위하기 때문에 반드시 그르치고, 사물은 오고가는데 한사코 집착하기 때문에 반드시 상실한다.³⁹

성인이 도를 본받아 "허심하고" "무위하면", 성인 자신의 사업은 그르치지 않고 반드시 성취하며, 인민과 만물도 각자의 본성에 안주할 수 있게 된다.

『역』의 왕필 주는 도가의 학설로써 경(經)을 주해하는 풍기를 크

---

34) 損益盈虛, 與時偕行. (『주역』, 356쪽)

35) 自然之質, 各定其分. 短者不爲不足, 長者不爲有餘. 損益將何加焉? 非道之常, 故必與時偕行也. (『왕필집』, 421쪽) [質 : 진실, 사실, 본성, 근본, 실체, 모양]

36) 絶學無憂. 唯之與阿, 相去幾何? 善之與惡, 相去若何? 〈제1편,제8장,주103〉

37) 夫燕雀有匹, 鳩鴿有仇, 寒鄉之民, 必知旃裘. 自然已足, 益之則憂. (『왕필집』, 47쪽)

38) (天下神器, 不可爲也) 爲者敗之, 執者失之. 〈제1편,제8장,주85〉

39) 萬物以自然爲性, 故可因而不可爲也. 可通而不可執也. 物有常性, 而造爲之, 故必敗也. 物有往來, 而執之, 故必失矣. (『왕필집』, 77쪽)

게 열었다. 하안의 『논어집해(論語集解)』에도 도가 학설을 채용한 부분이 있다. 『논어』 "안회는 자주(屢) 공(空)에 가까웠다"[40]라는 구절의 하안의 집해는 말한다.

"루(屢)는 매번의 뜻, 공(空)은 허심(虛中 : 마음이 빔, 虛心)의 뜻이다"고 볼 수 있다. 성인께서 훌륭한 도로써 여러 제자들에게 진보하기를 가르쳤지만 그들이 결국 도를 깨닫지 못한 것은 저마다 마음속에 병폐가 있었기 때문이다. 그 가운데 거의 매번 허심할 수 있었던 제자는 오직 안회였는데 그는 도를 매우 심원하게 터득했다. 마음이 비지 못하면 도를 깨닫지 못한다. 자공은 여러 제자들이 가진 병폐는 없었지만 도를 깨닫지 못한 이유는, 궁리하지 않아도 요행히 적중했고 천명이 아니었어도 우연히 부유했으나, 마음을 비우지는 못했기 때문이다.[41]

이는 『장자』에서 말한 "도는 허심에 머문다. 이 허심이 곧 심재(心齋)이다"[42]는 의미이다.* 이후 『논어』 주해자들은 공자를 더욱 도가화했다. 예컨대 『논어』 "덕으로 계도하고 예로 다스리면 수치도 알고 바르게 된다"[43]라는 구절의 주에서 심거사(沈居士)는 말했다.

정령을 수립하여 사람을 다스리면 사람들은 거짓으로 따르고, 형벌을 써서 사람을 다스리면 사람들은 교묘히 회피한다. 거짓인즉 겉으로는 따르지만 마음은 교화되지 않으며, 교묘히 피하는즉 그저 모면할 뿐 실제로는 부끄러워하지 않는다. 정령과 형벌은 자연의 본성을 상실했기 때문이다.

그런데 덕으로 계도하여 각자의 본성을 획득하게 하면 사람들은 마음을

---

40) 子曰 : 回也其庶乎屢空. (賜不受命, 而貨殖焉, 億則屢中.) (『논어』 11 : 19)

41) 一曰, 屢猶每也, 空猶虛中也. 以聖人之善道, 敎數子之庶幾, 猶不至於知道者, 各內有此害. 其於庶幾每能虛中者, 唯回懷道深遠. 不虛心, 不能知道. 子貢無數子之病, 然亦不知道者, 雖不窮理而幸中, 雖非天命而偶富, 亦所以不虛心也. (『논어집석』, 781쪽)

42) 唯道集虛. 虛者, 心齋也. 〈제1편, 제10장, 주61〉

* 『신편』Ⅳ, 202쪽 : 『논어』의 원래 의미는 안회의 집이 매우 궁핍하여 늘 보릿고개의 시기가 있었다는 뜻이었다. 그러나 하안은 "공(空)"을 가지고 안회의 정신 경지를 해석했는데 이것이 바로 안회의 장학화(莊學化)였다.

43) (道之以政, 齊之以刑, 民免而無恥 ;) 道之以德, 齊之以禮, 有恥且格. (『논어』 2 : 3)

쓸 때 진심을 속이지 않으며 각자의 본심에 의거하기 때문에 모두들 수치를 인식하여 스스로 바르게 된다.[44]

『논어』 "예순 살에 이순(耳順)했다"[45]라는 구절에서 손작(孫綽, 301?- 80?, 晉人)은 말했다.

"이순"은 남의 말을 듣고 판단하는 일을 그만두게 하는 이치이다. 명확히 자각하고 신비스럽게 깨달으며 다시 애를 쓴 다음 터득하는 것이 아닌, 이른 바 "부지불식간에 하느님의 법도를 따르는" 것을 말한다.[46]

『논어』 "안회가 죽었을 때 공자는 통곡했다"〈주17〉라는 구절에서 곽상(郭象)은 말했다.

(성인은) 곡해야 할 때 곡하고 통곡해야 할 때 통곡하지만, 항상 정감을 마음속에 남겨두지 않는 까닭은 사물과 더불어 변천하기 때문이다.[47]

『논어』 "안회는 자주 공에 가까웠다"〈주40〉라는 구절에 대해서 고환(顧歡, 420-83)은 말했다.

"무욕(無欲)"의 경지에 욕심 내지 않는 것이 성인이 따르는 도이다. "무욕"의 경지에 욕심 내는 점이 현인의 분수(한계)이다. 두 사람은 모두 다같이 "무"를 희망한다. "공(空)"의 경지에 온전하면 성(聖)의 경지로 명명되고, "공"의 경지를 얻었다 잃었다 하여 그저 매번 허심을 추구하면 현인이라고 지칭된다. 현인은 유(有)에서 보면 욕망을 소유하려고(有) 하지 않지만, 무(無)에서 보면 욕망을 없애려고(無) 힘쓴다. 이처럼 허심하지만 아직 미진

---

44) 夫立政以制物, 物則矯以從之 ; 用刑以齊物, 物則巧以避之. 矯則跡從而心不化, 巧避則苟免而情不恥. 由失其自然之性也. 若導之以德, 使物各得其性, 則皆用心不矯其眞, 各體其情, 則皆知恥而自正也. (『논어집석』, 69쪽)

45) 六十而耳順. (『논어』 2 : 4) [耳順 : 모든 것을 순리대로 이해함]

46) 耳順者, 廢聽之理也. 朗然自玄悟, 不復役而後得, 所謂"不識不知, 從帝之則"也. (『논어집석』, 75쪽) [廢 : 그만두다, 그치다, 느슨해지다. 朗 : 밝다, 훤하다]

47) 人哭亦哭, 人慟亦慟, 蓋無情者, 與物化也. (『논어집석』, 759쪽)
    [『신편』IV, 203쪽 : 즉 공자의 장학화이다. 곽상의 이런 뜻은 그의 온『장자주』에 관철되어 있다.]

한 경우 자주(屢)라는 표현 외에 무엇이 있겠는가?[48]

또 태사(太史) 숙명(叔明, 474-546)은 말했다.

　안자(顔子)는 상등의 현인으로서 (성인의 덕성을) 전체적으로 체득하여 미미하기는 했지만 깊은 경지에 도달하여 진보하거나 퇴보하는 일이 없었기 때문에 의미상으로 "자주(屢)"라는 말을 썼다. 그가 인의(仁義)를 높이고 예악을 잊으며 지체를 깨뜨리고 총명을 무시하여 좌망(坐忘)하여 대통(大通)한 사실은 "유를 잊었다(忘有)"는 의미이다. "유를 잊음"이 순식간이고 완전한 경우 "공(空)"이 아니고 무엇이겠는가? 그러나 성인과 비교해보면 성인은 잊음도 잊지만(忘忘) 대현(大賢)이라도 잊음을 잊지는 못한다. 잊음을 잊지 못하기 때문에 마음에는 다시 미진한 면이 있게 된다. 한번 미진했다가 다시 "공"에 도달하기 때문에 "자주"라는 이름을 붙인 것이다.[49]

『논어』 "수신하여 백성을 편안케 하는 일은 요순 임금도 어려워했다"[50] 구절에서 곽상은 말했다.

---

48) 夫無欲於無欲者, 聖人之常也；有欲於無欲者, 賢人之分也. 二欲同無, 故全空以目聖；一有一無, 故每虛以稱賢. 賢人自有觀之, 則無欲於有欲；自無觀之, 則有欲於無欲. 虛而未盡, 非屢如何? (『논어집석』, 781쪽)

　[『신편』IV, 70쪽 : 고환에 따르면, 공은 무욕(無欲)으로서 심중에 아무런 욕망이 없는 것을 말한다. 현인은 심중에 어떤 욕망도 없기를 요망하는데, 그런 요망이 바로 일종의 욕망이다. 따라서 그의 심중에는 욕망이 있다. 성인은 그런 욕망조차도 없기 때문에 심중에는 정말로 어떠한 욕망도 없다. 고환은 성인과 현인의 구별은 바로 여기에 있다고 여겼다. 따라서 성인은 "항상 공(常空)"이고, 현인은 "자주 공(屢空)"이다.]

49) 顔子上賢, 體具而微則精也. 故無進退之事, 就義上以立屢名. 按其貴仁義, 忘禮樂, 隳支體, 黜聰明, 坐忘大通, 此忘有之義也. 忘有頓盡, 非空如何? 若以聖人驗之, 聖人忘忘, 大賢不能忘忘. 不能忘忘. 心復爲未盡. 一未一空, 故屢名生也焉. (『논어집석』, 781쪽) [坐忘 : 〈제1편, 제10장, 주62〉]

　[『신편』IV, 71쪽 : 태사 숙명은 "공"을 "유를 잊음(忘有)"으로 여겼다. 현인도 "유를 잊을" 수 있지만 또한 여전히 "유를 잊음"에 대해서 생각을 한다. 즉 그는 아직 저 "잊음(忘)"이라는 글자를 잊지는 못했다. 따라서 그의 마음속은 아직 진정한 "공"이 아니다. 성인은 "유를 잊을" 뿐만 아니라 저 "망" 자도 잊어버린다. 성인의 마음이야말로 진정한 공이고, 현인은 다만 "자주 공할(屢空)" 뿐이다. 여기서 말한 현인은 안회, 성인은 공자를 지칭한다.]

50) 修己以安百姓, 堯舜其猶病諸. (『논어』 14 : 42)

무릇 군자란 향락을 추구할 수는 없으므로 수신(修己 : 修身)이란 자기의 덕성을 추구하는 것이다. 따라서 수신이란 다만 안으로 자기 몸을 공경스럽게 하고 밖으로 자기와 동일한 위치의 사람을 편안하게 하는 것일 뿐이니, 어떻게 모든 백성을 편안하게 할 수 있겠는가? 갖가지 사람들의 갖가지 품성과 만국의 상이한 풍속은 불치(不治 : 억지로 다스리지 않고 자연에 맡김)의 원리로써 다스리면 정치의 정도는 획득할 수 있다. 그런데 만약 수신하여 그 모든 사람과 풍속을 다스리려고 할 경우 요순 임금도 어려워했는데 하물며 군자의 경우에랴? 이제 요순 임금도 그것은 다스리려고 한 것이 아니었음을 알겠거니와, 만물이 도모하지 않고 다스려짐(無爲而治)은 마치 하늘은 스스로 높고 땅은 스스로 두터우며 해와 달은 빛나고 구름이 일고 비가 내리는 것과 같기 때문에, 성대하게 창성하고 사방으로 펼쳐져서 두루 빠짐없이 성취하면서도 어려워하는 것이 없다.[51]

즉 도가의 학설로써 유가 경전을 해석했다. 이것이 현학가의 경학(經學)이다.*

3. 완적, 혜강, 유령

도가의 학이 한참 성행하자 사람들은 흔히 세속에서 해방되어(放達) 예교(禮敎)를 지키지 않는 행위를 고상하게 여겼다. 예컨대 완적(阮籍, 210-63), 혜강(嵇康, 224-63), 유령(劉伶) 등의 행위가 한 시대의 기풍을 대표했다. 『진서』는 말한다.

---

51) 夫君子者不能索足 ; 故修己者索己. 故修己者僅可以內敬其身, 外安同己之人耳, 豈足安百姓哉? 百姓百品, 萬國殊風, 以不治治之, 乃得其極. 若欲修己以治之, 雖堯舜必病, 況君子乎! 今見堯舜非修之也, 萬物自無爲而治, 若天之自高, 地之自厚, 日月之明, 雲行雨施而已. 故能夷暢條達, 曲成不遺, 而無病也. (『논어집석』, 1041-42쪽)

* 『신편』Ⅳ, 47쪽 : 하안의 『논어집해』와 왕필의 『주역주』는 위진시기 "신경학(新經學)"의 주요 저작이다. 당조(唐朝)는 이 두 부의 저작을 『논어』와 『주역』의 국가 표준 주해로 정했다. 형식상으로는 "신경학"은 한조(漢朝) "경학"의 문자상의 번쇄한 고증을 폐기했으며, 내용상으로는 참위(讖緯)의 황당한 미신을 폐기하고 공자의 경전을 노자화(老子化)했다. 이 두 방면에서 왕필의 『주역주』는 "신경학"의 전형적인 작품이라고 할 수 있다. "신경학"의 철학적 내용이 바로 "현학"이다.

완적은 자가 사종(嗣宗)이고, 진류군 위씨 사람이다.……용모는 준수했고, 의기는 호방했다. 오만할 정도로 자득함이 넘쳤고, 본성에 따라 거리낌이 없었으며, 희로의 감정을 얼굴에 나타내지 않았다. 어떤 때는 문을 닫아걸고 책을 보며 몇 달이 지나도록 밖에 나오지 않았으며 어떤 때는 산을 오르고 물가를 찾아서 온종일 돌아올 줄 몰랐다. 온갖 서적을 널리 읽었고, 특히 노장을 좋아했다. 술을 좋아하고, 휘파람을 잘 불고, 거문고를 잘 탔다. 마음이 흡족할 때는 육체의 존재조차 잊었으니 당시 사람들로부터 미쳤다는 말을 들었다.……경원 4년(263) 겨울에 세상을 떠났는데 그때 나이 54세였다.[52]

완적은「달장론(達莊論)」을 지어 이렇게 말했다.

천지는 자연에서 생겼고, 만물은 천지에서 생겼다. 자연이란 바깥이 없기 때문에 천지라고 명명한 것이다. 천지란 그 안이 존재하기 때문에 만물이 그 안에 생긴다. 바깥이 없는 것에 대해서 누가 상이함을 언급하고 그 안에 존재하는 것에 대해서 누가 차별성을 거론하는가?……

즉 **층층이 쌓인 구름이나 천둥과 번개도 기이한 출현이 아니고, 천지의 해와 달도 이상한 사물이 아니다.** 따라서 "사물을 상이성의 관점에서 보면 간과 쓸개도 초나라와 월나라만큼이나 서로 다르고, 유사성의 관점에서 보면 만물은 모두 하나이다." 사람은 천지간에 태어나 자연을 구현한 존재이다. 그래서 사람의 신체는 음양의 기가 축적된 것이고, 그 본성(性)은 바로 오행의 본성이며, 그 감정(情)은 영혼의 변동하는 욕망이고, 그 정신(神)은 바로 천지의 주재자이다.* 산다는 점에서 보면 사물은 모두 장수하고, 죽는다는 점에서 보면 사물은 모두 요절한다. 작다는 점에서 보면 만물은 모두 작고 크다는 점에서 보면 만물은 모두 크며, 요절한 아이는 장수했고 (800세를 산) 팽조

---

52) 阮籍字嗣宗, 陳留尉氏人也. ……容貌瓌傑, 志氣宏放, 傲然獨得, 任性不霸, 而喜怒不形於色. 或閉戶視書, 累月不出；或登臨山水, 經日忘歸. 博覽群籍, 尤好老莊. 嗜酒能嘯, 善彈琴. 當其得意, 忽忘形骸, 時人多謂之癡.……景元四年(西歷 262年)冬卒, 時年五十四. (「완적전(阮籍傳)」,『진서』, 1359-61쪽)

[『신편』IV, 100쪽 : 당시 보병영(步兵營)의 주방에는 좋은 술이 많았고 주방의 요리사가 술을 잘 빚었으므로, 술을 좋아한 완적은 보병교위(步兵校尉)가 되기를 자청했다고 한다. 후세에 그는 완보병(阮步兵)이라고 불렸고 후세에 편집된 그의 저작은『완보병집(阮步兵集)』이다.]

* 『신편』IV, 105쪽 : 신(神)은 우주의 최고 주재자이자 동시에 사람의 정신이다.

는 요절했으며, 추호는 거대하고 태산은 왜소하다. 즉 삶과 죽음은 연결된 하나의 고리요 시비(是非)는 같은 나무의 가지일 뿐이다. **구별하여 보면 수염과 눈썹은 다른 이름이지만 통합하여 보면 똑같은 몸의 털이다.**……

귀와 눈의 기관은 각각의 이름마다 기능이 다르고 각 기관의 역할은 뒤바뀔 수 없지만, 모두 같은 몸을 섬길 뿐 수족과 사지를 갈라놓지는 않는다.*
[모든 만물은 우주의 수족이고 사지이지 각기 독립된 실체가 아니다.] 그러나 **세상의 구별주의자들은 이런 본질을 살피지 않고 각자 "나는 나이니 내가 저들과 무슨 상관이 있는가?"라고 말하며, 생명을 손상하고 본성을 해쳐 서로 원수처럼 대적하여 지체를 잘라내면서도 고통으로 여기지 않는다.** 마치 눈은 색을 보면서도 귀로 듣는 내용은 고려하지 않고, 귀는 소리를 들으면서도 마음의 사고는 상관하지 않고, 또 마음은 욕망에 방종하면서도 본성이 편안하게 여기는 대상을 추구하지 않는 것과 같다. 이리하여 병이 싹트고 생기가 소진하여 화란이 일어나면 만물은 이내 쇠잔해간다.

무릇 지인(至人)은 삶에 담담하고 죽음에 고요하다. 삶에 담담한지라 정욕에 미혹되지 않고 죽음에 고요한지라 정신이 흩어지지 않는다. 따라서 음양과 더불어 화합할 뿐 변질되지 않으며, 천지를 따라 변화할 뿐 부화뇌동하지 않는다. 삶은 타고난 목숨의 완성이요, 죽음은 도리의 순종일 뿐이다. 심기 (心氣)가 평온히 다스려지니 음양의 차고 기우는 이치에 어긋나지 않는다.[53]

---

* 『신편』IV, 106쪽 : 이목의 감각기관은 각각 분리되어 있지만 모두 사람의 신체 전체를 위해서 봉사한다. 이목의 감각기관이 나뉜 것이 결코 사람의 신체를 분열시킨 것이 아니듯, 공자의 육경이 논하는 각종 "명분(名分)"과 각종 대책 역시 사회 전체를 분열시키려는 것이 아니다. 완적의 뜻은 공자, 노자, 장자가 논한 사상은 결코 상호 모순적인 것이 아니고 상호 보충적인 것이다라는 말이다. 즉 공자의 명교(名教)와 노장의 자연(自然) 역시 상호 모순적인 것이 아니라 상호 보충적인 것이다.

53) 天地生於自然, 萬物生於天地. 自然者無外, 故天地名焉 ; 天地者有內, 故萬物生焉. 當其無外, 誰謂異乎? 當其有內, 誰謂殊乎?……是以重陰雷電, 非異出也 ; 天地日月, 非殊物也. 故曰 : "自其異者視之, 則肝膽楚越也 ; 自其同者視之, 則萬物一體也." 人生天地之中, 體自然之形. 身者, 陰陽之精[精 : 積/신편]氣也 ; 性者, 五行之正性也 ; 情者, 遊魂之變欲也 ; 神者, 天地之所以馭者也. 以生言之, 則物無不壽 ; 推之以死, 則物無不夭. 自小視之, 則萬物莫不小 ; 由大觀之, 則萬物莫不大. 殤子爲壽, 彭祖爲夭 ; 秋毫爲大, 泰山爲小. 故以死生爲一貫, 是非爲一條也. 別而言之, 則鬚眉異名 ; 合而說之, 則體之一毛也.……凡耳目之官, 名分之施, 處官不易司, 擧奉其身, 非以絶手足, 裂肢體也. 然後世之好異者, 不顧其本, 各言我而已矣, 何待於彼? 殘生害性,

이 역시『장자』에서 말한 "천지는 나와 더불어 생겼고 만물은 나와 더불어 하나이다"[54]는 의미이다. 다만『장자』의 말은 대체로 인식론적 입장에 서 있으나, 여기서는 오로지 형이상학적 입장에 서 있다. 천지만물은 모두 일체이므로 "층층이 쌓인 구름이나 천둥과 번개도 기이한 출현이 아니고 천지의 해와 달도 특이한 사물이 아니다." 이른바 개체는 모두 이 전체의 부분이다. 마치 어떤 사람의 몸에 있는 수염과 눈썹은 "구별하여 보면 수염과 눈썹은 다른 이름이지만 통합하여 보면 똑같은 몸의 털인" 것과 같다. 세상 사람은 대체로 개체에 집착하여 "나"라고 여기지만 이는 마치 사람의 손이 스스로 자기를 몸이라고 여기며, 사람의 발이 스스로 자기를 몸이라고 여기는 것과 같다. 즉 "세상의 구별주의자들은 이런 본질을 살피지 않고 각자 '나는 나이니 내가 저들과 무슨 상관이 있는가?'라고 말하며, 생명을 손상하고 본성을 해쳐 서로 원수처럼 대적하여 지체를 잘라내면서도 고통으로 여기지 않는다"는 말이다. 그러나 완적의 이런 주장은 장자학과는 다르다.

완적은 또「대인 선생전(大人先生傳)」을 지어 이렇게 말했다.

> 어떤 사람(예법주의자)이 대인 선생에게 글을 보내어 말했다.
>
> "천하의 귀중한 것 가운데 군자보다 더 귀중한 존재는 없다. 그의 의복은 일정한 색깔이 있고, 거동은 일정한 준칙이 있고, 말은 일정한 법도가 있으며, 행동은 일정한 격식이 있다.……"
>
> 이에 대인 선생은 가소롭다는 듯이 탄식하며, 구름에 걸린 무지개에 의지하여 이렇게 응답했다.
>
> "그대의 말이 대체 무슨 의미가 있는가? 무릇 대인은 조물주와 일체가 되고 천지와 나란히 서서 덧없는 세상을 소요(逍遙)하고 도에 따라 성취한다. 천지의 변화에서 흩어지고 모이는 그 형태는 일정한 것이 아니다. 천지는 그

還爲讎敵, 斷割肢體, 不以爲痛. 目視色而不顧耳之所聞, 耳所聽而不待心之所思, 心奔欲而不適性之所安. 故疾癘萌, 則生意盡, 禍亂作, 則萬物殘矣. 夫至人者, 恬於生而靜於死. 生恬則情不惑, 死靜則神不離 ; 故能與陰陽化而不易, 從天地變而不移. 生究其壽, 死循其宜, 心氣平治, 消息不虧. (『완보병집』)

54) 天地與我並生, 而萬物與我爲一. 〈제1편, 제10장, 주44〉

안이 일정하게 구획되어 있지만 그 사이에 떠 있는 해와 달이 천지 밖까지 개통시킨다. 천지의 영원성은 속인들이 이해할 수 있는 바가 아니다.……

그대는 유독 저 속옷에 살고 있는 이를 보지 못했는가? 깊은 솔기 안으로 도망치고 낡은 솜 속에 숨어서 스스로 길한 저택으로 여긴다. 행동은 솔기를 벗어나지 않고 거동은 속옷과 잠방이 안을 넘지 않으면서 스스로 법도를 획득했다고 여긴다. 배고프면 사람을 깨물며 자기의 무한한 식량으로 생각한다. 그러나 화산이 분출하여 온 읍과 도시를 소멸하면 여러 이들도 속옷에서 도망치지 못하고 죽는다. 너희 군자들이 이 인간세상에서 행세하는 것 또한 저 이들이 속옷에서 행세하는 것과 무엇이 다른가?……

옛날 천지가 개벽하고 만물이 일제히 생겼을 때, 큰 것들은 자기의 본성에 담담하고 작은 것들은 자기 형체 안에 고요했다.……무릇 귀인이 없으면 천한 사람의 원망이 없고, 부자가 없으면 가난한 사람이 다투지 않으며, 저마다 자기 자신에 만족하고 요구사항이 없을 것이니, 은택도 베풀 곳이 없고 일을 그르쳐도 원수가 생기지 않는다. 기괴한 소리를 만들지 않으면 귀는 청각의 혼란을 일으키지 않고, 음탕한 얼굴을 보이지 않으면 눈은 시각의 혼란을 일으키지 않는다. 이목이 혼란을 일으키지 않으면 정신도 혼란되지 않는다. 이것이 이전 세대가 도달한 최고의 경지이다.

그런데 너희는 현인을 받들며 서로 잘난 체하고, 재능을 경쟁하여 서로 뽐내며, 권세를 다투어 상대를 지배하며, 귀인을 탐하여 상대를 압박하고, 나아가 온 천하를 이런 풍조 속으로 내몰고 있으니 이것이 바로 윗사람과 아랫사람이 서로서로를 죽이는 원인이다. 천지만물의 모든 것을 탕진하여 감각적인 욕망을 끊임없이 충족시키는 일은 정녕 백성을 보살피는 도리가 아니다. 그리하여 마침내 인민들이 그 모든 진상을 알까 두려워 상을 배가하여 그들을 달래고 형벌을 엄중히 하여 그들을 위협한다. 그러나 재화가 떨어져도 상은 다 못 주고, 모든 형벌을 다 써도 징벌은 행해지지 않는다. 마침내 국가가 멸망하고 임금이 죽고 궤멸하는 재앙이 닥치는 것이다. 이것이 바로 너희 군자들이 하는 짓이 아니더냐! 너희 군자들의 예법은 진실로 천하를 포악, 반역, 혼란, 위험, 죽음, 멸망으로 이끄는 학술인데도, 도리어 아름다운 행위의 영원한 법도로 간주하고 있으니 어찌 크나큰 잘못이 아닌가?

이제 나는 천지 바깥에 표연히 소요하고 조화옹과 벗하여 탕곡(湯谷 : 신화상 해가 뜨는 곳)에서 조반을 먹고 저녁에 서해(西海 : 신화상 해가 지는 곳)에서 술을 마시고 장차 변화되어 옮아가며 도와 더불어 끝없이 순환할 것이다. 만물에 대한 이런 행동이 어찌 진실하지 않은가? 따라서 자연에 통달하지 못한 자는 함께 도를 논하기에 부족하고 아주 명백한 이치에도 몽매한 자는 더불어 광명에 통달하기에 부족하니, 바로 그대를 두고 하는 말이다."[55]

"군자의 예법"을 공격한 것인데, 역시 노장의 말이다.
　같은 시대에 또 혜강이 있었다.『진서』는 말한다.

　　혜강은 자가 숙야(叔夜)이고, 초(譙)나라 질현 사람이다.……어려서 고아가 되었고 특출한 재능이 있어서 보통 사람들보다 뛰어났다. 신장이 7척 8촌에 목소리가 아름다웠고 풍채가 좋았다. 육신을 하찮게 여겨 몸을 꾸미지 않았어도 사람들은 용장봉자(龍章鳳姿 : 빼어난 자태)로 여겼으니 타고난 바탕이 그러했다. 담담하고 조용하고 욕심이 적었고, 때와 허물을 용인하여 관대하고 소탈하고 대범했다. 학문은 스승으로부터 배우지 않았지만 널리 책을 읽어 통달하지 않은 바가 없었다. 자라서는 노장을 좋아했다.[56]

---

55) 或遺大人先生書曰："天下之貴, 莫貴於君子. 服有常色, 貌有常則, 言有常度, 行有常式……"於是大人先生乃迢然而歎, 假雲霓而應之曰："若之云尙何通哉? 夫大人者, 乃與造物同體, 天地並生. 逍遙浮世, 與道俱成. 變化散聚, 不常其形. 天地制域於內, 而浮明開達於外. 天地之永固, 非世俗之所及也.……且汝獨不見夫虱之處於褌中? 逃乎深縫, 匿乎壞絮, 自以爲吉宅也. 行不敢離縫際, 動不敢出褌襠, 自以爲得繩墨也. 飢則囓人, 自以爲無窮食也. 然炎丘火流, 焦邑滅都, 群虱死於褌中而不能出. 汝君子之處區內, 亦何異夫虱之處褌中乎?……昔者天地開闢, 萬物並生. 大者恬其性, 細者靜其形.……夫無貴則賤者不怨, 無富則貧者不爭, 各足於身而無所求也. 恩澤無所歸, 則死敗無所仇. 奇聲不作, 則耳不易聽；淫色不顯, 則目不改視. 耳目不相易改, 則無以亂其神矣, 此先世之所至止也. 今汝尊賢以相高競能以相尙, 爭勢以相君, 寵貴以相加, 驅天下以趣之, 此所以上下相殘也. 竭天地萬物之至, 以奉聲色無窮之欲, 此非所以養百姓也. 於是懼民之知其然, 故重賞以喜之, 嚴刑以威之. 財匱而賞不供, 刑盡而罰不行, 乃始有亡國戮君潰散之禍. 此非汝君子之爲乎? 汝君子之禮法, 誠天下殘賊亂危死亡之術耳, 而乃日以爲美行不易之道, 不亦過乎! 今吾乃飄颻於天地之外, 與造化爲友. 朝餐湯谷, 夕飮西海. 將變化遷易, 與道周始. 此之於萬物, 豈不厚哉? 故不通於自然者, 不足以言道；闇於昭昭者, 不足與達明, 子之謂也."(『완보병집』)

56) 嵇康字叔夜, 譙國銍人也.……早孤, 有奇才, 遠邁不群. 身長七尺八寸, 美詞氣, 有風儀. 而土木形骸, 不自藻飾, 人以爲龍章鳳姿, 天質自然. 恬靜寡欲, 含垢匿瑕, 寬

혜강은 「석사론(釋私*論)」을 지어 이렇게 말했다.

　　무릇 군자라 함은 마음에 시비의 선입견을 두지 않아도 행위가 도에 어긋
나지 않는 사람을 말한다. 무슨 말이냐 하면, 기운이 고요하고 정신이 비어
있음은 마음에 교만이 있지 않기 때문이고, 몸이 밝고 마음이 넓음은 정감이
욕망에 얽매이지 않기 때문이다. 교만이 마음에 있지 않기 때문에 명교를 초
월하여 자연에 따를(越名敎而任自然) 수 있고, 정감이 욕망에 얽매이지 않기
때문에 귀천의 본질을 헤아려 물정에 통달할(審貴賤而通物情) 수 있다. 물정
에 완전히 통달하기(物情順通) 때문에 대도에 어긋나지 않고, 이름(명분)을
넘어서 마음에 맡기기 때문에 시비의 선입견을 가지지 않는다(無措).**

　　따라서 군자라 함은 선입견을 두지 않음을 위주로 삼고 사물에 통달함을
아름다움으로 여긴다. 소인이라 함은 진심을 숨기고(匿情) 거짓을 행하며 도
를 어겨 허물을 짓는다. 무슨 말인가? 진심을 숨기며 몹시 인색한 것이 소인
의 가장 큰 악이고, 허심하여 선입견이 없는 것이 군자의 독실한 행동이다.

　　그러므로 대도(大道)에 말하기를 "내게 몸이 없으면 무슨 재앙이 있겠는
가? 양생을 꾀하지 않는 사람이 생명을 중시하는 사람보다 더욱 현명하다"

　　簡有大量. 學不師受, 博覽無不該通. 長好老莊. (「혜강전」,『진서』, 1369쪽)

* 『신편』IV, 85-86쪽 : 혜강의 정신경지론의 요점은 초월이다.……만물은 본래 똑
　같지 않은(不齊) 것이니 똑같지 않은 것은 똑같지 않은 대로 맡겨두는 것이 이른
　바 "똑같지 않은 대로 둠으로써 똑같이 대함(以不齊齊之)"이다. 누가 만일 그렇게
　만물을 똑같이 대할 수 있다면 그것이 초월이다. 초월할 수 있으면 자득할 수 있
　고, 사회상으로 "명교를 초월하여 자연에 맡길" 수 있고, 우주 내에서 "만물을 초
　월하여 자득할(超萬物而自得)" 수 있는데, 이것이 최고의 정신경지이다. 그런 정
　신경지에 도달하려면 개체가 받는 한계를 초월해야 하는데, 혜강의 단어로 말하
　면, 즉 "석사(釋私 : 자아의 울타리 해체)"이다.……『장자』가 말한 "지인무기(至人
　無己)……"의 "무기"가 바로 "석사"이다.

** 『신편』IV, 78쪽 : 두 단계로 "군자"를 논했다. 제1단계에서는 개인과 사회의 관계
　를 논했는데, 사회의 성원으로서 한 개인은 사회상으로 응당 "명교를 초월하여 자
　연에 맡겨야" 한다. 즉 한 개인은 그의 자연적 본성에 따라 생활하고, 사회상의 계
　율의 틀은 상관하지 말아야 한다. 그렇게 하려면 사회적 비평과 찬양에 응대하지
　않아야 하는데 이것이 곧 "마음에 시비의 선입견을 두지 않는 것"이다. 제2단계에
　서는 사람과 우주의 관계, 사람과 사물의 관계를 논했는데, 이 관계에서 사람은
　"귀천의 본질을 살펴 물정에 통달"해야 한다. "물정에 완전히 통달"하면 대도에
　위배되지 않는다. 물정에 완전히 통달하는 경지에 이르는 조건은 "정감이 욕망에
　얽매이지 않는 것"이다.

[『노자』13장, 75장] 했는데, 이로써 말하자면 지인(至人)의 마음가짐은 진실로 선입견을 두지 않는다.……군자의 현명한 행위는 법도를 살핀 다음에 행위한 것이 아니며, 어진 사람의 마음에 사악함이 없음은 선을 따진 다음에 올바른 것이 아니며, 진심을 드러내고(顯情) 선입견을 두지 않음은 옳음을 따진 다음에 도모한 것이 아니다. 그러므로 의연히 현명함을 망각해도 그의 현명함은 법도에 부합하고, 홀연히 마음에 맡겨도 마음은 선에 일치하고, 꿋꿋이 선입견을 두지 않아도 일은 옳은 데로 나아간다.[57]

군자는 시비에 따라 생각하지 않고 다만 마음을 비우고 본성에 따라 행하므로 자연히 도에 위배되지 않는다. 이 역시 노장의 말이다. 같은 시대에 또 유령이 있었다.『진서』는 말한다.

유령은 자가 백륜(伯倫)이고, 패나라 사람이다. 신장은 6척이고, 얼굴이 매우 못생겼다. **자유분방하여**(放情肆志) 항상 우주를 작게 여기고 만물을 동일시하는 데에 마음을 두었다. 평소에 느긋하고 말이 적었으며 벗과의 교유를 중시했다. 완적, 혜강과 서로 만나면 흔연히 정신의 해방감을 느껴, 손을 잡고 산림에 들어가면 애초부터 가산의 유무에는 개의치 않았다. 늘 사슴이 끄는 수레를 타고 다녔고, 술병 하나를 들고 하인들에게 가래를 매고 따

---

57) 夫稱君子者, 心無措乎是非, 而行不違乎道者也. 何以言之? 夫氣靜神虛者, 心不存於矜尙;體亮心達者, 情不繫於所欲. 矜尙不存乎心, 故能越名敎而任自然;情不繫於所欲, 故能審貴賤而通物情. 物情順通, 故大道無違;越名任心, 故是非無措也. 是故言君子, 則以無措爲主, 以通物爲美;言小人, 則以匿情爲非, 以違道爲闕. 何者? 匿情矜吝, 小人之至惡;虛心無措, 君子之篤行也. 是以大道言:"及吾無身, 吾又何患? 無以生爲貴者, 是賢於貴生也." 由斯而言, 夫至人之用心, 固不存有措矣.……君子之行賢也, 不察於有度而後行也; 仁心無邪, 不議於善而後正也;顯情無措, 不論於是而後爲也. 是故傲然忘賢, 而賢與度會;忽然任心, 而心與善遇;儻然無措, 而事與是俱也. (『혜중산집(嵇中散集)』권6)
[『신편』IV, 79쪽 : 말하고 싶은 대로 말하고 행하고 싶은 대로 행함이 "임자연(任自然 : 자연에 따름)"이다. "임자연"은 옳은 것인데 그것이 "진심을 드러낸(顯情)" 것이고 진심을 드러냄은 공명정대하기 때문이다. 무엇을 말하고 싶어도 말하지 않고 행하고 싶어도 행하지 않음은 "자연에 따르지" 않는 것으로서 자연에 따르지 않음은 "진심을 숨긴(匿情)"것이니 나쁘다.……"마음대로 말하고(值心而言)" "뜻대로 행하는(觸情而行)" 일을 실행할 수 있음이……"명교를 초월하고 자연에 따르는" 사람의 정신경지이다.]

라오게 하면서 말하기를 "내가 죽는 바로 그 자리에 묻어라" 했다. 그가 육신에 미련을 두지 않은 것이 이러했다.[58]

유령은 「주덕송(酒德頌)」을 지어 이렇게 말했다.

대인 선생이 있었는데 천지를 하루아침으로, 만백년을 순간으로, 해와 달을 창문으로, 광활한 대지를 뜰로 여겼다. 지나다녀도 흔적이 없었고, 거처는 집도 오두막도 없었다. 하늘을 천막으로, 땅을 자리로 삼아 마음 내키는 대로 행했다. 머무를 때는 술병을 잡고 술잔을 들었으며, 거동할 때는 술통을 휴대하고 술병을 쥐었으니, 오직 술에만 힘썼고 그밖의 일은 개의치 않았다.*

귀족, 귀공자, 고위 관리, 처사 등이 내(대인 선생) 소문을 듣고 그 행실을 비판했다. 그들은 소매를 떨치고 옷을 걷어붙이고 눈을 부릅뜨고 이를 갈면서 예법을 나열하며 시비를 날카롭게 제시했다.

그러자 대인 선생은 유유히 술단지를 들고 술통을 받쳐들고 술잔을 입에 대고 탁주를 들이키더니, 수염을 쓰다듬으며 다리를 쭉 뻗고 누룩으로 베개를 삼고 술지게미를 깔고 누었다. 생각도 없고 근심도 없이 그저 즐거워하기만 했다. 멍하니 취했다가 어슴푸레 깨었다. 조용히 귀 기울여도 우레 소리를 듣지 못했고, 자세히 보아도 태산의 모습을 보지 못했다. 추위와 더위가 피부를 자극해도 느끼지 못했고, 탐심과 욕망의 감정도 느끼지 못했다. 그는 어지러운 만물을 마치 큰 강과 바다에 떠 있는 부평초처럼 굽어보았다. 두 호걸이 옆에 서 있어도 마치 나나니가 배추벌레 대하듯 했다.[59]

---

58) 劉伶字伯倫, 沛國人也. 身長六尺, 容貌甚陋. 放情肆志, 常以細宇宙, 齊萬物爲心. 澹然少言, 不忘交遊. 與阮籍嵇康相遇, 欣然神解, 攜手入林, 初不以家産有無介意. 常乘鹿車, 攜一壺酒, 使人荷鍤而隨之, 謂曰 : "死便埋我." 其遺形骸如此. (「유령전 (劉伶傳)」, 『진서』, 1375-76쪽) [澹然 : 조용하고 편안한 모양]

 *『신편』IV, 108쪽 : 이 문단에서 말한 것이 이른바 "달(達)"의 구체적인 내용이다. 그 요점은 "마음 내키는 대로 행함(縱意所如)"이다.

59) 有大人先生, 以天地爲一朝, 萬期爲須臾, 日月爲扃牖, 八荒爲庭衢. 行無轍跡, 居無室廬, 幕天席地, 縱意所如. 止則操卮執觚, 動則挈榼提壺. 惟酒是務, 焉知其餘. 有貴介公子, 搢紳處士, 聞吾風聲, 議其所以. 內奮袂攘襟, 怒目切齒, 陳設禮法, 是非鋒起. 先生於是方捧甖承槽, 銜盃漱醪, 奮髥箕踞, 枕麴藉糟. 無思無慮, 其樂陶陶. 兀然而醉, 豁爾而醒. 靜聽不聞雷霆之聲, 熟視不見泰山之形. 不覺寒暑之切肌, 利欲之感情. 俯觀萬物擾擾焉, 若江海之載浮萍 ; 二豪侍側焉, 如蜾蠃之與螟蛉. (『진서』, 1376쪽)

이것이 당시 자유분방한(放情肆志) 사람의 일반적인 인생관이다.

4.『열자』내의 유물론과 기계론

이런 자유분방한 인생관은『열자(列子)』「양주편(楊朱篇)」에 더욱 체계적으로 논술되어 있다.『열자』는 위진시대 인물의 작품인데, 그 안에는 순수한 유물론과 기계론 및 쾌락주의가 있다.* 유물

[『신편』IV, 108-09쪽 : 유령은 술을 마시면 저 일종의 "혼돈의 경지"에 도달할 수 있다고 여겼다. 즉 술에 취하면 어떠한 차별도 없어진다는 말이다. 그것이 곧「달장론」에서 말한 "만물일체"의 정신경지라는 것이다. /"죽림칠현(竹林七賢 : 완적, 혜강, 산도, 향수, 완함, 왕융, 유령)"은 모두 술을 좋아한 주도(酒徒)였는데, 그중에서도 특히 유령이 술 마시는 데에 있어서 두드러졌다.]

* [이 두 문장은 영역본(190-91쪽)에서 다음과 같이 개작되었다.]

위진시대 신도가(新道家)가 보기에 유가와 도가의 차이는 후자가, 전자와는 달리, "명교를 초월하고 자연에 따를 것(越名教而任自然)"〈주58〉을 주장한 데에 있었다. 그러나 "자연에 따른다" 함은 무엇인가?『노자』12장에 "오색은 사람 눈을 어둡게 하고, 오음은 사람 귀를 먹게 하고, 오미는 사람 입맛을 상하게 하고, 수렵에 몰두함은 사람 마음을 미치게 하고 희귀한 재화는 사람의 행실을 그르친다"고 했다. 이것들은 다 인간의 의식적인 노력에 속한 것들이다. 즉 사람은 "단순하고 소박하여 사심과 욕심을 줄일(見素抱樸, 少私寡欲)"(19장) 때만이 비로소 "자연에 따랐다"고 간주할 수 있다.

그러나 오색, 오음 등의 욕망은 사실상 모든 사람에게 고유하고 "자연적인 것"인 만큼 그런 욕망들이 충분히 만족되었을 때만 사람은 진정 "자연에 따른"것이라고 반박할 수 있다. 이런 입장이 바로 많은 위진시대 사상가들이 "자연에 따른다"는 명제를 해석한 방식이었다. 그들의 행위는 당시에 "방(放)", "통(通)", "달(達)"이라는 용어로 다양하게 규정되었다. 즉『세설신어』(1 : 23)에 따르면 "왕평자(왕징), 호무언국(호무보지) 등은 모두 방종(任放)을 '달'로 여겨 간혹 발가벗기까지 했다(王平子. 胡毋彦國諸人, 皆以任放爲達, 或有裸體者)." 유효표의 주에 따르면 "위나라 말엽 완적은 술을 좋아해서 터무니없이 방종하여(荒放), 모자를 벗고 머리를 풀어헤치고 겉옷을 벗었으며 두 다리를 쭉 뻗고 앉았다. 후에 귀족의 젊은 자제인 완첨, 왕징, 사곤(謝鯤, 280-322), 호무보지 등의 무리들은 모두 완적을 받들어 모셔 그가 대도의 근본을 얻었다고 여기면서, 모자를 던지고 의복을 벗고 추한 모습을 드러내며 금수처럼 행동했다. 그러면서 그 정도가 심한 경우를 '통(通)', 그 다음을 '달(達)'의 경지라고 지칭했다(魏末阮籍, 嗜酒荒放, 露頭散髮, 裸袒箕踞. 其後貴游子弟阮瞻. 王澄. 謝鯤. 胡毋輔之之徒, 皆祖述於籍, 謂得大道之本. 故去巾幘, 脫衣服, 露醜惡, 同禽獸. 甚者名之爲通, 次者名之爲達也)"고 했다. "방"

론과 기계론을 주장한 대목으로 예컨대 「역명편(力命篇)」은 말한다.

'역(力)'이 '명(命)'에게 말했다.

"그대의 공이 어찌 나만하겠는가?"

"그대가 사람에게 무슨 공이 있다고 나와 견주려고 하는가?"

"요수(夭壽), 궁달(窮達), 귀천, 빈부가 내 '역'으로 가능한 것들이다."

"팽조의 지혜는 요순 임금보다 낫지 않았어도 800세의 수를 누렸지만, 안회의 재능은 사람들보다 못하지 않았건만 32세밖에 못 살았고, 공자의 덕은 제후들보다 못하지 않았건만 진나라와 채나라 변경에서 곤혹을 치렀다. 은나라 주왕의 행실은 세 어진 신하들보다 낫지 않았어도 임금 자리를 차지했고, 어진 계찰은 오나라에서 벼슬이 없었지만 악한 전항은 제나라를 전횡했으며, 어진 백이·숙제는 수양산에서 굶어죽었지만 악한 계씨가 선한 전금(유하혜)보다 부유했다. 만약 그대의 '역'으로 가능한 바였다면, 어째서 악인은 장수하고 선인은 요절하며, 성인이 궁색하고 반역자가 영달하며, 현인이 천시되고 어리석은 자가 중시되며, 선인이 가난하고 악인이 부유하단 말인가?"

"그대의 말대로라면 나['역']는 본래 사람에게 아무런 영향(功)도 주지 못하는데, 사람들이 이렇게 살고 있는 것은 그대['명']가 규제하기 때문인가?"

"이미 '명'이라고 한 이상, 또 무슨 규제자가 따로 있겠는가? 짐은 그저 추동시켜 그대로 맡겨둘 뿐, 장수하든 단명하든 곤궁하든 영달하든 귀하든 천하든 부유하든 가난하든 저절로 그렇게 되니 짐이 어찌 그것을 분별할 수 있

은 도덕과 사회관습의 속박을 거부하는 것이고, "통"과 "달"은 모두 인생의 무상함을 깨닫고 행불행과 성패를 멸시하는 사람들의 마음 상태를 지칭한다. 위진시대의 이런 사람들에게 "풍류(風流)"라는 이름이 붙었다. 그들은 모두 유가의 "명교"를 완전히 반대한 사람들이다.

이런 사람들의 인생관이 『열자』「양주편」에 비교적 체계적으로 논술되어 있다. 구설은 『열자』 전부는 주대(周代) 말엽의 도가인 열어구(列禦寇)가 지었고, 그중의 「양주편」은 주대의 다른 도가인 양주의 철학이라고 여겼다. 양주는 이 책 제1편에서 이미 논했다. 현재 학자들은 『열자』의 대부분은 주대의 저작이 아니라 위진시대 인물의 작품이라고 여긴다. 「양주편」의 사상 역시 역사상의 양주의 사상과는 다르고 "방", "달"을 강조한 위진시대의 사상과 매우 일치한다.

겠는가? 짐이 어찌 그것을 분별할 수 있겠는가?"[60]

"역"은 보통 말하는 인력(人力)을 나타내고, "명"은 이른바 천명(天命)을 나타낸다. 사물의 변화는 스스로 진행하고 인력과 천명으로 규제하거나 바꿀 수 없다. 사물의 변화는 부득불 그렇게 되는 것(不得不然者)이다. 「역명편」은 말한다.

> 관이오(管夷吾, 자가 仲)는 포숙(鮑叔)을 일부러 박대한 것이 아니라 부득불 박대했던 것이고, 습붕(隰朋)을 일부러 후대한 것이 아니라 부득불 후대했던 것이다. 즉 처음에는 후대했다가 나중에 박대하기도 하고, 처음에는 박대했더라도 나중에 후대하기도 한다. 후대와 박대는 내 마음대로 결정되는 것이 아니다.[61]

> ○등석(鄧析)은 양가(兩可 : 쌍방 모두 옳음)의 설을 견지하며 끊임없는 궤변을 벌였다. 자산(子産)이 정권을 장악했을 때 정나라는 등석이 만든 죽형(竹刑)을 채용했다. 등석이 자주 자산의 정치를 논란하자 자산은 굴복할 수밖에 없었으나, 마침내 자산은 그를 체포하여 고문하고 이윽고 처형했다. 그런즉 자산이 일부러 죽형을 채용한 것이 아니라 부득불 채용할 수밖에 없었고, 등석이 일부러 자산을 굴복시킨 것이 아니라 부득불 굴복시킬 수밖에 없었고, 자산이 일부러 등석을 처형한 것이 아니라 부득불 처형할 수밖에 없었다.[62]

---

60) 力謂命曰："若之功奚若我哉?" 命曰："汝奚功於物而欲比朕?" 力曰："壽夭窮達, 貴賤貧富, 我力之所能也." 命曰："彭祖之智, 不出堯舜之上, 而壽八白. 顏淵之才, 不出衆人之下, 而壽四八. 仲尼之德, 不出諸侯之下, 而困於陳蔡. 殷紂之行, 不出三仁之上, 而居君位. 季札無爵於吳, 田恒專有齊國. 夷齊餓於首陽, 季氏富於展禽. 若是汝力之所能, 奈何壽彼而夭此, 窮聖而達逆, 賤賢而貴愚, 貧善而富惡邪?" 力曰："若如若言, 我固無功於物, 而物若此邪? 此則若之所制邪?" 命曰："旣謂之命, 奈何有制之者邪? 朕直而推之, 曲而任之, 自壽自夭, 自窮自達, 自貴自賤, 自富自貧, 朕豈能識之哉? 朕豈能識之哉?"(『열자』, 192-93쪽) [田恒 :〈제6장, 주35〉의 전성자]

61) 然則管夷吾非薄鮑叔也, 不得不薄 ; 非厚隰朋也, 不得不厚. 厚之於始, 或薄之於終 ; 薄之於始, 或厚之於終. 厚薄之去來, 弗由我也. (『열자』, 201쪽)

62) 鄧析操兩可之說, 設無窮之辭. 當子産執政, 作竹刑 ; 鄭國用之. 數難子産之治 ; 子産屈之 ; 子産執而戮之, 俄而誅之. 然則子産非能用竹刑, 不得不用 ; 鄧析非能屈子産, 不得不屈 ; 子産非能誅鄧析, 不得不誅也. (같은 곳)

또 「설부편(說符篇)」은 말한다.

　제나라 전씨가 마당에서 송별연을 벌였다. 식객이 천 명이었고 그중 한 사
람이 생선과 기러기를 바쳤는데, 전씨는 감탄하며 말했다.
　"하늘은 사람에게 참으로 후하시니, 오곡을 번식시키고 물고기와 새들을
생육시켜 사람이 사용하게 하셨다."
　여러 손님들은 이 말에 모두 메아리처럼 화답했다. 그런데 열두 살 난 포
씨네 아들이 자리에 끼어 있다가 앞으로 나아가 말했다.
　"어르신의 말씀에 동의할 수 없습니다. 천지만물은 우리와 더불어 사는
똑같은 생물입니다. 생물은 귀천의 구별이 없으며, 오로지 지력의 정도에 따
라 상대를 제압하여 서로 잡아먹을 뿐이지 상대를 위해서 생긴 것은 아닙니
다. 사람 역시 먹을 만한 것을 잡아서 먹을 뿐입니다. 어찌 하늘이 사람을 위
해서 그것을 만들었겠습니까? 모기와 파리가 사람의 살갗을 물고 호랑이와 이
리가 살코기를 먹습니다만, 어찌 하늘이 처음부터 모기와 파리를 위해서 사람
을 만들었겠으며, 호랑이와 이리를 위해서 살코기를 만들었겠습니까?"[63]

이것은 진실로 "천지는 어질지 않음"〈주24〉의 예라고 하겠다. 자연
의 변화와 인간의 활동은 다 기계적이고, 신(神) 혹은 인간의 자유,
목적 따위는 있을 수 없다는 것이니, 참으로 극단적인 결정론이다.
『열자』 「양주편」의 자유분방한(쾌락주의적/영역본) 인생관은 이
런 유물론과 기계론에 근거한 것 같다. 다음을 보면 알 수 있다.

5. 「양주편」의 자유분방한 인생관

　「양주편」의 견해에 따르면 인생은 너무 짧을 뿐더러, 인생의 대
부분도 엄격히 말하면 인생이 아니다. 「양주편」은 말한다.

---

63) 齊田氏祖於庭 ; 食客千人. 中坐有獻魚鴈者, 田氏視之, 乃歎曰 : "天之於民厚矣! 殖
五穀, 生魚鳥, 以爲之用." 衆客和之如響. 鮑氏之子年十二, 預於次, 進曰 : "不如君
言. 天地萬物, 與我並生, 類也. 類無貴賤, 徒以小大智力而相制, 迭相食, 非相爲而
生之. 人取可食者而食之, 豈天本爲人生之? 且蚊蚋嗜膚, 虎狼食肉 ; 豈天本爲蚊蚋
生人, 虎狼生肉者哉?"(「설부편」, 『열자』, 269-70쪽)

백 년이 수명의 최대 한도인데, 백 년을 사는 사람은 천에 하나도 없다. 설사 있더라도 유아기와 노년기가 거의 반을 차지하고, 밤잠으로 버리는 시간과 낮 동안에 허비하는 시간이 또 그 반을 차지하고, 고통, 질병, 슬픔, 괴로움, 도망, 상실, 근심, 두려움의 시간이 또 그 반을 차지한다. 그러니 겨우 십여 년을 느긋이 자득한다고 할지라도 그중 염려가 개입하지 않을 때는 잠시도 없다.[64]

살아 있는 시간도 이미 잠깐이고 죽은 후에는 다시 단멸 상태로 돌아간다. 「양주편」은 말한다.

만물은 서로 다르게 태어나지만, 똑같이 죽는다. 태어날 때 잘나고 못나거나 귀하고 천하게 태어나는데 이것이 다른 점이고, 죽으면 냄새 나고 썩어 소멸하는데 이것이 똑같은 점이다. 그러나 잘나고 못남과 귀하고 천함은 뜻대로 할 수 있는 바가 아니고, 냄새 나고 썩어 소멸하는 것 역시 뜻대로 할 수 있는 바가 아니다. 따라서 삶도, 죽음도, 잘남도, 못남도, 귀함도, 천함도 우리 마음대로 할 수 있는 바가 아니다. 그러니 만물은 삶도 죽음도 잘남도 못남도 귀함도 천함도 다 같다. 10년을 살아도 죽고 100년을 살아도 죽으며, 어진 성인도 죽고 흉한 우매자도 죽는다. 살아서는 성인이더라도 죽으면 썩은 해골이요, 살아서는 악당이더라도 죽으면 썩은 해골이니, 썩은 해골임은 누구나 똑같다. 누가 그들의 차이를 알아보겠는가? 그러니 **우선 현재의 삶을 즐기면 되지 무슨 겨를에 죽은 뒤를 생각하랴?**[65]

"우선 현재의 삶을 즐기면 되지 무슨 겨를에 죽은 뒤를 생각하랴?" 이것이 바로 「양주편」의 인생철학의 전부이다. 인생 가운데 쾌락의 향수만이 가치가 있으며 인생의 목적 또는 의미도 바로 거기에 있

---

64) 百年壽之大齊, 得百年者, 千無一焉. 設有一者, 孩抱以逮昏老, 幾居其半矣. 夜眠之所弭, 晝覺之所遺, 又幾居非半矣. 痛疾哀苦, 亡失憂懼, 又幾居其半矣. 量數十年之中, 逌然而自得, 亡介焉之慮者, 亦亡一時之中爾. (『열자』, 219쪽)

65) 萬物所異者, 生也; 所同者, 死也. 生則有賢愚貴賤, 是所異也; 死則有臭腐消滅, 是所同也. 雖然, 賢愚貴賤, 非所能也; 臭腐消滅, 亦非所能也. 故生非所生, 死非所死, 賢非所賢, 愚非所愚, 貴非所貴, 賤非所賤. 然而萬物齊生齊死, 齊賢齊愚, 齊貴齊賤. 十年亦死, 百年亦死; 仁聖亦死, 凶愚亦死. 生則堯舜, 死則腐骨; 生則桀紂, 死則腐骨; 腐骨一矣, 孰知其異? 且趣當生, 奚遑死後! (『열자』, 221쪽)

다. 욕망을 충족하면 할수록 인생은 더욱 즐거운 것이다.[66]

「양주편」은 말한다.

> 안영(晏嬰, 자가 平仲)이 양생(養生)을 질문하자, 관이오가 응답했다.
>
> "욕망대로 따르면 됩니다. 통제하거나 **억압(閼)**해서는 안 됩니다."
>
> "구체적인 조목을 말씀해주십시오."
>
> "귀가 원하는 바를 듣고, 눈이 원하는 바를 보고, 코가 원하는 바를 맡고, 입이 원하는 바를 말하고, 몸이 원하는 대로 쉬고, 뜻이 원하는 대로 행하는 것입니다. 귀가 원하는 소리를 듣지 못하면 청각이 억압되고, 눈이 원하는 미색을 보지 못하면 시각이 억압되고, 코가 원하는 향기를 맡지 못하면 후각이 억압되고, 입이 원하는 시비를 말하지 못하면 지혜가 억압되고, 몸이 원하는 안일을 따르지 못하면 즐거움이 억압되고, 뜻이 원하는 방종을 행하지 못하면 본성이 억압됩니다. 무릇 이들 여러 **억압**은 사람을 피폐시키고 학대하는 주범입니다. 이들 피폐와 학대의 주범을 제거하고 즐거운 마음으로 죽음을 기다린다면, 하루나 한 달 혹은 1년, 10년을 살더라도 그것이 곧 내가 말하는 양생(養生)입니다. 그러나 피폐와 학대의 주범에 얽매여 속박 속에서 해방되지 못하고 근심 가운데 오랜 삶을 산다면, 백년, 천년, 만년을 살더라도 그것은 내가 말하는 양생이 아닙니다."[67]

「양주편」이 생각한 행복을 구하는 도(道 : 방법)는 이러하다. 여러 욕망들의 충족에 생기는 곤란은 여러 욕망들이 늘 서로 충돌한다는 점이다. 모든 욕망을 전부 만족시키는 일은 이 세상에서 불가능한 일이다. 따라서 여러 욕망을 충족하려고 할 때 제일 먼저 모든 욕망

---

66) 欲益滿足, 則人生益爲可樂.

67) 晏平仲問養生於管夷吾. 管夷吾曰："肆之而已, 勿壅物閼." 晏平仲曰："其目奈何?" 夷吾曰："恣耳之所欲聽, 恣目之所欲視, 恣鼻之所用向, 恣口之所欲言, 恣體之所欲安, 恣意之所欲行. 夫耳之所欲聞者音聲, 而不得聽, 謂之閼聽. 目之所欲見者美色, 而不得視, 謂之閼明. 鼻之所欲向者椒蘭, 而不得嗅, 謂之閼顫. 口之所欲道者是非, 而不得言, 謂之閼智. 體之所欲安者美厚, 而不得從, 謂之閼適. 意之所欲爲者放逸, 而不得行, 謂之閼性. 凡此諸閼, 廢虐之主. 去此廢虐之主, 熙熙然以俟死, 一日, 一月, 一年, 十年, 吾所謂養. 拘此廢虐之主, 錄而不舍, 戚戚然以至久生, 百年, 千年, 萬年, 非吾所謂養."（『열자』, 222–23쪽) [椒 : 향기롭다. 顫 : 냄새를 잘 맡다]

가운데 결국 어느 욕망을 만족시킬 것인지를 선택해야 한다. 이상의 「양주편」의 말에는 선택이 없는 것 같지만 사실은 이미 있다. 이상의 말을 보면 우리는 맛있는 음식만 구해야 하고 참된 건강은 구할 필요가 없다. 맛있는 음식도 물론 우리의 욕망이지만 참된 건강도 우리의 욕망이다. 앞의 말을 보면 우리는 마음대로 말해야 하고 사회의 비평(毁譽)은 고려할 필요가 없다. 마음대로 말함도 물론 우리의 욕망이지만 사회의 비평도 우리의 욕망이다. 선택하여 충족해야 한다고 「양주편」이 간주한 것은 모두 지금 곧 충족할 수 있는 욕망으로서 매우 충족하기 용이한 욕망이지, 매우 오랜 기간을 기다리고 복잡하고 어려운 준비를 거쳐야 비로소 충족할 수 있는 욕망의 경우는 전혀 고려하지 않았다. 「양주편」이 육체적 쾌락을 매우 중시한 까닭은 모든 쾌락 가운데 육체적 쾌락이 가장 얻기 쉽기 때문이었는지도 모른다. 가장 가까운 쾌락을 고름으로써 고통을 피하는 것이다.

　　그리스의 키레네 학파의 철학자에 따르면, 이른바 공정, 고귀함, 치욕 따위는 모두 자연의 본연에서 생긴 것이 아니고 법률과 습관에 의해서 정해진 것이다. 법률과 습관은 테오도루스의 말에 따르면 어리석은 사람의 동의에 따라 존재한다.[68] 법률과 관습도 간혹 쓸모있겠으나, 쓸모있다 함은 장래의 이익을 두고 한 말이지 지금 누릴 수 있는 것을 뜻하는 것은 아니다. 만약 장래를 계산하지 않고 단지 지금만 고려하면 각종 법률과 여러 제도는 진실로 여러 욕망을 그저 "억압"하고 있을 뿐이다. 「양주편」 역시 법률제도를 반대한 것 같은데, 이렇게 말한다.

　　인간은 살면서 무엇을 해야 하고, 무엇을 즐겨야 하는가? 그것은 오로지 사치와 안락, 풍악과 미색일 뿐이다. 사치와 안락을 늘 충족하지 못하고 풍악과 미색을 늘 즐기지 못하고 다시 형벌과 포상에 의해서 규제되고 명교와 예법에 의해서 조절되며, 황망히 일시의 헛된 명예를 다투고 사후의 영광을

---

68) 디오게네스(3세기경에 생존), 『유명 철학자들의 생애, 가르침, 격언(*The Lives and Opinions of Eminent Philosophers*)』, 영역본(C. D. Yonge, 1915), 91쪽.

도모하여, 조심조심 이목의 감각을 삼가고, 일신과 생각에 대한 시시비비에 신경을 쓰느라, 오직 현재의 크나큰 즐거움을 상실하고 한시도 자기 마음대로 행하지 못한다면 형틀에 매인 중죄인과 무엇이 다르겠는가?

오랜 옛날 사람들은 삶은 잠시 도래한 것이니 죽음도 곧 오리라는 것을 알았다. 따라서 마음에 따라 행동하고 자연 좋아하는 것을 위배하지 않으며 자신의 즐거움은 거부하지 않았기 때문에 명예에 유혹되지 않았다. 본성에 따라 놀았으므로 만물이 좋아하는 바를 거역하지 않았다. 죽은 뒤의 명예에는 관심을 두지 않았으므로 형벌에 의해서 규제되지 않았고, 명성과 찬양은 현재든 미래든 고려하지 않았고 수명의 길고 짧음은 괘념하지 않았다.[69]

○백이도 욕망이 없지 않았건만 청렴을 숭상한 잘못으로 굶어죽기에 이르렀고, 전계(유하혜)도 정욕이 없지 않았건만 정절을 숭상한 잘못으로 대가 끊기기에 이르렀다. 청렴과 정절이 **선**(善)을 그르친 경우가 정녕 이러하다.[70]

이른바 "선"이란 바로 눈앞의 쾌락을 말한다.

미명(美名 : 명예로운 이름, 명예) 역시 우리들의 욕망이므로 이 역시 양주가 꼭 부정한 것은 아니었다. 「양주편」은 말한다.

육자(鬻子 : 〈제1편, 제8장, 주17〉)는 "이름(명예)을 버린 사람은 근심이 없다"고 했고, 노자는 "이름이란 실질의 부산물이다(名者實之賓)"고 했건만, 사람들은 끊임없이 이름을 추구하고 있다. 이름은 정말 버리면 안 되고 이름은 정말 부산물이 아닌 것인가? 현재 이름(명예)이 있으면 부귀해지고 이름이 없으면 비천해지는데, 부귀하면 안락을 누리지만 비천하면 고생을 한다. 고생을 함은 본성에 위배되나 안락을 누림은 본성에 맞는다. 이처럼 (이름에는) 실질이 관련되어 있거늘 어찌 이름을 버릴 수 있으며 이름이 그저 부산

---

69) 人之生也, 奚爲哉? 奚樂哉? 爲美厚爾, 爲聲色爾. 而美厚復不可常厭足, 聲色不可常翫聞, 乃復爲刑賞之所禁勸, 名法之所進退. 遑遑爾競一時之虛譽, 規死後之餘榮. 偶偶爾愼耳目之觀聽, 惜身意之是非. 徒失當年之至樂, 不能自肆於一時. 重囚纍梏, 何以異哉? 太古之人, 知生之暫來, 知死之暫往. 故從心而動, 不違自然所好. 當身之娛, 非所去也, 故不爲名所勸. 從性而遊, 不逆萬物所好. 死後之名, 非所取也, 故不爲刑所及. 名譽先後, 年命多少, 非所量也. (『열자』, 219쪽)

70) 伯夷非亡欲, 矜清之郵, 以放餓死. 展季非亡情, 矜貞之郵, 以放寡宗. 清貞之誤善若此. (『열자』, 221쪽) [郵 : 과실, 허물, 죄]

물일 수 있겠는가? 다만 이름을 고수하다가 실질을 해치는 일을 경계해야한다. 이름을 고수하다가 실질을 해치는 사람은 장차 위험과 멸망도 고려하지 않을 터이니 어찌 단순히 안락과 고생의 문제에 그치겠는가?[71]

이것을 보면 이름은 중요하지 않은 것이 아니나 다만 오로지 헛된이름을 도모하다 실제의 화를 입는 행위는 절대로 안 된다. 하물며미명(美名)의 양성은 시일이 필요하고 왕왕 매우 먼 장래 혹은 사후에나 이루어지는 것임에랴? 도대체 장래에 누릴 미명의 쾌락이 현재 눈앞의 쾌락을 희생한 손실을 보상해줄 수 있는지 여부는 알 수없으니 사후의 미명 따위는 더욱 쓸모가 없다. 「양주편」은 말한다.

　천하의 미명은 순 임금, 우왕, 주공, 공자에 귀착되고 천하의 악명은 걸왕,주왕에 귀착된다.……저 네 성인은 살아서는 하루의 즐거움도 누리지 못했으나 죽어서 만세에 미명을 남겼다. 그러나 사후의 미명은 실제(이미 죽은미명의 주인공)가 누릴 수 있는 바가 아니어서 칭송해도 알 리 없고 상을 주어도 알리 없으니 나무나 흙덩이와 다름이 없다.……저 두 흉한 자들은 살아서는 욕망대로 즐거움을 누렸으나, 죽어서는 어리석고 포악하다는 악명을얻었다. 그러나 실제(이미 죽은 악명의 장본인)란 본디 이름이 간여할 수 있는 바가 아니어서 비난해도 알리 없고 칭송해도 알 리 없으니 나무나 흙덩이와 다름이 없다. 저 네 성인은 비록 미명이 돌아갔으나 고통으로 생을 마치고 똑같은 죽음을 맞았고, 저 두 흉한 자들은 비록 악명이 돌아갔으나 즐거움으로 생을 마치고 똑같은 죽음을 맞았다.[72]

---

71) 鬻子曰: "去名者無憂." 老子曰: "名者實之賓." 而悠悠者趨名不已. 名固不可去, 名固不可賓邪? 今有名則尊榮, 亡名則卑辱. 尊榮則逸樂, 卑辱則憂苦. 憂苦, 犯性者也；逸樂, 順性者也；斯實之所係矣. 名胡可去? 名胡可賓? 但惡夫守名而累實；守名而累實, 將恤危亡之不救, 豈徒逸樂憂苦之間哉? (『열자』, 238쪽) ["名者實之賓": 현존 『노자』에는 없고 『장자』「소요유」에 있는 말이다.]

72) 天下之美, 歸之舜禹周孔；天下之惡, 歸之桀紂.……凡彼四聖者, 生無一日之歡, 死有萬世之名；名者, 固非實之所取也. 雖稱之弗知, 雖賞之不知, 與株塊無以異矣.……彼二凶也, 生有從欲之歡, 死被愚暴之名；實者, 固非名之所與也. 雖毀之不知, 雖稱之不知, 此與株塊奚以異矣. 彼四聖雖美之所歸, 若以至終, 同歸於死矣. 彼二凶雖惡之所歸, 樂以至終, 同歸於死矣. (『열자』, 231－33쪽)

○복희씨 이래로 30여만 년간, 잘났든 못났든, 잘생겼든 못생겼든, 성공했든 실패했든, 옳았든 글렀든 그 누구를 막론하고 인멸되지 않은 사람은 없고, 다만 인멸시기의 빠르고 더딘 차이만 있었을 뿐이다. 일시의 평판을 숭상하여 정신과 육체를 괴롭혀 사후 몇백 년간의 이름을 추구한들, 어떻게 마른 뼈를 살찌울 수 있겠으며 삶의 무슨 즐거움이 있겠는가?[73]

이와 같을진대 우리가 왜 하필 눈앞의 쾌락을 버리고 사후의 알 수 없는 미명을 추구하겠는가?

따라서 「양주편」이 선택한 것은 단지 눈앞의 쾌락이었다. 눈앞의 쾌락을 누릴 수만 있다면 이후의 그 어떤 결과라도 고려할 바가 아니다. 「양주편」은 말한다.

위나라의 단목숙(端木叔)은 자공의 후손이었다. 그는 선조의 재산 덕분에 집에 만금이 쌓여 있어서 생계의 일은 힘쓰지 않고 마음대로 하고 싶은 일을 했다. 그는 사람이 바라는 일은 다 해보았고 사람이 원하는 욕망은 다 즐겨 보았다.……이렇게 마음껏 쓰고 남은 것은 먼저 친척들에게 나누어주고, 친척들에게 주고 남은 것은 마을 사람들에게 나누어주고, 마을 사람들에게 주고 남은 것은 온 나라에 나누어주었다. 나이 예순이 되어 혈기와 체력이 쇠잔해갈 때 모든 집안 일을 폐기하고 창고에 쌓아둔 보물, 수레, 의복 및 종들을 전부 나누어주어 1년 만에 완전히 없애고 말았는데, 자손을 위해서는 전혀 재물을 남기지 않았다. 병이 들었을 때 약물을 쓸 돈도 없었고, 죽었을 때 장례비용도 없었다. 온 나라에서 그의 도움을 받았던 사람들이 서로 추렴하여 그를 장사 지냈고 자손에게 약간의 재물도 되돌려주었다. 금활리(禽骨釐)는 그 이야기를 듣고 말했다.

"단목숙은 미친놈이다. 조상을 욕되게 했다."

그러나 단간생(段干生)은 그 이야기를 듣고 이렇게 말했다.

"단목숙은 달인(達人)이다. 조상보다 더 훌륭하다. 그의 행실과 한 일은 모든 사람이 놀랄 만했으나 진실로 이치에 합당했다. 위나라 군자들은 다들

---

73) 伏羲以來, 三十餘萬歲, 賢愚好醜, 成敗是非, 無不消滅, 但遲速之間耳. 矜一時之毁譽, 以焦苦其神形, 要死後數百年中餘名, 豈足潤枯骨, 何生之樂哉? (『열자』, 234쪽)

예교주의자였기 때문에 본래부터 단목숙의 심지를 이해할 수 없었다."[74]

우리 행위에 생길 수 있는 가장 나쁜 결과는 죽음이다. 죽음에 대한 두려움은 실로 장래를 걱정하게 만들고 눈앞의 쾌락을 편안히 누릴 수 없게 한다. 따라서 철학사 속의 쾌락주의자들은 대체로 죽음은 두려워할 필요가 없으니 스스로 느긋하게 마음먹도록 가르쳤고 비유로써 죽음은 두려워할 것이 없다고 설명했다. 「양주편」은 말한다.

> 관이오가 안영에게 물었다.
> "제가 양생을 논했는데〈주67〉, 그러면 송사(送死 : 葬事)란 무엇입니까?"
> "송사는 간단합니다. 특별히 말씀드릴 것이 있겠습니까?"
> "저는 꼭 듣고 싶습니다."
> "내가 이미 죽었다면 그 시체가 나와 무슨 상관이 있겠습니까? 그러니 시체는 태워도 되고, 물에 빠뜨려도 되고, 땅에 묻어도 되고, 그냥 버려도 되고, 섶(거적?)으로 싸서 골짜기에 버려도 되고, 곤룡포와 비단옷을 입혀 석관에 넣어도 되니, 그때그때의 사정대로 하면 됩니다."
> 관이오는 포숙과 황자(黃子 : 제나라의 대신)를 돌아보며 말했다.
> "생사(生死 : 養生送死)의 도는 우리 두 사람이 다 설명했다."[75]

○맹손양이 양자(楊子 : 양주)에게 물었다.
> "사람이 생을 중시하고(貴生) 몸을 사랑하여 '불사(不死)'를 구하는 일이 가능합니까?"

---

74) 衛端木叔者, 子貢之世也. 藉其先貲, 可累萬金, 不治世故, 放意所好. 其生民之所欲爲, 人意之所欲玩者, 無不爲也, 無不玩也.……奉養之餘, 先散之宗族；宗族之餘, 次散之邑里；邑里之餘, 乃散之一國. 行年六十, 氣幹將衰, 棄其家事, 都散其庫藏, 珍寶, 車服, 妾媵, 一年之中盡焉, 不爲子孫留財. 及其病也, 無藥石之儲；及其死也, 無瘞埋之資. 一國之人, 受其施者, 相與賦而藏之, 反其子孫之財焉. 禽骨釐聞之曰："端木叔狂人也, 辱其祖矣."段干生聞之曰："端木叔達人也, 德過其祖矣. 其所行也, 其所爲也, 衆意所驚, 而誠理所取. 衛之君子, 多以禮敎自持, 固未足以得此人之心也."(『열자』, 227-29쪽)

75) 管夷吾曰："吾旣告子養生矣, 送死奈何?"晏平仲曰："送死略矣, 將何以告焉?"管夷吾曰："吾固欲聞之."平仲曰："旣死豈在我哉？焚之亦可, 沈之亦可, 瘞之亦可, 露之亦可, 衣薪而棄諸溝壑亦可, 袞衣繡裳而納諸石槨亦可, 唯所遇焉."管夷吾顧謂鮑叔黃子曰："生死之道, 吾二人進之矣."(『열자』, 223-34쪽)

"이치상 '불사'의 도리는 없다."

"그러면 '장생(久生:長生)'을 구하는 것은 가능합니까?"

"이치상 '장생'의 도리도 없다. 생(生)은 중시한다고 영생할 수 있는 것이 아니며, 몸은 사랑한다고 건강해질 수 있는 것이 아니다. 또 무엇 때문에 '장생'을 도모한단 말이냐? 인간의 정감의 기호는 예나 지금이나 같고, 신체의 안일도 예나 지금이나 같고, 세상사의 고락도 예나 지금이나 같고, 치란의 변동도 예나 지금이나 같다. 이미 다 들은 것이고 이미 다 본 것이고 이미 다 경험한 것인 만큼 백 년도 오히려 지겹거늘 왜 '장생'의 고통을 자처한단 말인가?"

"그렇다면 빨리 죽는 것이 '장생'보다 나으니, 칼날을 밟거나 끓는 물과 불 속에 뛰어들면 소원성취하겠네요?"

"그렇지 않다. 이미 탄생했으면 그대로 맡겨두고 욕망을 양껏 누린 다음 죽음을 기다리면 되고, 이미 죽게 되면 그대로 맡겨두고 가는 데로 따라가 최후에 이르면 된다. 어떤 것도 일부러 폐기하지 않고 그대로 맡겨두면 되거늘 무엇 때문에 생존기간을 일부러 조작한단 말이냐?"[76]

서양철학사 가운데 에피쿠로스도 이렇게 말했다.

죽음은 우리와 절대 아무런 관계가 없음을 늘 생각하라. 모든 선과 악은 감각에 존재하는데 죽음은 다만 감각의 멸절이기 때문이다. 따라서 진정 죽음이 우리와 무관함을 정확히 안다면 죽어야 할 운명의 인생도 우리에게 즐거운 것이 된다. 그런 정확한 앎이 우리에게 인생의 유한함을 알게 하고 장생을 희구하는 고통에서 벗어나게 해주기 때문이다. 모든 악 가운데 가장 흉악한 것인 죽음은 우리와 무관하다. 우리가 존재하는 한 죽음은 이르지 않으며 죽음이 임했을 때는 우리는 이미 존재하지 않기 때문이다.[77]

76) 孟孫陽問楊子曰:"有人於此, 貴生愛身, 以蘄不死, 可乎?"曰:"理無不死.""以蘄[蘄:祈]久生, 可乎?"曰:"理無久生, 生非貴之所能存, 身非愛之所能厚. 且久生奚爲? 五情好惡, 古猶今也. 四體安危, 古猶今也. 世事苦樂, 古猶今也. 變易治亂, 古猶今也. 旣聞之矣, 旣見之矣, 旣更之矣, 百年猶厭其多, 況久生之苦也乎?"孟孫陽曰:"若然, 速亡愈於久生, 則踐鋒刃, 入湯火, 得所志矣."楊子曰:"不然. 旣生則廢而任之, 究其所欲, 以俟於死. 將死則廢而任之, 究其所之, 以放於盡. 無不廢, 無不任, 何遽遲速於其間乎?"(『열자』, 229–30쪽)
77) 디오게네스,『유명 철학자들의 생애, 가르침, 격언』, 영역본, 469쪽. ["Accustom

죽음이 두려울 것이 못 되면 우리 행위의 그 어떤 결과도 두려울 것이 못 된다.

우리는 눈앞의 쾌락을 구하고 그것의 장래 결과가 나쁠지는 상관하지 말며, 눈앞의 고통을 피하고 그것의 장래 결과가 좋을지도 상관하지 말아야 한다. 「양주편」은 말한다.

> 금자(금활리)가 양주에게 물었다.
>
> "몸의 털 하나를 뽑아 온 세상을 구제할 수 있다면 그리 하시겠습니까?"
>
> "세상은 본래 털 하나로 구제될 수 있는 것이 아닙니다."
>
> "만약에 구제될 수 있다고 하면 그렇게 하시겠습니까?"
>
> 양자가 응답하지 않자, 금자는 밖으로 나가 맹손양에게 묻자 그가 말했다.
>
> "선생은 우리 선생님의 뜻을 이해하지 못하셨습니다. 제가 한번 설명하겠습니다. 선생의 피부를 상처 내고 만금을 얻는다면 그렇게 하시겠습니까?"
>
> "하지요."
>
> "선생의 지체 하나를 자르고 한 나라를 얻는다면 그렇게 하시겠습니까?"
>
> 그러나 금자는 한동안 묵묵부답이었다. 맹손양이 말했다.
>
> "털 하나는 피부보다 미미하고 피부는 지체보다 미미함은 분명합니다. 그러나 털 하나가 모여 피부가 되고 피부가 모여 지체가 됩니다. 이처럼 털 하나는 한 몸의 만 분의 일의 구성요소이니 어찌 경시할 수 있겠습니까?"
>
> "어떻게 대답해야 할지 모르겠으나, 선생의 말을 노자와 관윤에게 물어보면 선생의 말이 옳다고 하겠지만, 내 말을 우 임금과 묵자에게 물어보면 내 말이 옳다고 할 것입니다."
>
> 그러자 맹손양은 [그를 외면하고] 제자들과 다른 이야기를 했다.[78]

---

yourself to think death a matter with which we are not at all concerned, since all good and all evil is in sensation, and since death is only the privation of sensation. On which account, the correct knowledge of the fact that death is no concern of ours, makes the mortality of life pleasant to us, inasmuch as it sets forth no illimitable time, but relieves us from the longing of immortality.……
Therefore, the most formidable of all evils, death, is nothing to us, since when we exist, death is not present to us ; and when death is present, then we have no existence."] [이른바 "죽음은 나의 인생에 포함되지 않는다"는 말]

78) 禽子問楊朱曰："去子體之一毛, 以濟一世, 汝爲之乎？"楊子曰："世固非一毛之所

맹자는 "양주는 '나 자신만을 위한다'는 주장을 하여, 털 하나를 뽑으면 온 천하를 이롭게 할 수 있다고 해도 행하지 않는다"[79]고 말했다. 앞의 문단은 맹자의 이 말에 근거하여 부연한 것 같다. 털을 뽑는 일은 눈앞의 고통이고 천하를 얻는 일은 장래의 결과이다. 우리는 마땅히 눈앞의 고통을 피하고 그것이 장래에 어떤 큰 이익을 가져올지는 따지지 말아야 한다는 것이니, 「양주편」이 견지한 주장이 이와 같다. "털 하나를 뽑으면 온 천하를 이롭게 할 수 있다고 해도 행하지 않을" 뿐만 아니라, 털 하나를 뽑으면 천하를 얻는다고 해도 역시 하지 않는다.

이것은 극단적인 주장이지만 「양주편」은 이것을 구세의 방법(救世之法)으로 삼았다. 온 세상 사람들이 눈앞의 쾌락만 구한다고 하면 자연히 권세나 이익을 다투는 사람은 없어질 터이니, 권세와 이익은 모두 복잡하고 어려운 준비와 소모적인 방법을 거치지 않고는 획득할 수 없는 것이기 때문이다. 그렇게 되면 세상 사람이 취하는 것은 그저 그에게 필요한 것일 뿐이고, 그에게 필요한 것이란 단지 그가 누릴 수 있는 대상에 한정될 것이다. 예컨대 장자는 말했다.

> 굴뚝새가 차지한 숲은 가지 하나에 불과하고, 두더지가 마시는 강물은 배를 채우는 데에 불과하다.……나는 천하의 정치에 관심이 없다.[80]

이렇게 되면 자연히 쟁탈은 없어질 것이다. 「양주편」은 말한다.

> 옛 사람은 털 하나를 뽑으면 천하를 이롭게 할 수 있다고 해도 허락하지 않았고, 온 천하를 가지고 자기를 섬긴다고 해도 받아들이지 않았다. 사람사

濟." 禽子曰: "假濟, 爲之乎?" 楊子弗應. 禽子出, 語孟孫陽. 孟孫陽曰: "子不達夫子之心, 吾請言之. 有侵若肌膚獲萬金者, 若爲之乎?" 曰: "爲之." 孟孫陽曰: "有斷若一節得一國, 子爲之乎?" 禽子默然有間. 孟孫陽曰: "一毛微於肌膚, 肌膚微於一節, 省矣. 然則積一毛以成肌膚, 積肌膚以成一節. 一毛固一體萬分中之一物, 奈何輕之乎?" 禽子曰: "吾不能所以答子. 然則以子言問老聃關尹, 則子言當矣; 以吾言問大禹墨翟, 則吾言當矣." 孟孫陽因顧與其徒說他事. (『열자』, 230−31쪽)

79) 楊子(取)爲我, 拔一毛而利天下不爲也. 〈제1편, 제7장, 주7〉

80) 鷦鷯巢於深林, 不過一枝; 偃鼠飮河, 不過滿腹.……余無所用天下爲. (「소요유」, 『장자』, 24쪽) [鷦鷯(초료). 偃鼠(언서)] 〈제1편, 제7장, 주76〉

람마다 털 하나도 손상하지 않고 사람사람마다 천하를 이롭게 하지 않는다
면 천하는 태평해질 것이다.[81]

이 간단한 방법이 세계의 번잡한 문제를 잘 해결할 수 있을 것 같지
는 않다. 그러나 실제로 이 세계의 혼란은 주로 사람들이 권세를 다
투고 이득을 다투는 데서 비롯되는 것인 만큼, 「양주편」의 내용은
진실로 "주장이 근거가 있고 말은 이치가 섰다"[82]고 하겠다.

「양주편」의 쾌락주의는 이와 같다.* 서양철학과 비교하면 「양주
편」의 주장은 키레네 학파의 주장과 매우 흡사하며 에피쿠로스 학
파의 주장과도 원리상 흡사하다. 키레네 학파는 "육체적 쾌락은 정
신적 쾌락보다 고상하고, 육체적 고통은 정신적 고통보다 심각하다
고 여겼다."

> 키레네 학파는 에피쿠로스가 말한 '고통 없음'을 즐거움으로 여기지 않았
> 다. 즐거움 없음이 고통은 아니기 때문이다. 쾌락과 고통은 모두 행동으로 말
> 미암아 생기는데 '고통 없음'과 '즐거움 없음'은 행동이 아니기 때문이다.[83]

즉 키레네 학파에 따르면 쾌락은 반드시 적극적인 것이고 인력으로
얻어지는 것이고 사람의 욕망을 만족시켜주는 것인데, 「양주편」의
내용이 바로 이와 같다.

「양주편」에 따르면 우리는 단지 눈앞의 쾌락만 구해야지 장래의
결과를 고려해서는 안 된다. 우리는 여기서 보통 사람의 견해로써
비평할 필요는 없다. 「양주편」의 근본 견해는 우리는 쾌락을 누리
며 하루를 살지언정 근심과 고통으로 백 년을 살수는 없다고 여기
기 때문이다. 그러나 각종 쾌락은 아무리 눈앞에 가까이 있는 것일
지라도 모든 수단과 방법을 써야만 비로소 얻을 수 있다. 그 수단과
방법은 종종 아주 싫은 것일 수도 있는데, 만약 조금도 희생하지 않

---

81) 古之人損一毫利天下不與也, 悉天下奉一身不取也. 人人不損一毫, 人人不利天下,
　　天下治矣. (『열자』, 230쪽) [與 : 허락하다, 좋아하다, 지지하다, 찬성하다]
82) 持之有故, 言之成理. 〈제1편, 제1장, 주3〉
　* 영역본은 이 문장부터 이하 이 장의 끝까지 모두 삭제했다.
83) (이상 두 인용문) 디오게네스, 『유명 철학자들의 생애, 가르침, 격언』, 90쪽.

고 쾌락을 얻으려고 하면 하나의 소득도 얻지 못할 것이다. 왓슨은 키레네 학파의 철학은 실제로 사람들에게 쾌락을 얻도록 가르쳤지만 반드시 추구하지는 않았다고 말했다.[84] 그래서 서양철학에서 에피쿠로스는 키레네 학파의 설을 수정하여 고통이 없고 심신이 태평한 것이 쾌락이라고 여겼다. 그에 따르면 우리는 안분지족(安分知足)하여 소박한 생활 속에서 향락을 구해야 한다. 「양주편」에도 이 의미가 들어 있는 것 같다. 예컨대 「양주편」은 말한다.

원헌은 노나라에서 빈궁했고, 자공은 위나라에서 재산을 증식했다. 원헌의 빈궁은 생(生)을 손상시켰고, 자공의 재산 증식은 몸에 누를 끼쳤다. 그런즉 빈궁도 옳지 않고, 재산 증식도 옳지 않다. 그러면 어떻게 해야 옳은가? 생을 즐기는 것이 옳고, 몸을 안락하게 하는 것이 옳다. 따라서 생을 잘 즐기는 사람은 빈궁하지 않고, 몸을 잘 안락하게 하는 사람은 재산 증식을 하지 않는다.[85]

이 견해는 에피쿠로스 학파의 철학에 가깝다.

그러나 에피쿠로스의 이상적인 생활 속에서 사람은 과거에 대한 믿음도 없고 장래에 대한 희망도 없이 그저 편안히 순종함으로써 죽음이 오기를 기다린다. 이는 매우 좋은 경지일지도 모르겠으나 역시 우울한 기색(鬱色)이 있다. 이런 철학은 표면상 낙관적인 것일지라도 사실은 진정으로 비관적인 것이다.

---

84) 존 왓슨, 『아피스팁푸스에서 스펜서까지의 쾌락주의 이론(*Hedonistic Theories from Aristippus to Spencer*)』, 42쪽.

85) 原憲窶於魯 ; 子貢殖於衛. 原憲之窶損生 ; 子貢之殖累身. 然則窶亦不可, 殖亦不可. 其可焉在? 曰 : 可在樂生, 可在逸身. 故善樂生者不窶, 善逸身者不殖. (『열자』, 222쪽)

제6장
남북조의 현학(하)

자유분방한(放情肆志) 인생관은 도가(道家)의 분파로 볼 수도 있지만 도가의 노자학과 장자학에는 그런 주장이 없다. 또 노자학과 장자학에 자연주의가 있지만『열자(列子)』일부의 주장처럼 극단적으로 기계론적이고 결정론적인 면은 없다.『장자(莊子)』에는 또 신비주의 성분이 있다. 자연주의와 신비주의가 일관된 철학으로 결합한 것이 서양철학사 중의 스피노자이고 바로 장자학의 특색이다.

위진시대(魏晋時)에는 도가 학설이 성행했다. 이 시기의 곽상(郭象, 252-312)의『장자주(莊子注)』는 아주 가치 있는 저작이다. 이 주는『장자』사상의 부연 발전일 뿐만 아니라 곽상의 새로운 견해도 포함하고 있기 때문에, 사실상 독립된 저작이고 도가 철학의 중요한 전적이다.*

1. 향수와 곽상

이 주는 곽상의 이름을 달고 있지만 향수(向秀, 227?-272)가 지은 것이라고 말하는 사람도 있다.『진서(晋書)』「향수전(向秀傳)」은 말한다.

---

* [영역본은 위 두 문단을 다음 글로 대체했다.]『노자』와『주역』의 왕필의 주해는 위진시대 신도가(新道家)의 중요한 산물이다. 똑같이 중요한 또다른 작품이『장자주』이다.

향수는 자가 자기(子期)이고, 하내군 회현 사람이다. 청아한 이해력에 원대한 식견이 있었다. 젊어서 산도(山濤, 205-283)의 인정을 받았고 본디 노장의 학을 좋아했다. 장주가 지은 내외 수십편에 대해서 대대로 여러 학자들이 자못 훌륭한 해설을 내놓았지만 어느 것도 장주 사상의 핵심체계(旨統)를 바르게 논하지는 못했다. 이에 향수는 심오한 주해를 지어 진기한 경지를 개척함으로써 현풍(玄風 : 현학 청담의 풍기)을 불러일으켰다. 그 주해를 읽은 사람들은 초연히 마음이 깨우쳐져 한때나마 자족하지 않는 이가 없었다. 혜제(惠帝) 때 다시 곽상이 그것을 **계술하고 부연하자**(述而廣之) 유묵(儒墨)의 자취(학문적 성과)는 시시해 보였고 도가의 학설이 마침내 성행하게 되었다.[1]

「곽상전」은 말한다.

곽상은 자가 자현(子玄)이다. 젊었을 때부터 재능이 있었고 노장을 좋아하여 청담(淸言 : 淸談)에 능했다. 영가(307-312) 연간 끝 해에 세상을 떠났다. ……이전 시대의 『장자』 주해자는 수십 명이었지만 아무도 그 핵심체계를 밝히지는 못했다. 향수는 옛 주해를 벗어나서 의미를 해석했는데 진기한 경지를 신비하게 연역하여 현풍(玄風)을 크게 창달했다. 오직 「추수(秋水)」와 「지락(至樂)」 두 편만 완성하지 못하고 세상을 떠났다. 향수의 아들은 어렸기 때문에 향수의 주해도 영락했으나 별도의 판본이 상당히 유통되기도 했다.

그런데 곽상은 사람됨이 야박하여 향수의 주해가 세상에 유전되지 않음을 보고, 마침내 **그것을 훔쳐 자기의 주해로 삼았다**. 그래서 **자신은 「추수」와 「지락」 두 편만 주해하고, 「마제(馬蹄)」 한 편은 개작하고, 기타 여러 편은 간혹 문구만 수정했을 뿐이다**. 그후 향수의 주해도 별도의 책으로 나왔다. 따라서 현재 두 종의 『장자』 주해가 있는데 그 내용은 똑같다.[2]

---

1) 向秀字子期, 河內懷人也. 淸悟有遠識, 少爲山濤所知. 雅好老莊之學. 莊周著內外數十篇, 歷世方士, 雖有觀者, 莫適論其旨統也. 秀乃爲之隱解, 發明奇趣, 振起玄風, 讀之者超然心悟, 莫不自足一時也. 惠帝之世, 郭象又述而廣之, 儒墨之迹見鄙, 道家之言遂盛焉. (『진서(晉書)』, 1374쪽) [雅 : 고상하다, 항상, 본디, 본디부터]

2) 郭象字子玄, 少有才理, 好老莊, 能淸言.……永嘉(307-312)末病卒.……先是注『莊子』者數十家, 莫能究其旨統. 向秀於舊注外而爲解義, 妙演奇致, 大暢玄風. 惟「秋水」「至樂」二篇未竟而秀卒. 秀子幼, 其義零落, 然頗有別本遷流. 象爲人行薄, 以秀義不傳於世, 遂竊以爲己注. 乃自注「秋水」「至樂」二篇, 又易「馬蹄」一篇, 其餘衆篇或點定文句而已. 其後秀義別本出, 故今有向郭二『莊』, 其義一也. (『진서』, 1396-97쪽)

이 두 전기의 내용은 다르다. 「향수전」에 따르면 곽상은 향수의 『장자주』를 취하여 "계술하고 부연했지만", 「곽상전」에 따르면 곽상은 향수의 『장자주』를 "훔쳐 자기의 주해"로 삼아 "문구만 수정했을 뿐이다." "계술 부연"은 "문구 수정"과 크게 다르다. 장담(張湛)은 『열자』 주(注)*에서, 『열자』에 인용된 『장자』 구절은 주로 향수 주나 곽상 주를 채용했다. 향수 주에서 인용된 것은 대체로 현존하는 『장자』 곽상 주와 대략 같다. 그러나 장담은 자주 곽상 주를 직접 인용하면서도 향수는 언급하지 않았다. 해당 구절에서 향수 주는 없고 곽상 주만 있었거나 혹은 향수 주가 곽상 주만 못했기에 장담이 곽상 주만 취했는지 모른다. 장담의 할아버지는 왕필의 사촌동생의 조카였다. 장담의 시대는 곽상의 시대와 가까워 향수 주도 발견하고 늘 인용했던 것인 만큼, 향수가 아닌 곽상이 인용된 부분은 상술한 두 이유 중의 하나에 해당될 수밖에 없다. 또 장담이 인용한 곽상 주가 『장자』의 「추수」, 「지락」, 「마제」 세 편에 한정되지 않고 있음을 고려할 때, 『진서』 「곽상전」에서 곽상 "자신은 「추수」와 「지락」 두 편만 주해하고 「마제」 한 편은 개작하고 기타 여러 편은 간혹 문구만 수정했을 뿐이다"고 한 말은 사실상 신빙성이 없다. 그러나 장담이 인용한 향수 주 내용을 검토해볼 때, 곽상이 『장자』를 주해하면서 향수 주를 양껏 채용했음은 사실인 것 같다. 이로써 보면 현존하는 곽상의 『장자주』는 사실상 향수와 곽상 두 사람의 혼합작품이며, 『진서』 「향수전」의 내용이 사실에 가까운 것 같다. 혼합작품인 만큼 이후 『장자주』라는 말만 쓰겠다.**

＊ 『신편』IV, 197-98쪽 : 현학은 절정인 곽상의 철학체계 이후 그 에필로그의 대표작이 『열자』와 장삼의 『열자주』이다.……선진시대의 저작 속에 열어구(列禦寇)라는 인물과 그의 학파가 종종 언급되지만, 현존 『열자』 판본은 결코 『한서』 「예문지」에 등록된 『열자』가 아니고 진대(晉代) 장삼의 손에서 나온 것이다. 그는 스스로 『열자』를 편집하고 스스로 주해하여(형식상 곽상의 『장자주』를 모방하여) 『열자주』를 완성하여, 왕필의 『노자주』, 곽상의 『장자주』와 함께 나란히 셋이 되기를 바랐다.

＊＊ 『중국사상통사』 제3권(1957)에서 후외려(侯外廬) 등은 "풍우란은 [동향인] 하남성(河南省)의 곽상을 숭상한 나머지 시비를 가리지 않고 곽상의 야박한 짓을 슬그머니 면책시켰다.……여러 정황을 검토하건대 우리의 판결문은 '곽상은 명확히 절도

2. 독화

하안과 왕필은 도를 "무(無)"로 여겼지만 이른바 "무"의 의미는 상세히 언급하지 않았다.『장자주』는 "무"를 수학상의 영으로 규정했다. 만물이 이러이러한 까닭은 바로 그것 스스로 이러이러하기 때문이다.『장자』「대종사(大宗師)」 "귀신과 상제를 신령스럽게 하고 하늘과 땅을 낳는다"[3]라는 구절의 주(注)는 말한다.

> (도는) 이미 무이니 어떻게 귀신을 낳을 수 있겠는가? 귀신과 상제를 신령스럽게 하는 것이 아니고 귀신과 상제가 스스로 신령스러운 것이니, 이것이 바로 '신령하게 하지 않는 신령함'이다. (도가) 하늘과 땅을 낳는 것이 아니라 하늘과 땅이 스스로 생기니, 이것이 바로 '생기게 하지 않는 생김'이다.[4]

"태극에 앞서 있지만 높지 않고……"〈주3〉라는 구절의 주는 말한다.

죄를 범했으니 그의『장자주』판권을 파기하고 아울러 향수의 천고의 명예 손상을 배상함으로써 세상의 표절자들을 경계한다'는 것이다"고 말했다(209쪽, 217쪽). 이런 견해와 관련하여 저자는『신편』(IV, 133–34쪽)에서 원래의 자신의 주장을 더욱 상세하게 논증한 다음 이렇게 결론지었다. "곽상의『장자주』의 많은 부분은 당시 다른 학자들의『장자주』에서 베낀 것이니, 후대의 표현을 쓰면 '장자집주(莊子集注)'라고 해야 한다. 다만 곽상은 아무렇게나 베끼지 않았다.……그의『장자』주해는 주해를 위한 주해가 아니라,『장자』라는 책을 빌려 자신의 철학적 견해를 발휘하여 자신의 철학체계를 건립한 것이었다. 주희는『논어집주』와『맹자집주』에서 다른 사람의 허다한 말을 수집했지만, 그는 그렇게 함으로써 자신의 철학적 견해를 설명하고 그의 철학체계를 건립했던 것인 만큼, '집주'의 체제를 사용했음에도 불구하고 후대 사람들은 그의 논의를 그 한 사람의 말로 여겼다.……곽상의『장자주』에도 이런 정황이 있다. 그의『장자주』는 당시 여러 학자들의『장자주』의 성과를 광범하게 흡수하고 종합하여 집대성한 것이었다. 그의『장자주』는 당시 현학 발전의 최고봉이 되었으므로 그후 각종의『장자주』를 대체하고 줄곧 유전되었던 것이다."

3) [『장자』원문은 문맥을 제시하고 해당 문구에 밑줄을 그었다. 이하도 동일하다.] 夫道,……未有天地, 自古以固存, 神鬼神帝, 生天生地. 在太極之先而不爲高, 在六極之下而不爲深, 先天地生而不爲久, 長於上古而不爲老.〈제1편,제10장,주6〉

4) 無也, 豈能生神哉? 不神鬼帝而鬼帝自神, 斯乃不神之神也 ; 不生天地而天地自生, 斯乃不生之生也. (『장자』, 248쪽[5])

도는 무소부재(無所不在)함을 말한 것이다. 따라서 (도는) 높은 곳에 있지
만 높이가 없고, 깊은 곳에 있지만 깊이가 없고, 아주 늙었지만 늙음이 없다.
무소부재한 만큼 모든 곳이 다 무이다.[5]

『장자』「지북유(知北遊)」"천지에 앞서 (천지를) 낳은 것은 사물인
가?……"[6]라는 구절의 주는 말한다.

무엇이 사물에 앞선 존재인가? 음양이 사물에 앞선 존재일까? 그런데 음
양은 그 자체가 사물일 따름이다. 그러면 무엇이 음양에 앞선 존재인가? 자
연(自然)이 음양에 앞선 것일까? 그런데 자연이란 **사물의 스스로 그러함**일 뿐
이다. 그러면 지도(至道)가 자연에 앞선 것일까? 그런데 지도란 바로 지무
(至無)이다. (도는 무이고 무는 바로 '영'이다./저자) 이미 무(無)인 이상 어
떻게 무엇에 앞설 수 있겠는가? 그러니 대체 사물에 앞선 무엇이 있겠는가?
(즉 사물에 앞서서 존재하는 것은 없음을 알 수 있다.) 그러나 어쨌든 사물은
여전히 계속 생기니, 사물 스스로 그렇게 생겼고 그렇게 만드는 존재는 없음
을 알겠다.[7]

「제물론(齊物論)」"바람 소리는 만가지로 다르지만 스스로 그런 것
이다"[8]라는 구절의 주는 말한다.

무(無)는 이미 무이므로 유(有)를 낳을 수 없다. **유는 생기지 않으니 무엇을 낳
을 수도 없다.** 그렇다면 만물은 누가 낳은 것인가? **홀로 스스로 생길 뿐이다.*** 스
스로 생길 뿐 내가 낳는 것이 아니다. 내가 사물을 낳을 수 없고 사물도 나를

---

5) 言道之無所不在也. 故在高爲無高, 在深爲無深, 在久爲無久, 在老爲無老. 無所不在,
   而所在皆無也. (『장자』, 248쪽[6])
6) 有先天地生者, 物邪? 物物者非物. 物出不得先物也, 猶其有物也. 猶其有物也, 无已.
7) 誰得先物者乎哉? 吾以陰陽爲先物 ; 而陰陽者卽所謂物耳 ; 誰又先陰陽者乎? 吾以自
   然爲先之, 而自然卽物之自爾耳. 吾以至道爲先之矣 ; 而至道者乃至無也 ; 旣以無矣,
   又奚爲先? 然則先物者誰乎哉? 而猶有物無已. 明物之自然, 非有使然也. (『장자』,
   764쪽[5]) [自爾 : 自然과 같은 뜻]
8) 子游曰 : "地籟則衆竅是已, 人籟則比竹是已. 敢問天籟." 子綦曰 : "(夫天籟者) 吹萬
   不同, 而使其自己也, 咸其自取, 怒者其誰邪!"
* 『신편』IV, 135쪽 : "스스로 생김(自生)"이 곧 "독화(獨化)"이다. "독화"는 "무(無)"
   를 필요로 하지 않는다. 이것이 바로 "무무(無無)"이다. ["무무론(無無論)"]

낳을 수 없으니 자기 스스로 그러하다. 자기 스스로 그러한 것은 곧 천연(天然)이다. 천연이니 인위가 아니다.……따라서 **사물은 저마다 스스로 생길 뿐 어떤 것으로부터 나오지 않는다.** 이것이 천도(天道)이다.[9]

여기서 보면 이른바 도란 "사물은 저마다 스스로 생길 뿐 어떤 것으로부터 나오지 않는다"는 사실을 지칭할 뿐이다. 여기서 "유는 생기지 않으니 무엇을 낳을 수도 없다"는 말은 모든 사물은 모두 "홀로 스스로 생긴다"는 이치를 설명하려는 것에 불과하다. 기실 "유"는 영원히 "유"이니 "아직 생기지 않은(未生)"때도 없다. 개체의 사물은 아직 생기지 않았을 때가 있겠지만 일체를 포괄한 "유"는 영원히 존재한다. 「지북유」 "과거도 없고 현재도 없고 시작도 없고 끝도 없다"[10]라는 구절의 주는 말한다.

"무"만 "유"로 될 수 없는 것이 아니고, "유"도 "무"로 될 수 없다. 즉 "유"라는 것은 천변만화하더라도 한번도 "무"로 되지 않는다. 한번도 "무"로 되지 않기 때문에 없는 때가 없이 영원히 존재한다.[11]

이러한 이론은 그리스 철학자 파르메니데스의 이론과 매우 흡사하다고 할 수 있다.

『장자주』에서 "사물은 저마다 스스로 생길 뿐 어떤 것으로부터 나오지 않음"을 주장한 까닭은 우리가 아무리 지식을 확대하든 사물이 생기는 원인을 끝까지 물으면 결국은 늘 "홀로 스스로 생기는" 것을 세워 하느님 혹은 도 혹은 원자 혹은 전자라고 불러야 하기 때문이다. 「천운편(天運篇)」 "하늘에는 육극(六極)과 오상(五常 : 오

---

9) 無旣無矣, 則不能生有. 有之未生, 又不能爲生. 然則生生者誰哉? 塊然而自生耳. 自生耳, 非我生也. 我無不能生物, 物亦不能生我, 則我自然矣. 自己而然, 謂之天然. 天然耳, 非爲也.……故物各自生以無所出焉, 此天道也. (『장자』, 50쪽[1])

10) 仲尼曰 : "……無古無今, 無始無終. 未有子孫而有子孫, 可乎?"

11) 非唯無不得化而爲有也 ; 有亦不得化而爲無矣. 是以有之爲物(原作'無有之爲物', 依 『四部叢刊莊子』本改), 雖千變萬化, 而不得一爲無也. 不得一爲無, 故自古無未有之時而常存也. (『장자』, 763쪽[3])
   [『신편』IV, 139쪽 : 여기의 "유"는 일체의 사물을 포괄한 것이다. 자연계는 시작도 없고 끝도 없는 만큼 "유"는 영원히 존재한다.]

행)이 있다"[12]라는 구절의 주는 말한다.

> 사물의 겉 현상은 그 까닭을 알 수도 있지만 그 근원의 근원을 추적하여
> 끝까지 나아가면 결국 **아무런 까닭 없이 그 자체 그러하다**고 말할 수밖에 없다.
> 이미 그러한 것인 이상 애초부터 그 까닭을 물을 필요가 없었고 그 사물을
> 그대로 승인하면 그만이다.[13]

사물은 결국 "아무런 까닭 없이 그 자체 그러하기" 때문에 『장자
주』는 처음부터 "사물은 스스로 그러하다"고 말했다. 그는 처음부
터 사물은 모두 스스로 그러하여 그러하니 다시 의존대상(所待)이
없다고 여겼다. 이것이 이른바 "독화(獨化)"이다. 「제물론」 "나의
의존대상도 또 무엇에 의존해 있는가?"[14]라는 구절의 주는 말한다.

> 만약 어떤 것의 의존 대상을 추구하여 그 원천을 찾아 끝까지 나아가면 결
> 국 의존대상이 없다는 데에 이른다. 이로써 **"독화"의 이치**는 밝혀진다.[15]

또 "어찌 그렇지 않음을 알겠는가"〈주14〉라는 구절의 주는 말한다.

> 세상에서는 망량(罔兩 : 그림자 바깥의 희미한 그늘)은 그림자에 의존하고
> 그림자는 형체에 의존하고 형체는 조물주에 의존한다고 말한다. 그러면 한번
> 묻건대 조물주는 유(有)인가, 무(無)인가? 무라면 어떻게 사물을 창조할 수 있
> 겠는가? 유라면 뭇 형체를 존재하게 할 수 없다. 따라서 뭇 형체는 스스로 존
> 재하는 사물임을 깨달은 사람이라야 비로소 더불어 조물(造物)의 이치를 논할
> 수 있다. 그러므로 만물의 영역을 통틀어 비록 망량의 망량이라도 현명(玄冥)*

---

12) "天其運乎? 地其處乎?……" 巫咸袑曰 : "來! 吾語女. 天有六極五常, 帝王順之則治,
　　逆之則凶……" [六極 : 동·서·남·북과 위·아래의 극한] 〈제1편, 제10장, 주3〉

13) 夫事物之近, 或知其故 ; 然尋其原以至乎極, 則無故而自爾也. 自爾則無所稍問其故
　　也, 但當順之. (『장자』, 496쪽[1]) [稍 : 점점, 작다, 약간, 조금, 잠시]

14) 罔兩問景曰 : "曩子行, 今子止 ; 曩子坐, 今子起 ; 何其无特操與?" 景曰 : "吾有待而
　　然者邪? 吾所待又有待而然者邪? 吾待蛇蚹蜩翼邪? 惡識所以然! 惡識所以不然!"

15) 若責其所待, 而尋其所由, 則尋責無極, 而至於無待, 而獨化之理明矣. (『장자』, 111
　　쪽[2])

* 『신편』IV, 164-65쪽 : 곽상의 견해에 따르면 사물은 모두 스스로 그러한 것이고
　　부득불 그러한 것이다. 그것들이 이렇고 저런 모습으로 존재하지만 그러한 까닭
　　(所以然)은 알지도 못하고 묻지도 않는데 이런 정황이 바로 "현명(玄冥)"이다.

가운데 **독화**하지 않는 것은 없다. 따라서 **사물 창조의 주인은 없고 사물은 저마다 스스로 창조된다. 모든 사물은 다 스스로 창조되고 어떠한 의존대상도 없는 것**이 바로 천지의 본모습이다.[16]

"사물 창조의 주인은 없고 사물은 저마다 스스로 창조되는" 것이 "독화의 이치"이다.*

3. 우주간 사물의 관계

"모든 사물은 다 스스로 창조되고 어떠한 의존대상도 없다"고 함은 어떤 특정 사물이 어떤 특정 사물의 원인이라고 확정할 수 없다는 말이지, 사물의 피차간에 관계가 없다는 말은 아니다. 『장자주』에 따르면 사물의 피차간에는 관계가 있고 그것도 필연적인 관계가 있다. 「추수편」 "만물을 기능의 측면에서 볼 때……"[17]라는 구절의 주는 말한다.

천하에 서로 피차 관계 아닌 것은 없고, 피차 모두 자신을 위하므로 마치 동서로 갈라지듯 서로 상반적이다. 그러나 피차는 서로 이와 입술 관계에 있다. 이와 입술은 서로 상대를 위하고 있지 않지만 입술이 없으면 이가 시리다(脣亡齒寒). 즉 타자 자신을 위하는 타자의 행위가 바로 내게도 굉장한 도움이 된다는 말이다. 즉 피차는 **서로 상반되지만 서로 없어서는 안 된다.**[18]

---

16) 世或謂罔兩待影, 影待形, 形待造物者. 請問不造物者有耶? 無耶? 無也, 則胡能造物哉? 有也, 則不足以物衆形. 故明衆形之自物, 而後始可與言造物耳. 是以涉有物之域, 雖復罔兩, 未有不獨化於玄冥者也. 故造物者無主, 而物各自造, 物各自造, 而無所待焉 ; 此天地之正也.(『장자』, 111-12쪽[4])

* 『신편』IV, 137-41쪽 : 이 "독(獨)"자는 모든 사물은 스스로 만들어지고 스스로 발전하고 스스로 변화하며 자신 이외의 사물에 의존하지 않는다는 점을 설명한다. ……곽상의 "독화"론의 주요 논변은 외인론(外因論), 특히 조물주 미신에 대한 반대였다. (외인론자는 하나의 어떤 것이 자연계에 앞서 존재하여 자연계를 창조하고 추동하여 운동을 개시시켰다고 여겼는데, 그런 존재가 바로 곽상이 반대한 조물주였다.) 곽상의 "독화"론은 배외(裴頠)의 숭유론(崇有論)에 이어 귀무론(貴無論)을 반대했다. 귀무론이나 귀무론의 우주형성론도 일종의 외인론이다.

17) 以功觀之, 因其所有而有之, 則萬物莫不有 ; 因其所无而无之, 則萬物莫不无. 知東西之相反而不可以相无, 則功分定矣.〈제1편,제10장,주43〉

18) 天下莫不相與爲彼我, 而彼我皆欲自爲, 斯東西之相反也. 然彼我相與爲脣齒 ; 脣齒

「대종사」"누가 서로 돕지 않으면서 서로 도울 수 있으며……"[19]라는 구절의 주는 말한다.

> 손발은 임무가 다르고 오장은 기능이 다르다. 그러나 이것들은 서로 상대를 돕고 있지 않건만 신체의 각 부분을 하나로 화합시켰는바 이것이 곧 "서로 돕지 않으면서 서로 돕는 것"이고, 서로 상대를 위하고 있지 않지만 안팎이 다 완성되는바 이것이 곧 "서로 위하지 않으면서 서로 위하는 것"이다.[20]

또 "사람이 할 바를 아는 사람……"[21]이라는 구절의 주는 말한다.

> 사람은 생길 때 몸은 겨우 7척이지만 오상이 반드시 갖추어져 있다. 따라서 아무리 **미미한 몸도 온 천지가 받들기 때문에 천지만물의 모든 존재는 하루라도 없어서는 안 된다.** 한 사물이라도 갖추어지지 않으면 그의 삶은 살아나갈 수 없고 한 이치라도 실현되지 않으면 그의 수명은 완결될 수 없다.[22]

사람이 이러이러한 까닭은 우주가 이러이러하기 때문이다. 엄격히 말하면 우주간의 어떤 사물도 그 안의 여타의 모든 사물과 관계가 있다. 따라서 "미미한 몸도 온 천지가 받들기 때문에 천지만물의 모든 존재는 하루라도 없어서는 안 된다"고 말했다.

즉 인간사 가운데 "치", "란"이 교체하는 것 역시 스스로 그러한 것(自然的)이고 반드시 그러한 것(必然的)이다. 「대종사」 "내가 말한 자연이 인위가 아님을 어찌 알랴?……"〈주21〉는 구절의 주는 말한다.

者, 未嘗相爲, 而脣亡則齒寒. 故彼之自爲, 濟我之功宏矣. 斯相反而不可以相無者也. (『장자』, 579쪽[5]) [濟 : 돕다, 구제하다, 도움이 되다, 유익하다, 성취하다]

19) 子桑戶孟子反子琴張三人相與友曰 : "孰能相與於無相與, 相爲於無相爲? 孰能登天遊霧, 撓挑無極 ; 相忘以生, 無所終窮?" 三人相視而笑, 莫逆於心, 遂相與爲友.

20) 手足異任, 五藏殊官. 未嘗相與, 而百節同和, 斯相與於無相與也. 未嘗相爲, 而表裏俱濟, 斯相爲於無相爲也. (『장자』, 265쪽[1]) [與 : 베풀다, 돕다, 어울리다]

21) 知天之所爲, 知人之所爲者, 至矣. 知天之所爲者, 天而生也 ; 知人之所爲者, 以其知之所知以養其知之所不知, 終其天年而不中道夭者, 是知之盛也. 雖然有患. 夫知有所待而後當, 其所待者特未定也. 庸詎知吾所謂天之非人乎? 所謂人之非天乎?

22) 人之生也, 形雖七尺, 而五常必具. 故雖區區之身, 乃擧天地以奉之. 故天地萬物, 凡所有者, 不可一日而相無也. 一物不具, 則生者無由得生, 一理不至, 則天年無緣得終. (『장자』, 225쪽[3]) [區 : 제각각, 서로서로 다르다, 자질구레하다]

인간사는 모두 스스로 그러한(自然) 것이다. 즉 **치란**(治亂), 성패, 행불행 모두 인위가 아니고 자연(스스로 그러함)에 속한다.[23)]

「천운편」 "사람이 스스로 분파가 된 것은 천하 때문이다……"[24)]라 는 구절의 주는 말한다.

> 만물을 크게 동일시하지 못하고 사람사람마다 자신을 내세웠기 때문에 사 람들은 스스로 분파가 된 것이다. **백 세대를 이어온 물길이 현재의 변화에 합류 한** 그 폐단이 여기에 이른 것이지 우 임금 때문이 아니다. 따라서 천하 때문 이라고 말한 것이다. 성인의 지혜의 자취가 천하를 혼란시킨 것이 아니라 천 하에 필연적으로 그 혼란이 생긴 것이다.[25)]

"백 세대를 이어온 물길이 현재의 변화에 합류한다"고 함은 그런 모든 상황하에서는 반드시 어떤 상황, 어떤 사물이 발생하는 것은 필연이라는 말이다. 그렇지만 우리는 특정 상황, 특정 사물을 특정 상황, 특정 사물의 원인이라고 지칭할 수는 없다. 이것이 (만물의) **"독화"**이다. 이 견해는 유물사관의 역사철학과 아주 흡사한 면이 있다. 예컨대 러시아 혁명은, 유물사관의 역사철학에 따르면, 그 당 시 모든 객관적 환경하에서 필연적으로 생긴 산물이지 레닌 개인이 만들 수 있었던 것이 아니다. 앞에 인용한 "서로 상반되지만 서로 없어서는 안 된다"는 말은 견강부회하면 변증법을 논한 것이라고 할 수 있다.

---

23) 人皆自然, 則治亂成敗, 遇與不遇, 非人爲也, 皆自然耳. (『장자』, 226쪽[4])

24) 禹之治天下, 使民心變, 人有心而兵有順, 殺盜非殺, 人自爲種而天下耳, 是以天下大 駭, 儒墨皆起. 其作始有倫而今乎歸女, 何言哉! 余語汝, 三皇五帝之治天下, 各曰治 之, 而亂莫甚焉.〈부록3, 주43〉

25) 不能大齊萬物, 而人人自別, 斯人自爲種也. 承百代之流而會乎當今之變 ; 其弊至於 斯者, 非禹也, 故曰天下耳. 言聖知之迹, 非亂天下, 而天下必有斯亂. (『장자』, 529 쪽[9])

[『신편』IV, 178쪽 : 즉 모든 사회는 과거 역사와 현재 주위의 상황이 있는데 그 교 차점이 그 사회의 현상을 구성하므로, 좋든 나쁘든 태평이든 혼란이든 모두 한 사 람 또는 한 사건의 책임은 아니다. 굳이 책임을 논하자면 온 사회 또는 온 세계, 온 우주의 책임이다.……따라서 천하의 혼란도 결코 성인의 자취에서 비롯된 것 이 아니라 온 사회, 온 세계, 온 우주의 형세에서 비롯된 것이다.]

4. 자연과 인간사의 변화

앞에서 『장자주』의 이론은 파르메니데스와 매우 흡사하다고 말
했는데, 다른 면에서는 또 헤라클레이토스와도 매우 흡사하다. 『장
자주』는 우주간 모든 사물은 항상 변하는 것이라고 여겼다. 「대종
사」 "그러나 한밤중에 힘 센 자가 나타나 몽땅 짊어지고 달아날 수
도 있다……"[26]라는 구절의 주는 말한다.

힘이 없는 힘 중에서 변화(變化)보다 더 큰 힘은 없다. 그것은 천지를 일신
시키고 산악을 변모시킨다. 옛것은 잠시도 머물지 않고 홀연히 새것이 되는
즉 천지만물은 잠시도 변하지 않는 것이 없다. 세상은 모두 새것인데 자기만
옛것이라고 생각하고, 배는 날마다 변화하는데 옛날과 똑같다고 여기고, 산
은 날마다 바뀌는데 이전과 똑같다고 여긴다. 남과 어깨를 부딪치고 헤어지
면 이내 무의식 속으로 사라진다. 따라서 옛날의 나는 다시 현재의 나가 아
니다. 나는 현재와 함께 과거로 흘러가니 어떻게 항상 옛날의 나를 고수할
수 있겠는가? 그러나 이런 이치를 깨닫지 못하는 속인들은 현재 내가 만나
는 대상을 붙잡아둘 수 있다고 완고하게 말하니 어찌 몽매하지 않은가?[27]

파르메니데스와 헤라클레이토스의 철학은 완전히 상반된다. 『장자
주』에 그 두 철학과 유사한 점이 공존하는 까닭은 『장자주』가 "유"
는 "유"일 뿐이라고 한 것은 우주 전체에 대한 말이고, 만물은 늘
변한다고 한 것은 우주간 각 개체 사물에 대한 말이기 때문이다. 예
컨대 장강의 물은 시시각각 변천하나 장강은 여전히 장강이다.

---

26) 夫藏舟於壑, 藏山於澤, 謂之固矣. 然而夜半有力者負之而走, 昧者不知也. 藏小大有
宜. 猶有所遯. 若夫藏天下於天下而不得所遯, 是恒物之大情也. 特犯人之形而猶喜
之. 若人之形者, 萬化而未始有極也, 其爲樂可勝計邪! 〈제1편, 제10장, 주54〉
27) 夫無力之力, 莫大於變化者也. 故乃揭天地以趨新, 負山岳以舍故. 故不暫停, 忽已涉
新 ; 則天地萬物, 無時而不移也. 世皆新矣, 而自以爲故 ; 舟日易矣, 而視之若舊 ; 山
日更矣, 而視之若前. 今交一臂而失之, 皆在冥中去矣. 故向者之我, 非復今也. 我
與今俱往, 豈常守故哉? 而世莫之覺, 橫謂今之所遇, 可係而在, 豈不昧哉? (『장자』,
244쪽[2]) 〈제1편, 제9장, 주29〉

사회 역시 늘 변천 속에 있다. 사회의 제도는 모두 한 시대에 쓰인 것이므로 시대가 지나면 폐단이 생겨 폐물이 된다. 「천운편」 "처음 제도가 도입되었을 때는 도리가 있었겠지만 지금은 딸을 아내로 삼고 있는 격이다"〈주24〉라는 구절의 주는 말한다.

현재 딸을 아내로 삼아 상하에서 패역을 저지르는 일도 처음에는 이치가 없지 않았겠으나, 지리의 폐단(至理之弊)*이 결국 그 지경에 이른 것이다.[28]

「천운편」 "추녀는 서시(西施)의 찡그린 모습의 아름다움은 알았어도 찡그린 모습이 아름다운 이유는 몰랐다"[29]라는 구절의 주는 말한다.

무릇 예의(禮義)란 시대에 맞게 사용하면 서시(西施)처럼 아름답지만, 시대가 지났어도 폐기하지 않으면 추녀처럼 **추하다**.[30]

「천운편」 "진·채의 국경에서 포위당했다"[31]라는 구절의 주는 말한다.

선왕의 전례(典禮 : 도덕 禮敎)는 시대의 용도에 따른 것이니, 시대가 지났어도 폐기하지 않으면(새것을 쓰지 않고 옛것을 묵수하면) 백성의 **요괴**가 되고 **"어색한 모방(矯效 : 표면적인 흉내)"**을 일으키는 단서가 된다.[32]

---

* 『신편』IV, 179쪽 : 곽상의 철학은 자연계와 사회의 모든 존재가 전부 "합리적(合理的)"인 것임을 증명하려는 것이다. 이것이 그의 "내성외왕의 도(內聖外王之道)"의 주요 내용이다. "합리적"의 세 글자는 결코 번역어가 아니고 바로 곽상의 말이다. 그에 따르면 모든 존재는 "필연(必然)", "자연(自然)", "부득불연(不得不然)", "부득이이연(不得已而然)"에서 나온 것인데, "지리(至理)"가 바로 그런 모습이기 때문이다. "지리"가 있으면 필연적으로 폐단이 생기는 것도 불가피한데, 곽상에 따르면 합리적인 일만 합리적일 뿐만 아니라 불합리한 일도 합리적이다.

28) 今之以女爲婦而上下悖逆者, 非作始之無理 ; 但至理之弊, 遂至於此. (『장자』, 529쪽)

29) 禮義法度者應時而變者也.……故西施病心而矉其里, 其里之醜人見之而美之, 歸亦捧心而矉其里. 其里之富人見之堅閉門而不出,……彼知矉美而不知矉之所以美.

30) 夫禮義, 當其時而用之, 則西施也. 時過而不棄, 則醜人也. (『장자』, 516쪽[4])

31) 圍於陳蔡之間, 七日不火食, 死生相與隣, 是非其眯邪? [眯 : 눈에 티가 들어가다]

** 矯效 : 곽상에 따르면 교효는 자기 본성에 안주하지 않고 다른 사람을 모방하여 자기가 할 수 없는 일을 헛되이 도모하는 것으로서, 가장 나쁜 일이다. 교효는 행복을 줄 수 없고 오히려 고통을 준다. "효"는 모방이고 "교"는 일부러 꾸민 부자연스러움이고, 교효의 근원은 부러움(羨欲)이다. (『신편』IV, 174쪽)

32) 夫先王典禮, 所以適時用也. 時過而不棄, 卽爲民妖, 所以興矯效之端也. (『장자』,

「천운편」"(인의·도덕에) 한번쯤 기숙하는 것은 괜찮으나 오래 처함으로써 많은 책망을 당하면 안 된다"[33]라는 구절의 주는 말한다.

> 인의(仁義)란 사람의 성(性)이다. 인성의 변동은 예와 지금이 다르다. 따라서 본성에 순응하여 유유히 살아가면 두드러지지 않지만, 만약 정체되어 한 방면에 얽매이면 두드러진다. 두드러질 경우 허위가 생기고 **허위(僞)**가 생기면 책망도 많아진다.[34]

사회는 필연의 형세에 따라 변하는데, 변하면 옛 시책과 옛 제도는 "추한 것"이 되고 "요괴"가 된다. 만약 시대가 변했어도 여전히 "추한 것"과 "요괴"를 붙잡고 있으면 자연에 순응할 수 없으니 곧 "어색한 모방"이요 "허위"이다. 「거협편(胠篋篇)」"그러나 전성자는 하루아침에 제나라 임금을 죽이고 나라를 훔쳤다"[35]라는 구절의 주는 말한다.

> 성인을 본받는다고 함은 그 자취를 본받는 것이다. 자취란 이미 지나간 사물이니 변화에 적응하는 도구가 아니거늘, 어찌 항상 고집할 가치가 있겠는가? 정형화된 자취를 붙들고 변화무쌍한 현실을 통제하려고 하기 때문에 변화무쌍한 현실이 이르면 자취는 정체된다.[36]

시대가 변하면 새로운 시책과 제도를 필요로 한다. 성인이 새로운 시책과 제도로써 새로운 시세의 변화에 응하는 것은 바로 자연에 따른 것이다. 「추수편」"하백은 잠자코 있으시오……"[37]라는 구절의 주는 말한다.

513쪽[4]) [妖 : 도깨비, 요사한 귀신. 矯 : 가장하다, 위조하다, 꾸며내다]

33) 名, 公器也, 不可多取. 仁義, 先王之遽廬也, 止可以一宿而不可久處, 覩而多責.

34) 夫仁義者, 人之性也 ; 人性有變, 古今不同也. 故遊寄而過去則冥, 若滯而係於一方則見. 見則僞生, 僞生而責多矣. (『장자』, 519쪽[9])

35) 然而田成子一旦殺齊君而盜其國. 所盜者豈獨其國邪? 並與其聖知之法而盜之. 故田成子有乎盜賊之名, 而身處堯舜之安 ; 小國不敢非, 大國不敢誅, 十二世有齊國.

36) 法聖人者, 法其迹耳. 夫迹者, 已去之物, 非應變之具也. 奚足尙而執之哉? 執成迹以御乎無方 ; 無方至而迹滯矣. (『장자』, 344쪽[5])

37) 北海若曰 :"以道觀之, 物无貴賤……帝王殊禪, 三代殊繼. 差其時, 逆其俗者, 謂之篡夫 ; 當其時, 順其俗者, 謂之義徒. 默默乎河伯! 女惡知貴賤之門, 小大之家!"

세속의 우상도 때에 따라 천해지기도 하고, 사물의 위대함도 세상에 따라 무시되기도 한다. 따라서 **사물에 순응한 자취는 부득불 다를 수밖에 없다.** 그래서 오제(五帝)와 삼왕(三王)의 통치방식은 서로 달랐던 것이다.[38]

「천지편(天地篇)」 "천하가 고루 태평했는데 순 임금이 나타나 다스린 것인가?……"[39]라는 구절의 주는 말한다.

순 임금과 무왕 모두 세상이 혼란했기에 통치했을 뿐이다. 순 임금의 선양이든 무왕의 무력이든 **시대가 달랐을** 뿐이고 **그들 사이의 우열**은 없다.[40]

성인은 시대에 따라 "사물에 순응하므로", 성인의 "시대가 다른" 만큼 그들이 "사물에 순응한 자취"는 "부득불 다를 수밖에 없었지만", 요컨대 모두 "사물에 순응한" 것이었으므로 "그들 사이의 우열"은 없다. 이로써 보면 『장자주』는 무조건 도덕과 제도를 반대한 것이 아니고 시의(時宜)에 맞지 않는 도덕과 제도를 반대했을 뿐이다.

5. 무위

새로운 시대상황(時勢)이 생기면 사람은 자연히 새로운 시책, 새로운 제도로써 대응한다. 이것은 바로 상황의 필연이고 인간의 자발적 행위(自爲)이다. 인간의 자발적 행위에 맡길 수 있으면 무위하면서 모든 일을 이룰(無爲而無不爲) 수 있다. 「대종사」 "지혜로써 시세에 적응함은 사태의 필연성 때문이다"[41]라는 구절의 주는 말한다.

물이 위에서 아래로 떨어지는 것은 거스를 수 없는 흐름이다. 크고 작은 것이 유유상종함은 부득이한 상황(勢)이다. 마음은 비워두고 편견을 가지지

---

38) 俗之所貴, 有時而賤 ; 物之所大, 世或小之. 故順物之跡, 不得不殊. 斯五帝三王之所以不同也. (『장자』, 584쪽[12]) [小 : 작다고 여기다, 가볍게 여기다]

39) 門無鬼曰 : "天下均治而有虞氏治之邪? 其亂而後治之與?"

40) 言二聖俱以亂故治之, 則揖讓之興用師, 直是時異耳. 未有勝負於其間也. (『장자』, 444쪽[1]) [揖讓 : 禪讓. 勝負 : 高下, 우열]

41) 以禮爲翼者, 所以行於世也 ; 以知爲時者, 不得已於事也.

않으면 모든 지혜가 모이는 창고가 된다. 온갖 견해의 흐름을 회합하여 인류 스승의 바른 길에 거하는 성인은 **무엇을 꾀했는가**? 시대와 세상의 지혜에 맡기고 사태의 필연성에 위임하여 천하 스스로 돌보도록 맡겨두었을 뿐이다.[42]

"무엇을 꾀했는가?" 꾀하지 않았을(無爲) 따름이다. 꾀하지 않으면 이미 되지 않는 일이 없다.

「재유편(在宥篇)」 "군자가 부득이 천하를 통치할 경우 무위가 제일이다"[43]라는 구절의 주는 말한다.

> 무위(無爲 : 억지로 꾀하지 않음)란 조용히 침묵한다는 말이 아니라, 그저 **각자 스스로 꾀하게**(自爲) 맡겨두면 성명(性命)은 평안해진다는 말이다. 부득이(不得已)함이란 위협적인 형벌로 핍박한다는 것이 아니고 오직 도의 순수함을 견지하고 **필연의 법칙에 맡기면** 천하는 저절로 복종한다는 말이다.[44]

"무위"는 곧 "필연의 법칙에 맡겨" "저마다 스스로 꾀하도록 맡겨두는 것"이다.* 「천도편(天道篇)」 "무위의 도로써 벼슬을 하여 세상을 어루만지면⋯⋯"[45]이라는 구절의 주는 말한다.

---

42) 夫高下相受, 不可逆之流也. 小大相群, 不得已之勢也. 曠然無情, 群知之府也. 承百流之會, 居師人之極者, 奚爲哉? 任時世之知, 委必然之事, 付之天下而已. (『장자』, 239쪽[19]) [曠 : 공허하다, 비우다, 사정에 어둡다, 넓다]
  [『신편』IV, 178-79쪽 : 사회에는 일종의 억제할 수 없는 조류, 부득이한 형세, 필연지세(必然之勢)가 존재한다. 성인의 통치는 그런 필연에 따른다. 곽상의 철학체계에서 "필연", "부득이 그러함(不得已而然)", "이유 없이 그러함(不知其然而然)", "자연"은 모두 같으며, 한마디로 "자연에 따름(順自然)"이다.]

43) 故君子不得已而臨蒞天下, 莫若无爲. 无爲也而後安其性命之情.

44) 無爲者, 非拱默之謂也. 直各任其自爲, 則性命安矣. 不得已者, 非迫於威刑也, 直抱道懷朴, 任乎必然之極, 而天下自賓也. (『장자』, 369-70쪽[1]) [賓 : 복종하다]

  * 『신편』IV, 167-68쪽 : 무위의 의미는 어떤 일도 하지 않고 말 한마디 없이 조용히 앉아 있는 것이 결코 아니라, 자연에 따르는 것(順自然)을 말한다.⋯⋯통치자의 할 일은 각 개인의 본성을 발전시켜 타고난 능력을 발휘하게 하는 것, 즉 "각자 스스로 행하게 맡기는 것(任其自爲)"이다. 각 개인마다 스스로 행하면 통치자는 무위할 수 있다. 곽상은 여기서 "자연"과 "필연"은 같은 것임을 말하고 있다. 예컨대 대붕(大鵬)이 높고 멀리 나는 것은 자연적인 일이자 필연적인 일이다.

45) 夫虛靜恬淡寂漠无爲者萬物之本也⋯⋯以此進爲而撫世, 則功大名顯而天下一也.

무위(無爲)의 실체는 위대하다. 천하에 무위가 행해지지 않는 곳이 있으랴? 즉 임금이 재상이 하는 일을 간섭하지 않으면(不爲) 재상은 안심하고 백관을 영도한다. 재상이 백관의 일을 간섭하지 않으면 백관은 안심하고 업무를 관장한다. 백관이 백성의 업무를 간섭하지 않으면 백성은 안심하고 각자의 생업에 안주한다. 만민이 각자 능력에 따라 일하고 능력 밖의 일은 구하지 않으면 천하 만민은 안심하며 만족하게 된다. 따라서 천자부터 일반 서민, 나아가 곤충에 이르기까지 누가 유위(有爲 : 억지 간섭)하여 성취한 경우가 있었는가?* 그러므로 무위하면 할수록 더욱 좋아진다.[46)]

「천도편」 "고대 제왕은 저 무위를 중시했다"[47)]라는 구절의 주는 말한다.

목수는 나무 깎는 일에 "무위(無爲 : 꾀하지 않음)"하고 도끼 쓰는 일에 "유위(有爲 : 의도적인 공을 들임)"하며, 군주는 업무 처리에 "무위"하고 신하 등용에 "유위"한다. 신하의 재능은 업무 처리, 군주의 재능은 신하 등용, 도끼의 재능은 나무 깎는 일, 목수의 재능은 도끼 쓰는 일이다. 이처럼 **저마다 재능에 맞는 일을 하면** 천리 자체의 모습(天理自然)이니 (모두 "무위"이고) "유위"가 아니다.……따라서 저마다 각자의 일을 담당하면 윗사람이나 아랫사람이나 모두 만족하게 되는데 이것이 "무위"의 리(理)의 완전한 모습이다.[48)]

「천도편」 "군주는 반드시 무위함으로써 천하를 부리고"〈주47〉라

* 『신편』IV, 168-69쪽 : 이전의 도가와 법가의 주장에 따르면 "윗사람"만 "무위"할 수 있고 "아랫사람"은 반드시 "유위"해야 하니, "무위"는 "군도(君道)"요 "유위"는 "신도(臣道)"이다. 그러나 곽상의 견해에 따르면, 누구든 단지 본성대로 행하기만(任性而行) 하면 모두 "무위"이고……각자의 본성을 위반하면 "유위"이다.

46) 夫無爲之體大矣 ; 天下何所不無爲哉? 故主上不爲冢宰之任, 則伊呂靜而司尹矣. 冢宰不爲百官之所執, 則百官靜而御事矣. 百官不爲萬民之所務, 則萬民靜而安其業矣. 萬民不易彼我之所能, 則天下之彼我靜而自得矣. 故自天子以下至於庶人, 下及昆蟲, 孰能有爲而成哉? 是故彌無爲而彌尊也. (『장자』, 461쪽[19])

47) 无爲也, 則用天下而有餘. 有爲也, 則爲天下用而不足. 故古之人貴夫无爲也. ……上必無爲而用天下, 下必有爲爲天下用, 此不易之道也.〈제1편,제13장,주51〉

48) 夫工人無爲於刻木, 而有爲於用斧. 主上無爲於親事, 而有爲於用臣. 臣能親事, 主能用臣. 斧能刻木, 而工能用斧. 各當其能, 則天理自然, 非有爲也.……故各司其任, 則上下咸得, 而無爲之理至矣. (『장자』, 465-66쪽[4])

는 구절의 주는 말한다.

> 상하(上下)를 논할 경우, 군주는 고요하고 신하는 행동한다. 고금(古今)을 비교할 경우, 요순은 무위였고 탕무는 일을 꾸몄다. 그러나 누구든 **저마다 그 본성에 의해서 천기**(天機 : 타고난 총명, 천성)**를 그윽이 발현한** 경우라면 고금 상하를 막론하고 "무위"이지, "유위"는 없다.[49]

과거와 현재를 비교하면 현재의 일과 활동이 많다. 그러나 현재의 일과 활동도 시세의 필연에 따라 자연 생겼고, 현재의 사람도 "저마다 그 본성에 의해서 천기를 그윽이 발현하므로" 역시 "무위"이다. 윗사람과 아랫사람이 "저마다 재능에 맞는 일을 하는" 경우도 마찬가지다. 보통 말하는 "시대 역행(開倒車)"적 소극적인 "무위"는 바로 『장자주』가 반대한 것이었다. 「마제편(馬蹄篇)」"죽은 말이 이미 반을 넘었다"[50]라는 구절의 주는 말한다.

> 말을 잘 부리는 사람은 말의 능력을 잘 발휘시킨다. 능력 발휘의 요령은 그 자체에 맡기는 데에 있다. 말을 마구 질주시켜 그 능력을 넘어선 용도에 쓰기 때문에 감당하지 못하고 많은 말이 죽는 것이다. 만약 노마와 준마의 능력에 맞추어 느리고 빠른 속도를 조절한다면 비록 사방팔방의 먼길을 누비고 다닐지라도 각종 말들의 본성은 온전할 것이다. 그런데 미혹된 이들은 "말의 본성에 맡긴다"는 명제에 대해서 놓아두고 타지 않는다는 뜻으로 이해하며, 무위의 풍기에 대해서 행동은 휴식만 못하다는 뜻으로 이해한다. 왜 그처럼 한번 잘못 생각하여 돌이켜 성찰할 줄 모르는가(往而不返)? 그것은 장자의 취지에서 완전히 어긋난다.[51]

「소요유(消遙遊)」"그대가 천하를 다스리자 천하는 이미 태평해졌

---

49) 故對上下則君靜而臣動；比古今則堯舜無爲而湯武有事. 然各用其性, 而天機玄發, 則古今上下無爲, 誰有爲也?(『장자』, 466쪽[5])

50) 馳之, 驟之,……前有橛飾之患, 而後有鞭筴之威, 而馬之死者已過半矣.

51) 夫善御者, 將以盡其能也. 盡能在於自任, 而乃走作馳步, 求其過能之用, 故有不堪而多死焉. 若乃任駑驥之力, 適遲疾之分, 雖則足迹接乎八荒之表, 而衆馬之性全矣. 而惑者聞任馬之性, 乃謂放而不乘；聞無爲之風, 遂云行不如臥, 何其往而不返哉? 斯失乎莊生之旨遠矣.(『장자』, 333쪽[4]) [八荒 : 八極, 八方의 끝]

다"[52)라는 구절의 주는 말한다.

정치란 다스리지 않음에 의거하고, 도모는 도모하지 않음에서 비롯되니, 요 임금을 본받으면 이미 충분하니 허유에게서 본받을 점은 없다. 산림 속에서 조용히 침묵해야 비로소 무위(無爲)의 경지를 얻는다는 해석 때문에 노장의 사상은 현실 정치가들에게 무시당했고, 또 현실 정치가들은 자신들의 영역을 유위(有爲)로 규정하고 다시 (무위의 참뜻을) 되돌아보지 않게 되었다.[53)

보통 말하는 "순박함으로의 복귀"[54) 사상도 『장자주』는 반대했다.「각의편(刻意篇)」"수수함이란 잡스러움이 없음을 뜻한다"[55)라는 구절의 주는 말한다.

손상되지 않음이 순수함(純)이라면 온갖 행위를 행하고 만가지 변화에 대처하더라도 지극히 순수할 수 있고, 잡스러움이 없음이 수수함(素)이라면 **용장봉자(龍章鳳姿 : 뛰어난 풍채)**가 **비상한 자태**로 아름답더라도 **지극히 수수할** 수 있다. 그런데 그 **자연의 바탕**을 보존하지 않고 겉치장을 혼합한 경우라면 개나 양의 가죽이라도 순수하거나 수수할 수 있겠는가?[56)

"용장봉자"는 다 "자연의 바탕"이므로 "비상한 자태"가 있더라도 지극히 수수하고 지극히 소박하다. 잡스럽고 억지로 꾸민 사물이라면 수수하거나 소박하지 않으니, "순박함으로 복귀해야" 한다.

---

52) 堯讓天下於許由,……許由曰: "子治天下, 天下旣已治也. 而我猶代子, 吾將爲名乎? 名者實之賓也. 吾將爲賓乎? 鷦鷯巢於深林不過一枝,……〈제5장, 주80〉

53) 夫治之由乎不治, 爲之出乎無爲也, 取於堯而足, 豈借之許由哉? 若謂拱默乎山林之中, 而後得稱無爲者, 此老莊之談所以見棄於當塗, 當塗者自必於有爲之域而不反者, 斯之由也. (『장자』, 24쪽[1]) [當塗 : 정권의 장악, 대권 장악자]

54) 返樸還淳. ["爲天下谷, 常德乃足, 復歸於樸, 樸散則爲器."(『노자』 28장)]

55) 故素也者, 謂其无所與雜也 ; 純也者, 謂其不虧其神也. 能體純素, 謂之眞人.

56) 苟以不虧爲純, 則雖百行同擧, 萬變參備, 乃至純也. 苟以不雜爲素, 則雖龍章鳳姿, 倩乎有非常之觀, 乃至素也. 若不能保其自然之質, 而雜乎外飾, 則雖犬羊之鞹, 庸得謂之純素哉? (『장자』, 546쪽[4])
[『신편』IV, 171쪽 : "순(純)"과 "소(素)"의 기준은 "자연을 따름"에 있다. 즉 자연을 손상시켰는지 혹은 뒤섞였는지의 여부에 있다.]

6. 성지

『노자』에 "지혜(聖)를 끊고 지식(智)을 버리면 인민의 이익은 백 배 증가한다"[57]고 했으나, 이상의 인용 내용을 보면 『장자주』는 결코 성지(聖智)를 반대하지 않았고 단지 성지를 배우는(學 : 흉내내는) 것을 반대했다. 「마제편」 "성인이 생겨……"[58]라는 구절의 주는 말한다.

성인(聖人)이란 본성을 체득한 사람의 **자취**(흔적)이지 우리가 밟아갈 전범이 아니다.……성인의 자취가 일단 우상화되면 성인의 인의(仁義)는 참되지 않고 예악은 본성을 벗어나니 사람들은 그저 **겉껍데기**만 얻을 뿐이다. 성인이 있는 곳에는 폐단도 생기니 그것은 나도 어떻게 할 수 없다.[59]

「천도편」 "옛 사람이 깨달은 전해질 수 없는 진리는 그와 함께 죽었다……"[60]라는 구절의 주는 말한다.

과거에 해당된 일은 과거에 이미 소멸했다. 혹시 전해지는 내용이 있더라도 어떻게 과거를 현재에 복구할 수 있겠는가? 과거는 이미 현재 속에 없으니 현재의 일은 이미 변모한 것이다. 따라서 흉내내기를 단절하고(絕學) 본성에 맡겨 시대와 더불어 변화해간다면 비로소 온전해진다.[61]

성지(聖智)가 성지인 것은 천기(天機)가 스스로 그러한 것(自然)이기에 그의 "용장봉자"는 "지극히 수수하다." 그러나 그것을 배우는(흉내내는) 자는 겨우 그 "자취"와 "겉껍데기"만 배울(흉내낼) 뿐인데, "겉껍데기"는 참되지 않으며 또 이미 지나간 "자취"는 현재

---

57) 絕聖棄智, 民利百倍. (『노자』 19장) 〈제1편, 제8장, 주95〉
58) 及至聖人, 蹩躠爲仁, 踶跂爲義, 而天下始疑矣 ; 澶漫爲樂, 摘僻爲禮, 而天下始分矣.
59) 聖人者, 民得性之迹耳, 非所以迹也.……夫聖迹旣彰, 則仁義不眞, 而禮樂離性, 徒得形表而已矣. 有聖人卽有斯弊, 吾若是何哉? (『장자』, 337쪽[5,6])
60) 古之人與其不可傳者死矣. (然則君之所讀者, 古人之精粕已夫.) 〈제1편, 제1장, 주22〉
61) 當古之事已滅於古矣. 雖或傳之, 豈能使古在今哉? 古不在今, 今事已變 ; 故絕學任性, 與時變化, 而後至焉. (『장자』, 492쪽[3])

에는 쓸모가 없기 때문에 성지를 배우는(흉내내는) 것을 반대했다.
「거협편」 "저 증석, 사추, 양주, 묵적, 공수, 이주……"[62]라는 구
절의 주는 말한다.

> 이 인물들은 타고난 도술이 많았기에 그로써 천하를 동요시켜 자기네들을
> 배우게(흉내내게) 했던 것이다. 그런데 흉내는 주체를 상실하게 한다. 즉 주
> 체의 상실은 바로 저들의 도술로부터 비롯되었으니 저들의 도술이야말로 혼
> 란의 주범인 셈이다. 따라서 천하에서 가장 큰 재앙은 주체의 상실이다.[63]

「거협편」 "6률을 제거한다……"〈주62〉라는 구절의 주는 말한다.

> 무릇 소리와 색깔에서 이주와 사광은 만인의 우상이다. 태어날 때 각자의
> 분수가 있는데도 세상의 우상에 따라 휩쓸리면 **성명(性命)이 상실된다.** 만약
> 안으로 세상의 우상을 파괴하고 남의 기준을 폐기하여 주체에 맡기면 저마다
> 눈과 귀의 총명은 바르게 되고 사람들은 진심을 보유하게 된다.[64]

또 "큰 기교는 서툰 듯하다"〈주62〉라는 구절의 주는 말한다.

> 거미나 말똥구리 같은 미물도 거미줄을 치고 말똥을 굴릴 줄 알듯이, 목수
> 에게 기술을 배우지 않아도 만인은 저마다 재능이 있다. 각기 재능이 다르더
> 라도 잘 익히면 다를 수 없으니 이것이 서툰 듯한 기교이다. 따라서 사람을
> 잘 쓰는 사람은 모난 사람은 모나게 둥근 사람은 둥글게 **각자의 재능에 따라**
> **맡겨** 각자의 품성(性)에 안주하게 하고, 만인을 다그쳐 공수(工倕 : 요 임금
> 때의 유명한 장인)의 기교를 요구하지 않으므로, 사람들의 재주는 능하지 않
> 아 서툰 듯하지만 천하 모든 사람들이 자기의 재능을 쓰므로 결국 크나큰 기
> 교가 된다. 그러니 저마다 각자의 재능을 사용하면 **규구(規矩 : 객관 척도)는**

---

62) 擢亂六律, 鑠絕竽瑟, 塞瞽曠之耳, 而天下始人含其聰矣 ; 滅文章, 散五采, 膠離朱之
目, 而天下始人含其明矣. 毀絕鉤繩而棄規矩, 攦工倕之指, 而天下始人有其巧矣. 故
曰 "大巧若拙." 削曾史之行, 鉗楊墨之口, 攘棄仁義, 天下之德始玄同矣.……彼曾・
史・楊・墨・師曠・工倕・離朱, 皆外立其德而以燭亂天下者也, 法之所无用也.

63) 此數人者, 所稟多方, 故使天下躍而效之. 效之則失我, 我失由彼, 則彼爲亂主矣. 夫
天下之大患者, 失我也. (『장자』, 356-57쪽[14])

64) 夫聲色離曠, 有耳目者之所貴也. 受生有分, 而以所貴引之, 則性命喪矣. 若內毀其所
貴, 棄彼任我, 則聰明各全, 人含其眞也. (『장자』, 355쪽[9])

버려도 되고 교묘한 목수의 손가락은 꺾어도 된다.[65]

사람은 각자의 품성이 있고 각자의 재능이 있다. 성지(聖智)가 성지
인 것도 그 품성에 따라 그 재능을 펼쳤을 뿐이다. 그런데 다른 사
람이 자기의 재능을 버리고 헛되이 성지를 흉내내면 "성명이 상실
된다." 이백(李白)은 날 때부터 이백이고 이백일 수밖에 없다. 이백
의 "품성"이 없으면서 헛되이 이백을 흉내내면 "그 재능을 획득할
수 없을 뿐더러 본래의 재능조차 상실하여"[66] 『유림외사(儒林外
史)』* 속의 시인처럼 되고 말 것이다. 성지는 자기 재능을 펼쳤을 뿐
이므로 누구나 "각자의 재능에 따라 맡긴다"는 명제에 성지를 없앤
다는 논리는 없다. 다만 성지의 자질이 없는 사람이 주체를 상실하
고 남을 추종하여 자기 품성을 불안하게 해서는 안 된다. 여기서
"규구는 버려도 되고 교묘한 목수의 손가락은 꺾어도 된다" 함은
『장자』 "규구를 폐기하고 공수의 손가락을 꺾는다"〈주62〉는 구절
의 주해인데, 다른 사람들은 자기 재능을 잘 감당하지만 공수는 자
기 재능을 감당하지 못한다는 뜻이 아니다. 「양생주」 "인생은 한계
가 있지만 지모는 한계가 없다"[67]라는 구절의 주는 말한다.

무거운 것을 들든 가벼운 것을 들든 신기(神氣)가 아무렇지도 않는 것이
바로 자기 체력의 한도이다. 그런데 이름(명예)을 숭상하고 승부욕이 강한
자는 설령 등뼈가 휘어도 직성이 풀리지 않는다고 여기는데, 이것이 바로 지
모는 한계가 없다는 사실의 예이다. 따라서 **지모의 이름은 적당함을 상실할 때
생기고** 자기 한계를 명확히 인식할 때 없어진다. 자기 한계를 아는 것은 **각자**

---

65) 夫以蜘蛛蛣蜣之陋, 而布網轉丸, 不求之於工匠, 則萬物各有能也. 所能雖不同, 而所
智不敢異, 則若巧而拙矣. 故善用人者, 使能方者爲方, 能圓者爲圓. 各任其所能, 人
安其性. 不責萬物以工倕之巧, 故衆技以不相能似拙, 而天下皆自能, 則大巧矣. 夫用
其自能, 則規矩可棄, 而妙匠之指可攏也. (『장자』, 355쪽[10])

66) 未得國能, 又失故步. ["한단지보(邯鄲之步)"를 말함. "且子獨不聞夫壽陵餘子之學
行於邯鄲與? 未得國能又失其故行矣, 直匍匐而歸耳."(「추수」,『장자』참조)]

 * 오경재(吳敬梓, 1701-54)의 풍자소설. 팔고문(八股文)이라는 형식적인 글을 잘 지
어 과거에 합격하려고 수단을 가리지 않는 당시 선비들의 비열한 인간상을 묘사하
여 과거제도의 모순과 사회기풍의 부패를 풍자했다.

67) 吾生也有涯而知也无涯. 以有涯隨无涯, 殆已 ; 已而爲知者, 殆而已矣.

일정한 본분(至分)을 담당하여 털끝만큼이라도 덧붙이지 않는 것을 말한다. 그러
므로 **만근을 짊어져도** 자기 능력에 적합하면 전혀 그 무게를 몸으로 느끼지
못하며, 온갖 변화에 대응하더라도 담담하여 자기가 일을 감당하고 있다는
사실조차 느끼지 못하는데 이것이 바로 양생(養生)의 핵심이다.[68]

「제물론」 "다섯 가지는 원래 둥근 모양인데 거의 네모로 되었다"[69]
라는 구절의 주는 말한다.

> 이 다섯 가지 경우는 **유위**(有爲 : 억지로 꾸밈)하여 적절성을 해친 것으로,
> **본성에 머물지** 못하고 끊임없이 **본성 바깥에서 추구**한 대가이다. 본성 바깥의
> 것은 구할 수 없는데 구하려고 하는 것은 비유컨대 마치 둥근 것이 네모를
> 흉내내고 물고기가 새를 사모하는 격이다. 난새(鸞 : 봉황의 일종)와 봉황의
> 날개를 원한다거나 혹은 해와 달처럼 둥글어지려고 할 경우 그 목표에 가까
> 워질수록 점점 더 멀어지는데 실로 흉내를 잘 내면 잘 낼수록 본성은 점점
> 더 상실된다. 따라서 모든 사물을 동일시하면(齊物) 이와 같은 편상(偏尙 :
> 편견에서 나온 부러움)의 번뇌는 제거된다.[70]

「장자주」는 결코 우리로 하여금 "만근을 짊어진" 사람은 10근을 지
게 하고 난새와 봉황을 제비나 참새로 바꾸게 하려는 것이 아님을
알 수 있다. 그러나 제비나 참새와 난새나 봉황 모두는 "본성에 머
물고" "그 바깥에서 추구하지" 않으며 "각자 일정한 본분을 담당하
여 털끝만큼이라도 덧붙이지 말아야" 한다. "지모의 이름은 적당함
을 상실할 때 생기니", 성지(聖智)의 지모는 그의 "일정한 본분" 내
에 존재한다. 세상의 천재들은 저마다 부득불 행해야 할 바를 행하

---

68) 夫擧重攜輕, 而神氣自若 ; 此力之所限也. 而尙名好勝者, 雖復絕膂, 猶未足以慊其
願, 此知之無涯也. 故知之爲名, 生於失當, 而滅於冥極. 冥極者, 任其至分, 而無毫
銖之加. 是故雖負萬鈞, 苟當其所能, 則忽然不知重之在身, 雖應萬機, 泯然不覺事之
在已. 此養生之主也. (『장자』, 115−16쪽[2]) [膂 : 등골뼈]

69) 夫大道不稱, 大辯不言, 大仁不仁, 大廉不嗛, 大勇不忮. 道昭而不道, 言辯而不及,
仁常而不周, 廉淸而不信, 勇忮而不成. 五者圓而幾向方矣. 故知止其所不知, 至矣.

70) 此五者皆以有爲傷當者也. 不能止乎本性, 而求外無已. 夫外不可求而求之, 譬猶以
圓學方, 以魚慕鳥耳. 雖希翼鸞鳳, 擬規日月, 此愈近, 彼愈遠, 實學彌得而性彌失.
故齊物而偏尙之累去矣. (『장자』, 88쪽[27]) [擬 : 헤아림, 비기다, 흉내]

고 부득불 머물러야 할 바에 머물므로 모두 "무위"이고 따라서 아무리 큰 지식을 가져도 "지모"라고 할 수 없지만,『유림외사』속의 시인들처럼 억지에서 나온 것들은 모두 "유위"이므로 아무리 얇은 앎이라도 역시 "지모"인 것이다.

「인간세(人間世)」"복은 깃털보다 가볍거늘 아무도 실을(붙들) 줄 모른다……"[71]라는 구절의 주는 말한다.

> **발은 걸을 수 있는 대로 놓아두고** 손은 잡을 수 있는 대로 맡겨두며, 귀가 듣는 것을 듣고 눈이 보는 것을 보며, 앎은 알지 못하는 데서 그치고 재능은 할 수 없는 데서 그치며, 그 자체의 용도대로 사용하고 그 자체의 행위대로 행하고, **본성 안에서 자유자재하며 분외(分外)의 것은 조금도 개의하지** 않는 것이 바로 무위(無爲)의 아주 쉬운 길이다. 무위하면서 성명이 온전하지 못한 사람은 아직껏 없었고, 성명이 온전한데 복이 안 되는 이치는 들어보지 못했다. 따라서 "복"이란 예전에 말한 '온전함'의 의미일 뿐 물질에 대한 의존을 뜻하지 않으니, 어찌 터럭만큼의 무게라도 느껴지겠는가?
>
> 본성에 따른 행위란 본분을 벗어나지 않은 행위이니 세상에서 가장 쉽고, 자신이 드는 것을 들고 자신이 싣는 것을 싣기 때문에 세상에서 가장 가볍다.……본성의 한계 내의 물건을 들 경우 만 근을 짊어져도 그 무게를 느끼지 않지만, 본성의 한계를 넘어설 경우 100그램이 못 되는 무게도 감당하기 힘들다. 자기의 본분 내에서 도모하는 것이 복이므로 복은 지극히 가볍고, 본분 밖의 것을 도모하는 것이 재앙이므로 재앙은 지극히 무겁다. 재앙은 지극히 무겁건만 아무도 피할 줄 모르니 이것이 세상의 크나큰 미혹이다.[72]

"본성 안에서 자유자재함"이 "무위"이고 "분외의 것에 조금이라도

---

71) 福輕乎羽, 莫之知載 ; 禍重乎地, 莫之知避. 〈제1편,제7장,주36〉

72) 足能行而放之, 手能執而任之, 聽耳之所聞, 視目之所見 ; 知止其所不知, 能止其所不能 ; 用其自用, 爲其自爲 ; 恣其性內, 而無纖介[介 : 芥]於分外 ; 此無爲之至易也. 無爲而性命不全者, 未之有也. 性命全而非福者, 理未聞也. 故夫福者, 卽向之所謂全耳, 非假物也, 豈有寄鴻毛之重哉? 率性而動, 動不過分, 天下之至易者也. 擧其自擧, 載其自載, 天下之至輕者也.……擧其性內, 則雖負萬鈞而不覺其重也. 外物寄之, 雖重不盈錙銖, 有不勝任者矣. 爲內, 福也 ; 故福至輕. 爲外, 禍也 ; 故禍至重. 禍至重而莫之知避, 此世之大迷也. (『장자』, 184쪽[5,6])

개의하면" "유위"이다. "발은 걸을 수 있는 대로 놓아두고" 운운한 구절은 결코 성지(聖智)를 반대한 것이 아니다. 사람의 발이 각자 능력대로 걷고 손이 능력대로 쥐고 귀가 능력대로 듣고 눈이 능력대로 보고 지력이 능력대로 알고 재능이 능력대로 도모함은 자연 사람마다 다르다. 성지는 그 자체 성지이지만, 만일 성지의 자질이 없는 사람이 기필 성지를 흉내내려고 하면 "무위의 가장 쉬운 길을 버리고 유위의 가장 어려운 길을 걷는"[73] 것이어서, 틀림없이 곤경에 봉착한다.

「덕충부(德充符)」 "도는 사람의 모습을 부여했고, 하늘은 사람의 육신을 부여했다"[74]라는 구절의 주는 말한다.

> 사람의 탄생은 의도적으로 탄생한 것이 아니다. 삶에서의 지식 역시 어찌 의도적으로 알게 된 것이겠는가? 따라서 보통 사람은 의도적으로 이주(뛰어난 시력의 소유자)와 사광(뛰어난 음악가)이 되려고 해도 불가능하지만, 이주와 사광은 의도가 없었어도 총명(聰明 : 눈과 귀가 밝음)했던 것이다. 보통 사람은 의도적으로 성현이 되려고 해도 불가능하지만, 성현은 의도가 없었어도 성현이 되었던 것이다. 어찌 다만 성현만 절대적으로 요원하고 이주와 사광만 동경하기 어렵겠는가? 하우(下愚)나 벙어리, 장님 또는 닭울음이나 개 짓는 소리도 의도적으로 흉내내려고 하면(有情於爲之) 결국 못한다.[75]

"유정어위지(有情於爲之)"란 하려는 의도를 가지고 있다는 뜻이다. 사람의 탄생은 탄생하려는 의도가 있은 이후에 탄생한 것이 아니고, 사람의 지식이나 능력도 의도적으로 배우고(學 : 모방하고) 익힌다고(習) 획득할 수 있는 바가 아니다. 보통 사람은 물론 배워서 천재가 될 수 없고 천재 역시 배워서 보통 사람이 될 수 없음은 마치 개가 사람을 배울 수 없고 사람도 개를 배울 수 없는 것과 같다.

---

73) 釋此無爲之至易, 而行彼有爲之至難. (『장자주』, 『장자』, 184쪽[5])

74) 惠子曰 : "人而无情, 何以謂之人?" 莊子曰 : "道與之貌, 天與之形, 惡得不謂之人?"

75) 人之生也, 非情之所生也. 生之所知, 豈情之所知哉? 故有情於爲離曠而弗能也, 然離曠以無情而聰明矣. 有情於爲賢聖而弗能也, 然賢聖以無情而賢聖矣. 豈直賢聖絶遠而離曠難慕哉? 雖下愚聾瞽, 及鷄鳴狗吠, 其有情於爲之, 亦終不能也. (『장자』, 221쪽[1])

7. 소요

성지(聖智)는 위대한 인물이 될 수밖에 없고 큰 업적을 이룰 수밖에 없고 보통 사람은 작은 인물이 될 수밖에 없고 작은 일을 이룰 수밖에 없다고 함은, 또한 대붕은 큰 새가 될 수밖에 없고 비둘기는 작은 새가 될 수밖에 없다는 장자의 말과 같다. 「소요유」 "대붕은 바다가 움직이면 남명(南冥)으로 옮아간다"[76]라는 구절의 주는 말한다.

대붕은 명해(冥海)가 아니면 운신할 수 없고, 구만리가 아니면 날개를 띄울 수 없다. 이는 그저 호기심을 자극한 것이 아니다. 큰 사물은 반드시 큰 장소에서 생길 수밖에 없고 큰 장소는 반드시 그처럼 큰 사물을 낳을 수밖에 없음은 **이치상 본래 그런 것**(理固自然)이고 그릇된 것일 수 없으니, 그것에 대해서 어떤 선입견을 가질 필요가 있겠는가?[77]

"회오리바람을 타고 구만리를 올라간다"[78]라는 구절의 주는 말한다.

날개가 크면 들기 어렵기 때문에 대붕은 회오리바람을 탄 뒤에야 비로소 위로 올라갈 수 있고, 구만리는 되어야 비로소 운신할 수 있다. 이미 그런 큰 날개가 있는데 어떻게 팔짝 뛰어올라 몇 미터 날다가 내려올 수 있겠는가? 이 모두는 부득불 그런 것이고 재미삼아 그런 것이 아니다.[79]

"저 두 곤충들이 또 무엇을 알겠는가?"[80]라는 구절의 주는 말한다.

두 곤충은 대붕과 매미를 말한다. 몸이 크고 작은 차이가 있고 그래서 각

---

76) 鵬之背, 不知其幾千里也.……是鳥也, 海運則將徙於南冥. 南冥者, 天池也.
77) 非冥海不足以運其身, 非九萬里不足以負其翼 ; 此豈好奇哉? 直以大物必自生於大處, 大處亦必自生此大物. 理固自然, 不患其失, 又何厝心於其間哉? (『장자』, 4쪽[4])
78) 鵬之徙於南冥也, 水擊三千里, 摶扶搖而上者九萬里. 去以六月息者也.
79) 夫翼大則難擧, 故摶扶搖而後能上, 九萬里乃足自勝耳. 旣有斯翼, 豈得決然而起, 數仞而下哉? 此皆不得不然, 非樂然也. (『장자』, 4-5쪽[1])
80) 蜩與學鳩笑之曰 : "我決起而飛, 槍楡枋而止,……奚以之九萬里而南爲?" 適莽蒼者, 三飱而反, 腹猶果然 ; 適百里者, 宿舂糧 ; 適千里者, 三月聚糧. 之二蟲又何知!

기 취향도 다르다. 취향이 다르지만 각각 그 차이를 의식하고 일부러 다르게 된 것은 결코 아니다. 모두 **그 까닭을 인식하지 못하면서 스스로 그럴** 뿐이다. 스스로 그럴 뿐 억지로 도모하지 않는 것, 이것이 소요(逍遙)의 핵심이다.[81]

대붕의 거동은 클 수밖에 없고 뱁새의 거동은 작을 수밖에 없음은 모두 "이치상 본래 그런 것"이고 "부득불 그런 것"이고 "그 까닭을 인식하지 못하면서 그런 것"이다.* 자연과 인간계 내의 대소의 구별 은 모두 이와 같다. 알렉산드로스는 제국의 위업을 수립할 수밖에 없었고 플라톤은 그의 『대화』를 쓸 수밖에 없었으니, 저마다 그 본 성을 따라 "부득불 그러했고" "그 까닭을 인식하지 못하면서 그러 했을" 뿐이다.

사물은 비록 이처럼 상이하지만 각자의 본성을 따르기만 하면 모 두 소요이다. 「소요유」 "여섯 달을 날아가서 휴식한다"〈주78〉라는 구절의 주는 말한다.

> 큰 새는 한번 날아가면 반년이 걸리는데 천지(天池)에 도달하여 휴식한다. 작은 새는 한번 팔짝 날면 주위의 나무에 도달하여 머문다. 이처럼 이들은 재능을 비교하면 서로 차이가 있지만 각각의 행위가 각자의 본성에 부합한 다는 점에서는 똑같다.[82]

또 "물의 깊이가 깊지 않으면……"[83]이라는 구절의 주는 말한다.

> 즉 대붕이 높이 나는 까닭은 날개가 크기 때문임을 밝혔다. 바탕이 작은 것은 이용대상이 클 수 없고, 바탕이 큰 것은 이용대상이 작을 수 없다. 즉

---

81) 二蟲爲鵬蜩也. 對大於小, 所以均異趣也. 夫趣之所以異, 豈知異而異哉? 皆不知所 以然而自然耳. 自然耳, 不爲也 ; 此逍遙之大意. (『장자』, 10쪽[3])

* 『신편』IV, 164쪽 : "그 까닭을 잘 모르지만 그러함(不知其所以然而)", "저절로 그러함(自然)", "부득불 그러함(不得不然)"은 곽상이 보기에 본래 같은 일이고 사 물의 성(性)과 명(命)의 세 측면이다.……그에 따르면 사물의 명과 성은 본래 같은 일이니 우주의 측면에서 보면 "명"이고 "독화"의 측면에서 보면 "성"이다.

82) 夫大鳥一去半歲, 至天池而息 ; 小鳥一飛半朝, 槍楡枋而止. 此比所能, 則有間矣 ; 其 於適性一也. (『장자』, 5쪽[2]) [槍 : 다다르다. 楡枋 : 느릅나무와 다목]

83) 且夫水之積也不厚, 則其負大舟也無方. 覆杯水於坳堂之上, 則芥爲之舟 ; 置杯焉則 膠, 水淺而舟大也. 風之積也不厚, 則其負大翼也無力. 故九萬里, 則風斯在下矣.

사물의 이치는 일정한 분수가 있고 사물의 능력은 일정한 한계가 있으므로
(物有定極)* 저마다 합당한 일에 부합할 경우 그들의 성공의 의미는 똑같다.
만약 삶을 잊는 삶(忘生之生)을 상실하고 **지당함(至當)**** 을 벗어나 삶을 영위
하여, **힘에 부치는 일을 하고 본성에 어울리지 않게 행동하면, 하늘을 드리운 날개
라도 궁지에 빠지고 펄쩍 뛰어 날더라도 곤란에 부딪힌다.**[84]

또 "매미와 비둘기가 비웃으며 말했다……"〈주80〉라는 구절의 주
는 말한다.

---

* 『신편』IV, 147쪽 : 곽상은 『장자』 제1편의 제목인 「소요유」에 대해서 "소대는 다
르나 '자득의 장'에 놓여 사물이 자기의 성에 맞고 능력에 맞는 일을 하여 각기 자
기의 본분을 감당하면 소요는 마찬가지이다. 어찌 그 사이에 우열이 있겠는가(夫
小大雖殊, 而放於自得之場, 則物任其性, 事稱其能, 各當其分, 逍遙一也. 豈容勝負
於其間哉)?"라고 해석했다. /곽상이 말한 "성(性)"은 한 사물이 그런 모습으로 되
는 내인(內因)이다. 예컨대 대붕은 높게 구만 리를 날 수 있고 뱁새는 단지 몇십 미
터만 날 수 있는데 모두 그들의 성에 의해서 결정된다. 그들은 단지 그들의 성에
의해서 결정된 범위 내에서만 활동할 수 있으니 그것이 "물유정극(物有定極)"이
다. 그들의 활동범위가 비록 대소의 차이가 있지만, 만약 그들이 그들의 성에 따라
활동하고 발전할 수 있으면 그들은 소요 자득하여 모두 행복하다. 모든 사물마다
그 성의 활동범위가 있으니, 그 범위가 그것의 "자득의 장(自得之場)"이다. 구만
리 고공(高空)은 대붕의 "자득의 장"이고 몇십 미터의 나무 사이는 뱁새의 "자득
의 장"이다. "장"은 대소의 차이가 있지만 대붕과 뱁새는 각자의 "장" 안에서는
똑같이 자득한다. 곽상의 이 이론은 현학가가 제창한 "임자연(任自然)"과 "순성
(順性)"의 이론적 근거가 되었다. /혹자는 생각하기를 이런 이론은 적극적 작위를
부정하고 소극적 안락을 제창하여 사람들의 웅심장지(雄心壯志)를 없애고 적극
향상할 수 없게 만든다고 여긴다. 그러나 사실은 그렇지 않다. 만약 이런 이론을
전면적으로 이해하면 작위의 인물은 그의 작위를 펼칠 수 있고, 웅심장지의 인물
은 그의 웅심장지를 고무시킬 수 있고, 적극 향상할 사람은 적극 향상할 수 있게
된다.

** 『신편』IV, 145쪽 : 한 사물은 리의 분수에 따라 자기 힘이 미칠 수 있는 범위 내에
서 활동하기만 하면 그 자신의 문제를 해결할 수 있는데 그것이 "지당(至當)"이
다. 이 점에 있어서 모든 사물은 똑같고, 이렇게 사는 것이 "삶을 잊은 삶"이다.

84) 此皆明鵬之所以高飛者, 翼大故耳. 夫質小者所資不得大, 則質大者所用不得小矣.
故理有至分, 物有定極, 各足稱事, 其濟一也. 若乃失乎忘生之主[主 : 生/『신편』], 而
營生於至當之外, 事不任力, 動不稱情. 則雖垂天之翼, 不能無窮 ; 決起之飛, 不能無
困矣. (『장자』, 7쪽[1]) [稱 : 알맞다, 걸맞다, 어울리다, 따르다]

각자의 본성(性)에 만족하면 대붕도 뱁새에게 교만하지 않고, 뱁새도 (대붕이 노니는) 천지를 부러워하지 않고서도 영광된 소망은 얼마든지 있다. 따라서 각기 크고 작은 차이가 있을지언정 소요의 경지는 똑같다.[85]

또 "팽조는 장수한 것으로 현재 특별히 유명한데……"[86]라는 구절의 주는 말한다.

> 수명과 지력[知力]의 차이는 이와 같이 현격하다. 사람들이 슬퍼하는 내용과 비교할 때 이런 차이 역시 슬퍼할 만한 것이다. 그렇지만 사람들이 이것에 대해서 슬퍼한 적이 없는 것은 저마다의 품성(性)의 한계 속에 갇혀 있기 때문이다. 그 한계를 인식하면 추호라도 서로 경쟁하지 않을 것이니 천하에 또 다시 무엇을 슬퍼하겠는가? 무릇 사물이란 큰 것은 작은 것을 바라지 않고 반드시 작은 것이 큰 것을 부러워한다. 그러므로 크고 작은 차이에 따라 저마다 정해진 분수를 지키고 부러워하지 않으면 **부러움의 번뇌**(羨欲之累)*는 끊을 수 있다. 무릇 슬픔은 번뇌에서 생기니, 번뇌가 끊기면 슬픔은 사라진다. 슬픔이 사라졌는데 성명이 안정되지 못한 경우는 아직 없다.[87]

사물의 본성이 바로 그것의 "지당함"이다. 만약 자기의 "지당함"을 벗어나 따로 "부러움"을 지니면 반드시 "번뇌"가 생겨 "슬픔"이 있게 된다. 인간의 고통은 대체로 여기에서 비롯된다.

---

85) 『장자』, 9쪽[1]. 원문은 〈제1편,제10장,주24〉 참조.
86) 小知不及大知, 小年不及大年. 奚以知其然也? 朝菌不知晦朔, 不知春秋, 此小年也. 楚之南有冥靈者, 以五百歲爲春, 五百歲爲秋 ; 上古有大椿者, 以八千歲爲春, 八千歲爲秋, (此大年也.) 而彭祖乃今以久特聞, 衆人匹之, 不亦悲乎!
   * 『신편』IV, 174쪽 : 한 개인이 자기의 본성에 안주하지 않고 자기 재능으로 할 수 없는 일을 하려고 하는 망상이 바로 "선욕(羨欲 : 부러움)"이다. "부러움"은 "번뇌(累)"를 낳고 "번뇌"는 "슬픔"을 낳으니, "부러움"은 고통의 근원이다.
87) 夫年知不相及, 若此之懸也. 比於衆人之所悲, 亦可悲矣. 而衆人未嘗悲此者, 以其性各有極也. 苟知其極, 則毫分不可以相跂, 天下又何所悲乎哉? 夫物未嘗以大欲小, 而必以小羨大. 故擧小大之殊, 各有定分, 非羨欲所及 ; 則羨欲之累, 可以絶矣. 夫悲生於累, 累絶則悲去 ; 悲去而性命不安者, 未之有也. (『장자』, 13쪽[4])

8. 제물

　인간의 근심은 자기 본성에 안주하지 못하고 "부러움의 번뇌"를 끊지 못하는 데에 있다. 작은 사람이 커지기를 동경하고 비천한 사람이 존귀함을 동경하고 우매한 사람이 현명함을 동경하여, "힘에 부치는 일을 하고 본성에 어울리지 않게 행동하기" 때문에 "하늘을 드리운 날개라도 궁지에 빠지고 팔짝 뛰어 날더라도 곤란에 부딪친다." 우리가 "부러움의 번뇌"를 벗어나려면 무엇보다 "제물(齊物)"의 의미를 깨달아야 한다. 「제물론」 "그대는 인뢰(人籟 : 피리)는 알아도 지뢰(地籟 : 바람 소리)는 모른다……"[88]라는 구절의 주는 말한다.

　　퉁소와 피리는 서로 다르고 궁상(宮商)의 음은 음률이 다르기 때문에 장단고하에 따라 만가지로 다른 소리가 생긴다. 소리는 만가지로 다르더라도 선천적인 본래의 원칙은 똑같다. 따라서 그 사이에 우열을 둘 수 없다.[89]

또 "음악은 악기의 빈 곳에서 생기고 습기가 버섯이 된다"[90]라는 구절의 주는 말한다.

　　사물은 각각 스스로 그러한 것이고 그 까닭을 인식하지 못하면서 그러한 것이다. 그런즉 각 **형상은 다르지만 그들이 그러한 사실 자체는 똑같다.**[91]

자연계와 인간계의 사물들은 만가지로 다르고 한결같지 않지만(萬殊不齊) 모두 자기가 옳다고 인정하는데, 예컨대 사람은 사람을 긍정하고 개는 개를 긍정하니 사람과 개가 다르지만 긍정의 사실 자체는 똑같다. 즉 "형상은 다르지만 그들이 그러한 사실 자체는 똑같다"는 말이다. 모두들 각자의 옳음을 인정하는 이상 어찌 사람만 뛰어나

---

88) 今者吾喪我, 汝知之乎? <u>汝聞人籟而未聞地籟</u> ; 汝聞地籟而未聞天籟夫!

89) 夫簫管參差, 宮商異律, 故有短長高下萬殊之聲 ; 聲雖萬殊, 而所稟之度一也. 然則優劣無所錯其間矣. (『장자』, 45쪽[2]) [參差 : 가지런하지 않다, 들쭉날쭉하다]

90) 喜怒哀樂, 慮嘆變慹, 姚佚啓態 ; 樂出虛, 蒸成菌. 日夜相代乎前, 而莫知其所萌.

91) 物各自然, 不知所以然而然, 則形雖彌異, 其然彌同也. (『장자』, 55쪽[13])

고 개는 못났겠는가? 이것을 알면 우열은 동등해진다(齊優劣).

「제물론」 "그렇게 모두 종이 되는가?"[92]라는 구절의 주는 말한다.

> 종(신하)의 재질이면서 종의 임무에 안주하지 않으면 잘못이다. 따라서 군신 상하, 손발 내외 등의 구별은 **천리 자체의 모습**(天理自然)임을 알 수 있으니 어찌 정녕 인간이 꾸민 것이겠는가?……종들은 각자의 본분을 담당하더라도 서로 잘 보조할 수 있다. 상호 보조란 마치 손발, 이목, 사지 및 몸의 각 부분이 **각자의 관장영역이 있지만** 서로 도우며 작용할 수 있는 것과 같다.……한 시대에 가장 현명한 사람이 임금이 되고 재능이 세상에 부응하지 못한 사람은 신하가 되는 것은 마치 하늘은 저절로 높고 땅은 저절로 낮으며, 머리는 저절로 위에 있고 발은 저절로 아래에 있는 것과 같다. (어찌 서로 교체할 수 있겠는가?) 이런 이치는 억지로 합당하게 꾸미지 않았건만 필연적으로 저절로 합당한 것이다.[93]

재질이 큰 사람이 임금이 되고 재질이 작은 사람이 신하가 됨은 모두 "천리 자체의 모습"이다. 비록 "각자의 관장영역이 있지만" 상호 쓸모가 된다. 이것을 알면 존비는 동등해진다(尊卑齊).

「제물론」 "우주도 하나의 지(指)이고 만물도 하나의 말(馬)이다"[94]라는 구절의 주는 말한다.

> 자신이 옳고 타인은 그르다고 여기는 것은 피차 모든 사람의 일반적인 경향이다.……옳음도 없고 그름도 없음을 밝히려면 서로 입장을 바꾸어 생각하는 것이 제일이다. 입장을 바꾸어 생각하면 타인은 나와 같아져 결국 한결같이 자신은 옳고 또 한결같이 타인은 그른 것이 된다. 한결같이 상대는 그르니 천하에 옳음은 존재하지 않으며, 한결같이 자신은 옳으니 천하에 그름

---

92) 百骸, 九竅, 六藏, 而存焉, 吾誰與爲親? 汝皆說之乎? 其有私焉? <u>如是皆有爲臣妾乎?</u> 其臣妾不足以相治乎? 其遞相爲君臣乎? 其有眞君存焉?

93) 臣妾之才, 而不安臣妾之任, 則失矣. 故知君臣上下, 手足外內, 乃天理自然, 豈眞人之所爲哉?……夫臣妾但各當其分耳, 未爲不足以相治也. 相治者, 若手足耳目四肢百體, 各有所司, 而更相御用也.……夫時之所賢者爲君, 才不應世者爲臣. 若天之自高, 地之自卑, 首自在上, 足自居下, (豈有遞哉!), 雖無錯於當而必自當也. (『장자』, 58-59쪽[10-12]) ["豈有遞哉": 원래 생략했으나『신편』에서 다시 편입함]

94) 天地一指也, 萬物一馬也. 道行之而成, 物謂之而然. 〈제1편, 제9장, 주81〉

은 존재하지 않는다. 어떻게 이것이 사실임을 밝힐까? 옳음이 정녕 옳다면 천하에 다시 부정하는 사람이 있을 수 없고, 그름이 정녕 그르다면 천하에 다시 옳다고 하는 사람이 있을 수 없건만, 현재 옳고 그름은 기준이 없이 마구 뒤섞여 있다.* 각자 자기의 옳음을 주장하는 사람들이 한결같이 자기의 편견을 믿고 있다는 점에서 모든 사람들은 일치한다. 위로 올려다보든 아래로 내려다보든 온 세상에 그렇지 않은 사람은 한명도 없다. 그래서 지인(至人)은 천지는 하나의 지요 만물은 하나의 말임을 알기** 때문에 마음은 호연하여 아주 편안하다. 천지만물이 저마다 자기의 본분을 감당하여 한결같이 자득하면 옳음도 없어지고 그름도 없어진다.[95]

이것을 알면 시비는 평정된다(是非齊).
「제물론」 "천하에 털끝보다 더 큰 것은 없고……"[96]라는 구절의 주는 말한다.

　형체를 서로 비교하면 태산은 털끝보다 크다. 그러나 태산과 털끝은 각기 자기의 본성에 따라 자기 능력의 범위 안에 머물면(物冥其極)*** 형체가 큰

---

* 『신편』IV, 156쪽 : 각 개인은 만물 중의 한 사물이니 만물의 총체 중의 그저 한 부분일 뿐이다. 한 부분은 조각(偏)이니 조각은 만물의 전체를 알 수 없다. 그는 여타의 부분을 볼 수 없고, 여타의 부분이 알 수 있는 바를 알 수 없고, 자기 부분이 본 것만 보고 안 것만 알 수 있다. 따라서 모두들 자기가 본 것, 안 것만 옳다고 여기고 타인이 본 것, 안 것은 그르다고 여기는 만큼 모든 시비는 일종의 편견(偏見)에서 생긴다고 할 수 있다.

** 『신편』IV, 157쪽 : 이 구절은 즉 지인은 천지만물 전체의 관점에 서 있으며 따라서 모든 시비는 편견에서 비롯된다는 점을 안다는 뜻이다. 전체의 관점에서 보면 본래 시비는 없는 것이다. 다만 옳음도 없고 그름도 없다는 곽상의 말은 시비의 본질에 입각한 것이지 결코 실제상의 시비를 폐기하려는 것은 아니다.

95) 夫自是而非彼, 彼我之常情也.……將明無是無非, 莫若反覆相喩. 反覆相喩, 則彼之與我, 旣同於自是, 又均於相非. 均於相非, 則天下無是 ; 同於自是, 則天下無非. 何以明其然耶? 是若果是, 則天下不得復有非之者也. 非若果非, [則天下／초굉본] 亦不得復有是之者也. 今是非無主, 紛然淆亂, 明此區區者, 各信其偏見, 而同於一致耳. 仰觀俯察, 莫不皆然. 是以至人知天地一指也, 萬物一馬也 ; 故浩然大寧, 而天地萬物, 各當其分, 同於自得, 而無是無非也.(『장자』, 69쪽[14])

96) 天下莫大於秋毫之末, 而大山爲小 ; 莫壽於殤子, 而彭祖爲夭. 天地與我竝生, 而萬物與我爲一. 〈제1편, 제10장, 주44〉

*** 『신편』IV, 160-61쪽 : "물명기극(物冥其極)"은 이른바 "명극(冥極)"이고 "현명

것도 넘치는 것이 아니고 형체가 작은 것도 부족한 것이 아니다. 자기의 본
성에 만족할 경우 유독 털끝이 작다고 할 수 없고 유독 태산이 크다고 할 수
없다. 만약 본성의 만족이 크면 천하의 만족은 털끝을 능가하는 것이 없고,
본성의 만족이 작으면 비록 태산이라도 작다고 할 수 있다. 따라서 "천하에
털끝보다 더 큰 것은 없고, 태산도 작다"고 말했다. 태산이 작다면 천하에
큰 것은 없고, 털끝이 크다면 천하에 작은 것은 없으니, 작은 것도 없고 큰
것도 없고 장수도 없고 요절도 없다. 따라서 쓰르라미는 고목나무를 부러워
하지 않고도 흔연히 자득하며, 메추라기도 (대붕이 노니는) 천지(天池)를 흠
모하지 않고도 즐거운 꿈으로 만족한다. 자연에 만족하고 성명에 안주한다
면 천지(天地)라도 장수한 것이 아니고 나와 함께 생겼고 만물도 이상한 것
이 아니고 나와 한몸이다. 천지 가운데 나와 함께 생기지 않은 것이 있겠으
며, 만물 가운데 나와 합일하지 않는 것이 있겠는가?[97]

이것을 알면 대소(大小)와 수요(壽夭)는 동등해진다(齊).
「제물론」 "저것과 이것이 나란히 생긴다는 설이다……"[98]라는
구절의 주는 말한다.

   생사의 변동은 춘하추동 사계절의 운행과 비슷하다. 따라서 삶과 죽음(산
   자와 죽은 자)의 모습은 비록 다르지만 저마다 각자의 위치에 안주하는 것은
   똑같다. 즉 지금 살아 있는 사람은 삶을 삶이라고 말하지만 죽은 사람은 삶
   을 죽음이라고 말하므로 삶이란 없고, 살아 있는 사람은 죽음을 죽음이라고

(玄冥)"이다. 제시비(齊是非), 제소대(齊小大), 제요수(齊夭壽)에 관한 곽상의 이
론은 최후로 "명극"에 귀결되는데, "명극"은 일종의 혼돈의 경지이다.

97) 夫以形相對, 則泰山大於秋毫也. 若各據其性分, 物冥其極, 則形大未爲有餘, 形小不
   爲不足. 足於其性, 則秋毫不獨小其小, 而泰山不獨大其大矣. 若以性足爲大, 則天
   下之足, 未有過於秋毫也. 其性足者非大(原作'爲大'據『四部叢刊本莊子注』改), 則
   雖泰山亦可稱小矣. 故曰, 天下莫大於秋毫之末, 而泰山爲小. 泰山爲小, 則天下無
   大矣. 秋毫爲大, 則天下無小也. 無小無大, 無壽無夭. 是以蟪蛄不羨大椿, 而欣然自
   得 ; 斥鷃不貴天池, 而榮願以足. 苟足於天然而安其性命, 故雖天地未足爲壽, 而與
   我並生 ; 萬物未足爲異, 而與我同得. 則天地之生, 又何不並? 而萬物之得, 又何不
   一哉? (『장자』, 81쪽[13])

98) 彼是方生之說也, 雖然, 方生方死, 方死方生 ; 方可方不可. 方不可方可 ; 因是因非,
   因非因是. 〈제1편,제10장,주41〉

부르지만 죽은 사람은 죽음을 삶이라고 말하므로 죽음이란 없다. 이처럼 죽음도 없고 삶도 없으며, 그 가운데 옳은 것도 없고 그른 것도 없다.[99]

또 "이것이 물화(物化 : 사물의 변화)이다"[100]라는 구절의 주는 말한다.

시간은 잠시도 멈추지 않는다. 따라서 현재란 존재하지 않는다. 따라서 어젯밤의 꿈은 현재에는 이미 변화되었다. 사생의 변화 역시 어찌 그 경우와 다를 바가 있겠으며 또 그 문제에 대해서 노심초사할 필요가 있겠는가?[101]

「대종사」"그 즐거움은 어찌 이루 다 계산할 수 있겠는가?"〈주26〉라는 구절의 주는 말한다.

본래 사람이 아닌 상태에서 사람으로 변화되었고, 사람으로 변화되면서 옛날의 존재는 상실했다. (이때 사람은) 옛 존재의 상실은 기뻐하고 또 현재의 만남(所遇)도 기뻐한다. 변화는 무궁하니 (앞으로) 만나지 못할 운명이 있겠는가? 만나는 운명마다 기뻐할 것이니 그 기쁨 역시 한계가 있겠는가?[102]

이것을 알면 사생은 동등해진다(死生齊).

「제물론」"저 세 사람은 아직 미개인이었다……"[103]라는 구절의 주는 말한다.

사람의 보금자리(物之所安) 가운데 **누추한 것은 없으니**(無陋), 미개지 역시 저들 세 사람에게는 **근사한 거처**(妙處)였다.……그런데 이제 미개인의 소원을 빼앗고 **정벌하여 나의 방식을 강요**하려는 행위가 어찌 진정한 도에 부응할 수 있겠는가? 따라서 마음이 개운하게 풀리지 않았던 것이다. 사람마다 자기

99) 死生之變, 猶春秋冬夏, 四時行耳. 故死生之狀雖異, 其於各安所遇一也. 今生者方自謂生爲生, 而死者方自謂生爲死, 則無生矣. 生者方自謂死爲死, 而死者方自謂死爲生, 則無死矣. 無死無生, 無可無不可.……(『장자』, 67쪽[4])
100) 不知周之夢爲胡蝶與, 胡蝶之夢爲周與? 周與胡蝶, 則必有分矣. 此之謂物化.
101) 夫時不暫停, 而今不遂存, 故昨日之夢, 於今化矣. 死生之變, 豈異於此, 而勞心於其間哉? (『장자』, 113쪽[6]) [遂 : 다하다, 끝나다, 드디어, 마침내]
102) 本非人而化爲人, 化爲人失於故矣. 失故而喜, 喜所遇也. 變化無窮, 何所不遇? 所遇而樂, 樂豈有極乎? (『장자』, 245쪽[6])
103) 堯問於舜曰 : "我欲伐宗膾胥敖, 南面而不釋然. 其故何也?" 舜曰 : "夫三子者, 猶存乎蓬艾之間. 若不釋然, 何哉? 昔者十日竝出, 萬物皆照, 而況德之進乎日者乎!"

의 본성을 즐기고 자기의 보금자리에 안주하여 원근이나 그 깊이를 막론하고 **스스로 자유롭도록**(自若) 맡겨두면 저마다의 본분을 발휘할 것이니 타인도 모두 만족하고 나도 기뻐한다.[104]

무릇 각 "사람의 보금자리"란 저마다 자족하는 도(道)이기 때문에 어느 것도 "누추한 것은 없다." 야만인은 미개지에 스스로 안주하기 때문에 미개지가 바로 그들의 "근사한 거처"이다. 따라서 그들 "스스로 자유롭도록" 맡겨두어야지 "정벌하여 나의 방식을 강요해서는" 안 된다. 이것을 알면 지혜와 우매함 또는 문명과 야만은 동등해진다(智愚文野齊).

만물은 모두 동등하고 사생은 하나로 관통됨을 안다면 "집착이 없어지고" "아집이 없어진다." 「제물론」 "그러므로 혼란의 빛 ……"[105]이라는 구절의 주는 말한다.

무릇 성인이란 **아집이 없는**(無我) 사람이다. 따라서 미미한 빛을 도모하여 거기에 거한다. 관대, 사악, 완고, 괴이함이 하나로 관통된다. 온갖 상이한 존재들이 저마다 자기의 보금자리에 안주하고 사람들이 자기들의 장점을 상실하지 않으면, 이미 사물에 부림당하지 않으면서도 만물의 용도에 사용된다. 사물이 저마다 스스로 작용하는데 누가 옳고 누가 그르겠는가? 따라서 방만한 변화, 기이한 이변이라도 완곡하게 붙좇고 자기 스스로 작용한다면 작용이 만가지로 다르더라도 역력히 저절로 밝아질 것이다.[106]

또 "만세의 도와 뒤섞여 완전히 혼돈해진다"[107]라는 구절의 주는 말한다.

---

104) 夫物之所安無陋也, 則蓬艾乃三子之妙處也. ……而今欲奪蓬艾之願, 而伐使從己, 於至道豈弘哉? 故不釋然神解耳. 若乃物暢其性, 各安其所安, 無遠邇幽深, 付之自若, 皆得其極, 則彼無不當, 而我無不怡也. (『장자』, 90쪽[2])

105) 是故滑疑之耀, 聖人之所圖也. 爲是不用而寓諸庸, 此之謂以明.

106) 夫聖人, 無我者也. 故滑疑之耀, 則圖而域之 ; 恢恑憰怪, 則通而一之. 使群異各安其所安, 衆人不失其所是, 則已不用於物, 而萬物之用用矣. 物皆自用, 則孰是孰非哉? 故雖放蕩之變, 屈奇之異, 曲而從之, 寄之自用, 則用雖萬殊, 歷然自明. (『장자』, 78쪽[18])

107) 衆人役役, 聖人愚芚, 參萬歲而一成純. 萬物盡然, 而以是相蘊.

오직 위대한 성인은 **집착이 없기**(無執) 때문에 아둔한 듯하나 의연히 전진하여 온갖 변화와 합일하며, 합일하고 변화하여 항상 홀로 소요한다. 따라서 성인은 억만의 세월에 뒤섞여 천번, 만번 변모하더라도 "도는 운행하여 성취하는 것(道行之而成)"이므로 예나 지금이나 한결같이 성취한다. "사물은 일컬어져 현존하는 것(物謂之而然)"이므로 만물은 하나의 현존이다. 현존하지 않는 사물은 없고 성취되지 않는 때는 없으니 단순함(純)이라고 할 수 있다.……만세에 옳음이 쌓이면 만세 동안 하나의 옳음으로 되고, 만물에 현존이 쌓이면 만물은 전부 현존이다. 따라서 **사생의 선후의 소재나 피차의 우열의 대상을 분간하지 않는다.**[108]

"사생의 선후의 소재나 피차의 우열의 대상을 분간하지 않는다." 따라서 생사를 잊고 피차를 잊고 시비를 잊는다. "세월도 잊고 명분도 잊은 채 무궁의 경지에 소요하며 그 안에 깃든다"[109]라는 구절의 주는 말한다.

세월을 잊으므로 **사생을 그윽이 동일시하며**, 명분을 잊으므로 **시비를 포괄한다**. 시비와 사생을 하나로 뒤섞는 것이 바로 지극한 이치이다. 지극한 이치는 무궁으로 통하기 때문에 그 안에 깃드는 자는 궁지에 빠지지 않는다.[110]

이 경지에 이르면 일체의 분별은 이미 망각되고 나아가 "제물(齊物)"이라는 말조차도 알지 못한다.

9. 지인

이 경지에 이른 사람을 지인(至人), 성인(聖人), "무대지인(無待

---

108) 唯大聖無執, 故芚然直往, 而與變化爲一, 一變化而常遊於獨者也. 故雖參糅億載, 千殊萬異, '道行之而成', 則古今一成也 ; '物謂之而然', 則萬物一然也. 無物不然, 無時不成, 斯可謂純也.……積是於萬歲, 則萬歲一是也. 積然於萬物, 則萬物盡然也. 故不知死生先後之所在, 彼我勝負之所如也. (『장자』, 102-03쪽[7,9])
109) 是不是, 然不然.……忘年忘義, 振於無竟, 故寓諸無竟.〈제1편, 제10장, 주40〉
110) 夫忘年故玄同死生, 忘義故彌貫是非 ; 是非死生, 蕩而爲一, 斯至理也. 至理暢於無極, 故寄之者不得有窮也. (『장자』, 110쪽[5]) [彌 : 두루, 널리, 꿰매다]

之人 : 아무 것에도 의존하지 않는 사람)"이라고 한다. 「소요유」
"작은 지혜는 큰 지혜에 미치지 못한다……"〈주86〉라는 구절의 주
는 말한다.

사물마다 본성이 있고 각 본성마다 한계가 있는 것은 마치 수명과 지력의
경우와 같으니, 어찌 억지 노력으로 좌지우지할 수 있겠는가? 처음부터 열자
의 경우에 이르기까지 수명과 지력의 대소를 일일이 제시하여, 각 경우마다
자기의 한 측면을 신임함으로써 상대를 능가할 수는 없다는 점을 밝혔다. 그
런 연후에 "무대지인(無待之人 : 절대 독립적인 인물)"을 내세워, 상대도 잊
고 나도 잊으며 저 온갖 상이한 것들을 무시하는 경지, 즉 나 이외의 다른 사
물도 나와 함께 누리고 나는 공명을 내세우지 않는다는 것으로 종결지었다.
그러므로 큰 것, 작은 것을 통괄한 사람이란 작은 것, 큰 것을 따지지 않는
사람이다. 큰 것, 작은 것을 괘념한다면 비록 대붕이든 메추라기든 관리든
바람을 모는 사람이든 한결같이 번뇌의 사물이 될 뿐이다.

사생을 동일시한 사람은 죽음도 없고 삶도 없는 사람이다. 사생을 괘념한
다면 고목나무든 쓰르라미든 팽조든 아침 버섯이든 모두 요절일 뿐이다. 따
라서 작은 것도 없고 큰 것도 없는 경지에 노니는 사람이 한계가 없는 사람
이고, 담담히 죽지도 않고 태어나지도 않는 사람이 종국이 없는 사람이다.
소요하며 한 측면에 매여 있으면 마음껏 노닐게 되더라도 궁지에 빠지게 되니 완
전히 독립하지는 못한다(의존대상이 없을 수 없다).[111]

한 사물이 "자기의 본성에 자족할" 수 있더라도 제물(齊物)을 몰라
서 "사생을 그윽이 동일시하고" "시비를 포괄할" 수 없으면, 하나
는 "자족할" 수 있더라도 다른 하나는 "자족할" 수 없게 된다. 삶을
즐기는 자는 꼭 죽음을 즐기지는 못하며 소득에 안주하는 자는 꼭

---

111) 物各有性, 性各有極, 皆如年知, 豈跂尙之所及哉? 自此以下, 至於列子, 歷擧年知
之大小, 各信其一方, 未有足以相傾者也. 然後統以無待之人, 遺彼忘我, 冥此群異.
異方同得, 而我無功名. 是故統小大者, 無小無大者也. 苟有乎小大, 則雖大鵬之與
斥鷃, 宰官之與御風, 同爲累物耳. 齊死生者, 無死無生者也. 苟有乎死生, 則雖大椿
之與蟪蛄, 彭祖之與朝菌, 均於短析耳. 故遊於無小無大者, 無窮者也. 冥乎不死不
生者, 無極者也. 若夫逍遙而繫於有方, 則雖放之使遊而有所窮矣. 未能無待也.
(『장자』, 11쪽[1])

상실에 안주하지는 못한다. 즉 "소요하며 한 측면에 매여 있다"는 말이니 그 소요는 유한한 것이다. 자족할 수 있으려면 반드시 획득 해야 하는 것이 바로 그의 "의존대상"이다. 반드시 "의존대상"을 획득해야 비로소 소요할 수 있는 이상 그 소요는 "의존대상"에 의 해서 제한을 받는다. 소요의 "의존대상"을 상실하면 자족하지 못하 므로 "마음껏 노닐게 되더라도 궁지에 빠지게 된다." 그러나 "의존 대상이 없는 사람"은 이와 다르다. 「소요유」 "비유하건대 자연의 법칙에 따라……"[112]라는 구절의 주는 말한다.

천지(天地)란 만물의 총명(總名)이다. 천지는 만물을 몸으로 삼고, 만물은 필시 자연 상태(自然)가 바른 모습이다. 자연이란 도모하지 않아도 스스로 그러한(自然) 것을 말한다. 따라서 대붕이 높이 오르고, 메추라기가 잘 내리 고, 고목이 오래 살고, 버섯이 짧게 사는 것, 이 모두는 다 스스로 그러한 능 력이고 인위적인 노력으로 된 것들이 아니다. 인위적으로 노력하지 않아도 저절로 잘하기 때문에 바른 모습(正 : 규범)인 것이다. 따라서 "천지의 바른 모습에 올라탄다"고 함은 만물의 본성을 따른다는 말이고, "육기(六氣)의 변화를 제어한다"고 함은 변화의 과정에서 소요한다는 말이다. 이런 식으로 나아가는데 그 어디에서 궁지에 빠지겠는가? 마주하는 운명마다 그에 올라 타면 되니 다시 또 무엇에 의존할 필요가 있는가? 이것이 바로 덕망이 높은 사람의, 즉 피차간을 그윽이 동일시하는 사람의 소요(逍遙 : 행복)이다.[113]

「대종사」 "만약 천하를 천하에 감추어두면 달아날 여지는 없다" 〈주26〉라는 구절의 주는 말한다.

감추어두지 않고 모두 그대로 맡겨두면 **사물과 더불어 합일하지** 않는 바가 없으니(與物無不冥)* 항상 변화와 합일한다. 따라서 안도 없고 밖도 없으며

---

112) 若夫乘天地之正, 而御六氣之辯, 以遊无窮者, ……〈제1편, 제10장, 주68〉

113) 天地者, 萬物之總名也. 天地以萬物爲體, 而萬物必以自然爲正. 自然者, 不爲而自 然者也. 故大鵬之能高, 斥鷃之能下, 椿木之能長, 朝菌之能短, 凡此皆自然之所能, 非爲之所能也. 不爲而自能, 所以爲正也. 故'乘天地之正'者, 卽是順萬物之性也; '御六氣之辯'者, 卽是遊變化之塗也. 如斯以往, 則何往而有窮哉? 所遇斯乘, 又將 惡乎待哉? 此乃至德之人, 玄同彼我者之逍遙也. (『장자』, 20쪽[13])

* 『신편』IV, 157쪽 : 성인의 관점은 대립적인 관점을 초월한 것이다. 그의 심중

죽음도 없고 삶도 없이 **천지와 일체가 되고 변화에 합일하면** 달아날 곳을 찾아
도 찾을 수 없다. 이것이 바로 영원한 존재의 크나큰 진실(情 : 특성)이고 한
부분의 작은 뜻이 아니다.[114]

지인은 이미 일체의 구별을 잊고 "사물과 더불어 합일하기" 때문에
"천지와 일체가 되고 변화에 합일하여" 우주에 따라 만가지로 변화
할 수 있다. 우주는 무궁하므로 지인 역시 무궁하다. 이와* 같은 사

에서는 피차의 차별은 이미 소멸되는데 그것이 곧 "명물(冥物)"이다.

114) 無所藏而都任之, 則與物無不冥, 與化無不一. 故無內無外, 無死無生, 體天地而合
變化, 索所遯而不得矣. 此乃常存之大情, 非一曲之小意. (『장자』, 245쪽[4])

* [여기서부터 이 장의 끝까지는 영역본에서 다음과 같이 개작되었다.]

그러나 이런 지인이 되는 것은 "산림 속에서 조용히 침묵함(拱默乎山林之中)"
〈주53〉이상을 의미한다. 이 점에서 『장자주』는 『장자』와 다르다. 예컨대 『장
자』「소요유」는 허유(許由) 등의 은사를 매우 숭상하고 요순을 경시했다. 즉 요
임금이 천하를 허유에게 선양하자 허유는 "돌아가서 쉬십시오. 나는 천하의 정
치에는 관심이 없습니다(歸休乎君, 余無所用天下爲)"라고 대답했다. 「소요유」는
또 "먼지나 때, 쭉정이나 겨를 가지고도 요순 따위는 만들 수 있다(其塵垢粃糠, 將
猶陶鑄堯舜者也)"고 했고, 또 "요 임금은 천하 백성을 다스려 사해의 정치를 태평
하게 했다. 그러나 묘고야 산의 네 현인을 한번 만나본 뒤에는 분 강의 남쪽으로 돌
아가 제국의 일을 까맣게 잊었다(堯治天下之民, 平海內之政, 往見四子藐姑射之山,
汾水之陽, 窅然喪其天下焉)"고 했다. 허유 등의 여러 은사는 세상 바깥을 소요했고
요순은 세상 안에 머물렀지만, 『장자주』는 완전히 반대로 새롭게 해석하여 요순을
매우 추존하고 허유 등의 은사를 경시했다. 「소요유」주는 말한다.

"스스로 자임하는 자는 사물과 대립하고 '사물에 따르는(順物)'자는 사물과
대립하지 않는다. 즉 요 임금은 **천하 누구와도 대립하지 않았지만** 허유는 직과 설과
대립했다. 왜 내가 이렇게 말하는가? 사물과 더불어 합일한 사람은 뭇 사람을 소
외시키지 않는다. 그래서 선입견 없이(無心) 그윽이 반응하여 오직 감응에 따른
다. 마치 매여 있지 않은 배처럼 의지 없이 이리저리 떠다닌다. 따라서 행동할 때
마다 백성과 함께 하는 자는 어디서든 천하의 임금이 되는 것이다. 이렇게 임금
노릇 하는 것은 마치 하늘이 저절로 높은 것처럼 실로 임금다운 덕이다. 그런데
이와는 달리 홀로 높은 산꼭대기에 우뚝 선 경우라면, 자신을 내세우거나 아니면
한 학파의 편견(偏尙)을 고수하지 않고서야 어찌 그렇게 고집할 수 있겠는가? 따
라서 그런 자는 진실로 속세의 **한 잡물**일 뿐이고 요 임금의 미개한 신하에 불과하
다(夫自任者對物, 而順物者與物無對, 故堯無對於天下, 而許由與稷契爲匹矣. 何
以言其然邪? 夫與物冥者, 故群物之所不能離也. 是以無心玄應, 唯感之從. 汎乎若
不繫之舟, 東西之非己也. 故無行而不與百姓共者, 亦無往而不爲天下之君矣. 以此
爲君, 若天之自高, 實君之德也. 若獨亢然立乎高山之頂, 非夫人有情於自守, 守一

람은 능히 내외를 합일하고(合內外) 동정을 합할(合動靜) 수 있다.

家之偏尙, 何得專此? 此故俗中之一物, 而爲堯之外臣耳)."(『장자』, 24쪽[2])

즉 각 개인은 모두 자기의 편견을 고수하기 때문에 타인과 서로 대립한다. 반면에 "사물에 순응한" 사람은 "고리의 중앙을 얻어(得其環中)" 자기의 편견을 고수하지 않고 "만물에 따른다." "만물에 따른다" 함은 사실은 만물을 초월하는 것이고, 만물을 초월한다 함은 만물과 대립적인 지위에 서지 않는다는 것이다. 그래서 그는 "속세의 한 잡물"이 아니니 "천하 누구와도 대립하지 않으며", 날마다 일어나는 온갖 변화에 대해서 아무런 선입견 없이(무심히) 대응한다. 따라서 "사물에 응하지만 사물에 얽매이지 않는다(應物而無累於物)."

「소요유」주는 또 말한다.

"성인은 조정에 있어도 그 마음은 산림 속에 있을 때와 다르지 않음을 세상이 어찌 알겠는가? 그저 그가 황제의 마차를 타고 옥새를 차고 있는 것을 보고 곧 그것이 그 마음을 구속시킨다고 말하며, 그가 산천을 시찰하고 백성의 일에 동참하는 것을 보고 그 정신을 소진시킨다고들 말하는데, 지극한 경지에 이른 자는 결코 손상되지 않는다는 점을 세상이 어찌 알겠는가?(夫聖人雖在廟堂之上, 然其心無異於山林之中, 世豈識之哉? 徒見其戴黃屋, 佩玉璽, 便謂足以纓紱其心矣 ; 見其歷山川, 同民事, 便謂足以憔悴其神矣 ; 豈知至到者之不虧哉)"(『장자』, 28쪽[2])

즉 성인이 손상되지 않는 것은 세상에 응하지만 세상에 얽매이지 않으며, 사물에 응하지만 사물에 얽매이지 않기 때문이다.

성인의 경지는 지극히 높지만 그의 행위는 지극히 평범하다고 할 수 있다. 「소요유」주에 "먼 곳에 이르는 발자취는 아주 가까운 길을 따라가고, 높은 곳에 이르려면 도리어 맨 아래부터 마주쳐야 한다. 만약 엄격하게 자기 홀로 고상한 것을 최고로 여겨 세속인과는 어울리지 않는 사람은 산속의 은사로서 절대 독립적인 인물은 아니다(至遠之迹, 順者更近. 而至高之所會者反下也. 若乃厲然以獨高爲至, 而不夷乎俗累, 斯山谷之士, 非無待者也)"(『장자』, 34쪽[8])고 했고, 또 "산림 속에서 조용히 침묵해야 비로소 무위의 경지를 얻는다는 해석 때문에 노장의 사상은 현실 정치가들에게 무시당했고, 또 현실 정치가들은 자신들의 영역을 유위로 규정하고 다시 (무위의 참뜻을) 되돌아보지 않게 되었다"〈주53〉고 했다.

즉 이 새로운 해석은 성인에 대해서 이른바 세상 안(方內)과 세상 바깥(方外)의 구분을 없앴다. 「대종사」주에 말하기를 "이치가 절정에 달하면 안팎은 서로 관통된다. 즉 세상 바깥에 완전히 통달했는데 세상 안에 합일되지 못한 경우는 없고, 또 세상 안에 합일했는데 세상 바깥의 경지에 통달하지 못한 경우는 없다. 따라서 성인은 항상 세상 바깥을 노닐더라도 세상 안을 깨우치고, 아무 선입견 없이(無心) 만물에 순응하기(順有) 때문에 항상 육체를 부려도 신기(神氣)는 변동이 없고, 위아래의 만가지 변화에 대응하지만 담담히 태연자약하다"〈주116〉고 했다.

즉 진정 세상 바깥을 노닐 수 있는 사람은 반드시 세상 안과 합일하고, 진정 세상 안과 합일할 수 있는 사람은 세상 바깥도 노닐 수 있다. 성인은 "무심"히 "순

「대종사」 "그는 세상 바깥을 노니는 인물이다……"[115]라는 구절의 주는 말한다.

　이치가 절정에 달하면 안팎은 서로 관통된다. 즉 세상 바깥에 완전히 통달했는데 세상 안에 합일되지 못한 경우는 없고, 또 세상 안에 합일했는데 세상 바깥의 경지에 통달하지 못한 경우는 없다. 따라서 성인은 항상 세상 바깥을 노닐더라도 세상 안을 깨우치고, 아무 선입견 없이(無心) 만물에 순응하기(順有) 때문에 항상 육체를 부려도 신기(神氣)는 변동이 없고, 위아래의 만가지 변화에 대응하지만 담담히 태연자약하다.[116]

「응제왕」 "저번에 나는 지문(地文)을 보여주었다……"[117]라는 구절의 주는 말한다.

　지인은 움직일 때는 하늘과 같고, 고요할 때는 땅과 같고, 그 행동은 물의 흐름과 같고, 정지할 때는 연못처럼 조용하다. 연못처럼 조용하든, 물의 흐름과 같든, 하늘처럼 움직이든, 땅처럼 정지하든 각 경우마다 인위적인 노력을 하지 않고 저절로 그렇게 한다는 점은 똑같다.…… 참으로 선입견(마음)을 통해서 반응하지 않고 이치가 저절로 현부(玄符 : 천명, 타고난 품성)에서 우러나와 변화와 더불어 승강하여 세상을 기준으로 헤아리면 비로소 사물의 주인이 될 수 있고 무한히 시대에 순응할 수 있다.[118]

　유(順有)"한다. "순유"란 만물에 따른다는 말이고, "무심"은 세상과의 합일(冥於內)을 뜻한다. 만물에 따르기(順有) 때문에 세상 바깥을 노닐 수 있다. 『장자주』는 이것이 바로 장자의 "저술의 대의(述作之大意)"라고 주장했다. 이 대의를 이해하면 "세상 바깥을 노닐면서 세상 안을 깨우치는 도는 저절로 밝혀지는 까닭에, 『장자』라는 책은 속세를 이해하고 세상을 포용하는 논의이다(則夫遊外宏內之道, 坦然自明, 而莊子之書, 故是涉俗蓋世之談矣)."(「대종사」 주) 즉 향수와 곽상의 노력은 원래 도가의 적막하고 명상적인(寂寥恍惚) 설을, 속세를 이해하고 세상을 포용하는(涉俗蓋世) 논설로 개조하는 데에 있었다. 이 중요한 측면에서 그들은 원래 도가의 경우보다 더욱 유가 사상에 접근했다.

115) 孔子曰: "彼遊方之外者也; 而丘遊方之內者也. 外內不相及,……"
116) 夫理有至極, 外內相冥. 未有極遊外之致而不冥於內者也, 未有能冥於內而不遊於外者也. 故聖人常遊外以宏內, 無心以順有. 故雖終日揮形, 而神氣無變; 俯仰萬機, 而淡然自若. (『장자』, 268쪽[1]) [冥 : 그윽하다, 무언중에 의사가 통하다]
117) 壺子曰: "鄕吾示之以地文, 萌乎不震不止. 是殆見吾杜德機也. 嘗又與來."
118) 夫至人, 其動也天, 其靜也地, 其行也水流, 其止也淵默. 淵默之與水流, 天行之與

"고래가 머무는 소용돌이가 못이 된다……"[119]라는 구절의 주는 말한다.

> 지인은 등용하면 행하고 저버리면 그만둔다.* 행하고 그만두는 일이 다르기는 하지만 어느 때든 항상 현묵(玄默 : 淸靜無爲)하는 점은 똑같다.……물길이 아홉 가지로 변모하여 치란이 뒤얽힌 상황에서도 항상 그 한계에 머무는 사람은 늘 담담히 자득하고 소박하여 억지 행위를 잊는다.[120]

이것이 『장자주』의 이상적인 인격이다. 이런 측면은 『장자주』철학의 신비주의이기도 하다.

地止, 其於不爲而自爾一也.……誠[能]應不以心, 而理自玄符, 與變化升降, 而以世爲量, 然後足爲物主而順時無極. (『장자』, 299-300쪽[1])

119) 壺子曰 : "鄕吾示之以太沖莫勝. 是殆見吾衡氣機也. 鯢桓之審爲淵, 止水之審爲淵, 流水之審爲淵. 淵有九名, 此處三焉. 嘗又與來." [鯢桓 : 고래가 머물다]

   * 『논어』7 : 11 참조 : "子謂顏淵曰 : '用之則行, 舍之則藏, 惟我與爾有是夫!'"

120) 夫至人用之則行, 捨之則止. 行止雖異, 而玄默一焉.……雖波流九變, 治亂紛如, 居其極者, 常淡然自得, 泊乎忘爲也. (『장자』, 303쪽[3]) [極 : 한계, 中正]

제7장
남북조의 불학과 불학에 대한 당시의 쟁론

1. 중국 불학과 중국인의 사상 경향

남북조시대[222-589]에는 중국사상계에 큰 변동이 있었다. 그때 불교사상이 체계적으로 수입되어 깊은 이해를 가질 수 있었기 때문이다. 이후 송대 초에 이르기까지 중국의 일류 사상가들은 모두 불학가(佛學家)였다. 불학*은 본디 인도의 산물이나 중국인은 대체로 중국인의 사상 경향을 가미하여 중국 불학으로 만들었다. 이른바 중국인의 사상 경향은 다음과 같다.

(1) 불학의 파별은 매우 많지만 대체적인 경향은 "제행무상(諸行無常), 제법무아(諸法無我)"**를 설명하는 데에 있다. 이른바 밖의 세계(外界)는 우리 마음이 현현한 것으로서, 허망하고 실체가 없는 이른바 "공(空)"이다. 그런데 이 책에서 지금까지 논한 것을 보더라도 세계에 대한 중국인의 견해는 모두 [소박한] 실재론에 속한다. 즉 우리의 주관 바깥에 실제로 객관적인 밖의 세계가 존재한다고

---

* 『신편』 IV, 209쪽 : 종교는 삶의 주요 문제를 해결하려고 하는데, 문제를 해결하는 일련의 사상 원칙이 그 종교의 교의(教義)이다. 종교적 교의는 철학인 것도 있고 미신, 술수 또는 무술(巫術)에 불과한 것도 있다.……불교의 교의는 철학이다. ("불교"와) 구별하기 위해서 불교의 교의를 "불학"이라고 부른다.

** 諸行無常 : 만물은 항상 변전하여 잠시도 상주함이 없음.
諸法無我 : 모든 존재는 인연의 화합으로 나타난 것이므로 실아(實我)의 주체 즉 자성(自性)이 없음.

여긴다. 밖의 세계가 우리 마음에 의존해야 비로소 존재할 수 있다는 주장은 중국인이 보기에 매우 괴이한 주장이었다. 따라서 중국인은 불학을 논할 경우 늘 불학에서 말한 공을 새롭게 해석함으로써 밖의 세계가 "진실이 아니므로 공이다(不眞空)"고 주장했다.

(2) "제행무상, 제법무아, 열반적정(涅槃寂淨)"이 불교의 삼법인(三法印)이다. 열반은 원적(圓寂)으로 번역된다. 불교의 최고 경지는 영원히 적막하고 부동한 것이나 중국인은 사람의 활동을 중시했다. 유가에서 말한 최고 경지도 활동 속에 존재한다. 예컨대『역전(易傳)』은 "하늘의 운행이 굳건하듯 군자는 자강불식(自強不息 : 스스로 부단히 노력함)한다"[1]고 했는데, "자강불식"이란 활동 속에서 최고 경지를 구하는 것이다. 즉 세상을 등지는(出世) 색채가 가장 짙은 장자학(莊學)의 경우도 그의 이상적인 진인(眞人), 지인(至人)은 활동이 없는 사람이 아니다. 따라서 중국이 불학을 논할 경우 대체로 부처의 경지는 결코 부동의 영원한 정적이 아니라고 여겨, 부처의 정심(淨心)의 경우도 "번잡한 온갖 현상이 작용하니"[2] "세속에 물들지도 않지만" 또한 "정적 속에 머물지도 않는"[3], 이른바 "고요하지만 항상 통찰하고 통찰하지만 항상 고요하다"[4]고 말했다.

(3) 인도 사회는 계급 구별이 매우 엄격하다. 따라서 불학은 어떤 부류의 사람들은 불성(佛性)이 없어서 성불(成佛)할 수 없다고 말한다. 그러나 중국인은 "사람은 모두 요순이 될 수 있다"[5]고 여겼기 때문에 중국인이 불학을 논한 경우 대체로 사람마다 다 불성이 있다고 여겼다. 즉 일천제(一闡提)도 성불할 수 있다고 여겼다.[6] 또 불교의 윤회설에 따르면 한 생물은 이승의 모든 수행의 성취가 저승의 계속된 수행의 기반이 된다. 이렇게 억겁의 수행을 거치면 점진적으로 성불할 수 있다. 이렇게 보면 세상 사람들이 성불할 가능성

---

1) 天行健, 君子以自強不息.(「건상(乾象)」,『역전』)〈제1편,제15장,주79〉
2) "繁興大用" [법장(法藏)의 말]〈제8장,주99〉
3) "不爲世染", "不爲流滯." (『대승지관법문(大乘止觀法門)』〈제9장,주26〉의 말)
4) 寂而恒照, 照而恒寂. (승조[僧肇]의 말)
5) 人皆可以爲堯舜. [『맹자』12 : 2]
6) 도생(道生)의 말.〈주62〉

또한 각기 다르다. 그런데 중국인이 말한 "사람은 모두 요순이 될 수 있다"는 의미는 사람마다 이승에서 성인이 될 수 있다는 것이다. 즉 누구든 "요 임금의 옷을 입고 요 임금의 행실을 행하고 요 임금의 말을 말하면"[7] 모두 다 요 임금인데, 사람이 그렇게 될 수 있는 까닭은 저마다 자유의지가 있기 때문이다. 따라서 중국인은 불학을 논하면서 "문득 깨달으면 부처가 된다"[8]는 설을 주장하여, 누구든 "한순간 투합하면 바른 깨달음을 성취한다"[9]고 여겼다.

　이런 경향이 인도인에게 반드시 없었다고 할 수는 없으나, 중국의 불학가들은 대체로 이 방면으로 발전시켰다.*

---

7) 服堯之服, 行堯之行, 言堯之言. ["曹交問曰 : '人皆可以爲堯舜, 有諸?' 孟子曰 : '然.
　……子服堯之服, 誦堯之言, 行堯之行, 是堯而已矣.'"(『맹자』12 : 2)]

8) 頓悟成佛. (도생의 말) 〈주62〉

9) 一念相應, 便成正覺. (신회[神會]의 말) 〈제9장, 주58〉

* 『신편』IV, 213-14쪽 : 중국 불교와 불학의 발전은 세 단계가 있다. 제1단계는 "격의 (格義)", 제2단계는 "교문(敎門)", 제3단계는 "종문(宗門)"이다.…… 남북조시대의 사상계는 현학과 불학은 기본상 일치한다고 여겨, 개념은 상호 통용되고 언어는 상호 번역될 수 있다고 생각했다. 그런데 불학이 한층 더 깊이 연구됨에 따라서 불학과 현학은 점차 그 한계를 드러내기 시작했다. 번역 측면을 보더라도 초기의 대번역가인 구마라집은 주로 의역(意譯)에 의존했는데, 의역은 "격의"와 "개념 연계(連類)"〈주12〉를 벗어나지 못했으며 그의 제자인 도생은 곧장 현학의 언어로써 문장을 지었던 것이다. 그런데 그후 점차 직역(直譯)으로 개역하기 시작하여 중요한 개념과 술어는 모두 음역(音譯)했으며, 유명 사원의 대(大)종파는 저마다 한 가지 불교 경전을 받들어 교의로 삼았다. 그리하여 이른바 "삼현(三玄 : 『주역(周易)』, 『노자(老子)』, 『장자(莊子)』)"은 거의 언급되지 않았으니 이것이 중국 불교(불학) 발전의 제2단계이다.…… 제3단계는 "종문"으로서 곧 선종(禪宗)이다. 선종은 수당의 여러 종파와는 종류가 다른, 그 대립면이다. 선종은 이전의 종파처럼 일부 경전을 신봉하여 교조로 삼아 세밀한 연구를 하는 것이 아니라, 일체의 경전을 신봉하지 않고 오히려 타도했다(선종의 승려들은 불교의 경전을 배우지 않았으며 그것들은 모두 찌꺼기라고 간주했다). 선종은 한 개인의 마음이 곧 부처이니 한 개인의 마음속에서 직접 우러나온 소리가 그 어떤 경전보다 권위가 있다고 여겼다. 그래서 그들은 선종 조사(祖師)들의 말을 어록으로 기록하여 학습했는데, 이것은 즉 ["불립문자(不立文字)"를 표방한] 선종의 내적 모순의 하나이기도 했다.

2. 불가와 도가

남북조시대는 도가(道家) 학설의 전성기였다. 당시에 현(玄)을 논한 선비들은 대체로 노장(老莊)과 불학이 본래 둘이 아님(本無二致)을 느꼈다. 예컨대 유규(劉虯, 438-95)는 "곤륜산 동쪽은 태일(太一)을 논하고 카슈미르 서쪽은 정각(正覺)을 표방하나 무(無)의 추구는 공(空)의 연마와 그 이치가 같다"[10]고 말했고, 범엽(范曄, 398-445)은 불교에 대해서 "마음을 맑게 하고 번뇌를 벗어난다는 가르침은 공(부집착)과 유(집착)를 모두 물리치는 종파로서 도교의 부류이다"[11]고 평론했다. 두 방면의 학자들을 일반 사람들도 거의 같은 부류의 인물로 간주했다. 진(晉)의 손작(孫綽)〈제5장, 주47〉은 「도현론(道賢論)」을 지어 일곱 승려를 칠현(七賢)에 견주어, 축도잠(竺道潛)은 유령(劉伶)에, 지둔(支遁)은 향수(向秀)에, 우법란(于法蘭)은 완적(阮籍)에, 우도수(于道邃)는 완함(阮咸)에 견주었다. "수도승(道)"과 "현자(賢)"가 같은 부류의 인물이었기 때문에 견주어 논할 수 있었던 것이다.

따라서 당시에는 장자학을 가지고 불학을 논한 사람들이 많았다. 『고승전(高僧傳)』은 말한다.

> 석혜원(釋慧遠, 334-416)*은 속성이 가씨(賈氏)로서, 안문(鴈門)의 누번(樓煩) 사람이다.……육경에 통달했고 특히 노장(老莊)에 뛰어났다.……21세 때……마침 승려 석도안(釋道安, 312-85)이 태행산맥의 항산에 절을 짓자……혜원은 그곳에 찾아가 귀의했다.……24세에 강론을 했는데, 한번은 어

---

10) 玄圃以東, 號曰太一 ; 罽賓以西, 字爲正覺. 希無之與修空, 其揆一也. (「무량의경서(無量義經序)」, 『출삼장기집(出三藏記集)』, 일본의 『대정신수대장경(大正新修大藏經)』[이하 약칭 『대장경』] 55, 68쪽)

11) 詳其淸心釋累之訓, 空有兼遣之宗, 道書之流. (「서역전론(西域傳論)」, 『후한서(後漢書)』, 2932쪽) [遣 : 풀다, 덜다, 달래다]

* 釋 : 석가모니의 약칭이고 불교나 승려를 지칭한다. 위진시대(魏晉時代)의 승려는 처음에 속성을 버리고 스승의 성을 따랐으나 나중에 부처의 성을 따랐다.

떤 청중이 실상의(實相義 : 諸法의 있는 그대로의 모습) 문제를 논박했다. 설왕설래 한참을 계속해도 의혹만 늘었다. 그때 혜원이 **『장자』의 개념을 인용하여 연계시키자**(連類), 마침내 미혹에 빠졌던 청중은 완전히 납득했다.[12]

혜원은 "『장자』의 개념을 인용하여 연계시켜""실상의"를 강론했다. 즉 장자학을 가지고 불학을 논했다. 이것을 당시 "격의(格義)"* 라고 불렀다.『고승전』「법아전(法雅傳)」은 말한다.

> 법아(法雅)는 하간(河間) 사람이다. 젊어서 외학(外學 : 불교 외의 학문)에 뛰어났고 장성한 다음 불교사상에 통달했다.……당시 법아의 제자들은 세속 경전에는 밝았으나 불교의 이치는 알지 못했다. 법아는 강법랑(康法朗) 등과 함께 불경의 내용을 세속의 경전과 견주어 해석하는 범례를 만들어 그것을 "격의"라고 불렀다. 또 비부(毗浮), 담상(曇相) 등도 격의를 논하여 제자들을 가르쳤다. 법아는 풍모가 초탈하고 대범했으며, 사물의 핵심을 잘 꿰뚫었고, **외전**(外典)과 불전(佛典)을 넘나들며 강론했다.[13]

즉 중국 서적인 이른바 "외전"의 사상을 가지고 불경 속의 사상에 견주었다(比附 : 견강부회)는 말이다. 그런데 인용하여 불경과 견주기에 가장 좋은 "외전"은 물론『노자』와『장자』였다.[14] 도안과 지둔 등은 불경을 강론할 때 늘 당시의 이른바 "삼현(三玄)"의 개념을 가지고 비교했다. 도안은 「안반경주서(安般經注序)」에서 말했다.

---

12) 釋慧遠, 本姓賈氏. 鴈門樓煩人也.……博綜六經, 又善老莊.……年二十一,……時沙門釋道安立寺於太行恒山,……遠遂往歸之.……年二十四便就講說, 嘗有客聽講, 難**實相義**. 往復移時, 彌增疑昧. 遠內引『莊子』義爲連類, 於是惑者曉然. (『고승전』, 211-12쪽)

* 『신편』IV, 213쪽 : 불교가 처음 중국에 전래되었을 때 당시의 중국인들은 불교철학을 접하고는 우선 그것을 중국철학 고유의 술어로 번역한 뒤에야 비로소 이해할 수 있다고 느꼈다. 불교철학을 선양한 사람들도 반드시 불교철학의 사상을 중국 고유의 철학 술어로써 설명해야 중국인에게 이해시킬 수 있었다. 이와 같은 방법을 당시에 "연류(連類)" 혹은 "격의"라고 불렀다.

13) 法雅, 河間人.……少善外學, 長通佛義.……時依門徒, 並世典有功, 未善佛理. 雅乃與康法朗等以經中事數, 擬配外書, 爲生解之例, 謂之格義. 乃毗浮相曇[曇相]等, 亦辯格義, 以訓門徒. 雅風采灑落, 善於樞機, 外典佛經. 遞互講說. (『고승전』, 152쪽)

14) 【주】이상의 "격의" 해설은 진인각(陳寅恪, 1890-1969) 선생의 설이다.

　　안반(安般)*은 나고 드는 숨을 말한다. (불교의) 도(道)와 덕(德)은 그 어디
에든 의거하고 그 어디에든 위탁한다. 그러므로 **안반은 숨에 의지해서 정신집
중(守)을 이루고, 사선(四禪 : 禪定의 네 단계)은 신체에 의탁해서 선정을 성취한
다**. 숨에 의지하기 때문에 6단계의 차이가 있고, 신체에 의탁하기 때문에 4
등급의 구별이 있다. 단계의 차이는 **떨쳐내고 또 떨쳐내서(損之又損)** 무위(無
爲 : 집착 없음)에 이르고, 등급의 구별은 **잊고 또 잊어서(忘之又忘)** 무욕(無
欲)에 이른다. 무위하므로 모든 대상에 따르고 무욕하므로 모든 일과 어울린
다. 모든 대상에 따르므로 **물정에 통달하고(開物)** 모든 일과 어울리므로 **소임
을 성취한다(成務)**. 소임의 성취는 나와 만물이 일체가 되어 구별이 없어지게
하고, 물정에의 통달은 천하로 하여금 모두 아집을 잊게 한다. 너와 나의 구
별을 없애는 것은 오직 정신집중의 성취에 달려 있다.[15]

　"안반"의 번역어는 식(息), 즉 호흡이다. 불법(佛法)의 수행방법 가
운데 부정관(不淨觀)은 좌선(坐禪)을 하며 신체의 더러움(不淨)을
명상하는 것인데 "사선(四禪)은 신체에 의탁해서 선정을 성취한다"
는 말이 그것이다. 또 지식념(持息念)은 좌선할 때 호흡에 주의하는
것인데 "안반은 숨에 의지해서 집중을 이룬다"는 말이 그것이다.
"떨쳐내고 또 떨쳐낸다"[16]는 『노자』의 말이고, "잊고 또 잊는다"[17]
는 『장자』의 개념이다. "물정에 통달하고 소임을 성취한다"[18]는
『주역』의 구절이다. 이는 "삼현"으로써 불학과 비교한 것이다. 또
지둔은** 「대소품대비요초서(大小品對比要抄序)」에서 말했다.

---

* 安般 : ānāpāna. 수식관(數息觀). 나고 드는 숨을 세어서 마음을 가라앉히는 관법
　(觀法). 직역은 "염출입식(念出入息)"이고, 의역은 "지식념(持息念)"이다.
15) 安般者, 出入也. 道之所寄, 無往不因. 德之所寓, 無往不託. 是故安般寄息以成守,
　四禪寓骸以成定也. 寄息故有不階之差, 寓骸故有四級之別. 階差者, 損之又損之, 以
　至於無爲. 級別者, 忘之又忘之, 以至於無欲也. 無爲故無形而不因, 無欲故無事而不
　遍. 無形而不因, 故能開物. 無事而不遍, 故能成務. 成務者, 卽萬有而自彼. 開物者,
　使天下兼忘我也. 彼我雙廢者, 寄於唯守也. (승우, 『출삼장기집』, 『대장경』 55,
　43쪽)
16) "爲學日益. 爲道日損, 損之又損, 以至於無爲."〈제1편, 제8장, 주114〉
17) 忘之又忘. [〈제1편, 제10장, 주62〉의 "좌망(坐忘)"의 문맥 참조.]
18) 開物成務. ["夫'易'開物成務, 冒天下之道, 如斯而已者也"(「계사하(繫辭下)」, 『역』)]
** 이 문장부터 이 절의 끝까지는 저자에 의해서 영역본에서 생략되었다.

무릇 반야바라밀은 일체 존재의 연원이고 모든 지혜의 근원이며 신성[神：神聖] 명왕[王：明王]이 유래하는 원천이고 여래(如來)의 통찰 능력이다. 그 반야바라밀은 완전한 무(無)로서 텅 비어 있고 휑하니 아무 사물이 없는 것이다. 사물에 대해서 사물을 소유하지 않기 때문에 사물을 다스릴 수 있고, 지혜에 대해서 지혜가 없기 때문에 지혜를 운용할 수 있다.……

반야의 지혜는 부처의 교화의 자취에서 생긴 이름이다. 그러므로 언명했으므로 이름이 생겼고 가르침을 베풀었으므로 지혜가 존재한다. 지혜가 사물에 존재하나 그 자취는 없으며, 이름이 거기서 생겼으나 이치에는 언어가 없다. 왜 그런가? 지극한 이치는 깊고 아득하여 이름 없음(無名)에 귀착하기 때문이다. 이름이 없고 시작도 없는 것이 도의 본체요, 고정된 옳음도 없고 고정된 그름도 없는 것*이 성인의 신중함이다. 그런데 이치에 신중하며 변동에 부응하려고 하면 부득불 언어에 의탁하지 않을 수 없다. 그러므로 의탁하는 원리를 밝혀야 하며 언명하는 원리를 밝혀야 한다. 이치와 혼연일체가 되면 언어는 폐기되고, 깨우침을 망각하면 지혜는 온전하다. 무를 보존하고 정적을 추구하고 지혜를 희구하여 마음을 망각하면, 지혜는 무를 밝히기에 부족하고 정적은 신명에 혼연일체가 되기에 부족하다.

왜 그런가? 존재의 대상에 존재를 집착하고 무의 대상에 무를 집착하나, 존재에 집착함은 존재가 아니고 무를 희구함은 무가 아니기 때문이다. 왜 그런가? 그저 무가 무인 것만 알고 무의 원리(무인 까닭)를 모르고, 존재가 존재인 것만 알고 존재의 원리(존재인 까닭)를 모르면, 무를 희구하여 무를 망각하므로 무는 무인 것이 아니며 존재에 의탁하여 존재를 망각하므로 존재는 존재인 것이 아닐 바에야 차라리 무의 원리가 없고 존재인 까닭을 망각하는 것만 못하기 때문이다. 존재하는 까닭을 망각하면 존재의 대상에 존재는 없고, 무인 까닭을 폐기하면 무의 대상에 무를 망각하기 때문이다.

무를 망각하므로 신비하게 존재하고 신비하게 존재하므로 무를 성취할 수 있다. 무를 성취하면 현(玄)을 잊고 현을 잊으므로 무심(無心)하게 된다.

그리하여 유무(有無：존재와 무)의 자취는 고정됨이 없고 신비는 무궁하게 된다. 그러므로 제불(諸佛)은 반야의 무시(無始)에서 비롯하여 만물의 스스로 그러함을 밝히고, 중생이 도를 상실하여 정신이 욕망의 심연에 빠져 있

＊ 無可無不可 : 공자의 말. 〈제1편, 제4장, 주141〉

음을 밝혀, 심오한 도로써 뭇 속인을 깨우쳐, 점차 떨쳐내는(損) 일을 축적하여 무에 도달하게 하며, 현덕(玄德)을 제시하여 교화를 널리 펴며, 곡신(谷神: 텅 비고 헤아릴 수 없는 영원한 도)을 지키고 허(虛)를 보존하게 하고 뭇 사람을 현동(玄同)에 통일시키며 뭇 영혼을 본무(本無)에 환원시킨다.[19]

이 역시 『노자』의 "떨쳐내고 또 떨쳐낸다"와 『장자』의 "잊고 또 잊는다"는 의미로써 불경을 논한 것이다. 역시 "격의"이다.

3. "육가 칠종"

중국 고유의 노장학이 이 시대에 성행했다. 이 시대의 노장 토론자들은 이른바 유무(有無) 문제를 특히 중시했음은 앞의 제5-6장의 내용을 보면 알 수 있다. 당시의 불학 토론자들 역시 이른바 공유(空有) 문제를 특히 중시했다. 유무라고도 하고 공유라고도 했는데 공유는 곧 유무였다. 당시의 노장학 토론자들이 불학의 영향을 받았기 때문에 노장을 논할 때 유무 문제를 특별히 중시했던 것일까? 아니면 당시의 불학 토론자들이 노장학의 영향을 받았기 때문에 불학을 논할 때 공유 문제를 특별히 중시했던 것일까? 이 두 경우가 모두 존재했다. 요컨대 유무 또는 공유는 바로 노장과 불학에 공통된 문제였고 또한 남북조 이후 불학가들이 가장 많이 토론한 문제

---

19) 夫般若波羅蜜者, 衆妙之淵府, 群智之玄宗, 神王之所由, 如來之照功. 其爲經也, 至無空豁, 廓然無物者也. 無物於物, 故能齊於物. 無智於智, 故能運於智.……般若之智, 生乎敎迹之名. 是故言之, 則名生, 設敎則智存. 智存於物, 實無迹也 ; 名生於彼, 理無言也. 何則? 至理冥堅, 歸乎無名. 無名無始, 道之體也. 無可不可者, 聖之愼也. 苟愼理以應動, 則不得不寄言. 宜明所以寄 ; 宜暢所以言. 理冥則言廢 ; 忘覺則智全. 若存無以求寂, 希智以忘心 ; 智不足以盡無, 寂不足以冥神. 何則? 蓋有存於所存, 有無於所無. 存乎存者, 非其存也 ; 希乎無者, 非其無也. 何則? 徒知無之爲無, 莫知所以無 ; 知存之爲存, 莫知所以存. 希存以忘無, 故非無之所無 ; 寄存以忘存, 故非存之所存. 莫若無其所以無 ; 忘其所以存. 忘其所以存, 則無存於所存. 遺其所以無, 則忘無於所無. 忘無故妙存 ; 妙存故盡無. 盡無則忘玄, 忘玄故無心. 然後二迹無寄, 無有冥盡. 是以諸佛因般若之無始, 明萬物之自然. 衆生之喪道, 溺精神乎欲淵. 悟群俗以妙道, 漸積損以至無. 設玄德以廣敎, 守谷神以存虛. 齊衆首於玄同, 還群靈乎本無. (『대장경』 55, 55쪽)

였다.*

이 문제에 대한 당시 사람들의 토론은 6가(六家) 7종(七宗)으로 분류된다. 일본의 안징(安澄)은 『중론소기(中論疏記)』에서 말했다.

양나라 석보창(釋寶唱)은 「속법론(續法論)」에서 "송나라 석담제(釋曇濟)는 「육가칠종론」에서 6가를 7종으로 나누어 논했는데, 첫째 본무종(本無宗), 둘째 본무이종(本無異宗), 셋째 즉색종(卽色宗), 넷째 심무종(心無宗), 다섯째 식함종(識含宗), 여섯째 환화종(幻化宗), 일곱째 연회종(緣會宗)이다. 여기서 6가라 함은 7종 가운데 본무이종을 제외한 경우를 말한다"고 말했다.

이에 대해서 어떤 사람은 "그 말은 명백하지 않다. '7종 가운데 본무종을 제외한 것이 6가이다'고 해야 한다"고 설명했다.[20]

1) 본무종**

길장(吉藏, 549-623)은 말했다.

집법사(什法師)가 장안(長安)에 오기 전에 본래 3가의 이론이 있었다.

첫째로 석도안은 본무(本無)의 이론을 밝혀 이렇게 말했다.

"무는 만물의 조화 이전에 존재했고, 공(空)**은 뭇 형체의 시원이다.** 사람들이 정체되는 까닭은 말단적인 사물(末有)에 정체되기 때문이다. 따라서 '본래적 무(本無)'에 마음을 맡기면 이단적인 생각들은 곧 멸식된다."……

그 의미를 살펴볼 때 석도안이 밝힌 "본무"란 **일체의 모든 존재는 그 본성이**

---

* 『신편』IV, 217쪽 : 그러나 사실 불학에서 말한 무와 현학에서 말한 무는 결코 같은 것이 아니다. 현학에서 말한 무는 추상적인 유(有)인데, 추상적이기 때문에 유는 곧 무로 변하는 것이다.……그런데 일체의 사물은 환상적이고(虛幻) 진실하지 않기(不實) 때문에 공(空)하다는 불교의 공 이론은 구체적 사물에 대한 설명이므로 현학에서 말한 무와는 근본적으로 다르다. 즉 승조는 공을 "제법(諸法)의 실상(實相)" 즉 일체 사물의 진실된 모습이라고 여겼던 것이다.

20) 梁釋寶唱作「續法論」云 : 宋釋曇濟作「六家七宗論」, 論有六家, 分成七宗. 一本無宗, 二本無異宗, 三卽色宗, 四心無宗, 五識含宗, 六幻化宗, 七緣會宗. 今此言六家者, 於七宗中除本無異宗也. 有人傳云 : 此言不明. 今應云, 於七宗中除本無宗, 名六家也. (『대장경』65, 93쪽)

** 이하 7개의 소제목은 원래 없는데, 영역본에 따라 붙였다.

공적(空寂)하기 때문에 본무라고 한 것이다. 이는 『방등경(方等經)』의 논의 나 구마라집과 승조 문하의 이론과 다르지 않다.[21)]

안징은 말했다.

> 석도안은 「본무론(本無論)」에서 말했다.
> "석가 여래가 세상에 흥기하실 때 본래적 무(本無)의 가르침을 선양했다. 따라서 여러 『방등경(方等經)』은 모두 오온(五陰:五蘊)이 본래 무(本無)임 을 밝혔거니와 본무의 이론은 그 유래가 유구하다. 즉 '무는 태초의 조화 이 전에 존재했고, 공(空)은 뭇 형체의 시원이다. 사람들이 정체되는 것은 말단 적인 사물(未有)에 정체되기 때문이다. 따라서 본래적 무(本無)에 마음을 맡 기면 이단적인 생각들은 곧 멸식된다'고 말했다."[22)]

"집법사"는 구마라집(鳩摩羅什, 344-413)*을 말한다. 『고승전』의 그의 전기에 따르면 구마라집은 요흥(姚興:後秦 임금) 홍시(弘始) 3년(401)에 장안으로 들어갔다. 그전에 도안은 이미 장안에 머물면 서 불법을 크게 선양했다. 도안은 진대(晉代) 불교의 위대한 영수였 다. 본래 양양(襄陽)에서 진(秦:東晉 때 부견이 세운 前秦)의 군대 의 포로가 된 이후 장안에서 살았는데, 진의 군주 부견(苻堅)은 그 를 극히 존대했다. "도안은 이미 불경을 돈독히 사랑했기에 불법을

---

21) 什法師未至長安, 本有三家義. 一者釋道安明本無義. 謂無在萬化之前, 空爲衆形之 始. 夫人之所滯, 滯在未(疑當爲末)有 ; 若詫(當爲託字)心本無, 則異想便息.……詳 此意安公明本無者, 一切諸法, 本性空寂, 故云本無. 此與方等經論, 什肇山門, 本無 異也. (『중관론소(中觀論疏)』, 『대장경』 42, 29쪽)

22) 釋道安「本無論」云 : 如來興世, 以本無弘敎. 故方等經, 皆明五陰本無. 本無之論, 由來尚矣. 謂無在元化之前, 空爲衆形之始. 夫人之所滯, 滯在未有. 若託心本無, 卽 異想便息.. (『중론소기』, 『대장경』 65, 92쪽)

* 구마라집 : 중국 불교 4대 역경가 중의 한 사람. 서역 귀자국(龜玆國 : 현재 신강성 일대)에서 태어나 7세 때 어머니를 따라 출가했다. 처음에 소승을 배웠고, 후에 대 승으로 바꾸었다. 학덕을 국내외에 떨쳐 중국에서 국사(國師)로 모셔졌다. 『대품 반야경(大品般若經)』, 『법화경』, 『유마힐경』, 『아미타경(阿彌陀經)』, 『금강경』, 『중론』, 『백론』, 『십이문론』, 『대지도론(大智度論)』, 『성실론(成實論)』 등을 번역 했다. 제자가 근 5,000명이었다고 하며, 도생(道生), 승조(僧肇), 도융(道融), **승예** (**僧叡**)가 "집문사성(什門四聖)"으로 일컬어진다.

선양할 뜻을 지니고, 외국의 사문을 불러와 함께 백만자가 넘는 분량의 경전을 번역하고",[23] 진(晉)나라 태원(太元) 10년(385)에 72세로 세상을 떠났다. 원강(元康)은 『조론소(肇論疏)』에서 도안이 「성공론(性空論)」을 지었다고 말했는데 그 원문은 전해지지 않는다. 길장의 말을 보면 도안의 「성공론」은 "일체의 모든 존재는 그 본성이 공적하다"는 의미이다. 이것이 "본무종"이다. 오직 "무는 만물의 조화 이전에 존재했고, 공은 뭇 형체의 시원이다"는 두 구절만 보면 이 종은 "본무이종"과 큰 차이가 없지만 길장의 말을 보면 이종은 승조(僧肇)가 말한 "진실이 아니므로 공이다(不眞空)"는 의미와 똑같다. 이것은 이하에서 따로 논한다.

2) 본무이종

길장은 계속해서 말했다.

둘째로 **침법사(琛法師)**는 말하기를 "본무(本無)란 물질적 존재가 생기기 이전에 먼저 무가 있었고 따라서 무로부터 유가 나왔다는 말이다. 즉 무는 유에 앞서 존재하며, 유는 무의 뒤에 존재하기 때문에 본무인 것이다"고 했다.

이 해석은 승조의 「부진공론(不眞空論)」에서 논파되었는데, 원래 경이나 논서에서 밝히지 않은 내용이다.[24]

안징은 말했다.

(침법사는) 논서에서 이렇게 말했다.

"무란 무엇인가? 무는 횅하니 형체가 없으며 만물이 생기는 원천이다. 유는 생기는 것이지만 무는 만물을 낳는 것이다. 따라서 부처는 바라문(梵志)에게 '4대가 공으로부터 생긴다'고 말했다."

『산문현의(山門玄義)』 「이제장(二諦章)」 하에 따르면, "또 축법심(竺法

---

23) 安旣篤好經典, 志在宣法, 所請外國沙門,……譯出衆經百餘萬言. (『고승전』, 184쪽)

24) 次琛法師云：本無者, 未有色法, 先有於無, 故從無出有. 卽無在有先, 有在無後, 故稱本無. 此釋爲肇公「不眞空論」之所破. 亦經論之所未明也. (『중관론소』, 『대장경』 42, 29쪽)

深)은 '모든 존재가 본래적 무(本無)이고 휑하니 형체가 없음이 제일의제(第一義諦)이고 그로부터 생긴 만물이 세제(世諦)이다'고 말했다."[25]

안징에 따르면 "심법사(深法師)는 진(晉)나라 염동 앙산의 축잠(竺潛)이다. 자는 법심(法深)이고, 성은 왕(王)씨이며 낭야(琅琊) 사람이다. 18세에 출가하여 진(晉) 영강(寧康) 2년(374)에 암자에서 죽었는데, 춘추 89세였다. 심법사는 침법사로 된 곳도 있다."[26] 축잠은 『고승전』 권4에 전기가 있다. 같은 시대에 축법태(竺法汰)의 본무 이론도 있다. 『고승전』에 따르면 "축법태는 동완 사람이다. 젊어서 도안과 함께 공부했고 말재주는 도안에 미치지 못했으나 풍채는 능가했다. 진나라 태원(太元) 12년(387)에 죽었는데, 춘추 68세였다. 축법태가 지은 『의소(義疏)』는 극초(隙超)가 지은 「논본무의(論本無義)」와 함께 세상에 통행되었다."[27] 승조의 「부진공론」이 논파한 본무 이론은 원강의 『조론소』에서는 축법태의 설로 여겼다. 이것이 "본무이종"이다. 이 종의 논지는 실은 "천지만물은 유에서 생기고, 유는 무에서 생긴다"[28]는 『노자』의 설이다. 즉 『노자』학으로써 불학을 논한 것이다.

3) 즉색종
길장은 계속해서 말했다.

둘째는 즉색(卽色 : 사물 자체) 이론이다. 그런데 즉색 이론에는 두 종파가 있다. 하나는 **관내 지방**의 즉색 이론으로서 즉색이 곧 공임을 밝힌 것이다.

---

25) (琛法師)製論云 : 夫無者, 何也? 壑然無形, 而萬物由之而生者也. 有雖可生, 而無能生萬物. 故佛答梵志, 四大從空生也. 「山門玄義」第五卷, 「二諦章」下云 : 復有竺法深卽云 : 諸法本無, 壑然無形, 爲第一義諦 ; 所生萬物, 名爲世諦. (『중론소기』, 『대장경』 65, 93쪽) [壑 : 골, 산골짜기, 도랑, 해자, 굴]

26) 深法師者, 晉剡東仰山竺潛, 字法深, 姓王, 琅邪人也. 年十八出家.……以晉寧康二年(374), 卒於山館, 春秋八十有九焉. 言深法師者, 有本作琛字. (같은 곳)

27) 竺法汰東莞人. 少與道安同學, 雖才辯不逮而姿貌過之.……以晉太元十二年卒, 春秋六十有八.……汰所著 『義疏』, 幷如隙超書 「論本無義」, 皆行於世. (『고승전』, 192쪽)

28) 天地萬物生於有, 有生於無. 〈제5장, 주12〉

색에 자성(自性)이 없음을 밝힌 것이므로 즉색이 곧 공임은 지적했으나 즉색의 본성이 공임은 지적하지 못했다.

이 이론은 승조에 의해서 비판되었다. 승조에 따르면 "이 이론은 **색이 스스로 색이 아님은 깨달았으나 색은 색이 아님은 인식하지 못했다.**"[29]

안징은 말했다.

이 법사의 뜻은 이렇다. "세색(細色)이 화합하여 조색(粗色)을 이룬다. 그러나 공이라고 할 때는 다만 조색이 공하다는 말이지 세색도 공하다는 말은 아니다. 세색에 의존하는 조색은 스스로 색이 아니기 때문이다. 또 흑색에 대립하여 백색이 존재하므로(望黑色而是白色) 백색은 독자적으로 백색이 아니다. 따라서 즉색(조색)이 공하다는 말이지 색(세색)이 없다는 말은 아니다. 즉 색(조색)에 고정된 형상이 있다면 인연에 의존하지 않고도 색(조색)은 존재할 것이고, 조색에 고정된 형상이 있다면 응당 세색에 의존하지 않고도 이루어질 것이다. 즉 가색(假色)은 공이 아니라는 의미를 밝힌 것이다."[30]

"관내 지방"의 누구를 지칭하는지 안징은 언급하지 않았다. "망흑색이시백색(望黑色而是白色)" 구절은 매우 난해하다. 이 이론의 대의는 조색은 공이나 세색은 공이 아니라는 것이다. 조색이 공인 까닭은 고정된 형상이 없기 때문이다. 단지 색에 고정된 형상이 없다고만 지적했고 색의 본성이 본래 공임은 지적하지 못했으므로 승조는 "색이 스스로 색이 아님은 깨달았으나 색은 색이 아님은 인식하지 못했다"고 비판했고, 안징은 또 "색은 스스로 색이 아니고 인연에 의해서 생긴다는 것만 알았을 뿐 색은 본래 공이어서 가유(假有)로 존재함을 알지 못했다"[31]고 말했다. 이것이 즉색 이론 가운데 첫

29) 第二卽色義. 但卽色有二家. 一者, 關內卽色義. 明卽色是空者. 此明色無自性, 故言卽色是空, 不言卽色是本性空也. 此義爲肇公所呵. 肇公云 : 此乃悟色而不自色, 未領色非色也. (『중관론소』, 『대장경』 42, 29쪽)
30) 此師意云 : 細色和合, 而成粗色. 若爲空時, 但空粗色, 不空細色. 望細色而粗色不自色. 故又望黑色而是白色, 白色不白色. 故言卽色空, 都非無色. 若有色定相者, 不待因緣, 應有色法. 又粗色有定相者, 應不因細色而成. 此明假色不空義也. (『중론소기』, 『대장경』 65, 94쪽)
31) 但知色非自色, 因緣而成. 不知色本是空, 猶存假有也. (같은 곳)

째 종파이다. 이 종파의 주장의 상세한 내용은 알 수 없지만 앞의
내용을 보면 현대 과학자들의 밖의 사물에 대한 견해와 흡사하다.
즉 원자(元子)나 전자(電子) 등은 세색으로서 공이 아니나, 원자나
전자 등으로 조성된 구체적 사물은 조색으로서 공이다.

길장은 계속해서 말했다.

> 지도림(支道林)은 「즉색유현론(卽色遊玄論)」을 지어 즉색이 곧 공임을 밝
> 혀 사물 자체에 나아가 신비 속에 소요한다는 논의(卽色遊玄論)를 제시했다.
> 이는 가명(假名 : 거짓 현상)을 파괴하지 않고도 실상(實相)을 설명한다는 입
> 장이니, 본성이 공하다는 도안의 주장과 다르지 않다.[32]

지도림은 즉 지둔(支遁, 314-366)이다.『고승전』은 말한다.

> 지둔은 자가 도림이고, 속성은 관씨(關氏)이며 진류 사람이다. 하동의 임
> 려 사람이라고도 한다.……집안 대대로 불교를 섬겨 어려서 무상(非常 : 無
> 常)의 도리를 깨달았고,……25세에 출가했다. 강설할 때마다 핵심 의미를 잘
> 제시했는데, 문구 해석에는 더러 부족함이 있었다.……
> 지둔은 백마사에 머물 때 유계지(劉系之) 등과 『장자』「소요편」을 논한
> 적이 있었다. "각자의 본성에 따르는 것이 소요이다"는 말에 대해서, 지둔은
> "그렇지 않다. 무릇 걸왕과 도척은 잔혹성이 본성인데, 본성에 따름을 합당
> 함으로 여기면 그들의 경우도 소요란 말인가?"라고 반박했다. 그후 지둔이
> 「소요편」을 주해하자, 당시 구학문의 학자들은 모두 탄복했다.……진(晋)나
> 라 태화(太和) 원년(366)에……머물던 절에서 죽었는데, 춘추 53세였다.[33]

안징은 말했다.

---

32) 次支道林著「卽色遊玄論」, 明卽色是空, 故言卽色遊玄論. 此猶是不壞假名, 而說實
相. 與安師本性空故無異也. (『중관론소』,『대장경』42, 29쪽)
33) 支遁, 字道林. 本姓關氏, 陳留人. 或云河東林廬人……家世事佛, 早悟非常之理.…
…年二十五出家. 每至講肆, 善標宗會, 而章句或有所遺.……遁嘗在白馬寺, 與劉系
之等, 談「莊子逍遙篇」云 : 各適性以爲逍遙. 遁曰不然. 夫桀跖以殘害爲性, 若適性爲
得者, 彼亦逍遙矣. 於是退而注「逍遙篇」, 群儒舊學莫不歎服.……以晉太和元年……
終于所住, 春秋五十有三. (『고승전』, 159-163쪽)

『산문현의』에 따르면, 지도림은 「즉색유현론」에서 말했다.

"색의 본성은 색은 그 자체로 존재하지 못한다는 것이다. 자체 독립적이지 못하므로 비록 색이라고 하더라도 공이다. '지(知)'는 독자적으로 인식하지 못하므로 비록 인식하더라도 고요하다. 즉 색법(色法)과 심법(心法)의 공하다고 여기는 것이 진제이고, 색법과 심법이 공하지 않다고 여기는 것이 속제임을 밝혔다."

『술의(述義)』에 따르면, 지도림은 「즉색론」에서 "나는 즉색이 공이지, 색의 소멸이 공이다는 말은 아니라고 생각한다"고 말했다. 이는 무슨 뜻인가? "색의 본성은 색이 그 자체로 존재하지 못한다는 말이다. 색은 자체 독립적이지 못하므로 비록 색이라고 하더라도 공이다. **지(知)는 독자적으로 인식하지 못하므로 비록 인식하더라도 항상 고요하다**"는 뜻이다. 그러나 그 의미를 살펴보면, 진실이 아니므로 공이다(不眞空)고 함과 같다. 바로 인연에 의한 색이기 때문에 조건(緣)을 좇아 존재하기 때문이다. 그 자체 독립적으로 존재하므로 공이라고 명명한 것이지, 추론하고 파괴한 뒤에 비로소 공이라고 하는 것은 아니다. 이미 색의 본성은 스스로 존재하는 색이 아니라는 것이므로, 색이 스스로 존재하지 못하는 이상 비록 색이더라도 공이다. 그러나 무자성(無自性) 측면만 논한 것은 아니므로 '진실이 아니므로 공이다'고 함과 같음을 알 수 있다.[34]

『고승전』의 전기도 지둔이 「즉색유현론」을 지었다고 했다. 『세설신어(世說新語)』에 지도림이 「즉색론」을 지었다고 했는데, 그 주는 다음과 같다.

『지도림집(支道林集)』「묘관장(妙觀章)」에 따르면 "색의 본성은 스스로

---

34) 「山門玄義」第五卷云:第八支道林著「卽色遊玄論」云:夫色之性, 色不自色, 不自雖色而空. 知不自知, 雖知而寂. 彼意明:色心法空名眞, 一切不無空色心是俗也. 述義云:其製「卽色論」云:吾以爲卽色是空, 非色滅空. 斯言矣. 何者? 夫色之性, 不自有色. 色不自有, 雖色而空. 知不自知, 雖知恒寂. 然尋其意, 同不眞空. 正以因緣之色, 從緣而有. 非自有故, 卽名爲空. 不待推尋破壞方空. 旣言夫色之性, 不自有色, 色不自有, 雖色而空. 然不偏言無自性邊, 故知卽於不眞空也. (『중론소기』, 『대장경』65, 94쪽)

색이 존재하지 않는다는 것이다. 색은 스스로 존재하지 않으므로 색이라고
하더라도 공이다. 즉 색은 곧 공이지만 또한 색은 공과 다르다는 말이다."[35]

이것은 길장의 말과 대략 같다. 즉 색의 본성은 공하니, 조색만 공
한 것이 아니라 세색도 공하다는 말이다. 색의 본성이 공함을 알면
색이 존재하면 그것이 공임을 우리는 아는지라 색에 나아가 신비하
게 소요할 수 있는 것이다. 『고승전』의 전기에 따르면 지둔은 또
「성불변지론(聖不辯知論)」을 지었다. 안징이 인용한 "지(知)는 독
자적으로 인식하지 못하므로 비록 인식하더라도 항상 고요하다"는
구절이 「성불변지론」에서 말한 의미인 것 같다. 이것이 즉색 이론
의 둘째 학파이다. 이것은 승조의 부진공(不眞空) 이론과 같고, 「성
불변지론」은 승조의 「반야무지론(般若無知論)」 이론과 같다.

4) 심무종

길장은 계속해서 말했다.

셋째로 온법사(溫法師)는 심무(心無) 이론을 채용했다. "심무"란 만물에
대해서 무심하면 만물은 무인 적이 없다는 뜻이다. 이 의미를 해석하면, 경
에서 '모든 존재가 공이다'고 한 것은 마음의 본체가 허망에 집착하지 않게
하려는 입장에서 무를 언명했을 뿐, 바깥 사물이 공이다는 말이 아니다. 즉
만물의 세계는 공하지 않다.[36]

안징은 말했다.

『산문현의』에 따르면, 첫째 석승(釋僧) 온(溫)은 「심무이제론(心無二諦
論)」에서 "유(有)는 형체 있는 것이고, 무(無)는 모습 없는 것이다. 형체 있
는 것은 무일 수 없고, 모습 없는 것은 유일 수 없다. 그런데 경에서 '색이 없

---

35) 支道林集妙觀章云 : "夫色之性也, 不自有色. 色不自有, 雖色而空. 故曰色卽爲空,
色復異空."(『세설신어(世說新語)』4 : 35)

36) 第三溫法師用心無義. 心無者, 無心於萬物, 萬物未嘗無. 此釋意云 : 經中說諸法空
者, 欲令心體虛妄不執, 故言無耳. 不空外物, 卽萬物之境不空. (『중관론소』, 『대장
경』 42, 29쪽)

다'고 한 것은 다만 안으로 마음을 다잡는다는 말이지 바깥 사물이 공이다는
말은 아니다"고 했다.……「이제수현론(二諦搜玄論)」에 따르면 진(晉)의 축
법온(竺法蘊)은 석법침(釋法琛:法深) 법사의 제자였다.

　법온의 「심무론」에 따르면, 유는 형체 있는 것이고, 무는 모습 없는 것이
다. 그래서 모습 있는 것은 무라고 할 수 없고, 형체 없는 것은 유라고 할 수
없다. 따라서 유는 참된 존재(實有)이고 색은 참된 색이다. 경에서 말한 '색
은 공이다' 함은 단지 안으로 자기 마음을 다잡아 바깥 색에 정체되지 않는
다는 말이다. 바깥 색이 내심의 감정 속에 남아 있지 않음이 무가 아니고 무
엇이겠는가? 어찌 휑하니 형체 없는 것이 '색이 없음(無色)'이겠는가?[37]

『고승전』의 법심(축잠)의 전기에 붙어 있는 축법온(竺法蘊)이 법온
(法溫)인지 여부는 알 수 없다. 길장의 『이제장(二諦章)』권상에 서
술된 심무 이론도 앞의 내용과 대략 같다. 이 종의 논지는 장자와
같으니 장자학으로써 불학을 논한 것이다. 이것이 "심무종"이다.[38]

---

37) 「山門玄義」第五云:第一釋僧溫, 著「心無 二諦論」云:有, 有形也. 無, 無像也. 有形
不可無, 無像不可有. 而經稱色無者, 但內止其心, 不空外色.……「二諦搜玄論」云:
晉竺法溫, 爲釋法琛法師之弟子也. 其製「心無論」云:夫有, 有形者也;無, 無像者
也. 然則有象不可謂無, 無形不可謂無(當作有). 是故有爲實有, 色爲眞色. 經所謂色
爲空者, 但內止其心, 不滯外色. 外色不存餘情之內, 非無如何? 豈謂廓然無形, 而爲
無色乎? (『중론소기』, 『대장경』65, 94쪽)

38) 【주】또 『세설신어』에 이런 내용이 있다. "민도(愍度) 도인이 처음 강동으로 건너
가려고 할 때 북방 촌뜨기 도인과 동무가 되어 서로 도모하여 '옛 이론을 가지고 강
동으로 가서는 입에 풀칠할 수 없을 것 같다'며 함께 '심무' 이론을 세웠다. 그후
북방 도인은 강동으로 가지 않았으나, 민도는 과연 '심무' 이론을 수년간 강론했
다. 그후 북방 도인은 강동에 도착하자 미리 민도에게 사람을 보내며 '내 대신 민
도에게, 무의(無義) 이론을 세운 것은 당초에 호구지책 때문이었으니 결코 여래를
저버리는 일은 하지 말라고 전하시오'라고 말했다(愍度道人始欲過江, 與一傖道人
爲侶. 謀曰:'用舊義往江東, 恐不辦得食.' 便共立心無義. 旣而此道人不成渡, 愍度
果講義積年. 後有傖人來, 先道人寄語曰:'爲我致意愍度, 無義那可立. 治此計權救
饑爾, 無爲遂負如來也')."(「가휼(假譎)」, 『세설신어』27:11) 그 주는 다음과 같다.
"'옛 이론'에 따르면, 전능한 지혜를 성취하여 완벽한 통찰의 경지에 이르러 온갖
번뇌가 곧 멸식되는 것이 공무(空無)이고 영원 불변하는 상태가 곧 묘유(妙有)이
다. 또 '무의' 이론에 따르면, 전능한 지혜의 실체는 활연히 태허(太虛)하므로 비어
있으나 능히 인식하고 무(無)이나 능히 감응한다는 지극한 가르침에 머무는 일이 바로
무의이다(舊義者曰:種智有是, 而能圓照. 然則萬累斯盡, 謂之空無;常住不變, 謂之

5) 식함종

길장은 계속해서 말했다.

이 네 법사들의 이론은 진대(晉代)에 성립된 것이다. 송대에 이르러 대장엄사(大莊嚴寺)의 담제(曇濟) 법사는 「칠종론(七宗論)」을 저술하여 앞의 네 법사들의 이론을 사종(四宗)으로 기술했다.

다섯째로 우법개(于法開)가 식함(識含) 이론을 세웠다. 즉 삼계(三界)는 긴 밤의 집이요, 심식(心識)은 큰 꿈의 주인이다. 지금 보이는 뭇 존재는 모

妙有. 而無義者曰：種智之體, 豁然太虛. 虛而能知, 無而能應. 居宗至極, 其唯無乎)." 이 주에 인용된 내용이 지민도의 '심무' 이론의 원문인지의 여부는 알 수 없다. 『고승전』 「축법태전(竺法汰傳)」에 따르면, "당시 사문 도항은 상당히 재능이 있어서 늘 심무 이론을 견지하고 초나라 지방에서 크게 행세했는데, 축법태는 '그것은 사설이니 논파해야 한다'고 말하고 대규모로 명승들을 소집하여 제자 담일로 하여금 도항을 논박하게 했다. 온갖 경전과 각종 논리를 총동원한 논란이 분분했으나 도항은 그의 말재주만 믿고 굴복하려고 하지 않았다. 날이 이미 저물어 다음 날 아침에 다시 모였다. 혜원이 나서서 논박을 주도하자 온갖 반론이 도항에게 쏟아졌다. 그러나 도항은 논지가 막혔음을 스스로 느끼면서도 동요의 기색 없이 총채(麈尾：拂子, 중이 번뇌를 떨치는 표지로 씀, 권위의 상징)로 책상을 두드리며 곧바로 대답하지 않았다. 그러자 혜원이 '빨리 응하지 않고 뭘 꾸물거리고 있는가?'라고 다그치자 모든 참석자들이 웃음을 터뜨렸고, 심무 이론은 마침내 종식되었다(時沙門道恒頗有才力, 常執心無義, 大行荊土. 汰曰：'此是邪說, 應須破之.' 乃大集名僧, 令弟子曇一難之, 據經引理, 析駁紛紜. 恒仗其口辯, 不肯受屈. 日色旣暮, 明旦更集. 慧遠就席, 設難數番, 關責鋒起. 恒自覺義途差異, 神色微動, 麈尾扣案, 未卽有答. 遠曰：'不疾而速, 杼柚何爲?' 座者皆笑矣. 心無之義, 於此而息)."(『고승전』, 192-93쪽) 법온, 지민도, 도항 모두 심무 이론을 견지했다. 안징은 말하기를 "고승인 사문 도항이 견지한 심무 이론은 단지 법온의 이론에 의거한 학설이었고 자기 홀로 세운 것은 아니었다. 그후 지민도가 선배들의 이론을 발전시켰다(高僧中沙門道恒, 執心無義, 只是資學法溫之義, 非自意之所立. 後支愍度追學前義)"고 했다. (『중론소기』, 『대장경』 65, 94쪽) 그러나 지민도와 도항의 나이는 법온보다 많았으니, 안징의 이 말은 잘못이다(진인각 선생의 「지민도 학설 고찰(支愍度學說考)」 참조). 또 앞의 인용문을 보면 지민도와 도항의 심무 이론은 법온의 이론과 내용이 상이하다. 법온의 주장의 핵심은 바깥의 색은 공하지 않다(不空外色)는 데에 있었으나, 지민도의 주장의 핵심은 마음의 본체가 "활연히 태허함(豁然太虛)"을 증명하는 데에 있었다. 또 도항의 주장은 상세히 알 수 없으나, "빨리 응하지 않고 뭘 꾸물거리고 있는가?"라는 혜원의 공격을 볼 때, 도항의 논지도 마음은 "비어 있으나 능히 인식하고 무(無)이나 능히 감응한다"는 것을 증명하는 데에 있었던 것 같다.

두 그 꿈속에서 보이는 것들이다. 큰 꿈에서 깨어나면 긴 밤은 밝아와서 드디어 미혹에 의해서 전도된 식이 소멸하면 삼계는 모두 공이 된다. 이때 [마음에는] 생기는 것도 없어지고 생기지 않는 것도 없게 된다.[39)]

안징은 말했다.

『산문현의』에 따르면, 우법개는 「혹식이제론(惑識二諦論)」을 지어…… "미혹 속에서 보는 것은 속제(俗 : 俗諦)이고 깨달음 속에서 공을 보는 것이 진제(眞 : 眞諦)이다"고 여겼다.[40)]

우법개에 대해서 『고승전』은 "누구인지 모른다. 난공(蘭公)을 섬겨 제자가 되었다"[41)]고 말했다. 난공은 우법란(于法蘭)인데 『고승전』 권4에 전기가 있다. 이것이 "식함종"이다.

6) 환화종

길장은 계속해서 말했다.

여섯째로 일법사(壹法師)는 이렇게 말했다.
"세제(世諦)의 존재는 모두 환화(幻化 : 허깨비 조화)와 같다. 그러므로 경에서 '본래부터 [세제의 존재는] 존재한 적이 없다'고 말했다."[42)]

안징은 말했다.

「현의(玄義)」에 따르면, 도일(道壹)은 「신이제론(神二諦論)」에서 말했다.

---

39) 此四師(道安, 法深, 支遁, 法溫)卽晉世所立矣. 爰至宋大莊嚴寺曇濟法師著「七宗論」還述前四, 以爲四宗. 第五于法開立識含義. 三界爲長夜之宅, 心識爲大夢之主. 今之所見群有, 皆於夢中所見. 其於大夢旣覺, 長夜獲曉, 卽倒惑識滅, 三界都空. 是時無所從生, 而靡所不生. (『중관론소』, 『대장경』 42, 29쪽)

40) 「山門玄義」第五云 : 第四于法開著「惑識二諦論」,……以惑所觀爲俗, 覺時都空爲眞. (『중론소기』, 『대장경』 65, 94쪽) [이 인용문은 원래 그 다음의 본문으로 편입되어 있는데, 그것은 조판상의 착오였던 것 같다.]

41) 不知何許人, 事蘭公爲弟子. (『고승전』, 167쪽)

42) 第六壹法師云 : 世諦之法, 皆如幻化. 是故經云 : 從本已來, 未始有也. (『중관론소』, 『대장경』 42, 29쪽) [諦 : 살피다, 명료하게 알다, 진실, 도리]

"일체의 모든 존재는 환화와 같다. 환화와 같기 때문에 세제이다. 마음의 정신은 참되어서 공하지 않다는 것이 제일의(第一義)이다. 만약 정신도 공하다면, 다시 무슨 가르침을 펼 수 있으며 누가 도를 닦아 범부를 벗어나 성인이 되려고 하겠는가? 따라서 정신은 공이 아님을 알 수 있다."[43]

『고승전』에 따르면 "도일은 성이 육(陸)씨이고 오(吳)나라 사람이며, ……축법태 밑에서 공부했다.……진(晉)나라 융안(隆安) 연간(397-401)에 병을 얻어 죽었는데, 춘추 71세였다."[44] 이것이 "환화종"이다.

7) 연회종
길장은 계속해서 말했다.

일곱째로 우도수(于道邃)는 "인연이 회합하여 생긴 유(有)가 세제이며, 인연이 흩어진 무(無)가 제일의제이다"고 밝혔다.[45]

안징은 말했다.

「현의」에 따르면, 우도수는 「연회이제론(緣會二諦論)」에서 말했다.

"인연이 회합하여 생긴 유가 속제(俗 : 俗諦)이고, 인연이 흩어진 무가 진제(眞 : 眞諦)이다. 비유하면 토목(土木)이 합치면 집이 되고, 집에 이전의 물체들이 없어지면 이름만 있고 실체는 없어진다. 이런 의미에서 부처는 나타(羅陀)에게 '물질의 형상이 괴멸되면 눈으로 볼 것이 없어진다'고 말했다."[46]

---

43) 「玄義」云 : 第一釋道壹, 著「神二諦論」云 : 一切諸法, 皆同幻化. 同幻化故, 名爲世諦. 心神猶眞不空, 是第一義. 若神復空, 敎何所施. 誰修道隔凡成聖, 故知神不空. (『산문현의』,『대장경』65, 95쪽)

44) 道壹姓六, 吳人.……從汰公受學.……晉隆安中(西歷397至401年)遇疾而卒, 春秋七十有一. (『고승전』, 207-08쪽)

45) 第七于道邃明緣會故有, 名爲世諦. 緣散故卽無, 稱第一義諦. (『중관론소』,『대장경』42, 29쪽)

46) 「玄義」云 : 第七于道邃著「緣會二諦論」云 : 緣會故有是俗, 推拆無是眞. 譬如土木合爲舍, 舍無前體, 有名無實. 故佛告羅陀 : 壞滅色相無所見. (『산문현의』,『대장경』65, 95쪽)

"우도수는 돈황 사람이다.……16세에 출가하여 난공을 섬겨 제자가 되었다."[47] 일체의 모든 존재(諸法)는 뭇 인연이 회합하면 생기고(有) 인연이 흩어지면 없어진다(無). 마치 토목이 합치면 생기고 흩어지면 없어지는 하나의 집과 같다. 이것이 "연회종"이다.

4. 승조가 논한 세계의 기원

이상의 칠종 가운데 뒤의 세 종의 주장들은 종래의 중국철학에 없던 내용이고 또 중국철학의 [소박한] 실재론과 어긋났다. 그러나 불학에서 그것은 바깥 세계에 대한 가장 일반적인 견해였다. 도안의 본무종과 지둔의 즉색종은 그런 견해와 중국의 [소박한] 실재론 간에 하나의 조화를 이룬 것이었다. 승조(僧肇, 384-414)는 그점을 매우 상세히 논했다.* 승조에 대해서『고승전』은 말한다.

석승조는 경조(京兆) 사람이다. 집안이 가난하여 책을 베껴주는 일로 생계를 꾸렸다. 글을 꼼꼼이 써주면서 경전과 역사책을 섭렵했고 고대 전적을 두루 읽었다. 그는 심오한 이치를 애호하여 늘 노장(老莊)을 핵심 가르침으로 삼았다. 일찍이『노자』의 덕장(德章)을 읽으며 "훌륭하다면 훌륭하다. 그러

---

47) 于道邃, 燉煌人,……年十六出家, 事蘭公爲弟子. (『고승전』, 169쪽)

* [영역본에서 이 부분은 다음 내용으로 대체되었다.] 불학에는 진여(眞如)와 생멸법(生滅法)의 대립, 상(常)과 무상(無常)의 대립, 열반과 생사의 대립이 있다. 남북조 시대의 사상가는 첫째 대립은 도가의 "무"와 "유"의 대립에 상당하고, 둘째 대립은 "정(靜)"과 "동(動)"의 대립에 상당하고, 셋째 대립은 "무위"와 "유위"의 대립에 상당한다고 여겼다. 이들 도가의 개념을 채용한 불학자들의 경우 명목상 불학을 강론했으나 사실상 현학의 일파로 분류될 수 있다. "격의"의 방법과 비슷한 기교로 그들은 저들 개념의 문자적 의미에 얽매이는 데에 만족하지 않고 그들 자신의 원만한 체계를 성공적으로 산출한 독창적 사상가들이었다. 승조는 짧은 삶에도 불구하고 이런 사람 가운데 가장 걸출한 인재였다. 그의 「물불천(物不遷)」과 「부진공(不眞空)」등의 논의는 "현학"의 이런 유파의 탁월한 산물이었다. (왕필, 향수, 곽상은 도가 철학 내의 대립을 통일하려고 했고, 승조는 불학 내의 대립을 통일하려고 했다. 그의 「물불천론」은 동과 정의 대립을 통일하려는 것이고, 「부진공론」은 유와 무의 대립을 통일하려는 것이고, 「반야무지론」은 유지와 무지의 대립 또는 유위와 무위의 대립을 통일하려는 것이었다./『신원도』, 84쪽)

나 신명을 기약하고 번뇌를 벗어나는 방법으로는 아직 완벽하다고 할 수 없다"고 탄식했다. 그후 옛 『유마경』*을 읽고 머리끝까지 기쁨을 느껴 책을 펴고 완미하며 "비로소 귀의할 곳을 알았다"고 말하고 마침내 출가했다. 그는 대승 경전을 깊이 배웠고 삼장(三藏 : 經, 律, 論)에도 통달했다.……

　그후 구마라집이 고장(姑臧 : 감숙성 소재)에 왔을 때 승조는 멀리서 찾아가 그를 따랐는데 구마라집은 그를 매우 칭찬했다. 구마라집이 장안에 갈 때 승조도 수행하고 돌아왔다. 요흥은 승조와 승예(僧叡)에게 명하여 소요원(逍遙園)에 들어가 [구마라집의] 경론(經論) 정리 작업을 돕도록 했다. 승조는 성인(부처)이 세상을 떠난 지 오래되어 글의 의미가 복잡다단하여 선배들의 해석에 종종 오류가 있다고 생각해왔는데, 구마라집의 가르침을 접하면서 깨달음이 더욱 넓어졌다. 『대품반야경』(구마라집 번역)이 나온 뒤에 승조는 「반야무지론」 2,000여 글자를 지어 구마라집에게 바치자 구마라집은 그것을 읽고 훌륭하다고 칭찬하며 말하기를 "나의 경전 이해는 그대 못지 않으나 문장력은 내가 못 따르겠다"했다. 당시의 여산(廬山)의 은사(隱士) 유유민(劉遺民)이 승조의 그 논문을 읽고 "설마 승복을 입은 하안이 다시 나오리라 생각 못 했다"고 감탄했다. 그리고 그것을 혜원에게 올리자, 혜원은 책상을 어루만지며 "이런 글은 난생 처음 본다"라고 감탄했다. 그리하여 함께 돌려보며 감상하고 서로 교대로 보존했다.……진(晉)나라 의희(義熙) 10년(414)에 장안에서 죽었는데, 춘추 31세였다.[48]

구마라집은 체계적으로 인도 사상을 중국에 소개한 최초의 인물 중

---

* 삼국시대 오나라 지겸(支謙)이 번역한 2권 본(本) 『유마힐경(維摩詰經)』을 말한다. 구마라집이 번역한 3권 본 『유마힐소설경(維摩詰所說經)』과 구별된다.

48) 釋僧肇京兆人. 家貧以傭書爲業, 遂因繕寫, 乃歷觀經史, 備盡墳籍. 愛好玄微, 每以老莊爲心要. 嘗讀 『老子』德章, 乃歎曰: "美則美矣, 然期神冥累之方, 猶未盡善也." 後見舊 『維摩經』歡喜頂受, 披尋玩味, 乃言始知所歸矣, 因此出家. 學善方等, 兼通三藏.……後羅什至姑臧, 肇自遠從之什嗟賞無極. 及什適長安, 肇亦隨返. 姚興命肇與僧叡等入逍遙園, 助詳定經論. 肇以去聖久遠, 文義多雜, 先舊所解, 時有乖謬. 及見什諮稟所悟更多. 因出大品之後, 肇便著 「波若無知論」凡二千餘言. 竟以呈什, 什讀之稱善. 乃謂肇曰: "吾解不謝子, 辭當相挹." 時廬山隱士劉遺民見肇此論, 乃歎曰: "不意方袍, 復有平叔." 因以呈遠公. 遠乃撫机歎曰: "未常有也!" 因共披尋玩味, 更存往復. 晉義熙十年卒於長安, 春秋三十有一矣. (『고승전』, 249-52쪽)

의 한 사람인데, 승조는 직접 그 가르침을 받았고 또 본래 노장에
뛰어났기 때문에 그가 쓴 논문들은 모두 불학과 현학의 사상을 겸
하고 있다.*

세계의** 기원도 승조는 노자학과 불학을 혼합하여 강론했다. 승
조의 「보장론(寶藏論)」은 말한다.

무릇 **본제(本際)**란 모든 중생의 무애열반(無礙涅槃)의 본성이다. 어찌하여
홀연히 이와 같은 망심(妄心 : 허망한 마음)과 온갖 전도된(도리에 어긋난)
것들이 생기게 되었는가? 그것은 다만 **한 생각(순간)의 미혹** 때문이다.

그런데 그 생각은 '하나'로부터 일어났고 그 '하나'는 불가사의로부터 일
어났는데 불가사의의 존재란 그 시원이 없는 것이다. 따라서 경에 "도는 처
음에 하나를 낳았는데 하나는 무위(無爲)이다. 하나가 둘을 낳았는데 둘이
곧 망심이다"고 했다. 즉 하나이므로 둘로 갈라졌음을 알 수 있다. 둘이 음
양(陰陽)을 낳았는데 음양이란 동정(動靜)이다. 양은 맑음(淸)이고 음은 흐
림(濁)이다. 따라서 맑은 기는 안으로 공허하여 마음(心)이 되고 탁한 기는
밖으로 응결하여 물질(色)이 되었으니 곧 마음과 물질의 두 존재(法)가 생겼
다. 마음은 양에 대응하고 양은 운동(動)에 대응하며, 물질은 음에 대응하고
음은 고요(靜)에 대응한다. 고요는 현빈(玄牝 : 만물을 낳는 본원, 道)과 서로
교통하고 하늘과 땅은 교합한다. 따라서 모든 중생은 음양의 허기(虛氣)를
타고나 생겼다. 그러므로 하나는 둘을 낳고 둘은 셋을 낳고 셋은 바로 만법
(萬法 : 모든 존재)을 낳는다. 이미 무위에 인연하여 마음이 존재하고 다시
마음의 존재에 인연하여 물질이 존재했다. 따라서 경에 "온갖 마음과 물질
이다"고 했다. 그리하여 마음은 온갖 염려를 낳고 물질은 온갖 실마리를 일
으켜 업(業)의 원인이 회합하자 마침내 **삼계(三界)**의 종자가 생겼다.

---

* 『신편』IV, 217쪽, 223쪽 : 승조의 저작은 『유마경주(維摩經注)』와 『조론(肇論)』이
  있다. 『조론』은 [겉모습처럼] 몇 편의 문장을 모아놓은 논문집이 아니고 완전한 한
  편의 철학 논문이다.……『조론』은 글자 수는 많지 않으나 불학의 모든 주요 문제
  를 논급했다. 견해가 뚜렷하고 언어는 명확하며, 글은 간략하나 의미가 풍부하고
  문구는 화려하여 가히 당시 명사의 문필다웠다. 사용한 술어와 어휘가 현학과 같
  은 것이 매우 많아 진정 중국 불학의 "격의" 단계의 대표작이다.
** 이 문단은 역자가 분리했다. 이하 이 절 끝까지는 영역본에서 생략되었다.

무릇 삼계가 존재하는 까닭은 집착의 마음에 근본하여 진일(眞一)을 미혹시킨 결과 탁한 욕망이 생겨 망기(妄氣: 망령된 기운)를 낳았기 때문이다. 망기가 맑고 깨끗하면 무색계(無色界: 물질을 초월한 세계)로 되었으니 이것이 마음(心)이다. (망기가) 맑고 흐리면 색계(色界)로 나타났으니 이것이 몸(身)이다. (망기가) 흩어진 찌꺼기이면 욕계(欲界: 有情의 세계)가 되었으니 이른바 밖의 세계(塵境: 六識의 대상인 六塵)이다. 따라서 경에 "삼계는 허망하고 진실되지 않고 오직 하나의 망심의 변화물일 뿐이다"고 했다.

무릇 내심에 하나가 생기면 바깥에는 무위(無爲)가 존재하고, 내심에 둘이 생기면 바깥에는 유위(有爲)가 존재하고, 내심에 셋이 생기면 바깥에는 삼계가 존재한다. 이미 안팎이 상응하는 이상 마침내 **온갖 모든 존재**(種種諸法)가 생기고 갠지스 강의 모래알만큼 많은 번뇌가 생긴다.[49]

"본제"는 우주의 본체 측면이고 "삼계"와 "온갖 모든 존재"는 우주의 현상 측면이다. 『노자』에 "도는 하나를 낳고 하나는 둘을 낳고 둘은 셋을 낳고 셋은 만물을 낳으며, 만물은 음과 양을 내포하며 충기에 의해서 조화를 이룬다"[50]고 했다. 중국 고유의 철학에서는 마음과 몸의 구별을 언급한 적이 거의 없었다. 여기서는 음양을 마음과 몸에 배합했으니 "격의"의 부류이다. 이 문단에서 도가 철학적 개념들을 뒤섞은 불학을 볼 수 있다. 「보장론」은 또 말한다.

---

49) 夫本際者, 卽一切衆生無礙涅槃之性也. 何謂忽有如是妄心及以種種顚倒者? 但爲一念迷也. 又此念者從一而起, 又此一者從不思議起, 不思議者卽無所起. 故經云: "道始生一, 一爲無爲; 一生二, 二爲妄心." 以知一故, 卽分爲二. 二生陰陽, 陰陽爲動靜也. 以陽爲淸, 以陰爲濁. 故淸氣內虛爲心, 濁氣外凝爲色, 卽有心色二法. 心應於陽, 陽應於動; 色應於陰, 陰應於靜. 靜乃與玄牝相通, 天地交合. 故所謂一切衆生, 皆裹陰陽虛氣而生. 是以由一生二, 二生三, 三卽生萬法也. 旣緣無爲而有心, 復緣有心而有色. 故經云: "種種心色." 是以心生萬慮, 色起萬端, 和合業因, 遂成三界種子. 夫所以有三界者, 爲以執心爲本, 迷眞一故, 卽有濁辱, 生其妄氣. 妄氣澄淸爲無色界, 所謂心也. 澄濁現爲色界, 所謂身也. 散滓穢爲欲界, 所謂塵境也. 故經云: "三界虛妄不實, 唯一妄心變化." 夫內有一生, 卽外有無爲; 內有二生, 卽外有有爲; 內有三生, 卽外有三界. 旣內外相應, 遂生種種諸法及恒沙煩惱也. (「본제허현품(本際虛玄品)」, 『대장경』 45, 148쪽)

50) 道生一, 一生二, 二生三, 三生萬物. 萬物負陰而抱陽, 沖氣以爲和. (42장)

미혹이란 자아가 없건만 자아를 수립하여 안으로 자아의 전도가 생긴 상태를 말한다. 안으로 자아의 전도가 생겼기 때문에 성스러운 이치를 깨우치지 못한다. 성스러운 이치를 깨우치지 못한 때문에 밖으로 편견이 수립된다. 밖으로 편견이 수립되기 때문에 안팎에 장애가 생긴다. 안팎에 장애가 생기므로 사물에 대한 이치를 깨우치지 못한다. 그리하여 허망한 기운이 여러 편견을 일으켜 응집된 통찰력에 혼입되면 결국 만상(萬象)이 침몰되고 진일(眞一)의 가르침은 혼란해져 온갖 견해가 다투어 일어나 표류한다.[51]

한 생각이 미혹되면 본디 무아인데 망령되게 하나의 자아를 세우게 된다. 자아가 생김에 따라 드디어 비아(非我)가 생기고 주관과 객관이 나뉘어 대립하면 그로부터 현상세계가 일어난다.

5. 승조의 부진공 이론

이 현상세계는 단지 현상이기 때문에 "거짓(假)"이라고 할 수 있고 "무(無)"라고 할 수 있지만, 이미 이 현상이 있는 이상 "유(有)"라고 하지 않을 수 없다. 승조의 「부진공론(不眞空論)」*은 말한다.

만물은 유(有)가 아닌 까닭도 있고 무(無)가 아닌 까닭도 있다. 만물은 유가 아닌 까닭이 있으므로 유도 유가 아니고, 무가 아닌 까닭이 있으므로 무도 무가 아니다. 무도 무가 아니므로 무는 절대적 공허(虛)가 아니고, 유도 유가 아니므로 유는 참된 유(眞有)가 아니다. 이렇듯 유가 참된 것은 아니고 무가 자취(跡)를 벗어난 것은 아니라면, 유와 무는 명칭은 달라도 결국 의미는 하나이다.……그 까닭은 다음과 같다.

---

51) 夫迷者, 無我立我則內生我倒. 內生我倒故, 卽聖理不通. 聖理不通, 故外有所立. 外有所立, 卽內外生礙. 內外生礙, 卽物理不通. 逢妄起諸流, 混於凝照. 萬象沈沒, 眞一宗亂. 諸見競興, 乃爲流浪. (「이미체정품(離微體淨品)」, 『대장경』 45, 146쪽)

* 『신편』IV, 220쪽: "부진공"의 의미는 참되지 않기 때문에 공(空)이다는 것이다. 즉 사람과 사물은 모두 하나의 생멸(生滅)이니 인연(緣)이 합하면 생기고 인연이 분리되면 멸하므로, 모든 것이 공허하고 환상적인(虛幻) 것이고 진실한 것이 아니다는 의미이다. 진실하지 않기 때문에 공인 것이다. (승조는 이 "공"이 "제법실상(諸法實相)", 즉 일체 사물의 진실된 정황이라고 여겼다./같은 곳, 218쪽)

유(존재)가 참된 유(眞有)라면 유는 스스로 영원히 유일지니 왜 조건(緣)에 의존하여 유(존재)가 되겠는가? 또 [만물이] 참된 무라면 무는 스스로 영원히 무일지니 왜 조건에 의존하여 무가 되겠는가? 이처럼 유가 스스로 유이지 못하고 조건(緣)에 의존하여 유가 되는 이상, "유가 곧 참된 유는 아님"을 알겠고, 유가 참된 유는 아니므로 유도 유라고 할 수 없다. [무도] 무가 아니라고 함은 저 무란 고요히 불변함을 일컬어 무라고 하거니와, 만물이 만약 무라면 만물은 흥기하지 않아야 하는데 흥기하고 있는 이상 무가 아닌 것이다. 즉 [만물은] 명명백백히 조건에 의해서 흥기하기 때문에 무가 아니다.……

그런즉 만법(萬法 : 일체의 존재)은 과연 유가 아닌 까닭이 있으므로 유라고 할 수 없고, 무가 아닌 까닭이 있으므로 무라고 할 수 없다. 왜 그런가? 만법이 유라고 말하자니 그 유는 참된 존재(眞生)가 아니고, 무라고 말하자니 사물의 모습이 이미 나타나 있기 때문이다. 모습이 나타난 것은 곧바로 무는 아니나, 참되지 않으므로 참된 유(實有)도 아니다. 그렇다면 참되지 않으므로 공이다(不眞空)의 이치는 마침내 명백해졌다.

따라서 『방광(放光 : 放光般若經)』에 이르기를 "제법(諸法)은 거짓 명칭일 뿐이고 진실이 아니니, 마치 환화인(幻化人 : 마술로 생긴 사람, 허깨비)과 같다. 즉 **환화인이 없는 것은 아니나 환화인은 참된 사람이 아니다**"*고 했다.[52]

---

* 『신편』IV, 220쪽 : "환화인"은 유(有)이고, "진인이 아님(非眞人)"은 무(無)이다. 승조는, 만약 "유·무"를 이와 같이 이해하면 당시의 쟁론적인 "유·무" 문제는 해결할 수 있다고 여겼다.……즉 승조는 일체 사물은 모두 유이기도 하고 무이기도 하며 유도 아니고 무도 아니니 이것이 일체 사물의 진실된 정황, 즉 "제법실상"이라고 여겼다. 그러나 사실 승조가 해결한 것은 불학의 유·무 문제였고 현학의 유·무 문제는 아니었다. 현학의 유·무 문제는 바로 일반과 특수의 문제를 논한 것이고, 불학의 유·무 문제는 사물의 존재에 대해서 논한 것이다. 이 양자는 결코 같은 일이 아니다. 사용된 명사가 같았기 때문에 같은 이야기로 혼동한 것인데 이것은 "격의"와 "연류" 단계에서 늘 생기는 현상이다.

52) 然則萬物果有其所以不有, 有其所以不無. 有其所以不有, 故雖有而非有 ; 有其所以不無, 故雖無而非無. 雖無而非無, 無者不絕虛 ; 雖有而非有, 有者非眞有. 若有不卽眞, 無不夷跡, 然則有無稱異, 其致一也.……所以然者, 夫有若眞有, 有自常有, 豈待緣而後有哉? 譬彼眞無, 無自常無, 豈待緣而後無也. 若有不自有, 待緣而後有者, 故知有非眞有. 有非眞有, 雖有不可謂之有矣. 不無者 : 夫無則湛然不動, 可謂之無. 萬物若無, 則不應起, 起則非無. 以明緣起, 故不無也.……然則萬法果有其所以不有, 不可得而有 ; 有其所以不無, 不可得而無. 何則? 欲言其有, 有非眞生 ; 欲言其無, 事

현상세계의 모든 사물은 인연(因緣)이 모여야 생기고 인연이 모이지 않으면 멸하기 때문에 모두 환화인과 같다. 이런 면에서 보면 무라고 할 수 있다. 그러나 무라고 한 것은 "환화인은 참된 사람이 아님"을 지칭했을 뿐이고, "환화인이 없는 것은 아니다." 환화인이 있다는 면에서 보면 물론 유라고 할 수 있다. 따라서 "만물은 유가 아닌 까닭도 있고 무가 아닌 까닭도 있다." 이것이 "참되지 않으므로 공이다는 이론(不眞空義)"이다.*

6. 승조의 물불천 이론

여기서 한 걸음 더 나아가면, 일찍이 있었던 사물은 비록 소멸되었더라도 일찍이 있었던 사실 자체는 멸할 수 없다고 말할 수 있다. 현상세계 속의 만물은 문득 생기고 문득 멸하므로 현상세계는 마치 시시각각 변화하는 큰 물결과 같다. 그러나 또 다른 면에서 보면, 어느 한순간의 어떤 한 사물은 그 자체로 어느 한순간의 어떤 한 사물이다. 우주간에 일찍이 존재한 어느 한순간의 어떤 한 사물은 바로 하나의 영구불변의 사실이다. 보통 말하는, 다른 한순간의 동일

象旣形. 象形不卽無, 非眞非實. 然則不眞空義, 顯於玆矣. 故『放光』云 : "諸法假號不眞, 譬如幻化人. 非無幻化人, 幻化人非眞人也."(『조론』,『대장경』 45, 152쪽) [夷 : 멸하다, 깎다]

* [영역본의 이 절은 위의 인용문과 다음 내용으로 구성되어 있다.] 일체 제법(諸法)은 조건(緣)이 회합하여 생기므로 마치 환화인처럼 조건이 흩어지면 소멸한다. 이 면에서 보면 "만물은 유가 아닌 까닭이 있다." 그러나 환화인은 참된 사람이 아니기는 하나 그래도 존재한다. 즉 만물은 모두 생멸 가운데에 있지만 생멸하는 만물은 그래도 존재한다. 이 면에서 보면 이른바 공은 공이면서 공이 아니니, "만물은 무가 아닌 까닭이 있다." 보통 말하는 무는 사물이 없음을 뜻하고, 보통 말하는 유는 참으로 사물이 있음을 뜻한다. 그러나 사실상 사물은 있어도 참된 유가 아니니, 유이기도 하고 무이기도 하다. 그래서 승조는 "유가 참된 것은 아니고 무가 자취를 벗어난 것은 아니라면, 유·무는 명칭은 달라도 결국 의미는 하나이다"고 말했다. 이렇게 말하면 보통 말하는 유·무의 대립은 없어진다. 사물의 참모습은 유도 아니고 무도 아니니, 유이기도 하고 무이기도 하다고 말할 수 있다. 불교의 중도(中道)의 논리로 표현하면, "유나 무라고 말하면 양극단(二邊)의 하나에 떨어지나, 유도 무도 아니라고 말하면 중도이다."

한 어떤 사물은 사실은 또 다른 하나의 사물이라고 말할 수 있고, 이전 순간의 어떤 사물이 변화되어온 것이 아니라고 말할 수 있다.* 그렇다면 현상세계라도 "무상(無常)"이라고 일컬을 수 없다고 할 수 있다. 승조의 「물불천론(物不遷論)」은 말한다.

> 일반 사람은 변화(動)에 대해서, 과거의 사물이 현재에 연속되지 않는다는 논거로 "(사물은) 변화하고 정지하지(靜) 않는다"고 주장한다. 그러나 나는 정지(靜 : 불변)에 대해서, 역시 과거의 사물이 현재에 연속되지 않는다는 논거로, "(사물은) 정지(불변)하고 변화하지 않는다"고 주장한다.** "(사물이) 변화하고 정지하지 않는다"는 주장은 [과거의] 사물이 [현재에] 계속되지 않는다고 본 때문이요, "(사물이) 정지하고 변화하지 않는다"는 주장은 [과거의] 사물은 소멸되지 않는다고 본 때문이다.
>
> 이렇듯 논의의 주제는 같으나 소견은 다르다. 진리에 어긋난 것이 막힘(塞)이고 진리에 합치된 것이 통달(通)이다. 정말 도를 터득하면 다시 무슨 막힘이 있겠는가? 슬프게도 사람들은 마음이 미혹된 지가 오래되어, 눈앞에 진리를 대하고도 전혀 깨닫지 못하고, 지나간 사물이 현재에 계속되지 않음은 알면서도 현재의 사물이 [미래에] 지속된다고 말한다. 그러나 지나간 사물이 현재에 계속되지 않거늘 현재의 사물이 어째서 미래에 지속되겠는가?
>
> 그러면 무엇인가? 과거 속에서 과거의 사물을 찾으면 그것은 과거 속에 없었던 적이 없고, 현재 속에서 과거의 사물을 찾으면 그것은 현재 속에 있은 적이 없다. (과거의 것은) 현재 속에 있은 적이 없으므로 "그 사물은 계속

---

* 『신편』IV, 218~19쪽 : 승조의 이 견해에 따르면 일체 사물은 시간과 공간을 막론하고 마치 하나의 방영되지 않은 영화 필름과 같다는 말이다. 방영되지 않았을 때 하나의 큰 동작은 수많은 작은 동작으로 나눌 수 있고 그 맨 처음은 모두 움직이지 않는 것이다. 이것이 바로 "물불천(物不遷)"이다.

** 『신편』IV, 218쪽 : 일반 사람들은 사람과 사물은 항상 유동과 변화 속에 있다고 여기지만 승조는 그렇지 않다고 여겼다. 그는 일체 사물은 유동하지 않고 변화하지 않는다고 여겼다.……이전의 사물이 현재에 이르지 않는 것을 두고 일반 사람들은 사물이 변했다고 여긴다. 그러나 승조는 이전의 사물이 현재에 이르지 않기 때문에 사물은 변화가 없다고 여긴다. 즉 이전의 사물은 이전의 사물이고 현재의 사물은 현재의 사물일 뿐 양자는 본래 다르다고 보았기 때문이다.

되지 않았음"을 알겠고, (과거의 것은) 과거 속에 존재하는 만큼 "그 사물은 소멸되지 않았음"을 알겠다. 다시 현재를 살펴보자. 현재의 사물 역시 미래에 지속되지 않는다. 또한 "과거의 사물은 스스로 과거 속에 존재할 뿐 현재로부터 과거로 연속되지 않으며, 현재의 사물은 스스로 현재 속에 존재할 뿐 과거로부터 현재로 연속되지 않는다." 따라서 공자는 "안회야, 항상 현재(새것)를 보아라. 아까의 어깨 스침도 과거가 아니다"*고 말했다. 이렇게 보면, 사물은 두 시각 사이를 지속하거나 계속하지 않음이 명백하다. 지속하거나 연결되는 미세한 조짐(자취)도 없는 이상, 도대체 사물에 무슨 변화(動)가 있겠는가? 이런 의미에서 산악을 뒤흔드는 광풍도 언제나 고요했고, 치닫는 강물도 흐른 적이 없고, 춤추는 아지랑이도 움직인 적이 없고, 하늘을 지나간 해와 달도 회전한 적이 없다는 표현은 더 이상 괴이하지 않다.……

그러므로 (사물이) 지나갔다고 말한들 반드시 지나간 것이 아니며, 과거와 현재는 영원히 독립적으로 존재하는데, (사물은) 변화하지 않기 때문이다. (사물이) 소멸되었다고 말한들 반드시 소멸된 것이 아니다. 현재로부터 과거로 연속되지 않는다 함은 사물이 계속되지 않기 때문이다. 사물은 계속되지 않기 때문에 과거와 현재를 왕복하지 않으며, 사물은 변화(변동)하지 않기 때문에 각 사물의 본성은 하나의 특정 시각(一世) 속에 머문다.……**

왜 그런가? 사람들은 현재 속에서 과거의 것을 찾으면서, "그것이 머물러 있지 않다"고 말한다. 그러나 나는 과거 속에서 그 당시의 물건을 찾을 수 있으므로 "그것이 소멸되지 않았음"을 안다. 현재가 과거에 연속된 것이라면 과거 안에 현재가 있어야 하고, 과거가 현재에 연속된 것이라면 현재 안

---

* 『장자』「전자방(田子方)」에 "吾終身與汝交一臂而失之, 可不哀與!"라는 구절이 있다. 『장자』의 원뜻은 사물의 변화는 잠시도 정지하는 않는다는 것이다.

** [영역본의 이 절은 이상의 인용문과 다음 내용으로 구성되어 있다.] 어느 한순간의 어떤 한 사물은 그 자체 어느 한순간의 어떤 사물일 뿐이다. 보통 말하는 다른 한 순간의 어떤 사물은 실은 전혀 다른 한 사물이고, 결코 앞의 한순간의 어떤 사물이 연속하여 이어진 것이 아니다. 「물불천론」에 "그래서 바라문이 출가하여 백발이 되어 돌아오자 이웃 사람이 그를 보고 '옛날의 아무개가 아닌가?'라고 묻자, 바라문은 '나는 옛날의 아무개와 비슷하지만 옛날의 아무개는 아니다'라고 대답했다"는 말이 있다. 지금의 바라문은 옛날의 바라문과 비슷할 따름이다. 옛날의 바라문은 옛날 자체에 존재했으므로 과거에서 현재로 이어진 것이 아니고, 현재의 바라문은 현재 자체에 존재하므로 현재에서 과거로 퇴각한 것이 아니다.

에 과거가 있어야 한다. 그러나 현재 안에는 과거가 없으니 (과거 사물이 현재에) 계속되지 않았음을 알겠고, 과거 안에는 현재가 없으니 (과거 사물은 과거에) 소멸하지 않았음을 알겠다. 과거가 현재에 연속되지 않았고 현재도 과거에 연속되지 않았으므로, 사물의 각 본성은 하나의 특정 시각 속에 머문다. 그러므로 소멸되거나 계속되는 사물이 존재하겠는가? 그렇다면 춘하추동이 바람처럼 달리고 일월성신이 반짝반짝 빛나더라도, 깊은 진리를 이해하고 나면 아무리 빠른 것도 회전하지 않음을 깨닫게 된다.[53]

이로부터 말하면, 일체 사물은 그것이 일찍이 존재했다는 측면에서 보면 모두 "영원하고(常)" "무상(無常)"이 아니다.*

일찍이 존재한 사물은 일찍이 존재했을 뿐만 아니라, 또한 이후의 사물에 대해서 영향을 끼칠 수 있다. 승조의 「물불천론」은 말한다.

그러므로 여래의 공덕은 만세를 유전해도 항상 존재하고, 도는 영겁을 통해도 더욱 견고하다. 산을 만드는 일은 한 삼태기의 흙을 쌓는 데서 시작하고, 먼길의 여정은 첫걸음에서 시작한다. 즉 결과(果)는 공업(功業 : 즉 因)이 썩어 없어지지 않기 때문에 생긴다. 공업은 썩을 수 없으므로 과거에 존재했

---

53) 夫人之所謂動者, 以昔物不至今, 故曰動而非靜. 我之所謂靜者, 亦以昔物不至今, 故曰靜而非動. 動而非靜, 以其不來;靜而非動, 以其不去. 然則所造未嘗異, 所見未嘗同. 逆之所謂塞, 順之所謂通. 苟得其道, 復何滯哉? 傷夫人情之惑也久矣! 目對眞而莫覺. 旣知往物而不來, 而謂今物而可往. 往物旣不來, 今物何所往? 何則? 求向物於向, 於向未嘗無;責向物於今, 於今未嘗有. 於今未嘗有, 以名物不來;於向未嘗無, 故知物不去. 覆而求今, 今亦不往. 是謂昔物自在昔, 不從今以至昔, 今物自在今, 不從昔以至今. 故仲尼曰:"回也見新, 交臂非故." 如此, 則物不相往來明矣. 旣無往返之微朕, 有何物而可動乎? 然則旋嵐偃嶽而常靜;江河競注而不流;野馬飄鼓而不動;日月歷天而不周;復何怪哉?……是以言往不必往, 古今常存, 以其不動;稱去不必去, 謂不從今至古, 以其不來. 不來, 故不馳騁於古今;不動, 故各性住於一世.……何者? 人則求古於今, 謂其不住;吾則求今於古, 知其不去. 今若至古, 古應有今;古若至今, 今應有古. 今而無古, 以知不來;古而無今, 以知不去. 若古不至今, 今亦不至古, 事各性住於一世, 有何物而可去來? 然則四象風馳, 璇璣電捲, 得意毫微, 雖速而不轉. (『조론』, 『대장경』 45, 151쪽)

* 풍우란의 이 표현을 두고 노사광(勞思光)은 "승조의 뜻은 사물의 '상(常)'을 증명하려는 것이 아니라 '왕래' 또는 '변화'의 관념을 깨뜨리려는 것이었다"라고 비판했다(노사광, 302쪽). 풍우란도 나중에 『신원도(新原道)』에서 "「물불천론」은 '동'·'정'의 대립을 통일하려고 한 것이다"라고 수정했다.

어도 소멸되지 않으며(不化) 소멸되지 않기 때문에 변화하지 않는데, 이러한 사물 불변의 이치는 전적으로 명백하다.* 따라서 경에 "말세의 삼재(三災 : 전쟁, 질병, 기근)가 휩쓸어도 자기가 지은 업은 그대로 남는다"고 했는데, 그 말은 진실로 그러하다.**

---

 * [영역본 계속. 위의 인용문에 이어서 다음 내용으로 종결된다.] 즉 과거에 어떤 사물이 존재했던 사실 자체는 영원히 존재할 뿐만 아니라 또한 지속적인 작용(功用)이 있다. 비유컨대 사람이 산을 만들 때 한 광주리의 흙은 한 광주리의 흙의 공업(karma)을 낳고, 또 사람이 먼길을 갈 때 한 걸음은 한 걸음의 공업을 낳으니, 현재 하나의 산을 완성했다면 이 산의 완성은 처음의 한 광주리의 흙에 의존한 것이고, 현재 먼길을 도착함은 처음의 한 걸음에 의존한 것이다. 처음의 한 광주리의 흙과 처음의 한 걸음의 공업은 과거에 존재하고 영원히 변화를 겪지 않는다(不化). 변화를 겪지 않으니(不化) 불천(不遷)인 것이다. /보통 사람이 사물이 정지(靜)한다고 말할 때는 현재의 사물이 바로 과거의 사물임을 지칭한다. 그때 말하는 정은 동과 대립적이다. 보통 사람이 사물이 변동(動)한다고 말할 때는 과거의 사물이 현재의 사물로 변했음을 지칭한다. 그때 말하는 동은 정과 대립적이다. 그러나 사실 현재의 사물은 결코 과거의 사물이 아니고 또 과거의 사물이 변한 것도 아니다. 변동은 "변동한 듯하지만 사실은 정지이고(似動而靜)" 제거(소거)는 "제거된 듯하지만 정류해 있다(似去而留)." 따라서 변동은 단지 변동과 비슷할 뿐이고 정지와 대립적인 것이 아니고, 제거는 단지 제거된 듯하지만 정류와 대립적인 것이 아니다. 「물불천론」은 말한다. "불변성에 대한 탐구에서 우리는 변동을 떠나 정지를 구하지 말며 반드시 뭇 변동 속에서 정지를 구해야 한다. 반드시 뭇 변동 속에서 정지를 구하므로 변동해도 영원히 정지하며, 변동을 떠나 정지를 구하지 않으므로 정지해도 변동에서 벗어나지 않는다(尋夫不動之作, 豈釋動以求靜, 必求靜於諸動, 必求靜於諸動, 故雖動而常靜. 不釋動以求靜, 故雖靜而不離動)." 그러므로 이른바 동·정은 대립적인 것이 아니다. 제법의 실상은 그것이 변동도 정지도 없다는 것이다. 다시 말해서 변동하기도 하고 정지하기도 한다는 것이다. 불교의 중도의 논리로 표현하면, "변동이나 정지가 있다고 말하면 우리는 양극단의 하나에 떨어지나, 변동도 정지도 없다고 말하면 중도에 맞게 된다."

** 『신편』Ⅳ, 219~20쪽 : 승조에 따르면 이미 지나간 사물은 이미 지나가기는 했지만 존재한 적이 없었던 경우와는 결코 같지 않은데 그것이 바로 "불화(不化)"이다. 과거는 현재에 대해서 공로(功勞)를 끼치는 것이므로 이것이 바로 "공업은 썩지 않는다"는 말이다. 마치 하나의 산을 쌓을 때 한 삼태기씩 흙을 쌓아가야 하는데 첫 삼태기의 흙은 이후의 흙의 준비조건이 되는 것과 같다.……과거의 사물이 현재의 준비조건이 되는 경우도 마찬가지이다. 승조의 이런 견해는 불학에서 논한 업보(業報)에 대한 하나의 이론적 근거가 되었다. (일찍이 존재한 것은 그렇지 않은 경우와 다른데, 일찍이 존재했던 사물은 비록 현재에는 이미 존재하지 않더라도 이미 "업"으로 되어 현재 존재의 원인과 조건이 되었다는 말이다.)

왜 그런가? **과(果)**에는 **인(因)**이 들어 있지 않으나 인으로 말미암아 과가 생긴다. 인으로 말미암아 과가 생기므로 **인은 옛날에 소멸된 것이 아니며** 과에는 인이 들어 있지 않으므로 **인은 현재에 계속되는 것이 아니다. 소멸되지도 않고 계속되지도 않으므로** 사물 불변의(物不遷) 이치는 명백하다.[54]

인은 능히 과를 낳고 인으로 말미암아 과가 생기므로, "인은 옛날에 소멸되지 않았음"을 알겠다. 과 안에는 인이 없으므로 "인은 현재에 계속되지 않음"을 알겠다. "소멸되지도 않고 계속되지도 않으므로" 사물 불변의(物不遷) 이치는 명백하다.

7. 승조가 말하는 성인*

따라서 현상세계는 유(有)라고도 할 수 있고 무(無)라고도 할 수 있으며, 비유(非有)라고도 할 수 있고 비무(非無)라고도 할 수 있으며, 유상(有相)이라고도 할 수 있고 무상(無相)이라고도 할 수 있다. 「보장론」은 말한다.

상(相 : 형상)이 무상(無相)인 경우는 상이면서 무상인 경우이다. 따라서 경에 "색이 곧 공이니 '색의 소멸이 비로소 공'임은 아니다"고 했다. 비유하건대 마치 물이 흐를 때 바람이 쳐서 생긴 거품과 같다. 즉 "거품이 곧 물이니 '거품의 소멸이 비로소 물'임은 아니다."

"무상"이 "상"인 경우는 무상이면서 상인 경우이다. 경에 "공이 곧 색이다"고 했는데, 색은 다함이 없다. 비유하건대 거품이 꺼지면 물이 되는데 물이 곧 거품이고 물이 거품과 분리된 것은 아니다.

무릇 유상(有相 : 거품처럼 형상이 있는 것)에 애착하고 무상(無相 : 물처럼 형상이 없는 것)을 두려워하는 사람은 유상이 곧 무상임을 알지 못하고, 무

---

54) 是以如來, 功流萬世而常存, 道通百劫而彌固. 成山假就於始簣, 修途託至於初步, 果以功業不可朽故也. 功業不可朽, 故雖在昔而不化, 不化故不遷, 不遷故則湛然明矣. 故經曰 : "三災彌綸, 而行業湛然." 信其言也. 何者? 果不俱因, 因因而果. 因因而果, 因不昔滅 ; 果不俱因, 因不來今. 不滅不來, 則不遷之致明矣. (같은 곳)
* 영역본은 이 절 전체를 생략했다.

상에 애착하고 유상을 두려워하는 사람은 무상이 곧 상임을 알지 못한다.

깨달은 사람이 곧 부처이니 부처에게 미망은 생기지 않는다. 또 미망이 생기지 않으면 그것이 곧 본디의 진실(眞實)이다.[55]

이 이치를 아는 사람은 현상(現象) 속에서 본체(本體)를 본다. 「보장론」은 말한다.

가령 황금보물을 저장한 창고 안에서, 항상 황금의 본체만 관조하고 각종 형상은 보지 않으며, 각종 형상을 보더라도 역시 하나의 황금임을 안다고 하면, 이미 형상에 의해서 미혹되지 않으니 곧 분별을 벗어나고, 항상 황금의 본체만 관조하니 허망한 그릇됨이 없어지는데 바로 진인(眞人)의 경우가 그와 같다. 항상 "진일(眞一)"만 관조하고 각종 형상은 보지 않으며, 각종 형상을 보더라도 역시 "진일"임을 알아서 망상(妄想)을 벗어나 전도된 편견을 가지지 않고 진실의 경지에만 머물면 그가 바로 성인(聖人)이다.

그런데 황금보물을 저장한 창고 안에서, 항상 각종 형상만 보고 황금의 본체는 보지 않으며, 선악(좋고 나쁨)을 분별하여 온갖 생각들을 일으키면 황금의 본성은 놓치고 온갖 쟁론을 일삼게 되는데 바로 어리석은 사람의 경우가 그와 같다. 항상 잘생기고 못생긴 남녀의 외적 모습만 보고 갖가지 차별을 일으키고 본성을 미혹시켜 마음의 형상에 집착하여 애증(愛憎)의 감정을 뒤바꾸며 갖가지 전도된 생각을 일으켜 생사를 유랑하며 갖가지 몸을 받게 되니 망상이 빽빽이 들어차 "진일"을 덮어 가린다.[56]

---

55) 夫以相爲無相者, 卽相而無相也. 故經云: "色卽是空, 非色滅空." 譬如水流, 風擊成泡. 卽泡是水, 非泡滅水. 夫以無相爲相者, 卽無相而相也. 經云: "空卽是色", 色無盡也. 譬如壞泡爲水, 水卽泡也, 非水離泡. 夫愛有相畏無相者, 不知有相卽無相也. 愛無相畏有相者, 不知無相卽是相也. 是故有相及無相, 一切悉在其中矣. 覺者名佛, 妄卽不生. 妄若不生, 卽本眞實. (「이미체정품」, 『대장경』 45, 147쪽)

56) 譬如有人, 於金器藏中, 常觀於金體, 不觀衆相. 雖觀衆相, 亦是一金. 旣不爲相所惑, 卽離分別. 常觀金體, 無有虛謬. 喩彼眞人, 亦復如是. 常觀眞一, 不觀衆相. 雖觀衆相, 亦是眞一. 遠離妄想, 無有顚倒. 住眞實際, 名曰聖人. 若復有人於金器藏中, 常觀衆相, 不觀金體. 分別善惡, 起種種見, 而失於金性, 便有評論. 喩彼愚夫, 亦復如是. 常觀色相南女好醜, 起種種差別. 迷於本性, 執著心相. 取捨愛憎, 起種種顚倒. 流浪生死, 受種種身. 妄想森羅, 隱覆眞一. (「본제허현품」, 『대장경』 45, 149쪽)

어리석은 사람은 현상에 집착하여 진실로 여기지만, 성인은 현상에 집착하지 않고 현상 속에서 진실을 본다. 어리석은 사람은 현상에 집착하므로 현상 속에 갇히지만, 성인은 현상에 집착하지 않으므로 진실과 합일한다.「보장론」은 말한다.

> 해탈한(離 : 벗어난) 사람은 육신이 없고 희미한(微 : 혼돈의 경지에 이른) 사람은 마음이 없다. 육신이 없으므로 육신이 확대되고 마음이 없으므로 마음이 확대된다. 마음이 확대되므로 두루 만물에 미치고 육신이 확대되므로 무궁히 부응한다. 따라서 육신을 육신으로 집착하는 자는 그 광대한 부응을 상실하고, 마음을 마음으로 집착하는 자는 그 광대한 지혜를 상실한다.

> 따라서 천만 가지 경론(經論)은 모두 육신과 마음을 벗어나 집착을 깨뜨려야 비로소 진실(眞實)의 경지에 들어갈 수 있다고 가르쳤는바, 마치 대장장이가 광석을 녹여 금을 얻어야 비로소 물품을 만드는 데에 쓸 수 있게 되는 경우와 같다. 육신의 존재에 집착하면 육신에 얽매이고 육신에 얽매이면 곧 법신(法身)은 육신의 껍데기 속에 은폐되며, 마음의 존재에 집착하면 마음에 얽매이고 마음에 얽매이면 곧 진지(眞智)가 생각과 염려 속에 은폐된다. 그리하여 대도(大道)를 깨닫지 못하고 오묘한 진리가 침몰되면 육식(六神 : 六識)은 안에서 혼란되고 육경(六境)은 밖에서 상응하여 주야로 허둥대며 잠시의 휴식도 없어진다.[57]

> ○해탈(離 : 거리를 둠)이라고 한 것은 몸이 외물에 합하지도 않으며 외물과 분리되지도 않기 때문이다. 마치 맑은 거울처럼 빛이 만상을 비추지만 저 맑은 거울은 그림자와 합하지도 않고 물체와 분리되지도 않는다. 또 마치 허공처럼 모든 것을 안으로 받아들이면서도 오염되거나 집착되지 않으며, 오색이 오염시킬 수 없고 오음이 혼란시킬 수 없고 **만물이 얽매일 수 없고 온갖 것들도 뒤섞일 수 없기** 때문에 "해탈"인 것이다.

---

57) 夫離者無身, 微者無心. 無身故大身, 無心故大心. 大心故卽周萬物, 大身故應備無窮. 是以執身爲身者, 卽失其大應 ; 執心爲心者, 卽失其大智. 故千經萬論, 莫不說離身心, 破彼執著, 乃入眞實. 譬如金師, 銷鑛取金, 方爲器用. 若執有身者, 卽有身礙, 身礙故卽法身隱於形骸之中 ; 若執有心者, 卽有心礙, 心礙故卽眞智隱於念慮之中. 故大道不通, 妙理沈隱, 六神內亂, 六境外緣. 晝夜惶惶, 未有休息. (「이미체정품」, 『대장경』 45, 147쪽)

희미함(微)이라고 한 것은 실체가 오묘하여 형태가 없고 색도 없고 모습도 없으며 만가지로 응용되어 그 모습을 알 수 없고 온갖 기교를 포함하여 저장하고 있으나 그 공을 드러내지 않고, 보아도 볼 수 없고 들어도 들을 수 없지만 갠지즈 강의 모래알처럼 많은 공덕이 영원하지도 않고 단절되지도 않으며 분리되지도 않고 흩어지지도 않기 때문에 "희미함"인 것이다.

그러므로 이(離 : 초연함, 해탈)와 미(微 : 희미함) 두 글자는 도의 핵심이다. 육식과 육경이 그 자취가 없는 것이 "이"이고, 만가지 작용에 주관이 없는 것(無我)이 "미"이다. 희미하므로 초연하고 초연하므로 희미하다. 다만 각각의 기본적인 일에 따라 두 이름을 지은 것이고 그 본체는 똑같다.[58)]

이것은 성인 수양에 사용되는 공부이고 또 그런 수양을 성취했을 때의 성인의 심리 상태이다.

8. 승조의 반야무지 이론

그런 심리 상태 속의 성인의 마음은 맑은 거울과 같아서, 그 통찰 작용을 그만두지 않는 동안에도(雖不廢照) 그 본체 자체는 비어 있다(虛).* 승조의 「반야무지론(般若無知論)」은 말한다.

---

58) 夫所以言離者, 體不與物合, 亦不與物離. 譬如明鏡, 光映萬象 ; 然彼明鏡, 不與影合, 亦不與體離. 又如虛空, 合入一切, 無所染著. 五色不能汚, 五音不能亂, 萬物不能拘, 森羅不能雜, 故謂之離也. 所以言微者, 體妙無形, 無色無相. 應用萬端而不見其容. 含藏百巧而不顯其功. 視之不可見, 聽之不可聞. 然有恒沙萬德, 不常不斷, 不離不散, 故謂之微也. 是以離微二字, 蓋道之要也. 六入無跡謂之離, 萬用無我謂之微. 微卽離也, 離卽微也. 但約彼根事而作兩名, 其體一也. (같은 곳, 146쪽)

* [영역본의 이 절은 이하의 내용과 이 절 끝의 【주】로 구성되어 있다.] 반야를 승조는 성지(聖智)라고 불렀다. 광의의 의미로 지식을 정의하면 성지도 일종의 지식이다. 다만 그런 지식은 보통의 지식과 다르다. 지(知)에는 반드시 소지(所知)가 있는데, 소지는 현재의 표현으로는 지식의 대상이다. 성지의 대상은 이른바 진제(眞諦 : 절대적 진리)인데 진제는 지의 대상이 될 수 없는 것이다. 그것은 무슨 까닭인가? 지는 그 대상이 무엇인지 알지만, 진제는 어떤 무엇이 아니기 때문에 지의 대상이 될 수 없다. 「반야무지론」에 "보통의 지는 인식대상을 인식하여 형상(相 : 사물의 속성)을 취하기 때문에 지인 것이다. 그러나 진제는 본래 형상이 없으니 반야(眞智)가 그것을 어떻게 인식하는가?(智以知所知, 取相故名知. 眞諦自無相, 眞智何

그러므로 성인(부처)은 마음을 비우고 통찰에 충실하여 종일 알아도 일찍이 안 적이 없고, 말없이 마음의 광채를 숨기고 마음을 비워 신비를 직관하며, 지혜와 총명을 쓰지 않고 홀로 최고의 깨달음을 획득한 사람이다.

그런즉 반야의 지혜는 신비를 규명하는 직관이 있으나 앎은 가지지 않고, 반야의 신령함은 임기응변하는 작용이 있으나 계산하지 않는다. 반야의 신령함은 계산하지 않으므로 현실세계를 초월하여 홀로 존귀할 수 있고, 반야의 지혜는 세속적 앎이 없으므로 만사를 초월하여 현묘하게 관조할 수 있다. 반야의 지혜는 만사를 초월했어도 만사를 떠난 적이 없고 반야의 신령함은 현실세계를 초월했어도 언제나 세계 안에 머문다.*

由知)"라고 했다. 어떤 사물이 무엇무엇이다는 것이 그것의 형상(相)이고, 인식은 그것이 무엇임을 아는 것으로서 그것의 형상을 간파하는 것을 말한다. 그러나 진제는 무엇이 아니기 때문에 형상이 없고, 형상이 없기 때문에 인식될 수 없다. 다른 한 측면에서 보면 지와 소지는 상대적인(상호 보완적인) 것이다. 지가 있으면 반드시 소지가 있고, 소지가 있으면 반드시 지가 있다. 「반야무지론」에 "무릇 인식(知)과 인식대상(所知)은 서로 존재하거나 서로 존재하지 않는다.……인식대상이 인식을 낳고 인식이 또 인식대상을 낳으니, 인식대상이 (인식과) 서로 낳는데 서로 낳는 것은 곧 조건적인 존재이다. 조건적인 존재이므로 진실(절대적인 것)이 아니고 진실(절대적인 것)이 아니므로 진제가 아니다(夫知與所知, 相與而有, 相與而無.……所知旣生知, 知亦生所知. 所知旣相生, 相生卽緣法. 緣法故非眞. 非眞故非眞諦也)"고 했다. 인식대상은 인식조건에 따라서 생기고, 인식 또한 그 대상으로 인하여 생기는 만큼 인식대상은 조건에 의해서 생기는데, 조건에 의해서 생긴 것은 진실(절대적인 것)이 아니다. 진실이 아니기 때문에 진제가 아니다. 따라서 진제는 인식대상이 될 수 없다. /그러나 반야는 진제에 대한 앎이다. 이러한 앎은 지의 대상으로 될 수 없는 것을 그 대상으로 삼는다. 따라서 이러한 지는 보통의 지와 다르다. 「반야무지론」에 "그래서 참된 인식(眞知 : 반야)이 진제를 관조할 때 지의 대상을 취한 적이 없다. 반야가 지의 대상을 취하지 않는다면 그 반야가 어떻게 무엇을 인식하게 되는가?(是以眞知觀眞諦, 未嘗取所知. 智不取所知, 此智何由知)"라고 했는데, 따라서 반야의 지는 무지(無知 : 앎이 없음)라고 부를 수 있다. "성인은 무지의 반야로써 저 무상(無相 : 현실적 형상이 없음)의 진제를 통찰한다.……반야는 적막하고 무지하지만 알지 못하는 것이 없다(聖人以無知之般若, 照彼無相之眞諦.……寂怕無知, 而無不知者矣)."(「반야무지론」) 무지이지만 알지 못하는 것이 없으니 이것이 무지의 지(無知之知)이다.

* [영역본 계속] 그러나 진제는 결코 사물 바깥에 별도로 존재하지 않는다. 진제는 일체 사물의 진정한 모습, 즉 이른바 "제법실상(諸法實相)"이다. 제법은 뭇 조건이 화합하여 생기니 "환화인과 같다." 제법의 겉모습은 환상이고, 그 상은 곧 무상

그리하여 현실의 변화에 순응하고 무궁하게 응접하며 모든 신비를 고찰하나 관조의 공덕을 누리지 않는다. 이것이 바로 (반야의) 무지(無知)의 앎이며 성인의 신령함의 정신 경지이다. 그러나 반야 자체는 실재가 있으나 유(有)는 아니고, 비어 있으나 무(無)는 아니다. 그 자체를 인정해야 하고 논박할 수 없는 것은 오직 성지(聖智 : 반야)이다.

왜 그런가? 반야는 있다고(有) 말하자니 모습도 없고 이름도 없으며, 없다고(無) 말하자니 성인이 그것에 의해서 영험해지기 때문이다. 반야는 성인이 그것에 의해서 영험해지므로 **비어 있어도 항상 통찰하고**(虛不失照), 반야는 모습도 없고 이름도 없으므로 **통찰해도 항상 비어 있다**(照不失虛). 반야는 통찰할 때도 항상 비어 있으므로 세속과 뒤섞여도 혼탁해지지 않으며, 비어 있어도 모든 것을 통찰하므로 활동하면 항상 외물(鑒)과 접촉한다. 그리하여 반야의 관조와 지혜의 작용은 잠시도 멈춘 적이 없으나, 현실의 모습 속에서 그것을 찾으면 끝내 얻을 수 없다.

(無相)이며, 무상이 곧 제법실상이다. 제법실상을 아는 지(知)가 곧 반야이다. 무상은 지의 대상이 될 수 없으므로 반야는 무지(無知)이다. 승조는 "무릇 지(智)의 생성은 상(相) 안에 한정된다. 법은 본래 형상이 없거늘 성지(반야)가 어떻게 인식하는가?(夫智之生也, 極於相內. 法本無相, 聖智何知?)"(「답유유민서(答劉遺民書)」)라고 반문했다. 성지는 "무상의 지(無相之知)"이니, "무상의 지"가 있으면(즉 성인은) "부지의 통찰력(不知之照)"을 소유한다. / "부지의 통찰력"은 제법의 실상을 통찰하는 힘이다. 즉 성지도 제법에서 벗어나지 않는다. 제법에서 벗어나지 않는 것이 이른바 "응회(應會)" 또는 "무회(撫會)"이다. 응회나 무회는 사물을 다룬다는 뜻이다. 성인은 반야의 무지를 가지는데 이것이 "마음을 비움(虛其心)"이고, 또 "부지의 통찰력"을 가지는데 이것이 "통찰에 충실함(實其照)"이다. 그래서 "비어 있어도 항상 통찰하고" "통찰해도 항상 비어 있다." [위의 "그런즉" 이하의 인용문이 인용됨] "그래서 무상을 통찰하나 사물을 다루는(撫會) 공을 잃지 않고 현실의 변동을 관찰해도 무상(無相)의 범주를 벗어나지 않는다.……그래서 성인은 텅 비어서 그 가슴에는 앎이 없고, **능동적 작용의 영역에 거하면서도 무위의 지경에 머물고, 개념의 담장 안에 처하지만 언어를 초월한 고향에 살며,** 적막하고 텅 비어 있어서 아무도 언어로 형용할 수 없는데 그 이상도 그 이하도 아니다(是以照無相, 不失撫會之功. 觀變動不乖無相之旨.……是以聖人空洞, 其懷無知. 然居動用之域, 而止無爲之境. 處有名之內, 而宅絶言之鄕. 寂寥虛曠, 莫可以形名得, 若斯而已矣)."(「답유유민서」) "능동적 작용의 영역에 거하고" "개념의 담장 안에 처한다"고 함은 성인의 활동 측면을 지칭하고, "무위의 지경에 머물고" "언어를 초월한 고향에 산다"고 함은 성인의 경지를 지칭한다.

그래서 『보적(寶積)』은 "지적 활동 없이 행동한다"고 했고, 『방광(放光)』
은 "부처는 부동의 깨달음 속에서 만법을 올바로 수립한다(반야의 지혜로써
세계 만물을 세운다)"고 했다. 따라서 부처의 설법의 자취는 각양각색이지
만 그 취지는 하나이다. 그런즉 반야는 비어 있어도 통찰하고, 진제는 없는
듯해도 지혜를 발하고, 온갖 변화 속에서 고요할 수 있고, 성인은 도모하지
않고 응해도 일을 성취한다. 이것이 곧 알지 않아도 저절로 알고, 도모하지
않아도 저절로 성취하는 것이니,* 다시 무엇을 인식하며 다시 무엇을 도모
하랴?[59]

성인의 마음은 "고요하여 움직임이 없으나 감응하면 사물의 이치
에 통철한다"[60]는 송명 도학자들의 말은 이상의 의미를 채용한 말이
다. 다만 승조의 이러한 견해는 그가 「보장론」에서 논한 현상세
계의 기원과 상당히 모순되는 면이 있다. 「보장론」의 내용에 따르
면 현상세계의 기원은 "한순간의 미혹(一念迷)"〈주49〉에서 시작된
다. 논리적 측면에서 현상세계는 이미 존재하는 만큼 무(無)라고 할
수 없으나 형이상학적 측면에서 성인에게 망념(妄念)(미혹)이 없다
면 그의 현상세계는 아예 없는 것으로 귀결되거늘 어떻게 "만물이
얽매일 수 없고 온갖 것들도 뒤섞일 수 없는"〈주58〉 그러한 일이

* [영역본은 "그래서" 이하의 한 문단을 인용하고 이렇게 끝맺었다.] 성인은 지(知)
가 있기도 하고 없기도 하며(無知), 또 유위하기도 하고 무위하기도 한다. 불교의
중도(中道)의 논리로 표현하면, "유위나 무위를 말하면 양극단(二邊)의 하나에 떨
어지나, 유위도 아니고 무위도 아니다고 말하면 중도이다."

59) 是以聖人虛其心而實其照, 終日知而未嘗知也. 故能墨耀韜光, 虛心玄鑒, 閉智塞聰,
而獨覺冥冥者矣. 然則智有窮幽之鑒, 而無知焉；神有應會之用, 而無慮焉. 神無慮,
故能獨王於世表；智無知, 故能玄照於事外. 智雖事外, 未始無事；身雖世表, 終日域
中. 所以俯仰順化, 應接無窮. 無幽不察, 而無照功. 斯則無知之所知, 聖神之所會也.
然其爲物也, 實而不有, 虛而不無. 存而不可論者, 其唯聖智乎? 何者? 欲言其有, 無
狀無名；欲言其無, 聖以之靈. 聖以之靈, 故虛不失照；無狀無名, 故照不失虛. 照不
失虛, 故混而不渝；虛不失照, 故動以接麤. 是以聖智之用, 未始暫廢. 求之形相, 未
暫可得. 故『寶積』曰："以無心意而現行." 『放光』云："不同等覺而建立諸法." 所以
聖迹萬端, 其致一而已矣. 是以般若可虛而照, 眞諦可亡而知, 萬動可卽而靜, 聖應可
無而爲. 斯則不知而自知, 不爲而自爲矣. 復何知哉? 復何爲哉? (『조론』, 『대장경』
45, 153쪽)

60) 寂然不動, 感而遂通.〈제11장,주25〉

생기겠는가? 이 점은 승조가 상세히 설명하지 않았다.[61]

9. 도생의 돈오성불 사상

승조와 동학이고 나란히 이름을 날린 사람이 도생(道生, 355-434)이다.『고승전』은 말한다.

> 축도생(竺道生)의 본성은 위(魏)이고, 거록 사람이며 팽성에서 살았다. ……어려서부터 영민하여 귀신처럼 총명했다.……그후 사문인 축법태를 만나 속세를 버리고 귀의하여 독실하게 공부했다.……그후 혜예(慧叡, 355-439), 혜엄(慧嚴, ?-443)과 함께 장안에 유학하여 구마라집 밑에서 공부했다. 관중의 승려들은 모두 그의 신통함을 찬탄했다. 도생은 사색이 깊어짐에 따라서 언어 바깥의 의미를 꿰뚫어 깨달으며 이렇게 탄식했다.
>
> "무릇 상징은 의미를 표현하려는 수단이니 의미를 터득하면 상징은 필요 없고, 언어는 이치를 설명하는 수단이니 이치를 깨달으면 언어는 종식된다.

---

61)【주】승조는 맑은 거울로 수양을 성취한 사람의 심리 상태를 비유했다. 장자도 "성인의 마음가짐은 마치 거울과 같다"고 말했다. 이후 송명 도학자들은 늘 이 비유를 사용했다. 승조는『유마경주』에서 말했다. "도를 도로 여기고 도 아닌 것을 도 아닌 것으로 여기면 좋고 싫은 감정이 한꺼번에 일어나 각종 번뇌가 가중되니, 어떻게 마음이 심오한 이치를 깨우쳐 평등의 도를 통달할 수 있겠는가? 그러나 도를 도로 여기지 않고 도 아닌 것을 도 아닌 것으로 여기지 않으면 시비의 관념이 마음에서 끊어져 사물을 만나면 곧 적응하게 된다. 그리하여 옳은 일에 처해도 옳음을 옳게 여기는 감정이 없어지고, 그른 일에 처해도 그름을 그르게 여기는 의도가 없어진다. 그래서 좋고 싫음을 평등하게 관조하고 어긋난 일에도 항상 순응하고 화광동진하여, 어두울수록 더욱 밝아지게 되면 무애(無礙)의 평등한 불도(佛道)를 통달했다고 할 수 있다(夫以道爲道, 非道爲非道者, 則愛惡並起, 垢累滋彰. 何能通心妙旨, 達平等之道乎? 若能不以道爲道, 不以非道爲非道者, 則是非絶於心, 遇物斯可乘矣. 所以處是無是是之情, 乘非無非非之意. 故能美惡齊觀, 履逆常順. 和光塵勞, 愈晦愈明. 斯可謂通達無礙, 平等佛道也)."(권7) 남북조시대에 노장학으로써 불학을 해석한 이들은 주로 유무를 동일시하고(同有無) 동정을 합일하고(合動靜) 남과 나를 하나로 여기는(一人我) 입장에서 여러 문제를 해명했다. 그래서 "시비를 관통한다(彌貫是非)"는 장자의 이론은 거의 논급된 적이 없었는데, 승조의 이 문단은 사실상 장자「제물론(齊物論)」의 입장에서 시비를 동일시하는(齊是非) 이론의 해명을 통해서 불경을 해석한 것이었다.

불경이 동쪽으로 전래된 이래 번역자들은 여러 가지 장애로 대부분 문자에 얽매어 온전한 의미를 제대로 파악하지 못했다. **통발을 잊고 물고기를 잡아야 (忘筌取魚)* 비로소 도(道)를 논할 수 있다.**"

그는 진리와 속견을 비교 검토하고 인과의 이치를 탐구하여 마침내 **"선은 응보를 받지 않는다(善不受報)", "문득 깨달으면 부처가 된다(頓悟成佛)"**는 설을 세웠다.……작은 『열반경(涅槃經)』이 서울에 처음 들어왔을 때 도생은 경전의 이치를 분석하고 깊은 의미를 통찰하여 **일천제의 사람도 모두 성불할 수 있다**고 말했다. 그때는 아직 『대열반경』이 중국에 수입되지 않았으므로 도생의 그런 선각적인 견해는 다만 대중의 비웃음을 샀을 뿐이다.……그러나 이윽고 서울에 수입된 『대열반경』에는 과연 "일천제도 다 불성이 있다"는 말이 있었다.……송(宋)나라 원가(元嘉) 11년(434)에 세상을 떠났다.[62]

일본의 종(宗 : 9세기경의 승려)이 지은 『일승불성혜일초(一乘佛性慧日抄)』에 인용된 『명승전(名僧傳)』제10의[63] 글에 따르면 "도생은 '음양의 두 기를 타고난 자는 누구나 열반에 이르는 바른 인(因)이 들어 있다. 삼계에 탄생하는 것은 미혹의 결과(果)이다. 일천제도 생을 머금은 부류이니 왜 유독 불성이 없겠는가?'라고 말했다."[64] 일천제는 불법을 믿지 않는 사람이다. 일천제도 불성이 있어서 "일천제의

---

* 『장자』의 원문맥은 "물고기를 잡으면 통발은 잊는다(得魚忘筌)", "원리를 터득하면 그것을 설명하는 언어는 필요 없다(得意忘言)"는 것이다. ("筌者所以在魚, 得魚而忘筌 ; 蹄者所以在兎, 得兎而忘蹄 ; 言者所以在意, 得意而忘言. 吾安得夫忘言之人而與之言哉!" 「외물(外物)」, 『장자』, 944쪽])

62) 竺道生, 本姓魏, 鉅鹿人, 寓居彭城.……幼而穎悟, 聰哲若神.……後値沙門竺法汰, 遂改俗歸依, 伏膺受業.……後與慧叡慧嚴同遊長安, 從什公受業, 關中僧衆咸謂神悟. 生旣潛思日久, 徹悟言外, 迺喟然歎曰 : "夫象以盡意, 得意則象忘 ; 言以詮理, 入理則言息. 自經典東流, 譯人重阻, 多守滯文, 鮮見圓義. 若忘筌取魚, 始可與言道矣." 於是校閱眞俗, 硏思因果, 迺立"善不受報", "頓悟成佛."……又六卷『泥洹』(『涅槃經』)先至京師, 生剖析經理, 洞入幽微. 乃說一闡提人皆得成佛. 於是『大涅槃經』, 未至此土, 孤明先發, 獨見忤衆.……俄而『大涅槃經』至於京都, 果稱闡提皆有佛性.……以宋元嘉十一年……卒. (『고승전』, 255~57쪽)

63) 【주】같은 글이 『명승전초(名僧傳抄)』에도 보이지만 더 간략하다.

64) 生曰 : "稟氣二儀者, 皆是涅槃正因. 三界受生, 蓋惟惑果. 闡提含生之類, 何得獨無佛性?"(『대장경』70, 137쪽) [闡提 : 一闡提(Icchantika), "不具信""斷善根"의 뜻]

사람도 모두 성불할 수 있으니" 사람은 누구나 성불할 수 있다는 말이다. 도생은 경전의 말과 글을 "통발"로 여겨, 반드시 "통발을 잊고 물고기를 잡아야 비로소 도를 논할 수 있고", "도"에 대해서 깨달음을 얻으면 즉시 성불할 수 있다고 말했다. 그후의 선종에서 문자를 중시하지 않고 다만 마음의 깨달음을 중시한 것이 바로 이 의미이다.

도생이 세운 "선은 응보를 받지 않는다"는 견해는 상세한 내용을 알 수 없다. 혜원은 『명보응론(明報應論)』에서 "선은 응보를 받지 않는다"는 견해를 강론했는데, 그의 논의가 혹시 도생의 영향을 받은 것인지도 모른다.[65] 혜원(석혜원)은 말했다.

4대(四大 : 地, 水, 火, 風)의 본성을 추론하여 이 몸을 만든 근본을 밝히자면, 4대의 상이한 사물을 빌려 하나의 몸을 형성한 것이니, 이 생명은 버려진 티끌과 같고 몸의 생성과 소멸은 모두 기의 변화에 불과하다. 이것은 바로 지혜의 통찰을 넣어 지혜의 칼로 분석하여 얻은 이치이다. 그래서 소멸과 탄생의 자연 운행에 순종하여 모이든 흩어지든(태어나든 죽든) 주견을 개입시키지 않는다. 온갖 사물을 마치 큰 꿈속의 사물로 간주하면 "유"의 세계에 살더라도 "무"의 세계에 사는 것과 같아진다. 이 경지에 이르면 어찌 현재의 몸에 구애되거나 생명에 대한 미련에 얽매이는 일이 있겠는가?

만약 이 이치를 자기는 마음에 스스로 터득했으나 다른 사람들은 깨닫지 못했다면 독선(獨善)은 공덕이 없다는 사실을 가슴 아파하여 선각자로서 감회를 일으켜 마침내 도를 선양하여(弘道) 가르침을 천명할 생각을 하기 때문에 인서(仁恕 : 타인을 구제할 마음)의 공덕을 펼치는 것이다. 만약 너와 내가 함께 행복을 누리고 서로 반목하지 않으면 칼싸움을 하더라도 신비한 합일 속에서 그윽한 인식을 얻고 전쟁터에서 서로 대적하더라도 막역지우가 만난 것처럼 할 것이다. 그렇게 되면 살상도 정신에 해가 되지 않고 죽일 생물이 아예 존재하지 않게 된다. 이것이 바로 문수보살은 검을 들고 반역의 길을 걸었으나 도에 순응했으니 온종일 창을 휘두르더라도 죽일 대상은 하나도 없는 경우와 같다. 이와 같으므로 사람들에게 각자의 지혜를 충분히 발

65) 【주】이것은 진인각 선생의 설이다.

휘하도록 고무했거나 형벌을 통해서 교화를 성취한 훌륭한 공들도 오히려 상을 받지 않았거늘 무슨 죄벌(罪罰)이 또 있을 수 있겠는가?

만약 이처럼 상벌을 초월한 관점에서 문제의 근원을 살펴보면 **보응(報應)**의 진정한 함의는 이해할 수 있으니, 일을 추론하여 그 근본 원리를 찾으면 죄벌은 논할 수 있다. 이 문제를 살펴보자. 인연의 감응과 변화의 결과가 어찌 그 자체의(필연적인) 도에서 비롯되지 않을 수 있겠는가?

무명(無明)은 모든 미혹의 근본이고 탐애(貪愛)는 모든 고뇌의 근원이니, 이 두 원리에 빠지므로 정신의 작용이 흐려진다. 즉 길흉과 재앙은 오직 무명과 탐애에서 발동한다. 무명이 자기의 통찰력을 가리기 때문에 정욕은 외물(外物)에 집착한다. 탐애가 자기의 본성을 타락시키기 때문에 4대가 응결하여 육체를 형성한다. 육체가 응결되면 나와 나 아닌 것이 구별되고, 감정이 미혹되면 선악 분별에 주견(아집)이 생긴다. 나와 나 아닌 것이 구별되면 저마다 자기 몸을 사사롭게 여기며 자기의 육신만을 도모하게 된다. 선악 분별에 주견을 두면 자기 생명에 연연하여 부단히 윤회전생한다.

그리하여 큰 꿈에 몰입해 있으면 미혹된 대상에 가려져 긴 밤에 얽매이기 때문에 존재하는 모든 것에 집착하고 이해득실(선악)이 상호 추동하여 화복(禍福)이 서로 이어진다. 악을 쌓으면 하늘의 재앙이 저절로 이르고 죄악이 이루어지면 지옥이 바로 그 벌이다. 이것이 바로 필연의 이치이니 의심의 여지가 없다.……그렇다면 죄와 복의 보응은 오직 그 감정에 달려 있다. 감정에 따라 그대로 되는 것이 바로 자연이다. 자연이란 나의 그림자나 반향 같은 것이라는 뜻이다.* 주재자가 개입할 여지는 없다.[66]

---

* 『신편』IV, 228쪽 : 즉 매우 미세한 업(業)에 조건이 구비되면 바로 보응이 오는 것은 마치 그림자나 반향과 같아서, 어떤 모양의 형체에는 곧 그런 모양의 그림자가 생기고 어떤 소리에는 곧 그런 반향이 생기는 것처럼 마음에 어떤 감정이 있으면 곧 그와 같은 보응이 생긴다. 이는 자연적 도리이니, 참으로 무슨 저승의 법정에서 심판으로 결정되는 것이 아니다. 보응은 바로 나의 그림자나 반향일 뿐 결코 어떤 주재자가 영향을 끼치는 것은 아니다.

66) 推夫四大之性, 以明受形之本 ; 則假於異物, 託爲同體 ; 生若遺塵, 起滅一化. 此則慧觀之所入, 智刃之所遊也. 於是乘去來之自運, 雖聚散而非我. 寓群形於大夢, 實處有而同無. 豈復有封於所受, 有係於所懷哉? 若斯理自得於心, 而外物未悟. 則悲獨善之無功, 感先覺而興懷. 於是思弘道以明訓, 故仁恕之德存焉. 若彼我同得, 心無兩對 ; **遊**刃則泯一玄觀, 交兵則莫逆相遇 ; 傷之豈唯無害於神, 固亦無生可殺. **此則文殊接**

이것은 도가의 설과 불가의 설을 융합한 논설이다. 이른바 "보응" 이란 마음의 감정에 의해서 초래된 내용이다. 그러므로 무심(無心) 하게 사물에 감응한다면 행위를 하더라도 감정에 의해 초래될 내용 이 없으므로 윤회를 벗어나고 업보를 받지 않게 된다.

도생이 수립한 "돈오성불" 이론은 사령운(謝靈運, 385-433)[67]이 설명했다. 사령운은 『변종론(辯宗論)』에서 말했다.

> 부처의 이론에 따르면, 성인의 도가 요원하기는 하나 **"배움의 축적(積學)"** 이 **능지**(能至 : 깨달음에 이름)에 이르고 번뇌가 없어지고 통찰력이 생기면 **점오**(漸悟 : 점진적인 깨달음)를 얻는다. 그러나 공자의 이론에 따르면, **성인 의 도는 오묘하니** 안회도 **태서**(殆庶 : 도에 근접함)에 머물렀고, **무를 체득하고 통찰력이 두루 미쳐야 이치가 일극**(一極 : 한번에 궁극에 이름)**에 귀착한다.**[68]

즉 불교에 따르면 성인의 도가 매우 요원하니 배움을 쌓아 마음속 의 무명(無明) 즉 이른바 "번뇌(累)"가 완전 깨끗이 없어진 경지에 이르러야 비로소 진심(眞心)의 명(明)을 찬란하게 드러낼 수 있다. 즉 성불은 점수(漸修) 공부를 해야 한다는 말이다. 이러한 "배움의 축적"은 지금의 삶과 지금 세상에만 한정되는 것이 아니고 통상 수 많은 세상을 거쳐 "배움"을 축적해야 비로소 성불할 수 있다. 안회 에게 말한 "너는 누차 공(空)에 가까웠다"[69]는 공자의 말 역시 점수

劍, 跡逆而道順, 雖復終日揮戈, 措刃無地矣. 若然者, 方將託鼓舞以盡神, 運干鋮而 成化, 雖功被猶無賞, 何罪罰之有耶? 若反此而尋其源, 則報應可得而明 ; 推事而求其 宗, 則罪罰可得而論矣. 嘗試言之, 夫因緣之所感, 變化之所生, 豈不由其道哉? 無明 爲惑網之淵, 貪愛爲衆累之府, 二理俱遊, 冥爲神用. 吉凶悔吝, 惟此之動. 無用(當作 明)掩其照, 故情想凝滯於外物. 貪愛流其性, 故四大結而成形. 形結則彼我有封, 情 滯則善惡有主. 有封於彼我, 則私其身而身不忘. 有主於善惡, 則戀其生而生不絶. 於 是甘寢大夢, 昏於所迷. 抱疑長夜, 所存唯著. 是故失得相推, 禍福相襲. 惡積而天殃 自至, 罪成則地獄斯罰. 此乃必然之數, 無所容疑矣.……然則罪福之應, 唯其所感. 感之而然, 故謂之自然. 自然者, 即我之影響耳. 於夫玄[玄 : 主]宰, 復何功哉? (『홍명 집(弘明集)』, 『대장경』 52, 33쪽)
67) 【주】송나라 원제(宋元帝) 영가(永嘉) 10년(433)에 살해당했다. 당시 나이 49세였다.
68) 釋氏之論, 聖道雖遠, 積學能至 ; 累盡鑒生, 方應漸悟. 孔氏之論, 聖道既妙, 雖顔殆 庶 ; 體無感周, 理歸一極. (『광홍명집(廣弘明集)』, 『대장경』 52, 224-25쪽)
69) 回也其庶乎累空. (『논어』 11 : 19) 〈제5장, 주40〉

공부를 강론한 것 같으나, 공자는 결국 "성인의 도는 오묘하니" "무를 체득하고 통찰력이 두루 미칠 수" 있어야 "이치가 한번에 최종적으로 귀착한다"고 여겼으니, 공자는 실은 돈오의 수행방법을 주장한 셈이다.[70]

『변종론』은 또 말한다.

> **신론도사(新論道士)**는 **"거울 같은 고요열반는 심원하고 신비하니 단계적 접근(階級)을 용납하지 않으며,** '배움의 축적'은 끝이 없으니 어떻게 저절로 종결되겠는가?"*라고 주장했다. **이제 부처의 "점오"를 버리고** 그의 "능지(能至)"를 취하며, 공자의 "태서(殆庶)"를 버리고 그의 "일극(一極)"을 취한다. "일극"은 "점오"와 다르고 "능지"는 "태서"가 아니다. 따라서 이치에 맞지 않는 것은 각 경우에서 취하더라도 공자와 부처의 뜻에서 벗어난다. 중생 구제에 관한 이 두 논의는 원래 도가가 창안한 득의(得意 : 진리 터득)의 설인데 이제 나는 절충하며 신론(新論)이 옳다고 여긴다.[71]

이 "신론도사"는 도생을 가리킨다. 승우(僧佑)는 육징(陸澄, 425-84)을 인용하여 "사문 도생이 돈오를 주장했고, 사강락(謝康樂)과 사령운이 『변종(辯宗)』에서 그 돈오를 설명했다"[72]고 말했다. 따라

---

70) 제5장 제2절 참조.

* 『신편』IV, 236-37쪽 : 이 문단이 곧 "신론"의 요점인 것 같다. 도생에게는 아마 「돈오성불론(頓悟成佛論)」이라는 글이 있었고 그것이 여기서 말한 "신론"이었던 것 같다. 이른바 "적감(寂鑒)"은 혜원이 말한 "체극(體極)"으로서, 바로 "열반"이다. "열반"을 얻으려면 깨달음에 의지해야 하는데, 깨달음은 반드시 "돈오", 즉 단박 완전히 통달하는 것이니 그렇지 못하면 곧 깨달음이 아니다. 조금씩 조금씩의 "점오"는 존재하지 않는다. 이른바 "극(極)"이란 전반적인 것이므로 그것을 한걸음 한걸음의 "깨달음"으로 분리할 수 없다. 이것이 이른바 "불용계급(不容階級 : 단계적 접근을 용납하지 않음)"이다. 그러나 깨달음 이전에는 여전히 "배움"이 필요하니 배움은 축적에 의지하여 이루어지는 것이다. 이러한 축적은 무한하므로 "배움의 단절(絶學)"은 생각할 수 없다. 배움의 주요 내용은 바로 가르침이고, "가르침"은 곧 불교이다. 이것이 도생의 "신론"의 중심 내용이다.

71) 有新論道士, 以爲寂鑒微妙, 不容階級, 積學無限, 何爲自絶? 今去釋氏之漸悟, 而取其能至 ; 去孔氏之殆庶, 而取其一極. 一極異漸悟, 能至非殆庶. 故理之所去, 雖合各取, 然其離孔釋矣. 余謂二談救物之言, 道家之唱得意之說, 敢以折中, 自許竊謂新論爲然. (『광홍명집』, 『대장경』 52, 225쪽)

72) 沙門道生執頓悟, 謝康樂靈運『辯宗』述頓悟. (『출삼장기집』, 『대장경』 55, 84쪽)

서 앞에 서술된 것은 도생의 설임을 알 수 있다. "이제 부처의 '점오'
를 버리고" 운운한 구절은 도생의 설에 대한 사령운의 분석이다.
부처가 "배움의 축적"을 주장하기는 했으나 결국 성인의 도는 "이
를 수 있다(能至)"고 말했으니 이제 그의 "점오"의 설을 버리고 오
직 그의 "능지"만 취했고, 공자의 "태서"의 설은 버리고 오직 그의
"이치가 일극에 귀착함"만 취했다. 즉 오로지 돈오의 설만 주장한
것이다.

　부처가 "배움 축적"에 치중하고 공자가 돈오에 치중한 까닭은 무
엇인가? 『변종론』은 말한다.

　　두 가르침이 차이 난 까닭은 장소에 따라 사람들을 대응하고 교화하는 방
　법이 지역에 따라 달랐기 때문이다. 대략 비교하면 그 기준은 사람에 달려
　있었다. 즉 중국인은 쉽게 이치를 이해하지만 좀처럼 교화를 수용하지 않기
　때문에 "배움의 누적" 주장은 폐기하고 "일극"을 권장했고, 오랑캐는 쉽게
　교화를 수용하지만 좀처럼 이치를 이해하지 못하기 때문에 돈오(頓了 : 頓
　悟)는 폐기하고 점오를 권장했다. 점오의 주장도 깨달음에 이르기는 하지만
　진리란 순간에 깨우쳐진다는 사실이 망각된다. 일극의 주장에 앎이 깃들어
　있지만 그 주장은 배움의 축적을 통한 희망을 단절시킨다. 중국인의 경우,
　이치의 깨달음에 점진적 단계가 없다는 생각은 옳으나 도는 배움이 필요 없
　다는 생각은 잘못이고, 오랑캐의 경우 이치의 깨달음은 배움이 있어야 한다
　는 생각은 옳으나 도에 점진적 단계가 있다는 생각은 잘못이다. 그러므로 각
　각 융통성을 발휘한 사실은 같지만 각 작용들은 각각 달랐다.[73]

중국인은 이치를 깨닫는 데에 뛰어나기 때문에 공자의 교화는 돈오
에 치중했으나, 인도인은 쉽게 교화를 수용하기 때문에 부처의 교
화는 배움의 축적에 치중했다. 즉 돈(頓)·점(漸)의 구분을 화(華)·이
(夷)의 차이로 귀결지었다.

---

73) 二敎不同者, 隨方應物, 所化地異也. 大而較之, 鑒在於民. 華人易於鑒理, 難於受敎,
　故閉其累學, 而開其一極. 夷人易於受敎, 難於鑒理, 故閉其頓了, 而開其漸悟. 漸悟
　雖可至, 昧頓了之實 ; 一極雖知寄, 絶累學之冀. 良由華人悟理無漸而誣道無學, 夷人
　悟理有學而誣道有漸. 是故權實雖同, 其用各異. (『광홍명집』, 같은 곳)

그러나 "거울 같은 고요[열반]는 심원하고 신비하니 단계적 접근을 용납하지 않는다." 이른바 "무(無)", 즉 최고 경지란 일단 터득하면 온전히 터득하니 부분으로 나누어 점차로 터득할 수 없다. 따라서 이른바 "배움의 축적"도 일종의 예비 공부에 불과하며 최후에는 여전히 "단박 깨달아야(一悟)"〈주75〉 "무"를 터득할 수 있다. 이 최후의 한 걸음에 이르지 못했을 때 일체의 공부는 단지 배움이라고 할 수 있고 깨달음이라고 할 수 없다. 그러므로 엄격히 말하면 실제로 "점오(漸悟)"라는 것은 없다. 사령운은 이 점에 관하여 여러 사람과 논변했는데 『변종론』에 상세히 수록되어 있다. 승유(僧維)가 이렇게 물었다.

> 신론법사에 따르면 궁극 목표(宗極 : 열반)는 심원하고 신비하니 단계적 접근을 용납하지 않는다. **배우는 사람이 유의 극한을 규명하면**(窮有之極 : 유를 완전히 단절하면) 자연히 무(無)로 나아가 마치 부절의 경우처럼 일치가 되거늘 무슨 무를 언급할 필요가 있겠는가? 이처럼 **무에 의지하여 유를 규명**할 경우 어찌 점오(漸悟)라고 하지 않을 수 있겠는가?[74]

즉 "배우는 사람이 유의 극한을 규명하면(유를 완전히 단절하면)" 자연히 "무"와 합일하니, 일단 무와 합일하면 무는 언급할 필요도 없다는 말이다. 다만 아직 유를 규명(단절)하지 못했을 때는 "무에 의지하여 유를 규명(극복)"해야 하는바, 어찌 단계적인 점오가 존재하지 않는다고 할 수 있겠는가?

사령운은 이렇게 대답했다.

> 번뇌가 없어지지 않으면 무는 터득할 수 없다. 번뇌의 폐단을 다 없애야 비로소 무를 터득할 수 있다. 번뇌가 없어지면 곧 무이니 진실로 부절을 합친 경우처럼 된다. 이 번뇌를 없애려면 가르침에 의지해야 하지만, 유에 머무는 동안의 공부는 깨달음이 아니다. **깨달음의 경지는 유의 영역 바깥에 존재하나 배움에 의탁하여 도달한다.** 다만 "단계적 접근(階級)"은 어리석은 이를

---

74) 承新論法師, 以宗極微妙, 不用階級. 使夫學者窮有之極, 自然之無, 有若符契, 何須言無也. 若資無以盡有者, 焉得不謂之漸悟耶? (같은 곳)

가르치는 논설이고 "단박 깨달음(一悟)"은 진리를 터득하는 이론이다.[75]

번뇌가 없어지지 않은 한 "무"는 터득할 수 없고 따라서 배움으로 써 번뇌를 없애야 한다. 다만 배움은 깨달음이 아니고 깨달음의 예비 공부에 불과하나, 깨달음은 "배움에 의탁하여 도달해야" 한다.
승유가 또 물었다.

> 물론 깨달음은 유의 바깥에 존재하니 점진적으로(漸) 터득할 수 없다. 그런데 배움을 거쳐 궁극적 목적에 나아갈 때 나날이 그 이해(明)가 진보하는 것이 아니겠는가? 이해가 나날이 진보하지 않는다면 전혀 공부하지 않은 것과 같을 것이다. **나날이 그 이해가 진보**하는 한 "점오"가 아니고 무엇인가?[76]

즉 배움의 경우 "나날이 그 이해가 진보하지" 않는다면 배우지 않는 것과 같다. 그러므로 배움을 통해서 "나날이 그 이해가 진보할" 수 있는 이상 점오가 아니고 무엇인가?
사령운은 이렇게 대답했다.

> 이해(明 : 깨달음)는 점진적으로 이르지 않으나 신앙은 가르침에서 촉발된다. 무슨 말인가? **가르침으로부터 신앙이 생기므로 나날이 진보하는 성과는 있다.** 그러나 점진적으로 이해되는 것이 아니니 부분적 통찰은 얻어지지 않는다. 다만 도를 향해서 착한 마음이 일어나면 번뇌는 감소되고 "더러움(垢)"은 잠복될 따름이다. 더러움의 잠복은 "무"처럼(모든 더러움이 없어진 것처럼) 보이고 선한 모습은 악과 결별한 듯이 보이나, 이렇게 다듬어진 것은 아직 온전하지 않는데 마음에 근본적으로 번뇌가 없어진 것이 아니기 때문이다. 그러나 **"단박 깨달음"**에 이르면 **온갖 장애(번뇌)는 모조리 없어진다.**[77]

---

75) 夫累旣未盡, 無不可得 ; 盡累之弊, 始可得無耳. 累盡則無, 誠如符契 ; 將除其累, 要須傍敎. 在有之時, 學而非悟 ; 悟在有表, 託學以至. 但階級敎愚之談, 一悟得意之論矣. (같은 곳) [符契 : 符節, 꼭 들어맞음]

76) 悟在有表, 得不以漸. 使夫涉學希宗, 當日進其明不? 若使明不日進, 與不言同. 若日進其明者, 得非漸悟乎? (같은 곳)

77) 夫明非漸至, 信由敎發. 何以言之? 由敎而信, 則有日進之功 ; 非漸所明, 則無入照之分. 然向道善心起, 損累生垢伏. 伏似無同, 善似惡乖. 此所務不俱, 非心本無累. 至不一悟, 萬滯同盡耳. (같은 곳)

즉 배울 때 사용하는 공부는 가르침으로부터 촉발된 신앙을 증진시킬 수 있다. 가르침으로부터 촉발된 신앙은 마음속의 "번뇌"를 감소시키고, 마음속의 "더러움"을 잠복시켜 활동하지 않게 할 수 있다. 더러움의 잠복은 "무처럼(없어진 것처럼) 보이지만" 사실은 무가(없어진 것이) 아니다. 다시 말해서 "가르침으로부터 신앙은 생기므로" 역시 "나날이 진보하는 성과는 있으나" 마음에서 근본적으로 번뇌를 없앨 수는 없다. 결국 "단박 깨달아야" 비로소 "온갖 장애를 모조리 없앨" 수 있다. 이 "이해(明)"를 터득하는 "단박 깨달음"은 "돈(頓)"이지 "점(漸)"이 아니다.

승유의 세번째 질문은 다음과 같다.

> 가르침을 받들어 궁극적 진리를 추구할 때 그 마음이 영원히 작용하지는 않더라도, 추구하고 있는 동안 어찌 잠시라도 무(열반)와 부합하지 않을 수 있었겠는가? 잠시 동안이라도 부합했다고 한다면 전혀 부합한 적이 없는 경우보다 더 나은 것이니 그것이 바로 점오가 아니고 무엇인가?[78]

즉 배우는 동안은 완전히 유를 단절하지는(窮有) 못했더라도 어찌 "무"와 잠시라도 부합한 시기가 없었겠는가? 잠시라도 부합할 수 있었다면 "점진적인 부합"은 물론 전혀 부합하지 않은 경우보다는 낫다. 그러니 어찌 "점오"가 없다고 할 수 있는가?

사령운은 이렇게 대답했다.

> 잠시(暫)는 거짓이고, 진리(眞)는 영원하다. 거짓 자각(假知)은 영원함이 없고, 영원한 깨달음(常知)은 거짓이 없다. 그러니 어찌 잠시의 거짓 자각을 가지고 진리의 영원한 깨달음의 영역을 침노할 수 있겠는가? 잠시의 부합이라도 전혀 부합하지 않은 것보다 낫다는 그대의 말은 진실로 옳다.
>
> 이제 예를 들어보자. 장왕(莊王)은 무신(巫臣)이 간언했을 때 마음에서 외물의 유혹을 멀리했는데, 원리가 정욕에 앞섰기 때문이다. 그런데 그후 하희(夏姬)를 맞아들여 외물의 유혹에 빠졌는데, 정욕이 원리 위에 올라섰기 때

---

78) 夫尊教而推宗者, 雖不永用, 當推之時, 豈可不暫合無耶? 若許其暫合, 猶自賢於不合, 非漸如何? (같은 곳)

문이다. 이처럼 정욕과 원리가 구름처럼 엇갈려 외물과 자기가 서로 기우는
것은 역시 보통 사람의 단순한 반응이다. 만약 간언을 받아들였을 때가 진실
로 깨달음이었다면 그후 어찌 하희를 맞아들인 미혹에 빠질 수 있었겠는가?

또 남쪽은 성인(聖人)의 영역, 북쪽은 우인(愚人)의 영역이라고 하자. 북
쪽을 등지고 남쪽을 향함은 북쪽에 머문다는 뜻이 아니고, 남쪽을 향하고 북
쪽을 등짐은 남쪽에 도착했다는 뜻이 아니다. 그러나 남쪽을 향하면 남쪽에
이를 수 있고, 북쪽을 등지면 북쪽에 머물지 않게 된다. 북쪽에 머물지 않으
므로 우매함은 제거할 수 있고, 남쪽에 이를 수 있으므로 깨달음은 터득할
수 있다.[79]

장왕에게 무신이 간언했을 때 정욕은 없어지지 않고 잠시 잠복했을
뿐이다. 그래서 그후 하희를 맞아들이는 일이 생긴 것이다. 배움은
다만 "번뇌를 잠복시킬" 수 있을 뿐이다는 경우가 그런 부류이다.
만약 깨달으면 온갖 번뇌는 전부 없어지니 번뇌는 그저 잠복하는
것이 아니고 실제로 소멸된다.

『변종론』에서 혜린(慧驎)은 승유의 입장을 부연하여 질문했다.

"거짓 자각의 잠시 동안의 부합은 참된 깨달음과 같은가, 다른가?"

"참된 깨달음과 다르다."

"어째서 다르다고 하는가?"

"거짓 자각의 경우는 번뇌가 잠복해 있기 때문이다. 그것은 원리가 잠깐
동안 작용하여 그 작용이 잠시 원리에 맞는 경우로서 깨달음이 항구적이지
않기 때문이다. 그러나 참된 깨달음이란 정적(열반)을 관조하므로 원리가 항
상 작용하여 그 작용이 항상 원리 안에 머무는 경우이다. 그래서 영원히 참
된 깨달음인 것이다."

"번뇌는 저절로 없어지지 않으므로 원리를 추구하여 번뇌를 없애려는 것

---

79) 暫者, 假也 ; 眞者, 常也. 假知無常 ; 常知無假. 今豈可以假知之暫, 而侵常知之眞哉?
今暫合賢於不合, 誠如來言, 竊有微證. 巫臣諫莊王之日, 物賒於己, 故理爲情先 ; 及
納夏姬之時, 已交於物, 故情居理上. 情理雲互, 物已相傾, 亦中智之率任也. 若以諫
日爲悟, 豈容納時之惑耶? 且南爲聖也, 北爲愚也. 背北向南, 非停北之謂 ; 向南背北,
非至南之稱. 然向南可以至南, 背北非是停北. 非是停北, 故愚可去矣 ; 可以至南, 故
悟可得矣. (같은 곳)

인데 거짓 자각이 한번 부합했을 때 실제로 원리는 마음에 머물렀다. 이처럼 원리가 마음에 머물렀어도 번뇌는 없어지지 않으니 그러면 장차 어떻게 없앤다는 말인가?"

"번뇌의 흥기는 마음에서 비롯되니, 마음이 촉발되어 번뇌가 생긴다. 번뇌가 항상 촉발되는 까닭은 마음이 나날이 어두워지기 때문이다. 가르침에 따라 작용을 하는 사람은 마음에서 번뇌가 나날이 잠복한다. **잠복된 번뇌가 오래되면 소멸된 번뇌에 이른다. 번뇌의 소멸은 번뇌가 잠복된 이후에 일어난다**. 잠복된 번뇌와 소멸된 번뇌는 그 겉모습은 동일하나 실제는 다르므로 살피지 않으면 안 된다. 소멸된 번뇌의 실체는 객관과 주관(物我)을 모두 잊고 유와 무(有無)를 하나로 보는 것이지만, 잠복된 번뇌의 상태는 남과 나(他己)의 감정을 구별하고 실과 공(實空)을 차별하고 자기와 남을 분리하는 것이므로 결국 속박에 빠진다. 그러나 유와 무를 하나로 보고 주관과 객관을 통합하는 사람은 관조(照 : 통찰, 이해)로 나아간다."[80]

즉 배움은 번뇌를 잠복시킬 뿐이지만 깨달음은 번뇌를 소멸시킨다. "잠복된 번뇌가 오래되면 소멸된 번뇌에 이른다. 번뇌의 소멸은 번뇌가 잠복된 이후에 일어나니", 이른바 "깨달음의 경지는 유의 영역 바깥에 존재하나 배움에 의탁하여 도달한다"〈주75〉는 말이다. "소멸된 번뇌"의 경우 이른바 유와 무, 주관과 객관의 구별은 모두 존재하지 않고 하나를 이룬다. "잠복된 번뇌"의 경우는 공과 실, 남과 나가 여전히 구별되고 분리된다.

"이해는 점진적으로 이르지 않으나 신앙은 가르침에서 촉발된다. 가르침으로부터 신앙이 생기므로 나날이 진보하는 성과는 있다. 그러나 점진적으로 이해되는 것이 아니니 부분적 통찰은 얻어

---

80) "當假知之一合, 與眞知同異?" 初答 : "與眞知異." 騎再問 : "以何爲異?" 再答 : "假知者累伏故, 理暫爲用, 用暫在理, 不恒其知. 眞知者照寂故, 理常爲用, 用常在理, 故永爲眞知." 騎三問 : "累不自除, 故求理以除累. 今假知之一合, 理實在心 ; 在心而累不去, 將何以去之乎?" 三答 : "累起因心 ; 心觸成累. 累恒觸者心日昏, 教爲用者心日伏. 伏累彌久, 至於減累 ; 然減之時, 在累伏之後也. 伏累減累, 貌同實異, 不可不察. 減異之體, 物我同忘, 有無一觀 ; 伏累之狀, 他己異情, 空實殊見. 殊實空, 異己他者, 入於滯矣 ; 一無有, 同我物者, 出於照也."(같은 곳)

지지 않는다"〈주77〉는 앞의 사령운의 말을, 왕위군(王衛軍)은 이렇게 논박했다.

> 가르침으로부터 신앙하더라도 **부분적 통찰도 얻지(入照) 못한다면** 성인에 대한 맹신일 뿐이다. 성인을 맹신하고 이치에는 관심이 없으면 정녕 성인을 모독하는 허물은 없을지언정 어떻게 **나날이 진보하는 성과**가 있겠는가?[81]

즉 가르침이 "신앙만 낳을" 수 있고 "통찰을 얻게 하지" 못한다면 성인에 대한 맹신일 뿐이고, 이러한 맹신은 이치에 대한 이해와는 무관하기 때문에, 가르침이 그저 신앙만 낳는다면 "부분적 통찰도 얻지 못할" 뿐더러 "나날이 진보하는 성과"도 있을 수 없다고 반박했다. 이에 대해서 도생은 이렇게 대답했다.

> 사령운의 논증을 살펴볼 때 하나도 흠 잡을 데가 없다. 참으로 묘하게 훌륭한 면이 있는 것 같으니 인용하여 즐거워하지 않을 수 없다. 그대의 반론은 매우 의미가 있지만 곰곰이 생각하면 반드시 사령운의 논지를 잘 이해할 수 있을 것이다. 이제 나는 잠시 사령운의 논지를 음미함으로써 흔연히 그 감회를 서술하고자 한다.
>
> 알지 못하고서 어떻게 신앙이 생기겠는가? 그러므로 가르침으로부터 신앙이 생길 때 지식이 없는 것이 아니다. 그러나 그 지식에 의지하더라도 이치의 영역은 자아의 바깥에 있다. **그것(가르침)에 의지하여 자아[깨달음]에 이를 수 있으니 어찌 나날이 진보하는 성과가 없을 수 있겠는가?** 그러나 아직 나의 깨달음은 아니니 어떻게 부분적인 통찰(깨달음)에 들어가겠는가? 즉 그저 바깥에서 이치를 본 것이므로 완전한 몽매와 본질적으로 다름이 없다. 지식이 자기 안에 있지 않으므로 관조할 수 없는 것이 아니겠는가?[82]

---

81) 由教而信, 而無入照之分, 則是闇信聖人. 若闇信聖人, 理不關心, 政可無非聖之尤, 何由有日進之功? (같은 곳, 227쪽) [政 : 확실히, 틀림없이, 정말로]

82) 究尋謝永嘉論, 都無煩然. 有同似若妙善, 不能引以爲欣. 檀越難旨甚要, 切想尋必佳通耳. 且聊試略取論意, 以伸欣悅之懷. 以爲苟若不知, 焉能有信? 然則由教而信, 非不知也. 但資彼之知, 理在我表. 資彼可以至我, 庸得無功於日進? 未是我知, 何由有分於入照? 豈不以見理於外, 非復全昧. 知不自中, 未爲能照耶? (「왕위군에 답하는 도생의 글(竺道生答王衛軍書)」, 같은 곳, 228쪽) [檀越 : Danapati의 음역, 시주]

가르침으로부터 우리는 지식을 얻어 "이치"를 알 수는 있다. 그러나 그로써 얻은 지식은 그저 지식일 뿐이다. 이 지식에서 얻은 "이치"는 자아의 바깥에 존재하니, 그저 알기만 할 뿐 경험하지는, 즉 깨닫지는 못한다. 따라서 가르침에서는 "부분적 통찰도 얻지 못한다." 그러나 가르침에서 유래한 이런 지식에 의지하여 "이치"를 깨달을 수 있으니 이른바 "그것에 의지하여 자아에 이를 수 있기" 때문에 또한 "어찌 나날이 진보하는 성과가 없을 수 있겠는가?" 앞의 글을 보면 도생은 사령운의 돈오 주장을 완전히 찬성했음을 알 수 있다. 도생은 반대자에 대한 사령운의 논변을 보충했으나, 사실 사령운이 서술한 것은 도생의 설이었다.

또 『변종론』에는 조화를 모색한 혜림(慧琳)의 설이 있다.

> 부처는 점오를 논했는데 육체를 지닌 사람을 위해서 점오를 가르쳤고, 공자는 점오를 논하지 않았는데 도의 관점에 섰기 때문에 점오를 가르치지 않았던 것이다. 어떻게 이것을 아는가? 보통 사람에게는 이치를 강론할 수 있고 습관이 오래되면 품성을 바꿀 수 있다는 것이 공자의 가르침이고, 도의 경지에 부합하는 일은 십지(十地)의 단계로는 되지 않는다는 것이 부처의 설법이기 때문이다. 이처럼 돈·점에 대한 논의는 두 성인이 자세히 밝혔다. 어찌 오직 오랑캐만 가르침(점오)에 구속되고 중국인만 진리(돈오)에 한정되겠는가? 아마 돈·점의 분리를 배척하는 이런 나의 논변이 도생의 신론보다 더 뛰어난 것 같다.[83]

불교에도 돈·점의 두 가르침이 있고, 공자도 돈·점의 두 가르침이 있다는 말이다. 불교에 돈·점의 두 가르침이 있다는 주장은 당시에 이미 있었다. 혜원은 말했다.

> 진(晉)나라 무도산(武都山)의 은사(隱士) 유규(劉虯)는 "여래가 일대에 가르친 교화에는 돈·점의 가르침이 없다"고 주장했고,……탄공(誕公)은 "불

---

83) 釋云有漸, 故是自形者有漸. 孔之無漸, 亦是自道者無漸. 何以知其然耶? 中人可以語上, 久習可以移性, 孔氏之訓也. 一合於道場, 非十地之所階, 釋家之唱也. 如此漸絕文論, 二聖詳言. 豈獨夷束於敎, 華拘於理. 將恐斥離之辯, 辭長於新論乎? (『광홍명집』, 『대장경』52, 226쪽)

교에는 두 가르침이 있으니 하나는 돈이고 하나는 점이다"고 말했다.……
또 보리유지(菩提流支, ?-535)는 "부처는 한번의 설교로 만가지 경우에 대
답한 것이니 돈·점의 구별이 없다"고 말했으나 이것은 그렇지 않다. 여래는
한 번의 설교로 만가지 경우에 대답한 것이기는 하나 여러 중생에 따라 달랐
으므로 점·돈의 가르침이 없을 수 없었다. 중생은 자질이 얕고 깨달음의 길
은 멀기 때문에 부처는 점오설을 수립했고, 또 중생은 한 번 도약하여 큰 깨
달음을 얻을 수도 있으므로 부처는 돈오설을 수립했던 것인 만큼 어찌 돈·
점의 두 설이 없다고 하겠는가?[84]

이것이 이른바 "교판(判敎 : 敎判)"이다. 이후 중국 불학의 각 종파
는 대체로 각기 "교판"의 이론을 수립했다. 불교 경전은 본래 한 사
람이 한 시기에 지은 것이 아니므로 서로 모순되고 불일치한 내용
이 적지 않다. 중국의 불학가는 모든 불교 경전을 부처의 설로 믿었
으므로 모순과 불일치의 원인을 해석하는 방법을 찾아야 했는데,
흔히들 부처의 설법은 시기와 사람에 따라 달랐던 만큼 전체 불교
는 몇몇 종류의 가르침으로 판별될 수 있고 또 가르침간에 차이가
있더라도 불교 진리의 유일성에는 방애되지 않는다고 주장했다. 이
런 주장과 그에 관한 논변은 그다지 철학적 흥취가 없으므로 자세
히 논급하지 않는다.

10. 신멸과 신불멸에 대한 당시의 논변

남북조시대에는 불교의 반대자도 매우 많았다. 이 반대파는 대부
분 유자(儒者)나 도사(道士)였다. 이 시기에 불교의 반대자와 옹호
자의 논변을 승우(僧佑, 445-518)[85]는 『홍명집(弘明集)』으로 편집

---

84) 晉武都山隱士劉虯說言, 如來一化所說, 無出頓漸.……又誕公云 : 佛教有二, 一頓一
漸.……菩提流支, 佛一音以報萬機, 判無漸頓, 是亦不然. 如來雖復一音報萬, 隨
諸衆生, 非無漸頓. 自有衆生藉淺階遠, 佛爲漸說. 或有衆生一越解大, 佛爲頓說. 寧
無頓漸? (『대승의장(大乘義章)』,『대장경』 44, 465-66쪽)
85) 【주】양(梁)나라 무제(武帝) 천감(天監) 17년(518)에 세상을 떠났다.『고승전』, 440-
41쪽에 전기가 있다.

했고, 이어 도선(道宣, 596-667)[86]은 『광홍명집(廣弘明集)』으로 편집했다. 반대파가 견지한 논변은 대략 여섯 종류이다. 승우는 「홍명집 후서(弘明集後序)」에서 이렇게 말했다.

속세의 가르침을 자세히 살펴보면 모두 오경(五經)을 추종한다. 그것이 받드는 것은 하늘이고 본받는 것은 성인이다. 그러나 어느 것도 하늘의 모습을 제대로 헤아리지 못했고 성인의 마음을 제대로 살피지 못했다. [이런 속세의 가르침도] 속인들은 공경히 신봉하면서도 여전히 몽매하여 제대로 이해하지 못했거늘, 하물며 부처는 하늘보다 더욱 존귀하고 불법은 성인의 가르침보다 더욱 심오함에랴? 부처의 교화는 특정 지역에서 생겼으나 그 이치는 외적인 속박을 초월해 있다. 견오(肩吾)는 은하수 논변에도 오싹한 놀라움을 느꼈거늘,* 속세의 선비들이 깨달음의 바다(覺海 : 심오한 불법)를 대하고 어찌 의심하고 움찔 놀라지 않을 수 있었겠는가? 이미 깨달음의 바다에 움찔했다면 그 놀라움은 은하수 같을 것이다. 그들의 의심은 다음과 같다.

첫째, 불경의 주장은 황당무계하여 거창하기는 하나 실증이 없다.

둘째, 사람은 죽으면 정신은 소멸하니 삼세(三世 : 전생,현세,내세)는 없다.

셋째, 진짜 부처를 본 사람이 없으니 국가의 정치에 도움이 안 된다.

넷째, 옛날부터 불법의 가르침이 있지 않았고 한(漢)나라 때에야 생겼다.

다섯째, 오랑캐의 가르침이니 중화의 풍속을 교화할 수 없다.

여섯째, 한나라와 위(魏)나라 때는 미미했고 진대(晉代)에야 성행했다.

이 여섯 가지 의심 때문에 불법의 신앙이 심어지지 않고 있다.[87]

---

86) 【주】당(唐)나라 고종(高宗) 건봉(乾封) 2년(667)에 세상을 떠났다. 『송고승전(宋高僧傳)』, 327-30쪽에 전기가 있다.

  * 『장자』「소요유」 : "肩吾問於連叔曰 : '吾聞言於接輿, 大而無當, 往而不返. 吾驚怖其言, 猶河漢而無極也 ; 大有逕庭, 不近人情焉.'" 참조.

87) 詳檢俗教, 並憲章五經. 所尊惟天, 所法惟聖. 然莫測天形, 莫窺聖心. 雖敬而信之, 猶朦朦不了. 況乃佛尊於天, 法妙於聖. 化出域中, 理絕繫表. 肩吾猶驚怖於河漢, 俗士安得不疑駭於覺海哉? 旣駭覺海, 則驚同河漢. 一疑經說迂誕, 大而無徵. 二疑人死神滅, 無有三世. 三疑莫見眞佛, 無益國治. 四疑古無法教, 近出漢世. 五疑教在戎方, 化非華俗. 六疑漢魏法微, 晉代始盛. 以此六疑, 信心不樹. (『홍명집』, 『대장경』52, 95쪽)

이 여섯 가지 의혹은 당시의 불교 반대파가 불교를 공격할 때 주장
한 여섯 가지 논변이다. 이 여섯 가지 논변 가운데 둘째 것이 철학
적 홍취가 있다.* 이제 그것을 약술한다.

혜원은 말했다.

　　무명(無明)은 모든 미혹의 근본이고 **탐애**(貪愛)는 모든 고뇌의 근원이니,
이 두 원리에 빠지므로 정신의 작용이 흐려진다. 즉 길흉과 재앙은 오직 무
명과 탐애에서 발동한다. 무명이 자기의 통찰력을 가리기 때문에 정욕은 외
물(外物)에 집착한다. 탐애가 자기의 본성을 타락시키기 때문에 4대가 응결
하여 육체를 형성한다. 육체가 응결되면 나와 나 아닌 것이 구별되고, 감정
이 미혹되면 선악 분별에 주견(아집)이 생긴다. 나와 나 아닌 것이 구별되면
저마다 자기 몸을 사사롭게 여기며 자기의 육신만을 도모하게 된다. 선악 분
별에 주견을 두면 자기 생명에 연연하여 부단히 윤회전생한다.〈주66〉

불교는 사람은 죽어도 정신은 소멸하지 않는다(神不滅)고 여긴다.**
사람이 생명을 받아 사람이 된 까닭은 "무명"과 "탐애"가 그 본성
을 미혹시켰기 때문이다. 무명과 탐애가 단절되지 않으면 이 몸이

---

　*『신편』IV, 210쪽 : 현학이 종결 단계로 들어간 이후 불교의 영향이 확대되어감에
　　따라 시대 사조의 중심 문제도 바뀌었는데, 그 새로운 중심 문제가 삶과 죽음(生
　　死), 육체와 정신(形神)에 관한 문제였다.
**『신편』IV, 211~12쪽 : 혹자는 불학은 영혼불멸을 주장하지 않고 귀신의 존재를 인
　　정하지 않는 무귀론(無鬼論)이라고 논변하나 그런 변호는 아무런 의미가 없다. 모
　　종의 정신적 실체가 개인 신체가 소멸된 후에도 계속 존재한다는 불학의 설은 영
　　혼불멸 또는 개인불사(個人不死)의 주장이기 때문이다.……불학에 따르면 개인의
　　불사는 일종의 저항할 수 없는 명운(命運)이다. 사람은 몸이 사멸된 후에도 모종의
　　정신적 실체가 계속 존재하여 생사를 윤회하기 때문이다. 불교는 저 저항할 수 없
　　는 명운에 저항하여 생사윤회의 고해(苦海)에서 사람을 건져 "피안"에 도달시켜
　　극락세계를 누리게 하려고 한다.……한 개체의 정신은 그가 지은 "업(業)"의 지배
　　를 받으므로 각 개체의 현재의 신체는 과거에 지은 업의 결과이다. 한 생의 신체가
　　소멸하면 다시 내생(來生)이 있다. 이런 각 개인의 정신이 각기 그 자신의 세계를
　　창조하는 만큼 하나의 공공의 조물주는 필요가 없다. 불학을 무신론(無神論)이라
　　고들 말하나, 실제 불학의 주장에 의거하면 각 개인의 정신(神)이 바로 하나의 조
　　물주이니, 각 개인의 정신의 수만큼 조물주가 존재한다. 그러므로 철학으로서의
　　불교는 주관적 유심론이고, 종교로서의 불교는 다신교(多神敎)이다. 이것이 불학
　　의 "신불멸론"의 특징이다. "신불멸론"은 영혼불멸론의 중국철학적 표현이다.

사망한 후에 다시 다른 몸을 받으니 현재의 삶 후에도 또 내생이 있게 된다. 이것이 이른바 생사의 윤회이다. 불교 반대자는 이 이론을 논박하여, 사람의 육체와 사람의 정신은 본디 일체이니, 정신은 육체를 떠나 독립적으로 존재할 수 없으므로 육체가 소멸할 때 정신은 바로 소멸한다고 주장했다. 이 신멸론(神滅論)에 의한 불교 공격은 진대(晉代)에 이미 있었다. 혜원은 「사문불경왕자론(沙門不敬王者論)」에서 육체는 소멸해도 정신은 불멸한다고 논했는데, 우선 반대자의 주장을 다음과 같이 인용했다.

> 반대자는 이렇게 질문한다 :
> "……기(氣)의 품수는 한 생에서 끝난다. 생이 다하면 기는 녹아 없어져 무(無)와 같아진다. 정신이 비록 오묘한 존재이기는 하나 본래 음양이 변화해서 생긴 산물이다. 한 번 변화하면 생이고 다시 변화하면 죽음이다. 모인 것이 시작이고 흩어진 것이 종말이다. 이로부터 추론하면, 정신과 육체는 모두 변화의 산물이고 두 체계가 원래 서로 다르지 않고, **미세한 것(정신)과 조잡한 것(육체)이 동일한 기이고**(精粗一氣) 시작부터 끝까지 한 집에 존재함을 알 수 있다. 집이 온전하면 기가 모이고 혼령이 생기며, 집이 허물어지면 기는 흩어지고 정신 작용도 소멸한다. 흩어져 대자연에서 받은 바(몸)를 되돌려주고 소멸하여 무(無)의 상태로 복귀한다. 원래대로 복귀하여 끝마치고 다하는 것은 모두 자연의 법칙일 뿐이니 누가 간여할 수 있겠는가?
> 정신과 육체가 본래 별개이며 우리 몸은 다른 기가 합쳐진 것이라고 하더라도 일단 합쳐지면 함께 변화하니, **정신이 육체에 거함**은 **불이 나무에 있는 경우**와 같다. 즉 살아 있을 때는 정신은 반드시 존재하나 죽을 때는 정신은 반드시 소멸한다. 육체에서 분리되면 정신은 흩어지고 의존할 곳이 없어짐은 나무가 다 타면 불은 꺼지고 의탁할 곳이 없어지는 이치와 같다.
> (정신과 육체가) 하나인지 별개인지(同異) 그 구분은 애매하여 쉽지 않지만, **유(有)·무(無)의 논리는 반드시 취산(聚散)에 근거한다.** 취산은 기의 변화를 총괄한 이름이고 변화하는 만물의 생성과 소멸을 뜻한다. "사람의 생은 기의 모임이니, 모이면 삶이고 흩어지면 죽음이다. 삶과 죽음을 한가지로 여기면 다시 무슨 근심이 있겠는가?"라고 말한 장자는 옛날에 도를 정확히 논한

사람으로서 진리를 터득했다. 과연 그렇다면 지극한 **이치는 한 생에 한정되고 생이 다하면 더 이상 변화가 없다**는 사실을 알 수 있다."[88]

즉 정신과 육체가 하나라면(一) "미세한 것과 조잡한 것은 동일한 기이니", 육체가 있으면 정신이 있고 육체가 없으면 정신도 없다. 또 정신과 육체가 본래 별개라고(異) 해도 "정신이 육체에 거함"은 마치 "불이 나무에 있는 경우"와 같아서, 나무가 없으면 불은 의탁할 곳이 없고 육체가 없으면 정신은 깃들 곳이 없다. 정신과 육체가 하나인지 별개인지 쉽게 단정할 수 없더라도 "유·무의 논리는 반드시 취산에 근거하니" 기가 모이면 "유"이고 기가 흩어지면 "무"이다. 따라서 인간의 존재는 단지 한 생에 한정되니 생이 다하면 존재하지 않게 된다. 즉 "이치는 한 생에 한정되고 생이 다하면 더 이상 변화가 없다"는 말이다. 혜원은 계속해서 말했다.

[그에 대한 불교의] 대답은 다음과 같다 :

"정신이란 무엇인가? 극히 정밀하고 영명한 것이다. 극히 정밀하니 형상으로 묘사될 수 없다. 따라서 성인은 오묘한 사물로 규정했으니 상지(上智)라고 하더라도 그 실체의 모습을 확정하거나 그 신비한 원리를 규명하지 못한다. 그리하여 [정신을] 논하는 이들은 상식에 따라 의심을 하여 다들 한결같이 스스로 혼란에 빠지는데 그 몽매함이 이미 깊어졌기 때문이다.……

장자는 『장자』「대종사」에서 '대자연은 내게 생을 주어 노심초사하게 했고 내게 죽음을 주어 쉬게 한다'는 심오한 말을 했고, 또 생을 인간의 속박으로 여기고 죽음을 진리로의 복귀로 여겼는데, 이것은 바로 '생은 크나큰 재

---

88) 問曰 :……夫稟氣極於一生, 生盡則消液而同無. 神雖妙物, 故是陰陽之所化耳. 旣化而爲生, 又化而爲死. 旣聚而爲始, 又散而爲終. 因此而推, 故知神形俱化, 原無異統. 精麤一氣. 始終同宅. 宅全則氣聚而有靈, 宅毀則氣散而照滅. 散則反所受於大本 ; 滅則復歸於無物. 反覆終窮, 皆自然之數耳. 孰爲之哉? 若令本異, 則異氣數合, 合則同化, 亦爲神之處形, 猶火之在木. 其生必存, 其毀必滅. 形離則神散而罔寄, 木朽則火寂而靡託, 理之然矣. 假使同異之分, 昧而難明. 有無之說, 必存乎聚散. 聚散, 氣變之總名, 萬化之生滅. 故莊子曰 : 人之生, 氣之聚. 聚則爲生, 散則爲死. 若死生爲彼徒苦, 吾又何患? 古之善言道者, 必有以得之. 若果然耶, 至理極於一生. 生盡不化, 義可尋也. (『홍명집』, 『대장경』 52, 31쪽)

앙이고 생의 단절(無生)이 근본으로의 복귀임'을 인식한 말이다.

또 문자(文子)*는 '육체는 부패해도 정신은 불멸한다'는 황제(黃帝)의 말을 찬양하며 불멸하는 것이 소멸하는 것을 다스리고 그 변화가 무궁하다고 여겼고, 장자는 '오직 사람의 육체를 받았다고 기뻐하나 사람의 육체는 장차 끝없이 옮아갈 만가지 형태의 하나에 불과하다'고 말했는데, 이것은 바로 '삶은 한 번의 조화(현재의 삶)로 끝나지 않고 여러 형태의 삶을 끝없이 이어간다'는 사실을 인식한 말이다. 이 두 사람의 논의는 실체에 온전히 접근하지는 못했어도 궁극적 원리에 접근했으니 어느 정도의 경지는 얻었다.

반대자는 장자의 방생방사(方生方死)의 주장을 잘 살피지 않고 한 번의 변화로 모이고 흩어진다는 말에 미혹되어, 정신의 도에 오묘한 존재의 영명성이 있음을 생각하지 않고, 정밀한 것(정신)이든 조잡한 것(육체)이든 다같이 소멸된다고 말하니 어찌 슬프지 않겠는가?

또 불과 나무의 비유는 원래 성전(聖典)**에 나온 말인데, 비유체계가 혼란되어 아무도 그 깊은 의미를 이해하지 못하고 있다.……이제 반대자에게 실증을 보이겠다. 불이 땔나무에 옮아가는 것은 정신이 육체에 옮아가는 것과 같고, 불이 다른 땔나무에 옮아가는 것은 정신이 다른 육체에 옮아가는 것과 같다. 이전의 땔나무는 나중의 땔나무가 아니니 '손가락이 다한다'는 (장자의) 비유가 오묘함을 알겠다. 이전의 육체가 나중의 육체는 아니니 정감의 감응이 깊다는 것을 깨닫게 된다. 미혹된 자는 육체가 한 생에서 썩는 것을 보고 정신도 함께 소멸한다고 여긴다. 이는 마치 불이 한 땔나무에서 꺼지는 것을 보고 영원히 소멸했다고 여기는 것과 같다. 이것은 양생 이론을 잘못 추종한 결론일 뿐 이치를 깊이 규명한 것은 아니다."[89]

---

* 노자의 제자로 위조된 인물.『문자(文子)』는 허무자연(虛無自然)을 종지로『노자』를 부연했는데 편명이「도원(道原)」,「정성(精誠)」,「자연(自然)」등이다.
** 『신편』IV, 226-27쪽 : 이 "성전"은 구마라집이 번역한 용수의『중론(中論)』을 말한다.……즉 혜원은 땔나무는 없어져도 불은 소멸하지 않는다고 여기고 있다.
89) 答曰 : 夫神者何邪? 極精而爲靈者也. 極精非卦象之所圖, 故聖人以妙物而爲言, 雖有上智, 猶不能定其體狀, 窮其幽致. 而談者以常識生疑, 多同自亂. 其爲誣也, 亦已深矣.……莊子發玄音於「大宗」, 曰 : 大塊勞我以生, 息我以死. 又以生爲人羈, 死爲反眞. 此所謂知生爲大患, 以無生爲反本者也. 文子稱黃帝之言曰 : 形有靡而神不化. 以不化乘化, 其變無窮. 莊子亦云 : 特犯人之形而猶喜之. 若人之形, 萬化而未始有極. 此所謂知生不盡於一化, 方逐物而不反者也. 二子之論, 雖未究其實, 亦嘗傍宗

즉 육체와 정신이 구별된다는 말이다. 한 육체가 소멸할 때 정신이 다른 육체로 옮아갈 수 있는 것은 한 땔나무가 소진하면 불이 다른 땔나무로 옮아갈 수 있는 것과 같다.

제(齊, 479-501)나라와 양(梁, 502-56)나라 교체기에 범진(范縝, 450-510)은 「신멸론(神滅論)」을 지었다. "범진은 자가 자진(子眞)이고 남향의 무음 사람인데", "경학에 널리 통달했고 특히 삼례(三禮)에 정통했다." "처음에 범진이 제나라의 경릉왕 자량(自良)을 섬길 때 자량은 불교를 깊이 신봉했는데 범진은 부처는 없다고 열변을 토했다."[90] 그의 「신멸론」은 말한다.

> 육체는 정신의 바탕(質 : 형질)이고, 정신은 육체의 작용(用)이다.……정신과 형질의 관계는 마치 예리함(利 : 잘 베는 능력)과 칼날(刃)의 관계와 같다. 육체와 (정신의) 작용의 관계는 마치 칼날과 예리함의 관계와 같다. 예리함이 곧 칼날은 아니고 칼날이 곧 예리함은 아니지만 예리함을 떠나 칼날은 존재하지 않고 칼날을 떠나 예리함은 존재하지 않는다. 즉 칼날이 없는데 예리함이 존재한다는 소리를 듣지 못했거늘, 어찌 육체가 소멸했는데 정신이 존재한다는 주장을 용납하겠는가?[91]

범진은 여기서 다음 논박을 설정했다 : 사람도 몸(육체)이 있고 나무도 몸이 있다. 그러나 사람의 몸에는 지각이 있으나 나무의 몸에는 지각이 없으니, 이는 사람의 몸 바깥에 따로 정신이 있기 때문이 아니겠는가? 이에 대해서 그는 대답했다.

而有聞焉. 論者不尋方生方死之說, 而惑聚散於一化 ; 不思神道有妙物之靈, 而謂精麤同盡 ; 不亦悲乎? 火木之喻, 原自聖典. 失其流統, 故幽興莫尋.……請爲論者, 驗之以實, 火之傳於薪, 猶神之傳於形. 火之傳異薪, 猶神之傳異形. 前薪非後薪, 則知指窮之術妙. 前形非後形, 則悟情數之感深. 惑者見形朽於一生, 便以爲神情俱喪. 猶覩火窮於一木, 謂終期都盡耳. 此曲從養生之談. 非遠尋其類者也.

90) 范縝, 字子眞. 南鄕舞陰人也.……博通經術, 尤精三禮,……初縝在齊世, 嘗侍竟陵王子良. 子良精信釋教, 而縝盛稱無佛."(『양서(梁書)』, 664-65쪽)

91) 形者神之質, 神者形之用.……神之於質, 猶利之於刀[刀 : 刃, 이하 동일]. 形之於用, 猶刀之於利. 利之名非刀也 ; 刀之名非利也. 然而捨利無刀, 捨刀無利. 未聞刀沒而利存, 豈容形亡而神在. (「범진전(范縝傳)」, 『양서』, 666쪽)

> 사람의 형질의 경우는 그 형질에 지각이 들어 있지만, 나무의 형질의 경우
> 는 그 형질에 지각이 없다. 즉 사람의 형질은 나무의 형질이 아니고, 나무의
> 형질은 사람의 형질이 아니다. 어찌 **나무와 똑같은 형질이 있고** 거기에 다시
> **나무와 구별되는 지각이 있을** 수 있겠는가?[92]

사람의 형질은 본래 지각이 있는 형질이고 나무의 형질은 본래 지
각이 없는 형질이다. 따라서 사람에는 지각이 있으나 나무에는 지
각이 없다. 그는 또 다음 논박을 설정했다 : 사람은 죽으면 그 몸(시
체)에는 지각이 없으니, 사람의 몸은 본래 지각이 없는 형질로서 나
무와 똑같고 따라서 사람에게는 "나무와 같은 형질이 있고" "나무
와 구별되는 지각이 있음"을 알 수 있다. 이처럼 사람과 나무의 차
이는 사람의 육체 바깥에 또 정신이 있기 때문이 아니겠는가? 이에
대해서 그는 대답했다.

> 죽은 사람은 나무와 똑같은 형질이 있고 나무와 구별되는 지각은 없다. 그
> 러나 산 사람은 나무와 구별되는 지각이 있고 나무와 똑같은 형질은 없다.
> ……즉 살아 있는 몸은 죽은 몸이 아니고 죽은 몸은 살아 있는 몸이 아니니,
> 이미 구별된다. 어찌 산 사람의 육체에 죽은 사람의 골격이 존재하겠는가?[93]

죽은 사람의 시체는 나무와 똑같고 따라서 지각이 없지만, 산 사람
의 육체는 나무와 다르고 따라서 지각이 있다. 죽은 사람의 몸은 그
자체로 죽은 사람의 몸이다. 이미 죽은 것이므로 산 사람의 육체와
는 절대로 다르다. 죽은 사람의 시체가 나무와 같다고 해서 마침내
산 사람의 육체 역시 나무와 똑같다고 말할 수 없다. 그는 또 다음
논박을 설정했다 : 그 죽은 사람의 시체가 산 사람의 육체와 똑같지
않다면 "그 시체는 어디서 생겼는가?" 그는 이렇게 대답했다 : "산
사람의 육체가 죽은 사람의 시체로 변한 것이다."[94] 즉 산 사람의

---

92) 人之質, 質有知也. 木之質, 質無知也. 人之質非木質也. 木之質非人質也. 安在有如
   木之質而復有異木之知? (『양서』, 666쪽)
93) 死者有如木之質, 而無異木之知. 生者有異木之知, 而無如木之質.……生形之非死
   形, 死形之非生形, 區已革矣. 安有生人之形骸, 而有死人之骨骼哉. (같은 곳)
94) 則此骨骼, 從何而至? ……是生者之形骸, 變爲死者之骨骼也. (『양서』, 667쪽)

육체가 죽은 사람의 시체로 변했다고 말함은 옳으나, 죽은 사람의 시체가 바로 산 사람의 육체이다고 말함은 옳지 않다.

범진은 또 "육체가 곧 정신이다"고 여겼고 따라서 "손(手)" 등은 "모두 정신의 부분이므로" "손 등은 통증과 가려움의 지각을 가진다"[95]고 여겼다. "시비에 대한 사려"의 경우는 "마음의 기관에 의해서 주재된다." 이 마음의 기관은 곧 "오장의 마음(심장)"[96]이다.

범진은 또 신멸(神滅)을 주장한 동기를 이렇게 서술했다.

> 불교는 정치를 해치고 승려는 풍속을 좀먹는다.……그 유폐는 그칠 줄 모르고 그 병폐는 끝이 없다. 그런데 만약 교화는 자연에서 근원하고 모든 만물은 고루 저절로 변화하여 홀연히 저절로 생기고 홀연히 없어짐을 안다면, 탄생은 막지 않고 죽음 역시 뒤좇지 않으며 천리(天理)에 순응하여 각자 저마다의 본성에 안주하게 될 것이다. 그러면 **소인은 즐겁게 생업에 힘쓰고, 군자는 소박한 삶에 안주한다.** 즉 밭을 갈아 밥을 먹으면 음식은 모자람이 없고, 누에를 쳐서 옷을 지어 입으면 옷은 부족함이 없다. 그리하여 아랫사람은 넉넉한 재화로 윗사람을 받들고, 윗사람은 무위(無爲 : 무익한 일을 벌리지 않음)하며 아랫사람을 보살핀다. 그러면 삶을 보전하고 부모를 봉양하며 자기의 삶을 도모하고 남의 삶도 도모하니, 국토를 확장하고 임금을 강성하게 할 수 있는 것은 바로 이 도를 채용하기 때문이다.[97]

불교는 생사를 중대사로 여기고 또 생사의 윤회를 고통으로 여겼기 때문에, 우리가 수행을 통해서 생사를 벗어나도록 가르친다. 그러나 본래 윤회란 없다는 것을 인식하고 생사는 자연에 맡긴다면 "소인은 즐겁게 생업에 힘쓰고, 군자는 소박한 삶에 안주하게" 되어, 불교에서 문제로 여긴 것들은 자연히 문제가 되지 않게 된다.

---

95) 問曰 : "形卽神者, 手等是亦神耶?" 答曰 : "皆是神分.……手等有痛癢之知,……"

96) "是非之慮, 心器所主." "心器是五臟之心……" (『양서』, 668쪽)

97) 浮屠害政, 桑門蠹俗.……其流莫已, 其病無垠[限]. 若知陶甄稟於自然, 森羅均於獨化 ; 忽焉自有, 恍爾而無 ; 來也不御, 去也不追 ; 乘夫天理, 各安其性. 小人甘其隴畝, 君子保其恬素. 耕而食, 食不可窮也. 蠶而衣, 衣不可盡也. 下有餘以奉其上, 上無爲以待其下. 可以全生, 可以養親. 可以爲己, 可以爲人. 可以匡國, 可以霸君, 用此道也. (「신멸론」, 『양서』, 670쪽 ; 『홍명집』, 『대장경』 52, 57쪽)

『양서』「범진전」에 따르면 "그의 신멸론이 제시되자 조정 안팎은 들끓었다. 자량(子良)은 승려들을 소집하여 그를 논박했으나 굴복시키지 못했다."[98] 『홍명집』에는 소침(蕭琛, 478-529)과 조사문(曹思文)의 「난신멸론(難神滅論 : 신멸론 논박)」이 수록되어 있고, 대량(大梁)의 황제가 신하의 신멸론에 내린 칙답(勅答)도 있다. 또 장엄사의 법운(法雲, 467-529) 법사가 임금과 귀족에게 보낸 글과 임금과 귀족 63명이 쓴 답서가 있는데, 모두 신멸론에 대한 황제의 반박을 옹호한 것들이다. 『광홍명집』에도 심약(沈約, 441-513)의 신불멸(神不滅) 이론과 범진의 신멸론을 논박한 글이 실려 있으니, 이 문제에 대한 당시 사람들의 열의를 엿볼 수 있다.

---

98) 此論出, 朝野誼譁, 子良集僧難之, 而不能屈. (『양서』, 670쪽)

제8장
수당의 불학(상)

1. 길장의 이제 이론

수당(隋唐) 무렵에 길장(吉藏, 549-623)이 있다.* 『속고승전(續高僧傳)』은 말한다.

> 길장의 속성은 안씨(安氏)이고 본디 안식(安息 : 현재 신강성 일대) 사람이다. 할아버지 때 난리를 피해 남해(南海)로 이사하여 광주 근처에 살다가 나중에 금릉(金陵)으로 이사했는데 그곳에서 길장이 태어났다.……길장은 흥황사(興皇寺)에서 도랑(道朗, 507-581) 법사의 강론을 듣고 듣는 대로(듣는 죽죽) 모두 이해하고 천진(天眞)하게 깨달았다. 7세가 되자 도랑에게 의탁하여 출가했다. 그는 성인의 대도(玄猷)를 섭렵하며 나날이 심오한 이치(幽致)를 터득했고, 모든 논의의 내용의 핵심을 비상하게 이해했다.[1]

『속고승전』에 따르면 길장은 당나라 고조(高祖) 무덕(武德) 6년(623)에 75세로 세상을 떠났다. 길장은 회계(會稽)의 가상사(嘉祥寺)에 머물렀으므로 가상 대사라고 일컬어졌다. 『중론(中論)』, 『백

---

* [영역본에 보충된 내용] 수(隋, 590-617)와 당(唐, 618-905)에 의해서 정치적 통일이 이룩되자 불교는 남북조시대보다 훨씬 더 영향력을 지니게 되었다. 이 새로운 시대가 시작될 무렵의 걸출한 불학가(佛學家)의 한 사람이 길장이다.

1) 釋吉藏, 俗姓安, 本安息人也. 祖世避仇移居南海, 因遂家於交[交趾]廣[廣州]之間, 後遷金陵而生藏焉.……聽興皇寺道朗法師講, 隨聞領解, 悟若天眞, 年至七歲, 投朗出家. 探涉玄猷, 日新幽致. 凡所諮稟, 妙達指歸. (『대장경』 50, 514쪽)

론(百論)』, 『십이문론(十二門論)』모두 길장은 소(疏)를 지었으며, 이른바 삼론종(三論宗)에 대한 공헌이 지대했다. 그의 학설은 지나치게 번잡하고 그다지 철학적 흥취는 없다. 이제 그의 이제 이론(二諦義)*을 서술한다.

길장은 말했다.

승예(僧叡) 법사는 「중론서(中論序)」에서 "『백론』은 바깥을 다스려 간사한 기운을 막았는데 내심을 추스려 마음의 질곡을 완화하려는 글이다. 『대지석론(大智釋論)』은 깊고 심오하며, 『십이문관(十二門觀)』은 정수의 경지를 논했다.……이 네 논서에 정통하면 불법을 깨우칠 수 있다"고 말했다. 법사는 "이 네 논서들이 이름과 내용은 다르지만 그 대요는 모두 '이제'에 총괄되고 '불이(不二 : 두 극단을 피함)'의 중도를 밝힌 것이다. 만약 이제를 이해하면 네 논서는 명확히 파악되고, 이제를 이해하지 못하면 네 논서는 파악되지 않는다. 그렇기 때문에 이제를 이해해야 한다"고 말했다.

이제를 해명하면 네 논서를 깨우칠 수 있을 뿐만 아니라 뭇 경전을 다 이해할 수 있다. 왜 그런가? 제불(諸佛)이 모두 이제에 의거하여 설법한다고 논서는 말하기 때문이다.[2]

길장에 따르면, 이제는 3종(三種), 즉 3중(三重) 혹은 3절(三節 : 세 단계)이 있다. 길장은 말했다.

불가의 학자들은 흥황사의 도랑의 가르침을 받들어 세 단계의 이제 이론을 수립했다. 제1단계 이제는 유(有)라고 말함은 세제이고, 무(無)라고 말함은 진제임을 밝힌다. 제2단계 이제는 유라고 말하고 무라고 말함은 모두 세제이고, 유도 무도 아니다고 즉 둘이 아니다고 말함이 진제이다.……제3단

---

* 『신편』IV, 241쪽 : "이제(二諦)"란 속제(俗諦)와 진제(眞諦)를 말한다. 속제는 세제(世諦)라고도 하는데 세속의 도리라는 뜻이다. 진제는 성제(聖諦) 혹은 제일의제(第一義諦)라고도 하는데 "성인"이 논한 도리, 최고의 도리라는 뜻이다.

2) 叡師「中論序」云 : "『百論』治外以閑邪, 斯文袪內以流滯. 『大智釋論』之淵博, 『十二門觀』之精詣.……若通此四論, 則佛法可明也." 師云 : 此四論雖復名部不同, 統其大歸, 並爲申乎二諦, 顯不二之道. 若了於二諦, 四論則煥然可領. 若於二諦不了, 四論則便不明. 爲是因緣, 須識二諦也. 若解二諦, 非但四論可明, 亦衆經皆了. 何以知然? 故論云 : 諸佛皆依二諦說法. (『이제장(二諦章)』권상, 『대장경』45, 78쪽)

계 이제의 의미는 이제란 '유'·'무'는 둘(二)이면서 또 '불이(不二)'도 아니
다는 것이니, 둘이라고 말하고 둘이 아니다고 말함이 세제이고 '둘이 아니
고' '불이도 아니다'고 말함이 진제이다. 이렇듯 이제는 세 단계가 있어서
모든 설법은 반드시 이제에 의거하고, 모든 발언은 이 세 단계를 벗어나지
않는다.[3]

이 세 단계 이제가 필요한 까닭에 대해서 길장은 말했다.

이 세 단계 이제는 마치 땅 위에 집을 지어 올라가듯 점차로 [잘못된 견해
(迷妄)에 대한 집착을] 버린다는 의미를 가진다. 왜 그런가?

범부는 제법(諸法 : 모든 존재)이 실제로 있다고 하며 실재가 없음을 모른
다. 그래서 제불은 제법은 결국 공(空)하니 실재가 없다고 설했다. 제법이 있
다고 함은 범부들의 말이니, 이것이 속제(俗諦)이고 범부의 진리이다. 그러
나 현인은 참으로 제법의 본성이 공(空)임을 아는데, 이것이 진제(眞諦)이고
성인의 진리이다. 사람들로 하여금 속제에서 진제로 들어가고 평범을 버리
고 성인의 경지를 얻게 하려는 뜻에서 제1단계 이제의 의미를 밝혔다.

다음 제2단계는 유(有)·무(無)의 구별은 속제이고 불이(不二 : 양극단을 버
림)는 진제라고 설명한다. 즉 "유"와 "무"가 양극단이 되어 "유"가 한 극단,
"무"가 한 극단이 되고, 나아가 "상(常)"과 "무상(無常)", "생사"와 "열반"
이 모두 양극단이다. "진(眞)"과 "속(俗)", "생사"와 "열반"이 양극단이기
때문에 세제이고, "진"도 아니고 "속"도 아니고 "생사"도 아니고 "열반"도
아닌 것이 불이(不二)의 중도(中道)이고 제일의제(第一義諦)이다.

다음 제3단계는 "둘"을 논하거나 "둘이 아님"을 논함이 세제이고, "둘도
아니고" "둘이 아닌 것도 아닌" 것(非二非不二)이 제일의제이다. 앞에서 진
과 속, 생사와 열반의 양극단이 치우친 것이 세제이고, 진도 아니고 속도 아
니며 생사도 아니고 열반도 아닌 것이 "불이"의 중도이고 제일의제라고 밝
혔는데, 이 또한 하나의 양극단이다. 왜 그런가? 둘은 치우침이고 둘이 아님

---

3) 山門相承, 興皇祖述, 說三種二諦. 第一明, 說有爲世諦, 於(當作說)無爲眞諦. 第二
明, 說有說無, 二並世諦. 說非有非無不二爲眞諦……第三節二諦義. 此二諦者, 有無
二, 非有無不二 ; 說二說不二爲世諦, 說非二非不二爲眞諦. 以二諦有此三種, 是故說
法必依二諦. 凡所發言, 不出此三種也. (같은 곳, 90쪽)

은 중도라고 대립시키면, 치우침도 한 극단이고 중도도 한 극단이 되어 치우침과 중도가 또다시 양극단이 되는데, 이처럼 양극단이기 때문에 세제이고, 치우치지도 않고 중도도 아닌 것(非偏非中)이 진정한 중도의 제일의제이다.*

다만 제불의 설법은 중생의 병폐를 치유할 때 이 의미를 벗어나지 않기 때문에 나는 이와 같은 세 단계의 이제를 밝힌다.[4]

"유·무를 논한 것은 유도 무도 아님을 밝히려는 것인데, 유도 무도 아님을 깨달은 다음에는 유·무를 폐기하는가, 아니면 폐기하지 않는가?"[5] 즉 이제를 논한 것은 둘이 아님을 깨우치려는 것인데, 둘이 아님을 깨달은 다음에는 이제를 폐기하는가, 아니면 폐기하지 않는가? 길장은 말했다.

---

* 『신편』IV, 242쪽: 이제는 제1단계에서는 "유"를 논하는 것이 세제이고, "무"를 논하는 것이 진제이다. 객관 세계와 주관적 심리 현상은 본래 진실한 것이지만, 불교에서는 이것을 일반인의 "미혹"이라고 여긴다. 이러한 미혹을 깨뜨리기 위해서 "제법개공(諸法皆空)"을 주장한 것인데, 공은 곧 "무(無)"이다. 이러면 사람은 생명의 윤회를 벗어나 열반을 얻을 수 있다고 했다. 그러나 이러한 이제는 "유"와 "무", "생사"와 "열반"을 두 변(邊)에 대립시켰는데 이것 역시 올바른 것이 아니다. 따라서 제2단계 이제에서는 이러한 양극단의 견해는 모두 세제이고, 유도 아니고 무도 아니고 생사도 아니고 열반도 아닌 이러한 "불이(不二)"의 중도는 양극단이 아니니 비로소 제일의제이다. 그러나 이러한 제일의제는 여전히 "불이"와 "이(二)"를 대립시켰으므로 이것 역시 진정한 "불이중도(不二中道)"는 아니니 역시 양극단이 있다. 따라서 제3단계 이제에서는 "이"를 논한 것과 "불이"를 논한 것이 모두 세제이니, 둘이 아니고 둘이 아니지도 않는 것이 비로소 제일의제이다. 이렇게 한층한층 벗겨나가면 최후로 무언(無言)에 도달하는 것이다.

4) 此三種二諦, 并是漸舍義, 如從地架而起. 何者? 凡夫之人, 謂諸法實錄是有, 不知無所有. 是故諸佛爲說諸法畢竟空無所有. 言諸法有者, 凡夫謂有. 此是俗諦, 此是凡諦. 賢聖眞知諸法性空, 此是眞諦, 此是聖諦. 令其從俗入眞, 捨凡取聖. 爲是義故, 明初節二諦義也. 次第二重明有無爲世諦, 不二爲眞諦者, 明有無是二邊, 有是一邊, 無是一邊. 乃至常無常, 生死涅槃, 並是二邊, 以眞俗生死涅槃是二邊故, 所以爲世諦 ; 非眞非俗, 非生死非涅槃, 不二中道, 爲第一義也. 次第三重, 二與不二爲世諦, 非二非不二爲第一義諦者. 前明眞俗生死涅槃, 二邊是偏, 故爲世諦 ; 非眞非俗, 非生死非涅槃, 不二中道爲第一義. 此亦是二邊, 何者? 二是偏, 不二是中. 偏是一邊, 中是一邊. 偏之與中, 還是二邊, 二邊故名世諦 ; 非偏非中, 乃是中道第一義諦也. 然諸佛法, 治衆生病, 不出此意, 是故明此三種二諦也. (같은 곳, 90-91쪽)

5) 問有無表不有無, 悟不有無時, 爲廢有無, 爲不廢耶? (같은 곳, 91쪽)

법사의 설명에 따르면 폐기한다는 의미와 폐기하지 않는다는 의미가 다 있다. 폐기를 주장함은 유정(情 : 有情)에 관련된 것이면 폐기해야 한다는 뜻이다. 왜 그런가? 네가 보는 것은 전도(顚倒)된 감각이니 예컨대 꽃병이나 옷 따위는 모두 중생의 전도된 감각이고 망상에 의해서 본 유(有)이다.……따라서 폐기해야 한다. 이것이 곧 공의 입장에서 유를 폐기한 것이다.

그런데 다시 공에 집착하면 그것 역시 폐기해야 한다. 본래 유로 말미암아 공이 있는데, 이미 유가 없다면 어떻게 공이 있겠는가?……이때의 공과 유는 모두 유정에 관련된 언급이므로 모두 폐기해야 한다.……즉 유정의 소견은 모두 허망(虛妄)하기 때문에 폐기해야 한다.

또 허망한 것만 폐기되는 것이 아니고 실재 역시 없는 것이다. 본래 허망이 있으므로 실재가 있으니, 허망이 없으면 실재도 없다. 바로 여기에 청정한 정도(正道)가 나타나 있다. 그것은 또 법신 혹은 정도 혹은 실상이라고 한다. 이 주장은 이미 종래의 견해를 지양했다. 무슨 말인가? 종래에는, 대상의 집착에서 생긴 번뇌가 육도의 과보(果報)로 감응하므로 폐기하고, 육도의 생사를 폐기해야 여래의 열반을 얻을 수 있다고 주장했다. 그런데 이제는 생사가 있으므로 열반이 있을 수 있고 생사가 없으면 열반도 없다는 점을 밝힌다. 생사가 없으면 열반도 없으니 생사와 열반 모두 허망임을 밝힌다. 생사도 아니고 열반도 아닌 것이 바로 실상(實相)이다. 줄곧 허망에 대해서 실재(진실)를 밝힌 것이니 저 허망이 없으면 실재(진실)도 없다.……그러므로 어째서 제1단계 이제만 폐기하겠는가? 제2단계, 제3단계도 모두 폐기해야 한다. 왜 그런가? 이 모두는 유정에 관련된 것이므로 폐기해야 한다.[6]

이 측면에서 보면 세 단계의 이제는 모두 폐기된다. 그러나 다른 한

---

6) 師解云 : 具有廢不廢義. 所言廢者, 約謂情邊, 卽須廢之. 何者? 明汝所見有者, 並顚倒所感, 如瓶衣等, 皆是衆生顚倒所感, 妄想見有,……是故須廢也. 此則用空廢有. 若更著空, 亦復須廢. 何者? 本由有故有空. 旣無有, 何得有空?……此之空有, 皆是情謂, 故皆須廢.……何以故? 謂情所見, 皆是虛妄, 故廢之也. 又非但廢妄, 亦無有實. 本有虛, 故有實. 旣無虛, 卽無實, 顯淸淨正道. 此亦名法身, 亦名正道, 亦名實相也. 然此已拔從來也. 何者? 從來云, 取相煩惱, 感六道果報, 此須廢. 廢六道生死, 得如來涅槃. 今明有生死可有涅槃, 旣無生死, 卽無涅槃. 無生死, 無涅槃. 生死涅槃, 皆是虛妄. 非生死, 非涅槃, 乃名實相. 一往對虛辨實, 若無彼虛, 卽無有實也.……何但初節二諦須廢, 乃至第三重皆須廢. 何以故? 此皆謂情, 故須廢之也. (같은 곳, 91-92쪽)

측면에서 보면 세 단계 모두 폐기되지 않는다. 길장은 말했다.

> 방편적인 측면에서 보면 세 단계는 폐기되지 않아도 된다. 즉 가명(假名)을 파괴하지 않고 제법의 실상을 설했던 부처는 부동의 깨달음 속에서 만법을 바로 세웠던 것이다.……가명이 곧 실상이라면 왜 폐기할 필요가 있겠는가?……그런즉 공이 유이고 유가 공이며, "이(二)"가 "불이(不二)"이고 "불이"가 "이"이니, 종횡에 아무런 장애가 되지 않는다.
> 따라서 승조는 말하기를 "유라고 말하자니 그 유는 참된 존재가 아니고, 무라고 말하자니 사물의 모습이 이미 나타나 있다"고 했고, 또 "마치 환화인(幻化人)의 경우처럼, 환화인은 없지 않으나 환화인은 참된 사람이 아니다"고 했다.〈제7장,주52〉……제법 역시 그러하기 때문에 폐기할 필요가 없다.[7]

이것은 승조의 부진공(不眞空) 이론과 흡사하지만 단 길장은 세 단계의 이제 모두 폐기해야 함을 강조했다. 이것이 대승 공종(空宗)의 설이다. 이 종파의 형이상학은 도가와는 다르지만, 실상(實相) 전부를 부정한 견해는 자못 "도는 영원하고 이름이 없다"[8]는『노자』의 말과 그리고 "부지(不知)"와 "무언(無言)"[9]을 주장한 장자의 견해와 표면상 비슷한 점이 있었기에 일부 중국인들이 좋아했다.

2. 현장의『성유식론』

당대(唐代)에 이르러 현장(玄奘, 600-64)이 불학을 체계적으로 소개했다.* 현장의 속성은 진(陳)이고 구씨(緱氏 : 현 하남성 뤄양 부근) 사람이고 수나라 말엽에 태어나, 13세에 출가했다. 당나라

---

7) 有方便三不廢者, 卽不壞假名, 說諸法實相. 不動等覺, 建立諸法.……唯假名卽實相, 豈須廢之?……斯卽空有, 有空, 二不二, 不二二, 橫豎無礙. 故肇師云 : "欲言其有, 有非眞生, 欲言其無, 事像旣形." 又云 : "譬如幻化人. 非無幻化人, 幻化人非眞人也."……諸法亦爾, 故不廢也. (같은 곳, 92쪽)

8) 道常無名.〈제1편,제8장,주93〉

9) "不知", "無言".〈제1편,제10장,주65〉

* [영역본의 표현] "당대 초엽에 중국 불교 역사상 가장 위대한 인물 중의 한 사람이 출현했으니 그가 바로 순례자(pilgrim)이자 번역가인 현장이다."

태종(太宗) 정관(貞觀) 3년(629)에 인도로 불법을 구하러(求法) 떠날 때는 26세였다. 정관 19년(645)에 장안에 돌아와, 고종(高宗) 인덕(麟德) 원년(664)에 세상을 떠났다. 현장의 일생 사업은 세친(世親, 400-80?, 바수반두)과 호법(護法, 530-61) 일파의 불학을 중국에 소개하는 것이었다. 바로 그 때문에 그가 창도한 종파는 중국적 사상 경향이 가장 적다. 그러나 그의 교의는 극히 철학적 흥취가 있다. 이제 현장의『성유식론(成唯識論)』에 따라 그의 유식 사상을 약술함으로써 앞에서 서술한 중국인의 사상 경향을 함유한 불학과 서로 비교한다.*

1) 공·유를 모두 떠난 유식교

이 종파의 견해에 따르면 중생은 다 아집(我執)과 법집(法執)의 두 집착이 있다. 아집은 "나"를 실유(實有 : 실제 존재)로 집착하는 것이고, 법집은 "법", 즉 여러 사물을 실유로 집착하는 것이다. 유식교(唯識敎)의 목적은 이 두 집착을 깨뜨려 이공(二空)을 밝히려는 것이다. 이공이란 아공(我空)과 법공(法空)이다.『성유식론』에 따르면 "아"와 "법"은 "단지 거짓으로 세워져 있고 진실로 자성이 있지 않다."[10] "아"와 "법"의 여러 현상은 "모두 식(識)의 전변(轉變)에 의해서 거짓 시설된 것들이다." "식은 식별을 뜻하므로"[11] 서양철학에서 말한 사물과 상대인 마음에 속한다. 식은 능변(能變 : 전변의 주체)이고 "아"와 "법"은 소변(所變 : 전변의 산물)이다. 이 능변의 식은 8가지가 있다. 이 8가지 식은 또 세 부류로 나눌 수 있다. 세친이 송(頌)에서 말한 "이 능변은 3가지가 있으니 이숙식(異熟

---

* "『성유식론』10권은 세친의『유식삼십송(唯識三十頌)』에 대한 호법 등 십대 논사들 각각의 주석서를 현장이 659년에 번역할 때 호법의 학설을 중심으로 함유(合糅)한 논서이다."(김묘주,『성유식론』해제, 8쪽) "현장은 당시 인도에서 유행하던 일련의 불학 저작을 취사선택하고 편역(編譯)하여『성유식론』이라고 불렀다. 그것은 장기간에 걸친 그의 인도 유학의 연구 성과이자, 그것으로써 그가 당시 중국 불학의 논쟁적인 문제를 해결하려고 시도한 한 권의 저작이었다."(『신편』IV, 250쪽)

10) 但由假立, 非實有性. [『성유식론』,『대장경』31, 1쪽]

11) 皆依識所轉變而假施設. 識謂了別,…… [같은 곳]

識), 사량식(思量識), 요별경식(了別境識)이 그것이다."[12] 이숙은 제
8식을, 사량은 제7식을, 요별경식은 눈·귀·코·혀·몸·뜻의 6식을 뜻
한다.

"아"와 "법"은 "식의 전변에 의해서 거짓 시설된 것들이니" " 진
실로 자성이 없음"을 알면 이공(二空)을 이해한 것이다. 그러나
"아"와 "법"이 의지한 식은 실유(실제 존재)이기 때문에 모든 것이
다 공인 것은 아니다. 규기(窺基)는 말했다.

> 즉 내면의 식(識)은 본질적으로 무(無)가 아니고, 마음 밖의 "아"와 "법"
> 은 본질적으로 유(有)가 아니다. 따라서 마음을 떠난 외부 대상이 실제로 있
> 다는 **증집**(增執 : 존재에 대한 집착)의 이단적인 교설을 배제하고, 또 악취공
> (惡取空)을 주장하여 식 역시 무라고 간주하며 무조건 공만 집착하는 **감집**
> (減執 : 무에 대한 집착)의 사견(邪見)도 배제한 것이 **공과 유를 모두 떠나 오직**
> **식만이 있다는 가르침**(唯識教)이다. 마음 바깥에 존재를 인정하기 때문에 생
> 사를 윤회하는 것인 만큼, 모든 것이 오직 마음뿐임을 깨닫는다면 생사를 영
> 원히 벗어날 수 있다.[13]

마음을 벗어나 따로 밖의 세계가 있다고 하는 것이 "증집"인데 사
물의 진상에다 덧붙인 바가 있다. 식 역시 있지 않다고 하는 것이
"감집"인데 사물의 진상에서 덜어낸 바가 있다.『성유식론』은 외부
대상은 없고 식은 있다고 여긴다. 즉 "공과 유를 모두 떠나 오직 식
만이 있다고 가르친다." 그러나 이는 유식교의 가장 기본적인 가르
침일 뿐이다. 궁극적으로 식 역시 "의타기(依他起)"이다. 이하 제
6)항에서 상론한다.

2) 식의 사분
『성유식론』은 말한다.

---

12) 此能變唯三, 謂異熟, 思量, 及了別境識. [같은 곳]
13) 由此內識體性非無 ; 心外我法體性非有. 便遮外計離心之境實有增執 ; 及遮邪見惡取
空者, 撥識亦無, 損減空執. 卽離空有, 說唯識教. 有心外法, 輪迴生死. 覺知一心, 生
死永棄. (『성유식론술기(成唯識論述記)』,『대장경』43, 243쪽)

유루식(有漏識) **자체가 생길 때**는 항상 **소연**(所緣 : 인식대상)과 **능연**(能緣 : 인식주관)의 모습으로 현현하며, 그 상응법(相應法 : 心所, 심리현상) 역시 그러함을 알아야 한다. 인식대상 같은 것을 **상분**(相分), 인식주관 같은 것을 **견분**(見分)이라고 한다.……상분과 견분이 의지하는 근본 존재가 곧 **자증분**(自證分)이다. 이 자증분이 없으면 마음과 여러 심리를 기억할 수 없게 된다. ……더 상세히 분석하면……다시 **제4의 증자증분**(證自證分)이 있다. 이 증자증분이 없으면 제3의 자증분을 자각할 주체가 없다.[14]

누(漏)는 번뇌의 다른 이름이다. 번뇌를 지닌 식이 "유루식"이다. "식은 식별한다는 뜻이므로""유루식 자체가 생길 때" 반드시 그것의 식별대상을 식별하므로 반드시 식별주체(能了別)와 식별대상(所了別)이 존재한다. 식별주체가 "능연"이다. 식별대상, 즉 능연의 대상이 "소연"이다. 능연이 있으므로 소연이 있다. 소연 역시 식이 전변한 것이다. 이밖에 또 상분과 견분이 의지하는 식 자체의 그 자신에 대한 지식(知識)이 "자증분"이다. 자증분은 곧 식의 자각이다. 또 이 자각에 대한 자각이 "제4의 증자증분"이다.

식은 "아"와 "법"의 여러 모습으로 능히 전변하는데, "전변이란 식 자체가 이분(二分) 같은 것으로 나타나는 것을 뜻한다." 이분은 상분과 견분이다. "이 이분에 의거해서 아와 법이 시설되는데",[15] 이 시설은 거짓 시설이다.『성유식론』은 말한다.

이 "아"와 "법"의 형상은 내부의 식 속에 있으나, 분별에 의해서 **외부 대상**(外境)으로 현현한다. 모든 유정(有情)의 무리는 아득한 옛날부터 그것들에 이끌려 실아(實我)와 실법(實法)으로 집착한다. 이는 마치 꿈을 꾸는 사람이 꿈의 영향력 때문에 마음이 갖가지 외부 대상의 모습으로 현현하고, 그것들에 이끌려 외부 대상이 실제로 존재한다(實有)고 집착하는 경우와 같다. 어리석은 범부가 파악한 실아와 실법은 모두 존재하지 않고 그저 허망한

---

14) 然有漏識自體生時, 皆似所緣能緣相現. 彼相應法, 應知亦爾. 似所緣相, 說名相分. 似能緣相, 說名見分.……相見所依自體名事, 卽自證分. 此若無者, 應不自憶心心所法.……若細分別,……復有第四證自證分. 此若無者, 誰證第三? (『대장경』 31, 10쪽)

15) 變謂識體轉似二分.……依斯二分, 施設我法. (『성유식론』권1,『대장경』31, 1쪽)

생각에 따라 시설된 것이므로 임시적(假 : 거짓)이다. 내부의 식이 전변한 사아(似我)와 사법(似法)은 존재하지만, 참다운 "아"와 "법"의 본성은 아니다. 그러나 그렇게 나타났기 때문에 임시적이라고 말했다. 외부 대상은 망정에 따라서 시설된 것이기 때문에 식처럼 존재하지(有) 않는다. 또 내부의 식은 반드시 인연에 의해서 생기기 때문에 대상처럼 없지(無) 않다.[16)]

"외부 대상"은 식처럼 존재하지 않고, 내부의 식은 대상처럼 없지 않다. 즉 이른바 양 극단을 떠나 중도를 따른 것이다. 이는 기본적인 설법에 불과하다. 이하에서 상론한다.

3) 제1 능변인 아뢰야식
『성유식론』은 말한다.

첫째 능변식(初能變識)은 대승과 소승 모두 **아뢰야식**(阿賴耶識)이라고 부른다. 이 식에 **능장**(能藏)·**소장**(所藏)·**집장**(執藏)**의 의미가 구비되어 있고**, 잡염(雜染)과 더불어 서로 조건이 되며, 유정이 자기 자아로 집착하는 것이기 때문이다. ……이것은 계(界)·취(取)·생(生)의 선업(善業)·불선업(不善業)의 이숙과(異熟果)를 이끌기 때문에 **이숙식**(異熟識)이라고 하고,……또 제법의 종자를 잃지 않도록 꽉 붙잡기(執持) 때문에 일체 종자의 식이라고 한다.[17)]

제8의 아뢰야식은 "장식(藏識)"으로 번역되는데, 그것이 "능장·소장·집장의 의미가 구비되어 있기" 때문이다. 또 "이숙식"이라고도 하는데 "이숙과"를 이끌어낼 수 있기 때문이다. "이숙"은 다르게 변하여 익는 것, 즉 다른 시기로 익고 다른 부류로 익는 것을 말한다. "이숙과"란 이 익혀진 결과(果), 즉 그 인(因)이 다르게 변하여

---

16) 此我法相雖在內識. 而由分別似外境現. 諸有情類, 無始時來, 緣此執爲實我實法. 如患夢者患夢力故, 心似種種外境相現, 緣此執爲實有外境. 愚夫所計實我實法都無所有, 但隨妄情而施設故, 說之爲假. 內識所變似我法, 雖有而非實我法性. 然似彼現, 故說爲假. 外境隨情而施設故, 非有如識. 內識必依因緣生故, 非無如境. (같은 곳, 1쪽) [有情 : sattva의 의역, 衆生, 사람과 감각이 있는 모든 동물]

17) 初能變識, 大小乘教, 名阿賴耶. 此識具有能藏所藏執藏義故, 謂與雜染互爲緣故, 有情執爲自內我故.……此是能引諸界趣生善不善業異熟果故,　說名異熟.……**此能執持諸法種子令不失故, 名一切種.** (『대장경』31, 7-8쪽)

익은 것으로서 그 인과 시기가 다르고 부류가 다른 것이다. 또 "종자식"이라고 하는데, 그 안에 모든 존재(諸法), 즉 세간·출세간의 일체 사물의 종자가 감추어져 있기 때문이다.

아뢰야식 속의 제법의 종자에 대해서 "모두 본래부터 있었고, 훈습(熏習)에 의해서 생긴 것은 아닌데, 훈습의 힘에 의해서는 다만 성장할 뿐이다"[18]는 주장이 있다. 즉 일체 종자는 아뢰야식 속에 구비되어 있고 여타 식들[7식]의 훈습을 받아 비로소 생긴 것이 아니다는 말이다. 또 "종자는 모두 훈습을 받고 생긴다. 소훈(所熏 : 훈습을 받는 것)과 능훈(能熏 : 훈습하는 것) 모두 아득한 옛날부터 있었으므로 모든 종자 역시 아득한 옛날부터 있었다. 종자는 습기(習氣)의 다른 이름이고 습기는 반드시 훈습에 의해서 생긴다. 마치 삼의 향기는 꽃에 의해서 훈습되는 것과 같다"[19]는 주장이 있다. 예컨대 삼은 본래 향기가 없으나 꽃에 의해서 훈습되어 생기지만 소훈이든 능훈이든 태초(아득한 옛날)부터 있었기 때문에 여러 종자 역시 태초부터 성취된 것일 뿐이다는 주장이다. 또 각 종자마다 "본유(本有)의 종자와 신흥(始起 : 新興)의 종자"[20]의 두 부류가 있다는 주장도 있는데, 이것은 앞의 두 설을 조화한 설이다.

종자는 또 유루(有漏)와 무루(無漏)의 두 부류로 나눌 수 있다. 유루종자는 세간 제법의 인(因)이고 무루종자는 출세간 제법의 인이다.『성유식론』은 말한다.

모든 유정은 태초부터 훈습에 의하지 않고 저절로 성취된 무루종자가 있지만, 단 나중에 깨달음을 얻은 단계에서 훈습에 의해서 자란다는 것을 믿어야 한다. 무루법의 홍기는 무루종자가 그 원인이다. 무루가 홍기하면 다시 훈습하여 종자를 만든다. 유루법의 종자의 경우도 이와 마찬가지이다.[21]

---

18) 皆本性有, 不從熏生, 由熏習力, 但可增長. (같은 곳, 8쪽) [호월의 "唯本有說"]
19) 種子皆熏故生. 所熏能熏, 俱無始有故, 諸種子無始成就. 種子旣是習氣異名, 習氣必由熏習而有, 如麻香氣, 華熏故生. (같은 곳)
20) 一者本有 ; 二者始起. (같은 곳)
21) 由此應信有諸有情, 無始時來, 有無漏種, 不由熏習, 法爾成就. 後勝進位, 熏令增長. 無漏法起, 以此爲因. 無漏起時, 復熏成種. 有漏法種, 類此應知. (같은 곳, 9쪽)

아뢰야식 속의 제법의 종자는 여타의 7식에 훈습되어 자란다. 아뢰야
식은 "소훈"이고, 여타의 7식은 "능훈"이다.『성유식론』은 말한다.

> 이처럼 능훈식과 소훈식이 같이 생기고 같이 멸하므로 훈습의 의미가 생
> 겼다. 훈습을 받는 것(아뢰야식) 속에 있는 종자를 생장시킴은 마치 삼이 꽃
> 에 의해서 훈습되는 것과 같기 때문에 훈습이라고 했다.
> 능훈식 등이 종자에서 생기면 능히 원인이 되어 다시 종자를 훈습한다. 세
> 가지 존재(처음의 종자, 훈습되는 식, 훈습에서 생긴 종자)가 전전할 때 원인
> 과 결과가 함께 작용한다. 마치 심지가 불꽃을 낳고 불꽃이 심지를 그을리는
> 경우와 같고, 또 묶인 갈대와 다발이 서로 의지하는 경우와 같다. 따라서 인
> 과(因果)가 (거의) 동시에 작용한다는 그 이치는 확고부동하다.[22]

이와 같이 능훈과 소훈은 서로 인과가 된다. 유루종자는 유루법을
일으키고 유루법은 다시 유루종자를 훈습한다. 무루종자는 무루법
을 일으키고 무루법은 다시 무루종자를 훈습한다. 전자는 사람이
생사를 윤회하게 만들고, 후자는 생사를 영원히 벗어나게 만든다.
다만 무루종자는 사람마다 다 있지는 않으므로 사람이 가진 종자의
성품도 다르다. 무루종자가 전혀 없는 사람도 있고, 단지 이승(二
乘)의 종자만 있는 사람도 있고, 부처가 가진 무루종자를 가진 사람
도 있다. 즉 사람마다 다 불성이 있는 것이 아니고 사람마다 성불할
수 있는 것이 아니다.

우리가 보는 외부 대상인 산하대지 등은 모두 아뢰야식 속의 종
자가 전변한 것이다.『성유식론』은 말한다.

> 이른바 처소(處)는 이숙식이 공상(共相) 종자의 성숙 능력에 의해서 색
> (色) 등의 기세간(器世間 : 자기를 둘러싼 자연계)의 모습, 즉 외부의 네 요소
> (四大種 : 지, 수, 화, 풍)와 그로써 만들어진 색으로 전변된 것을 지칭한다.
> 비록 모든 유정(有情)의 전변 내용(所變)[각자의 세계]이 각기 다르지만 **모**

---

22) 如是能熏與所熏識, 俱生俱滅, 熏習義成. 令所熏中種子生長, 如熏苣蕂, 故名熏習.
能熏識等, 從種生時, 即能爲因, 復熏成種. 三法展轉, 因果同時. 如炷生焰, 焰生燋
炷. 亦如蘆束, 更互相依. 因果俱時, 理不傾動. (『대장경』31, 10쪽)

습이 서로 비슷하고, (각 유정의) 처소가 다르지 않는 것은 마치 많은 등불에서 나오는 빛처럼 등은 각기 달라도 빛은 하나로 보이는 경우와 같다.[23]

아뢰야식 속의 공상 종자가 산하대지로 전변한다. 현재의 산하대지는 물론 하나의[한 유정의] 이숙식이 전변한 것은 아니다.『성유식론』에 "누구의 이숙식이 이런 모습[산하대지]으로 전변했는가? 현재 살고 있거나 장차 태어날 자의 저 이숙식이 이 세계로 전변한 것이다. 뭇 업이 같은 자는 모두 동일하게 전변하는 까닭이다"[24]고 했다. 현재의 산하대지는 바로 현재 살고 있거나 장차 태어날 자의 이숙식 속의 공상 종자가 전변한 것이다. 각 "유정"의 이숙식이 각기 하나의 산하대지로 전변한다. 다만 그것이 공상 종자의 전변인 까닭에 뭇 등불의 빛이 하나의 빛인 것처럼 "모습이 서로 비슷하다."『성유식론』은 말한다.

유근신(有根身 : 감각작용을 하는 개인의 육신)은 이숙식이 불공상(不共相) 종자의 성숙 능력에 의해서 색근(色根 : 감각기관)과 그것의 의지처(신체적 기반), 즉 내부의 네 요소와 그로써 만들어진 색으로 전변된 것을 지칭한다. 또 공상 종자의 성숙 능력이 있으므로 타인의 형체 또한 그렇게 전변한다. 그렇지 않으면 타인을 인식하지 못할 것이다.

이 점에 관련하여 타인의 감각기관도 나로부터 전변된다고 주장하는 견해가 있는데, 즉『변중변론(辯中邊論)』의 주장에 따르면 자신과 타인의 다섯 감각기관도 (자신의 아뢰야식의) 전변이라고 한다.

또 어떤 견해에 따르면 오직 타인의 감각기관의 의지처만 전변된다고 하는데, 타인의 감각기관은 **내게 작용하는 바가 없기 때문이다.**

자신과 타인의 다섯 감각기관으로 현현하는 것은 자신과 타인의 식이 각각 전변한 것이다는 주장도 있다. 다른 땅 또는 열반에 든 사람의 경우 **그가 남긴 시체는 여전히 하나의 상속(相續 : 신체)으로 보여지기 때문이다.**[25]

---

23) 所言處者, 謂異熟識由共相種成熟力故, 變似色等器世間相, 卽外大種及所造色. 雖諸有情所變各別, 而相相似, 處所無異, 如衆燈明, 各徧似一. (같은 곳, 10쪽)
24) 誰異熟識, 變爲此相?……現居及當生者, 彼異熟識, 變爲此界.……諸業同者, 皆共變故. (『대장경』31, 10쪽)
25) 有根身者, 謂異熟識不共相種成熟力故, 變似色根及根依處, 卽內大種及所造色. 有

규기의 『술기』에 따르면 "신(身)은 총괄 명사이다. 몸에는 감각기관이 있기 때문에 근신(根身)이라고 불렀다."[26] 근은 눈, 귀, 코, 혀, 몸 등의 5근을 말한다. 이 5근을 지닌 몸, 즉 이 5근과 그것의 의지처는 모두 이숙식 속의 불공상 종자가 전변한 것이다. 우리가 보는 타인의 감각기관의 의지처 역시 우리의 이숙식 속의 공상 종자가 전변한 것이다. 그렇지 않다면 우리가 어떻게 그것을 감각할 수 있겠는가? 타인의 감각기관 역시 우리의 식이 전변한 것이라는 주장이 있는데 『변중변론』의 설명이 그것이다. 또 단지 타인의 감각기관의 의지처만이 우리의 식이 전변한 것이라는 주장도 있는데, 타인의 감각기관은 우리가 감각할 수 없어서 "내게 작용하는 바가 없기 때문이다." 『변중변론』의 설명은 단지 자신의 식과 타인의 식이 각자 전변한 것일 뿐이다고 한다. 왜 타인의 감각기관의 의지처가 우리의 식이 전변한 것인가? 예컨대 다른 땅에 나거나 혹은 열반에 든 사람은 그 시체가 없어야 하건만 "그가 남긴 시체"는 우리가 "여전히 하나의 상속으로 보기" 때문에 "그가 남긴 시체"는 바로 우리의 식이 전변한 것임을 알게 된다.

이 설을 밀고 나가면 아무개의 감각기관과 그것의 의지처는 그 자신의 이숙식 속의 불공상 종자가 전변한 것이니, 우리가 보는 아무개의 감각기관의 의지처 또는 아무개의 감각기관은 바로 우리의 공상 종자가 전변한 것이 된다. 그런데 그가 전변한 것과 내가 전변한 것에 어떻게 일치된 행위와 거동으로 나타나게 되는지, 이것은 하나의 커다란 문제인데 『성유식론』은 언급하지 않았다.

『성유식론』은 이 아뢰야식을 이렇게 논한다.

> 아뢰야식은 단절된 것인가, 아니면 영원한 것인가?
> 단절된 것도 아니고 영원한 것도 아니다. 항상(恒) 유전하기(轉) 때문이다.

共相種成熟力故, 於他身處亦變似彼. 不爾, 應無受用他義. 此中有義, 亦變似根. 『辯中邊』說, 似自他身五根現故. 有義唯能變似依處, 他根於己非所用故. 似自他身五根現者, 說自他識各自變義. 故生他地或般涅槃, 彼餘尸骸, 猶見相續. (같은 곳, 11쪽)

26) 身者總名. 身中有根, 名有根身. (『대장경』 43, 324쪽)

식이 항상(恒)인 것은 이 식이 태초부터 한 종류로 연속되어 영원히 중단됨이 없다는 뜻인데, 그 식이 계(界:三界)·취(趣:五趣)·생(生:四生)이 시설되는 근본이고, 또 그 본성이 종자가 상실되지 않도록 견고하게 지키기 때문이다. 식이 유전하는(轉) 것은 이 식이 태초부터 순간순간 생성소멸하여 이전과 이후가 다르게 변하고 원인이 멸하면 결과가 생겨서 영원히 동일하지 않기 때문이고, 전식(轉識)함으로써 능히 종자를 훈습하기 때문이다. 즉 "항상"은 단절의 부정을 지칭하고, "유전"은 영원하지 않음을 표현한다.

거센 물살처럼 인과의 법칙(因果法)도 그러하다. 마치 거센 물살처럼 단절되지도 영원하지도 않지만 오랫동안 서로 연속하여 표류하고 익사하는 일이 생기는 경우와 같이, 이 식도 태초부터 생성소멸하며 서로 연속하여 영원하지도 않고 단절되지도 않으면서 유정(有情:중생)을 표류시키고 익사시켜 윤회를 벗어나지 못하게 하는 것이다.

또 거센 물살의 경우 바람 등이 많은 파랑을 불러일으키더라도 흐름이 단절되지 않는 것과 같이, 이 식도 여러 인연이 회합하여 안식(眼識) 등이 일어나면 항상 서로 연속되는 것이다. 또 거센 물살의 경우 소용돌이가 솟아올라도 고기와 풀 등은 흐름을 따라 그치지 않는 것과 같이, 이 식도 내면의 습기(習氣)와 외부의 감각 등의 법(法)이 항상 서로를 좇아 유전한다.

이상의 비유는 이 식이 태초부터 원인과 결과로서 단절되거나 영원하지 않다는 의미를 나타낸다. 또 이 식의 본성은 태초부터 찰나찰나 결과가 생기면 원인이 소멸하는 것인바, 결과가 생기므로 단절이 아니고, 원인이 소멸하므로 영원하지 않다는 의미를 나타낸다. 단절되지도 영원하지도 않는 것이 연기(緣起)의 이치이다. 따라서 이 식이 흐름처럼 항상 유전한다고 설했다.[27]

---

27) 阿賴耶識, 爲斷爲常? 非斷非常, 以恒轉故. 恒, 謂此識無始時來, 一類相續, 常無間斷. 是界趣生施設本故, 性堅持種令不失故. 轉, 謂此識無始時來, 念念生滅, 前後變異. 因滅果生, 非常一故. 可爲轉識, 熏成種故. 恒言遮斷, 轉表非常. 猶如暴流, 因果法爾. 如暴流水, 非斷非常. 相續長時, 有所漂溺. 此識亦爾, 從無始來, 生滅相續, 非常非斷. 漂溺有情, 令不出離. 又如暴流, 雖風等擊起諸波浪, 而流不斷. 此識亦爾, 雖遇衆緣起眼識等, 而恒相續. 又如暴流, 漂水上下, 魚草等物, 隨流不捨. 此識亦爾, 與內習氣外觸等法, 恒相隨轉. 如是法喩, 意顯此識無始因果, 非斷常義. 謂此識性無始時來, 刹那刹那, 果生因滅. 果生故非斷, 因滅故非常. 非斷非常, 是緣起理. 故說此識, 恒轉如流. (『대장경』31, 12쪽)

이 식은 흐름처럼 항상 유전하기 때문에 유정을 표류시키고 익사시켜 생사를 윤회하게 한다.

4) 제2 능변인 말나식과 제3 능변인 전 6식

제2 능변인 말나식(末那識)에 대해서 『성유식론』은 말한다.

> 첫번째의 이숙능변식(異熟能變識 : 제8식) 이후는 사량능변식(思量能變識)의 모습을 변별해야 한다. 이 식은 불교에서는 또 말나(末那)라고 부른다. 항상 살피고 헤아리는(思量) 역할이 다른 식들보다 두드러지기 때문이다.[28]

이것이 제7식인 말나식인데 "항상 살피고 헤아려 자아의 모습에 집착하기"[29] 때문에 네 가지 근본 번뇌와 상응한다. 『성유식론』은 말한다.

> 이 말나식은 자체로 항상 장식(藏識)에 의지하여 네 가지 **근본 번뇌**(根本煩惱)와 상응한다. 네 가지 근본 번뇌란 무엇인가? 아치(我癡), 아견(我見), 아만(我慢), 아애(我愛)를 말한다. "아치"는 무명(無明)을 뜻한다. "자아의 모습(我相)"에 몽매하여 무아(無我)의 이치를 깨닫지 못하는 것이 "아치"이다. "아견"은 아집(我執)을 뜻한다. 자아가 아닌 존재에 대해서 허망한 편견을 세워 자아로 삼는 것이 "아견"이다. "아만"은 오만(傲慢)을 뜻한다. 집착한 자아를 믿고 마음이 기고만장해지는 것이 "아만"이다. "아애"는 아탐(我貪)을 뜻한다. 집착한 자아에 대해서 깊은 애착을 일으키는 것이 "아애"이다.……
> 이 네 가지는 항상 일어나 내부의 마음을 동요시키고 혼탁하게 하며, 외부로 전식(轉識 : 6식)을 항상 잡된 것에 오염되게 만든다. 이리하여 유정은 생사를 윤회하고 그로부터 벗어날 수 없게 되는데 그래서 번뇌라고 불렀다.[30]

---

28) 次初異熟能變識後, 應辯思量能變識相. 是識聖教別名末那. 恒審思量, 勝餘識故. (권4,『대장경』31, 19쪽) [審 : 잘 따지어 관찰하다, 밝게 알다]

29) 恒審思量, 所執我相. (권4,『대장경』31, 22쪽)

30) 此意(即末那)任運恒緣藏識, 與四根本煩惱相應. 其四者何? 謂我癡, 我見, 並我慢, 我愛, 是名四種. 我癡者, 謂無明, 愚於我相, 迷無我理, 故名我癡. 我見者, 謂我執, 於非我法, 妄計爲我, 故名我見. 我慢者, 謂倨傲, 恃所執我, 令心高擧, 故名我慢. 我愛者, 謂我貪, 於所執我, 深生耽著, 故名我愛.……此四常起, 擾濁內心, 令外轉識, 恒成雜染. 有情由此生死輪迴, 不能出離, 故名煩惱. (같은 곳, 22쪽)

제3 능변인 전 6식(前六識)에 대해서『성유식론』은 말한다.

> 사량능변식 다음 대상을 식별하는 능변식(了境能變識)의 모습을 변별해
> 야 한다. 이 식은 모두 여섯 종류로 구별되는데, 6근(六根 : 여섯 감각기관)과
> 6경(六境 : 6근의 여섯 대상)에 따라 종류가 다르기 때문이다. 안식(眼識)부
> 터 의식(意識)까지(眼識, 耳識, 鼻識, 舌識, 身識, 意識)를 일컫는다.[31]

능히 대상을 식별하는 식은 여섯 가지로 눈, 코, 혀, 몸, 뜻 등의 6식
이 있다. 세친은 게송에서 말했다.

> 모두 "근본식"(根本識)에 "의지한다." "5식"은 파도가 물에 의지하듯, 어
> 떤 때는 함께 어떤 때는 제각각 "조건(緣)에 따라 나타난다." 반면에 의식은
> 항상 나타나는데, 무상천(無想天)에 태어날 때, 무심(無心)의 두 선정(無想
> 定과 滅盡定)을 얻었을 때, 잠잘 때, 기절할 때만 제외된다.[32]

『성유식론』은 말한다.

> "근본식"은 아타나식(阿陀那識)인데, 더럽고 깨끗한 여러 식이 생기는 근
> 본이기 때문이다. "의지하는 것"은 전 6전식(前六轉識)을 일컫는데, 근본식
> 을 공통적이고 직접적인 의지처로 삼기 때문이다. "5식"은 앞의 5전식을 일
> 컫는데 종류가 서로 비슷하기 때문에 총괄하여 설명했다. "조건(緣)에 따라
> 나타난다"고 함은 항상 나타나는 것이 아님을 밝힌 것이다. "조건"이란 작
> 의(作意), 감각기관(根), 외부 대상(境) 등의 조건을 지칭하고, 5식(五識身 :
> 五識)은 안으로 근본식에 의지하고 밖으로 작의와 다섯 감각기관과 외부 대
> 상 등의 여러 조건이 화합해야 비로소 나타날 수 있다는 말이다. 이리하여
> 어떤 때는 함께 어떤 때는 제각각 나타나는데, 외부 조건과 화합하는 일이
> 단번에 이루어지는 경우와 점차 이루어지는 경우가 있기 때문이다. 마치 물
> 의 파도가 조건에 따라 높고 낮음이 있는 경우와 같다. 이러한 비유는 여러
> 경에 널리 설해지고 있다.

---

31) 次中思量能變識後, 應辯了境能變識相. 此識差別總有六種, 隨六根境種類異故. 謂
　　名眼識, 乃至意識. (『대장경』31, 26쪽)
32) 依止根本識, 五識隨緣現 ; 或俱或不俱, 如濤波依水. 意識常現起, 除生無想天, 及無
　　心二定, 睡眠與悶絶. (『성유식론』권7,『대장경』31, 37쪽)

5전식의 인식작용은 뚜렷하고 동태적이고 의지하는 여러 조건이 종종 함께 일어나지 않기 때문에 나타날(작용할) 때는 드물고 나타나지 않을 때가 많다. 여섯째의 의식 역시 뚜렷하게 활동하기는 하지만 의지하는 조건이 항상 갖추어져 있는데, 거스르는 조건에 따를 때는 나타나지 않는다. 제7식과 제8식은 인식작용이 미세하고 의지하는 여러 조건이 모든 시기에 존재하기 때문에 조건에 막혀 전부 작용하지 않는 경우는 없다.[33]

아타나식은 "집지(執持)"로 번역되고 제8식의 다른 이름이다. 제7식과 제8식은 나타나 있지 않은 때가 없다. 눈, 귀, 코, 혀, 몸 등의 5식은 여러 조건이 화합해야 비로소 나타나고, 의식은 항상 나타나는데 다만 무상천에 태어난 사람, 무상정을 얻은 사람, 멸진정을 얻은 사람, 잠자는 사람, 기절한 사람의 의식만은 일어나지 않는다.

상술한 8식을 모두 식이라고 불렀지만 전 6식은 특히 식별의 의미가 있다. 『성유식론』은 말한다.

(모든 것을) 집적하고 또 나타내는 것이 "마음(心)"이고, 생각하고 헤아리는 것이 "의(意)"이고, 식별하는 것이 "식(識)"이니, 세 가지의 다른 의미이다. 이 세 가지 의미는 8식에 공통되기는 하지만, 두드러진 측면에 따라 구별된다. 제8식을 "마음"이라고 한 것은 제법의 종자를 집적하고 제법을 나타내기 때문이다. 제7식을 "의"라고 한 것은 장식(藏識) 등에 의거하여 항상 살피고 헤아려 자아 등으로 삼기 때문이다. 나머지 여섯 가지를 "식"이라고 한 것은 여섯 가지 다른 대상에 대해서 간헐적으로 뚜렷하게 작용하고 식별하며 전전하기 때문이다. 예컨대 『입능가경(入楞伽經)』의 게송(偈頌)에서 "장식을 '마음'이라고 부르고, 생각하고 헤아리는 속성을 '의'라고 부르고, 외부 대상의 모습을 식별하는 것을 '식'이라고 부른다"고 했다.[34]

---

33) 根本識者, 阿陀那識, 染淨諸識生根本故. 依止者, 謂前六轉識, 以根本識爲共親依. 五識者, 謂前五轉識, 種類相似, 故總說之. 隨緣現言, 顯非常起. 緣謂作意, 根, 境, 等緣, 謂五識身, 內依本識, 外隨作意, 五根, 境, 等衆緣和合, 方得現前. 由此或俱或不俱起, 外緣合者, 有頓漸故. 如水濤波, 隨緣多少. 此等法喩, 廣說如經. 由五轉識行相麤動, 所藉衆緣, 時多不具, 故起時少, 不起時多. 第六意識雖亦麤動, 而所藉緣無時不具. 由違緣故, 有時不起. 第七八識, 行相微細, 所藉衆緣, 一切時有, 故無緣礙, 令總不行. (『대장경』31, 37쪽)

34) 集起名心, 思量名意, 了別名識, 是三別義. 如是三義, 雖通八識, 而隨勝顯. 第八名

마음·의·식의 세 의미는 8식에 공통되지만, 각 식의 특히 두드러진 측면을 말하면 제8식은 마음, 제7식은 의, 여타 6식은 식이다.

"아"와 일체의 모든 "법"은 이 세 가지 능변(能變)이 전변한 것(所變)이다. 이 세 가지 능변은 사아(似我)와 사법(似法)으로 전변할 뿐만 아니라, 또 제2 능변과 제3 능변은 그것을 실유(實有)로 집착한다. 사아를 실유로 집착함이 아집(我執)이고, 사법을 실유로 집착함이 법집(法執)이다. 『성유식론』은 말한다.

모든 아집은 대략 선천적인 것과 분별에 의한 것 두 종류가 있다.

선천적인 아집은 태초부터 망념으로 훈습된 내부 원인의 세력이기 때문에 항상 신체와 함께 한다. 잘못된 가르침과 잘못된 분별의 영향 없이 저절로 도출된 것이므로 선천적인 것이다. 여기에 다시 두 종류가 있다. 첫째는 항상 계속되는 것으로, 제7식이 제8식이 일으킨 자체의 마음의 영상(心相)을 "실아(實我)"로 집착한 경우이다. 둘째는 간헐적인 것으로, 제6식이 전변된 5취온(五取蘊)*의 영상에 인연하여, 혹은 총체적으로 혹은 개별적으로 자체의 마음의 영상을 일으켜 "실아"로 집착한 경우이다. 이 두 가지 아집은 미세하므로 끊기 어렵다. 나중에 수도(修道)를 통해서 자주 반복하여 뛰어난 생공관(生空觀 : 我가 空임을 통찰하는 관법)을 닦아야 비로소 없앨 수 있다.

분별에 의한 아집은 현재의 외부 조건에서 비롯되기 때문에 신체와 함께 하지 않는다. 반드시 잘못된 가르침과 잘못된 분별의 영향을 받아 비로소 나타나기 때문에 분별에 의한 것이다. 오직 제6 의식(意識) 내에만 있다.[35]

心, 集諸法種, 起諸法故. 第七名意, 緣藏識等, 恒審思量爲我等故. 餘六名識, 於六別境, 麤動間斷, 了別轉故. 如『入楞伽』伽他中說 : "藏識說名心 ; 思量性名意 ; 能了諸境相, 是說名爲識."(『대장경』31, 24쪽)

* 五取蘊 : 몸을 구성하는 5요소의 집합. 5온(五蘊)은 유루, 무루에 통하나 5취온은 유루일 뿐이다. 취(取)는 번뇌의 다른 이름이다. 번뇌는 온(蘊)을 낳고 온은 또 번뇌를 낳으므로 온을 취온이라고 했다.

35) 然諸我執, 略有二種 : 一者俱生, 二者分別. 俱生我執, 無始時來, 虛妄熏習, 內因力故, 恒與身俱. 不待邪教及邪分別, 任運而轉, 故名俱生. 此復二種 : 一常相續, 在第七識, 緣第八識, 起自心相, 執爲實我. 二有間斷, 在第六識, 緣識所變五取蘊相, 或總或別, 起自心相, 執爲實我. 此二我執, 細故難斷. 後修道中, 數數修習, 勝生空觀, 方能除滅. 分別我執, 亦由現在外緣力故, 非與身俱. 要待邪教及邪分別, 然後方起, 故名分別. 唯在第六意識中有.(『대장경』31, 2쪽)

○모든 법집은 대략 선천적인 것과 분별에 의한 것 두 종류가 있다.

선천적인 법집은 태초부터 망념으로 훈습된 내부 원인의 세력이기 때문에 항상 신체와 함께 한다. 잘못된 가르침과 잘못된 분별의 영향 없이 저절로 안출된 것이므로 선천적인 것이다. 여기에 다시 두 종류가 있다. 첫째는 항상 계속되는 것으로, 제7식이 제8식이 일으킨 자체의 마음의 영상을 "실법(實法)"으로 집착한 경우이다. 둘째는 간헐적인 것으로, 제6식이 전변된 온·처·계(蘊處界)*의 영상에 인연하여, 혹은 총체적으로 혹은 개별적으로 자체의 마음의 영상을 일으켜 "실법"으로 집착한 경우이다. 이 두 가지 법집은 미세하므로 끊기 어렵다. 나중에 십지(十地)를 통해서 자주 반복하여 뛰어난 법공관(法空觀 : 法이 空임을 통찰하는 관법)을 닦아야 비로소 없앨 수 있다.

분별에 의한 법집은 현재의 외부 조건에서 비롯되기 때문에 신체와 함께 하지 않는다. 반드시 잘못된 가르침과 잘못된 분별의 영향을 받아 비로소 나타나기 때문에 분별에 의한 것이다. 오직 제6 의식(意識) 내에만 있다.[36]

제7식은 제8식이 일으킨 자체의 마음의 영상을 실아와 실법으로 집착하고, 제6식은 식이 전변한 5취온의 영상인 근신 등을 실아로 집착하고 또 식이 전변한 온처계의 영상인 산하대지 등을 실법으로 집착하는데, 이 제6식과 제7식은 실은 두 종류의 집착으로 말미암아 생긴 것이다.

이 여덟 가지 식은 서로 상관없는 여덟 개의 개체라고 단정할 수 없다. 즉 "완전 다른 것이다"고 단정할 수 없다. 또한 그것이 일체

---

* 蘊·處·界 : 즉 5온·12처·18계를 말한다. 온(蘊)은 "쌓임", "구성요소"의 뜻이다. 5온은 색(色 : 물질 형체), 수(受 : 감수작용), 상(想 : 표상작용), 행(行 : 유지작용), 식(識 : 식별작용)이다. 일체법은 12처(處), 즉 여섯 가지 인식기관(六內入處 : 六根)과 여섯 가지 인식대상(六外入處 : 六境)으로 분류된다. 계(界)는 부류의 뜻이고 일체법은 6근계(根界), 6경계(境界), 6식계(識界)의 18계로 분류된다.

36) 然諸法執, 略有二種 : 一者俱生, 二者分別. 俱生法執, 無始時來, 虛妄熏習, 內因力故, 恒與身俱. 不待邪教及邪分別, 任運而轉, 故名俱生. 此復二種 : 一常相續, 在第七識, 緣第八識, 起自心相, 執爲實法. 二有間斷, 在第六識, 緣識所變蘊處界相, 或總或別, 起自心相, 執爲實法. 此二法執, 細故難斷. 後十地中, 數數修習, 勝法空觀, 方能除減. 分別法執, 亦由現在外緣力故, 非與身俱. 要待邪教及邪分別, 然後方起, 故名分別. 唯在第六意識中有. (『대장경』 31, 6-7쪽)

라고 단정할 수 없다. 즉 "완전 같은 것이다"고 단정할 수 없다. 『성유식론』은 말한다.

> 8식의 자성(自性)이 **"완전 같은 것이다**(定一)"고 말할 수 없다. 인식작용과 의거하는 조건, 상응하는 내용이 다르기 때문이고, 하나가 멸할 때 여타의 것은 멸하지 않기 때문이고, 능훈과 소훈 등의 모습이 다르기 때문이다.
>
> 또 **"완전히 다른 것**(定異)"도 아니다. 경전에서 설하기를 "8식은 물과 파도처럼 차별이 없다"고 했기 때문이다. 완전히 다른 것이라면 인과의 속성에 속하지 않을 것이기 때문이고, 허깨비 일처럼 고정된 속성이 없기 때문이다.
>
> 앞에서 말한 식의 차별적 모습은 세속의 이치에 따른 것이며, 참다운 승의(勝義 : 최고 진리)는 아니다. 참다운 승의에서는 개념적 표현이 단절되기 때문이다. 그래서 게송에서도 "마음(心)·의(意)·식(識)의 여덟 가지는 속제에 따르면 모습에 차이가 있고, 진제에 따르면 모습에 차이가 없는데 상(相)과 소상(所相)이 없기 때문이다"고 했다.[37]

5) 일체유식

이 두 집착을 깨뜨리려면 "아"와 "법"이 모두 "실제 존재가 아님"을 깨달아야 한다. 『성유식론』은 말한다.

> 앞에서 말한 세 가지 능변의 식과 그 심리 현상(心所)은 모두 능히 견분과 상분으로 전변하므로 전변(轉變)이라는 명칭이 붙었다. 전변된 견분을 분별(分別)이라고 하는데, 능히 형상을 상정하기 때문이다. 전변된 상분을 분별된 것(所分別)이라고 하는데, 견분에 의해서 상정되기 때문이다.
>
> 이 바른 이치에 따르건대 저 실아와 실법은 식이 전변한 것을 떠나서는 모두 분명히 실제 존재가 아니다. 능취와 소취를 떠나서는 별도의 사물이 없기 때문이다. 실제 사물이 두 양상을 벗어난 경우는 없기 때문이다. 따라서 모든 유위와 무위의 존재는 실재이든 거짓이든 모두 식을 벗어나지 않는다.

---

37) 八識自性, 不可言定一. 行相所依緣, 相應異故. 又一滅時, 餘不滅故. 能所熏等, 相各異故. 亦非定異. 經說八識如水波等, 無差別故. 定異應非因果性故. 如幻事等, 無定性故. 如前所說, 識淺別相, 依理世俗, 非眞勝義. 眞勝義中, 心言絶故. 如伽他說 : 心意識八種, 俗故相有別, 眞故相無別, 相所相無故. (『대장경』 31, 38쪽)

"오직(唯)"이라는 표현은 식을 벗어난 실제 사물을 부정한 것이고, 식을 벗어나지 않은 심소법(心所法) 등은 해당되지 않는다.

혹은 전변은 여러 내부의 식이 사아(似我)와 사법(似法)의 외부 대상의 모습으로 전변해서 나타난 것을 말한다. 이 능전변(能轉變 : 전변의 주체)이 "분별"이다. 허망분별(虛妄分別)을 자성으로 삼기 때문인데, 삼계(三界)의 마음과 심소가 바로 그것이다. 이것(분별)이 집착한 대상이 "소분별(所分別 : 분별된 내용)"이다. 망령되게 집착되는 실아(實我)와 실법(實法)의 속성이 그것이다. 이 분별로부터 외부 대상 같은 가아(假我)와 가법(假法)의 모습으로 전변된다. 저 "소분별"인 실아와 실법의 본성은 **결정적으로 존재하지 않는다**. 앞에서 인용한 교리(敎理)가 이미 자세히 논파했다.

따라서 모든 경우 오직 식만이 존재한다. 허망분별의 존재 자체는 확고한 사실이다. "오직(唯)"의 표현은 **식을 벗어나지 않은 존재**는 부정하지 않으므로 진공(眞空) 등은 **물론 자성이 있다**. 이로부터 **증집[增執]과 감집[減執]의 양극단을 멀리 벗어난** 유식(唯識)의 의미가 성립되어 **중도에 부합한다**.[38]

이른바 유식이란 식 외에 사물이 없다는 말이다. "'오직'이라는 표현은 식을 벗어난 실제 사물을 부정한 것이다." "식을 벗어난 실제 사물"은 "결정적으로 존재하지 않는다." "식을 벗어나지 않은 존재"는 "물론 자성이 있으므로", 이 유식의 의미는 "증집과 감집의 양극단을 멀리 벗어나" "중도에 부합한다."

유식의 의미를 이해하지 못한 사람은 이런 주장에 대해서 각종 의문을 지닐 수 있다. 『성유식론』은 모든 의문에 대한 해답을 제시했다. 이제 그 가운데 철학적 흥취가 있는 것을 나누어 서술한다.

---

38) 前所說三能變識及彼心所, 皆能變似見相二分, 立轉變名. 所變見分說名分別, 能取相故 ; 所變相分, 名所分別, 見所取故. 由此正理, 彼實我法, 離識所變, 皆定非有. 離能所取, 無別物故. 非有實物, 離二相故. 是故一切有爲無爲, 若實若假, 皆不離識. 唯言爲遮離識實物, 非不離識心所法等. 或轉變者, 謂諸內識, 轉似我法外境相現. 此能轉變卽名分別. 虛妄分別爲自性故, 謂卽三界心及心所. 此所執境名所分別. 卽所妄執實我法性, 由此分別, 變似外境, 假我法相. 彼所分別實我法性, 決定皆無. 前引敎理, 已廣破故. 是故一切皆唯有識. 虛妄分別有極成故. 唯旣不遮不離識法, 故眞空等亦是有性. 由是遠離增減二邊, 唯識義成, 契會中道. (『대장경』 31, 39쪽)

외인(外人 : 외부의 반대자)은 물었다.

만약 오직 내부의 식에서 외부 대상으로 보이는 것들이 나타난다고 하면, 세간의 유정과 무생물을 볼 때 어떻게 장소, 시간, 신체, 작용 따위가 어느 경우는 일정하고 어느 경우는 일정하지 않고 전전하는가?[39]

대답은 다음과 같다.

마치 꿈속의 대상 등과 같다고 보면 그런 의문은 해결될 수 있다.[40]

규기는『술기』에서 "외인의 논박문의 뜻은 오직 내부의 식만 있고 마음 바깥의 대상이 없다면 어떻게 세간 사물의 장소와 시간의 두 가지가 고정될 수 있고, 세간의 유정의 몸과 사물의 작용의 두 가지가 고정되지 않을 수 있는가? 함이다. 이 문장의 일반 의미는 장소와 시간과 작용은 사물에, 몸은 유정에 해당된다. 우리가 이십론의 원리에 따르면 이들 네 점은 모두 설명된다"[41]고 했다. 이십론은『유식이십론(唯識二十論)』을 말한다. 그 속의 20송은 세친이 지었고, 20송을 풀이한 논의는 호법이 지었다.『유식이십론』은 말한다.

왜 이 식은 **어떤 장소에만 생길 수 있고 모든 장소에서 생기지 않는가?**
왜 **어떤 장소의 어떤 시간에만 식이 생기고 모든 시간에 생기지 않는가?**
같은 장소와 시간에 많은 상속(相續 : 사람)이 있을 때, 왜 **결정적으로 각자의 식에 따라 생기지** 않는가? 눈에 백태가 낀 사람은 털과 파리 등을 보지만, 백태가 없는 사람은 그 식이 생기지 않은 경우와 왜 같지 않은가?
무슨 까닭으로 눈에 백태가 낀 사람이 보는 털 등은 털 등의 작용이 없고, 꿈속에서 얻은 음식, 칼, 몽둥이, 독약, 옷 등은 음식 등의 작용이 없고, **심향성**(尋香城 : 신기루) 등은 성 등의 작용이 없는가? 그러나 우리가 보통 보는 머리털 등의 사물은 그것의 작용이 없지 않다.

---

39) 若唯內識似外境起, 寧見世間情非情物, 處, 時, 身, 用, 定不定轉?
40) 如夢境等, 應釋此疑. (『성유식론』권7,『대장경』31, 39쪽)
41) 外人難辭 : 若唯內識無心外境, 如何現見, 世間非情物, 處, 時, 二事決定 ; 世間有情身, 及非情用, 二事不決定轉. 此中言總意顯, 處, 時, 用, 三是非情, 身是有情. 此依『二十論』據理而言, 四事皆通. (『대장경』43, 490쪽)

실제로 색(色) 등의 외부 대상이 없고 오직 내면의 식이 외부 대상 같은 것을 현현한 경우라면 "고정된 장소(定處)", "고정된 시간(定時)", "통일되지 않은 상속(不定相續)", "작용이 있는 사물(有作用物)"은 모두 성립할 수 없다.[42]

첫째 논박 : 우리의 일반 상식은 마음 밖에 대상이 있다고 여긴다. 예컨대 어떤 산을 보면 그 산은 식을 벗어나 실제로 존재하기 때문에 그 산에 이르러야 비로소 그 산을 보게 되고 어느 장소에서나 그 산을 볼 수 있는 것이 아니다. 이것이 이른바 "장소의 고정(處定)"이다. 그런데 어떤 산이 식이 현현한 것이라면 어째서 우리의 식은 단지 한 장소에서만 그 산을 현현하고 모든 장소에서 현현하지 않는가? 즉 왜 이 산으로 나타난 식이 "어떤 장소에만 생길 수 있고 모든 장소에 생기지 않는가?" 둘째 논박 : 우리의 일반 상식에 따르면 어떤 산은 식을 벗어난 실제 존재이므로 단지 그 산의 장소에 도착한 시각에만 비로소 그 산을 볼 수 있다. 이것이 이른바 "시간의 고정(時定)"이다. 그런데 그 산이 식이 현현한 것이라면 왜 우리의 식은 오직 특정 시간에만 그 산을 현현하고 모든 시간에 현현하지 않는가? 즉 왜 "어떤 장소의 어떤 시간에만 식이 생기고, 모든 시간에 생기지 않는가?" 셋째 논박 : 사람(一身)[43]은 눈에 백태가 끼면 환상의 털과 파리 등이 보이는데 이런 환상의 털과 파리는 식 바깥의 실제 대상이 아니기 때문에 오직 눈에 백태가 낀 사람만 보고 눈에 백태가 끼지 않은 사람은 보지 못한다. 즉 "결정적으로 각자의 식에 따라 생긴다"는 말이다. 그런데 우리가 보통 말하는 외부 대상 역시 식 바깥의 실제 대상이 아니라면, 눈에 백태가 낀 사람은

---

42) 何因此識有處得生, 非一切處? 何故此處有時識起, 非一切時? 同一處時, 有多相續, 何不決定隨一識生? 如眩瞖人見髮蠅等, 非無眩瞖有此識生. 復有何因, 諸眩瞖者, 所見髮等, 無髮等用 ; 夢中所得飲食刀杖毒藥衣等, 無飲等用 ; 尋香城等, 無城等用? 餘髮等物, 其用非無. 若實同無色等外境, 唯有內識, 似外境生, 定處, 定時, 不定相續, 有作用物, 皆不應成. (『대장경』31, 74쪽)

43) 【주】즉 상속(相續)이다. 규기는 『술기』에서 말했다. "상속이라는 표현은 유정의 다른 이름이다. 이전의 온(蘊)이 소진하면 다음의 온이 발생하기 때문에 상속이라고 표현한 것이다(言相續者, 有情異名. 前蘊始盡, 後蘊卽生 ; 故言相續)."

환상의 털과 파리 등을 보지만 그렇지 않은 사람은 그것들을 보지 못하는 경우처럼, 왜 어떤 사람은 보지만 어떤 사람은 보지 못하게 되지 않는가? 넷째 논박 : 눈에 백태가 낀 사람이 본 털 등은 털 등의 작용이 없고, 꿈속에서 본 사물 역시 그 작용이 없고, "심향성"은 마술에 의해서 나타난 성이므로 역시 성의 작용이 없다. 그런데 일반 사람이 보는 털과 성 등은 마음 밖의 실제 사물이기 때문에 각각 그 작용이 있다. 즉 (일반 사람이 보는) 털과 성 등 역시 마음 밖의 실제 사물이 아니라면, 눈에 백태가 낀 사람이 보는 환상의 털과 파리 및 심향성 등에 실제 작용이 없는 경우와 왜 같지 않는가? 즉 총괄하건대 "실제로 색 등의 외부 대상이 없고 오직 내면의 식이 외부 대상 같은 것을 현현한 경우라면 '고정된 장소', '고정된 시간', '통일되지 않은 상속(심리작용)', '작용이 있는 사물'은 모두 성립되지 않아야 한다"는 말이다.

『유식이십론』은 앞의 네 논란을 이렇게 대답한다.

꿈속에서는 실제 대상이 없어도 특정 장소에서만 마을, 동산, 남자, 여자 등의 사물이 있음을 보고 모든 장소에서는 아니며, 또 특정 시각에만 마을, 동산 등이 있음을 보고 모든 시간에 보는 것은 아니다. 이로부터 **식을 벗어난 실제 대상이 없다고 주장해도 장소와 시간의 고정은 성립될 수 있다.**

악령을 말할 때 아귀(餓鬼)를 예로 들었는데, 강물 속에 고름이 가득했기 때문에 고름 강물(膿河)로 불렸다. 마치 그 안에 우유가 가득하므로 우유병이라고 말한 것과 같다. 아귀의 경우 동일한 업의 이숙(異熟)인 여러 신체가 함께 모여 모두 고름 강물을 보는데, 그 가운데 특정의 한 아귀만 그렇게 보는 것은 아니다. (게송에서) "등(等)"이라는 표현은 똥 등으로 보거나 혹은 유정이 칼이나 몽둥이를 들고 막고 지키고 서서 먹을 수 없게 하는 것을 보는 경우도 나타낸다. 이로부터 **식을 벗어난 실제 대상이 없다고 주장해도 여러 상속이 통일되지 않는다는 의미**는 성립된다.

또 꿈속의 대상은 그 실제가 없어도, 정액이나 피를 손실하는 등의 작용이 있다. 이로부터 **식을 벗어난 실제 대상이 없다고 주장해도 "허망한 작용이 있다"는 의미**는 성립한다.

각각 비유로써 **"장소의 고정"등 네 의미는 모두 성립될 수 있음**을 밝혔다.[44]

꿈속에서는 마음 바깥에 실제 대상이 없어도 특정 장소와 시간에 특정 마을과 동산을 볼 수 있고, 모든 장소의 모든 시간에 그 마을과 동산을 보는 것은 아니니, "식을 벗어난 실제 대상이 없다고 주장해도 장소와 시간의 고정은 성립될 수 있다." 또 뭇 아귀의 경우 그 업이 같기 때문에 모두 강물을 고름 강물로 간주하여 마실 수 없다고 여기는데, 결코 한 아귀만 그렇게 간주하고 그밖의 아귀는 그렇게 간주하지 않는 것이 아니니, "식을 벗어난 실제 대상이 없다고 주장해도 많은 상속이 통일되지 않는다는 의미" 역시 성립할 수 있음을 알 수 있다. 또 "꿈속에서 성관계를 가질 때 대상이 그 실제가 없어도 남자의 경우 정액을 손실하고 여자의 경우 피를 손실하는 등의 작용이 있으니",[45] "식을 벗어난 실제 대상이 없다고 주장해도 '허망한 작용이 있다'는 의미" 역시 성립할 수 있음을 알 수 있다. 따라서 총괄하건대 "식을 벗어난 실제 대상이 없다고 주장해도" "'장소의 고정' 등 네 의미는 모두 성립된다."

외인은 또 물었다.

모든 물체세계(色處)가 식을 본체로 삼는다면, 왜 물체의 모습으로 현현하여, **비슷한 모습으로 굳건히 유지되고 서로 계속되며 유전**하는가?[46]

대답은 다음과 같다.

개념의 훈습 세력에 의해서 일어나기 때문이고, 염법(染法 : 雜染法)·정법(淨法 : 淸淨法)과 함께 의지처로 삼기 때문이다. 만약 이것이 없어지면 전도

---

44) 如夢中雖無實境, 而或有處見有村園男女等物, 非一切處. 卽於是處或時見有彼村園等, 非一切時. 由此雖不離識實境, 而處時定非不得成. 說如鬼言, 顯如餓鬼. 河中膿滿, 故名膿河. 如說酥瓶, 其中酥滿. 謂如餓鬼, 同業異熟, 多身共集, 皆見膿河, 非於此中定唯一見. 等言顯示或見糞等, 及見有情執持刀杖, 遮捍守衛不令得食. 由此雖無離識實境, 而多相續不定義成. 又如夢中境雖無實, 而有損失精血等用. 由此雖無離識實境, 而有虛妄作用義成. 如是且依別別譬喩, 顯處定等四義得成. (같은 곳)
45) 譬如夢中夢兩交會, 境雖無實, 而男有損精, 女有損血等用. (규기,『술기』)
46) 若諸色處, 亦識爲體, 何緣乃似色相顯現, 一類堅住相續而轉?

(顚倒 : 진리와 미망이 뒤바뀐 편견)도 없어지고 다시 잡염법도 없어지고 청
정법도 없어진다. 그래서 모든 식이 사색(似色)으로 현현하는 것이다.[47]

질문은 만약 모든 물체세계, 즉 이른바 객관 세계가 식을 본체로 삼
는다면 어떻게 "비슷한 모습으로(一類) 굳건히 유지될"수 있겠느
냐? 함이다. 규기는 "일류(一類)란 서로 비슷하다는 뜻이고 전후 같
은 부류로 변경되지 않고 중단되지 않으므로 굳건히 유지한다고 말
했다. 천친(天親)은 '오랜 시간 동안 유지되기 때문에 그렇게 서로
계속하여 전변한다고 말한다'고 했거니와, 비슷한 모습으로 굳건히
유지함은 곧 서로 계속하여 전변하는 것이다"[48]고 설명했다. 규기
는 또 앞의 대답을 이렇게 풀이했다.

태초부터 개념의 훈습이 신체에 머물러 있고, 그 훈습 세력으로부터 이런
물체(色) 등이 일어나 서로 계속되며(相續) 유전한다.……원래 미혹되어 물
체 등의 대상을 집착하기 때문에 전도(顚倒 : 편견) 등이 생긴다. 물체 등이
없다면 전도도 없어진다. 전도란 여러 식 등이 그 대상의 물체에 의거하여
망령된 집착을 일으키기 때문에 전도라고 불렀다.

이 식 등이 전도됨이 없으면 곧 잡스런 오염이 없어진다. 잡스럽게 오염되
면 곧 번뇌의 업이 생기고 또 전도의 본체에서 번뇌의 업이 생긴다. 이것들
이 없어지면 곧 이장(二障)의 잡스런 오염이 없어진다. 이장의 잡스런 오염
이 없어지면 무루정심[無漏淨心]도 없어진다. 무루정심도 없으면 더 이상 단
절할 것도 없어지니 다시 무슨 청정(淸淨)이 있겠는가?[49]

외인은 또 물었다.

---

47) 名言熏習勢力起故, 與染淨法爲依處故. 謂此若無, 應無顚倒, 便無雜染, 亦無淨法.
是故諸識, 亦似色現. (『성유식론』권7, 『대장경』31, 39쪽)

48) 一類者, 是相似義. 前後一類, 無有變異, 亦無間斷, 故名堅住. 天親云 : "多時住故,
卽此說名相續而轉." 一類堅住, 卽是相續而轉. (『술기』, 『대장경』43, 492쪽)

49) 謂由無始名言熏習, 住在身中. 由彼勢力, 此色等起, 相續而轉.……由元迷執色等境,
故生顚倒等. 色等若無, 應無顚倒. 顚倒, 卽諸識等緣此境色, 而起妄執, 名爲顚倒.
此識等顚倒無故, 便無雜染. 雜染卽是煩惱業生, 或顚倒體卽是煩惱業生. 此等無故,
便無二障雜染. 二障雜染無故, 無漏淨亦無, 無所斷故, 何有淸淨? (같은 곳)

물체 등의 외부 대상을 우리가 분명히 지금 깨닫고 있다. 이러한 **현량(現量 : 직접적 인식)의 포착 내용** 역시 없는(無)고 부정한다는 말인가?[50]

대답은 다음과 같다.

현량으로 깨닫는 순간은 대상이 외부에 있다고 집착하지 않는다. 그후 의식이 분별하여 망령되게 대상이 외부에 있다는 생각을 일으킨다. 따라서 현량의 대상은 자기의 **상분(相分)**으로서 식이 전변한 것이기 때문에 있는(有) 것이다["唯有識"]. 그러나 **의식에 집착된 외부의 실제 물체 등**은 망령되게 있다고 추측된 것이기 때문에 없는(無) 것이다["無境"]. 또한 물체 등의 대상은 물체가 아니건만 물체로 보일 뿐이고, 외부에 있지 않건만 외부에 있는 것처럼 보일 뿐이다. 마치 꿈속의 인식대상(所緣)과 같으므로 실제의 외부 물체로 집착해서는 안 된다.[51]

질문은 "물체 등의 외부 대상"은 "현량의 포착 내용(現量所得)"이니 어찌 없다고 할 수 있겠느냐? 함이다. 그 대답은 이렇다 : "현량의 포착 내용"은 순수경험이니, 현량은 결코 포착 내용을 외부에 있다고 여기지 않는다. 그런데 의식이 이것을 분별하여 그것이 외부에 있다고 여긴다. "현량의 포착 내용"은 식의 "상분"이니 있지만(有), "의식에 집착된 외부의 실제 물체 등"은 없다(無).

외인은 또 물었다.

깨어 있을 때의 물체가 꿈속의 대상처럼 식에서 분리된 것이 아니라면, 꿈을 깨면 꿈속의 대상이 오직 마음뿐이었음을 알게 되나, 어째서 깨어 있을 때 자기의 물체 대상이 오직 식뿐임을 알지 못하는가?[52]

대답은 다음과 같다.

아직 꿈을 깨지 못했을 때는 스스로 알 수 없고, 반드시 깨었을 때에야 비

---

50) 色等外境, 分明現證. 現量所得, 寧撥爲無? [撥 : 없애다, 끊다]
51) 現量證時, 不執爲外. 後意分別, 妄生外想. 故現量境, 是自相分, 識所變故, 亦說爲有. 意識所執外實色等, 妄計有故, 說彼爲無. 又色等境, 非色似色, 非外似外, 如夢所緣, 不可執爲是實外色. (『성유식론』권7,『대장경』31, 39쪽)
52) 若覺時色皆如夢境, 不離識者. 如從夢覺知彼唯心. 何故覺時, 於自色境, 不知唯識?

로소 소급하여 (꿈속의 대상이 헛것이었음을) 깨닫는 것처럼, 깨어 있을 때의 대상의 물체의 경우도 그러함을 알아야 한다. 즉 아직 진정한 깨달음의 위치에 이르지 못했기 때문에 스스로 알지 못하는 것이다. 진정한 깨달음에 이를 때는 역시 소급하여 (이전의 대상이 헛것이었음을) 깨달을 수 있다. 아직 진정한 깨달음을 얻지 못했을 때는 마치 항상 꿈속에 있는 것과 같기 때문에, 부처는 "생사(生死)는 긴 밤(長夜)이다"고 비유했다. 이 때문에 물체 대상이 오직 식뿐임을 아직 깨닫지 못하는 것이다.[53]

장자도 "큰 깨우침이 있은 연후에 이전이 큰 꿈이었음을 알게 된다"[54]고 말했다. 그러나 장자의 경우 꿈을 깬 후 다만 시비 분별 등이 헛된 주장이었음을 깨달을 뿐인데, 여기서는 꿈을 깬 후 일체의 사물이 모두 환상(虛幻)이었음을 깨닫는다.

외인은 또 물었다.

외부의 물체가 실제로 존재하지 않는다면 그것은 내부 식의 대상이 아닐 수 있다. 그러나 타인의 마음은 실제로 존재하는 것이건만 왜 자기 식의 인식대상이 안 되는가?[55]

대답은 다음과 같다.

누가 타인의 마음이 자기의 식의 (인식)대상이 아니라고 했던가? 다만 그것이 직접적인 인식대상(親所緣)이 아니라고 했을 뿐이다. (타인의 마음을 인지하려고) 자기의 식이 일어날 때는, 예컨대 손으로 직접 외부 물건을 집거나 혹은 해가 빛을 펼쳐 직접 외부 대상을 비추는 경우와 같은 그런 실질적인 작용은 없다. 그 경우는 마치 거울이 외부 대상을 현현한 경우처럼, **타인의 마음을 이해했다는 말이지 직접적으로 이해한 것은 아니다.** 직접적으로 이해되는 대상은 스스로 전변한 것일 뿐이다. 따라서 경에 "아무리 작은 법이

---

53) 如夢未覺, 不能自知. 要至覺時, 方能追覺. 覺時境色, 應知亦爾. 未眞覺位, 不能自知. 至眞覺時, 亦能追覺. 未得眞覺, 恒處夢中, 故佛說爲生死長夜. 由斯未了色境唯識. (『성유식론』권7,『대장경』31, 39쪽)

54) 且有大覺, 而後覺此大夢也. [「제물론」,『장자』, 104쪽] 〈제1편,제10장,주46〉

55) 外色實無, 可非內識境. 他心實有, 寧非自所緣?

라도 나머지 다른 법을 취하는(감지하는) 일은 없다.* 다만 내 식이 일어날 때 타인의 마음의 모습과 비슷한 것이 나타나므로, 그 사물을 취한다(감지한다)고 부를 뿐이다"고 말한다. 타인의 마음을 인식대상으로 삼는 경우처럼 물체 등의 경우도 역시 그러하다.[56)]

이 논박은, 설령 외부 물체가 실제로 없다고 하더라도 타인의 마음은 실제로 있다는 주장이다. 즉 타인의 마음은 물론 내 식이 전변한 것이 아니다. 내 식은 타인의 마음을 "인지(緣)"할 수 있다. 즉 내 식이 타인의 마음을 대상으로 여겨 알(知) 수 있는 한, 내 식은 실제로 그 자신 외의 대상을 "인지"할 수 있다는 말이다. 그 대답은 이렇다 : 타인의 마음은 실제로 자기의 식의 대상이 될 수 있다. 그러나 자기의 식이 실제로 타인의 마음을 인식대상으로 삼을 수 있으나 다만 그것은 "직접적인 인식대상"이 아니라는 점이다. 자기의 식이 타인의 마음을 "인지"할 때는, 예컨대 손으로 직접 외부 사물을 잡거나 햇빛이 직접 외부 대상을 비추듯이 (그렇게 직접 인지)할 수 없다. 즉 자기의 식이 거울과 같다면 타인의 마음은 거울 속의 그림자와 같다. 이것이 "타인의 마음을 이해했다는 말이지 직접적으로 이해한 것은 아니다"는 뜻이다. 규기는 『술기』에서 "해시밀경에 말한 작은 법이 없다고 함은 작은 실제의 법이 없다는 것이다. 다른 법을 취할 수 있다고 했는데 다른 것이란 마음 밖의 실제의 법을 말한다. 자기의 실제의 마음이 타인의 실제의 마음을 취하는(파악하는) 것은 아니고 다만 식이 생길 때 마음에 저 타인의 마음의 모습과 같은 것이 현현한 것을 일컬어 타인의 마음이라고 불렀을 뿐이다.……그래서 타인의 상분의 물질과, 자기 몸의 다른 식이 전변된 물체 등의 경우도 역시 마찬가지이다"[57)]고 했다. 타인의 마음

* 즉 의식의 한 흐름은 결코 다른 하나의 의식의 흐름을 그것의 직접적인 인식대상으로 취할 수 없다는 뜻이다. (보드 역본, 326쪽 각주)

56) 誰說他心非自識境? 但不說彼是親所緣. 謂識生時無實作用, 非如手等親執外物, 日等舒光親照外境 ; 但如境等似外境現, 名了他心, 非親了. 親所了者, 謂自所變. 故契經言 : 無有少法, 能取餘法. 但識生時, 似彼相現, 名取彼物. 如緣他心, 色等亦爾.(『성유식론』 권7, 『대장경』 31, 39쪽)

57) 解深密言, 無有少法, 無少實法, 能取餘法. 餘者, 心外實法也. 非自實心能取他實心,

만 자기의 식의 "직접적인 인식대상"이 되지 못하는 것이 아니고, 타인의 마음의 상분도 그러하다. 또 자신의 [8식 중] 어떤 하나의 식은 단지 그것 자신의 상분만을 그것의 직접적인 인식대상으로 여길 수 있다. 즉 자기의 어떤 하나의 식 외의 다른 식과 그것이 전변한 색 역시 어떤 하나의 식의 직접적인 인식대상이 될 수 없다.

외인은 또 물었다 :

이미 다른 대상이 존재하거늘, 어째서 오직 식만 있다(唯識)고 하는가?[58]

대답은 다음과 같다.

기이하다! 완고한 그 집착이! 모든 경우마다 의심을 하는구나! 어찌 유식의 가르침이 단지 하나의(한 사람의) 식만을 논한 것이겠는가?……만약 오직 하나의 식만 존재한다고 하면 어떻게 시방(十方) 세계에 범부와 성인, 귀인과 천인, 원인과 결과 등의 구별이 있을 수 있겠는가? 또한 누가 누구를 위해서 법을 설하며, 누가 무슨 법을 추구하겠는가?[59]

이 질문은, 이미 자기의 식 외에 자기의 식이 전변한 것이 아닌 타인의 식이 있다고 인정함은 자기의 식 외에 따로 다른 대상이 존재한다는 뜻이라는 취지이다. 즉 "이미 다른 대상이 존재하거늘, 어째서 오직 식만 있다고 말하는가?" 그 대답은 이렇다 : 유식의 가르침은 본래 단지 하나의 식만을 논한 것이 아니다. 우리의 식 외에 본래 타인의 식이 있음을 인정한다. 단지 하나의 식만 있다고 하면 어떻게 범인과 성인, 귀인과 천인의 구별이 있겠는가? 성인이 없다면 누가 설법을 하며 범인이 없다면 누구를 위해서 설법하겠는가?

외인은 또 물었다.

만약 오직 식만 존재하고 전혀 외부 조건(緣)이 없다고 하면, 무엇으로부

但識生時心似彼他心相現, 名取他心也.……緣他相分色, 自身別識所變色等亦爾. (『대장경』43, 494쪽)

58) 旣有異境, 何名唯識?

59) 奇哉固執, 觸處生疑! 豈唯識敎, 但說一識?……若唯一識, 寧有十方凡聖尊卑因果等別. 誰爲誰說? 何法何求? (『성유식론』권7,『대장경』31, 39쪽)

터 온갖 분별이 생기는가?[60]

대답은 다음과 같다.

> 게송[『삼십송』]에 "모든 종자를 포함한 식(아뢰야식)으로부터 이런저런
> 전변이 일어나는데, 전전(展轉)하는 세력 때문에 각종의 분별이 생긴다"고
> 했는데, 이 게송을 풀이한 주석은 다음과 같다.
> 비록 외부 조건이 없더라도, 본식(本識 : 아뢰야식) 안에 모든 종자의 전변
> 하는 차별과 현행의 여덟 가지 식 등이 전전하는 세력에 의거하기 때문에,
> 각종의 분별이 생길 수 있다. 어찌 외부 조건에 의지해야 비로소 분별이 생
> 기겠는가? 모든 정법(淨法)의 일어남 역시 그러함을 알아야 한다. 청정한 종
> 자와 현행이 조건이 되어 생기기 때문이다.[61]

아뢰야식에는 염(染)과 정(淨)의 종자가 있다. 염법종자는 저절로
염법을 낳고 정법종자는 저절로 정법을 낳는다. 아뢰야식은 능히
제법을 낳고 제법은 다시 아뢰야식을 훈습한다(熏). 따라서 『성유
식론』은 말한다. "『섭대승(攝大乘)』에 '아뢰야식은 잡염법(雜染
法)과 서로 인연이 된다. 마치 심지와 불꽃이 전전하며 타오르는
경우와 같고 또 갈대 다발이 서로 의지해서 유지되는 경우와 같다
'고 했다. 오직 이 둘(아뢰야식 잡염법)에 의지해서 인연이 건립되
는데, 여타의 인연은 얻을 수 없기 때문이다."[62] 염법이 이러한데
정법 역시 그러하다. 정법종자는 능히 현행정법(現行淨法)을 일으
키고 현행정법은 다시 정법종자의 조건이 된다. 따라서 식 속의
자체의 인연이 이미 모든 것을 낳거늘 식 외의 무슨 외부 조건을
필요로 하겠는가? 즉 유정의 생사의 상속(相續) 역시 "내부의 인

---

60) 若唯有識, 都無外緣. 由何而生種種分別?

61) 頌曰 : 由一切種識, 如是如是變. 以展轉力故, 彼彼分別生.……論曰 : 此頌意說雖無
外緣, 由本識中有一切種轉變差別, 及以現行八種識等展轉力故, 彼彼分別而亦得生,
何假外緣, 方起分別? 諸淨法起, 應知亦然, 淨現行爲緣生故. (『성유식론』권7, 『대
장경』31, 39쪽)

62) 『攝大乘』說, 阿賴耶識與雜染法, 互爲因緣. 如炷與焰, 展轉生燒. 又如束蘆, 互相依
住. 唯依此二, 建立因緣. 所餘因緣, 不可得故. (『대장경』31, 8쪽)

연에 따르고 외부 조건을 필요로 하지 않기 때문에 오직 식만이 존재한다."[63]

6) 삼성, 삼무성, 진여

삼성(三性)은 (1) 변계소집성(計所執性), (2) 의타기성(依他起性), (3) 원성실성(圓成實性)이다.『성유식론』은 말한다.

세 가지 자성(自性)은 모두 마음과 심소법(心所法 : 심리현상)에서 멀리 벗어나지 않는다. 마음과 심소(심소법) 및 전변해서 나타난 것들은 여러 조건(緣)에 따라 생기기 때문에, 허깨비 등처럼 실재가 아니지만 실재처럼 나타나서(似有) 어리석은 범부를 미혹시키는데, 이 모든 것이 "의타기성"이다.

어리석은 범부는 여기서 있고 없고, 같고 다르고, 함께 일어나고 함께 일어나지 않는 아(我)와 법(法)을 멋대로 집착한다. 마치 허공의 꽃처럼 자성도 형상도 없는 이 모든 것이 "변계소집"이다. 의타기성 위에서 허망하게 집착한 아·법은 모두 공이고, 이 **공에 현시된 식(識)등의 진성(眞性)**이 "원성실성"이다. 따라서 이 세 가지는 마음 등에서 벗어나지 않는다.[64]

제법은 모두 "여러 조건에 이끌려 자신의 마음과 심소가 허망하게 전변해서 나타난 것으로서, 마치 허깨비, 아지랑이, 꿈속의 대상, 거울속의 영상, 빛의 그림자, 계곡의 메아리, 물 속의 달, 변화의 산물처럼 실재가 아니지만 실재와 비슷하다."[65] 이들 제법은 모두 "의타기성"에 속한다. 이 제법이 실은 여러 인연에 이끌려 허망하게 전변해서 나타난 것임을 알지 못하므로, 즉 제법에 대해서 "여실하게 알지"[66] 못하므로, 망령되게 실아(實我)와 실법(實法)으로 집착한다.

---

63) 由內因緣, 不待外緣, 故唯有識. [『술기』,『대장경』 43, 502쪽]

64) 三種自性, 皆不遠離心心所法. 謂心心所及所變現, 衆緣生故, 如幻事等, 非有似有, 誑惑愚夫, 一切皆名依他起性. 愚夫於此橫執我法, 有無一異, 俱不俱等, 如空華等, 性相都無, 一切皆名徧計所執. 依他起上, 彼所妄執我法俱空, 此空所顯識等眞性, 名圓成實. 是故此三不離心等. (『대장경』 31, 46쪽)

65) 衆緣所引, 自心心所, 虛妄變現, 猶如幻事, 陽焰, 夢境, 鏡像, 光影, 谷響, 水月, 變化所成, 非有似有. (같은 곳)

66) 如實知. ["未達徧計所執性空不如實知依他有故." (같은 곳)]

이 아와 법에 대한 두 집착은 모두 "변계소집성"에 속한다. 만약 제법이 실은 여러 인연에 이끌려 허망하게 전변되어 나타난 것임을 알면, 즉 제법에 대해서 "여실하게 알면" 아와 법은 모두 공하다. 이 두 공에 현시된 제법실상과 식 등의 진성이 "원성실성"에 속한다.

삼무성(三無性)은 (1) 상무성(相無性), (2) 생무성(生無性), (3) 승의무성(勝義無性)이다. 『성유식론』은 말한다.

> 첫째, 변계소집(遍計所執)에 의거해서 상무성(相無性)이 성립된다. 이것의 본체와 모습(體相)은 궁극적으로 실재가 아닌, 허공의 꽃과 같기 때문이다.
>
> 다음으로 의타(依他)에 의거해서 생무성(生無性)이 성립된다. 이것은 허깨비처럼 여러 조건에 의탁해서 생기고 허망한 집착처럼 자연성(自然性)이 없기 때문에 **자성이 없음을 가정적으로 설한 것**이고 자성이 전무함은 아니다.
>
> 끝으로 원성실(圓成實)에 의거해서 승의무성(勝義無性)이 성립된다. 승의(勝義 : 최고 진리)는 앞의 변계(遍計)에 의해서 집착된 "아"와 "법"을 멀리 벗어난 데서 비롯된 자성이기 때문에 **자성이 없음을 가정적으로 설한 것**이고 자성이 전무함은 아니다.[67]

이 삼성 가운데 앞의 한 성은 진실로 없고, 뒤의 두 성은 "자성이 없음을 가정적으로 설한 것"이다. 『성유식론』은 말한다.

> 뒤의 두 성은 본체가 없는 것이 아니지만, 어리석은 범부가 그것에 대해서 아와 법의 자성이 실제로 존재한다고 망령된 집착을 덧붙이는 것이 "변계소집(遍計所執)"이다. 이런 집착을 없애기 위해서 세존(世尊)은 실재(有)와 무(無)에 대해서 총체적으로 자성이 없다고 설했다.[68]

따라서 삼무성의 설은 "요의"가 아니다. 『성유식론』은 말한다.

---

67) 依此初遍計所執, 立相無性 ; 由此體相畢竟非有, 如空華故. 依次依他, 立生無性 ; 此如幻事, 託衆緣生, 無如妄執, 自然性故 ; 假說無性, 非性全無. 依後圓成實, 立勝義無性 ; 謂卽勝義, 由遠離前遍計所執我法性故, 假說無性, 非性全無. (『대장경』 31, 48쪽)

68) 後二性雖體非無, 而有愚夫於彼增益妄執實有我法自性, 此卽名爲遍計所執. 爲除此執, 故佛世尊於有及無, 總說無性. (같은 곳)

여러 경전에서 자성이 없음(無性 : 無自性)을 설한 말씀은 요의(了義 : 궁극적 진리)에 이른 것은 아니다. 지혜 있는 사람은 그것에 의지하면 안 된다.[69]

마음과 심소 역시 "의타기성"에 속한다.『성유식론』은 말한다.

여러 조건(緣)이 낳은 마음과 심소의 본체와 상분(相分)·견분(見分)은 유루(有漏), 무루(無漏)를 막론하고 모두 의타기성이다. 다른 여러 조건에 의지해서 일어나는 것이기 때문이다.[70]

오직 이와 같으므로『성유식론』은 말한다.

모든 마음과 심소(정신작용)는 다른 것에 의지해서 일어나기 때문에, 마치 허깨비와 같아 참다운 실재가 아니다. 마음과 심소 바깥에 실제로 대상이 존재한다고 망령되게 집착하는 주장을 물리치기 위해서 오직 식만이 존재한다고 설한다. 그런데 또 오직 식만이 참답게 존재한다고 집착한다면 외부 대상을 집착하는 것과 마찬가지로 이 역시 법집(法執)이다.[71]

마음과 일체제법(一切諸法)은 모두 다른 것에 의지해서 일어난다(依他起). 이것이 마음과 제법의 실제 상황이고 실제 속성이니 이른바 제법실성(諸法實性)이다. 이 제법실성을 깨닫지 못하고 제법이 실제 존재(實有)라고 집착하는 것이 "변계소집"이다. 이 제법실성을 알아야 원성실(圓成實)에 들어간다.

이 제법실성을 진여(眞如)라고 한다.『성유식론』은 말한다.

진(眞)은 진실(眞實)이니, 허망이 아님을 나타낸다. 여(如)는 영원히 그러함(如常)을 일컫는데, 변천이 없음을 나타낸다.

이 진실이 모든 지위에서 영원히 그 자성과 같기 때문에 "진여"라고 했다. 즉 담담하고 허망하지 않다는 의미이다.

---

69) 諸契經中說無性言, 非極了義, 諸有智者, 不應依之. (같은 곳)
70) 衆緣所生心心所體, 及相見分, 有漏無漏, 皆依他起. 依他衆緣, 而得起故. (『대장경』 31, 46쪽)
71) 諸心心所依他起故, 亦如幻事, 非眞實有. 爲遣妄執, 心心所外實有境故, 說唯有識. 若執唯識眞實有者, 如執外境, 亦是法執. (『대장경』31, 6쪽)

[게송에서의] "또한"이라는 표현은 이밖에 또 많은 명칭이 있음을 나타낸다. 즉 법계(法界 : 각종 사물의 현상과 본질)나 실제(實際) 등이 그것이다.[72]

○공과 무아에 현시된 진여는 실재(有)도 무(無)도 아니므로 개념적 접근을 거부하고 모든 법(法 : 존재)과 같지도 않고 다르지도 않다. 이것은 법의 진리(眞理)이기 때문에 법성(法性)이라고도 한다.……

"없다(無)"고 부정하는 것을 막기 위해서 "있다(有)"고 설했고, "있다"고 집착하는 것을 막기 위해서 "공(空)"을 설했다. 허깨비라고 말하지 말라고 "진실(實)"을 설했고, 이치는 망령된 전도(顚倒)가 아니므로 "진여"라고 불렀다. 다른 종파에서 색(色)과 심(心)을 떠나 실재로 영원한 법이 존재하기 때문에 진여라고 부른 경우와는 다르다.[73]

○일곱 가지 진여는 다음과 같다. 첫째는 유전진여(流轉眞如)이니 **유위법이 유전하는 참된 속성(實性)**을 뜻한다. 둘째는 실상진여(實相眞如)이니 두 가지 무아(無我)*에 나타난 참된 속성을 뜻한다. 셋째는 유식진여(唯識眞如)이니 염법(染法)과 정법(淨法)이 유식인 참된 속성을 뜻한다. 넷째는 안립진여(安立眞如)이니 고제[苦諦]의 참된 속성을 뜻한다. 다섯째는 사행진여(邪行眞如)이니 집제[集諦]의 참된 속성을 뜻한다. 여섯째는 청정진여(淸淨眞如)이니 멸제[滅諦]의 참된 속성을 뜻한다. 일곱째는 정행진여(正行眞如)이니 도제[道諦]의 참된 속성을 뜻한다.[74]

진여가 곧 제법실성이다. 따라서 유위법이 유전하는 따위의 실성(참된 속성) 역시 진여이다.

---

72) 眞謂眞實, 顯非虛妄 ; 如謂如常, 表無變易. 謂此眞實, 於一切位, 常如其性, 故曰眞如. 卽是湛然不虛妄義. 亦言顯此復有多名, 謂名法界, 及實際等. (『대장경』 31, 48쪽) [湛然 : 물이 가득 찬 모양, 침착하고 고요한 모양]

73) 空無我所顯眞如, 有無俱非, 心言路絶, 與一切法, 非一異等. 是法眞理, 故名法性. ……遮撥爲無, 故說爲有. 遮執爲有, 故說爲空. 勿謂虛幻, 故說爲實. 理非妄倒, 故名眞如. 不同餘宗, 離色心等, 有實常法, 名曰眞如. (『대장경』 31, 6쪽)

* 개인의 실체적인 자아가 없다는 무아와 제법무아(諸法無我)를 지칭함.

74) 七眞如者 : 一流轉眞如, 謂有爲法流轉實性. 二實相眞如, 謂二無我所顯實性. 三唯識眞如, 謂染淨法唯識實性. 四安立眞如, 謂苦實性. 五邪行眞如, 謂集實性. 六淸淨眞如, 謂滅實性. 七正行眞如, 謂道實性. (『대장경』 31, 46쪽)

7) 식의 전변을 통한 지혜의 완성*

앞에서 제법실성을 모르고 제법을 실유로 집착하는 것이 곧 변계소집이라고 말했다. 제법실성을 알면 원성실에 들어간다. 그 앎은 단순히 지식의 앎이 아니다. 우리는 지식상 제법이 오직 식임을 알 수 있더라도 실제상 여전히 제법을 실유로 집착한다. "아"와 "법"의 두 집착이 우리의 마음속에 자리잡아 그 뿌리가 깊고 단단하기 때문에 수행방법을 거쳐야 비로소 "유식을 깨달을 수 있다." 무슨 수행방법에 따라야 "유식을 깨달을 수 있는가?" 그 방법은 5단계가 있다.『성유식론』은 말한다.

"**유식을 깨닫는**(悟入唯識) 5단계(五位)란 무엇인가?"

"첫째 **자량위**(資糧位)이다. 대승의 순해탈분(順解脫分 : 열반을 따르는 원인)을 닦는 단계를 지칭한다. 둘째 **가행위**(加行位)이다. 대승의 순결택분(順決擇分)을 닦는 단계를 지칭한다. 셋째 **통달위**(通達位)이다. 모든 보살이 머무는 견도(見道)의 단계를 지칭한다. 넷째 **수습위**(修習位)이다. 모든 보살이 머무는 수도(修道)의 단계를 지칭한다. 다섯째 **구경위**(究竟位)이다. 최고의 올바른 깨달음에 머무는 단계를 지칭한다."

"점차 유식을 깨달아간다고 함은 무엇인가?"

"여러 보살은 식의 모습과 속성에 대해서 자량위 단계에서 **깊이 믿고 이해한다**. 가행위 단계에서 점차 소취(所取 : 인식대상, 객관)와 능취(能取 : 인식주체, 주관)를 잠복시켜 없앰으로써 참다운 견해를 이끌어낸다. 통달위 단계에서 여실하게 통달한다. 수습위 단계에서 관찰한 진리에 따라 자주 닦고 익혀서 그밖의 장애**를 잠복시키고 단절한다. 구경위 단계에서 장애를 벗어나 원만한 진리를 깨닫고 온 미래를 통해서 유정의 무리를 교화하여 유식의 모습과 속성을 깨닫게 한다."[75]

---

* 轉識成智 : 깨달음을 성취하는 원리. 현상계의 허망한 식을 진여의 무분별지(無分別智)로 전환시키는 과정.
** 견도에서 단멸되지 않은, 선천적으로 일어나는 번뇌장과 소지장을 지칭한다.
75) 何謂悟入唯識五位? 一資糧位, 謂修大乘順解脫分. 二加行位, 謂修大乘順決擇分. 三通達位, 謂諸菩薩所住見道. 四修習位, 謂諸菩薩所住修道. 五究竟位, 謂住無上正

첫째 "자량위"에서 수행자는 유식의 의미를 "깊이 믿고 이해할" 뿐이니, 아직 능취와 소취의 이취(二取)를 잠복시켜 없애지 못한다. 『성유식론』은 말한다.

> 이취의 습기(習氣 : 종자의 다른 이름)가 그것의 수면(隨眠)이다. 유정(有情)에 따라 장식(藏識 : 아뢰야식)에 잠복해 있으면서 때에 따라 허물을 덧붙이기도 하므로 "수면"이라고 한다. 즉 소지장(所知障)과 번뇌장(煩惱障)의 종자이다.
> 번뇌장은 변계소집(遍計所執)된 실아(實我)를 집착하는 살가야("아[我]"와 "아소[我所]")를 필두로 한 128가지 근본 번뇌와 그에 수반된 번뇌를 말한다. 이것은 모두 유정의 심신을 혼란하고 괴롭혀서 열반을 가로막기 때문에 번뇌장이라고 했다.
> 소지장은 변계소집된 실법(實法)을 집착하는 살가야를 필두로 한 소견, 의심, 무명, 탐애, 성냄, 오만 등을 말한다. 인식대상의 전도되지 않은 본성을 뒤덮어 깨달음을 가로막기 때문에 소지장이라고 했다.[76]

능취와 소위의 이취가 있기 때문에 번뇌(煩惱)와 소지(所知 : 편견)가 생긴다. 능취가 있어서 실아에 대한 집착이 생겨 번뇌장을 낳고, 소취가 있어서 실법에 대한 집착이 생겨 소지장을 낳는다.

"가행위"에서 수행자는 사물의 명칭(名), 본질(義), 자성(自性), 차이(差別) 등의 네 가지 존재(法)는 모두 "임시로 있고 실재가 없고" "모두 자기 마음이 전변하여 임시로 있다(有)고 가설한 것이니 실제로 포착할 수 없음"을 깊이 생각한다. 그리하여 "소취(인식대

等菩提. 云何漸次悟入唯識? 謂諸菩薩於識相性資糧位中, 能深信解. 在加行位, 能漸伏除所取能取, 引發眞見. 在通達位, 如實通達. 修習位中, 如所見理, 數數修習, 伏斷餘障. 至究竟位, 出障圓明, 能盡未來化有情類, 復令悟入唯識相性. (『대장경』31, 48쪽)

76) 二取習氣, 名彼隨眠. 隨逐有情, 眠伏藏識, 或隨增過, 故名隨眠. 即是所知煩惱障種. 煩惱障者, 謂執遍計所執實我, 薩迦耶(我及我所)見而爲上首. 百二十八根本煩惱, 及彼等流諸隨煩惱, 此皆煩惱有情身心, 能障涅槃, 名煩惱障. 所知障者, 謂執遍計所執實法, 薩迦耶見而爲上首. 見疑無明愛恚慢等, 覆所知藏無顚倒性, 能障菩提, 名所知障. (같은 곳)

상)란 없다"[77]는 것을 깨닫는다. 더 나아가 "소취와 능취는 서로 의존해서 존재하기 때문에, 능취의 식을 떠난 실제 대상이 이미 있지 않으면, 소취의 대상을 떠난 실재의 식 또한 존재하지 않는다"[78]는 것을 깨닫는다. 그리하여 "최상의 여실지(如實智)를 일으켜 이취가 공함을 인증하고 세제일법(世第一法)을 세운다." 여실지란 제법에 대한 여실(如實)한 지식을 가지는 것이다. 즉 "세제일법이 거듭 공의 형상을 인증했다"[79]는 말이다. 『성유식론』은 말한다.

> 모두 형상에 매여 있기 때문에 진실(實)을 깨닫지 못한다. 따라서 보살은 이 네 가지 단계에서 **여전히 자기 앞에 작은 것을 세워두고 그것이 유식의 진승의성(眞勝義性 : 참된 최고 진리의 본성)이라고 말한다**. 저 공(空)과 유(有)의 두 형상을 제거하지 못했으므로 형상에 매여 마음을 관찰하여 터득한 것이므로 진실로 유식의 참된 이치 안에 편안히 **머무는**(住) 것은 아니다. 저 형상을 없애야 비로소 참으로 편하게 머무는 것이다.[80]

이 "세제일법"은 다만 "세속"의 제일법일 뿐이다. 수행자는 이 단계에서는 공의 형상(空相)이 있다고 여겨 "여전히 자기 앞에 작은 것을 세워두고 그것이 유식의 진승의성이라고 말하기"때문이다. 현대철학의 술어로 이 시기에는 여전히 주관과 객관의 구별이 존재하니, "유식의 진승의성"에 대해서 그저 알기만 할 뿐이고 그 안에 "머무는"것은 아니다.

수행자가 "통달위"에 이르렀을 때에 대해서 『성유식론』은 말한다.

> 이때 보살은 인식대상을 전혀 분별하지 않는 지혜(無分別智)가 있어서 아무런 분별도 지니지 않는데 각종 희론(戱論 : 궤변)의 형상을 취하지 않기 때문이다. 이때 비로소 **진실로 유식의 진승의성에 머무는 것**이고 **진여를 깨달은**

---

77) 假有實無,……皆自心變, 假施設有, 實不可得.……無所取.
78) 旣無實境, 離能取識. 寧有實識, 離所取境, 所取能取, 相待立故.
79) "發上如實智, 印二取空, 立世第一法." "世第一法, 雙印空相." [같은 곳, 49쪽]
80) 皆帶相故, 未能證實. 故說菩薩此四位中, 猶於現前安立少物, 謂是唯識眞勝義性. 以彼空有二相未除, 帶相觀心, 有所得故, 非實安住唯識眞理. 彼相滅已, 方實安住. (『대장경』31, 49쪽)

것이다. 지혜와 진여는 평등하고 평등한데 모두 능취(인식주체)와 소취(인
식대상)의 형상(구별)을 벗어난 경우이기 때문이다. 능취와 소취의 형상은
모두 분별이다. 그런 분별이 있는 것은 마음에 희론이 나타난 때문이다.[81]

이때에 이르면 "진실로 유식의 진승의성에 머물고" "진여를 깨닫
는다." 이제 수행의 목표는 대강 획득한 것인데, 다시 닦고 연마하
는 공부를 더 해야 한다.

수행자가 "수습위"에 이르렀을 때에 대해서 『성유식론』은 말
한다.

> 보살은 앞의 "견도"(통달위)에서 더 나아가 남은 장애를 끊고 "전의(轉
> 依)"를 깨닫기 위해서 다시 거듭 무분별 지혜(無分別智)를 닦고 익힌다. 이
> 지혜는 소취와 능취를 벗어나기 때문에 (분별에 대해서) 얻는 바가 없고 또
> 생각으로 의론할 수 없다. 또 희론을 벗어났기 때문에 얻는 바가 없고 그 신
> 비한 작용이 헤아리기가 어렵기 때문에 불사의(不思議)라고 불렀다.……
>
> ["전의"의] "의(依)"는 의지하는 것(所依), 즉 의타기성을 지칭하는데, 염
> 법과 정법이 의지하는 것이기 때문이고, 염법은 허망한 변계소집성을 지
> 칭하고, 정법은 진실한 원성실성을 지칭한다. 또 "전(轉)"은 이분(二分 : 染
> 分, 淨分)을 전환해서 버리고 전환해서 얻음을 뜻한다. 거듭 무분별한 지혜
> 를 닦고 익힘으로써 근본식(아뢰야식) 속의 두 가지 장애의 속박을 끊기
> 때문에, 의타기성 위의 변계소집성을 전환하여 버리고, 의타기성 속의 원
> 성실성을 전환하여 얻을 수 있게 된다. 번뇌를 전환함으로써 위대한 열반을
> 얻고, 소지장을 전환하여 최고의 깨달음을 얻는다. 유식의 도리를 수립한 의
> 미는 유정에게 이와 같은 두 가지 "전의"의 결과(果)를 깨닫게 하려는 데에
> 있다.
>
> 또 의지처(依)는 유식의 진여라고 했는데, (유식의 진여가) 생사와 열반이
> 의지하는 곳이기 때문이다. 어리석은 범부는 전도되어 이 진여를 깨닫지 못
> 하기 때문에 태초부터 생사의 고통을 받고 있다. 성인은 전도됨을 벗어나 이

---

81) 若時菩薩於所緣境, 無分別智都無所得, 不取種種戲論相故. 爾時乃名實住唯識眞勝
義性, 卽證眞如. 智與眞如, 平等平等, 俱離能取所取相故. 能所取相, 俱是分別, 有
所得心戲論現故. (같은 곳)

진여를 깨닫고 곧 열반을 얻으므로 영원히 안락하게 된다.[82]

이것이 수행의 최후 결과이다.

"구경위"에 대해서『성유식론』은 말한다.

> 앞의 수습위에서 얻은 "전의(轉依)"가 곧 구경위의 모습임을 알아야 한다. 앞의 두 가지 "전의"의 결과는 곧 궁극적인 "무루(無漏)"의 "계(界)"에 포괄된다. 모든 번뇌(漏)는 영원히 끊어졌으니 번뇌가 경우에 따라 증가하지 않는다. 본성이 청정하고 원만하고 깨우쳐졌기(明) 때문에 "무루"인 것이다. "계"는 함장(藏)의 뜻이다. 그 안에 무한하고 드문 위대한 공덕이 함유되어 있기 때문이다. 혹은 "원인"의 뜻도 된다. 능히 오승(五乘)*의 세간과 출세간의 이롭고 즐거운 일을 낳기 때문이다.[83]

이때 8식은 모두 지혜로 전환된다. 이때의 식은 모두 무루식(無漏識)이다. 무루식 역시 능변(能變 : 변화의 주체)인데, 각종 불신(佛身)과 불토(佛土)는 그것이 전변한 것이다.『성유식론』은 말한다.

> 이들 불신과 불토는 깨끗한 것이든 더러운 것이든, 무루식에서 전변해서 나타난 것인데, 능변의 식과 마찬가지로 모두 선(善)하고 무루하다. 순수하고 선하고 무루인 인연의 산물이므로 도제(道諦)에 포괄된다. 고제(苦諦)와 집제(集諦)가 아니기 때문이다.[84]

---

82) 菩薩從前見道起已, 爲斷餘障, 證得轉依, 復數修習無分別智. 此智遠離所取能取, 故說無得. 及不思議, 或離戲論, 說爲無得 ; 妙用難測, 名不思議.……依謂所依, 卽依他起, 與染淨法, 爲所依故. 染謂虛妄徧計所執 ; 淨謂眞實圓成實性. 轉謂二分轉捨轉得. 由數修習無分別智, 斷本識中二障麤重, 故能轉捨依他起上徧計所執, 及能轉得依他起中圓成實性. 由轉煩惱, 得大涅槃 ; 轉所知障, 證無上覺. 成立唯識, 意爲有情證得如斯二轉依果. 或依卽是唯識眞如, 生死涅槃之所依故. 愚夫顚倒, 迷此眞如, 故無始來, 受生死苦. 聖者離倒, 悟此眞如, 便得涅槃, 畢究安樂. (『대장경』31, 50-51쪽)

* 五乘 : 인승(人乘), 천승(天乘), 성문승(聲聞乘), 연각승(緣覺乘), 보살승(菩薩乘).

83) 前修習位所得轉依, 應知卽是究竟位相. 此謂此前二轉依果, 卽是究竟無漏界攝. 諸漏永盡, 非漏隨增. 性淨圓明, 故名無漏. 界是藏義, 此中含容無邊希有大功德故. 或是因義, 能生五乘世出世間利樂事故. (『대장경』31, 57쪽)

84) 此諸身土, 若淨若穢, 無漏識上所變現者, 同能變識, 俱善無漏. 純善無漏因緣所生, 是道諦攝, 非苦集故. (『대장경』31, 58쪽)

식 안에는 본디 유루와 무루, 즉 염법과 정법의 두 가지 종자가 있다. 불신과 불토는 무루 종자에 의해서 따로 성립된 하나의 세계이다.

3. 법장의 『금사자론』

이상의 서술에서 현장이 소개한 유식 사상에는 중국인의 사상 경향에 맞지 않는 면이 상당히 있음을 알 수 있다. 밖의 세계가 우리의 식의 현현이고 우리의 식도 "의타기(依他起)"라고 여긴 것은 서양철학 중의 흄의 설과 같은 극단적, 주관적 유심론으로서 상식과 매우 어긋나는 설이다. 앞에서 서술한 승조의 부진공 사상 역시 모든 존재는 "환화인과 같다"고 여겼으나 그 핵심은 "환화인이 없지 않다"는 데에 있었다. 그러나 현장이 서술한 유식 사상의 핵심은 "환화인은 참된 사람이 아니다"〈주7〉는 것을 증명하는 데에 있었다. 각각의 핵심이 달랐던 만큼 강조한 내용도 달랐다. 현장 역시 수행자의 성불 이후의 활동을 부인하지 않았지만 그다지 언급하지 않았는데 강조한 것이 아니었기 때문이다. 또 그는 단지 일부의 사람에게만 부처의 무루종자가 있다고 말했다. 따라서 사람마다 모두 불성이 있고 사람마다 모두 성불할 수 있는 것이 아니다. 식(識)이 "의타기(依他起 : 다른 것에 의지해서 일어남)"이니 그 속의 종자도 의타기일 것이므로 한 번 생성되어 불변하는 것은 아니라고 말할 수는 있지만, 적어도 세상 사람들이 성불할 가능성은 다르다. 또 그가 말한 수행은 반드시 일정한 단계가 있었으니 돈오(頓悟)가 아닌 점수(漸修)를 주장한 셈이었다.

당시에 현장이 논한 불학을 그르다고 여긴 사람이 있었는데 법장(法藏, 643-712)이 그 대표자이다. 법장은 자가 현수(賢首)이고, 성은 강(康)이다. 본디 강거(康居) 사람인데 할아버지 때 중국에 귀화했다. 법장은 당나라 정관(貞觀) 17년 장안에서 태어났다. 일찍이 현장의 역경 사업에 참가했으나 그후 현장과 "견해가 달라서* 그를

---

* 『신편』IV, 253쪽 : 이 견해의 차이란 무엇인가? 지금까지 명확히 설명한 사람이 아무도 없지만 이 차이는 틀림없이 불학상의 근본적인 차이라고 추측할 수 있다. 법

떠났다."[85] 그는 그후 두순(杜順, 557-640) 화상과 지엄(智儼,602-68)의 설을 발전시켜 화엄종(華嚴宗)을 세웠다.『송고승전』은 말한다.

> 법장이 측천무후에게『신화엄경(新華嚴經)』을 강설했는데,『화엄경』의 총괄적 이론인 "인드라망의 10현(天帝網義十重玄門)", "해인삼매門(海印三昧門)", "육상의 화합 이론(六相和合義門)", "보편적 인식의 경계(普眼境界門)" 부분에 이르자, 무후는 제대로 이해하지 못했다. 이에 법장은 궁전 앞 금사자를 가리키며 비유를 들어 요점적 이론을 지었는데 아주 이해하기 쉬웠다. 그것을『금사자장(金師子章)』이라고 부르고 10항목으로 총괄 정리하자, 무후는 마침내 그 핵심을 이해하게 되었다.[86]

이제 법장의『금사자장』을 강령으로 삼아 법장이 대표한 화엄종의 철학을 서술한다.

1) "연기를 밝힘"

『금사자장』은 10문(門)으로 배열하고 있다. 이른바 10문이란 "(1)연기를 밝힘(明緣起), (2)색이 공임을 변별함(辨色空), (3)3성의 약술(約三性), (4)무상을 현시함(顯無相), (5)무생을 설명함(說無生), (6)오교 논술(論五敎), (7)10현 통론(勒十玄), (8)6상 개괄(括六相), (9)보리의 성취(成菩提), (10)열반에 듦(入涅槃)"이다.[87] "연기를 밝힘"이란?『금사자장』은 말한다.

> 금에는 자성(自性)이 없다. 장인의 기교라는 조건(緣)이 갖추어지면 비로

장의 이후의 학문 내용을 살펴보면 이 차이는 바로 객관적 유심론과 주관적 유심론의 차이이다. 즉 화엄종의 불학은 객관 유심론을 선양한 것이었다. 즉 법장은 "체"와 "용"의 범주로써 우주의 심(心)과 우주간 일체 사물의 관계를 설명하여, 우주의 심은 "체"이고 우주간 일체의 사물은 "용"으로 여겼다.

85) 見識不同而出譯場. (『송고승전(宋高僧傳)』, 89쪽)

86) 藏爲則天講『新華嚴經』, 至天帝網義十重玄門, 海印三昧門, 六相和合義門, 普眼境界門, 此諸義章皆是『華嚴』總別義網, 帝於此茫然未決. 藏乃指鎭殿金獅子爲喩, 因撰義門, 徑捷易解, 號「金師子章」, 列十門總別之相, 帝遂開悟其旨. (같은 곳)

87)『금사자장』, 1쪽.

소 금사자의 모습이 생성된다(起). 생성은 오직 조건에 따른 것이므로 연기
(緣起)인 것이다.[88]

즉 금은 본체에, 금사자는 현상에 비유했다. 법장은 본체세계는 "리
법계(理法界)", 현상세계는 "사법계(事法界)"라고 명명했다.[89] 본체
는 이른바 "자성청정의 원명체(自性淸淨圓明體)"이다. "즉 여래장
속의 법성의 본체로서 본래부터 본성 그 자체로 자족하니 더러운
곳에 있어도 오염되지 않고 닦아도 더 깨끗해지는 것이 아니기 때
문에 자성청정이며, 성체는 두루 비추어(통찰하여) 아무리 깊숙한
곳도 비추기 때문에 원명(圓明)이다."[90] 본체는 물과 같고 현상은
물결과 같다. 물 속의 물결은 현상세계 속의 여러 사물이다. 금사자
는 금을 인(因)으로, 장인의 제작을 연(緣)으로 삼아 생성된다. 현상
세계 속의 여러 사물은 모두 인연이 화합하여 비로소 생기는데 이
것이 "연기(緣起)"이다.

2) "색이 공임을 변별함"

"색이 공임을 변별함(辨色空)"이란? 『금사자장』은 말한다.

　　금사자의 모습은 허상이고 참된 것은 금뿐이다. 금사자는 참으로 있는 것
(有)이 아니지만, 금은 없는 것(無)이 아니다. 따라서 색은 공이라고 말했다.
다시 또 **공은 자체의 모습이 없으므로 색을 통하여 밝혀지지만**, 환유(幻有 : 환상
적인 존재)에 모순되지 않으므로 "색은 공이다"고 했다.[91]

현상세계 속의 여러 사물은 모두 환상(幻像)이기 때문에 "색은 공
이다"고 했다. 즉 "공"이라고 했지만 여러 사물이 전무하다는 공은

---

88) 謂金無自性, 隨工巧匠緣, 遂有師子相起. 起但是緣, 故名緣起. (『금사자장』, 2쪽)
89) 『화엄의해백문(華嚴義海百門)』, "연생회적문입법계(緣生會寂門入法界)" 조목,
　　『대장경』 45, 627쪽
90) "自性淸淨圓明體"……"卽是如來藏中法性之體, 從本已來, 性自滿足. 處染不垢, 修
　　治不淨, 故云自性淸淨；性體徧照, 無幽不燭, 故曰圓明." (『수화엄오지망진환원관
　　(修華嚴奧旨妄盡還原觀)』, "현일체문(顯一體門)", 『대장경』 45, 637쪽)
91) 謂師子相虛, 唯是眞金. 師子不有, 金體不無, 故名色空. 又復空無自相, 約色以明.
　　不礙幻有, 名爲色空. (『금사자장』, 6쪽)

아니다.『화엄환원관(華嚴還原觀)』은 말한다.

　　티끌(塵 : 사물)에 자성이 없음이 공(空)이고, 환영의 모습(幻相)의 완연함이 유(有)이다. 진실로 환영의 색(幻色)은 본체가 없으므로 틀림없이 공과 다르지 않다. 진실한 공(眞空)은 완전하니 유 바깥으로 관통한다. 색이 곧 공임을 고찰하여 대지(大智)를 이루면 생사에 머물지 않고, 공이 곧 색임을 고찰하여 대비(大悲)를 이루면 열반에 머물지 않는다. 색과 공이 둘이 아니고 대비와 대지는 차별되지 않아야 비로소 진실이다.『보성론(寶性論)』에 이르기를 "아직 도를 깨닫지 않은 보살은 진공묘유(眞空妙有 : 참된 공에 오묘한 유)에 대해서 세 가지 의심을 가지는데, 첫째 공을 색의 소멸로 의심하는 **단멸공(斷減空)**의 입장, 둘째 공을 색과 다르다고 의심하는 **색외공(色外空)**의 입장, 셋째 공을 물체로 의심하여 공을 유(有)로 여기는 입장이 그것이다"고 했다. 이제 여기서는 이렇게 해석한다. 색은 환색(幻色)이므로 공에 모순되지 않고, 공은 진공(眞空)이므로 색과 모순되지 않는다. 색에 모순되는 공이 단공(斷空)이고, 공에 모순되는 색이 실색(實色)이다.[92]

　이른바 "진공"은 여러 사물이 전혀 없는 그러한 "단멸공"도 아니고, 여러 사물 이외에 따로 존재한다는 "색외공(色外空)"도 아니다. 또 "진공"은 하나의 다른 사물도 아닌데 그렇게 여기면 "공"도 "유"가 된다.『금사자장』은, 환영의 유는 환영이기 때문에 색은 공이다라고 말했고, 이른바 "공"이란 바로 그것을 지칭한다고 여겼다. 따라서 "공은 자체의 모습이 없으므로 색을 통하여 밝혀진다."*

---

92) 謂塵無自性, 卽空也 ; 幻相宛然, 卽有也. 良由幻色無體, 必不異空 ; 眞空具德, 徹於有表. 觀色卽空, 成大智而不住生死 ; 觀空卽色, 成大悲而不住涅槃. 以色空無二, 悲智不殊, 方爲眞實也. 「寶性論」云 : "道前菩薩, 於此眞空妙有, 猶有三疑 : 一者, 疑空減色, 取斷減空 ; 二者, 疑空異色, 取色外空 ; 三者, 疑空是物, 取空爲有," 今此釋云 : 色是幻色, 必不礙空 ; 空是眞空, 必不礙色. 若礙於色, 卽是斷色 ; 若礙於空, 卽是實色. ("시삼편문(示三徧門)",『대장경』45, 638쪽)

＊『신편』IV, 253쪽 : 즉 "공"은 "색" 속에서 드러나는 것이므로 색을 떠나면 공 자체는 그 자신의 존재가 없다는 말이다. [본문 문단의 "진공"이라는 표현은 원래는 "공"이었는데『신편』(IV, 253쪽)에 따라 수정했다.]

3) "3성의 약술"

"3성에 대한 약술(約三性)"이란?『금사자장』은 말한다.

　금사자에 대해서 망령되게 실재(有)로 집착하는 것이 **변계**(偏計 : 偏計所執性)이고, 금사자가 존재하는 것처럼 보이는 것이 **의타**(依他 : 依他起性)이고, 황금의 본성의 불변하는 측면이 **원성**(圓成 : 圓成實性)이다.[93]

현상세계 속의 여러 사물은 모두 인연이 화합해야 비로소 생길 수 있다. 다만 환영의 모습은 실재처럼 보이지만 본래 자성이 없기 때문에 "의타"라고 했다. 이것이『성유식론』에서 말한 "의타기성"이다. 현상세계 속의 여러 사물은 본래 사유(似有 : 거짓 존재)이건만 세속의 허망한 마음이 실유(實有 : 실재 존재)로 집착하기 때문에 "변계"라고 했다. 이것이『성유식론』에서 말한 "변계소집성"이다. 진심(眞心)의 본체는 항상 불변하는데 이것이 "원성실성"이다. 여기서 말한 원성실성은『성유식론』에서 말한 것과 다르다.『성유식론』에서는 다만 모든 존재는 의존하여 생기기 때문에 식(識) 역시 의존하여 생긴다고 말하여 모든 존재와 식이 의존하여 생기는 그 실재의 성질이 원성실성이라고 했다. 여기서는 영원히 불변하는 진심의 본체를 원성실성이라고 했다.*

4) "무상을 현시함"

"무상을 현시함(顯無相)"이란?『금사자장』은 말한다.

　금에 의해서 금사자가 완전히 흡수되면 금 이외에 금사자의 형상은 얻을 수 없다. 이것이 무상(無相 : 형상이 없음)이다.[94]

『화엄의해백문(華嚴義海百門)』은 말한다.

---

93) 師子情有, 名爲偏計. 師子似有, 名曰依他. 金性不變, 故號圓成. (『금사자장』, 13쪽)
　*『신편』IV, 254쪽 :『성유식론』에서 말한 것은 개체의 마음의 "원성실성"이고,『금사자장』에서 말한 것은 우주적 마음의 "원성실성"이다.
94) 謂以金收師子盡, 金外更無師子相可得, 故名無相. (『금사자장』, 22쪽)

무상(無相)의 관찰은 마치 하나의 작은 티끌의 둥근 모습처럼 마음이 전변하여 생긴 것으로서 거짓으로 성립하여 실체가 없으니 붙잡을 수 없는 것과 같다. 티끌의 모습이 허망하고 존재하지 않고 마음에서 생긴 것임을 알면 자성이 없는 것을 "무상"이라고 부름을 지칭하는 것임을 이해할 수 있다.[95]

현상세계 속의 여러 사물은 본래 진심(眞心)이 현현한 환영의 유(幻有)이다. 그것이 환영이라는 점에서 말하면 유는 유가 아니니 무상(無相)이라고 할 수 있다.

5) "무생의 설명"

"무생의 설명(說無生)"이란?『금사자장』은 말한다.

금사자가 생성되는 것을 볼 때 다만 금만 생기고 금 이외의 다른 사물은 없다. 금사자는 비록 생기고 소멸하더라도 금의 본체는 본래 증감(增減)이 없으므로 "무생"인 것이다.[96]

『화엄의해백문』은 말한다.

무생의 이치를 통달한 사람은 티끌(사물)은 마음의 조건(緣)이고 마음은 티끌의 원인(因)이니, 인연이 화합해야 환상(幻相)은 비로소 생긴다고 말한다. 조건에 의해서 생기므로 자성이 없다. 왜 그런가? 티끌은 스스로 조건이 아니고 반드시 마음에 의존하고, 마음은 스스로 마음이 아니고 조건에 의존하여 서로 의존하기 때문에 불확정적인 조건에 의해서 생긴다. 불확정적인 조건에 의해서 생기므로 "무생"인 것이다. 조건에 의한 생성이 없다는 의미로 무생을 말한 것은 아니다.[97]

---

95) 觀無相者, 如一小塵圓小之相, 是自心變起. 假立無實, 今取不得. 則知塵相虛無, 從心所生, 了無自性, 名爲無相. ("연생회적문관무상" 조목,『대장경』45, 627쪽)

96) 謂正見師子生時, 但是金生, 金外更無一物. 師子雖有生滅, 金體本無增減, 故曰無生. (『금사자장』, 25쪽)

97) 達無生者, 謂塵是心緣, 心爲塵因. 因緣和合, 幻相方生. 由從緣生, 必無自性. 何以故? 今塵不自緣, 必待於心 ; 心不自心, 亦待於緣. 由相待故, 則無定屬緣生. 以無定屬緣生, 則名無生. 非去緣生, 說無生也. (같은 곳)

"티끌(사물)은 마음에서 나타난 것이다. 마음에서 나타난 것은 자기의 마음을 조건으로 삼는데 조건으로부터 현전해야 심법(心法)은 비로소 생긴다."[98] 마음은 반드시 객관 대상이 있어야 비로소 심법이 일어날 수 있다. 따라서 티끌의 조건이 현전해야 심법 즉 보통 말하는 여러 심리 현상이 일어난다. 따라서 티끌은 마음의 조건이다. 그리고 "티끌은 마음에서 나타난 것"이기 때문에 마음은 티끌의 원인이다. 현상세계 속의 여러 사물은 모두 인연의 화합에 의존하여 비로소 생길 수 있다. 의존에 의하기 때문에 인연에 의한 생성은 확정성이 없다. 따라서 "무생"인 것이다. 그러나 『금사자장』의 내용은 이것과 약간 다르다. 『금사자장』에 따르면 현상세계 속의 여러 사물은 본디 환영의 유이니 그것이 환영이라는 점에서 보면 유는 유가 아니기 때문에 생도 무생이다.

6) "오교의 논술"

"오교의 논술(論五敎)"이란? 『성유식론』은 말한다.

첫째, 금사자는 인연에 의한 존재로서 찰나찰나 생기고 소멸하여 금사자의 참모습을 얻을 수 없다는 입장이 **우법성문교**(愚法聲聞敎)이다.

둘째, 인연에 의해서 생긴 존재는 저마다 **자성이 없으므로 철저히 공일뿐이다**는 입장이 **대승시교**(大乘始敎 : 대승의 처음 가르침)이다.

셋째, 그렇게 철저히 공이지만 또한 환상적 존재(幻有)의 완연함과는 모순되지 않는다고 여겨, **인연에 의한 생성과 거짓 존재(假有)의 두 양상이 모두 성립한다**는 입장이 **대승종교**(大乘終敎 : 대승의 최종 가르침)이다.

넷째, 이 두 양상이 **서로 빼앗아 둘 다 없어지면** 집착에 의한 거짓은 없어지고 **둘 다 영향력이 없어지니 공과 유가 모두 소멸된다. 언어적 표현을 단절하고 마음에 아무 것도 남기지 않는다**는 입장이 **대승돈교**(大乘頓敎 : 대승의 즉각적인 가르침)이다.

다섯째, 집착이 소멸되고 본체가 드러난 존재는 하나의 큰 덩어리로 융합되어 번잡한 온갖 현상이 작용하는데 **모든 흥기는 진여 전체의 현현이니** 만상

---

98) 塵是自心現. 由自心現, 卽與自心爲緣. 由緣現前, 心法方起. (같은 곳)

은 분분하여 얽혀도 뒤섞이지 않는다. **일체는 곧 하나**이니 모두가 하나같이 자성이 없기 때문이요, **하나는 곧 일체**이니 원인과 결과가 뚜렷하기 때문이다. 본체와 현상이 상호 포용하고 수렴과 전개(卷舒)가 자유자재하다는 입장이 **일승원교**(一乘圓敎 : 일승의 완전한 가르침)이다.[99]

이것이 이른바 교판이다. 화엄종의 교판은 불교의 여러 종파를 정연하게 배열하여 전체의 체계 안에서 저마다 상당한 지위를 지니게 하여 여러 종파들의 견해들이 다 전체 진리의 한 측면이 되게 했다. "우법성문교"는 이른바 "소승법"이다. 『화엄환원관』은 말한다.

> 사물(티끌)의 외적인 현상을 무분별하게 믿지 말라는 입장이 **소승법**(小乘法)이다. 사물의 본성은 생성도 없고 소멸도 없으나 다른 것에 의존하여 존재하는 것처럼 보인다는 입장이 대승의 가르침(大乘法)이다.[100]

앞에서 말한 3성에서 보면 소승법은 변계소집성이 변계소집성임을 제시한 것으로서 금사자는 찰나찰나 생멸하니 금사자를 실유(實有)로 집착하지 말라는 가르침이다. 대승법은 의타기성이 의타기성임을 제시한 것으로서 찰나찰나 생멸하는 금사자를 일컬어 "본래 자성이 없으니 철저히 공일 뿐이다"고 했다. 그러나 이것은 "대승의 처음 가르침"일 뿐이다. 다시 금사자는 환영의 유(幻有)이니 유이어도 장애가 되지 않으니 이른바 "인연에 의한 생성과 거짓 존재(假有)의 두 양상이 모두 성립한다"는 말인데, 공을 논하면서도 여전히 유를 폐하지 않는 이 입장이 "대승의 최종 가르침"이다. 그러나 오직 금사자의 환유(幻有)가 환영이라는 측면에서 보면 공이 유를 "빼앗고" 오직 금사자의 환유가 유라는 측면에서 보면 유는 공

---

99) 一, 師子雖是因緣之法, 念念生滅, 實無師子相可得, 名愚法聲聞敎. 二, 卽此緣生之法, 各無自性, 徹底唯空, 名大乘始敎. 三, 雖復徹底唯空, 不礙幻有宛然. 緣生假有, 二相雙存, 名大乘終敎. 四, 卽此二相, 互奪兩亡, 情僞不存, 俱無有力. 空有雙泯, 名言路絶, 棲心無寄, 名大乘頓敎. 五, 卽此情盡體露之法, 混成一塊. 繁興大用, 起必全眞 ; 萬象紛然, 參而不雜. 一切卽一, 皆同無性 ; 一卽一切, 因果歷然. 力用相收, 卷舒自在, 名一乘圓敎. (『금사자장』, 29-30쪽)

100) 由塵相體無徧計, 卽是小乘法也 ; 由塵性無生無滅, 依他似有, 卽是大乘法也. ("시삼편문", 『대장경』 45, 638쪽)

을 "빼앗는다." 이와 같이 "서로 빼앗아 둘 다 없어지면 둘 다 영향
력이 없어지니 공과 유가 모두 소멸한다." 유가 있음도 모르고 공
이 있음도 모르게 하는 것이 이른바 "언어적 표현을 단절하고 마음
에 아무 것도 남기지 않는다"는 말인데 이것이 "대승의 즉각적인
가르침"이다. 그러나 또 이 진심의 본체는 만상을 포괄하니 이른바
"작용(用)은 파도의 용솟음처럼 온전하여 참다운 본체의 운행이며,
본체(體)는 거울의 맑음이나 물의 깨끗함처럼 인연에 따라 고요에
부합하고 햇살처럼 무심하나 시방세계를 비추고 맑은 거울이 형체
를 비추듯 움직이지 않으면서 만상을 드러낸다"[101]는 말이다. 현상
세계 속의 각각의 사물은 모두 진심의 전체이다. 『화엄의해백문』은
말한다.

> 또 높고 큰 산을 볼 때 그 크기를 나타낸 것은 자기의 마음이고 따로 큰 것
> 이 있지 않으며, 아주 작은 티끌을 볼 때 그 작음을 나타낸 것은 자기의 마음
> 이고 따로 작은 것이 있지 않다. 이제 티끌을 볼 때, 높고 큰 산을 보는 마음
> 으로 티끌을 보는 것이다.[102]

이것이 이른바 "모든 홍기는 진여 전체의 현현이다(起必全眞)"〈주
99〉는 말이다. 오직 이와 같으므로 "하나는 곧 일체이고 일체는 곧
하나이다." 하나가 일체이다고 함은 하나가 일체를 흡수하는 역량
이 있다는 것이고, 일체가 하나이다고 함은 일체가 하나를 흡수하
는 역량이 있다는 것이다. 『화엄의해백문』은 말한다.

> 수렴과 전개(卷舒)를 밝힌다고 함은 티끌은 자성이 없으므로 본체의 측면
> 에서 시방세계 전체에 펼쳐지는 것이 전개(舒)이고, 시방세계는 실체가 없으
> 므로 조건에 따라 티끌 가운데 온전히 드러나는 것이 수렴(卷)이다.

---

101) 用則波騰鼎沸, 全眞體以運行; 體卽鏡淨水澄, 擧隨緣而會寂. 若曦光之流采, 無心
而朗十方; 如明鏡之端形, 不動而呈萬像. (『화엄의해백문』 "종지보요문(種智普耀
門)", 『대장경』 45, 630쪽)
102) 且如見山高廣之時, 是自心現作大, 非別有大; 今見塵圓小之時, 亦是自心現作小,
非別有小. 今由見塵, 全以見山高廣之心而現塵也. ("용융임운문(鎔融任運門)"
"통대소(通大小)" 조목, 『대장경』 45, 630쪽)

경에 이르기를 "하나의 불국토에 시방세계가 가득 차 있고 시방세계가 하나의 불국토에 남김 없이 흡수된다"고 했다. 수렴되면 일체의 사물이 하나의 티끌 속에 현현되고 전개되면 하나의 티끌이 일체의 장소에 두루 펼쳐진다. 전개되면 항상 수렴되는데 하나의 티끌이 일체 존재를 포섭하기 때문이고, 수렴되면 항상 전개되는데 일체 존재는 하나의 티끌을 포섭하기 때문이다. 이것이 수렴과 전개의 자유자재로움이다.[103]

사람들에게 이 이론을 가르치는 것이 "일승의 완전한 가르침"이다.

7) "10현 통론"

"10현 통론(勒十玄)"이란? 『금사자장』은 말한다.

(1) 금과 금사자가 동시에 성립하여 원만하고 자족한 것이 "동시구족상응문(同時具足相應門)"이다.

(2) 만약 금사자의 눈이 금사자를 완전히 포용하면 온 금사자는 순전히 눈일 뿐이다. 만약 금사자의 귀가 금사자를 완전히 포용하면 온 금사자는 순전히 귀일 뿐이다. 금사자의 나머지 감각기관도 마찬가지로 포용하여 모두가 구족하면, 하나하나는 모두 잡다하고, 하나하나는 모두 순수하여 원만한 저장(圓滿藏)이 되는데, 이것이 "제장순잡구덕문(諸藏純雜具德門)"이다.

(3) 금과 금사자는 서로 포용하여 성립하므로, 하나와 여럿은 모순되지 않는다. 그러나 리(理, 금)와 사(事, 사자)는 각각 다르고, 하나이든 여럿이든 각각 자기 위치에 머무니, 이것이 "일다상용부동문(一多相容不同門)"이다.

(4) 금사자의 모든 감각기관과 모든 털끝은 금사자 전체를 다 흡수한다. 그것들 하나하나는 금사자의 눈에 두루 관통하니, 눈은 귀이고, 귀는 코이고, 코는 혀이고, 혀는 몸이다. 이것들은 자유자재로 성립하고 장애도 없고 모순도 없으니 이것이 바로 "제법상즉자재문(諸法相卽自在門)"이다.

(5) 만약 우리가 금사자를 보면, 금사자만 있고 금은 없다. 즉 금사자는 드

---

103) 明卷舒者, 謂塵無性, 擧體全徧十方, 是舒 ; 十方無體, 隨緣全現塵中, 是卷. 經云 : "以一佛土滿十方, 十方入一亦無餘." 今卷, 則一切事於一塵中現 ; 若舒, 則一塵徧一切處. 卽舒常卷, 一塵攝一切故 ; 卽卷常舒, 一切攝一塵故, 是爲卷舒自在也. ("용융임운문" "명권서(明卷舒)" 조목, 같은 곳, 631쪽)

러나고 금은 숨는다. 만약 우리가 금을 보면, 금만 있고 금사자는 없다. 즉 금은 드러나고 금사자는 숨는다. 만약 (금과 금사자) 두 측면을 함께 보면, 함께 숨거나 함께 드러나는데, 숨으면 비밀(秘密)이고 드러나면 현저(顯著)하다. 이것이 **"비밀은현구성문(秘密隱顯俱成門)"**이다.

(6) 금과 금사자는, 숨고 드러나고, 하나와 여럿, 순수와 잡다, 유력(有力)과 무력(無力), 이것과 저것, 주체와 동반이 서로 드러내고, 원리(理)와 현상(事)이 나란히 드러나니, 모두가 서로 포용하여 서로 모순 없이 편안히 성립하고 미세한 사물의 경우도 그 외의 일체의 사물을 포용한다. 이것이 **"미세상용안립문(微細相容安立門)"**이다.

(7) 금사자의 눈, 귀, 사지와 관절 그리고 하나하나의 털마다 각각 금사자가 있다. 이 하나하나의 털 속의 금사자는 동시에 다시 하나의 털 속에 들어간다. **하나하나의 털 속에는 모두 무한히 많은 금사자가 들어 있고 또 하나하나의 털은 무한히 많은 금사자를 포함하고 다시 하나의 털 속으로 들어간다.** 이처럼 인드라 신의 보석 그물처럼 끊임없이 겹치고 또 겹치는 것이 **"인다라망경계문(因陀羅網境界門)"**이다.

(8) 여기서 금사자를 논하여 무명을 드러내며, 금이라는 본체를 논하여 진성(眞性)을 밝힌다. 원리와 현상을 합쳐서 아뢰야식을 논함으로써 올바른 이해를 얻도록 하는 것이 **"탁사현법생해문(託事顯法生解門)"**이다.

(9) 금사자는 인연에 의해서 생긴 존재(有爲法)이므로, 순간순간 생멸한다. 한 찰나는 삼세(三際 : 三世)로 나누어질 수 있는데 과거, 현재, 미래가 그것이다. 이 삼세에는 다시 각각 과거, 현재, 미래가 있으므로 총 구세(九世)가 성립되어, 한 단계의 법문으로 묶어진다. 비록 구세이지만 각각 구별되고 서로 말미암아 성립되며, 서로 융통하고 모순이 없고, 다같이 한순간이다. 이것이 **"십세격법이성문(十世隔法異成門)"**이다.

(10) 금과 금사자는 혹은 숨고 혹은 드러나며, 혹은 하나이고 혹은 여럿이지만, **모두 자성이 없고 마음(心 : 眞心, 自性淸淨心)에서 전변되어나온 것**이다. 여기서 사(事 : 현상)와 리(理 : 본체)가 모두 성립한다. 이것이 **"유심회전선성문(唯心廻轉善成門)"**이다.[104]

---

104) 一, 金與師子, 同時成立, 圓滿具足 ; 名同時具足相應門. 二, 若師子眼收師子盡, 則一切純是眼 ; 若耳收師子盡, 則一切純是耳. 諸根同時相收, 悉皆具足, 則一一皆雜,

(1) 현상세계 속의 각각의 사물은 모두 진심(眞心)의 전체(의 현현)이다. 그러므로 금사자 역시 진심의 전체이다. 따라서 "금과 금사자가 동시에 성립하여 원만하고 자족한 것이 '동시구족상응문(同時具足相應門)'이다."*

(2) "하나는 곧 일체이고 일체는 곧 하나이다."** "이치는 현상에 모순되지 않으니 순수는 항상 잡다하고, 현상은 항상 온전한 이치이니 잡다는 항상 순수하다. 이치와 현상은 자유자재하고 순수와 잡다는 모순되지 않는다."105) 현상세계 속의 각 사물은 모두 진심의 전체이니 즉 각 사물은 다 온전한 리이다. 금사자 눈이 진심의 전체라는 측면에서 보면, 금사자 눈은 일체이므로 금사자 눈은 잡다하다고 할 수 있고, 또 일체는 모두 금사자 눈이므로 금사자 눈은 순수하다고 할 수 있다. 이렇듯 "하나하나는 모두 잡다하고 하나하나는 모두 순수하여", 하나하나는 모두 "원만한 장(藏)"이 되니, 이것

一一皆純, 爲圓滿藏;名諸藏純雜具德門. 三, 金與師子, 相容成立, 一多無礙;於中理事, 各各不同, 或一或多, 各住自位;名一多相容不同門. 四, 師子諸根, 一一毛頭, 皆以金收師子盡. 一一徹偏師子眼, 眼即耳, 耳即鼻, 鼻即舌, 舌即身. 自在成立, 無障無礙;名諸法相即自在門. 五, 若看師子, 唯師子無金, 即師子顯金隱. 若看金, 唯金無師子, 即金顯師子隱. 若兩處看, 俱隱俱顯. 隱則秘密, 顯則顯著;名秘密隱顯俱成門. 六, 金與師子, 或隱或顯, 或一或多, 定純定雜, 有力無力, 即此即彼, 主伴交輝, 理事齊現, 皆悉相容, 不礙安立, 微細成辨;名微細相容安立門. 七, 師子眼耳支節, 一一毛處, 各有金師子;一一毛處師子, 同時頓入一毛中. 一一毛中, 皆有無邊師子;又復一一毛, 帶此無邊師子, 還入一毛中. 如是重重無盡, 猶天帝網珠;名因陀羅網境界門. 八, 說此師子, 以表無明;語其金體, 具彰眞性;理事合論, 況阿賴識;令生正解;名託事顯法生解門. 九, 師子是有爲之法, 念念生滅, 刹那之間, 分爲三際, 謂過去現在未來. 此三際各有過現未來;總有三三之位, 以立九世, 即束爲一段法門. 雖則九世, 各各有隔, 相由成立, 融通無礙, 同爲一念;名十世隔法異成門. 十, 金與師子, 或隱或顯, 或一或多, 各無自性, 由心廻轉. 說事說理, 有成有立;名唯心廻轉善成門. (『금사자장』, 63-65쪽)

* 이하 열 개의 문단은 영역본에 의거하여 번호를 붙였다.

** 『신편』IV, 255쪽 : 법장은 우주간의 온갖 대립을 통찰했는데, 그 원칙은 "하나는 곧 일체이고 일체는 곧 하나이다"라는 것이었다. 이 원칙에 따르면 일체의 대립은 대립이 아니고 "원융(圓融)"이다. 이런 말들에서 보면 화엄종은 우주의 총법칙은 대립의 통일 또는 모순과 투쟁이 아니라 "원융무애(圓融無礙)"라고 여긴다.

105) 理不礙事, 純恒雜也;事恒全理, 雜恒純也. 由理事自在, 純雜無礙也. (『화엄의해백문』 "용-융입운문" "명순잡(明純雜)" 조목, 『대장경』 45, 630쪽)

이 바로 "제장순잡구덕문(諸藏純雜具德門)"이다.

(3) 진심은 하나(一)이고 현상은 여럿(多)이다. 한 측면에서 보면 각각의 현상은 모두 진심 전체의 현현이니 하나는 곧 여럿이고(一卽多) 여럿은 곧 하나이다(多卽一). 이른바 "하나가 온전히 여럿이어야 비로소 하나라고 부를 수 있고, 여럿이 온전히 하나이어야 비로소 여럿이라고 부를 수 있다. 여럿 바깥에 따로 하나가 있지 않으므로 여럿 안에 하나가 있음을 알 수 있고, 하나 바깥에 따로 여럿이 있지 않으므로 하나 안에 여럿이 있음을 알 수 있다. 여럿이 아니므로 하나이면서 여럿일 수 있고 하나가 아니므로 여럿이면서 하나일 수 있다."[106] 그러나 다른 한 측면에서 보면 현상은 그 자체로 현상이다. 금은 리(理)이고 금사자는 사(事)이며, 금은 하나이고 금사자는 여럿이다. "각각 자기 위치에 머무니" 즉 각자는 그 지위가 있다. 하나와 여럿은 서로 모순 없이 용납되지만 자체는 차이가 있기 때문에 "일다상용부동문(一多相容不同門)"이라고 했다.

(4) 다른 한 측면에서 보면 현상세계 속의 각각의 사물은 모두 진심 전체의 현현이다. 이것이 "하나는 일체이고 일체는 하나이다"는 말이다. "귀는 코이고 코는 혀이다." 그러나 다른 한 측면에서 보면 각각의 사물은 다만 각각의 사물일 뿐이어서 귀는 단지 귀이고 코는 단지 코일 뿐이어서 "자유자재로 성립하고 장애도 없고 모순도 없기" 때문에 "제법상즉자재문(諸法相卽自在門)"이라고 했다. 이것과 "일다상용부동문"은 모두 각 현상마다 자상(自相)이 있다는 것에 주목했다. 다만 후자는 진심과 현상간의 차이를 논했으나 전자는 각 현상간의 차이를 논했다.

(5) 우리가 현상세계 속의 여러 사물에 주목하면 사물은 드러나지만 본체는 숨는다. 우리가 본체에 주목하면 본체는 드러나지만 사물은 숨는다. 이것이 "비밀은현구성문(秘密隱顯俱成門)"이다.

(6) 그런즉 본체와 사물은 하나와 여럿, 순수와 잡다, 유력(有力)

---

106) 一全是多, 方名爲一 ; 又多全是一, 方名爲多. 多外別無一, 明知是多中一 ; 一外無別多, 明知是一中多. 良以非多, 然能爲一多 ; 非一, 然能爲多一. (『화엄의해백문』 "용융임운문" "요일다(了一多)" 조목, 『대장경』 45, 630쪽)

과 무력(無力), 이것과 저것, 주체와 동반의 관계에 있는데, 『화엄환
원관』에 "자신을 주체로 여기면 타인은 동반이 되고, 한 존재(一法)
를 주체로 여기면 일체의 존재는 동반이 되며, 한 몸이 주체가 되면
나머지 몸은 동반이 된다"[107]고 했다. 만약 우리가 금사자에 주목하
면 금사자가 주체가 되고 그밖의 모든 것은 동반이 된다. 이와 같은
차이가 있어도 모두 서로 모순되지 않으니, 이것이 "미세상용안립
문(微細相容安立門)"이다.

(7) 현상세계 속의 각 사물은 모두 진심 전체의 현현이다. 진심은
모든 사물을 포괄하기 때문에 현상세계 속의 각 사물 역시 모든 사
물을 포괄한다. 이 하나의 사물은 모든 사물을 포괄할 뿐만 아니라
또한 (모든 사물 중의) 각 사물 안에 포괄된 일체의 사물도 포괄한
다. 그것이 포괄한 각각의 사물 안에 포괄된 모든 사물 역시 각각
모든 사물을 포괄한다. 즉 "하나하나의 털 속에는 모두 무한히 많
은 금사자가 들어 있고 또 하나하나의 털은 무한히 많은 금사자를
포함하고 다시 하나의 털 속으로 들어간다"는 말이다. 『송고승전』
에 따르면 법장은 "또 잘 이해하지 못하는 사람들을 위해서 교묘한
방편을 베풀었는데 10개의 거울을 3여 미터 거리에 서로 마주하게
팔방과 상하에 배치해놓고 가운데에 불상을 안치한 다음 등불 하나
를 켜서 서로 비추게 하자, 배우는 사람들은 마침내 바다와 육지(즉
유한)를 초월하여 무한으로 진입한다는 이론을 깨달았다."[108] 각각
의 거울 속에는 그 거울의 그림자뿐만 아니라 그 거울 속의 그림자
의 그림자가 있었다. 인다라망은 하나의 구슬 그물로서 각각의 구
슬 속에는 모든 구슬이 나타나 있고 다시 모든 구슬 속의 모든 구슬
이 나타나 있는데 이와 같이 끊임없이 중복되어 있는 것이 "인다라
망경계문(因陀羅網境界門)"이다.

---

107) 謂以自爲主, 望他爲伴 ; 或以一法爲主, 一切法爲伴 ; 或以一身爲主, 一切身爲伴.
　　("기육관문(起六觀門)", 『대장경』 45, 640쪽)

108) 又爲學不了者設巧便, 取鑑十面, 八方安排, 上下各一. 相去一丈餘, 面面相對, 中
　　安一佛像. 燃一炬以照之, 互影交光, 學者因曉刹海涉入無盡之義. (『송고승전』,
　　89-90쪽) [刹海 : "水陸"과 같다]

(8) 금사자로 현상을 비유하는 설법은 진심의 생멸문(生滅門)이고, 금으로 본체를 비유하는 설법은 진여문(眞如門)이다. 진심이 깨닫지 못하기 때문에 동요하는 것이고 생멸이 생기는 것이다. 깨닫지 못함은 즉 무명(無明)이다. 이상의 두 문은 다만 진심의 한 측면에서 논한 것이고, 두 측면을 합하여 논하면 생멸과 불생멸이 화합한 것이 아뢰야식이다. 비유를 설하여 진리를 드러내는 것이 "탁사현법생해문(託事顯法生解門)"이다.

(9) 한순간은 진심 전체의 현현이고 구세 또한 진심 전체의 현현이기 때문에 한순간이 곧 구세이고 구세가 곧 한순간이다.『화엄의해백문』은 말한다.

> 순간과 영겁을 융합한다고 함은……한순간은 실체가 없으므로 곧 대겁(大劫)에 통하고, 대겁은 실체가 없으므로 한순간에 포용된다는 말이다. 순간과 영겁은 실체가 없으므로 길고 짧은 시간의 양상은 저절로 융합되어 멀고 가까운 세계, 불타와 중생, 삼세(三世)의 모든 사물에 이르기까지 한순간 속에 나타나지 않는 것이 없다. 왜 그런가? 일체의 현상적 존재는 마음에 의지하여 드러나는 만큼 순간도 (영겁과) 모순되지 않으므로 사물의 존재 역시 그에 따라 융합되어 한순간에 곧 삼세의 모든 사물을 뚜렷이 통찰하기 때문이다. 경에 "한순간이 곧 백천 영겁이고 백천 영겁이 곧 한순간이다"고 했다.[109]

즉 구세가 모두 한순간이다는 말이다. 그러나 한순간을 다시 분별하면 또 구세가 들어 있다. 이것이 "십세격법이성문(十世隔法異成門)"이다.

(10) 총괄하면 모든 것은 진심의 현현이므로 "모두 자성이 없고 마음에서 전변되어나온 것인데", 이것이 "유심회전선성문(唯心廻轉善成門)"이다.

---

109) 融念劫者,……由一念無體, 即通大劫 ; 大劫無體, 即該一念. 由念劫無體, 長短之相自融, 乃至遠近世界, 佛及衆生, 三世一切事物, 莫不皆於一念中現. 何以故? 一切事法, 依心而現. 念旣無礙, 法亦隨融. 是故一念即見三世一切事物顯然. 經云 : "或一念即百千劫, 百千劫即一念."(『대장경』 45, 630쪽)

8) "6상의 개괄"

"6상의 개괄(括六相)"이란? 『금사자장』은 말한다.

금사자는 **총상**(總相)이며, 5근(五根 : 눈, 귀, 코, 혀, 몸)의 차별된 모습이 **별상**(別相)이다. 이 모두가 하나로 말미암아 연기(緣起)한다는 것이 **동상**(同相)이며, 금사자의 눈과 귀 등이 서로 그 한계를 벗어나지 않는 것이 **이상**(異相)이다. 모든 감각기관이 회합하여 금사자가 되는 것이 **성상**(成相)이며, 각각의 기관이 각자의 위치에 머무는 것이 **괴상**(壞相)이다.[110]

현상세계 속의 한 사물에서 보면 그 사물의 전체가 "총상"이고, 그 속의 각 부분이 "별상"이다. 그 사물과 그것의 각 부분은 모두 연기에서 비롯되는데 그것이 "동상"이고, 각 부분이 각 부분인 것이 "이상"이다. 각 부분이 회합하여 그 사물이 되면 이 사물은 완성되는데 이것이 "성상"이고, 각 부분이 회합하지 않고 단지 각 부분이면 그 사물은 붕괴되는데 그것이 "괴상"이다.

9) "보리의 성취"

"보리의 성취(成菩提)"란? 『금사자장』은 말한다.

보리(bodhhi)는 도(道)이고 각(覺)이다. 이는 금사자를 볼 때 유위(有爲 : 조건적으로 생성됨)의 모든 것들이 **파괴되기를 기다릴 필요도 없이 본래부터 공적**(空寂)임을 통찰하는 것을 말한다. 취사선택의 집착에서 벗어나 바로 이 길을 통해서 **살바야**(薩婆若 : 모든 것을 이해하는 최고의 지혜)의 바다로 흘러들어가므로 도라고 부른다. 또 태초 이래로 우리의 모든 전도(顚倒)된 견해는 원래 그 실체가 없다는 것을 깨닫는 것이 바로 각(覺)이다. 궁극적으로 일체의 모든 지혜(살바야)를 갖추는 것이 **"보리의 성취"**이다.[111]

---

110) 師子是總相 ; 五根差別是別相. 共從一緣起, 是同相 ; 眼耳等不相濫, 是異相. 諸根合會有師子, 是成相 ; 諸根各住自位, 是壞相. (『금사자장』, 114쪽)

111) 菩提, 此云道也, 覺也. 謂見師子之時, 卽見一切有爲之法, 更不待壞, 本來寂滅. 離諸取捨, 卽於此路, 流入薩婆若海, 故名爲道. 卽了無始已來, 所有顚倒, 元無有實, 名之爲覺. 究竟具一切種智, 名成菩提. (『금사자장』, 153쪽)

"살바야"의 의미는 일체지(一切智)이다. 현상세계 속의 여러 사물에 대해서 원래 실재(實)로 집착했던 것이 본래부터 공임을 알면, 즉 "파괴되기를 기다릴 필요도 없이 본래부터 공적임"을 알면 마치 큰 꿈에서 깨어난 것처럼 원래의 꿈속의 모든 현상이 본래 실재가 없음을 알게 된다. 『화엄의해백문』은 말한다.

> 꿈이 환상임을 이해하는 사람은 (밖의 세계의) 물질적 현상의 생기(生起)는 마음이 미혹되어 실재로 여긴 결과로서 마치 환인(幻人 : 마법으로 생긴 사람)의 경우처럼 허망하고 또 밤의 꿈과 같아서 깨달으면 이미 모두 무인 것이라고 관찰한다. 허(虛)와 무(無)를 이해할 때 이름도 얻을 수 없고 모습도 얻을 수 없고 일체 모든 것을 얻을 수 없는데, 즉 세상(의 꿈)에서 깨어나면 공할 뿐 아무 것도 없음을 깨닫는다.[112]

○미혹(迷)이란 물질적 현상이 그 유래를 지니고 생성과 소멸을 반복하는 것을 뜻한다. 그러므로 물질적 현상에는 그 본체가 없음을 이해하는 것이 깨달음(悟)이다. 미혹도 본래 그 유래가 없으며 깨달음도 어떤 것의 제거가 아니다. 왜 그런가? 망심(妄心)에 의해서 실재로 집착한 것일 뿐 본래 실체는 없기 때문이다. 마치 밧줄을 뱀으로 여긴 경우처럼 본래 유래도 없고 또 제거할 것도 없는 것과 같다. 왜 그런가? 그 뱀은 망심에 의해서 멋대로 생각하여 실재로 여긴 것이니 본래 실체가 없다. 그 유래도 있고 제거할 것도 있다고 여기면 여전히 미혹이다. 유래도 없고 제거할 것도 없다고 이해하는 것이 깨달음이다. 그러나 깨달음과 미혹은 상호 의존하여 성립하니, **먼저 정심(淨心)이 있고 그후 무명(無明)이 생긴 것이 아니다.** 이 둘은 두 사물이 아니니 둘로 해석할 수 없다. 오직 망심을 이해하면 곧 망심은 없어지고 바로 정심이 되니 결코 먼저 정심이 있고 그후 무명이 있지 않음을 알아야 한다.[113]

---

112) 了夢幻者, 謂塵相生起, 迷心爲有, 觀察卽虛, 猶如幻人. 亦如夜夢, 覺已皆無. 今了虛無, 名不可得, 相不可得, 一切都不可得, 是謂塵覺悟空無所有. ("수학엄성문(修學嚴成門)" "묘몽환(了夢幻)" 조목, 『대장경』 45, 633쪽)

113) 迷者, 謂塵相有所從來, 而復生滅, 是迷. 今了塵相無體, 是悟. 迷本無從來, 悟亦無所去. 何以故? 以妄心爲有, 本無體故. 如繩相蛇, 本無從來, 亦無所去. 何以故? 蛇是妄心橫計爲有, 本無體故. 若計有來處去處, 還是迷 ; 了無來去, 是悟. 然悟之與迷, 相待安立. 非是先有淨心, 後有無明. 此非兩物, 不可兩解. 但了妄無妄, 卽爲淨

『화엄환원관』은 말한다.

> 마치 사람이 미혹되었기 때문에 동쪽을 서쪽으로 생각한 경우와 같다. 일단 깨닫게 되면 서쪽이 곧 동쪽이 되니 다시 따로 동쪽을 찾아가는 것이 아니다. 중생은 미혹되었기 때문에 망심은 버리고 **진심에 들어가라**고 말한다. 그러나 일단 깨닫게 되면 망심이 곧 진심이 되니 **다시 따로 진심을 터득하는 것이 아니다.**[114]

꿈속에서는 꿈속의 현상을 사실로 집착하는데 그것이 미혹이고 전도(顚倒)이다. 꿈을 깨면 꿈속의 현상은 본래 실재가 없었음을 알듯이, 이른바 미혹과 전도 역시 그 실재가 없음을 알면 이미 "진심에 들어가니" "다시 따로 진심을 터득하는 것이 아니다." 이 경지에 이르는 것이 "보리의 성취"이다. 우리는 반드시 이 경지에 이르러야 이른바 "정심"이 이전은 모두 깨달음이 아니었음을 깨닫게 된다. 깨닫지 않은 것이 곧 무명이니, 이른바 "시작이 없는 무명(無始無明)"이고, "먼저 정심이 있고 그후 무명이 생긴 것이 아니다"는 말이다. 여기서 보면 우리의 수행의 목적은 하나의 새로운 경지에 도달하는 데에 있는데, 그 경지란 옛 경지에 지나지 않으나 다만 깨달음이 있고 없는 차이만 있을 뿐이다.

10) "열반에 듦"

"열반에 듦(入涅槃)"이란? 『금사자장』은 말한다.

> **금사자와 금을 대하고 두 모습이 모두 없어져** 번뇌가 생기지 않으며, 미인과 추녀를 마주 대하고 마음이 바다처럼 편안하여 망상(妄想)이 모두 없어지고 아무런 갈등(逼迫)도 느끼지 않는 등 구속과 장애를 벗어나 영원히 고통의 원천을 제거한 것이 바로 "열반에 듦"이다.[115]

心, 終無先淨心而後無明, 知之. ("결택성취문(決擇成就門)" "제업보(除業報)" 조목, 『대장경』 45, 636쪽)

114) 如人迷故, 謂東爲西. 乃至悟已, 西卽是東, 更無別東而可入也. 衆生迷故, 謂妄可捨, 謂眞可入. 乃至悟已, 妄卽是眞, 更無別眞而可入也. ("입오지문(入五止門)", 『대장경』 45, 639쪽)

수행이 최고 경지에 이르면 현상세계도 모르고 본체세계도 모른다. 본체세계에도 인식주체(能知)와 인식대상(所知), 즉 주관과 객관이 존재한다면 본체는 여전히 인식대상이 되어 여전히 망심의 분별이 존재한다. 따라서 반드시 "금사자와 금을 대하고 두 모습이 모두 없어져"야 비로소 수행의 최고 경지이다. 그러나 이 경지에 이르러도 또한 열반에 영원히 안주할 수는 없다. 『화엄의해백문』은 말한다.

> 부처의 경지를 깨달은 사람은 사물은 공이고(塵空) 자아도 없고(無我) 형상도 없다(無相)는 것이 옳다고 말한다.……그러나 그 경지에 깨달아 들어가면 줄곧 적멸(寂滅 : 열반)에 안주할 수 없는데, 안주하는 일은 일체제불(一切諸佛)의 가르침에 어긋나기 때문이다. 즉 그는 유익하고 즐거운 것을 가르쳐야 하고 그러기 위해서 부처의 방편(方便)을 배워야 하고 부처의 지혜를 배워야 한다. 이 모든 것을 그와 같은 의미에서 생각해야 한다.[116]

제불은 대지(大智) 외에 또 대비(大悲)가 있다. "대지를 이루면 생사에 머물지 않고, 대비를 이루면 열반에 머물지 않는다."〈주92〉

11) 주관적 유심론과 객관적 유심론

징관(澄觀, 737-838)[117]에 따르면 『화엄』에는 4법계가 있으니 즉 (1)사법계(事法界), (2)리법계(理法界), (3)리사무애법계(理事無礙法界), (4)사사무애법계(事事無礙法界)가 그것인데,[118] 이상의 서술 내용을 보면 알 수 있다. 또 이상의 서술 내용을 보면 법장은 하나의 영원불변한 진심(眞心)을 세워 일체 현상의 근본으로 여겼으니, 그

---

115) 見師子與金, 二相俱盡, 煩惱不生. 好醜現前, 心安如海. 妄想都盡, 無諸逼迫. 出纏離障, 永捨苦源. 名入涅槃. (『금사자장』, 160쪽)

116) 證佛地者, 謂塵空無我無相是也.……然證入此地, 不可一向住於寂滅. 一切諸佛, 法不應爾. 當示教利喜, 學佛方便, 學佛知慧. 具如此地義處思之. (「결택성취문」 "증불지(證佛地)"조목, 『대장경』 45, 636쪽)

117) 【주】화엄종의 제4조이고 세상에서 청량대사(淸涼大師)라고 불렸다. 성은 "하후씨(夏侯氏)이고 월주(越州) 산음(山陰) 사람이다. 원화년(元和年)에 세상을 떠났다."(『송고승전』, 105-06쪽)

118) 『화엄법계현경(華嚴法界玄鏡)』, 『대장경』 45, 672쪽.

의 설은 하나의 객관적 유심론이다. 주관적 유심론보다 객관적 유심론이 [소박한] 실재론에 가깝다. 그 설에 따르면 객관적 세계가 주관을 떠나 존재할 수 있기 때문이다. 또 객관적 세계 속의 각각의 사물은 모두 진심 전체의 현현이므로 그것의 진실성은 상식에서 진실로 여기는 것과 비슷하면서도 우월하다. 현장과 법장이 말한 "원성실성"의 의미가 각각 다름은 상술한 바와 같다. 그점에서 보면 법장이 말한 공은 현장이 말한 공의 공과 다름을 알 수 있다. 또 법장의 말에 따르면 "사(事)" 역시 당연히 존재하는 것인데, 이것은 중국인의 사상 경향이기도 하다.*

---

* 『신편』IV, 215쪽 : 주관적 유심론과 객관적 유심론의 주요 차이는 공공 세계의 존재를 승인하느냐 승인하지 않느냐에 있다. 공공 세계의 존재를 승인하지 않는 것이 주관적 유심론이고, 그것을 승인하는 것이 객관적 유심론이다. 불학은 개체의 인과응보로부터 생사윤회를 강론한다. 불학에서 원래 말한 심(心)과 신(神)은 모두 개체의 심이다. 이로부터 전개되면 필연적으로 주관적 유심론이 된다. 그러나 불학의 실제 발전에서 점차 객관적 유심론이 출현했으니 중국철학상 가장 먼저 명확히 제시된 것이 『대승기신론(大乘起信論)』이었다.

제9장
수당의 불학(하)

1. 천태종의 『대승지관법문』

진·수(陳隋) 무렵의 지의(智顗, 538-97)는 불학의 한 종파의 대사로서 지자 대사(智者大師)로 일컬어졌다. 그 종파는 지의가 천태산(天台山)에 살았으므로 천태종(天台宗)으로 일컬어졌고, 또 『법화경(法華經)』을 근본 경전으로 삼았으므로 법화종으로도 일컬어졌다. 이 종은 혜문(慧文)이 제1조(祖), 혜사(慧思, 515-77)가 제2조, 지의가 제3조이다. 지의는 이 종을 선양 발전시켰고 저술도 매우 많지만 그 내용은 주로 수행방법이고 철학적 흥취가 있는 것은 별로 없다. 『대승지관법문(大乘止觀法門)』은 혜사의 저작으로 전해져왔다. 그러나 『기신론(起信論)』이 인용되고 있으니, 혜사의 시대에는 『기신론』은 없었던 만큼 혜사의 저작이 아님을 알 수 있다. 그 책에는 유식종과 화엄종의 영향을 받은 듯한 내용도 있으므로 유식종과 화엄종의 전성기에 천태종의 인물이 지은 것임이 분명하다.[1] 이제 그 책을 바탕으로 당대(唐代) 천태종의 불학을 살핀다.

1) 진여·여래장
우주 전체는 하나의 마음(一心)이다. 그 마음은 진여(眞如)라고도 하고 여래장(如來藏)이라고도 한다. "진여"라고 부른 까닭에 대해

---

1) 【주】진인각(陳寅恪, 1890-1969) 선생의 설이다.

서『대승지관법문』은 말한다.

일체제법(一切諸法 : 일체의 모든 존재)은 이 마음에 의지해서 존재하니, 마음이 그 본체이다. 제법을 살펴볼 때 법은 모두 허망하니 있어도 있는 것이 아니다. 이러한 허망하고 거짓된 법에 대비하여 "진(眞)"을 지목한 것이다. 또 제법은 실재로 있지 않으나 허망한 인연을 바탕으로 생기고 멸하는 모습(相)이 있게 된다. 그러나 저 허망한 법(존재)이 생길 때도 이 마음은 생기지 않으며 제법이 멸할 때도 이 마음은 멸하지 않는다. 생기지 않으므로 늘지도 않고 멸하지 않으므로 줄지도 않는다. 생기지도 멸하지도 않고 늘지도 줄지도 않기 때문에 "진"이라고 불렀다.

삼세(三世)의 제불(諸佛)과 중생(衆生)은 다같이 이 깨끗한 마음(淨心)이 그 본체이다. 범성(凡聖)*의 제법은 그 자체로 차별되고 상이한 모습이 있으나, 이 진심(眞心)은 차별도 모습도 없기 때문에 "여(如)"라고 했다.

또 "진여(眞如)"란 일체의 존재가 진실(眞實)로 그와 같다는 말이다. (일체의 존재가) 오직 (진실로) 그와 같은 하나의 마음이기 때문에[三界唯心] 그 하나의 마음을 일컬어 "진여"라고 한다.

마음 바깥에 법(만법)이 있다는 입장은 진실이 아니고 또 그렇지 않으므로 거짓이고 차별된 모습이다. 따라서『기신론』에 "일체제법은 본래부터 언어나 설명의 모습을 떠나 있고 명사나 글자의 모습을 떠나 있고 인식대상의 모습을 떠나 있는데, 궁극적으로 평등하며 아무런 변화나 차별도 있지 않으며, 파괴할 수 없는 것은 오로지 한마음(一心)이기 때문에 '진여'라고 한다"고 했다. 이런 의미에서 자성의 청정심(自性淸淨心)을 또 "진여"라고 한다.[2]

---

* 凡聖 : 10계(界) 가운데 성문(聲聞), 연각(緣覺), 보살, 부처의 4계가 "사성(四聖)"이고, 지옥, 아귀, 축생, 아수라, 인간, 천상이 "육범(六凡)"이다.

2) 一切諸法, 依此心有, 以心爲體. 望於諸法, 法悉虛妄, 有卽非有. 對此虛僞法故, 目之爲眞. 又復諸法雖實非有, 但以虛妄因緣, 而有生滅之相. 然彼虛法生時, 此心不生 ; 諸法滅時, 此心不滅. 不生故不增 ; 不滅故不減. 以不生不滅不增不減, 故名之爲眞. 三世諸佛及以衆生, 同以此一淨心爲體. 凡聖諸法, 自有差別異相 ; 而此眞心, 無異無相, 故名之爲如. 又眞如者, 以一切法, 眞實如是, 唯是一心 ; 故名此一心, 以爲眞如. 若心外有法者, 卽非眞實 ; 亦不如是, 卽爲僞異相也. 是故『起信論』言, "一體諸法, 從本已來, 離言說相, 離名字相, 離心緣相. 畢竟平等, 無有變異, 不可破壞. 唯是一心, 故名眞如."以此義故, 自性淸淨心, 復名眞如也. (『대장경』46, 642쪽)

"여래장"이라고 부른 까닭에 대해서 『대승지관법문』은 말한다.

여래장의 본체는 일체 중생의 본성을 완전히 갖추고 있으나 각각의 중생은 차별되고 다른데 이것이 곧 무차별의 차별이다.

그러나 이 하나하나의 중생의 본성 안에는 본래부터 한량없고 끝없는 품성이 갖추어져 있다. 이른바 육도(六道) 안의 사생(四生)*의 괴로움과 즐거움, 아름다움과 추함, 수명의 장단, 신체의 크기, 어리석음과 지혜로움 등의 모든 세간의 염법(染法)과, 삼승(三乘)**의 인과(因果) 등 일체의 출세간 정법(淨法) 등 이와 같은 한량없는 차별 법성(法性)이 하나하나의 중생의 본성 가운데 전부 빠짐 없이 갖추어져 있다. 이런 의미에서 **여래(如來)의 장(藏)은 본래부터 염(染)·정(淨)의 두 본성을 동시에 갖추고 있는** 것이다.

(여래장에) **염성(染性)이 있기 때문에 일체 중생의 염사(染事 : 현실 속의 행동과 사물)가 나타날 수 있다.** 따라서 이때의 여래장을 장애 속에 있는 본주법신(本住法身)이라 하고 또 불성(佛性)이라고 부른다. 또 (여래장에) 정성(淨性)이 있기 때문에 일체 제불의 정덕(淨德 : 청정한 공덕)이 나타날 수 있다. 따라서 이때의 여래장이 출장법신(出障法身 : 장애를 벗어난 법신), "성정법신(性淨法身 : 자성이 청정한 법신)", "성정열반(性淨涅槃)"이다.[3]

이 마음의 "본체는 염성과 정성 두 성의 작용을 갖추고 있어서 세간과 출세간의 존재(만법)를 낳을 수 있다."[4] 일체제법 즉 모든 존재하는 것들(凡所有者)의 성이 다 이 마음속에 "저장되어(藏)" 있기 때문에 이 마음은 "장(藏)"이라는 이름을 지닌다.

"여래장에 염성(染性)이 있기 때문에 일체 중생의 염사(染事)가

---

* 四生 : 중생의 4대 부류, 즉 태생(胎生), 난생(卵生), 습생(濕生), 화생(化生).
** 三乘 : 소승(小乘 : 聲聞乘), 중승(中乘 : 緣覺乘), 대승(大乘 : 菩薩乘).
3) 如來藏體, 具足一切衆生之性. 各各差別不同, 即是無差別之差別也. 然此一一衆生性中, 從本已來, 復具無量無邊之性. 所謂六道四生, 苦樂好醜, 壽命形量, 愚癡智慧等, 一切世間染法 ; 及三乘因果等, 一切出世淨法. 如是等無量差別法性, 一一衆生性中, 悉具不少也. 以是義故, 如來之藏, 從本已來, 俱時具有染淨二性. 以具[具 : 有]染性故, 能現一切衆生等染事 ; 故以此藏爲在障本柱法身, 亦名佛性. 復具[具 : 以有]淨性故, 能現一切諸佛等淨德 ; 故以此藏爲出障法身, 亦名性淨法身, 亦名性淨涅槃也. (같은 곳, 647쪽)
4) 體具染淨二性之用, 能生世間出世間法. (『대승지관법문』, 『대장경』 46, 644쪽)

나타날 수 있다"고 했는데, "성"과 "사"의 구별이 극히 주목할 만하다. 불학의 명사로 표현하면 "성"은 체(體)이고 체가 있으면 용(用)이 있는데, 그 체가 용에 의지해서 나타난 상(相)이 곧 "사(事)"이다. 현대철학의 술어로 표현하면 사는 구체적 사물인 현실태요, 성은 그것의 잠세태이다. 성이 사로 나타난 것은 즉 잠세태가 현실태로 나타난 것이다. 이 견해에 따르면 우리의 본심(本心)에는 일체의 이른바 선한 여러 사물의 잠세태도 들어 있을 뿐만 아니라 일체의 이른바 악한 여러 사물의 잠세태도 들어 있다. 즉 "여래의 장은 본래부터 염·정의 두 본성을 동시에 갖추고 있다"는 말이다. 오직 본심에 원래 일체의 염·정의 성이 들어 있기 때문에 일체의 염정의 여러 일들을 가질 수 있는 것이다. 인성(人性)에 대한 이 이원론(二元論)은 천태종 특유의 견해인데 이하에서 따로 상론한다(이하 제7항 참조).

이 마음이 비록 "염·정의 두 성과 염·정의 두 사를 포함하고" 저장된 것이 많더라도 "방애되지 않을"[5] 수 있다. 이런 측면에서 보면 이 마음속은 공(空)하다고 할 수 있고 차별이 없다고 할 수 있지만, 또 다른 측면에서 보면 마음속은 공하지 않다고 할 수 있고 차별이 있다고 할 수 있다. 『대승지관법문』은 말한다.

> 여래장 본체는 평등하여 실제로 차별이 없으니 곧 공여래장(空如來藏)이다. 그러나 이 여래장 본체에는 또 불가사의(不可思議)한 작용(用)이 있어서 일체의 법성을 완전히 갖추어 차별이 있으니 곧 불공여래장(不空如來藏)이다. 이것이 무차별의 차별이다. 이 이치는 무엇을 뜻하는가?

> 진흙덩이에 뭇 티끌이 갖추어진 경우와는 다르다는 말이다. 왜 그런가? 진흙덩이는 거짓이나 티끌은 진실이므로, 하나하나의 티끌은 각각 다른 특질이 있지만 화합하여 하나의 진흙덩이를 만든 것이므로 이 진흙덩이에는 잡다한 티끌의 차별성이 갖추어져 있다. 그러나 여래장의 경우는 이와 다르다. 왜 그런가? 여래장은 진실법(참된 존재)으로서 원융(圓融)하여 둘이 아니기(무차별적이기) 때문이다. 그러므로 여래장 전체는 한 중생의 한 털구멍의

---

5) "包含染淨二性, 及染淨二事" "無所妨礙."(같은 곳)

본성이고 동시에 한 중생의 일체의 털구멍의 본성이다. 털구멍의 본성의 경
우처럼 기타 일체의 모든 세간의 하나하나의 법성도 마찬가지이다(여래장
전체이다). 한 중생의 세간 법성의 경우처럼 일체 중생의 모든 세간의 하나
하나의 법성과 일체 제불의 모든 출세간의 하나하나의 법성도 마찬가지이다
(여래장의 전체이다). 이것이 여래장 전체이다.[6]

여래장이 모든 법성(法性)을 포함함은 예컨대 하나의 풀 다발이 다
발 속의 각각의 모든 풀을 포함하는 경우와는 다르다. 매 하나의 법
성이 곧 여래장 전체이다. 여래장과 그 안에 포함된 염·정의 여러
성과의 관계는 전체와 부분의 관계가 아니고, 매 하나의 부분이 곧
온 전체이다. 따라서 여래장 안에 일체의 성품들이 갖추어져 있지
만 잡다한 성의 차별이 없다. 이 방면에서 보면 "여래장 본체는 평
등하여 실제로 차별이 없으니 곧 공여래장이다." 그러나 그것이 일
체의 성품들을 갖추고 일체의 일들로 나타날 수 있다는 점에서 보
면 여래장 속에도 또한 "차별이 있으니 곧 불공여래장이다."

2) 3성

진심(眞心)에는 염성(染性)이 포함되어 있고, 이 염성으로부터 염
사(染事)가 나타난다. 염사는 현상세계의 구체적 사물이다.『대승
지관법문』은 말한다.

저 "염성"은 "염업(染業)"에 의해서 훈습되어 무명주지(無明住地 : 근본적
무명)와 모든 "염법(染法 : 오염된 존재)"의 종자가 된다. 이 종자로부터 온
갖 과보(果報 : 업보)가 나타난다. 이 무명과 업과(業果)가 곧 "염사"이다.

그러나 이 무명주지와 종자의 과보 등은 각기 구별된 모습으로 나타나 사

---

6) 藏體平等, 實無差別, 卽是空如來藏 ; 然此藏體, 復有不可思議用故, 具足一切法性,
有其差別, 卽是不空如來藏 ; 此義無差別之差別也. 此義云何? 謂非如泥團具衆微塵
也. 何以故? 泥團是假, 微塵是實. 故一一微塵, 各有別質. 但以和合成一團泥, 此泥團
卽具多塵之別. 如來之藏, 卽不如是. 何以故? 以如來藏是眞實法, 圓融無二故. 是故
如來之藏全體是一衆生一毛孔性, 全體是一衆生一切毛孔性. 如毛孔性, 其餘一切所
有世間一一法性, 亦復如是. 如一衆生世間法性, 一切衆生所有世間一一法性, 一切諸
佛所有出世間一一法性, 亦復如是. 是如來藏全體也. (같은 곳, 648쪽)

(事)라고 했지만, 모두 일심(一心)을 본체로 삼으니 마음을 벗어나지 않는다. 이런 의미에서 이 마음이 불공(不空)이다. 마치 맑은 거울에 나타난 **물체의 모습**(色像)처럼 따로 실체가 있지는 않다. 오직 하나의 거울만 있으니 다시 온갖 형상의 상이한 구분과 모순되지 않지만, 상이한 형상은 모두 거울 속에 현현되어 있기 때문에 **"불공경**(不空鏡 : 비지 않은 거울)"이라고 불렀다.[7]

이 "불공경"에 나타난 "물체의 모습"이 곧 현상세계이다.

"염업"의 유래 원인을 밝히려면 먼저 "삼성(三性)"을 밝혀야 한다. 삼성은 진실성(眞實性), 의타성(依他性), 분별성(分別性)이다. 『대승지관법문』은 말한다.

> **삼성**은 다음과 같다. 출장진여(出障眞如)와 부처의 청정한 공덕을 **진실성**이라고 한다. 재장진여[在障眞如]와 번뇌 성품이 화합한 것이 아뢰야식인데 이것이 **의타성**이다. 6식, 7식은 망상 분별을 하는데 이것이 **분별성**이다.[8]

이것은 "삼성에 대한 총괄적 설명이다."[9] 아뢰야식은 본식(本識)이라고도 한다. 『대승지관법문』은 말한다.

> 본식(本識), 아뢰야식(阿梨耶識), 화합식(和合識), 종자식(種子識), 과보식(果報識) 등은 같은 본체의 다른 이름들이다.……진여와 아뢰야식은 같으면서 다른 의미가 있다.……진심이 체(體)이고 본식은 상(相)이고, 6식, 7식 등은 용(用)이다. 예컨대 물이 체라면 흐름은 상이고 물결은 용이니, 마음의 경우도 같은 부류이다. 『기신론』에 "불생불멸하는 것(청정심)과 생멸하는 것(잡염심)이 화합한 것이 아뢰야식이다"라고 한 것이 본식이다. 생사의 근본이 된다는 것이 본식이다. 또 『기신론』에 "종자 상태의 아뢰야식은 모든 만

---

7) 即彼染性, 爲染業熏故, 成無明住地, 及一切染法種子. 依此種子, 現種種果報. 此無明及與業果, 即是染事也. 然此無明住地, 及以種子果報等, 雖有相別顯現, 說之爲事, 而悉一心爲體, 悉不在心外. 以是義故, 復以此心爲不空也. 譬如明鏡所現色像, 無別有體, 唯是一鏡, 而復不妨萬像區分不同. 不同之狀, 皆在鏡中顯現, 故名不空鏡也. (같은 곳, 647쪽)

8) 三性者, 謂出障眞如及佛淨德, 悉名眞實性. 在障之眞與染和合名阿梨耶識, 此即是依他性. 六識七識妄想分別, 悉名分別性. (같은 곳, 655쪽)

9) 總明三性. ["所言總明三性者, 謂出障眞如及佛淨德……"〈주8〉]

법의 근본 종자가 된다"라고 한 것이 그 의미이다. 또 경에 이르기를 "자성 청정심"이라고 했고 또 "그 마음은 번뇌에 의해서 오염된다"라고 했다. 즉 **진심 자체에 정성(淨性)도 구비되어 있고 염성(染性)도 구비되어 있지만** 다만 번 뇌에 의해서 오염되는 것임을 밝혔다. 이로써 논하건대 본체는 한쪽 품성만 들어 말하면 "정심"이고, 모습이 "염사"와 화합한 것이 "본식"이다.[10]

"진심 자체에 정성도 구비되어 있고 염성도 구비되어 있기" 때문에 "따로 삼성을 밝히면", 진실성은 "다시 두 종류가 있으니, 하나는 유구정심(有垢淨心)으로서의 진실성이고 다른 하나는 무구정심(無垢淨心)으로서의 진실성이다. 유구정심이란 중생의 실체이고 염사 [染事]의 본성이고", "무구정심이란 제불의 본체성이고 정덕(淨德) 의 본질이다."[11] 본래 하나의 진심은 그 "자체에 정성을 구비하고 있다"는 측면에서 보면 무구정심이요, 그 "자체에 염성을 구비하고 있다"는 측면에서 보면 유구정심이다. 진심은 본래 불생불멸하지 만 다만 "깨닫지 못한 때문에 동요하여 허상(虛狀)을 현현시킬 따 름이다."[12] 동요하면 생멸이 있는데, 진심의 불생불멸과 생멸의 화 합을 지칭하면 아뢰야식이라고 부르니 이것이 의타성이다. 의타성 과 분별성에도 청정(淸淨)과 염탁(染濁)의 구분이 있다. 청정의타성 과 청정분별성은 이하에서 따로 상론한다. 염탁의타성과 염탁분별 성은 현상세계가 홍기하는 근원이다.『대승지관법문』은 말한다.

> 염탁의타성 속의 허상법(虛狀法) 내에는 사색(似色), **사식(似識)**, 사진(似

---

10) 本識, 阿梨耶識, 和合識, 種子識, 果報識等, 皆是一體異名.……眞如與阿梨耶同異 之義,……謂眞心是體, 本識是相, 六七等識是用. 如似水爲體, 流爲相, 波爲用. 類此 可知. 是故論云: "不生不滅, 與生滅和合, 說名阿梨耶識", 即本識也. 以與生死作本, 故名爲本. 是故論云: "以種子時阿梨耶識, 與一切法作根本種子故", 即其義也. 又 復經云: "自性淸淨心." 復言: "彼心爲煩惱所染." 此明眞心, 雖復體具淨性, 而復體 具染性故, 而爲煩惱所染. 以此論之, 明知就體, 偏據一性, 說爲淨心; 就相與染事和 合, 說爲本識. (같은 곳, 653쪽)

11) 別明三性……復有兩種: 一者有垢淨心以爲眞實性; 二者無垢淨心以爲眞實性. 所 言有垢淨心者, 即是衆生之體實, 事染之本性.……所言無垢淨心者, 即是諸佛之體 性, 淨德之本實. (『대승지관법문』,『대장경』46, 656쪽)

12) 不覺故動, 顯現虛狀. (같은 곳, 643쪽)

塵) 등의 법이 있다. 왜 모두 사(似)라고 불렀는가? 모두 한마음이 훈습되어
나타난 것이기 때문이지만 다만 마음의 모습으로서 법과 비슷하지만(似法)
실재가 아니기 때문에 사(似)라고 불렀다. 이로부터 "사식"의 한 생각이 일
어나 나타날 때 "사진"과 함께 홍기한다. 그래서 홍기하고 있을 때는 "사
진", "사색" 등이 마음에 의해서 만들어진 것으로서 공허한 모습일 뿐 실재
가 없다는 것을 알지 못한다. 알지 못한 때문에 망령되게 분별하여 허상을
실재로 집착하여 망령되게 집착하기 때문에 외부 대상이 마음으로부터 전변
하여 모두 실재 사실로 성립되거니와 이것이 바로 현재 범부가 보는 대상으
로서의 사실이다. 이렇게 집착할 때 생각들이 마음을 훈습하여 다시 의타성
을 이루고, 이 의타성을 다시 집착하기 때문에 다시 분별성을 이룬다. 이렇
게 순간순간의 허망한 것이 서로를 낳는다.

　"분별성과 의타성이 교대로 서로를 낳는다면 결국 무슨 차이가 있는가?"

　"의타성법(依他性法 : 의타성의 존재)은 심성(心性)이 훈습에 의하기 때문
에 일어나지만 다만 마음의 모습이고 본체는 비어서 실재가 없는 것이다. 분
별성법(分別性法)이란 무명 때문에 의타성의 존재가 허망하다는 것을 모르
고 망령되게 실재 사실로 집착한 것이다. 그러므로 상이한 실체가 서로 낳는
것은 아니지만 허실에 차이가 있기 때문에 분별성법이라고 했다."[13]

"사식은 6식, 7식을 말한다."[14] 진여를 "깨닫지 못한 때문에 동요하
여" 여러 허상이 생긴다. 허상 내에 사식이 있다. 사식은 여러 허상
이 곧 마음에 의해서 일어난 것임을 알지 못하고 실재로 망령되게
집착한다. 본래의 허상은 염탁의타성법이고 허상을 실제 외부 대상
으로 망령되게 집착한 것이 염탁분별성법이다. 염탁분별성이 허상

13) 染濁依他性中, 虛狀法內, 有於似色似識似塵等法. 何故皆名爲似? 以皆一心依熏所
　現故, 但是心相, 似法非實, 故名爲似. 由此似識一念起見之時, 卽與似塵俱起. 故當
　起之時, 卽不知似塵似色等, 是心所作, 虛相無實. 以不知故, 卽妄分別, 執虛爲實.
　以妄執故, 境從心轉, 皆成實事, 卽是今時凡夫所見之事. 如此執時, 卽念念熏心, 還
　成依他性 ; 於上還執, 復成分別性. 如是念念虛妄, 互相生也. 問曰 : 分別之性與依他
　性, 旣迭互相生, 竟有何別? 答曰 : 依他性法者, 心性依熏故起, 但是心相, 體虛無實.
　分別性法者, 以無明故, 不知依他之法是虛, 卽妄執以爲實事. 是故雖無異體相生, 而
　虛實有殊, 故言分別性法也. (같은 곳, 656-67쪽)
14) 似識者, 卽六七識也. (『대승지관법문』, 『대장경』 46, 642쪽)

을 실제 외부 대상으로 망령되게 집착하는데 이 실제 외부 대상이 즉 현상세계이다. 여기서의 염탁분별성은 유식종에서의 변계소집성이고, 여기서의 염탁의타성은 유식종에서의 의타기성이다. 여기서의 진실성은 유식종에서의 원성실성과 다르고 화엄종에서의 원성실성과 같다.

현상세계 자체는 의타성이나, 그 근본을 따져보면 유구정심의 진실성이 현현한 것이다.『대승지관법문』은 말한다.

> 진심은 모든 범부와 성인의 본체가 되고, 마음의 본체에 모든 법성(法性)이 구비되어 있다. 그러므로 세간(世間)과 출세간(出世間)의 사실이 성립할 수 있는 것은 모두 심성에 그러한 도리가 존재하기 때문이다. 만약 원래 도리가 없었다면 끝내 성립될 수 없었을 것이다.[15]

모든 존재하는 것들은 다 진실성이 현현한 것이니 즉 마음 밖에 존재가 없다(心外無法)는 말이다.

3) 공상식과 불공상식

일체의 존재가 한마음이 나타난 것이라면, 현상세계 속에서 중생들이 보는 내용과 향수하는 내용에 왜 차이가 있는가? 이는 하나의 문제이다.『대승지관법문』은 말한다.

> "모든 범부와 성인은 이미 오직 하나의 마음을 본체로 삼는데 왜 서로 보는 것이 있는가 하면 서로 보지 못하는 것이 있으며, 또 함께 향수하는 것이 있는가 하면 함께 향수하지 못하는 것이 있는가?"

> "모든 범부와 성인이 오직 하나의 마음을 본체로 삼는다는 말은 이 마음의 체상(體相 : 본체와 현상)에 대해서 논한 것인데, 거기에는 두 종류가 있다. 하나는 진여평등심(眞如平等心)이 그 본체이고,……또 하나는 아뢰야식이 그 현상인데……그중에서 두 가지로 분별해야 한다. 즉 공상식(共相識)과 불공상식(不共相識)이 그것이다. 무슨 까닭에 그 구별이 있는가? 진여 본

---

15) 眞心能與一切凡聖爲體, 心體具一切法性. 如卽時世間出世間事得成立者, 皆由心性有此道理也. 若無道理者, 終不可成. (같은 곳, 652쪽)

체 속에 이 공상식성(共相識性)과 불공상식성(不共相識性)이 존재하기 때문
이다. 모든 범부와 성인이 동일한 업을 만들어 그 공상성을 훈습하기 때문에
공상식이 성립된다. 또 하나하나의 범부와 성인이 저마다 각각 다른 업을 만
들어 저 불공상성을 훈습하기 때문에 불공상식이 성립된다.……그러나 이
똑같이 수용되는 땅(산하대지)은 오직 마음의 형상이기 때문에 공상식인 것
이다.……이른바 불공상식이란 모든 범부와 성인의 신체 안의 별보(別報)가
그것이다. 각각의 범부와 성인은 다른 업을 지어 진심을 훈습하기 때문에,
진심의 불공(不共)의 성이 훈습에 의해서 흥기하여 별보로 현현하기 때문에
저마다 차이가 되어 자타가 서로 구별된다. 그러나 이 차이 난 응보(報)는 오
직 마음의 형상이기 때문에 불공상식인 것이다."[16]

중생의 동일한 업이 현현한 사물인 산하대지 등은 동일한 업이 현
현한 것이기 때문에 모두가 볼 수 있고 향수할 수 있는 것이다. 중
생의 다른 업이 나타난 것인 각 개인의 근신(根身) 등은 다만 그 자
신만 사용할 수 있고 타인은 사용할 수 없다. 똑같은 종류의 행위는
그와 동일한 부류의 성을 야기하여 사실로 나타나게 할 수 있다. 따
라서 똑같은 종류의 행위가 많으면 많을수록 그것이 야기한 동일한
부류의 성 역시 더욱 많아진다. 따라서 "각각의 범부와 성인은 지
은 업이 다르기" 때문에 획득한 응보 역시 다른 것이다.

4) 만법의 상호 포섭

현상세계 속의 각 사물, 이른바 사(事)는 만가지로 차이가 있지만
모두 "원융하게 상호 포섭될" 수 있다.『대승지관법문』은 말한다.

---

16) 問曰 : "一切凡聖, 旣唯一心爲體, 何爲有相見者, 有不相見者 ; 有同受用者, 有不同
受用者?" 答曰 : "所言一切凡聖唯以一心爲體者, 此心就體相論之. 有其二種 : 一者
眞如平等心, 此是體也 ;……二者阿梨耶識, 卽是相也.……就中卽合有二事別, 一者
共相識, 二字不共相識. 何故有耶? 以眞如體中, 具此共相識性, 不共相識性故. 一切
凡聖, 造同業熏此共相性故, 卽成共相識也. 若一一凡聖, 各各別造別業, 熏此不共相
性故, 卽成不共相識也.……然此同用之土, 惟是心相, 故言共相識.……所言不共相
者, 謂一一凡聖, 內身別報是也. 以一一凡聖, 造業不同, 熏於眞心. 眞心不共之性,
依熏所起, 顯現別報, 各各不同, 自他兩別也. 然此不同之報, 唯是心相, 故言不共相
識." (같은 곳, 652쪽)

또 하나의 털구멍의 "사물(事)"을 들더라도 그것은 모든 세간과 출세간의 사물을 포섭한다. 하나의 털구멍의 사물을 제시하든 여타의 세간과 출세간의 일체의 존재를 제시하든, 각각의 사물 또한 그와 같이 일체의 세간과 출세간의 사물을 포섭한다. 왜 그런가? 일체의 세간과 출세간의 사물은 즉 저 세간과 출세간의 성(性)을 본체로 삼기 때문이다. 그러므로 세간과 출세간의 성이 그 본체가 융합하여 서로 포섭되기 때문에 세간과 출세간의 사물 역시 "원융하여 서로 포섭되어(圓融相攝)"장애가 없는 것이다.[17]

사물은 성을 본체로 삼는데, 각각의 성은 다 여래장 전체이기 때문에 각각의 사물 또한 여래장 전체가 현현한 것이다. 『대승지관법문』은 또 예를 들어 이들 여러 성과 사물이 상호 융합하여 장애가 없는 이치를 설명했다.

> 승려가 외인에게 질문했다.
> "눈을 감고 신체상의 작은 털구멍을 상상해보라. 그것이 보이느냐?"
> 외인은 하나의 털구멍을 상상하고 이렇게 대답했다.
> "분명히 보입니다."
> "눈을 감고 수십 리 넓이의 큰 성(城)을 상상해보라. 그것이 보이느냐?"
> 외인은 성을 상상해보고 대답했다.
> "내 마음에 분명히 보입니다."
> "털구멍과 성은 그 크기가 다른가?"
> "다릅니다."
> "네가 상상한 털구멍과 성은 다만 마음이 만든 것이 아닌가?"
> "마음으로 만든 것입니다."
> "너의 그 마음에 크기가 있었는가?"
> "마음이란 원래 형체와 모습이 없거늘 어찌 크기가 있겠습니까?"
> "네가 털구멍을 상상할 때 마음을 작게 하느냐 아니면 마음을 전부 사용

---

17) 又復如擧一毛孔事, 卽攝一切世出世事. 與擧一毛孔事, 卽攝一切事. 擧其餘世間出世間中一切所有, 隨一一事, 亦復如是, 卽攝一切世出世事. 何以故? 謂以一切世間出世間事, 卽以彼世間出世間性爲體故. 是故世間出世間性, 體融相攝故, 世間出世間事, 亦卽圓融相攝無礙也. (『대장경』46, 648쪽)

해서 보느냐?"

"마음에는 형체의 크기 구분이 없으니 어떻게 마음을 작게 하여 사용할 수 있겠습니까? 즉 마음 전부를 사용해서 털구멍을 상상했습니다."

"큰 성을 상상할 때 네 마음만 사용했느냐 아니면 타인의 심신(心神 : 영혼)을 함께 사용했느냐?"

"오직 제 마음만 가지고 성을 상상했지 타인의 마음은 없었습니다."

"그렇다면 한 마음의 전체로 오직 작은 털구멍을 상상하고 다시 전체로 큰 성을 상상한 것인데, 마음은 이미 하나이니 크기가 없기 때문이다. 털구멍과 성은 모두 한 마음의 전체를 사용하는 것을 본체로 삼으니, 털구멍과 성은 본체가 융합하여 평등한 것임을 알 수 있다."

이런 의미로 작은 것으로 큰 것을 수렴하니, 크지만 작지 않은 것은 없다. 큰 것으로 작은 것을 수렴하니, 작지만 크지 않은 것은 없다. 따라서 작지만 크지 않은 것은 없으므로 큰 것이 작은 것에 들어가더라도 큰 것은 감소되지 않으며, 크지만 작지 않은 것은 없으므로 작은 것이 큰 것을 포용하더라도 작은 것은 증가되지 않는다. 그러므로 작은 것은 달리 증가함이 없기 때문에 **겨자씨의 옛 바탕은 고쳐지지 않고**, 큰 것은 달리 감소함이 없기 때문에 **수미산의 큰 모습은 옛날과 같다**. 이것이 곧 연기(緣起)에 의거한 의미이다. 마음의 본체의 평등한 의미로 저것을 바라보면 크고 작은 모습은 본래 있지 않으며 생기지도 않고 멸하지도 않는 것은 오직 하나의 진심이다.[18]

---

18) 沙門曰:"汝當閉目, 憶想身上一小毛孔, 卽能見不?"外人憶想一毛孔已, 報曰:"我已了了見也."沙門曰:"汝當閉目, 憶想作一大城, 廣數十里, 卽能見不?"外人想作城已, 報曰:"我於心中了了見也."沙門曰:"毛孔與城, 大小異不?"外人曰:"異."沙門曰:"向者毛孔與城, 但是心作不?"外人曰:"是心作."沙門曰:"汝心有大小耶?"外人曰:"心無形相, 焉可見有大小?"沙門曰:"汝想作毛孔時, 爲減小許心作, 爲全用一心作耶?"外人曰:"心無形段, 焉可減小許用之? 是故我全用一念想作毛孔也."沙門曰:"汝想作大城時, 爲只用自家一心作, 爲更別得他人心神共作耶?"外人曰:"唯用自心作城, 更無他人心也."沙門曰:"然則一心全體, 唯作一小毛孔, 復全體能作大城. 心旣是一, 無大小故. 毛孔與城, 俱全用一心爲體. 當知毛孔與城, 體融平等也."以是義故, 擧小收大, 無大而非小 ; 擧大攝小, 無小而非大. 無小而非大, 故大入小而不減 ; 無大而非小, 故小容大而小不增. 是以小無異增, 故芥子舊質不改 ; 大無異減, 故須彌大相如故. 此卽擧緣起之義也. 若以心體平等之義望彼, 卽大小之相本來非有, 不生不滅, 唯一眞心也. (같은 곳, 650쪽)

수미산은 겨자에 납입될 수 있으며 "겨자씨의 옛 바탕은 고쳐지지 않고 수미산의 큰 모습은 옛날과 같다." 이것은 공간에 대한 말이다. 다시 시간에 대해서『대승지관법문』은 말한다.

"이제 또 너에게 묻겠다. 꿈을 꾼 적이 있는가?"

"꿈을 꾼 적이 있습니다."

"꿈속에서 10년 혹은 다섯 살 때의 일을 경험한 적이 있는가?"

"실제로 여러 해를 경험하거나 열흘 혹은 한 달을 겪었으며 또는 하루를 보내기도 했는데 깨어 있을 때와 차이가 없었습니다."

"깨어나면 얼마 동안 잠을 잤는지 자각하는가?"

"깨어난 다음 타인에게 물어보면 제가 밥 한 그릇 먹을 시간을 잤다고 일러줍니다."

"기이하다! 밥 한 그릇 먹을 시간에 여러 해 동안의 일을 보다니!"

이런 의미에서 깨어 있을 때를 기준으로 꿈을 논하면 꿈속의 긴 시간은 실제가 아니고, 꿈을 기준으로 깨어 있을 때를 논하면 깨어 있을 때의 밥 한 그릇 먹을 시간 또한 허상이다. 깨어 있을 때와 꿈을 정념에 따라 논하면 장단을 각각 상정하여 저마다 실재한다고 말하여 끝내 융합하지 못한다. 깨어 있을 때와 꿈을 이치에 따라 논하면 장단이 서로 포섭하니 긴 때는 짧고 짧은 때는 길어서 장단이 서로 구별되어도 방애되지 않는다. 만약 한 마음으로 저것을 바라보면 장단은 모두 존재하지 않고 본래 평등한 한 마음일 뿐이다. 바로 마음의 본체는 평등하여 길지도 않고 짧지도 않은 만큼, 마음의 본성이 일으킨 장단의 모습은 장단의 실재가 없기 때문에 서로 포섭될 수 있다. 이 긴 시간은 그 자체로 긴 본체가 있고 짧은 시간은 그 자체로 짧은 본체가 있어서, 한 마음이 일으킨 것이 아니라면 장단은 서로 포섭될 수 없다. 또 동일한 마음을 본체로 삼더라도, 긴 시간은 마음을 전부 사용해서 쓰고 짧은 시간은 마음을 감소해서 사용한다고 하면 역시 장단은 서로 포섭될 수 없다. 바로 한 마음의 전체가 짧은 시간도 되고 다시 마음 전체가 긴 시간도 되기 때문에 서로 포섭될 수 있는 것이다. 이런 맥락에서 성인은 평등의(平等義)를 따르기 때문에 삼세(三世) 시절에 장단의 모습을 보지 않고, 연기의(緣起義)를 따르기 때문에 짧은 시간과 긴 시간의 본체는 융합되어 서로 포섭된다

는 것을 안다.[19]

공간에 대해서 말하면 크고 작은 것은 "본체가 융합하여 서로 포섭될" 수 있고, 시간에 대해서 말하면 길고 짧은 것은 "본체가 융합하여 서로 포섭될" 수 있다. 그밖의 여러 성(性)과 여러 사(事) 또한 그러하지 않은 것이 없다. 『대승지관법문』은 말한다.

　　그러므로 경에 "하나하나의 티끌 속에 시방세계의 일체 불국토가 나타나 있다"고 했고, 또 "삼세 일체의 영겁도 이해하면 한순간이다"고 한 것이 그것이다. 또 경에 "과거는 미래이고 미래는 현재이다"고 했는데, 이것은 삼세가 서로 포섭된 것이다. 그밖에 깨끗함과 더러움, 아름다움과 추함, 높음과 낮음, 저것과 이것, 밝음과 어둠, 같음과 다름, 고요와 혼란, 유와 무 등 모든 대립된 존재와 대립되지 않은 존재는 모두 서로 포섭될 수 있는 것들이므로 서로 그 자체로 실재가 없고 흥기하면 반드시 마음에 의지하고 마음의 본체는 이미 융합되고 모습도 장애가 없는 것이다.[20]

각각의 현상이 다 진심 전체가 현현한 것이다는 이 설은 또 진심이 모든 곳에 편재한다는 외도(外道)의 설과는 다르다. 『대승지관법문』은 말한다.

────────

19) "我今又問汝, 汝嘗夢不?" 外人曰: "我嘗有夢." 沙門曰: "汝曾夢見經歷十年五歲時節事不?" 外人曰: "我實曾見歷涉多年, 或經旬日時節. 亦有晝夜, 與覺無異." 沙門曰: "汝若覺已, 自知睡經幾時?" 外人曰: "我既覺已, 借問他人, 言我睡經食頃." 沙門曰: "奇哉! 於一食之頃, 而見多年之事." 以是義故, 據覺論夢, 夢裏長時, 便則不實; 據夢論覺, 覺時食頃, 亦則爲虛. 若覺夢據情論, 即長短各論, 各謂爲實, 一向不融. 若覺夢據理論, 即長短相攝; 長時是短, 短時是長, 而不妨長短相別. 若以一心望彼, 則長短俱無, 本來平等一心也. 正以心體平等, 非長非短; 故心性所起長短之相, 即無長短之實, 故得相攝. 若此長時自有長體, 短時自有短體, 非是一心起作者, 即不得長短相攝. 又雖同一心爲體, 若長時則全用一心而作, 短時即減少許心作者, 亦不得長短相攝. 正以一心全體復作短時, 全體復作長時, 故得相攝也. 是故聖人依平等義故, 即不見三世時節長短之相; 依緣起義故, 即知短時長時體融相攝. (같은 곳, 650-51쪽)

20) 是故經云: "一一塵中, 顯現十方一切佛土." 又云: "三世一切劫, 解之即一念." 即其事也. 又復經言: "過去是未來, 未來是現在." 此是三世以相攝. 其餘淨穢好醜, 高下彼此, 明暗一異, 靜亂有無等, 一切對法及不對法, 悉得相攝者, 蓋由相無自實, 起必依心, 心體既融相亦無礙也. (『대장경』 46, 650쪽)

"진심이 모든 곳에 편재한다는 설은 외도에서 주장한 신아(神我 : 아트만)가 모든 곳에 편재한다는 설과 그 의미가 어떻게 다른가?"

"외도의 주장은 마음 바깥에 대상(法)이 존재하여 대소, 원근, 삼세, 육도가 역력히 실재한다고 여기지만 신아는 미묘하고 광대하기 때문에 마치 허공처럼 모든 곳에 편재하므로 여기서는 실재 사물의 모습은 신아와 다르고 신아의 모습은 실재 사물과 다르다. 사물이 나라고 상정하고 나와 사물이 하나라고 하더라도, 사물을 실재라고 집착하기 때문에 저것(사물)과 이것(신아)은 융합되지 못한다.

불법(佛法)은 이와 다르다. 일체 존재는 모두 마음에 의해서 지어진 것이나 심성의 연기는 모습의 차별이 없지 않다. 다시 모습의 차별이 있기는 하나 오직 한 마음을 본체로 삼고 본체를 작용으로 삼기 때문에 실제(實際)는 이르지 않는 곳이 없다. 이것은 (외도처럼) 마음 밖에 실재 사물이 있고 마음이 그 속에 편재한다는 것을 일컬어 이른다고 부른 것이 아니다."[21]

마음 밖에 실재 존재는 없다. 따라서 모든 현상은 다 마음이 현현한 것이지만 마음이 모든 곳에 편재한다고 할 수 없다. 이것이 이 설과 보통 말하는 범신론(汎神論)과의 차이점이다.

5) 지관

이로부터 우주와 인간에 대한 우리의 보통 의견은 모두 미망(迷妄)임을 알 수 있다. 이 때문에 생사를 유전(流轉)하고 여러 번뇌를 받는다. 이 미망을 깨뜨리고 유전을 벗어나려고 하면 수행공부를 통해서 우리 본심 속의 정성(淨性)이 현현될 수 있게 해야 한다. 필요한 수행공부는 지(止)·관(觀)의 두 문(門)이 있다.*『대승지관법

---

21) 問曰 : "……此則眞心遍一切處, 與彼外道所計神我遍一切處, 義有何異耶?" 答曰 : "外道所計, 心外有法. 大小遠近, 三世六道, 歷然是實. 但以神我微妙廣大, 故遍一切處, 猶如虛空. 此卽見有實事之相異神我, 神我之相異實事也. 設使卽事計我, 我與事一. 但彼執事爲實, 彼此不融. 佛法之內, 卽不如是. 知一切法, 悉是心作. 但以心性緣起, 不無相別. 雖復相別, 其唯一心爲體. 以體爲用, 故言實際無處不至. 非謂心外有其實事, 心遍在中, 名爲至也."(같은 곳, 650쪽)
* 『신편』Ⅳ, 212쪽 : 현학의 방법은 "변명석리(辯名析理)"이고, 불학의 방법은 "지

문』은 말한다.

지(止)란 무엇인가? 일체제법은 본래부터 본성 자체로 있지 않으니 생기지도 멸하지도 않지만, 허망한 인연 때문에 있지 않으나 있고 저 유의 존재는 유이면서 유가 아니며 오직 한 마음이며 이 마음의 본체에는 분별이 없음을 알아 이와 같이 관찰하여 망념이 방탕하지 않게 하는 것이 지(止)이다.

관(觀)이란 무엇인가? (일체제법은) 본래 생기지 않기에 지금 소멸하는 것도 아니고 마음의 본성은 조건에 따라 일어나므로 마치 환상과 꿈처럼 유가 아니지만 유인 것처럼 허망하게 세상에 작용함을 아는 것이 관(觀)이다.[22]

○관문(觀門)에서는 삼성(三性)의 성립은 조건에 따라 존재하고, 지문(止門)에서는 삼성을 제거해야 삼무성(三無性)에 들어갈 수 있음을 알아야 한다. 삼무성에 든다고 함은 분별성을 제거하면 무상성(無相性)에 들어가고, 의타성을 제거하면 무생성(無生性)에 들어가고, **진실성을 제거하면** 무성성(無性性)에 들어간다는 뜻이다.……

수건에 본래 토끼는 없는 경우와 같다. 진실성법(眞實性法) 역시 그러하니 오직 하나의 정심(淨心)일 뿐이고 자성은 (차별적) 형상을 벗어나 있다. 여기에 마술사가 요술을 부리면 수건은 토끼로 나타난다. 의타성법(依他性法) 역시 그러하니 미망이 진성(眞性)을 훈습하면 육도의 형상이 나타난다.

우매한 소인은 무지(無知)하여 토끼가 실재한다고 말한다. 분별성법(分別

관"이다. 관은 관찰인데, 모든 사물은 시시각각 생멸 속에 있고 일체 사물은 다 여러 조건이 화합한 것이며 조건이 모이면 다시 생기고 조건이 흩어지면 멸함을 관찰하는 것이다. 현재 우리가 볼 때 어떤 사물의 발생이든 일정한 원인이 있고 일정한 조건에 의지하니, 오직 그러한 원인과 조건이 다 구비되어야 그것은 비로소 존재할 수 있고 그렇지 않으면 존재할 수 없는데, 이것은 본래 우리의 상식이지만, 불학은 그것을 도리어 일체 사물이 모두 환상이고 진실이 아니라는 것의 증거로 삼았는데, 그점을 주목하여 그점을 공부하는 것이 바로 "관"이다. 이 "관"에 의해서 어떤 사물이 환상이고 실재가 아님을 관찰하면, 환상이고 실재가 아닌 것에 대한 미련과 탐애는 정지시킬 수 있는데, 그것이 곧 "지"이다.

22) 所言止者, 謂知一切諸法, 從本已來, 性自非有, 不生不滅. 但以虛妄因緣故, 非有而有. 然彼有法, 有卽非有. 唯是一心, 體無分別. 作是觀者, 能令妄念不流, 故名爲止. 所言觀者, 雖知本不生, 今不滅, 而以心性緣起, 不無虛妄世用, 猶如幻夢, 非有而有, 故名爲觀. (『대장경』 46, 642쪽)

性法) 역시 그러하니 의식이 미혹에 망령되면 허상을 실재로 집착한다. 그러므로 경에 이르기를 "모든 존재는 환상과 같다"고 했다.

이상이 삼성(三性)의 관문(觀門)을 비유한 것이다.

이 토끼가 수건에 의지하여 있는 듯하나 오직 허상일 뿐 실재는 없으니 무상성(無相性)의 지식도 그와 같음을 안다면, 제법이 마음에 의거하여 있는 듯하나 오직 허상일 뿐 실재의 상성(相性)은 없음을 알 수 있다.

허망한 토끼의 상은 오직 수건일 뿐 수건 위의 토끼는 있어도 있지 않고 본래부터 생기지 않으니 무생성(無生性)의 지식도 그와 같음을 안다면, 허망한 상은 오직 진심일 뿐 마음에 나타난 모습은 있어도 있지 않으니 자성에 생성은 없음을 알 수 있다.

수건은 본래의 실재이니 토끼를 없애야 수건이 되는 것은 아니니, 무성성(無性性)의 지식도 그와 같음을 안다면, 정심은 본성 자체에 있고 이성(二性)이 없는 것을 진실성으로 삼지 않음을 알 수 있다.

이것이 삼무성(三無性)의 지문(止門)을 비유한 것이다.[23]

이른바 "진실성을 제거한다"고 함은 의타성과 분별성의 두 성이 없는 것을 진실성으로 삼는다는 것이 아니라 "다만 진성에 대한 그릇된 진실성을 제거할 뿐 진여의 본체를 소멸한다는 뜻은 아니다"[24]는 말이다. 이 경지에 이르면 "망념이 저절로 멸식되는 것이 진여의 깨달음이고, 다른 어떤 것을 깨닫는 것이 아니니 마치 파도가 멸식되면 곧 물인 경우와 같다."[25]

---

23) 當知觀門, 卽能成立三性, 緣起爲有 ; 止門, 卽能除減三性, 得入三無性. 入三無性者, 謂除分別性, 入無相性 ; 除依他性, 入無生性 ; 除眞實性, 入無性性……譬如手巾, 本來無兎. 眞實性法, 亦復如是 ; 唯一淨心, 自性離相也. 加以幻力, 巾是兎現. 依他性法, 亦復如是 ; 妄熏眞性, 現六道相也. 愚小無知, 謂兎爲實. 分別性法, 亦復如是 ; 意識迷妄, 執虛爲實. 是故經言 : "一切法如幻." 此喩三性觀門也. 若知此兎依巾似有, 惟虛無實. 無相性智, 亦復如是 ; 能知諸法, 依心似有, 惟是虛狀, 無實相性也. 若知虛兎之相, 惟是手巾 ; 巾上之兎, 有卽非有, 本來不生. 無生性智, 亦復如是 ; 能知虛相, 惟是眞心, 心所現相, 有卽非有, 自性無生也. 若知手巾, 本來是有, 不將無兎, 以爲手巾. 無性性智, 亦復如是 ; 能知淨心, 本性自有, 不以二性之無, 爲眞實性. 此卽喩三無性止門也. (같은 곳, 658쪽)
24) 但除此等於眞性上橫執之眞, 非謂除減眞如之體也. (같은 곳)
25) 念卽自息, 名證眞如. 亦無異法來證, 但如息波入水. (같은 곳)

이 경지에 있는 것이 열반에 머무는 것이다. 그러나 제불은 이타(利他)의 견지에서 또 다시 현상세계에 흥기하여 다시 생사의 세계에 들어가 중생을 교화하여 제도한다. 전자가 지문작용(止門作用)이고, 후자가 관문작용(觀門作用)이다.『대승지관법문』은 말한다.

"지관"의 작용이란 무엇인가?

"지(止)" 수행이 완성되면 본체는 정심(淨心)을 깨닫고, 이치가 융합되어 두 성이 없어지므로 중생과 더불어 원융하여 동일한 몸이 된다. 삼보(三寶 : 佛·法·僧)는 이리하여 혼합되어 셋이 아니고 이제(二諦 : 속제·진제)는 자연히 혼합되어 둘이 아니게 된다. 투명한 연못처럼 맑고 깊고 안정되어서, 순수하고 투명한 것이 내면의 고요함이니, 작용하면서도 작용의 모습이 없고 운동하면서도 운동의 모습이 없다. 일체의 존재가 본래 평등하기 때문이고 마음의 본성이 본래 그러하기 때문인데, 이것이 바로 매우 심오한 법성의 본체이다.

"관" 수행이 완성되거나 정심의 본체는 드러나고, 법계무애(法界無礙)의 작용은 자연히 오염되거나 깨끗한 일체의 기능을 낳는다.……

또 "지" 수행이 완성되면 그 마음은 평등하여 생사에 머물지 않으며, "관" 수행이 완성되면 공덕의 작용이 조건에 따라 일어나 열반에 들어가지 않는다. 또 **"지" 수행이 완성되면 큰 열반에 머무르며, "관" 수행이 완성되면 생사의 세계에 처한다.** 또 "지" 수행이 완성되면 세상에 물들지 않으며, "관" 수행이 완성되면 고요에 정체되지 않는다. 또 "지" 수행이 완성되면 작용하면서도 항상 고요하고, "관" 수행이 완성되면 고요하면서도 항상 작용한다.[26]

즉 "다만 그 병집만 제거할 뿐 존재 자체는 제거하지 않으며, 병집

---

26) 止觀作用者, 謂止行成故, 體證淨心. 理融無二之性, 與諸衆生圓同一相之身. 三寶於是混爾無三, 二諦自斯莽然不二. 怕兮凝湛淵淳, 恬然澄明內寂. 用無用相, 動無動相. 蓋以一切法, 本來平等故, 心性法爾故, 此則甚深法性之體也. 謂觀行成故, 淨心體顯, 法界無礙之用, 自然出生一切染淨之能.……又止行成故, 其心平等, 不住生死 ; 觀行成故, 德用緣起, 不入涅槃. 又止行成故, 住大涅槃 ; 觀行成故, 處於生死. 又止行成故, 不爲世染 ; 觀行成故, 不爲寂滯. 又止行成故, 即用而常寂 ; 觀行成故, 即寂而常用. (같은 곳, 661쪽)

은 정념의 집착에 있지 큰 작용에 있지 않다"27)는 말이고, "제법은
유이면서 유가 아님을 알고, 다시 유가 아니면서 유이더라도 모순
되지 않음을 안다"28)는 말이니, 현상세계에 대해서 집착의 마음(執
情)이 없으면 다시 현상세계에 머물더라도 지장이 없다.

6) 제불의 염성

따라서 "각각의 제불(諸佛)은 그 마음의 본체가 훈습에 의해서
열반을 얻을 때도 본체에 있는 염성(染性)의 작용과 모순되지 않는
다."29) 앞의 인용문에 "'지' 수행이 완성되면 큰 열반에 머무르며,
'관' 수행이 완성되면 생사의 세계에 처한다"고 했는데 "생사의 세
계에 처하는 것"이 곧 "염성의 작용"이다. 따라서 제불도 중생과
같은 염성이 있다. 또 중생도 제불과 같은 정성(淨性), 이른바 불성
이 있다. 제불이 수행이 완성된 후에도 여전히 염성이 있는 까닭은
성은 변화될 수 없고 수행의 결과는 다만 염성이 사실로 나타나지
않게 할 뿐 근본적으로 제거할 수는 없기 때문이다.『대승지관법
문』은 말한다.

"여래장은 그 본체에 염성·정성의 두 성이 구비되어 있다고 했는데, 그것
들은 습관에 의해서 만들어진 성입니까 아니면 고칠 수 없는 성입니까?"
"그것은 체용(體用)에서 변경되지 않는 성품이지 습관으로 완성되는 성품
이 아니다. 따라서 위대한 왕인 불성(佛性)은 조작할 수 있는 것이 아니니 어
떻게 습관으로 완성할 수 있겠는가? 불성은 곧 정성이니 이미 조작할 수 없
으므로 염성이 그것과 한몸을 이루는 것은 법계의 자연스러움이고 역시 습
관으로 완성할 수 없는 것이다."30)

정성·염성의 두 성은 고칠 수 없는 성이고 습관으로 성취되는 것이

---

27) 但除其病而不除法. 病在執情, 不在大用. (같은 곳, 653쪽)
28) 雖知諸法有卽非有, 而復卽知不妨非有而有. (같은 곳, 661쪽)
29) 一一諸佛, 心體依熏, 作涅槃時, 而不妨體有染性之用. (같은 곳, 646쪽)
30) 問曰 : "如來之藏, 體具染淨二性者, 爲是習以成性, 爲是不改之性耶?" 答曰 : "此是
體用不改之性, 非習成之性也. 故云 : 佛性大王, 非造作法, 焉可習成也. 佛性卽是淨
性, 旣不可造作, 故染性與彼同體, 是法界法爾, 亦不可習成." (같은 곳, 649쪽)

아니다. 따라서 중생은 염성에 의해서 염사(染事)가 나타나지만 그의 정성은 전혀 파괴되지 않고, 제불은 정성에 의해서 정사(淨事)가 나타나지만 그의 염성 또한 전혀 파괴되지 않는다.『대승지관법문』은 말한다.

> 모든 중생의 마음의 본체는 모든 제불의 마음의 본체이며, 저마다 두 성을 구비하고 있으며, 차별의 형상이 없이 똑같이 평등하며, 예나 지금이나 없어지지 않는다. 다만 염업(染業)이 염성을 훈습하면 생사의 모습이 나타나고, 정업(淨業)이 정성을 훈습하면 열반의 작용이 나타난다.……이런 의미에서 모든 중생과 제불에게 저마다 염성·정성의 두 성이 구비되어 있음은 법계 자체의 모습이니 있지 않은 적이 없다. 다만 훈습력에 의해서 작용이 생김은 선후가 똑같지 않는데, 염업의 훈습의 멸식이 "범부를 바꿈"이고, 정업의 흥기가 "성인을 이룸"이다. 그러나 마음의 본체의 두 성은 사실상 생기거나 멸하지 않는다.……따라서 경에 "청정법(淸淨法) 가운데 어느 것도 증가되는 것을 볼 수 없다"고 했는데, 본래 구비된 성은 청정하여 후천적으로 생긴 것이 아니라는 말이고, "번뇌법(煩惱法) 가운데 어느 것도 감소되는 것을 볼 수 없다"고 했는데, 본래 구비된 성은 오염되어 멸하지 않는다는 말이다.[31]

즉 중생과 제불은 본성 측면에서는 전혀 구별이 없다. 그 차이는 중생은 염업에 의해서 염성을 훈습하므로 생사 등의 염사가 생기고, 제불은 정업에 의해서 정성을 훈습하므로 열반 등의 정사가 생긴다. 그러나 중생은 염사 안에 머물더라도 정성은 전혀 파괴되지 않기에 수시로 정업을 일으켜 정성을 훈습할 수 있고, 제불은 정사 안에 머물더라도 염성은 전혀 파괴되지 않기에 수시로 생사의 세계에 들어가 염용(染用 : 염성의 작용)을 일으킬 수 있다.

---

31) 一一衆生心體, 一一諸佛心體, 本具二性, 而無差別之相. 一味平等, 古今不壞. 但以染業熏染性故, 卽生死之相顯矣. 淨業熏淨性故, 卽涅槃之用現矣.……以是義故, 一一衆生, 一一諸佛, 悉具染淨二性. 法界法爾, 未曾不有. 但依熏力起用, 先後不俱. 是以染熏息, 故稱曰轉凡 ; 淨業起, 故說爲成聖. 然其心體二性, 實無成壞. …… 是以經言 : "淸淨法中, 不見一法增." 卽是本具性淨, 非始有也. "煩惱法中, 不見一法減." 卽是本具性染, 不可減也. (같은 곳, 646쪽)

7) 깨달음과 깨닫지 못함

염성·정성의 두 성 모두 여래장 안에 본유하는 것일진대 정성은 왜 염성과 다른 가치가 있는가? 다시 말해서 왜 반드시 수행하여 성불을 추구해야 하는가?『대승지관법문』에서 말한 "염업은 마음에 어긋나지만(違心)" "정업은 마음에 어울린다(順心)"는 견해가 그 질문에 대한 답이 될 수 있다.『대승지관법문』은 말한다.

> 염업은 마음의 본성에서 생기지만 항상 **마음에 어긋나고** 정업 역시 마음의 본성에서 생기지만 항상 **마음에 어울린다.**……**무명**(無明)의 염법(染法)은 실제로 마음의 본체인 염성에서 일어나건만 (중생은) 본체에 몽매한 까닭에 자신과 외부 대상이 마음에서 일어남을 알지 못하고 또 청정한 본심에 염성·정성의 두 성이 아무 차별적 모습 없이 똑같이 평등하게 구비되어 있음을 알지 못하는데, 이와 같은 이치를 모르기 때문에 "어긋난다(違)"고 했다.
>
> **지혜**(智慧)의 정법(淨法)은 실제로 마음의 본체에서 생기지만 영리해서 **자신과 모든 것이 마음에서 일어남**을 알고 또 마음의 본체에 염성·정성의 두 성이 아무 차별성 없이 똑같이 평등하게 구비되어 있음을 아는데, 이처럼 이치에 맞게 알기 때문에 "어울린다(順)"고 했다.[32]

즉 중생의 염성이 일으킨 염업은 깨닫지 못함에서 생기는데 이 깨닫지 못함이 이른바 "무명"이고, 정성이 일으킨 정업은 우리로 하여금 깨닫게 하는데 이 깨달음이 이른바 "지혜"임을 알 수 있다. 이러한 이유 때문에 정성은 염성과 다른 가치가 있으며, 중생은 수행하여 성불해야 한다. 제불과 중생의 구별은 깨닫고 깨닫지 못함에 있다. 즉 제불은 염성에 의해서 염용을 일으켜 생사의 세계에 들어가더라도 그의 그 행위는 깨달음 안에 있지만, 즉 염사 속에 머물더라도 "자신과 모든 것이 마음에서 일어남"을 알지만, 중생은 염사

---

32) 染業雖依心性而起, 而常違心. 淨業亦依心性而起, 而常順心也.……無明染法, 實從心體染性而起. 但以體闇故, 不知自己及諸境界, 從心而起. 亦不知淨心具足染淨二性而無異相, 一味平等. 以不知如此道理, 故名之爲違. 智慧淨法, 實從心體而起. 以明利故, 能知己及諸法, 皆從心作. 復知心體具足染淨二性, 而無異性, 一味平等. 以如此稱理而知, 故名之爲順. (같은 곳, 646-47쪽)

속에 머물면서도 깨닫지 못하고 있는 만큼 꿈속에 있는 것과 같다고 할 수 있으니 연민할 만한 것이다.

제불이 일으킨 염사가 청정의타성법(清淨依他性法)이고, 그가 그것을 가지고 교화하는 것이 청정분별성법(清淨分別性法)이다. 『대승지관법문』은 말한다.

"염성의 훈습이 소멸되면 본성의 염용(染用)은 더 이상 생사를 일으키지 않는다. 그러면 성불한 후에 그 성은 전혀 작용하지 않는가?"

"그 성은 번뇌(漏)에 의해서 훈습되지 않으므로 생사를 일으키지 않는다. 다만 발심(發心)한 다음은 자비의 원력(願力)의 훈습을 받으므로 다시 교화를 베푸는 계기가 된다. 그 훈습의 결과로 어긋난 마음을 교화하는 작용이 나타난다. 즉 육도(六道)에 함께 나타나 삼독(三毒)에 집착된 중생을 가르치다가 임시로 사멸 등의 괴로운 응보를 받는 것이 청정분별성법이다.……"

"의타성법을 논하면서 왜 분별성을 언급하는가?"

"그 공덕은 자비의 원력에 의해서 훈습되어 일어난 것이므로 의타성법이고, 그 공덕을 조건에 따라 교화로 베푸는 것이 분별성법이다."[33]

이 의타성법과 분별성법은 모두 깨달음 안에 있기 때문에 청정한 것이다. 제불이 정심을 깨닫는 것은 곧 정심의 자각(自覺)이다. 『대승지관법문』은 말한다.

"지혜를 지닌 부처는 정심을 깨닫기 때문에 부처인가? 정심이 자각(自覺)하기 때문에 부처인가?"

"두 의미가 다 있다. 하나는 정심을 깨닫는 것이고, 다른 하나는 정심의 자각이다. 두 의미를 논했으나 본질적인 구별은 없다."[34]

---

33) 問曰 : "性染之用, 由染熏滅故, 不起生死. 雖然成佛之後, 此性豈全無用?" 答曰 : "此性雖爲無漏所熏, 故不起生死. 但由發心以來, 悲願之力熏習故, 復爲可化之機. 爲緣熏示違之用, 亦得顯現. 所謂現同六道, 示有三毒, 權受苦報, 應從死滅等. 即是清淨分別性法.……" 問曰 : "旣言依他性法, 云何名爲分別性?" 答曰 : "此德依於悲願所熏起故, 即是依他性法. 若將此德對緣施化, 即名分別性法也." (같은 곳, 656쪽)

34) 問曰 : "智慧佛者, 爲能覺淨心, 故名爲佛? 爲淨心自覺, 故名爲佛?" 答曰 : "具有二義 : 一者覺於淨心, 二者淨心自覺, 雖言二義, 體無別也." (같은 곳, 642쪽)

이 방면의 논의에서 보면 불학은 헤겔 철학과 흡사한 면이 있다.[35]

8) 천태종과 유식종·화엄종과의 비교

이상에서 천태종의 교의는 『대승지관법문』에 표현된 것처럼 실로 유식종과 화엄종에서 큰 영향을 받았음을 알 수 있다. 천태종에서 말한 여래장 속에 모든 염법·정법의 성이 구비되어 있다고 함은 유식종에서 말한 아뢰야식 속에 모든 종자가 구비되어 있다는 의미이다. 유식종은 식(識)도 조건에 따라 일어나므로(依他起) 그 속의 종자도 조건에 따라 일어난다고 했지만, 『대승지관법문』은 일체의 염법·정법의 본성은 고칠 수 없으니 세간의 모든 악의 본성 역시 고칠 수 없다고 말한다. 또 『대승지관법문』이 영원불변의 진심이 모든 현상의 본체라고 여긴 점은 화엄종과 같다. 앞에 나온 비유로 말하자면 진심은 수건이고 모든 사물은 토끼인데 "수건은 본래의 실재이니 토끼를 없애야 수건이 되는 것은 아니다."〈주23〉 유식종에서 영원불변의 진심을 주장하지 않은 것은 토끼가 없어야 수건이 된다는 입장이다. 화엄종은 하나하나의 사물은 모두 진심 전체의 표현으로 여겼는데, 『대승지관법문』도 그렇게 보았으며 또 각각의 사물이 존재하는 까닭은 여래장 안에 이미 그것의 성이 구비되어 있기 때문이라고 말했다. 여래장 안에 모든 법의 성이 구비되어 있으므로 일체 법의 성은 하나하나가 모두 여래장 전체이고 영원히 그러하고 변경될 수 없는 것이다. 이 점에서 보면 각 사물은 화엄종의 경우보다 더 실재적인데, 공(空)·유(有)에 관한 문제에서 『대승지관법문』은 특히 유를 강조했던 것이다.

최고 경지 내의 활동 문제에 관해서 『대승지관법문』은 극히 명확한 견해를 가졌다. 제불과 중생은 똑같이 염성을 구비하고 있기 때

---

35) 풍우란, 『인생철학(人生哲學)』 제11장 참조.
　　[『인생철학』에 따라 영역본에 보충된 내용 : "헤겔에 따르면 이론이성과 실천이성이 결합되면 객관과 주관의 대립의 함축적 부재(無)는 즉시 뚜렷이 드러난다. 그러면 이성은 주관적 목적은 더 이상 주관적인 것이 아니고 객관적 세계 또한 이성 자신의 진리와 실질에 불과함을 인식하고, 이성은 그 자체로 향하며 드디어 절대적 관념이 된다."]

문에 제불도 중생과 똑같은 염사를 가질 수 있으나, 그 차이는 깨닫고 깨닫지 못함에 있을 뿐이다. 따라서 이 문제에 대한 『대승지관법문』의 주장은 단순히 "고요하지만 항상 통찰하고 통찰하지만 항상 고요하다"[36]고 말한 경우보다 더 구체적이다.

9) 담연의 "무정도 불성이 있다"는 설

하나하나의 사물이 모두 진심 전체가 현현한 것이라는 설을 확장하면 담연(湛然, 711-82)의 "무정(無情)도 불성이 있다"[37]는 주장이 된다.

담연은 천태종의 제9조인 세칭 형계 대사(荊溪大使)로서[38] 「금강비(金剛錍)」를 지어 "무정도 불성이 있다"는 설을 세웠다. 무정이란 초목(草木), 와석(瓦石) 따위를 말한다. "무정도 불성이 있다"고 함은 무정의 사물도 불성이 있다는 말이다. 담연은 말했다.

> 한 티끌의 마음이 곧 모든 생불(生佛)의 심성(心性)임을 알아야 한다.……만법(萬法 : 만물)은 곧 진여(眞如)인데 변하지 않기 때문이요, 진여는 곧 만법인데 인연에 따르기 때문이다.……만법이라는 범주에 미세한 티끌도 배제되지 않거늘 **진여의 본체가 어찌 우리 사람에게만 한정되겠는가?** 즉 물결 없는 물은 없고 습기 없는 물결은 없다[무슨 사물에나 진여의 본체가 내재한다]. 습기[본체]에는 흐리고 맑은 차이가 없으나 물결이 스스로 청탁으로 갈라졌을 뿐이다. **맑은 물결과 탁한 물결이 있지만 같은 본성임에는 차이가 없다. 정보(正 : 正報)로 생긴 것이든 의보(依 : 依報)로 생긴 것이든 진리의 관점에는 사소한 차이도 없다. (불성이) 어떤 조건에서든 영원불변한다고 하면서 다시 무정에는 그것이 없다고 주장하면 어찌 모순이 아니겠는가?**[39]

---

36) 寂而恒照, 照而恒寂. 〈제7장,주4〉

37) 無情有性.

38) 【주】 "속성은 척씨(戚氏)이고 상주(常州) 사람이다." 건중(建中 : 唐나라 德宗 연호) 3년에 세상을 떠났다. (『고승전』, 116쪽)

39) 故知一塵一心, 卽一切生佛之心性.……萬法是眞如, 由不變故. 眞如是萬法, 由隨緣故.……故萬法之稱, 寧隔於纖塵. 眞如之體, 何專於彼我. 是則無有無波之水, 未有不濕之波. 在濕詎間於混澄, 爲波自分於淸濁. 雖有淸有濁, 而一性無殊. 縱造正造依, 依理終無異轍. 若許隨緣不變, 復云無情有無, 豈非自語相違耶? (「금강비」, 『대장경』46, 782쪽)

유식종은 모든 외부 사물은 우리의 식이 현현한 것이라고 여기기 때문에 모든 것은 우리에 의해서 수용된 것들이지 스스로 존재하거나 그 존재의 가치를 가지지 못한다. "정"은 "정보(正報)", "의"는 "의보(依報)"를 뜻한다. "정보"는 우리의 근신(根身 : 몸) 등과 같고 "의보"는 외부의 산하대지 등과 같은데 모두 우리에게 수용되어 존재하는 것들이다. 화엄과 천태의 두 종의 주장에 따르면 모든 것은 진심이 현현한 것이고, 하나하나의 사물은 진심의 전체가 현현한 것이다. 이런 하나하나의 사물은 마치 물 속의 물결이 청탁은 서로 다르지만 습기의 성품은 똑같은 것과 같다. 따라서 "맑은 물결과 탁한 물결이 있지만 같은 본성임에는 차이가 없다. '정보'로 생긴 것이든 '의보'로 생긴 것이든 진리의 관점에는 사소한 차이도 없다"고 했다. 진여는 조건에 따라 각 사물로 나타나지만 각 사물 안에 있어서는 여전히 영원불변하니, "진여의 본체가 어찌 우리 사람에게만 한정되겠는가?" 즉 각 사물마다 그 자신의 존재가 있고 각기 불성이 있다. 그러므로 "(불성이) 어떤 조건에서든 영원불변하다고 하면서 다시 무정에는 그것이 없다고 주장하면 어찌 모순이 아니겠는가?"

그러므로 보통 말하는 무정·유정의 구분은 사실상 이미 존재하지 않는다. 담연은 말했다.

> 깨달은 사람(圓人)은 시종일관 진리는 둘이 아님을 안다. 마음을 벗어난 외부 대상이 없거늘 무엇이 유정(情 : 有情)이고 무엇이 무정(無情)이겠는가?
>
> 법화(法華)의 회중에 그 어떤 것도 배제되지 않는데 초목이든 땅이든 결국 네 원소(四微)로 귀결된다는 점은 차이가 없다. 발을 옮겨 길을 따라가면 누구든 보저(寶渚 : 보물섬, "열반"의 은유)로 나아가고 일순간의 합장도 모두 불인(佛因)을 이룬다. 일승을 받들든 삼승을 받들든 불교 본래의 뜻에 어긋나지 않으니, 어찌 지금에 와서 "무정"은 불성이 없다고 말하는가?[40]

---

40) 圓人始末知理不二, 心外無境, 誰情無情? 法華會中, 一切不隔 ; 草木與地, 四微何殊? 擧足修途, 皆趣寶渚, 彈指合掌, 咸成佛因. 與一許三, 無乖先志. 豈至今日, 云無情無? (같은 곳, 785쪽) [彈指 : 손가락을 튀길 동안의 아주 짧은 시간]

모든 사물에 불성이 있다는 담연의 설은 이미 보았듯이 그 자체의 전제가 있으므로, 일천제도 불성이 있다는 도생(道生)의 설을 일부러 부연한 것이었다고 볼 수는 없다. 전체 철학사에서 볼 때 중국 불학 사상의 이 측면의 발전은 담연에 이르러 극에 달했다고 할 수 있다.

2. 혜능, 신회, 종밀

1) 혜능·신회와 선종

같은 관점에서 도생의 돈오성불설은 선종(禪宗)의 돈문(頓門)에 이르러 극에 달했다. 중국의 선종은 불교철학의 우주론에 대해서는 아무런 공헌도 없지만 불교의 수행방법에 관한 논변은 매우 많다. 이미 살폈듯이 남북조시대에 도생은 "통발을 잊고 물고기를 잡아라", "문득 깨달으면 부처가 된다"[41]의 설을 주장했고, 사령운은 "배워서(學)" 얻는 것은 "깨달음(悟)"과 다르다고 여겼는데, 불교에서 말한 수행의 최고 경지는 한 번 깨달으면 얻을 수 있고 배움을 쌓는 사람 역시 한 번 깨달아야 최고 경지에 도달할 수 있다는 것이다. 이 사상은 그후 더욱 발전되어 마침내 불법에 "교외별전(敎外別傳)"이 있다는, 즉 불교 경전의 가르침 외에 "이심전심(以心傳心)하고 불립문자(不立文字)한" 불법이 있다는 주장이 나왔다. 불교 경전은 통발과 같아서 학인들이 연구할 내용이지만, 자신의 본심이 곧 부처의 법신(法身)임을 깨달으면 배움에 의하지 않고도 즉각 성불할 수 있다는 설을 선양한 것이 중국 선종 중의 돈문이다.*

---

41) "忘筌取魚", "頓悟成佛"〈제7장, 주62〉

* 『신편』IV, 259-60쪽 : "교외별전"의 "교"는 문자나 말에 의한 전수를 말한다. 이른바 "교문(敎門)"들이 이런 부류의 전수이다.……중국 불교의 "교문"들은 저마다의 불교 경전을 근거로 삼아 온갖 번쇄한 주석과 무의미한 쟁론을 벌였다. 그러나 선종은 스스로 불교 경전 이외에 직접 석가모니의 비밀스런 전수를 받았다고 여겨 스스로를 "종문(宗門)"이라고 부르며 저 "교문"과 구별했다. 선종은 교문의 번쇄한 주해와 무의미한 쟁론은 무익하고, 본디 그 어떤 불교 경전에도 근거할 필요가 없고, 근거할 것은 오직 사람 자신의 "본심(本心)"이라고 여겼다.……선종의 전설에 따르면 석가모니의 그 비밀 전수가 "밀의(密意)" 또는 "심법(心法)"인데,

　선종 내에 전술된 선종 역사에 따르면 그 종은 직접 석가모니 부처의 심전(心傳)을 받아 "이심전심했고 문자를 세우지 않았는데(不立文字)",[42] 보리달마(菩提達磨)에 이르러 중국에 전해졌다. 달마는 양(梁)나라 무제(武帝) 때 중국에 와서 중국 선종을 개창한, 중국 선종의 초조(初祖)이다. 달마가 전한 혜가(慧可, 487-593)가 2조, 혜가가 전한 승찬(僧璨, ?-606)이 3조, 승찬이 전한 도신(道信, 580-651)이 4조, 도신이 전한 홍인(弘忍, 602-75)[43]이 5조이다. 5조 이후 선종은 남종과 북종으로 갈라졌다. 북종은 신수(神秀, 606?-706)[44]를, 남종은 혜능(慧能, 638-713)을 6조로 삼았다. 이밖에도 갈라진 파별이 매우 많았다. 남종은 특히 이른바 "돈문"을 중시했다. 혜능은 성이 노(盧)이고 남해(南海) 신흥(新興) 사람인데, 당나라 정관(貞觀) 12년에 기주(蘄州)에서 태어나 홍인에게 배운 뒤 남쪽으로 돌아가 소주(韶州)에서 강학했고, 선천(先天) 2년(713)에 세상을 떠났다. 그의 제자 신회(神會, 670-762)는 성이 고(高)이고 양양(襄陽) 사람이다. 영남(嶺南)에 이르러 혜능에게 배운 뒤 그 학설을 가지고 북상하여 북종을 공격하여 당시를 진동시키자 남종은 마침내 선종의 정통이 되었다. 상원(上元) 원년(760)에 세상을 떠났다.[45] 선종 내에 전술된 선종 역사 중 보리달마와 인도의 전법(傳法) 계통은 꼭 실제의 역사는 아니다. 요컨대 남북조시대에 중국에는 자체로 "돈오성불"설이 있었고 당대(唐代)에 이르러 그 설이 크게 성행한 점은 사실이지만, 그 동안의 전수의 자취는 선종 내에 전술된 선종 역

───────────

그것은 인도에서 27대 동안 전수되다가 달마가 중국에 전한 이후 혜능에 이어졌다고 했다.……그러나 사실상 선종은 혜능이 창시한 것이었다. 선종의 사회적 영향은 혜능을 통해서 비로소 확대되었고 혜능 이후 선종은 기타의 종파를 대체하여, "선"은 마침내 불교의 별명(대명사)이 되었다.

42) 【주】달마가 혜가(慧可)에게 대답한 말이라고 전해져온다.

43) 【주】속성은 주씨(周氏)이고 집안이 회좌(淮左) 심양(潯陽)에 있었는데, 혹은 황매(黃梅) 사람이라고도 한다. 당나라 고종(高宗) 상원(上元) 2년(675)에 죽었다. (『송고승전(宋高僧傳)』, 171쪽)

44) 【주】『송고승전』에 따르면 "속성은 이씨(李氏)이고 현재 동경(東京) 위씨(尉氏) 사람이다.……신룡(神龍) 2년(706)에 죽었다." (『송고승전』, 177-78쪽)

45) 혜능과 신회의 전기는 각각 『송고승전』, 173-76쪽 ; 179-80쪽 참조.

사의 주장처럼 그렇게 정연하고 획일적일 수는 없었다.

현재 전하는 『육조단경(六祖壇經)』은 구설에 따르면 혜능의 말을 제자인 법해(法海)가 모아 기록한 것이다. 호적(胡適) 선생은 최근에 돈황본(燉煌本) 『신회어록(神會語錄)』에 『단경』과 문자가 거의 같은 부분이 여러 곳에 있음을 발견하고 『단경』은 신회 일파의 저작이라고 주장했다. 그 설이 옳은지의 여부는 알 수 없으나 『단경』과 『신회어록』의 문자가 거의 같은 부분이 많음은 사실이므로 여기서는 병합하여 서술한다.*

2) 무념

혜능과 신회가 제창한 수행방법은 "무념(無念)"을 위주로 했다. 『단경』은 말한다.

나의 이 법문은 예전부터 우선 **무념(無念)을 종지로 삼고, 무상(無相)을 본체로 삼고, 무주(無住)를 근본으로 삼았다.** 무상은 형상을 대하며 형상을 벗어나는 것을 뜻하고, 무념은 생각을 대하며 생각이 없는 것을 뜻하고, 무주는 사람의 본성이 세간의 선악, 미추, 원수와 친구를 불문하고, 언어로 다투고 속일 때 모든 것을 공(空)하다고 여겨 보복을 생각하지 않고, 순간순간마다 **앞의 대상(전경)을 생각하지 않음**을 뜻한다.

앞생각, 지금 생각, 뒷생각이 순간순간 서로 이어져 끊어지지 않는 것이 **속박**(繫縛 : 束縛)이니, 모든 대상(法)에 대해서 순간순간에 머물지 않는 것이 속박이 없음인데 이것이 "무주를 근본으로 삼는 것"이다. 선지식(善知識)이여, 외부의 모든 형상을 벗어난 것이 무상이니, **형상에서 벗어날** 수 있으면 법체(法體)는 청정하다는 입장이 "무상을 본체로 삼은 것"이다. 선지식이여, **모**

---

* 『신편』IV, 262쪽 : 선종이 흥기한 사회적 배경으로서……수당(隋唐) 무렵의 농민 의거가 불교 내부의 개혁운동을 형성하자, 불교 경전의 권위는 무너지고 선종 조사들의 어록의 권위가 그것을 대신했다.……『육조단경』은 본래 혜능의 어록이지만 "경"으로 존칭된 것이다.……선종의 어록은 번역 경전에서 사용한 번역 문체 또는 위진과 수당 이래의 병려 문체를 쓰지 않고, 이해하기 쉬운 당시의 통속적 백화를 사용하여 불교와 불학의 중심 사상을 간단명료하고 요점적으로 표현한 것이 특징이다. 이것은 중국불학의 발전이 제3 단계의 특징에 진입하고 선종이 광범하게 유행하게 된 부분적 이유이기도 했다.

든 대상 앞에 마음이 오염되지 않음이 무념이니, 무념이란 스스로 생각에 대해
서 **항상 그 대상으로부터 벗어나** 대상에 마음을 두지 않는 것을 뜻한다. 따라
서 **모든 사물을 생각하지 않고 모든 사념을 멸식하여** 모든 생각을 끊고 죽으면 다
른 곳에서 다른 삶을 받고 태어난다고 생각하는 것은 큰 착각이다.[46)

이른바 "무념"은 "모든 사물을 생각하지 않고 모든 사념을 멸식하
는"것이 아니다. "모든 사물을 생각하지 않는다면"그것 또한 "대
상에 대한 속박"[47)이다. 신회는 말하기를 "성문(聲聞)은, 공(空)을
닦으며 공에 집착하면 공 자체에 속박되고, 선정(定)을 닦으며 선정
에 집착하면 선정 자체에 속박되고, 정좌를 닦으며 정좌에 집착하
면 정좌 자체에 속박되고, 공적을 닦으며 공적에 집착하면 공적 자
체에 속박된다."[48) "모든 사물을 생각하지 않는다"는 입장이 곧 "공
을 닦으며 공에 집착하는"부류이다. "무념"은 "모든 대상 앞에서
마음이 오염되지 않는 것"이고 "항상 그 대상으로부터 벗어나는
것"을 뜻한다.『단경』은 말한다.

　　반야삼매(般若三昧)가 무념이다. 무엇이 무념인가? 모든 것(一切法)을 보
　　면서 마음이 오염되거나 집착하지 않음이 무념이다. 그 작용은 모든 곳에 두
　　루 미치지만 그 어디에도 집착하지 않는다. 오직 본심을 깨끗이 하여 "육식
　　(六識)"이 "육문(六門)"을 지날 때 "육진(六塵)"속에 오염되거나 혼합되지

---

46) 我此法門, 從上已來, 先立無念爲宗, 無相爲體, 無住爲本. 無相者, 於相而離相. 無
　　念者, 於念而無念. 無住者, 人之本性, 於世間善惡好醜, 乃至冤之與親, 言語觸刺欺
　　爭之時, 並將爲空, 不思酬害. 念念之中, 不思前境. 若前念今念後念, 念念相續不斷,
　　名爲繫縛;於諸法上念念不住, 卽無縛也;此是以無住爲本. 善知識, 外離一切相, 名
　　爲無相. 能離於相, 卽法體淸淨;此是以無相爲體. 善知識, 於諸境上心不染曰無念;
　　於自念上常離諸境, 不於境上生心. 若只百物不思, 念盡除却, 一念絶卽死, 別處受
　　生, 是爲大錯. (『대장경』48, 353쪽) [『단경』은 이본이 많다.『단경교석』본의 전반
　　부: "我此法門, 從上已來, 頓漸皆立無念爲宗, 無相爲體, 無住爲本. 何名無相? 無相
　　者, 於相而離相. 無念者, 於念而不念. 無住者, 爲人本性, 念念不住, 前念今念後念,
　　念念相續, 無有斷絶;若一念斷絶, 法身卽離色身. 念念時中, 於一切法上無住, 一念
　　若住, 念念卽住, 名繫縛;於一切上, 念念不住, 卽無縛也. 此是以無住爲本."]
47) 法縛. (『단경』) [縛:묶다, 매어 자유를 속박하다]
48) 聲聞修空住空被空(胡云:空字原無, 疑脫)縛, 修定住定被定縛, 修靜住靜被靜縛, 修
　　寂住寂被寂(胡云:空字原無, 疑脫)縛. (『신회어록』, 72쪽)

않게 하며, **오가는 것이 자유롭고, 널리 작용하여 막힘(거리낌)이 없는 것**이 반야 삼매이고 자유자재한 해탈(自在解脫)이니 곧 무념의 수행이다.[49]

눈, 귀, 혀, 코, 몸, 뜻의 식이 "육식"이다. "육문"은 육식이 의지하는 (감각)기관이고, "육진"은 육식이 취하는 대상인 이른바 "전경 (前境 : 앞의 대상)"이다. 이 육식이 "오가는 것이 자유롭도록" 맡겨두고 오직 대상에 대한 집착과 구애가 없음이 이른바 "전경(앞의 대상)을 생각하지 않음"이다. 대상에 대한 집착과 구애가 없는 것이 "널리 작용하여 막힘(거리낌)이 없는 것"이다. "전경"에 집착하고 구애되면 "앞생각, 지금 생각, 뒷생각"이 전경에 따라 "순간순간이 서로 이어지면" 우리는 전경에 "속박"당한다. 만약 순간순간이 전경에 머물지 않으면 "널리 작용하여 막힘이 없어진다." 순간순간이 전경에 머물지 않는 것이 이른바 "무주(無住)"이다. 이것은 이른바 "형상에서 벗어남(離於相)"이고 이른바 "무상(無相)"이다. 따라서 "무념을 종지로 삼고, 무상을 본체로 삼고, 무주를 근본으로 삼는다"는 『단경』의 말은 사실상 오직 "무념"의 주장이다. "앞생각이 대상에 집착하면 번뇌이나, 뒷생각이 대상을 벗어나면 곧 깨달음이다"[50]는 것이 바로 "돈오성불"의 이론(道)이다.

『단경』은 말한다.

마음의 크기는 허공처럼 광대하여 한계가 없으며, 네모나 둥근 모양도 없고 크기도 없고, 청황적백의 색도 없으며, 상하도 장단도 없고, 성냄도 기쁨도 없고, 옳음도 그름도 없으며, 선도 악도 없고, 머리도 꼬리도 없다. 제불의 국토는 모두 허공과 같으며, 세상 사람들의 오묘한 본성 또한 본래 공하니 하나의 물건(法)도 찾을 것이 없다. 자성(自性)의 진공(眞空) 또한 그와 같다. 선지식이여, 공에 대한 내 설법을 듣고 공에 집착하지 말라. 그 무엇보다도 공에 집착하지 말라. 만일 마음을 텅 비우고 정좌(靜坐)만 한다면 무기

---

49) 般若三昧, 卽是無念. 何名無念? 若見一切法, 心不染著, 是爲無念. 用卽徧一切處, 亦不著一切處. 但淨本心, 使六識出六門, 於六塵中無染無雜, 來去自由, 通用無滯, 卽是般若三昧. 自在解脫, 名無念行. (『대장경』 48, 35쪽)

50) 前念著境卽煩惱, 後念離境卽菩提. (『단경』, 『대장경』 48, 350쪽) 〈제14장, 주81〉

공(無記空)에 집착하는 것이다. 선지식이여, 세계는 텅 비어 있기 때문에 온갖 만물의 현상과 모습을 포괄할 수 있는 것이다. 일월성신과 산하대지 온갖 근원의 샘물과 시냇물, 초목이 빽빽한 숲, 악인과 선인, 악한 것(惡法)과 선한 것(善法), 천당과 지옥, 온갖 큰 바다와 수미산의 산들 이 모두가 빈 곳(空)에 있거니와, 세상 사람의 본성이 공함도 역시 그러하다. 선지식이여, 자성은 모든 존재(萬法)를 포함하니 그야말로 큰 것인데 만법이 사람의 본성 안에 존재하기 때문이다. 그러므로 모든 사람의 악과 선을 볼 때도 취하거나 버리지도 말며, 거기에 물들거나 집착하지도 말라. 마음은 허공과 같기 때문에 "크다"고 했던 것이다.……마음의 크기는 광대하여 두루 법계(法界)에 미치고 그 작용은 아주 뚜렷이 분명하여, 작용하면 곧 모든 것을 알 수 있다. 모든 것이 곧 하나요, 하나가 곧 모든 것이니 왕래가 자유자재하여 **마음의 본체에 막힘이 없는** 것이 바로 반야이다.[51]

진여 안에는 본래 모든 종류의 현상이 들어 있지만 사람이 어떤 현상에 집착하여 그것에 구애되기 때문에 그 마음은 그것에 한정되어 커질 수 없다. 만약 어떤 현상에 집착하여 그것에 구애되지 않는다면 그것에 한정되지 않게 되고 그러면 마음은 한정되지 않게 되는데 이것이 이른바 "마음의 본체에 막힘이 없다"고 함이다. 따라서 "생각이 대상을 벗어나면 곧 깨달음이다"〈주50〉고 했다.

3) 무념에 대한 다른 해석
『단경』은 말한다.

이 법문은 무념(無念)을 종지로 세운다. 선지식이여, 무(無)란 무엇이 없

---

51) 心量廣大, 猶如虛空, 無有邊畔, 亦無方圓大小, 亦非靑黃赤白, 亦無上下長短, 亦無嗔無喜, 無是無非, 無善無惡, 無有頭尾. 諸佛刹土, 盡同虛空. 世人妙性本空, 無有一法可得. 自性眞空, 亦復如是. 善知識, 莫聞吾說空, 便卽著空. 第一莫著空. 若空心靜坐, 卽著無記空. 善知識, 世界虛空, 能含萬物色像. 日月星宿, 山河大地, 泉源溪澗, 草木叢林, 惡人善人, 惡法善法, 天堂地獄, 一切大海, 須彌諸山, 總在空中. 世人性空, 亦復如是. 善知識, 自性能含萬法是大, 萬法在諸人性中. 若見一切人惡之與善, 盡皆不取不捨, 亦不染著. 心如虛空, 名之爲大.……心量廣大, 徧周法界. 用卽了了分明, 應用便知一切. 一切卽一, 一卽一切, 去來自由, 心體無滯, 卽是般若. (같은 곳)

다는 뜻이며, 염(念)이란 무엇을 생각한다는 뜻인가? 무란 두 형상이 없다는 말이니 **모든 번뇌의 마음이 없다**는 뜻이고, 념이란 **진여의 본성에 대한 생각**이다. 진여가 생각의 본체이니 생각은 **진여의 작용**이다. 진여 자성이 생각을 일으키는 것이지, 눈, 귀, 코, 혀가 생각하는 것은 아니다. 진여의 성(性)이 있기 때문에 생각이 일어나는 것이다. 진여가 없으면 눈으로 보는 모습과 귀로 듣는 소리 등은 즉시 없어질 것이다. 선지식이여, 진여 자성이 생각을 일으키기 때문에 육근(六根)이 **보고 듣고 깨닫고 알더라도 모든 대상에 오염되지 않고 진성(眞性)은 항상 변함 없이 존재하는** 것이다.[52]

『신회어록』도 말한다.

　"무념법(無念法 : 무념의 가르침)은 성인의 가르침이다. 범부도 무념법을 닦으면 범부가 아니다."

　"무는 무엇이 없다는 뜻이며, 염(念 : 생각)은 무엇을 생각한다는 뜻입니까?"

　"무는 말할 것이 없다는 뜻이고, 염은 오직 진여만 생각한다는 뜻이다."

　"생각과 진여는 무슨 차이가 있습니까?"

　"아무 차이가 없다."

　"이미 차이가 없다면 왜 진여를 생각한다(念眞如)고 하는 것입니까?"

　"생각은 진여의 작용이고 진여는 생각의 본체이다. 이런 의미에서 무념을 종지로 세운 것이다. 무념을 이해한 사람은 보고 듣고 깨닫고 알더라도 항상 공적(空寂)에 머문다."[53]

이것이 "무념"의 또 다른 해석이다. 이 해석에 따르면 "무"는 "모든 번뇌의 마음이 없다"는 뜻이고, "염"은 "진여의 본성에 대한 생

---

52) 故此法門, 立無念爲宗. 善知識, 無者無何事, 念者念何物? 無者無二相, 無諸塵勞之心 ; 念者念眞如本性. 眞如卽是念之體, 念卽是眞如之用. 眞如自性起念, 非眼耳鼻舌能念. 眞如有性, 所以起念. 眞如若無, 眼耳色聲, 當時卽壞. 善知識, 眞如自性起念, 六根雖有見聞覺知, 不染萬境, 而眞性常自在. (같은 곳, 353쪽)

53) 無念法是聖人法 ; 凡夫修無念法, 卽非凡夫. 問 : 無者無何法? 念者念何法? 答 : 無者無有云然, 念者唯念眞如. 問 : 念與眞如有何差別? 答 : 無差別. 問 : 旣無差別, 何故言念眞如? 答 : 言其念者眞如之用, 眞如者念之體. 以是義故, 立無念爲宗. 若見無念者, 雖有見聞覺知, 而常空寂. (『신회어록』, 79쪽)

각"이다. 우리가 생각마다 늘 진여의 본성에 주목하여 오래되면 이 생각이 "진여의 작용"임을 통찰하게 된다. 생각 또한 "진여의 작용"임을 통찰한다면 모든 "보고 듣고 깨닫고 아는 것" 역시 "진여의 작용"임을 통찰하고, "보고 듣고 깨닫고 알더라도 모든 대상에 오염되지 않고 진성은 항상 변함 없이 존재함"을 알게 된다.

『단경』은 말한다.

> 선지식이여, "좌선(坐禪)"이 무엇인가? 이 법문에서 모든 막힘과 걸림이 없어져 밖으로 모든 선악의 대상에 대해서 마음에 생각을 일으키지 않는 것이 "좌"이고, 안으로 **자성은 동요하지 않음**을 통찰하는 것이 "선"이다.
>
> 선지식이여, "선정(禪定)"이란 무엇인가? 밖으로 형상(의 굴레)을 벗어나는 것이 "선"이요, 안으로 혼란되지 않는 것이 "정"이다. 밖으로 형상에 집착하면 안으로 마음이 혼란되며, 밖으로 형상(의 굴레)을 벗어나면 마음은 혼란되지 않는다. 본성(本性)은 그 자체로 깨끗하고 그 자체로 정립되어 있으나 다만 대상을 보고 대상을 생각하므로 혼란된다. 그러니 모든 대상을 보더라도 마음이 혼란되지 않는 것이 진정한 "정"이다. 선지식이여, 밖으로 형상을 벗어난 것이 "선"이요 안으로 혼란되지 않은 것이 "정"이니, 밖으로 선하고 안으로 정한 것이 "선정"이다.[54]

『신회어록』도 말한다.

> **생각이 일어나지 않고 텅 비어 아무 것도 없는 것**이 정정(正定)이다. 생각이 일어나지 않고 텅 비어 아무 것도 없음을 보는 것이 정혜(正慧)이다. 정(定)을 이룬 때가 혜(慧)의 본체이고 혜를 이룬 때가 정의 작용이다. 정을 이룬 때는 혜와 다르지 않고 혜를 이룬 때는 정과 다르지 않다. 즉 정을 이룬 때는 혜이고 혜를 이룬 때는 정이다. 왜 그런가? 본성이 스스로 예전과 같아지는 것이 정혜(定慧) 등을 배우는 목표이다.[55]

---

54) 善知識, 何名坐禪? 此法門中, 無障無礙, 外於一切善惡境界. 心念不起, 名爲坐 ; 內見自性不動, 名爲禪. 善知識, 何名禪定? 外離相爲禪, 內不亂爲定. 外若著相, 內心卽亂. 外若離相, 心卽不亂. 本性自淨自定, 只爲見境思境卽亂. 若見諸境心不亂者, 是眞定也. 善知識, 外離相卽禪, 內不亂卽定. 外禪內定, 是爲禪定. (『대장경』48, 353쪽)

55) 念不起, 空無所有, 名正定. 能見念不起, 空無所有, 名爲正惠(同慧). 卽定之時是惠

이것이 "무념"의 제3 해석이다. 이에 따르면 "무념"은 "생각이 일
어나지 않음"이다. "생각이 일어나지 않고 텅 비어 아무 것도 없으
면" 오직 "자성은 동요하지 않을" 뿐임을 통찰할 수 있다. 이 "생각
이 일어나지 않음"은 신회가 말한 "억지 생각을 하지 않음"과 같은
것 같다. 『신회어록』은 말한다.

> **억지 생각을 하지 않음**(不作意)이 곧 무념이다. 무념의 본체 자체에 지명(智
> 命)이 있는데, 본래의 지명이 곧 실상(實相)이다. 제불(諸佛)과 보살은 무념
> 을 해탈의 법신(法身)으로 삼는데,……중생의 마음에도 본래 형상은 없다.
> 그런데 이른바 형상이란 곧 망심(妄心)을 말한다. 무엇이 망심인가? 억지로
> 생각한 내용이 마음에 머물러 공(空) 혹은 정(淨)을 취하거나, 마음을 일으
> 켜 깨달음과 열반을 구하려고 하는 것 등이 허망(虛妄)에 속한다. 오직 억지
> 생각을 일으키지 않으면 마음에는 저절로 사물이 없어져 자성이 공적(空寂)
> 해진다. **공적의 본체 위에 자연히 본래의 지혜가 있다**고 함은 지식을 통찰 작용
> 으로 삼는다는 말이다. 따라서 『반야경(般若經)』에 "머무는 곳이 없으면서
> 마음을 낳는다"고 했다. "머무는 곳이 없음"이 본래의 공적(本寂)의 본체요,
> "마음을 낳는다"고 함은 **본래의 지혜(本智)의 작용**이다. 다만 억지 생각을 일
> 으키지만 않으면 저절로 깨달음에 들어간다.[56]

자성의 본체는 본래 스스로 공적(空寂)하니, 억지 생각이 없으면
공적의 자성 본체는 드러난다. 이 "공적의 본체 위에 자연히 본래
의 지혜가 있으니" 본체가 드러나면 "본래의 지혜의 작용"도 드러
난다.

상술한 무념에 대한 세 해석의 의미는 각각 다르다. 혹시 『단경』
이 본래 혜능의 제자들이 기록을 편집한 것이고, 또 『신회어록』의

體, 卽惠之時是定用. 卽定之時不異惠, 卽惠之時不異定. 卽定之時卽是惠, 卽惠之時
卽是定. 何以故? 性自如故. 卽是定惠等學(原作覺, 依胡校改). (『신회어록』, 79쪽)

56) 不作意卽是無念. 無念體上自有智命. 本智命卽是實相. 諸佛菩薩用無念以爲解脫法
身.……然一切衆生心本無相. 所言相者, 並是妄心. 何者是妄? 所作意住心, 取空取
淨, 乃至起心求證菩提涅槃, 並屬虛妄. 但莫作意, 心自無物. 卽無物心, 自性空寂.
空寂體上, 自有本智, 謂知以爲照用. 故『般若經』云: "應無所住而生其心." "應無所
住", 本寂之體 ; "而生其心", 本智之用. 但莫作意, 自當悟入. (『신회어록』, 119쪽)

기록 역시 한 시기의 말이 아니기 때문에, "무념"의 구호에 대한 이러한 각종 해석이 생겼던 것은 아닐까? 상술한 "무념"의 첫째 해석에 의하면 "무념"법을 닦는 일은 실제 일상의 인륜 속에서 행할 수 있다. 이와 같이 해석한 "무념법"은 후대에 심대한 영향을 끼쳤는데, 이것이 다시 한번 바뀌면 송유(宋儒)의 학인 것이다.

이상에서 보건대 혜능과 신회 등이 말한 수행방법은 이론 방면에서 반드시 일관된 해석을 필요로 하지는 않는다. 그들의 학설이 한 시대를 진동시킬 수 있었던 까닭은 "돈오성불(頓悟成佛)"을 주장한 데에 있었다. 『단경』은 말한다.

진정 올바른 반야를 일으켜 관조할 경우 찰나간에 망념(妄念)은 모조리 없어지며, 자성을 인식하여 한 번 깨달으면 곧장 부처의 경지에 이른다.[57]

『신회어록』은 말한다.

가령 주나라 태공(太公)과 은나라 부열(傅說)이 낚시터나 공사판에 있다가 임금의 마음에 들어 필부의 위치에서 졸지에 태보(台輔 : 三公, 재상)의 지위에 오른 것은 어찌 세간의 불가사의한 일이 아니겠는가?
출세간의 불가사의한 일은 무엇인가? 중생의 심중에 탐애와 무명이 완연히 구비되어 있지만 일단 참된 선지식을 만나 한순간 투합하면 바른 깨달음을 성취하니, 이것이 어찌 출세간의 불가사의한 일이 아니겠는가?[58]

이러한 설법은 참으로 간단명료하다고 할 수 있다. 그래서 이후의 선종은 마침내 오직 기봉(機鋒 : 날카로운 말)에 의지하여 사람들로 하여금 말 한마디로 즉각 깨우치게(言下頓悟) 했다.

4) 종밀이 서술한 선종 칠가

이상에서 선종이 중시한 것은 무엇보다 수행방법에 있음을 알 수

57) 若起眞正般若觀照, 一刹那間, 妄念俱滅 ; 若識自性, 一悟卽至佛地. (『대장경』 48, 351쪽) [佛地 : 생사를 초탈하고 번뇌를 멸절한 경지를 말함]
58) 如周太公殷傅說, 皆竿釣板築, 簡在帝心, 起自匹夫, 位頓登台輔, 豈不是世間不思議事? 出世不思議者, 衆生心中具貪愛無明宛然者, 遇眞善知識, 一念相應, 便成正覺, 豈不是出世不思議事? (『신회어록』, 80쪽)

있다. 그들이 논한 수행방법상의 작은 차이에 따라 선종 중에 다시 여러 파별이 생겼다. 선종이 형이상학은 없었으나 그들이 논한 수행방법은 사실상 각각 형이상학적 근거가 있었다. 그들이 논한 수행방법은 어떻게 개인이 우주와 합일하느냐 하는 것이었으므로, 반드시 그들의 심중에 그와 같은 우주관이 있어야 비로소 그와 같은 방법을 논할 수 있었기 때문이다. 다만 그와 같은 우주는 수행자가 깨달음을 얻은 이후에 저절로 알 수 있다고 선종은 여겼다. 따라서 반드시 논할 필요도 없었고 또 논할 수도 없었다. 선종의 여러 파별에서 논한 수행방법은 대동소이했는데 그들의 마음속의 우주가 대동소이했기 때문이다. 선종의 각 파별이 은연중에 근거한 형이상학을 탐색하는 일은 학문상으로 사실상 흥미있고도 중요한 작업이었다. 당시에 그러한 작업을 수행한 사람이 종밀(宗密, 780-841)이다. 『송고승전』은 말한다.

> 종밀은 속성이 하씨(何氏)이고, 과주(果州) 서충(西充) 사람이다. 집안이 본래 부호여서 어려서 유학 서적을 공부했다.……원화 2년(807)에 우연히 수주(遂州)의 원(圓) 선사를 배알했는데 그와 대화를 하기 전부터 종밀은 흔연히 그를 흠모했다.……또 종밀은 여러 종파의 선언(禪言)을 선장(禪藏)으로 편집하여 총괄하는 서문을 썼다.……회창 원년(841) 정월 6일 홍복탑원(興福塔院)에서 앉은 채로 입적했다.……그달 22일에 승려와 속인들이 그의 시신을 규봉(圭峯 : 섬서성 소재 산)에 장사 지냈다. 향년 62세였다.……
>
> 혹자가 "종밀 선사는 선(禪), 율(律), 경론(經論) 중 어디에 속하는가?"라고 묻자 "종밀은 종횡무진으로 활동했기 때문에 한정할 수 없다"고 대답했다.……그래서 배휴(裴休, 797-870)는 찬(讚)에서 "선사가 선 수행을 지키지 않고 경론을 널리 강론했다고 비방하는 자들도 있었다"고 말했다.……요컨대 "요즘 선종을 제대로 이해하지 못한 자들이 종밀이 여러 교종의 경전을 강론했다고 부당하게 헐뜯었다."[59]

---

59) 釋宗密, 姓何氏, 果州西充人也. 家本豪盛, 少通儒書.……元和二年(西曆807年)偶謁 遂州圓禪師 ; 圓未與語, 密欣然慕之.……又集諸宗禪言爲禪藏. 總而序之.……會昌 元年(西曆841年)正月六日坐滅於興福塔院.…… 其月二十二日,　道俗等奉全身於圭

종밀은 화엄종에서 제5조로 간주된다. 그러나 그는 신회 일파의 선학도 받들었고, 늘 "종(宗)"과 "교(敎)"를 화합하는 주장을 했다. "종"은 선종, "교"는 불교 중의 경전의 가르침을 말한다. 그의 전기에 그가 200여 권을 지었다고 했으니 불학의 학자이다. 그의 논술은 매우 방대하여 당시 선종 추종자들의 비판을 받기도 했으나, 그는 학자의 태도로써 당시 선종 중의 파별과 학설을 분석 비교했다. 그가 편집한 선장(禪藏)의 총괄적인 서문(總序)은 『선원제전집도서 (禪源諸詮集都序)』라고 일컬어진다. 이 서문에서 종밀은 선종을 3가(家)로 나누었다. 그러나 『원각경대소(圓覺經大疏)』에서는 선종을 7가로 나누었다. 7가에 대해서 종밀은 말했다.

티끌을 떨어내고 깨끗한 마음[淨心]을 보고 방편으로 경을 이해한다는 종파, **계·정·혜 세 마디에 마음을 쓴다**는 종파, **교의와 행실에 얽매이지 않고 식을 멸한다**는 종파, **감촉하는 것은 모두 도이니 마음 가는 대로 맡긴다**는 종파, **본래부터 일은 없으니 감정을 잊는다**는 종파, **향을 전함에 의지하여 부처를 보존한다**는 종파가 있다. **고요(열반)의 지혜는 본체를 지칭하니 무념을 종지로 삼는다**는 종파는 **이전의 그릇됨을 모두 벗어나 모두 옳은 점만 총괄하여 수렴했다.**[60]

(1) "티끌을 떨어내고 깨끗한 마음을 보고 방편으로 경을 이해한다는(方便通經)" 종파란? 종밀은 말했다.*

7가(家)를 약술한다. 첫째 제1가는 이렇다.……"티끌을 떨어낸다"고 함은 저 게송에 이르기를 "수시로 떨고 닦아내야 한다. 티끌과 먼지를 남겨두지 말아라"고 한 것이 그것이다. 이 의미는 중생은 마치 거울의 맑은 성품처럼 본디 각성(覺性 : 미망을 단절하고 진리를 깨닫는 본성)이 있으나 번뇌가 뒤

峯. 俗齡六十二.……或曰 : "密師爲禪耶? 律耶? 經論耶?" 則對曰 : "夫密者, 四戰之國也, 人無得而名焉."……是故裵休論譔云 : "議者以師不守禪行而廣講經論."……系曰 : "今禪宗有不達而譏密不宜講諸敎典者."(『송고승전』, 124~27쪽)

60) 有拂塵看淨, 方便通經. 有三句用心, 謂戒定慧. 有敎行不拘而滅識. 有觸類是道而任心. 有本無事而忘情. 有藉傳香而存佛. 有寂知指體, 無念爲宗. 偏離前非, 統收俱是. (『속장경(續藏經)』) [拂 : 떨어 없애다, 닦다, 씻다]

* 이하 일곱 문단은 역자가 번호를 붙이고 문단을 분리했다.

덮고 있는 것이니 만약 거울의 티끌처럼 망념을 멸식하여 망념이 없어지면 본성은 온전히 밝아진다는 입장이다. 마치 (구리 거울의) 티끌을 갈고 닦으면 비추지 않는 사물이 하나도 없는 경우처럼.[61]

이것은 선종의 북종(北宗)으로서 신수(神秀) 등이 주장한 것이다. "방편통경(方便通經)"이라고 함은 이 종파는 경전을 이해하는 것을 방편으로 삼는다는 말이다. 종밀은 『선원제전집도서』에서 이 종파를 "식망수심종(息妄修心宗 : 망상을 끊고 본심을 닦는 종파)"으로 판별했다.

(2) "계·정·혜 세 마디에 마음을 쓴다"는 종파란? 종밀은 말했다.

……제2가이다.……세 마디란 무억(無憶 : 추억하지 않음), 무념(無念), 막망(莫忘)이다. 즉 이미 지나간 대상은 추억(追憶)하지 않고, 미래의 일이 잘될지 잘못될지 미리 염려하지 않으며, 항상 지혜와 상응하여 어둡거나 그릇되지 않는 것이 "막망"의 뜻이다. 혹은 외부 대상을 추억하지 않고, 내면의 마음을 생각하지 않고, 의연히 아무 것도 의존하지 않는 것을 말한다("막망"이 이와 같다/종밀). 계·정·혜란 다음으로 삼구에 배당된다. 종지를 밝히는 설명의 방편이 아무리 많더라도 종지의 결론은 이 삼구에 있다.[62]

(3) "교의와 행실에 얽매이지 않고 식을 멸한다"는 종파란? 종밀은 말했다.

……제3가이다.……이 종파는 불교의 의례 일체를 행하지 않았고, 삭발할 때 머리카락 7개는 남겨두고 계율을 받지 않았다. 예참(禮懺), 전독(轉讀), 화불(畵佛), 사경(寫經) 등 모든 것을 폐기하여 모두 망상으로 여기고 머무는 절에는 불사(佛事)를 두지 않았는데, 이것이 "교의와 행실에 얽매이지 않는

---

61) 略敍七家, 今初第一也.……拂塵者, 卽彼本偈云 : "時時須拂拭, 莫遣有塵埃" 是也. 意云 : 衆生本有覺性, 如鏡有明性, 煩惱覆之, 如鏡之塵. 息滅妄念, 念盡卽本性圓明. 如磨拂塵盡鏡明, 卽物無不極.(『원각경대소초(圓覺經大疏鈔)』)

62) ……第二家也.……言三句者, 無憶, 無念, 莫忘也. 意令勿追憶已過之境, 勿預念慮未來榮枯等事, 常與此智相應, 不昏不錯, 名莫忘也. 或不憶外境, 不念內心, 儵然無寄(自註 : '莫忘如上'). 戒定慧者, 次配三句也. 雖開宗演說, 方便多端, 而宗旨所歸, 在此三句.(『속장경』)

다"고 함이다. "식을 멸한다(滅識)"고 함은 수행하는 도를 지칭한다. 생사의
윤회는 모두 마음에서 일어난 것인데, 마음에서 일어난 것이 곧 망념이니 선
악을 막론하고 일어나지 않으면 곧 진리이다. 의례답지 않은 행실로 분별을
추구하면 남의 원망을 사므로 무분별(無分別 : 분별하지 않음)이 곧 오묘한
도이다.……진실로 이 종파의 종지는 무분별을 설했으니 그들의 수행 법문
에는 그릇 것도 없고 옳은 것도 없고 오직 무심(無心)을 오묘함의 극치로 여
겨 중시했는데 이것이 "식을 멸함"의 의미이다.

이상의 3가는 근본은 혜능과 학문이 같고 방계와 정통의 차이만 있다.[63]

(4) "감촉하는 것은 모두 도이니 마음 가는 대로 맡긴다"는 종파
란? 종밀은 말했다.

……제4가이다. 이 파에 따르면 마음의 생김, 생각의 동요, 손가락의 움직
임, 헛기침, 눈썹을 치켜뜸 등의 모든 작위가 전부 불성(佛性) 전체의 작용이
고 그 외에 무슨 제2의 주재자는 없다. 마치 밀가루로 다양한 음식을 만들지
만 각각 모두 밀가루인 것처럼 불성 역시 그러하니, 전체적으로 탐내고 성내
고 어리석고 선악을 행하고 고통과 즐거움을 누리는 것 모두가 불성이다. 그
의미를 추구하건대 사대(四大)로 이루어진 골육, 혀, 이, 눈, 귀, 손, 발 등은
모두 스스로 말하고 보고 듣고 동작할 수 없으니, 한 생각이 일단 정지하면,
온 몸은 아직 죽거나 시들지 않았어도 입은 말하지 못하고 눈은 보지 못하고
귀는 듣지 못하고 다리는 걷지 못하고 손은 움직이지 못하는 만큼, 언어와 동
작에는 반드시 불성이 있음을 알 수 있다. 사대와 골육을 하나하나 세세히 추
론하면 모두 탐내고 성내는 것 등에서 벗어나 있지 않기 때문에 탐내고 성내
는 것 등의 번뇌도 곧 불성이다. 불성은 모든 차별의 모습이 아니지만 모든 차
별의 모습을 낳을 수 있다.……따라서 "감촉하는 것은 모두 도이다"고 했다.

또 "마음에 맡겨둔다"고 함은 업을 종식하고 영혼을 함양하는 수행방법

---

63) 第三家也.……謂釋門事相, 一切不行. 剃髮了便掛七條, 不受禁戒. 至於禮懺轉讀,
畫佛寫經, 一切毀之, 皆爲妄想. 所住之院, 不置佛事, 故云敎行不拘也. 言滅識者,
卽所修之道也. 意謂生死輪轉, 都爲起心. 起心卽妄, 不論善惡, 不起卽眞. 亦不似事
相之行, 以分別爲怨家, 無分別爲妙道.……良由宗旨說無分別, 是以行門無非無是,
但貴無心而爲妙極, 故云滅識也. 上來三家, 根本皆是六祖同學, 但傍正之異耳. (같
은 곳)

을 지칭한다. 즉 마음을 일으켜 악을 짓거나 선을 닦지 않는다는 말이고 도
를 닦지 않는다는 말이다. 도는 곧 마음이니 마음으로써 다시 마음을 닦을
수 없으며, 악도 또한 마음이니 마음으로써 마음을 끊을 수 없기 때문이다.
끊지도 짓지도 않으며 자유자재로 움직이도록 맡겨두는 사람이 해탈한 사람
이고 도량이 큰 사람이다. 얽매일 것은 하나도 없고 조작할 부처는 없다. 왜
그런가? 마음의 본성 바깥에서 획득할 수 있는 것은 하나도 없기 때문이다.
따라서 "마음 가는 대로 맡기는 것이 곧 수행이다"고 말했다.

　　이것은 제3가의 주장과 정반대로 어긋난다. 즉 제3가는 모든 것을 망상으
로 여기고 이 제4가는 모든 것을 진실로 여긴다.[64]

이것은 혜능의 제자 회양(懷讓)과 회양의 제자 도일(道一)이 전한
것이다. 도일의 속성은 마(馬)이고 당시에 마조(馬祖)라고 일컬어졌
다. 이후의 임제종(臨濟宗)과 위앙종(潙仰宗)이 여기에서 나왔다. 종
밀은 『선원제전집도서』에서 이 종파를 "직현심성종(直顯心性宗 :
직접 마음의 자성을 바로 드러내는 종파)" 중의 일파로 판별했다.

　(5) "본래부터 일은 없으니 감정을 잊는다"는 종파란? 종밀은 말
했다.

　　……제5가이다.……"본래부터 일이 없다"고 함은 깨달음의 이치를 지칭
한다. 마음과 대상은 본래 공이니 지금 비로소 고요인 것이 아니다는 말이
다. 미혹이 있기 때문에 증오와 사랑 등의 감정이 생기고, 감정이 생기면 모
든 고통에 얽매여 꿈을 만들고 꿈을 받아들인다. 따라서 본래 차별이 없이
평등함을 깨달으려면 자기를 상실하고 감정을 잊어야 한다. 감정이 잊혀지

---

64)　……第四家也.……起心動念, 彈指謦咳, 揚眉, 因所作所爲, 皆是佛性全體之用, 更
無第二主宰. 如麵作多般飮食, 一一皆麵. 佛性亦爾, 全體貪瞋癡, 造善惡, 受苦樂,
故一一皆性. 意以推求, 而四大骨肉, 舌齒眼耳手足, 並不能自語言見聞動作. 如一念
今終, 全身都未變壞, 卽便口不能語, 眼不能見, 耳不能聞, 脚不能行, 手不能作. 故
知語言作者, 必是佛性. 四大骨肉, 一一細推, 都不解貪瞋. 故貪瞋煩惱, 並是佛性.
佛性非一切差別種種, 而能作一切差別種種.……故云觸類是道也. 言任心者, 彼息業
養神之行門也. 謂不起心造惡修善, 亦不修道. 道卽是心, 不可將心還修於心. 惡亦是
心, 不可以心斷心. 不斷不造, 任運自在, 名爲解脫人, 亦名過量人. 無法可拘, 無佛
可作. 何以故? 心性之外, 無一法可得. 故云 : 但任心卽爲修也. 此與第三家敵對相
違. 謂前則一切是妄 ; 此卽一切是眞. (같은 곳)

면 고난과 액운을 건너기 때문에 감정을 잊는 것을 수행으로 삼았다.

앞의 제4가는 감촉하는 것에 즉시 통달하는 것을 깨달음으로 삼고, 마음에 맡겨두는 것을 수행으로 삼았다. 이 제5가는 본래부터 일이 없다는 것을 깨달음으로 삼고, 감정을 잊는 것을 수행으로 삼았다.

또 제5가는 앞의 두 가와 다른데 이치를 깨닫는 측면에서 보자면 제3가는 모든 것을 망상(妄)으로 여겼고, 제4가는 모든 것을 진실(眞)로 여겼으나, 제5가는 모든 것을 무(無)로 여겼다. 수행 측면에서 보자면 제3가는 마음을 잠복시켜 망상을 멸식한다는 입장이고, 제4가는 마음의 본성에 맡겨둔다는 입장이고, 제5가는 마음을 쉬게 하고 일으키지 않는다는 입장이다. 다시 말해서 제3가는 병을 없앤다는 것이고, 제4가는 병에 맡겨둔다는 것이고, 제5가는 병을 그친다는 것이다.[65]

종밀은 『선원제전집도서』에서 이 종파를 "민절무기종(泯絶無寄宗 : 일체를 단절하고 의지처를 없앤다는 종파)"으로 판별하며 말했다.

민절무기종에 따르면 범부나 성인 등은 모두 꿈이나 환상과 같아서 있지 않고 본래부터 공적(空寂)한 것이고 지금에 비로소 무(無)인 것이 아니니, 이러한 무를 이해하는 지혜는 역시 얻을 수 없다. 평등한 법계(法界)에는 부처도 중생도 없으니, 법계 또한 가명(假名 : 가상의 명칭)이다. 이처럼 마음이 이미 있지 않으니 누가 법계를 논하겠는가? 수행도 없고 수행하지 않음도 없고, 부처도 없고 부처 아닌 것도 없다. 설령 열반보다 우월한 어떤 것이 있다고 해도 나는 역시 꿈이나 환상과 같다고 말한다. 얽매일 대상도 없고, 성취할 부처도 없다. 성취해야 할 어떤 것이 있다고 해도 모두 미망(迷妄)일 뿐이다. 이와 같이 본래 아무런 일(현상)이 없음을 이해하여 마음에 의지처가 없어지면 비로소 전도된 생각에서 벗어나고 비로소 해탈한다.[66]

---

65) ……第五家也.……言本無事者, 是所悟理. 謂心境本空, 非今始寂. 迷之謂有, 所以生憎愛等情. 情生諸苦所繫, 夢作夢受. 故了達本來無等, 卽須喪已忘情. 情忘卽度苦厄, 故以忘情為修行也. 前以觸類是通為悟, 而任心是修. 此以本無事為悟, 忘情為修. 又此與前兩家皆異者, 且就悟理而言者, 第三家一切皆妄, 第四家一切皆眞, 如(疑當作此)則一切皆無. 就行說者, 第三伏心滅妄, 第四縱任心性, 此則休心不起. 又三是滅病, 四是任病, 五是止病. (같은 곳)

66) 泯絶無寄宗者, 說凡聖等法, 皆如夢幻, 都無所有. 本來空寂, 非今始無. 卽此達無之

(6) "향을 전함에 의지하며 부처를 보존한다"는 종파란? 종밀은
말했다.

······제6가이다.······"향을 전한다"고 함은······불법을 전수하려고 할 때
향을 전함으로써 스승의 자격을 신임한다는 것인데, 스승이 손으로 향을 주
고 제자가 다시 스승에게 돌려주면 스승은 다시 제자에게 준다. 이렇게 세
번 반복하는데 다른 사람들도 모두 마찬가지이다.

"부처를 보존한다"고 함은 불법을 전수하려고 할 때 먼저 법문의 이치와
수행의 취지를 설한 연후에 한 글자의 염불을 하게 하고 첫 소리에 생각을
두고 그후 점점 소리를 죽여가다가 아무 소리도 없게 하는데, 지극한 뜻으로
부처를 보냄에 생각이 거칠수록 보내는 마음은 더욱 지극해지므로, 생각마
다 상상을 하여 부처가 항상 마음속에 머물게 한다는 것이다. 그리하여 생각
이 없어질 때까지 이르면 도를 획득한다.[67]

(7) "고요(열반)의 지혜는 본체를 지칭하니 무념을 종지로 삼는
다"는 종파란? 종밀은 말했다.

······제7가이다. 남종(南宗)의 제7조인 하택 대사(荷澤大師)가 전한 것이
다. 만법은 이미 공이고 마음의 본체는 본래 고요하다. 고요는 법신(法身)이
니, 고요에 나아가 알면, 앎은 곧 진지(眞智)이니 곧 보리열반이다.······이것
은 일체 중생의 본원청정심(本源清淨心)이고, 자연 본유(本有)의 법이다.

"무념을 종지로 삼는다"고 함은 이 법이 본래 공적하여 본래 지(知)임을
깨달았으니 이치상 근본에 어울리게 마음을 써야 하고 다시 망념을 일으켜
서는 안 된다는 것이다. 망념을 없애는 것이 곧 수행이기 때문에 이 법문은
무념을 종지로 삼는다.[68]

智, 亦不可得. 平等法界, 無佛無衆生. 卽此法界, 亦是假名. 心旣不有, 誰言法界? 無修
不修, 無佛不佛. 設有一法, 勝過涅槃, 我說亦如夢幻. 無法可拘, 無佛可作. 凡有所作,
皆是迷妄. 如此了達本來無事, 心無所寄, 方免顚倒, 始名解脫. (『대장경』 48, 402쪽)

67) 第六家也.······言傳香者,······欲授法時, 以傳香爲資師之信. 和上手付, 弟子却授和
上, 和上却授弟子. 如是三遍, 人皆如地(疑當作此). 言存佛者, 正授法時, 先說法門
道理, 修行意趣. 然後令一者念佛, 初引意聲由念, 後漸漸沒意微聲, 乃至無聲. 送佛至
意, 意念猶麤, 又送至心. 念念存想, 有佛恒在心中. 乃至無想, 盍得道. (『속장경』)

68) ······卽第七家也. 是南宗第七祖荷澤大師所傳. 謂萬法旣空, 心體本寂, 寂卽法身. 卽

즉 하택 대사 신회가 전한 것이다. 종밀은 『선원제전집도서』에서 이 종파를 "직현심성종" 중의 둘째 파로 판별했다. 그는 『선문사자 승습도(禪門師資承襲圖)』에서 이 종파를 더욱 상세히 서술했다.

하택종은 설명하기 더욱 어렵다.……억지로 설명하자면 제법은 꿈과 같다고 모든 성인이 한결같이 설했다. 따라서 망념은 본래 공적이고 외부의 대상도 본래 공이다. 공적한 마음은 **영명한 지각으로서 어둡지 않다(靈知不昧).** 즉 이 공적한 적지(寂知)는 바로 전에 달마가 전한 공적심(空寂心)이다. 미혹에 맡기든 깨달음에 맡기든 마음은 본래 저절로 아니(통찰하니), 조건에 따라 생기는 것도 아니고 대상에 인하여 일어나는 것도 아니다. 미혹되어 있을 때는 번뇌도 지(知)이지만 지 자체는 번뇌가 아니며, 깨닫고 있을 때는 신비한 전변 또한 지이지만 지 자체는 신비한 전변이 아니다. 그러나 **지(知)라는 한 글자는 모든 신비성의 근원**인데, 이 지를 깨닫지 못하므로 곧 자아의 형상이 일어나고, 자아(주관)와 자아의 대상(객관)을 구별하면 사랑과 미움이 자연히 생긴다. 사람과 미움의 감정에 따르면 곧 선악을 짓게 되고, 선악의 응보로 육도(六道)의 육신을 받아 이 생, 저 생에서 태어나고 태어나 끊임없이 순환한다. 그런데 착한 벗의 계발을 얻으면 공적의(열반의) 지혜를 문득 깨닫는다. 지혜 속에는 생각이 없고 형체가 없거늘 어떻게 나의 형상과 남의 형상이 구별되겠는가? 모든 형상이 공이고 **진심(眞心)은 무념이다**는 것을 깨달으면 **생각이 일어나면 곧 깨닫게 되고 깨달으면 곧 무에 합일한다. 수행의 오묘한 법문**은 오직 여기에 있다. 따라서 온갖 행을 완벽하게 닦더라도 무념을 종지로 삼는다. 오직 무념의 마음을 얻기만 하면 사랑과 미움은 자연히 담담해지고 자비와 지혜는 자연히 더욱 밝아져 죄업(罪業)은 자연히 단절되고 공덕의 행실은 자연히 정진된다. 깨달음의 경우는 모든 형상은 형상이 아님을 보고, 수행의 경우는 수행이 없는 수행(無修之修)이다. 번뇌가 없어지면 생사는 곧 단절된다. 생멸이 이미 소멸하면 고요한 통찰(寂照)이 눈앞에 나타나 무궁하게 작용에 응하게 되니 그것이 곧 부처이다.[69]

寂而知, 知卽眞智, 亦名菩提涅槃.……此是一切衆生本源淸淨心也. 是自然本有之法. 言無念爲宗者, 旣悟此法本寂本知, 理須稱本用心, 不可遂起妄念. 但無妄念卽是修行, 故此一門, 宗於無念. (같은 곳)

69) 荷澤宗者, 尤難言述.……今强言之, 謂諸法如夢, 諸聖同說. 故妄念本寂, 塵境本空.

"무념을 종지로 삼는다"고 함은 『육조단경』과 『신회어록』에 이미 상세히 설명되어 있다. 다만 "'지'라는 한 글자가 모든 신비성의 근원이다"는 설은 『신회어록』에서 그리 언급하지 않았다. "진심은 무념이지만" "영명한 지각으로서 어둡지 않기" 때문에 "생각이 일어나면 곧 깨닫게 되고 깨달으면 곧 무에 합일한다." 이 점은 아마 종밀이 신회의 뒤를 계승 발전시킨 것 같다. 그후 왕양명(王陽明)의 양지설(良知說)이 이와 매우 흡사하다. 다만 양명은 도덕 측면의 "지"만 논했을 뿐이다.

선종은 가르칠 때 문자를 중시하지 않았다. 앞에 서술한 각 종파의 핵심 종지는 종밀이 단지 학자의 자격으로 고찰한 것들이다. 종밀은 말했다.

> 종밀은 성품이 **감회**(勘會)를 좋아했으므로 하나하나 대조해보고 각각의 핵심을 이와 같이 분석했다. 만약 이러한 규정 내용을 가지고 해당 종파의 추종자에게 물어보면 아마도 승인하지 않고, 유를 질문하면 공이라고 대답하고 공을 증명하면 유라고 우길 것이다. 나는 또 모두 그르다고 말했고 모두 얻을 수 없는 것이라고 말했다. 닦거나 닦지 않는다는 주장들이 모두 이와 같은 부류이다. 나의 의도는 사람들이 문자에 얽매이지 않으며 늘 획득한 것에 얽매이지 않도록 하려는 차원에서 부처를 논했던 것이다.[70]

선종의 추종자들은 항상 기봉(機鋒)에 의지해서 사람들이 말 한마디로 문득 깨닫게 했지, 견해를 말과 글로 서술하지 않았다. 오직

空寂之心, 靈知不昧. 卽此空寂寂知, 是前達磨所傳空寂心也. 任迷任悟, 心本自知. 不藉緣生, 不因境起. 迷時煩惱亦知(知下疑脫知字)非煩惱 ; 悟時神變亦知, 知非神變. 然知之一字, 衆妙之源. 由迷此知, 卽起我相. 計我我所, 愛惡自生. 隨愛惡心, 卽爲善惡. 善惡之報, 受六道形. 世世生生, 循環不絶. 若得善友開示, 頓悟空寂之知. 知且無念無形, 誰爲我相人相. 覺諸相空, 眞心無念. 念起卽覺, 覺之卽無. 修行妙門, 唯在此也. 故雖備修萬行, 唯以無念爲宗. 但得無念之心, 則愛惡自然淡薄, 悲智自然增明, 罪業自然斷除, 功行自然精進. 於解則見諸相非相, 於行則名無修之修. 煩惱盡時, 生死卽絶. 生滅滅已, 寂照現前. 應用無窮, 名之爲佛.

70) 宗密性好勘會, 一一曾參, 各搜得旨趣如是. 若將此語, 問彼學人, 卽皆不招承. 問有答空, 徵空認有. 或言俱非, 或言皆不可得, 修不修等, 皆類此也. 彼意常恐墮於文字, 常怕滯於所得, 故隨言拂也. (『선문사자승습도』)

"감회(勘會)를 좋아한" 학자라야 비로소 글로 서술했던 것이다. 감(勘)은 연구, 회(會)는 비교이니 "감회"란 즉 비교 연구의 뜻이다.

종밀은 또 저마다 하나의 비유를 설정하여 여러 종파의 동이(同異)를 다음과 같이 설명했다.

예컨대 마니주(摩尼珠 : 영명한 마음)는 완전 청정하고 맑아서 모든 차별의 색상(色相 : 물질 형상)이 전혀 없고, 그 본체가 맑기 때문에 외부 사물과 마주하면 곧 모든 차별의 색상을 나타낼 수 있다. 색상 자체는 차별이 있으나 맑은 구슬은 결코 변화와 변동이 없다. 구슬에 나타난 색은 수백 가지이겠으나 이제 잠시 맑은 구슬과 서로 반대인 흑색을 취하여 영명한 통찰(知見)과 흑암의 무명(無明)은 서로 어긋나더라도 일체인 측면을 고찰하겠다.

그런데 어떤 사람에 따르면, 구슬이 흑색을 나타낼 때 본체를 통틀어 전부 흑색이니 밝은 것은 전혀 볼 수 없을 경우, 예컨대 어리석은 아이들이나 무식한 촌사람은 오직 흑색의 구슬만 보는데, 누가 "이것은 맑은 구슬이다"고 말하면 무조건 믿지 않고 도리어 그 사람에게 성을 내며 속임수라고 욕하고, 각종의 도리를 설하더라도 끝내 곧이 들으려고 하지 않고, 또 설사 맑은 구슬이라고 기꺼이 믿는 사람이 있더라도 스스로는 그 흑색을 보기 때문에 또한 흑색에 의해서 얽매이고 뒤덮이고 장애되어 있기 때문에 갈고 닦고 씻어내어 그 흑암을 제거해야 비로소 맑은 형상이 출현하니 비로소 직접 맑은 구슬을 볼 수 있다는 것이다. (북종[즉 제1가]의 견해가 이와 같다./종밀)

또 한 부류의 사람들은 손으로 가리키며 "이 거무스름한 것이 맑은 구슬이다"고 말하니 맑은 구슬의 본체는 영원히 보지 못한다. 흑색이 곧 맑은 구슬이고 청황 등의 경우도 마찬가지라고 바로 알게 하려고, 어리석은 사람에게 그 말을 확실히 믿게 하면 오직 검은 형상만 기억하거나 온갖 형상을 곧 맑은 구슬로 인정하게 된다. 혹은 어떤 때는 흑갈색 구슬, 연푸른 구슬, 녹색 구슬, 붉은 구슬, 호박, 백석영 등을 보고 모두 마니주라고 부르고, 혹은 다른 때는 마니주가 전혀 색을 띠지 않고 맑고 투명한 모습을 한 것을 보고 도리어 마니주로 인정하지 않는다. 여러 사물을 인식할 수 있음을 인정하지 않았기 때문에 아마 하나의 맑은 구슬의 모습에 국한되는 것을 두려워했던 모양이다. (홍주종[마조, 제4가]의 견해가 이와 같다./종밀)

또 한 부류의 사람들은 구슬 속의 온갖 색들은 모두 허망하여 전체가 완전히 공하다는 말을 듣고 그 한 알의 맑은 구슬 전부가 그런 공이라고 상정하여, 하나도 얻는 것이 없어야 비로소 달인(達人)이고, 하나라도 인정하면 곧 이해하지 못한 것이다고 말하며, 물질 형상이 모두 공이라는 면이 곧 "불공(不空)의 구슬"임을 깨닫지 못한다. (우두종[제5가]의 견해가 이와 같다./종밀)

곧장 "오직 영롱하고 깨끗하여 완전히 맑아야 비로소 구슬의 본체이니, 그 흑색 또는 일체의 청색과 황색 등은 모두 허망하다"고 함은 어떤가? 올바로 흑색을 볼 때는 흑색은 원래 검지 않고 오직 맑을 뿐이고, 청색은 원래 푸르지 않고 오직 맑을 뿐이고, 또 적색, 백색, 황색 등 역시 모두 그러하고 오직 각각이 맑을 뿐임을 알며, 이미 여러 물질 형상의 장소에서 하나하나 단지 영롱하고 깨끗하여 완전히 맑음만을 보게 되므로 구슬에 대해서 미혹되지 않는다. 일단 구슬에 미혹되지 않으면 흑색에는 이미 흑색이 없으니 곧 맑은 구슬일 뿐이고, 여러 색깔들의 경우도 마찬가지이다. 이처럼 유무가 자유자재하니 맑은 것과 검은 것이 융통하면 다시 무슨 장애가 되겠는가?(하택종[제7가]의 견해가 이와 같다./종밀)

맑은 구슬이 능현(能現 : 현현시키는 주체)의 본체로서 영원히 변하거나 바뀌지 않는다고 인식한 경우(하택종/종밀), 단지 흑색이 구슬이다고 말한 경우(홍주종/종밀), 흑색을 떠나 구슬을 찾는다고 비유한 경우(북종/종밀), 맑은 구슬과 검은 구슬 모두 없다고 여기는 경우(우두종/종밀) 등은 모두 아직 구슬을 보지 못하고 있다.[71]

---

71) 如一摩尼珠, 唯圓淨明, 都無一切差別色相. 以體明故, 對外物時, 能現一切差別色相. 色相自有差別, 明珠不曾變易. 然珠所現色, 雖百千般, 今且取與明珠相違者之黑色, 以況靈明知見, 與黑暗無明, 雖即相違, 而是一體. 謂如珠現黑色時, 徹體全黑, 都不見明. 如癡孩子, 或村野人見之, 直是黑珠. 有人語云 : 此是明珠, 灼然不信. 却嗔前人, 謂爲欺誑. 任說種種道理, 終不聽覽. 縱有肯信是明珠者, 緣自覩其黑, 亦謂言被黑色纏裏覆障. 擬待磨拭揩洗, 去却黑暗, 方得明相出現, 始名親見明珠. (自註 : '北宗[即上第一家]見解如此.') 復有一類人指示云 : 即此黑暗, 便是明珠. 明珠之體, 永不可見. 欲得識者, 即黑便是明珠. 乃至即青黃種種皆是. 致令愚者, 的信此言, 專記黑相, 或認種種相, 爲明珠. 或於異時, 見黑柿子珠, 米吹青珠碧珠, 乃至赤珠, 琥珀, 白石英等珠, 皆云是摩尼. 或於異時, 見摩尼珠, 都不對色時, 但有明淨之相, 却不認之. 以不見有諸色可識故, 疑恐局於一明珠相故. (自註 : '洪州[即馬祖, 上第四家]見解如此.') 復有一類人, 聞說珠中種種色, 皆是虛妄, 徹體全空. 即計此一顆

신회의 학설에 대한 종밀의 인식은 이와 같다. 따라서 신회의 설은 "이전의 그릇됨을 모두 벗어나 모두 옳은 점만 총괄하여 수렴했다" 〈주60〉고 평가했다.[72]

5) 종밀의 "종"과 "교"의 화합

상술했듯이 종밀은 "종" 내의 각 파별을 상세히 분석했다. 『선원제전집도서』에서 종밀은 이 "종" 내의 어떤 파별을 "교" 내의 어떤 파별과 화합시켜(和會 : 절충하여), "종" 내의 어떤 파별이 그런 수양방법을 강구한 까닭은 그것이 은연중에 "교" 중에 어떤 파별의 교의에 근거한 때문이라고 여겼다. 그 책에서 종밀은 선문(禪門)을 첫째 식망수심종(息妄修心宗), 둘째 민절무기종(泯絕無寄宗), 셋째 직현심성종(直顯心性宗)의 3종으로 나누었다. 첫째 식망수심종은 상술한 7가 중에서 제1, 제2, 제3, 제6의 4가를 포괄하며, "남신(南侁)(智侁, 제2가), 북수(北秀)(神秀, 제1가), 보당(保唐)(無住, 제3가), 선십(宣什, 제6가) 등이 모두 이 부류이다"[73]고 말했다. 이 4가는 모두 "대상을 등지고 본심을 관찰하며 망념을 멸식시킬 것"[74]을 주장했으므로 1가로 합했다. 둘째 민절무기종과 셋째 직현심성종은 앞에서 이미 서술했다. "교"에도 첫째 밀의의성설상교(密意依性說相教), 둘째 밀의파상현성교(密意破相顯性教), 셋째 현시진심즉성교

明珠, 都是其空. 便云都無所得, 方是達人. 認有一法, 便是未了. 不悟色相皆空之處, 乃是不空之珠. (自註: '牛頭[卽上第五家]見解如此.') 何如直云: 唯瑩淨圓明, 方是珠體. 其黑色, 乃至一切青黃色等, 悉是虛妄. 正見黑色時, 黑元不黑, 但是其明. 青元不青, 但是其明. 乃至赤白黃等, 一切皆然, 但是其明. 既卽於諸色相處, 一一但見瑩淨圓明, 卽於珠不惑. 但於珠不惑, 則黑既無黑, 黑卽是明珠. 諸色皆爾, 卽是有無自在, 明黑融通, 復何礙哉? (自註: '荷澤[卽上第七家]見解如此.') 若認得明珠是能現之體, 永無變易(自註: '荷澤'). 但云黑是珠(自註: '洪州宗'), 或擬離黑覓珠(自註: '北宗'). 或言明黑都無(自註: '牛頭宗')者, 皆是未見珠也. (『선문사자승습도』)

72) 【주】이후 선종(禪宗)은 임제종(臨濟宗), 위앙종(潙仰宗), 운문종(雲門宗), 법안종(法眼宗), 조동종(曹洞宗)으로 분리되었다. 이들 오종(五宗)은 모두 그 근원으로 혜능을 받들고 있는데, 여기서는 낱낱이 논술하지 않는다.

73) 南侁北秀保唐宣什(等門下), 皆此類也. (『선원제전집도서』)

74) 背境觀心, 息滅妄念. (같은 곳)

(顯示眞心卽性敎)의 3교가 있다.

(1) "밀의의성설상교(密意依性說相敎)"란? 종밀은 말했다.

> 부처가 보는 삼계와 육도는 진성(眞性)의 모습이지만 그것들은 중생이 본
> 성에 미혹되어 일으킨 것이고 별도의 자체의 본체는 없으므로 "의성(依性)"
> 이라고 했다. 그러나 근기가 둔한 자는 끝내 깨닫기 어려운 만큼 그가 본 대
> 상의 모습에 따라 설법하여 점차 제도해야 하므로 "설상(說相)"이라고 했
> 다. 다만 설(說)은 뚜렷이 드러낼 수 없으므로 "밀의(密意)"라고 했다.[75]

이 교는 『원인론(原人論)』에서 논한 인천교(人天敎), 소승교(小乘
敎), 대승법상교(大乘法相敎)(이하 상론)를 포괄한다. 그러나 엄격
히 말하면 "오직 셋째의* 장식파경교(將識破境敎)만이 선문의 식망
수심종과 서로 부합한다."[76] 선종은 또 대승에 속하는 만큼 인천교
나 소승교와 부회할 수 없다. 장식파경교는 대승법상교이다. 선문
의 식망수심종이 은연중에 근거한 형이상학이 이 교의 주장이다.
종밀은 말했다.

> 외부 대상은 모두 공임을 알기에 외부 대상의 사물 현상을 닦지 않고 오직
> 망념을 멸식하고(息妄) 본심을 닦는(修心) 것이다. "식망"이란 아·법의 망념
> 을 멸식하는 것이고, "수심"이란 유식(唯識)의 마음을 닦는 것이다.[77]

대승법상교에 따르면 "식이 몸의 근본인데"〈주94〉 "몽매하기 때문
에 자아와 모든 대상이 있다고 집착한다."[78] 선문의 식망수심종은
자아와 법(모든 대상)에 대한 두 집착의 망념을 멸식하고 유식의 마
음을 닦는 종파이다. 즉 "티끌을 떨어내고 깨끗한 마음을 본다"〈주

---

75) 佛見三界六道, 悉是眞性之相. 但是衆生迷性而起, 無別自體. 故云依性. 然根鈍者卒
　　難開悟, 故且隨他所見境相, 說法漸度. 故云說相. 說未彰顯, 故云密意也. (『선원제
　　전집도서』, 『대장경』 48, 403쪽)

*　"이 교(일의의성설상교) 자체 내에 또 3교, 즉 첫째 인천인과교(人天因果敎), 둘째
　　단혹멸고교(斷惑滅苦敎), 셋째 장식파경교가 있다."(같은 곳)

76) 惟第三將識破境敎, 與禪門息妄修心宗而相符會. (같은 곳)

77) 以知外境皆空, 故不修外境事相, 唯息妄修心也. 息妄者, 息我法之妄; 修心者, 修唯
　　識之心. (같은 곳)

78) 迷故執有我及諸境. (같은 곳)〈주94〉

60〉는 말이다.

　(2) "밀의파상현성교(密意破相顯性敎)"란? 종밀은 말했다.

　　진실된 요의(了義 : 궁극적 진리)에 따르면 망령된 집착은 본래 공하니 다
　시 더 논파할 것이 없다. 무루의 제법은 본래 진성(眞性)이니 조건에 따라 오
　묘하게 작용하여 영원히 단절되지 않으니 다시 또 논파할 수 없다.
　　다만 한 부류의 중생은 허망한 형상에 집착하여 진실성(眞實性 : 진여)을
　장애하므로 그윽한 깨달음을 얻기 어렵다. 따라서 부처는 선과 악, 더러움과
　깨끗함, 자성(본질)과 형상(현상)을 불문하고 일체를 꾸짖고 파괴했다. 진성
　과 오묘한 작용이 없지 않은데도 또 없다고 말했으니 "밀의(密意)"인 것이
　다. 또 본성(본질)을 드러낼(顯性) 의도를 가지므로 "형상(현상)을 논파한다
　(破相)"고 말했다. 뜻은 언어 속에 나타나지 않으므로 "비밀(密)"인 것이다.[79]

이 교는 『원인론』에서 논한 대승파상교(大乘破相敎)이다(이하 상
론). 이 교는 "그 어떤 존재도 일찍이 인연에 따라 생기지 않은 것
은 없으므로 일체의 존재는 공이 아닌 것이 없고", "생사와 열반은
똑같이 환상과 같으니 다만 어느 것에도 머물지 않고 어떠한 집착
도 없는 것이 도에 맞는 행동이다"[80]고 여겼다. 선문의 "민절무기
종"의 "본래부터 일은 없으니 감정을 잊는다"〈주60〉는 수행방법은
은연중에 이 형이상학에 근거하고 있다.

　(3) "현시진심즉성교(顯示眞心卽性敎)"란? 종밀은 말했다.

　　자기의 마음이 곧 진성임을 곧바로 지적하고, 사물의 형상 또는 마음의 형
　상에 근거하여 제시하지 않기 때문에 "즉성(卽性)"인 것이다. 또 밀의를 방
　편으로 삼지 않는다는 의미에서 "현시(顯示)"라고 했다.[81]

---

79) 據眞實了義, 卽妄執本空, 更無可破. 無漏諸法, 本是眞性 ; 隨緣妙用, 永不斷絶, 又
　　不應破. 但爲一類衆生, 執虛妄相, 障眞實性, 難得玄悟. 故佛且不揀善惡垢淨性相,
　　一切呵破. 以眞性及妙用不無, 而且云無, 故云密意. 又意在顯性, 語乃破相. 意不形
　　於言中, 故云密也. (『선원제전집도서』,『대장경』48, 쪽404)
80) 未曾有一法, 不從因緣生, 是故一切法無不是空者.……生死涅槃, 平等如幻. 但以不
　　住一切, 無執無著, 而爲道行. (같은 곳)
81) 直指自心卽是眞性. 不約事相而示, 不約心相而示, 故云卽性. 不是方便隱密之意, 故
　　云顯示也. (같은 곳) [約 :……에 따르다, 준거하다]

이 교는 『원인론』에서 논한 일승현성교(一乘顯性敎)이다(이하 상론). 이 교는 "영명한 지각의 마음이 곧 부처와 다르지 않은 진성임을 개시한다."[82] 선문의 직현심성종의 "생각이 일어나면 곧 깨닫게 되고 깨달으면 곧 무에 합일한다"〈주69〉는 "수행의 오묘한 법문"〈주69〉이 은연중에 근거한 형이상학은 곧 이 교 안에 있다.

이른바 선은 본래 불교 중 수행방법의 일종일 뿐이었다. 그후 선종은 대국(大國)으로 번영했으나 그 논의는 여전히 수행방법을 위주로 삼았으므로, 그 수행방법이 근거한 형이상학은 여전히 "교" 가운데서 구해야 했다. 종밀의 이상의 논의가 꼭 역사적 사실과 맞지는 않더라도 선종을 일종의 학문으로 간주하여 논할 경우 반드시 종밀처럼 "종"과 "교"를 화합하는 그런 방법을 써야 했다.

6) 종밀이 서술한 오교

종밀은 또 『원인론』에서 유가(儒家)와 도가(道家) 및 불교의 각 종파에서 논한 인생의 기원(來源)에 대한 이론을 비교 논술했다.* 맨 먼저 유가와 도가가 견지한 이론을 이렇게 서술했다.

> 유교와 도교에 따르면, 사람과 동물 등의 부류는 모두 허무(虛無)의 대도(大道)가 생성하고 양육한 것이다. 즉 도는 자연을 본받고 원기(元氣)를 낳고, 원기는 천지를 낳고, 천지는 만물을 낳는다. 따라서 (만물의) 우지(愚智), 귀천, 빈부, 고락(苦樂)은 모두 하늘에서 타고나고 시운[時運]에 달려 있다. 따라서 사후에는 다시 천지로 복귀한다. 즉 그 허무로 돌아간다.[83]

종밀은 이 장의* 제목을 「척미집(斥迷執 : 헛된 집착의 배척)」이라고 했는데, 유가와 도가의 그런 이론을 일종의 "미집"으로 여겼다.

---

82) 開示靈知之心, 卽是眞性, 與佛無異. (같은 곳, 405쪽)
 *『신편』IV, 255쪽 : 인간의 본질과 인간의 인식 발전의 각 단계를 논했다.
83) 儒道二敎, 說人畜等類, 皆是虛無大道, 生成養育. 謂道法自然, 生於元氣. 元氣生天地. 天地生萬物. 故愚智貴賤, 貧富苦樂, 皆稟於天, 由於時命. 故死後却歸天地, 復其虛無. (「척미집(斥迷執)」, 『원인론』)
 *『원인론』의 구성 : 「斥迷執」第一(習儒道者), 「斥偏淺」第二(習不了義敎者), 「直顯眞源」第三(佛了義實敎), 「會通本末」第四(會前所斥, 同歸一源, 皆爲正義).

종밀은 이 다음 글에서 이들 이론이 봉착하는 난점을 지적했다. 예컨대 도가 자연을 본받는다면 "만물은 다 자연적으로 생성 변화하고", 반드시 일정한 인연에 의존해서 비로소 생긴 것이 아니니, 그렇게 되면 "돌이 풀을 낳거나 풀이 사람을 낳을 수도 있다"는 말이 된다. "또 천지의 기는 본래 지각이 없는데, 사람은 그 천지의 기를 타고나건만 어떻게 홀연히 일어나 지각을 가질 수 있으며, 반면에 초목 또한 모두 같은 기를 타고나건만 어째서 지각이 없는가?"[84] 이런 부류가 유교와 도교의 "미집"이 봉착하는 곤란이다. 사람이 어떻게 지각을 가지게 되느냐의 문제는 매우 철학적 흥취가 있다. 이전의 중국철학에서 이 문제는 거의 주목받지 못한 것 같다.

종밀은 나아가 불교 중의 각 파별에서 논한 인생의 기원에 대한 이론을 고찰하여 "불교는 천박한 것에서 심오한 것에 이르기까지 대략 다섯 등급이 있으니, 첫째 인천교, 둘째 소승교, 셋째 대승법상교, 넷째 대승파상교, 다섯째 일승현성교이다"[85]고 주장하며, 앞의 네 종파는 "치우치고 천박하다"고 여겨 「척편천(斥偏淺)」장에 배열하고, 끝의 한 종파는 "부처의 궁극적 진리의 참된 가르침(佛了義實教)"으로서 「직현진원(直顯眞源)」장에 배열했다.

(1) 인천교(人天教)란? 『원인론』은 말한다.

　부처는 초심자를 위하여 우선 삼세의 업보의 선악 인과(因果)를 설하여, 상등의 십악(十惡)을 지으면 죽어서 지옥에 떨어지고, 중등의 십악을 지으면 아귀에 떨어지고, 하등의 십악을 지으면 축생에 떨어진다고 말했다. 따라서 부처는 또 사람들이 세속의 오상(五常)의 가르침과 비슷한 오계(五戒: 不殺生, 不偸盜, 不邪淫, 不妄語, 不飮酒)를 지켜 삼도(三途: 三惡道, 지옥·아귀·

---

84) "萬物皆是自然生化," "石應生草, 草或生人", "且天地之氣, 本無知也. 人稟天地之氣, 安得欻起而有知乎? 草木亦皆稟氣, 何無知乎?" (같은 곳)

85) 佛教自淺之深, 略有五等. 一人天教, 二小乘教, 三大乘法相教, 四大乘破相教, 五一乘顯性教. (같은 곳)
　[『신편』IV, 255쪽: 종밀에 따르면 불법(佛法)은 본래 오직 하나만 있으나 부처가 설법할 때의 환경이 달랐던 만큼 설법이 때와 장소에 따라 심천(深淺)과 편전(偏全)의 차이가 생겼고, 심천과 편전의 기준에 따라 불법을 다섯 교로 나눌 수 있다. 이것이 이른바 "교판"이다.]

축생)를 면하고 인도(人道)에 태어나게 했다. 또 상등의 십선(十善)과 보시
와 계율 등을 닦으면 육욕천(六欲天)*에 태어나고, 사선(四禪)과 팔정(八定)
을 닦으면 색계 및 무색계천에 태어난다고 말했다. 따라서 인천교라고 했다.
이 교에서는 업이 몸의 근본이다.[86]

종밀은 이 다음 글에서 이 종파가 봉착하는 난점은 이 종은 오로지
업보만 논하고 업을 짓는 이가 누구인지, 응보를 받는 이가 누구인
지 논하지 않기 때문에 "단지 인천교만 익힌 사람은 업연(業緣)은
믿을지언정 몸의 근본은 통달하지 못한다"[87]고 주장했다.

(2) 소승교(小乘敎)란? 『원인론』은 말한다.

소승교에 따르면 살과 뼈로 된 몸과 사려하는 마음은 태초부터 인연의 힘
에 의해서 순간순간 생멸하여 마치 흐르는 물처럼 타오르는 불처럼 서로 끊
임없이 이어져, 몸과 마음이 거짓으로 화합하여 하나인 것 같고 영원한 것
같아서, 범부는 어리석어 그것을 깨닫지 못하고 자아라고 집착한다. 그 자아
를 소중히 여기기 때문에 탐욕, 성냄, 어리석음의 삼독(三毒)이 일어나고, 그
삼독이 의식을 격발하여 몸과 입을 발동하면 모든 업을 짓게 되니 일단 업은
지어지면 벗어나기 어렵다. 그리하여 오도(五道 : 지옥, 아귀, 축생, 인간, 천
상)에서 고락을 겪는 몸을 받거나 삼계의 좋고 낮은 곳에 태어나게 된다. 다
시 받은 몸에 대해서 여전히 자아라고 집착하여 다시 탐욕 등을 일으켜 업을
짓고 보응을 받는다. 이렇게 몸은 생로병사하여 죽으면 다시 태어나고, 세계
는 **성주괴공**(成住壞空 : 생성, 유지, 파괴, 공허)하여 텅 비게 되면 다시 생성
함으로써 마치 우물물 긷는 도르래처럼 끝도 시작도 없이 영겁 동안 낳고 낳
아 끊임없이 윤회하게 된다.……이 교에서는 **색·심의 두 법**(色心二法) 및 탐

---

* 六欲天 : 인간계 위에 있는, 감각적 욕구가 충족되는 욕계(欲界). (1) 사왕천(四王
天), (2) 도리천(忉利天), (3) 야마천(夜摩天), (4) 도솔천(兜率天), (5) 낙변화천(樂
變化天), (6) 타화자재천(他化自在天)을 말한다.

86) 佛爲初心人, 且說三世業報善惡因果. 謂造上品十惡, 死墮地獄 ; 中品餓鬼 ; 下品畜
生. 故佛且類世常之敎, 令持五戒, 得免三途, 生人道中. 修上品十善及施戒等, 生
六欲天. 修四禪八定, 生色界無色界天. 故名人天敎也. 據此敎中, 業爲身本. (「척편
천」)

87) 故知但習此敎者, 雖信業緣, 不達身本. (같은 곳)

욕, 성냄, 어리석음 등이 근신(根身 : 신체기관)과 기계(器界 : 물질세계)의 근본이 된다.[88]

즉 "색·심의 두 법"*을 세계와 인간의 근본으로 여긴, 이른바 심물이원론(心物二元論)이다. 세계가 "성주괴공"의 네 시기를 거치는 것이 이른바 사겁(四劫)이다. 텅 비면 다시 생성되고 생성되면 다시 텅 비게 되어 이렇게 끊임없이 순환한다. 종밀은 더욱 자세히 서술했다.

> **공겁**(空劫)으로부터 처음 완성되는 세계에 대해서, 게송에 이르기를 "공계(空界)에 큰바람이 일어나 무한대 넓이로 펼쳐져, 두께가 16낙차(洛叉 : 1낙차=1억×7km)이니 금강 방망이(金剛 : 모든 것을 분쇄하는 무기)로도 붕괴시킬 수 없는데, 이것이 지계풍(持界風 : 세계를 지탱하는 바람 바퀴)이다. 광음(光音) 천상에 금장운(金藏雲 : 황금의 구름)이 삼천 세계를 뒤덮고 비가 차축처럼 내렸으나 바람에 막혀 흐르지 못했는데 깊이 11낙차에서 금강계(金剛界)가 형성된다. 다음으로 금장운이 그 안을 비로 채우면 범왕계(梵王界)로부터 야마천(夜摩天)까지 완성된다. 바람이 맑은 물을 치면 수미(須彌)의 일곱 금산[金山]이 만들어지고 그 찌꺼기가 산과 땅, 사주(四洲)와 땅 속이 되고 짠 바다가 외곽을 둘러싸면 기계(器界 : 현실세계)가 완성된다"고 했다.
> 이 시기는 한 번의 **증감**(增減)을 거쳐 둘째 선천[禪天]에서 복이 다하여 아래로 인간으로 태어나 처음에 지병(地餅 : 꿀 등)과 임등(林藤 : 과실 등)을 먹다가 나중에 소화하기 힘든 딱딱한 쌀을 먹게 되면 대소변이 잘 나오고 남녀의 모습으로 구별된다. 그리하여 토지를 나누어 주인을 세우고 신하의 보필을 구하는 등 온갖 차별이 생겨 19증감을 겪으면 앞의 1증감과 합쳐 모두 20

---

88) 小乘教者, 說形骸之色, 思慮之心, 從無始來, 因緣力故, 念念生滅, 相續無窮. 如水涓涓, 如燈焰焰. 身心假合, 似一似常. 凡愚不覺, 執之爲我. 寶此我故, 卽起貪瞋癡等三毒. 三毒擊意, 發動身口, 造一切業, 業成難逃. 故受五道苦樂等身, 三界勝劣等處. 於所受身, 還執爲我, 還起貪等, 造業受報. 身則生老病死, 死而復生. 界則成住壞空, 空而復成. 劫劫生生, 輪廻不絶. 無終無始, 如汲井輪.……據此宗中, 以色心二法, 及貪瞋癡, 爲根身器界之本也. (「척편천」)

* 『신편』IV, 256쪽 : "색·심의 두 법"은 현대철학의 "물질과 정신"과 대략 같다.

증감이 되는데, 이것이 **성겁**(成劫)이다.[89]

즉 『구사론(俱舍論)』의 게송을 인용하여 "공겁"에서 "성겁"에 이르는 세계 발생의 과정을 설명했다. "겁"은 범어로 칼파[kalpa]인데 여기서는 세계의 절기를 구별해서 논했다. "증감"이란 사람의 수명인 84,000세로부터 100년을 지날 때마다 사람의 수명은 1세씩 감소하여 10세까지 감소하면 다시 10세부터 100년마다 1세씩 증가하여 84,000세까지 증가하는 것을 말한다. 이렇게 한번 감소하고 증가하는 것이 1소겁(小劫)이다. 이와 같은 20증감이 1중겁(中劫)을 이룬다. 성주괴공의 4중겁을 합한 것이 1대겁(大劫)이 되는데, 이것이 한 세계의 종시(終始)이다. 성주괴공의 4중겁은 각 겁마다 20증감을 거친다. 종밀은 말했다.

> 주(住)는 주겁(住劫)이니 역시 20증감을 거친다. 괴(壞)는 괴겁(壞劫)이니 역시 20증감을 거치는데 처음 19증감 때 유정(有情)이 붕괴하고 그후 1증감 사이에 기계(器界)가 붕괴하는데, 그 붕괴의 주역은 물, 불, 바람 등의 삼재(三災)이다. 공(空)은 공겁(空劫)이니 역시 20증감을 거치는데 이 사이에 우주의 모든 세계와 모든 유정은 모조리 공무(空無)로 돌아간다.[90]

이것은 본래 인도인이 세계 기원에 대해서 견지한 설인데, 종밀은 이것을 유가와 도가의 설에 부회하여 이렇게 말했다.

> 공계(空界)의 겁(劫)을 도교는 허무의 도라고 지칭했다.* 그러나 도체(導體)는 고요히 통찰하고 영명하게 통하니 허무가 아니다. 그런데 노자는 미혹

---

89) 從空劫初成世界者, 頌曰: "空界大風起, 傍廣數無量. 厚十六洛叉, 金剛不能壞. 此名持界風. 光音金藏雲, 布及三千界. 雨如車軸下, 風遏不聽流. 深十一洛叉, 始作金剛界. 次第金藏雲, 注雨滿其內, 先成梵王界, 乃至夜摩天. 風鼓淸水成, 須彌七金等. 滓濁爲山地, 四州及泥犁. 鹹海外輪圍, 方名器界立." 時經一增減, 乃至二禪福盡, 下生人間, 初食地餠林藤, 後粳米不銷, 大小便利, 男女形別. 分田立主, 求臣佐, 種種差別. 經十九增減, 兼前總二十增減, 名爲成劫. (「척편천」의 자주[自註])

90) 住者住劫, 亦經二十增減. 壞者壞劫, 亦二十增減. 前十九增減壞有情, 後一增減壞器界. 能壞是水火風等三災. 空者空劫, 亦二十增減. 中空無世界, 及諸有情也. (같은 곳)

* 『노자』: "有生於無"(40장) "道生一, 一生二, 二生三, 三生萬物"(42장) 참조.

되었거나 혹은 방편적으로 인욕(人欲)의 단절에 힘썼기 때문에 공계를 도라고 지칭했던 것이다. 공계 속의 큰 바람은 곧 그가 말한 혼돈의 일기(一氣)이다. 따라서 노자는 "도는 하나를 낳는다"고 말했다. "금장운"은 기의 형체의 시작이니 즉 태극이다. "비가 내렸으나 흐르지 못했다"고 함은 음기의 응결을 지칭한다. 음양이 서로 교합하여 비로소 생성이 이루어진다. "범왕계"부터 "수미"에 이르기까지가 그들이 말한 하늘(天)에 해당된다. "찌꺼기"는 땅이니 곧 "하나가 둘을 낳은" 경우이다. "둘째 선천에서 복이 다하여 아래로 태어났다"고 함은 인간을 지칭한다. 즉 "둘이 셋을 낳아" 삼재(三才)가 완비된 것이다. "지병" 이하 "온갖"에 이르기까지는 "셋이 만물을 낳았음"을 말한다. 이것은 물론 삼황(三皇) 이전 시대에 굴에서 살면서 들판의 음식을 먹으며 아직 불을 이용하지 않은 시대에 해당된다.[91]

종밀의 이 주장은 이후 도학가의 우주발생론에 지대한 영향을 끼쳤다. 세계의 생성과 붕괴(成壞)에 대한 소강절과 주자의 이론은 대체로 이것과 거의 같다.

이 소승교는 "색·심의 두 법"을 "몸과 세계의 근본"으로 여겼으니 인천교보다 진일보한 것이다. 그러나 여기서 말한 심은 여전히 사려하는 마음, 즉 전 6식인데, "5식은 조건이 갖추어지지 않으면 일어나지 않고 의식(제6식)은 때로 작용하지 않으며", 무색계천(無色界天)에는 사대(四大)도 없거니와 이렇듯 "색·심의 두 법" 자체에 중단될 때가 있으니 "어떻게 이 몸을 지탱하여 세세히 영속할 수 있겠는가?"[92] 따라서 종밀은 "오로지 이 교만 믿으면 역시 몸의 근원을 밝히지 못한다"[93]고 여겼다.

(3) 대승법상교(大乘法相敎)란? 종밀은 말했다.

---

91) 空界劫中, 是道敎指云虛無之道. 然道體寂照靈通, 不是虛無. 老氏或迷之, 或權設, 務絕人欲, 故指空界爲道. 空界中大風, 卽彼混沌一氣, 故彼云 : 道生一也. 金藏雲者, 氣形之始, 卽太極也. 雨下不流, 陰氣凝也. 陰陽相合, 方能生成矣. 梵王界乃至須彌者, 彼之天也. 滓濁者地, 卽一生二矣. 二禪福盡下生, 卽人也. 卽二生三, 三才備矣. 地餠以下, 乃至種種, 卽三生萬物. 此當三皇已前, 穴居野食, 未有火化等. (같은 곳)

92) "五識闕緣不起 : 意識有時不行", "如何持得此身, 世世不絕?"

93) 專此敎者, 亦未原身.

대승법상교에 따르면, 모든 유정은 태초부터 본래 여덟 가지 식이 있다. 그중에서 제8 아뢰야식이 그 근본인데, 문득 몸(根身)과 세계(器界)의 종자로 변하고, 또 전변하여 7식을 낳고 모든 것은 자기의 인식대상으로만 변해서 나타나니 어느 것도 실재 존재(實法)는 없다.……이는 마치 병자나 꿈꾸는 사람에게 병과 꿈의 영향력 때문에 마음에 온갖 외부 대상의 모습 같은 것이 나타나는 경우와 같다. 꿈을 꿀 때는 외부 대상이 실재로 있다고 집착하지만, 꿈을 깬 후 비로소 모든 것(꿈속의 대상)이 꿈이 전변된 것임을 알게 된다.

내 몸 역시 그러하고 모든 것이 오직 식이 전변한 것이다. **몽매하기 때문에 자아와 모든 대상이 있다고 집착하고** 그로부터 미혹을 일으켜 업을 짓고 끝없이 생사를 거듭한다. 따라서 그 이치를 깨닫고 이해해야 비로소 내 몸은 오직 식이 전변한 것이고 **식이 몸의 근본**임을 알게 된다.[94]

이는 대승상종(大乘相宗)이고 제8장 제2절에서 보았듯이 현장 등이 논한 유식종이다. 이 종파는 끊임없이 이어지는 아뢰야식을 몸의 근본으로 삼았으니 소승교보다 진일보한 것이다. 그러나 또한 난점도 있으니, 다음의 대승파상교가 지적한 바와 같다.

(4) 대승파상교(大乘破相敎)란? 종밀은 말했다.

대승파상교는 이전의 대승·소승의 법상(法相)에 대한 집착을 논파하고 (破), 후술하는 진성(眞性)의 공적(空寂)한 이치를 은밀히 드러낸다. 장차 그 것들을 논파하려고 하면서 먼저 이렇게 힐문했다. "전변한 외부 대상이 이미 허망할진대, 전변의 주체인 식(識)인들 어찌 참될 수 있겠는가?"……

꿈을 꿀 때 꿈속에서의 생각과 꿈속에서의 물건이 마치 능견(能見 : 주관)과 소견(所見 : 객관 대상)의 구별이 있는 것 같지만 이치를 따져보면 모두 똑같이 허망이고 어느 것도 있는 것은 없다. 여러 식 또한 그러한데 모두 온

---

94) 大乘法相敎者, 說一切有情, 無始已來, 法爾有八種識. 於中第八阿賴耶識, 是其根本, 頓變根身器界種子. 轉生七識, 皆能變現自分所緣, 都無實法.……如患夢者, 患夢力故, 心似種種外境相現. 夢時執爲實有外物 ; 寤來方知唯夢所變. 我身亦爾, 唯識所變. 迷故執有我及諸境, 由此起惑造業, 生死無窮. 悟解此理, 方知我身唯識所變, 識爲身本.(「척편천」,『원인론』)

갖 조건에 의탁한 것일 뿐 자성(自性)은 없기 때문이다.……여기서 마음과 대상이 모두 공(空)이어야 비로소 대승의 진실한 이치가 됨을 알 수 있다.
　　이로써 몸의 기원을 찾으면 몸은 원래 공이니 공이 곧 몸의 근본이다.[95]

이는 대승공종(大乘空宗)인데, 제8장 제1절에서 보았듯이 길장이 강론한 것이다. 우리가 꿈을 꿀 때, 꿈속의 사물 즉 꿈속에서 본 사물만 허망한 것이 아니라 꿈속에서의 생각 또한 허망하다. 여기서 추론하면 식이 전변된 대상이 허망한 이상 전변의 주체(能變)인 식 역시 참이 아니다. 일체가 모두 공이라는 것이 이 종파의 주장이다.
　　이 종파 역시 다음의 난점이 있다 : "마음(주관)과 대상(객관)이 모두 없다면(無) 그 없음을 인식하는 것은 누구인가? 또 전혀 실재 존재(實法)가 없다면 무엇에 의해서 저 허망함이 나타나는가?"[96] 즉 진실로 일체가 모두 공이라면 허망 역시 존재할 수 없게 된다. 따라서 종밀은 "이 교는 다만 집착의 망정(執情)만 논파했을 뿐 아직 참된 영명한 본성은 밝히지 못했다"[97]고 여겼다.
　　(5) 직현진원(直顯眞源)은 곧 일승현성교(一乘顯性教)를 지칭한다. 종밀은 말했다.

　　일승현성교에 따르면, 모든 유정은 다 **본각진심**(本覺眞心 : 본래 깨달을 수 있는 참 마음)이 있는데, 그것은 태초부터 영원불변하고(常住) 청정(淸淨)하여, 밝고 밝아 어둡지 않으며 명료하게 항상 통찰하고 있으니, 또한 불성(佛性)이라고도 하고, 여래장(如來藏)이라고도 한다.*

----

95) 大乘破相教者, 破前大小乘法相之執, 密顯後眞性空寂之理. 將欲破之, 先詰之曰 : 所變之境既妄, 能變之識豈眞?……夢時則夢想夢物, 似有能見所見之殊 ; 據理則同一虛妄, 都無所有. 諸識亦爾, 以皆假託衆緣, 無自性故.……是知心境皆空, 方是大乘實理. 若約此原身, 身元是空 ; 空卽身本. (같은 곳)
96) 心境皆無, 知無者誰? 又若都無實法, 依何現諸虛妄? (같은 곳)
97) 此教但破執情, 亦未明顯眞靈之性. (같은 곳)
 * 『신편』IV, 256-57쪽 : "직현진원"의 "진원(眞源)"은 일승현성교에서 말한 "본각진심"[또는 "상주진심(常住眞心)"]이다. 이 "상주진심"은 분명 대승법상교에서 말한 아뢰야식이 아니다. 대승파상교는 이미 모든 사물은 자성이 없으니 허망하고 실재가 없다(虛妄不實)고 천명했기 때문이다. 종밀은 식(識)과 심(心)은 구별되는 것이라고 여겼으나, 어느 점에서 구별되는지는 명확히 설명하지 않았다. 그러나

그런데 [범부는] 태고부터 망상이 저 진심을 덮어 가려 스스로 깨달아 알지 못하고 그저 범부의 바탕만 인정하기 때문에 몸에 집착하고 업을 지어 생사의 고통을 받는다.……그러므로 그 망상을 벗어나면 일체지(一切智), 자연지(自然智), 무애지(無礙智)*가 나타난다.……

미혹(迷)과 깨달음(悟) 모두 똑같은 진심임을 알아야 한다. 위대하다! 오묘한 이 법문이여! 여기에 인간 근원에 대한 탐구의 절정이 있다.[98]

이는 대승성종(大乘性宗)이다. 이 종파는 "본각진심"을 일체의 근본으로 여긴다. 이는 이 장 제1절과 앞 장 제3절에서 보았듯이 천태종과 화엄종의 주장이다. 종밀은 이것을 불교의 요의(了義 : 가장 완벽한 진리)로 여겼다.

종밀은 또 유가와 도가 및 불교 중 앞의 네 종파가 견지한 견해 또한 진리의 일부라고 여겼다. 따라서 그는 「회통본말(會通本末)」장을 세워 다음과 같이 총론했다.

진성(眞性 : 본각진심)이 몸의 근본이지만 그 생성에는 발전과정이 있으니, 아무 까닭 없이 홀연히 이 몸의 모습이 생긴 것이 아니다. 다만 앞의 종파들이 이치를 제대로 이해하지 못했기 때문에 절절이 배척했던 것이다. 이제 본말을 회통하는 입장에서 보면, 유가와 도가도 옳다.

태초부터 오직 하나의 참되고 영명한 본성은 불생불멸하며 증가하지도 감소하지도 않으며 변하지도 바뀌지도 않는 것이다. (오직 다섯째 일승현성교

사실 그점은 명백한 것이니, 아뢰야식은 개체의 심이지만 이른바 "상주진심"은 우주적 심이다. /『대승기신론』과『대승지관법문』등이 스스로 "대승"을 표방한 이후 대승이라는 명칭은 남용되었으므로, 종밀은 "직현진원"의 현성교를 "일승(一乘)"이라고 부름으로써 대승보다 더 높음을 표명했다.

* 一切智 : 모든 법의 진실을 깨닫는 지혜.
  自然智 : 조작하지 않고 사물의 존재 그대로의 모습을 아는 지혜, 혹은 스스로 생긴 무사지(無師智).
  無礙智 : 어떤 것에도 구애되지 않고 모든 것을 자유자재로 통찰하는 지혜.
98) 一乘顯性教者, 說一切有情, 皆有本覺眞心. 無始已來, 常住淸淨, 昭昭不昧, 了了常知. 亦名佛性, 亦名如來藏. 從無始際, 妄想翳之, 不自覺知, 但認凡質, 故耽著結業, 受生死苦.……若離妄想, 一切智, 自然智, 無礙智, 即得現前.……當知迷悟同一眞心. 大哉妙門, 原人至此. (「직현진원」,『원인론』)

의 주장이다. /종밀) 그런데 중생은 태초부터 미혹되어 긴 잠을 자고 있기 때문에 스스로 깨달아 알지 못한다. 진성이 은폐되었기 때문에 여래장이고, 여래장에 의거하기 때문에 생멸하는 심상(心相)이 있다.

(이하는 넷째 대승파상교인데 생멸의 여러 모습을 타파한다. /종밀) 불생 불멸의 진심이 생멸의 망상과 더불어 화합하여 같지도 다르지도 않은 것이 아뢰야식인데, 이 식에는 깨달은 면과 깨닫지 못한 면의 두 의미가 있다.

(이하는 셋째 대승법상교의 주장을 회통한다. /종밀) 깨닫지 못한 면의 의미에서 보면 최초로 생각을 일으킨 것이 업상(業相)인데, 이 생각이 본래 존재하지 않음을 깨닫지 못한 까닭에 능견(能見 : 주관)의 식과 소견(所見 : 객관)의 대상으로 전변하여 나타나는데, 이 대상이 단지 자기 마음에서 허망하게 나타난 것임을 깨닫지 못하고 확실히 있다고 집착하므로 법집(法執)이다.

(이하는 둘째 소승교의 주장을 회통한다. /종밀) 그런 것 등에 집착하기 때문에 드디어 자기와 타인의 차이를 관찰하고 곧 아집(我執)을 형성한다. 자아의 형상에 집착하기 때문에 자기 감정에 맞는 모든 대상은 탐하고 사랑하여 그 애욕으로써 아집을 더욱 확장하고, 자기 감정에 어긋나는 모든 대상은 성내고 혐오하여 손해를 입을까 번뇌한다.

(이하는 첫째 인천교의 주장을 회통한다. /종밀) 따라서 살생과 도둑질 등을 하는 영혼(心神)은 그 악업(惡業)으로 인하여 지옥, 아귀, 축생 등에 태어난다. 또 그런 고통을 두려워하는 자나 혹은 성품이 선한 자가 보시와 계율을 행하면 그 영혼은 그 선업(善業)으로 인하여 중음(中陰 : 죽은 이후 다음 생을 받을 때까지의 존재)을 거쳐서 모태(母胎) 속으로 들어간다.

(이하는 유가와 도가의 주장을 회통한다. /종밀) **기질을 타고나는데**(稟氣受質)(그들의 주장을 회통하여 기를 근본으로 삼는다/종밀), 그 기는 문득 4대를 갖추어 점차 여러 감각기관을 완성하고, 마음은 문득 사온(四蘊 : 受, 想, 行, 識)을 갖추어 점차 여러 식을 완성한 다음 열 달이 차서 출생한 것이 사람이니, 우리의 현재 몸과 마음이 그것이다. 따라서 몸과 마음은 각각의 근본이 있고 두 종류가 화합해야 비로소 한 사람이 형성됨을 알 수 있다.……

그러나 타고난 기는 그 근본을 추론하면 합일된 원기(元氣)이고, 일어난 마음은 그 근원을 궁구하면 진일(眞一)의 영명한 마음(靈心)이다. 궁극적으로 말하면 마음 바깥에 다른 존재가 있지 않으니 원기 또한 마음에서 전변된 것이다. 앞의 전식

(轉識)이 나타난 것인 대상은 아뢰야식의 상분(相分) 안에 포섭된다. 처음의 한 생각의 업상(業相)으로부터 마음과 대상 둘로 분리되었다.……이로써 보건대 심식(心識)이 전변한 것인 대상은 바로 둘로 분리된다. 하나는 심식과 화합하여 사람을 이루고, 하나는 심식과 화합하지 않는데 즉 천지와 산하국토가 그것이다. 따라서 삼재(三才 : 天, 地, 人) 가운데 오직 사람만 영명한 까닭은 사람은 영혼(心神)과 화합했기 때문이다.[99]

종밀은 이 논술에서 유가와 도가의 소견도 진리의 일부분으로 여겼다. 이것은 이미 송명 도학의 서막을 수립한 것이다. 이 논술은 송명 도학자에게 여러 면으로 영향을 미쳤다. 세계 발생에 대한 그의 견해가 송명 도학에 큰 영향을 끼쳤음은 앞에서 이미 언급했다. 이 문단에서 인용한 "기질을 타고난다"는 구절로부터 송명 도학의 기질론도 그 영향을 받은 것 같다. 더욱 주목할 만한 것은 송명 도학 중의 정주(程朱)와 육왕(陸王)의 두 대립적 학설 역시 이 논술에 이미 몇 가지 점이 예시되어 있다는 것이다. 예컨대 "그러나 타고난 기(氣)는 그 근본을 추론하면 합일된 원기이고, 일어난 마음(心)은

---

99) 眞性雖爲身本, 生起蓋有因由. 不可無端, 忽成身相. 但緣前宗未了, 所以節節斥之. 今將本大會通, 乃至儒道亦是. 謂初唯一眞靈性, 不生不滅, 不增不減, 不變不易. (自註 : '初唯第五性敎所說.') 衆生無始迷睡, 不自覺知. 由隱覆故, 名如來藏. 依如來藏, 故有生滅心相. (自註 : '自此方是第四敎, 亦同彼此已生滅諸相.') 所謂不生不滅眞心, 與生滅妄相和合, 非一非二, 名爲阿賴耶識. 此識有覺不覺二義. (自註 : '此下方是第三法相敎中亦同所說.') 依不覺故, 最初動念, 名爲業相. 又不覺此念本無, 故轉成能見之識, 及所見境界相現. 又不覺此境但從自心妄現, 執爲定有, 名爲法執. (自註 : '此下方是第二小乘敎中亦同所說.') 執此等故, 遂見自他之殊, 便成我執. 執我相故, 貪愛順情諸境, 欲以潤我 ; 瞋嫌違情諸境, 恐相損惱. (自註 : '此下方是第一人天敎中亦同所說.') 故殺盜等心神, 乘此惡業, 生於地獄鬼畜等中. 復有怖此苦者, 或性善者, 行施戒等心神, 乘此善業, 運於中陰, 入母胎中. (自註 : '此下方是儒道二敎亦同所說.') 稟氣受質(自註 : '會彼所說, 以氣爲本'), 氣則頓具四大, 漸成諸根. 心則頓具四蘊, 漸成諸識. 十月滿足, 生來名人, 卽我等今者身心是也. 故知身心各有其本, 二類和合, 方成一人.……然所稟之氣, 展轉推本, 卽混一之元氣也. 所起之心, 展轉窮源, 卽眞一之靈心也. 究竟言之, 心外的無別法, 元氣亦從心之所變, 屬前轉識所現之境, 是阿賴耶相分所攝. 從初一念業相, 分爲心境之二.……據此則心識所變之境, 乃成二分 : 一分與心識和合成人 ; 一分不與心識和合, 卽是天地山河國邑. 三才中惟人靈者, 由與心神合也. (「회통본말」, 『원인론』)

그 근원을 궁구하면 진일의 영명한 마음이다"고 하여, 심·기를 대립시켰는데, 정주 일파가 리·기를 대립시킨 것은 이 방면을 발전시킨 것이었다. 또 "궁극적으로 말하면 마음 바깥에 다른 존재가 있지 않으니 원기 또한 마음에서 전변된 것이다"고 하여, 일체가 오직 마음뿐이다고 했는데, 육왕 일파가 "우주가 곧 내 마음이다"[100]고 한 것은 이 방면을 발전시킨 것이었다. 이로써 보면 종밀 학설의 영향은 매우 컸다고 할 수 있다. 이 논술에서 보면 종밀은 위로 이전의 불학에 하나의 결산을 내렸을 뿐만 아니라, 아래로 이후의 도학에 하나의 서막을 세웠다. 송명 도학의 출현은 이미 점차 준비되고 있었다.*

---

100) 宇宙卽是吾心.〈제14장,주1〉

* 『신편』IV, 257쪽 :『원인론』은 객관적 유심론의 관점에서 중국의 불교 종파를 총결한 것이다. 여기서 논한 두 대승교와 하나의 일승교는 중국불교 교문(教門) 중의 3대 종파이다. 즉 대승법상교는 유식종이니 그후 "법상종"으로 일컬어졌고, 대승파상교는 삼론종이니 그후 "공종"으로 일컬어졌고, 일승현성교는 화엄종이니 그후 "성종"으로 일컬어졌다. 이것은 논리적 순서에 따른 논의이고, 중국불교의 3대 종파의 역사적 순서와 완전 일치한 것은 아니다. 또 "유교와 도교도 옳다"는 『원인론』의 견해는 송명 도학의 출현을 예시했다. 사실상 『원인론』에서 논한 일승현성교는 송명 도학에 하나의 기본적 내용을 제공한 것이었다.

제10장
도학의 흥기와 도학 중 "도·불"의 요소

    당대(唐代)는 불학이 흥성했는데, 송명 도학파 즉 요즘 말하는 신유학도 이때 싹텄다. 수당 무렵에 왕통(王通)이 있었는데, 두엄(杜淹, ?-628)의 「문중자세가(文中子世家)」에 따르면, 왕통은 개황(開皇) 4년(584)에 태어나 대업(大業) 13년(617)에 죽었고, 수업을 받은 제자들이 "천여 명"은 되었고, 당나라 창업공신 예컨대 방현령(房玄齡), 위징(魏徵), 온대아(溫大雅), 진숙달(陳叔達) 등의 무리들이 모두 일찍이 "그를 모시고 왕을 보좌할 도를 배웠다." 그가 죽자 "제자 수백 명이 회의를 열어 논의하되, '우리 스승은 아마도 지인(至人)으로서 그런 분은 공자 이래 아직껏 없었다.……『시(詩)』와 『서(書)』를 영속시키고, 예악을 바로잡고, 『원경(元經)』을 편수하고, 『역(易)』의 이치를 밝히셨으니, 성인의 큰 뜻과 천하의 수완을 망라하신 것이다. 공자가 돌아가셨지만 문(文)은 바로 이에 존재하지 않는가?『역』에 이르기를 황색의 아래옷은 대길[大吉]을 상징하는데 문(文)이 그 안에 있기 때문이다고 했거니와 시호를 문중자로 했으면 합니다'라고 했다."[1] 두엄은 이렇게 말했지만 『수서(隋書)』

---

* 『논어』 9 : 5 "子畏於匡, 曰 : '文王旣沒, 文不在玆乎?'……〈제1편,제4장,주46〉

1) "北面受王佐之道焉."……"弟子數百人會議曰 : 吾師其至人乎, 自仲尼以來, 未之有也.……續『詩』『書』, 正禮樂, 修『元經』, 讚『易』道, 聖人之大旨, 天下之能事畢矣. 仲尼旣沒, 文不在玆乎?『易』「坤, 象」曰 : '黃裳元吉, 文在中也', 請謚爲文中子."
   [『원경』 : 『춘추』를 본딴 290-589년간의 연대기. 현존 『원경』은 주해자 송(宋)의 완일(阮逸)의 위작(僞作)]

는 당나라 초기에 편수된 것인데도 왕통의 전기가 없고, 『구당서(舊唐書)』에는 겨우 왕질(王質), 왕적(王績), 왕발(王勃, 648-75)의 전기 속에, 『신당서(新唐書)』에는 겨우 왕적의 전기 속에 왕통이 붙어 있고 수나라 말기의 대유(大儒)라고만 했을 뿐이다. 그러므로 왕통은 수나라·말엽 상당히 명망 있는 유가의 학자였지만, 두엄의 과장은 대체로 왕통의 후계자들이 날조한 것으로서 신빙성이 없다.[2] 현재 전하는 문중자의 「중설(中說)」도 그다지 칭송할 만한 내용이 없다. 그러나 주목할 것은 불학이 한창 성행할 무렵에 그처럼 왕통을 공자의 학문을 계승한 인물로 추존했다는 사실이다. 왕통에 대한 직접적 추존은 공자에 대한 간접적 추존인 만큼, 이 일을 유학부흥 운동의 서막으로 간주하는 것은 무방할 것 같다.

1. 한유

송명 도학파의 진정한 선구적 인물은 당연히 한유(韓愈, 768-824)이다. 『신당서』의 그의 전기는 말한다.

> 한유의 자는 퇴지(退之)*이고, 등주 남양 사람이다.……장경 4년(824)에 57세로 세상을 떠났다. 진(晉)나라에서 수나라까지 도교와 불교가 성행하여 성인의 도[유학]는 겨우 명맥만 유지되었고, 유자(儒者)들도 국가의 이념을 괴이하고 귀신적인 것에 의탁하는 실정이었다. 그러나 한유만은 홀로 탄식하여 성인의 사상을 인증하며 온 세상의 미혹과 싸워 모함과 비웃음을 받았지만 넘어지면 다시 일어나 분투했다. 처음에는 신뢰받지 못했으나 마침내

---

2) 【주】혹자는 말하기를, 피일휴(皮日休, ?-881?)가 「문중자비(文中子碑)」에서 문중자의 훌륭한 제자 가운데 설수(薛收), 이정(李靖), 위징, 이적(李勣), 두여회(杜如晦), 방현령 등이 있다고 했으니, 이는 당나라 사람이 그 시대를 이야기한 것인 만큼, 꼭 문중자 후계자들이 날조한 것이라고 볼 수는 없다고 했다. 그러나 피일휴는 문중자보다 '250여 년' 뒤의 인물이니, 문중자에 대한 그의 말은 마치 지금 사람이 청나라 초기의 일을 이야기한 것과 같아서, 착오의 가능성은 없지 않다.

* 『삼송당전집』XIII, 995쪽 : 옛 사람들은 이름도 가지고 자도 가져, 의미를 취할 때 이름을 위주로 자로 보조했다. 보조방법 중의 하나는 이름의 의미의 치우친 점을 보조하는 것인데 한유[愈 : 뛰어남]의 자 퇴지[退之 : 겸양함]가 그 경우이다.

당시에 크게 유명해졌다. 옛날 맹자가 양주·묵적을 배척했을 때는 공자로부터 겨우 이백 년밖에 안 떨어진 시기였지만, 한유가 도교·불교를 배척한 때는 천여 년이 떨어진 시기였으므로, 혼란을 바로잡아 정상으로 돌이키는(撥亂反正) 그 공은 맹자와 같았으되 힘은 배로 들여야 했다. 따라서 순황, 양웅을 능가한 면이 적지 않았다. 한유가 세상을 떠난 후 그의 사상은 크게 행해졌고 학자들은 그를 앙망하여 마치 태산북두 같다*고 말했다.[3]

한유는 「원도(原道)」에서 말했다.

널리 사랑하는 것이 인(仁)이고, 이치에 맞는 행위가 의(義)이며, 이 인의를 따라 살아가는 것이 도(道)이고, 자신에게 충족되어 있어 바깥에 기댐이 없는 것이 덕(德)이다. 인·의는 고정된 이름이고, 도·덕은 공허한 자리이다. 그러므로 도에는 군자·소인이 있고, 덕에는 길·흉이 있다.……성현의 글에 "옛날 **천하에 명덕을 밝히려는**(明明德) 자는 우선 자기 나라를 다스렸고, 나라를 다스리려는 자는 우선 자기 가정을 다스렸고, 가정을 다스리려는 자는 우선 수신(修身)했고, 수신하려는 자는 우선 **마음을 바르게**(正心) 했고, 마음을 바르게 하려는 자는 우선 **뜻을 참되게**(誠意) 했다"고 했는바, **옛날에 이른바 마음을 바르게 하고 뜻을 참되게 한 것은 장차 일을 도모하려는 것이었건만 지금은 마음을 다스린다며 천하 국가를 도외시하고** 하늘의 영원한 이치를 멸했으니, 아들이면서 아버지를 아버지로 여기지 않고 신하이면서 임금을 임금으로 여기지 않게 되었다.……(지금) 오랑캐의 법을 선왕의 가르침 위에 두었으니 모두가 오랑캐가 될 날도 멀지 않을 것이다.

이른바 저 선왕의 가르침이란 무엇인가? 널리 사람을 사랑하는 인(仁), 이치에 맞게 행위하는 의(義), 이 인의를 따라 살아가는 도(道), 자신에게 충족

---

* 이것은 북송시대에 구양수(歐陽修)와 송기(宋祁)가 지은 『신당서』에서의 표현이다. 그러나 오대(五代) 시기에 유구(劉昫)가 지은 『구당서』에서는 한유와 이오에 대해서 단지 "비록 도를 넓히지는 못했지만 소신 있는 선비의 마음가짐이 있었다(雖於道未弘,亦端士之用心也)"고 표현했다. (『신편』IV, 300쪽)

3) 韓愈字退之, 鄧州南陽人.……長慶四年(西歷824年)卒, 年五十七.……自晉訖隋, 老佛顯行. 聖道不斷如帶. 諸儒倚天下正義, 助爲怪神. 愈獨喟然引聖, 爭四海之惑, 雖蒙訕笑, 跲而復奮. 始若未之信, 卒大顯於時. 昔孟軻拒楊墨, 去孔子才二百年. 愈排二家, 乃去千餘歲. 撥亂反正, 功與齊而力倍之. 所以過況雄爲不少矣. 自愈沒, 其言大行. 學者仰之, 如泰山北斗云. (『한서』, 5255-69쪽) [正義 : orthodox ideas/보드 역본]

되어 있어 바깥에 기댐이 없는 덕(德)이 바로 그것인데, 그 글은『시』,『서』,
『역』,『춘추』요, 그 법도는 예악형정(禮樂刑政)이다.……이 도란 무슨 도인
가? 이 도는 내가 지칭하는 도이지 세상에서 말하는 도교나 불교의 도가 아
니다. 그 도를 요 임금은 순 임금에게, 순 임금은 우왕에게, 우왕은 탕왕에게,
탕왕은 문왕·무왕·주공에게, 문왕·무왕·주공은 공자에게, 공자는 맹자에게
각각 전했다. 그런데 맹자가 죽은 이후 그 도가 전수되지 못했다.* 순자나 양
웅은 그것을 선택했으되 심오하지 못했고, 논의했으되 세밀하지 못했다.[4]

한유는 "문인(文人)의 영웅"이었고 앞의 내용에도 본래 그다지 철
학적인 기취는 없다. 다만 다음의 사항들은 주목할 만하다.**
(1) 한유는 여기서 맹자를 몹시 추존하여 공자의 정통 전수자로
여겼다. 이는 송명 이래의 전통적인 견해인데 한유가 창도했다. 주
진(周秦) 무렵 유가는 맹자, 순자의 양파가 나란히 대립했었으나,

---

* 『신편』IV, 292쪽 : 선종(禪宗)에서는 "이심전심"의 "심법(心法)"이 인도에서 7불
(佛), 28조사(祖師)의 전수를 거쳐 보리달마를 통해서 중국에 전해졌고……혜능이
육조(六祖)이고, 그때까지 역대 조사는 한 계통으로 이어져왔다고 주장했다. 한유
는 선종의 방법을 써서 불교에 대항하려고 그 역시 유가를 위해서 하나의 "도통"
을 만들었다. 그에 따르면 유가의 "도"는 신화적인 인물인 요 임금으로부터 시작
해서 순, 우, 탕, 주나라 문왕·무왕·주공을 거쳐 공자에게 전해졌고 공자는 또 맹
자에게 전했는데 맹자가 죽자 "그 도는 전해지지 못했다." 한유는 "불교·도교의
해독은 양주·묵적을 능가하건만, 내 능력은 맹자에 미치지 못한다.……유가의 도
가 나로 말미암아 대강이라도 전해진다면 골백번 죽어도 여한이 없겠다"고 하면
서 그 자신이 맹자 이후의 "도통"의 유일한 계승자라고 자처했다.

4) 博愛之謂仁. 行而宜之之謂義. 由是而之焉之謂道. 足乎己無待於外之謂德. 仁與義
爲定名 ; 道與德爲虛位. 故道有君子小人, 而德有凶有吉.……傳曰 : "古之欲明明德於
天下者, 先治其國. 欲治其國者, 先齊其家. 欲齊其家者, 先修其身. 欲修其身者, 先正
其心. 欲正其心者, 先誠其意." 然則古之所謂正心而誠意者, 將以有爲也. 今也欲治
其心而外天下國家, 滅其天常. 子焉而不父其父, 臣焉而不君其君,……擧夷狄之法而
加之先王之敎之上, 幾何其不胥而爲夷也. 夫所謂先王之敎者何也? 博愛之謂仁 ; 行
而宜之之謂義 ; 由是而之焉之謂道 ; 足乎己無待於外之謂德. 其文『詩』『書』『易』『春
秋』; 其法禮樂刑政.……斯道也, 何道也? 曰 : 斯吾所謂道也. 非向所謂老與佛之道也.
堯以是傳之舜 ; 舜以是傳之禹 ; 禹以是傳之湯 ; 湯以是傳之文武周公 ; 文武周公傳之
孔子 ; 孔子傳之孟軻. 軻之死不得其傳焉, 荀與揚也, 擇焉而不精, 語焉而不詳. (『전
집』권11)

** 이하 (1), (2), (3) 세 문단은 원래 앞 문단과 하나이지만 역자가 분리시켰다.

전한시대에는 순자학이 성행했다. 맹자는 양웅이 상당히 추존했을 뿐 그후 줄곧 한유에 이르기까지 유력한 후계자가 없었다. 그런데 한유가 한번 제창하자 이 설은 크게 유행했고, 『맹자』는 마침내 송명 도학파의 중요한 근거 전적이 되었다. 아마 맹자의 학에는 본래 신비주의적 경향이 있었고, 또 심성(心性)에 대한 논의나 "만물은 모두 내게 구비되어 있으니 자신을 돌이켜 참되게 한다"는 말이나 "양심(養心)", "과욕"5)의 수양방법 등은 불학에서 토론된 내용에 필적하고 또 당시 사람들이 흥미있게 생각한 문제들에 상당한 해답을 줄 수 있는 것으로 인식되었기 때문일 것이다. 따라서 유가의 전적 가운데 당시 사람들이 흥미있게 생각한 문제들과 유관한 책으로 『맹자』가 사실상 선택대상이었다. 한유는 불교를 배척하기는 했지만 그에 대한 상당한 지식도 가지고 있었다. 따라서 「여맹상서서(與孟尙書書)」에서 "조주에 머물 때 태전이라는 한 늙은 중이 있었는데, 매우 총명하고 도리에도 밝았고,……실로 육체를 도외시하고 이치로써 자신을 다스려 외물에 의해서 혼란받지 않았다. 같이 대화할 때 완전히 이해하지는 못했어도 하여튼 저절로 흉중에 막힘이 없어지고 시원했다"6)고 했고, 또 「송고한상인서(送高閑上人序)」에서 "고한 선생은 불교도로서 사생을 하나로 여기고 외부의 속박(속세의 인연)에서 해탈되어 마음은 고요하여 일렁이지 않았고 세속에 담담하여 탐하는 바가 없었다"7)고 했다. 즉 당시 흥미있게 생각된 문제들에 대해서 한유도 항상 흥미를 가졌다는 말이다.

(2) 한유는 여기서 특별히 「대학(大學)」을 인용했다. 「대학」은 본래 『예기(禮記)』 중의 한 편이고 또 순자학(荀學)인데, 한나라 이후 당나라 때까지 특별히 찬양한 사람은 없었다. 그런데 한유는 그 안의 "명명덕", "정심", "성의"의 설이 당시 흥미있게 생각된 문제와

---

5) "萬物皆備於我, 反身而誠,……"(『맹자』 13 : 4) "養心莫善於寡欲"(14 : 35)

6) 潮州時, 有一老僧, 號大顚. 頗聰明識道理.……實能外形骸以理自勝. 不爲事物侵亂. 與之語, 雖不盡解, 要自胸中無滯礙. (『전집』 권18) [한유는 당 헌종이 불골(佛骨)을 맞아들이는 것을 간하는 「논불골표(論佛骨表)」를 올렸다가 조주에 좌천되었다.]

7) 今閑師浮屠氏, 一死生, 解外膠. 是其爲心必泊然無所起 ; 其於世必淡然無所嗜. (『전집』 권21) [泊 : 배가 정박하다, 이욕에 미혹되지 않는 모양]

도 유관하다고 여겼기 때문에 특별히 제시했고 또 "옛날에 이른바 마음을 바르게 하고 뜻을 참되게 한 것은 장차 일을 도모하려는 것이었건만 지금은 마음을 다스린다고 하면서 천하 국가를 도외시한다"는 점을 지적하여, 유불(儒佛)이 비록 다 같이 "마음을 다스리고" 있지만 그 의도는 다르고 결과 역시 다름을 밝혔다. 이후 송명 시대에 이르러 「대학」 역시 드디어 송명 도학파의 중요한 근거 전적이 되었다.

(3) 한유는 "도(道)"자를 제시했고, 도통설(道統說)을 만들었다. 이 설은 원래 맹자가 이미 대충 언급했지만* 한유가 제창한 이후 송명 도학자들이 모두 견지했고, 도학도 송명 신유학의 새 이름이 되었다. 이 세 가지 점에서 한유는 실로 송명 도학의 선구였다.**

한유는 또 「원성(原性)」에서 "성은 상중하 3품이 있는데 상품인 성은 선할 뿐이고, 중품인 성은 상하로 이끌릴 수 있고, 하품인 성은 악할 따름이다"[8]고 여겼다. 한유는 「원성」에서 또 성과 정(情)을 분별하여 "성이란 태어나면서 생긴 것이고, 정이란 외물과 접촉하여 생기는 것이다"[9]고 했다. 성이 3품이듯이 정도 3품이 있다. 상품인 자는 희로애구애오욕(喜怒哀懼愛惡欲)의 7정에 대해서 "감동하면 중도에 처하고, 중품인 자는 7정에 대해서 지나치기도 하고 결핍되기도 하면서 늘 중도를 추구하지만, 하품인 자는 7정에 대해서 무조건 그대로 정에 따라 행한다."[10]

---

* 〈제1편,제6장,주5〉

** 『신편』IV, 285쪽 : 한유는 당조(唐朝) 문학계와 사상계의 중요 인물이자, 당시 복고(復古) 운동의 영수였으며, 당시 유력한 반(反)불교주의자였다. 이런 복고 운동은 "문(文)"과 "도(道)"의 두 측면이 있다. "문" 측면에서는 삼대(三代) 양한(兩漢)의 문체로써 위진 이래의 병려문(駢文)을 대체하려고, 즉 이른바 "고문"으로써 위진 이래의 "미미지음(靡靡之音 : 여리고 퇴폐적인 소리)"을 대체하려고 했다. "도" 측면에서는 유교로써 불교와 도교[혹은 현학]를 대체하여 유교의 주도적 위치를 쟁취하려고 했다. 이런 운동은, 말은 "복고"였지만, 실제상 일종의 혁신이었다.

8) 性之品有上中下三 : 上焉者善焉而已矣 ; 中焉者可導而上下也 ; 下焉者惡焉而已矣. (『전집 권11)

9) 性也者, 與生俱生也. 情也者, 接於物而生也. (같은 곳)

10) 動而處其中. 中焉者之於七也, 有所甚, 有所亡, 然而求合其中者也. 下焉者之於七也, 亡如甚直情而行者也. (같은 곳)

2. 이오

한유와 같은 시대에 이오(李翺, 772-841)가 있다. 그는 한유의 제자라고도 한다.『신당서』의 그의 전기에 따르면, 이오는 자가 습지(習之)이고, "처음 창려의 한유 밑에서 문장을 배웠고, 문투가 소박하고 중후하여 당시의 존경을 받았으므로 문(文)이라는 시호가 내려졌다."[11] 그러나『이오집』속의「답한시랑서(答韓侍郎書)」나「제이부한시랑문(祭吏部韓侍郎文)」에서는 한유를 형이라고 불렀다. 한유와 이오의 관계는 사우지간(師友之間)이었던 것 같다.

이오의 학설은 그가 지은「복성서(復性書)」에 보인다.「복성서」는 세 편으로 나뉘어, 상편은 성(性)·정(情)·성인(聖人)에 대한 총론이고, 중편은 성인이 되는 수양방법을 논했고, 하편은 인간이 수양에 진력할 필요성을 논했다.「복성서」상에서 이오는 말했다.

> 사람이 성인이 되는 근거는 성이다. 사람이 자기의 본성을 미혹시키는 원인은 정 때문이다. 희로애구애오욕(喜怒哀懼愛惡欲) 일곱 가지는 모두 정의 작용이다. 정이 이미 혼란되면 성도 은닉되는데, 이는 성의 잘못이 아니고 7정이 돌고 돌며 교대로 도래하여 성이 충실해질 수 없었기 때문인데, 마치 물이 흐리면 흐름이 깨끗하지 못하고 불이 연기를 내면 빛이 밝지 못하는 현상이 물의 깨끗함이나 불의 밝음 탓이 아닌 것과 같다. 즉 모래가 흐리지 않으면 흐름은 깨끗해지고 연기가 맺히지 않으면 빛은 밝아지듯이, **정이 일어나지 않으면 성은 충실해진다.**……정이 동요하는데 정지시키지 않으므로 성을 회복하여 천지를 밝혀줄 무한히 밝은 빛을 켜지 못하는 것이다.[12]

---

11) 始從昌黎韓愈爲文章, 辭致渾厚, 見推當時. 故有司亦諡曰文. (『신당서』, 5282쪽)
   [창려인으로 자칭했던 한유는 송대에 창려백(昌黎伯)으로 추봉되었다.]
12) 人之所以爲聖人者, 性也. 人之所以惑其性者, 情也. 喜怒哀懼愛惡欲七者, 皆情之所
   爲也. 情旣昏, 性斯溺矣. 非性之過也, 七者循環以交來, 故性不能充也. 水之渾也,
   其類不清. 火之煙也, 其光不明. 非水火清明之過. 沙不渾, 流斯清矣. 煙不鬱, 光斯
   明矣. 情不作, 性斯充矣.……情之動弗息, 則不能復其性而燭天地爲不極之明.

여기서 한유가 「원성」에서 쓴 성·정이라는 두 명사는 그대로 쓰고 있지만 그 의미에 내포된 불학적 요소는 뚜렷이 드러나 있다. 성은 불학에서 말한 본심(本心)에, 정은 무명번뇌(無明煩惱)에 상당한다. 중생과 부처 모두 청명원각(淸明圓覺)의 본심이 있으나 다만 중생의 본심은 무명번뇌에 덮여 있기 때문에 드러나지 못할 뿐이다. 마치 물이 모래 때문에 흐려지지만 물이 물인 것은 본디 그대로인(自若) 것과 같다. 그러나 무명번뇌가 청명원각의 본심과 대립적인 위치에 있는 것은 아니다. 무명번뇌 역시 청명원각의 본심에 의지하여 일어난다. 이오는 이렇게 말했다.

> 성과 정은 서로 없을 수 없다. 성이 없으면 정은 생길 데가 없고, 정은 성으로 말미암아 생긴다. 즉 정은 스스로 정이 되지 못하고, 성에 의지하여 정이 된다. 또 **성도 스스로 성이지 못하고 정으로 말미암아 밝아진다.**[13]

"성은 스스로 성이지 못하고 정으로 말미암아 밝아짐"에 대해서 이오는 이렇게 말했다.

> 성인이란 사람 중에 먼저 깨달은 사람이다. 깨달으면 밝고(明) 그렇지 못하면 미혹되는데(惑), 미혹되면 어둡다(昏). 밝음과 어둠은 같지 않다고들 말한다. 그러나 밝음과 어둠은 성 가운데는 본디 존재하지 않기에, 같고 다름의 문제는 밝음과 어둠의 문제와 무관하다. 무릇 **밝음이란 어둠에 대립한 것이**므로 어둠이 멸하면 밝음도 성립되지 않는다.[14]

"밝음이란 어둠에 대립한 것이기" 때문에 "성은 스스로 성이지 못하고 정으로 말미암아 밝아지는" 것이다. 앞에서 "정이 일어나지 않으면 성은 충실해진다"고 했는데, 성인이 이 방향에 따라 잘 수양하는 것이 이른바 복성(復性)*이다. 그러나 "정이 일어나지 않는

---

13) 性與情不相無也. 雖然, 無性則情無所生矣. 是情由性而生. 情不自情, 因性而情. 性不自性, 由情而明. (「복성서」상)

14) 聖人者, 人之先覺者也. 覺則明, 否則惑, 惑則昏. 明與昏謂之不同. 明與昏性本無有, 則同與不同, 二者離矣. 夫明者所以對昏, 昏既滅, 則明亦不立矣. (같은 곳)

* 『신편』IV, 298-99쪽 : 한유의 논의는 성정의 선악을 단지 윤리적, 도적적 측면에

다"고 함은 또 목석처럼 정이 없는 경우는 아니다. 이오는 말했다.

> 성인이라고 어찌 정이 없겠는가(無情)? 성인이란 적연부동(寂然不動 : 고
> 요히 움직임이 없음)이지만, 가지 않아도 도달하고, 말하지 않아도 신령스럽
> 고, 빛을 내지 않아도 빛난다. 그의 제도 창작(制作)은 천지의 업적과 비견되
> 고, 그의 변화(變化)는 음양의 이치에 부합된다. 그러므로 비록 정이 있지만
> 그 정을 지닌 적이 없다.[15]

『육조단경』에 "무상(無相)은 형상을 대하며 형상을 벗어나는 것이
요, 무념(無念)은 생각을 대하며 생각이 없는 것이다"[16]고 했는데,
이오가 여기서 말한 무정(無情) 역시 정을 대하며 정이 없는(於情而
無情) 것을 말한다. 성인은 비록 제도를 창작하고 변화하지만 그 본
심은 항상 적연부동이다. 즉 "고요하지만 항상 통찰하고 통찰하지
만 항상 고요하다"[17]는 말이다.

성인의 이와 같은 심리 상태를 두고 "성(誠)"이라고 하며, 이오는
이렇게 말했다.

> 그러므로 성(誠)이란 성인이 본성으로 삼는 경지로서(성인에게나 자연스
> 러운 경지로서), (이 경지의 성인은) 고요히 움직이지 않으나(寂然不動) 넓고
> 크고 맑고 밝아 천지를 비추며, 감응하면 천하의 모든 현상에 두루 관통하며
> (感而遂通天下之故), 행하고 머물고 말하고 침묵할 때마다 항상 법도에 맞게

한했지만, 이오의 논의는 윤리학뿐만 아니라 철학의 근본 문제인 "성명의 근원
(性命之源)"에 관한 것이었다.……이오에 따르면 보통 사람들도 "성인"과 완전히
똑같은 "성"이 있지만, 차이는 보통 사람들은 "정"에 의해서 미혹된다는 점이다.
이오가 말한 성은 실제로 불교의 "불성"에 상당하고, 정은 불교의 "무명"에 상당
한다. 이른바 "어둠(昏)"은 무명의 뜻이다. 어둡기 때문에 사람들은 성이 있지만
자각하지 못한다.……오직 "정"의 "미혹"을 없애기만 하면 "성"의 본래적 면모
를 회복할 수 있는데 이것이 곧 "복성"이다.……그러나 이오와 불교는 실제로 다
른데, 이오의 경우 한유와 마찬가지로 전통사회의 도덕과 질서가 바로 "성"의 내
용이기 때문이다.

15) 聖人者, 豈其無情也? 聖人者, 寂然不動, 不往而到, 不言而神, 不耀而光. 制作參乎
天地, 變化合乎陰陽, 雖有情也, 未嘗有情也. (같은 곳)
16) 無相者, 於相而離相, 無念者, 於念而無念. 〈제9장, 주46〉
17) 寂而常照, 照而常寂. 〈제7장, 주4〉의 "寂而恒照, 照而恒寂" 참조.

처신한다. 성을 회복하는 일(復性)은 현인이 추구하여 중단하지 않을 때 가능한 것인데, 중단하지 않으면 그 근원으로 복귀할 수 있다.

『역』에 이르기를 "대저 성인은 **덕이 천지에 필적하고** 영명함(통찰력)이 해와 달에 필적하며 질서정연함은 사계절에 필적하며 길흉의 판단은 귀신에 필적한다. 성인은 하늘(자연)에 앞서 움직여도 하늘이 (그를) 어기지 못하고 자연에 뒤따라 행해도 계절의 변화를 돕는다. 하늘조차 어기지 못하거늘 하물며 사람이랴? 하물며 귀신이랴?"고 했는데, 이런 경지는 외부에서 얻은 것이 아니라 자기의 성을 온전히 발휘한(盡其性) 결과일 따름이다.

자사(子思)는 말했다. "오직 천하 지성(至誠)의 인물이라야 자기의 본성(性)을 온전히 발휘할 수 있고, 자기의 본성을 온전히 발휘할 수 있으면 다른 사람의 본성도 온전히 발휘시킬 수 있고, 다른 사람의 본성을 온전히 발휘시킬 수 있으면 사물의 본성도 온전히 발휘시킬 수 있고, 사물의 본성을 온전히 발휘시킬 수 있으면 **천지의 조화 작용을 찬조**할 수 있다. 천지의 조화 작용을 찬조할 수 있으면 천지와 더불어 나란히 셋이 될 수 있다. 그 다음은 작은 일에도 정성을 다하는 것이다. 작은 일에도 성(誠)은 깃들 수 있고, 성(誠)하면 나타나고 나타나면 뚜렷해지고 뚜렷하면 밝아지고 밝으면 감동되고 감동하면 변화되고 변화하면 감화되는즉, 오직 천하의 지성(至誠)의 인물이라야 (천하 만민을) 감화시킬 수 있다."

성인은 사람의 본성(性)은 모두 선하므로 중단하지 않고 그대로 좇아가면 성(聖)의 경지에 이른다는 것을 아셨다. 따라서 예(禮)를 제정하여 본성을 절제시켰고 음악(樂)을 창작하여 본성을 조화시켰다. 조화로운 음악에 평안하는 것이 음악의 근본이고, 행동할 때 예에 맞는 것이 예의 근본이다. 따라서 수레를 탈 때는 방울이 조화롭게 울리는 소리를 듣고, 걸음을 걸을 때는 허리에 찬 옥돌의 소리를 들으며, 이유 없이 거문고 연주를 폐하지 않으며, 또한 보고 듣고 말하고 행동할 때 예에 따라 행동하는 것은 **우리가 육신의 욕망을 잊고 성명(性命)의 도에 복귀할 수 있도록 하려는 것**이다.

도란 지극한 성(誠)을 뜻한다. 성에 이른 다음 계속 정진하면 마음이 비워지고, 마음이 비워진 다음 계속 정진하면 밝아지고, 밝아진 다음 계속 정진하면 온 우주의 현상을 하나도 빠짐없이 이해하게 되는데, 다름이 아니라 그것이 바로 성명(性命)을 온전히 발휘시키는 도였던 것이다.

슬프다! 사람마다 모두 이 경지에 이를 수 있고 또 누구도 저지하지 않건만, 아무도 도모하지 않으니 미혹이 아니고 무엇인가? 옛날 성인께서는 이 도를 안자(顔子 : 안회)에게 전했다.……자사는 공자의 손자로서 할아버지의 도를 터득하여 『중용』 47편을 저술하여 맹자에게 전했는데, 맹자는 "나는 마흔에 부동심(不動心)의 경지에 이르렀다"고 했다. 맹자의 제자 가운데 뛰어났던 공손추(公孫丑), 만장(萬章) 등의 무리가 아마 그 도를 전수받았을 것이다. 진시황이 분서를 시행했을 때 『중용(中庸)』의 편들 가운데 불타지 않은 것은 겨우 한 편 남을 정도로 이 도는 파손되었던 것이다.……

오호라! 성명(性命)을 논한 책이 있기는 해도 학자들 가운데 아무도 해명하지 못했기 때문에 모두들 장자, 열자, 노자, 불교 등에 빠져들었으며, 무지한 사람들이 말하기를 공자의 학도들은 성명의 도를 제대로 궁구하지 못했다고 하자 모두들 그렇게 믿고 있다. 누가 내게 도를 물어왔을 때 나는 내가 아는 바를 전해준 일이 있다. 이제 내가 책에 적음으로써, 성명(誠明)의 근원을 기술하고, 파손되고 폐기되어 지금까지 드러나지 못했던 도를 이 시대에 가까스로 전할 수 있게 되었다.[18]

---

18) 是故誠者, 聖人性之也. 寂然不動, 廣大清明, 照乎天地, 感而遂通天下之故 ; 行止語默, 無不處於極也. 復其性者, 賢人循之而不已者也. 不已則能歸其源矣. 『易』曰 : "夫聖人[원전에는 大人]者, 與天地合其德, 日月合其明, 四時合其序, 鬼神合其吉凶. 先天而天不違, 後天而奉天時. 天且弗違, 而況於人乎? 況於鬼神乎?"[『주역』, 72-73쪽] 此非自外得者也, 能盡其性而已矣. 子思曰 : "唯天下至誠, 爲能盡其性. 能盡其性, 則能盡人之性. 能盡人之性, 則能盡物之性. 能盡物之性, 則可以贊天地之化育. 可以贊天地之化育, 則可以與天地參矣. 其次致曲, 曲能有誠 ; 誠則形 ; 形則著 ; 著則明 ; 明則動 ; 動則變 ; 變則化 ; 唯天下至誠爲能化." 聖人知人之性皆善, 可以循之不息而至於聖也. 故制禮以節之, 作樂以和之, 安於和樂, 樂之本也. 動而中禮, 禮之本也. 故在車則聞鸞和之聲, 行步則聞佩玉之音, 無故不廢琴瑟. 視聽言行, 循禮而動. 所以教人忘嗜欲而歸性命之道也. 道者, 至誠也. 誠而不息則虛 ; 虛而不息則明 ; 明而不息, 則照天地而無遺. 非他也, 此盡性命之道也. 哀哉, 人皆可以及乎此, 莫之止而不爲也, 不亦惑邪? 昔者聖人以之傳于顏子.……子思, 仲尼之孫, 得其祖之道, 述『中庸』四十七篇, 以傳於孟軻. 軻曰 : "我四十不動心." 軻之門人達者, 公孫丑萬章之徒, 蓋傳之矣. 遭秦滅書, 『中庸』之不焚者一篇存焉, 於是此道廢缺……嗚呼? 性命之書雖存, 學者莫能明, 是故皆入於莊列老釋. 不知者謂夫子之道, 不足以窮性命之道, 信之者皆是也. 有問於我, 我以吾之所知而傳焉. 遂書於書, 以開誠明之源, 而缺絕廢棄不揚之道, 幾可以傳於時. (「복성서」 상)

"성(誠)"의 경지에 이를 수 있는 사람은 "그 덕이 천지에 필적하고" "천지의 조화 작용을 찬조할" 수 있으니, 이미 우주와 더불어 합일한 사람이다. 이 문단에서 주목할 만한 점은 다음 몇 가지이다.*

(1)『중용』은 본디『예기』중의 한 편인데, 여기서 특별히 제시되었다. 이후『중용』은 마침내 송명 도학파의 중요한 근거 전적이 되었다.『역』「계사전(繫辭傳)」도 특별히 제시되었는데, 후에 역시 송명 도학파의 중요한 근거 전적이 되었다.

(2) 예악의 기능은 원래 유가의 학문에서는 본래 우리의 욕망과 감정이 발할 때 절도가 있고 중도를 얻도록 하는 것이었지만, 여기서는 "우리가 육신의 욕망을 잊고 성명(性命)의 도에 복귀할 수 있도록 하려는 것"이다. 예악의 의미는 원래 유가의 학문에서는 윤리적인 것이었지만, 여기서는 종교적인 것 또는 신비적인 것이다. 즉 원래 유가의 학문에서 예악은 도덕적으로 완전한 인격을 양성하려는 것이었지만, 여기서 예악은 사람이 여기서 말한 "성(誠)"에 도달케 하는 일종의 방법이다.

(3) 이 문단 중 "성명을 논한 책이 있기는 해도 학자들 가운데 아무도 해명하지 못했기 때문에 모두들 장자, 열자, 노자, 불교 등에 빠져들었으며, 무지한 사람들이 말하기를 공자의 학도들은 성명의 도를 제대로 궁구하지 못했다고 하자 모두들 그렇게 믿고 있다"고 한 이 말은 송명 도학파의 강학 동기를 총대표할 수 있다. 송명 도학자들은 모두 당시에 흥미있게 생각된 문제들은 유가의 전적 내에서도 상당한 해답을 얻을 수 있다고 생각했다. 송명 도학자들은 모두 유가의 전적 내에서 당시에 흥미있게 생각된 문제들의 해답을 찾았다. 이오와 송명 도학파가 말한 성인은 윤리적이 아닌 종교적 또는 신비적 성인이다. 그들이 말한 성인은 그저 예컨대 맹자가 말한 "인륜의 극치"[19]인 인물이 아니라 인륜을 극진히 발휘하고 예악을 행하여 수양이 지극한 경지, 즉 우주와 합일하는 경지에 도달한 사람이었다. 어떻게 해야 부처가 될 수 있느냐는 것이 당시에 흥미

---

* 이하 (1), (2), (3) 세 문단은 원래 앞 문단과 하나이지만 역자가 분리시켰다.
19) 人倫之至.〈제1편, 제6장, 주55〉

있게 생각된 문제였는데, 이오나 송명 도학파의 학문은 모두 이 문제에 유가적인 답안을 제시하여 사람들이 유가의 방법을 통해서 유가의 부처가 되게 하려고 했다.

이오는 또 성인이 되는 수양방법을 다음과 같이 논했다.

혹자가 "사람들이 혼미해진 지 오래되어 그 본성을 회복하려면 반드시 점차적으로 해야 하는데, 그 방법은 있습니까?"라고 묻자, 나는 대답했다.

"염려하지 않고 생각하지 않으면 정은 생기지 않는다. 정이 이미 생기지 않으면 바른 생각이 된다. 바른 생각이란 염려와 생각이 없는 것이다. 『역』에서는 '천하 사람들은 무엇을 생각하고 무엇을 염려하는가?'라고 했고, 또 '거짓(사악함)을 배제하고 참됨(誠)을 보존한다'고 했으며, 『시』에서는 '생각에 거짓(사악함)이 없다'고 했다."

"그것이 전부입니까?"

"아직 아니다. 그것은 마음을 재계하는 것일 뿐이고 아직 고요의 상태에서 벗어나지는 못했다. 고요(靜)가 있으면 반드시 동요(動)가 있고 동요가 있으면 반드시 고요가 있다. 이처럼 고요와 동요가 그치지 않는 것이 바로 정(情)이다. 『역』에 이르기를 '길흉과 후회 한탄은 동요(動 : 행동)에서 생긴다'고 했듯이 (동요가 계속되는데) 어떻게 본성을 회복할 수 있겠느냐?"

"그러면 어떻게 해야 합니까?"

"고요 상태에 있을 때 **마음에 생각이 없음을 인식함**(知心無思)은 재계이다. 그런데 **본래에 생각이 없음**(本無有思)을 인식하고서 **동요와 고요 모두를 벗어나 적연부동하는**(寂然不動) 상태가 바로 지성(至誠)이다. 그러므로 『중용』에 '참되면(誠) 밝아진다'고 했고, 『역』에 '천하의 모든 운동은 하나의 원리에 종속된다'고 했던 것이다."

"사려하지 않고 생각하지 않고 있을 때, 사물이 바깥에서 다가오면 정(情)은 안에서 응할 텐데 그것을 어떻게 저지한다는 말씀입니까? **정으로써 정을 저지하는 일**(以情止情)이 가능합니까?"

"정(情)이란 성(性)의 거짓(사악함)일 뿐이다. 정이 사악하다는 것을 알면 사악함은 본래 없었던 것이 되고 마음은 고요히 움직이지 않게 되어 사악한 생각은 저절로 멸식된다. 오직 성(性)이 밝게 비추고 있다면 사악함이 어디서 생기겠는가? 그런데 만약 정으로써 정을 저지하는 일은 그저 더 큰 정일 뿐이다. 정이 서로서로 저지시키는데 어떻게 끝이 나겠는가?『역』에서 '안씨의 아들(안회)은 잘못한 일이 있으면 항상 그것을 알았고(자각했고) 한 번 알았으면 다시 잘못을 반복하지 않았다'고 했고, 또 '멀리 나아가지 않고 되돌아오면 큰 후회는 없으리니 크게 길하다'고 했다."

"본래 생각을 두지 않으면 동요와 고요 모두로부터 벗어난다고 하셨는데, 그렇다면 소리가 들려도 듣지 않고 사물의 형체도 보지 않는다는 말씀입니까?"

"보지도 않고 듣지도 않는다면 사람이 아니다. **아주 분명히 보고 듣지만 보고 듣는 대상에 일렁거리지 않**으면 된다. 모든 것을 인식하고 모든 것을 도모하면서도 마음이 고요하여 천지를 환하게 비추는 것이 바로 성(誠)의 밝음이다.『대학』에 '치지는 격물에 있다(致知在格物)'고 했고,『역』에 '역(易)에는 생각도 없고 작위도 없다. 고요히 움직이지 않고 **감응하여 천하의 모든 현상에 두루 관통하는 일**(感而遂通天下之故)은 천하에서 지극히 신령한 인물이 아니고서 그 누가 이 경지에 이를 수 있겠는가'라고 했다."

"감히 묻건대 '치지는 격물에 있다'고 함은 무슨 말입니까?"

"물(物)이란 만물을 뜻하고, 격(格)이란 도래하고 이른다는 뜻이다. **사물이 도래할 때 그 마음은 명명백백히 그것을 변별하지만 그것에 집착하지 않는 것**이 바로 '치지'이고 앎의 지극함(知之至)이다. 앎이 지극하기에 뜻이 참되어지고(意誠) 뜻이 참되기에 마음이 바르게 되고(心正) 마음이 바르기에 몸이 수양되고(身修) 몸이 수양되었기에 집안이 화목하고(家齊) 집안이 화목하기에 나라가 다스려지고(國理) 나라가 다스려졌기에 천하가 화평해진다. 이것이 바로 천지와 더불어 나란히 셋이 될 수 있는 까닭이다.『역』에 이르기를 '성인의 덕은 천지와 비슷하기 때문에 어긋나지 않고 앎은 만물에 두루 미치고 도는 천하를 구제하기 때문에 과실이 없고, 정직하게 행하여 잘못되지 않고 천명을 깨닫고 순응하기 때문에 근심이 없고, 사는 곳에 평안하고 인(仁)에 돈독하기 때문에 사람을 사랑할 수 있다. 그러므로 천지의 변화를 포괄하더라도 초과되지 않고 모든 사물을 두루 용납하더라도 빠뜨려지지 않으며 주야의 음양의 도에 통달하여 지혜롭다. 따라서 정신은 정해진 방향이 없고 역에는 고정된 실체가 없으며, 한번 음하고 한번 양하는 것이 바로 도(道)이다'

고 했는데, 바로 이것을 지칭한다."[20]

수양방법의 첫걸음은 "마음에 생각이 없음을 인식함"이다. 그러나 이 경지의 마음은 단순한 고요이다. 이 고요는 동요와 상대적인 고요로서, 고요하지 않을 때는 곧 동요가 된다. 한걸음 더 나아가 "본래에 생각이 없음"을 인식하면 "동요와 고요 모두를 벗어나 적연부동하게 된다." 이 적연부동은 동요와 상대적인 고요가 아니라, "동요와 고요 모두를 벗어난", 즉 동요와 고요를 초월한 절대적인 고요이다. 따라서 성인은 "감응하여 천하의 모든 현상에 두루 관통하더라도" 그 마음의 본체는 여전히 "적연부동"이다. 이것이 곧 "아주 분명히 보고 듣지만 보고 듣는 대상에 일렁거리지 않으며", "사물이 도래할 때 그 마음은 명명백백히 그것을 변별하지만 그것에 집착하지 않는다"는 말이다. "적연부동하여" "보고 듣는 대상에 일렁거리지 않고" "사물에 집착하지 않는 것"은 "성(誠)"이며, "감응하여 천하의 모든 현상에 두루 관통하고" "아주 분명히 보고 들으

20) 或問曰：人之昏也久矣, 將復其性者, 必有漸也. 敢問其方? 曰：弗慮弗思, 情則不生. 情旣不生, 乃爲正思. 正思者, 無慮無思也. 『易』曰："天下何思何慮." 又曰："閑邪存其誠." 『詩』曰："思無邪." 曰：已矣乎? 曰：未也, 此齋戒其心者也, 猶未離於靜焉. 有靜必有動；有動必有靜. 動靜不息, 是乃情也. 『易』曰："吉凶悔吝生於動者也." 焉能復其性邪? 曰：如之何? 曰：方靜之時, 知心無思者, 是齋戒. 知本無有思, 動靜皆離, 寂然不動者, 是至誠也. 『中庸』曰："誠則明矣." 『易』曰："天下之動, 貞夫一者也." 問曰：不慮不思之時, 物格於外, 情應於內, 如之何而可止也. 以情止情, 其可乎? 曰：情者, 性之邪也. 知其爲邪, 邪本無有；心寂不動, 邪思自息. 惟性明照, 邪何所生? 如以情止情, 是乃大情也. 情互相止, 其有已乎? 『易』曰："顏氏之子, 有不善未嘗不知, 知之未嘗復行也." 『易』曰："不遠復, 無祇悔, 元吉." 問曰：本無有思, 動靜皆離. 然則聲之來也, 其不聞乎? 物之形也, 其不見乎? 曰：不覩不聞, 是非人也. 視聽昭昭, 而不起於見聞者, 斯可矣. 無不知也, 無弗爲也, 其心寂然, 光照天地, 是誠之明也. 『大學』曰："致知在格物." 『易』曰："易無思也, 無爲也. 寂然不動, 感而遂通天下之故, 非天下之至神, 其孰能與於此?" 曰：敢問"致知在格物", 何謂也? 曰：物者, 萬物也. 格者, 來也, 至也. 物至之時, 其心昭昭然明辨焉, 而不著(原作應, 依『佛祖歷代通載』所引改)於物者, 是致知也. 是知之至也. 知至故意誠, 意誠故心正, 心正故身修, 身修而家齊, 家齊而國理, 國理而天下平. 此所以能參天地者也. 『易』曰："與天地相似故不違. 知周乎萬物, 而道濟天下, 故不過. 旁行而不流. 樂天知命故不憂. 安土敦乎仁故能愛. 範圍天地之化而不過, 曲成萬物而不遺, 通乎晝夜之道而知. 故神無方而易無體. 一陰一陽之謂道." 此之謂也. (「복성서」중)

며" "사물이 도래할 때 명명백백히 변별하는 것"은 "명(明)"이다. "밝으면 참되고 참되면 밝아진다."[21] "마음에 생각이 없음을 인식한다"고 말하고, '마음에서 생각을 없앤다'고 말하지 않은 것은 마음에서 생각을 없애는 일은 바로 "정으로써 정을 저지하는 일(以情止情)"이기 때문일 것이다. "정으로써 정을 저지하면" 정이 서로서로를 저지하여 끝이 없게 된다. 정은 사악한 것이고 거짓된 것인데, 정이 사악한 것이고 거짓된 것임을 우리가 인식하면 정은 자연히 없어질 것이므로 저지하여 없앨려고 할 필요가 없다. 종밀(宗密)은 말하기를 "참된 마음은 생각이 없는데, 생각이 일어나면 그것을 깨닫고 깨달으면 그것은 곧 없어진다. 수행의 신묘한 문은 바로 여기에 있다"[22]고 했는데, 이오가 말한 내용이 바로 이 의미이다. 『대학』의 격물치지의 설은 송명 도학자들마다 그에 대한 해석을 내놓았는데, 이오는 또한 이후 이러한 논쟁의 발단이 되었다고 할 수 있다.

3. 도학과 불학

이상의 내용에서 보건대 송명 도학의 기초와 윤곽은 당대(唐代)에 이미 한유와 이오에 의해서 확정되었다. 이오의 공헌은 한유보다 더욱 컸는데 그의 학설에 미친 불교의 영향은 더욱 현저했다. 이오에 따르면 정(情)은 해로워서 성(性)을 흐리고 동요시키기 때문에, 복성(復性)이란 성의 고요하고 밝은 본연의 모습을 회복하는 것이다. 이 고요는 동요와 상대적인 고요가 아니라 절대적인 고요 즉 『중용』에서 말한 "성(誠)"이다. 참될(誠) 수 있으면 자연히 밝아질(明) 수 있고 밝아질 수 있으면 자연히 참될 수 있으니, 『중용』에서 말한 "참되면 밝아지고 밝아지면 참되다"는 것이다. 이오의 이 사상은 천태종에서 논한 지관(止觀)의 영향을 받은 것 같다. 양숙(梁肅, 753-93)은 「지관통례(止觀統例)」에서 말했다.

21) 誠則明矣, 明則誠矣. (『중용』) 〈제1편, 제14장, 주112〉
22) 眞心無念, 念起卽覺, 覺之卽無. 修行妙門, 卽在此也.

지관이란 무엇인가? 만물 변화의 이치를 인도하여 실제(實際 : 眞如와 法
性의 경지, 實相)에 복귀시키는 것을 말한다. 실제는 무엇인가? 성(性)의 근
본이다. 사물(중생)이 실제에 복귀하지 못하는 까닭은 몽매(昏)와 동요(動)
때문이다. 몽매를 깨우치는 것이 명철(明 : 빛)이고, 동요를 붙드는 것이 고
요(靜)이다. 명철과 고요는 지·관의 체(體)이다. 원인의 측면에서는 지(止)·
관(觀)이고 결과의 측면에서는 지(智)·정(定)이다.[23]

"명철"은 "관(觀)의 체이고", "고요"는 "지(止)의 체이다." 여기서
명철과 고요를 몽매와 동요에 대비시킨 것은 이오「복성서」의 대의
와 부합한다. 다만 이오는 또 그 의미로써 『역전』, 『대학』, 『중용』
을 논했을 뿐이다. 양숙은 지관을 논하면서 담연(湛然)의 견해를 설
명한 것이라고 스스로 밝혔다. 이오는 일찍이 양숙의 인정을 받았
는데,[24] 그는「복성서」를 지을 때 앞에서 인용한 양숙의 말을 바탕
으로 더욱 부연했고, 그로써 『역전』, 『대학』, 『중용』을 설명한 것
같다. 이처럼 본래는 불가의 설이었던 것도 유가의 설로 싹 바뀌었
던 것이다.

그러나 이오의 말은 사실상 유가의 설일 수 있는데, 여전히 수신
제가치국평천하를 논하여 유가의 입장에서 벗어나지 않았기 때문
이다. 이오와 송명 도학자들 모두 사람들로 하여금 유가의 부처가
되게 하려고 했는데, 유가의 부처는 반드시 일상의 인륜생활 속에
서 성취되어져야만 했다. 이것이 바로 이오와 송명 도학자들이 불
학을 유학 내로 끌어들이면서도 여전히 배척한 이유였다.

북송(北宋)에 이르자 불교도들도 『중용』을 논했다. 예컨대 지원
(智圓)[25]은 스스로 호를 중용자(中庸子)라고 하고『중용자전(中庸子

---

23) 夫止觀何謂也? 導萬化之理而復於實際者也. 實際者, 何也? 性之本也. 物之所以不
能復者, 昏與動使之然也. 照昏者謂之明 ; 駐動者謂之靜. 明與靜, 止觀之體也. 在因
謂之止觀 ; 在果謂之智定. (『대장경』46, 473쪽)

24) 【주】이오의 「감지기부(感知己賦)」 참조. 이 점은 진인각(陳寅恪, 1890-1969) 선
생의 설이다.

25) 【주】송나라 진종(眞宗) 건흥(乾興) 2년(1023)에 세상을 떠났다. (『불조역대통재
(佛祖歷代通載)』권18,『대장경』49, 661쪽)

傳)』을 지었고,[26] 설숭(契崇)[27]은『중용해(中庸解)』[28]를 지었다. 이런 종류의 책들은 이미 유불이 공동으로 강론하는 것들이 되었다.

4. 도교 내의 일부 사상

북송에 이르러 그와 같은 유불 융합의 신유학은 도교 내의 일부 사상도 집어넣었다. 이것은 신유학을 구성하는 새 성분이 되었다. 전한 무렵 음양가의 말이 유가에 섞여들었는데 그 혼합작품이 동중서 등의 금문경학파의 학설이다. 고문경학파와 현학파가 일어나자 음양가의 말은 한동안 압도당했으나 같은 시기에 음양가의 언설은 또 유가의 일부 경전을 끼고 도가의 학설에 부회시켜 이른바 도교(道教)로 되었다. 현학파 역시 도가의 학설을 부연했지만 도교와는 길(道)을 달리했고 배치되기까지 했다.

음양가의 언설이 도가 학설과 혼합될 수 있었다는 것은 기이한 일인 것 같지만『노자』라는 책의 문장은 지나치게 간결하여 본래 갖가지 해석을 부여할 수 있었다. 그 가운데 "섭생을 잘한 자는 뭍으로 다녀도 코뿔소나 호랑이를 만나지 않는다",[29] "죽어도 멸망하지 않는 자가 장수한 사람이다",[30] "뿌리를 깊이 내리고 밑둥을 견고히 하는 것이 생명을 연장하는 원칙이다"[31]는 등의 말은 더욱 장생불사를 추구하는 사람들에게 견강부회의 기회를 줄 수 있었다. 음양가의 우주관을 이런 장생을 희망하는 인생관에 더하고 또 우주간 사물에 대한 음양가의 해석을 장생을 얻는 방법으로 삼은 이론체계가 이른바 도교를 형성했다. 후한 말기부터 도교는 크게 일어나, 남북조 및 수당 시대에 도교와 불교는 대등한 지위에 있었고

---

26)『한거편(閑居編)』권18,『속장경(續藏經)』

27)【주】송나라 신종(神宗) 희녕(熙寧) 5년(1072)에 세상을 떠났다. (『불조역대통재』 권19,『대장경』49, 669쪽)

28)『심진문집(鐔津文集)』권4,『대장경』52, 666쪽.

29) 善攝生者, 陸行不避[遇]兕虎. (『노자』50장) [攝 : 다스리다, 알맞게 함, 굳게 지킴]

30) 死而不亡者壽. (『노자』33장)

31) 深根固蒂, 長生久視之道. (『노자』59장) [蒂 : 柢, 뿌리, 밑둥. 視 : 活]

또 때에 따라 교대로 성하고 쇠했다.

　도교에서 차용한 유가의 경전은 『주역』이 그 대표이다. 『역』은 본래 점치는 데에 쓰였고 복서(卜筮)란 원래 술수의 일종이었으므로 『역』은 음양가의 경전이기도 했다. 도교의 경전은 『역』에 근거한 것이라고 자처한 것이 많았다. 예컨대 도교에서 "단경(丹經)의 왕"으로 불리는 『주역참동계(周易參同契)』가 특히 그러했다. 『참동계』는 위백양(魏伯陽)이 지었고, 그는 후한 말엽의 인물이라고 전해진다. 그러나 그 책은 『수서』 「경적지(經籍志)」에 나와 있지 않으므로 과연 후한 말엽의 작품인지의 여부는 고증이 필요하다. 그 책은 우번(虞翻, 164-233) 역학의 납갑설(納甲說)을 이용하여 우주간 음양 소식(消息)의 상황을 설명했다. 『역』 「계사」에 "드리워진 상(象) 가운데 명백한 것은 해와 달이 첫째이다"[32]고 했는데, 우번은 주에서 이렇게 말했다.

　해와 달이 하늘에 드리워져 팔괘의 상을 이룬다는 뜻이다. 달은 음력 초사흘 밤에 진(震☳)의 상(象)으로서 경(庚)에서 나오고, 여드레에 태(兌☱)의 상으로서 정(丁)에 보이고, 15일에 건(乾☰)의 상으로서 갑(甲)에서 만월이 된다. 16일 새벽에 손(巽☴)의 상으로서 신(辛)으로 물러나고, 23일에 간(艮☶)의 상으로서 병(丙)에서 사그라지고, 30일에 곤(坤☷)의 상으로서 을(乙)에서 소멸하고, 그믐날 저녁과 (다음달) 초하루 아침에 감(坎☵)의 상으로서 무(戊)로 흘러간다. 해가 한가운데에 있으면 리(離☲)인데 리의 상은 기(己)로 나아간다. 무기(戊己)는 땅의 위치를 점하여 그들의 상은 중앙에 나타난다. 해와 달이 이와 같이 서로 영향을 줌으로써 빛이 생긴다.[33]

이것은 진·태·건·손·간·곤의 6괘로써 한 달 중 음양의 소장(消長)을 나타내고, 갑·을·병·정·무·기·경·신·임·계 십모(十母: 地支)로

---

32) 縣象著明, 莫大乎日月. [『주역』, 539쪽]
33) 謂日月懸天, 成八卦象. 三日暮震象出庚. 八日兌象見丁. 十五日乾象盈甲. 十六日旦巽象退辛. 二十三日艮象消丙. 三十日坤象滅乙. 晦夕朔旦, 坎象流戊. 日中則離, 離象就己. 戊己土位, 象見於中. 日月相推, 而明生焉. (이정조[李鼎祚], 『주역집해(周易集解)』)

써 한 달 중 해와 달의 위치를 나타낸 것인데 이른바 납갑(納甲)이다.『참동계』는 말한다.

하늘의 부절(해와 달)은 뜨고 지며 차고 기욺으로써 계절에 부응한다. 따라서『역』은 천심(天心)을 실마리삼아 복(復 ䷗)괘로써 시작의 발단을 세웠다. 맏아들[震괘]의 상이 아버지의 본체를 계승함에 어머니에 기대어 조짐의 기반을 삼는다. 음양(즉 해와 달)의 소식(消息)은 종률(鍾律)에 상응하고 음양의 오르고 내림은 북극성을 축으로 선회한다. 사흗날 저녁에 달은 처음 나와 빛을 발하는데 진(震☳)의 상으로서 서쪽 경(庚)의 위치에서 나온다. 여드렛날 해질 무렵 태(兌☱)의 상으로서 현(上弦)이 마치 줄처럼 팽팽하여 정(丁)의 위치에서 나온다. 15일에는 (전부 양이고 음이 없는) 건(乾☰)의 본체로 나아가 동쪽 갑(甲)의 위치에서 완전한 만월이 되면, 두꺼비(蟾蜍 : 달의 다른 이름)와 토끼(兎魄 : 달의 다른 이름)가 보이고 해와 달이 둘 다 빛난다. 두꺼비는 괘의 절기를 주관하고 토끼는 살아 있는 빛을 토해낸다(달은 본래 빛이 없으므로 해의 빛을 반사한다). 7 더하기 8 즉 15이면 달의 길은 이미 완결되고 다시 차츰 깎여나가 기울기 시작한다. 16일이면 다시 반대의 길을 밟아가기 시작하여 손(巽☴)의 상으로서 새벽녘에 서쪽의 신(申)의 위치에 보이고, 23일이면 하현(下弦)인 간(艮☶)의 상으로서 새벽에 정남쪽의 병(丙)에 보이고, 30일은 곤(坤☷)의 상으로서 새벽 을(乙)의 위치에서 동북쪽으로 사라져 그 빛을 잃는다. 이렇게 한 달의 절기가 다하고 다음 달에 양위하면 이어받은 본체가 다시 희미하게 살아난다. **임계(壬癸)를 갑을(甲乙)에 배합시켜 건곤이 시종을 포괄하게 한다**[건은 갑·임에 배합하고 곤은 을·계를 납[納]하여 천간의 시작과 끝을 포괄한다]. 7 더하기 8의 수는 15이고, 9 더하기 6의 수도 그에 상응한다. 이 네 가지를 합하여 30인데, 이로써 양기는 완성되고 없어져 숨는다.[34]

---

34) 天符有進退, 詘伸以應時. 故易統天心, 復卦建始萌. 長子繼父體, 因母立兆基. 消息
應鍾律, 升降據斗樞. 三日出爲爽, 震受庚西方. 八日兌受丁, 上弦平如繩. 十五乾體
就, 盛滿甲東方. 蟾蜍與兎魄, 日月氣雙明. 蟾蜍視卦節, 兎魄吐生光. 七八道已訖, 屈
折低下降. 十六轉受統, 巽辛見平明. 艮直於丙南, 下弦二十三. 坤三十日, 東北喪其
朋[明]. 節盡相禪與, 繼體復生龍. 壬癸配甲乙, 乾坤括始終. 七八數十五 ; 九六亦相應.
四者合三十, 陽氣索滅藏. (『주역참동계해(周易參同契解)』권상,『도장(道藏)』628)

매월 초사흘에 달은 처음으로 빛이 생기기 시작한다. 이때 달은 단지 1양(陽)의 빛을 받는 진상(震象) ☳이고, 황혼에 서쪽 경(庚) 지역에 보인다. 초파일에 달은 상현으로서 2양의 빛을 받는 태상(兌象) ☱이고, 황혼에 남쪽 정(丁) 지역에 보인다. 15일에 달은 보름달로서 온전히 햇빛을 받는 건상(乾象) ☰이고, 황혼에 동쪽 갑(甲) 지역에 보인다. 16일에 달은 맨 아래 1음(陰)을 받아 백(魄)이 된 손상(巽象) ☴이고, 새벽에 서쪽 신(辛) 지역에서 진다. 23일에 달은 다시 가운데 1음이 생겨 하현인 간상(艮象) ☶이고, 새벽에 남쪽 병(丙) 지역에서 진다. 30일에 이르면 달은 완전히 3음으로 변한 곤상(坤象) ☷이고, 북동쪽으로 잠복한다. 다음 달에 다시 진괘가 생긴다.[35] 특별히 감(坎)·이(離) 두 괘에 대해서 『참동계』는 말한다.

> 감(坎 ☵)과 무(戊)는 달의 정기(月精)요, 이(離 ☲)와 기(己)는 해의 빛(日光)이다. 해와 달은 "역(易)"의 표현이고 강과 유가 음양에 상당한다. 흙은 시간적으로 사계절을 겸하여 작용하며 시작과 끝의 맥락을 이어주며, 공간적으로 청(靑), 적(赤), 흑(黑), 백(白)이 각각의 방위로부터 중궁(中宮)인 무기(戊己)의 영향을 받아들이도록 한다.[36]

감·이 괘는 무·기에 배합하고 중앙에 위치한다. '이'는 일광(日光)으로서 본래 중앙에 위치하고 '감'은 월정(月精)으로서 "그믐날 저녁과 초하루 아침"에 달은 이 위치로 "흘러든다." 8괘를 십모에 배합할 때 아직 임·계는 짝이 없으므로 다시 건·곤에 배합시켰다. 즉 "임·계를 갑·을에 배합시켜 건·곤이 시종을 포괄하게 한다"는 말이다. 다시 그림으로 설명하면 다음과 같다.

---

35) 【주】"초사흘에"에서부터 여기까지는 주자의 『참동계주(參同契註)』의 설이다.
36) 坎戊月精, 離己日光. 日月爲易, 剛柔相當. 土旺四季, 羅絡始終. 靑赤黑白, 各居一方. 皆稟中宮, 戊己之功. (같은 곳)

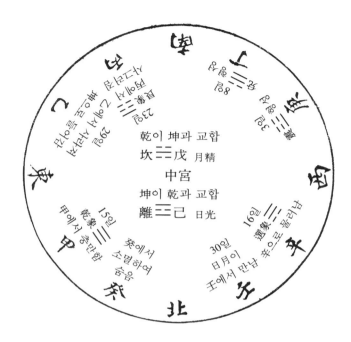

우주간 음양 소식(消息)의 상황은 이러하다. 따라서 우리가 만약 장생(長生)을 얻고자 한다면 반드시 음양이 소식하는 시기에 "천지의 기밀을 훔쳐"〈주38〉 우리 몸 속의 "정(精)", "기(氣)", "신(神)"을 단련해야(鍊) 한다. 즉 이른바 연단(鍊丹)해야 한다. 도교에서 말하는 단(丹)에는 내단(內丹)과 외단(外丹)의 구별이 있다. 외단은 몸 바깥에서 약을 구해서 정련하여 단을 만들어 복용하면 장생할 수 있다는 것으로, 진시황과 한 무제가 구했던 선약(仙藥)이 바로 그런 종류이다. 내단은 우리 몸 속의 "정", "기", "신"을 단련함으로써 생기는 것으로, 우리 몸은 곧 하나의 작은 우주(小天地)로서 그 안에도 음양과 8괘가 있으니, 장생의 도는 돌이켜 자기 내에서 구하면 충분하므로 정말로 바깥에서 구할 필요가 없다는 것이다.

5. 도교 내의 과학정신

이밖에 부록(符籙 : 부적, 주문) 일파가 부적으로써 귀신을 부려 병을 물리치고 수명을 연장하는 방술(方術)을 연구했다. 도교사상 가운데 주목할 만한 것은 도교도 중에서 적어도 일부 사람들은 인위적으로 노력하여 자연을 극복하려고 했다는 점이다. 탄생이 있으면 죽음이 있다는 것이 자연의 질서이거늘 죽지 않기를 바라는 것은 자연에 거스르는 행위이다. 부적을 써서 귀신과 만물을 부리려는 것은 더욱 자연을 극복하려는 것이다. 갈홍(葛洪, 250?-330?)은 말했다.

사물을 다루고 조화를 부리는 일에 사람보다 더 신령한 것은 없다. 따라서 옅은 지식에 통달한 사람은 **만물을 마음대로 부릴** 수 있고, 심오한 지식에 터득한 사람은 영원한 삶을 누릴 수 있다.[37]

유염(俞琰 : 송나라가 멸망한 후 은거함)은 말했다.

천지간에서 인간의 위치란 천지간의 한 사물에 지나지 않는다. 다만 다른 사물보다 신령스럽기 때문에 인간이라고 지칭한 것이니, 어찌 천지와 더불어 어깨를 나란히 할 수 있겠는가? 그런데 만약 **천지의 기밀**(天地之機 : 천지 조화의 기밀, 天機)**을 훔쳐** 금으로 된 액체 대단(大丹)을 합성해낸다면 천지와 더불어 서로 시종(始終)을 도모할 수 있는데, 그런 사람이 바로 진인(眞人)이다.[38]

또「취허편(翠虛篇)」을 인용하여 이렇게 말했다.

천지가 교합하는 때를 잘 살펴 **음양 조화의 기밀을 탈취**해낸다.[39]

---

37) 夫陶冶造化, 莫靈於人. 故達其淺者, 則能役使萬物. 得其深者, 則能長生久視. (「대속(對俗)」, 『포박자(抱朴子)』, 46쪽) [陶 : 도자기를 구움. 冶 : 금속을 주조함]

38) 蓋人在天地間, 不過天地間一物耳. 以其靈於物, 故特謂之人, 豈能與天地並哉? 若夫竊天地之機, 以修成金液大丹, 則與天地相爲始終, 乃謂之眞人. (『주역참동계발휘(周易參同契發揮)』권3,『도장』625) [機 : 사물의 관건, 기밀, 사물 변화의 기틀]

39) 每當天地交合時, 奪取陰陽造化機. (같은 곳)

"천지의 기밀을 훔치고" "음양 조화의 기밀을 탈취하여" "만물을 마음대로 부려", 내 소용으로 삼고 내 목적을 달성한다는 말이다. 여기서 권력을 중시한 의미는 과학정신을 갖춘 것이라고 할 수 있다. 과학에는 두 측면이 있다고 하는데, 하나는 확실성을 중시하는 측면이고 또 하나는 권력을 중시하는 측면이다. 오직 사물에 대한 확실한 지식이 있기 때문에 그것을 지배할 권력을 가질 수 있다. 도교는 자연을 지배하려고 했지만 자연에 대한 확실한 지식이 없었기 때문에(그들 스스로는 확실한 지식을 가졌다고 여겼지만), 우주와 사물에 대한 해석은 신화에서 벗어나지 못했고 사물을 지배하기 위해서 사용한 방법은 마술에서 벗어나지 못했다. 그러나 마술은 일찍이 과학의 선구였다. 연금술(alchemy)이 화학의 선구였다면, 도교의 외단 연단에서 논한 황백술(黃白術)[40]이 중국의 연금술이었다. 산타야나에 따르면 과학이 신화와 다른 것은 그 가치에 있는 것도 아니고, 과학적 연구가 더 큰 천재성을 요구하는 것도 아니다. 그 차이란 신화는 실험이 불가능한 관념에 귀결시키지만, 과학은 우리가 경험 속에서 실험할 수 있는 법칙이나 개념에 귀결시키는 데에 있다.[41] 왕충은 우리의 지식은 반드시 우리가 경험 속에서 실험할 수 있는 것이어야 비로소 참되다고 여겼는데, 우리가 왕충에게 과학정신이 있다고 말하는 것은 바로 그 때문이다. 왕충의 학설은 음양가와 반대의 위치에 있지만, 양자 모두에 과학정신이 있었다고 해도 무방하다. 하나는 확실성을 중시했다면 하나는 권력을 중시했기 때문이다.

이상의 서술 내용을 보면 북송 초에 이르러 사상계 각 방면의 발전은 이미 상당한 수준에 이르렀고, 각 학파간 사상의 혼합도 이미 상당한 성공이 있었다. 이제는 오직 위대한 천재가 나타나 정연한 체계를 조직할 필요가 있었다. 마치 극의 공연처럼 북송 초에 이르러 무대의 설비는 이미 완비되었으니 필요한 것은 오직 스타의 등장이었다.

---

40) 【주】즉 다른 종류의 물질을 연단하여 금은을 만드는 술수를 말한다.
41) 산타야나(1863-1952), 『과학과 이성(*Reason in Science*)』, 8-9쪽.

제11장
주렴계와 소강절

1. 주렴계

도학자로서 도교사상을 도학에 도입한 사람 가운데 주렴계(周濂溪, 1017-73)와 소강절(邵康節, 1011-77)이 대표적이다. 주렴계는 이름이 돈이(敦頤)이다.*『송사(宋史)』「도학전(道學傳)」은 말한다.

주돈이의 자는 무숙(茂叔)이다. 도주 영도 사람이다. 원래의 이름은 돈실(敦實)이었으나 영종 임금의 옛 휘를 피해서 돈이로 개명했다. 외삼촌인 용도각 학사 정향(鄭向)의 덕으로 분녕 주부가 되었다.……병 때문에 남강군으로 옮겨가 그곳의 여산 연화봉 아래에 집을 지었다. 그 앞에는 분강으로 흘러드는 시내가 있었는데, 그는 전에 살던 영도에 있던 시내 이름 염계를 그대로 빌려다가 불렀다.……그는 57세에 세상을 떠났다.[1]……황정견(黃庭堅, 1045-1104)은 그에 대해서 "인품이 매우 고매하여 성품이 초연하고 대범했으며 마치 광풍제월(光風霽月) 같았다"고 말했다.……「태극도(太極圖)」

---

* 『신편』V, 50쪽 : 주희가 지은 『이락연원록(伊洛淵源錄)』은 간명한 도학사(道學史)이다. 여기서 맨 앞에 주돈이를 두었기 때문에 사람들은 주희가 그를 도학의 창립자로 여겼다는 인상을 받았다. 그러나 이것은 오해이다. 서명이 『이락연원록』이니, 중점은 "이락", 즉 이정(二程)이었으며,……또 "천리(天理)"는 도학의 중심 사상으로서 도학의 모든 내용 속에 관철되어 있는데, 정호(程顥)가 그것을 자기 스스로 "체득(體帖)"한 것이라고 말했으니, 도학의 창립자는 정호임을 알 수 있다.

1) 【주】반흥사(潘興嗣 : 宋人, 왕안석과 증공과 교우)의 「염계선생묘지명」에 따르면 염계는 신종(神宗) 희녕(熙寧) 6년(1073)에 세상을 떠났다.

를 지어 천리(天理)의 근원을 밝히고 만물의 시작과 종말을 궁구했다.[2]

1)「태극도설」

오른쪽이 주렴계의 「태극도」*이다 :
「태극도설(太極圖說)」은 말한다.

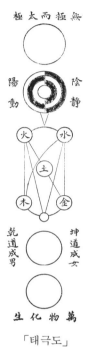

「태극도」

무극(無極)이면서 태극(太極)이다. **태극은
운동하여 양을 낳고 운동이 극에 달하면 고요에
이르고 고요함으로써 음을 낳는다. 고요가 극에
달하면 다시 운동한다. 한번 운동하고 한번 고요
하니 서로 각각의 근원이 되며, 음으로 갈리고 양
으로 갈리니 음양의 양의(兩儀)가 수립된다. 양
과 음이 변하고 합하여 수, 화, 목, 금, 토[오행]를
낳고, 이 5기(氣)가 순리롭게 펼쳐지면서 사계절
이 운행된다. 오행은 하나의 음양이고, 음양은 하
나의 태극이며, 태극은 본래 무극이다.** 오행은
생길 때 각기 하나의 성(性)을 가진다. 무극
의 참됨과 음양오행의 정수가 오묘하게 합하
여 응축되면, 건도(乾道)는 남성(남성적인 원
리)이 되고 곤도(坤道)는 여성(여성적인 원리)이 되어, 이 두 기운이 서로 감응
하여 만물을 변화 생성시킨다. 이리하여 만물은 낳고 낳아 변화가 무궁하다.
　　**오직 사람은 그 가운데 빼어난 부분을 얻어 가장 영명한데, 육체가 생기면 정
신이 지각작용을 하며, 오성(五性 : 五常의 性)이 감응하여 동요할 때 선과 악으
로 나뉘고 만사가 산출된다. 성인은 이때 중정인의(中正仁義)의 법도를 정하여**

2) 周敦頤, 字茂叔. 道州營道人. 元名敦實, 避英宗舊諱改焉. 以舅龍圖閣學士鄭向, 任爲
分寧主簿.……以疾求知南康軍. 因家廬山蓮花峯下. 前有溪, 合於溢江, 取營道所居
濂溪以名之.……卒年五十七. 黃庭堅稱其人品甚高, 胸懷灑落, 如光風霽月.……著
「太極圖」, 明天理之根源, 究萬物之終始. (『송사』, 12710-12쪽) [敦 : 惇(『이락연원
록』)]
* 『신편』V, 54쪽 : 주돈이의 「태극도」는 하나의 "상(象)"이다. 이른바 "상"이란 일종
의 형상(形象)을 가지고 하나의 도리를 표시하는 것을 말한다.

(성인의 도는 인의, 중정일 뿐이다/염계) **고요를 근본으로 삼아**(主靜, 사욕
을 없앴기 때문에 고요하다[無欲故靜]/염계) **인극(人極 : 인간의 표준)을 수
립했다.** 그러므로 **"성인은 덕이 천지에 필적**하고, 영명함은 해와 달에 필적하
며, 질서정연함은 사계절에 필적하며, 길흉의 판단은 귀신에 필적하거니
와"**[『역』, 「문언」], 군자는 인극(즉 중정인의)을 닦기 때문에 길하고, 소인
은 거스르기 때문에 흉하다. 따라서 **"천도(天道)로 음양을 수립하고, 지도(地
道)로 강유(剛柔)를 수립하고, 인도(人道)로 인의(仁義)를 수립했다"**[「설괘」]고
했고, 또 "시원을 궁구하여 종말을 돌이켜보기 때문에, 사생의 이치를 알
게 된다"*[「계사상」]고 했은즉, 위대하다, 역(易)이여! 여기에 지극한 이치
가 있다.[3]

---

* 『신편』V, 59쪽 : 이는 도학자들이 매우 중요한 의미가 있다고 여긴 구절이다.……도
학자들은 도·불 두 종교가 [장생(長生)과 무생(無生)을 논하며] 그토록 개인 생명에
연연해하는 까닭은 무엇보다 그들이 "사생의 이치(死生之說)"를 이해하지 못한 때
문이라고 여겼다.……주돈이는 '태극도'에 표시된 것은 인간의 시원이고 "인간의
종말"은 뚜렷이 논하지 못했다고 여겼다. 그러나 그는 이 「태극도설」의 마지막 한
구절에서 이미 그 문제를 제시하여 그 문제를 명확히 했는데, 이는 도학의 한 주제
를 천명한 것이었다.

3) 無極而太極. 太極動而生陽, 動極而靜, 靜而生陰. 靜極復動. 一動一靜, 互爲其根. 分
陰分陽, 兩儀立焉. 陽變陰合而生水火木金土, 五氣順布, 四時行焉. 五行一陰陽也, 陰
陽一太極也, 太極本無極也. 五行之生也, 各一其性. 無極之眞, 二五之精, 妙合而凝.
乾道成男, 坤道成女. 二氣交感, 化生萬物. 萬物生生, 而變化無窮焉. 惟人也, 得其秀
而最靈. 形旣生矣, 神發知矣. 五性感動, 而善惡分, 萬事出矣. 聖人定之以中正仁義
(自註 : 聖人之道仁義中正而已矣)而主靜(自註 : 無欲故靜), 立人極焉. 故聖人與天地
合其德, 日月合其明, 四時合其序, 鬼神合其吉凶. 君子修之吉, 小人悖之凶. 故曰 : 立
天之道, 曰陰與陽 ; 立地之道, 曰柔與剛 ; 立人之道, 曰仁與義. 又曰 : 原始反終, 故知
死生之說. 大哉『易』也, 斯其至矣.
 [주희의 주 : 太極之有動靜, 是天命之流行也, 所謂'一陰一陽之謂道.' 誠者, 聖人之
本, 物之終始, 而命之道也. 其動也, 誠之通也, 繼之者善, 萬物之所資以始生 ; 其靜也,
誠之復也, 成之者性, 萬物各正其性命也.……蓋太極者, 本然之妙也 ; 動靜者, 所乘之
機也. 太極, 形而上之道也 ; 陰陽, 形而下之器也. 是以自其著者而觀之, 則動靜不同
時, 陰陽不同位, 而太極無不在焉. 自其微者而觀之, 則衝漠無朕, 而動靜陰陽之理, 已
悉具于其中矣.……聖人太極之全體, 一動一靜, 無適而非中正仁義之極, 蓋不假修爲
而自然也. 未至此而修之, 君子之所以吉也 ; 不知此而悖之, 小人之所以凶也. 修之悖
之, 亦在乎敬肆之間而已矣. 敬則欲寡而理明, 寡之又寡以至于無, 則靜虛動直而聖可
學矣.]

『역』「계사」에 "역에는 태극이 있고, 그
것이 양의를 낳고, 양의는 4상을 낳고, 4
상은 8괘를 낳으며, 8괘가 길흉을 결정
하고, 길흉이 대업을 낳는다"[4]고 했다.
이 「태극도」에서 앞은 태극이 양의를 낳
는다는 설을 채용했지만 뒤는 8괘가 아
닌 오행을 채용한 만큼, 「도설」의 말미
에 『역』을 인용하기는 했지만 그림은 전
적으로 『역』에 근거한 것은 아니다.

「태극선천지도」

따라서 「태극도」의 유래는 매우 연구
할 가치가 있다. 『도장(道藏)』 내의 「상
방대통진원묘경품도(上方大洞眞元妙經
品圖)」에 오른쪽과 같은 「태극선천지도
(太極先天之圖)」가 있다.[5] 이것은 주렴
계의 태극도와 대략 똑같다. 그 경에는
당(唐)나라 명황*이 쓴 서문이 있으므로
송대 이전의 책인 것 같다. 이것이 혹시

염계 「태극도」의 원본이었을까?『송사』「유림전(儒林傳)」의 주진
(朱震, 1072-1138)의 전기에 따르면 "주진의 경학은 깊고 진실했는
데 그는 「한상역해(漢上易解)」에서 '「선천도」는 진단이 충방에게,
충방은 목수에게, 목수는 이지재에게, 이지재는 소옹에게 전했다.
「하도낙서(河圖落書)」**는 충방이 이개에게, 이개는 허견에게, 허견

---

4) 『易』有太極, 是生兩儀. 兩儀生四象 ; 四象生八卦. 八卦定吉凶 ; 吉凶生大業. (『주역』,
   539쪽) 〈제1편, 제15장, 주18〉

5) 『도장(道藏)』 196, 9쪽.

 * 明皇 : 현종(玄宗)의 시호, 지도대성대명효황제(至道大聖大明孝皇帝)의 속칭.

**

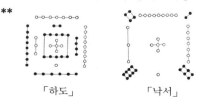

「하도」   「낙서」

은 범악창에게, 범악창은 유목에게 전했다. 목수는 「태극도」를 주돈이에게 전했다'고 했다."[6] 즉 당시의 이른바 상수학(象數學)은 모두 진단에게서 비롯되었다는 말이다. 진단은 송나라 초기의 유명한 산 신선(活神仙)이었다.[7] 모기령에 따르면 「참동계」에 있던 여러 그림들은 주자의 주가 나온 이후 학자들에 의해서 대부분 삭제되었다. 오직 팽효의 판본에만 「수화광곽도(水火匡廓圖)」와 「삼오지정도(三五至精圖)」* 등의 그림이 있다.[8] 주렴계 「태극도」 중의 제2도는 「참동계」의 「수화광곽도」[9]에서 취했고, 제3도는 「참동계」의 「삼오지정도」에서 취했다.[10] 황종염, 주이존 모두 염계 「태극도」의 본래 이름은 「무극도(無極圖)」였다고 하면서 이렇게 말했다. 진단은 화산(華山)

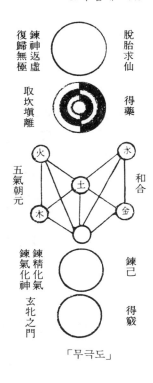

「무극도」

에 살면서 「무극도」〈오른쪽 그림 /역자 편입〉를 돌벽에 새겼는데, 가장 아래의 동그라미 이름은 현빈지문(玄牝之門)이고, 그 위의 동그라미 이름은 연정화기(鍊精化氣), 연기화신(鍊氣化神)이고, 왼쪽

---

6) 震經學深醇, 有「漢上易解」云 : 陳搏以先天圖傳种放 ; 种放傳穆修 ; 穆修傳李之才 ; 之才傳邵雍. 放以河圖洛書傳李漑 ; 漑傳許堅 ; 許堅傳范諤昌 ; 諤昌傳劉牧. 穆修以太極圖傳周敦頤. (『송사』, 12908쪽)

7) 【주】『송사』, 13420-22쪽에 그의 전기가 있다.

*

「수화광곽도」

「삼오지정도」

8) 【주】『도장(道藏)』에 들어 있는 팽효가 주석한 『참동계』에도 역시 그림은 없다.

9) 【주】이 그림의 한쪽은 감괘(坎卦)이고, 한쪽은 이괘(離卦)이다.

10) 모기령(毛奇齡, 1623-1716), 『태극도설유의(太極圖說遺議)』.

의 목(木)·화(火) 오른쪽의 금(金)·수(水) 중앙의 토(土)가 서로 연결된 가운데 동그라미 이름은 오기조원(五氣朝元)이고, 그 위에 있는, 흑백이 가운데로 나누어져 서로 사이사이 뒤섞인 하나의 동그라미는 이름이 취감전리(取坎塡離)이다. 가장 위의 동그라미 이름은 연신반허(鍊神返虛), 복귀무극(復歸無極)이다.[11] "주렴계는 그 그림을 얻어 그 순서를 뒤집고 그 이름을 바꾸어 위대한 역에 부회하여 유자들의 비전(秘傳)으로 삼았다. 방사(方士)의 비결은 (자연에) 거역하여 단(丹)을 만드는 것이었기 때문에 아래에서 위로 올라갔지만 염계의 의도는 순응하여 인간의 생성을 논했기 때문에 위에서 아래로 내려갔다."[12] 황종담과 주이존의 이 주장이 무엇에 근거한 것인지는 모르지만 요컨대 주렴계의 「태극도」가 도교와 관계가 있음은 사실인 것 같다.

주렴계는 도사(道士)들이 수련을 논할 때 사용한 「태극도」를 취하여 새로운 해석과 새로운 의미를 부여했다. 그 그림을 해석한 「태극도설」은 송명 도학파 내의 체계적인 저작의 하나이다. 송명 도학파가 논한 우주발생론은 주로 그 설에 대한 부연이었다. 이제 주렴계가 지은 「통서(通書)」*와 함께 「태극도설」을 논한다. 「통서」

---

11) 황종염(黃宗炎, 1616-86), 「태극도변(太極圖辯)」(『송원학안』「백천학안(百泉學案)」,『황종희전집』III, 623-27쪽 참조) ; 주이존(朱彝尊, 1629-1709), 「태극도수수고(太極圖授受考)」(『폭서정집(曝書亭集)』권58 참조)

12) 황종염, 「태극도변」,『황종희전집』III, 624-25쪽.
[『신편』V, 56쪽 : 삶이 있으면 죽음이 있으니 생사는 자연의 질서이자 자연의 법칙이다. 도교의 수련(修煉) 목적은 장생불사로서 자연의 질서와 법칙에 위반되었으니 이른바 "역(逆)"이다. 방사(方士)들은 수련에서 "내단(內丹)"과 "외단(外丹)"을 연구했다. "외단"은 일종의 약물로서 먹으면 장생불사한다는 이른바 "불사의 약"이다. "내단"은 인간의 신체 내부에서 수련을 거쳐 얻어지는, 사람을 장생불사하게 하는 기초가 된다는 일종의 성분으로서 "성태(聖胎)"라고도 불린다. 이른바 "취감전리(取坎塡離)"의 결과가 바로 이러한 "내단" 혹은 "성태"이다. 원래의 「무극도」가 나타낸 것은 그러한 수련에서 반드시 거쳐야 할 단계, 이른바 "역이성단(逆而成丹)"이었다. 주돈이는 그 그림에 대한 해석을 뒤집어서, 방사들의 수련의 단계나 과정을 표시한 것이 아니라 우주 진화의 질서와 과정을 표시하는 데에 썼다. 이것이 「태극도」에 대한 황종염의 고증 결론이다.]

* 『신편』V, 64쪽 : 주돈이가 「통서」에서 논한 주요 내용은 "인극(人極)"이다.……주

는 본 이름이 「역통(易通)」이니 염계 역시 『역』을 논한 저작으로
여겼던 것이다.

2) 「태극도설」과 「통서」

「태극도설」에 "태극은 운동하여 양을 낳고 운동이 극에 달하면
고요에 이르고 고요함으로써 음을 낳는다. 고요가 극에 달하면 다
시 운동한다. 한번 운동하고 한번 고요하니 서로 각각의 근원이 되
며, 음으로 갈리고 양으로 갈리니 음양의 양의가 수립된다"고 했는
데, 태극이 한번 운동하고 한번 고요함은 동시에 일어날 수 있다.
「통서」는 말한다.

> 운동하면 고요가 없고 고요하면 운동이 없는 것은 사물이다. 운동하지만
> 운동이 없고 고요하지만 고요가 없는 것은 정신이다. 운동하지만 운동이 없
> 고 고요하지만 고요가 없다고 함은 운동하지도 않고 고요하지도 않다는 말
> 이 아니다. **사물은 통하지 못하나 정신은 만물에 신묘하게 작용한다**(物則不通,
> 神妙萬物).[13]

모든 구체적 사물은 운동할 때는 운동만 있고 고요는 없으며 고요
할 때는 고요만 있고 운동은 없다. 구체적 사물은 이것이면 이것으
로 결정되고 저것일 수 없고, 저것이면 저것으로 결정되고 이것일
수 없다. 이것이 이른바 "사물은 통하지 못한다"는 말이다. 그러나
태극의 경우는 운동하지만 운동이 없은즉 운동 가운데 고요도 있으
며, 고요하지만 고요가 없은즉 고요 가운데 운동도 있다. 따라서 음

목할 것은 「통서」에서는 "정(靜)"이 아니라 "성(誠)"을 부각시켰다는 점이다.
"성"은 "성인의 근본"이고 "성명의 근원(性命之源)"이다. 「통서」에서 논한 "성
인"이 세운 "인극"은 "중정인의(中正仁義)하여 주정(主靜)함"이 아니고 "중정인
의하여 주성(主誠)함"이다. 비록 단 한 글자의 차이지만 매우 중요하다. 즉 「통
서」는 이미 도가와 도교의 영향에서 벗어났다는 것을 설명한다. 이는 주돈이의 철
학사상의 커다란 발전이다.

13) 動而無靜, 靜而無動, 物也. 動而無動, 靜而無靜, 神也. 動而無動, 靜而無靜, 非不動
不靜也. 物則不通, 神妙萬物. (「동정(動靜)」제16) [주희의 주 : 有形, 則滯于一偏.
神, 則不離于形而不囿于形矣.]

가운데 양이 있고 양 가운데 음이 있다. 즉 "정신은 만물에 신묘하게 작용한다"는 말이다.

「태극도설」에 "양과 음이 변하고 합하여 수, 화, 목, 금, 토[오행]를 낳고, 이 다섯 가지 기가 순리롭게 펼쳐지면서 사계절이 운행된다. 오행은 하나의 음양이고 음양은 하나의 태극이며 태극은 본래 무극이다"고 했은즉, 분명히 태극은 음양오행을 낳지만 또한 태극은 사실상 음양오행 안에 존재한다.「통서」는 말한다.

> 음양의 두 기와 오행이 만물을 조화하고 산생한다. 다섯이 다르지만 두 실재로 귀착하고 이 두 근본은 곧 하나이다. 즉 **만물은 하나이고 하나의 실재는 만물로 나뉜다. 만물과 하나는 각기 정당하고 대소가 원래 정해진다.**[14]

「태극도설」은 오행을 "5기"라고 했고, 「통서」는 음양을 "2기"라고 했다. 즉 염계는 음양오행을 모두 기로 여겼다는 말이다.「통서」의 이 구절 이름이 「리성명(理性命)」 장이므로 소위 "하나"란 리이고 또한 태극이다. 태극은 리이고 음양오행은 기이다. 리·기 두 관념은 송명 도학에서 중요한 위치를 점하는데, 그 의미는 주희에 이르러 비로소 상세히 설명되었지만 염계가 그 실마리를 제공했다고 하겠다.「통서」의 이 구절 내용을 따르면, 만물은 모두 하나가 갈라진 것이므로 태극은 곧 만물 가운데 존재한다. 이른바 "만물은 하나이고 하나의 실재는 만물로 나뉜다"는 말이다.

「태극도설」에 "음양이 서로 감응하여 만물을 변화 생성시킨다"고 했는데, 이러한 구체적 사물은 모두 결정되어 있고 "통하지 못한다(不通)." 즉 "만물과 하나는 각기 정당하고 대소가 원래 정해져 있다"는 말이다. 다음 문장에 또 "오직 사람은 그 가운데 빼어난 부분을 얻어 가장 영명한데, 육체가 생기면 정신이 지각작용을 하며,

---

14) 二氣五行, 化生萬物. 五殊二實, 二本則一. 是萬爲一, 一實萬分. 萬一各正, 小大有定. (「리성명(理性命)」 제22) [주희의 주 : 二氣五行, 天之所以賦受萬物而生之者也. 自其末以緣本, 則五行之異, 本二氣之實, 二氣之實, 又本一理之極. 是合萬物而言之, 爲一太極而已也. 自其本而之末, 則一理之實而萬物分之以爲體. 故萬物之中, 各有一太極, 而小大之物, 莫不各有一定之分也.]

오성이 감응하여 동요할 때 선과 악으로 나뉘고 만사가 산출된다"
고 했다. 즉 사람은 만물의 영장으로서 태극의 리를 타고나 오행의
성(性)을 구비했다고 여겼다. 태극의 리는 "순수 지선"하기 때문에
인간의 성 역시 본래 선하다. 이 인성의 본연이 바로 성(誠)이다.
「통서」는 말한다.

> 성(誠)이란 성인의 근본이다. "위대하다! 건원(乾元 : 乾道)이여! 만물이 그
> 로부터 창시된다"고 함은 성의 시원을 말한 것이다. "건도(乾道)의 변화에
> 의해서 [만물은] 각기 본연의 성(性)과 명(命)이 바르게 될 때" 성(誠)은 수립
> 되며 **순수 지선(純粹至善)**하다. 따라서 **"한번 음이 되고 한번 양이 되는 것이 바
> 로 도이다.** 도를 계승한 것이 선이고 도를 성취한 것이 성이다"고 했다. 원형
> (元亨 : 즉 사물의 발전단계)은 성(誠)의 통철함이고 이정(利貞 : 즉 사물의 성
> 숙단계)은 성의 복귀이다. 위대하다, 역이여! 성명(性命)의 근원이다.[15]

"한번 음이 되고 한번 양이 되는 것이 바로 도이니", 도는 곧 태극
의 다른 이름이다.

악의 근원에 대해서 「통서」에 "성(誠)은 작위가 없고 기미(幾)로
부터 선악이 갈린다"[16]고 했는데, 기미란 운동의 미미함으로서 이

---

15) 誠者聖人之本. "大哉乾元, 萬物資始", 誠之源也. "乾道變化, 各正性命", 誠斯立焉.
純粹至善者也. 故曰 : "一陰一陽之謂道 ; 繼之者善也 ; 成之者性也." 元亨誠之通 ;
利貞誠之復. 大哉『易』也, 性命之源乎. (「성(誠)」제1) [주희의 주 : 誠者, 至實而無
妄之謂, 天所賦物所受之正理也. 人皆有之, 而聖人之所以聖者無他焉, 以其獨能全
此而已. 此書與太極圖相表裏. 誠卽所謂太極也.……易者, 交錯代換之名. 卦爻之立,
由是而已. 天地之間, 陰陽交錯, 而實理流行, 一賦一受于其中, 亦猶是也.]

16) 誠無爲, 幾善惡. (「성기덕(誠幾德)」제3).
[『신편』V, 62-63쪽 : "무위"란 아무 동작이 없는 것이 아니고 사심이 없는 것으로
서, 주돈이의 주장에 따르면 자연계의 발전 변화는 모두 성(誠)의 품성을 가지고
있다. 발전 변화란 동작이다. 자연계는 자기 동작들이 자기에게 무슨 결과를 가지
는지 고려하지 않는데 그것이 곧 "성은 무위이다"는 말이다. 사람도 자연계의 사
물이니 만약 자기의 동작이 자기에게 무슨 결과가 있을지 고려하지 않으면 용감
히 매진하게 되는데 그것이 곧 "성"이고 "무위"이다. 일단 고려하면 그것은 곧
"기(幾)"이고, "기"는 선도 될 수 있고 악도 될 수 있다. 즉 어찌어찌 할 것을 고려
하여 자기에게 유리하면 행하고 자기에게 해로우면 하지 않는 그 "기"는 악하고,
자기의 이해를 돌아보지 않고 그런 행위가 자기에게 해롭더라도 사회에 유리하면
행하고 자기에게 유리하더라도 사회에 해로우면 하지 않는 그 "기"는 선하다.]

른바 "운동하여 아직 드러나지 않아서 있는지 없는지 분간이 안 되는 것이 기미이다."[17] 인성은 본래 선하지만 행위에 발동될 때 꼭 중도(中)에 부합하는 것은 아니다. 중도에 부합하지 않게 발할 경우 이때 중도에 부합하지 않는 것이 악이다. 「통서」는 말한다.

"성에는 강유(剛柔)가 있는데 그것의 선악(善惡)은 중도에 달려 있다"는 말을 질문자가 이해하지 못하자 다음과 같이 설명했다.

"강(剛)의 덕목은 선한 경우는 의로움(義), 올곧음(直), 결단성(斷), 엄정함(嚴毅), 단호함(幹固) 등이지만, 악한 경우는 사나움(猛), 성급함(隘), 강포함(強梁) 등이다. 유(柔)의 덕목은 선한 경우는 자애로움(慈), 온순함(順), 공손함(巽) 등이지만, 악한 경우는 나약(懦弱), 우유부단(無斷), 굽실거림(邪佞) 등이다. 오직 중도(中)일 때만이 조화롭고 절도에 맞아 천하의 보편적인 도(達道)이며 성인의 일이다. 따라서 성인의 교육 방침은 사람들로 하여금 스스로 악한 점을 바꾸어 저절로 중도에 이르러 그 상태에 머물게 하는 것이다."[18]

양은 강(剛)이고 음은 유(柔)이다. 사람은 음양의 기를 타고났기 때문에 성(性)에도 강유가 있다. 강유가 적당성을 상실하거나 혹은 "오성이 감응하여 동요할"〈주3〉 때 중도에 부합하지 않으면 모두 악이다. 따라서 악은 소극적이고 선은 적극적이다. "기미로부터 선악이 갈리기" "때문에 군자는 운동을 신중히 한다."[19]

「태극도설」은 다음 글에 "성인은 중정인의(中正仁義)의 법도를 정하여 고요를 근본으로 삼아(主靜) 인극(人極)을 수립했다"고 했는데, 「통서」에도 "성인의 도는 인의중정일 따름이다"[20]고 했다. 인극이란 사람됨의 표준이다. 중정의 중요성은 이미 상술한 바와 같다. 중정 이외에 인의를 덧붙인 까닭에 대해서 「통서」는 말한다.

---

17) 動而未形, 有無之間者, 幾也. (「성(聖)」제4)
18) 性者剛柔善惡, 中而已矣. 不達. 曰:剛善爲義, 爲直, 爲斷, 爲嚴毅, 爲幹固. 惡爲猛, 爲隘, 爲強梁. 柔善爲慈, 爲順, 爲巽;惡, 爲懦弱, 爲無斷, 爲邪佞. 惟中也者, 和也, 中節也, 天下之達道也, 聖人之事也. 故聖人立敎, 俾人自易其惡, 自至其中而止矣. (「사(師)」제7) [剛柔固陰陽之大分, 而其中又各有陰陽, 以爲善惡之分焉/주희]
19) 故君子愼動. (「신동(愼動)」제5)
20) 聖人之道, 仁義中正而已矣. [「도(道)」제6]

자연은 양으로써 만물을 생육하고 음으로써 만물을 완성한다. 생육함은 인(仁)이고 완성함은 의(義)이다. 그러므로 성인은 윗자리에 있을 때 인으로써 만물을 육성하며 의로써 만민을 바르게 한다.[21]

「태극도설」은 다음 문장에 『역』「설괘」를 인용하여 "천도로 음·양을 수립하고, 지도로 강·유를 수립하고, 인도로 인·의를 수립했다"고 했다. 종합하여 볼 때 우리는 중정(中正)으로써 자기를 규제하고 인·의로써 남을 다스려야 하며, 성인이 되는 수양방법은 주정(主靜 : 고요를 근본으로 삼음)에 있다. 주정은 염계 스스로 "사욕을 없앴기 때문에 고요하다"고 주를 달았다. 「통서」는 말한다.

"성인의 경지는 배워서 도달할 수 있습니까?"

"그럴 수 있다."

"요체(핵심적 방법)가 있습니까?"

"있다."

"그것에 관해서 말씀해주십시오."

"하나가 요체이다. 하나란 무욕(無欲 : 사욕이 없음)이다. **사욕이 없으면 고요히 비어 행동이 직각적이다(靜虛動直). 고요히 허심하면 밝아지고 밝으면 (사리에) 통철한다. 행동이 직각적이면 공명정대하고 공명정대하면 널리 미친다.** 밝

---

21) 天以陽生萬物, 以陰成萬物. 生, 仁也 ; 成, 義也. 故聖人在上, 以仁育萬物, 以義正萬民. (「순화(順化)」제11) [주희의 주 : 陰陽, 以氣言 ; 仁義, 以道言.]

* 『신편』V, 61-62쪽 : 욕(欲)의 주요 특징은 사사로움(私)이며 사사로움의 주요 표현은 사리사욕인데 도학자들은 간단히 이(利)로 불렀다. 사(私)의 반대는 공(公)이고, 이(利)의 반대는 의(義)이다. 도학자들은 "의리지변(義利之辨)"은 "공사지분(公私之分)"이라고 여겼다. "무욕"은 사심과 잡념이 없는 것으로서 그것이 곧 "고요한 허심(靜虛)"이다. 만약 사심과 잡념이 없으면 그가 하는 행위는 공명정대하다(公). 사리사욕에 대한 고려가 없고 득실을 따지는 사심이 없으니 일을 시작하면 곧장 매진할 수 있는데 이것이 "행동이 직각적임(動直)"이다. 사심과 잡념이 없으면 사물을 편견 없이 보는데 즉 "고요히 허심하면 밝다(靜虛則明)"는 말이다. "밝기" 때문에 옳고 그름을 뚜렷이 간파할 수 있는데 즉 "밝으면 통철한다"는 말이다. 사심과 잡념이 없고 옳고 그름을 뚜렷이 간파하면 곧장 매진하여 "옳은" 방향에 따라 달려나갈 수 있는데 즉 "직각적이면 공명정대하다(直則公)"는 말이다. 이미 공명정대하므로 그 행위는 사회의 광대한 군중에게 이로움이 있으니 즉 "공명정대하면 널리 미친다"는 말이다.

고 통철하고 공명정대하고 널리 미치면 아마 성인에 가깝다."[22]

"사욕이 없으면 고요히 비어 행동이 직각적임"에 대해서 일례를 들어 설명해보자. 예컨대 맹자는 말하기를 "가령 막 우물에 빠지려는 아이를 보면, 누구라도 깜짝 놀라 측은지심이 발동하는데, 그것은 속으로 아이의 부모와 어떤 교섭을 한 때문도 아니요, 마을 친구들의 칭찬을 사려는 때문도 아니요, 아이의 울음 소리가 싫은 때문도 아니다"[23]고 했는데, 이는 송명 도학자들이 늘 인용하는 예문이다. 누구나 막 우물에 빠지려는 아이를 보면 생각할 겨를 없이 그 즉시 측은한 정이 일어나는데 이것이 '직각적인 일어남(直起)'이고 이것을 바탕으로 발생하는 행위가 '직각적인 행동(直動)'이다. 이처럼 직각적으로 일어나는 생각과 이것을 바탕으로 발생하는 행동은 그것에 대한 개인적인 이해관계를 고려해보지 않기 때문에 공명정대한 것이다. 따라서 "행동이 직각적이면 공명정대하다"고 했다. 그런데 만약 한순간 전념(轉念 : 마음을 돌림)하면, "속으로 아이의 부모와 교섭하는" 생각이나 "마을 친구들의 칭찬을 사려는" 생각이 그 사이에 일어나는데 이런 생각들은 "욕(欲)"으로서, 그 일어남은 '직각적인 일어남'이 아니고 이것을 바탕으로 발행하는 행위 역시 '직각적인 행동'이 아니다. 이처럼 전념과 그로부터 일어난 행동은 개인적 이해(利害)가 그 안에 끼어들기 때문에 사사로운 것, 이른바 "사욕(私欲)"이다. 속담에 '처음 생각은 성현이고 돌려진 생각은 금수이다'[24]고 했는데 그 의미가 이와 같다. 만약 우리의 마음속에 사욕이 없어서 고요하면 마음은 마치 맑은 거울과 같이 아무 일 없을 경우 고요히 비어 있고(靜虛) 일이 있을 경우 행동은 직각적이다(動

22) 聖可學乎? 曰 : 可. 曰 : 有要乎? 曰 : 有. 請聞焉. 曰 : 一爲要. 一者無欲也. 無欲則靜虛動直. 靜虛則明, 明則通. 動直則公, 公則溥. 明通公溥, 庶矣乎! (「성학(聖學)」 제20) [주희의 주 : 此章之指, 最爲要切.…… 學者能深玩而力行之, 則有以知無極之眞, 兩儀四象之本, 皆不外乎此心, 而日用間自無別用力處矣.]
23) 今人乍見孺子將入於井, 皆有怵惕惻隱之心. 非所以納交於孺子之父母也, 非所以要譽於鄕黨朋友也, 非惡其聲而然也. (『맹자』 3 : 6) 〈제1편, 제6장, 주38〉
24) 初念是聖賢, 轉念是禽獸.

直).「통서」에 "적연부동(寂然不動)은 성(誠)이고 감이수통(感而遂通)함은 신(神)이다"[25]고 했는데, "적연부동"은 고요한 허심(靜虛)이고 "감이수통"은 행동이 직각적임(動直)이다. 이것은 이후 송명 도학자들이 늘 논의하는 것이 되었다. 그러나 염계는 여기서 "사욕(欲)"은 언급하지만, 인간의 사욕의 형이상학 또는 윤리학 중의 위치나 또 사욕과 "리"와의 관계에 대해서는 명확히 언급하지 않았다.

"밝으면 통철한다(明則通)"고 함은 우리의 마음속에 사욕이 없어서 고요하면 마음은 마치 맑은 거울과 같이 고요하지만 비출(통찰할) 수 있는데, 밝으면 그럴 수 있지만 밝지 못하면 그럴 수 없다는 말이다. "공명정대하면 두루 미침(公則溥)"에 대해서 「통서」는 말한다.

"성인의 도는 지극히 공명정대할 따름이다."

혹자가 묻기를 "무슨 말씀이십니까?" 하자, 나는 말했다.

"천지 역시 지극히 공명정대할 따름이다."[26]

천지는 지극히 공명정대하기 때문에 모든 것을 덮어주고 실어준다. 즉 "두루 미친다"는 말이다. 공명정대하면 그럴 수 있지만 공명정대하지 못하면 사사롭게 덮어주고 사사롭게 실어주어서 두루 미칠 수 없다. "성인의 도는 지극히 공명정대할 따름이다." 따라서 "밝고 통철하고 공명정대하고 널리 미치면 아마 성인에 가깝다"고 했다.

저 "사욕을 없앴기 때문에 고요한" 경지에 도달하려면 상당한 단계를 거쳐야 한다. 「통서」는 말한다.

홍범에 "생각은 예지를 말하고……예지는 성인을 만든다"고 했다. **생각이 없는 것(無思)**이 근본(本)이고, **생각하여 통하는 것(思通)**은 작용(用)이다. 기미(幾)가 저쪽에서 동요할 때 성(誠)이 이쪽에서 동요하여 **생각하지 않아도 무소불통**하게 되면 성인이다. 생각하지 않으면 미묘에 통할 수 없고 예지가

---

25) 寂然不動者, 誠也. 感而遂通者, 神也. (「성(聖)」 제4) [感而遂通 : 감응하여 사물의 이치에 통철함] [주희의 주 : 本然而未發者, 實理之體. 善應而不測者, 實理之用.]

26) 聖人之道, 至公而已矣. 或曰 : "何謂也?" 曰 : "天地至公而已矣." (「공(公)」 제37)

없으면 무소불통할 수 없다. 그런즉 무소불통의 능력은 미묘에 통하는 데서 생기며, 미묘에 통하는 능력은 생각에서 생긴다. 그러므로 생각은 성인 공부의 근본이며 길흉이 갈리는 기미(幾 : 징조, 계기)이다.[27]

'생각이 없는 것'은 '적연부동'이고, '생각하여 통하는 것'은 '감이수통'이다. 그러나 이 "생각하지 않아도 무소부통하는" 경지에 도달하려면 우선 생각의 공부를 거쳐야 한다. 그러나 생각이 어떤 공부인지 염계는 명백하게 말하지 않았다. 아마 그와 같은 공부는 우리 마음 속의 상태에 주의를 기울이는 일, 예컨대 맹자가 말한 "(덕행에) 반드시 정진하는 일"[28]일 것이다.

「태극도설」은 그 다음 문장에서 "성인은 덕이 천지에 필적한다 ……"고 운운했는데, 「통서」는 말한다.

　　성인은 참될(誠) 따름이다. 성(誠)은 오상(五常 : 모든 도덕적 원칙)의 근본이며 모든 도덕적 행위의 근원이다.[29]

성(誠)은 인성의 본연이다. 성인이 성인다울 수 있는 까닭은 자기 성(性)의 본연을 회복한 데에 있을 뿐이다. 이것은 원래 이오가 말한 내용이었고 이후 도학자들의 일치된 주장이 되었다.

2. 소강절

상술한 『위서(緯書)』 가운데의 역설(易說)은 도교 내에 부속되어 끊이지 않고 전수되었다. 북송에 이르러 이러한 역설은 도학 안으로 도입되었으니 이른바 상수학(象數學)이 그것이다. 유목(劉牧, 1011-64)은 「역수구은도서(易數鉤隱圖序)」에서 말했다.

---

27)「洪範」曰 : "思曰睿, 睿作聖." 無思, 本也. 思通, 用也. 幾動於彼, 誠動於此, 無思而無不通爲聖人. 不思則不能通微 ; 不睿則不能無不通. 是則無不通生於通微 ; 通微生於思. 故思者, 聖功之本, 而吉凶之幾也. (「사(思)」제9) [주희의 주 : 睿, 通也. 無思, 誠也 ; 思通, 神也.……通微, 睿也 ; 無不通, 聖也. 思之至, 可以作聖而無不通……]

28) 必有事焉. [『맹자』 3 : 2] 〈제1편, 제6장, 주69〉

29) 聖誠而已矣. 誠, 五常之本, 百行之源也. (「성하(誠下)」제2) [주희의 주 : 聖人之所以聖, 不過全此實理而已, 卽所謂 '太極' 者也. 五常, 仁義禮智信, 五行之性也. 百行, 孝弟忠信之屬, 萬物之象也. 實理全, 則五常不虧, 而百行修矣.]

무릇 역(易)이란 음기와 양기가 교대함을 뜻한다.……괘(卦)란 성인이 상
(象)을 관찰하여 만든 것이다. 상이란 형체(形) 이상의 존재에 해당되는 것이
다. 그 근본을 찾아보면 **형체는 상에서 생기고 상은 수(數)로부터 베풀어진다.**
그러므로 수를 떠나서는 사상(四象)이 유래된 근원을 살필 수 없다.[30]

"형체는 상에서 생기고 상은 수로부터 베풀어진다." 천하의 사물은
모두 형체이다. 수가 있은 다음에 상이 있고 상이 있은 다음에 형체
가 있으니, 수가 가장 근본적인 것이다. 상술한 『역위(易緯)』에서의
역설(易說)도 그렇게 보는 경향이 있었지만 그런 경향은 여기에 이
르러 명백히 표명되었다.

염계의 「태극도」는 바로 그의 상학(象學)이었다. 염계는 상학은
있고 수학(數學)은 없었지만, 강절은 상학과 수학을 겸유했다. 『송
사』 「도학전」은 말한다.

소옹(邵雍, 1011-77)은 자가 요부(堯夫)이다. 그의 선조는 범양(북경 남
쪽) 사람이었는데, 아버지 고는 형장으로 이사했다가 다시 공성으로 이사했
다. 소옹은 30세 때에 하남(河南)을 둘러보았고 아버지가 돌아가자 이수 강
변에 장사 지내고 마침내 하남 사람이 되었다.……북해 지방의 이지재(李之
才, ?-1045)가 임시 공성 현령으로 있을 때 소옹의 호학(好學)에 대한 소문
을 듣고 일찍이 그의 집을 방문하여 "그대는 물리(物理), 성명(性命)의 학문
을 배운 적이 있는가"라고 묻자 소옹은 "가르침을 받는다면 영광이겠습니
다"고 대답했다. 그리하여 이지재를 스승으로 모시고 「하도낙서」, 복희의 8
괘, 64괘 도상(圖象) 등을 전수받았다. **이지재가 전수한 것은 먼 유래가 있었다.**
소옹은 심오한 이치를 탐색하여 오묘한 깨달음은 신기하게 들어맞았고 깊은
진리를 명확히 꿰뚫었는데, 한없이 넓고 넓은 그의 학문 대부분이 스스로 자
득한 것이었다.……희녕 10년(1077)에 67세의 나이로 세상을 떠났다.……원
우(元祐 : 철종 연호, 1086-94) 연간에 강절(康節)이라는 시호가 내려졌다.[31]

---

30) 夫易者, 陰陽氣交之謂也.……卦者, 聖人設之, 觀於象也. 象者, 形上之應. 原其本則
　　形由象生, 象由數設. 捨其數則無以見四象所由之宗矣. (『통지당경해(通志堂經解)』
　　본, 1쪽) [原 : 캐묻다, 근원을 추구하다]

31) 邵雍, 字堯夫, 其先范陽人. 父古, 徙衡漳, 又徙共城. 雍年三十游河南, 葬其親伊水

강절의 상수학은 이지재로부터 전수받았다. 정명도(程明道)가 지은
「소요부선생묘지명(邵堯夫先生墓誌銘)」에서도 그렇게 말했다. 이
지재는 진단의 학을 전수받았으므로〈주6〉 "이지재가 전수한 것은
먼 유래가 있었다"고 함은 바로 그 말이다.

『역』「계사」에 "역에는 태극이 있고, 그것이 양의를 낳고, 양의
는 4상을 낳고, 4상은 8괘를 낳으며, 8괘가 길흉을 결정하고, 길흉
이 대업을 낳는다"〈주4〉고 했다. 강절의 우주론은 대체로 이것을
부연하고 또 도상(圖象)으로 설명한 것이었다. 강절은 "그림에 글
은 없지만 내가 온종일 논의한다고 해도 실은 그것을 벗어나지 못
한다. 천지만물의 이치는 모두 그 안에 있는 것 같다"[32]고 했다. 그
러나 그가 언급한 그림들은 현존하는 『황극경세(皇極經世)』에는 실
려 있지 않다. 『송원학안』「백원학안(百源學案)」에 제시된 그림은
대개는 『역학계몽(易學啓蒙)』에서 채록한 것이다. 그중 「8괘 순서
도(八卦次序之圖)」*는 음양을 양의로 삼고, 태양(太陽), 소양(少陽),
태음(太陰), 소음(少陰)을 4상으로 삼았으니, 『황극경세』「관물편
(觀物篇)」의 내용과 부합하지 않는다. 이제 채침(蔡沈, 1167-1230)
의 『경세지요(經世指要)』와 『송원학안』에 제시된 여러 그림에서
취하고 「관물편」의 내용을 더하여 강절의 학설을 고찰한다.

1) 태극과 8괘

채침의 『경세지요』에 다음의 「경세연역도(經世衍易圖)」[33]가 있다:

上, 遂爲河南人.……北海李之才, 攝共城令. 聞雍好學, 嘗造其廬, 謂曰：子亦聞物理
性命之學乎? 雍對曰：幸受教. 乃事之才, 受河圖洛書, 宓羲八卦, 六十四卦圖象. 之才
之傳, 遠有端緒. 而雍探賾索隱, 妙悟神契, 洞徹蘊奧. 汪洋浩博, 多其所自得者.……熙
寧十年(西歷1077年)卒, 年六十七.……元祐中, 賜諡康節. (『송사』, 12726-28쪽)

[32] 圖雖無文, 吾終日言而未嘗離乎是. 蓋天地萬物之理, 盡在其中矣.

* 「8괘 순서도」는 460쪽의 「64괘 순서도」(원명「六十四卦卦次序之圖」) 중 태극부터
팔괘까지의 네 층의 그림과 같다. (「백원학안」하, 『황종희전집』III, 464쪽 참조)

[33] 『성리대전(性理大全)』에서 인용.
[여기의 채침은 채원정(蔡元定, 1135-98, 채침의 아버지)의 잘못인 것 같다/역자.
채원정의 『황극경세지요(皇極經世指要)』는 『황극경세서』의 요약본이다. 『성리대
전』 속의 『황극경세』에서 채용한 것은 바로 그 요약본인데 『찬도지요(纂圖指要)』
라고도 불린다. (『신편』V, 68쪽)

[8]	[7]	[6]	[5]	[4]	[3]	[2]	[1]
태유	태강	소유	소강	소음	소양	태음	태양
(太柔)	(太剛)	(少柔)	(少剛)	(少陰)	(少陽)	(太陰)	(太陽)

유(柔)　　　　　강(剛)　　　　　음(陰)　　　　　양(陽)

정(靜)　　　　　　　　　　　동(動)

이 그림은 3층이다. 제2층(중층)을 볼 때는 제1층(하층)까지도 보아야 한다. 예컨대 "양" 아래의 "—"는 "동" 아래의 "—"와 합하여 "═"이 되는데 이것이 "양"의 상(象)이다. "음" 아래의 "--는 "동" 아래의 "—"와 합하여 "=="이 되는데 이것이 "음"의 상이다. 제3층(상층)을 볼 때는 제2층, 제1층까지도 보아야 한다. 예컨대 제3층의 "태양" 아래의 "—"는 제2층 "양" 아래의 "—"와 제1층 "동" 아래의 "—"와 합하여 하나의 '건'괘 ☰가 되는데, '건'은 "태양"의 상이다. 또 예컨대 제3층의 "태음" 아래의 "--"는 제2층 "양" 아래의 "—"와 제1층 "동" 아래의 "—"와 합하여 하나의 '태'괘 ☱가 되는데, '태'는 "태음"의 상이다. 제3층의 "소양" 아래의 "—"는 제2층 "음" 아래의 "--"와 제1층 "동" 아래의 "—"와 합하여 하나의 '이'괘 ☲가 되는데, '이'는 "소양"의 상이다. 이와 같이 8괘의 순서는 건(乾) 1, 태(兌) 2, 이(離) 3, 진(震) 4, 손(巽) 5, 감(坎) 6, 간(艮) 7, 곤(坤) 8이다.

강절은 말했다.

하늘은 '동'에서 생기고 땅은 '정'에서 생겼다. 하나의 '동'과 하나의 '정'이 교합하여 하늘과 땅의 도가 완비된다. '동'의 시초에 '양'이 생기고 '동'이 극에 달하면 '음'이 생기는데, 하나의 '음'과 하나의 '양'이 교합하여 하늘의 작용이 완비된다. '정'의 시초에 '유'가 생기고 '정'이 극에 달하면 '강'이 생기는데, 하나의 '강'과 하나의 '유'가 교합하여 땅의 작용이 완비된다. '동'의 큰 것이 '태양'이고 '동'의 작은 것이 '소양'이며, '정'의 큰 것이 '태음'이고 '정'의 작은 것이 '소음'이다. '태양'은 해(日)이고 '태음'은 달(月)이며 '소양'은

별(星)이고 '소음'은 혹성(辰)인데, 일·월·성·신이 교합하여 천체(天體)가 완비된다. '태유'는 물이고 '태강'은 불이며 '소유'는 흙이고 '소강'은 돌인데, 물·불·흙·돌이 교합하여 지체(地體)가 완비된다.[34]

'태강', '태유', '소강', '소유'는 어떻게 생기는지 여기서는 명확히 말하지 않았다. 강절의 논리에 따라 추측하면 "동"과 "양"과 "강"의 상은 모두 "━"이고, "정"과 "음"과 "유"의 상은 모두 "━ ━"이다. 제2층과 제1층을 합해보면 "동" 방면에 "동" 속의 "정"이 있음을 알 수 있으며, 따라서 제3층의 "동" 방면에 속한 것들로서 "정의 큰 것"인 "태음"과 "정의 작은 것"인 "소음"이 있게 된다. 동일한 논리에 따라 "정" 방면에도 "정" 속의 "동"이 있으니, 이 방면에 대해서도 다음과 같이 말할 수 있다 : '동'의 큰 것이 '태강'이고 '동'의 작은 것이 '소강'이며, '정'의 큰 것이 '태유'이고 '정'의 작은 것이 '소유'이다.

강절도 "태극(太極)"을 언급하여 "도는 태극이다"고 했고 또 "마음이 태극이다"[35]고 했다. 그는 또 말했다.

태극이 분화되면 양의(兩儀)가 수립된다. '양'이 아래로 '음'과 교합하고 '음'은 위로 '양'과 교합하여 4상(四象)이 생긴다. '양'은 '음'과 교합하고 '음'은 '양'과 교합하여 하늘의 4상을 낳고, '강'은 '유'와 교합하고 '유'는 '강'과 교합하여 땅의 4상을 낳는데, 여기서 8괘가 이루어진다. 8괘가 서로 섞이게 되면 만물이 생긴다. 그러므로 **1은 2로 나뉘고, 2는 4로 나뉘고, 4는 8로 나뉘고, 8은 16으로 나뉘고, 16은 32로 나뉘고, 32는 64로 나뉜다.** 즉 음으로 나뉘고 양으로 나뉘면서 교대로 '유'·'강'이 작용하여 역(易)의 여섯 위치가 완전히 드러

34) 天生於動者也 ; 地生於靜者也 ; 一動一靜交, 而天地之道盡之矣. 動之始則陽生焉, 動之極則陰生焉 ; 一陰一陽交而天之用盡之矣. 靜之始則柔生焉, 靜之極則剛生焉, 一剛一柔交而地之用盡之矣. 動之大者謂之太陽 ; 動之小者謂之少陽 ; 靜之大者謂之太陰 ; 靜之小者謂之少陰, 太陽爲日, 太陰爲月, 少陽爲星, 少陰爲辰, 日月星辰交, 而天之體盡之矣. [靜之大者謂之太柔, 靜之小者謂之少柔, 動之大者謂之太剛, 動之小者謂之少剛.] 太柔爲水, 太剛爲火, 少柔爲土, 少剛爲石, 水火土石交, 而地之體盡之矣. (「관물내편(觀物內篇)」,『황극경세』권11 상)
35) "道爲太極." "心爲太極."(「관물외편(觀物外篇)」상,『황극경세』12 상)

난다. 10은 100으로 나뉘고 100은 1,000으로 나뉘고 1,000은 10,000으로 나뉜다. 마치 뿌리에서 줄기가 나고 줄기에서 가지가 나고 가지에서 잎이 나는 것과 같다. 큰 것일수록 수는 적고, 세밀한 것일수록 수는 많다. 합하면 하나가 되고 펴면 10,000이 된다. 그러므로 건(乾)으로써 나뉘고 곤(坤)으로써 합해지고, 진(震)으로써 자라고 손(巽)으로써 줄어든다. 자라면 나뉘고 나뉘면 줄어들고 줄어들면 합해진다.[36]

○태극은 1이고 움직이지 않으며 2(음양)를 낳는데 2는 바로 신(神)이다. ……신은 수(數)를 낳고, 수는 상(象)을 낳고, 상은 기(器)를 낳는다.[37]

○**태극은 움직이지 않음**이 본성(性)이다. 그러나 발현하면 그것이 신(神)이다. 신은 수이고 수는 상이고 상은 기이며, 기는 변화하여 다시 신으로 돌아간다.[38]

"태극은 움직이지 않음"이 본성이고, 발현하여 '동', '정'이 되는 것이 신(神)이다. 양의인 ─, --, 4상인 ⚌, ⚏, ……8괘인 ☰, ☷ ……을 대표하는 것이 상(象)이다. 1, 2, 4, 8 등은 수(數)이고, 하늘, 땅, 해, 달, 흙, 돌 등은 기(器)이다. 강절은 말했다.

정신은 방향이 없고 역(易)은 형체가 없다. **한 방향에 막히면** 변할 수 없으므로 정신이 아니다. 고정된 형체의 존재는 변통을 할 수 없으므로 역이 아니다. 굳이 역에 형체가 있다면 그 형체란 상(象)이다. **상을 빌려 형체를 고찰**했을 뿐이고 역은 본래 형체가 없다.[39]

---

36) 太極旣分, 兩儀立矣. 陽下交於陰, 陰上交於陽, 四象生矣. 陽交於陰, 陰交於陽, 而生天之四象, 剛交於柔, 柔交於剛, 而生地之四象. 於是八卦成矣. 八卦相錯, 然後萬物生焉. 是故一分爲二, 二分爲四, 四分爲八, 八分爲十六, 十六分爲三十二, 三十二分爲六十四. 故曰 : 分陰分陽, 迭用剛柔, 故易六位而成章也. 十分爲百, 百分爲千, 千分爲萬. 猶根之有幹, 幹之有枝, 枝之有葉. 愈大則愈少, 愈細則愈繁. 合之斯爲一, 衍之斯爲萬. 是故乾以分之, 坤以翕之, 震以長之, 巽以消之. 長則分, 分則消, 消則翕也. (「관물외편」)

37) 太極, 一也, 不動, 生二, 二則神也. 神生數, 數生象, 象生器. (「관물외편」 하)

38) 太極不動, 性也. 發則神, 神則數, 數則象, 象則器. 器之變復歸於神也. (같은 곳)

39) 神無方而易無體, 滯於一方則不能變化, 非神也. 有定體則不能變通, 非易也. 易雖有體, 體者象也. 假象以見體而本無體也. (「관물외편」)

"기"는 구체적 사물 즉 이른바 사물(物)이다. "기"와 신(神)의 차이점의 하나는 "기"는 결정된 것으로서 예컨대 이 사물이 이미 이 사물이면 저 사물이 될 수 없는, 이른바 "한 방향에 막힌" "고정된 형체"이다. 따라서 역에서는 단지 상(象)만 언급하여 "상을 빌려 형체를 고찰했다." 대체로 상은 공식이고 구체적 사물은 그런 공식에 따라 생장하고 진행한다. 강절의 그림은 모두 사물이 생장하고 진행하는 공식을 나타내었다.

2) 「선천도」와 기타 그림

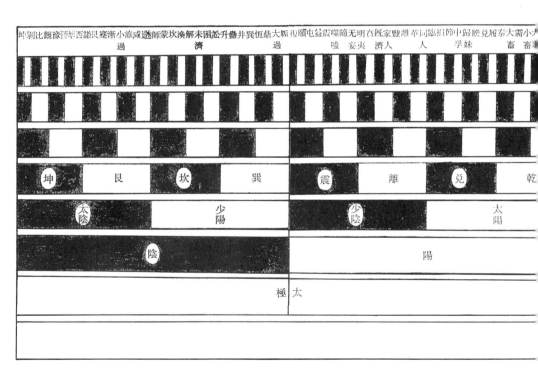

「64괘 순서도」

"1은 2로 나뉘고 2는 4로 나뉘고 4는 8로 나뉘고 8은 16으로 나뉘고 16은 32로 나뉘고 32는 64로 나뉜다"고 했는데, 이것이 수이다. 1에서 8에 이르는 수가 낳은 상은 앞의 「경세연역도」가 표시한 것이다. 8이 64에 이를 때 낳은 상을 그림으로 표시한 것이 「64괘 순서도」인데 그 그림은 앞과 같다.

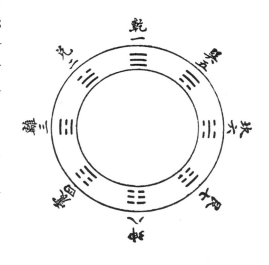

앞에 서술한 「경세연역도」에서 옆으로 배열된 8괘를 중간에서 잘라 각각을 반원으로 접고 두 반원을 합쳐 하나의 원으로 만들면 「선천 8괘 방위도」를 얻는데 혹은 「선천도(先天圖)」라고도 한다. 그 그림은 오른쪽과 같다. 「선천도」라고 부른 까닭은 이 그림에 표시된 8괘 방위가 「설괘」의 내용(제3장, 제4절)과 달랐으므로 강절이 이것을 복희의 선천 8괘로 삼고 「설괘」에서 말한 8괘 방위는 문왕의 후천 8괘로 삼았기 때문이다.

만약 「64괘 순서도」에서 옆으로 배열된 64괘를 중간에서 잘라 각각을 반원으로 접고 두 반원을 합쳐 하나의 원으로 만들면 「64괘 원도방위도(圓圖方位圖)」가 된다. 그 그림은 다음 쪽의 것과 같다.

이 원도는[40] 「선천 8괘 방위도」보다 더욱 세밀하며, 모든 사물의 생장진화의 공식을 대표한다. 예컨대 1년 4계절의 변화를 보자. 「64괘 원도」 가운데 「복(復 : ䷗)」의 초효(初爻)는 1양이 생긴 것으로 동지의 밤중 자시(子時)이다. 양이 동쪽으로 돌아 남쪽의 「건」에 이르면 때는 여름이다. 이때 양은 최고로 성하며 음도 생긴다. 이 그

---

40) 위의 세 그림은『송원학안』에서 인용함[『황종희전집』III, 467-71쪽].

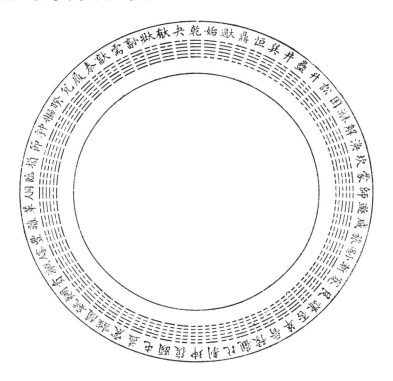

림 가운데 「구(姤 : ☰)」의 초효는 1음이 생긴 것으로 때는 하지이
다. 음이 서쪽으로 돌아 북쪽의 「곤」에 이르면 때는 겨울이다. 이
때 음은 최고로 성하며 양도 생긴다. 이것은 다름 아닌 한(漢)나라
사람들이 말한 괘기설(卦氣說)*이고 그들이 말한 12벽괘(辟卦)도 꼭
그 순서대로 배열되어 있다(제3장, 제5절). 다음은 한 사물의 생멸
(成毀)을 꽃을 예로 들어 살펴보자. 「복」은 꽃이 피기 시작한 것이
요, 「건」은 만개 상태요, 「구」는 꽃이 시들기 시작한 것이요, 「곤」
은 꽃이 진 상태이다. 모든 사물은 생장하면 소멸하고 번성하면 쇠
락하는데 이 모두는 다 이 공식에 따라 진행된다.
  그러나 한나라 사람들이 말한 12벽괘는 비록 순서대로 배열되기는

---

* 『신편』V, 71쪽 : 64괘 가운데 양효, 음효의 다소를 바탕으로 1년 4계절의 변화를
  설명한 것이 한나라 위서(緯書)에서 논한 괘기설이다.

했어도 그 간격은 좁거나 드물어서 일률적이지 않다. 이 점에 관하여 강절은 설명이 없었는데, 주모(朱謨)가 주자에게 이렇게 물었다.

선천괘기(先天卦氣)는 서로 접해 있고 모두 왼쪽으로 돕니다. 「건」은 「손(巽☴)」이 아래인 「구」괘☴가 접해 있는데 이때 1음이 생기고, 「곤」은 진(震☳)이 아래인 복괘☳가 접해 있는데 이때 1양이 생깁니다. 「복」괘의 1양에서 11월이 생기고, 「진(震)」4, 「이(離)」3을 포함하여 총 16괘를 지난 후에 「임(臨)」괘 12월을 얻고, 또 「태(兌)」2를 포함하여 총 8괘를 지난 후에 「태(泰)」괘 정월을 얻고, 또 4괘를 지나 「대장(大壯)」2월을 얻고, 또 「대유」 1괘를 지나 「쾌(夬)」3월을 얻고, 「쾌」 다음에 「건」이 접해 있고, 「건」 다음에 「구」가 접해 있고, 「구」괘의 1음에서 5월이 생기고, 「손(巽)」5, 「감(坎)」6을 포함하여 총 16괘를 지난 후에 「둔(遯)」괘 6월을 얻고, 또 「간(艮)」7을 포함하여 총 8괘를 지난 후에 「비(否)」괘 7월을 얻고, 또 4괘를 지나 「관(觀)」8월을 얻고, 또 「비(比)」1괘를 지나 「박(剝)」9월을 얻고, 「박」 다음에 「곤」10월이 접해 있고, 「곤」 다음에 「복」이 접해 있고, 이렇게 한 바퀴 돌고 다시 시작하여 끊임없이 순환하며, 괘기가 왼쪽으로 돌아 한 해 12달의 괘가 모두 그 질서를 얻습니다. 그런데 음·양은 처음 생길 때 각각 16괘를 거친 후 다음 달이 되고, 또 8괘를 거친 후 다음 달이 되며, 음양이 막 절정에 이르는 곳에 이르면 단지 4괘를 거친 후 다음 달이 되며, 또 한 괘를 지나면 끝으로 한꺼번에 3괘가 서로 접해 있으니, 처음에는 그토록 드물지만 나중에는 그토록 빽빽하게 배치되어 있으니 이것이 바로 음양이 차고 기우는 당연한 이치라는 것입니까?[41]

---

41) 先天卦氣相接, 皆是左旋. 蓋乾接以巽初姤卦, 便是一陰生. 坤接以震初復卦, 便是一陽生. 自復卦一陽生十一月, 盡震四, 離三, 一十六卦, 然復得臨卦十二月. 又盡兌二, 凡八卦, 然後得泰卦正月. 又隔四卦, 得大壯二月. 又隔大有一卦, 得夬三月. 夬接乾, 乾接姤. 自姤卦一陰生五月, 盡巽五坎六一十六卦, 然後得遯卦六月. 又盡艮七, 凡八卦, 然後得否卦七月. 又隔四卦, 得觀八月. 又隔比一卦, 得剝九月. 剝接坤十月, 坤接復, 週而復始, 循環無端. 卦氣左旋, 而一歲十二月之卦, 皆得其序. 但陰陽初生, 各歷十六卦而後一月. 又歷八卦, 再得一月. 至陰陽將極處, 只歷四卦爲一月. 又歷一卦, 遂一倂三卦相接. 其初如此之疎, 其末如此之密. 此陰陽盈縮當然之理歟? (호방평[胡方平], 『역학계몽통석(易學啓蒙通釋)』 권상)

주자가 이렇게 대답했다.

> 선천 괘기가 차고 기우는 이치에 대한 그대의 관찰은 매우 자세하다. 나
> 역시 일찍이 그런 생각을 해보았었는데 그 이치를 이해하지 못했다. 음·양
> 이 처음 생길 때 그 기는 굳어 있고 늘어져 있겠지만 「선천도」의 경우처럼
> 드물게 배치되었다가 그후에 반대로 그처럼 빽빽하게 배치될 수는 없을 것
> 이다. 무릇 그 그림의 배열은 전부 자연적 진리에서 비롯된 것인 만큼 틀림
> 없이 그 이치가 있을 것이므로 앞으로 더 생각해야 할 것이다.[42]

이 점에 관하여 다른 사람이 해설을 낸 경우도 있지만[43] 모두 그다
지 자연스럽지 않다.

3) 특수 사물의 발생

앞 글에서 이미 일·월·성·신과 물·나무·흙·돌의 발생을 논급했
는데 그것들이 구체적 천지의 기초이다. 이 기초로부터 만물이 모
두 따라서 생긴다. 강절은 말했다.

> 해는 더위, 달은 추위, 별은 낮, 혹성은 밤이다. 더위·추위·낮·밤이 교합하
> 여 하늘의 변화가 완비된다. 물은 비, 불은 바람, 흙은 이슬, 돌은 우뢰이다.
> 비·바람·이슬·우뢰가 교합하여 땅의 변화가 완비된다. 더위는 사물의 본성
> (性)을, 추위는 사물의 감정(情)을, 낮은 사물의 형태(形)를, 밤은 사물의 본
> 체(體)를 각각 바꾼다(變). 성·정·형·체가 교합하여 동물, 식물의 감각이 완
> 비된다. 비는 짐승을, 바람은 새를, 이슬은 풀을, 우뢰는 나무를 각각 변화시
> 킨다(化). 짐승·새·풀·나무가 교합하여 동물, 식물의 감응이 완비된다.[44]

---

42) 所看先天卦氣盈縮極仔細, 某亦嘗如此理會來, 而未得其說. 陰陽初生, 其氣中固緩,
   然不應如此之疎, 其後又却如此之密. 大抵此圖位置, 皆出乎自然, 不應無說. 當更思
   之. (같은 곳) [說 : 학설, 해명, 道理, 道]
43) 호방평,『역학계몽통석』.
44) 日爲暑 ; 月爲寒 ; 星爲晝 ; 辰爲夜. 暑寒晝野交而天之變盡之矣. 水爲雨 ; 火爲風 ; 土爲
   露 ; 石爲雷. 雨風露雷交而地之化盡之矣. 暑變物之性 ; 寒變物之情 ; 晝變物之形 ; 夜
   變物之體 ; 性情形體交而動植之感盡之矣. 雨化物之走 ; 風化物之飛 ; 露化物之草 ; 雷
   化物之木 ; 走飛草木交而動植之應盡之矣. (「관물내편」,『황극경세』권11 상)

생물은 동물과 식물 두 종으로 나뉜다. 동물은 또 짐승과 새 두 부류로 나뉘고, 식물은 또 풀과 나무 두 부류로 나뉜다. 그리고 각 하나하나의 사물마다 각각 그 성·정·형·체가 있다. 그것이 그와 같은 까닭은 아마 천지의 "변"과 "화"와 상응하기 때문일 것이다. 그와 같은 천지가 있으므로 그와 같은 만물이 있는 것이다.

4) 사람과 성인

사물 가운데 가장 영명한 것이 사람이고, 사람 가운데 가장 완전한 것이 성인이다. 강절은 말했다.

> 사람 또한 사물이고 성인 또한 사람이다.……사람이란 사물 가운데 최고의 존재이고, 성인이란 사람 가운데 최고의 존재이다.……왜 그런가? 성인은 하나의 마음으로 만인의 마음을 관찰하고 하나의 몸으로 만인의 몸을 관찰하고 하나의 사물을 바탕으로 만물을 관찰하고 하나의 세대를 바탕으로 만세를 관찰할 수 있기 때문이며, 또 그의 마음은 하늘의 뜻을 대신하고 입은 하늘의 말을 대신하며 손은 하늘의 기술을 대신하고 몸은 하늘의 일을 대신할 수 있기 때문이며, 또 그는 위로 천시(天時)를 인식하고 아래로 지리(地理)를 꿰뚫고 가운데로 물정(物情)에 밝아 모든 인간사에 완전히 통달할 수 있기 때문이며, 또 그는 천지를 두루 관장하고 천지 조화에 간여하고 고금을 드나들며 사람과 사물의 겉과 속을 파악할 수 있기 때문이다.[45]

성인이 그와 같을 수 있는 까닭은 "사물을 통해서 사물을 관찰할(以物觀物)" 수 있기 때문이다. 강절은 말했다.

> 무릇 관물(觀物 : 사물 관찰)이라고 함은 눈으로 관찰하는 것이 아니다. 눈이 아니라 마음으로 관찰하는 것이고, 마음이 아니라 리(理 : 이치)로써 관찰하는 것이다. 천하의 사물 가운데 그 어느 것도 리가 없는 것은 없고, 성(性)이 없는 것은 없고, 명(命)이 없는 것은 없다. 리란 궁구해야 비로소 알 수 있

---

45) 人亦物也, 聖人亦人也.……人也者, 物之至者也 ; 聖也者, 人之至者也.……何哉? 謂其能以一心觀萬心, 一身觀萬身, 一物觀萬物, 一世觀萬世者焉. 又謂其能以心代天意, 口代天言, 手代天工, 身代天事者焉. 又謂其能以上識天時, 下盡地理, 中盡物情, 通照人事者焉. 又謂其能以彌綸天地, 出入造化, 進退古今, 表裏人物者焉. (같은 곳)

고, 성이란 모두 발휘해야 비로소 알 수 있고, 명이란 완전히 이르러야 비로소 알 수 있다. 이 세 가지 앎은 천하에서 가장 진실한 앎이니, 성인이라도 그것을 능가할 수 없으며, 능가한 사람은 성인이 아닌 것이다.……성인이 만물의 본질을 종합할 수 있는 까닭은 성인은 반관(反觀)할 수 있기 때문이다. '반관'이라고 함은 주관을 통해서 사물을 관찰하지 않는다(不以我觀物)는 말이다. 주관을 통해서 사물을 관찰하지 않는다고 함은 **사물을 통해서 사물을 관찰한다**(以物觀物)*는 뜻이다. 이미 사물을 통해서 사물을 관찰할 수 있다면 어떻게 그 사이에 주관이 끼어들 수 있겠는가?

그리하여 나는 또 남이고 남은 또 나이니 나와 남은 모두 같은 사물임을 알게 된다. 그래서 천하 사람의 눈을 나의 눈으로 삼기 때문에 눈으로 볼 수 없는 것은 하나도 없고, 천하 사람의 귀를 나의 귀로 삼기 때문에 귀로 들을 수 없는 것은 하나도 없고, 천하 사람의 입을 나의 입으로 삼기 때문에 입으로 말할 수 없는 것은 하나도 없고, 천하 사람의 마음을 나의 마음으로 삼기 때문에 마음으로 도모할 수 없는 것은 하나도 없다. 그렇게 천하를 보면 그가 본 내용이 넓지 않을 수 있겠으며, 그렇게 천하를 들으면 그가 들은 내용이 심원하지 않을 수 있겠으며, 그렇게 천하를 논하면 그 논의가 숭고하지 않을 수 있겠으며, 그렇게 천하를 도모하면 그 즐거움이 크지 않을 수 있겠는가? 무릇 그가 본 것이 지극히 광대하고 그가 들은 것이 지극히 심원하고 그가 논한 것이 지극히 숭고하고 그의 즐거움이 지극히 큰 만큼, 지극히 광대하고 지극히 심원하고 지극히 숭고하고 지극히 큰 일을 도모하더라도 그 가운데 하나의 작위도 없은즉 어찌 지극히 신령스럽고 지극히 성스러운 존재가 아니겠는가?[46]

---

* 『신편』V, 80~81쪽 : 사물을 관찰할 때 주관적 선입견을 두지 않고, 주관적 영향을 피하고 감정대로 일을 처리하는 것을 피해야 하는데, 그것이 곧 "이물관물(以物觀物)"이다. 즉 사물의 본래 면목을 존중해야 한다는 말이다.……(일단 주관적 선입견이 자리 잡으면 감정대로 일을 처리하기가 쉽다.)

46) 夫所以謂之觀物者, 非以目觀之也. 非觀之以目而觀之以心也. 非觀之以心而觀之以理也. 天下之物莫不有理焉, 莫不有性焉, 莫不有命焉. 所以謂之理者, 窮之而後可知也. 所以謂之性者, 盡之而後可知也. 所以謂之命者, 至之而後可知也. 此三知者天下之眞知也. 雖聖人無以過之也. 而過之者, 非所以謂之聖人也.……聖人之所以能一萬物之情者, 謂其聖人之能反觀也. 所以謂之反觀者, 不以我觀物也. 不以我觀物者, 以物觀物之謂也. 旣能以物觀物, 又安有我於其間哉. 是知我亦人也, 人亦我也, 我與人

성인은 주관을 내세우지 않고 사물에 맡기기(無我而任物) 때문에 작위하지 않아도 이룩하지 않는 일이 없다(無爲而無不爲). 이는 도가의 설인데 강절 역시 주장했다.

주관을 내세우지 않고 사물에 맡기는 일은 또한 각 개인의 수양 방법이기도 하다. 강절은 말했다.

> 사물을 통해서 사물을 관찰하는 것(以物觀物)이 성(性)이고, 주관을 통해서 사물을 관찰하는 것(以我觀物)이 정(情)이다. 성은 공정하고 밝은 것이요, 정은 치우치고 어두운 것이다.[47]

> ○주관에 맞기면 감정(情)을 따르고, 감정을 따르면 편견에 빠지고, 편견에 빠지면 어둡게 된다. 그러나 사물에 바탕을 두면 성(性)을 따르게 되고, 성을 따르면 신령해지고, 신령하면 밝아진다.[48]

> ○마음이 전일하여 흐트러지지 않으면(마음에 사심과 잡념이 없으면) 온갖 변화에 대응할 수 있다. 그러므로 군자는 마음을 비우고 동요하지 않는다.[49]

> ○사물을 통해서 사물을 기뻐하고 사물을 통해서 사물을 슬퍼하는 것이 바로 [『중용』에서 말한] '반응하여 절도에 맞는(中節) 것'이다.[50]

皆物也. 此所以能用天下之目爲己之目, 其目無所不觀矣. 用天下之耳爲己之耳, 其耳無所不聽矣. 用天下之口爲己之口, 其口無所不言矣. 用天下之心爲己之心, 其心無所不謀矣. 夫天下之觀, 其于見也, 不亦廣乎? 天下之聽, 其于聞也, 不亦遠乎? 天下之言, 其于論也, 不亦高乎? 天下之謀, 其于樂也, 不亦大乎? 夫其見至廣, 其聞至遠, 其論至高, 其樂至大. 能爲至廣, 至遠, 至高, 至大之事, 而中無一爲焉, 豈不謂至神至聖者乎! (「관세편(觀世篇)」,『황극경세』권11 하 : 13~14)

47) 以物觀物, 性也. 以我觀物, 情也. 性公而明 ; 情偏而暗. (「관물외편」 하) [以 : …… 을 근거로, ……에 의해서, in terms of]

48) 任我則情, 情則蔽, 蔽則昏矣. 因物則性, 性則神, 神則明矣. (같은 곳)

49) 心一而不分則可以應萬變, 此君子所以虛心而不動也. (같은 곳, 5쪽)

50) 以物喜物, 以物悲物, 此發而中節者也. (같은 곳)
『신편』V, 82쪽 : "사물을 통해서 사물을 기뻐하고 사물을 통해서 사물을 슬퍼하는 것(以物喜物,以物悲物)"이란 기뻐할 만한 일을 보면 기뻐하고 슬퍼할 만한 일을 보면 슬퍼한다는 말이다. 이러한 기쁨과 슬픔은 사물의 객관적 정황의 본래적 면모로부터 출발한 것이고, 개인적인 이익에서 출발한 편견이 섞여 있지 않다. 『중용』에 "희로애락이 아직 발현되지 않은 것이 중(中)이고 표현되어 모두 절도에 맞는

○학문을 추구하고 마음을 함양할 경우 문제는 직도(直道 : 사물에 대해서 직각적으로 반응하는 그러한 도)를 따라 이욕(利欲)을 제거하지 않는다는 데에 있다. 직도를 따르고 지성(至誠)에 맡긴다면 통하지 못할 바가 없다. 천지의 도는 직각일 따름이다. 직각에 따라 추구해야지 만약 지혜를 써서 계책을 세우고 작은 길을 따라 추구하는 행위는 천지의 도를 물리치고 인욕의 길을 따르는 것인즉 곤란하지 않을 수 있겠는가?[51]

"사물을 통해서 사물을 보는(以物觀物)"것은 기뻐할 만한 것을 보면 기뻐하고 슬퍼할 만한 것을 보면 슬퍼하는 것이다. 본성을 따라 직각적으로 행하면 마음은 비고 동요되지 않는다.* 이것은 염계가 말한 "사욕이 없으면 고요히 비어 행동이 직각적이다(無欲則靜虛動直)"〈주22〉는 것과 똑같다.

사람 중에는 성인도 있고 악인도 있다. 악인의 존재도 필연적이다. 강절은 말했다.

하늘과 사람은 서로 안팎의 관계에 있다. 하늘에는 음과 양이 있고 사람에게는 허위와 정의가 있다. 허위와 정의가 생기는 것은 임금이 무엇을 좋아하느냐에 달려 있다. 임금이 덕을 좋아하면 백성은 정의를 택하고, 임금이 위선을 좋아하면 백성은 허위를 택한다. 허위와 정의의 갈림에는 그 유래가 있다. **성군이 위에 있으면** 비록 소인이 있어도 소인 되기가 어렵고, 못된 임금이 위에 있으면 비록 군자가 있어도 군자 되기가 어렵다. 자고로 성군의 전성기는 요 임금의 시대였는데 군자들이 정말로 많았다. 당시에 소인이 없지 않았

(中節) 것이 화(和)이다"고 했는데, "중절(中節)"이란 무엇인가? 소옹의 해석에 따르면 사심과 잡념을 섞어넣지 않는 것, 즉 자신에게 이익이 되는 희로애락을 섞어넣지 않는 것이 바로 "중절"이다.]

51) 爲學養心, 患在不由直道, 去利欲. 由直道, 任至誠, 則無所不通. 天地之道, 直而已, 當以直求之. 若用智數, 由逕而求之, 是屈天地而循人欲也, 不亦難乎? (같은 곳)
* 『신편』V, 81-82쪽 : 이른바 "이물관물"은 소옹의 인식론적 방법일 뿐만 아니라 소옹의 수양방법이기도 하다.……인식론적 측면에서 보면 마음속에 만약 사심과 잡념(즉 "利欲", 이른바 "情")이 있으면 마음은 사심과 잡념에 동요되고 사심과 잡념에 미혹되면 진리를 인식하지 못하고 또 진리를 견지할 수 없다. 수양적 측면에서 보면 마음속에 조금이라도 사심과 잡념이 있으면 사물에 대한 희비(喜悲)에 편파성이 있게 되고 사물의 객관적 상황 즉 본래적 면모에 부합하지 않게 된다.

지만 소인 되기가 쉽지 않았기 때문에 군자가 많았고, 따라서 4흉(四凶 : 네 명의 흉악자)이 있었어도 악을 자행하지 못했다. 자고로 못된 임금의 전성기는 걸왕의 시대였는데 소인들이 정말로 많았다. 당시에 군자가 없지 않았지만 군자 되기가 쉽지 않았기 때문에 소인이 많았고, 따라서 비록 3인(三仁 : 세 명의 어진 사람)이 있었어도 선을 뜻대로 이루지 못했다.[52]

악인 역시 우주간에 없을 수 없는 존재이지만, 다만 "성군이 위에 있으면" 소인을 관직에 앉지 못하게 물리칠 수 있다.

5) 세계 연표

강절은 말했다.

역(易)의 수(數)는 천지의 시작과 종말을 규명한 것이다. 어떤 사람이 묻기를 "하늘과 땅도 시작과 종말이 있습니까?" 하자, 나는 이렇게 말했다.

"이미 소멸과 성장이 있는데 어찌 시작과 종말이 없겠는가? 하늘과 땅이 아무리 넓어도 형체(形)와 기(氣)일 따름이니 그저 두 개의 사물이다."[53]

모든 구체적 사물의 생장과 진행은 「64괘 원도」가 대표하는 공식에 따른다. 하늘과 땅도 사물인 이상 그 생장과 진행 역시 그 공식에 따라야 한다. 『황극경세』의 태반은 바로 상술한 공식에 의해서 (현재 우리가 사는) 구체적 세계의 연보(年譜)를 만드는 것이었다. 그 연보는 "원(元)", "회(會)", "운(運)", "세(世)"로써 시간을 계산했다. 강절은 말하기를 "해(日)의 경로는 하늘의 '원', 달(月)의 경로는 하늘의 '회', 별(星)의 경로는 하늘의 '운', 신(辰)의 경로는 하늘의 '세'이다"[54]고

---

52) 天與人相爲表裏. 天有陰陽 ; 人有邪正. 邪正之由, 繫乎上之所好也. 上好德則民用正 ; 上好佞則民用邪. 邪正之由, 有自來矣. 雖聖君在上, 不能無小人, 是難其爲小人. 雖庸君在上, 不能無君子, 是難其爲君子. 自古聖君之盛, 未有如唐堯之世, 君子何其多耶. 時非無小人也, 是難其爲小人, 故君子多也. 所以雖有四凶, 不能肆其惡. 自古庸君之盛, 未有如商紂之世, 小人何其多耶. 時非無君子也, 是難其爲君子, 故小人多也. 所以雖有三仁, 不能逐其善. (「관물내편」)

53) 易之數窮天地終始, 或曰天地亦有終始乎? 曰旣有消長, 豈無始終, 天地雖大, 是亦形器, 乃二物也. (「관물외편」 하, 『황극경세』 권12 하 : 18)

54) 日經天之元 ; 月經天之會 ; 星經天之運 ; 辰經天之世. (「관물내편」)

하여, 시간을 계산하는 "원", "회", "운", "세"를 하늘의 일·월·성·신에 배당시켰다. "원"은 해에, "회"는 달에 해당되므로 12"회"는 1"원"이다. "운"은 별에 해당되고 30"운"이 1"회"이다. "세"는 신에 해당되고 12 "세"가 1 "운"이다. 12 "회"를 1 "원", 30 "운"을 1"회", 12"세"를 1"운"으로 여긴 것은 소백온에 따르면, "우주 변화 가운데 1'원'은 마치 1년과 같고",[55] 1 "원"에 12"회"가 있음은 1년에 12달이 있음과 같고, 1"회"에 30"운"이 있음은 1달에 30일이 있음과 같고, 1"운"에 12"세"가 있음은 1일에 12시가 있음과 같다. 천지의 시작과 종말의 시간이 1"원"이다. 30년이 1"세"이므로 저 1"원"의 햇수는 30×4,320,[*] 즉 129,600년이다. 왜 30년을 1"세"로 보았는가? 1"원"이 12"회", 1"회"가 30"운", 1"운"이 12"세"로 12와 30이 번갈아들기 때문에 1"세"는 30년인 것이다. 다시 아래로 내려가도 1년은 12달, 1달은 30일이고, 매일은 12시이므로 12와 30이 번갈아 든 것이다. 만약 이 1"원"의 시간을 「64괘 원도」의 공식에 대입하면, 천지는 「복」에서 시작하여 「곤」에서 끝난다. 강절의 『황극경세』의 원래의 도표는 너무 복잡하다. 소백온이 간략하게 만든 「일원소장도(一元消長圖)」[56]는 다음 쪽의 것과 같다.

주자에 따르면 소자(邵子)는 『황극경세』에서 "하늘은 자(子)에서 열렸고(開), 땅은 축(丑)에서 열렸고(闢), 사람은 인(寅)에서 생겼다"[57]고 했다. "원"은 갑(甲)·을(乙)·병(丙)·정(丁)으로 계산하고 "회"는 자(子)·축(丑)·인(寅)·묘(卯)로 계산하고 "운"은 다시 갑·을·병·정으로 계산하고 "세"는 다시 자·축·인·묘로 계산하고, 현재의 천지를 "원"갑(元甲)으로 여겼다.[**] ("원"·"회"·"운"·"세"가

55) 一元在大化之中, 猶一年也. (『성리대전』에서 인용) [소백온(邵伯溫, 1057–1134)은 강절의 아들이다]

 * 1"원"=12"회"×30"운"×12"세"=4320"세"

56) 『성리대전』에서 인용. [원명은 「경세일원소장지수도(經世一元消長之數圖)」임]

57) 天開於子, 地闢於丑, 人生於寅.

** 이 문장은 원래 "이제 잠시 현재의 1'원'을 원갑이라고 하자"였으며, 또 이 앞 문장의 끝 두 구절의 자리에는 원래 "신(辰)은 다시 갑·을·병·정으로 계산한다"는 한 구절만 있었으나, 『신편』V(74–75쪽)에 따라 각각 대체했다.

원(元)	회(會)	운(運)	세(世)				
日甲	月子1	星 30	辰 360	年 10,800	복(復)	䷗	
	月丑2	星 60	辰 720	年 21,600	임(臨)	䷒	
	月寅3	星 90	辰1,080	年 32,400	태(泰)	䷊	星 제76에서 사물이 열림(開物 星之己七十六)
	月卯4	星120	辰1,440	年 43,200	대장(大壯)	䷡	
	月辰5	星150	辰1,800	年 54,000	쾌(夬)	䷪	
	月巳6	星180	辰2,160	年 64,800	건(乾)	䷀	星 제180, 辰 제2,157이 요 임금 시대
	月午7	星210	辰2,520	年 75,600	구(姤)	䷫	하, 은, 주, 진, 양한, 위진, 삼국, 남북조, 수당, 오대, 송
	月未8	星240	辰2,880	年 86,400	둔(遯)	䷠	
	月申9	星270	辰3,240	年 97,200	비(否)	䷋	
	月酉10	星300	辰3,600	年108,000	관(觀)	䷓	
	月戌11	星330	辰3,960	年118,800	박(剝)	䷖	星 제315에서 사물은 닫힘(閉物)
	月亥12	星360	辰4,320	年129,600	곤(坤)	䷁	

일·월·성·신에 상당하기 때문에 "일갑(日甲)"이라고 불렀다. /『신편』) 이 "원"의 제1"회"는 "월자(月子)"이고 이 "회"에 30"운", 360"세"(각 운은 12세이므로 30×12=360), 10,800년(각 세는 30년이므로 360×30=10,800)이 있다. 이 시기는 1양(陽)이 처음 일어나는데 「복」괘 ䷗에 표시된 바와 같다. 이 시기는 한 해에 대비하면 자월(子月, 음력 11월), 하루에 대비하면 자시(子時, 오전 0-2시)이다. "하늘은 자(子)에서 열렸다"고 함은 즉 이 "회"에서 하늘이 열렸다는 말이다. "원"의 제2"회"는 "월축(月丑)"이고 이 "회"에 또 30"운"이 있으므로 이전과 합하여 60"운"이고, 또 360"세"가 있으므로 이전과 합하여 720"세"이고, 또 10,800년이 있으므로 이전과 합하여 21,600년이다. 이 시기는 2양이 일어나 「임」괘 ䷒에 표시된 바와 같다. 이 시기는 한 해에 대비하면 축월(丑月, 음력 12월), 하루에 대비하면 축시(丑時, 오전 2-4시)이다. "땅은 축(丑)에서 열렸

다"고 함은 즉 이 "회"에서 땅이 열렸다는 말이다. "원"의 제3"회"는 "월인(月寅)"이고 이 "회"에 30"운"이 있으므로 이전과 합하여 90"운"이고, 360"세"가 있으므로 이전과 합하여 1,080"세"이고, 10,800년이 있으므로 이전과 합하여 32,400년이다. 이 시기는 3양이 일어나 「태」괘 ☷ 에 표시된 바와 같다. 이 시기는 한 해에 대비하면 인월(寅月, 음력 정월), 하루에 대비하면 인시(寅時, 오전 4-6시)이다. 이 "회"의 제16"운", 즉 이 "회" 중의 제2기(己)"운",* 즉 이전과 합한 제76"운"에서 "사물이 열려(開物)" 만물이 생겼고, 인류도 이 시기에 생겼다. "사람은 인(寅)에서 생겼다"고 할 때의 인은 바로 이 "회"를 말한다. 이와 같이 유추해나가면 "원"의 제6"회"는 "월사(月巳)"인데, 이 시기에 양은 전성기에 이르며 「건」괘 ☰ 에 표시된 바와 같다. 인류의 문명은 이 시기에 최고로 흥성했는데, 요임금은 이 "회"의 제30"운"(이전과 합하여 제180"운") 중의 제9"세"(이전과 합하여 제2,157"세")에 "성왕의 정치(聖王之治)"를 행했다. "원"의 제7"회"는 "월오(月午)"로서 이 시기도 양이 여전히 매우 성하지만 음이 일어나기 시작하여 「구」괘 ☴ 에 표시된 바와 같다. 송나라 신종(神宗) 희녕(熙寧) 원년(1068)은 바로 이 "회"의 제10"운"(이전과 합하여 제190"운") 중의 제2"세"(이전과 합하여 제2,270"세")의 제15년에 해당된다. 이런 식으로 계산하면 현재(1931년)는 바로 이 "회"의 제12"운"(이전과 합하여 제192"운")의 제7"세"(이전과 합하여 제2,299"세")이다. 현재는 한 해에 대비하면 5월, 하루에 대비하면 낮 12시 20여 분이다.** 이후로 음이 점점 성하여 "원"의 제11"회" 즉 "월술(月戌)"에 이르면 양은 실처럼 가늘게 이어지고 「박」괘 ☶ 에 표시된 바와 같다. 이 "회"의 제15"운"(이전과 합하여 제315"운")에 "사물은 닫히어(閉物)" 만물은 모두

---

* 1"회"에는 30"운"이 있고, "운"은 갑·을·병·정으로 계산한다. 따라서 제6"운", 제16"운", 제26"운"은 각각 제1"기(己)""운", 제2"기""운", 제3"기""운"이다.

** 여기서 5월이란 "한 해"의 일곱째 달, 오월(午月)을 뜻한다. 여기서 말하는 "한 해"의 시작은 음력 11월(子月)이기 때문이다. 또 자시(子時 : 0-2시)의 계산 기점을 0시로 잡으면 총 4,320"세"(1"원") 중 제2,299"세"는 하루 24시간 중 낮 12시 46분부터 12시 46분 20초까지에 해당된다. (1분간은 3"세"에 해당)

멸절한다. "원"의 제12"회" 즉 "월해(越亥)"의 끝에 이르면 음은 극성하여 「곤」괘 ䷁에 표시된 바와 같고, 현재의 천지는 수명이 끊어진다. 이후에는 또 다른 천지가 이 공식에 따라 다시 새로 개벽(開闢)된다. 그 안의 사람과 만물도 다시 새로 생장하고 다시 또 괴멸한다. 즉 "막히면 변하고 변하면 통한다"[58]는 말이다. 이렇게 순환하여 무궁히 계속된다.

이 세계가 소멸할 수 있고 소멸한 뒤에 다른 신세계가 이어서 생긴다고 한 점은 아마 이전의 중국사상에는 없던 내용이다. 앞에서 종밀은 『구사론』송(頌)을 인용하여 세계의 성주괴공(成住壞空)을 논했는데(제9장, 제2절, 주90), 이후 도학자들의 우주발생론은 모두 이 영향을 받았다. 강절의 세계 연표도 아마 불학에서 논의된 의미를 취하여 64괘의 음양 소식(消息)으로써 우주의 발생을 설명했을 것이다.*

---

58) 窮則變, 變則通. [「계사하」, 『주역』]

* 『신편』V, 76쪽 : 이상에서 논한 것은 천지의 시작과 종말(始終)을 1"원"의 수(數)로 삼았고, 어떠한 사물도 모두 시작이 있고 종말이 있는 것이며, 그것의 시작과 종말이 곧 그것의 1"원"의 수라는 것이다. 그것의 1"원" 역시 "회", "운", "세" 등의 단계로 나눌 수 있다. 가령 한 사람의 일생은 곧 하나의 1"원"의 수이다. 그 하나의 1"원" 중에는 소년기, 중년기, 노년기 등의 단계가 있다. 그 단계들이 곧 그의 1"원" 중의 "회", "운", "세"이다. 모든 개인은 다 이와 같다. 그러나 사람의 수명의 장단이 다르기 때문에 그들의 "원"·"회", "운", "세"의 시간의 장단 역시 다르다. 다만 한 가지 똑같은 것이 있는데 즉 각 개인의 생명은 모두 시작이 있고 종말이 있는 것이라는 점이다. 출생이 그의 시작이고 죽음이 그의 종말이다. 이른바 생사(生死)가 곧 시종(始終)이다. 『주역』 「계사」에 "원시반종, 고지사생지설(原始反終, 故之死生之說)"〈주3〉이라고 했는데, 즉 어떠한 사물이라도 모두 시작이 있고 종말이 있는 것임을 이해하면 사생의 도리를 알게 된다는 말이다. 이것은 본래 매우 명백한 도리이지만 도학자들은 모두 이것을 놀랄 만한 발견으로 여겼다. 왜냐하면 불교와 도교는 바로 그 도리를 알지 못했기 때문에 도교는 수련(修煉)을 통해서 장생을 구하려고 했고 불교는 무생(無生)을 구했지만 무생 역시 일종의 장생이고 장생보다 더욱 오래 사는 장생이었다. 장생은 일종의 미신이었고 무생은 장생보다 더한 미신 중의 미신이었다. 만약 모든 사물은 다 시작이 있고 종말이 있는 것임을 안다면 사람의 사생 역시 자연에서 나왔으며 자연이란 위반할 수 없는 즉 장생과 무생은 구할 필요가 없다는 것을 알게 된다.

6) 정치철학

현재의 세계는 천지의 종말로부터 아직 멀리 떨어져 있지만 가장 좋았던 시기는 이미 지나갔다. 현재의 세계는 마치 이미 활짝 피어버린 꽃처럼 비록 꽃봉오리와 꽃잎은 번잡하지만 쇠락의 기미가 이미 드러난 경우와 같다. 따라서 현재의 세계는 이미 지난 과거의 최고 호시절보다 못하다. 즉 정치를 보아도 현재는 옛날만 못하다. 강절은 정치를 황(皇)·제(帝)·왕(王)·패(霸)의 4종으로 나누어 이렇게 말했다.

무위(無爲)로써 정치하면 "황"이고, 은혜와 진실로써 정치하면 "제"이고, 공평과 정의로써 정치하면 "왕"이고, 지모와 무력으로써 정치하면 "패"이다. "패" 이하는 오랑캐의 정치이고 오랑캐 이하는 금수의 정치이다.[59]

○공자는 『역』 해설은 복희와 황제부터, 『서』 정리는 요 임금과 순 임금부터, 『시』 선정은 문왕과 무왕부터, 『춘추』 편찬은 환공과 문공부터 다루었다. (『역』에서) 복희와 황제부터 다룬 것은 삼황(三皇 : 복희, 신농, 황제)을 할아버지로 모신 것이고, (『서』에서) 요 임금과 순 임금부터 다룬 것은 오제(五帝 : 소호, 전욱, 제곡, 요, 순)를 아버지로 받든 것이고, (『시』에서) 문왕과 무왕부터 다룬 것은 삼왕(三王 : 탕왕, 문왕, 무왕)을 아들로 여긴 것이고, (『춘추』에서) 환공과 문공부터 다룬 것은 오패(五霸 : 춘추시대의 제 환공, 진 문공, 송 양공, 초 장공, 진 목공)를 손자로 취급한 것이다.[60]

○삼황의 시대는 역사의 봄, 오제는 여름, 삼왕은 가을, 춘추 오패는 겨울,

---

59) 用無爲, 則皇也. 用恩信, 則帝也. 用公正, 則王也. 用智力, 則霸也. 霸以下則夷狄, 夷狄而下, 是禽獸也. (「관물외편」하) [信 : 진실, 성실, 공경. 公 : 공변됨, 공평함] [『신편』V, 79쪽 : 소옹의 이 견해는 실제상 노담이 말한 "도를 상실한 다음에 덕을, 덕을 상실한 다음에 인을, 인을 상실한 다음에 의를, 의를 상실한 다음에 예를 추구했다(失道而後德, 失德而後仁, 失仁而後義, 失義而後禮)"(『노자』38장)는 내용이다. 이른바 무위(無爲)는 도·덕, 은신(恩信)은 인, 공정(公正)은 의에 해당된다.]

60) 孔子贊『易』自羲軒而下, 序『書』自堯舜而下, 删『詩』自文武而下, 修『春秋』自桓文而下. 自羲軒而下, 祖三皇也. 自堯舜而下, 宗五帝也. 自文武而下, 子三王也. 自桓文而下, 孫五霸也. (「관물내편」) 「軒 : 軒轅, 고대 제왕의 이름」

전국 칠웅은 겨울의 남은 냉기이다. 한나라는 "왕"이지만 부족했고, 진(晉)
나라는 "패"로서는 넉넉했으며, 삼국은 "패"의 영웅, 16국은 "패"의 무더
기, 남(南) 5대는 "패"의 빌린 수레, 북(北) 5조는 "패"의 주막, 수나라는 진
(晉)나라의 아들, 당나라는 한나라의 동생이었다. 수나라 말엽 각 지방의
"패"들은 양자강과 한강의 여파였고, 당나라 말엽 변경의 "패"들은 해와 달
의 여명이었으며, 후오대(後五代)의 "패"는 해 뜨기 전의 별이었다. 요 임금
이후 지금까지 앞뒤로 3,000여 년 100여 세대를 통해서 책으로 명확히 기록
할 만한 것들 가운데, 사해(四海 : 세계) 안이든 구주(九州 : 중국) 안이든 그
사이에 혹은 합쳐지고 혹은 흩어지고 혹은 태평하고 혹은 위태하고 혹은 강
성하고 혹은 쇠하고 혹은 영도하고 혹은 추종하기도 했지만 아직까지 아무
도 두 세대에 걸쳐서 똑같은 풍속으로 통일시킬 수 있었던 사람은 없었다.[61]

한(漢) 이래 최고는 기껏해야 부족한 "왕"의 정치에 불과했다. 우리
세계의 황금시대는 오래 전에 이미 과거가 되어버린 것이다.

---

61) 三皇, 春也. 五帝, 夏也. 三王, 秋也. 五伯, 冬也. 七國, 冬之餘冽也. 漢, 王而不足 ;
晉, 伯而有餘. 三國, 伯之雄者也. 十六國, 伯之叢者也. 南五代, 伯之借乘也. 北五朝,
伯之傳舍也. 隋, 晉之子也. 唐, 漢之弟也. 隋季諸郡之伯, 江漢之餘波也. 唐季制鎭
之伯, 日月之餘光也. 後五代之伯, 日未出之星也. 自帝堯至于今, 上下三千餘年, 前
後百有餘世, 書傳可明紀者, 四海之內, 九州之間, 其間或合或離, 或治或隳, 或強或
贏, 或唱或隨, 未始有兼世而能一其風俗者. (「관물내편」) [隳 : 무너지다, 위태하다]

제12장
장횡거와 이정

1. 장횡거

　주렴계, 소강절과 동시대이자 조금 뒤에 장횡거(張橫渠, 1020-
77)와 정명도(程明道), 정이천(程伊川) 형제가 있다. 『송사(宋史)』
「도학전(道學傳)」은 말한다.

> 　장재(張載)는 자가 자후(子厚)이고, 장안 사람이다. 젊어서 병법의 논의를
> 좋아했다.……21세 때 범중엄(范仲淹, 899-1052)을 편지로 배알했을 때 범
> 중엄은 이내 그의 범상함을 알아보고 "유자들 자신도 즐거워할 명교(名敎)
> 가 있거늘 왜 병법을 배우려고 하는가?"라고 경계하면서 『중용』을 읽기를
> 권했다. 장재는 그 책을 읽어보았지만 역시 만족하지 못하고 불교와 도가를
> 전전하며 여러 해 동안 깊이 연구했으나 결국 소득이 없음을 깨닫고 다시 돌
> 이켜 육경을 공부했다.……이정(二程 : 정명도와 정이천)과 더불어 도학의
> 요지를 이야기한 다음 새로운 확신을 얻고 "우리의 도(吾道)만으로 충분하
> 니 다른 무엇을 구하리?"라고 하면서 이단의 학설을 전부 폐기하고 진정 순
> 수해졌다.……장재는 옛것을 배우고 실행에 힘써 마침내 관중(關中) 선비들
> 의 종사(宗師)가 되었다. 세상은 그를 횡거 선생이라고 불렀다.[1]

---

1) 張載, 字子厚, 長安人. 少喜談兵.……年二十一, 以書謁范仲淹, 一見知其遠器. 乃警
　之曰 : 儒者自有名敎可樂, 何事於兵? 因勸讀『中庸』. 載讀其書, 猶以爲未足. 又訪諸
　釋老, 累年究極其說, 知無所得, 反而求之六經.……與二程語道學之要, 渙然自信. 曰:
　吾道自足, 何事旁求? 於是盡棄異學, 淳如也.……載學古力行, 爲關中士人宗師, 世稱

여대림(呂大臨, ?-1090?)이 지은 행장에 따르면 횡거는 송나라 신종(神宗) 희녕(熙寧) 10년(1077)에 세상을 떠났다. 저서에 『정몽(正蒙)』, 『경학리굴(經學理窟)』, 『역설(易說)』이 있다. 이중에서 『정몽』이 가장 중요하다. 행장에 따르면 "희녕 9년 가을 선생은 이상한 꿈을 꾸고 홀연히 제자에게 글을 써보냈는데, 그후 그 글들을 모아 『정몽』이라고 불렀다. 그것을 제자들에게 보여주며 '이 글은 내가 수년간 깊이 생각해서 얻은 결과인데 아마 옛 성인에 부합한 것 같다'고 말했다."[2] 『정몽』*은 바로 횡거의 평생 사상의 결정이었다.

1) 기

횡거의 학은 『역』으로부터 연역한 것이다. 「계사(繫辭)」에 "『역』에는 태극이 있고 그것이 양의를 낳았다"[3]고 했는데, 횡거도 이렇게 말했다.

> 양체가 수립되지 않으면 **하나**로는 (사물은) 드러날 수 없다. 하나가 드러나지 못하면 양체의 작용은 종식된다. 양체(兩體 : 두 몸, 二端)란 허(虛)·실(實), 동(動)·정(靜), 취(聚)·산(散), 청(淸)·탁(濁)이다. 다만 이들의 종국은 하나이다.[4]

여기서 "하나"는 태극이다. 횡거는 말했다.

> 양체가 있으면 하나가 있으니 그것이 태극이다.……하나의 존재로서 양체인 것은 아마 태극을 일컫는 것일 것이다.[5]

為橫渠先生. (『송사』, 12723-24쪽)

2) 熙寧九年秋, 先生感異夢, 忽以書屬門人, 乃集所立言, 謂之『正蒙』. 出示門人曰 : "此書予歷年致思之所得, 其言殆與前聖合." (『이락연원록(伊洛淵源錄)』권6 참조)

* 도교의 장생(長生)과 불교의 무생(無生)의 교의에 대해서 장재가 『주역』을 근거로 자기의 우주관을 천명한 것이 『정몽』의 주요 내용이다. (『신편』V, 126쪽)

3) 易有太極, 是生兩儀. 〈제3장,주9 ; 제11장,주4〉

4) 兩不立, 則一不可見. 一不可見, 則兩之用息. 兩體者, 虛實也, 動靜也, 聚散也, 淸濁也, 其究一而已. (「태화편(太和篇)」, 『정몽』, 35-36쪽)

5) 有兩則有一, 是太極也.……一物而兩體, 其太極之謂歟? (『역설』권2)

이 "하나"를 횡거는 또 "태화(太和)"라고 불렀다. 횡거는 말했다.

태화는 이른바 도(道)인데, 그 안에는 **부침(浮沈), 승강(升降), 동정(動靜)이 상호 감응하는 성(性)이 내포되어 있고**, 태화는 **인온(絪縕 : 음양 2기의 상호 작용)하여 서로 부딪쳐 승부(勝負 : 우세와 열세)와 굴신(屈伸 : 응축과 확장)의 시작을 낳는다.**……야마(野馬 : 아지랑이)처럼 인온하지 않으면 **태화**라고 말할 수 없다. 도를 논할 경우 이것을 아는 것이 도를 아는(知道) 것이고, 『역』을 배울 경우 이것을 통찰하는 것이 『역』을 통찰하는 것이다.[6]

장자는 「소요유(逍遙遊)」에서 "야마(野馬 : 들판의 기)와 티끌은 만물이 내뿜는 숨이다"[7]고 했는데, 사마표는 "야마는 봄날 연못가에 너울거리는 기"[8]라고 해석했다. 횡거가 말한 태허는 아마 이런 기"의 전체를 지칭한 말 같다. 흩어져 응축되지 않은 상태에 있을 때의 그 기가 이른바 태허이다. 따라서 횡거는 "태허는 무형이고 기의 본체이다"〈주14〉고 했다. 또 말했다.

태허에서 기가 모이고 흩어지는 것은 마치 물에서 얼음이 얼고 녹는 것과 같다. **태허가 바로 기임을 안다면 무는 없다**(無無).[9]

---

6) 太和所謂道, 中涵浮沈升降動靜相感之性, 是生絪縕相盪勝負屈伸之始.……不如野馬絪縕, 不足謂之太和. 語道者知此謂之知道, 學『易』者見此謂之見『易』. (「태화편」, 『정몽』, 15-17쪽)

[『신편』V, 126-27쪽 : "도"의 의미는 과정이니, 도학가의 말을 쓰면 "유행(流行)"이다. 우주는 시작도 끝도 없는 과정으로서 그치거나 쉬지 않는 유행이다. 이 과정은 모순 대립적인 본성이 있으니 예컨대 뜨고 가라앉음(浮沈), 오르고 내림(升降), 움직이고 고요함(動靜) 등은 다 대립적인 것이다. 각 대립 중인 두 방면은 모순적인데 그 모순을 "상호 감응(相感)", "상호 동요(相盪)"라고 불렀다. 대립면이 "상호 감응", "상호 동요"한 결과 필연적으로 한 대립면이 우세하면 다른 대립면은 열세를 띠게 되는데 그것이 곧 "승부(勝負)"요 "굴신(屈伸)"이다. 각종 대립면의 "상호 감응", "상호 동요"와 "승부", "굴신"이 바로 우주라는 저 과정의 전체 내용이다. 이 과정은 결코 상상의 것이 아니고 일종의 객관 존재이다. 장재의 말에 따르면 그것이 바로 "기(氣)"이다.]

7) 野馬也, 塵埃也, 生物之以息相吹也. (『장자』, 4쪽)

8) 野馬春日澤中游氣也. (『장자』, 61쪽[3]의 『석문(釋文)』)

9) 氣之聚散於太虛, 猶冰凝釋於水. 知太虛卽氣則無無. (「태화편」, 『정몽』, 6-7쪽)

우리가 보는 허공이 사물이 없는 태허 같지만 사실은 사물이 없는 것이 아니고 기가 흩어져 아직 응축되지 않은 것에 불과하니, 이른바 무는 없다. 따라서 "태허가 바로 기임을 안다면 무는 없다"고 했다.

기에 내포된 "부침, 승강, 동정이 상호 감응하는 성(性)"은 간단히 말하면 음양의 두 성(性)이다. 하나의 기에는 이 두 성이 있다. 따라서 횡거는 말했다.

> **한 사물이면서 양체(兩體)**인 것이 기(氣)이다. **하나이므로 신묘**하며 **양체이므로 변화**한다.[10]

하나의 기에 음양의 두 성이 있기 때문에 "하나의 사물이면서 양체"이다. 그것이 "하나"일 때는 "맑고 투명하여 형상이 없으므로 신묘하다."[11] 즉 "하나이므로 신묘하다"는 말이다. 기에 음양의 두 성이 있기 때문에 "인온하여 서로 부딪쳐 승부와 굴신의 시작을 낳는다." 인온하여 서로 부딪치는 것이 두 성의 표현이다. 기에 두 성이 있기 때문에 인온하여 서로 부딪쳐 응축하여 만물이 된다. 즉 "양체이므로 변화한다"는 말이다. 횡거는 또 말했다.

> 기는 아득히 태허에 퍼져 있다. 기는 **오르내리고 드날리면서 잠시도 멈추지 않으므로** 『역』에서 "인온(絪縕)"이라고 했고, 장자는 "생물이 서로 야마(野馬)를 호흡한다"고 했을 것이다. 이것은 허실(虛實)과 동정(動靜)의 기틀이며, 음양과 강유(剛柔)의 개시이다. 부상(浮上)하는 것은 청명한 양이고 하강(下降)하는 것은 혼탁한 음이다. 그들이 서로 감응하면서 모이거나 흩어지면 비, 바람이 되고 눈, 서리가 된다. 그로써 이루어진 온갖 사물의 형체, 융합하고 응결된 산과 강, 지게미와 타고 남은 재에 이르기까지 모든 것이 그 이치를 가르쳐주고 있다.[12]

---

10) 一物兩體, 氣也. 一故神, 兩故化. (「삼량편(參兩篇)」, 『정몽』, 46쪽)

11) 淸通而不可象爲神. (「태화편」, 『정몽』, 16쪽)

12) 氣坱然太虛, 升降飛揚, 未嘗止息, 『易』所謂絪縕, 莊生所謂生物以息相吹野馬者歟? 此虛實動靜之機, 陰陽剛柔之始. 浮而上者陽之淸, 降而下者陰之濁. 其感遇聚散, 爲風雨, 爲雪霜. 萬品之流形, 山川之融結, 糟粕煨燼, 無非敎也. (「태화편」, 『정몽』, 27-28쪽)

기에는 서로 감응할 수 있는 두 성이 있으므로 기는 태허 상태에 머물러 있을 수 없고 "오르내리고 드날리면서 잠시도 멈추지 않는다." 태허는 두 성의 기를 내포하고 "인온하여 서로 부딪쳐" 우세였다가 열세였다가 혹은 수축했다가 확장하는데, 만약 그것이 취합하면 우리가 보는 대상인 사물로 된다. 기가 모이면 사물이 완성되고 기가 흩어지면 사물은 파괴된다. 횡거는 말했다.

> 기가 모이면(聚 : 응축하면) 눈으로 볼 수 있는(離明得施) 형체가 생기고, 기가 모이지 않으면 눈으로 볼 수 없는 무형(無形)에 머문다. 기가 모인 경우라도 객(客 : 왔다가 돌아가는 일시적 존재)이라고 하지 않을 수 없고 기가 흩어진(散) 경우라도 곧바로 무(無)라고 할 수 없다. 따라서 성인은 하늘과 땅의 모든 현상을 관찰한 다음 다만 유명(幽明 : 보이지 않거나 보이는 현상)의 이치를 안다고 말했을 뿐, 유무(有無 : 존재와 소멸)의 이치를 안다고 말하지 않았다[즉 생사 등의 만상의 변화는 유명의 문제이지 유무의 문제가 아니다].[13]

이(離)는 눈이니 이명득시(離明得施)란 우리 눈의 시력으로 볼 수 있다는 뜻이다. 기가 모이면 우리에게 보이는 형체가 생기고, 기가 흩어지면 우리에게 보이지 않는 무형이 된다. 기가 모이면 만물이 되니 만물은 곧 기가 모인 현상이다. 기의 취산이 일정하지 않기 때문에 "객형(客形)"인 것이다. 즉 "태허는 무형이고 기의 본체이니, 기가 모이고 흩어짐은 변화의 객형일 뿐이다"[14]는 말이다.

2) 우주간 사물이 따르는 법칙
기가 모여 사물(物)이 생기는데 사물의 생성은 일정한 법칙을 따른다. 횡거는 말했다.

> 사물 생성에 선후가 있는 것이 **자연의 순서**(天序)이다. 소대(小大)와 고하

---

13) 氣聚則離明得施而有形 ; 氣不聚則離明不得施而無形. 方其聚也, 安得不謂之客? 方其散也, 安得遽謂之無? 故聖人仰觀俯察, 但云知幽明之故, 不云知有無之故. (「태화편」, 『정몽』, 28-29쪽)
14) 太虛無形, 氣之本體, 其聚其散, 變化之客形爾. (「삼량편」, 『정몽』, 17-18쪽)

(高下)가 서로 어울려 서로 형상을 이루는 것이 **자연의 질서**(天秩)이다. 자연의 사물 생성은 순서가 있고, 사물 형성은 질서가 있다.[15)

횡거는 또 말했다.

　천지의 기의 **취산공취**(聚散攻取 : 모이고 흩어지며 공격하고 쟁취함)는 백 가지로 다르지만, 그 **리**(理)는 순조롭고 **망령됨이 없다.**[16)

기의 "취산공취"가 백가지로 다르더라도 모두 정정한 법칙을 따르기 때문에, 사물의 생성은 일정한 순서가 있고 사물의 완성은 일정한 구조와 조직이 있다. 이것이 이른바 "천서(天序)", "천질(天秩)"이며 바로 "리"이다. 기의 모든 취산공취는 이 리에 따르고 "망령됨이 없다." 이런 논조라면 기 바깥에 또 리가 있는 셈이다. 그리스 철학의 술어를 빌리면 사물은 질료(matter)이고 리는 형상(form)이니, 질료에 형상이 들어가면 구체적 사물이 된다. 그러나 이 문제에 대해서 횡거는 그저 실마리만 제시했고 그 대성(大成)은 후대의 주자(朱子)에게 맡겨졌다.

3) 우주간의 몇몇 보편 현상

　기의 취산공취가 백가지로 다르지만 모두 일정한 법칙을 따르기 때문에 우주간에는 몇몇 보편 현상이 있다. 횡거는 말했다.

　기는 본래 공허하여 고요하며 형체가 없다. 기는 감응하여 생기고 **모여서 형상을 이룬다**. 형상이 있으면 그 대립물이 생기고, 대립물은 필연적으로 상반된 작용을 한다. 상반적이므로 대적(적대적 존재)이 생기는 것이고, 대적은 반드시 화합하고 화해한다. 따라서 사랑과 증오의 감정은 똑같이 태허에서 나오나 결국은 **물욕**(物欲)으로 귀결한다. 갑자기 생겨 홀연히 완성되고

---

15) 生有先後, 所以爲天序. 小大高下, 相竝而相形焉, 是謂天秩. 天之生物也有序 ; 物之旣形也有秩. (「동물편(動物篇)」,『정몽』, 104쪽)

16) 天地之氣, 雖聚散攻取百塗, 然其爲理也, 順而不妄. (「태화편」,『정몽』, 19쪽)
　　『신편』V, 130-32쪽 : 즉 우주의 변화는 극히 복잡하지만 하나의 법칙을 따른다는 말이다. 그 법칙을 장재는 "이단(二端)" 또는 "양체(兩體)"라고 불렀다.]

털끝만큼의 틈도 용납하지 않는 것이 바로 신묘함(神)이다.[17]

음양이 서로 감응하면 기가 "오르내리고 드날리며" "모여서 형상을 이루어" 사물로 완성된다. 한 사물은 반드시 그것과 대립하는 상반된 것이 존재한다. 그것과 상반된 존재는 그것과 원수인 적대적인 위치에 선다. 그러나 상반된 사물도 서로를 완성시킬 수 있으니, 기가 흩어지면 상반적이고 서로 원수인 사물들은 다시 태허에 복귀한즉 "화합하여 화해한다는" 말이다. 사물이 상반되어 서로 원수가 되면 증오의 감정이 생기고, 서로 화합하여 서로를 완성시키면 사랑의 감정이 생기는 이런 것이 이른바 "물욕"이다. 그러나 이런 물욕은 다같이 태허에서 나왔고 끝내는 태허로 복귀한다. 이는 우주간 보편 현상의 하나이다.

횡거는 또 말했다.

사물이 고립(孤立)하는 이치는 없다. 동이(同異 : 사물 자신과 그 대립물), 굴신(屈伸 : 우세와 열세), 종시(終始 : 시작과 끝, 성쇠, 존망)의 원리로 **전개되지**(以發明之) 않으면 사물도 사물이 아니다(雖物非物). 일은 시작과 끝이 있어야 비로소 완성되고, 동이와 유무(有無)가 서로 감응하지 않으면 일은 완성되지 않는다. 사물이 완성되지 않으면 사물은 사물이 아니다. 따라서 "우세와 열세가 서로 감응하여 결과가 생긴다"고 말했다.[18]

한 사물이 있으면 반드시 그것과 상반된 것이 존재한다. 만약 어떤 고립된 사물이 있다면 그 사물은 그 사물이 될 수 없다. 한 사물이 한 사물인 까닭의 일부는 그것과 우주간 다른 사물에 대한 관계이다. 이 여러 관계가 그 사물의 일부를 구성하여 그 사물로 완성되는데 즉 "그것으로 전개된다"는 말이다. 고립된 사물은 존재하지 않

---

17) 氣本之虛, 則湛本[本 : 一]無形. 感而生, 則聚而有象. 有象斯有對, 對必反其爲. 有反斯有仇, 仇必和而解. 故愛惡之情, 同出於太虛, 而卒歸於物欲. 儵而生, 忽而成, 不容有毫髮之間, 其神矣夫!(「태화편」, 『정몽』, 40~41쪽)

18) 物無孤立之理. 非同異屈伸終始以發明之, 則雖物非物也. 事有始卒乃成, 非同異有無相感, 則不見其成, 不見其成, 則雖物非物, 故曰 : "屈伸相感而利生焉."(「동물편」, 『정몽』, 106쪽)

는다는 이 점 또한 우주간의 보편 현상의 하나이다.
　횡거는 또 말했다.

　　조화(造化)에 의해서 생성된 산물은 서로 똑같은 것이 하나도 없다. 이로부터
　만물이 비록 많지만 실제로 어느 한 사물도 **음양이 없는 것이 없음**을 알 수 있
　고, 또 천지의 변화는 이단(二端 : 兩體)일 뿐임을 알 수 있다.[19]

"조화에 의해서 생성된 산물은 서로 똑같은 것이 하나도 없음"도
우주간 보편 현상의 하나이다. 횡거는 또 "떠도는 기는 어지럽게
동요하다가 결합하여 모양을 형성하여 다양한 모습의 사람과 사물
을 낳는데, 음양의 양단(兩端)이 끊임없이 순환함으로써 천지의 큰
원리가 수립된다"[20]고 했다. 기는 본래 음양의 성을 내포한 만큼 그
것이 모여서 완성된 사물은 "음양이 없는 것이 없다." 그러나 만물
은 모두 기가 모여서 완성되고 "떠도는 기가 어지럽게 동요하다가"
결합하여 모양이 형성된 것이라면, 어째서 하나의 사물도 서로 똑
같은 것이 없는지에 대해서 횡거는 밝히지 않았다.
　횡거는 또 말했다.

　　태허에는 기가 없을 수 없다. 기는 모여서 만물이 되지 않을 수 없고, 만물
　은 흩어져 태허로 돌아가지 않을 수 없다. 이 과정을 따라 나고 드는 것(出入 :
　태어나고 죽음)은 모두 필연적으로 그런 것(不得已而然)이다.〈주44〉

기는 흩어지면 다시 모이고 모이면 다시 흩어진다. 기가 모이면 사
물이 형성되고 기가 흩어지면 사물은 소멸한다. 이와 같이 순환하
여 쉬지 않는다. 이 역시 우주간 보편 현상의 하나이다.

4) 횡거가 말한 천문지리
　횡거는『정몽』에서 천문지리와 우주간 각 방면의 사물에 대해서

---

19) 造化所成, 無一物相肖者. 以是知萬物雖多, 其實一物, 無無陰陽者. 以是知天地變
　化, 二端而已. (「태화편」,『정몽』, 41-42쪽)
20) 游氣紛擾, 合而成質者, 生人物之萬殊 ; 其陰陽兩端, 循環不已者, 立天地之大義.
　(「태화편」,『정몽』, 37쪽) [質 : 근본, 몸, 실체, 모양, 형체]

더욱 상세히 토론했다. 여기서는 몇 조목을 들어 『정몽』의 토론 범위가 광대함을 보인다. 횡거는 말했다.

> 땅은 순수한 음기로 구성되어 중앙에 응축되어 있고, 하늘은 떠도는 양기로 구성되어 바깥을 선회하는데, 이것이 천지의 영원한 실체이다. 항성(恒星)은 스스로는 움직이지 않고 순전히 하늘에 매여 떠도는 양기와 함께 끊임없이 선회한다. 해와 달과 오성(五星)은 하늘의 방향을 거슬러 움직이는데 이것은 땅에 포용되기 때문이다.[21]

> ○땅은 오르내리고, 낮은 길어졌다 짧아졌다 한다. 땅은 응축되어 흩어지지 않는 것이지만 음양의 두 기가 그 안에서 오르내리며 끊임없이 서로를 따른다. 양이 날로 상승하고 땅이 날로 하강하는 것이 공허(양의 시듦)이고, 양이 날로 하강하고 땅이 날로 상승하는 것은 충만(양의 부품)이다. 이것이 한 해 동안 한서(寒暑)의 기후이다. 하루의 밤낮이 차고 비며 오르내린다는 것은 바닷물의 밀물과 썰물이 그 증거이다. 다만 조수간만이 크고 작은 차이가 있는 것은 해와 달의 삭망(朔望)의 정기가 상호 감응하는 데에 달려 있다.[22]

이것을 보면 천문지리에 대한 횡거의 논의의 단면을 볼 수 있다. 한 해의 더위는 양이 하강하고 땅이 상승하여 지면에 양기가 많기 때문에 덥고, 추위는 양이 상승하고 땅이 하강하여 지면에 양기가 적기 때문에 춥다. 땅은 한 해 동안 상승할 때가 있고 하강할 때가 있으며, 하루 동안에도 상승할 때가 있고 하강할 때가 있으니 밀물과 썰물이 그 증거이다. 땅이 상승하면 바닷물은 떨어지고 땅이 하강하면 바닷물은 올라간다.

횡거는 또 말했다.

> 음의 성품은 응결이고 양의 성품은 발산이다. 음이 응결하면 양은 반드시

---

21) 地純陰, 凝聚於中 ; 天浮陽, 運旋於外 ; 此天地之常體也. 恒星不動, 純繫乎天, 與浮陽運旋而不窮者也. 日月五星, 逆天而行, 并包乎地者也. (「삼량편」, 『정몽』, 47쪽)

22) 地有升降, 日有修短. 地雖凝聚不散之物, 然二氣升降其間, 相從而不已也. 陽日上地日降而下者, 虛也 ; 陽日降地日進而上者, 盈也. 此一歲寒暑之候也. 至於一晝夜之盈虛升降, 則以海水潮汐, 驗之爲信. 然間有小大之差, 則繫日月朔望, 其精相感. (「삼량편」, 『정몽』, 51-52쪽)

발산하여 세력 균형을 이룬다. 발산된 양이 음에 붙잡히면 서로 붙어 비가
되어 내리고, 음이 양을 얻으면 표류하다 구름이 되어 상승한다. 즉 구름이
태허에 흩어진 것은 음이 바람에 쫓겨 뭉쳐져 아직 흩어지지 않은 상태이다.
음기가 응결될 때 양이 그 안에 갇혀 탈출하지 못하면 분기가 천둥과 번개로
격발되고, 양이 밖에서 들어가지 못하여 빙빙 돌고 있으면 바람이 된다. 응
결 상태의 원근, 허실의 차이 때문에 우레와 바람의 크고 작고 사납고 온화한
차이가 생긴다. 조화하여 발산하면 서리, 눈, 비, 이슬이 되고, 조화하지 않고
발산하면 기후가 사나워져 우중충한 흙비가 내린다. 음이 항상 온화하게 흩어
져 양기와 교류하면 바람과 비는 고르고 추위와 더위는 바르게 된다.[23]

○소리는 물체와 공기들이 서로 마찰할 때 생긴다. 예를 들면 두 공기가 마
찰한 경우가 골짜기의 메아리나 천둥 소리이고, 두 물체가 마찰한 경우가 북
채로 북을 칠 때의 소리이고, 물체가 공기를 마찰한 경우가 부채를 부칠 때
의 소리와 쏜 화살의 소리이고, 공기가 물체를 마찰한 경우가 사람이 피리를
불 때의 소리이다. 이것들은 모두 사물이 감응하는 양능(良能 : 자연적인 기
능)으로서, 사람들은 늘 친숙해 있지만 고찰하지 않은 것일 뿐이다.[24]

이는 횡거의 물리학이라고 할 수 있다.
　횡거는 또 말했다.

　동물은 근원이 하늘에 있어서 호흡 여부에 성장-종말의 단계가 있다. 식
물은 근원이 땅에 있어서 음양의 승강(升降) 여부에 성장-종말의 단계가 있
다. 사물이 탄생하면 기가 점점 모여 사물이 왕성하고 사물의 생성이 절정에
달하면 기는 점점 되돌아가 흩어진다. 모이는 것이 신(神)이니 사물이 신장
하기(伸) 때문이요, 되돌아가는 것이 귀(鬼)이니 사물이 복귀하기(歸) 때문

---

23) 陰性凝聚 ; 陽性發散. 陰聚之 ; 陽必散之 ; 其勢均. 散陽爲陰累, 則相持爲雨而降 ; 陰
　　爲陽得, 則飄揚爲雲而升. 故雲物班布太虛者, 陰爲風驅, 斂聚而未散者也. 凡陰氣凝
　　聚, 陽在內者不得出, 則奮擊而爲雷霆 ; 陽在外者不得入, 則周旋不舍而爲風. 其聚
　　有遠近虛實, 故雷風有小大暴緩. 和而散, 則爲霜雪雨露 ; 不和而散, 則爲戾氣曀霾.
　　陰常散緩, 受交於陽, 則風雨調, 寒暑正.(「삼량편」,『정몽』, 57-59쪽)
24) 聲者形氣相軋而成. 兩氣者, 谷響雷聲之類. 兩形者, 桴鼓叩擊之類. 形軋氣, 羽扇敲
　　矢之類. 氣軋形, 人聲笙簧之類. 是皆物感之良能, 人皆習之而不察者爾.(「동물편」,
　　『정몽』, 109-10쪽)[桴 : 북채, 북채로 치다, 뗏목]

이다.[25]

○숨쉬는 것(동물)은 하늘에 근원이 있고, 숨쉬지 않는 것(식물)은 땅에 근원이 있다. 하늘에 근원이 있는 것은 활동에 제약이 없으나, 땅에 근원이 있는 것은 장소에 제약된다. 이것이 동물과 식물의 구분이다.[26]

이는 횡거의 생물학이라고 할 수 있다.

5) 성설
횡거는 또 말했다.

사람의 호흡은 강유(剛柔 : 즉 몸과 공기)가 서로 접촉하는 것으로, 건곤(乾坤)이 열리고 닫힘을 상징한다. 깨어 있을 때는 육체가 열려 지각이 외계와 교섭하고, 꿈을 꾸면(잠을 자면) 육체가 닫혀 기가 안으로 모인다. 깨어서는 이목으로 새것을 지각하고, 꿈에서는 기억을 바탕으로 옛것과 접촉한다.[27]

○태허(太虛)에서 천(天)이라는 이름이 생겼고, 기화(氣化)에서 도(道)라는 이름이 생겼다. 허와 기를 합하여 성(性)이라는 이름이 생겼고, 성과 지각(知覺)을 합하여 심(心)이라는 이름이 생겼다.[28]

○형체가 생긴 이후 기질지성(氣質之性)이 생겼으니, 기질지성을 잘 되돌이키면 천지지성(天地之性)이 보존된다. 그러므로 기질지성은 군자가 성으로 인정하지 않는 바가 있다.[29]

---

25) 動物本諸天, 以呼吸爲聚散之漸. 植物本諸地, 以陰陽升降爲聚散之漸. 物之初生, 氣日至而滋息 ; 物生旣盈, 氣日反而游散. 至之謂神, 以其伸也 ; 反之爲鬼, 以其歸也. (「동물편」, 『정몽』, 101-02쪽) [神과 伸, 鬼와 歸는 음도 같다.]

26) 有息者根於天, 不息者根於地. 根於天者不滯於用, 根於地者滯於方. 此動植之分也. (「동물편」, 『정몽』, 103-04쪽)

27) 人之有息, 蓋剛柔相摩, 乾坤闔闢之象也. 寤形開而志交諸外也 ; 夢形閉而氣專乎內也. 寤所以知新於耳目 ; 夢所以緣舊於習心. (「동물편」, 『정몽』, 108쪽)

28) 由太虛有天之名. 由氣化有道之名. 合虛與氣, 有性之名. 合性與知覺, 有心之名. (「태화편」, 『정몽』, 32쪽)

29) 形而後有氣質之性, 善反之, 則天地之性存焉. 故氣質之性, 君子有弗性者焉. (「성명편(誠明篇)」, 『정몽』, 127-28쪽)

주자는 말하기를 "기질지성은 횡거와 정자에서 비롯되어 성문(聖門)에 지극한 공을 세웠고 후학에 많은 도움이 되었다. 그 이전에는 언급한 사람이 없었으나 횡거와 정자의 설이 수립되자 여타 학자들의 설은 사라졌다"[30]고 했다. 주자의 우주론에는 리(理)와 기(氣)가 있기 때문에 그의 심리학과 윤리학은 사람에게 천지지성과 기질지성이 있다고 말할 수 있었다. 즉 "천지지성은 오로지 리를 지칭하고, 기질지성은 리를 기와 뒤섞은 말이다"[31]고 했던 것이다. 그러나 횡거는 "리"를 그다지 언급하지 않았으므로 "허와 기를 합하여" 성의 이름이 생겼다고 말했다. "태허는 무형이고 기의 본체인" 이상 허와 기를 합한다는 말이 어찌 "기와 기를 합한다"는 말과 다르겠는가? 횡거는 말했다.

> 하늘에서 타고난 성(性)은 도에 완전히 상통하므로, 그 성은 어둡거나 밝은 기에 의해서 은폐되지 않는다.[32]

이미 "태허로부터 하늘이라는 이름이 생긴" 것인 만큼 하늘은 태허일 뿐이다. 태허는 기의 본체이니 어떻게 기 바깥에 하늘이 존재할 수 있겠는가? 즉 횡거의 우주론은 본래 일원론이다. 그러나 성을 논할 때는 때로 부지불식간에 이원론으로 넘어갔다. "기질지성"의 설은 이후 도학가에 의해서 채용되었지만 앞의 내용을 보면 횡거의 체계 내에서 그 체계의 다른 측면과 서로 융합하기가 아주 어렵다.

그러나 횡거의 다른 일부의 말을 보면 그의 "기질지성"설은 유지될 수 있고 동시에 그 체계의 다른 측면과 상충되지도 않는다. 횡거

[『신편』V, 142쪽 : 사람은 기가 모여 형체가 생긴 이후 "나"의 어떤 혹은 일부분의 성이라고 부를 수 있는 것이 그가 받은 그 일부분의 기에 의해서 결정된 것이니 그것이 "기질지성"이다. 이 밖에 또 기에 의해서 결정되지 않는 어떤 혹은 일부분의 성이 있다. 그것은 아직 기가 모여 그 형체로 되기 이전인 "태허" 속에 이미 있던 것으로서 바로 그의 "천지지성"이다.]

30) 제13장 주58 참조.

31) 論天地之性, 則專指理而言 ; 論氣質之性, 則以理與氣雜而言之. (『어류(語類)』, 67쪽)

32) 天所性者, 通極於道, 氣之昏明, 不足以蔽之. (『정몽』, 118쪽)

는 말했다.

> 모양이 있는 것은 다 유(有)이고, 모든 유는 다 현상이고, 모든 현상은 다 기이다. **기의 성**은 본래 공허하고 신묘하니, 신묘함과 성은 기에 고유하다.[33]

이에 따르면 기에도 그 성이 있다. 기가 모여 사람이 되니 사람 역시 그 성의 일부를 얻는다. 횡거는 말했다.

> **하늘의 성**(天性)이 사람에게 있는 것은 마치 물의 성이 얼음에 있는 것과 같다. 얼고 녹는 것은 다르지만 물인 점은 똑같다.[34]

"하늘의 성"은 "기의 성"이다. 횡거는 또 말했다.

> 하늘의 양능(良能)은 근본적으로 나의 양능인데, 다만 나에 의해서 상실되었을 뿐이다.[35]

> ○고요하고 하나임(湛一)은 기의 근본이고, 공격하고 쟁취함(攻取)은 기의 욕구이다. **입과 배는 음식을 바라고 코와 혀는 냄새와 맛을 바라는 것**이 **공취지성** (攻取之性 : 대상을 공격하여 쟁취하는 것이 목적인 성)이다. 덕을 아는 사람은 그것들을 누릴 따름이고, 그런 욕구 때문에 마음을 얽어매지는 않는바, 작은 것 때문에 큰 것을 침해하거나 말단 때문에 근본을 상실하지는 않는다는 말이다.[36]

기가 모여 개체의 사람이 되는데, 개체의 사람은 그 자신을 나(我)로 여기고 그 나머지는 "나 아닌 것(非我)"으로 여긴다. 이 때문에 그 자신과 하늘 또는 기의 전체가 갈라진다. 그는 오로지 그 개체 유지의 요구를 추구하는바, "입과 배는 음식을 바라고 코와 혀는 냄새와 맛을 바라는 것"이 "공취지성"이고 또 기질지성이라는 말

---

33) 凡可狀, 皆有也. 凡有, 皆象也. 凡象, 皆氣也. 氣之性本虛而神, 則神與性乃氣所固有. (「건칭편(乾稱篇)」, 『정몽』, 358-59쪽)

34) 天性在人, 正猶水性之在冰. 凝釋雖異, 爲物一也. (「성명편」, 『정몽』, 120쪽)

35) 天良能本吾良能. 顧爲有我所喪耳. (같은 곳)

36) 湛一氣之本 ; 攻取氣之欲. 口腹於飮食, 鼻舌於臭味, 皆攻取之性也. 知德者屬厭而已, 不以嗜欲累其心, 不以小害大, 末喪本焉耳. (「성명편」, 『정몽』, 123-24쪽)

이다. 횡거가 만약 이렇게 "기질지성"을 이해했다면 그의 체계의 다른 측면과 상충하지 않는 것 같다. 그런데 기가 모여 사물이 될 때는 사물은 왜 사람과 같은 기의 성을 얻지 못하는가? 횡거는 이에 대해서 아무런 해석이 없다.

6) 천인합일

횡거가 말한 "기질지성"을 이와 같이 해석할 수 있는지의 여부는 여전히 하나의 문제이다. 그러나 횡거의 윤리학 또는 그가 논한 수양방법은 분명히 "나"와 "나 아닌 것"의 한계를 제거하여 개체가 우주와 합일하는 것을 강조했다. 횡거는 말했다.

자기 마음을 확대하면(大其心) **천하만물을 몸으로 여길 수 있다.** 일체가 되지 못한 사물이 있으면 마음에 격이 생긴다. 세인들의 마음은 **좁은 견문의 지식 속에 머문다.** 그러나 성인은 자기 본성을 완전히 발휘하여 **견문의 지식으로 자기 마음을 얽어매지** 않는다. **그는 천하의 한 사물이라도 '나 아닌 것(非我)'은 없다고 여긴다.** 그래서 맹자는 "사람이 자기 마음을 다 발휘하면 성을 알고 하늘을 안다"고 말했다. 하늘은 광대하여 그 바깥이 없기 때문에 바깥을 두는 마음은 하늘의 마음과 합일할 수 없다. 견문의 지식(見聞之知)은 바로 **사물과 접촉하여 얻는 지식**이고 덕성을 통한 지식(德性所知)이 아니다.* 덕성을

---

* 『신편』V, 139-42쪽 : "대기심(大其心)" 세 글자는 장재의 철학방법이자 수양방법인데, 한마디로 "위학의 방법(爲學之方)"이다. 그가 말한 "덕성지지(德性之知)"는 매우 신비한 것 같지만 사실은 그렇지 않다. "덕성지지"는 "견문지지"에 대한 말이다. "견문지지"는 견문의 범위 내에 제한되는 감성 인식에 상당하나,……"덕성지지"는 인식의 비약으로서 철학적 인식이라고 할 수 있다. 이와 같은 인식이 있는 사람의 우주는 무한하다. "천하만물"은 무한하므로 "천하만물을 몸으로 여길 수 있는" 사람은 그의 우주도 무한하다. 이는 진정 철학자의 형상의 하나이다. 이러한 정신의 경지는 타고난 것이 결코 아니라 일종의 철학적 방법을 통한 수양, 후대 도학자의 용어를 빌리면, "공부(功夫)"의 결과이다. 그 공부의 내용이 바로 "자기 마음의 확대(大其心)"이다.……사람이 오로지 자기 자신만 보는 것이 "자기 마음의 축소(小其心)"인데, 이는 마치 우물 안 개구리의 경우와 같다. 만약 그가 자기 테두리의 한계를 벗어날 수 있다면, 마치 우물 안 개구리가 우물을 벗어나고 동굴 안 사람이 동굴을 벗어나 홀연히 천지의 광대함과 태양의 광명을 보는 것처럼, 그의 마음은 곧바로 "천하"를 포괄하게 되는데 그것이 "천하만물을 몸으로 여기는 것"이다.……장재의 네 구절 명언인 "우주적인 뜻을 세우고 민생을 위한 도를

통한 지식은 견문에서 싹트지 않는다.[37]

개체의 나를 "나"로 여기고 그밖의 것은 "나 아닌 것"으로 여기는 일이 "감각적 지식으로 자기의 마음을 얽어매는" 일이다. 성인은 그 얽어맴을 타파하여 천하의 사물과 자기를 일체로 여기는, 즉 "천하만물을 몸으로 여길 수 있는" 사람이다. "그가 천하의 한 사물이라도 '나 아닌 것'은 없다고 여기는 것"은 나와 나 아닌 것의 한계를 타파하여 나와 여타의 '나 아닌 것'을 하나로 여기는, 즉 우주 전체를 하나의 큰 나(大我)로 여기는 것이다. 하늘은 커서 바깥이 없는데 내가 수양하여 그 경지에 이르면 나와 하늘은 합하여 하나로 된다. 횡거는 또 말했다.

> 성(性)이란 만물의 공동 원천이니 나의 사유물이 아니다. 오직 대인(大人)만이 성의 도를 전부 발휘할 수 있다. 그러므로 설 때는 반드시 남과 함께 서고 알 때는 반드시 널리 같이 알고 사랑할 때는 반드시 모두를 사랑하므로 성취할 때는 홀로 성취하지 않는다. 저들 스스로 **편견에 막혀(蔽塞)** 나의 이 주장을 따를 줄 모른다면 그런 사람은 나도 어쩔 도리가 없다.[38]

즉 "사랑 사업"의 공부로써 "나"의 "막힌 편견"을 타파하여 만물 일체의 경지에 도달한다는 말이다. 맹자 철학 중의 신비주의 경향을 부연한 것이라고 할 수 있다.[39]

수립하여 과거 성왕의 학문을 계승하고 만세의 태평성세를 건설하는 것(爲天地立心, 爲生民立道, 爲去聖繼絶學, 爲萬世開太平)"이 "자기 마음을 확대하는" 사람의 염원이다.……이 네 구의 말을 이해하면 「서명」을 이해할 수 있다. 「서명」은 사람이 다 아는 우주에 대해서 사람이 마땅히 취해야 할 태도를 천명한 것인데, 그런 태도는 "자기 마음을 확대한" 결과로 얻어진다.

37) 大其心則能體天下之物. 物有未體, 則心爲有外. 世人之心, 止於聞見之狹. 聖人盡性, 不以見聞梏其心, 其視天下無一物非我, 孟子謂盡心則知性知天以此. 天大無外, 故有外之心不足以合天心. 見聞之知乃物交而知, 非德性所知. 德性所知, 不萌於見聞. (「대심편(大心篇)」, 『정몽』, 143-45쪽)

38) 性者, 萬物之一源, 非有我之得私也. 惟大人爲能盡其道. 是故立必俱立, 知必周知, 愛必兼愛, 成不獨成. 彼自蔽塞而不知順吾理者, 則亦末如之何矣. (「성명편」, 『정몽』, 116쪽)

39) 제1편 제6장 제6절 참조.

지식의 경우 사람이 반드시 이 경지에 이르러야 비로소 모든 지식은 진지(眞知)가 되어 "좁은 감각적(견문의) 지식 속에 머물지" 않게 되는데 그것은 "사물과 접촉하여 얻는 지식"이 아닌 지식이다. 횡거는 말했다.

> **성명**(誠明 : 참됨과 명철)을 통해서 얻은 지식은 타고난 덕성의 양지(良知)로서 **감각적인 사소한 지식**이 아니다.[40]

이른바 "성명"에 대해서 횡거는 말했다.

> 하늘과 인간이 상이하게 작용하면 성(誠)을 논할 수 없고, 하늘과 인간이 상이하게 인식하면 명(明)을 다 발휘한 것이 못 된다. 이른바 성명(誠明)이란 성(性)과 천도(天道)에 대소의 차별을 발견할 수 없다는 말이다.[41]

여기서 성(誠)은 천인합일(天人合一)의 경지이고, 명(明)은 사람이 그 경지에서 가지는 지식인데, 그 지식은 "감각적인 사소한 지식"이 아닌 진지(眞知)이다.

『정몽』「건칭편」의 한 문단은 후대에 「서명(西銘)」이라고 일컬어진 것인데, 그것은 다음과 같다.

> 하늘(乾)이 아버지요 땅(坤)이 어머니인 "나"라는 미미한 존재가 혼연히 그 가운데에 살고 있으니, 우주에 가득한 기가 내 몸을 이루고 우주의 주재가 나의 본성을 이룬다.
>
> 만민은 나의 동포요 만물은 나의 동반자이니, 위대한 임금은 내 부모의 큰아들이고 그 대신들은 큰아들의 가신들이다. 노인을 존경함은 내 집의 어른을 모시는 일이고, 고아와 아이를 보살핌은 내 아이를 사랑하는 일이다. 성인은 덕이 우주에 필적하고, 현인은 그 다음으로 뛰어나다. 천하에 노쇠하고 병든 사람, 고아, 무자식 노인, 홀아비, 과부 등은 고난에 빠져 의지처가 없는 내 형제들이니, 우리가 그들을 보양함은 마치 부모를 감싸는 아들의 보살

---

40) 誠明所知, 乃天德良知, 非聞見小知而已. (「성명편」,『정몽』, 113쪽)

41) 天人異用, 不足以言誠, 天人異知, 不足以盡明, 所謂誠明者, 性與天道不見乎小大之別也. (같은 곳)

핌과 같고 우리가 그들을 반기고 낙심하지 않는 것이야말로 진정 순수한 효이다.

도리를 어기는 일이 "패덕(悖德)"이요, 인(仁)을 해치는 일이 "반역(賊)"이며, 악을 행하는 자가 못난 자이고, 몸가짐을 바르게 하는(踐形 : 이목구비 등 육체의 작용을 바르게 함) 사람이 천지의 부모를 닮은 사람(肖者)이다.

조화의 이치를 알면(知化) 우주 부모의 사업을 잘 계승할 수 있고, 신명을 궁구하면(窮神) 우주 부모의 뜻을 잘 계승할 수 있다. 홀로 있을 때도 부끄러움이 없어야 욕됨이 없고, 본심을 보존하고 본성을 함양해야 태만이 없다.

맛있는 술도 멀리하면서 우왕은 부모 봉양을 염려했고, 사람의 아름다운 재능을 북돋아 효행으로 이끈 영봉인은 남을 감화했고, 끝없이 노력하여 부자간의 화목을 이룬 순 임금은 공이 위대했고, 도망하지 않고 희생된 신생은 부모에 대해서 지극히 공순했고, 천지의 부모로부터 받은 몸을 온전히 되돌려보낸 이가 증삼이었고, 용감하게 부모를 순종하여 명령에 따른 이가 백기였다. [이는 모두 천지의 부모와 일체가 된 행위의 사례들이다.]

부귀의 행복은 우리 삶을 윤택하게 하고 빈천의 근심 걱정도 마침내 우리를 옥처럼 연마해서 완성시키려는 것이니, **살아서는 인간사에 충실하고 죽어서는 평안히 쉬노라**(存吾順事, 沒吾寧也).[42]

---

42) 乾稱父, 坤稱母 ; 予玆藐焉, 乃渾然中處. 故天地之塞, 吾其體 ; 天地之帥, 吾其性. 民吾同胞 ; 物吾與也. 大君者, 吾父母宗子 ; 其大臣, 宗子之家相也. 尊高年所以長其長, 慈孤弱所以幼其幼. 聖其合德, 賢其秀也. 凡天下疲癃殘疾, 惸獨鰥寡, 皆吾兄弟之顚連而無告者也. 於時保之, 子之翼也, 樂且不憂, 純乎孝者也. 違曰悖德, 害仁曰賊, 濟惡者不才, 其踐形, 唯肖者也. 知化則善述其事, 窮神則善繼其志. 不愧屋漏爲無忝, 存心養性爲匪懈. 惡旨酒, 崇伯子之顧養 ; 育英才, 穎封人之錫類. 不弛勞而底豫, 舜其功也 ; 無所逃而待烹, 申生其恭也. 體其受而歸全者, 參乎 ; 於從而順令者, 伯奇也. 富貴福澤, 將厚吾之生也 ; 貧賤憂戚, 庸玉女於成也. 存吾順事, 沒吾寧也. (『정몽』, 353-57쪽)
[『신편』V, 137쪽 : 이것은 도학의 강령(綱領) 같은 저작인데, 이정(二程)의 극찬을 받았다.……이 편의 첫 문단은 우주간 인간의 지위를 천명하여, 우주는 하나의 대가족으로서 하늘과 땅(乾坤)은 그 안의 부모이고 사람은 그 안의 자녀이자 그 대가족의 성원이니 그 성원으로서의 책임과 의무를 져야 한다고 여겼다. 이 전제로부터 "만민은 나의 동포요, 만물은 나의 동반자임"과 이하 각종의 견해를 추론했다.……이 첫 문단은 본체론적 논단이 아니고 일종의 우주에 대한 인간의 태도이고 그 내용 또한 우주형성론이 아니고 일종의 인간의 정신 경지이다.]

즉 우주와 그 안의 만물에 대한 우리의 태도를 명확히 제시했다. 우리의 몸은 우주의 몸이고 우리의 성은 우주의 성이다. 우리는 우주를 부모로 여겨야 하고, 부모를 섬기는 도로써 우주를 섬겨야 한다. 천하의 사람을 모두 형제처럼 여겨야 하고 천하의 사물을 모두 동류(同類)로 여겨야 하니, 각각 형제와 동류를 대하는 도로써 대해야 한다. 정자(程子)의 제자 가운데 횡거의 「서명」의 주장과 묵자의 겸애설이 차이가 없다고 말한 이가 있었다. 정자는 「서명」의 주장은 "이치는 하나이나 분수가 다른(理一分殊) 만큼 묵자의 겸애설과는 다르다"고 대답했고, 주자는 더욱 상세히 부연했다.

> 하늘이 아버지요 땅이 어머니임은 생명이 있는 사물 치고 그렇지 않은 것이 없으니, 이른바 이치는 하나이다(理一)는 말이다. 그러나 사람이든 생물이든 모든 혈기가 있는 것들은 저마다 자기의 부모를 친애하고 자기 자식을 사랑하니 각자의 분수[分數]가 어찌 다르지 않을 수 있겠는가? 하나로 통괄되지만 만가지로 다르기 때문에 천하를 한 집안, 중국을 한 사람으로 여기더라도 겸애의 폐단에 빠지지 않으며 만가지로 다르더라도 하나로 관통되는 만큼, 비록 친소의 감정을 달리하고 귀천의 등급이 다르더라도 위아(爲我)의 사심에 얽매이지 않는다. 이것이 「서명」의 대의이다. 따라서 부모를 친애하는 정성을 미루어 무아(無我)의 공명정대성을 확대하고, 부모를 섬기는 성심을 바탕으로 하늘을 섬기는 도를 밝힌다면, 어느 경우이든 이른바 "분수는 다르지만 이치는 하나"가 아닌 것은 없다.[43]

이것 역시 이른바 차별적인 사랑과 무차별적인 사랑의 차이에 대한 논의이다. 그러나 횡거의 논의는 맹자 철학 중의 신비주의적 경향을 부연한 것이므로 묵자의 공리주의적 겸애설과는 진실로 완전히 다르므로 단지 이상에서 말한 차이만 있는 것이 아니다.

---

43) 蓋以乾爲父, 以坤爲母, 有生之類, 無物不然, 所謂理一也. 而人物之生, 血脈之屬, 各親其親, 各子其子, 則其分亦安得而不殊哉? 一統而萬殊, 則雖天下一家, 中國一人, 而不流於兼愛之弊. 萬殊而一貫, 則雖親疎異情, 貴賤異等, 而不梏於爲我之私. 此「西銘」之大旨也. 觀其推親親之厚, 以大無我之公；因事親之誠, 以明事天之道. 蓋無適而非所謂分殊而推理一也. (「서명주(西銘注)」, 『횡거전집』 권1)

7) "불교와 도교"에 대한 비판

"살아서는 인간사에 충실하고 죽어서는 평안히 쉬노라"는 한 마디는 도학가의 유가적 인생 태도를 표현한 것으로서, 불가와 도교에서 제창한 것과는 달랐다. 횡거는 말했다.

> 태허에는 기가 없을 수 없다. 기는 모여서 만물이 되지 않을 수 없고, 만물은 흩어져 태허로 돌아가지 않을 수 없다. 이 과정을 따라 나고 드는 것(出入 : 태어나고 죽음)은 모두 필연적으로 그런 것(不得已而然)이다.
>
> 그렇지만 성인은 (나왔다 들어갈 때까지) 도를 완전히 발휘하여 모든 사물과 한몸이 되면서도 그것에 얽매이지 않는 것은 정신을 완벽하게 보존하기 때문이다. 그런데 저 **적멸(寂滅)을 논하는 자들(불교도)은 윤회를 벗어나 한번 가서 다시 돌아오지 않으려 하며, 삶을 좇아 존재에 집착하는 자들(도교도)은 일개 사물이면서 변화를 거부하고 있다.** 두 부류는 비록 서로 다르지만 도를 상실했다는 측면에서는 동일하다. (기가) **모인 것도 내 몸이고** (기가) **흩어진 것도 내 몸이니 죽어도 멸망하는 것이 아님***을 아는 사람이라야 비로소 더불어 성(性)을 논할 수 있다.[44]
>
> ○성(性)을 완전히 이해해야 비로소 **삶도 소득이 아니고 죽음도 상실이 아님**을 알 수 있다.[45]

불교는 무생(無生)을 추구하니, 즉 "적멸을 논하는 자들은 윤회를 벗어나 한번 가서 다시 돌아오지 않으려고 한다"는 말이다. 도교는

---

* 『신편』V, 130쪽: 이것이 『주역』에서 논한 "유명의 원리(幽明之故)"요, "사생의 이치(死生之說)"라고 장재는 인식했다. 즉 그는 "유무가 하나로 혼합된(有無混一)" 우주관으로써 불교와 도교의 우주관이 그릇됨을 비판했다……"장생(長生)"과 "무생(無生 : 인연의 고리인 생의 단절)"은 서로 상반된 주장이지만 모두 그르다. 이른바 생사(生死)란 기의 취산(聚散)에 불과하니, 생사는 유명(幽明)의 문제이지 유무(有無)의 문제가 아님〈주13〉을 이해하는 것이 올바른 도리이다.

44) 太虛不能無氣 ; 氣不能不聚而爲萬物 ; 萬物不能不散而爲太虛 ; 循是出入, 是皆不得已而然也. 然則聖人盡道其間, 兼體而不累者, 存神其至矣. 彼語寂滅者, 往而不反 ; 徇生執有者, 物而不化 ; 二者雖有間矣, 以言乎失道則均焉. 聚亦吾體, 散亦吾體 ; 知死之不亡者, 可與言性矣. (「태화편」, 『정몽』, 20-22쪽)

45) 盡性然後知生無所得 ; 則死無所喪. (「성명편」, 『정몽』, 117-18쪽)

장생(長生)을 추구하니 즉 "삶을 좇아 존재에 집착하는 자들은 일개 사물이면서 변화를 거부한다"는 말이다. 만약 기가 "모인 것도 내 몸이고 흩어진 것도 내 몸임"을 안다면 "삶도 소득이 아니니" 군이 무생을 추구할 필요가 있겠으며, "죽음도 상실이 아니니" 군이 장생을 추구할 필요가 있겠는가? 우리는 무생도 구하지 않고 장생도 구하지 않고, 하루를 살면 하루에 해야 할 일을 하다가 어느 날 죽음이 이르면 다시 태허에 합일한다. 즉 "살아서는 인간사에 충실하고 죽어서는 평안히 쉰다"는 말이다. 이것이 유가의 인생 태도로서 도학자들이 누차 주장했다. 도학자들이 비록 불교와 도교의 영향을 받았지만 여전히 불교와 도교를 배척하고 여전히 유가로 자처했던 이유가 바로 여기에 있었다.

2. 정명도와 정이천

염계, 강절, 횡거 등은 도학가 내의 유력한 인물들이지만 송명 도학(宋明道學)은 단연코 정씨 형제에 의해서 확립되었다. 『송사』 「도학전」은 말한다.

주돈이(周敦頤)가 남안에서 아전 노릇을 할 때 통판군사인 정향(程珦)이 그의 비상한 기상과 용모를 보고 함께 이야기해보고 그의 학문에 도가 있음을 느껴 그와 사귀었고, 두 아들 호와 이를 그에게 보내어 공부시켰다. 주돈이는 늘 그들에게 공자와 안자가 즐거워한 것이 결국 무엇이었는지 탐색하게(尋孔顏樂處, 所樂何事)* 했는데, 여기에 이정의 학문의 원류가 있었다.[46]

---

* 『신편』V, 64-66쪽: 공자는 "거친 음식에 물 마시고 팔 베고 누워도 그 가운데에 즐거움이 있으니 불의한 부귀는 내게는 뜬구름과 같다"(『논어』 7:15)고 했고, 또 "한 그릇 밥과 한 바가지 물로 누추한 곳에서 사는 고통은 다들 감당하지 못하지만 안회는 그 즐거움을 바꾸지 않으니 참으로 어질다"(6:9)고 했다.……공자와 안회는 결코 빈궁 자체를 즐거워하지는 않았고, 다만 빈궁한 환경에서도 여전히 "그 즐거움을 바꾸지 않았다." 그들이 즐거워한 것은 결국 무엇이었는가? 이는 하나의 문제였는데, 주돈이는 바로 이 문제를 이정에게 제출했던 것이다.……주돈이에 따르면 "천지"는 "생의(生意)"가 있는 생명 있는 것이고, 그 "생의"는 "나"와

○정호(程顥, 1032-85)는 자가 백순(伯淳)이다. 대대로 중산에 살았지만 나중에 개봉을 거쳐 다시 하남으로 이사했다.……정호는 성품이 뛰어나 충만한 수양으로 도를 지녔고 온화하고 순수한 기풍이 몸에 배어 있었다.……15-16세부터 동생 정이와 함께 여남 주돈이가 학문을 논한다는 소문을 듣고 과거 공부에는 염증을 느끼고 의연히 구도(求道)의 뜻을 품었다. 여러 학파의 책을 널리 읽으며 거의 10년이 넘게 도교와 불교에 출입하다가 마침내 돌이켜 육경에서 추구하여 비로소 도를 터득했다.……정호가 죽었을 때 사대부들은 면식이 있든 없든 애통해하지 않는 이가 없었다. 문언박(文彦博 : 송나라 재상)은 중론을 모아 묘비명에 **명도** 선생이라고 썼다.[47]

○정이(程頤, 1033-1107)는 자가 정숙(正叔)이다.……정이는 읽지 않은 책이 없었으며, 그 학문은 성(誠)에 근본을 두고 『대학』, 『논어』, 『맹자』, 『중용』을 표방하고 육경에 통달했다. 그는 모든 행동거지와 언어와 침묵에서 한결같이 성인을 스승으로 삼고 성인의 경지에 이르지 않으면 중단하지 않았다. 그리하여 『역』과 『춘추』에 대한 전(傳)을 지어 후세에 전했다.……세상은 그를 **이천** 선생이라고 불렀다.[48]

명도는 송나라 신종(神宗) 원풍(元豊) 8년(1086)에 돌아갔는데, 향

만물에 공통으로 존재하고, 그런 "생의"의 도덕상의 표현이 "인(仁)"이다. 즉 "공자와 안자가 즐거워한 것"은 바로 "인"이었다고 여겼다. 이 도리는 정호의 「식인편」에서 뚜렷이 천명되었는바 이 점에 있어서 주돈이는 진정 정호의 스승이었다.

46) (周敦頤) 㝠南安時, 程珦通判軍事, 視其氣貌非常人. 與語, 知其爲學知道. 因與爲友, 使二子顥頤往受業焉. 敦頤每令尋孔顏樂處, 所樂何事. 二程之學, 源流乎此矣. (『송사』, 12712쪽)
[『신편』V, 88쪽 : 정향이 은퇴할 때의 직함은 "태중대부치사, 상주국, 영년현개국백, 식읍구백호(太中大夫致仕, 上柱國, 永年縣開國伯, 食邑九百戶)"였으니, 이정의 가정 형편을 엿볼 수 있다.]

47) 程顥字伯淳, 世居中山, 後從開封徙河南.……顥資性過人, 充養有道, 和粹之氣, 盎於面背.……自十五六時, 與弟頤聞汝南周敦頤論學, 遂厭科擧之習, 慨然有求道之志. 泛濫於諸家, 出入於老釋者幾十年, 返求諸六經而後得之.……顥之死, 士大夫識與不識, 莫不哀傷焉. 文彦博采衆論題其墓曰 : 明道先生. (『송사』, 12713-17쪽)

48) 程頤, 字正叔.……頤於書無所不讀. 其學本於誠 ; 以『大學』『語』『孟』『中庸』爲標旨, 而達於六經. 動止語默, 一以聖人爲師, 其不至乎聖人不止也. 於是著『易』『春秋傳』, 以傳於世.……世稱爲伊川先生. (『송사』, 12718-22쪽)

년 54세였다.[49] 이천은 휘종(徽宗) 대관(大觀) 원년(1107)에 돌아갔
는데, 향년 75세였다.[50] 명도와 이천 두 형제는 염계가 스승, 강절이
벗, 횡거가 친족이었다.* 옛날에는 두 형제의 학설을 대체로 일가
(一家)의 학설로 여겼기 때문에 『이정유서(二程遺書)』에 실린 두
사람의 어록의 일부는 두 사람 중 누구의 말인지 주에 명시되어 있
지 않다. 그러나 두 사람의 학문은 그후 송명도학에서, 리학(理學)
과 심학(心學)의 양 파로 일컬어지는 이른바 정주(程朱)와 육왕(陸
王)의 양 파를 열었다. 정이천은 정주 즉 리학 일파의 선구자, 정명
도는 육왕 즉 심학 일파의 선구자였다. 두 사람의 주장이 다르기는
하지만 토론한 주제는 대략 똑같기 때문에, 여기서는 각 주제 아래
에 두 사람의 설을 서술하며 비교한다.

1) 천리

앞 장에서 리·기 두 관념은 도학에서 중요한 지위를 점한다고 말
했다(제11장, 제1절). 도학상의 기의 위치를 확립한 도학자는 장횡
거였음은 앞에서 말한 바와 같다. 리의 경우는 염계의 『통서(通書)』
「리성명장(理性命章)」에서 이미 제시했고, 강절의 「관물편(觀物
篇)」도 사물의 리를 언급했다. 또 횡거의 『정몽』도 "천지의 기의 취
산공취는 백가지로 다르지만, 그 리는 순조롭고 망령됨이 없다"〈주
16〉고 말했다. 그러나 이들 여러 학자들은 리를 언급하기는 했지만
도학상의 리의 위치를 확립한 도학자는 정씨 형제였다. 그러나 정
씨 형제는 천리 또는 리를 늘 언급했지만 천리나 리의 명확한 의미
는 명확히 말하지 않았다. 어록 가운데 리에 관한 조목들은 다음과
같다.

천리(天理)라고 하는 저 도리에 무슨 한계가 있겠는가? 천리는 "사회에
선인이 있어서 존재하는 것도 아니요, 사회에 악인이 있어서 소멸하는 것

---

49) 이천이 지은 「명도행장(明道行狀)」 참조.
50) 『이락연원록(伊洛淵源錄)』 권4에 실린 연보(年譜) 참조.
 * 이들 다섯 명이 이른바 "북송오자(北宋五子)"이다.

도 아니다." 천리를 터득한 사람의 경우 천리는 "출세한다고 증가되거나 곤궁하다고 손상되는 것이 아니다."* 그것에 대해서 어떻게 존망과 가감을 논할 수 있겠는가? 그것은 조금도 부족함이 없이 온갖 리가 그 안에 구비되어 있다.[51]

○"사람이 자신을 반성하지 않으면 천리는 소멸한다"[『예기』「악기(樂記)」]고 했거니와, 천리라고 함은 **온갖 리가 구비되어 있고 원래 조금도 부족함이 없기 때문에 자신을 성찰하면 참되어진다**는 말이다.[52]

○"**만물이 모두 내게 구비되어 있다**"고 함은 사람만 그런 것이 아니고 모든 사물이 그러한데, 모든 것이 (리에 따라) 나오고 들어간다. 사물은 (구비되어 있는 리를) 확충할(응용할) 수 없지만 사람은 확충할(응용할) 수 있을 뿐이다. 그러나 확충할 경우라도 조금도 첨가되는 것이 아니고, 확충하지 못한다고 하더라도 조금도 감소되는 것이 아니다. **온갖 리가 모두 구비되어 고루 펼쳐져 있다.** 어찌 요 임금이 임금의 도(君道)를 다했다고 임금의 도가 첨가된 적이 있으며, 순 임금이 아들의 도(子道)를 다했다고 아들의 도가 첨가된 적이 있었는가? 원래부터 예전과 다름이 없다.[53]

○**리는 세계에 오직 하나의 리인 만큼 리는 온 세계에 적용하면 준칙이 된다.** 천지에 물어보고 삼왕에게 자문하더라도 영원불변한 리이다.[54]

○이 의리(義理)에 대해서 인자(仁者)는 인(仁)으로 간주하고, 지자(知者)는 지(知)로 간주하며, 백성들은 날마다 사용하면서도 인식하지 못하기 때문에 군자의 도를 채득한 사람이 드문 것이다. 그것은 모자라지도 않고 남지도 않

---

* 각각 『순자』「천론편」의 "天行有常, 不爲堯存, 不爲桀亡"〈제1편, 제12장, 주16〉과 『맹자』13 : 21의 "君子所性, 雖大行不加焉, 雖窮居不損焉, 分定故也" 참조.

51) 天理云者, 這一個道理, 更有甚窮已. 不爲堯存, 不爲桀亡. 人得之者, 故大行不加, 窮居不損. 這上頭更怎生說得存亡加減. 是佗元無少欠, 百理俱備. (『유서(遺書 : 二程遺書)』 권2 상)

52) "不能反躬, 天理滅矣." 天理云者, 百理俱備, 元無少欠 ; 故反身而誠. (같은 곳)

53) "萬物皆備於我." 不獨人爾, 物皆然, 都自這裏出去. 只是物不能推, 人則能推之. 雖能推之, 幾時添得一分. 不能推, 幾時減得一分. 百理俱在平鋪放着. 幾時道堯盡君道, 添得些君道多. 舜盡子道, 添得些子道多. 元來依舊. (같은 곳)

54) 理則天下只是一個理, 故推至四海而準. 須是質諸天地考諸三王不易之理. (같은 곳)

지만 **다만 우리가 눈으로 볼 수 없을 따름이다.**[55)]

○**"적연부동이나 감이수통함**(寂然不動, 感而遂通 : 고요히 움직임이 없으나 감
응하면 모든 것에 통함)"은 천리가 구비되어 있고 원래 조금도 부족함이 없
기 때문이다. 천리는 선인 때문에 생기거나 악인 때문에 없어지는 것이 아니
다. 예컨대 부자(父子)와 군신(君臣)은 영원한 리로서 변경이 없으니, 어찌
무슨 동요가 있겠는가? 동요가 없기 때문에 고요하다는 말이다. 비록 동요가
없지만 감응하면 곧 통하니 감응은 외부에서 도래하는 것이 아니다.[56)]

이상은 『유서』가운데 "이선생어(二先生語)"로서 과연 두 선생
중 누구의 말인지 알 수 없다. 주(注)에 이천의 말로 명시된 것은 다
음과 같다.

○**"적연부동이나 감이수통한다"**고 함은 **인간사의 영역에 입각한 논의이다.** 도
의 경우는 만리(萬理)가 다 구비되어 있으니 감응했느냐 아직 감응하지 않
았느냐는 말할 필요가 없다.[57)]

○세계의 사물은 모두 리를 통해서 이해할 수 있다. 사물이 있으면 반드시
리가 있으니, 하나의 사물에는 반드시 하나의 리가 있다.[58)]

○(리는) 텅 비고 고요하여 아무 조짐도 없지만 모든 현상이 빽빽이 갖추어
져 있다. 아직 반응하기 이전에는 앞에 속하고 이미 반응한 이후로는 뒤에
속하는 것이 아니다. **마치 100척의 나무가 뿌리부터 잎까지 하나로 관통되어 있
어서 위쪽 일부만 형체가 없고 조짐이 없으니, 사람의 안배에 따라 이법으로 되는
것이 아닌 경우와 같다. 이미 이법인 이상 그저 한 이법일 뿐이다.**[59)]

---

55) 這個義理, 仁者又看做仁了也, 知者又看做知了也, 百姓又日用而不知, 此所以君子
之道鮮矣. 此個亦不少亦不剩, 只是人看他不見. (같은 곳)
56) "寂然不動, 感而遂通"者, 天理具備, 元無欠少, 不爲堯存, 不爲桀亡. 父子君臣, 常
理不易, 何曾動來? 因不動, 故言寂然, 雖不動, 感便通, 感非自外也. (같은 곳)
57) "寂然不動, 感而遂通." 此只言人分上事. 若論道則萬理皆具, 更不說感與未感. (『유
서』권15)
58) 天下物皆可以理照, 有物必有則, 一物須有一理. (『유서』권15)
59) 沖漠無朕, 萬象森然已具. 未應不是先, 已應不是後. 如百尺之木, 自根本至枝葉, 皆
是一貫, 不可道上面一段事無形無兆, 却待人旋安排, 引入來教入塗轍. 既是塗轍, 却
只是一箇塗轍. (『유서』권15) [塗轍 : 수레바퀴 자국, 길, 법규]

○사물이 있으면 반드시 법칙이 있다. 아버지는 자애(慈)에 머물고 아들은 효(孝)에 머물고, 임금은 인(仁)에 머물고 신하는 공경(敬)에 머무는 것이 그 것이다. 만물과 만사는 저마다 제자리가 있으니, 저마다 제자리를 얻으면 편 안하고 제자리를 잃으면 어그러진다. 성인은 만물을 순리에 따라 다스리는 것이지 사물의 법칙을 새로 만드는 것이 아니니, 오직 **모든 것이 제자리에 머 물게 할 따름이다.**(명도 역시 이와 비슷한 말을 했다.『유서』권11 참조)⁶⁰⁾

이상의 인용문을 보면 이른바 리란 영원한 존재이고 늘지도 않고 줄지도 않는다. 사람이 리를 인식하거나 인식하지 않는 것은 리의 존재와는 무관하다. 사실상 리의 실례(實例)의 존재 여부도 리의 존 재와는 무관하다.* 요 임금이 임금의 도를 발휘한 경우 임금의 리에 하나의 실례가 첨가되겠지만 임금의 리가 그 때문에 증가되는 것은 아니며,** 요 임금이 임금의 도를 발휘하지 않았더라도 임금의 리 역시 추호라도 감소되는 것은 아니나, "다만 우리가 눈으로 볼 수 없을 따름이다." 즉 "온갖 리가 모두 구비되어 고루 펼쳐져 있다" 는 말이다. 리는 불변적인 것이므로 "리는 세계에 오직 하나의 리 인 만큼 리는 온 세계에 적용하면 준칙이 된다." 예컨대 요 임금이 발휘한 임금의 도는 "세계에 오직 하나이고" 순 임금이 다 발휘한 아들의 도 역시 "세계에 오직 하나이기" 때문에, 모두 "온 세계에 적용하면 준칙이 되는" 것이다. 이런 모든 리가 우리의 마음 가운 데에 구비되어 있기 때문에 "온갖 리가 구비되어 있고 원래 조금도 부족함이 없기 때문에 자신을 성찰하면 참되어진다"고 말했다. "만

---

60) 夫有物必有則. 父止於慈, 子止於孝 ; 君止於仁, 臣止於敬. 萬物庶事, 莫不各有其所. 得其所則安, 失其所則悖. 聖人所以能使萬物順治, 非能爲物作則也, 惟止之各於其 所而已. (『역전』권4, "간괘 단사의 전(艮彖辭傳)")

 * 이 두 문장의 끝 구절은 원래 "리의 존재 유무와 무관하다"인데,『신편』(V, 102쪽) 에 따라 수정했다. "리의 존재 유무"라는 표현은 어폐가 있다.

** 주자는 "도는 곧 리이다. 사람이면 모두 따라야 한다는 측면에서 말하면 도요, 모 든 것에는 그 조리가 있다는 측면에서 말하면 리이다(道卽理也, 以人所共由而言則 謂之道, 以其各有條理而言則謂之理)"(「답왕자합(答王子合)」,『주희집』, 2369쪽)고 말했다. 따라서 "도학"이라는 말은 윤리적 측면을, "리학"이라는 말은 이치적(형 이상학적) 측면을 우선 함의하나, "도학"과 "리학"의 실질적 함의도 같다.

물이 모두 내게 구비되어 있다"고 함은 만물의 리가 "모두 내게 구비되어 있다"는 말이다. 오직 사람만 만물의 리를 구비하고 있는 것이 아니고 사물 역시 그러하다. 사람은 그것을 응용할 수 있지만 사물은 그것을 응용할 수 없을 뿐이다. 리는 늘거나 줄지도 않으며 변하거나 동요하지도 않는다. 이것이 이른바 "적연부동"이다. 사람의 마음이 온갖 리를 구비하고 만사에 응하는 것이 바로 "적연부동이나 감이수통함"이다. "이것은 인간사의 영역에 입각한 논의이니", 만약 우주에 대해서 논하면 뭇 리의 실례(實例)가 아직 없어도 앞이 아니고 그 실례가 이미 있더라도 뒤가 아니다. 하나의 리로부터 그 실례까지 이르는 것은 "마치 100척의 나무가 뿌리부터 잎까지 하나로 관통되어 있어서 위쪽 일부만 형체가 없고 조짐이 없으니 사람의 안배에 따라 이법으로 되는 것이 아닌 경우와 같다. 이미 이법인 이상 그저 한 이법일 뿐이다." 모두 "사람의 안배에 따른 것"이 아니므로 리는 또 천리라고 지칭된다. 한 사물의 리는 또 (그 사물의 준칙으로서/『신편』) 그 사물의 당위성(所應該)이다. 성인은 "모든 것이 제자리(본분)에 머물게 할 뿐이다." 즉 사물로 하여금 각자의 당위성에 따르게 할 뿐이다. 리에 대한 이천의 견해는 이러한데, 앞의 인용문 중에서 이천의 말로 명시된 것들은 모두 이렇게 해석할 수 있기 때문이다. 리에 대한 명도의 견해도 이러한지의 여부는 단정할 수 없는데, 앞의 인용문 가운데 두 선생 중 누구의 말인지 명시되어 있지 않은 것 역시 이천의 말일지 모르기 때문이다.*

---

* 『신편』V, 103쪽 : 철학적 관점에서 보면 여기서 논한 문제는 일반과 특수의 관계이다. 일반은 특수의 기준(標准)이니 "유물필유칙(有物必有則 : 사물이 있으면 반드시 법칙이 있음)"의 "칙(則)"이 곧 기준의 뜻이다. "칙"은 바로 리이다.『어록』에 제시된 예는 모두 윤리적 측면의 문제인데 다른 측면의 예를 들더라도 마찬가지이다. 예를 들면 기하학에서 논한 네모(方)의 정의(定義)는 네모가 네모인 까닭, 즉 네모의 리(理)이다. 모든 네모의 물체는 모두 이 리의 실례(實例)로서 "네모"는 일반이고 모든 네모의 물체는 특수이다. 어떠한 네모의 물체이든 네모가 되려고 하면 "네모"를 기준으로 삼아야 하니, 이것이 즉 "유물필유칙"이다. 세계에 하나의 네모난 물체를 보탠다고 "네모"가 증가되는 것이 아니고, 하나의 네모난 물체를 줄인다고 "네모"가 감소되는 것이 아니다. "네모"는 네모로서 줄곧 그런 모양이고 "조금의 부족함(少欠)"도 없는 것이다. "원"의 경우에 적용해도 마찬가지이

만약 『유서』 가운데 명도의 말로 명시된 것만 보면 리에 대한 명
도의 견해는 이와 다르다. 예컨대 명도는 말했다.

> 천지만물의 리는 홀로 있지 않고 반드시 그 대립물이 있다. 이 모두는 스
> 스로 그러하여 그런 것이며 인위적으로 안배된 것이 아니다. 한밤중에 이 일
> 을 생각할 때마다 나도 모르게 흥이 겨워 손과 발이 저절로 움직인다.[61]

> ○『시(詩)』에 "하늘이 뭇 사람을 낳으실 때 사물은 저마다 법칙이 있게(有物
> 有則) 하셨다"고 했거니와……만물은 모두 각자의 리가 있다.……리에 따르
> 면 순조롭지만 리를 어기면 혼란하다. 저마다 자기의 리를 따르게 하면 굳이
> 자기 힘을 소진할 필요가 있겠는가?[62]

> ○하늘이 낳은 사물은 긴 것도 있고 짧은 것도 있고 큰 것도 있고 작은 것도
> 있다. 군자는 그중에서 큰 것을 타고난 사람이니 어찌 작은 것을 크게 할 수
> 있겠는가? 천리(天理)란 그와 같으니 어찌 거역할 수 있겠는가?[63]

> ○소는 짐을 끌고 말은 타는데 이는 그들의 본성에 따른 이용이다. 왜 소를
> 타고 말에게 짐을 끌게 하지 않는가? 리에 합당하지 않기 때문이다.[64]

이상의 인용문을 보면 명도가 말한 리는 일종의 자연적 추세를 지
칭한 것 같다. 한 사물의 리는 그 사물의 자연적 추세이고, 천지만
물의 리는 천지만물의 자연적 추세이다. 정자 문하의 뛰어난 제자

고, 그 어떤 사물에 적용해도 마찬가지이다. 즉 "온갖 리가 모두 구비되어 고루 펼
쳐져 있다"는 말이다. 사람이 감각할 수 있는 것은 특수적이고 구체적인 물체이
다. 일반적인 것은 사람이 감각할 수 없는 것이어서, "온갖 리가 모두 구비되어 고
루 펼쳐져 있어도" "사람들은 눈으로 보지 못한다"는 말이다. 이것이 곧 서양의
플라톤이 말한, 이데아는 사유할 수 있지만 볼 수 없고 구체적 사물은 볼 수 있지
만 사유할 수 없다는 의미이다.

61) 天地萬物之理, 無獨必有對, 皆自然而然, 非有安排也. 每中夜以思, 不知手之舞之,
　　足之蹈之也. (『유서』 권11) [蹈 : 뛰다, 춤추다]

62) 『詩』曰 : "天生烝民, 有物有則."……萬物皆有理, 順之則易, 逆之則難. 各循其理,
　　何勞於己力哉? (같은 곳)

63) 夫天之生物也, 有長有短, 有大有小. 君子得其大矣, 安可使小者亦大乎? 天理如此,
　　豈可逆哉? (같은 곳)

64) 服牛乘馬, 皆因其性而爲之. 胡不乘牛而服馬乎? 理之所不可. (같은 곳)

인 사량좌(謝良佐, 1050?~103?)는 말했다.

> 이른바 격물궁리(格物窮理)란 천리를 인식해야 성취할 수 있다. 이른바 천리는 자연적 도리(道理)이니 추호의 두찬(杜撰 : 근거 없는 저술, 조작)이 없다. 지금 한 아이가 막 우물에 빠지려는 것을 본다면 누구나 깜짝 놀라 측은지심(惻隱之心)이 생길 것이다. 그런 아이를 보자마자 마음이 깜짝 놀라는 것이 다름 아닌 천리이다. 마을 친구들의 칭찬을 염두에 두거나 그 아이의 부모와 어떤 교섭을 생각하거나 혹은 아이 울음 소리를 싫어해서 아이를 구했다면 인욕(人欲)일 뿐이다.……**사심에 따라 움직이고 두찬을 일삼는 것**이 이른바 인욕에 의한 망동이다.……천(天)은 리일 뿐이다. 보고 듣는 모든 행실 등의 일체가 천이다. 천은 유덕자에게 명을 내려 오복(五服)과 오장(五章)을 갖추었고, 천은 죄인을 토벌하여 오형(五刑)과 오용(五用)을 두었으니, 이 모두는 두찬으로 꾸민 것이 아니다. 배우는 자들은 천리가 자연적 도리이니 변경할 수 없음을 깨달아야 한다.……명도는 일찍이 "내 학문은 전수받은 것도 있지만 '천리' 두 글자는 내 스스로 제시했다"고 말했다.[65]

즉 이른바 천리는 일종의 자연적 추세를 지칭한다는 점을 설명했다. 이 문단 말단에 명도를 인용했으니 명도의 사상을 논술했던 것 같다. 그가 말한 대의는 앞에서 인용한 명도의 말과도 뜻이 일치한다. "사심에 따라 움직이고 두찬을 일삼는 것"을 인욕으로 여긴 점도 명도의 「정성서(定性書)」의 의미와 같다(이하 상론).* 『유서』에서 명도는 또 "하늘이란 리이다"[66]고 말했다. 『유서』에는 또 다음의 조목이 있다.

---

65) 所謂格物窮理, 須是認得天理始得. 所謂天理者, 自然底道理, 無毫髮杜撰. 今人乍見孺子將入於井, 皆有怵惕惻隱之心. 方乍見時, 其心怵惕, 卽所謂天理也. 要譽於鄕黨朋友, 內交於孺子父母, 惡其聲而然, 卽人欲耳.……任私用意, 杜撰用事, 所謂人欲肆矣.……所謂天者, 理而已. 只如視聽動作, 一切是天. 天命有德, 便五服五章 ; 天討有罪, 便五刑五用. 渾不是杜撰做作來. 學者只須明天理是自然的道理, 移易不得.……明道嘗曰 : "吾學雖有所受, 天理二字, 却是自家拈出來." (『상채어록(上蔡語錄)』 권상)

* 이 두 문장이 『신편』(V, 104쪽)에서는 "그가 말한 대의는 「식인편」과 「정성서」의 뜻과도 일치한다. 이른바 '사심에 따라 움직이고 두찬을 일삼는 것'은 바로 「정성서」에서 말한 '이기심과 셈속(自私用智)'이다"로 수정했다.

66) 天者, 理也. (『유서』 권11)

만물은 단지 하나의 천리일 뿐이니 내가 어떻게 간여할 수 있겠는가? "하늘이 죄인을 토벌하여 오형(五刑)을 시행했고, 하늘이 유덕자에게 명하여 오복(五服)을 드러내었다"고 한 것 모두 단지 천리가 자연 그와 같은 것이니, 사람이 어느 겨를에 간여할 수 있겠는가? 간여한다면 곧 사심이다. 선도 있고 악도 있으니, 선하면 리에 따라 당연히 기뻐하는데 마치 오복(五服)에 자연히 차등을 두어 문양으로 드러낸 것과 같다. 악하면 리에 따라 당연히 노하는데 그 스스로 리와 단절한 것이므로 오형(五刑)을 적용한 것이니, 어찌 그 사이에 희로의 감정이 용납될 수 있겠는가?[67]

이 조목은 두 선생 중 누구의 말인지 명시되어 있지 않다. 다만 그 대의는 앞에 인용한 사량좌의 말과 같고 또 명도의 「정성서」의 의미와도 같기 때문에 명도의 말인 것 같다.

적어도 한 가지 확정할 수 있는 점은 『유서』에 언급된 천리와 리의 항목들 가운데 명도의 말로 명시된 것은 리가 사물을 떠난 독립적인 존재라고 언명하지 않았으나, 이천의 말로 명시된 것은 바로 그 점을 매우 강조했다는 사실이다. 이천이 말한 리는 대략 그리스 철학 중의 이데아나 형상과 같다. 이후 도학 내의 리학 일파는 모두 그렇게 주장했는데, 그렇게 주장한 것은 상수학의 영향을 받았기 때문인 것 같다. 그리스 철학 가운데 플라톤은 피타고라스 학파의 영향을 받아 이데아론을 수립했다. 수는 추상적인 것이고, 구체적인 사물을 떠나 독립하는 속성이 있다. 플라톤은 그 암시를 받아, 이데아도 독립적인 속성이 있고, 구체적 세계 이외에 또 이데아의 세계가 있어서 시공을 떠나 영원히 존재한다고 여겼다. 도학 내의 리학 일파 역시 상수학의 영향을 받아 "리"와 "기"를 구분했는데, 기가 질료이고 리가 형상임은 앞에서 이미 말했다. 질료는 시공 내에 존재하는 구체적 사물의 원질(原質)로서 변화와 성훼(成毁)가 있으나 형상은 시공 내에 존재하지 않아 변화 없이 영원히 존재한다.

---

67) 萬物只是一個天理, 己何與焉? 至如言: "天討有罪, 五刑五用哉 ; 天命有德, 五服五章哉." 此都只是天理自然當如此, 人幾時與 ; 與則便是私意. 有善有惡, 善則理當喜, 如五服自有一個次第, 以章顯之. 惡則理當怒, 彼自絶於理, 故五刑五用, 曷嘗容心喜怒於其間哉? (『유서』권2 상) [인용문은 『상서』〈제1편, 제3장, 주42〉 참조]

도학가의 술어로써 말하면 기와 구체적인 모든 사물은 형이하자(形
而下者)요, 리는 형이상자(形而上者)이다.

그러나 명도가 말한 천리나 리는 구체적 사물의 자연적 추세이니
사물을 떠나 존재하는 것이 아니다. 이후 도학 내의 심학 일파는 모
두 리는 사물을 떠나 존재한다고 여기지 않았다. 따라서 나는 명도
는 이후 심학의 선구자였고, 이천은 이후 리학의 선구자였다고 주
장한다. 두 형제가 한 시대 사상의 양대 학파를 연 것은 드문 일이
라고 하겠다.*

2) 불교에 대한 비판

우리는 천리를 알았으면 바로 그것에 따라서 행해야 한다. 그러
나 불교도(釋氏)는 천리를 따르지 않고 따로 사심으로 조작을 일삼
는 자들이다. 명도는 말했다.

성인은 공정한 마음에 전념하고 천지만물의 이치를 탐구하여 저마다의 본
분에 합당할 수 있게 추구한다. 그러나 불교도는 모두 자기 개인의 사심을
도모하니 어찌 성인과 같을 수 있겠는가? 성인(의 가르침)은 이치를 따르기

---

* 『신편』V, 106-07쪽 : 두 형제가 사용한 명사는 비록 같지만 토론한 철학적 문제는
  결코 같지 않다. 도학을 현학에 비교할 때 정이가 토론한 문제는 왕필(王弼)의 문
  제였고, 정호가 논한 문제는 곽상(郭象)의 문제였다. 왕필은 "모든 사물은 공연히
  존재하는 것은 없고 반드시 저마다의 리가 있다(物无妄然, 必有其理)"〈제5장, 주
  34〉고 했으니 리는 한 부류의 사물이 그 부류의 리가 되는 까닭이다. 곽상은 「소
  요유」 주에서, 대붕은 명해(溟海)에 살면서 한 번 날면 구만리를 가고, 뱁새는 나
  뭇가지 위에 살면서 한 번 날면 이 나무에서 저 나무로 옮아가는 것에 불과하지만,
  대붕과 뱁새가 결코 의도적으로 그런 차이를 만든 것은 아니고 단지 그들의 신체
  의 크기가 달랐기 때문에 자연히 그런 것이므로 바로 리 자체의 모습(理之自然)이
  라고 말했다. 곽상은 또 「마제」 주에서, 말의 본성은 잘 뛰는 것이니 사람이 타고
  온 세계를 달리더라도 말의 본성을 따르는 것이므로 역시 천리(天理)이고 인위(人
  爲)가 아니라고 했다. 이렇게 비교하면 정호는 곽상과 같고, 정이는 왕필과 같으니
  이들 사이의 차이는 매우 큰 것이다. 즉 정호와 곽상이 논한 문제는 같거나 같은
  부류의 문제였고, 정이와 왕필이 논한 문제는 같거나 같은 부류의 문제였으나, 이
  들 형제는 표면상 두 파를 형성하지 않았을 뿐이다. 도학은 이후의 발전에서 정호
  의 사상은 심학, 정이의 사상은 리학이 되었다. 이들 두 형제는 도학을 창건했을
  뿐더러 도학 중의 양대 파별을 개시했는바 이는 철학사상 드문 일이다.

때문에 평이하고 직접적이어서 행하기가 쉽다. 그러나 이단(異端)은 조작(造作 : 僞造, 부자연스런 행위, 황당한 말)을 일삼아 대소의 문제를 막론하고 크게 소모적이니 자연이 아니고 따라서 잘못이 아주 크다.[68]

이천은 말했다.

> 부처의 교설은 식견이 없다고 할 수 없고 오히려 거의 심오함의 절정에 도달했다. 그러나 그 핵심은 결국 이기심(自私自利)의 범위 내에 귀결된다. 왜냐하면 천지간에는 탄생이 있으면 죽음이 있고, 즐거움이 있으면 슬픔이 있는 것이건만, 불교의 입장은 교묘한 간교와 거짓을 꾸며 생사 윤회를 벗어나고 번뇌를 없앨 것을 설명하지만 결국 이기심에 귀결되기 때문이다.[69]

> ○불교(釋氏)는 일상사를 도외시하여 그것의 존재 의미를 묻지 않는다. 있어야 할 일이면 어떻게 도외시할 수 있겠으며, 없어야 할 일이면 자연 없어질 것이니 굳이 도외시할 필요가 있겠는가? 저 방외(方外 : 出世間)의 인물들은 일부러 정적을 추구하여 먼 산림 속에 머무는데, 이는 그들이 **리**를 올바로 깨닫지 못한 때문이다.[70]

불교는 "리"를 깨닫지 못했으므로 그 가르침도 "리"에 부합하지 않는다.

3) 형이상과 형이하

명도와 이천의 리에 대한 견해의 차이는 형이상과 형이하에 대한 두 사람의 견해 차이에서도 드러난다. 명도는 리가 사물을 떠나 존재하는 것이 아니다고 여긴 만큼 형이상과 형이하의 구분도 그다지 중시하지 않았다. 명도는 말했다.

---

68) 聖人致公心, 盡天地萬物之理, 各當其分. 佛氏總爲一己之私, 安得同乎? 聖人循理, 故平直而易行. 異端造作, 大小大費力, 非自然也, 故失之遠. (『유서』 권14)

69) 釋氏之學, 又不可道他不知, 亦儘極乎高深. 然要之卒歸乎自私自利之規模. 何以言之? 天地之間, 有生便有死, 有樂便有哀. 釋氏所在, 便須覓一箇纖姦打訛處. 言免死生, 齊煩惱, 卒歸乎自私. (『유서』 권15)

70) 釋氏要屏事不問這事是合有邪?合無邪? 若是合有, 又安可屏? 若是合無, 自然無了, 更屏什麼? 彼方外者, 苟且務靜, 乃遠迹山林之間, 蓋非理明者也. (『유서』 권18)

『계사』에 "형이상의 존재(形而上者 : 무형의 추상적 존재)가 도(道)요, 형이하의 존재(形而下者 : 유형의 구체적 존재)는 기물(器)이다"고 했고, 또 "하늘의 도로 음양을, 땅의 도로 강유를, 사람의 도로 인의를 세웠다"고 했으며, 또 "일음일양(一陰一陽)*이 도이다"고 했다. 음양은 형이하의 존재인데 또 '도'라고 했으니 이 말이야말로 형이상과 형이하의 의미를 가장 뚜렷이 밝혔다. **원래 이것(음양)만이 도일 뿐이니**, 이것을 묵묵히 깨닫는 일이 중요하다.[71]

또 『유서』는 말한다.

"하늘의 일은 소리도 없고 냄새도 없으니 지극하다"[『중용』]고 했거니와, 이 하늘의 본체(體)가 역(易)이요, 하늘의 리(理)가 도(道)요, 하늘의 작용(用)이 신(神)이요, 하늘이 사람에게 명령한 것이 성(性)이요, 그 성에 따르는 것이 도요, 도를 닦는 것이 교육(教)이다. 맹자는 여기에서 호연지기(浩然之氣)를 천명했으니 가히 완벽하다고 할 수 있다. 따라서 마치 귀신이 위에 임하는 듯 좌우에 서 있는 듯하다고 하면서 크고 작은 의문스런 일에 대해서 단지 "성(誠)이 은폐될 수 없음이 이와 같다"고 말했다. 상하를 관통하는 일(徹上徹下 : 상하 통달)도 이런 것에 불과하다. **형이상은 도요, 형이하는 기라고 말해야 한다**(須著如此說). 하지만 **기 역시 도이며 도 역시 기이니**, 오직 도의 소재만 얻으면 되고, 현재와 미래 그리고 자기와 남에게 구애되지 않는다.[72]

둘째 조목은 두 선생 중 누구의 말인지 명시되어 있지 않다. 다만 명도의 말 같은데 첫째 조목과 의미가 비슷하기 때문이다. 음양은 성쇠와 소장(消長)이 있는 기(氣)이므로 형이하의 존재이기도 하다. 그러나 "원래 이것만이 도일 뿐이다"고 했고, "형이상은 도요, 형

---

* 一陰一陽 : 한번은 음이면 한번은 양이 됨. 음과 양이 교대로 작용함.

71) 「繫辭」曰 : "形而上者謂之道; 形而下者謂之器." 又曰 : "立天之道曰陰與陽; 立地之道曰柔與剛; 立人之道曰仁與義." 又曰 : "一陰一陽之謂道." 陰陽亦形而下者也, 而曰道者, 惟此語截得上下最分明. 元來只此是道, 要在人默而識之也. (『유서』권11)

72) 蓋上天之載, 無聲無臭, 其體則謂之易, 其理則謂之道, 其用則謂之神, 其命於人則謂之性, 率性則謂之道, 修道則謂之教. 孟子在其中, 又發揮出浩然之氣, 可謂盡矣. 故說神如在其上, 如在其左右. 大小疑事而只曰 : "誠之不可掩如此夫." 徹上徹下, 不過如此. 形而上爲道, 形而下爲器 ; 須著如此說. 器亦道, 道亦器 ; 但得道在, 不繫今與後, 己與人. (『유서』권1)

이하는 기라고 수저여차설(須著如此說)이라"고 했는데 "수저여차설"이란 그렇게 말할 수 있을 뿐이다는 뜻이며, 실제로는 "기 역시 도이고 도 역시 기이다." 이후로 심학 일파가 형이상과 형이하를 구분하지 않은 것은 리학 일파와 크게 다르다.

그러나 이천은 형이상과 형이하의 구분을 극히 중시했다. 이천은 말했다.

> "일음일양이 도이다"고 했으나, **도가 음양은 아니며 일음일양인 까닭**(所以一陰一陽者 : 한번은 음이면 한번은 양이 되는 까닭)이 도이다.[73]

> ○**음양을 떠나서 도는 존재하지 않는다.** 음양인 까닭이 도이고, 음양 자체는 기이다. 기는 **형이하의 존재**(形而下者)요 도는 **형이상의 존재**(形而上者)이다. 형이상의 존재는 숨어 있다.[74]

"형이상의 존재"와 "형이하의 존재"는 본래 『역』 「계사」에 나오는 두 마디로 리학자들이 부여한 의미에 따르면, 형이하의 존재인 기물(器)은 시공 속의 구체적 사물이고, 형이상의 존재는 시공을 초월하여 영원히 존재하는 추상적 리이다. 형이상은 형이하에 드러나니, 형이하의 기물이 없으면 형이상의 도는 드러날 수 없다. 즉 "음양을 떠나서 도는 존재하지 않는다"는 말이다. 그러나 도는 여전히 "일음일양인 까닭"이니, "일음일양인 까닭"은 음양이 아니므로 "도가 음양은 아니다"고 했다. 즉 형이상과 형이하의 구분을 중시한 것인데 리학 일파는 모두 이와 같다. 앞에서 서술한, 리학가가 부여한 형이상과 형이하의 의미도 주자에 이르러 비로소 완비되었다.*

---

73) 一陰一陽之謂道. 道非陰陽也, 所以一陰一陽者道也. (『유서』 권3)

74) 離了陰陽更無道; 所以陰陽者是道也. 陰陽, 氣也. 氣是形而下者, 道是形而上者; 形而上者, 則是密也. (『유서』 권15)

* 『신편』 V, 109쪽 : 정호는 일음일양이 도라고 했고, 정이는 "도가 음양이 아니고 일음일양인 까닭이 도이다"고 했다. 그들의 도에 대한 이해가 근본적으로 다름을 알 수 있다. 정호가 이해한 도는 구체적이었고, 정이가 이해한 도는 추상적이었다. 구체와 추상의 차이는 바로 형이상과 형이하의 차이이다.

『유서』는 또 말한다.

> 모름지기 자기 스스로 리를 명확히 이해할 수 있어야 잘못을 범하지 않게
> 된다. 형이상의 존재와 형이하의 존재도 더욱 명확히 이해해야 한다.[75]

이 조목은 두 선생 중 누구의 말인지 주에 명시되어 있지 않지만 역
시 이천의 말인 것 같다.

4) 기

명도는 기를 그다지 언급하지 않았지만, 이천은 많이 언급했다.
이천은 사물의 존재의 시원은 모두 기화(氣化)에서 비롯한다고 여
겼다. 이천은 말했다.

> 운석(隕石)은 혈통(種)이 없으니 기(氣)에서 번식된(種) 것이다. 기린도 혈
> 통이 없으니 역시 기화(氣化)의 결과이다. 태초에 사람이 생길 때도 이와 같
> 았다. 예컨대 바닷가에 모래사장이 드러나면 온갖 벌레와 동물 그리고 초목
> 이 생기는데 아무런 혈통이 없이 생긴 경우와 같다.……하지만 인류가 이미
> 생긴 이후에는 기화(氣化)에 의해서 태어나는 사람은 없다.[76]

구체적 사물의 생멸은 기의 취산에서 비롯된다는 횡거의 견해를 이
천은 명시하지는 않았지만 채용한 것 같다. 그러나 이천은 이미 흩
어진 기는 이미 흩어진 이상 없음(無有)으로 돌아가고 다시 응결된
기는 새로 생긴 것이라고 주장했다. 이천은 말했다.

> 이미 복귀한(返) 기가 다시 (사물로) 전개되는(伸) 기의 바탕이 된다는 주
> 장은 천지의 조화에 전혀 어울리지 않는다. 천지의 조화는 저절로 끊임없이
> 낳고 낳는 것이니, 어찌 이미 썩은 형체나 이미 복귀한 기를 재료로 삼아 조
> 화를 일으키겠는가? 가까이 자기 몸의 경우를 생각해보자. 열리고 닫히며 오
> 고 가는 기의 현상이 호흡에 나타나는데 들이쉰 숨이 반드시 내쉰 숨과 같다

---

75) 今日須是自家言下照得理分明, 則不走作. 形而上形而下者, 亦須更分明須得. (『유
서』권2 상) [走作 : 법도를 넘다, 방일하다]

76) 隕石無種, 種於氣. 麟亦無種, 亦氣化. 厥初生民亦如是. 至如海濱露出沙灘, 便有百
蟲禽獸草木, 無種而生.……若已有人類, 則必無氣化之人. (『유서』권15)

고 볼 수 없다. 기(공기)는 저절로 생긴 것이고, 사람의 기도 **진원**(眞元 : 사람의 元氣)에서 생긴다. 하늘의 기 또한 끊임없이 생기고 또 생긴다.[77]

○사물이 흩어지면 그 기도 없어지니 본원(本元)으로 복귀할 이치가 없다. 천지간은 큰 용광로와 같은지라 생물조차도 녹여 없애버리거늘 하물며 이미 흩어진 기가 어찌 다시 존재하겠는가? 천지의 조화(造化)에서 어찌 이미 흩어진 기를 다시 사용하겠는가? 저 조화란 스스로 기를 낳는 것이다.[78]

이른바 "진원" 또한 기이다. 이천은 말했다.

> **진원**의 기는 (모든) 기의 원천(所由生 : 모체)이며, **외기**(外氣)와는 서로 섞이지 않지만 오직 외기에 의해서만 함양(涵養 : 배양)된다.……사람이 천지의 기 속에 사는 것은 마치 물고기가 물 속에 사는 경우와 다르지 않다.[79]

사람이 천지의 기 속에 살면서 호흡하는 기가 "외기"이다. 사람이 내쉬는 기는 진원에서 새로 생긴 것이고 그가 들이쉰 기가 아니다. 이 진원의 기의 속성이 어떠한지에 대해서는 이천은 명확히 말하지 않았다.

5) 성

성(性)에 관해서도 명도는 언급한 것이 매우 적다. 그는 말했다.

> 자연의 스스로 그러함을 지칭하여 천도(天道)라고 한다. 자연이 만물에 부여한 것을 지칭하여 천명(天命)이라고 한다.[80]

---

77) 若謂旣返之氣, 復將爲方伸之氣, 必資於此, 則殊與天地之化不相似. 天地之化, 自然生生不窮, 更何復資於旣斃之形, 旣返之氣, 以爲造化. 近取諸身, 其開闔往來見之鼻息. 然不必須假吸復入以爲呼. 氣則自然生. 人氣之生, 生於眞元. 天之氣亦自然生生不窮. (『유서』권15)

78) 凡物之散, 其氣遂盡, 無復歸本元[元 : 原]之理. 天地間如洪爐[爐 : 鑪], 雖生物銷鑠亦盡. 況旣散之氣, 豈有復在. 天地造化, 又焉用此旣散之氣? 其造化者, 自是生氣. (『유서』권15)

79) 眞元之氣, 氣之所由生. 不與外氣相雜, 但以外氣涵養而已.……人居天地氣中, 與魚在水無異. (『유서』권15) [外氣 : 우리가 감각할 수 있는 공기 등의 기]

80) 言天之自然者, 謂之天道. 言天之付與萬物者, 謂之天命. (『유서』권11)

○음양이 교대로 작용하는 것이 도이니, 자연의 도이다. 도를 이어받은 것이 선(善)이다. 도에서 나왔으므로 작용이 생긴다. 원(元)이 뭇 선의 으뜸이다. **도를 완성하는 것은 단지 성**(性)이니 "각각의 성명을 바르게 하는(各正性命)" 것이다.[81]

명도의 이 견해는 성은 사람이 도에서 얻은 것이니 도에서 나온 것도 하늘이 부여한 것이라고 할 수 있다는 것이다. 그것이 하늘이 부여한 것이라는 측면에서 말하면 "명"이고, 사람이 하늘에서 그것을 얻어 탄생했다는 측면에서 말하면 "성"이다.*

『유서』가운데 또 말한다.

"타고난 것이 성이다(生之謂性)"고 했는데, **"성은 기**(氣)**이고 기는 성이다"**고 함이 "타고남(生)"의 함의이다. 사람이 타고난 기품(氣稟)은 **이치상 선악이 있지만** 성 가운데 원래 선악 두 사물이 서로 대립되어 생긴 것은 아니다. 어려서부터 선한 사람도 있고 어려서부터 악한 사람도 있으니 이는 기품이 그런 것이다. 선은 물론 성이지만 악도 성이라고 하지 않을 수 없다. **"타고난 것이 성이거니와", "사람의 탄생 때의 고요 상태"** 그 이전은 말로 표현할 수 없다. **"성"이라고 말할 때는 이미 성이 아니다. 일반 사람들이 언급하는 성은 단지 "(도를) 이어받은 것으로서의 선"에 대한 언급일 뿐이다.** 인성이 선하다고 말한 맹자의 경우가 그것이다.** 이른바 "(도를) 이어받은 것이 선이다"고 함은 마치

---

81) 一陰一陽之謂道, 自然之道也. 繼之者善也. 出道則有用, 元者善之長也. 成之者却只是性, 各正性命者也. (『유서』권12)

* 『신편』V, 109쪽 : 만물은 자연에서 얻는 바가 있다는 면에서 볼 때 만물이 얻은 바가 곧 "성(性)"이고 도가에서 말한 "덕(德)"인데, "덕"은 "득(得)"의 뜻이다. 자연이 부여한 면에서 보면 자연이 부여한 그점이 바로 "명(命)"인데, "명"은 명령의 뜻이다. "명"과 "성"은 같은 것이다. 정호의 사상에서 천도는 곧 "천리"로서, 천리와 성의 관계는 전체와 부분의 관계인데 천리는 하나이나 부분은 많다.

** 『신편』V, 109쪽 : 「계사」에 "성지자성야(成之者性也)"의 "지" 자는 "도(道)"를 지칭한다. 그 "도"는 반드시 구체적 사물 속에 표현되어야 비로소 완성된다고 하겠는데 구체적 사물 속에 표현된 "도"가 곧 그것의 "성"이다. 그러나 구체적 사물에 표현된 "도"는 "도" 자체가 아니므로 따라서 **"성이라고 말할 때는 이미 성이 아니다"**고 했다. 그러면 무엇인가? "도를 이어받은 것은 선이다(繼之者善也 : 이 "지" 자도 "도"를 지칭한다)." "도"는 반드시 구체적 사물에 표현되므로 구체적 사물은 "도"

물이 흘러 아래로 가는 것은 모두 물인 경우와 같다. 흘러서 바다에 이르고 끝내 오염되지 않은 물일 경우에는 우리가 군이 애쓸 필요가 없을 것이다. 그런데 멀리 흐르지 못하고 혼탁해지는 물도 있고, 멀리 흐른 다음 혼탁해진 물도 있으며, 또 많이 혼탁한 물도 있고 조금 혼탁한 물도 있다. 청탁의 정도에 차이가 있겠지만, 혼탁한 것은 물이 아니라고 할 수는 없다. 그러므로 사람은 (혼탁한 것을) **맑게 하는 공부**(澄治之功)를 하지 않을 수 없는데, 노력이 민첩하고 과감하면 빨리 맑아지고, 노력이 느리고 게으르면 더디게 맑아진다. 그러나 일단 맑아지면 모두 원초의 물일 따름이다. 이것은 맑음으로써 혼탁함을 바꾼 것도 아니고, 혼탁함을 추출해서 구석에 둔 것도 아니다.[82]

이 조목은 두 선생 중 누구의 말인지 명시되어 있지 않다.[83] 이 의미는 다음과 같다. 사람은 구체적 사물로서 그의 탄생은 반드시 기에 의거한다. 그가 의거한 기가 곧 그의 기품이다. 이미 기에 의거해야 하는 이상 그가 도에서 얻은 바가 그가 탄생할 때 이미 기품에 혼입된다. "도를 완성하는 것은 단지 성(性)이다"고 함은 이미 완성된 구체적 사물에 대해서만 비로소 성을 말할 수 있다는 말이다. 따라서 사람의 성은 그 본체에서 보면 물론 지선(至善 : 완전한 선)이지만 사람은 탄생되면 이미 기에 의거하기 때문에 인성을 논할 때는 이미 기품과 결부된 논의이다. 따라서 "성은 기이고 기는 성이다"고 말했다. 『예기』「악기」에 "평정은 인간의 타고난 본성(天性)이고, 외물에 감응하여 동요하는 것은 본성의 욕망이다"[84]고 했고,

의 계속이다. "도"는 선한 것이므로 "도를 이어받은 것은 선이다." 여기서 맹자가 "성"과 "선"을 연계시킨 것이 "성선(性善)"이다.

82) 生之謂性, 性卽氣, 氣卽性, 生之謂也. 人生氣稟, 理有善惡, 然不是性中元有此兩物相對而生也. 有自幼而善, 有自幼而惡, 是氣稟自然也. 善固性也,然惡亦不可不謂之性也. 蓋生之謂性, "人生而靜"以上不容說, 才說性時, 便已不是性也. 凡人說性, 只是說"繼之者善也", 孟子言人性善,是也. 夫所謂繼之者善也者, 猶水流而就下也. 皆水也, 有流而至海,終無所汚, 此何煩人力之爲也. 有流而未遠, 固已漸濁 ; 有出而甚遠, 方有所濁 ; 有濁之多者, 有濁之小者 ; 淸濁雖不同, 然不可以濁者不爲水也. 如此, 則人不可以不加澄治之功. 故用力敏勇則疾淸, 用力緩怠則遲淸. 及其淸也, 則却只是元初水也. 亦不是將淸來換却濁, 亦不是取出濁來, 置在一隅也. (『유서』권1)
83) 【주】『주희집』권67의 「명도논성설(明道論性說)」에서는 명도의 말로 여겼다.
84) 人生而靜, 天之性也. 感於物而動, 性之欲也. 〈제1편,제14장,주19〉

『역』「계사」에 "음양이 교대로 작용하는 것이 도이고, 도를 이어받은 것이 선이고, 도를 완성하는 것이 성이다"[85]고 했다. 무릇 성선(性善)에 대한 논의는 "완성된 것으로서의 성" 이전에 대한 논의이다. 따라서 "타고난 것이 성이거니와, 사람의 탄생 때의 고요 상태 그 이전은 말로 표현할 수 없다. '성'이라고 말할 때는 이미 성이 아니다. 일반 사람들이 언급하는 성은 단지 '(도를) 이어받은 것으로서의 선'에 대한 언급일 뿐이다"고 말했다. 사람의 기품에 "이치상 선악이 있음"은 마치 물에 청탁이 있음과 같기 때문에 "맑게 하는 공부"를 해서 성을 "사람의 탄생 때의 고요 상태 그 이전의, 말로 표현할 수 없는" 경지로 되돌려야 한다.

이천은 말했다.

하늘의 측면에서는 명(命)이고, 이치(義)의 측면에서는 리(理)이며, 사람의 측면에서는 성(性)이고, 몸을 주관한다는 측면에서는 마음(心)이지만, 실제로는 한가지이다. 마음은 본래 선하지만 일단 사려(思慮)에 발현되면 선도 있고 악도 있다. 이미 발현된 것은 정(情)이지 마음이 아니다.[86]

○인성이 선하다고 한 맹자의 말은 옳다. 순자나 양웅은 성을 알지 못했다. 맹자가 뭇 유자보다 출중했던 까닭은 성을 명확히 이해하여 성에는 선하지 않음이 없고 선하지 않음은 재질(才) 때문임을 밝혔기 때문이다. 성은 곧 리이니(性卽是理), 리는 요순(성인)에서부터 일반 사람에 이르기까지 한가지이다. 재질은 기로부터 받는데, 기에는 청탁이 있어서, 맑은 기를 받은 사람은 현명하고(賢) 흐린 기를 받은 사람은 어리석다(愚).[87]

○성은 하늘에서 오고, **재질**은 기에서 온다. 기가 맑으면 재질도 맑고, 기가 탁하면 재질도 탁하다. 나무에 비유하면 구부러졌다가 펴지는 것은 성이고,

85) 一陰一陽之謂道, 繼之者善也 ; 成之者性也. 〈제1편, 제15장, 주18〉
86) 在天爲命, 在義爲理, 在人爲性, 主於身爲心, 其實一也. 心本善 ; 發於思慮, 則有善有不善. 若旣發則可謂之情, 不可謂之心. (『유서』권18)
87) 孟子言人性善是也 ; 雖荀楊亦不知性也. 孟子所以獨出諸儒者, 以能明性也. 性無不善 ; 而有不善者, 才也. 性卽是理, 理則自堯舜至於塗人一也. 才稟於氣 ; 氣有淸濁, 稟其淸者爲賢, 稟其濁者爲愚. (『유서』권18)

혹은 들보로 되고 혹은 서까래로 되는 것이 재질이다. 재질에는 좋고 나쁨
(선악)이 있으나, 성에는 좋고 나쁨이 없다.[88]

성은 리에서 얻은 것이니 "성은 곧 리이다."리는 선하지 않음이 없
다. 그러나 구체적인 개인은 이미 구체적인 개인인 이상 기에 의존
해야 하는데, 기에는 청탁이 있으므로 사람은 현우(賢愚)의 차이가
있다. 사람의 기품 측면만 일컬어 이천은 "재질"이라고 했다. 재질
은 재료의 뜻이다. 이미 발현된 것은 정이다. 예컨대 인(仁)이 성이
고 "측은(惻隱)은 사랑에 속하니 바로 정이고 성이 아니며, 그의 측
은지심에 근거하여 그에게 인이 있음을 아는데",[89] 성은 볼 수 없고
볼 수 있는 것은 오직 정에 발현된 것이기 때문이다. 이 점은 나중
에 주자가 더욱 발전시켜 설명했다.*

6) 음양, 선악의 소장

명도는 기품에 대해서 그다지 언급하지 않았다. 악(惡)의 유래에
대해서 이렇게 논했다.

천하의 선악은 모두 천리(天理)이다. 악이라고 한 것도 본래부터 악한 것
이 아니고, 다만 지나치거나(過) 혹은 미치지 못해서(不及) 그렇게(악하게)
된 것이니 양주나 묵적의 사례가 바로 그것이다.[90]

명도와 이천 모두 악도 세계 안에 존재할 수밖에 없는 것으로 여겼
다. 명도는 말했다.

---

88) 性出於天；才出於氣, 氣清則才清, 氣濁則才濁. 譬猶木焉, 曲直者,性也. 可以爲輪
轅, 可以爲棟梁, 可以爲榱桷者, 才也. 才則有善與不善；性則無不善. (『유서』권19)
89) 惻隱則屬愛, 乃情也, 非性也. 因其惻隱之心, 知其有仁. (『유서』권15)
 * 『신편』V, 110쪽: "성"은 일종의 잠재적 능력인데, 성이 잠재적 상황에 있을 때를
도학자들은 "미발(未發)"이라고 지칭했고, 성이 작용을 실현하는 상황에 있을 때
를 도학자들은 "이발(已發)"이라고 지칭했다. "이발"은 곧 "정"이다.……마음은
"이발"과 "미발"을 포괄한 것이다. 주희는 장재의 "심통성정(心統性情)"의 개념
을 "마음이 미발과 이발을 포괄함을 밝힌 것"이라며 매우 좋아했다.
90) 天下善惡皆天理. 謂之惡者非本惡；但或過或不及便如此, 如楊墨之類. (『유서』
권2 상)

일에 선한 것도 있고 악한 것도 있는데, 이 모두가 천리이다. 천리 속의 사물은 좋고 나쁨(美惡)이 있을 수밖에 없다. 사물이 한결같을 수 없는 것이 사물의 실정(情：참모습)이기 때문이다. 그렇지만 마땅히 사물의 실정을 고찰하여, 스스로 악에 빠져 악한 부류에 흘러가지 않아야 한다.[91]

○만물은 다 대립물이 있다. 음이 있으면 양이 있고 선이 있으면 악이 있으니, 양이 불어나면 음이 줄어들고 선이 증대되면 악이 소멸한다. 이런 이치는 멀리까지 확장할 수 있겠으나, 사람이 그것을 인식하는 것이 중요하다.[92]

이천은 말했다.

천지간에 모든 것은 대립물이 있다. 음이 있으면 양이 있고, 선이 있으면 악이 있다. 군자와 소인의 기운도 늘 정해져 있으니 전부 군자만 생길 수 없다. 다만 6할이 군자이면 태평이고 6할이 소인이면 혼란이며, 7할이 군자이면 큰 태평이고 7할이 소인이면 큰 혼란이다.……요·순 시절에도 그들의 집안에 어긋난 기운이 있어서 각각 주(朱)나 균(均) 같은 못난 자식이 생겼고, 조정에는 사흉(四凶)이 존재하여 오랫동안 제거되지 못했었다.[93]

구체적 사물이 생성했다가 소멸하고 왕성했다가 쇠락하는 것 역시 리가 본래 그러하기 때문이다. 『유서』는 말한다.

"리가 왕성하고 쇠퇴한다는 설은 불교의 초겁(初劫：一劫, 劫滅, 세계 창조로부터 파괴에 이르는 기간)의 말과 어떻게 다릅니까? 그리고 초겁의 성주괴공(成住壞空：생성하고 정체하고 소멸하고 멸절함)은 어떻습니까?"
"생성과 소멸은 옳지만 정체와 멸절은 그르다. 예컨대 아이가 탄생하면 날마다 자라니 원래 정체란 있을 수 없다. 근본적으로 리는 단지 소장(消長),

---

91) 事有善有惡皆天理也. 天理中, 物須有美惡. 蓋物之不齊, 物之情也. 但當察之, 不可自入於惡, 流於一物. (『유서』권2 상)
92) 萬物莫不有對；一陰一陽, 一善一惡；陽長則陰消, 善增則惡減. 斯理也, 推之其遠乎? 人只要知此耳. (『유서』권11)
93) 天地之間皆有對, 有陰則有陽；有善則有惡. 君子小人之氣常停, 不可都生君子. 但六分君子則治, 六分小人則亂. 七分君子則大治, 七分小人則大亂.……雖堯舜之世, 然於其家, 乖戾之氣, 亦生朱均. 在朝則有四凶, 久而不去. (『유서』권15)

영휴(盈虧)만 있을 뿐 다른 일은 있을 수 없다."(이것은 "이선생어[二先生
語]"에 들어 있고, 두 사람 중 누구의 말인지 주에 명시되어 있지 않다.)[94]

이천은 말했다.

> 또 여러 왕조의 경우 이제(二帝 : 요·순)와 삼왕(三王 : 하·은·주 세 왕조)
> 은 왕성기요, 그 후대는 쇠퇴기이다. 한 왕조의 경우 [주 왕조의] 문왕·무왕·
> 성왕·강왕은 왕성기요, 유왕·여왕·평왕·환왕은 쇠퇴기이다. 한 임금의 경우
> 개원(開元 : 당나라 현종의 713-42년의 연호)은 왕성기요, 천보(天寶 : 현종
> 의 742-56년의 연호)는 쇠퇴기이다. 한해의 경우 봄과 여름은 왕성기요, 가
> 을과 겨울은 쇠퇴기이다. 한 달의 경우 상순은 왕성기요, 하순은 쇠퇴기이
> 다. 하루의 경우 인시와 묘시(寅卯 : 3-7시)는 왕성기요, 술시와 해시(戌亥 :
> 19-23시)는 쇠퇴기이다. 한 사람의 시기도 그러하니, 인생 100년 가운데 50
> 이전은 왕성기요, 50 이후는 쇠퇴기이다. 그러나 쇠퇴했다가 다시 왕성해지
> 는 것도 있고, 쇠퇴하면 다시 회복되지 않는 것도 있다.……또 천지의 거대
> 한 운행의 대체적 모습을 들어 논하면 꾸준히 쇠락하는 것이 리이다.[95]

이 내용은 강절의 설과 같다.〈제11장,제2절,제5항〉 아마 이정이 강
절의 설을 부연한 것 같다.

7) 명도가 말한 수양방법
명도에 따르면 우리는 실제로 본래 천지만물과 일체(一體)이지만
우리가 개체에 집착하여 "나"라고 여겨 마침내 나와 세계를 나누었
을 뿐이다. 명도는 말했다.

---

94) 理之盛衰之說, 與釋氏初劫之言如何?……彼其言成住壞空. 曰 : 成壞則可, 住與空則
非也. 如小兒旣生, 亦日日長行, 元不曾住. 佗本理只是一個消長盈虧耳, 更沒別事.
(권2 상) [劫 : 〈제9장,주89〉 참조]

95) 且以歷代言之, 二帝三王爲盛, 後世爲衰. 一代言之, 文武成康爲盛, 幽厲平桓爲衰.
以一君言之, 開元爲盛, 天寶爲衰. 以一歲則春夏爲盛, 秋冬爲衰. 以一月則上旬爲
盛, 下旬爲衰. 以一日則寅卯爲盛, 戌亥爲衰. 一時亦然. 如人生百年, 五十以前爲盛,
五十以後爲衰. 然有衰而復盛者, 有衰而不復反者.……若論天地大運, 擧其大體而
言, 則有日衰削之理. (『유서』권18)

"천지의 최대 공덕은 산생(生)이다", "하늘과 땅의 기운이 융합하여 만물은 순조롭게 변화한다", "타고난 것이 성이다(生之謂性 : 생이 곧 성이다)"는 등의 말에서 만물의 생명에의 의지를 가장 잘 볼 수 있는데, 이것이 바로 "원(元)이란 뭇 선의 으뜸이다"[『역』]는 뜻이요, 이것이 이른바 인(仁)이다. 사람은 본래 천지와 한몸이건만 스스로 좀스럽게 된 것은 무슨 까닭인가?[96]

○의서(醫書)에 수족의 마비를 일컬어 "불인(不仁)"이라고 했는데, 이것이 "인(仁)"이라는 이름의 특징을 가장 잘 표현했다. 인자(仁者)는 천지만물을 일체(一體)로 여기니 자기 몸이 아닌 것은 하나도 없다. (천지만물을) 자기 몸으로 인식할 수 있으면 어디엔들 이르지 못하겠는가? 만일 (천지만물을) 자신 안에 두지 않으면 자연히 (천지만물은) 자신과 상관없는 것이 되어, 마치 수족이 마비되어(不仁) 기(氣)가 통하지 못하여 자신에게 속하지 않은 것(不屬己)처럼 된 경우와 같다. 따라서 박시제중(博施濟衆 : 널리 백성을 구제함)이 바로 성인의 역할인 것이다.[97]

우주는 하나의 생(生)의 큰 흐름이고 하나의 크나큰 인(仁)이다. 인의 덕이 있는 사람은 천지만물을 일체로 여길 수 있는 사람이다. 그 경지에 도달하는 방법에 대해서 명도는 이렇게 말했다.

학문하는 사람은 먼저 인을 인식해야(識仁) 한다. 인이란 만물과 혼연일체가 되는 경지로 의·예·지·신이 모두 인이다. **이런 이치를 인식한 다음은 성(誠)· 경(敬)으로 보존하면 되니** 단속하거나 애써 모색할 필요는 없다.* 마음이 나태

---

96) 天地之大德曰生, 天地絪縕, 萬物化醇, 生之謂性. 萬物之生意最可觀, 此元者善之長也, 斯所謂仁也. 人與天地一物也, 而人特自小之, 何哉[哉 : 耶]? (『유서』 권11)

97) 醫書言手足痿痹爲不仁 ; 此言最善名狀. 仁者以天地萬物爲一體, 莫非己也. 認得爲己, 何所不至? 若不有諸己, 自不與己相干. 如手足不仁, 氣已不貫, 皆不屬己. 故博施濟衆, 乃聖人之功用. (『유서』 권2상)

[『신편』V, 111쪽 : "자기에게 속하지 않는다(不屬己)"는 표현은 말뿐인 "이웃 사랑(愛人)"만 거짓이 아니라, 참된 "이웃 사랑"도 자기를 이롭게 할 목적으로 행하면 진실이 아니라는 뜻을 내포한다.]

* 『신편』V, 111-12쪽 : 후대 사람은 이 조목의 어록을 한 편의 문장으로 여겨 「식인편(識仁篇)」이라는 제목을 붙였다(예컨대 황종희의 『송원학안』). "사물과 혼연일체가 된다"고 함이 우주와 인생에 대한 정호의 이해이다. 그에 따르면 만물은 본

하면 단속해야 하겠으나 나태하지 않다면 무슨 단속이 필요하겠는가? 또 이
치를 인식하지 못하면 애써 모색해야 하겠으나 오래 지속하면 자연히 깨달
아질 것이니 굳이 모색할 필요가 있겠는가? 이러한 도는 만물과 대립관계에
있지 않으니 "위대하다(大)"는 말로는 표현이 부족하다. 천지의 작용은 모
두 나의 작용이기에, 맹자는 "만물이 모두 내게 구비되어 있으니 자신을 성
찰하여 참될 수 있는 것이 커다란 즐거움이다"고 했다.* 만약 자신을 성찰하
여 참되지 못하면 여전히 두 사물이 대립하고 있으니 자기를 외물에 부합시
키려고 한들 끝내 이룰 수 없으니 어찌 즐거움을 얻겠는가?「정완(訂頑)」(횡
거의「서명」의 옛 이름)의 취지가 이러한 도리를 완벽하게 진술했으니 이러
한 의미를 유념하면 무슨 문제가 있겠는가? 반드시 항상 정진하되(必有事
焉) 멈추지도 않고 망각하지도 않고 **조장**(助長)하지도 않고 **추호의 억지도 부
리지** 않는 것이 바로 인을 보존하는 도이다. 인을 보존하면 합일의 경지에
도달한다. 양지(良知)와 양능(良能)은 원래 상실될 수 없는 것이건만 다만
옛 습관이 없어지지 않는 것이 문제이니 마음을 보존하는 습관을 오래 지속
하면 옛 습관은 없앨 수 있다. 이러한 이치는 **지극히 간단**(至約)하니 다만 잘
견지하느냐가 중요하다. 이미 혼연일체가 되어 즐거울 수 있다면 또한 견지
하지 못할까 걱정할 필요도 없다.[98]

래 하나의 총체로서 그들간에는 동고동락하는 내부 관계가 있으니 도학을 배우려
면 맨 먼저 이 도리를 이해해야 한다. 그러나 도학은 결코 일종의 인식이 아니므
로 그저 "그 리를 인식하기만" 하는 것은 안 되고, 실제로 그런 경지에 도달하여
진실로 자기와 사물이 같은 몸임을 느끼는 것이 더욱 중요하다. 이러한 경지가
"인"이고, 이러한 경지에 도달한 사람이 "인인(仁人)", "인자(仁者)"이다.……"성
(誠)"은 거짓이 없음이니 도학자들의 용어로는 "불망(不妄)"이다. "경(敬)"은 마
음이 분산되지 않음이니 도학자들의 용어로는 "주일(主一)"이다. "성·경으로 보
존한다"고 함은 "사물과 혼연일체가 되는" 도리에 참으로 마음을 기울이는 것이
다. 이것이면 충분하고 자기의 행위가 그릇될까봐 자기를 단속할 필요도 없고, 그
도리가 그를까봐 다른 것을 추구할 필요도 없다.

* 『신편』V, 112–13쪽: 이미 "내"가 진실로 "사물과 혼연일체임"을 느끼기 때문에
"천지의 작용이 모두 나의 작용이 되는" 것이다. "만물이 모두 내게 구비되어 있
다"는 맹자의 말은 천지만물이 모두 "나"와 혼연일체가 된 정신 경지를 설명한다.
……이러한 경지의 철학적 의의는 주관과 객관의 한계를 타파하는 것으로서 중국
철학은 "내외 합일의 도(合內外之道)"라고 불렀다.

98) 學者須先識仁 ; 仁者渾然與物同體, 義禮智信皆仁也. 識得此理, 以誠敬存之而已 ;

○배우는 사람은 멀리서 찾을 필요가 없다. 가까이 자기 자신을 기준으로 단지 인간의 도리를 밝혀 경(敬)에 힘쓰면 될 뿐이니 이것이 요점이다.……따라서 도가 있고 리가 있는 곳에 자연과 인간(天人)은 하나이니 분별되지 않는다. 호연지기(浩然之氣)가 바로 나의 기이다. 그것을 배양하여 방해하지 않으면 온 천지에 충만할 것이다. 그러나 조금이라도 사심(私心)에 가려지면 꺼림하여 기가 죽게 되는데 자신의 좀스러움을 느끼기 때문이다. "생각함에 사악함이 없고(思無邪)" "언제 어디서나 경으로 일관한다(無不敬)"는 이 두 구절에 따라 실천한다면 어찌 어그러질 수 있겠는가? 어긋난 경우는 모두 경(敬)하지 못하고 바르지 못한 때문이다.[99]

우리가 천지만물이 본래 나와 일체가 됨을 알고 "그 리를 인식한" 다음 늘 기억하고 망각하지 않으면 된다. 모든 행위는 이 마음에 뿌리를 두고 행하면 되는데 이것이 이른바 "성·경으로써 보존한다"는 말이고 또 "반드시 항상 정진한다"는 말이다. 이것이 오래되고 오래되면 자연히 만물과 일체가 된 경지에 도달할 수 있다. 그 외에 다시 단속할 필요도 없고 애써 모색할 필요도 없다. 그 이상 단속하고 애써 모색하는 것은 "조장"이다.* 『유서』에 또 다음 조목이 있다.

不須防檢, 不須窮索. 若心懈, 則有防 ; 心苟不懈, 何防之有? 理有未得, 故須窮索 ; 存久自明, 安待窮索? 此道與物無對, 大不足以名之. 天地之用, 皆我之用. 孟子言萬物皆備於我, 須反身而誠, 乃爲大樂. 若反身未誠, 則猶是二物有對, 以己合彼, 終未有之, 又安得樂? 「訂頑」意思(橫渠「西銘」, 舊名「訂頑」)乃備言此體, 以此意存之, 更有何事. 必有事焉, 而勿正, 心勿忘, 勿助長, 未嘗致纖毫之力, 此其存之之道. 若存得便合有得, 蓋良知良能, 元不喪失, 以昔日習心未除, 却須存習此心, 久則可奪舊習. 此理至約, 惟患不能守. 旣能體之而樂, 亦不患不能守也. (『유서』권2 상) ["大":『노자』25장 "吾不知其名, 字之曰道, 強爲之名曰大" 구절 참조]

99) 學者不必遠求, 近取諸身, 只明人理, 敬而已矣, 便是約處. ……故有道有理, 天人一也, 更不分別. 浩然之氣, 乃吾氣也. 養而不害, 則塞乎天地. 一爲私心所蔽, 則欲然而餒, 知其小也. 思無邪, 無不敬, 只此二句, 循而行之, 安得有差. 有差者皆由不敬不正也. (『유서』권2 상)

* 『신편』V, 113쪽 : "성·경으로 보존한다"는 수양방법은 곧 맹가(孟軻)가 말한 "호연지기를 기르는(養浩然之氣)" 방법이다. 그 방법은 "반드시 항상 정진하되 멈추지도 않고, 망각하지도 않고 조장하지도 않고 추호의 억지도 부리지 않는 것이다." "항상 정진한다"고 함은 그 도리를 견지하고 그런 정신 경지를 소유하려고 스스로 추구한다는 뜻이다. 그러나 너무 조급해하거나 속효(速效)를 추구해서는

배우는 사람은 모름지기 이 마음을 경건히 지켜야 하고 조급히 압박하면 안 된다. 깊고 두텁게 배양하여 그 안에 젖어 있어야 한다. 그런 연후에 자득할 수 있다. 그러나 조급히 압박하여 추구하면 그저 사사롭게 되어 끝내 도(道)에 도달할 수 없다.[100]

마음에 속히 효과를 내려는 조급한 생각이 있으면 그저 사심(私心)이니 제거해야 한다. 오직 "반드시 정진하면서" 망각하지도 않고 조장하지도 않는 것 외에 "추호의 억지도 부리지" 않는 일이 오래 지속되면 저절로 만물과 일체가 되는 경지에 도달할 수 있다. 이는 실로 "지극히 간단한" 방법이다. "배우는 사람은 모름지기 이 마음을 경건히 지켜야……" 운운한 문단은 명도의 말로 명시되지는 않았지만, 명도는 실제로 그렇게 말할 수 있었다.

우리가 "천리 그 자체(天理之自然)"에 완전히 위임하고 그 안에 사심을 뒤섞지 않으면 우리 마음은 맑은 거울처럼 텅 비게 된다. 거울은 한 사물이 오면 그대로 모습을 비추어 거울 속의 영상이 사물의 모습과 똑같이 되는데 거울은 사물을 계속 비추지만 그 자체는 움직이지 않는다. 명도는 「횡거에게 보낸 답장」「정성서(定性書)」에서 이렇게 말했다.

선생께서는, 보내주신 편지에서 "정성(定性 : 본성을 평정함)을 추구해도 동요가 없을 수 없고 여전히 외물(外物)에 구속된다"고 말씀하셨는데, 이 점은 선생께서 이미 숙고하셨으니 제가 무슨 말을 더 보태겠습니까? 그러나 일찍이 고찰해본 적이 있기 때문에 감히 제 견해를 여쭐까 합니다.

이른바 "평정(定 : 平定)"이란 활동할 때도 평정되고 고요할 때도 평정되어, 거부하거나 환영하지도 않고 안팎을 구분하지도 않음을 말합니다.* 만일

안 된다. 만약 그러면 곧 "조장"이다. 조장은, 맹가가 말했듯이, 마치 손으로 모를 뽑아 빨리 자라게 하려는 것처럼 도움이 안 되고 오히려 해롭다.

100) 學者須敬守此心, 不可急迫. 當栽培深厚, 涵泳於其間, 然後可以自得. 但急迫求之, 只是私已, 終不足以達道. (『유서』권2 상)

* 『신편』V, 114-15쪽 : 장재는 "성에는 안팎이 없음"을 몰랐기에 "정성(定性)"하려면 반드시 외물을 단절시켜야 한다고 생각했다고 정호는 여겼다. 정호에 따르면 그것은 문제 해결의 근본 방법이 아니다. 만약 안팎이 분리된다고 여기면 자

외물을 자신 밖의 존재로 여겨 자신을 억지로 외물에 부합시키면 이는 자기의 본성을 안팎으로 구분하는 일입니다. 또 본성이 외부로 사물을 따라간다고 생각한다면, 본성이 외부에 있을 때는 무엇이 자신 안에 존재한다는 말입니까? 이는 외부의 유혹을 끊으려고 하면서 본성은 원래 안팎의 구분이 없음을 알지 못한 것입니다. 본성을 근본적으로 안팎으로 분리하고서 어떻게 돌연 평정(定)을 논할 수 있겠습니까?

천지의 법도는 마음으로 만물을 포괄하면서도 (사사로운) 마음이 없는 것이요, **성인의 법도는 정감으로 만사에 응하지만 정감을 소유하지 않는 것**이니,* 군자가 배울 것은 **확연대공하여 사물이 도래할 때 순응하는 일**이 첫째입니다. 『역』에 "정직하면 길하고 재앙이 없다. 마음이 왔다갔다하면 오직 현재 생각하고 있는 것에 쏠리게 된다"고 했거니와, 외부의 유혹의 제거에만 골몰하면, 하나를 없애면 다른 하나가 곧 생기는 것을 알게 됩니다. 그러니 날마다 애써도 부족할 뿐이고 더욱이 유혹의 실마리는 무궁하므로 제거할 수 없습니다.

사람의 감정(情)은 다 폐단이 있기에 도에 도달하지 못하는데, 대개 그 비극은 이기심(自私)과 셈속(用智)에 있습니다. 이기심이 있으면 일을 영위하여 사물에 적응할 수 없고 셈속이 있으면 밝은 자각(明覺)을 자연스럽게 발현할 수 없는데, 이제 외물을 혐오하는 마음을 가지고 아무 사물도 비추지(관조하지) 않는 경지를 추구하는 것은 바로 거울을 돌려놓고 비추기를 바라는 격입니다. 『역』에 "모든 것에 등을 돌리고 자신은 나타나지 않으면 뜰을 거닐어도 한 사람도 없다"고 했고, 맹자는 "지혜(잔꾀)를 미워하는 까닭은

기의 마음을 안으로 여기고 외계의 사물을 바깥으로 여겨서 결국 자기의 마음이 외물의 유혹을 받는 것을 면하려고 시도해야 하는데 이것은 출발점부터 그른 것이다. 또 "동정(動靜)"을 대립시켜 동요가 없어야 비로소 고요를 유지할 수 있다고 여기는 전제도 그르다. 진정한 "정(定)"이란 활동과 대립된 것이 아니니, 마치 거울처럼 그것은 어떠한 사물도 비추지만 그것 자체는 동요가 없는 경우와 같다.

* 『신편』V, 116쪽 : 이것은 "무내외(無內外)"를 예를 들어 설명한 것이다. 여기서 말한 "천지"는 우주인데, 우주는 모든 사물을 포괄하는 총명(總名)이다. 어떠한 사물도 우주 안에 존재하고 우주 바깥에 존재할 수 없기 때문에 우주는 안팎이 없다. 우주는 자기의 마음이 없고 마음을 가진 모든 사물의 마음이 다 우주의 마음이다. 우주의 입장에서는 주관과 객관의 구분이 없다. 즉 성인의 정신 경지는 우주와 똑같이 광대하고, 타자에 대해서 주관과 객관의 분별이 없기 때문에 오로지 자기 자신의 이익을 도모하여 생기는 감정이 없다.

천착하기 때문이다"고 했습니다.* 바깥을 부정하고 안을 긍정하느니 안팎의 구별을 무시하는 것만 못하며, 양쪽의 구별을 무시하면 담담히 문제가 없어집니다. 문제가 없어지면 평정되고, 평정되면 명철해지고, 명철하면 사물 대응에 무슨 장애가 있겠습니까?

성인의 기쁨은 기뻐해야 할 대상에서 오며 성인의 분노는 분노해야 할 대상에서 오니, 성인의 희로(喜怒)는 자기 마음에 달려 있지 않고 대상에 달려 있다는 말입니다. 그러니 성인이 어찌 사물을 응대하지 않겠습니까? 또 어찌 바깥을 따르는 것은 잘못이고 안에 있는 것을 추구하는 것은 옳다고 할 수 있겠습니까? 그런데 지금 이기심과 셈속에서 나온 희로를 가지고 성인의 정당한 희로에 견주려고 하면 어떻게 합니까?** 사람의 감정 가운데 쉽게 발동되지만 제어하기 어려운 것으로 분노가 그 첫째입니다. 다만 분노할 때 그 분노를 잊고 사리의 시비를 고찰할 수 있다면, 외부의 유혹은 미워할 것이 못 됨을 알 것이니 도에 대해서도 반은 깨달은 것입니다.[101]

---

* 『신편』V, 116-17쪽: 일반 사람의 모든 과오의 근본은 "이기심(自私)"과 "셈속(用智: 자기 변명)"이다. "이기심"은 "탁 트인 공명정대함"과 대립되고, "셈속"은 "사물이 도래하면 순응함"과 대립된다. 만약 누가 자기 이익을 출발점으로 삼아 이기적 동기에서 행할 때 그의 사상과 행위는 다 의도에 따라 움직이니 사물에 대한 자연스런 반응이 아니다. 따라서 이기심으로는 "일을 영위하여 사물에 순응할" 수 없다. 또 그는 그런 의도에 따라 행위하기 때문에 반드시 온갖 생각과 변명을 바탕으로, 해서는 안 될 일임을 분명히 자각한 일도 변명할 이유를 찾아내어 마치 마땅히 해야 할 일인 듯이 만든다. 그러나 사람은 실제로 해야 할 일과 해서는 안 될 일에 대해서는 마음에 본래 명각(明覺: 명철한 자각)이 있기 때문에 자동적으로 반응할 수 있게 되어 있다. "셈속"의 결과 그런 자연적인 명각은 왜곡되고 은폐된다. 따라서 "셈속이 있으면 명각을 자연스럽게 발현할 수 없다"고 말했다. 여기서 말한 명각은 완전히 도덕적 측면을 지칭한다.

** 『신편』V, 117쪽: 일반 사람의 희로는 대체로 개인적 이해(利害)에 따라 나오기 때문에 자기에게 유리한 일에 기뻐하고 자기에게 해로운 일에 분노한다. 즉 일반 사람의 희로는 이기심과 밀접히 관계되어 있다.……전혀 이기심이 없는 사람(성인)의 희로는 자기의 이해가 아닌 사회의 이해에 따라 나온다.

101) 承教諭以定性未能不動, 猶累於外物. 此賢者慮之熟矣, 尙何俟小子之言. 然嘗思之矣, 敢貢其說於左右. 所謂定者, 動亦定, 靜亦定, 無將迎, 無內外. 苟以外物爲外, 牽己而從之, 是以己性爲有內外也. 且以性爲隨物於外, 則當其在外時, 何者爲在內? 是有意於絶外誘, 而不知性之無內外也. 旣以內外爲二本, 則又烏可遽語定哉? 夫天地之常, 以其心普萬物而無心；聖人之常, 以其情順萬事而無情. 故君子之學,

이천은 안회가 "분노를 옮기지 않았다"[102]는 것에 대해서 논했는데 명도의 이 편지와 서로 보완 설명될 수 있다. 이천은 말했다.

안회가 분노를 옮기지 않은 원리를 이해해야 한다. 예컨대 순 임금은 사흉(四凶)을 처단했는데, 분노는 사흉(四凶)에 있었지 순 임금은 간여한 적이 없다. 그 사람들이 분노할 만한 일을 벌였기 때문에 분노한 것으로서, 성인의 마음에는 본래 분노가 없다. 비유하면 마치 맑은 거울과 같아서 아름다운 것이 오면 아름답게 비추고 추한 것이 오면 추하게 비추니 거울에 무슨 호오(好惡)가 있겠는가? 그러나 세상 사람들은 진실로 동대문에서 뺨 맞고 서대문에 와서 화풀이한다.……그런데 성인은 사물에 근거하기 때문에 (자기 자신이) 분노한 적이 없다.……군자는 사물을 부리지만, 소인은 사물에 부림당한다. 누가 만일 기뻐하거나 분노할 만한 일을 발견하고 스스로 그것에 빠져

莫若廓然而大公, 物來而順應. 『易』曰: "貞吉悔亡, 憧憧往來, 朋從爾思." 苟規規於外誘之除, 將見滅於東, 而生於西也. 非惟日之不足, 顧其端無窮, 不可得而除也. 人之情各有所蔽, 故不能適道, 大率患在於自私而用智. 自私則不能以有爲爲應迹[迹:物], 用智則不能以明覺爲自然. 今以惡外物之心, 而求照無物之地, 是反鑑而索照也. 『易』曰: "艮其背, 不獲其身; 行其庭, 不見其人." 孟氏亦曰: "所惡於智者, 爲其鑿也." 與其非外而是內, 不若內外之兩忘也. 兩忘則澄然無事矣. 無事則定, 定則明, 明則尙何應物之爲累哉? 聖人之喜, 以物之當喜; 聖人之怒, 以物之當怒; 是聖人之喜怒, 不繫於心而繫於物也. 是則聖人豈不應於物哉? 烏得以從外者爲非, 而更求在內者爲是也? 今以自私用智之喜怒, 而視聖人喜怒之正爲如何哉? 夫人之情, 易發而難制者, 惟怒爲甚. 第能於怒時, 遽忘其怒, 而觀理之是非, 亦可見外誘之不足惡, 而於道亦思過半矣. [心之精微, 口不能宣, 加之素拙於文辭, 又吏事恩恩, 未能精慮, 當否行藏, 然擧大要, 亦當近之矣. 道近求遠, 古人所非, 惟聽明裁之: 이것까지가 전문(全文)이다.] (『명도문집(明道文集)』권3)
[『신편』V, 117-18쪽:「정성서」에서 말한 도리와 도달하려는 정신 경지는「식인편」과 완전히 일치하고 있다.「정성서」는 "성은 안팎이 없다"고 했고「식인편」은 "인자는 사물과 혼연일체가 된다"고 했는데 모두 주관과 객관의 한계를 없앤 것이다. 인성(人性)에 자연적 명각(明覺)이 있다는 말이 곧「식인편」에서의 "양지와 양능은 원래 상실될 수 없다"는 말이다. 도학 중의 "심학" 일파는 모두 도덕 수양의 핵심은 "양지와 양능"을 확충하는 것이라고 여겼는데, 그후 왕수인은 이러한 개념을 "치량지(致良知)"라는 세 글자로 개괄했다. 주희는 어록에서 "「정성서」의 내용에는 의아한 점이 있다. 거기서의 '성(性)' 자는 '심(心)' 자의 뜻이다"고 했는데 매우 옳은 말이다.「정성서」의 논의는 실제로 "마음에는 안팎이 없다"는 것이었다.]
102) 不遷怒 [孔子對曰: "有顔回者好學, 不遷怒, 不貳過.……"(『논어』6:3)]

드는 것은 역시 고역이다. 성인의 마음은 고요한 물(止水)과 같다.[103]

장자는 말하기를 "지인의 마음가짐은 거울과 같으니, 거절도 환영도 않고 응대하면서 마음에 담아두지 않기에 사물을 제압할 뿐 사물에 상처받지 않을 수 있다"[104]고 했다. 도학자들도 우리의 "마음가짐"은 이와 같아야 한다고 말했다. 그러나 도가는 마음이 응하는 사물 속에 정감을 포함시키지 않았다. 정감을 다루는 그들의 방법은 이성을 통한 정감의 순화(以理化情)였고,[105] 이성으로 정감을 순화할 수 있는 사람은 자연히 정감이 없다는 것이었다. 그러나 도학자들은 정감은 생길 수 있으나 다만 우리는 정감이 생길 때 정감을 내 소유가 아닌 것으로 여겨야 한다고 주장했다. 기뻐하거나 증오할 만한 일을 발견하면 성인도 희로의 정감이 생길 수 있다. 다만 성인이 기뻐하거나 노하는 것이 아니라 그 일이 기뻐하거나 분노할 만한 것이다. 그러므로 그 일이 이미 지나가면 성인의 희로의 정감도 없어진다. 이것이 안회가 "분노를 옮기지 않을 수 있었던" 까닭이다. 그러나 보통 사람의 경우는 자신 내부에서 분노가 생기고 따라서 분노할 일이 이미 지나갔어도 여전히 분노의 마음이 남아 있어서 분노하지 않아야 할 것에 대해서도 분노한다. 이것이 이른바 "분노의 옮김"이다. "성인의 법도는 정감으로 만사에 응하지만 정감을 소유하지 않는 것이다." "사물을 통해서 사물을 기뻐하고, 사물을 통해서 사물을 슬퍼한다"[106]는 강절의 말도 같은 뜻이다. 성인이 이렇게 할 수 있게 된 그 방법은 바로 이기심이 없고 셈속이 없는 데에 있다. 이기심이 없으면 "툭 트여 공명정대하게 되고" 셈속

---

103) 須是理會得因何不遷怒. 如舜之誅四凶, 怒在四凶, 舜何與焉. 蓋因是人有可怒之事而怒之, 聖人之心, 本無怒也. 譬如明鏡, 好物來時, 便見是好;惡物來時, 便見是惡;鏡何嘗有好惡也. 世之人固有怒於室而色於市.……若聖人因物而未嘗有怒.……君子役物, 小人役於物. 今人見有可喜可怒之事, 自家著一分陪奉他, 此亦勞矣. 聖人心如止水. (『유서』 권18)

104) 至人之用心若鏡, 不將不迎, 應而不藏, 故能勝物而不傷. (「응제왕(應帝王)」, 『장자』, 307쪽) 〈제1편, 제12장, 주36〉

105) 제1편 제10장 제6절 참조.

106) 以物喜物, 以物悲物. 〈제11장, 주50〉

이 없으면 "사물이 도래할 때 순응하게 된다." 이렇게 할 수 있으면 우리의 마음은 "고요하지만 늘 통찰하고 통찰하지만 늘 고요할"[107] 수 있게 된다.

수양하여 만물과 일체가 되는 최고 경지에 이를 수 있으면 우리의 본성은 지대하게 발전할 수 있다. 이것이 진성(盡性)이다. 명도는 말했다.

> "이치를 궁구하고(窮理) 성을 완전히 실현하여(盡性) 명에 이른다(至命)"* 는 이 세 가지는 동시에 병행하는 것이니 원래 순서가 없다. 따라서 **궁리는 지식을 얻는 일로 간주할 수 없다. 진실로 이치를 궁구하면 성과 명도 이해된다.**[108]

"진실로 이치를 궁구하면 성과 명도 이해된다"고 함은 명도는 말하기를 "학문하는 사람은 먼저 인을 인식해야 하니, 이런 이치를 인식한 다음은 성(誠)·경(敬)으로 보존하면 된다"〈주98〉고 했는데, 보존하기를 중단하지 않고 만물과 일체가 되는 경지에 도달하는 것이 이른바 "궁리"이고 또한 "진성"이고 "지명"이다는 말이다. 따라서 "궁리는 지식을 얻는 일로 간주할 수 없다."

8) 이천이 말한 수양방법

이천이 말한 수양방법은 궁리(窮理)를 중시했는데, 그가 논한 궁리란 "지식을 얻는 일"에 가깝다. 이천은 말했다.

> 함양(덕성을 기름)하려면 경을 공부해야 하고(涵養須用敬), 학문의 정진은 지식 추구에 달려 있다(進學則在致知).[109]

이천은 경 공부의 효용을 이렇게 말했다.

> 경으로써 안을 바로잡아 안에 주관이 생기면 허심해지니, 자연히 **부정한**

---

107) 寂而常照, 照而常寂.〈제7장, 주4〉
  * 『역』「설괘(說卦)」의 "和順于道德而理於義 ; 窮理盡性以至於命" 구절 참조.
108) 窮理盡性以至於命. 三事一時並了, 元無次序. 不可將窮理作知之事. 若實窮得理, 即性命亦可了. (『유서』 권2 상)
109) 涵養須用敬 ; 進學則在致知. (『유서』 권18)

마음(非僻之心)이 없어지니 어찌 허심하지 않을 수 있겠는가. 반드시 정진하되 경을 바탕으로 일을 해야 한다. 이 도는 가장 간단하고 가장 쉽고 게다가 공부를 덜 수 있다. 이 말은 비록 보통 사람들의 주장에 가깝지만 오래도록 견지하면 반드시 [여타의 것들과] 차별이 있을 것이다.[110]

○(여여숙이 "사려의 혼란"에 대해서 물었을 때 나는 이렇게 대답했다 :) 다만 마음에 주관이 없기 때문이다. 만약 경(敬)을 위주로 하면 자연 혼란이 없어질 것이다. 비유하건대 물병을 강물 속에 던지는 것과 같다. 병이 이미 꽉 차 있으면 비록 강호의 물이라도 들어갈 수 없다.[111]

경건하면 마음이 비게 되는데 마음이 꽉 찬다고도 말할 수 있다. 총결하면 경은 맹자가 말한 "반드시 정진해야 한다"는 그 공부이다.

염계는 고요함을 주장했고(主靜) 이정은 경건을 주장했는데(主敬), 경건은 고요함과 다르다. 이천은 말했다.

경건하면 자연히 허정(虛靜 : 허심하고 고요함)해진다. 그러나 허정을 경으로 바꾸어 부를 수는 없다.[112]

○고요(靜)를 중시하면 곧 불교의 이론에 빠지니, 정(靜)이라는 글자를 쓸 것이 아니라 오직 경(敬)이라는 글자를 써야 한다. 정이라는 글자를 논하는 것은 곧 "망각"을 의미한다. 맹자는 "항상 정진하되 교정하지도 말고 마음으로 망각하지도 말고 조작하지도 말라"고 했는데, "항상 정진하면" "마음에 망각되지 않고" "교정하지 않으면" "조장하지 않게 된다."[113]

명도의 「정성서(定性書)」도 정(定)을 논했지 정(靜)을 논하지 않았

---

110) 敬以直內, 有主於內則虛, 自然無非僻之心, 如是則安得不虛. 必有事焉, 須把敬來做件事著. 此道最是簡, 最是易, 又省工夫, 爲此語雖近似常人所論, 然持之久必別. (『유서』권15) [非僻 : 도리에 어긋나는 나쁜 짓]

111) (呂與叔嘗問爲思慮紛擾, 某答以)但爲心無主. 若主於敬, 則自然不紛擾. 譬如以一壺水, 投於水中. 壺中旣實, 雖江湖之水, 不能入矣. (『유서』권18)

112) 敬則自虛靜, 不可把虛靜喚做敬. (『유서』권15)

113) 纔說靜, 便入於釋氏之說也. 不用靜字, 只用敬字. 纔說著靜字便是忘也. 孟子曰 : "必有事焉, 而勿正, 心勿忘, 勿助長也." "必有事焉"便是"心勿忘", "勿正"便是"勿助長." (『유설』권18)

다. 정(定)은 동정(動靜)을 통괄한 말이지만 정(靜)은 그렇지 못하기 때문이다.

이천은 또 치지(致知)의 의미를 이렇게 논했다.

> (혹자가 "수양방법 중 무엇이 우선입니까?"라고 묻자, 대답했다 :)
>
> "정심(正心)과 성의(誠意)를 가장 먼저 해야 한다. 성의는 치지(致知)에 달려 있고, 치지는 격물(格物)에 달려 있다. '격(格)'은 이른다(至)는 뜻이다. 예컨대 '조고래격(祖考來格 : 조상신이 와서 이른다)'의 격과 같다. 사물은 저마다 그 리가 있으니 그 리를 궁구하여 밝혀야(窮致) 한다. 물론 궁리(窮理)의 방법은 여러 가지이다. 혹은 책을 읽어서 도리(義理)를 밝히거나, 혹은 고금의 인물을 의론하여 잘잘못을 변별하거나, 혹은 일상사를 맞이하여 합당하게 대처하는 일 등이 모두 궁리이다."
>
> "격물은 사물마다 일일이 탐구해야(格) 합니까? 아니면 단지 한 사물만 탐구하면 온갖 리를 다 알 수 있는 것입니까?"
>
> "어찌 곧바로 모든 것에 통달할 수 있겠느냐? 한 사물만 궁구하면 온갖 리에 통달한다는 것은 비록 안자(顔子)의 경우라도 그러했다고 할 수 없을 것이다. 모름지기 **오늘 한 가지 탐구하고, 내일 또 한 가지 탐구하여** 그런 습관이 오래 누적된 뒤라야 **저절로 시원스럽게 관통하는 경지가 생길** 것이다."[114]

격물의 공부는 우리로 하여금 사물에 대해서 그 리(理)를 참으로 알게(眞知) 한다. 참된 앎을 가진 사람은 반드시 행할 수 있다. 이천은 말했다.

> **실리(實理)**란 옳고 그름에 대한 실제적인 이해를 말한다. 무릇 마음에 실리를 획득하면 저절로 분별이 선다. 귀로 들은 것을 입으로 말하는 것(耳聞口道 :『논어』17 : 14의 "道聽塗說")은 마음이 실제로 이해하지 못한 것이다.

---

114) (或問進修之術何先? 曰 :)莫先於正心誠意. 誠意在致知 ; 致知在格物. 格, 至也, 如祖考來格之格. 凡一物上有一理, 須是窮致其理. 窮理亦多端, 或讀書講明義理 ; 或論古今人物別其是非 ; 或應事接物而處其當 ; 皆窮理也. 或問格物須物物格之, 還只格一物而萬理皆知? 曰 : 怎生便會該通. 若只格一物, 便通衆理, 雖顔子亦不敢如此道. 須是今日格一件, 明日又格一件. 積習既久, 然後脫然自有貫通處. (『유서』권18) [脫然 : 병이 낫는 모습, 일상을 초월한 모습, 해탈한 모습]

만약 이해했다면 반드시 타당하지 않은 것에는 안주하려고 하지 않을 것이다.……물과 불을 밟으면 사람들은 다 피할 줄 아는데 이것이 참된 이해이니 모름지기 악에 접근하기를 마치 끓는 물을 만지듯 하면 자연히 분별이 설 것이다. 일찍이 호랑이에게 물린 적이 있는 사람의 경우 —— 누가 호랑이 말을 하면 비록 삼척동자라도 호랑이의 무서움은 알지만 결국 호랑이에게 물린 적이 있는 사람만은 못하다 —— 정신과 낯빛을 전율하며 지극히 참으로 (至誠) 두려워하는데 이것이 바로 실제적인 이해이다.[115]

격물 공부는 우리가 사물의 "실리"를 보려는 것이다. 이천은 또 말했다.

지극함을 알면 지극해지고 끝을 알면 끝을 내니, 모름지기 앎을 근본으로 삼아야 한다. 앎이 깊으면 행동은 반드시 지극해진다. 앎이 있는데도 행하지 못하는 사람은 없다. 알지만 행할 수 없는 경우는 다만 그 앎이 천박한 때문이다. 굶주려도 부자(烏喙 : 附子)는 먹지 않으며 누구나 물과 불은 밟지 않는 것이 바로 앎이니, 사람이 악을 행하는 것은 오직 알지 못하기 때문이다.[116]

이것이 이천의 지행합일설(知行合一說)이다.

격물이 오래되면 "저절로 시원스럽게 관통하는 경지가 생길" 수 있는 까닭은 우리의 마음속에 본디 뭇 리가 구비되어 있기 때문이다. 따라서 궁리란 사물의 리를 궁구하는 것이자 우리 마음속의 리를 궁구하는 것이다. 이천은 말했다.

("'사물을 관찰하여 자신을 살핀다'고 함은 사물을 보고 자기 자신을 성찰하여 추구한다는 것이 아닙니까?"라고 묻자 대답했다 :) 반드시 그렇게 말할 필요는 없다. 사물과 나는 그 리가 똑같다. 저쪽(사물)이 밝혀지면 이쪽

---

115) 實理者, 實見得是, 實見非. 凡實理得之於心自別. 若耳聞口道者, 心實不見. 若見得, 必不肯安於所不安.……蹈水火則人皆避之, 是實見得. 須有近不善如探湯之心, 則自然別. 昔若輕傷於虎者, 他人語虎, 則雖三尺童子, 皆知虎之可畏, 終不似曾輕傷者, 神色懾懼, 至誠畏之, 是實見得也.(『유서』권15)

116) 知至則當至之, 知終則當逡終之. 須以知爲本. 知之深則行之必至. 無有知而不能行者. 知而不能行, 只是知得淺. 飢而不食烏喙, 人而不蹈水火, 只是知. 人爲不善, 只爲不知. (같은 곳) [烏喙 : 부자(附子 : 독한 한약재)의 다른 이름]

(나)이 밝아지는 내외합일의 도(合內外之道)이다.[117]

오직 이렇기 때문에 궁리할 수 있는 사람은 공부가 극에 달하면 우리 마음 전체를 시원스럽게 깨달을 수 있다. 우리의 마음은 바로 천지의 마음이다. 이천은 말했다.

> 한 사람의 마음이 곧 천지의 마음이고, 한 사물의 리가 곧 만물의 리이며, 하루의 운행이 곧 한 해의 운행이다.[118]

따라서 이천은 이렇게도 말했다.

> 궁리(窮理), 진성(盡性), 지명(至命)은 단지 같은 일이다. 리를 궁구하면(窮理) 성을 다 발휘하고(盡性), 성을 다 발휘하면 곧 천명에 이른다(至命).[119]

이 말은 명도와 같지만 그 함의는 다른데, 명도가 말한 궁리가 이천의 경우와 다르기 때문이다.

이상에서 수양방법론에서도 정씨 형제는 이후 리학(理學)과 심학(心學) 두 파의 선구자였다. "함양하려면 경을 공부해야 한다"고 명도도 말했다. 그러나 명도는 우선 "그 리를 인식한" 연후에 성경(誠敬)으로 보존해야 한다고 여겼다. 이것이 바로 후대 심학 일파가 말한 "먼저 대체[大體]를 확립한다"[120]는 것이다. 반면에 이천은 한편으로 경으로써 함양하여 "부정한 마음(非僻之心)"〈주110〉이 생기지 않게 하면서, 한편으로 "오늘 한 사물을 탐구하고 내일 또 한 사물을 탐구하여" "저절로 시원스럽게 관통하게 되는 경지"를 추구했다. 이 설은 주자가 더욱 발전시켰다. 다음 장에서 상론한다.

---

117) (問觀物察己, 還因見物反求諸身否? 曰 :)不必如此說, 物我一理, 纔明彼卽曉此, 合內外之道也. (『유서』권18)

118) 一人之心卽天地之心. 一物之理卽萬物之理. 一日之運卽一歲之運. (『유서』권2 상)

119) 窮理盡性至命, 只是一事. 纔窮理便盡性 ; 纔盡性便至命. (『유서』권18)

120) 先立乎其大者.〈제14장, 주2 ; 제1편, 제6장, 주44〉

제13장
주자

주렴계, 소강절, 장횡거, 이정을 집대성하여 리학(理學) 일파를 완성한 도학자가 주자(朱子, 1130-1200)이다. 『송사(宋史)』「도학전(道學傳)」은 말한다.

주희(朱熹)는 자가 원회(元晦) 혹은 중회(仲晦)이고, 휘주(徽州 : 옛 이름이 新安) 무원(婺源) 사람이다.⋯⋯그의 학문은 경전을 널리 연구하는 한편 당시의 식견 있는 선비들과 두루 교류한 결과였다. 연평(延平) 이통(李侗, 1093-1163)은 연로했으나 나종언(羅從彦, 1072-1135)에게 배운 적이 있었으므로, 주희는 수백 리 길을 멀다 하지 않고 걸어가서 그에게 배웠다.⋯⋯

황간(黃幹)은 말하기를 "도의 정통은 사람이 나와야 전해지는 것 같다. 주(周)나라 이래 전도(傳道)의 책임을 자임한 사람은 몇 명에 불과했고, 그 가운데 사도(斯道)를 뚜렷이 드날린 사람은 한두 사람에 그쳤다. 공자 이후 증자와 자사가 미미하게 계승했고, 맹자에 이르러 비로소 현저해졌다. 맹자 이후는 주자(周子), 정자(程子), 장자(張子)가 단절된 도를 계승했고 주희에 이르러 비로소 명확해졌다"고 했는데, 식자들은 정론(知言 : 正論)이라고 여겼다.[1]

---

1) 朱熹, 字元晦, 一字仲晦. 徽州婺源人.⋯⋯熹之學, 旣博求之經傳, 復徧交當時有識之士. 延平李侗, 老矣, 嘗學於羅從彦 ; 熹歸自同安, 不遠數百里, 徒步往從之.⋯⋯黃幹曰 : 道之正統, 待人而後傳. 自周以來, 任傳道之責者, 不過數人. 而其能使斯道章章較著者, 一二人而止耳. 由孔子而後, 曾子子思繼其微, 至孟子而始著. 由孟子而後, 周程張子繼其絕, 至熹而始著. 識者以爲知言. (『송사』, 12751-70쪽)
[『신편』V, 159쪽 : 주희의 『사서(四書)』 주해는 원(元)·명(明) 이후 『사서』의 국가

『송사』에 따르면 주자는 영종(寧宗) 경원(慶元) 6년(1200)에 71세로 세상을 떠났다. 정이천이 죽은 지 거의 100년이다. 이통은 나종언에게 배웠고, 나종언은 양시(楊時, 1053-1135)에게 배웠고, 양시는 이정의 제자였다. 따라서 주자는 자기 학문이 정문(程門)의 전수를 이어받았다고 여겨, "하남의 정씨 두 선생이 출현하자 맹자의 전수가 이어질 수 있었다. 내가 불민하지만 다행히 사숙하여 다소 전해들었다"2)고 말했다. 앞의 황간의 말은 주자도 자처한 바였다.*

주해가 되어, 그후 과거는 『사서』를 고시 출제의 범위로 삼아 그 제목은 반드시 주희의 주해에 근거했으므로 만약 답안이 주희의 주해에 위배되면 합격될 가망은 없었다. 주희의 지위도 이에 따라 격상되었다. 일반 지식인들이 읽은 유가 경전은 사실상 『사서』에 한정되었고 『사서』에 대한 이해는 사실상 주희의 주해에 한정되었다. 군주는 허울이고 실권은 내각총리에게 있는 현재 서양의 입헌군주국처럼, 원·명·청 시대에 공자는 비록 "지성선사(至聖先師)"로 일컬어졌지만 허울뿐이었고 그 "내각총리"인 주희를 일반인들은 주자로 존칭했다.]

2) 河南程氏兩夫子出, 而有以接乎孟氏之傳.……雖以熹之不敏, 亦幸私淑而與有聞焉. (「대학장구서(大學章句序)」)

* [처음부터 여기까지 영역본은 다음과 같이 개작했다.]

앞 장들에서 살폈듯이 신(新)유학은 주돈이, 소옹, 장재, 이정의 노력으로 발전했고, 이정의 사상적 차이는 신유학의 양대 학파인 리학(理學, Rationalism)과 심학(心學, Idealism)이 등장하는 길을 열었다. 주희에 이르러 이들 선유의 사상은 포괄적 체계로 종합되었으니 그는 정녕 아마 중국의 전체 사상사를 통해서 가장 위대한 집대성자였다. 방대한 저작과 경전 주석을 통해서 그는 리학를 완전히 성숙시켰고 그 과정에서 20세기까지 정통으로 자리 잡은 새로운 형태의 유학을 창시했다.

주희는 자가 원회인데, 안휘성의 남쪽 끝 무원이 고향인 선비 집안에서 태어났다. 그러나 그 자신의 탄생지는 복건(福建)의 우계(尤溪)이다. 그의 아버지가 그곳의 지방관이었기 때문이다. 그는 정이가 죽은 이후 20여 년 후에 태어났지만 그의 계승자들과 사상적으로 연결되어 있다. 즉 정씨 형제의 제자였던 양시가 바로 주희의 스승이었던 이통을 가르친 나종언의 스승이었던 것이다.

주희의 조숙함을 보여주는 유명한 일화가 있는데, 네 살 때 "하늘 위에는 무엇이 있는가"라는 질문으로 아버지를 놀라게 했다. 그는 젊은 날 불교와 도교에 심취했는데, 이통의 영향을 받고 마침내 그것들을 포기하고 유학에 돌아선 것은 거의 30세가 되어서였다. 19세에 과거에 합격한 이후 그는 거의 평생 계속 관직을 유지했다. 다만 정치적 수완을 펼 수 있는 요직도 거쳤지만, 주로 한직이었으므로 방대한 철학적 글과 주해를 쓰며 점차 몰려든 많은 제자들을 가르칠 수 있었다. 간신의 음모로 1197-99년에 잠시 부당한 탄압의 고초를 겪었으며, 1200년 이질로 죽었다. 그후 공(公)으로 추존되었고, 1241년에는 문묘에 위패가 모셔졌다.

1. 리·태극

주자의 형이상학은 주렴계의 「태극도설(太極圖說)」을 골간으로 삼아 강절이 논한 수(數), 횡거가 논한 기(氣), 정씨 형제가 말한 형이상·형이하 및 리(理)·기(氣)의 구분 등을 융합했다. 따라서 주자의 학문은 가히 이전 도학자들을 집대성한 것이었다고 할 수 있다. 형이상의 도(道)와 형이하의 기(器)의 구분에 관해서 주자는 말했다.

> 무릇 형체가 있고 모습이 있는 것은 모두 **기(器)**이고, 그것이 기(器)인 까닭으로서의 리(理)가 **도(道)**이다.[3]

이른바 "도"는 추상적 원리 또는 개념(이데아)을 지칭하고, 이른바 "기"는 구체적 사물을 지칭한다. 따라서 주자는 말했다.

> 형이상의 존재(形而上者)는 형체도 없고 그림자도 없는 것, 즉 리이다. 형이하의 존재(形而下者)는 실상도 있고 모습도 있는 것, 즉 기(器)이다.[4]

> ○**무극이면서 태극이니(無極而太極) 무슨 물건처럼 그곳에서 찬란하게 빛나고 있는 것이 아니다.** 당초 그곳에는 한 사물도 없었고 단지 리만 있었을 뿐이다는 말이다.……**온갖 리가 있기 때문에 온갖 사물이 있는 것이다.**[5]

현대철학의 술어로 "형이상자(形而上者)"는 시공을 초월하여 자존하는(subsist) 것이고, "형이하자(形而下者)"는 시공 안에 존재하는(exist) 것이다. 시공을 초월한 것은 보이는 형체가 없으므로 태극은 "무슨 물건처럼 그곳에서 찬란하게 빛나고 있는 것이 아니다." 이것이 "무극이면서 태극이다"의 뜻이다. 주자는 "무극이면서 태극이다고 함은 형체가 없고 리만 있다는 말일 따름이다"[6]고 했다.

---

3) 凡有形有象者, 皆器也 ; 其所以爲是器之理者, 則道也. (「여육자정서(與陸子靜書)」, 『주희집(朱熹集)』, 1580쪽) [器 : 형체가 있는 구체적 사물에 대한 지칭]

4) 形而上者, 無形無影是此理. 形而下者, 有情有狀是此器. (『어류(語類)』, 2421쪽)

5) 無極而太極, 不是說有個物事, 光輝輝地在那裏. 只是說這裏當初皆無一物, 只有此理而已.……惟其理有許多, 故物亦有許多. (『어류』, 2387쪽)

6) 無極而太極, 只是說無形而有理. (『어류』, 2365쪽)

"온갖 리가 있기 때문에 온갖 사물이 있는 것이다." 그 리가 없으면 그 사물도 존재할 수 없다. 주자는 말했다.

> 어떤 일이 생겼으면 곧 그 안에는 그 리가 존재한다. 무릇 천지에 어떤 사물이 생겼으면 곧 그 안에는 그 리가 존재한다.[7]

자연(天然)의 사물에만 각각 리가 있는 것이 아니라, 인위(人爲)의 사물에도 각각 리가 있다. 어록은 말한다.

> "마른 사물에도 그 성이 있다고 함은 무슨 뜻입니까?"
>
> "그것 자체에 본래 그 리가 있다는 뜻이다. 따라서 '천하에 성 밖의 사물은 없다'고 한 것이다."
>
> 주자는 계단을 걸으면서 "계단의 벽돌에도 벽돌의 리가 있다"고 말했고, 앉으면서 "대나무 의자에도 대나무 의자의 리가 있다"고 말했다.[8]

[『신편』V, 162–63쪽: "극"은 기준(標準)의 뜻이다. 「태극도설」에서 말한 "인극(人極)"은 '사람이 사람일 수 있는 기준'의 뜻이다. 각 유(類)의 사물마다 그 유의 규정성(規定性)이 있는데 그것이 그 유의 "극", 즉 기준이다. 예컨대 "네모(方 : 정사각형)"의 규정성이 네모가 네모일 수 있는 리, 즉 "네모"의 기준인 "네모"의 "극"이다. 우리가 네모의 사물을 보고 '아주 네모이다', '그다지 네모가 아니다' 따위의 말을 하는 것은 그 기준이 있기 때문이다. /각 유명(類名)의 내포와 외연에서, 외연이 작을수록 내포는 점점 커지고 외연이 클수록 내포는 점점 작아지므로, 최대의 유(類)인 "유(有)"라는 "이름"의 외연은 가장 커서 무소불포(無所不包)하나 그 내포는 가장 작아서 거의 영에 가깝다. "유"는 무소불포하며 어떤 규정성도 있을 수 없으므로 그 규정성은 규정성이 없다는 점이다. 규정성이 없다고 함은 곧 어떤 기준이 될 것이 없다는 말이므로 즉 "무극(無極)"이다. /또 "유"를 유명(類名)으로 보지 않고 군집명사로 보면, "유"는 존재하는 모든 것을 포괄하는 대(大)군집으로서 모든 유(類)를 다 포괄한다.……"태극"의 "태"는 "상황(上皇)"에 대한 "태상황(太上皇)"의 "태" 자처럼 한 등급 더 높다는 뜻이다.……사물의 경우 동일한 유의 리가 그것의 최고 기준인데, "천지만물의 리를 총괄한 것"은 특정 종류의 사물들의 기준("극")보다 한 등급 더 높기 때문에 "태극"이다. /이 두 측면의 의미를 연합한 말이 "무극이태극(無極而太極)"이다. 이 "이(而)"자는 그것["有"]이 "무극"이자 동시에 "태극"이다는 뜻이다. 「태극도설」의 다른 판본에는 "자무극이위태극(自無極而爲太極)"으로 되어 있다. 그러면 의미가 완전히 변하여, 그것은 "유는 무에서 생겼다(有生於無)"는 도교의 우주생성론이지 본체론이 아니다.]

7) 做出那事, 便是這裏有那理. 凡天地生出那物, 便是那裏有那理. (『어류』, 2582쪽)
8) 問 : 枯槁之物亦有性, 是如何? 曰 : 是他合下有此理, 故云天下無性外之物. 因行階[階 : 街]云 : 階磚便有磚之理, 因坐云 : 竹椅便有竹椅之理. (『어류』, 61쪽)

○"리는 사람과 사물이 하늘로부터 다같이 타고난 것인데, 감정이 없는 사물의 경우에도 리가 있는지요?"

"물론 리가 있다. 예컨대 배는 물에서만 운행할 수 있고 수레는 뭍에서만 운행할 수 있는 것 따위가 그것이다."[9]

천하의 사물은 천연의 것이든 인위의 것이든 모두 그것이 그러한 까닭으로서의 리(所以然之理)가 있으며 또한 그 리는 사물에 앞서서 존재한다. 주자는 말했다.

리를 놓고 보면 비록 사물이 아직 생기지 않았을 때도 이미 사물의 리가 존재했다. 그러나 **그 리만 존재했고 실제 그 사물은 없었다.**[10]

예컨대 아직 배나 수레가 없었을 때에도 배나 수레의 리 또는 배나 수레의 개념(이데아)은 이미 선재(先在)했다. 그러나 그때는 단지 개념만 있었고 실례(實例)는 없었다. 즉 "그 리만 존재했고 실제 그 사물은 없었다." 이른바 배나 수레의 발명은 배나 수레의 리를 발견하고 그 리에 따라 실제의 배나 수레, 즉 배나 수레 개념의 실례를 만들어낸 것에 불과하다. 따라서 존재 가능한 모든 사물은 천연의 것이든 인위의 것이든 형이상의 리세계(理世界) 내에 본래부터 이미 그 리가 구비되어 있다. 따라서 형이상의 리세계는 실제로 이미 지극히 완전한 세계이다. 어록은 말한다.

"천지가 개벽되기 전 아래의 온갖 것들은 이미 **모두 존재**했었습니까?"

"단지 그 리만 있었다. **천지가 천만년 사물을 낳고 있으나 예나 지금이나 온갖 사물은 없어지지 않는다.**"[11]

"천지가 개벽되기 전 아래의 온갖 것들"은 존재 가능한 모든 사물

---

9) 問 : 理是人物同得於天者, 如物之無情者, 亦有理否? 曰 : 固是有理. 如舟只可行之於水, 車只可行之於陸.(『어류』, 61쪽)

10) 若在理上看, 則雖未有物而已有物之理. 然亦但有其理而已, 未嘗實有是物也.(「답유숙문(答劉叔文)」,『주희집』, 2243쪽)

11) 徐問 : 天地未判時, 下面許多都已有否? 曰 : 只是都有此理, 天地生物千萬年, 古今只不離許多物.(『어류』, 4쪽)

들을 지칭한다. "천지가 개벽되기 전에" 사물은 아직 존재하지 않으나 그 리는 먼저 이미 "모두 존재했다." "천지가 천만년 사물을 낳고 있으나 예나 지금이나 온갖 사물은 없어지지 않는다." 리에 있는 것들은 존재할 수 있고 리에 없는 것들은 존재할 수 없다.[12]

한 사물의 리는 그 사물의 가장 완전한 형식(형상)이자 그 사물의 최고 기준이니 이른바 "극(極)"이다. 어록은 말한다.

> "모든 사물은 저마다 그 극(極)이 있는데 도리의 정점을 지칭한다."
>
> 장원진(蔣元進)이 말했다. "예컨대 임금의 인(仁), 신하의 공경(敬)이 곧 극이지요?"
>
> "그것이 각 사물의 극이다. 또 천지만물의 리의 총화가 태극(太極)이다. 태극은 본래 그 이름이 없으니 태극은 단지 별명(表德)일 뿐이다."[13]

태극은 천지만물의 리의 총화(總和)이자 천지만물의 최고 기준이다. 주자는 말했다.

> 태극은 최고 훌륭하고(極好) 지극히 선한(至善) 도리이다.……염계가 말한 태극은 천지·인·물의 온갖 선 가운데 지극히 훌륭한 것의 별명이다.[14]

그러므로 태극이 천지만물의 최고 기준이라는 점에서 보면 태극은 곧 플라톤이 말한 선(好 : 善)의 이데아이고 아리스토텔레스가 말한 신(上帝 : 神)이다.

태극은 천지만물의 리의 총화이기 때문에 태극 안에는 모든 리(萬理)가 다 구비되어 있다. 주자는 말했다.

> 태극에는 음양오행의 리가 다 들어 있으니 텅 빈 것이 아니다. 만약 텅 비

---

12) 【주】어록에는 또 이와 다른 내용이 있다. "'한 사물도 없었을 때는 어떠했습니까?' '천하 공공의 리만 있었고 특정 사물에 갖추어진 리는 없었다.'(問 : 未有一物之時 如何? 曰 : 是有天下公共之理, 未有一物所具之理)"(『어류』, 2372쪽)

13) 事事物物, 皆有個極, 是道理極至. 蔣元進曰 : 如君之仁, 臣之敬, 便是極. 先生曰 : 此是一事一物之極. 總天地萬物之理, 便是太極. 太極本無此名, 只是個表德. (『어 류』, 2375쪽) [極 : 정점, 최고지위, 中正의 준칙, 근본]

14) 太極只是個極好至善的道理.……周子所謂太極, 是天地人物萬善至好的表德. (『어 류』, 2371쪽) [表德 : 별명, 다른 이름, appellation]

었다고 한다면 불교의 성(性)에 대한 논의와 비슷해진다.

불교는 다만 껍데기만 통찰하고 이면의 온갖 도리는 고려하지 않는다. 그들은 모두 군신부자의 도리를 헛된 망상(幻妄)으로 간주한다.[15]

○이백문(李伯聞)이라는 자가 일찍이 불학을 맛보고, 자신의 소견을 자부하며 여러 해 동안 논변을 했지만 전혀 굽힐 줄 몰랐다. 근래에 나를 찾아와 다시 이전의 논리를 펼치자, 나는 이렇게 질문했다. "선생이 보기에 '하늘이 명한 것이 성이다(天命之謂性)'는 구절은 성이 공허하여 하나의 도리도 없다는 것입니까 아니면 모든 리가 다 구비되어 있다는 것입니까? 공허하다고(空) 여겨지면 불학이 이기고, 과연 실제적이다고(實) 여겨지면 유학이 옳은 것입니다." 그러자 역시 두말없이 결판이 났다.[16]

○태극은 형이상의 도이며, 음양은 형이하의 기(器)이다. **드러난 현상에서 보면**, 동정(動靜)은 병존하지 않고 음양은 같은 장소에 병존하지 않지만 태극은 그 어느 경우에든 존재한다. **보이지 않는 면에서 보면**, (태극은) **공허하고 고요하여 아무 조짐이 없지만 동정 음양의 리가 모두 그 안에 구비되어 있다.**[17]

"드러난 현상에서 보는 것"은 구체적 사물 가운데 보는 것이고, "보이지 않는 면에서 보는 것"은 태극의 본체에 대해서 보는 것이다. 태극은 형체가 없으나 그 안에는 온갖 리가 다 구비되어 있으니, 즉 "공허하고 고요하여 아무 조짐이 없지만 동정 음양의 리가 모두 그 안에 구비되어 있다"는 말이다. 주자는 이 점을 바탕으로 도학과 불학의 차이를 지적했다. 이것은 다음 제7절에서 상론한다.

태극은 영원히 존재한다. 주자는 말했다.

---

15) 太極是五行陰陽之理皆有, 不是空的物事. 若是空時, 如釋氏說性相似. 又曰 : 釋氏只見得個皮殼, 裏面許多道理, 他却不見. 他皆以君臣父子爲幻妄. (『어류』, 2367쪽)

16) 此有李伯聞者, 舊嘗學佛, 自以爲有所見, 論辨累年, 不肯少屈. 近嘗來訪, 復理前語. 熹因問'天命之謂性, 公以此句爲空無一法耶? 爲萬理畢具耶? 若空, 則浮屠勝 ; 果實, 則儒者是.' 此亦不待兩言而決矣. (「답장경부(答張敬夫)」, 『주희집』, 1307쪽)

17) 太極, 形而上之道也 ; 陰陽, 形而下之器也. 是以自其著者而觀之, 則動靜不同時, 陰陽不同位, 而太極無不在焉. 自其微者而觀之, 則沖穆無朕, 而動靜陰陽之理, 已悉具於其中矣. (「태극도설주(太極圖說註)」, 『염계집(濂溪集)』권1)

그 리가 있어야 비로소 그 기가 있으며, 그 기가 있어야 그 리는 의지처가
있게 된다. **크게는 하늘과 땅, 작게는 땅강아지와 개미에 이르기까지 모든 생성**
은 다 그러하다.……요컨대 **리(理)라는 한 글자는 유무(有無)의 범주로 논할**
수 없다. 아직 천지가 생기기 전에도 그와 같았다.[18]

"크게는 하늘과 땅, 작게는 땅강아지와 개미에 이르기까지" 모두
먼저 그 리가 있고 그후에 구체적 개체가 비로소 생길 수 있다. "리
는 유무의 범주로 논할 수 없고" 리는 영원히 존재하니 즉 "아직 천
지가 생기기 전에도 그와 같았다"는 말이다. 태극은 리의 전체이니
역시 그러하다. 태극은 또한 공간 안에 있지 않다. 주자는 말했다.

태극은 방향과 장소도 없고 형체도 없으며 놓인 지점도 없다.[19]

태극은 동정(動靜)도 없다. 『문집(文集)』은 말한다.

"「태극도」에 '태극이 운동(動)하여 양을 낳고 운동이 극에 달하면 고요
(靜)에 이르고 고요하여 음을 낳는다'고 했는데, 태극은 리인데 리가 어떻게
동정이 있습니까? 또 형체가 있어야 동정이 있는데 태극은 형체가 없는 만
큼 **동정을 논할 수 없을** 것 같습니다. 장식(張栻, 1133-80)*도 '태극에도 동정
이 없을 수 없다'고 말했는데, 그 의미를 이해할 수 없습니다."

"리에 동정이 있기 때문에 기에도 동정이 있는 것이다. 만약 리에 동정이
없다면 기에 어찌 저절로 동정이 생기겠는가?"[20]

---

18) 有此理後, 方有此氣. 旣有此氣, 然後此理有安頓處. 大而天地, 細而螻蟻, 其生皆是
如此,……要之理之一字, 不可以有無論, 未有天地之時, 便已如此了也. 「답양지인
(答楊志仁)」, 『주희집』, 2958쪽)

19) 太極無方所, 無形體, 無地位可頓放. (『어류』, 2369쪽)

* 장식은 자가 경부(敬夫), 호가 남헌(南軒)이다. 호굉(胡宏, 1105-55)의 제자였다.
일생 리학 전파에 진력했다. 주희, 여조겸(呂祖謙, 1137-81)과 서로 친구로서 다
같이 유명하여 당시 "동남삼현(東南三賢)"으로 일컬어졌다. 공맹(孔孟)을 받들려
면 첫째로 "의리의 분변(義利之辨)"의 의미를 명확히 이해해야 한다고 주장했다
("學者潛心孔孟, 必得其門而入. 愚以爲莫先於義利之辨").

20) 問:「太極圖」曰:'…… 太極動而生陽;動極而靜, 靜而生陰.' 太極理也, 理如何動
靜? 有形則有動靜;太極無形, 恐不可以動靜言. 南軒云:太極不能無動靜, 未達其
意. 曰:理有動靜, 故氣有動靜. 若理無動靜, 則氣何自而有動靜乎? 「답정자상(答鄭
子上)」, 『주희집』, 2871쪽)

어록은 말한다.

> "저 운동의 리가 있으므로 운동하여 양을 낳을 수 있고, 저 고요의 리가
> 있으므로 고요하여 음을 낳을 수 있는 것이다. 이미 운동하면 리가 운동 속
> 에 존재하고, 이미 고요하면 리가 고요 속에 존재한다."
> **"운동과 고요는 기**인데, 그 리가 기를 주재하고 있으므로 기가 곧 그렇게
> 할 수 있는 것 아닙니까?"
> "그렇다."[21]

"동정(운동과 고요)은 기이다." 태극 가운데 동정의 리가 있기 때문
에 기는 그 리를 얻어 동정의 실례가 존재하는 것이다. 그 가운데
운동하는 것은 양이고 고요한 것은 음이다. 음양은 또한 형이하의
존재이다.[22] 형이상의, 동정의 리의 경우는 운동도 없고 고요도 없
으므로 즉 "동정을 논할 수 없다."

각 사물에는 그 사물이 그러한 까닭으로서의 리가 구비되어 있을
뿐더러 태극의 전체도 구비되어 있다. 어록은 말한다.

> 사람마다 하나의 태극이 들어 있고 사물마다 하나의 태극이 들어 있다.[23]

○ "만물과 하나는 각기 정당하고 대소가 원래 정해진다"〈제11장, 주14〉 함
은 만상이 하나이고 하나가 만상이라는 말이다. 온 전체는 하나의 태극이고
또한 하나하나의 사물마다 하나의 태극이 구비되어 있다.[24]

○ "(『통서(通書)』의) 「리성명(理性命)」장의 주에서 '근본에서 말단에 이를
때 하나의 리의 실재가 만물에 나누어져 구체화되기 때문에 모든 사물마다 하
나의 태극이 들어 있다'고 했는데 그렇다면 태극이 분열된다는 말씀입니까?"

---

21) 有這動之理, 便能動而生陽 ; 有這靜之理, 便能靜而生陰. 旣動則理又在動之中, 旣
   靜則理又在靜之中. 曰 : 動靜是氣也. 有此理爲氣之主, 氣便能如此否? 曰 : 是也.
   (『어류』, 2373쪽)

22) 【주】주자는 말했다. "기는 일종의 사물이라고 말했으니 즉 형이하의 존재라는 말
   이다(旣曰氣便是有個物事 ; 此謂形而下者)." (『어류』, 2391쪽)

23) 人人有一太極, 物物有一太極. (『어류』, 2371쪽)

24) "萬一各正, 小大有定." 言萬個是一個, 一個是萬個. 蓋統體是一太極. 然又一物各具
   一太極. (『어류』, 2409쪽)

　　"본래 다만 하나의 태극이 존재하나 만물마다 타고난 바가 있으므로 각 사물마다 하나의 태극을 온전히 구비하는 것일 뿐이다. 이는 마치 달은 하늘에 오직 하나 있으나 강호에 흩어지면 가는 곳마다 보이지만 달이 분열되었다고 할 수 없는 경우와 같다."[25]

이로써 보면 모든 사물은 그것 자신이 그러한 까닭으로서의 리 이외에 또 태극, 즉 모든 리의 전체를 구비하고 있다. 태극은 모든 사물 안에 존재하지만 "조각조각 분할되는 것이 아니고 마치 달빛이 모든 강에 드리워지는 경우와 비슷하다."[26] 이는 화엄종에서 말한 인다라망경계 그리고 각 사물은 여래장 전체이고 그 안에 모든 법성이 있다는 천태종의 설과 흡사하다. 주자는 이런 설들의 영향도 받은 것 같다. 다만 화엄종에서 말한 인다라망경계는 하나의 구체적 사물 속에 모든 구체적 사물이 내포되어 있다는 것이고, 또 천태종에서 말한 하나하나의 법성은 하나하나의 사물의 잠세태인 반면, 주자는 한 구체적 사물에 하나의 태극, 즉 모든 사물의 리가 구비되어 있다고 말했다. '모든 사물의 리'는 결코 '모든 사물'도 아니고 '모든 사물의 잠세태'도 아니다. 그런데 한 종류의 사물의 경우 그 리가 어떻게 그 종류의 모든 개체 안에 동시에 나타날 수 있는가? 이 점은 주자가 밝히지 않았는데 그의 뜻을 미루어보면 역시 "달빛이 모든 강에 드리운다(月印萬川)"는 비유로 설명할 수 있겠다.

2. 기

　　형이상의 리세계 내에는 오직 리만 있으나, 형이하의 이 구체적 세계의 구성은 기에 의존한다. 그리스 철학과 비교하면 리는 형식(形式:形相), 기는 질료와 같다.* 주자는 말했다.

---

25) 問:「理性命」章注云:"自其本而之末, 則一理之實而萬物分之以爲體, 故萬物各有一太極." 如此, 則是太極有分裂乎? 曰:本只是一太極, 而萬物各有稟受, 又自各全具一太極爾. 如月在天, 只一而已. 及散在江湖, 則隨處而見, 不可謂月已分也. (『어류』, 2409쪽)

26) 不是割成片去, 只如月印[映]萬川相似. (『어류』, 2409쪽)

　*『신편』V, 165-66쪽:아리스토텔레스는 구체적 사물을 논리적으로 분석하여 그

천지간에는 리도 있고 기도 있다. 리는 형이상의 도(道)로서 사물을 낳는 근본(本)이며, 기는 형이하의 기(器)로서 사물을 낳는 도구(具)이다.* 따라서 사람이나 사물은 생길 때 반드시 이 리를 타고나 성(性)으로 삼고, 반드시 이 기를 타고나 몸체(形)를 갖춘다.[27]

○기는 그 리에 따라 작용하는 듯이 보인다. 그 기가 응집되면 리도 거기에 존재한다. 기는 응결하고 조작할 수 있는 반면에 리는 **의지도 없고 계획도 없고 조작도 없다**(無情意, 無計度, 無造作). 기가 응결되는 곳이면 리는 곧 그 안에 존재한다. 또 천지간의 사람, 사물, 초목, 금수 등의 생물은 다 종이 있고 종자가 없는 것은 없는데, 결단코 종자 없이 공연히 땅 위에 생긴 것은 하나도 없으니 이것이 기이다. 리는 오직 **정결하고 광활한 세계**(淨潔空闊的世界)로서 **몸체도 자취도 없으니**(無形迹) 조작할 수 없지만, 기는 배양하고 응결하여 사물을 생성한다. 그러나 기가 존재하면 리는 곧 그 안에 존재한다.[28]

형성에는 각각 네 원인이 있다고 여겼다. 즉 "형식인(형상인)", "질료인", "운동인", "목적인"이 그것이다.……도학자들의 말을 쓰면 이 네 원인은 두 원칙인 리와 기로, 즉 "형식인"과 "목적인"은 리로, "질료인"과 "운동인"은 기로 귀결시킬 수 있다. /이것은 결코 아리스토텔레스의 범주를 주희에게 억지로 적용한(硬套) 것이 아니고, 다만 아리스토텔레스와 주희가 그처럼 우연히 일치했음을 지적하는 것일 따름이다. 존재하는 객관적 이치에 대해서 두 사람이 다 같이 통찰했기 때문에 그들의 말은 모의하지 않았어도 일치했던 것이다.……"억지 적용"은 필연적으로 두 사람 모두를 왜곡하는 결과를 초래하므로 안 되지만, "우연한 일치"를 지적하는 것은 두 사람 모두를 더 잘 설명하는 결과를 가져오기 때문에 괜찮다.

* 『신편』V, 164-65쪽 : 리와 기는 도학에서 가장 중요한 두 범주이다. 주희는 구체적 사물을 논리적으로 분석하여 모든 사물마다 성(性)과 몸체(形)의 두 측면이 있음을 발견했다. 다시 이 두 측면의 유래를 추적하여 리와 기라는 한 쌍의 범주를 도출했다. 그중의 하나는 "사물을 낳는 근본"이고, 하나는 "사물을 낳는 도구"인데 "도구"는 재료의 의미이다. 예컨대 네모의 물건은 네모의 성(性)이 있는데 그것이 바로 네모가 네모일 수 있는 까닭이고 곧 네모의 리이다. 네모의 물건은 필경 네모의 리에서 얻은 뒤에야 비로소 네모의 물건으로 될 수 있으므로 네모의 리는 "사물을 낳는 근본"이다. 또 네모의 물건은 반드시 구리, 철, 나무 같은 재료를 써야 만들어지는데 그것들이 다 기(氣)이고 "사물을 낳는 도구"이다.

27) 天地之間, 有理有氣. 理也者, 形而上之道也, 生物之本也 ; 氣也者, 形而下之氣也, 生物之具也. 是以人物之生, 必稟此理, 然後有性, 必稟此氣, 然後有形. (「답황도부서(答黃道夫書)」, 『주희집』, 2947쪽)

28) 疑此氣是依傍這理行. 及此氣之聚, 則理亦在焉. 蓋氣則能凝結造作 ; 理却無情意, 無

리세계는 "몸체도 자취도 없는" "정결하고 광활한 세계"이다. 리는 내부에 존재하고 "의지도 없고 계획도 없고 조작도 없다." 이 때문에 리는 시공을 초월하여 영원한 것이다. 이 구체적 세계는 기에 의해서 조작된 것인데 기의 조작은 반드시 리에 따른다. 가령 사람이 벽돌, 기와, 나무, 돌로 집을 지을 경우 벽돌, 기와, 나무, 돌은 형이하의 기로서 그 집을 짓는 도구이다. 집의 형식(형상)은 형이상의 리로서 그 집을 짓는 근본이다. 그 집이 완성되면 리는 집의 형식이니 역시 그 내부에 존재한다.

논리적으로 보면 리는 또 다른 하나의 세계이지만 실제적으로 보면 리는 구체적 사물 안에 존재한다. 어록은 말한다.

"**기 안에서 발견되는 리**란 대체 어떤 것입니까?"

"예컨대 음양오행이 뒤얽혀 있어도 조리를 상실하지 않는 것이 바로 리이다. 기가 응집하지 않을 때는 리도 붙어 있을 대상이 없다."[29]

○리가 음양을 타고 있는 것은 마치 사람이 말을 타고 있는 것과 같다.[30]

기가 응집하지 않으면 리는 붙어 있을 대상이 없으니 리는 구체적인 사물로 표현되지 못한다. 구체적 사물 내의 질서와 조리가 곧 "기 안에서 발견되는 리"이다.

리기 존재의 선후에 대해서 어록은 말한다.

어떤 일이 있기 전에 그 리는 존재했다. 예컨대 군신(君臣)이 없었을 때도 이미 군신의 리는 먼저 존재했고, 부자(父子)가 없었을 때도 이미 부자의 리는 먼저 존재했다. 그러므로 원래 그 리가 없었는데 군신과 부자가 존재함에 따라 리가 그 안에 심어지게 된 것이라고 말할 수는 없다.[31]

計度, 無造作. 只此氣凝聚處, 理便在其中. 且如天地間人物草木禽獸, 其生也莫不有種, 定不會無種子白地生出一箇物事, 這箇都是氣. 若理則只是箇淨潔空闊底世界, 無形迹, 他却不會造作. 氣則能醞釀凝聚生物也. 但有此氣, 則理便在其中. (『어류』, 3쪽)

29) 理在氣中發見處如何? 曰 : 如陰陽五行錯綜不失條緖, 便是理. 若氣不結聚時, 理亦無所附著. (『어류』, 3쪽) [錯綜 : (종횡으로) 귀섞다, 뒤엉키다]
30) 理搭在陰陽上, 如人跨馬相似. (『어류』, 2374쪽) [搭 : 타다]
31) 未有這事, 先有這理. 如未有君臣, 已先有君臣之理. 未有父子, 已先有父子之理. 不成元無此理, 直待有君臣父子, 却旋將道理入在裏面. (『어류』, 2436쪽)

○태극은 다만 천지만물의 리이다. 천지에서 보면 천지 안에 태극이 존재하고, 만물에서 보면 모든 사물 안에 각각 태극이 존재한다. 천지가 아직 생기기 전에 필경 그 리가 먼저 존재했다.[32]

○천지가 생기기 이전에는 필경 리만 존재했다. 리가 있어서 곧 천지가 생긴 것이니, 리가 없다면 천지도 없고 사람도 없고 사물도 없고 아무 것도 존재할 수 없다. 리가 존재하면 곧 기가 유행하여 만물을 발육시킨다.[33]

○"먼저 리가 있습니까 아니면 먼저 기가 있습니까?"

"리는 기에서 분리된 적이 없다. 그러나 리는 형이상의 존재요 기는 형이하의 존재이므로 형이상과 형이하의 점에서 보면 어찌 선후가 없겠는가?"[34]

○"반드시 리가 있은 연후에 기가 있다는 표현은 어떻습니까?"

"그것은 본래 선후를 논할 수 있는 것이 아니다. 그러나 반드시 그 기원(所從來)을 추론해보자면 **먼저 리가 있다고 할 수밖에 없다.**[35]

주자의 체계에서 보면 하나의 리는 반드시 그 개체의 사례에 앞서서 존재한다. 그 리가 없으면 그 개체의 사례의 존재를 보증할(必) 수 없기 때문이다. 리와 보통의 기의 존재의 선후는 두 측면에서 보아야 하는데, 사실의 측면에서 보면 리가 있으면 기가 있으니 즉 "동정은 단초가 없고 음양은 시작이 없다"〈주38〉는 말이고, 논리의 측면에서 보면 "먼저 리가 있다고 할 수밖에 없다." 리는 시공을 초월하여 불변하는 것이고 기는 시공 속에서 변하는 것이기 때문이다. 이 점에서 보면 반드시 "먼저 리가 있다고 할 수밖에 없다."

리의 전체는 곧 태극이다. 주렴계의 「태극도설」의 "무극이면서

---

32) 太極只是天地萬物之理. 在天地言, 則天地中有太極 ; 在萬物言, 則萬物中各有太極. 未有天地之先, 畢竟是先有此理. (『어류』, 1쪽)

33) 未有天地之先, 畢竟也只是理. 有此理, 便有此天地 ; 若無此理, 便亦無天地, 無人無物, 都無該載了! 有理, 便有氣流行, 發育萬物. (『어류』, 1쪽)

34) 問 : 先有理, 抑先有氣? 曰 : 理未嘗離乎氣. 然理形而上者, 氣形而下者. 自形而上下言. 豈無先後! (『어류』, 3쪽) [抑 : 혹은, 그렇지 않으면]

35) 或問 : 必有是理, 然後有是氣, 如何? 曰 : 此本無先後之可言. 然必欲推其所從來, 則須說先有是理. (『어류』, 3쪽) [推 : 헤아리다, 추측하다, 추론하다]

태극이다(無極而太極)"에 대해서 주자는 말했다.

> 주자(周子)가 무극이라고 말한 까닭은 그것이 방향과 장소도 없고 몸체와 모습도 없으나, 사물이 생기기 전에도 존재하고 사물이 생긴 후에도 존재하며, 음양 바깥에 있으나 음양 안에서 늘 작용하고 전체를 관통하며 모든 곳에 존재하여, 애초부터 소리, 냄새, 그림자, 반향을 언급할 수 없는 것이기 때문이다.[36]

이것은 본래 이전의 도가가 도를 형용할 때의 상투어이지만 앞에서 서술한 내용에서 보면 주자의 이 말은 내용이 훨씬 더 충실하다.[37]

3. 천지·인·물의 생성*

태극 안에 동정의 리가 있으므로 기가 그 리에 따라 실제로 운동하고 고요하게 된다. 기의 운동은 유행하여 양기가 되고, 기의 고요는 응집하여 음기가 된다. 주자는 염계의 「태극도설」을 이렇게 설명했다.

---

36) 周子所以謂之無極, 正以其無方所, 無形狀, 以爲在無物之前, 而未嘗不立於有物之後. 以爲在陰陽之外, 而未嘗不行乎陰陽之中. 以爲通貫全體, 無乎不在, 則又初無聲臭影響之可言也. (「답육자정서」, 『주희집』, 1575~76쪽)

37) 【주】주렴계는 [「태극도설」에서] "태극은 운동하여 양을 낳고 운동이 극에 달하면 고요에 이르고 고요함으로써 음을 낳는다"〈제11장,주3〉고 했는데, 이 말은 주자의 체계와 맞지 않는다. 주자의 체계 내에서는 태극에 운동의 리가 있기 때문에 기가 운동하여 양기가 되고, 태극에 고요의 리가 있기 때문에 기가 고요하여 음기가 된다고만 할 수 있기 때문이다. 염계의 태극은 주자의 체계에서 보면 형이하의 존재이다. 염계의 "무극이태극"은 사실상 "천지만물은 유에서 생겼고, 유는 무에서 생겼다"는 노자의 말에 가깝다. 육상산(陸象山)이 이 점을 지적한 것은 옳다 (「여주원회서(與朱元晦書)」, 『상산전집(象山全集)』 권2). 주자가 염계의 설을 채용하기는 했으나, 염계에 대한 그의 해석이 꼭 염계의 뜻이었다고는 할 수 없다.

* 『신편』V, 168쪽 : [이 절에서 논하는 것은 "우주형성론(宇宙形成論 : Cosmogony)"이다.] 앞 두 절에서 논한 것은 주희 철학의 본체론(本體論)이다. 본체론은 우주의 논리적 구성론(邏輯構成論)으로서 주로 논리적 분석의 방법을 통해서 우주가 어떻게 구성되어 있는지를 고찰하는 것이다. 우주형성론은 당시의 과학적 지식을 근거로 구체적 세계가 어떻게 발생되고 발전한 것인지를 고찰하는 것이다.

한번 운동하고 한번 고요할 때 서로가 서로의 근본이 된다. 운동하다 고요해지고 고요하다 운동하여 끊임없이 열리고 닫히며 오고 간다. 음으로 나뉘고 양으로 나뉘어 양의(兩儀)가 성립된다. 이 양의는 하늘과 땅으로서 괘를 그릴 때의 양의의 뜻과는 구별된다.……혼돈하여 (하늘과 땅, 즉 양의가) 갈라지기 전에 음양의 기는 뒤섞여 그윽하고 어두운 상태로 존재했다. 갈라지면서 중간에 광활하게 빛이 나면서 양의가 비로소 생겼다.

강절은 129,600년을 1원(元)으로 삼았으니 129,600년 전에는 또 하나의 대개벽(闢闔 : 開闢)이 있었다는 말이다. 그 이전도 마찬가지이다. 즉 **"동정은 단초가 없고 음양은 시작이 없다"**는 말이다. 작은 것은 큰 것의 축소판이니 (천지 개벽의 반복은) 낮과 밤의 반복에서도 발견할 수 있다.……양이 변하고 음이 부합하여 수·화·목·금·토가 생긴다. 음양은 기이니 오행의 질(質)을 낳으며, 하늘과 땅이 사물을 낳을 때 오행이 맨 먼저였다. 땅은 토(흙)이고 토는 곧 금·목 등의 온갖 부류를 포함한다. 천지간에 그 어떤 것이 오행이 아닌 것이 있겠는가? 음양오행의 일곱 가지는 서로 뒤섞여 사물을 생성하는 재료(材料)가 된다.* 또 오행이 순조롭게 분포하여 사계절이 운행되는데 금·목·수·화가 각각 춘·하·추·동에 분배되고 토(흙)는 사계절에 걸쳐 있다.[38]

즉 음양을 기(氣), 오행을 질(質)로 여겼다. 또 말했다.

---

* 『신편』V, 169쪽 : 음양의 두 기가 서로 마찰하여 생긴 "앙금(渣滓)" 가운데 가장 조잡한 부분이 "질(質)"인데, 이는 주희가 제시한 하나의 새로운 관념, 새로운 범주이다. "질"은 기로부터 생긴 것이면서 기와는 대립적인 것으로서 바로 오행이다. 이기(二氣)와 오행이 사물 생성의 "재료"이다. "재료" 역시 주희가 제시한 하나의 새로운 관념, 새로운 범주이다. "재료"는 리와 결합하여 구체적 사물이 되므로, "재료"와 리가 각각 사물의 "질료인"과 "형식인"이다.

38) 一動一靜, 互爲其根. 動而靜, 靜而動, 開闔往來, 更無休息.. 分陰分陽, 兩儀立焉. 兩儀是天地, 與畫卦兩儀意思又別.……渾淪未判, 陰陽之氣, 混合幽暗. 及其既分, 中間放得寬闊光朗, 而兩儀始立. 康節以十二萬九千六百年爲一元, 則是十二萬九千六百年之前, 又是一個大闢闔. 更以上亦復如此. 直是動靜無端, 陰陽無始. 小者大之影, 只晝夜便可見.……陽變陰合, 而生水火木金土. 陰陽氣也, 生此五行之質, 天地生物, 五行獨先. 地卽是土, 土便包含許多金木之類. 天地之間, 何事而非五行? 五行陰陽七者滾合, 便是生物的材料. '五行順布, 四時行焉.' 金木水火, 分屬春夏秋冬, 土則寄旺四季. (『어류』, 2367쪽)

음양은 기이고 오행은 질이다. 저 질이 있으므로 사물이 산출될 수 있다.[39)]

○기(氣) 가운데 맑은 부분이 기(氣)이고, 탁한 부분이 질(質)이다.[40)]

기는 사물 생성의 재료이다. 구체적 사물의 생성은 기가 재료이고 리가 형식(형상)이다. 재료라는 명사는 바로 플라톤과 아리스토텔레스가 말한 질료(Matter)의 의미이다. 이른바 질(質)이란 더 가시적인 재료를 지칭한다. 주자는 말했다.

천지가 처음 열릴 때 단지 음양의 기만 있었다. 그 기가 운행하여 이리저리 마찰하는데 급히 마찰하면 온갖 **앙금**(渣滓 : 찌끼)이 **눌러 짜진다**. 이때 속에서 탈출하지 못한 것은 중앙에서 땅으로 뭉쳐졌다. 맑은 기는 하늘이 되고 해와 달이 되고 별이 되어 바깥에서 늘 선회한다. 땅은 중앙에서 움직이지 않고 있는 것이지 아래에 있는 것이 아니다.[41)]

이른바 질이란 여기서 말한 "앙금"임을 알 수 있다.

이 "눌러 짜진" "앙금"은 처음은 가늘고 나중은 거칠다. 주자는 말했다.

천지만물의 생성은 먼저 가볍고 맑은 것이 생기고 무겁고 탁한 것으로 진행한다. 하늘 1이 물을 낳고 땅 2는 불을 낳는다. 물과 불 이 두 사물은 오행 중에서 가장 가볍고 맑은 것이다. 쇠와 나무는 물과 불보다 더 무겁고, 흙은 쇠와 나무보다 더 무겁다.[42)]

○아마 천지의 시초에 혼돈이 분화되지 않았을 때 물과 불 두 가지만 있었다고 생각된다. 물의 앙금이 땅이 되었으니 요즘 산에 올라가보면 여러 산들에 큰 물결의 흔적이 있음을 발견할 수 있는데 즉 물이 그곳까지 범람했었다는

---

39) 陰陽是氣, 五行是質. 有這質, 所以做得物事出來. (『어류』, 9쪽)

40) 氣之淸者爲氣, 濁者爲質. (『어류』, 37쪽)

41) 天地初開[間], 只是陰陽之氣. 這一箇氣運行, 磨來磨去, 磨得急了, 便拶許多渣滓. 裏面無處出, 便結成箇地在中央. 氣之淸者便爲天, 爲日月, 爲星辰, 只在外常周環運轉. 地便只在中央不動, 不是在下. (『어류』, 6쪽)

42) 大抵天地生物, 先有輕淸, 以及重濁. 天一生水, 地二生火. 二物在五行中最輕淸. 金木復重於水火, 土又重於金木. (『어류』, 2382쪽)

증거이다. 다만 언제 응결되었는지는 모르지만 처음에는 아주 유연했다가
나중에 딱딱하게 응고되었을 것이다.

"마치 조수가 모래 더미를 만드는 것과 같다고 생각할 수 있습니까?"

"그렇다. 물이 극도로 탁해지면 땅이 되고, 불이 극도로 투명해지면 바람
과 천둥, 번개 또는 해와 별 따위가 된다."[43]

즉 오행 중에 먼저 물과 불이 생겼고 그뒤로 흙이 생겨 땅이 되고
이 구체적 세계가 구성되었다는 말이다.

이 구체적 세계도 하나의 "기(器)"이니 역시 하나의 구체적 사물
이다. 구체적 사물은 생성과 소멸이 있으므로 이 구체적 세계 역시
생성과 소멸이 있다. 어록은 말한다.

태극 이전에 (또 다른) 세계가 있었을 것이다. 마치 어제의 밤이 있었으니
오늘의 낮이 있듯이. 음양 역시 하나의 대(大)개벽이다.

"지금 태극 이전을 이렇게 추론하면 이후도 역시 이와 같은 것입니까?"

"물론 그렇다. '동정은 단초가 없고 음양은 시작이 없다'는 정자의 말이 그
것을 매우 명백히 보여준다."[44]

○"동정은 단초가 없고 음양은 시작이 없다' (함은 무슨 뜻입니까?)"

"(음양은) 시작이 있다고 말할 수 없다. 그것의 시작이 있기 전에도 필경
무엇인가가 있었다. 그 스스로 천지(우주)는 만들어졌다가 파괴된 다음에 다
시 그렇게 만들어지니 무슨 끝이 있겠는가?"[45]

"태극 이전"이라고 함은 이 구체적 세계의 이전이라는 뜻일 것이

---

43) 天地始初, 混沌未分時, 想只有水火二者. 水之渣滓[脚]便成地. 今登高而望, 群山皆
爲波浪之狀, 便是水泛如此. 只不知因甚麼時凝了. 初間極軟, 後來方凝得硬. 問：想
得如潮水湧起沙相似? 曰：然. 水之極濁, 便成地；火之極清, 使成風霆雷電日星之
屬. (『어류』, 7쪽) [混沌: 혼연일체, 나누어지지 않은 모습]
44) 太極之前, 須有世界來, 正如昨日之夜, 今日之晝耳. 陰陽亦一大闔闢也.……又問：
今推太極以前如此, 後來[去]又須如此? 曰：固然. 程子云："動靜無端, 陰陽無始",
此語見得分明. (『어류』, 2368-69쪽) [闔闢：닫음과 엶]
45) 問：動靜無端, 陰陽無始. 曰：這不可說道有個始. 他那有始之前, 畢竟是個甚麼, 他
自是做一番天地了, 壞了後又怎地做起來, 那個有甚窮盡. (『어류』, 2377쪽)

다. 이 구체적 세계가 완성되기 이전에 이미 구체적 세계가 있었으니, 이 구체적 세계가 이미 파괴된 이후에도 여전히 구체적 세계가 있다. 이와 같이 생성과 파괴가 순환하여 무궁히 계속된다.[46]

구체적 세계의 모든 종류의 생물의 산생은 다 먼저 "기화(氣化)"에서 비롯되고 그 다음은 "형생(形生)"에 의한다. 주자는 말했다.

천지의 시초에 어떻게 인종(人種)이 유래되었는가? 기(氣)로부터 저절로 두 사람이 응결되었다.……그 두 사람은 마치 현재 사람 몸의 이(蝨)와 같이 자연 변화되어나온 것이다.[47]

이것이 이른바 "기화"이다. 주자는 말했다.

기화(氣化 : 기에 의한 변화)는 당초에 번식에 의하지 않고(無種) 한 사람이 자연 생긴 것을 말한다. 형생(形生 : 몸에 의한 산생)은 그 한 사람이 생긴 그 이후에 끊임없이 낳고 낳는 것을 말한다.[48]

사람의 유래는 이와 같다. 다른 종류의 생물의 유래도 이와 같다.

4. 인·물의 성

주자는 말했다.

사람이 생기는 것은 리와 기가 결합하기 때문이다. 천리는 본디 넓고 넓어

---

46) 【주】『어류』에는 다음의 조목도 있다. "'천지 개벽 이래 지금까지 1만 년이 못 되는데 그 이전은 어떠했습니까?' '이전에도 지금과 같은 뚜렷함과 빛이 있었을 것이다.' '천지도 파괴될 수 있습니까?' '파괴될 리 없다. 다만 사람들의 무도함이 극에 달하면 혼돈해져 사람과 사물이 완전히 없어진 다음 다시 새로 시작될 것이다. (問 : 自開闢以來, 至今未萬年, 不知已前如何? 曰 : 已前亦須如此一番明白來. 又問 : 天地會壞否? 曰 : 不會壞, 只是相將人無道極了, 便一齊打合混沌一番, 人物都盡, 又重新起)."(『어류』, 7쪽) 즉 천지는 파괴되지 않고 다만 사람과 사물이 완전 소멸되는 때만 있다는 말이니, 위에서 말한 내용과 다르다.

47) 天地之初, 如何討個人種. 自是氣蒸結成兩個人.……那兩個人便和而今人身上蝨, 自然變化出來. (『어류』, 2380쪽) [주희는 이도 번식으로 생기는 것임을 몰랐다.]

48) 氣化是當初一個人無種, 後自生出來底. 形生却是有此一個人, 後乃生生不窮底. (같은 곳) [種 : 씨, 근본, 핏줄, 혈통, 품종]

다함이 없으나, 기가 없으면 리는 있어도 붙을 대상이 없게 된다. 즉 [음양의] 두 기가 교감하여 응결되어 있어야 리가 붙을 수 있다. **사람이 말하고 움직이고 활동하는 모든 것들은 다 기**이고, 리는 그 안에 존재한다.[49]

리와 기가 합하여 구체적인 개인이 되는데 그 기 속의 리가 이른바 "성(性)"이다.

사람만 성이 있는 것이 아니라 사물에도 성이 있다. 담연(湛然)은 "무정의 사물에도 성이 있다"[50]고 주장했는데, 주자도 혹시 그 영향을 받았는지 모른다. 주자는 말했다.

천하에 성이 없는 사물은 없다. 한 사물이 있으면 그 성이 있고, 그 사물이 없으면 그 성도 없다.[51]

한 사물의 성이 그 사물의 리이다. 어록은 말한다.

"마른 사물에도 그 성이 있다고 함은 무슨 뜻입니까?"
"그것 자체에 본래 그 리가 있다는 뜻이다.……"〈주8〉

○"전에 「답여방숙서(答與方叔書)」에서 마른 사물에도 리가 있다고 하셨는데, 마른 기와나 섬돌 따위에 무슨 리가 있는지 모르겠습니다."
"예컨대 대황(大黃 : 어혈 약재)이나 부자(附子 : 强心 약재) 따위도 마른 것이다. 그런데 대황은 부자일 수 없고 부자는 대황일 수 없다[대황은 대황일 수밖에 없고 부자는 부자일 수밖에 없는 까닭이 각각의 리이다]."[52]

앞에서 각 사물마다 하나의 태극이 있고 각 사물마다 태극의 전체가 있다고 했다. 그런데 사물에는 단지 그것이 그 사물인 까닭으로서의 리만 나타나고 태극의 전체는 나타나지 못하는 까닭은 사

49) 人之所以生, 理與氣合而已. 天理固浩浩不窮, 然非是氣, 則雖有是理而無所湊泊. 故必二氣交感, 凝結生聚, 然後是理有所附著. 凡人之能言語動作, 思慮營爲, 皆氣也, 而理存焉. (『어류』, 65쪽) [湊泊: 附着]
50) 無情有性. 제9장, 제1절, 제9목 참조. [情 : 감정, 욕망, 정욕, 실정]
51) 天下無無性之物. 蓋有此物, 則有此性 ; 無此物, 則無此性. (『어류』, 56쪽)
52) 問 : 曾見「答余方叔書」, 以爲枯槁有理, 不知枯槁瓦礫, 如何有理. 曰 : 且如大黃附子, 亦是枯槁, 然大黃不可爲附子, 附子不可爲大黃. (『어류』, 61쪽)

물이 타고난 기가 그것을 은폐하고 막고 있기 때문이다. 어록은
말한다.

> "사람과 사물은 모두 천지의 리(理)를 타고나 성(性)이 되고, 천지의 기
> (氣)를 받아서 형체가 된다고 하셨지만,……사물의 경우 (태극이 발현되지
> 못하고) 그렇게 된 것은 타고난 리가 온전하지 못한 때문인지, 아니면 타고
> 난 기에 의해서 어두워지고 은폐되기 때문인지 모르겠습니다."
>
> "받은 기가 그 정도이기 때문에 **그 리도 그 정도만 있다.** 예컨대 **개와 말은
> 그 몸의 기(形氣)가 그렇기 때문에 단지 그러한 일만 할 수 있는 것이다.**"
>
> "각 사물마다 하나의 태극을 구비하고 있을진대, (각 사물의) 리는 온전하
> 지 못할 까닭이 없지 않습니까?"
>
> "온전하다고 할 수도 있고, 치우쳤다고 할 수도 있다. 리의 측면에서 보면
> **온전하지 못함이 없지만,** 기의 측면에서 보면 치우침이 없을 수 없다."[53]

○하나의 기에서 보면 사람과 사물은 다같이 그 기를 받아 생긴다. 그러나
그 정조(精粗 : 정수와 조잡한 것)를 논하면 사람은 바르고 통명한 기를 얻
고, 사물은 치우치고 막힌 기를 얻는다. 사람은 바른 기를 얻으므로 리가 통
명하고 막힘이 없지만, 사물은 치우친 기를 얻으므로 리가 막혀서 지각이 없
다.*……사물 가운데 지각이 있는 것이 더러 있지만 겨우 한 방면에 통명한
것에 불과하니, 예컨대 까마귀가 효를 알고 수달이 제사를 아는 따위이다.
그래서 개는 지킬 줄만 알며, 소는 밭을 갈 줄만 안다.[54]

---

53) 問：人物皆稟天地之理以爲性, 皆受天地之氣以爲形.……若在物言之, 不知是所稟
之理便有不全耶? 亦是緣氣稟之昏蔽故如此耶? 曰：惟其所受之氣只有許多, 故其理
亦只有許多. 如犬馬, 他這形氣如此, 故只會得如此事. 又問：物物具一太極, 則是理
無不全也. 曰：謂之全亦可, 謂之偏亦可. 以理言之, 則無不全 ; 以氣言之, 則不能無
偏. (『어류』, 57-58쪽)

* 『신편』V, 173쪽 : 즉 주희는 리의 편전(偏全 : 치우치고 온전함) 혹은 기의 청탁(淸
濁 : 맑고 탁함)을 가지고 사람과 사물의 차이를 설명했다.

54) 自一氣而言之, 則人物皆受是氣而生 ; 自精粗而言, 則人得其氣之正且通者, 物得其
氣之偏且塞者. 惟人得其正, 故是理通而無所塞 ; 物得其偏, 故是理塞而無所知.……
物之間有知者, 不過只通得一路, 如烏之知孝, 獺之知祭, 犬但能守禦, 牛但能耕而已.
(『어류』, 65-66쪽)

사물이 받은 리는 본래 "온전하지 못함이 없지만" 다만 사물이 받은 기가 더욱 치우치고 막혔기 때문에 리가 온전히 드러나지 못하고 치우쳐 보인다. 예컨대 "개와 말은 그 몸의 기가 그렇기 때문에 단지 그러한 일만 할 수 있다." 즉 그 경우 개나 말인 까닭으로서의 리만 나타난 것이다. "그 리도 그 정도만 있다"고 함은 주자의 체계에 따라 말하면 '그 리도 그 정도만 나타날 수 있다'고 말해야 한다.

이 구체적 세계 속의 악은 모두 이러한 원인에서 비롯된다. 어록은 말한다.

> "리는 선하지 않음이 없건만 기는 어째서 청탁의 차이가 있습니까?"
> "기를 말하자면 곧 한기[寒氣]도 있고 열기[熱氣]도 있으며, 향기[香氣]도 있고 악취도 있는 법이다."[55]

> ○이기(二氣 : 음양) 오행(五行)이 태초에 어찌 바르지 않은 것이 있었겠는가? 다만 이리 왔다 저리 가는 사이에 바르지 않은 것이 생긴다.[56]

리는 완전하고 지극히 선하다. 그러나 리가 기에 실현될 때는 기에 얽매여 완전해질 수 없다. 마치 원(圓)의 이데아는 본래 완전한 원이지만, 그것이 물질에 구현되어 구체적 원의 사물이 될 때의 원은 절대적 원이 될 수 없는 것과 같다. 실제 세계의 모든 불완전성은 기에 의해서 얽매인 데서 비롯된다.

기가 이러하기 때문에 사람의 경우도 맑은 기를 얻는 사람, 탁한 기를 얻는 사람이 있다. 주자는 말했다.

> 사람이 타고난 바는 어둡고 맑거나(昏明), 맑고 탁한(淸濁) 차이가 있다.[57]

청명(淸明)한 기를 타고난 사람이 성인(聖人)이고, 혼탁(昏濁)한 기를 타고난 사람이 우인(愚人)이다. 주자는 이 이론이 맹순(孟荀) 이래 유가에서 쟁론해온 성선(性善)·성악(性惡)의 문제를 완전히 해

---

55) 問 : 理無不善, 則氣胡爲有淸濁之殊? 曰 : 才說著氣, 便自有寒有熱, 有香有臭. (『어류』, 68쪽) [胡 : 어찌, 왜, 어째서, 무엇 때문에]
56) 二氣五行, 始何嘗不正. 只滾來滾去, 便有不正. (『어류』, 68쪽)
57) 就人之所稟而言, 又有昏明淸濁之異. (『어류』, 66쪽)

결할 수 있다고 여겼다. 어록은 말한다.

"기질지성[氣質之性]의 학설은 누구에게서 시작되었습니까?"

"횡거와 정자에서 비롯되었다. 그것은 성문(聖門)에 지극한 공을 세웠고 후학에 많은 도움이 되었다. 그것을 읽어보면 횡거와 정자 이전에 그것을 언급한 사람이 없었다는 사실을 깊이 느끼게 된다. 가령 한유(韓愈)의 「원성(原性)」에서의 삼품(三品)의 설은 그 내용은 옳지만 기질지성이나 성이 어떻게 삼품으로 되는지 명확히 설명하지 못했다. 또 맹자의 성선(性善)의 설은 본원처(本原處)만 말했고 그 아래의 기질지성은 언급하지 않았기 때문에 온갖 해설만 분분했고 결국 제자백가의 성악(性惡) 혹은 선악의 혼재(善惡混)의 설을 초래했다. 그러므로 횡거와 정자의 설이 좀더 일찍 나왔더라면 저러한 온갖 설들은 자연히 분쟁의 여지가 없었을 것이다. 즉 횡거와 정자의 설이 수립되자 여타 학자들의 설은 소멸되었다. 그리하여 횡거는 '형체가 생긴 이후 기질지성이 생겼으니, 기질지성을 잘 되돌이키면 천지지성(天地之性)이 보존된다. 그러므로 기질지성은 군자가 성으로 인정하지 않는 바가 있다'〈제12장,주29〉고 말했고, 명도는 '성을 논하고 기를 논하지 않으면 부족하고 기만 논하고 성을 논하지 않으면 밝지 못하니, 이 두 가지를 둘로 여기면 옳지 않다'고 했다. 또한 인의예지가 성이라고 말하지만 세상에는 날 때부터 그러한 모습이 없는 사람이 있는 것은 왜이겠는가? 단지 기품이 그러하기 때문이다. 그러므로 만약 그 기를 논하지 않으면 저 (성선설의) 도리는 온전하지 못하여 부족한 것이 된다. 또 만약 단지 기품만 논하여 어떤 기품은 선하고 어떤 기품은 악하다고만 말하고, 저 하나의 근원처에는 오직 저 도리가 있음을 논하지 않으면 명백해지지 않는다. 이 [성에 대한] 논의는 공자, 증자, 자사, 맹자가 이해한 이후 아무도 그 도리를 해설한 사람이 없었다."

임광조(林光朝, 자가 謙之, 1114-78)가 주자에게 물었다.

"천지의 기가 혹은 혼탁하게 혹은 청명하게 뒤섞일 때 그 리 역시 그에 따라 혼탁하거나 청명하게 뒤섞이는 것 아닙니까?"

"리는 항상 그대로 있다. 다만 기가 스스로 그렇게 될 뿐이다."[58]

---

58) 道夫問：氣質之說, 始於何人? 曰：此起於張程. 某以爲極有功於聖門, 有補於後學. 讀之使人深有感於張程, 前此未曾有人說到此. 如韓退之「原性」中說三品, 說得也是,

주자는 이곳에서 다만 횡거와 이정의 설을 서술했다고만 말했으나, 주자의 기질지성 강론은 그 자신의 정연한 철학체계에 입각한 것이므로 횡거나 정자보다 훨씬 더 완비되었다.*

주자는 말하기를 "사람이 말하고 움직이고 활동하는 모든 것들은 다 기이다"〈주49〉했다. 어록은 말한다.

> **"영명한 기능(靈處)은 심(心)입니까, 아니면 성(性)입니까?"**
>
> **"영명한 기능은 심이고 성이 아니며, 성은 리일 뿐이다."**[59]

○**"지각**(知覺)은 마음의 영명함이 본래 그런 것입니까, 아니면 기의 행위입니까?"

"오직 기만은 아니니 먼저 지각의 리가 있다. 즉 리는 홀로 지각하지 못하니, 기가 모여 형체를 이룬 다음 **리와 기가 결합해야** 지각할 수 있다. 마치 저 등불의 경우처럼 기름을 얻어야 온갖 불꽃이 생기는 경우와 같다."[60]

일체의 사물은 그 리가 있으므로 지각도 지각의 리가 있다. 그러나 지각의 리는 단지 리일 뿐이고, 지각의 구체적 사례는 반드시 "리와 기가 결합해야" 비로소 생길 수 있다. 모든 구체적 사물은 다 재

但不曾分明說是氣質之性耳. 性那裏有三品來? 孟子說性善, 但說得本原處, 下面却不曾說得氣質之性, 所以亦費分疏. 諸子說性惡與善惡混. 使張程之說早出, 則這許多說話, 自不用紛爭. 故張程之說立, 則諸子之說泯矣. 因擧橫渠: "形而後有氣質之性, 善反之則天地之性存焉. 故氣質之性, 君子有弗性者焉." 又擧明道云: "論性不論氣不備, 論氣不論性不明. 二之則不是." 且如只說個仁義禮智是性, 世間却有生出來便無狀底是如何? 只是氣稟如此. 若不論那氣, 這道理便不周匝, 所以不備. 若只論氣稟, 這個善, 這個惡, 却不論那一原處只是這個道理, 又却不明. 此自孔子曾子子思孟子理會得後, 都無人說這道理. 謙之問: 天地之氣, 當其昏明駁雜之時, 則其理亦隨而昏明駁雜否? 曰: 理却只恁地, 只是氣自如此. (『어류』, 70-71쪽)

* 『신편』V, 175쪽: 주희의 이론에 따르면 "성은 리이므로(性卽理)" 성은 선하다고만 말할 수 있지, 성에 대해서 악하다거나 선악이 혼재한다거나 또는 삼품(三品)이 있다고 말할 수 없다.……그러나 구체적 사람이 생래적으로 선할 수 없는 까닭은 횡거, 정자, 주자의 이론에 따르면 오직 기질의 차이에서 비롯된다.

59) 問: 靈處是心抑是性? 曰: 靈處只是心, 不是性. 性只是理. (『어류』, 85쪽)

60) 問: 知覺是心之靈固如此, 抑氣之爲邪? 曰: 不專是氣, 是先有知覺之理. 理未知覺, 氣聚成形, 理與氣合, 便能知覺. 譬如這燭火, 是因得這脂膏, 便有許多光焰. (『어류』, 85쪽)

료와 형식(형상)이 결합하여 완성된 것들이다. 리는 반드시 기와 결합해야 비로소 드러날 수 있으니, 마치 등불이 반드시 기름에 의존하는 것과 같다. 우리의 지각과 사려는 이미 이 구체적 세계 내에 존재하는 것이므로 기와 리가 결합한 이후의 일이다. 우리의 지각과 사려가 이른바 "영명한 기능"이다. "영명한 기능은 심이고 성이 아니며, 성은 리일 뿐이다." 심은 구체적 활동이 있을 수 있으나 리는 그렇게 할 수 없는 것이다.

주자는 또 심(心)·성(性)과 정(情)의 관계를 이렇게 논했다.

> 성, 정, 심은 맹자와 횡거가 잘 말했다. 인(仁)은 성이고 측은(惻隱)은 정이니 마음(심)에서 생기는 것일 수밖에 없다. 즉 **마음은 성과 정을 통괄하는**(心統性情) 것이다. 성은 단지 응당 그와 같아야 하는 것으로서 다만 리이니 무슨 일이 있는 것은 아니다. 무슨 일이 생겼으면 이미 선하거나 혹은 악이 있을 수밖에 없으나, 아무 일도 없고 오직 리만 있다면 선하지 않음이 없다.[61]

성은 구체적 사물이 아니므로 선하지 않음이 없다. 정은 이 구체적 세계 속의 사물이므로 반드시 마음에서부터 생긴다. 성은 기(氣) 속의 리이므로 역시 마음 안에 존재한다고 할 수 있다. 따라서 "마음은 성과 정을 통괄한다"고 했다.

주자는 또 심, 성, 정과 재(才)의 관계를 이렇게 논했다.

> 성은 마음의 리이고 정은 마음의 활동이다. 재는 그 정이 그렇게 할 수 있는 능력이다. 정과 재는 아주 밀접한 관계에 있다. 다만 정은 사물을 만나 발현되어 물결처럼 진행하는 것이라면, 재는 그렇게 할 수 있는 능력이다. 요컨대 천갈래 만갈래의 복잡한 실마리들이 다 마음에서 나온다.[62]

○재(才)에는 마음의 능력으로서 활동할 수 있는 기력(氣力)이 있다. 마음은

---

61) 性, 情, 心, 惟孟子橫渠說得好. 仁是性, 惻隱是情, 須從心上發出來. 心統性情者也. 性只是合如此底, 只是理, 非有個物事. 若是有底物事, 則旣有善, 亦必有惡. 惟其無此物, 只是理, 故無不善. (『어류』, 93쪽)

62) 性者, 心之理；情者, 心之動；才便是那情之會恁地者. 情與才絕相近. 但情是遇物而發, 路陌曲折恁地去底；才是那會如此底. 要之, 千頭萬緒, 皆是從心上來. (『어류』, 97쪽) [路陌：도로, 길]

관장하고 주재하는 것이므로 위대한 것이다. 마음을 물에 비유하면, 성은 물의 리이다. 성은 물의 고요함에 해당되고, 정은 물의 동요에 해당되고, **욕망(欲)은 물이 흘러서 범람한 경우이다.** 재(才)는 물의 기력으로서 흐를 수 있게 하는 힘이다. 그래서 흐름이 급하고 느리게 되는 현상은 재의 차이이다. '성은 하늘에서 타고나고 재는 기에서 타고난다'는 이천의 말이 바로 이것이다. **오직 성은 일정**하나 정과 마음과 재는 합하여 기가 된다.[63]

모든 사람이 타고난 리는 동일하므로 "오직 성은 일정하다." 그러나 기는 청탁의 차이가 있으므로 이 점에서 각 사람은 서로 차이가 있다. "욕(欲)은 물이 흘러 범람한 경우로", 리학자들은 욕과 리 또는 인욕(人欲)과 천리(天理)를 대립시켰다. 이것은 이하 상론한다.

5. 도덕과 수양방법

객관적 리(理) 가운데는 도덕적 원리가 존재한다. 우리의 성(性)이 바로 객관적 리의 총화이므로 우리의 성 안에는 그 자체 도덕적 원리가 있다. 즉 인·의·예·지가 그것이다. 주자는 말했다.

> 인·의·예·지는 성(性)이다. 성은 만질 수 있는 모습이나 그림자가 없고 오직 그 리가 있을 뿐이다. 오직 정(情)만 직접 발견할 수 있는데, 측은(惻隱), 수오(羞惡), 사양(辭讓), 시비(是非)가 바로 그 정이다.[64]

> ○마음이 온갖 일을 할 수 있는 까닭은 온갖 도리를 구비했기 때문이다.……어떻게 저 네 가지(인·의·예·지)를 발견할(알) 수 있는가? 측은지심에 근거하여 인(仁)이 있음을 알고, 수오지심에 근거하여 의(義)가 있음을 안다.[65]

---

63) 才是心之力, 是有氣力去做底 ; 心是管攝主宰者, 此心之所以爲大也. 心譬水也, 性水之理也. 性所以立乎水之靜, 情所以行乎水之動, 欲則水之流而至於濫也. 才者水之氣力, 所以能流者. 然其流有急有緩, 則是才之不同. 伊川謂'性稟於天, 才稟於氣', 是也. 只有性是一定. 情與心與才, 便合著氣了. (『어류』, 97쪽)

64) 仁義禮智, 性也. 性無形影可以摸索, 只是有這理耳. 惟情乃可得而見, 惻隱, 羞惡, 辭讓[遜], 是非, 是也. (『어류』, 108쪽)

65) 心之所以會做許多, 蓋具得許多道理. 又曰 : 何以見得有此四者? 因其惻隱, 知其有仁 ; 因其羞惡, 知其有義. (『어류』, 109쪽)

리는 형이상의 존재로서 추상적인 것이니 흔적과 모습을 찾을 수 없다. 그러나 우리에게 측은의 정이 있기 때문에 우리의 성에는 측은의 리(理)인 이른바 인(仁)이 있음을 미루어 알 수 있고, 우리에게 수오의 정이 있기 때문에 우리의 성에는 수오의 리인 이른바 의(義)가 있음을 미루어 알 수 있고, 우리에게 사양의 정이 있기 때문에 우리의 성에는 사양의 리인 이른바 예(禮)가 있음을 미루어 알 수 있고, 우리에게 시비의 정이 있기 때문에 우리의 성에는 시비의 리인 이른바 지(智)가 있음을 미루어 알 수 있다. 모든 사물마다 반드시 그것의 리가 있으니, 리가 없다면 그 사물은 존재할 수 없다.

우리의 성 속에는 인·의·예·지 뿐만 아니라 또 태극의 전체가 있다. 그러나 기품에 의해서 치우치기 때문에 온전히 드러날 수 없다. 이른바 "성인"은 이 기품의 치우침을 제거하여 태극의 전체를 완전히 드러낸 사람이다. 주자는 말했다.

이 리가 있은 후에 그 기가 있고, 기가 있으면 반드시 그 리가 있다. 그런데 맑은 기를 타고난 사람이 성현인데, 이는 마치 보석이 맑고 깨끗한 물 속에 있는 경우와 같다. 탁한 기를 타고난 사람이 우매한 사람인데, 이는 마치 보석이 탁한 물 속에 있는 경우와 같다. 이른바 명명덕(明明德 : 밝은 덕을 밝힘)이란 마치 탁한 물 속에 나아가 저 보석을 닦는 것과 같다. 또 사물에 있는 리는 마치 보석이 지극히 더럽고 탁한 곳에 떨어진 경우와 같다.[66]

○공자는 "사심을 극복하고 예로 돌아가라(克己復禮)"고 했고, 『중용(中庸)』은 "중화를 이룩하고 덕성을 높이고 학문을 추구하라(致中和, 尊德性, 道問學)"고 했고, 『대학(大學)』은 "밝은 덕을 밝히라(明明德)"고 했고, 『서(書)』는 "인심은 위태롭고 도심은 미미하니 오직 정진하고 전일하여 진실로 중도를 견지하라(人心惟危, 道心惟微, 惟精惟一, 允執厥中)"고 했거니와, 성인의 천만마디는 다만 사람들에게 '천리를 보존하고 인욕을 소멸할 것(存天理, 滅人欲)'을 가르치려는 것이다.……

---

66) 有是理而後有是氣, 有是氣則必有是理. 但稟氣之淸者, 爲聖爲賢, 如寶珠在淸冷水中. 稟氣之濁者, 爲愚爲不肖, 如珠在濁水中. 所謂明明德者, 是就濁水中揩拭此珠也. 物亦有是理, 又如寶珠落在至汚濁處. (『어류』, 73쪽) [揩 : 문지르다, 닦다, 갈다]

인성은 본래 청명하나 [우리의 현존은] 마치 보석이 물속에 있어서 흐려져 그 빛이 보이지 않는 것과 같으니, 흐린 물을 제거하면 보석은 예전처럼 저절로 밝아진다. 자기 스스로 인욕에 의해서 가려졌음을 깨달을 수 있으면 곧 개명되므로, 오직 이 점을 중심으로 **모든 노력을 경주해야 한다**. 그리하여 격물(格物 : 사물의 궁구)*을 추구하여 "오늘 하나의 사물을 궁구하고 내일 또 하나의 사물을 궁구하기"를 마치 유격대가 포위 공격하여 성을 공략하듯이 하면 인욕(人欲)은 저절로 녹아 없어질 것이다. 따라서 정자께서 경(敬)을 강조한 까닭은 **내 자신에게 하나의 밝은 것이 이미 존재하니** "경"이라는 글자를 견지하고 외적을 물리쳐 항상 늘 경을 내면에 보존하면 인욕은 자연히 생기지 않을 것이기 때문이다. 공자께서도 "인(仁)의 실행은 내 자신에게 달려 있지 남에게 달려 있겠는가?"라고 했거니와 긴요한 점은 바로 거기에 있다.[67]

사람은 리에서 얻은 다음에 성이 생기고, 기에서 얻은 다음에 몸체가 생긴다. 성은 천리이니 이른바 "도심(道心)"이다. 사람은 기로부터 타고난 육신에서 일어나는 정이 있는데 그 정이 "흘러서 범람한 경우"〈주63〉는 다 인욕이고 이른바 "인심(人心)"이다. 인욕은 사욕(私欲)이라고도 한다. 즉 사람이 구체적 사람임으로 말미암아 생긴 정이 "흘러서 범람한 경우"를 지칭하면 인욕이고, 사람이 개체임으로 말미암아 생긴 정이 "흘러서 범람한 경우"를 지칭하면 사욕이다. 천리가 인욕에 의해서 가려진 것은 마치 보석이 탁한 물 속에

---

  * 『신편』V, 177쪽 : 도학의 주요 목적은 우리의 정신 경지를 향상시키는 것이었으므로 도학자들은 한결같이 수양방법을 중시했다. 주희의 어록에도 수양방법을 논한 조목이 매우 많지만, 『대학장구(大學章句)』에서 지은 「격물보전(格物補傳)」〈주69〉이 가장 중요하다.……『대학』은 주희가 심혈을 기울여 연구한 『사서』의 맨 앞에 배열되었는데, 저 「보전」편은 그 『대학』의 정문(正文)으로 보충하여 넣은 것으로서 그가 심혈을 기울여 연구하여 한 자 한 자 세심히 다듬은 글이다.

67) 孔子所謂"克己復禮." 『中庸』所謂"致中和, 尊德性, 道問學." 『大學』所謂"明明德." 『書』曰 : "人心惟危, 道心惟微, 惟精惟一, 允執厥中." 聖賢千言萬語, 只是教人存[明]天理滅人欲.……人性本明, 如寶珠沈溷水中, 明不可見. 去了溷水, 則寶珠依舊自明. 自家若得知是人欲蔽了, 便是明處. 只是這上便緊緊著力主定, 一面格物, 今日格一物, 明日格一物, 正如遊兵攻圍拔守, 人欲自消鑠去. 所以程先生說敬字, 只是謂我自有一個明底物事在這裏, 把個敬字抵敵, 常常存個敬在這裏, 則人欲自然來不得. 夫子曰 : "爲仁由己, 而由人乎哉!" 緊要處正在這裏. (『어류』, 207쪽)

있는 경우와 같다. 그러나 인욕은 끝내 완전히 천리를 은폐할 수 없는데 즉 천리가 인욕에 의해서 가려졌음을 아는 이 앎(知)이 바로 아직 은폐되지 않은 천리의 모습이다. 이 점을 중심으로 "모든 노력을 경주하여" 공부에 힘써야 한다. 공부는 두 측면으로 나누어지는데, 정이천이 말한 "용경(用敬)"과 "치지(致知)"가 그것이다.[68] 단지 "내 자신에게 하나의 밝은 것이 존재하니" 마음속에 이 점을 늘 기억하는 것이 "용경"의 공부이다. 또 "치지"를 해야 하는 까닭을 주자는 이렇게 말했다.

"치지는 격물에 달려 있다"고 함은 내 앎(知)을 온전히 이루려면 사물에 나아가 그 리를 궁구해야 한다는 말이다. 사람의 마음은 영명하여 모든 앎이 구비되어 있고, 천하의 사물에는 다 리가 내재해 있다. 다만 그 리를 제대로 궁구하지 못한 까닭에 내 앎이 온전하지 못한 상태에 있다. 그렇기 때문에 『대학』은 첫 가르침에서 반드시 공부하는 이들로 하여금 천하사물에 나아가 항상 내가 이미 알고 있는 리를 바탕으로 더욱 궁구하여 그 극치까지 도달하려고 노력하도록 가르친다. 그리하여 오랫동안 노력하여 어느 시기에 활연관통(豁然貫通 : 환히 깨달음)하면, **온갖 사물의 표리정조**(表裏精粗 : 표면과 심층 및 심오함과 피상적 측면) **등 전부가 파악되고, 내 마음의 전체대용**(全體大用 : 온전한 본체와 광대한 작용)***도 전부 밝아진다**(드러난다).** (「대학장구

---

68) "用敬" "致知" [涵養須用敬, 進學則在致知.] 〈제12장, 주109〉

* "全體"는 "無所不統의 體(마음의 모든 것을 통괄하는 본체)"를, "大用"은 "無所不周의 用(모든 곳에 두루 미치는 작용)"을 뜻한다("心之體無所不統, 其用無所不周"[『대학혹문』] 참조). 또 心의 體用에 대해서 "仁義禮智, 性也, 體也 ; 惻隱 羞惡 辭孫 是非, 情也, 用也. 通性情, 該體用者, 心也"(『주희집』, 2839쪽)라고 했다.

** 『신편』V, 178쪽 요약 : [이 글의 문제점. 첫째, 이론상의 문제 :] 이 글은 "활연관통" 구절을 전후로 양분되는데 앞 문단의 요점은 "즉물궁리(即物窮理)"로서 지식의 증진을 논했고, 뒷문단의 요점은 "내 마음의 전체대용의 개명"으로서 정신 경지의 향상을 논했다. 주희는 여기서 "즉물궁리"를 "내 마음의 전체대용을 밝히는" 방법으로 여겼는데 이것이 문제이다. 이는 본래 서로 다른 영역[노자가 말한 "위학(爲學)"과 "위도(爲道)"]을 하나로 뒤섞은 것이니 통하지 않는 주장이다. [둘째, 실천상의 문제 :] 가령 식물학자가 연구하는 식물의 리는 무궁무진하므로 구체적 사물에 대한 지식도 무궁무진한 만큼 어떻게 "그 극한에 도달할" 수 있겠는가? 즉 지식은 "극한"이 없다. 설사 "그 극한에 도달했다"고 하더라도 어떻게 "활연관

보격물전(大學章句補格物傳)」)[69]

"격(格)은 '이른다'는 뜻이고, 물(物)은 일과 같다. 사물의 리에 끝까지 도달하여 전부 그 극치까지 도달하려는 것을 뜻한다."[70] 이것이 주자의 격물설로서 후대 육왕(陸王) 학파의 큰 공격을 받았다. 육왕 일파는 그러한 공부는 지리(支離 : 무질서)하다고 여겼다. 그러나 주자의 철학체계 전체에서 보면 이 격물의 수양방법은 자연스럽게 그의 전(全)체계와 잘 어울린다. 주자에 따르면 천하사물은 모두 그 리가 있고 우리 마음속의 성은 천하사물의 리의 전체이므로 천하사물의 리를 궁구하는 것은 곧 우리 성 속의 리를 궁구하는 것이기 때문이다. 오늘 성 속의 한 리를 궁구하고 내일 또 성 속의 한 리를 궁구하여 리를 많이 궁구할수록 우리의 기(氣) 속의 성은 그만큼 더 밝아진다. 궁구한 것이 많으면 환히 깨닫는(豁然頓悟) 때가 있게 된다. 이때에 이르면 만물의 리가 다 내 성 속에 있음을 알게 된다. 그래서 "천하에 성 밖의 사물은 없다"〈주8〉고 말했다. 이 경지에 이르면 "온갖 사물의 안팎과 깊이와 윤곽 등 전부가 파악되고, 내 마음의 온전한 본체와 광대한 작용도 전부 밝아진다." 이 수양방법을 쓰면 과연 그 목적에 도달되는지의 여부는 다른 문제이다. 다만 주

통"할 수 있겠는가? 또 식물의 리에 대한 "활연관통"과 달리 여기서 말한 "활연관통"은 "내 마음의 전체대용의 개명"을 지칭하는바, 이것은 지식 증진의 방법을 통해서는 도달할 수 없는 것이다.

69) 所謂致知在格物者, 言欲致吾之知, 在卽物而窮其理也. 蓋人心之靈, 莫不有知, 而天下之物, 莫不有理. 惟於理有未窮, 故其知有不盡也. 是以『大學』始敎, 必使學者卽凡天下之物, 莫不因其已知之理而益窮之, 以求至乎其極. 至於用力之久, 而一旦豁然貫通焉, 則衆物之表裏精粗無不到. 而吾心之全體大用無不明矣.
   [『신편』V, 179-82쪽 : 주희의 「격물보전」이 논한 "즉물궁리"는 분명히 정이가 말한 "진학즉재치지(進學則在致知)"에 해당되고 "함양수용경(涵養須用敬)" 측면은 다루지 못했다.……그런데 만약 "이구지호기극(以求至乎其極)" 다음에 "此窮物理也, 窮物之理乃所以窮人之理. 苟明此道, 敬以行之(이것은 사물의 리에 대한 궁구이다. 사물의 리를 궁구함은 인간의 리를 궁구하려는 것이다. 이 도를 깨달았으면 '경'을 바탕으로 행해야 한다)"를 첨가한 다음 "이일단활연관통언(而一旦豁然貫通焉)"을 접속시킨다면, 「보전」의 의미는 완전해지고, 정이의 경우 "진학(지식 증가)"과 "함양(정신 경지의 향상)" 사이에 존재했던 간극도 메워질 것이다.]

70) 格至也, 物猶事也. 窮至事物之理, 欲其極處無不到也. (『대학장구』)

자의 철학체계에서 보면 주자는 정녕 이 설을 견지할 만했다.[71]

6. 정치철학

각 사물마다 다 그 리가 있으니, 국가 사회의 조직도 반드시 그 리가 있다. 그 리를 근본으로 국가를 다스리면 국가는 태평하고(治) 그 리를 근본으로 국가를 다스리지 않으면 국가는 혼란하다. 따라서 그 리가 곧 이른바 치국평천하의 도(道)이다. 그 도는 역시 객관적으로 자존(潛存 : 自存)한다. 주자는 말했다.

> 1,500년간……요, 순, 삼왕, 주공, 공자가 전한 도는 하루라도 천지간에 (완전히) 실행된 적이 없으나, 도의 영원성은 애초부터 사람이 간여할 수 있는 바가 아닙니다. 오직 그것(도)만은 그 스스로 고금을 초월하여 영원히 존재하며 소멸하지 않는 것입니다. 비록 그 도는 1,500년 동안 사람에 의해서 파괴되기는 했어도 또한 사람이 그 도를 모조리 없애지는 못했습니다.[72]

> ○도는 잠시도 멸식된 적이 없으나 사람 자신이 그것을 멸식시켰을 뿐입니다. 이른바 "도가 멸망한 것이 아니라 유왕, 여왕(幽厲 : 주나라 멸망을 초래한 두 폭군)이 도를 실행하지 않았을 뿐이다"는 말이 바로 그것입니다.[73]

치국평천하의 도는 영원한 것이다. 그러나 도가 행해지거나 행해지지 않는 것, 즉 도의 실현 여부는 사람의 실행 여부에 달려 있다. 다만 사람이 실행하지 않더라도 그 도는 여전히 그러하며 결코 사람이 실행하지 않는다고 없어지는 것이 아니다. 사실상 조금이라도

---

71) 【주】주자가 말한 격물은 사실상 수양방법으로서 그 목적은 우리 마음의 전체대용(全體大用)을 밝히는 데에 있다. 그래서 육왕 일파의 도학자들은 주자의 이 설을 비판했지만 그들 역시 격물을 하나의 수양방법으로 간주하면서 주자를 비판했다. 그런데 이것을 주자의 과학정신으로 여겨 그의 격물설을 오로지 지식을 추구한 것으로 간주하는 것은 주자에 대한 왜곡(誣朱子)이다.

72) 千五百年之間,……堯舜三王周公孔子所傳之道, 未嘗一日得行於天地之間也. 若論道之常存, 却又初非人所能預. 只是此個, 自是亘古亘今常在不滅之物. 雖千五百年被人作壞, 終殄滅他不得耳. (「답진동보서(答陳同甫書)」,『주희집』, 1592쪽)

73) 蓋道未嘗息, 而人自息之. 所謂非道亡也, 幽厲不由也, 正謂此耳. (같은 곳, 1600쪽)

정치적으로나 사회적으로 업적을 성취했던 사람이라면 그 도에 따라 행하지 않은 적이 없었겠으나 다만 인식하지 못했거나 혹은 온전히 실행하지 못했을 뿐이다. 주자는 말했다.

> 항상 저는 예나 지금이나 영원히 오직 하나의 도리(體 : 법, 理勢, 근본)만 존재하고 그것에 순응한 자는 성공하고 그것에 어긋난 자는 패망했다고 생각합니다. 물론 옛날의 성현(聖賢)만 그랬던 것은 아니고 후세의 이른바 영웅호걸들도 그것의 리(理)를 벗어나 성취할 수 있었던 사람은 없었습니다.
> 다만 **옛 성현은 근본적으로 유정유일(惟精惟一 : 오직 정진하고 전일[專一]함)의 공부가 있었기 때문에 중도를 견지하여 철두철미(徹頭徹尾) 완전히 선하지 않은 바가 없었으나**, 후세의 이른바 영웅들은 그러한 공부를 한 적이 없고 다만 이욕(利欲)의 마당에서 부침(頭出頭沒 : 浮沈)했을 따름입니다. 그중에서 자질이 훌륭한 사람은 우연히 일치하여(暗合) 각자의 기량대로 업적을 세웠지만 시비를 막론하고 완전히 선하지 못했던 점은 똑같았습니다. 보내주신 편지에서 말씀하신 **"삼대(三代)에는 철저히 행했지만 한당(漢唐) 때는 철저히 행하지 못했다"**고 함이 바로 그 말이 아니겠습니까? 그러나 그저 **철저하고 철저하지 못한 사실**만 언급하고 **철저하고 철저하지 못한 그 까닭**을 논하지 않으며, 성인의 행위를 이욕의 마당으로 끌어들여 비교하고 헤아려 약간 비슷한 점을 발견하면 곧 성인의 경우도 그 정도에 불과하다고 간주한다면, 이른바 "사소한 차이가 결국은 큰 과오가 된다"는 경우에 해당됩니다.[74]

우리가 집 한 채를 지으려면 반드시 건축학상의 원리에 따라야 그 집을 지을 수 있다. 그 원리는 사람이 인식하지 못하거나 사용하지 않더라도 물론 그 자체로 영원불변하고 하루라도 없어진 적이 없

---

74) 常竊以爲亘古亘今, 只是一理[理 : 『신편』은 원래대로 體], 順之者成, 逆之者敗. 固非古之聖賢所能獨然, 而後世之所謂英雄豪傑者, 亦未有能舍此理而得有所建立成就者也. 但古之聖賢, 從本根上便有惟精惟一功夫, 所以能執其中, 徹頭徹尾, 無不盡善. 後來所謂英雄, 則未嘗有此功夫, 但在利欲場中, 頭出頭沒. 其資美者, 乃能有所暗合, 而隨其分數之多少以有所立 ; 然其或中或否, 不能盡善, 則一而已. 來諭所謂 '三代做得盡, 漢唐做得不盡'者, 正謂此也. 然但論其盡與不盡, 而不論其所以盡與不盡. 却將聖人事業, 去就利欲場中, 比並較量, 見有彷彿相似, 便謂聖人樣子, 不過如此. 則所謂毫釐之差, 千里之繆者, 其在此矣. (같은 곳, 1602–03쪽)

다. 위대한 건축가는 그 리에 아주 밝으므로 항상 그것에 따라 행하
면 그 원리는 실현될 수 있고 그가 지은 집도 틀림없이 견고하고 오
래 유지될 것이다. 위대한 건축가만 그런 것이 아니고, 집 짓는 사
람 치고 집을 제대로 지을 수 있었다면 건축학의 원리에 따르지 않
은 사람은 없다. 다만 그 리를 몰랐거나 그저 우연히 부합했을 수는
있다. 그러나 그 원리를 연구하지 않으면 그가 짓는 집은 건축 원리
에 완전히 부합하지 못하는 바가 있을 것이다. 즉 그것의 완벽성(完
善) 정도는 순전히 얼마나 건축 원리에 부합했느냐 하는 그 정도에
달려 있다. 요컨대 아주 완전할 수는 없다. 성현의 임금의 정치와
영웅호걸의 임금의 정치의 차이도 역시 이와 비슷하다. 따라서 영
웅호걸의 임금의 정치는 최대로 성공해도 겨우 소강(小康)의 정치
일 따름이다. 성현의 임금이 행하는 정치는 왕정(王政)이고, 영웅호
걸이 행하는 정치는 패정(霸政)이다.*

　"옛 성현은 근본적으로 오로지 정진하고 전일하는(惟精惟一) 공
부가 있었기 때문에 중도를 견지하여 철두철미 완전히 선하지 않은
바가 없었다." 반드시 그런 수양이 있어야 비로소 성현의 임금이
될 수 있고 그가 행하는 정치라야 비로소 왕정이 될 수 있다. 주자
는 더욱 상세히 말했다.

　'인심은 위태롭고 도심은 미미하니 오직 정진하고 전일하여(惟精惟一) 진
실로 중도를 견지하라'**는 것이 요, 순, 우 임금이 서로 전수한 밀지(密旨)입

---

* 『신편』V, 184–85쪽 : 주희의 경우 "왕"과 "패"는 결코 두 종류의 정치가 아니다.
　정치에도 오직 하나의 정치의 리만 있고 그것이 곧 치국평천하의 도이다. (하나의
　정치의 리만 존재하는 것은 마치 "네모[方]"의 경우 하나의 "네모"의 리만 존재
　하고 '매우 네모가 아닌 것'의 리 따위는 없는 것과 같다. 다만 매우 네모인 것[왕
　정], 그다지 네모가 아닌 것[패정] 따위로 구별될 뿐이다./역자 요약)
** 『신편』V, 185쪽 : 도학자들은 "인심"은 "기질지성(氣質之性)"에, "도심"은 "천지
　지성(天地之性)"에 상당한다고 여겼다. 주희는 여기서 "삼대"의 본원(本源)은 통
　치자의 "도심"이고, "한당"의 본원은 통치자의 "인심"이었다고 설명했다. 즉 "이
　욕의 마당에서 부침했다"〈주74〉는 표현이 곧 "인심"을 말한다. 소위 영웅호걸들
　은 개인의 성공을 추구했으므로, 의(義)가 아닌 "이(利)"에서 출발했다. 한당의 통
　치자는 모두 이러한 부류의 인물들이었으므로 그 정치는 "패정"일 수밖에 없었으

니다. 무릇 사람은 탄생할 때부터 개인의 육체에 얽매여 있기 때문에, 물론 '인심(人心)'이 없을 수 없으나 반드시 천지의 올바름(天地之正)에서 받은 것이 있으므로 또한 '도심(道心)'도 없을 수 없습니다. 일상생활에서 이 두 가지가 병행하여 교대로 지배하니 일신의 시비득실(是非得失)과 천하의 치란안위(治亂安危) 등 모두 일이 다 거기에 달려 있는바, 세심하게 분별하여 인심이 도심에 섞여들지 않게 하고 또 전일하게 견지하여 천리가 인욕에 빠져들지 않게 한다면, **그의 모든 행위는 어느 하나라도 중도에 맞지 않는 것이 없게 되고, 천하 국가의 일도 모든 경우마다 다 합당하게 되는 것입니다.**[75]

플라톤의 이상 속의 철인왕은 먼저 매우 깊은 수양을 하여 현상세계를 초월하여 이데아의 세계에 도달하여 직접 선의 이데아를 보아야 한다. 반드시 이 수준이 되어야 비로소 뭇 사람을 주재할 수 있다. 주자가 여기서 말한 내용도 그런 의미이다. 우리의 성에는 모든 리가 완전히 구비되어 있으므로 기품(氣稟)의 구속을 제거할 수 있으면 성 속의 온갖 리가 밝아지고 따라서 "그의 모든 행위는 어느 하나라도 중도에 맞지 않는 것이 없게 된다." 즉 하나라도 리에 부합하지 않는 일이 없게 된다. 따라서 "천하 국가의 일도 모든 경우마다 다 합당하게 된다." 그러나 영웅호걸의 임금은 본래 이러한 수양이 없고 행위는 주로 개인적 인욕에서 나온 것이므로 그의 정치적 조치는 더러 천리와 우연히 부합한 것이 있더라도 역시 부합하지 못한 것이 더 많다. 이 때문에 그에게는 소강의 정치만 있게 된다.

　이상의 인용문은 모두 주자의 「답진동보서(答陳同甫書)」에 있다.

　나, "삼대"의 통치자는 개인의 성공이 아닌 피통치자의 행복을 추구했고 따라서 "지성측달지심(至誠惻怛之心)"에서 출발했으므로 그 정치는 자연히 "왕정"이고 "패정"이 아니었다. 즉 그들은 의(義)를 도모했고 이(利)를 도모한 것이 아니었다. 따라서 왕·패의 구분도 그 본원을 추론하면 의·리의 구별(義利之辨)이다.

75) 所謂"人心惟危, 道心惟微, 惟精惟一, 允執厥中"者, 堯舜禹相傳之密旨也. 夫人自有生而梏於形體之私, 則固不能無人心矣. 然而心有得於天地之正, 則又不能無道心矣. 日用之間, 二者並行, 迭爲勝負, 而一身之是非得失, 天下之治亂安危, 莫不係焉. 是以欲其擇之精而不使人心得以雜乎道心 ; 欲其守之一而不使天理得以流於人欲. 　則凡其所行, 無一事之不得其中, 而於天下國家無所處而不當. (같은 곳, 1598쪽)

진동보의 이름은 양(亮)이다. 그의 정치적 주장은 삼대의 왕정과 한당의 패정은 근본적인 차이는 없고 다만 "삼대에는 철저히 행했지만 한당 때는 철저히 행하지 못했을" 뿐이다고 여겼다. 당시의 이른바 영강학파(永康學派)가 이 설을 견지했다.* 주자는 그들에 대해서, "철저하고 철저하지 못한 사실"만 논해서는 안 되고 나아가 "철저하고 철저하지 못한 그 까닭"을 논해야 한다고 주장했다. "철저하고 철저하지 못한 그 까닭"이 곧 왕·패의 분기점이다.

7. 불가에 대한 평론

앞에서 주자는 불가(佛家)와 유가(儒家)의 차이를 불가는 성을 공(空)으로 여기지만 유가는 성을 실(實)로 여기는 데에 있다고 여겼다고 말했다.〈주16〉불가에 대한 주자의 평론은 주로 이 점에 근거하고 있다. 어록은 말한다.

겸지(謙之)가 물었다. "현재 다들 불교의 설은 무(無), 노자의 설은 공(空)으로 보는데, 공과 무의 차이는 어떤 것입니까?"

"공은 유(有)·무(無)를 겸한 말이다. 도가는 반은 유이고 반은 무라고 주장하여 '과거는 모두 무이나 현재는 유이다'고 말하므로 '공'이라고 개괄한 것이다. 그러나 불가는 모두 무라고 주장하니, 과거도 무요 현재도 무이며, 색은 공이요 공은 색이다(色卽是空, 空卽是色). 크게는 만사만물, 작게는 모든 뼈마디와 기관들을 모조리 다 무에 귀결시켰다. 그리하여 온종일 밥을 먹으면서도 쌀 한 톨도 씹은 적이 없다고 말하고, 옷을 입고서도 실 한오라기

---

* 진량(陳亮, 1143-94)은 절강성 영강(永康) 사람으로 "영강학파"의 대표이다. 옛 성현에 대한 맹목적 숭배의 태도를 거부하고 역사상 실사(實事)와 실공(實功)을 도모한 영웅이 공허한 도덕만 논한 성현보다 낫다고 여겼고, "훈고의 말단적 주석이 어찌 성인의 뜻이겠는가?"고 반문하며 유가 경전의 신비화를 반대했다. 윤리관에서 리와 욕의 분리를 반대하고 천리와 인욕은 병행될 수 있다고 보았고, 희로애락도 자연스런 본성이니 인·의·예·지로 억압할 수 없다고 여겼다. 그 학설은 당시 이학자들에게 "이단설(異說)"로 간주되었으나 명대에 이지(李贄)의 찬양을 받았고 그후 황종희(黃宗羲)와 전조망(全祖望) 등에게 영향을 끼쳤다.

도 걸친 적이 없다고 말한다."[76]

불가는 만물을 허깨비(幻有)로 여긴다. 즉 "색은 공이다." 화엄종에
서 말한 리(理)와 사(事)는 원융무애(圓融無礙)하고 그 사는 구체적
인 사물을 지칭한다. 구체적인 사물은 생멸하고 무상하다. 그 사물
이 있다는 점에서 보면 진여(眞如)는 공이 아니다고 말할 수 있으나,
사물이 무상하다는 점에서 보면 공이 아닌 그것도 여전히 공이다. 따
라서 진여 안에 완연히 존재하는 것도 역시 허깨비이다. 반면에 태극
안에 구비된 온갖 리의 경우는 뭇 리가 모두 시공을 초월하여 영원히
존재한다. 그 실제적 사례는 생멸하고 변화하지만 저 뭇 리는 생멸과
변화를 논할 수 없다. 그러므로 태극은 정말로 공이 아니다. 주자의
불가 비판은 이 점에 주목하여, 우리의 성, 즉 태극의 전체에는 뭇 리
가 다 구비되어 있고 또 여하튼 리세계(理世界)는 공일 수 없으므로
우리의 성은 공일 수 없다고 주장했다. 주자는 말했다.

  불교의 공(空) 이론이 **전혀 옳지 않은 것은 아니다**(不是便不是). 불교의 '공'
  안에도 모름지기 도리가 있어야 할 것이다. 만약 우리가 자신이 '공'임을 주
  장하며 실제적 도리의 존재를 모른다면 대체 무슨 소용이 있겠는가? 그것은
  마치 어떤 연못의 물이 너무나 맑고 깨끗하여 보기에 아무 물도 없는 것 같
  아서 '텅 비었다(空)'고 말한 경우와 같다. 손으로 그 물의 온도를 느껴보지
  않으면 그 안에 물이 있는지 모른다. 불교의 견해가 바로 이와 같다. 요즘 학
  자들은 격물치지를 중시하는데 바로 그점부터 철저히 살펴야 한다.[77]

리세계는 "정결하고 광활한 세계"〈주28〉로서 "방향과 장소도 없고

---

76) 謙之問：今皆以佛之說爲無[空], 老之說爲空[無]. 空與無不同如何? 曰：空是兼有無
  之名. 道家說半截有, 半截無. 已前都是無, 如今眼下却是有. 故謂之空[無]. 若佛家
  之說, 都是無. 已前也是無, 如今眼下也是無. 色卽是空, 空卽是色. 大而萬事萬物,
  細而百骸九竅, 一齊都歸於無. 終日喫飯, 却道不曾咬著一粒米；滿身著衣, 却道不
  曾掛著一條絲. (『어류』, 3012쪽)
77) 釋氏說空, 不是便不是. 但空裏面須有道理始得. 若只說道我是個空, 而不知有個實
  底道理, 却做甚用得. 譬如一淵淸水, 淸冷徹底, 看來一如無水相似, 他便道此淵只是
  空底. 不曾將手去探是冷是溫, 不知道有水在裏面. 釋氏之見正如此. 今學者貴於格
  物致知, 便要見得到低. (『어류』, 3015쪽)

형체도 없다〈주19〉. 그러나 그렇다고 해서 그것을 공으로 여기거나
무로 여기면 안 된다. 따라서 불교의 공 이론은 그 근거가 있기는
하므로 "전혀 옳지 않은 것은 아니나", 리는 이미 존재하는(有) 이
상 '모든 것이 다 공이다'고 할 수는 없다. 주자는 또 말했다.

> 불교는 마음은 텅 비어 있고 아무 리도 없다고 여기지만, 유가는 마음이
> 비록 텅 비어 있지만 **온갖 리가 모두 구비되어 있다**고 여긴다.[78]

> ○유자는 리가 **생기지도 않고 없어지지도 않는다**(不生不滅)고 여기나, 불교는
> **신식(神識 : 의식, 영혼)이 생기지도 않고 없어지지도 않는다고 여긴다.**[79]

우리의 성은 태극의 전체로서 그 안에는 "온갖 리가 모두 구비되어
있고" "생기지도 않고 없어지지도 않는다." 오직 생기지도 않고 없
어지지도 않기 때문에 리를 인정하지 않는 사람도 리에 따라 행하
지 않을 수 없다. 주자는 말했다.

> **천하에는 오직 이 도리만 있으니 여하튼 벗어날 수 없다.** 불가와 도가는 인륜
> 을 멸하고 있지만 그들 자신도 역시 벗어나지 못하고 있다. 예컨대 부자(父
> 子) 관계를 무시하면서도 도리어 그들은 스승을 받들고 제자를 아들로 삼으
> 며, 연장자는 사형(師兄)으로 연하자는 사제(師弟)로 삼고 있다. 즉 불가는
> 다만 거짓된 것만을 움켜쥐고 있으나, 성현은 참된 것을 보존하고 있다.[80]

사회의 조직은 반드시 리에 따른다. 불교도는 사회를 벗어나고자
하지만 그들 자신의 단체가 곧 하나의 사회이니 부득불 사회의 리
에 따라 조직하지 않을 수 없다. 즉 "천하에는 오직 이 도리만 있으
니 여하튼 벗어날 수 없음"을 알 수 있다. 주자는 불가는 이런 성을
도외시하고 오직 "신식이 생기지도 않고 없어지지도 않는다고 여긴
다." 즉 불가는 마음을 성으로 오인한 것이다. 어록은 말한다.

---

78) 彼(釋氏)見得心空而無理, 此(儒家)見得心雖空而萬理咸備也. (『어류』, 3015쪽)

79) 儒者以理爲不生不滅, 釋氏以神識爲不生不滅. (『어류』, 3016쪽)

80) 天下只是這道理, 終是走不得. 如佛老雖是滅人倫, 然自是逃不得. 如無父子, 却拜其
師, 以其弟子爲子, 長者爲師兄, 少者爲師弟. 但只是護得個假的, 聖賢便是存得個眞
的. (『어류』, 3014쪽) [逃 : 달아나다, 회피하다, 벗어나다, 면하다]

서자융(徐子融 : 이름은 昭然, 주자의 제자)이 마른 사물에도 성이 있는지
의 여부에 대한 논의를 하고 있었다. 주자가 말했다.

"성은 다만 리이다. 사물이 존재하면 곧 그 리가 있다. 자융의 오류는 마
음을 성으로 여긴 점인데, 불교의 경우와 비슷하다. 다만 불가는 저 마음을
아주 정미하게 갈고 닦아 마치 하나의 물건처럼 한 껍질을 벗기고 또 한 껍
질을 벗겨서 더 이상 벗길 데가 없는 극한까지 벗겨 저 마음을 번쩍번쩍 빛
나게 닦으면 그것이 곧 성이라고 간주한다. 그래서 그런 성이 바로 유가의
성인이 말한 마음에 불과함을 알지 못한다. 따라서 상채(上蔡 : 謝良佐)는 말
하기를 '불가가 말한 성은 성인이 말한 마음이고, 불가가 말한 마음은 성인
이 말한 의지(意)이다'고 했다. 마음은 그저 저 리를 담고 있는 것일 뿐이다.
불가는 원래 저 리를 전혀 이해하지 않고서, **지각 운동**을 성으로 간주했다.

예컨대 시각(視), 청각(聽), 언어(言), 용모(貌)의 경우 성인은 시각에는 **시
각의 리**, 청각에는 청각의 리, 언어에는 언어의 리, 동작에는 동작의 리가 있
다고 여겼으니, 즉 기자(箕子)가 말한 **명철**(明), 총명(聰), 정당(從), 공손(恭),
슬기(睿)가 그것이다. 그러나 불가는 그저 보고 듣고 생각하고 동작할 수 있
는 것을 성으로 여긴다. 그러니 시각과 청각이 밝든 밝지 않든, 언어가 합당
하든 합당하지 않든, 생각이 슬기롭든 슬기롭지 않든, 일체를 전혀 상관하지
않는다. 즉 이런 저런 것 가리지 않고 모두 다 성으로 간주한다. 그들은 저
리(理)에 대한 논의는 무조건 두려워하여 모두 다 없애버리려고 하니, 그야
말로 고자(告子)가 말한 '생긴 그대로가 성이다'*는 주장이다."[81]

---

* 生之謂性.〈제1편,제6장,주50〉

81) 徐子融有枯槁有性無性之論. 先生曰 : 性只是理, 有是物斯有是理. 子融錯處, 是認
心爲性, 正與佛氏相似. 只是佛氏磨擦得這心極精細, 如一塊物事, 剝了一重皮, 又剝
一重皮, 至剝到極盡無可剝處, 所以磨弄得這心精光, 它便認做性. 殊不知此性正聖
人所謂心. 故上蔡云 : "佛氏所謂性, 正聖人所謂心 ; 佛氏所謂心, 正聖人所謂意." 心
只是該得這理. 佛氏元不曾識得這理, 一節便認知覺運動做性. 如視聽言貌, 聖人則
視有視之理, 聽有聽之理, 言有言之理, 動有動之理, 思有思之理, 如箕子所謂明, 聽,
從, 恭, 睿是也. 佛氏則只認那能視, 能聽, 能言, 能思, 能動低, 便是性. 視明也得, 不
明也得 ; 聽聰也得, 不聽也得 ; 言從也得, 不從也得 ; 思睿也得, 不睿也得 ; 它都不管.
橫來竪來, 它都認爲性. 它最怕人說這理字, 都要除掉了, 此正告子生之謂性之說也.
(『어류』, 3019-20쪽)

마른 사물은 비록 지각은 없으나 그것이 사물인 이상 반드시 그 리가 있으니, 그 리가 곧 그것의 성이다. 지각은 마음에 속하는데, 마른 사물이 지각이 없다고 해서 그것이 성이 없다고 여기면 그것은 마음을 성으로 오인하는 일이다. 지각 운동은 다 마음의 활동인데 불가는 지각 운동의 기능을 성으로 인정했으므로 그들이 인정한 것은 사실은 마음이었다. 마음은 실제적인 존재(有)이므로 역시 "형이하"의 존재이다. 그러나 리는 다만 자존(潛存)하므로 "형이상"의 존재이다. 따라서 주자의 철학은 보통 말하는 유심론(唯心論)이 아니고 현대의 신실재론(新實在論)에 가깝다. 애석하게도 중국철학에는 논리가 발달하지 않았던지라 주자도 그 방면에 힘쓰지 않았고, 따라서 그가 말한 리는 본래는 순전히 논리적인 것이었으나 윤리적인 것과 뒤섞이게 되었다. 예컨대 "시각의 리"가 시각의 형식을 지칭할 때는 논리적인 것이나, 시각(안목)이 "명철"해야 함을 지칭할 때는 윤리적인 것이다. 주자는 이 두 측면을 하나로 합하여, 한 사물이 그러한 까닭으로서의 리(所以然之理)는 동시에 그것의 당위성(所應該)이기도 하다고 여겼다. 주자의 흥취는 윤리적인 것이었고 논리적인 것은 아니었기 때문이다. 플라톤도 이러한 경향이 있었으나 다만 주자처럼 심하지 않았을 뿐이다. 중국철학은 늘 대체로 이 [윤리적] 측면을 중시했다.

제14장
육상산·왕양명과 명대의 심학

1. 육상산

주자는 도학의 리학 일파의 가장 위대한 인물인데, 주자와 같은 시대에 도학에서 따로 심학 일파를 세운 사람이 육상산(陸象山, 1139-93)이다. 양간(楊簡, 1140-1225)은 「상산선생행장(象山先生行狀)」에서 말했다.

선생의 성은 육, 휘는 구연(九淵), 자는 자정(子靜)이다.……타고난 기품이 범상했는데 장중하나 자랑하는 기색이 없었다.……어린 시절에 사람들이 암송하는 이천(伊川)의 말에 '그 자신이 손상되는 듯한 느낌을 받았다.' 그래서 사람들에게 "이천의 말은 왜 그렇게 공자, 맹자와는 종류가 다른가?"*라고 반문했다. 또 『논어』를 처음 읽었을 때 유자(有子)의 말이 지리멸렬함을 느꼈다.……그후 옛 책을 읽다가 "우주"라는 두 글자를 풀이한, "사방과 상하가 우(宇)이고 고대부터 현재까지가 주(宙)이다"는 대목에서 홀연히 크게 깨닫고 "우주 안의 일은 곧 내 본분 안의 일이고, 내 본분 안의 일은 곧 우주 안의 일이다"고 말했다. 또 **"우주는 곧 내 마음이고 내 마음은 곧 우주이다"**고

---

* 『신편』V, 198-99쪽 : 육구연은 젊은 날에 이미 정호와 정이의 철학사상의 차이를 간파했고, 특히 정이의 철학사상이 "공자, 맹자와 종류가 다르다"고 생각했으니 그는 젊은 날에 이미 매우 높은 철학적 변별력을 갖추었음을 알 수 있다.

** 『신편』V, 202-03쪽 : 불교의 유식종(唯識宗)에 따르면 각 개인마다 자기의 산하 대지가 있고 그것은 그 자신의 "식(識)"이 변해서 나타난 것이며 각 사람의 (산하

말했다.(「행장」에는 이 구절이 없다. 「연보」에 따라 보충함.)

동해에 성인에 나와도 이 마음과 그 이치는 같고, 서해에 성인이 나와도 이 마음과 그 이치는 같고, 남해와 북해에 성인이 나와도 이 마음과 그 이치는 같고, 천백세대 앞에 나온 성인도 이 마음과 그 이치는 같으며, 천백세대 후에 성인이 나와도 이 마음과 그 이치는 같다.[1]

「행장」에 따르면 상산은 무주(撫州) 금계(金谿) 사람이고, 송나라 고종(高宗) 소흥(紹興) 9년(1139)에 태어나 광종(光宗) 소희(紹熙) 3년(1192)에 돌아갔다.

상산은 어려서부터 이천의 말이 "그 자신을 손상시키는 것 같다"고 느꼈다. 상산의 학은 이천과는 다르지만 명도와는 아주 가까웠다. 명도는 「식인편(識仁篇)」에서 "배우는 자는 먼저 인(仁)을 인식해야 하며", "그 리를 인식하고 성(誠)·경(敬)으로 보존하면"〈주 51〉 만사 그만이다고 여겼는데, 상산의 설이 바로 그런 의미이다. 상산은 말했다.

요전에 누가 내 학문을 비방하며 "먼저 대체를 확립한다(先立乎其大者)〈제12장,주120〉는 한 구절을 제외하면 아무 내용도 없다"고 하자, 나는 "정말로 그렇다"고 대꾸했다.[2]

이른바 "먼저 대체를 확립한다" 함은 도가 곧 내 마음이요 내 마음이 곧 도이며 "도 밖의 일이 없고 일 밖의 도가 없음"〈주5〉을 먼저

대지는) 서로 간여하지 않는다. 즉 하나의 공공 세계의 존재는 인정되지 않는다. 반면에 육구연은 "내 마음은 곧 우주이다"고 했으나 그 우주가 곧 "나"의 우주라고 말하지는 않았다. 그의 『어록』을 보더라도 역시 공공 세계를 승인하고 있다.

1) 先生姓陸, 諱九淵, 字子靜.……生有異稟, 端重不伐.…… 丱角時聞人誦伊川語, 自覺若傷我者. 亦嘗謂人曰: "伊川之言, 奚爲與孔子孟子不類?" 初讀『論語』, 卽疑有子之言支離.……他日讀古書至宇宙二字, 解者曰: "四方上下曰宇, 往古來今曰宙." 忽大省曰: "宇宙內事, 乃己分內事;己分內事, 乃宇宙內事." 又嘗曰: "宇宙便是吾心;吾心便是宇宙. (「行狀」無此語, 據「年譜」增) 東海有聖人出焉, 此心同也, 此理同也;西海有聖人出焉, 此心同也, 此理同也;南海北海有聖人出焉, 此心同也, 此理同也;千百世之上有聖人出焉, 此心同也, 此理同也;千百世之下, 有聖人出焉, 此心同也, 此理同也." (『상산전집(象山全集)』 권33)

2) 近有議吾者云:除了先立乎其大者一句, 全無伎倆. 吾聞之曰:誠然. (『전집』 권34)

인식한다는 말인데, "배우는 자는 먼저 인을 인식해야 한다"는 명도의 말과 같다. 상산은 말했다.

> 만물은 마음속에 빽빽하게 들어 있다. 마음을 가득 채우고 발현하여 우주를 가득 채우고 있는 것 가운데 저 리(理) 아닌 것이 없다.[3]

> ○맹자는 말하기를 "자기 마음을 다 발휘하면 그 본성을 알고 본성을 알면 하늘을 안다"고 했는데, 마음은 오직 한마음이다. 내 마음이 내 친구의 마음이고, 위로 천백년 이전 성현의 마음이고 또 아래로 천백년 이후 성현도 이 마음은 오직 이럴 뿐이다. 마음의 본체는 매우 크니, 만약 내 마음을 다 발휘할 수 있으면 하늘과 같아진다. 학문이란 단지 이것을 이해하는 것이다.[4]

> ○이 리가 우주를 가득 채우고 있으니, **"도 밖의 일이 없고 일 밖의 도가 없다"**는 말이다. 이것을 접어두고 따로 헤아리고 따로 나아가고 규모를 이루고 따로 모습을 이루고 따로 일을 하고 따로 공을 세운다면 도와 아무 관련이 없으니 이단(異端)이고 탐욕이다. 즉 탐닉이고 선입견의 울타리이니 그런 논설이 사설(邪說)이고 그런 견해가 사견(邪見)이다.[5]

> ○도는 천하에 충만해 있고 작은 틈도 없다. 사단(四端)을 비롯한 모든 선은 하늘이 부여한 것이니 우리가 억지로 꾸밀 필요가 없다. 다만 우리 스스로 병집을 가지기 때문에 그것과 격리되었을 따름이다.[6]

우리의 마음은 본디 우주의 전체이나, 다만 보통 사람은 늘 편견에 사로잡혀 있을 뿐이다. 상산은 말했다.

---

3) 萬物森然於方寸之間, 滿心而發, 充塞宇宙, 無非此理. (『전집』 권34)
4) 孟子云: "盡其心者知其性, 知其性則知天矣." 心只是一個心, 某之心, 吾友之心, 上而千百載聖賢之心, 下而千百載復有一聖賢, 其心亦只如此. 心之體甚大, 若能盡我之心, 便與天同. 爲學只是理會此. (『전집』 권35)
5) 此理塞宇宙, 所謂道外無事, 事外無道. 舍此而別有商量, 別有趣向, 別有規模, 別有形迹, 別有行業, 別有事功, 則與道不相干, 則是異端, 則是利欲. 謂之陷溺, 謂之舊窠. 說即是邪說, 見即是邪見. (『전집』 권35) [窠: 둥지, 거처]
6) 道遍滿天下, 無些小空闕, 四端萬善, 皆天之所予, 不勞人妝點; 但是人自有病, 與他相隔了. (같은 곳) [妝: 꾸미다, 단장하다, 사실인 것처럼 가장하다]

도는 우주에 충만해 있으니 도로부터 숨거나 피할 곳은 없다. 도는 하늘의 경우는 음양(陰陽), 땅의 경우는 강유(剛柔), 사람의 경우는 인의(仁義)이다. 따라서 인의는 사람의 본심(本心)이다.……우매하고 불초한 자는 미치지 못해서 물욕(物欲)에 치우쳐 그 본심을 상실하고, 또 잘나고 똑똑한 자는 지나쳐서 **자기 소견에 치우쳐 그 본심을 상실한다.**[7]

즉 상산이 말한 "우주가 사람을 격리시킨 적이 없고 사람 스스로 우주를 격리시켰다"[8]는 뜻이다.

우리가 학문하는 까닭은 마음의 편견을 제거하고 그 본체를 회복하려는 것이다. 상산은 말했다.

이 리가 우주에 존재함에 무슨 장애가 있으랴마는 네 스스로 침몰하여 스스로 몽매한 편견에 갇혀 부지불식간에 함정 속에 빠져들어 이른바 고원(高遠)한 존재에 대해서는 더 이상 알지 못하게 된 것이니, 이제 그 함정을 완전히 돌파하고 올가미를 끊을* 방법을 모색해야 한다.[9]

오직 이것만이 학문이고 이 외에 다시 학문은 없다. 상산은 말했다.

『논어』에는 맥락이 애매한 말들이 많다. 예컨대 "지혜는 미치지만 그것을 견지할 어진 덕성이 없다"고 했는데 무엇을 견지한다는 말인지 알 수 없고, "배우고 늘 익힌다"고 했는데 무엇을 늘 익힌다는 말인지 알 수 없다. 학문

---

7) 道塞宇宙, 非有所隱遁. 在天曰陰陽, 在地曰柔剛, 在人曰仁義. 故仁義者人之本心也. ……愚不肖者, 不及焉, 則蔽於物欲而失其本心. 賢者智者過之, 則蔽於意見而失其本心. (「조감에게 보낸 편지(與趙監書)」, 『전집』권1)

8) 宇宙不曾限隔人, 人自限隔宇宙.

* 『신편』V, 204쪽 : 즉 수양의 목표는 자아해방이다. "먼저 그 대체를 확립함"은 일단은 일종의 지식에 불과하나, 수양을 통해서 그 지식을 자기의 정신 경지로 변화시켜야 한다. 수양의 주요 공부는 사람과 우주간의 "간격(限隔)"을 없애는 일이다. 개인의 마음과 우주는 본래 일체였으나 사람 스스로 자신을 우주와 "격리(限隔)"시킨 것이다. 이런 "간격(격리)"의 총체적 근원은 "사심(私)"이다.……따라서 자아해방의 과정은 다름 아닌 사심의 제거(去私) 과정이다. 이런 과정을 통해서 배우는 자는 점차 우주는 결코 허상(空架子)이 아니고 그 안에는 모든 사물과 모든 원리, 원칙, 이른바 "도"로 충만해 있음을 체득하게 된다.

9) 此理在宇宙間, 何嘗有所礙. 是你自沈埋, 自蒙蔽. 陰陰地在個陷穽中, 更不知所謂高遠底. 要決裂破陷穽, 窺測破個羅網. (『전집』권35)

에 본령(本領)이 없으면 쉽게 해독할 수 없는 말들이다. 학문에 본령이 있으면, 지혜가 미치는 대상도 그것(근본)이고, 어진 덕성이 견지하는 대상도 그것이고, 늘 익히는 대상도 그것이고, 기뻐하는 대상도 그것이고, 즐거워하는 대상도 그것이니, **마치 높은 옥상에 물병을 거꾸로 매단 것처럼 쉬워진다.** 그런즉 학문의 **근본을 알면(知本)** 육경은 모두 나의 주석에 불과하다.[10]

○"격물(格物)"이란 이것(근본)을 탐구하는 것이다. 복희가 천문과 지리를 관찰한 것도 역시 먼저 이것에 진력했을 뿐이다. 그렇지 않다면 이른바 "격물"도 말단에 불과하다.[11]

"배우고 늘 익힌다"고 했는데, 먼저 무엇을 익힐지 알아야 한다. 무엇을 익힐지 알려면 "먼저 그 대체를 확립해야" 하고, 먼저 "근본을 알아야" 한다. 이미 "근본을 알았으면" 그것에 힘을 쏟고 그것을 늘 읽히고 그것을 견지하고 그것을 즐거워하면 모든 공부는 다 "마치 높은 옥상에 물병을 거꾸로 매단 것처럼 쉬워진다."

먼저 이 마음을 알았으면 그저 스스로 그러하게 맡겨두기만 하면 이 마음은 무리 없이 자연스럽게 사물에 응한다. 상산은 말했다.

정신을 가다듬고 스스로 주재력을 발휘하면, 만물은 다 내게 구비되어 있으니 무슨 부족함이 있겠는가? 측은해야 할 때 자연히 측은해하고, (자신의 부정을) 부끄러워하고 (남의 부정을) 미워해야 할 때 자연히 부끄러워하고 미워하며, 관대하고 온화해야 할 때 자연히 관대하고 온화하며, 과감하고 의로워야 할 때 자연히 과감하고 의롭게 된다.[12]

○『시』에 문왕은 "부지불식간에 하느님의 법칙을 따랐다"고 찬양했는데,

---

10) 『論語』中多有無頭柄底說話, 如"知及之仁不能守之"之類, 不知所及守者何事. 如"學而時習之", 不知時習者何事. 非學有本領, 未易讀也. 苟學有本領, 則知之所及者及此也, 仁之所守者守此也, 時習者習此也, 說者說此, 樂者樂此, 如高屋之上建瓴水矣. 學苟知本, 六經皆我註脚. (『전집』 권34)

11) 格物者格此者也. 伏羲仰象俯法, 亦先於此盡力焉耳. 不然, 所謂格物, 末而已矣. (『전집』 권35) [伏羲仰象俯法 : 『역(易)』 「계사(繫辭)」 〈제1편, 제15장, 주84〉 참조]

12) 收拾精神, 自作主宰, 萬物皆備於我, 有何欠闕? 當惻隱時自然惻隱 ; 當羞惡時自然羞惡 ; 當寬裕溫柔時自然寬裕溫柔 ; 當發強剛毅時自然發強剛毅. (『전집』 권35)

요 임금을 찬양한 강구의 노래(康衢之歌)*도 비슷하다. 『논어』에서 순 임금, 우 임금을 찬양하여 "위대하다! 천하를 소유했지만 간여하지 않았다"고 말했다. 사람이 **간여하는 과오**를 인식하고 **아는 체하는 병**을 없앨 수 있다면, **이 마음은 밝아지고 이 리는 확장되어 사물은 서로 부응**하여 "인식은 늘 법도에 맞고 취지는 늘 중정의 도리에 부합한다." "성인이 지나가는 곳은 감화되고 머무르는 곳은 신비해져 위로 하늘과 아래로 땅에서 다같이 유전하니 어찌 소소한 도움에 불과하리오?"[13]

이것은 앞에서 인용한 「조감에게 보낸 편지」에서 말한 "자기 소견에 치우쳐 그 본심을 상실한"〈주7〉 경우를 풀이한 것으로, 명도의 「정성서(定性書)」의 의미와 같다. 「정성서」는 "이기심과 셈속"이 없으면 우리의 마음은 "확연대공하여 사물이 도래할 때 순응한다"[14]고 했다. 상산이 여기서 말한 "간여하는 과오"가 바로 "이기심"이고, "아는 체하는 병"이 바로 "셈속"이다. 이른바 "이 마음이 밝아지고 이 리가 확장되어 사물이 서로 부응한다"고 함은 즐거워할 만한 사물을 보면 자연히 즐거워하고 분노할 만한 사물을 보면 자연히 분노하는, 즉 "확연대공하여 사물이 도래할 때 순응한다"는 말이다.

불교의 병폐는 바로 "크게 공적이지(大公)" 못한 데에 있다. 상산은 말했다.

나는 일찍이 "의(義)·리(利)" 두 글자로 유교와 불교를 구분한 적이 있다. 또 "공(公)·사(私)의 구분은 사실은 의·리의 구분이다"고 말했다.

유자들에 따르면, 우주에서 인간의 생명은 만물의 영장으로서 천지와 더불어 삼극(三極 : 三才, 天·地·人)이 되는데, 하늘에는 하늘의 도, 땅에는 땅

---

* 『열자(列子)』「중니(仲尼)」편에 요 임금의 치세에 대한 다음과 같은 동요가 있다. "우리가 사는 것은 우리 임금의 법도 아닌 것 없으니, 부지불식간에 하늘(하느님)의 법칙에 따른다네(立我蒸民, 莫非爾極. 不識不知, 順帝之則)."

13) 『詩』稱文王"不識不知, 順帝之則." 康衢之歌堯, 亦不過如此. 『論語』之稱舜禹曰 : "巍巍乎有天下而不與焉." 人能知與焉之過, 無識知之病, 則此心炯然, 此理坦然, 物各付物, "會其有極歸其有極"矣. "所過者化, 所存者神, 上下與天地同流, 豈曰小補之哉."(「여조감제이서(與趙監第二書)」,『전집』권1)

14) "自私而用智" "廓然而大公, 物來而順應"〈제12장,주101〉

의 도, 사람에게는 사람의 도가 있으니, 사람이 사람의 도를 다 발휘하지 못하면 천지와 나란히 존립할 수 없다. 사람의 오관(五官)은 각각 그 직무가 있어서, 그로부터 시비와 득실이 생기고 나아가 교육과 학문이 생긴다. 유가의 가르침이 수립된 근거가 이러하므로 유가는 의롭고(義) 공적인(公) 것이다.

반면에 불교는 사람이 세상에 나서 생사(生死)와 윤회(輪廻)와 번뇌가 있음을 심대한 고통으로 여겨 그로부터 벗어날 방법을 모색한다.……그래서 그들은 "생사의 문제가 중대하다"고 말한다.……불교의 가르침이 수립된 근거가 이러하므로 불교는 이기적이고(利) 사적인(私) 것이다.

(유교는) 의롭고 공적이므로 **세상을 경영하나**(經世), (불교는) 이기적이고 사적이므로 **세상을 도피한다**(出世). 그래서 유교는 소리도 냄새도 없으며 방향도 형체도 없는 (형이상의) 경지를 논하더라도 항상 세상의 경영을 주장하나, 불교는 미래에 모든 사람을 구제한다고 논의하고 있어도 결국은 세상으로부터 도피할 것을 주장한다.[15]

즉 "세상 경영"과 "세상 도피"로써 유교와 불교를 분별했다. 세상 경영은 우리 마음의 자연에 따른 것이고, 세상 도피는 "이기심과 셈속(自私用智)"의 결과이다.

상산은 자기의 수양방법 역시 주자와 다르다고 여겼다. 상산의 어록은 말한다.

한 제자가 "정부(定夫 : 상산의 제자)가 옛 습관은 '없애기 쉽지 않지만 하나를 없애면 모든 것을 없앨 수 있다'고 말하자 나는 회암(주자)의 방법으로는 그렇게 할 수 없다고 일러주었습니다"라고 말하자, 상산은 말했다.

"그 문제는 회암에 견줄 수 없다. 회암은 그저 짐을 가중시킬 뿐이다."[16]

---

15) 某嘗以義利二字判儒釋. 又曰公私, 其實卽義利也. 儒者以人生天地之間, 靈於萬物, 貴於萬物, 與天地並而爲三極. 天有天道, 地有地道, 人有人道. 人而不盡人道, 不足與天地並. 人有五官, 官有其事, 於是有是非得失, 於是有教有學. 其教之所從立者如此, 故曰義曰公. 釋氏以人生天地間, 有生死, 有輪廻, 有煩惱, 以爲甚苦, 而求所以免之.……故其言曰 : 生死事大.……其教之所從立者如此, 故利曰私. 惟義惟公故經世 ; 惟利惟私故出世. 儒者雖至於無聲無臭, 無方無體, 皆主於經世. 釋氏雖盡未來際普度之, 皆主於出世. (「여왕순백서(與王順伯書)」, 『전집』권2)

16) 因說定夫舊習未易消, 若一處消了, 百處盡可消. 予謂晦庵諸事爲他消不得. 先生曰 : 不可將此相比, 他是添. (『전집』권35)

○성인의 말씀은 그 자체로 명백하다. 예컨대 "너희는 집에서는 효도하고 밖에서는 공손해야 한다"는 구절은 너희가 집에서는 효도하고 밖에서는 공손해야 함을 분명히 말한 것이니, 무슨 주석이 필요하겠는가? 주석으로 학생들의 정신을 피로하게 하면 그들의 짐이 점점 무거워진다. 만약 그들이 내게 오면 나는 그저 그들의 짐을 덜어준다. 그것이 격물(格物)*이다.[17]

『노자』는 "학문의 추구는 끊임없이 덧붙이는 것이고 도의 추구는 끊임없이 떨쳐내는 것이다"[18]고 했는데, 상산은 그 관점에서 주자학과 자신의 학을 분별한 것 같다. 그래서 "아호의 만남(鵝湖之會)"에서 상산은 주자와 논쟁하면서, 시를 지어 "간이(易簡)한 공부는 결국 장구하고 위대해지지만 지리(支離)한 학업은 끝내 부침할 뿐이다"[19]고 말했다. "지리"는 상산이 주자의 학을 지칭한 말이고, "간이"는 자기의 학을 지칭한 말이다.

2. 양간

상산 학설의 주요 견해는 양간(楊簡, 세칭 자호[慈湖], 1140-225)이 더욱 상세히 설명했다. 전시(錢時)는 「자호선생행장(慈湖先生行狀)」에서 이렇게 말했다.

선생의 휘는 간(簡)이고 자는 경중(敬仲)이고 성은 양씨이다.……건도 5년

---

* [『신편』V, 205쪽 : 이 "격물"설은 주희의 「격물보전(格物補傳)」을 겨냥한 것이다. 육구연은 "오늘 한 사물을 궁구하고 내일 한 사물을 궁구한다"는 주희의 설은 학생들의 부담을 가중시키기 때문에 리학의 방법을 "지리(支離)하다"고 비판했다. 반면에 리학자들은 우리가 "오늘 하나 궁구하고 내일 하나 궁구하는"데서 시작하지 않고 "먼저 그 대체를 확립한다"고 함은 공허한 말이니 크다면 크겠으나 속 빈 강정일 뿐이니(大而無當) 그런 방법은 "공소(空疎)하다"고 비판했다. "지리"와 "공소"는 심학과 리학이 서로를 비판하는 두 중요 형용사였다.]

17) 聖人之言自明白, 且如"弟子入則孝, 出則弟", 是分明說與你入便孝, 出便弟, 何須得傳註. 學者疲精神於此, 是以擔子越重. 到某這裏, 只是與他減擔, 只此便是格物. (『전집』권35)

18) 爲學日益, 爲道日損. [『노자』48장]〈제1편,제8장,주100,주113〉

19) 易簡工夫終久大, 支離事業竟浮沈. (『전집』권3)

에 부양(富陽)의 주부(主簿)가 되었다.……문안공(文安公 : 육상산)이 새로 집을 짓고 부양으로 돌아왔을 때,……밤에 쌍명각에서 모여 본심(本心) 두 글자를 거론했다. 이윽고 선생이 정중하게 "무엇이 본심입니까?"라고 물었는데, 그때 마침 새벽에 싸우는 소리가 들리자 문안공은 큰 소리로 "저 싸우는 사람들은 반드시 한 사람은 옳고 한 사람은 그르다. 만약 무엇이 옳고 무엇이 그름을 알 수 있다면 누가 옳고 누가 그른 것을 결정할 수 있으니, 그것이 본심이 아니고 무엇인가?"라고 대답했다. 선생은 이 말을 듣고 홀연히 마음이 밝아지는 듯한 느낌을 받고, 즉시 "이것이 전부입니까?"라고 물었다. 문안공은 의연히 앉아 있다가 다시 소리 높여 "다시 무엇이 필요하겠는가!"라고 말했다.

선생은 다른 말을 더하지 않고 읍(揖)하고 물러났다. 선생은 동이 틀 때까지 공손히 앉아 계시다가 해가 떠오르자 북면(北面)하여 엎드려 인사하고 [문안공을] 일평생 스승으로 섬겼다. 그리고 늘 "나는 육선생으로부터 감동을 받았는데 특히 두번째의 한 마디 대답이었다. 한 마디라도 덧붙이면 곧 지리(支離)한 것이다"고 말씀하셨다.[20]

「행장」에 따르면 양간은 자계(慈溪) 사람이고 송나라 이종(理宗) 보경(寶慶) 11년(1226)에 86세의 나이로 세상을 떠났다. 양간이 지은 「상산행장」에도 본심을 깨우친 부양에서의 일이 이렇게 기록되어 있다.

어느 날 밤 나는 본심(本心)의 문제를 제시했다. 육선생은 그날 시비를 다투는 소리를 예로 들어 대답하셨는데, 나는 홀연히 마음이 깨끗하게 맑아짐을 깨달았고, 이 마음은 시작도 끝도 없음을 깨달았고, 이 마음은 무소불통(無所不通)함을 깨달았다.[21]

---

20) 先生諱簡, 字敬仲, 姓楊氏.……乾道五年, 主富陽簿.……文安公(象山)新第歸來富陽.……夜集雙明閣上, 數提本心二字. 因從容問曰: "何爲本心?" 適平旦嘗聽扇訟. 公卽揚聲答曰: "且彼訟扇者必有一是一非, 若見得孰是孰非, 卽決定某甲是, 某乙非矣. 非本心而何?" 先生聞之, 忽覺此心澄然. 亟問曰: "止如斯耶?" 公竦然端坐, 復揚聲曰: "更何有也!" 先生不暇他語, 卽揖而歸. 達旦, 質明正北面而拜, 終身師事焉. 每謂某某感陸先生, 尤是再答一語. 更云云便支離. (『자호유서(慈湖遺書)』 권18)

21) 一夕簡發本心之問, 先生擧是日扇訟是非以答, 簡忽省此心之淸明, 忽省此心之無始末, 忽省此心之無所不通. (『유서』 권5)

양간의 학문은 특히 이 점을 더욱 발전시켰다.* 그는 「기역(己易)」
을 지어 말했다.

> 역(易)이란 자기일 뿐이고 타자[他者]가 아니다. 역을 책으로만 여기고 자
> 기로 여기지 않으면 잘못이다. 역을 천지의 변화로만 여기고 자기의 변화로
> 여기지 않으면 잘못이다. 천지는 나의 천지요, 변화는 나의 변화이지 다른
> 것이 아니다.** 사심은 분열의 원천인데 사심이란 스스로 좀스러워진 것을
> 말한다.……내가 나인 까닭을 혈기나 형체만 가지고 말하지 말라. 내 본성은
> 깨끗하고 맑아서 사물이 아니고, 투명하고 끝이 없어서 한량이 없다. 하늘은
> 내 성(性) 속의 상징(象)이고, 땅은 내 성 속의 형체(形)이다. 따라서 "하늘에
> 서는 상징을 이루고 땅에서는 형체를 이룬다"고 함은 모두 내가 한 일이며,
> 혼연히 융합되어 내외가 없고 관통하여 이질적 존재가 없으니, 하나의 획만
> 보아도 그 의미는 명백해진다.……
>
> 아이가 막 우물에 빠지려는 것을 보고 측은(惻隱)의 진심(眞心)을 느낄 수
> 있는 것은 묘하게 생각하고 고려하지 않고도 사람마다 저절로 가지는 것이
> 다. 진실로 참되게 순수한 것을 통찰할 수 있는 자질은 사람마다 저절로 가
> 지는 것이다. 광대하고 한량없는 본체는 사람마다 저절로 가지는 것이다. 이
> 마음은 늘 음식을 먹는 동안이나 아차 하는 순간이나 위급한 순간에도 드러
> 나지만 사람들이 살피지 않을 따름이다.……
>
> 이 마음은 본래 하나이고 둘이 아니니, 단절된 적이 없고 늘 이어져 있으
> 며, 전에는 이렇지 않았으나 지금은 이런 것도 아니고 전에는 이러했으나 지
> 금은 이렇지 않게 된 것도 아니다. 낮이나 밤이나 똑같고 예나 지금이나 똑
> 같고, 젊고 건장하다고 더 강하지 않으며 쇠하고 늙었다고 더 약하지 않다.
> ……내 본심을 따라 나아가면 능히 날고 잠수하고 의심하고 걱정하니,……

---

 * 『신편』V, 261쪽 : 위의 두 행장에서 말한, 본심을 깨우친 부양의 에피소드는 마치
   선종(禪宗)에서 말한 하나의 "공안(公案)"과 같고, 거기서 양간은 선종에서 말한
   "돈오(頓悟)"에 도달했다. 이것은 그 본인의 경험이었는데 그는 그런 부류의 경험
   을 하나의 이론으로 발전시켜 「기역」이라는 문장을 지었다.

** 『신편』V, 262쪽 : 중국의 오랜 전통은 『주역』이 "삼라만상을 포괄한다고(包羅萬
   象)", 즉 우주간 모든 사물과 그 원칙을 포괄한다고 여긴다. [이런 배경 아래] 양간
   은 「기역」에서 우주간 모든 사물과 그 원칙은 모두 개인의 자기 마음의 표현이니
   모두가 자기 마음속에 포괄되어 있다고 말했다.

벼슬을 하든 그만두든 한결같이 도리에 맞고, 복잡다단한 행위들이 다 바르고 합당해진다. 애써 노력하여 도모하지 않더라도 내 마음속에 저절로 그와 같은 열가지 백가지 천만가지 바른 도리(正義)가 생긴다. 예절 의식(禮儀)이 300가지이고, 위엄 있는 거동(威儀)이 3,000가지라도 내 마음 밖의 외물이 아니다. 따라서 [『중용』에] "성(性)의 덕은 내외합일의 도(合內外之道)이므로 시의적절히 실현하면 합당해진다"고 했다. 즉 그 자체의 합당성이 있으니 억지로 합당성을 추구하지 않는다는 말이다.[22]

우주의 만물은 내 마음속의 사물이고 모두 본래 나와 일체이다. 맹자는 "우물에 빠지려는 아이를 보면 누구나 깜짝 놀라 측은지심이 생길 것이다"[23]고 말했는데, 이는 아이가 본래 나와 일체였음을 보여준다. 여기서 본심을 인식할 수 있으면, 우리의 모든 행위는 오직 본심의 자연에 맡겨두기만 하면 저절로 합당해지지 않는 것이 없게 됨을 알 수 있다. 즉 명도의 말대로 "인간의 비극은 이기심과 셈속에 있다."[24] 즉 "이기심과 셈속"이 없으면 명각(明覺)의 마음은 저절로 그 작용이 드러난다. 양간 역시 이 점을 중시했다. 그는 「절사기(絶四記)」에서 말했다.

사람의 마음은 그 자체로 명철하고 그 자체로 영명하다. 속셈(意)이 일어나고

---

22) 易者, 己也;非有他也. 以易爲書, 不以易爲己, 不可也. 以易爲天地之變化, 不以易爲己之變化, 不可也. 天地, 我之天地;變化, 我之變化, 非他物也. 私者裂之, 私者自小也.……夫所以爲我者, 毋曰血氣形貌而已也. 吾性澄然淸明而非物, 吾性洞然無際而非量. 天者, 吾性中之象;地者, 吾性中之形. 故曰: "在天成象;在地成形", 皆我之所爲也. 混融無內外;貫通無異殊;觀一畫其旨昭昭矣.……能識惻隱之眞心於孺子將入井之時, 則何思何慮之妙, 人人之所自有也;純誠洞白之質, 人人之所自有也;廣大無疆之體, 人人之所自有也. 此心常見於日用飮食之間, 造次顚沛之間, 而人不自省也.……是心本一也, 無二也, 無嘗斷而復續也, 無嚮也不如是而今如是也, 無嚮也如是而今不如是也. 晝夜一也, 古今一也, 少壯不强, 而衰老不弱也.……循吾本心以往, 則能飛能潛, 能疑能惕.……仕止久速, 一合其宜. 周旋曲折, 各當其可. 非勤勞而爲之也, 吾心中自有如是十百千萬散殊之正義也. 禮儀三百, 威儀三千, 非吾心外物也. 故曰: "性之德也, 合內外之道也, 故時措之宜也." 言乎其自宜也, 非求乎宜者也. (『유서』 권7)

23) 今人乍見孺子將入於井, 皆有怵惕惻隱之心.〈제1편, 제6장, 주38〉

24) 人之患在於自私而用智.〈제12장, 주101〉

아집(我)이 확립되면 맹목성(必)과 완고함(固)으로 방애되고 치우쳐져 마음은 그 명철함과 영명함을 상실한다. 공자가 어느 날 제자들과 조용히 문답하면서 간곡히 경계하여 제자들의 병폐를 금지하고 단절시킨 것은 대략 다음 네 가지였다. 즉 속셈(意), 맹목성(必), 완고함(固), 아집(我)이 그것이다.* 제자들에게 이 중의 하나라도 발견되면 성인은 반드시 금지하고 단절시켰다. 무(毋)란 금하고 단절하라는 뜻이다. 사람은 누구나 지극히 명철하고 지극히 영명하여 광대한 성지(聖智)의 성(性)이 있어서 밖에서 구할 필요가 없고 바깥으로부터 얻지 않아도 그 자체에 바탕과 뿌리가 있고 그 자체로 신령하고 명철하지만, 조금이라도 속셈을 지니면 치우치게 되고, 맹목성을 지녀도 치우치게 되고, 완고함을 지녀도 치우치게 되고, 아집을 지녀도 치우치게 되는데, 모든 어리석음과 편견의 단초는 모두 거기서 비롯된다는 것을 성인은 아셨기 때문이다. 즉 성인은 항상 병폐의 양상에 따라 금지하고 단절하기를 이러하지 말고, 이러하지 말라고 하셨는데, 성인도 도를 사람에게 줄 수는 없고 다만 사람의 편견을 없애줄 수 있을 뿐이었다. 마치 태허(太虛)는 언제나 청명하건만 거기에 구름이 끼어 어둡게 가려진 것이니 그 구름을 없애면 청명해지는 경우와 같기 때문이다.……

속셈(意)이란 무엇인가? 무엇을 조금이라도 억지로 일으켜도 속셈이고, 조금이라도 억지로 금지해도 속셈이다. 속셈의 모습은 이루 다 말할 수 없다. 이익과 손해, 옳고 그름, 나아가고 물러남 등등에 관한.……이런 부류는 온 종일 혹은 일 년 내내 힘쓰고 이리 말하든 저리 말하든 포괄적으로 말하든 집중적으로 말하든 전부 다 말할 수 없다. 그렇다면 본심(心)과 속셈(意)은 어떻게 다른가? 이 둘은 늘 하나이나 치우치면 저절로 하나가 아니게 된다. 하나일 때는 본심이지만 둘로 갈라지면 속셈이다. **직각적인 반응은 본심이지만 구부러진 반응은 속셈이다.** 통명하면 본심이지만 궁색하면 속셈이다. 직각적인 본심에 따라 직각적으로 작용하면 부지불식간에 말과 행동으로 변하니 어찌 구부러지고 유리되겠는가? **무궁히 감통(感通)**하며 사려도 없고 작위도 없다. 맹자는 마음을 밝혔고(明心) 공자는 속셈을 금지했는데(毋意), 속셈이 단절되면 이 마음은 밝아진다.……

---

* 『논어』 9 : 4 : "子絕四 : 毋意, 毋必, 毋固, 毋我."

맹목성(必 : 무조건적임)이란 무엇인가? 맹목성 역시 속셈의 맹목성이다. 무조건(必) 이와 같아야 하고 무조건 그와 같아서는 안 된다거나, 무조건 저렇게 되려고 하고 무조건 이렇게 되지 않으려고 함을 말한다. 대도(大道)는 방향이 없거늘 어떻게 확정하여 도가 여기에 있고 저기에 없다거나 혹은 도가 저기에 있고 여기에 없다고 여길 수 있겠는가? "무조건 믿고 무조건 실행한다"는 것도 긍정적인 면이 있으나, 모든 이유를 불문하고 맹목적으로 무조건 추구하면 스스로 유리되고 스스로 상실될 뿐이다.

완고함(固)이란 무엇인가? 완고함 역시 속셈의 완고함이다. 완고하게 고수하여 융통성이 없다면 그 도는 반드시 궁지에 빠지고, 완고하게 고수하여 변화에 응하지 않으면 그 도는 결국 하락한다. 공자는 일찍이 "나는 그와 다르다. 고정된 옳음도 없고 고정된 그름도 없다"고 했고 또 "내가 무슨 아는 것이 있겠느냐? 아는 것이 없다"고 했다. 옳고 그름도 지니지 않았거늘 하물며 완고함이랴? 아는 것도 지니지 않았거늘 하물며 완고함이랴?

아집(我)이란 무엇인가? 아집 역시 속셈의 아집이다. 속셈이 생기므로 아집이 서고, 속셈이 생기지 않으면 아집도 서지 않는다. 어려서 젖을 먹으면서부터 "내(我)가 젖 먹는다"고 말하고 자라서 밥을 먹으면서 "내가 밥 먹는다"고 말하고 옷을 입으면서 "내가 옷 입는다"고 말하고, 걸어도 내가 걷고 앉아도 내가 앉고 책을 읽어도 내가 읽고 벼슬을 해도 내가 하며 명성을 날리면 내가 명성을 날리고 재주를 부리면 내가 재주를 부린다고 말한다. 이처럼 (아집은) 강철처럼 견고하나 또한 흙덩이와도 다르고 공기와도 다르고 텅 빈 것과도 다르다. 의념(意念 : 속셈)이 아직 생기지 않을 때는 완전히 고요하여 무(無)도 서지 않았거늘 무슨 아집이 있었겠는가?[25]

---

25) 人心自明 ; 人心自靈. 意起, 我立, 必固礙塞, 始喪其明, 始失其靈. 孔子曰與門弟子從容問答, 其諄諄告戒, 止絶學者之病, 大略有四 : 曰意, 曰必, 曰固, 曰我. 門弟子有一於此, 聖人必止絶之. 毋者, 止絶之辭. 知夫人皆有至明至靈廣大聖智之性, 不假外求, 不由外得, 自本, 自根, 自神, 自明. 微生意焉, 故蔽之. 有必焉, 故蔽之. 有固焉, 故蔽之. 有我焉, 故蔽之. 昏蔽之端, 盡由於此. 故每每隨其病之所形, 而止絶之, 曰 : 毋如此, 毋如此. 聖人不能以道與人, 能去人之蔽爾. 如太虛未始不清明, 有雲氣焉, 故蔽之. 去其雲氣, 則淸明矣.……何謂意? 微起焉皆謂之意, 微止焉皆謂之意. 意之爲狀, 不可勝窮. 有利, 有害, 有是, 有非, 有進, 有退.……若此之類, 雖窮日之力, 窮年之力, 縱說橫說, 廣說備說, 不可得而盡. 然則心與意奚辨? 是二者未始不一, 蔽者

"직각적인 반응은 본심이지만 구부러진 반응은 속셈이다." 예컨대 맹자는 "우물에 빠지려는 아이를 보면 누구라도 깜짝 놀라 측은지심이 생기는데, 그것은 속으로 아이의 부모와 어떤 교섭을 한 때문도 아니요, 마을 친구들의 칭찬을 사려는 때문도 아니요, 아이의 울음 소리가 싫은 때문도 아니다"[26]고 했는데, 우물에 빠지려는 아이를 볼 때 그 상황에서의 우리의 첫 반응은 깜짝 놀라 생기는 측은지심이다. 이 마음을 바탕으로 달려가 구한 경우 자발심(自發心)이 행위에까지 이른 것인데 이것이 "직각적인 반응(直)"이고 "본심(心)"이다. 그런데 이때 약간 생각을 바꾸면(轉念), 속으로 아이의 부모와 교섭하려고 달려가 구한다거나 혹은 마을 친구들의 칭찬을 사려고 달려가 구한다거나 혹은 아이의 부모와 원수이기 때문에 일부러 구하지 않게 되는데, 이처럼 생각이 바뀐 다음은 바로 "굽은 반응(曲)"이고 "속셈(意)"이다. 본심에 따라 직각적으로 나아가면 "무궁히 감통(感通)하게 되는데", 감통하는 대로 반응하면 그 안에 "아집(我)"은 현존하지 않으니 "맹목성"과 "완고함"도 저절로 없어진다. 염계는 "사욕이 없으면 고요히 비어 행동이 직각적이다"[27]고 말했고, 명도는 "이기심이 있으면 일을 영위하여 사물에 적응할 수 없고 셈속을 부리면 밝은 자각(明覺)을 자연스럽게 추구할 수 없다"[28]고 말했는데, 양간의 이 문장 역시 같은 취지의 표현이다.

自不一. 一則爲心, 二則爲意. 直則爲心, 支則爲意. 通則爲心, 阻則爲意. 直心直用, 不識不知. 變化云爲, 豈支豈離. 感通無窮, 匪思匪爲. 孟子明心, 孔子毋意. 意毋則此心明矣.……何謂必? 必亦意之必. 必如此, 必不如彼. 必欲如彼, 必不欲如此. 大道無方, 奚可指定. 以爲道在此, 則不在彼乎? 以爲道在彼, 則不在此乎? 必信必果, 無乃不可. 斷斷必必, 自離自失. 何謂固? 固亦意之固. 固守而不通, 其道必窮. 固守而不化, 其道亦下. 孔子嘗曰: "我則異於是, 無可無不可." 又曰: "吾有知乎哉, 無知也." 可不可尙無, 而況於固乎? 尙無所知, 而況於固乎? 何謂我? 我亦意之我. 意生故我立; 意不生, 我亦不立. 自幼而乳曰我乳; 長而食曰我食, 衣曰我衣; 行我行, 坐我坐, 讀書我讀書, 仕宦我仕宦; 名聲我名聲, 行藝我行藝. 牢堅如鐵, 不亦如塊, 不亦如氣, 不亦如虛. 不知方意念未作時, 洞焉寂焉, 無尙不立, 何者爲我. (『유서』권2)

26) 『맹자』3:6. 원문은 〈제1편, 제6장, 주38〉참조.
27) 無欲則靜虛動直. 〈제11장, 주22〉
28) 自私則不能以有爲爲應迹, 用智則不能以明覺爲自然. 〈제12장, 주101〉참조.

3. 주륙이동

　　보통 주륙이동(朱陸異同)의 논의는 흔히 주자는 도문학(道問學 : 학문 추구)에 편중했고, 육상산은 존덕성(尊德性 : 덕성 중시)에 편중했다고 말한다. 이런 견해는 당시에 이미 있었다. 그러나 주자학의 최종 목적도 우리 마음의 전체대용(全體大用)〈제13장,주69〉을 밝히는 것이었으므로, 존덕성은 일반 도학자들의 공통 목적이었다. 따라서 상산이 도문학을 그다지 중시하지 않았다는 말은 옳지만, 주자가 존덕성을 중시하지 않았다는 말은 옳지 않다. 이 점은 단지 두 사람의 학문방법 혹은 수양방법에 대한 언급일 뿐이다. 결국 주륙의 차이는 단지 그들이 논한 학문방법 혹은 수양방법의 차이에만 있는 것인지 여부는 극히 주목해야 할 문제이다.*

　　제13장에서 주자학은 보통 말하는 유심론이 아니고 실은 현대의 신실재론에 가깝다고 말했다. 우리가 이 점에 주목하면 주륙의 차이는 그저 학문방법 혹은 수양방법의 차이에 그치지 않음을 알 수 있다. 두 사람의 철학은 근본적인 차이가 있다. 이 차이는 이정(二程)의 철학 내에 이미 존재했다. 이천 일파의 학설은 주자에 이르러 완전히 발전했고, 명도 일파의 학설은 상산과 양간에 이르러 상당히 발전했다. 한마디로 이 두 학파의 차이점을 표현하면 주자 일파의 학은 리학(理學), 상산 일파의 학은 심학(心學)이라고 할 수 있다. 왕양명(王陽明)은 『상산전집』의 머리말에서 "성인의 학은 심학이다"고 말했는데, 이 "심학"이라는 명사는 상산 일파가 주자와 다른 이유를 대변할 수 있다.

　　주자는 "성즉리(性卽理)", 상산은 "심즉리(心卽理)"〈주30〉라고

＊『신편』V, 199쪽 : 육구연과 주희는 두 차례 대(大)논변을 벌였다. 한번은 본체론 방면이었는데, 그 구체적 문제가 "무극이태극(無極而太極)"이었다. 또 한번은 인간론 방면이었는데, 그 구체적 문제가 수양방법이었다. 본체론과 인간론은 도학의 두 중심 방면이자 철학의 두 중심 방면이다. 따라서 그들의 두 차례 대논변은 도학의 모든 중요 문제 나아가 철학의 모든 중요 문제를 다룬 셈이었다.

말했는데, 불과 글자 하나의 차이가 두 사람 철학의 중요한 차이를 나타낼 수 있다. 주자에 따르면, 마음은 리와 기가 합하여 생긴 구체적 사물이니 절대로 추상적인 리와는 같은 세계에 존재하지 않는다. 마음속의 리는 이른바 성이니, 마음속에 리가 있으나 마음이 리는 아니다. 따라서 주자의 체계에서는 "성즉리"라고만 말할 수 있고 "심즉리"라고는 말할 수 없다. 상산의 "심즉리" 발언은 또한 주자가 말한 심·성의 구별도 반대하고 있다. 예컨대 어록은 말한다.

> 백민(伯敏)이 상산에게 물었다.
> "성(性), 재(才), 심(心), 정(情)은 어떻게 구별합니까?"
> "그대의 이런 논의는 지엽적인 것이다. 이것은 그대만의 잘못이 아니라 온 세상의 폐단이다. 요즘 학생들의 독서는 **글자 해석에 불과하고** 핵심(血脈)을 구하지 않는다. 정, 성, 심, 재는 **다 같은 물건이고 말만 우연히 다를 뿐이다.** ……굳이 말하면 **하늘(자연)에 속한 것이 성이고, 사람에 속한 것이 심이다.** 이것들은 **내 친구에 따라 말한 것이고 사실은 그렇게 말할 필요가 없다.**"[29]

내가 고찰한 바에 의하면 주자가 말한 성·심의 구별은 "글자 해석에 불과한 것"은 아니다. 주자의 견해에는 본래 상당한 구별이 존재하기 때문이다. 상산도 "하늘에 속한 것이 성이고, 사람에 속한 것이 심이다"고 말할 수는 있다고 했으나, 또한 "내 친구에 따라 말한 것이고 사실은 그렇게 말할 필요가 없고", "다 같은 물건이고 말만 우연히 다를 뿐이다"고 여겼다. 상산의 견해에는 주자의 심·성 구별에 상당한 구별이 없었기 때문에 심·성은 "같은 물건"이라고만 말했다. 즉 주륙의 견해는 실제로 다르다. 주자가 본 실재(實在)는 두 세계가 있는데, 하나는 시공 안에 존재하지 않고 하나는 시공 안에 존재한다. 반면에 상산이 본 실재는 단지 하나의 세계, 즉 시공 안에 존재한다. 하나의 세계만 존재하고 그 세계는 마음과 일체가 되므로 "우주

---

29) 伯敏云 : 性才心情如何分別? 先生云 : 如吾友此言, 又是枝葉. 雖然, 此非吾友之過, 蓋擧世之蔽. 今之學者, 讀書只是解字, 更不求血脈. 且如情性心才, 都只是一般物事, 言偶不同耳.……若必欲說時, 則在天者爲性, 在人者爲心. 此蓋隨吾友而言, 其實不必如此. (『전집』권35)

는 곧 내 마음이고 내 마음은 곧 우주이다"⟨주1⟩고 말했다. 따라서 심학이라는 이름은 오직 상산 일파의 도학만 지칭할 수 있다.

그러나 여기서 또 하나의 문제가 있다. 즉 상산이 말한 심이 주자가 말한 심인지의 여부이다. 이 문제가 해결되지 않으면 상산의 "심즉리"가 주자의 "성즉리"와 꼭 다르다고 할 수 없기 때문이다. 그러나 자세히 보면 상산이 말한 심은 바로 주자가 말한 심이다. **상산은 말했다.**

> 사람은 목석이 아니니 어찌 마음(心)이 없을 수 있겠는가? 마음은 오관(五官) 가운데 가중 존귀하다. 「홍범(洪範)」은 "생각함이 예지이고 예지는 성인을 만든다"고 했고, 맹자는 "마음의 기능은 생각이니 생각하면 얻고 생각하지 않으면 얻지 못한다"고 말했다.……**사단(四端)은 바로 이 마음이다.** 하늘이 내게 부여해준 것이 이 마음이다. 사람마다 이 마음이 있고 각 마음마다 이 리가 구비되어 있으니 **심은 곧 리이다**(心卽理).[30]

주자에 따르면 "천하에 성이 없는 사물은 없는데",[31] 사물이 생성될 때 그것이 타고난 리가 곧 그것의 성이므로 목석에도 그 성은 있지만, 목석에 지각은 없다. 즉 목석에 성이 없다고는 할 수 없으나, 목석에 마음이 없다고는 할 수 있다. 따라서 상산이 여기서 목석에는 없다고 여긴 심은 곧 주자가 말한 심이다. 또 상산에 따르면 심은 사려할 수 있는데, 주자도 "영명한 기능은 심이고 성이 아니다"[32]고 말했다. 주자에 따르면 "인(仁)은 성이고 측은(惻隱)은 정이니 마음에서 생기는 것일 수밖에 없으므로 마음은 성과 정을 통괄한다(心統性情)."[33] 측은의 정은 "사랑의 리"[34](주자는 인을 사랑의 리로

---

30) 人非木石, 安得無心? 心於五官最尊大.「洪範」曰 : "思曰睿, 睿作聖." 孟子曰 : "心之官則思, 思則得之, 不思則不得也."……四端者, 卽此心也, 天之所以與我者, 卽此心也. 人皆有是心, 心皆具是理 ; 心卽理也. (「여이재제이서(與李宰第二書), 『전집』권11)
31) 天下無無性之物.⟨제13장,주51⟩
32) 人之靈處是心不是性.⟨제13장,주59⟩
33) 仁是性, 惻隱是情, 須從心上發出來 ; 心統性情者也.⟨제13장,주61⟩
34) 愛之理. ["仁者, 愛之理, 心之德也."(『논어집주』권1)]

여김)가 구체적으로 표현된 것으로서 형이하의 존재이니 "마음에서 생기는 것일 수밖에 없다." 그런데 상산은 "사단은 바로 이 마음이다"고 말했으므로 그가 말한 심은 곧 주자가 말한 심이다. 양간은 "사람의 마음은 그 자체로 명철하고 그 자체로 영명하다"〈주25〉고 했으니 그가 말한 심은 곧 주자가 말한 심임은 더욱 명확하다. 이로써 보건대, 상산 일파가 말한 심은 곧 주자가 말한 심이니, 그들이 말한 "심즉리"는 실제로 주자[가 말한 "성즉리"]와 다른 것이다.

이 점이 바로 주륙 철학의 근본적 차이인데 다른 측면에서도 증명할 수 있다. 상산은 "하늘에 속한 것이 성이고 사람에 속한 것이 마음이다"고 말할 수 있다고 하면서도 또한 심과 성은 "모두 다 같은 물건일 뿐이다"고 여겼다. 상산이 말한 하늘에 속한 성과 사람에게 속한 심은 동일한 세계 내에 존재하기 때문에, 그는 이른바 천리와 인욕의 구분을 두려고 하지 않았다. 상산은 말했다.

> 천리와 인욕의 구분은 지당한 이론이 아니다. 하늘에 속한 것(천상계)을 리(理), 사람에 속한 것(인간계)을 욕(欲)으로 여기면 **천상계와 인간계는 다른 것**이 되고 만다.……**"인심**은 위태롭고 **도심**은 미미하다"는 『서(書)』의 구절에서 해석자들은 인심은 인욕, 도심은 천리를 지칭한다고 여겼는데, 이런 해석은 옳지 않다. 마음은 하나이다. 사람에게 어찌 두 마음이 있겠는가?[35]

즉 "천상계와 인간계는 다른 것이다"는 설은 옳지 않다고 여겼다. 그러나 주자의 체계에 따르면 실로 천상계와 인간계는 다르다고 여길 수 있다.

주렴계의 「태극도설」에 "무극이태극(無極而太極)"의 구절이 있다. 주자는 이 말이 "형체는 없으나 리는 있는" 태극을 형용한다고 주장했다. 상산과 그의 형 사산(梭山)은 『역』「계사」는 단지 태극만 언급했으니 태극 위에 다시 무극을 더해서는 안 된다고 여겨,

---

35) 天理人欲之言, 亦自不是至論. 若天是理, 人是欲, 則是天人不同矣.……『書』云 : "人心惟危 ; 道心惟微." 解者多指人心爲人欲, 道心爲天理. 此說非是. 心一也, 人安有二心? (『전집』권34)

"「태극도설」은 「통서」와 부류가 다르니 염계가 지은 것 같지 않다. 혹은 그의 학문이 미숙했을 때 지었거나, 아니면 다른 사람의 글을 전한 것인데 후인이 변별하지 못한 것인지도 모른다"[36]고 주장했다. 주자와의 왕복 논변은 당시의 커다란 논쟁이었다. 앞의 내용을 보면 상산의 철학에는 오직 시공 속의 세계만 존재하므로 이른바 "형체는 없으나 리는 있다"는 주장은 근본적으로 승인할 수 없는 것이었다. 즉 그가 일부러 주자와 공연한 논쟁을 벌인 것은 아니었다.

또 하나 해석해야 할 점이 있다. 상산은 말했다.

> 형이상의 존재의 측면이 도(道)이고 형이하의 존재의 측면이 기(器)이다. 하늘과 땅도 기(器)이니, 사물을 낳아 덮고 싣는 데는 그 리(理)가 있다.[37]

이 조목만 보면 상산의 철학도 주자와 근본적 차이가 없다. 그러나 상산은 주자에게 보낸 「태극도설」 논변의 편지에서 이렇게 말했다.

> 『역』 대전에 "형이상의 존재가 도이다"고 했고, "일음일양(一陰一陽)이 도이다"고 했으니, 음양도 이미 형이상의 존재일진대 하물며 태극이랴?[38]

음양을 형이상의 존재로 여겼다. 즉 상산이 말한 형이상의 존재는 주자가 말한 형이상의 존재와 의미가 다르다. 정명도, 정이천 형제도 『역』「계사」의 이 구절을 해석한 적이 있다. 명도는 "음양은 형이하의 존재인데 또 '도'라고 했으니……원래 이것(음양)만이 도일 뿐이니 이를 묵묵히 깨닫는 일이 중요하다"[39]고 했고, 이천은 "'일음일양이 도이다'고 했으나, 도가 음양은 아니며, 일음일양인 까닭이 도이다"[40]고 말했다. 이 두 설의 차이가 바로 주륙의 차이였다.

---

36) 「太極圖說」與「通書」不類, 疑非周子所爲. 不然則或是其學未成時所作. 不然則或是傳他人之文, 後人不辨也. (「여주원회서(與朱元晦書)」,『전집』권2)

37) 自形而上者言之謂之道, 自形而下者言之謂之器. 天地亦是器, 其生覆形載必有理. (『전집』권35) [覆載 : 만물을 하늘이 덮어 싸고 땅이 받아 실음]

38) 『易』之大傳曰 : "形而上者謂之道." 又曰 : "一陰一陽之謂道." 陰陽已是形而上者, 況太極乎? (『전집』권2)

39) 陰陽亦形而下者也, 而曰道者,……元來只此是道, 要在人默而識之也. 〈제12장,주71〉

40) 一陰一陽之謂道. 道非陰陽也, 所以一陰一陽者道也. 〈제12장,주73〉

음양을 형이상의 존재로 여기면 형이상의 존재도 시공 내에서 구체적으로 활동하므로 형이하의 존재와 같은 세계 내에 나란히 존재하게 된다.*

상산 철학에는 오직 하나의 세계만 존재함에도 불구하고 여전히 형이상과 형이하를 언급했다. 그러나 양간에 이르면 당장 이 분별은 폐기된다. 양간은 말했다.

"형이상의 존재는 도(道)요, 형이하의 존재는 기(器)이다"고 하여, 도와 기를 분열시켰는데 도대체 기가 도를 벗어나서 존재한다는 말인가? 「계사」의 작자도 편견이 이와 같을진대 후세의 학자들이야 더 무엇을 바라랴?[41]

이른바 형이상과 형이하는 주자의 해석에 따라야 비로소 명확한 의미를 지니는데, 주자의 체계에 따르면 기(器)는 도(道)와 동일한 세

---

* 『신편』V, 200-02쪽 : "무극이태극"에 관한 육구연의 비판이 "무극"에 한정되었다면 그와 주희의 대립은 심각한 것이었다고 할 수 없을 것이다. 그의 진정한 의도는 "태극"에 대한 반대였다.……그는 (『중용』의 문구를 인용하며) 천지만물의 "정립(位)"과 "양육(育)"은 "중화가 발현한(致中和)" 결과이니 결코 "태극"을 상정할 것을 요구하지 않는다고 여겼다. 즉 만화(萬化)는 만화이니 "태극"을 만화의 근원으로 상정할 필요가 없다고 했다.……육구연은 변화의 구체적 상황을 열거하면서 그것이 바로 "도(道)"이지 그 상황 밖에 따로 하나의 "도"가 존재하는 것이 아니라고 여겼다. 즉 이른바 "도·기의 분별(道器之分)", 즉 "형이상"과 "형이하"의 분별을 승인하지 않은 것인데, 이는 심학의 일관된 주장이다.……반면에 리학은 "일음일양(一陰一陽)"이 도가 아니고 "일음일양인 까닭"이 도라고 여겼다. 즉 "형이상"과 "형이하"의 분별, 즉 "도·기의 분별"을 강조했는데 이런 분별로부터 태극설을 추론했던 것이다. / 철학적 관점에서 보면 주륙의 태극 논변은 결국 "일반(一般 : 보편자, 일반 개념)"의 인식론상의 위치 문제에 관한 것이다. 모든 명사는 다 그 내포와 외연이 있는데 그 외연은 구체적 사물로서 객관적 존재가 있어서 뚜렷이 볼 수 있으므로 문제가 되지 않으나, 그 내포도 객관적 대상이 있는지의 여부에 대해서는 서양 중세부터 유명론(唯名論), 실재론(實在論), 개념론(槪念論 : 명사의 내포의 대상은 사람의 생각 속의 개념이라는 설)의 세 가지 상이한 견해가 있었는데, 말하자면 "일반"의 문제에 관한 정주 리학의 주장은 "실재론"이고, 육왕 심학의 주장은 "유명론"이다.……즉 "일반"의 인식론상의 위치에 관한 문제는 진정한 철학 문제의 하나였던 까닭에 이와 같이 서로 다른 장소와 서로 다른 시대에서 진지한 토론이 있었던 것이다.

41) 又曰 : "形而上者謂之道 ; 形而下者謂之器." 裂道與器, 謂器在道之外耶? 自作「繫辭」者, 其蔽猶若是, 尙何望後世之學者乎?(『자호유서』 권9)

계 내에 있지 않다. 이는 육상산 학파가 승인할 수 없는 내용이었
다. 이런 맥락에서 양간은, 참으로 지당하게도, 「계사」의 형이상과
형이하의 구별은 "공자의 말"[42]이 아니라고 단언했다.

주륙 철학의 근본적 차이는 주자도 대략 언급했었다. 주자는 불
교의 성(性) 논의는 "'생긴 그대로가 성이다'는 고자의 주장과 같
다"[43]고 여겼는데, 주자의 체계에 따르면 마음은 형이하의 존재이
므로 구체적 개체가 있어야만 존재할 수 있다. 따라서 주자는 마음
을 성으로 여김은 "바로 '생긴 그대로가 성이다'는 고자의 주장과
같다"고 여겼다. 상산이 죽자 주자는 "제자들을 데리고 절로 조문
을 갔는데 상이 끝난 얼마 후에 '애석하게도 고자가 죽었다'고 말했
다."[44] 주자는 불교와 상산을 고자에 비겼는데, 둘 다 모두 마음을
성으로 여겼기 때문이었다.

주자의 후학 중에도 상산을 고자에 비긴 사람이 있었다. 진순(陳
淳, 1158-227)[45]은 말했다.

불교는 마음의 작용을 성으로 인정하니,……단지 기만 인정했고, 저 리는
언급한 적이 없다.……요즘 두찬(杜撰 : 근거 없는 주장)을 일삼는 자들이 즐
겨 성명(性命)을 거창하게 논하면서, 늘 순전히 불교의 "작용이 성이다"는
의미를 채용하면서도 성인의 말로 거짓 표방하고 있으나,……실상은 "생긴
그대로가 성이다"는 고자의 설에 불과하다.[46]

만약 이 점에서 육상산이 선(禪)에 가깝다고 지적한다면 육상산은
진실로 주자보다 더욱 선에 가까웠다.

상술한 것을 보면 주륙의 철학은 실로 근본적 차이가 있다. 그들
이 도학의 대립적인 두 학파를 형성한 것은 실로 까닭이 없지 않았

---

42) 孔子之言. (『자호유서』 권7)

43) 正告子生之謂性之說也. 〈제13장, 주81〉

44) 率門人往寺中哭之. 旣罷良久曰 : "可惜死了告子." (『어류』, 2979쪽)

45) 세칭 북계 선생(北溪先生)이고, 자는 안경(安卿), 주자의 제자이다.

46) 佛氏把作用認是性,……不過只認得氣, 而不說著那理耳.……今世有一種杜撰等人,
愛高談性命. 大抵全用浮屠作用是性之意, 而文以聖人之言.……其實不過告子生之
謂性之說. (『북계자의(北溪字義)』 권상)

다. 그러나 "심학"의 경우 상산과 양간은 사실상 그 단초만 열었을 뿐이고, 그 대성(大成)은 왕양명을 기다려야 했다. 따라서 주자와 대항한 인물은 육상산과 양간이 아니라 250년 뒤의 왕양명이었다.

4. 주자 이후의 리학

그 250년 동안 주자학(朱學)은 심대한 세력을 떨쳤다. 주자의 철학체계는 매우 치밀하고 위대했다. 상산은 당시 주자와 대립한 인물로 일컬어졌지만 상산 학파는 수양론에서 비교적 간단명료한(簡易直裁) 방법이 있었으나 우주 각 방면의 해석은 지나치게 간략했으므로, 상산학의 체계는 주자학의 위대함에 미치지 못했다. 그래서 송대 말엽 이후부터 주자학의 세력은 점차 증대되었다. 원대에 『송사(宋史)』를 편찬할 때 「유림전(儒林傳)」 외에 따로 「도학전(道學傳)」을 두어 당시 문왕, 주공, 공자, 맹자의 "성현이 전하지 못한 학문"[47]을 능히 계승했다고 간주된 사람들을 기록했다. 이 「도학전」은 주자를 중심으로 삼았고, 상산과 양간은 그저 「유림전」에 나열했다. 명대 중엽까지 주자학은 계속 성행했다. 『명사(明史)』 「유림전」은 말한다.

> 『송사』는 「도학」과 「유림」의 둘로 분리함으로써, 이락(伊洛)*의 연원은 위로 수사(洙泗)를 계승했으니 유교의 적통은 바로 거기에 있음을 밝혔다.……

---

47) 聖賢不傳之學. (「도학전서(道學傳序)」, 『송사』, 12710쪽)

["……千有餘載, 至宋中葉, 周敦頤出於舂陵, 乃得聖賢不傳之學, 作「太極圖」「通書」, 推明陰陽五行之理, 命於天而性於人者瞭若指掌, 張載作「西銘」, 又極言理一分殊之旨, 然後道之大原出於天者, 炳然而無疑焉. 仁宗明道初年, 程顥及弟頤寔生, 及長受業周氏, 乃擴大其所聞, 表章『大學』『中庸』二篇, 與『語』『孟』並行, 於是上自帝王傳心之奧, 下至初學入德之門, 融會貫通, 無復餘蘊. 迄宋南渡, 新安朱熹得程氏正傳, 其學加親切焉, 大抵以格物致知爲先, 明善誠身爲要. 凡詩書六藝之文, 與夫孔孟之遺言, 顚錯於秦火, 支離於漢儒, 幽沈於魏晉六朝者, 至是皆煥然而大明, 秩然而各得其所." (「도학전서」) 이것이 원·명·청 세 왕조의 정통 철학의 주회에 대한 평가이다. (『신편』 V, 156쪽)]

* 伊洛 : 이정의 리학을 지칭한다. 정씨 형제는 낙양(洛陽) 사람으로 이수(伊水)와 낙수(洛水) 사이에서 강학했기 때문에 이렇게 지칭한다.

원래 명대 초기의 유자들은 다들 주자의 제자들의 지파나 후예들이어서 사승(師承)의 유래가 있었고 질서가 정연했다. 조단(曹端, 1376-434), 호거인(胡居仁, 1434-84) 등은 독실하게 실천하고 신중히 묵수함으로써 선유(先儒)의 정통 전수를 고수하고 감히 개조하지 않았다.

따라서 학술의 분화는 진헌장, 왕수인 등부터 시작했다. 진헌장을 종주로 받든 학파가 강문지학(江門之學)인데, 독특한 주장을 고립적으로 시행했기 때문에 그 전수가 오래가지 못했다. 왕수인을 종주로 받든 학파가 요강지학(姚江之學)인데, 따로 종지(宗旨)를 수립하여 뚜렷이 주자와 대립했고, 제자들은 천하 각지에서 수백 년이 넘게 유전시켰는데, 그 가르침이 크게 행해질수록 그 폐단도 점점 심해졌다.[48]

5. 진헌장과 담약수

진헌장(陳獻章, 1428-1500)은 광동성 신회현의 백사(白沙) 마을 사람으로 보통 백사 선생으로 일컬어졌다. 진헌장은 오여필(吳與弼, 1391-1469)에게 배운 적이 있다. 오여필은 호가 강재(康齋)이고, 정주(程朱)를 강론한 학자였다. 그러나 진헌장이 터득한 것은 오여필에게서 나온 것은 아니었다. 진헌장 스스로 이렇게 서술했다.

나는 재주가 남만 못하며, 27세가 되어서야 분발하여 오여필 선생에게 배웠다.……그러나 학문에 들어가는 길(入處)을 깨닫지 못했다. 자주 백사 마을로 돌아가 두문불출 오직 공부의 방법을 탐구했다.……그리하여 저 번잡한 방법을 버리고 나의 간략한 방법을 추구하여 오직 정좌(靜坐)*에 힘썼다. 그 일이 오래되자 **내 마음의 본체가 은연중에 드러나**, 마치 항상 사물처럼 존

---

48) 『宋史』判「道學」「儒林」爲二, 以明伊洛淵源, 上承洙泗. 儒宗統緒, 莫正於是.……原夫明初諸儒, 皆朱子門人之支流餘裔, 師承有自, 矩矱秩然. 曹端胡居仁篤踐履, 謹繩墨, 守儒先之正傳, 無敢改錯. 學術之分, 則自陳獻章王守仁始. 宗獻章者, 曰江門之學. 孤行獨詣, 其傳不遠. 宗守仁者, 曰姚江之學. 別立宗旨, 顯與朱子背馳. 門徒徧天下, 流傳逾百年. 其教大行, 其弊滋甚. (『명사』, 7221-22쪽)

* 靜坐 : 잡념을 없애기 위해서 눈을 감고 편안히 앉는 일. 원래 불교의 명상법.

재하는 듯한 느낌을 가지게 되었다. 일상생활에서 모든 대응은 내 욕망을 따르더라도, 마치 말을 재갈로 부리듯이 자연스러웠다.……마침내 스스로 확실한 믿음이 생겨 "성인이 되는 공부는 바로 여기에 있지 않는가?"라고 생각하여, 누가 배움을 청하면 나는 곧 "정좌"를 가르쳤다.[49]

진헌장의 학문 과정은 이와 같다. 그가 처음 배운 것은 주자학(朱學)이었고 나중에 자득한 것은 육상산의 학(陸學)이었다.

진헌장은 또 말했다.

이 리(理)는 지극히 광대한 간섭을 미쳐서 내외(內外)도 없고 종시(終始)도 없고 이르지 않는 곳이 없고 **잠시도 운행하지 않을 때가 없다.** 이것을 알면 하늘과 땅은 내가 세웠고 만물의 모든 조화는 내게서 생기므로 우주는 내 안에 존재한다. 이 지침을 바탕으로 착수하면 무슨 문제가 또 있겠는가? 과거부터 현재까지 사방 상하 모든 것이 한결같이 관철되고 가지런히 정돈되어, **어느 시대이든 어느 장소이든 항상 충만해 있으니,** 모든 것을 이 본래적 상태에 맡기면 네 손발을 수고롭게 할 필요가 있겠는가?[50]

이것은 명도가 말한 "그 리를 인식하고 성(誠)·경(敬)으로 보존하면 되니 추호의 힘도 낭비할 필요가 없다"[51]는 의미이고, 또 상산이 말한 "먼저 그 대체를 확립한다"〈주2〉는 의미이다. 여기서도 리를 말하고 있으나 그가 말한 리는 상산이 말한 리와 같고, 주자가 말한 리는 아니다. 여기서 말한 리는 "잠시도 운행하지 않을 때가 없고" "어느 시대이든 어느 장소이든 항상 충만해 있는 것"이지만, 주자

---

49) 僕才不逮人, 年二十七始發憤從吳聘君學.……然未知入處. 比歸白沙, 杜門不出, 專求所以用力之方.……於是舍彼之繁, 求吾之約, 惟在靜坐. 久之然後見吾此心之體, 隱然呈露, 常若有物. 日用間種種應酬, 隨吾所欲, 如馬之御銜勒也.……於是渙然自信曰 : 作聖之功, 其在玆乎? 有學於僕者, 輒教之靜坐. (「복조제학(復趙提學)」, 『진헌장집(陳獻章集)』, 145쪽) [比 : 자주, 빈번히, 미치다, ……에 이르러]

50) 此理干涉至大, 無內外, 無終始, 無一處不到, 無一息不運. 會此則天地我立, 萬化我出, 而宇宙在我矣. 得此霸柄入手, 更有何事. 往古來今, 四方上下, 都一齊穿紐, 一齊收拾. 隨時隨處, 無不是這個充塞. 色色信他本來, 何用爾脚勞手攘. (「여임군박제육함(與林郡博第六函)」, 『진헌장집』, 217쪽)

51) 識得此理, 以誠敬存之, 不需用纖毫之力, 〈제12장, 주98〉

가 말한 리는 형이상의 존재로서 운행할 수도 없고 충만할 수도 없다. 여기서 말한 리는 사실상 앞의 인용문 가운데 진헌장이 통찰한 "은연중에 드러나는" "내 마음의 본체"이다. 진헌장의 제자인 담약수(湛若水, 1466-560)의 말을 보면 더 잘 알 수 있다.

담약수는 호가 감천(甘泉)이고, 광동성 증성 사람으로 진헌장에게 배웠다. 그는 「심성도설(心性圖說)」에서 말했다.

> 마음은 천지만물의 바깥을 포괄하고 천지만물의 중앙을 관통하니 중앙과 바깥은 둘이 아니다. '천지는 안팎이 없으니 마음도 안팎이 없다'고 함은 지극한 말이다. 따라서 그 안이 본심(本心)이고 그 바깥에 천지만물이 있는 것이 마음이라고 여기는 사람은 마음을 매우 작게 여기는 사람이다.[52]

여기서 말한 심은 바로 진헌장이 말한 리이다.

진헌장은 명나라 효종(孝宗) 홍치(弘治) 13년(1500)에 돌아갔는데, 이때 왕양명은 20여 세였다. 담약수는 명나라 세종(世宗) 가정(嘉靖) 39년(1560)에 돌아갔고, 양명과 더불어 논변을 벌였다. 양명의 학은 자득한 것이기도 하지만 필연적으로 이 두 사람의 영향을 받았다. 황종희(黃宗羲)는 「백사전(白沙傳)」에서 "명유(明儒) 가운데 정도를 잃지 않은 사람이 있었으니, 성인이 되는 공부는 백사에 이르러 밝혀지기 시작했고 양명에 이르러 위대해졌다"[53]고 말했다. 도학 가운데 리학은 주자가 집대성했고, 심학은 양명이 집대성했다. 두 사람이 주도한 시대를 놓고 보면 송대와 원대는 리학의 전성기라고 할 수 있고, 명대는 심학의 전성기라고 할 수 있다.

---

52) 心也者, 包乎天地萬物之外, 而貫乎天地萬物之中者也. 中外非二也 ; 天地無內外, 心亦無內外, 極言之而已. 故謂內爲本心, 而外天地萬物, 以爲心者, 小之爲心也甚矣. (『감천선생문집(甘泉先生文集)』권21)

53) 有明儒者, 不失其矩矱者亦有之. 而作聖之功, 至先生(白沙)而始明, 至文成(陽明)而始大. (『명유학안(明儒學案)』, 『황종희전집(黃宗羲全集)』7, 81쪽)

6. 왕양명

왕양명(王陽明, 1472- 528)은 이름이 수인(守仁), 자가 백안(伯安)이고 절강성 여요(餘姚)* 사람으로, 명나라 헌종(憲宗) 성화(成化) 8년(1472)에 태어났다.** 그는 18세 때 "광신에 들러 일재(一齋) 누량(婁諒)을 배알하여 격물 공부를 듣고 매우 기뻐했는데, 성인은 반드시 배워서 도달할 수 있다고 확신했다. 그후[21세 때] 주자의 저서를 두루 읽고 뭇 사물은 표리정조(表裏精粗)가 있고 풀 한 포기 나무 한 그루마다 지극한 리가 있다는 유자들의 말을 생각하며, 대나무를 대상으로 궁구하여['格竹'] 깊이 생각했으나 아무 소득 없이 병만 얻었다." 27세 때는 "열심히 공부해도 아무 소득이 없는 것은 빠른 효과를 구한 때문이라고 후회하고, 순서대로 추구해보았으나 사물의 리와 내 마음은 끝내 이분되었다. 오래 침울하게 지내자 옛 병이 다시 도졌고 양생을 논하는 도사의 사상에 심취하게 되었다." 37세 때 유배지인 귀주의 용장역에 이르러 "밤중에 격물치지의 의미를 홀연히 크게 깨닫고 부지불식간에 소리 지르고 펄쩍 뛰어 시종들을 놀라게 했다. 마침내 성인의 도는 내 성(性) 안에 자족하니 사물에서 리를 추구한 이전의 방식은 잘못임을 깨달았다." 43세 때는 "드디어 오직 치량지(致良知)만 학생들에게 가르쳤다." 명나라

---

* 그 남쪽에 있는 강이 요강(姚江)이므로 양명학파는 "요강학파"라고 한다.
** 왕양명은 시호는 문성(文成)이다. 산음(山陰, 越城)으로 이사한 뒤 근처의 회계산(會稽山) 양명동(陽明洞)에 살면서 양명자(陽明子)로 자칭했다. 젊은 날, 말을 타고 활을 쏘면서 병법에 관심을 가졌다. 28세 때 진사에 급제하여 벼슬길에 올랐고, 34세 때 어떤 탄핵 상소를 올렸다가 궁궐 뜰에서 곤장 40대를 맞고 기절했다. 그후 귀양지인 벽지 귀주성 용장역(龍場驛)에 머무는 동안 깨달음에 이르렀다. 주위의 시기로 죽음을 넘나드는 위기를 겪으며 여러 관직을 거쳤고, 담력과 지략으로 대규모 반란군을 진압하는 등 큰 무공을 세워 신건백(新建伯)에 봉해졌다. 만년에 광서성의 소수 민족 폭동을 평정하고 돌아오는 도중 병사했다. 그의 군사적, 정치적 업적은 송명 도학자로서는 독보적이었다. 만년에는 주자와 마찬가지로 그의 학설 역시 박해를 받아 위학(僞學)으로 간주되기도 했다.

세종(世宗) 가정(嘉靖) 7년(1528)에 57세의 나이로 세상을 떠났다.[54]

1)「대학문」

양명의 강학(講學) 요지는 그의 「대학문(大學問)」에 있다. 그의 제자 전덕홍(錢德洪, 1496- 574)에 따르면 "「대학문」은 스승 문하의 교본이었다. 학생들이 처음 문하에 들어오면 반드시 먼저 그 의미를 전수했다.……한 제자가 그것을 글로 완성하기를 청하자 선생은 '이것은 제군들이 입에서 입으로 서로 전해야지 문자화하면 그저 문자로 간주하게 되니 무익하다'고 거절했다. 가정 정해년(丁亥年) 8월에 스승이 사·전 지방으로 출정하려고 할 때 제자들이 다시 청하자 스승은 허락했다."[55] 가정 정해년은 양명이 죽기 1년 전이다. 따라서 「대학문」의 내용은 양명의 최종 견해라고 할 수 있다.*

왕양명의 「대학문」은 말한다.

"『대학』은 옛 유자들이 대인의 학(大人之學)으로 여겼는데, 대인의 학은 왜 명명덕(明明德 : 밝은 덕을 천명함)을 추구합니까?"**

---

54) "過廣信謁婁一齋諒, 語格物之學, 先生甚喜, 以爲聖人必可學而至也. 後徧讀考亭遺書, 思諸儒謂衆物有表裏精粗, 一草一木, 皆具至理. 因見竹取而格之, 沈思不得, 遂被疾."……"乃悔前日用力雖勤, 而無所得者, 欲速故也. 因循序以求之, 然物理吾心, 終判爲二. 沈鬱旣久, 舊疾復作. 聞道士談養生之說而悅焉."……"忽中夜大悟格物致知之旨, 不覺呼躍而起, 從者皆驚. 始知聖人之道, 吾性自足, 向之求理於事物者誤也."……"始專以致良知訓學者." (「연보(年譜)」, 『양명집요(陽明集要)』)

55) 「大學問」者, 師門之敎典也. 學者初及門, 必先以此意授.……門人有請錄成書者, 曰 : "此須諸君口口相傳, 若筆之於書, 使人作一文字看過, 無益矣." 嘉靖丁亥八月, 師起征思田將發, 門人復請, 師許之. (「대학문」의 부주(附註), 『전집』, 973쪽)

* 『신편』V, 209쪽 : 도학의 근거 경전은 『사서(四書)』이고 그 첫째가 『대학』이다. 주희의 "즉물궁리(卽物窮理)"의 견해는 「격물보전」의 형식으로 제시되었으므로 『대학』은 그의 견해의 경전상의 이론적 근거였다. 육구연은 "즉물궁리"를 반대했으나 『대학』을 깊이 논구하지 못했던 만큼 경전상의 이론적 근거를 갖춘 주희의 견해를 근본적으로 뒤집을 수 없었는데, 그 작업을 왕수인이 수행했다. 그는 『대학』을 더욱 진일보 연구하여 완전히 새로운 해석을 제시하여 자기 철학체계의 경전상의 이론적 근거로 삼았는데 그 저작이 바로 「대학문」이다.……따라서 「대학문」은 왕수인 철학체계의 강령이자 제자들의 입문서였으며 또한 최후의 저작으로서 그의 최종적인 철학적 견해를 대표한다.

** 『신편』V, 212쪽 : 「대학문」은 한 편의 완전한 철학 저작이다. 그 해석에 따르면

"대인은 천지만물과 일체가 된 사람이다. 그는 천하를 한 집안으로, 중국을 한 사람으로 여긴다. 육체를 바탕으로 너와 나를 구분하면 소인이다. 대인이 천지만물과 일체가 된 것은 의도(속셈)에 따른 것이 아니라, 그 마음의 '인(仁)'이 원래 그처럼 천지만물과 일체가 되기 때문이다. 어찌 대인만 그렇겠는가? 소인의 마음도 그렇지 않음이 없으나, 스스로 좀스럽게 되었을 뿐이다. 따라서 아이가 우물에 빠지려는 것을 보면 누구나 깜짝 놀라 측은지심이 생기는데, 이는 그의 '인'이 아이와 일체가 되기 때문이다. 아이는 그래도 자기와 동류(同類)이다. 또 다른 유인 조수(鳥獸)가 죽기 두려워 슬프게 우는 것을 보면 누구나 모질지 못하는 마음(不忍之心)을 느끼는데, 이는 그의 '인'이 조수와 일체가 되기 때문이다. 조수는 그래도 지각이 있는 동물이다. 또 초목(草木)이 꺾인 것을 보면 누구나 안타까운 마음이 생기는데, 이는 그의 '인'이 초목과 일체가 되기 때문이다. 초목은 그래도 생의(生意)가 있다. 또 와석(瓦石)이 깨진 것을 보면 누구나 아깝게 여기는 마음이 생기는데, 이는 그의 '인'이 와석과 일체가 되기 때문이다. 이런 **일체가 되는 '인'**(一體之仁)은 소인의 마음에도 반드시 있다. 이는 천명지성(天命之性)에 근거했으므로 자연히 **영명하여 어둡지 않고**(靈昭不昧), 따라서 명덕(明德)이다.……그러므로 사욕(私欲)의 편견이 없으면 소인의 마음도 일체가 되는 '인'은 오히려 대인과 같으나, 조금이라도 사욕의 편견이 생기면 대인의 마음도 옹색하고 협소해져 마치 소인과 같아진다. 따라서 대인이 되려는 학생은 오직 사욕의 편견을 제거하고 스스로 자신의 명덕을 밝혀(깨우쳐) 다시 자신과 천지만물이 일체인 본연의 상태를 회복하면 되니, 본체의 바깥에 무엇을 덧붙이는 것은 아니다."

"(대인의 학은) 왜 친민(親民 : 백성을 친애함)을 추구합니까?"

"명명덕은 천지만물과 일체가 되는 그 체(體)를 확립하는 것이고, '친민'은 천지만물과 일체가 되는 그 용(用)을 실현하는 것이다. 따라서 '명명덕'의

『대학』이 강론한 것은 "대인의 학"이다. 이른바 "대인"은 완전한 사람, 즉 사람의 리(理)를 완전히 실현한 사람이다. 무엇이 사람의 리인가? 어떻게 사람의 리를 실현하는가? "3강령"은 첫째 질문의 답이고, "8조목"은 둘째 질문의 답이다. "8조목"의 최후 한 조목["격물"]이 사람의 리를 실현하는 착수처이다. 거기서부터 착수하여 한 걸음 한 걸음 3강령의 목표에 도달하는데 그것이 곧 "명명덕"이다.

목적은 반드시 '친민'에 있고, '친민'은 바로 저 명덕을 밝히는 명분이다.…
…군신, 부부, 친구 나아가 산천, 귀신, 금수, 초목을 막론하고 실제로 그것
들을 친애하여 일체가 되는 나의 인(仁)을 실현하면 내 명덕은 비로소 완전
히 밝아지고 진정으로 천지만물과 일체가 될 수 있게 된다.……이것이 바로
진성(盡性 : 본성의 완전한 발휘)이다."

"(대인의 학은) 왜 지지선(止至善 : 지극한 선에 머묾)을 추구합니까?"

"'지선(至善)'은 명덕과 친민의 최고 준칙이다. 하늘이 부여한 성(天命之
性)은 순수한 '지선'인데, 영명하게 빛나고 어둡지 아니한 그것이 바로 저
'지선'의 발현으로서, **명덕의 본체이고 이른바 양지(良知)이다. '지선'의 발현은 옳**
은 것은 옳다고 하고 그른 것은 그르다고 하여, **경중(輕重)·후박(厚薄)에 따라**
감동하고 부응하는 그 변동이 일정하지 않지만 항상 자연의 중도 안에 머문다. 이
것은 바로 민이(民彝), 물칙(物則)[56]의 기준(極)으로서 조금이라도 조작하거
나 증감해서는 안 된다. 조금이라도 조작하거나 증감하면 사적인 의도이고
작은 지혜이니 '지선'이 아니다.……전에도 물론 명덕을 밝히려고 한 사람들
이 있었으나 '지선'에 머물(止於至善) 줄 몰랐기 때문에 사심(私心)에 따라
지나치고 고상한 것을 추구하여 허망하고 막연한 것들에 빠져 가정과 국가,
천하에는 아무런 보탬이 되지 못했으니 불교와 도교의 부류가 그들이다. 또
물론 백성을 친애하려고 한 사람들이 있었으나 '지선'에 머물 줄 몰랐기 때
문에 사심에 따라 천박하고 번쇄한 것을 추구하여 권모술수에 빠져 인애(仁
愛)와 측은의 진심은 전혀 무시했으니 오패(五霸)와 공리주의자들이 그들이
다. 이 모두는 '지선'에 머물 줄 모른 데서 생긴 과오이다."[57]

---

56) 民彝, 物則 ["天生烝民, 有物有則 ; 民之秉彝, 好是懿德."〈제1편,제6장,주10〉]
57) "「大學」者, 昔儒以爲大人之學矣. 敢問 : '大人之學, 何以在於明明德乎?'" 陽明子曰 :
"大人者, 以天地萬物爲一體者也. 其視天下猶一家, 中國猶一人焉. 若夫間形骸而分
爾我者, 小人矣. 大人之能以天地萬物爲一體也, 非意之也, 其心之仁本若是其與天
地萬物而爲一也. 豈惟大人, 雖小人之心, 亦莫不然. 彼顧自小之耳. 是故見孺子之入
井, 而必有怵惕惻隱之心焉. 是其仁之與孺子而爲一體也. 孺子猶同類者也, 見鳥獸
之哀鳴觳觫而必有不忍之心焉, 是其仁之與鳥獸而爲一體也. 鳥獸猶有知覺者也, 見
草木之摧折, 而必有憫恤之心焉, 是其仁之與草木而爲一體也, 草木猶有生意者也.
見瓦石之毀壞, 而必有顧惜之心焉, 是其仁之與瓦石而爲一體也. 是其一體之仁也,
雖小人之心, 亦必有之. 是乃根於天命之性, 而自然靈昭不昧者也. 是故謂之明德.
……是故苟無私欲之蔽, 則雖小人之心, 而其一體之仁, 猶大人也. 一有私欲之蔽, 則

이 역시 정명도의 「식인편(識仁篇)」의 의미이다. 다만 양명의 말은 더 명확하고 절실하다.* 상산은 "우주가 사람을 격리시킨 적이 없고 사람 스스로 우주를 격리시켰다"〈주8〉고 말했는데, 우주를 격리시키지 않는 사람이 여기의 대인이고, 우주를 격리시킨 사람이 여기의 소인이다. 그렇지만 소인의 마음에도 "일체가 되는 인(仁)"의 본심이 있다. 맹자가 말한 측은지심, 시비지심 등 사단(四端)이 이 본심의 발현이자 이른바 양지(良知)이다. 이것에 근거하여 확충하고 실행하는 것이 "치량지(致良知)"**이다. 양명은 말했다.

雖大人之心, 而分隔隘陋, 猶小人矣. 故夫爲大人之學者, 亦惟去其私欲之蔽, 以自明其明德, 復其天地萬物一體之本然而已耳; 非能於本體之外, 而有所增益之也." 曰: "然則何以在親民乎?" 曰: "明明德者, 立其天地萬物一體之體也; 親民者, 達其天地萬物一體之用也. 故明明德必在於親民, 而親民乃所以明其明德也……君臣也, 夫婦也, 朋友也, 以至於山川鬼神鳥獸草木也, 莫不實有以親之, 以達吾一體之仁, 然後吾之明德始無不明, 而眞能以天地萬物爲一體矣.……是之謂盡性." 曰: "然則又烏在其爲止至善乎?" 曰: "至善者, 明德親民之極則也. 天命之性, 粹然至善, 其靈昭不昧者, 此其至善之發見, 是乃明德之本體, 而卽所謂良知者也. 至善之發見, 是而是焉, 非而非焉, 輕重厚薄, 隨感隨應, 變動不居, 而亦莫不自有天然之中; 是乃民彝物則之極, 而不容少有擬議增損於其間也. 少有擬議增損於其間, 則是私意小智, 而非至善之謂矣.……蓋昔之人固有欲明其明德者矣; 然惟不知止於至善, 而騖其私心於過高; 是以失之虛罔空寂, 而無有乎家國天下之施, 則二氏之流是矣. 固有欲親其民者矣; 然惟不知止於至善, 而溺其私心於卑瑣; 是以失之權謀智術, 而無有乎仁愛惻怛之誠, 則五伯功利之徒是矣. 是皆不知止於至善之過也." (『전집』, 968-69쪽)

* 『신편』V, 210-11쪽: 왕수인은 "만물과 일체가 됨(萬物爲一體)"을 "인(仁)"으로 여겼고, 정호는 "만물과 혼연일체가 됨(渾然與物同體)"을 "인"으로 여겼으니, 두 사람의 기본 관념은 완전히 일치한다. 「대학문」과 「식인편」을 상세히 비교해보면 두 사람의 사상은 세부적으로도 완전히 일치함을 알 수 있다. 왕수인이 정호를 단순히 답습한 것은 아니었으니, 하나의 객관적 도리에 대해서 두 사람이 다 같이 통찰했던 것이다. 정호는 도학 중의 심학의 개창자이고 왕수인은 심학의 완성자인데, 그들이 통찰한 이 도리가 심학의 일관된 중심 사상이다. 다만 정호는 이 중심 사상을 『대학』의 3강령과 결합시키지 않았으나, 왕수인은 그렇게 함으로써 이 중심 사상에 경전상의 이론적 근거를 부여했다.

** 『신편』V, 213쪽: "뜻(意)이 가 있는 대상이 물(物)이다"〈주60〉라고 이해하면 이른바 "물"은 "뜻"의 대상이지 결코 객관 세계 속의 어떤 하나의 물체가 아니다. 따라서 "물"은 선악(善惡)과 바르고 바르지 못함(正與不正)이 있다고 말할 수 있다. 격물은 즉 선을 행하고 악을 제거하는 것이고 또한 "바르지 못한 상태를 바로잡아 바르게 되돌리는 것"이다. 선악 또는 바르고 바르지 못함의 기준은 무엇이고, 또

사람의 마음은 하늘의 연못(天淵)이니 마음의 본체는 포함하지 않은 것이 없다. 원래 하나의 하늘만 있으나 사욕에 의해서 장애를 받으면 하늘의 본체는 상실된다.……따라서 모든 생각마다 양지를 발현하여(致良知) 그런 장애와 질곡을 모조리 제거하면 본체는 다시 회복되어 하늘의 연못이 된다.[58]

"명덕의 본체가 이른바 양지이다." 따라서 명명덕과 친민은 모두 치량지(致良知)이자 치지(致知)이다. "또 양지를 발현(致良知)하려는 것이 어찌 어렴풋한 영상과 실질 없는 공허함을 좇는 것(도교와 불교의 경우를 지칭)을 의미하겠는가? 즉 실제로 지향하는 일이 있기 때문에 치지는 반드시 격물에 있다고 했는데, 사물(物)은 일(事)을 뜻한다."[59] "마음이 발현한 것이 뜻(意 : 의도, 의념)이고, 뜻이 가 있는 대상이 물(物)이다. 예컨대 뜻이 부모 봉양에 있으면 부모 봉양이 하나의 물이고, 뜻이 백성 사랑과 사물 애착에 있으면 백성 사랑과 사물 애착이 하나의 물이다."[60] "격(格)이란 바로잡는다(正)는 뜻이다. 부정한 것을 바로잡아 바르게 되돌림을 말한다. '부정한 것

누가 판단하는가? 왕수인은 바깥에서 기준과 판단자를 찾을 필요가 없고, 각 개인의 "마음"이 기준이고 그 마음 자체가 판단자이니 그것이 곧 각자의 "양지"라고 했다. 이른바 "치지(致知)"의 "지"는 각 개인의 "양지"이고, 각 개인이 저마다 자기의 "양지"를 발휘하는 것이 "치량지(致良知)"이다. "치량지"는 "양지"에 따라 일을 처리하는 것이니 다름 아닌 "격물"이다. 또 진실로 자신의 "양지"에 따라 일을 처리하고 조금도 허위가 없는 것이 "성의(誠意)"이다. 이런 일련의 공부는 세 글자로 개괄되는바, 그 세 글자가 "치량지"이다.

58) 人心是天淵. 心之本體無所不該. 原是一個天, 只爲私欲障礙, 則天之本體失了. [心之理無窮盡, 原是一個淵. 只爲私欲窒塞, 則淵之本體失了./원래 생략된 문장이나 『신편』에 따라 삽입함] 如今念念致良知, 將此障礙窒塞一齊去盡, 則本體已復, 便是天淵了. (『전습록(傳習錄)』하, 『전집』, 95~96쪽)

[『신편』V, 214쪽 : 육구연은 "우주가 사람을 격리시킨 적이 없고 사람 스스로 우주를 격리시켰다"〈주8〉고 말했는데, 왕수인이 여기서 논한 것이 바로 그 의미이다.]

59) 然欲致其良知, 亦豈影響恍惚而懸空無實(此指二氏)之謂乎? 是必實有其事矣, 故致知必在於格物. 物者, 事也. (「대학문」, 『전집』, 972쪽)

60) 心之所發便是意, (意之本體便是知) 意之所在便是物. 如意在於事親, 卽事親便是一物.……意在於仁民愛物, 卽仁民愛物便是一物. 意在於視聽言動, 卽視聽言動便是一物. (『전습록』상, 『전집』, 6쪽)

을 바로잡음'은 악의 제거를 의미하고, '바르게 되돌림'은 선의 실행을 의미한다." 양지는 "하늘이 부여한 성이자 내 마음의 본체로서 스스로 영명하여 밝게 깨닫는 것이다. 무릇 뜻(의념)이 발할 때 내 마음의 양지가 저절로 알지 못하는 것은 하나도 없으니, 뜻이 선한지의 여부도 내 마음의 양지가 저절로 알고 뜻이 악한지의 여부도 내 마음의 양지가 저절로 안다."[61] 우리가 정녕 "양지가 인식하는 선악에 대해서 항상 선은 참으로 좋아하고 악은 참으로 싫어할 수 있으면 양지를 속이지 않으니 뜻이 참되어질(誠意) 수 있다." 자기의 양지를 속이지 않으면 곧 격물, 치지, 성의(誠意), 정심(正心)을 실행하고 명명덕을 실행하는 것이다. 이렇게 바로잡는 일(格)이 오래 계속되면 모든 "사욕의 장애"는 전부 제거되고 명덕은 다시 천지만물과 일체가 되는 그 본연의 모습을 회복한다. 이것이 양명이 말한 "요순의 정전(正傳 : 바른 전수)"이고 "공자의 심인(心印)*"[62]이다.**

2) 지행합일

양지(良知)는 지(知), 치량지(致良知)는 행(行)이다. 우리가 반드시 행위에 양지를 발현해야(致良知) 비로소 양지의 지는 완성된다. 이것이 양명의 지행합일설(知行合一說)의 핵심이다. 『전습록』은 말한다.

---

61) "格者, 正也. 正其不正以歸於正之謂也. 去惡之謂也 ; 歸於正者, 爲善之謂也.""天命之性, 吾心之本體, 自然靈昭明覺者也. 凡意念之發, 吾心之良知, 無有不自知者. 其善歟, 惟吾心之良知自知之 ; 其不善歟, 亦惟吾心之良知自知之."

 * 心印 : 말과 글에 의하지 않고 불타의 내심을 실증(實證)한다는 선학(禪學) 용어. 리학자는 성인의 학설을 심성상에서 이해한다는 뜻으로 차용함.

62) "於良知所知之善惡者, 無不誠好而誠惡之, 則不自欺其良知, 而意可誠也已.""(闡)堯舜之正傳,""(爲)孔氏之心印." (이상은 「대학문」, 『전집』, 971~72쪽)

** 『신편』V, 214쪽 : 「대학문」과 「격물보전」은 심학과 리학 두 파의 대표작이다. 두 파의 목표는 완전한 사람이 되는 것이었고 각각 그 착수처가 있었는데, 심학의 "치량지", 리학의 "즉물궁리"가 그것이다. 「격물보전」은 "물리(物理)의 탐구"에서 "인리(人理)의 탐구"로 넘어가는 것이므로, 분명히 두 단계(兩橛)가 존재했다. 반면에 심학은 오로지 "인리의 탐구"만 했던 만큼 간단명료했다. 주자의 리 연구 주장에 대한 왕수인의 경험["格竹"]은 또 다른 측면에서 "즉물궁리"의 문제점을 증명한 셈이었다.……「격물보전」은 "즉물궁리"를 논하기는 했으나 "궁구(窮)"의 방법은 제시하지 못했으므로 "즉물궁리"는 결국 공담(空談)인 셈이었다.

"사람들은 아버지께 효도해야 하고 형에게 공손해야 함을 잘 알고 있건만 실제로는 효도하지 않고 공손하지 않습니다. 그러므로 지와 행은 분명히 (합일이 아니고) 서로 다른 영역의 일입니다."

"그것은 이미 사욕에 의해서 지와 행이 단절된 경우이지 **지·행의 본체**는 아니다. 알면서 행하지 않는 경우는 없다. 알면서 행하지 않았다면 아직 제대로 안 것이 아니다. 지행에 대한 성현의 가르침은 바로 그 본체를 회복하게 하려는 것이지 그대들처럼 생각해도 된다는 뜻이 아니다.……나는 전에 '지는 행의 지침이며, 행은 지의 공부이다. **지는 행의 시작이고, 행은 지의 완성이다**'고 말했다. 바르게 이해할 경우 오직 지만 말하더라도 이미 행이 내재되어 있고, 오직 행만 말하더라도 이미 지가 내재되어 있다."[63]

우리 마음의 본체가 사욕에 의해서 치우쳐지지 않았을 때는 지행은 오직 하나의 일이다. 예컨대 "아이가 우물에 빠지려는 것을 보면 누구나 깜짝 놀라 측은지심이 생기는데" 이 마음의 자연스런 발전을 따라가면 반드시 서둘러 구하러 가게 된다. 서둘러 구하러 가는 "행"은 단지 측은지심의 자연스런 발전이지 별도의 일이 아니다.*

---

63) 愛曰：“如今人儘有知得父當孝, 兄當弟者, 却不能孝, 不能弟. 便是知與行分明是兩件.”先生曰：“此已被私欲隔斷, 不是知行的本體了. 未有知而不行者；知而不行, 只是未知. 聖賢教人知行, 正是要復那本體, 不是着你只恁的便罷.……某嘗說：知是行的主意；行是知的功夫. 知是行之始；行是知之成. 若會得時, 只說一個知, 已自有行在. 只說一個行, 已自有知在. (『전집』, 3-4쪽)

* 『신편』V, 216-17쪽: 이 "측은지심"은 "지"이고 달려가 아이를 구함은 "행"이다. ……이 "측은지심"이 그 개인의 최초 반응인데 도학자가 말한 "초념(初念)"이다. 이 "초념"에 따르면 그는 반드시 그 아이를 구하러 간다. 그런데 생각을 바꾸면 구하러 가지 않는데 이 바뀐 생각이 도학자가 말한 "전념(轉念)"이다. 이 전념은 매우 중요한데, 전념 때문에 양지에 따라 행동하지 않고 양지를 벗어나고 "치량지"하지 않게 된다. 그래서 도학자들은 늘 "초념은 성인이나 전념은 금수이다"고 말했다. /왕수인에 따르면 양지의 선악 분별은 일종의 직각적 인식이지 도덕적 판단이 아니다. 즉 일종의 직접적 반응이지 사고를 거쳐서 얻은 명제가 아니다. 한마디로 일종의 직각이지 지식이 아니다.……양지의 "지"는 누구에게나 다 있으니 누가 무슨 일을 만나든 그의 양지는 그가 어떻게 해야 하는지, 또 어떻게 하면 선이고 어떻게 하면 악인지를 그에게 계시해준다. 이런 측면에서 볼 때 "거리의 모든 사람들이 다 성인이다." 그러나 문제는 누구나 모든 일을 양지에 따라 행하여 "양지를 실현(致良知)"하지는 못한다는 사실이다. 즉 성인이냐 성인이 아니냐의

즉 "지는 행의 시작이고, 행은 지의 완성이다"는 말이다. 이때 만약 생각을 바꾸어(轉念) 혹은 어려움이 생길까봐 혹은 그 부모가 미워서 가지 않으면 "지"는 있으나 "행"은 없다. 그러나 이는 지행의 본체가 그런 것이 아니다. 또 예컨대 누가 부모께 효도해야 함을 알고 그 앎의 자연스런 발전에 따르면 반드시 효의 일을 실제로 행하게 된다. 그런데 효의 일을 행할 수 없는 사람의 경우는 틀림없이 그의 마음이 사욕에 치우쳤기 때문이다. 마음이 사욕에 치우치면 양지는 있으나 그것을 실현하지(致) 못한 것이니 그 양지 역시 완성될 수 없다. 따라서 "행은 지의 완성이다"고 했다. 심리학설에 따르면 지행은 본래 하나의 일이다. 예컨대 무서운 것을 보고 달아나 피하는 것이 "지행의 본체"이다. 달아나 피하지 않는 경우는 틀림없이 다른 종류의 심리가 있거나 생리 상태가 장애를 받은 것이고 "지행의 본체"는 아니다. 양명의 지행합일설은 심리학상의 근거가 있다. 단 그가 말한 지는 의미상 대체로 양지를 지칭하는데, 양지의 존재 여부는 심리학적으로 결정할 수 없다.

3) 주왕이동

양명은 「주자만년정론서(朱子晚年定論序)」에서 말했다.

나는 어려서 과거 공부로 사장(詞章 : '詩文'의 총칭) 학습에 몰두했다. 그후 점차 바른 학문(正學)에 종사하게 되어 온갖 분분한 학설을 고통스럽게 추구했으나 어디서 시작해야 할지 막막했다. 그러다가 도가와 불가를 공부하고 흔연히 마음에 맞음을 발견하고 성인의 학문이 바로 거기에 있다고 생각했다. 그러나 그것들은 공자의 가르침과는 거리가 있었고 일상생활에 적용해보면 늘 결함이 많고 귀착지(목적)가 없었으므로, 이리저리 왔다갔다하며 반신반의를 계속했다. 그후 용장(龍場)에서의 유배된 관리생활과 오랑캐 땅에서의 곤경을 통해서 고통 속에서 심성을 연단한 끝에 홀연히 깨달음(悟)

관건은 저 "치(致)" 자에 달려 있다. 육구연은 사람마다 양지가 있다는 사실을 설명하는 데에 치중했고, 왕수인은 "치량지(양지의 실현)"에 치중했다. 즉 육구연은 "행"을 충분히 말하지 못했으나, 왕수인은 "행"을 특별히 중시했다. 이른바 그의 "지행합일"의 요점은 "행"이 없으면 "지"는 완성될 수 없다는 것이다.

같은 것을 얻었다. 그후 추위와 더위를 겪으며 (몇 해에 걸쳐서) 그것을 오경 사서에서 검증했을 때는 마치 큰 강물이 터져 바다로 흘러가는 듯한 느낌이었다.……그런데 유독 **주자의 학설과는 상충점이 있어서** 늘 마음이 답답했다.[64]

즉 양명이 자신의 학문 과정의 단계를 자술했다. 그가 최후에 견지한 설은 "주자의 학설과 상충점이 있음"을 자각했다. 앞에서 인용한 「대학문」을 보면 양명학은 철두철미(徹上徹下) "치량지(致良知)" 세 글자로 포괄될 수 있음을 알 수 있다. 따라서 양명은 43세 이후로는 오로지 치량지로써 학생들을 가르쳤다. 간단명료함을 말하자면 참으로 간단명료하다. 그가 말한 격물치지의 의미는 실제로 주자와 다르다. 전체적으로 볼 때 두 사람의 학설의 차이 역시 상술한 리학과 심학의 차이이다.

양명도 간혹 리(理)·기(氣)를 언급했다. 예컨대 이렇게 말했다.

정일(精一)의 정은 리를 말한 것이고, 정신(精神)의 정은 기를 말한 것이다. 리는 기의 조리(條理)이고, 기는 리의 운용이다. 조리가 없으면 운용할 수 없고, 운용이 없으면 이른바 조리는 찾을 수 없다.[65]

이 말만 보면 양명의 견해는 주자와 큰 차이가 없다. 그러나 양명은 스스로 자기의 학과 주자의 학의 차이점을 이렇게 말했다.

주자가 말한 격물은 즉물궁리에 있는데, 즉물궁리란 사사물물(事事物物 : 만사만물)에 나아가 그가 말한 정리(定理)라는 것을 탐구하는 것을 뜻한다. 그런데 이것은 내 마음을 가지고 사사물물 속에서 리를 구하는 것이므로, 심(心)과 리(理)를 둘로 쪼개는 일이다.……

---

64) 守仁早歲業擧, 溺志詞章之習. 旣乃稍知從事正學, 而苦於衆說之紛撓疲痾, 茫無可入. 因求諸老釋, 欣然有會於心, 以爲聖人之學在此矣. 然於孔子之敎間相出入 ; 而措之日用, 往往缺漏無歸. 依違往返, 且信且疑. 其後謫官龍場, 居夷處困. 動心忍性之餘, 怳若有悟. 體驗探求, 再更寒暑. 證諸五經四子, 沛然若決江河而放諸海也.……獨於朱子之說, 有相抵[抵 : 牴]牾, 恒疚於心. (『전집』, 127쪽)

65) 精一之精以理言, 精神之精以氣言. 理者氣之條理. 氣者理之運用. 無條理則不能運用, 無運用則亦無以見其所謂條理者矣. (「답육원정서(答陸原靜書)」, 『전습록』 중, 『전집』, 62쪽)

반면에 내가 말하는 '치지격물'은 내 마음의 양지를 사사물물에 발현(실현)하는(致) 것을 뜻한다. 내 마음의 양지가 이른바 천리(天理)이다. **내 마음의 양지인 천리를 사사물물에 발현하면 사사물물은 그 리를 획득하게 된다.** 내 마음의 양지를 발현하는 것이 치지요, 사사물물이 저마다 그 리를 획득하는 것이 격물이므로, 여기서 심과 리는 하나로 합쳐진다.[66)

주자에 따르면 사람마다 하나의 태극이 구비되어 있고 사물마다 하나의 태극이 구비되어 있다. 태극은 뭇 리의 전체이므로 우리의 마음 역시 "뭇 리를 구비하고 만사에 응한다."[67) 따라서 즉물궁리는 또한 우리 마음속의 리를 탐구하는 것이고 우리 성 속의 리를 탐구하는 것이다. 따라서 주자가 마음과 리를 둘로 쪼갰다고 보는 주장은 아주 옳은 것은 아니다. 다만 주자의 체계에 따르면 리가 기와 결합하지 않으면 마음(心)은 없으나, 마음이 없어도 리 자체는 영원히 존재한다. 사실상으로 기가 없는 리는 없다고 하나 논리상으로는 마음이 없는 리도 존재할 수 있다. 이 점을 놓고 보면 주자는 마음과 리를 둘로 쪼갰다고 말해도 안 될 것이 없다. 반면에 양명의 체계에 따르면 반드시 "내 마음의 양지인 천리를 사사물물에 발현해야 사사물물은 그 리를 획득하게 된다." 그러므로 마음이 없으면 리는 없는 것이다. 즉 양명은 『전습록』에서 말했다.

마음이 곧 리이다(心卽理). 세상에 마음 밖의 일이 존재하고 마음 밖의 리가 존재하겠는가?[68)

○"심즉리(心卽理)의 설에 관하여 정자는 '사물에 존재하는 것이 리이다(在

---

66) 朱子所謂格物云者, 在卽物而窮其理也. 卽物窮理, 是就事事物物上求其所謂定理者也. 是以吾心而求理於事事物物之中, 析心與理而爲二矣.……若鄙人所謂致知格物者, 致吾心之良知於事事物物也. 吾心之良知, 卽所謂天理也. 致吾心良知之天理於事事物物, 則事事物物皆得其理矣. 致吾心之良知者, 致知也. 事事物物皆得其理者, 格物也. 是合心與理而爲一者也. (「답고동교서(答顧東橋書)」, 『전습록』 중, 『전집』, 44-45쪽)

67) 具衆理而應萬事. ["心者, 人之神明, 所以具衆理而應萬事者也."(『맹자집주』) "明德者, 人之所得乎天, 而虛靈不昧, 以具衆理而應萬事者也."(『대학장구』)]

68) 心卽理也. 天下又有心外之事, 心外之理乎? (『전습록』 상, 『전집』, 2쪽)

物爲理)'고 하셨는데, 선생님은 왜 '마음이 리이다(心卽理)'고 하십니까?"

"'재물위리(在物爲理)'의 재(在) 자 앞에 심(心) 자를 첨가해야 한다. 즉 이 마음이 사물에 있으면 리가 되는(心在物爲理) 것이다."[69]

○마음의 체(體)는 성(性)이니, 성은 곧 리이다(性卽理). 따라서 부모에게 효도하는 마음이 있으므로 효도의 리가 있는 것이고, 부모에게 효도하는 마음이 없다면 효도의 리도 없다. 임금에게 충성하는 마음이 있으므로 충성의 리가 있는 것이고, 임금에게 충성하는 마음이 없다면 충성의 리도 없다. 리가 어찌 우리 마음을 벗어날 수 있겠는가? 회암(주자)은 "사람이 배우는 이유는 마음과 리에 있다"고 말했다. 그러나 마음이 한 몸을 주관하고 있으나 실제로는 천하의 리를 관장하며, 리가 만사에 흩어져 있으나 실제로는 한 사람의 마음에서 벗어나지 않는 것인데, 주자는 혹은 분리하고 혹은 결합시키는 가운데 학생들을 가르쳐 마음과 리를 둘로 여기는 폐단을 벗어나지 못했다.[70]

주자의 체계에 따르면, 오직 "성즉리(性卽理)"라고만 말할 수 있고 "심즉리(心卽理)"라고는 말할 수 없으니, 오직 효도의 리가 있으므로 부모에게 효도하는 마음이 있고 충성의 리가 있으므로 임금에게 충성하는 마음이 있는 것이며, 부모에게 효도하는 마음이 있으므로 효도의 리가 있고 부모에게 효도하는 마음이 없다면 효도의 리가 없다고는 말할 수 없으며, 또한 리는 마음을 떠나 독립 존재하고 그 실제가 없어도 존재한다. 반면에 양명의 체계에 따르면, 실제적이든 논리적이든 마음이 없으면 리는 없다. 이 점이 리학과 심학의 근본적 차이이다. 양명의 철학에는 형이상의 세계와 형이하의 세계의 구분이 없기 때문에 어록이나 저작에도 그런 명사는 보이지 않는다.

---

69) 又問：“心卽理之說, 程子云：‘在物爲理’, 如何謂心卽理?” 先生曰：“在物爲理, 在字上當添一心字. 此心在物則爲理.” (『전습록』 하, 『전집』, 121쪽)

70) 心之體, 性也. 性卽理也. 故有孝親之心, 卽有孝之理；無孝親之心, 卽無孝之理矣. 有忠君之心, 卽有忠之理；無忠君之心, 卽無忠之理矣. 理豈外於吾心邪? 晦庵謂‘人之所以爲學者, 心與理而已.’ 心雖主乎一身, 而實管乎天下之理. 理雖散在萬事, 而實不外乎人之一心[원래는 ‘一人之心’]. 是其一分一合之間, 而未免已啓學者心理爲二之弊. (「답고동교서」, 『전습록』 중, 『전집』, 42쪽)

양명의 어록은 말한다.

사람의 양지는 곧 초목·와석의 양지이다. 초목·와석은 사람의 양지가 없
다면 초목·와석이 될 수 없다. 어찌 초목·와석만 그렇겠는가? 천지(우주)도
사람의 양지가 없다면 천지가 될 수 없다. 천지만물과 사람은 원래 일체인데
그 작용이 드러나는 가장 정미한 곳이 바로 사람 마음의 한 점 영명이다.[71]

○선생께서 남진 지방을 유람할 때 한 친구가 바위틈의 꽃을 가리키며 이렇
게 물었다. "천하에 마음 밖의 사물은 없다*고 하셨으나, 이처럼 꽃은 심산에서
제 스스로 피고 지니, 내 마음과 무슨 상관이 있겠는가?"

"그대가 이 꽃을 보지 않았을 때 이 꽃과 그대 마음은 함께 적막 속에 돌
아가 있었네. 그대가 이 꽃을 보게 되자 이 꽃의 모습은 일순간에 명백해졌
으니, 이 꽃은 그대의 마음을 벗어나 존재하지 않음을 알 수 있네."[72]

○양명이 제자에게 물었다.

"그대가 보기에 이 천지(우주)간에 무엇이 천지의 마음인가?"

"사람이 천지의 마음이라고 들었습니다."

"사람은 또 마음을 무엇이라고 하는가?"

"단지 하나의 영명(靈明)입니다."

"천지의 충만함 속에는 다만 하나의 영명이 존재할 뿐이나, 사람이 육체
에 의해서 스스로 격리되었을 뿐이다. 나의 영명이 곧 천지 귀신의 주재자이
다.……천지 귀신 만물도 내 영명을 떠나면 천지 귀신 만물은 없다. 나의 영
명이 천지 귀신 만물을 떠나면 나의 영명도 존재하지 않는다. 이렇게 동일한
기가 유행하고 있으니 어떻게 그로부터 격리될 수 있겠는가?"

"천지 귀신 만물은 천고(千古)에 영원히 존재하거늘 어째서 나의 영명이

---

71) 人的良知, 就是草木瓦石的良知. 若草木瓦石無人的良知, 不可以爲草木瓦石矣. 豈
    惟草木瓦石爲然, 天地無人的良知, 亦不可爲天地矣. 蓋天地萬物與人原是一體, 其
    發竅之最靈處, 是人心一點靈明. (『전습록』하, 『전집』, 107쪽)

 * "天下無心外之物(천하에 마음 밖의 사물은 없다)"는 표현은 주자의 말인 "天下無
    性外之物(천하에 성 밖의 사물은 없다)"〈제13장,주8〉는 표현과 대립된다.

72) 先生遊南鎭, 一友指巖中花樹問曰："天下無心外之物, 如此花樹, 在深山中, 自開自
    落, 於我心亦何相關?"先生曰：爾未看此花時, 此花與爾心同歸於寂. 爾來看此花時,
    則此花顏色, 一時明白起來. 便知此花不在爾的心外." (같은 곳, 107-08쪽)

없으면 모든 것이 없어진다는 말씀입니까?"

　"이제 죽은 사람을 한번 보라. 이미 그의 정령이 흩어지면 그의 천지만물
은 또 어디에 존재한다는 말인가?"[73]

앞에서 주자가 말한 "성즉리"와 양명이 말한 "심즉리"가 리학과
심학의 차이점이라고 말했다. 그런데 또 다른 의문점은 양명이 말
한 심이 주자가 말한 성과 같지 않음을 어떻게 아느냐 하는 점이다.
만약 같다면 이 절의 이상의 논변은 모두 무너진다. 그러나 앞에서
인용한 세 조목을 보면 양명이 말한 심은 "단지 하나의 영명이니"
바로 주자가 말한 심임을 알 수 있다. 주자는 지각의 영명은 심이고
성이 아니다고 말했다〈주32〉. 따라서 양명이 말한 심은 주자가 말
한 성과 같을 수 없다. 주자는 우리의 심에는 태극의 전체가 구비되
어 있기 때문에 심도 뭇 리를 구비하고 있다고 여겼다. 그러나 심은
그저 뭇 리만 구비하고 있을 뿐, 구체적 사물이 우리의 심 안에 구
비되어 있는 것은 아니다. 반면에 양명은 천지만물이 우리의 심 안
에 존재한다고 여겼다. 이것은 유심론인데, 주자는 이런 유심론을
실제로 견지하지 않았다.

4) "도교와 불교"에 대한 비평

　양명의 학은 주자와 다른데, 불교와 도교에 대한 그의 비판에도
나타나 있다. 주자는 성을 논하면서 성이 뭇 리를 포괄함을 강조했
고, 따라서 유가는 성을 실(實)로 여기나 불가는 성을 공(空)으로 여
긴다고 말했다. 양명은 심을 논하면서 심이 "영명하여 어둡지 않
음"〈주57〉을 강조했다. 즉 우리의 이 "영명하여 어둡지 않은" 본심

---

73) 先生曰：“爾看這個天地中間, 甚麼是天地的心?”對曰：“嘗聞人是天地的心.”曰：
“人又甚麼叫做心?”對曰：“只是一個靈明.”“可知充天塞地, 中間只有這個靈明. 人
只爲形體自間隔了. 我的靈明, 便是天地鬼神的主宰.……天地鬼神萬物, 離却我的靈
明, 便沒有天地鬼神萬物了. 我的靈明, 離却天地鬼神萬物, 亦沒有我的靈明. 如此便
是一氣流通的, 如何與他間隔得?”又問：“天地鬼神萬物, 千古見在, 何沒了我的靈
明, 便俱無了?”曰：“今看死的人, 他這些精靈游散了, 他的天地萬物, 尚在何處?”
(『전습록』하, 『전집』, 124쪽)

이 양지(良知)로 발현되는데 우리는 그것에 따라 행해야만 하고 조
금이라도 "조작하거나 증감해서는"〈주57〉 안 된다. 그렇게 하면 명
도가 말한 "이기심과 셈속"〈주14〉이다. 불교와 도교의 폐단은 "이
기심과 셈속"에 있다. 왕양명의 『전습록』은 말한다.

　　선생께서는 일찍이 불교는 "대상(相)에 집착하지 말라고 가르치나 사실은
　　대상에 집착하며, 우리 유교는 대상에 집착하나 사실은 대상에 집착하지 않
　　는다"고 말한 적이 있는데, 그 의미를 묻자 이렇게 설명하셨다.
　　　"불교는 부자간의 번뇌가 두려워 부자관계를 끊었고 군신간의 번뇌가 두
　　려워 군신관계를 끊었고 부부간의 번뇌가 두려워 부부관계를 끊었다. 그러
　　나 이 모두는 부자, 군신, 부부라는 대상에 집착했기 때문에 끊으려고 한 것
　　이다. 그런데 우리 유교는 부자간은 사랑, 군신간은 의리, 부부간은 분별로
　　대처하니, 부자, 군신, 부부의 대상에 대해서 무슨 집착이 있겠는가?"74)

　　○선가(仙家 : 도교)는 허(虛)를 강론하는데 성인이 어찌 허에 추호라도 실
　　(實)을 덧붙일 수 있겠는가? 불교는 무(無)를 강론하는데 성인이 어찌 무에
　　추호라도 유(有)를 덧붙일 수 있겠는가? 그러나 선가의 허 강론은 양생(養
　　生)을 위해서 비롯되었고, 불교의 무 강론은 생사의 고해의 해탈에서 비롯되
　　었으니 도리어 본체에 대해서 그와 같은 속셈(의도)을 덧붙인 것이니 저 허
　　와 무의 본 모습이 아니고 오히려 본체에 장애를 가한 셈이다. 성인은 다만
　　그의 양지의 본 모습으로 돌아갈 뿐 추호라도 속셈에 집착하지 않는다. 양지
　　의 허는 곧 하늘의 태허요, 양지의 무는 곧 태허의 무형이다. 해, 달, 바람,
　　번개, 산천, 사람, 사물 등 모든 형태의 존재는 다 태허의 무형 속에서 발현
　　하고 유행(流行)하여 하늘에 장애가 된 적이 없다. 그래서 성인은 오직 양지
　　의 발현에 따를 뿐이다. 천지만물은 모두 내 양지의 발현 유행 속에 존재하
　　니 일찍이 한 사람이라도 양지 바깥으로 벗어나 장애가 된 적이 있었는가?75)

74) 先生嘗言佛氏不著相, 其實著了相 ; 吾儒著相, 其實不著相 ; 請問. 曰 : "佛怕父子累,
　　却逃了父子 ; 怕君臣累, 却逃了君臣 ; 怕夫婦累, 却逃了夫婦. 都是爲個君臣父子夫
　　婦著了相, 便須逃避. 如吾儒有個父子, 還他以仁 ; 有個君臣, 還他以義, 有個夫婦,
　　還他以別. 何曾著父子君臣夫婦的相? (『전습록』하, 『전집』, 99쪽)
75) 仙家說到虛, 聖人豈能虛上加得一毫實? 佛氏說到無, 聖人豈能無上加得一毫有? 但

불교는 "대상에 집착하지 않으려는" 의도를 가지고 "무"를 구하려
는 의도를 가지는데, (대상에 집착하지 않으려는) 의도를 가지는 것
자체는 대상에 대한 집착이고, ("무"를 구하려는) 의도를 가지는 것
자체는 "무"가 아니다. 오직 양지의 자연에 따라 "행위하여(爲)",
모든 것에 속셈을 두지 않고 비교 계산이나 안배할 의도를 개입시
키지 않으면, 그런 유위(有爲)는 바로 무위(無爲)와 같아진다. 이렇
게 "무"를 구하는 것이 진정한 "무"이다.

5) 사랑의 차등

인자(仁者)는 천지만물을 일체로 여기나 실제로 사람의 삶은 때
로 다른 사물을 희생하여 자신을 유지하지 않을 수 없다. 그래서 쇼
펜하우어는 인생 자체가 하나의 큰 모순이라고 말했다. 동정심은
우리 모두에게 있으나 실제 우리의 삶은 반드시 다른 사물을 희생
해야만 유지할 수 있다. 불교도들은 자비심으로 고기를 먹지 않지
만 쌀은 먹지 않을 수 없다. 만물을 일체로 여기는 사람은 이것을
어떻게 대처하는가? 양명은 이 문제를 해명한 적이 있다. 『전습록』
은 말한다.

"대인은 만물과 일체가 된다고 했는데 왜 『대학』에서는 후박(厚薄 : 관계
의 친소에 따라 후대하고 박대함)을 따지는 것입니까?"

"오직 도리 자체에 후박이 있기 때문이다. 예컨대 몸은 일체이지만 손발
로 머리와 눈을 막는데 이것이 어찌 손발만 박대한 것이겠는가? 그 도리가
원래 그렇기 때문이다. 금수와 초목은 다 같이 사랑해야 할 것이나, 초목을
가지고 금수를 양육하는 것이 용인된다. 또 사람과 금수는 다 같이 사랑해야
할 것이나, 금수를 잡아 부모를 봉양하고 제사에 올리고 빈객을 대접하는 것

仙家說虛, 從養生上來；佛氏說無, 從出離生死苦海上來；却於本體上加却這些子意
思在, 便不是他虛無的本色了, 便於本體有障礙. 聖人只是還他良知的本色, 更不著
些子意在. 良知之虛, 便是天之太虛；良知之無, 便是太虛之無形. 日月風雷, 山川民
物, 凡有貌象形色, 皆在太虛無形中發用流行, 未嘗作得天的障礙. 聖人只是順其良
知之發用；天地萬物, 俱在我良知的發用流行中；何嘗又有一物超於良知之外, 能作
得障礙? (같은 곳, 106쪽)

이 마음으로 용인된다. 또 지친(至親)과 행인은 다 같이 사랑해야 할 것이나, 한 그릇 국밥을 먹으면 살고 먹지 못하면 죽는데 둘 다 살릴 수 없을 경우 기꺼이 지친을 구하고 행인을 버리는 것이 마음으로 용인된다. 모두 도리상 마땅히 그러해야 하는 것이다.* 다만 내 자신과 지친의 경우에 이르면 더 이상 피차의 후박을 나눌 수 없는데, 사람 사랑과 사물 애호 등의 모든 원리가 거기서부터 비롯되므로 그 경우를 용인하면 세상에 용인 못 할 일이 없어지기 때문이다. 『대학』에서 말한 후박은 **양지상(良知上)의 자연적 조리**인데, 그 조리를 어기지 않는 것이 의(義), 그 조리에 따르는 것이 예(禮), 그런 조리를 아는 것이 지(智), 그 조리에 시종일관하는 것이 신(信)이다."[76]

즉 우리의 양지는 상당한 범위 내에서 이기심(自私)을 용인한다는 말이다. 사물 가운데 무엇을 후대하고 무엇을 박대해야 할지 우리의 양지는 자연히 안다. 즉 "지선(至善)의 발현은 경중 후박에 따라 감동하고 부응하는 그 변동이 일정하지 않지만 항상 자연의 중도(天然之中) 안에 머문다"〈주57〉는 말이다. 양지는 이 "자연의 중도"에 대한 앎이고, 우리가 그것에 따라 행하는 것이 "치량지(致良知)"이자 "지선에 머묾(止於至善)"이다.

양명은 이것이 유가가 말한 인(仁)과 묵가(墨家)가 말한 겸애(兼愛)의 차이점이라고 여겼다. 『전습록』은 말한다.

"정자(程子)도 '인자는 천지만물을 일체로 여긴다'고 하셨거늘, 왜 묵자(墨子)의 [무차별적인 사랑을 주장한] 겸애는 인(仁)이라고 할 수 없습니까?"

---

* 『신편』V, 219쪽: 이것은 즉 맹가가 말한 "사랑의 차등"인데, 왕수인은 "모두 도리상 마땅히 그러해야 하는 것이다"고 여겼다. 이른바 "도리"란 결코 교조가 아니라 "양지"상의 자연적 조리이니 "사랑의 차등"은 즉 양지의 자연적 반응이다.

76) 問: "大人與物同體, 如何『大學』又說個厚薄?" 先生曰: "惟是道理自有厚薄. 比如身是一體, 把手足捍頭目, 豈是偏要薄手足, 其道理合如此. 禽獸與草木同是愛的, 把草木去養禽獸又忍得. 人與禽獸同是愛的, 宰禽獸以養親與供祭祀, 燕賓客, 心又忍得. 至親與路人同是愛的, 如簞食豆羹, 得則生不得則死, 不能兩全, 寧救至親不救路人, 心又忍得. 這是道理合該如此. 及至吾身與至親, 更不得分別彼此厚薄; 蓋以仁民愛物皆從此出, 此處可忍, 更無所不忍矣. 『大學』所謂厚薄, 是良知上自然的條理, 不可踰越; 此便謂之義. 順這個條理便謂之禮. 知此條理便謂之智. 終始是這個條理便謂之信." (『전습록』하, 『전집』, 108쪽)

"그것은 설명하기가 쉽지 않다. 반드시 제군들이 스스로 체인(體認)해야 한다. 인은 부단히 낳고 낳는 조화(造化)의 리이다. 인은 천하에 두루 꽉 차 있어서 합당하지 않는 곳이 없으나 그 유행과 발생은 오직 단계가 있기 때문에 부단히 낳고 낳을 수 있는데,……나무에 비유하면 처음 움트는 싹이 바로 나무의 생의(生意)의 발단처(發端處)인 것과 같다.……부자와 형제의 사랑은 사람 마음의 생의의 발단처이므로, 마치 나무의 움트는 싹과 같다. 그것을 바탕으로 백성을 사랑하고(仁民) 나아가 사물을 애호함(愛物)은 마치 줄기가 선 다음 가지가 나고 잎이 생기는 것과 같다. 묵자의 겸애는 차등이 없으니, 그것은 자기 집안의 부모와 자식과 형제를 행인과 똑같이 취급하여 스스로 발단처를 없앤 셈이다. 그러면 싹이 트지 못하고 뿌리도 없어서 부단히 낳고 낳는 것이 아니니 어떻게 '인'이라고 할 수 있겠는가?"[77]

유가가 말한 "인"은 이른바 측은지심의 자연적 발전이니, 공리주의에 근거한 묵가의 "겸애"와는 다르다. 이른바 측은지심의 자연적 발전(전개)에는 그것이 미치는 대상에 자연히 선후와 후박의 차이가 있게 된다. 이것이 이른바 "양지상의 자연적 조리"이다. 이 단락에서 양명은 "인"이 측은지심의 자연적 발전임을 강조했다.

---

77) 問:"程子云:'仁者以天地萬物爲一體', 何墨氏兼愛反不得謂之仁?" 先生曰:"此亦甚難言, 須是諸君自體認出來始得. 仁是造化生生不息之理, 雖瀰漫周遍, 無處不是; 然其流行發生, 亦只有個漸, 所以生生不息.……譬之木, 其始抽芽, 便是木之生意發端處.……父子兄弟之愛, 便是人心生意發端處, 如木之抽芽. 自此而仁民, 而愛物, 便是發幹生枝生葉. 墨氏兼愛無差等, 將自家父子兄弟與途人一般看, 便自沒了發端處. 不抽芽便知得他無根, 便不是生生不息, 安得謂之仁?"(『전습록』상,『전집』, 25 –26쪽)

[『신편』V, 191쪽:"부단한 생명현상(生生不息)"은 일반 공식이며 구체적인 "부단한 생명현상"에는 그 발전에 선후의 순서가 있다는 말이다. 나무에 비유하면 반드시 뿌리가 있어야 싹이 트고 꽃이 있어야 열매를 맺는 것과 같다. 뿌리를 출발점으로 삼으면 그간의 선후와 경중·후박은 알 수 있다. 사람은 모든 일을 결국 자기 자신으로부터 출발한다. 구체적 사랑 역시 자기의 신체를 출발점으로 삼아 그로부터 넓혀나가고, 넓혀나가는 과정에는 선후와 후박이 생기기 마련이나, 자신의 신체를 출발점으로 삼는 것이 자신의 신체를 중심으로 삼는 것은 결코 아니다. 만약 자신의 신체를 중심으로 삼으면 그것은 이기심(自私)이지 인애(仁愛)가 아니다.]

6) 악의 기원

"천하에 마음 밖의 사물은 없고"⟨주72⟩ 마음은 "단지 하나의 영명(靈明)"⟨주73⟩인 만큼 이른바 "악"의 기원은 양명의 철학에서 상당히 문제거리가 되었다. 『전습록』은 말한다.

　"선생께서는 일찍이 '선·악은 한 물건이다'고 하셨는데, 선·악의 두 끝은 빙탄(冰炭)처럼 서로 상반되는데 왜 한 물건이라고 하십니까?"

　"지선(至善)이 마음의 본체이다. 조금이라도 이 본체를 넘어서면 곧 악이다. 하나의 선이 있고 또 하나의 악이 있어서 서로 대립하는 것이 아니다. 따라서 선·악은 한 물건이다."

　선생의 말을 듣고, 정자가 말한 "선은 물론 성이지만 악도 성이라고 하지 않을 수 없다"⟨제12장,주82⟩와 "선악은 모두 천리이다. 악이라고 한 것도 본래부터 악한 것이 아니고, 다만 본성의 과불급(過不及)에서 비롯되었을 뿐이다"⟨제12장,주90⟩는 주장에 대해서 의문이 없어졌다.[78]

이에 따르면 이른바 악이란 우리의 정욕이 발할 때 적당함을 넘은 것을 말한다. 적당함을 넘지 않으면 정욕 그 자체는 악이 아니다. 『전습록』은 말한다.

　"앎이 해(태양)라면 욕망은 구름과 같아서, 구름이 해를 가릴 수는 있으나 둘 다 하늘의 똑같은 기운으로서 합당한 존재들이니 욕망 역시 **사람 마음에 응당 존재하는 것**(人心合有)이 아니겠습니까?"

　"희(喜)·노(怒)·애(哀)·구(懼)·애(愛)·오(惡)·욕(欲)이 7정인데 이 일곱 가지는 모두 사람 마음에 응당 존재하는 것이나 다만 양지(良知)를 명백히 인식해야 한다. 햇빛의 경우처럼 특정 장소에 있지 않고 조금이라도 틈이 있는 곳이면 다 존재하는 것과 같다. 구름과 안개가 온 천지를 뒤덮더라도 태허(太虛 : 허공) 속의 온갖 물체들이 구별되거니와 햇빛은 역시 소멸되는 것이

---

78) 問 : "先生嘗謂善惡只是一物 ; 善惡兩端, 如冰炭相反, 如何謂只一物?" 先生曰 : "至善者心之本體 ; 本體上才過當些子, 便是惡了 ; 不是有一個善, 却又有一個惡來相對也. 故善惡只是一物." 直因聞先生之說, 則知程子所謂 "善固性也, 惡亦不可不謂之性." 又曰 : "善惡皆天理 ; 謂之惡者本非惡, 但於本性上過與不及之間耳." 其說皆無可疑. (『전습록』 하, 『전집』, 97쪽)

아니다. 그런데 구름이 햇빛을 가린다고 하늘이 구름을 생기지 않게 할 수는 없다.* 7정의 자연적 유행(流行)은 모두 양지의 작용이니 선악으로 나눌 수 없고 또 **집착을 두면 안 된다**(不可有所著). 7정에 집착을 두면 모두 욕망이므로 양지는 가려진다. 다만 집착이 있을 때 양지도 자연 자각한다. 이와 같이 자각하면 편견은 제거되고 그 본체는 회복된다."[79]

이른바 "집착을 두면 안 된다"와 관련하여, 『전습록』은 말한다.

『대학』의 '마음에 분노가 있다'** 운운한 구절에 관해서 선생은 말했다.

"분노 등이 사람 마음에 어찌 없을 수 있으랴마는 다만 집착해서는 안 된다는 뜻이다. 무릇 사람이 분노에 **조금이라도 집착(意思)을 두어 분노가 적당함을 넘는 것은 확연대공(廓然大公)한 본체가 아니다.** 그래서 분노가 있으면 바르

---

* 『신편』V, 215쪽 : 사람에게 사욕이 생기면 그 본심은 사욕에 의해서 은폐되는데, 마치 공중에 구름이 끼어 햇빛이 구름에 가려지는 것과 같다. 그러나 구름이 끝내 햇빛을 완전히 가리지는 못하듯이 사욕이 "본심"의 영명(靈明)을 완전히 은폐하지는 못한다. "본심"의 영명은 아무튼 표현되는데 그 표현이 곧 사람의 선악 분별 능력이다. 이것은 모든 개인이 배우지 않고도 자연히 가지게 되는 인식능력으로서 이른바 "양지"라고 불리는 것이다. "양지"는 결코 전지(全知)는 아니며 그것의 능력은 선악의 분별에 한정된다. 왕수인은 사람은 "양지"가 있으니 무소부지(無所不知)하거나 무소불능(無所不能)하다는 식으로 말하지 않았다. 즉 비행기의 원리를 연구하지 않고도 비행기를 만들 수 있거나 자동차 운전 기술을 배우지 않고도 자동차를 운전할 수 있는 것으로 [양지를 이해하는 것은] 완전한 오해이다. /…… 도학은 사람이 기타 동물과 구별되는 것은 사람이 선악을 분별할 수 있고 도덕적 판단을 함으로써 인간의 도리(人理)를 다하려고 노력한다는 점에 있다고 여겼다. 인간의 도리를 다하려고 하는 것이 곧 "양지"의 작용을 최대한 발휘하려고 하는 것인데 그것이 "치량지"이다.

79) 問 : "知譬日, 欲譬雲 ; 雲雖能蔽日, 亦是天之一氣合有的 ; 欲亦莫非人心合有否?" 先生曰 : "喜怒哀懼愛惡欲, 謂之七情 ; 七者俱是人心合有的, 但要認得良知明白. 比如日光, 亦不可指著方所 ; 一隙通明, 皆是日光所在. 雖雲霧四塞, 太虛中色象可辨, 亦是日光不滅處. 不可以雲能蔽日, 教天不要生雲. 七情順其自然之流行, 皆是良知之用, 不可分別善惡, 但不可有所著. 七情有著, 俱謂之欲, 俱爲良知之蔽. 然纔有著時, 良知亦自會覺. 覺卽蔽去, 復其體矣."(『전습록』하,『전집』, 111쪽)

** 『대학』: "수신은 정심에 있다고 함은 마음에 분노가 있으면 바르게 될 수 없고, 두려움이 있어도 바르게 될 수 없고, 희열이 있어도 바르게 될 수 없고, 우환이 있어도 바르게 될 수 없다는 뜻이다(所謂修身在正其心者, 身(心)有所忿懥, 則不得其正 ; 有所恐懼, 則不得其正 ; 有所好樂, 則不得其正 ; 有所憂患, 則不得其正)."

게 될 수 없다. 그런데 분노 등의 경우 사물이 도래하면 그대로 반응하고(物來順應) 조금도 억지로 집착하지 않으면 심체(心體)는 확연대공해져 본체의 바른 상태에 도달한다. 예컨대 밖에서 사람들이 싸우는 것을 볼 때 그것이 불의하면 내 마음은 분노하는데 다만 분노하더라도 이 마음은 텅 비고 조금의 노기도 발동되지 않는 것이다. 누구라도 타인에게 분노할 때 이렇게 할 수 있다면 바르게 된다."[80)

칠정에 집착하면 안 되는 까닭은 "조금이라도 집착을 두어 분노가 적당함을 넘는 것은 확연대공한 본체가 아니기" 때문이다. 『단경(壇經)』에 "첫 생각에 대상에 집착하면 번뇌이나 다음 생각에 대상을 벗어나면 곧 깨달음이다"[81)고 했는데, 분노를 가지는 것은 생각이 대상에 집착하는 것이다. "성인의 기쁨은 기뻐해야 할 대상에서 오며, 성인의 분노는 분노해야 할 대상에서 오니",[82) 기쁨과 분노를 "소유하지" 않는다고 함은 의도적으로 기뻐하거나 분노하지 않는다는 말이다. 성인의 마음은 맑은 거울처럼 "확연대공하여 사물이 도래할 때 순응하여"[83) 기뻐해야 할 것은 기뻐하고 분노해야 할 것은 분노하여 본체가 허명(虛明)하니, 기쁨과 분노의 대상인 사물에 대해서 추호라도 구애나 집착이 없기 때문에 그것에 얽매이지 않는다.

이상의 논의는 도덕상의 악이다. 물질상의 악(나쁜 것)은 순전히 우리가 좋아하고 싫어한(好惡) 데서 비롯되는데, 모든 외물은 다 본래 선악의 구분이 없다. 왕양명은 『전습록』에서 말했다.

설간(薛侃)이 화단의 참초를 뽑으면서 양명 선생에게 물었다.

---

80) 問有所忿懥一條. 先生曰："忿懥幾件, 人心怎能無得? 只是不可有耳. 凡人忿懥, 著了一分意思, 便怒得過當, 非廓然大公之體了. 故有所忿懥, 便不得其正也. 如今於凡忿懥等件, 只是個物來順應, 不要着一分意思, 便心體廓然大公, 得其本體之正了. 且如出外見人相鬥, 其不是的, 我心亦怒, 然雖怒, 却此心廓然, 不曾動些子氣. 如今怒人, 亦得如此, 方纔是正."(같은 곳, 98-99쪽)

81) 前念著境卽煩惱；后念離境卽菩提.〈제9장, 주50〉

82) 聖人之喜, 以物之當喜；聖人之怒, 以物之當怒.〈제12장, 주101〉

83) 廓然而大公, 物來而順應〈제12장, 주101〉

"세상에 왜 선(좋은 것)은 기르기 어렵고 악(나쁜 것)은 뽑기 어렵습니까?"

"……그런 선악 개념은 **우리의 육체로부터 일어난 관념들***로서 그릇된 것이다.……천지의 생의(生意)는 꽃이든 잡초든 똑같으니 무슨 선악의 구분을 두겠는가? 네가 꽃을 관상하려고 하므로 꽃은 선, 잡초는 악으로 간주한 것이다. 만약 잡초를 쓰려고 할 때는 반대로 잡초를 선으로 간주할 것이다. 이런 선악 개념은 모두 네 마음의 호오(好惡)로부터 생긴 것이어서 그릇된 것임을 알 수 있다."

"그렇다면 선도 없고 악도 없다는 말씀입니까?"

"선도 없고 악도 없음은 리(理)의 고요함(靜)이고, 선도 있고 악도 있음은 기(氣)의 동요(動)이다. 기에 동요되지 않으면 선도 없고 악도 없는바, 이것이 바로 지선(至善)이다."

"불교에서 말한 '선도 없고 악도 없다'는 설과는 어떻게 다릅니까?"

"불교는 '선도 없고 악도 없는 상태'에 집착하여 일체의 일을 상관하지 않기 때문에 그로써 천하를 다스릴 수 없다. 그러나 유교의 성인의 '선도 없고 악도 없음'은 오직 일부러 좋아하거나 싫어하지 않고 오직 기(氣)에 동요되지 않고 성왕의 도를 좇아 그 법도를 추구하여 자연스럽고 한결같이 천리에 따라 만물을 완성하고 보필하는 것을 뜻한다."

"잡초가 악이 아니라면 잡초도 뽑아서는 안 되겠군요?"

"그와 같은 입장이 바로 불교와 도교의 견해이다. 잡초가 방해가 된다면 네가 뽑지 못할 이유가 무엇이란 말인가?"

"그렇게 되면 일부러 좋아하고 일부러 싫어하는 행위 아닙니까?"

"일부러 좋아하거나 싫어하지 않는다고 전적으로 호오(好惡)의 감정이 없다는 뜻은 아니다. 만약 그렇다면 아예 지각이 없는(즉 죽은) 사람일 것이다. 일부러 추구하지 않는다고 함은 호오의 마음을 **한결같이 리에 따르며**(一循於理) 조금이라도 속셈에 집착하지 않는다는 뜻이니 그렇게 하면 마치 애초부

---

* 『신편』V, 215쪽: 우리는 자기 신체를 "나"로 여기고 여타의 모든 사물과 대립하는데 그것이 "사심(私)"이다. 개인의 신체가 "사심"의 근본이다. 누구나 신체가 있으므로 그의 사상과 행위는 늘 언제나 그의 신체의 이익을 출발점으로 삼는다. 그래서 왕수인은 "우리의 육체로부터 관념이 일어난다"고 말했다.

터 좋아하거나 싫어하지 않았던 것과 마찬가지가 된다."

　"잡초를 뽑는 일이 어떻게 '한결같이 리에 따르는 행위'가 되고, '속셈에 집착하지 않는 행위'가 됩니까?"

　"잡초가 방해가 될 경우 이치상 뽑아야 하므로 뽑을 따름이다. 우연히 뽑지 못하더라도 마음에 번뇌가 되지는 않는다. 그런데 조금이라도 속셈에 집착하면 심체(心體)에 번뇌가 되어 온갖 기를 동요시키게 된다."[84]

외물의 선악(善惡 : 좋고 나쁨)은 우리의 호오(好惡)에서 비롯된다. 외물에 대해서 선악이 있다고 여김은 우리의 개인적 관점에서 나온 것, 즉 "우리의 육체에서 일어난 관념들"이다. 우리는 외물이 본래 선악이 없음을 알아야 하지만 또한 우리의 호오를 폐기할 필요도 없다. 다만 호오에 집착이 없어야 한다. 집착이 없으면 "심체에 번뇌를 남기지 않는다." 호오 역시 "사람 마음에 응당 존재하는"〈주 79〉 감정(情)이므로 우리는 그것에 대해서 "정감으로 만사에 응하지만 정감을 소유하지 않는"[85] 방법을 쓰면 된다.

7) 동정합일

　이른바 "한결같이 리에 따른다"〈주84〉고 함은 "한결같이 양지의 자연에 따른다"는 말이다.* 왕양명은 말했다.

---

84) 侃去花間草. 因曰 : "天地間何善難培, 惡難去?" 先生曰 : "…… 此等看善惡, 皆從軀殻上起念, 便會錯……天地生意, 花草一般, 何曾有善惡之分? 子欲觀花, 則以花爲善, 以草爲惡 ; 如欲用草時, 復以草爲善矣. 此等善惡, 皆由汝心好惡所生, 故知是錯." 曰 : "然則無善無惡乎?" 曰 : "無善無惡者理之靜 ; 有善有惡者氣之動. 不動於氣, 卽無善無惡, 是謂至善." 曰 : "佛氏亦無善無惡. 何以異?" 曰 : "佛氏著在無善無惡上, 便一切都不管, 不可以治天下. 聖人無善無惡, 只是無有作好, 無有作惡, 不動於氣. 然遵王之道, 會其有極. 便自一循天理. 便有個裁成輔相." 曰 : "草旣非惡, 卽草不宜去矣." 曰 : "如此却是佛老意見 ; 草若有礙, 何妨汝去." 曰 : "如此又是作好作惡." 曰 : "不作好惡, 非是全無好惡, 却是無知覺的人. 謂之不作者, 只是好惡一循於理, 不去又著一分意思 ; 如此卽是不曾好惡一般." 曰 : "去草如何是一循於理, 不看意思?" 曰 : "草有妨礙, 理亦宜去, 去之而已 ; 偶未卽去, 亦不累心. 若著了一分意思, 卽心體便有貽累, 便有許多動氣處."(『전습록』상, 『전집』, 29쪽)
85) 情順萬事而無情. [聖人之常, 以其情順萬事而無情]〈제12장, 주101〉
＊『신편』V, 220쪽 : 왜냐하면 양지는 바로 리의 기준(標準)이기 때문이다.

성인의 치지(致知) 공부는 지성(至誠)이고 쉼이 없다. **그 양지의 본체는 마치 맑은 거울처럼 밝아 전혀 먼지가 없으니 미추의 사물이 도래하면 사물 그대로 비추지만 맑은 거울은 오염되지 않는 것과 같으니** 이른바 "정감으로 만사에 응하지만 점감을 소유하지 않는다"〈주85〉는 말이다.

불교도 "**깃드는 대상이 없어도** 마음에서 솟아난다"고 말한 적이 있는데 그른 것은 아니다. 맑은 거울은 사물에 응할 때 아름다운 것은 아름답게 추한 것은 추하게 비추기만 하면 진실 그대로인데, 이것이 '즉 마음에서 솟아난 것'이다. 아름다운 것은 아름답게 추한 것은 추하게 비추고 일단 지나가면 잔영을 남기지 않는데, 이것이 '즉 깃드는 대상이 없음'이다."[86]

"깃드는 대상이 없음"이 곧 "집착하는 바가 없음"이다. "잡초가 방해가 될 경우 이치상 뽑아야 하므로 뽑을 뿐임"이 "즉 마음에서 솟아난 것"이고, "우연히 뽑지 못하더라도 마음에 번뇌가 되지는 않음"이 "즉 깃드는 대상이 없음"이다. 이와 같을 수 있으면 온종일 "유위(有爲)"하더라도 마음은 늘 "무위(無爲)"하는 것과 같으니 이른바 동정합일(動靜合一)인 것이다. 왕양명은 말했다.

마음은 동정(動靜)이 없다. 그 고요(靜)는 마음의 본체를, 그 동요(動)는 마음의 작용을 지칭한다. 따라서 군자의 학은 동정을 분리하지 않는다. 고요할 때도 늘 자각하고 있으니 없는 때가 없고 따라서 늘 반응하며, 동요할 때도 늘 평정되어 있으니 드러난 때가 없고 따라서 늘 조용하다. 늘 반응하고 늘 조용하므로 동정을 막론하고 늘 정진하는데 이것이 "집의(集義 : 의의 축적)"이다. 의를 축적하므로 큰 후회가 없는데 이른바 **활동할 때도 평정되고 고요할 때도 평정된다**[87]는 말이다. 마음은 하나이고, 고요는 그 본체인데 다시 거기에 고요의 근본을 추구함은 그 본체를 혼란시키는 일이고, 동요는 그 작용인데 동요를 두려워함은 그 작용을 폐기하는 일이다. 따라서 고요를 구

86) 聖人致知之功, 至誠無息. 其良知之體, 皦如明鏡, 略無纖翳, 妍媸之來, 隨物見形, 而明鏡曾無留染; 所謂'情順萬事而無情'也. "無所住而生其心"; 佛氏曾有是言, 未爲非也. 明鏡之應物, 妍者妍, 媸者媸, 一照而皆眞, 卽是生其心處; 妍者妍, 媸者媸, 一過而不留, 卽是無所住處. (「答陸原靜書」, 『전습록』중, 『전집』, 70쪽)
87) "集義"〈제1편,제6장,주70〉, "動亦定, 靜亦定"〈제12장,주101〉

하는 마음은 동요요 동요를 꺼리는 마음은 고요가 아니니, 즉 동요도 동요요 고요도 동요가 되어 복잡하게 왕래하여 끝이 없어진다.

따라서 리에 따름이 고요이고 욕망을 따름이 동요이다. 욕망이란 꼭 음악, 미색, 재물 따위의 외적인 유혹만 지칭하는 것이 아니고 마음속의 사심은 다 욕망이다. 따라서 리에 따르면 온갖 변화에 응하더라도 모두 고요이니 즉 염계가 말한 "고요에 근본하여 사욕을 없앤다(主靜無欲)"는 것이고 또한 [맹자가 말한] "의의 축적"이다. 그러나 욕망을 따르면 심재(心齋)와 좌망(坐忘)을 하더라도 역시 동요이고, 고자의 경우처럼 강제 교정이고 억지 조장일 뿐이니 즉 의를 외적인 것으로 여기는(外義)* 일이다.[88]

동정합일은 참된 고요, 절대적인 고요이다. "활동할 때도 평정되고 고요할 때도 평정되는 것"이 참된 평정이고 절대적인 평정이다. 이는 정명도의「정성서」의 내용과 똑같다.

이렇게 되면 "천리(天理)는 영원히 존재하니 그 소명영각(昭明靈覺)한 본체는 조금도 모자라거나 치우친 바가 없고 강제나 동요도 없고 두려움과 걱정도 없고 환희와 분노도 없고 속셈, 맹목성, 완고함, 아집도 없고 불만족이나 부끄러움도 없으니, 조화롭게 통철하고 충만하게 유행하면 모든 행동거지가 예에 합당하여 마음이 바라는 대로 따르더라도 법도에 맞게 되니 이것이 바로 진정한 쇄락(灑落, 灑樂 : 인품의 청명함)이다."[89]

---

* 外義 : "孟子曰 : '告子未嘗知義, 以其外之也.'"〈제1편, 제6장, 주70〉

88) 心無動靜者也. 其靜也者, 以言其體也 ; 其動也者, 以言其用也. 故君子之學, 無間於動靜. 其靜也常覺, 而未嘗無也, 故常應. 其動也常定, 而未嘗有也, 故常寂. 常應常寂, 動靜皆有事焉, 是之謂集義. 集義故能無祇悔, 所謂動亦定, 靜亦定者也. 心一而已, 靜其體也, 而復求靜根焉, 是撓其體也. 動其用也, 而懼其易動焉, 是廢其用也. 故求靜之心卽動也, 惡動之心非靜也 ; 是之謂動亦動, 靜亦動, 將迎起伏, 相尋於無窮矣. 故循理之謂靜 ; 從欲之謂動. 欲也者, 非必聲色貨利外誘也 ; 有心之私, 皆欲也. 故循理焉, 雖酬酢萬變皆靜也 ; 濂溪所謂主靜無欲之謂也 ; 是謂集義者也. 從欲焉, 雖心齋坐忘亦動也 ; 告子之強制正助之謂也 ; 是外義者也. (「답윤언식서(答倫彥式書)」,『전집』, 182쪽)

89) 天理常存, 而其昭明靈覺之本體, 無所虧蔽, 無所牽擾, 無所恐懼憂患, 無所好樂忿懥, 無所意必固我, 無所歉餒愧怍. 和融瑩徹, 充塞流行 ; 動容周旋而中禮, 從心所欲而不踰 ; 斯乃所謂眞灑落(『明儒學案』引作樂)矣. (「답서국용서(答舒國用書)」,『전

8) 양명의 심학이 야기한 반동

양명이 일어나자 심학은 크게 성했다. 양명은 「주자만년정론」에서 주륙(朱陸)은 처음에는 달랐지만 만년에는 같아졌다고 주장했다. 즉 주자가 만년에 "이전 학설의 잘못"[90]을 후회하고 스스로 육상산에 동의했다는 것이다. 이 주장이 나오자 주자 학파의 후학들은 논변을 제시하며 주륙의 학은 실제로 같지 않다고 주장했다. 나흠순(羅欽順, 호가 整庵, 1465-1547)[*]은 그의 『곤지기(困知記)』에서 말했다.

> 정자는 "성즉리(性卽理 : 성이 곧 리이다)"라고 했고, 상산은 "심즉리(心卽理 : 심이 곧 리이다)"라고 했다. 궁극의 진리는 하나로 귀결되고 심오한 이치(精義)는 둘이 아니다. 따라서 성즉리가 옳으면 심즉리는 그르고 심즉리가 옳으면 성즉리는 그르니 어찌 명확히 변별하지 않을 수 있겠는가?[91]

이른바 심(心)과 성(性)의 구별에 대해서 나흠순은 말했다.

> 심은 사람의 신명(神明)이고 성은 사람의 존래 원리(生理)이다. 리가 있는

집』, 190쪽) [『논어』 2 : 4 "子曰 : '吾……, 七十而從心所欲不踰矩.'"]

[『신편』V, 222쪽, 226쪽 : 왕수인의 철학체계는 「대학문」이 그 전모(全貌)이고, "치량지"가 그 결론이며, "사구(四句)"는 전모의 개괄이자 "치량지"의 설명이다. 그의 체계는 강령도 있고 조목도 있고 공부도 있어서 간단명료하고 단순명쾌한데 그렇기 때문에 심학 발전의 최고봉이다.……왕수인의 시대는 주희의 리학이 교조화하여 이미 활력을 상실했다. 그가 제창한 심학은 한편으로 리학에 대한 비판 작용을 했지만 매우 큰 정도로 도학의 활력을 회복시켰다. 따라서 중국 전통 사회에서 심학은 리학의 반대였지만 그것의 보완이기도 했다.]

90) 舊說之非. ["나는 주자의 글을 검토한 끝에 그가 만년에 **이전 학설의 잘못**을 크게 깨닫고 심히 통회하여, 이루 속죄할 수 없을 만큼 자신을 속이고 남을 속인 죄를 지었다고 자인했음을 알게 되었다(復取朱子之書而檢求之, 然後知其晩歲固已大悟舊說之非, 痛悔極艾, 至以爲自誑誑之罪, 不可勝贖)." (『전집』, 128쪽)]

  * 『신편』V, 254쪽 : 심학에 대한 나흠순의 비판은 육구연과 양간에까지 소급했는데, 그는 그들의 관념론은 실로 선종사상의 재판이라고 지적했다.……그는 특히 양간의 「기역」을 비판하여 주역과 무관한 불설 그 자체로 간주했다.

91) 程子言性卽理也, 象山言心卽理也. 至當歸一, 精義無二. 此是則彼非, 彼是則此非, 安可不明辨之. (『곤지기』 권2)

곳이 심이요 심이 소유한 것이 성이니, 이 둘은 하나로 혼동할 수 없다.[92]

즉 심과 성이 다르므로 "심즉리"와 "성즉리"도 다르다. 나흠순은 양명을 이렇게 비판했다.

『전습록』에 "우리 마음의 양지가 이른바 천리이다"고 했고……또 "인자는 천지만물과 일체가 됩니까?"라는 물음에 "사람이 저 한 점 생의(生意)를 보존할 수 있으면 곧 천지만물과 일체가 된다"고 대답했고, 또 "생(生)이란 바로 활동(活動)의 의미, 즉 허령지각(虛靈知覺)이 아닙니까"라고 묻자 "그렇다"고 대답했고, 또 "성이 곧 사람의 생의(生意)이다"고 말했는바, 이것들은 모두 **지각(知覺)**을 **성으로 여긴** 명확한 증거이다.[93]

"지각을 성으로 여김"은 심을 리로 여긴 것이다. 나흠순은 "불가에서 말한 성은 각(覺)일 따름이다"[94]고 말하며, "지각을 성으로 여긴" 주장을 불가의 설로 간주했다.

또 진건[95]은 『학부통변(學蔀通辯)』을 지어 주륙은 초기에는 같았으나 만년에는 달랐다고 주장하여, 정황돈(程篁墩)의 「도일편(道一編)」과 양명의 「주자만년정론」에서 견지한, 주륙은 초기에는 달랐으나 만년에는 같았다는 설을 논박했다. 진건 역시 육상산 학파는 지각을 성으로 여겨 선(禪)에 가까웠다고 주장하며 말했다.

정신의 영각(靈覺)을 노장부터 선학, 육상산까지 한결같이 지극히 오묘한 리(理)로 여겼으나, 주자는 『어류』에서 정신은 다만 형이하의 존재라고 말했고, 『문집』「석씨론(釋氏論)」에서 "불교에서 논하는 심성(識心見性)은 실제로 정신 영혼의 응집이니 우리 유가가 말하는 형이하의 존재일 뿐이다"고

---

92) 夫心者, 人之神明 ; 性者, 人之生理. 理之所在謂之心, 心之所有謂之性, 不可混而爲一也. (『곤지기』권1) [神明 : 천지간의 신령한 것들의 총칭, 사람의 정신]

93) 『傳習錄』有云 : "吾心之良知卽所謂天理也." …… 又有問 : "仁者以天地萬物爲一體." 答曰 : "人能存得這一點生意, 便是與天地萬物爲一體." 又問 : "所謂生者, 卽活動之意否? 卽所謂虛靈知覺否?" 曰 : "然." 又曰 : "性卽人之生意." 此皆以知覺爲性之明驗也. (『곤지기』권3)

94) 佛氏之所謂性, 覺而已矣. (같은 곳)

95) 진건(陳建, 1497-1567)은 호는 청란(淸瀾)이고, 광동성 동완(東莞) 사람이다.

갈파했다. 왜 그런가? 그것들은 기에 속하기 때문이다. 정신의 영각은 모두 기의 오묘한 작용이고 기는 형체와 자취가 있다. 따라서 육상산은 거울 속의 꽃을 보면서 거울 속에 만상이 들어 있다고 말한다. 형체와 자취는 드러난 것이고 그림자 영상도 드러난 것이니 형이하의 존재임이 분명하다.[96]

이 점을 두고 육왕(陸王)은 선에 가깝다고 여기면 육왕은 진정 주자학보다 더 선에 가깝다. 청대에 육롱기도 이 점에서 주왕(朱王)의 차이를 지적했다.[97] 주자의 후학들은 리학의 "성즉리"와 심학의 "심즉리"의 차이점을 이미 극히 명백하게 이해했다. 다만 리학자의 철학은 두 세계를 필요로 하고 심학자의 철학은 하나의 세계만 필요로 한다는 점은 지적하지 못했다.*

---

96) 精神靈覺, 自老莊禪陸皆以爲至妙之理, 而朱子『語類』乃謂神只是形而下者.『文集』「釋氏論」云: "其所指爲識心見性者, 實在精神魂魄之聚, 而吾儒所謂形而下者耳." 何也? 曰: 以其屬於氣也. 精神靈覺, 皆氣之妙用也. 氣則猶有形迹也. 故陸學曰鏡中觀花, 曰鑑中萬象. 形迹顯矣, 影象著矣, 其爲形而下也宜矣. (『학부통변』권10)
97) 육롱기 (陸隴其, 1630-92, 자가 稼書),「학술변(學術辨)」중,『삼어당집(三魚堂集)』권2.
* 『신편』V, 225-26쪽 : 일반과 특수 문제에 관해서 리학과 심학은 완전히 대립적이다. 일반과 특수의 분별을 도학은 형이상과 형이하의 분별이라고 불렀다. 리학은 이 분별을 엄격히 천명했으나 심학은 그런 분별을 하지 않았고, 심지어 그런 분별이 있다는 것 자체를 승인하지 않았다. 리학의 최고 범주는 태극이다. 주희에 따르면 태극은 모든 "일반"[리]의 전체이고 각각의 "일반"은 모두 그 종류의 "특수"[리의 구현인 개체]의 기준이니 모두 그것의 "극"이다. 태극은 모든 "일반"을 포괄하므로 태극이라고 일컬은 것이다. 심학의 최고 범주는 "우주" 혹은 "심" 혹은 "사람"이고 심학은 태극의 존재를 인정하지 않는다. 리학은 심학에서 말하는 "우주", "심", "사람"은 모두 형이하의 존재라고 여긴다.……예를 들면 "인(仁)"과 "사랑(愛)"이 밀접한 관계임은 두 학파 모두 승인한다. 다만 그 관계에 대한 인식은 다르다. 심학의 견해에 따르면 사랑은 곧 인이고 또 인의 발단이다. 그러나 리학의 견해에 따르면 "인"은 "사랑의 리"로서 "사랑의 리"는 결코 사랑이 아니고 인의 발단도 아니다. "사랑의 리"는 형이상의 존재이나, 사랑은 형이하의 존재이기 때문이다. 엄격히 말해서 "사랑의 리"는 사랑이 아닌데, 사랑은 일종의 특수한 감각과 행동이지만 "사랑의 리"는 어떤 특수한 감각과 행동이 아니기 때문이다. 예컨대 사랑은 뜨겁다고 말할 수 있으나 사랑의 리는 결코 뜨거운 어떤 것이 아니다.……이 문제에 관한 한 리학은 위진 현학의 계승과 발전이고 심학은 현학의 부정이다. 리학과 심학은 모두 도(道)·불(佛)의 "이씨(二氏)"를 반대했다. 단 리학이 반대한 것은 오직 도교였지만, 심학은 현학도 반대했다.

7. 왕기와 왕간

양명의 제자 가운데 더욱 선(禪)에 가까운 사람으로 보통 왕기(王畿)와 왕간(王艮)을 든다. 황종희는 말했다.

> 양명 선생의 학은 왕간과 왕기가 등장하자 천하를 풍미했으나 또한 왕간과 왕기 때문에 점차 그 전수를 상실하게 되었다. 왕간과 왕기는 자주 스승의 설에 만족하지 않고 고타마(瞿曇 : 석가모니의 성)의 신비설을 첨가하여 스승의 설로 돌림으로써 결국 양명을 선으로 추락시켰다.[98]

왕기는 자가 여중(汝中)이고 호가 용계(龍溪)인데, 양명과 동향이고 같은 종씨로서 명나라 효종(孝宗) 홍치(弘治) 11년(1498)에 태어나, 양명에게 배웠고 명나라 신종(神宗) 만력(萬曆) 11년(1583)에 죽었다.[99] 왕간(王艮)은 자가 여지(汝止)이고 호가 심재(心齋)인데, 태주(泰州)의 안풍장 사람으로 명나라 헌종(憲宗) 성화(成化) 19년(1483)에 태어나, 나중에 양명에게 배웠고 명나라 세종(世宗) 가정(嘉靖) 19년(1540)에 죽었다.[100] 왕기는 "사무설(四無說)"이 있다. 양명은 제자들과 학문을 논하는 교수법으로 늘 "선도 없고 악도 없음(無善無惡)은 심의 체이고, 선도 있고 악도 있음은 의념의 발동이고, 선도 알고 악도 아는 것이 양지이고, 선을 행하고 악을 없애는 것이 격물이다"[101]의 네 구절을 제시했는데, 왕기는 그것은 방편(權法)이고 정론이 아니라고 하며 "심(心), 의(意), 지(知), 물(物)은 한 물건인 만큼, 심이 무선무악의 심임을 깨달으면, 의는 무선무악의

---

98) 陽明先生之學, 有泰州(心齋)龍溪而風行天下, 亦因泰州龍溪而漸失其傳. 泰州龍溪 時時不滿其師說, 益啓瞿曇之秘而歸之師, 皆躋陽明而爲禪矣. (『명유학안』, 『황종희전집』 7, 821쪽) [躋 : 오르다, 올리다, 떨어지다, 추락하다]

99) 전기와 묘지(墓誌) 참조.『전집』의 부록.

100) 「연보」, 『유집(遺集)』 권3.

101) 無善無惡心之體 ; 有善有惡意之動 ; 知善知惡是良知 ; 爲善去惡是格物.
   [『신편』V, 221쪽 : 이것은 왕수인이 만년에 자기의 전체 체계를 귀결시킨 네 구이다.]

의이고, 지는 무선무악의 지이며, 물은 무선무악의 물이다"고 여겼
는데, "천명지성은 순수하고 지선(至善)하여 신비롭게 감하고 신비
롭게 응하는 그 기미 자체가 스스로 통제가 불가능하니 선이라고
명멸할 것이 없어서 악은 물론이고 선도 없어지기 때문"[102]이라고
했다. 심이 감동을 받으면 자연히 반응하므로 "신비롭게 감하고 신
비롭게 응한다"고 말했다. 심은 "자연적 유행"이 있으니 그 "자연
적 유행"에 맡겨두고 "소유에 집착하지" 않으면 심은 "무심의 심
(無心之心)", 의는 "뜻이 없는 뜻(無意之意)", 지는 "지가 없는 지
(無知之知)", 물은 "사물이 없는 사물(無物之物)"이 된다. 이러면
"악은 물론이고 선도 없어진다." 이것이 왕기의 "사무설"이다.[103]

이른바 "소유에 집착하지 않는다"고 함은 마음의 자연적 유행에
맡겨두는 것으로서, 양명이 말한 "양지의 본체는 마치 맑은 거울처
럼 밝아 전혀 먼지가 없으니 미추의 사물이 도래하면 사물 그대로
비추지만 맑은 거울은 오염되지 않는 것과 같다"〈주86〉는 말이다.
「천천증도기」는 양명도 사무설을 교수법의 하나로 삼았다고 여겼
으므로, 왕기가 여기까지만 말했다면 양명도 인정했을 것이다. 그
러나 왕기는 더 나아가 선종의 말을 인용하여 자기 주장을 설명했
다. 즉 이렇게 말했다.

"무엇을 생각하고 무엇을 고려하랴"[『역』「계사하」] 함은 생각하지 않고
고려하지 않는다는 말이 아니다. 생각과 고려의 대상은 한결같이 자연에서
비롯되고 다른 생각과 다른 고려가 있은 적은 없으니 무슨 마음이 개입될 수
있겠는가? 비유컨대 마치 햇빛과 달빛이 자연히 왕래하며 만물을 두루 비추
나 해와 달이 거기에 아무런 마음을 두지 않는 것과 같다.……혜능은 "선도
악도 생각하지 않으나 온갖 생각 또한 단절하지 않는다"고 했으니, 이것은
최상승(上乘)의 학문으로서 유일무이한 법문(法門)이다.[104]

---

102) "心意知物只是一事, 若悟得心是無善無惡之心, 意即是無善無惡之意, 知即是無善
無惡之知, 物即是無善無惡之物." "蓋……天命之性, 粹然至善, 神感神應, 其機自
不容已, 無善可名. 惡固本無, 善亦不可得而有也."
103) 「천천증도기(天泉證道記)」, 『용계전집(龍溪全集)』 권1.
104) 夫何思何慮, 非不思不慮也. 所思所慮, 一出於自然, 而未嘗有別思別慮, 我何容心

○한 생각이 밝게 정립되면 그것이 곧 광명의 학(縞熙之學)이다. 한 생각이
란 "무념(無念)"을 말하는데 **생각에 즈음하여 생각을 벗어남**을 뜻한다. 따라서
군자의 학은 "무념"을 으뜸으로 삼는다.[105]

이와 같이 수양하면 생사 윤회를 벗어날 수 있다며 왕기는 말했다.

사람의 생사 윤회는 생각(念)과 의식(識)이 빚어낸 재앙이다. 가고 오는
생각은 두 마음의 작용이 있어서 하나는 선으로 하나는 악으로 가는데, 가고
오는 그 방식에 법도가 없기 때문에 윤회의 종자가 된다. 분별작용이 있는
의식은 지혜를 발하는 신명으로서 돌연히 일어났다가 돌연히 없어지는데,
그 생멸이 멈추지 않기 때문에 생사의 근본 원인이 된다. 이는 고금을 초월
한 영원한 이치이자 현재의 엄연한 사실이건만 유자들은 이단의 학설로 여
겨 말하기를 꺼리나 다만 그들의 미혹됨을 보여줄 따름이다. 생각은 마음
(心)에 뿌리를 두고 있거니와 지인(至人)은 무심(無心)하므로 **생각이 사라지
고** 따라서 자연 윤회가 없다. 의식은 지식(知)으로 변모하는데 지인은 무지
(無知)하므로 의식이 텅 비게 되고 따라서 자연 생사가 없다.[106]

이른바 "생각이 사라짐"은 "무념"이고 또 "생각에 즈음하여 생각
을 벗어남"이다. 의식(識)과 지(知)를 왕기는 이렇게 구별했다.

"지"는 생멸이 없으나 "의식"은 인식능력과 인식대상이 있다. "지"는 방
향과 실체가 없으나 "의식"은 구별이 있다. 마치 맑은 거울이 사물을 비추듯
이 거울의 본체는 본래 비어 있어서 미추와 흑백이 저 스스로 텅 빈 본체 속
에 왕래할 뿐 아무런 가감이 없는 경우와 같다. 그런데 미추와 흑백의 자취

焉. 譬之日月之明, 自然往來, 而萬物畢照, 日月何容心焉.……惠能曰: "不思善, 不
思惡, 却又不斷百思想." 此上乘之學, 不二法門也. (「답남명왕자문(答南明汪子
問)」,『전집』권3)

105) 一念明定, 便是縞熙之學. 一念者, 無念也, 卽念而離念也. 故君子之學, 以無念爲
宗. (「추정만어(趨庭謾語)」,『전집』권15) ["無念": 〈제9장,주46〉]

106) 人之有生死輪廻, 念與識爲之祟也. 念有往來, 念者二心之用, 或之善, 或之惡, 往
來不常, 便是輪廻種子. 識有分別 ; 識者發智之神, 倏而起, 倏而滅, 起滅不停, 便是
生死根因. 此是古今之通理, 亦便是現在之實事. 儒者以爲異端之學, 諱而不言, 亦
見其惑也已. 夫念根於心 ; 至人無心則念息, 自無輪廻. 識變爲知 ; 至人無知則識空,
自無生死. (「신안두산서원회어(新安斗山書院會語)」,『전집』권7) [祟 : 빌미]

가 정체되고 변화하지 않는다면 거울의 본체가 도리어 은폐될 것이다. 거울의 본체는 텅 비어 있어서 아무런 가감이 없으니 생사도 없는 것인데 이것이 바로 양지(良知)이다. 의식을 "지"로 변화시킬 경우 "의식"은 바로 "지"의 작용이나, "의식"을 "지"로 여길 경우 "의식"은 바로 "지"의 적이 된다.[107]

여기서 의식은 지가 소유에 집착함을 뜻한다. 의식이 소유에 집착하지 않는 것이 "무지의 지"인데 이때 의식은 지로 변한다.

  앞에서 서술한 왕기의 수양방법은 명도의 「정성서」나 양명의 동정합일의 설과 대략 같다.* 단, 그러면 생사 윤회를 벗어날 수 있다는 말은 명도나 양명은 하지 않았다. 양명은 "불교가 생사 해탈의 의도에 집착하여 여전히 본체에 덧붙인 것은 그들이 말한 허와 공의 본질에 어긋난다"〈주75〉고 말했는데, 이는 송명 도학과 불학의 근본적인 차이점의 하나였다. 왕기는 마침내 이것을 혼동했으니 그저 선에 가까운 것이 아니라 바로 선이었던 것이다. 따라서 왕기가 보기에 유(儒)·불(佛)·노(老)의 학은 근본적 차이가 없었다. 그는 말했다.

  삼교(三教)의 설은 그 유래가 유구하다. 노자는 "허심(虛)"을 말했는데 성인의 학문도 "허심(虛)"을 말했다. 불교는 "공적(寂 : 空寂)"을 말했는데 성인의 학문도 "공적"을 말했다. 그러니 어떻게 서로 구별한단 말인가? 세상의 유자들은 그 본질을 헤아리지 않고 불교와 도교를 이단으로 분류했으니 타당한 주장(通論)이 아니다.[108]

---

107) 知無起滅；識有能所. 知無方體；識有區別. 譬之明鏡之照物, 鏡體本虛, 姸媸黑白, 自往來於虛體之中, 無加減也. 若姸媸黑白之跡, 滯而不化, 鏡體反爲所蔽矣. 鏡體之虛, 無加減則無生死, 所謂良知也. 變識爲知, 識乃知之用；認識爲知, 識乃知之賊. (「금파오언(金波晤言)」,『전집』권3)

* 『신편』V, 265쪽 : 정호의 수양방법은 "확연대공하게 사물이 도래할 때 순응함(廓然而大公, 物來而順應)"인데 요점은 "사욕의 제거(去私)"이다. 왕기의 수양방법은 "집착을 없앰(無着)"이다. 이 점에서 왕기의 "사무설"은 "집착하는 대상이 없어도 마음에서 솟아난다(無所住[着]而生其心)"는 선종의 설과 유사하다.

108) 三教之說, 其來尙矣. 老氏曰虛, 聖人之學亦曰虛. 佛氏曰寂, 聖人之學亦曰寂. 孰從而辨之? 世之儒者不揣其本, 類以二氏爲異端, 亦未爲通論也. (「삼교당기(三教堂記)」,『전집』권17)

이 견해는 송명 도학의 중요한 입장의 하나를 근본적으로 폐기하고
유·불·노에 대한 위진인(魏晉人)의 태도로 복귀한 셈이다.

이상에서 보면 왕기는 정말로 선에 더욱 가까웠다. 그러나 왕간
도 선에 더욱 가까웠다고 본 황종희의 주장은 사실과 부합하지 않
는 것 같다. 다만 왕간의 후학, 예컨대 황종희가 든 안균(顏鈞) 등은
참으로 선에 가까웠다. 황종희는 안균의 학을 이렇게 서술했다.

> 안균은 자가 산농(山農)이고, 길안 사람이다.……그의 학문에 따르면, 사
> 람 마음(心)은 만물에 묘하게 작용하며 헤아릴 수 없는 것이고, 성(性)은 맑
> 은 구슬과 같아 원래 먼지가 없으니 어찌 보고 듣는 것을 담아두겠으며 어찌
> 굳이 경계하거나 신중히 하는 바가 있겠는가?* 평소 오직 본성에 따라(率性)
> 행하여 순전히 자연에 맡겨두면 그것이 곧 도(道)이다. 때로 방종해지면 그
> 때 계신공구(戒愼恐懼)하여 수양하면 된다. 유자들이 보고 듣는 도리(道理)
> 와 격식(格式)은 모두가 족히 도에 장애가 될 따름이다.[109]

그러나 왕간은 이런 견해를 밝힌 적이 없다. 회남격물설(淮南格
物說)로 일컬어지는 왕간의 격물 해석에 따르면 "격은 격식(格式)
의 격으로서 혈구(絜矩 : 자로 잼)를 뜻한다. 내 몸이 직각자(矩)라
면 천하 국가는 네모(方)이다. 자로 재보면 네모가 바르지 못함은
직각자가 바르지 못한 때문임을 안다. 따라서 오직 직각자를 바로
잡으려고 해야지 네모를 문제삼아서는 안 된다. 직각자가 바르면
네모는 바르게 되니, 네모가 바르면 격식을 이룬다."[110] 천하 국가는
모두 사물이니, 자기 자신이라는 직각자로서 천하 국가를 바로잡는

---

* 『중용』의 "도란 우리가 잠시라도 유리될 수 없다. 그러므로 군자는 보지 못하는
  것에도 경계하고 신중하며, 듣지 못하는 것에도 두려워한다(道也者, 不可須臾離
  也,……是故君子戒愼乎其所不睹, 恐懼乎其所不聞)" 구절 참조.

109) 顏鈞, 字山農, 吉安人也.……其學以人心妙萬物而不測者也. 性爲明珠, 原無塵埃,
  有何覩聞, 著何戒懼. 平時只是率性而行, 純任自然, 便謂之道. 及時有放逸, 然後戒
  愼恐懼以修之. 凡儒先見聞, 道理格式, 皆足以障道. (「태주학안서(泰州學案序)」,
  『황종희전집』 7, 822쪽)

110) 格如格式之格, 卽後絜矩之謂. 吾身是個矩, 天下國家是個方. 絜矩則知方之不正,
  猶矩之不正也. 是以只去正矩, 却不在方上求. 矩正則方正矣, 方正則成格矣. (『유
  집(遺集)』 권1)

것이 격물이다. 따라서 왕간의 학은 자기 자신의 행위를 중시했다. 그가 지은 「왕도론(王道論)」은 『주례(周禮)』에 근거하여 실제로 태평성세를 이룩할 방책을 제시했다.[111] 이와 같은 그의 학은 선에 가깝지 않을 뿐더러 또한 이후 안원(顏元)의 철학의 선구가 되었는데, 원래 양명의 학에 지행합일의 가르침이 있었기 때문이다. 황종희는 이렇게 말했다.

> 양명은 격물을 '내 마음의 양지를 사사물물에 발현하면 사사물물이 그 리를 획득하는 것이다'라고 풀이했다. 성인의 교육은 단지 행(行)이었으니 박학(博學), 심문(審問), 신사(愼思), 명변(明辨) 등이 모두 행이다. 독실한 실천(篤行)은 이들 여러 가지를 부단히 행하는 것을 말한다.* 양명은 사물에 그것을 적용하여, 치자(致字)를 행자(行字)로 풀이하여, 당시 **헛된 궁리로 오직 지(知) 측면에서만 이치를 따지는 그릇됨을 시정하려고** 했던 것이다.[112]

양명학을 이처럼 단순히 해석하면 이후 안원 등의 주장과 흡사하다. 안원 등이 주력한 것은 행을 중시하여 "헛된 궁리로 단지 지(知) 측면에서만 이치를 따지는 그릇됨을 시정하려는 것"이었다.

---

111) 『유집』 권1.
  * 『중용』: "博學之, 審問之, 愼思之, 明辨之, 篤行之."
112) 先生(陽明)之格物, 謂致吾心之良知於事事物物, 則事事物物皆得其理. 以聖人教人, 只是一個行, 如博學, 審問, 愼思, 明辨, 皆是行也. 篤行之者, 行此數者不已是也. 先生致之於事物, 致字即是行字, 以救空空窮理, 只在知上討個分曉之非. (「요강학안서(姚江學案序)」, 『황종희전집』 7, 197쪽)

제15장
청대 도학의 계속

1. 한학과 송학

청대(淸代)에 이르자 시대의 기풍은 이른바 한학(漢學)으로 전향했다. 한학파는 송명(宋明) 도학가(道學家)가 논한 경학은 도·불(佛老 : 道佛)의 견해가 뒤섞여 있기 때문에 공맹 성현의 도의 참 의미를 알려면 한인(漢人)들의 경전 해설에서 찾아야 한다고 여겼다. 안원(顔元)은 "양한(兩漢) 경학(經學)을 본받아야 하는 까닭은 성현의 시대와 근접하고 도·불의 설이 일어나기 이전이기 때문이다"[1]고 말했다. 한인의 경학을 논한 청인들은 송명인이 논한 도학을 송학(宋學)으로 부르며 자신들이 논한 한학과 구별했다.

송명인이 논한 리학(理學)과 심학(心學)을 청대에도 계승한(傳述) 이들이 있었는데 그들이 청대의 송학자이다. 다만 계승자는 계승만 했고 뚜렷이 새로운 견해는 적었다. 따라서 이 시대 철학을 논하려면 이른바 한학자들 가운데 구해야 한다. 이 시대 한학자들은 이른바 의리지학(義理之學)을 논한 경우 토론한 문제는 리(理), 기(氣), 성(性), 명(命) 따위로서 여전히 송명 도학자가 제시한 문제였고, 의거한 경전은 『논어(論語)』, 『맹자(孟子)』, 『대학(大學)』, 『중용(中庸)』 등으로 여전히 송명 도학자가 제시한 사서였다. 이 점에

1) 兩漢經學, 所以當遵行者, 爲其去聖賢最近, 而二氏之說, 尙未起也. (「『한학사승기(漢學師承記)』서문」) [『한학사승기』는 강번(江藩, 1761–1830)의 저서]

서 보면 한학자가 논급한 의리지학은 여전히 송명 도학의 계속이었다. 한학자의 공헌은 송명 도학자의 문제에 색다른 해답을 제시하고, 송명 도학자가 의거한 경전에 색다른 해석을 제시한 데에 있었다. 이런 색다른 해석은 명말 청초의 도학자들이 이미 대략 제시했으니 한학자의 의리지학 논의는 그 방향에 따른 계속적 발전이었다. 그러므로 한학자의 의리지학은 표면상 도학을 반대했으나(反道學) 사실상 도학의 부분적 계속(계승)과 발전이었다.

2. 안원과 이공과 일부 도학자

한학과 송학의 대립 이전에 북쪽에 이른바 안이학(顔李學)이 있었다. 안원(顔元)은 자가 혼연(渾然), 호가 습재(習齋)이고, 직예 박야현 사람이다. 명나라 숭정(崇禎) 8년(1635)에 태어나 청나라 강희(康熙) 43년(1704)에 죽었다.* 이공(李塨)은 자가 강주(剛主), 호가 서곡(恕谷)이고, 직예 여현 사람으로 안원의 제자였다. 청나라 순치(順治) 16년(1659)에 태어나 옹정(雍正) 11년(1733)에 죽었다. 두 사람 모두 송명 도학을 반대하고 그들이 참된 공맹 성현의 도라고 여긴 바를 주장했다. 안원은 자기 학문의 핵심(宗旨)을 이렇게 자술했다.

한진(漢晉) 이래, 장구(章句)가 범람했으나 장구는 성현의 도를 전하는 수단이지 성현의 도가 아님을 몰랐고, 또 다투어 청담(淸談)을 숭상했으나 청담은 성현의 철학을 천명하는 수단이지 성현의 철학이 아님을 몰랐습니다. 그에 따라 허황된 사상이 날로 성하여, 실제로 천지를 정립하고 만물을 양육하는, 요순의 3사(三事 : 삼대 정사) 6부(六府)의 도와 주공과 공자의 6덕(六

---

* 『신편』VI, 26쪽 : 안원의 아버지 안창(顔昶)은 소박한 농민이었는데, 가계가 빈곤하여 생계를 위해서 주씨(朱氏) 가문의 양자로 들어갔다. 그래서 안원은 주씨 가문에서 태어났는데, 4세 때 아버지는 관동으로 떠나 소식이 끊겼고 10세 때 어머니는 개가하여, 매우 외롭고 힘든 어린 시절을 보냈다. 19세 이후 직접 농사 짓고 채소밭을 가꾸고 의원 일로 약도 팔고 학생들을 가르치며 생계를 유지했다. 39세 때 종가로 돌아가 안씨 성을 회복했다. 안원의 도학 공부는 처음에는 육왕 심학 일파에 속했다가, 나중에는 정주 리학 일파에 속했고, 최후로 도학 비판으로 돌아섰다.

德) 6행(六行) 6예(六藝)의 철학은 우주간에 거의 자취를 감추게 되었습니다. 마침내 불교와 도교가 창궐하자, 혹은 천지만물을 완전히 공(空)으로 간주하여 오로지 공적(空寂)을 추구하거나 혹은 천지만물을 완전히 무(無)로 간주하여 오로지 승탈(陞脫 : 우화등선)을 추구하게 되었습니다.……

송대의 조씨 왕조가 공자묘에 올린 여러 인물들은 여전히 장구를 추구한 주해 수집가 또는 청담을 논한 고위 관료에 불과했습니다. 그리하여 효제충신을 교육하는 까닭도 사람의 기품에 본래 악이 있기 때문이라고 주장했으니, 결국 예의(禮義)를 충신(忠信)의 박절함으로 간주한 노자와 이목구비를 육적(六賊)으로 간주한 불교의 주장과 거의 다름없게 되었습니다. 따라서 나는 감히, 송유(宋儒)는 **한진(漢晉)의 불교·도교의 집대성자**라고는 할 수 있어도 **요순, 주공, 공자의 정통 계승자**라고는 할 수 없다고 생각합니다.……

나는 이런 현실을 염려하여 『존학(存學)』을 지어 요순, 주공, 공자의 3사 6부 6덕 6행 6예의 도를 천명했는데, 그 핵심은 도는 시서(詩書)의 장구에 있지 않고 학문은 암송 공부에 있지 않으며 공자가 가르친 박문약례(博文約禮)*처럼 몸소 실제로 배우고 몸소 실제로 익혀서 평생 태만하지 않게 되는 것이 그 목표라고 밝힌 데에 있습니다. 또 『존성(存性)』을 지었는데 그 핵심은 리와 기 모두 천도(天道)이고 **성(性)과 육체(形) 모두 천명**(天命 : 하늘이 부여한 것)이니 사람의 성명지성(性命之性)과 기질지성(氣質之性)은 각 개인마다 차이는 있어도 모두 선한 것이고, 기질지성은 성명지성을 바로잡는 작용이 있으니 악이라고 부를 수 없고, 이른바 악이란 바로 **유혹, 편견, 습관, 물듦**의 네 가지 빌미로부터 비롯된 것임을 밝히고, 그리하여 사람들로 하여금 사소한 악도 자기의 영롱한 본체를 더럽히니 **신성(神聖)한 선을 다 발휘해야 비로소 자기의 고유한 육신을 충실히 할 수 있다**는 사실을 알게 하려고 시도했습니다.[2]

* 博文約禮 : 널리 학문을 추구하고 예법을 정성껏 준수하는 일. 원 출전은 『논어』 6 : 27("子曰 : '君子博學於文, 約之以禮, 亦可以弗畔矣夫!'")이다.

[2] 自漢晉汎濫於章句, 不知章句所以傳聖賢之道, 而非聖賢之道也 ; 競尙乎淸談, 不知淸談所以闡聖賢之學, 而非聖賢之學也. 因之虛浮日盛, 而堯舜三事六府之道, 周公孔子六德六行六藝之學, 所以實位天地, 實育萬物者, 幾不見於乾坤中矣. 迨於佛老昌熾, 或取天地萬物而盡空之, 一歸於寂滅 ; 或取天地萬物而盡無之, 一歸於陞脫.……趙氏運中紛紛蹠孔子廟庭者, 皆修輯註解之士, 猶然章句也 ; 皆高坐講論之人, 猶然淸談也. 至於言孝弟忠信如何教, 氣稟本有惡, 其與老氏以禮義爲忠信之薄, 佛氏以耳目口鼻爲六賊者, 相去幾何也. 故僕妄論宋儒, 謂是集漢晉釋老之大成則可, 謂是堯舜周孔之

『서(書)』「대우모(大禹謨)」를 보면 "수·화·목·금·토·곡(穀)"이 "6부"이고, "도덕을 바로잡고(正德) 기물의 편리를 도모하고(利用) 삶을 윤택하게 함(厚生)"이 "3사"이다.[3] 『주례(周禮)』「대사도(大司徒)」를 보면 "예전에 3물(物)로써 만민을 가르쳐 빈흥(賓興)*했는데, 3물이란 첫째 지(知)·인(仁)·성(聖)·의(義)·충(忠)·화(和)의 '6덕', 둘째 효(孝)·우애(友)·화목(睦)·인척 사랑(姻)·신임(任)·긍휼(恤)의 '6행', 셋째 예·악·사·어·서·수의 '6예'를 말한다."[4] 안원과 이공에 따르면, 옛 성현은 사람에게 실제로 이 6덕을 지니고 이 6행을 실행하고 이 6예를 실습하고 병농(兵農) 등 6부의 일을 연구하여 백성의 삶에 이용하여 윤택하게 하도록 가르쳤을 뿐이다. 『대학』에서 말한 격물(格物)은 바로 이것을 말한다. 격은 손으로 맹수를 친다(格)는 그 격과 같으니 "(격물은) 몸소 손으로 그 일을 익힌다는 뜻이다."[5] 물은 "'물유본말(物有本末)의 물로서 즉 명덕, 친민, 의, 심, 신, 가,

---

正派則不可.……某爲此懼, 著『存學』一編, 申明堯舜周孔三事六府六德六行六藝之道, 大旨明道不在詩書章句, 學不存穎悟誦讀, 而期如孔門博文約禮, 身實學之, 身實習之, 終身不懈者. 著『存性』一編, 大旨明理氣俱是天道, 性形俱是天命. 人之性命氣質, 雖各有差等, 而俱是此善, 氣質正性命之作用, 而不可謂有惡. 其所謂惡者, 乃由引蔽習染四字爲之祟也. 期使人知爲絲毫之惡, 皆是玷其光瑩之本體; 極神聖之善, 始自充其固有之形骸. (「태창 육부정 선생께 드리는 글(上太倉陸桴亭先生書)」, 『존학편(存學編)』권1)

3) 水火木金土穀惟修, 正德利用厚生惟和, 九功惟敍……六府三事允治, 萬世永賴……(『서경』) [6부 : 창고에 저장된 여섯 가지 생활물자.]

* 賓興 : 대부(大夫)가 소학(小學)에서 현능(賢能)한 자를 천거하여 빈례(賓禮)로 맞이하고 국학(國學)에 들게 한, 주대(周代)의 현인 천거 방법.

4) 以鄕三物敎萬民而賓興之. 一曰六德 : 知, 仁, 聖, 義, 忠, 和. 二曰六行 : 孝, 友, 睦, 姻, 任, 恤. 三曰六藝 : 禮, 樂, 射, 御, 書, 數. (『주례』)

5) 親手習其事. ["格物謂犯手實做其事."]
[『신편』Ⅵ, 30~31쪽; 그는 "예컨대 복소(菔蔬 : 약용 무우)는 똑똑한 학자든 노련한 농부든 먹을 수 있는 것인지 모르며, 또 모양만 보고 먹을 수 있겠다고 짐작했다고 하더라도 그 맛이 매운지 어떤지는 모른다. 반드시 젓가락으로 집어 입에 넣어봐야 그 맛이 맵다는 것을 안다. 즉 직접 그 물(物)에 부딪쳐본(格) 다음에야 앎이 이른다(知至)는 말이다(如此菔蔬, 雖上智老圃, 不知爲可食之物也. 雖從形色料爲可食之物, 亦不知味之如何辛也. 必箸取以納之口, 乃知如此味辛. 故曰手格其物而後知至)"(『사서정오(四書正誤)』)라고 설명했다. 즉 안원은 인식은 반드시 실천에서 시작해야 하고 실천을 거쳐야 한다고 이해했다.]

국, 천하를 지칭하며, 물이라고 일컬은 까닭은 성의, 정심, 수신, 제가, 치국, 평천하는 각각 그 일이 있고 그 일을 익힐 때는 각기 해당 물이 존재하기 때문이다.『주례』에서 예·악 등을 모두 물이라고 일컬은 것도 바로 그 때문이다."[6] 안원은 송유가 "한진의 불교·도교의 집대성자"이지 "요순, 주공, 공자의 정통 계승자"는 아니라고 여겼다. 역사적으로 볼 때 이 말은 사실에 부합하나, 그렇다고 해서 송유의 학문이 근본적으로 그르다고 볼 수는 없다.

안원의 시대에는 한학의 명칭이 없었고 안원도 한학자는 아니었으나 안원은 이미 앞의 이유로써 송명 도학을 반대했다. 그러나 당시의 도학자들 중에서도 안원과 똑같은 견해를 견지한 사람이 있었다. 예컨대 안원이 앞의 글을 보낸 육세의(陸世儀, 1611-72)가 그렇다. 육세의의 호는 부정(桴亭), 자는 도위(道威)이고 태창(太倉) 사람이다. 그는 일찍이 말했다.

> 천하에 철학자가 아주 없어도 세도(世道)가 쇠한 것이고, 천하 모든 사람이 철학자일 경우도 역시 세도가 쇠한 것이다. 삼대의 세상에서는 임금은 임금답게 신하는 신하답게 아버지는 아버지답게 아들은 아들답게 저마다 몸소 실천에 힘쓰고 행실을 돈독히 하며, 상서(庠序)의 학교에서 시서(詩書)를 암송하고 예악을 익혔을 뿐 논변으로 우열을 다툰 적은 없었다.[7]

> ○요즘 학문은 주로 진인(晉人)의 청담에 근거하니 세상사에 심히 해롭다. 원래 공문(孔門)은 실천과 유리된 것은 한마디도 가르친 적이 없다.[8]

육세의가 지은『사변록(思辨錄)』은 병농과 예악의 정치제도를 연구했는데 안원도 마찬가지였다. 안원은 정심(正心)·성의(誠意)를 강

---

6) 物有本末之物也, 即明德親民也, 即意心身家國天下也. 然而謂之物者, 則以誠正修齊治平皆有其事, 而學其事皆有其物,『周禮』禮樂等皆謂之物是也. (이공,『대학변업(大學辨業)』권2)

7) 天下無講學之人, 世道之衰 ; 天下皆講學之人, 亦世道之衰也. 三代之世, 君君, 臣臣, 父父, 子子, 各務躬行, 各敦實行, 庠序之中, 誦詩書, 習禮樂而已, 未嘗以口舌相角勝也. (『사변록(思辨錄)』권1) [君君, 臣臣, 父父, 子子 : 〈제1편,제4장,주77〉]

8) 近人講學, 多以晉人清談, 甚害事. 孔門無一語不教人就實處做. (같은 곳)

론했는데 육세의도 마찬가지였다. 안원의 학은 도학을 반대하기는 했지만 일부는 도학의 계속과 발전이었다.

1) 리기

안원의 학은 주로 교육과 수양에 관한 논변이다. 그중에서 비교적 철학적 흥취가 있는 것이 『존성편』 속의 리(理), 기(氣), 성(性), 형(形)에 대한 논변이다. 『존성편』에서 그는 "모두 7개의 도해를 제시하며 맹자의 본뜻을 설명했는데"[9] 그중의 총괄적 도해는 다음과 같다.

안원은 이 그림을 이렇게 해석했다.

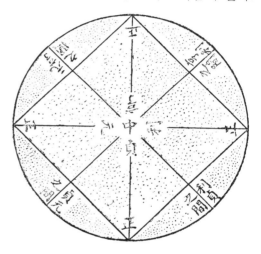

큰 테두리(원)는 천도(天道)의 전체 모습이다. 하느님이 그 안에 주재하고 계시나 그림으로 그릴 수 없다. 왼쪽은 양(陽), 오른쪽은 음(陰)이다. 이것들은 합쳐져 있으니 사이가 없다. **음양은 유행하여 4덕**(四德), 즉 원(元)·형(亨)·이(利)·정(貞)**이 된다**(4덕을 선유는 춘하추동으로 나누었는데 『논어』에서 말한 사계절의 운행이 그것이다/안원). 가로와 세로의 수직선과 수평선은 4덕의 정기(正氣)와 정리(正理)의 관통을 뜻하고, 좌우의 사선은 4덕의 간기(間氣)와 간리(間理)의 관통을 뜻한다. 교차하는 선들은 **교차와 소통**을 상징하고, 전면에 가득한 작은 점은 만물의 화생(化生)을 상징하는데, 소통하지 않는 것이 없고 화생하지 않는 것이 없으며, 기와 리 아닌 것이 없다. **리기가 하나로 융합**되었음을 알면 **음양의 2기가 천도의 양능**(良能)임을 알게 된다. 원·형·이·정의 4덕은 음양 2기의 양능이고 만물의 화생은 원·형·이·정 4덕의 양능이다. 천도의 2기와 2기의 4덕 그리고 4덕의 만물 화생 그 모두가 양능임을 안다면

---

9) 爲妄見圖凡七, 以申明孟子本意. (『존성편(存性編)』 권2)

이 그림을 바르게 본 셈이다.[10]

이른바 "하느님"은 그 다음에서 다시 언급되지 않았다. 안원의 우주론에는 필요 없는 개념이다. 안원은 "음양 2기가 천도의 양능"이고 "음양은 유행하여 4덕이 된다"고 여겼다. 이 문단은 4덕의 "교차와 소통"만 언급했으나, 사실 "2기 4덕은 순응하고 어긋나며(順逆), 엇갈리고 통하며(交通), 뒤섞이고 통합되며(錯綜), 감화되고 달궈지며(薰蒸), 변화되고 변경되며(變易), 감응하고 감각하며(感觸), 모이고 흩어지며(聚散), 움츠러들고 펼쳐진다(卷舒)." 이 "16가지가 4덕의 변화이다. 덕은 오직 4이나 그 변화는 16이다. 16변화는 그 끝을 헤아릴 수 없고 그 운행은 부단하다."[11] 2기 4덕은 이처럼 영구히 변동하고 두루 유행하여 상호 영향을 끼침으로써 만물은 화생한다. 그러나 이른바 "16변화는 그 끝을 헤아릴 수 없다"고 함은 극한에 대한 언급이다. 실제로 16변화는 32종류, 즉 "중앙과 주변(中邊), 곧음과 굽음(直屈), 네모남과 둥긂(方圓), 균형과 치우침(衡僻), 무딤과 예리함(齊銳), 분리와 결합(離合), 원근(遠近), 어긋남과 일치(違遇), 대소(大小), 후박(厚薄), 청탁(淸濁), 강약(強弱), 고하(高下), 장단(長短), 빠름과 느림(疾遲), 온전함과 결함(全缺)"이 있다. "이 32종류 역시 16변화의 변화이다. 32종류의 변화도 그 끝을 헤아릴 수 없다. 그러나 '그 끝을 헤아릴 수 없는 것' 역시 32종류를 벗어나지 않는다. 32종류는 또 16변화를 벗어나지 않고, 16변화는 4덕을 벗어나지 않고, 4덕은 2기를 벗어나지 않고, 2기는 천도를 벗어나지 않는다."[12]

10) 大圈, 天道統體也. 上帝主宰其中, 不可以圖也. 左, 陽也 ; 右, 陰也. 合之則陰陽無間也. 陰陽流行而爲四德, 元亨利貞(自註 : '四德先儒卽分春夏秋冬, 『論語』所謂四時行也'). 橫竪正畫, 四德正氣正理之達也. 四角斜畫, 四德間氣間理之達也. 交斜之畫, 象交通也. 滿面小點, 象萬物之化生也. 莫不交通, 莫不化生也. 無非是氣是理也. 知理氣融爲一片, 則知陰陽二氣, 天道之良能也. 元亨利貞四德, 陰陽二氣之良能也. 化生萬物, 元亨利貞四德之良能也. 知天道之二氣, 二氣之四德, 四德之生萬物, 莫非良能, 則可以觀此圖矣. (『존성편』 권2)

11) "二氣四德, 順逆交通, 錯綜薰蒸, 變易感觸, 聚散卷舒." "十六者四德之變也. 德惟四而其變十六. 十六之變, 不可勝窮焉. 爲運不息也." (같은 곳)

12) "中邊直屈, 方圓衡僻, 齊銳離合, 遠近違遇, 大小厚薄, 淸濁強弱, 高下長短, 疾遲全

만물의 생성은 모두 이 2기 4덕을 타고난다. 다만 타고난 바가 상술한 32종류의 차이가 있기 때문에, 사물의 총명과 우둔, 강약(強弱), 수요(壽夭) 등이 각자 타고난 바에 따라 다르다.[13] 다만 사물은 이런 차이가 있으나 타고난 바는 모두 "천도를 벗어나지 않는" 2기 4덕이다. 안원은 말했다.

> **만물의 성은 리가 부여된 것이고, 만물의 기질은 기가 응결한 것이다.** 바른 것도 이 리와 기이고, 뒤섞인 것도 이 리와 기이다. 높고 밝은 것도 이 리와 기이고, 낮고 어두운 것도 이 리와 기이고, **맑고 두터운 것도 이 리와 기이고**, 탁하고 천박한 것도 이 리와 기이다.……사람은 특히 만물의 정수로서 이른바 천지의 중심을 얻어 생긴 존재이다. 2기 4덕이란 아직 응결하지 않은 사람이요, 사람이란 이미 응결된 2기 4덕이다. 인(仁)·의(義)·예(禮)·지(智)로 보존된 것을 성(性)이라고 함은 내재된 원·형·이·정을 지칭한 것이고, 측은(惻隱), 수오(羞惡), 사양(辭讓), 시비(是非)로 표현된 것을 정(情)이라고 함은 사물에 미친 원·형·이·정을 지칭한 것이다. 재(才)란 성(性)이 정(情)으로 되는 것(능력)으로서, 즉 원·형·이·정의 힘이다.[14]

안원의 중심 사상은 기를 우주의 근본으로 여긴 데에 있다. 그는 리도 언급했으나 "리기는 하나로 융합된다"고 여겼으니 리학가(理學家)와 구별된다.

다만 "리기는 하나로 융합된다"는 설은 일부 도학자들도 이미 언급했다. 예컨대 유종주(劉宗周, 1578- 645)는 말했다.

缺." "此三十二類者, 又十六變之變也. 三十二類之變, 又不可勝窮焉. 然而不可勝窮者, 不外於三十二類也. 三十二類, 不外於十六變也. 十六變不外四德也. 四德不外於二氣, 二氣不外於天道也." (같은 곳)

13) 같은 곳.

14) 萬物之性, 此理之賦也. 萬物之氣質, 此氣之凝也. 正者, 此理此氣也. 間者, 亦此理此氣也. 高明者, 此理此氣也. 卑暗者, 亦此理此氣也. 清厚者, 此理此氣也. 濁薄者, 亦此理此氣也.……至於人則尤爲萬物之粹, 所謂得天理之中以生者也. 二氣四德者, 未凝結之人也. 人者, 已凝結之二氣四德也. 存之爲仁義禮智, 謂之性者, 以在內之元亨利貞名之也. 發之爲惻隱羞惡, 辭讓是非, 謂之情者, 以及物之元亨利貞言之也. 才者, 性之爲情者也, 是元亨利貞之力也. (같은 곳)

천지간에 충만한 것은 하나의 기(氣)이다. 기는 곧 리이다(氣卽理). 하늘은
그것을 얻어 하늘이 되고, 땅은 그것을 얻어 땅이 되고, 사람과 사물은 그것
을 얻어 사람과 사물이 되는 것은 다 똑같다.[15]

○혹자는 "허가 기를 낳는다(虛生氣)"고 말했으나, 무릇 허가 곧 기이니 어
떻게 낳을 수 있겠는가? 나는 아직 기가 생기지 않았을 때를 소급해서 추론
해보았으나 그 어느 경우든 기가 아닌 것은 없었다. 기는 수축하면 **무에서 유
로 진행**하는데 유이나 유인 적이 없다. 기는 팽창하면 **유에서 무로 진행**하는데
무이나 무인 적이 없다. 유도 아니고 무도 아닌 사이이므로 유이지만 곧 무
이다. 이것이 태허(太虛)인데, 높여서 부르면 "태극(太極)"이다.[16]

즉 기의 수축을 무(無)로 여겼다. 기는 수축하면 팽창하므로 "무에
서 유로 진행한다." 기의 팽창을 유로 여겼다. 기는 팽창하면 수축
하므로 "유에서 무로 진행한다." 즉 횡거의 설을 채용한 것이다.

유종주는 자가 염태(念台), 세칭 즙산(蕺山)이고, 절강성 산음(山
陰) 사람이다. 명나라가 망하자 청나라 세조(世祖) 순치(順治) 2년
(1645)에 단식하고 죽었다.[17] 그 제자 황종희(黃宗羲, 1610-95)[18]의
리기 견해도 그와 같았다. 황종희는 말했다.

우주 조화의 유행은 단 하나의 기로 빈틈 없이 두루 충만해 있다. 절기가
따뜻해지면 봄, 따뜻함이 더위로 되면 여름, 더위가 내려 서늘해지면 가을, 서
늘함이 심해져 추위로 되면 겨울이다. 추위가 물러가면 다시 따뜻해지는 이런
부단한 순환이 이른바 "낳고 낳는 생성으로서의 역(易)"이다. 성인은 [기온이]
오르고 내리는 질서의 정연함을 지칭하여 리(理)라고 불렀다.[19]

15) 盈天地間, 一氣也. 氣卽理也. 天得之以爲天, 地得之以爲地, 人物得之以爲人物, 一
也. (『유자전서(劉子全書)』 권11)
16) 或曰 : 虛生氣. 夫虛卽氣也, 何生之有? 吾遡之未始有氣之先, 亦無往而非氣也. 當其
屈也, 自無而之有, 有而未始有. 及其伸也, 自有而之無, 無而未始無也. 非有非無之
間, 而卽有卽無, 是爲太虛, 又表而尊之曰太極. (같은 곳)
17) 「연보(年譜)」, 『유자전서』 권40.
18) 【주】자는 태충(太沖), [호는 남뢰(南雷)], 세칭 이주(梨洲)이고, 절강성 여요 사람
이다. 청나라 성조(聖祖) 강희(康熙) 34년(1695)에 죽었다. (전조망[全祖望], 「이주
선생 신도비(梨洲先生神道碑)」, 『길기정집(鮚埼亭集)』 권11)
19) 夫大化之流行, 只有一氣, 充周無間. 時而爲和謂之春, 和生以溫謂之夏, 溫降而涼謂

즉 기를 더 근본으로 여겼다. 역시 유종주와 같다. 리학과 심학의
차이점의 하나는 리학은 두 세계를 필요로 하고 심학은 단지 하나
의 세계만 필요로 한다는 점인데, 리학은 이원론적(二元論的)이라
면 심학은 일원론적(一元論的)이라고 할 수 있다. 양명이 출현하여
심학이 흥성한 것은 일원론적 철학이 흥성한 것이다. 그러나 양명
은 리기를 그다지 논하지 않았다. 일원론적 견해를 견지하고 리학
가의 리기 문제에 상당한 해결을 제시하려고 할 경우, 리기는 "하
나로 융합된다"는 설이 바로 최선의 선택이었다.

　황종희와 동시대에 또 왕부지(王夫之, 1619-92)[20]가 있다. 왕부지
의 철학은 사승(師承)이 없으나 리기의 견해는 유종주와 같은 점이
있다. 왕부지는 말했다.

　　천지간은 리와 기일 뿐이다. 기는 리를 싣고 있고 리는 기에 질서를 준다.[21]

리는 기의 질서이니, 기가 더 근본적이다. 왕부지는 말했다.

　　심(心), 성(性), 천(天), 리(理)의 논의는 모두 기(氣) 위에서 성립된다. 기
가 없는 곳은 모두 무(無)이기 때문이다. 횡거는 "기화(氣化)로부터 도의 명
칭이 생겼다"〈제12장,주28〉고 했는데, 주자(朱子)는 "일음일양을 도라고 한

之秋, 涼升而寒謂之冬. 寒降而復爲和, 循環無端, 所謂生生之爲易也. 聖人卽從升降
之不失其序者, 名之謂理. (「여우인론학서(與友人論學書)」,『남뢰문안(南雷文案)』)
20) 자는 이농(而農), 호는 강재(薑齋)이고, 호남성 형양(衡陽) 사람이다. 명나라 신종
(神宗) 만력(萬曆) 47년(1619)에 태어나 청나라 성조(聖祖) 강희(康熙) 31년(1692)
에 죽었다.
　[『신편』V, 274쪽, 298쪽 : 그는 만년에 형양의 석선산(石船山)에 은거해서 선산 선
생(船山先生)으로 일컬어진다.……청조가 건립되자 항청 투쟁에 적극 참가했고, 남
명(南明)이 망한 이후에도 반청 입장을 견지하고 이름을 바꾸고 은거하여 강학과
저술에 잠심했다.……그의 학문은 광범하여 유가의 주요 경전을 주해했고, 이전의
철학사상을 토론하고 비판했다.……학문의 광범성과 체계의 방대함에 있어서 그는
후기 도학의 주장(主將)이라고 하겠는데, 전기 도학의 주장인 주희와 어깨를 나란히
한다.……역사가는 명말 청초의 "삼대유(三大儒)"로 고염무(顧炎武), 왕부지, 황종
희를 든다. 고염무는 기본적으로 학자이지 철학자는 아니다. 왕부지는 옛 시대를 총
결했다면, 황종희는 새 시대를 선구(先驅)한 것이 각각의 공헌이었다.]
21) 天地間只是理與氣 ; 氣載理而理以秩序乎氣. (『독사서대전(讀四書大全)』,『전서』
6, 549쪽)

것이 바로 기화이다"고 풀이했다.……정자(程子)는 "천은 리이다(天, 理也)"
〈주12장,주66〉고 했다. 즉 리로써 천을 논했으니 천을 리로 여겼다는 말이
다. 천을 리로 여겼으나, 천은 본래 기를 떠나서 존립할 수 없다. 리는 기의
리여야 비로소 "천은 리이다"는 의미가 성립된다.[22]

천과 음양 등의 관계에 대해서 왕부지는 말했다.

　　분석하면 음양오행 혹은 이수오위(二殊五位)라고 부르는데, 합하면 천
(天)이라고 부른다. 마치 이목, 수족, 생각 등을 합한 것이 바로 사람이지 이
목, 수족, 생각 밖에 이목, 수족, 생각을 부리는 존재가 따로 있지 않는 것과
같다. 즉 음양오행 밖에 따로 음양오행을 부리는 존재가 있겠는가?[23]

이른바 천은 음양오행의 총명(總名)이니, 천의 리는 곧 기의 리이
다. 형이상(形而上)과 형이하(形而下) 및 도(道)와 기(器)의 구분은
왕부지도 자세히 논했다. 그는 말했다.

　　천하에는 오직 기(器 : 구체적 사물)만 있다. 도는 기의 도이나, 기는 도의
기라고 말할 수 없다. "그 도가 없으면 그 기(器)는 없다"고 사람들은 쉽게
말한다. 그러나 기가 이미 존재한다면 도의 존재는 문제가 되지 않는다.……
"그 기가 없으면 그 도는 없다"고 말할 수 있는 사람은 드물다. 그러나 이는
정말로 사실이다. 원시시대에는 선양(揖讓 : 禪讓)의 도가 없었고, 요순시대
에는 조벌(弔伐 : 弔民伐罪, 고통받는 백성을 위문하여 폭군 등의 죄인을 토
벌함)의 도가 없었고, 한당시대에는 오늘날의 도가 없었고, 오늘날에는 다른
시대의 여러 도가 없다. 활과 화살이 없었을 때는 사도(射道)가 없었고, 수레
와 말이 없었을 때는 어도(御道)가 없었다.*……즉 도가 있을 수 있음에도

---

22) 蓋言心, 言性, 言天, 言理, 俱必在氣上說. 若無氣處, 則俱無也. 張子云 : "由氣化有
　　道之名", 而朱子釋之曰 : "一陰一陽之謂道, 氣之化也."……程子言 : 天, 理也, 旣以
　　理言天, 則是亦以天爲理矣. 以天爲理, 而天固非離乎氣而得名者也. 則理卽氣之理,
　　而後天爲理之義始成. (『독사서대전』,『전서』6, 1109쪽)
23) 折着便叫作陰陽五行, 有二殊又有五位 ; 合着便叫作天. 猶合耳目手足心思卽是人,
　　不成耳目手足心思之外, 更有用耳目手足心思者. 則豈陰陽五行之外, 別有用陰陽五
　　行者乎? (『독사서대전』,『전서』6, 459-60쪽)
*　『신편』V, 281쪽 : 리학 일파의 객관유심론에 따르면 모든 종류의 사물은 하나의
　　"도"가 그 사물을 초월하여 그 사물보다 앞서서 존재한다. 예를 들면 활과 화살이

있지 않은 경우는 허다하다. 따라서 "그 기가 없으면 그 도는 없다"고 함은 진리이다. 다만 사람들이 잘 살피지 못했을 뿐이다.……

형이상과 형이하는 명칭일 뿐이다. 상하를 구별할 수 있는 무슨 한계나 양이 있는 것은 아니다. 형이상의 존재는 무형(無形)을 일컫는 것이 아니다. 이미 형태는 존재하니 형태가 있어야 비로소 형이상이 존재한다.* 무형(無形)의 형이상이란, 고금을 걸쳐서 모든 변화를 통틀어 모든 천지, 모든 사람과 사물을 다 궁구해보더라도, 존재한 적이 없다.24)

이 도·기의 견해는 주자의 견해와 정반대이다. 리기의 견해를 보더라도 왕부지는 본래 이렇게 말할 수 있었다. 다만 왕부지는 도학자로 자처했고, 기가 일체의 근본이라는 설은 횡거에서 취했다. 따라서 왕부지는 직접 쓴 묘비명에 "유월석(劉琨)**의 고분(孤憤)을 품었으나 사명을 이루지 못했으며, 장횡거의 정학(正學)을 희망했으

─────

없어도 "사도"는 있고, 수레와 말이 없어도 "어도"는 있다. 왕부지는 바로 이런 견해를 논박했다. 그는 사물의 원리원칙은 사물 속에 존재하고 사물을 떠나서 독립 존재할 수 없음을 제시했다. 그는 결론적으로 "기에 의거하여 도는 존재하고 기를 떠나면 도는 없어진다(據器而道存, 離氣而道毀)"고 말했다.

* 『신편』V, 279쪽 : 왕부지에 따르면 형이상자(形而上者)란 그 종류 사물의 "당연적 도리(當然之道)"이고, 형이하자(形而下者)란 그 종류 사물의 구체적 형태인데, 이는 리학과 일치한다. 차이점은 (1)한 종류의 "당연적 도"는 반드시 그 종류의 구체적 사물에 깃들어 있고 구체적 사물을 벗어나서 독립 존재할 수 없고, (2)"형이상"과 "형이하"의 구별은 반드시 "형태(形)"로부터 개시되므로 만약 "형태"가 없다면 이른바 "형이상"과 "형이하"의 구별도 존재하지 않는다고 본 점이다.

24) 天下唯器而已矣. 道者器之道, 器者不可謂之道之器也. 無其道則無其器, 人類能言之. 雖然, 苟有其器矣, 豈患無道哉?……無其器則無其道. 人鮮能言之. 而固其誠然者也. 洪荒無揖讓之道. 唐虞無弔伐之道. 漢唐無今日之道. 則今日無他年之道者多矣. 未有弓矢而無射道. 未有車馬而無御道.……道之可有而且無者多矣. 故無其器則無其道. 誠然之言也. 而人特未之察耳.……上下皆名也, 非有涯量之可別者也. 形而上者, 非無形之謂. 旣有形矣, 有形以後有形而上. 無形之上, 恒古今, 通萬變, 窮天窮地, 窮人窮物, 皆所未有者也. (『주역외전(周易外傳)』권5, 『전서』1, 1027-28쪽)

** 劉琨(270-317) : 진(晉)나라 사람. 자는 월석(越石). 무공을 세워 광무후(廣武侯)에 봉해졌다. 진나라의 남도(南渡) 이후 늘 오랑캐에 설욕할 뜻으로 부심했으나 간신의 시기로 죽임을 당했다. 죽음을 예감하고 "공업을 채 세우기 전에 석양은 이미 서쪽으로 흘렀네, 아! 세월은 나를 저버리고 뜬구름처럼 지나갔구나!(功業未及建, 夕陽忽西流. 時哉不我與, 去矣如雲浮)" 운운의 시를 남겼다. (『진서(晉書)』, 1686쪽)

나 역량이 부족했노라. 다행히 이 언덕에 묻히기는 하나 진실로 한을 머금고 잠드노라"[25]고 새겼다. 왕부지의 철학은 사승(師承)이 없으나 견해는 유종주, 황종희, 안원 등과 부합했다. 즉 당시의 리기 문제는 모두 그 한 방향으로 해결되는 추세였음을 알 수 있다.

2) 성·형

이 형이상학을 근거로 안원은 주자가 기질지성(氣質之性)과 의리지성(義理之性)을 구분한 것은 그르다고 지적했다. "만물의 성은 리가 부여된 것이고 만물의 기질은 기가 응결한 것이다."〈주14〉 오직 이 두 마디만 보면 안원의 설은 주자와 다르지 않다. 그런데 그 다음에서 "맑고 두터운 것도 이 리와 기이다"고 운운한 것은 리기는 "하나로 융합된다"고 여겼기 때문에 나온 말이었다. 주자의 경우는 오직 기만 맑고 두터움을 논할 수 있고, 리는 맑고 두터움을 논할 수 없다. 리는 영원 불변하는 것이어서 맑거나 두터운 구분이 있을 수 없기 때문이다. 안원은 리기는 "하나로 융합된다"고 여겼기 때문에, 의리지성이 곧 기질지성이니 기질을 악(惡)의 기원으로 볼 수 없다고 여겼다. 앞의 인용문〈주14〉 다음에서 이렇게 말했다.

> 정(情)에 있는 악은 이발(已發)의 원·형·이·정을 지칭하고 미발(未發)의 원·형·이·정을 지칭하지는 않는다. 재(才)에 있는 악은 잠재된 것이 원·형·이·정이고 작위할 수 있는 것이 원·형·이·정은 아니라는 말이다. 기질에 악이 있다고 함은 원·형·이·정의 리는 천도이나 원·형·이·정의 기는 천도가 아니라는 말이다. 아! 천하에 리 없는 기가 있겠으며, 기 없는 리가 있겠으며, 2기 4덕 외에 리기가 있겠는가?[26]

우주는 오직 하나의 근원이 있고, 우리는 오직 하나의 성이 있다.

---

25) 抱劉越石之孤憤[憤 : 원래 忠, 『신편』에 따라 수정], 而命無從致. 希張橫渠之正學, 而力不能企. 幸全歸於玆邱, 固銜恤而永世. (『전서』 15, 228쪽)

26) 謂情有惡, 是謂已發之元亨利貞, 非未發之元亨利貞也. 謂才有惡, 是謂蓄者元亨利貞, 能作者, 非元亨利貞也. 謂氣質有惡, 是元亨利貞之理, 謂之天道, 元亨利貞之氣, 不謂之天道也. 噫, 天下有無理之氣乎? 有無氣之理乎? 有二氣四德外之理氣乎? (『존성편』 권1)

안원은 예를 들어 이렇게 설명했다.

> 기는 리의 기, 리는 기의 리일진대, 어찌 리는 순수한 선이고 기질은 치우쳐 악이 있다고 할 수 있는가? 눈에 비유하건대 광포정(眶皰睛 : **눈자위와 눈꺼풀과 눈동자**)이 기질이면 **그 안의 시력**(光明)**은 사물을 보는 능력**으로서 성(性)이다. 그런데 시력의 리는 오직 정색(正色)만 보고 광포정은 사색(邪色)을 본다는 말인가? 나는 시력의 리는 물론 천명(天命)이고 광포정도 천명이니, 다시 무엇은 천명지성, 무엇은 기질지성으로 나눌 필요가 없다고 생각한다. 다만 하늘은 인간에게 눈의 성(性)을 부여했기에 시력은 볼 수 있고 눈의 성은 선하고 또 시력으로 보는 것 역시 정(情)의 선함이다. 세밀하게 보고 멀리 보는 정도는 재(才)의 강약이니 악을 논할 수 없다.……
>
> 다만 사색(邪色)에 이끌려 흔들리면 그 시력은 은폐되고 음시(淫視 : 음탕한 시선)가 생기니 비로소 악이라고 할 수 있다. 그런데 시력이 이끌려 흔들린 것은 성의 허물인가 아니면 기질의 허물인가? 이 허물을 기질에 돌리는 주장은 눈이 없어야 비로소 눈의 성을 온전히 할 수 있다는 말과 같다.[27]

눈의 "눈자위와 눈꺼풀과 눈동자"는 형체(形)이고, "그 안의 시력(光明)인 사물을 보는 능력"은 성(性)이다. 이 형체가 있으면 이 성이 있고 이 성이 있으면 이 형체가 있으니 즉 "성과 형체 모두 천명이다"는 말이다. 안원의 『존성편』의 요지는 기질지성이 악의 기원이라는 설을 논박하려는 것인데 그 이유는 앞의 인용문과 같다.

안원은 악의 기원을 "유혹과 편견과 습관과 물듦"으로 돌렸다. 안원은 말했다.

> 악(惡)은 **유혹과 편견과 습관과 물듦**(引蔽習染)에서 비롯된다. 공자처럼 인

---

27) 蓋氣卽理之氣, 理卽氣之理, 烏得謂理純一善, 而氣質偏有惡哉? 譬之目矣. 眶皰睛, 氣質也. 其中光明, 能見物者, 性也. 將謂光明之理專視正色, 眶皰睛乃視邪色乎? 余爲光明之理固是天命, 眶皰睛皆是天命. 更不必分何者是天命之性, 何者是氣質之性. 只宜言天命人以目之性. 光明能視, 卽目之性善. 其視之也, 則情之善. 其視之詳略遠近, 則才之強弱. 皆不可以惡言.……惟因有邪色引動, 障蔽其明, 然後有淫視而惡始名焉. 然其爲之引動者, 性之咎乎? 氣質之咎乎? 若歸咎於氣質, 是必無此目而後可全目之性矣. (『존성편』 권1)

(仁)을 구하고 맹자처럼 존심(存心)·양성(養性)하여, 내 본성의 선을 밝혀 이 목구비가 명령에 따라 각 기능을 다하게 하여……**응당 볼 것은 보고 응당 들을 것은 듣고 부당한 것은 거부하여 기질로 하여금 천칙(天則 : 자연 법칙)의 올바름처럼 되게 하면 자연히 모든 요사한 미색과 음탕한 소리로부터 유혹이나 편견을 받지 않게 되니,** 다시 또 악에 습관이 되고 악에 물듦을 근심할 필요가 있겠는가?……"6행"〈주4〉은 **바로 내 성의 설비**이고, "6예"는 내 성의 도구이고, "9용"*은 내 성의 발현이고, "9덕"**은 내 성의 성취이며, 예악을 제작하고 음양을 섭리(燮理)하고 천지를 마름질하는 일도 바로 내 성의 확장이고, 만물의 왕성함과 천지의 평탄함과 우주의 조화 역시 내 성의 결과이다.

따라서 기질의 변화가 양성(養性)의 효과라고 하면 옳은데, 덕이 몸을 윤택하게 하고 얼굴에 나타나고 몸에 베고 사지에 베풀어지는 부류가 그것이다. 그런데 기질의 악을 변화시켜 성을 회복한다(復性)는 주장은 불가한데, 마치 사람을 죽이고 무기를 탓하며 얼룩을 보고 실을 탓하는 것과 같다.[28]

안원의 뜻은 본래 인성론 방면에서 리학가가 말한 천명지성과 기질지성 또는 성과 기질의 구분을 타파하려는 것이다. 그러나 그의 주장을 자세히 살펴보면 그 둘의 구분은 여전히 존재한다. 예컨대 "응당 볼 것은 보고 응당 들을 것은 듣고 부당한 것은 거부하여 기

---

* 九容 : 군자의 수신(修身)에 갖추어야 할 아홉 가지 용모. 즉 "발은 무겁고, 손은 공손하고, 눈은 단정하고, 입은 다물고, 목소리는 조용하고, 머리는 곧고, 기상은 엄숙하고, 선 자세는 품격이 있고, 얼굴빛은 장중해야(足容重, 手容恭, 目容端, 口容止, 聲容靜, 頭容直, 氣容肅, 立容德, 色容莊)"(『예기(禮記)』「옥조(玉藻)」) 한다.

** 九德 : 현인이 구비해야 할 아홉 가지 덕성. "충(忠), 신의(信), 경건(敬), 강건(剛), 온유(柔), 화합(和), 확고함(固), 지조(貞), 순화(順)"(『일주서(逸周書)』) 혹은 "寬而栗, 柔而立, 愿而恭, 亂而敬, 擾而毅, 直而溫, 簡而廉, 剛而塞, 彊而義"(『서』)를 지칭한다.

28) 其惡者, 引蔽習染也. 惟如孔子求仁, 孟子存心養性, 則明吾性之善, 而耳目口鼻皆奉令而盡職.……當視卽視, 當聽卽聽, 不當卽否. 使氣質皆如其天則之正, 一切邪色淫聲, 自不得引蔽. 又何習於惡, 染於惡之足患乎?……六行乃吾性設施. 六藝乃吾性材具. 九容乃吾性發現. 九德乃吾性成就. 制禮作樂, 燮理陰陽, 裁成天地, 乃吾性舒張. 萬物咸若, 地平天成, 太和宇宙, 乃吾性結果. 故謂變化氣質, 爲養性之效則可, 如德潤身, 睟面盎背, 施於四體之類是也. 謂變化氣質之惡以復性則不可, 以其間罪於兵, 而責染於絲也. (같은 곳)

질로 하여금 '천칙의 올바름(天則之正)'처럼 되게 하면 자연히 모든 요사한 미색과 음탕한 소리로부터 유혹이나 편견을 받지 않게 된다"고 했는데 이른바 "천칙의 올바름"은 리학가가 말한 리(理)이고 성(性)이다. 이 "천칙의 올바름"이 곧 기질은 아니므로 "응당 볼 것은 보고 응당 들을 것은 듣고 부당한 것은 거부한다"는 말이 의미 있게 된다. 기질이 요사한 미색과 음탕한 소리에 유혹되면 "천칙의 올바름"은 안정될 수 없다. 이는 바로 리학가가 기질을 악의 기원으로 해석한 논거였다. "6행은 바로 내 성의 설비" 운운한 문단은 마음에 뭇 리(衆理)가 구비되어 있다는 주자의 주장과 거의 구별이 없는 것 같다. 그러나 안원은 이것이 우리의 고유한 육신의 기능이라고 여겼다. 즉 "신성한 선을 다 발휘해야 비로소 자기의 고유한 육신을 충실히 할 수 있다"⟨주2⟩는 말이다.

안원의 이 주장은 유종주 등도 본래 주장했다. 유종주는 말했다.

리는 기의 리이니, 결코 기에 앞서 존재하거나 기 바깥에 존재하지 않는다. 이것을 알면 도심(道心)은 곧 **인심(人心)의 본심(本心)**이고, 의리지성은 곧 기질지성임을 안다.[29]

○심(心)은 다만 인심(人心)만 있으며, 도심(道心)은 (제2의 존재가 아니라) **인심이 심일 수 있는 까닭**을 지칭한다. 성은 다만 기질지성만 있으며, 의리지성은 (제2의 존재가 아니라) 기질지성이 성일 수 있는 까닭을 지칭한다.[30]

○이전 사람들은 인심과 도심에 대해서, 도심은 주인이고 인심은 늘 그 명령을 듣는다고 풀이했다. 이렇게 말하면 한 몸에 두 심이 있게 된다. 그러나 인심을 떠나 따로 도심이 있는 것이 아니다. 예컨대 추위를 느끼면 옷을 생각하고 배고픔을 느끼면 밥을 생각하는 것이 심의 **동체(動體)**라면, 입어도 되면 입고 먹어도 되면 먹는 것은 심의 **정체(靜體)**이다. 그런데 입고 먹는 정당성을 의리에 비추어 보는 일과 옷 생각과 밥 생각은 동시에 한꺼번에 일어나

---

29) 理卽氣之理, 斷然不在氣先, 不在氣外. 知此則知道心卽人心之本心, 義理之性卽氣質之性. (『유자전서』 권11) [斷然 : 단연코, 결단코, 절대로]

30) 心只有人心, 而道心者, 人之所以爲心也. 性只有氣質之性, 而義理之性者, 氣質之所以爲性也. (같은 곳)

므로, 옷 생각과 밥 생각이 난 다음 입고 먹는 일의 정당성을 의식적으로 제
기한다는 주장은 그르다.[31]

앞의 안원에 대한 비평은 유종주에도 응용할 수 있다. "인심의 본
심"과 "인심이 심일 수 있는 까닭"이 곧 기질은 아니다. 따라서 오
직 하나의 심이 있다고 하면서도 다시 "동체"와 "정체"로 구분했
다. 황종희도 이 문제에 대해서 유사한 견해가 있었다. 황종희는 말
했다.

> 사람의 측은, 수오, 공경, 시비의 마음은 모두 이 하나의 기의 유행인데,
> 성인은 질서 있고 불변적인 면을 일컬어 성이라고 명명했다. 따라서 리는 형
> 체 있는 성이고(리는 사물에 드러나 있다/황종희), 성은 형체 없는 리이다.
> "성이 곧 리이다"는 선유(先儒)의 말은 참으로 **온 성인(千聖)의 혈맥인데 요컨
> 대 둘 다 한 기의 산물이다.**[32]

이 역시 "성이 곧 리이다"는 주장을 "온 성인의 혈맥"으로 용인하
면서도 또 "요컨대 둘 다 한 기의 산물이다"고 말했으니 여전히 기
를 주체(主體)로 여겼다.

왕부지도 이 문제에 대한 견해가 있다. 그는 말했다.

> 정자[명도]는 기질지성을 최초로 논했는데 비상하게 탁월한 견해였다.
> ……초학자들은 올바로 이해하지 못하고 결국 사람에게 (천명지성과 기질
> 지성의) 두 성이 있다고 생각하게 되었다. 따라서 현재 내가 그것을 해명하
> 지 않을 수 없다. 이른바 기질지성이란 기질 속의 성이라는 말과 같다. 질은
> 사람의 형질(形質 : 육체의 바탕)로서 그 범위 안에 생리(生理)가 내재되어
> 있다. 형질 내에는 기로 가득 차 있다. 천지간을 가득 채우고 있는 것은 사람

---

31) 昔人解人心道心, 道心爲主, 而人心每聽命焉. 如此說, 是一身有二心矣. 離却人心,
別無道心. 如知寒思衣, 知饑思食, 此心之動體也. 當寒而衣, 當食而食, 此心之靜體
也. 然當衣當食, 審於義理, 卽與思衣思食, 一時並到. 不是說思衣思食了, 又要起個
當衣而衣, 當食而食之念頭. (같은 곳)

32) 其在人而爲惻隱, 羞惡, 恭敬, 是非之心, 同此一氣之流行也. 聖人亦卽從此秩而不變
者, 名之爲性. 故理是有形之性(自注 : '見之於事') ; 性是無形之理. 先儒 "性卽理也"
之言, 眞千聖之血脈也, 而要皆一氣爲之. (「여우인론학서」, 『남뢰문안』 권3)

몸의 안팎을 막론하고 전부 기이다. 그러므로 리 아닌 것도 없다. 리는 기 속에서 행하며 기와 더불어 주관하고 조절하는 것이기 때문이다. 즉 질(質)은 기를 내포하고 기는 리를 내포한다. 질이 기를 내포하므로 한 개인에게 한 개인의 생명이 있고, 기가 리를 내포하므로 한 개인에게 한 개인의 성이 있다. 아직 내포하지 않을 때는 천지의 리기에 아직 그 개인이 없는 때이다('아직 그 개인이 없다'고 함은 태초의 혼돈을 일컫는 것이 아니라 예컨대 갑돌이가 60년 생이면 59년에 갑돌이는 아직 없었으니 그때의 갑돌이 몫의 리기는 하늘에 속한다는 뜻이다/왕부지). 그가 이미 질을 소유하여 기를 부리면 기에는 반드시 리가 있다. 사람의 경우 한 개인의 생명은 한 개인의 성이고, 하늘의 유행의 부분은 애초부터 사람에게 장애받지 않고 하늘에서 타고난 바를 회복하는 것도 아니다. 이 기질 속의 성은 의연히 하나의 본연지성이다.[33]

즉 기질지성을 기질 속의 성, 즉 기질 속의 리로 여겼다. 그러나 기질 속의 리는 바로 주자가 말한 의리지성이다. 왕부지는 앞 문장 다음에서 이렇게 말했다.

기는 하늘에서 조화 상태를 상실하기도 하는데 개인이 처음 생길 때 그것이 개체로 형성된다(질을 구성하는 것도 기의 작용이다/왕부지). 이 경우는 기의 조화가 상실한 데서 비롯한 것이므로 질은 바르지 못하다.[34]

주자가 말한 기질지성은 바로 이 측면을 지칭하는 말이다.

이상의 서술 내용을 종합하면 안원을 비롯한 이들의 체계 속에는

---

33) 程子創設個氣質之性, 殊覺峻嶒.……初學不悟, 遂疑人有兩性在. 今不得已而爲顯之. 所謂氣質之性者, 猶言氣質中之性也. 質是人之形質, 範圍著者生理在內. 形質之內, 則氣充之. 而盈天地間, 人身以內, 人身以外, 無非氣者, 故亦無非理者. 理行乎氣之中, 而與氣爲主持分劑者也. 故質以函氣, 而氣以函理. 質以函氣, 故一人有一人之生 ; 氣以函理, 一人有一人之性. 若當其未函時, 則且是天地之理氣, 蓋未有人者是也(自注 : '未有人非混沌之謂. 只如趙甲以甲子生, 當癸亥歲未有趙甲, 則趙甲一分理氣, 便屬之天'). 乃其旣有質以居氣, 而氣必有理. 自人言之, 則一人之生, 一人之性, 而其爲天之流行者, 初不以人故阻隔, 而非復天之有. 是氣質中之性, 依然一本然之性也. (『독사서대전』, 『전서』 6, 857-58)

34) 夫氣之在天, 或有失其和者. 當人之始生, 而與爲建立(自注 : '所以爲質者, 亦氣爲之'). 於是而因氣之失, 以成質之不正. (『독사서대전』, 『전서』 6, 859쪽)

리학가가 말한 리가 여전히 그 지위를 확보하고 있으나 다만 그들의 견해는 리는 기 바깥에 존재하지 않고 성은 기질 바깥에 존재하지 않는다는 점이다. 이 점은 이공이 더욱 분명히 이렇게 말했다.

> 하늘이든 인간계이든 통행되는 것이 도(道)이다. "리(理)"는 성인의 경전에 거의 나오지 않는다. 『중용』의 "문리(文理)"와 『맹자』의 "조리(條理)"는 도가 정연하여, 마치 옥에 맥리(脈理)가 있고 땅에 분리(分理)가 있듯이, 조리가 있음을 일컫는다. 『역』에 "리를 탐구하고 성을 발휘하여 명에 이른다(窮理盡性而至於命)"고 했거니와, 리가 일에 드러나고 성이 심에 구비되어 있고 명(命)이 하늘에서 나오는 것 또한 조리의 의미이다.[35]

> ○사물(일)에 내재된 조리가 리이니, **리는 사물 속에 내재한다**(理在事中). 그런데 **리가 사물을 초월하여 존재한다**(理在事上)는 말은 리를 별도의 사물로 간주하는 것이다. 하늘의 일에는 천리(天理), 사람의 일에는 인리(人理), 사물의 일에는 물리(物理)가 있어서, 『시(詩)』에 "사물마다 법칙이 있다"고 했거니와, 일과 사물을 떠나서 어떻게 리가 존재하겠는가?[36]

여기서의 리는 리학가의 리와 큰 차이가 없다. 차이는, 이공에 따르면, 리학가는 "리가 사물을 초월하여 존재한다"고 여기나 자신은 "리는 사물 속에 내재한다"고 여기는 점이다. 이 점은 이후 대진이 리학가를 반박할 때도 제시되었다. 이 방면의 사상 전개에서 보면 안원, 이공, 대진은 실로 유종주, 황종희, 왕부지 등을 계승했다.

3. 대진

대진(戴震)은 자가 동원(東原)이고, 안휘성 휴녕(休寧) 사람이다. 청나라 세종(世宗) 옹정(雍正) 원년(1723)에 태어나 고종(高宗) 건

---

35) 在天在人通行者, 名之曰道. 理字則聖經甚少. 『中庸』"文理", 與『孟子』"條理", 同言道秩然有條, 猶玉有脈理, 地有分理也. 易曰: "窮理盡性, 以至於命." 理見於事, 性具於心, 命出於天, 亦條理之義也. (『논어전주문(論語傳註問)』)

36) 夫事有條理曰理, 卽在事中. 今曰理在事上, 是理別爲一物矣. 天事曰天理, 人事曰人理, 物事曰物理. 『詩』曰: "有物有則." 離事物何所爲理乎? (같은 곳)

륭(乾隆) 42년(1777)에 죽었다.* "의리지학"을 논한 『원선(原善)』과 『맹자자의소증(孟子字義疏證)』을 지었다. 그는 『맹자자의소증』서문에서 말했다.

맹자는 양주와 묵적을 배척했다. 후세 사람들은 양주, 묵적, 노자, 장자, 불교의 말에 젖어, 나아가 그런 말로 맹자의 말과 혼합시켰다. 이로부터 바로 맹자 후학인 나의 불가피한 과제(맹자 본의의 천명)가 제기된다.[37]

대진은 또 말했다.

송대 이전에는, 공맹은 공맹, 도·불은 도·불이었고, 도·불 추종자들은 자기들의 학설을 고상하게 여겨 공맹에 부회하지 않았다. 송대 이후 공맹의 경전이 바르게 해석되지 못한 것은 유자들이 **도·불의 말을 뒤섞어** 해석했기 때문이다.[38]

대진이 보기에, 송명 도학가의 학은 "도·불의 말을 뒤섞어" 경전을 해석한 것이었다. 맹자가 양주와 묵적의 배척을 자기 임무로 삼았듯이, 대진은 도학가의 학설의 배척을 자기 임무로 삼았다.

---

* 『신편』VI, 44-45쪽: 대진이 비판한 것은 봉건사회의 이른바 "명교(名教)"였다. 이 "교"는 오직 "명"만 강조하고 "실"은 상관하지 않았다. 이른바 "강상명교(綱常名教)"에서는 임금은 신하의 벼리(綱), 아버지는 아들의 벼리, 남편은 아내의 벼리이다. 임금, 아버지, 남편의 사람됨과 무관하게 신하, 아들, 아내는 절대적인 복종을 해야 하는데, 그들이 명의상(名義上)의 임금, 아버지, 남편이기 때문이다. 임금, 아버지, 남편으로서의 개인이 실제로 어떤 사람이냐는 신하, 아들, 아내가 감히 제기할 수 없는 물음이다. 이 원칙을 위반하는 것이 바로 "명교"를 어기는 것으로서 전통사회에서의 최대의 죄였다. 이런 맹목적 "명교" 때문에 억울하게 한을 품고 죽은 사람이 헤아릴 수 없는데, 이것이 바로 대진이 말한 "이리살인(以理殺人 : 리로 사람을 죽임)"이다. 그는 "사람이 법에 의해서 죽으면 그래도 동정을 받건만 리에 의해서 죽으면 그 누가 동정하는가?"[즉 관습에 젖어 당연지사로 여긴다]라고 말했다. 도학에 대한 최대의 통렬한 비판이다.

37) 孟子辯楊墨. 後人習聞楊墨老莊佛之言, 且以其言汨亂孟子之言, 是又後乎孟子者之不可已也. (호적 선생의 교정본, 『대동원의 철학(戴東原的哲學)』의 부록)

38) 宋已前, 孔孟自孔孟, 老釋自老釋. 談老釋者, 高妙其言, 不依附孔孟. 宋已來, 孔孟之書, 盡失其解, 儒者雜襲老釋之言以解之. (「답팽진사윤초서(答彭進士允初書)」, 『대동원집(戴東原集)』권8)

1) 도·리

안원과 이공은 리학가는 "리가 사물을 초월하여 존재한다"고 여긴다고 생각했는데, 대진 역시 그렇게 생각했고 또 그것은 바로 노장과 불교의 말을 뒤섞은 사례라고 여겼다. 대진은 말했다.

노장과 불교의 학설은 한몸을 나누어 신체가 있고 신식(神識 : 의식)이 있다고 하며, 신식을 근본으로 삼는다. 나아가 신식을 천지의 근본으로 삼아 결국 형체도 자취도 없는 것을 "실유(實有 : 實在)"로 추구하고, 형체도 자취도 있는 것은 환영으로 간주한다.

송유는 신체(形氣)와 신식은 모두 자기의 사심이고, 리는 하늘에서 얻은 것이라고 여긴다. 나아가 리기를 확연히 구분하여 리는 형체도 자취도 없는 실유에 해당시키고 형체도 자취도 있는 것은 찌꺼기로 간주했다.* 또 저들의 말을 바꾸어 기를 공기로 간주하고 심(心)을 성(性)의 외곽으로 간주했다. 저들은 신체와 신식을 두 근본으로 나누어 각각 공기에 깃들고 외곽에 깃든 것을 천지의 신과 사람의 신으로 삼은 반면, **송유는 리기를 두 근본으로 나누어** 공기에 깃들고 외곽에 깃든 것을 천지의 리와 사람의 리로 삼았다.[39]

"송유는 리기를 두 근본으로 나눈다"는 구절에, 대진은 "주자는 '천지간에는 리도 있고 기도 있다. 리는 형이상의 도로서 사물을 낳

---

* 『신편』VI, 36-37쪽 : 노장과 불교는, 개인의 경우 의식은 일차적인 것이고 신체는 부차적인 것이며, 우주의 경우 정신은 일차적인 것이고 물질세계는 부차적인 것으로 여겼다. 정신은 형체도 자취도 없으나 그들은 도리어 실유(實有)로 여겼고, 물질세계는 형체도 자취도 있으나 그들은 도리어 환상(虛幻)으로 여겼다. 정주 리학은 신체와 의식은 모두 개인의 사유물이나 리는 공공적인 것이라고 여겼고, 리와 기를 확연히 구분했다. 리는 형체도 자취도 없으나 도리어 실유이고, 구체적 물체는 환상으로 보지는 않았으나 리와 비교할 때는 "찌꺼기(粗)"라고 말했다. (대진은) 이들 두 종류의 견해는 차이점도 있지만 기본적으로는 일치한다(고 여겼다).

[39] 在老莊釋氏, 就一身分言之, 有形體, 有神識, 而以神識爲本. 推而上之, 以神爲有天地之本, 遂求諸無形無迹者爲實有, 而視有形有迹爲幻. 在宋儒, 以形氣神識同爲己之私, 而理得於天. 推而上之, 於理氣截然分明, 以理當其無形無迹之實有, 而視有形有迹爲粗. 蓋就彼之言而轉之因視氣曰空氣, 視心曰性之郛郭. 是彼別形神爲二本, 而宅於空氣, 宅於郛郭者, 爲天地之神與人之神. 此別理氣爲二本, 而宅於空氣, 宅於郛郭者, 爲天地之理與人之理. (『맹자자의소증』 권중)

는 근본이며, 기는 형이하의 기(器)로서 사물을 낳는 도구이다'[40]고 말했다"는 주를 달았다. 이것이 리학가가 말한 기를 초월하여 리가 존재한다(氣上有理)는 설이다. 이 설을 논박하여 대진은 음양오행이 곧 도임을 주장했다. 대진은 말했다.

> 도(道)는 운동(行)과 같다. 기화(氣化)가 유행(流行)하여 부단히 낳고 낳는다(生生不息). 그래서 도이다. 『역』에 "한번 음이면 한번 양이 되는 것이 도이다"고 했고, 「홍범」에 오행(五行)은 "첫째 물, 둘째 불, 셋째 나무, 넷째 쇠, 다섯째 흙이다"고 했으니, 행(行) 또한 도의 통칭이다. 음양을 거론하면 오행이 포괄되니 음양마다 오행은 구비되어 있고, 오행을 거론하면 음양이 포괄되니 오행마다 음양은 구비되어 있다.[41]

이 다음에 "음양오행은 도의 실체이다"〈주48〉는 말이 이어져 있다.* 음양오행의 실체를 도의 실체로 여겼으니, 도는 저 기(氣)이고 시공을 초월한 추상적 리가 아니다. 즉 2기 4덕을 천도로 여긴 안원의 견해와 똑같다. 다만 대진은 4덕이 아닌 5행을 채용했는데, 4덕에는 아직 "리"의 의미가 잔존하기 때문이었다. 이른바 형이상과 형이하의 구분에 대해서 대진은 말했다.

> 기화(氣化)와 물품(品物)의 구분이 곧 형이상과 형이하의 구분이다. (형이상과 형이하의) "형"은 물품을 지칭하지, 기화를 지칭하지 않는다.……"형"은 이미 완성된 형질(形質)을 뜻하므로 "형이상"은 "형질 이전(形以前)",

---

40) "天地之間, 有理有氣. 理也者,……" 원문은 〈제13장, 주27〉 참조.

41) 道猶行也, 氣化流行, 生生不息, 是故謂之道. 『易』曰: "一陰一陽之謂道." 「洪範」五行: "一曰水, 二曰火, 三曰木, 四曰金, 五曰土." 行亦道之通稱. 舉陰陽則賅五行, 陰陽各具五行也. 舉五行卽賅陰陽, 五行各有陰陽也. (『맹자자의소증』 권중)

* 『신편』 VI, 34~35쪽 : 대진은 도의 실체는 음양오행이라고 인정했다.……왜 음양오행이 도인가? 대진에 따르면 도는 곧 "행(行)"인데, 행은 운동이다. 오행의 행 역시 운동이다. 그는 운동이 물질의 존재방식임을 인식했다. 그는 또 음양오행의 물질 실체의 한 방면은 "기(氣)", 한 방면은 "화(化)"이니 총괄하여 "기화"라고 했다. 온 우주는 하나의 기화의 과정, 즉 "기화 유행(氣化流行)"이다. 기화 유행의 과정 가운데 우주간의 각종 사물이 생긴다. 생기고 또 생겨 정지하는 때가 없는 것이 "생생불식(生生不息)"이다. 이 실체와 과정을 총괄한 말이 곧 "도"이다.

"형이하"는 "형질 이후(形以後)"라는 말과 같다. 아직 형질로 되지 않은 음양은 형이상을 지칭하고 형이하가 아님이 명백하다. **기물(器)**은 일단 완성되어 불변하는 것을 지칭하고 도(道)는 사물에 한결같이 구현되어 있는 것을 지칭한다. 음양만 '형이하'가 아닌 것이 아니다. 오행도 마찬가지이다. 수·화·목·금·토는 보이는 형질이 있어서 물론 형이하의 것이고 기물이지만, 오행의 기(氣)는 사람과 사물에게 **부여되는(稟受)** 것이므로 곧 형이상의 존재이다.[42]

음양오행의 기(氣)가 도이다. 사람과 사물은 그 기를 "부여받은" 다음 비로소 형질을 가지는데 이것이 이른바 "기화"이다. 다만 기 자체는 형질이 없다. 기는 형질이 없으므로 형이상의 도이다. 형질이 있는 것들은 형이하의 "기물"이다. 저 오행의 기는 눈에 보이는 형질이 있는 수·화·목·금·토가 아니다. 눈에 보이는 형질이 있는 사물은 이미 형질이 있는 만큼 형이하의 기물이다.

사람과 사물의 생성을 "기화"로 귀결시키면, 리학가가 말한 리는 필요 없는 것처럼 보인다. 그런데 그 기의 "화(化 : 변화)"는 난잡하고 무질서한가? 아니면 일정한 질서와 조리에 따르는가? 대진은 음양오행의 유행은 조리가 있다고 여겼다. 그는 말했다.

> 천지의 변화(化)의 부단함이 바로 도이다. 일음일양(一陰一陽)은 그저 낳고 낳는가 아니면 조리 있게 낳고 낳는가?……부단한 생성(낳고 낳음)은 인(仁)이다.* 부단한 생성에 조리가 없는 경우는 없다. 조리의 질서정연함이 바로 예(禮)의 지극함이고, 조리의 뚜렷함이 바로 의(義)의 지극함이다.[43]

○**천지(天地)**, **인물(人物** : 사람과 사물), **사위(事爲** : 사건과 행위)는 합당한

---

42) 氣化之於品物, 則形而上下之分也. 形乃品物之謂, 非氣化之謂.……形謂已成形質. 形而上猶曰形以前 ; 形而下猶曰形以後. 陰陽之未成形質, 是謂形而上者也, 非形而下明矣. 器言乎一成而不變 ; 道言乎體物而不可遺. 不徒陰陽非形而下, 如五行水火木金土, 有質可見, 固形而下也, 器也. 其五行之氣, 人物咸稟受於此, 則形而上者也. (같은 곳)

 * 왕양명의 "仁是造化生生不息之理"〈제14장, 주77〉 구절 참조.

43) 天地之化不已者, 道也. 一陰一陽, 其生生乎? 其生生而條理乎?……生生, 仁也. 未有生生而不條理者. 條理之秩然, 禮至著也. 條理之截然, 義至著也. (「독역계사론성(讀易繫辭論性)」, 『대동원집』권8)

리가 없는 경우가 없다. 『시』에 "사물이 있으면 그 법칙이 있다(有物有則)"고 함이 그 말이다. "사물(物)"은 **실체(實體)**와 **실사(實事)**를, "법칙(則)"은 순수함과 정당함을 지칭한다. 실체와 실사는 '자연' 아닌 것이 없으나 '필연'에 귀착되므로 천지, 인물, 사위의 리가 획득된다. 광대한 천지, 번잡한 사람과 사물, 온갖 곡절과 갈래의 사건과 행위들이 리를 획득하여, 마치 수직선이 추에 맞고 수평선이 수준기에 맞고 원이 컴퍼스에 맞고 직각이 직각자에 맞는 것처럼 되면 마침내 **천하 만세에 적용되는 기준**이 된다. 그래서 『역』은 "성인은 하늘에 앞서 움직여도 하늘이 (그를) 어기지 못하고, 하늘에 뒤쳐져도 절기에 도움이 된다. 하늘도 어기지 못하거늘 하물며 사람이랴? 하물며 귀신이랴?"라고 했다.……이렇게 되면 리를 획득하고 모든 사람이 찬동하게 된다.……

그 리를 존대하여 천지 음양은 리에 해당시킬 수 없다고 한 것은 천지 음양의 리를 부인한 것일 수밖에 없다.……천지, 인물, 사위에서 각각 **불변의 필연성(必然不可易)**을 찾으면 리는 아주 명백히 드러난다. 그런데 그 리를 존대한답시고 천지, 인물, 사위의 리를 논하지 않고 말을 바꾸어 "리는 없는 곳이 없다"고 하면서, 리를 마치 사물의 존재처럼 간주할 경우 그런 사물[리]은 백발이 될 때까지 찾아도 얻지 못한다.[44]

"천지, 인물, 사위"는 각각 그 리가 있다. "천지, 인물, 사위"가 바로 "실체"와 "실사"로서 자연이다. 그 리는 그것의 당위성이고 필연이다. 필연은 "불변의 필연성"인 "천하 만세에 적용되는 기준으로" 하늘과 귀신도 어길 수 없는 것이다. 대진은 "조리가 있으므로 부단히 생성하며, 조리가 상실되면 부단한 생성의 도는 단절된

---

44) 天地人物事爲, 不聞無可言之理者也. 『詩』曰："有物有則"是也. 物者, 指其實體實事之名；則者, 稱其純粹中正之名. 實體實事, 罔非自然, 而歸於必然, 天地人物事爲之理得矣. 夫天地之大, 人物之蕃, 事爲之委曲條分, 苟得其理矣, 如直者之中懸, 平者之中水, 圓者之中規, 方者之中矩, 然後推諸天下萬世而準. 『易』稱 "先天而天不違. 後天而奉天時. 天且弗違, 而況於人乎? 況於鬼神乎?"……夫如是, 是爲得理, 是爲心之所同然. ……尊是理而謂天地陰陽不足以當之, 必非天地陰陽之理則可.……擧凡天地人物事爲, 求其必然不可易, 理至明顯. 從而尊大之, 不徒曰天地人物事爲之理, 而轉其語曰理無不在, 視之如有物焉, 將使學者皓首茫然求其物不得. (『맹자자의소증』권상)

다"45)고 말했다. 이로써 보면 대진도 객관적 리가 있고 그 리는 자연계의 실체와 실사가 아닌 실체와 실사가 준거하는 것이라고 인정했다. 그가 리학가와 다른 점은, 명사 방면에서, 리학가는 그 리를 도라고 명명했지만 대진은 도라고 명명하지 않았고, 또 견해 방면에서, 대진이 보기에 리학가는 리가 기를 초월하여 혹은 기에 앞서 존재한다고 여겼으나 그 자신은 리는 기 속에 존재한다고 여겼다. 이는 바로 이공이 리학가는 "리가 사물을 초월하여 존재한다"고 여기나 자신은 "리가 사물 속에 내재한다"고 여긴다고 생각했던〈주 36〉것과 같다. 명사상의 논쟁은 중요한 것이 아니다. 견해에 있어서 리학가는 리가 기에 앞서 존재한다고 함은 논리적 측면이고, 사실상 "리 없는 기 없고 기 없는 리도 없으므로"46) 리는 실제로는 기속에 존재한다고 여겼으니, 리학가에게 "리는 기에 앞서 존재한다"는 설이 있다고만 말할 수 있다. 또 대진은 리학가가 "그 리를 존대하여 천지 음양은 리에 해당시킬 수 없다고 한 것은" "천지 음양의 리를 부인하는 것일 수밖에 없다"고 여겼다. 천지 음양의 리가 곧 천지 음양은 아니므로 리학가는 그렇게 말했다. 그러나 천지 음양의 리가 곧 천지 음양은 아니라고 했다고 해서 천지 음양의 리를 부인할 수는 없다. 리학가는 "리가 없는 곳이 없다"고 했는데 "천지, 인물, 사위"마다 다 리가 존재하기 때문이다. 대진도 역시 "모든 사물마다 그 조리가 있고 모든 행위마다 그 지당함이 있다"47)고 말했다. "천지, 인물, 사위"마다 리가 있음을 인정한다면 "리가 없는 곳이 없다"고 말 못할 이유가 없다. 리학가가 리를 하나의 사물처럼 간주한 적은 없으니, 리학가가 리를 형이상으로 여긴 것은 리가 사물이 아님을 밝힌 것이었다. 따라서 대진의 앞의 말들은 공연한 트집일 수 있으나 그 말을 한 대진의 본뜻을 미루어 보면, 리기 문제에서 대진과 리학가의 차이는, 대진이 생각하기에, 리학가는 '리가 기를 초월하여 혹은 기에 앞서 존재한다'고 여겼으나 그 자신

---

45) 惟條理是以生生. 條理苟失. 則生生之道絶. (『맹자자의소증』 권하)

46) 無無理之氣, 亦無無氣之理. ["天下未有無理之氣, 亦未有無氣之理"(『어류』, 2쪽)]

47) 一物有其條理, 一行有其至當. (『원선(原善)』 하)

은 '리가 기 속에 내재한다'고 여긴 데에 있었다. 서양철학의 술어로는, 대진이 보기에, 리학가는 리를 초세계적인(transcendent : 선험적인) 것으로 여겼으나 자신은 리를 세계내재적인(immanent) 것으로 여겼다. 이는 유종주, 황종희, 왕부지, 안원, 이공, 대진 등의 일치된 견해였다.

2) 성·재

이 외에 대진과 리학가의 확실한 차이점이 또 하나 있다. 즉 리학가는 사람마다 하나의 태극이 있고 사람 마음속의 태극이 곧 우리의 성이고, 태극이 뭇 리의 전체인 만큼 우리의 성도 뭇 리를 구비하고 있다고 여겼으나, 대진은 그 설을 반대했다. 대진은 말했다.

『대대례기』에 "도에서 분배된 것이 명(命)이고 한 개체에 형성된 것이 성(性)이다"고 했는데, 즉 음양오행에서 분배되어 사람과 사물이 생기고 사람과 사물은 각각 분배된 바에 한하여 자기 본성을 이룬다는 말이다. 음양오행이 도의 실체(實體)이며, **혈기**(血氣)와 **심지**(心知)가 **성의 실체**이다.* 실체가 있기 때문에 분배될 수 있고, 분배되기 때문에 만물은 각양각색이다.[48]

---

* 『신편』VI, 38-39쪽 : 정주 리학은 혈기를 기질로 간주하고 기질에서 생긴 심지를 기질지성으로 간주한다. 그들은 이 외에 또 리에서 내려온 본성이 있다고 여겨 "천지지성(天地之性)" 혹은 "의리지성(義理之性)"이라고 불렀다. 그들은 기질 방면에서 사람과 기타 사물은 다르지만, "의리지성"은 모두 똑같다고 여겼다. 그들은 말하기를, "의리지성"을 하나의 보석에 비유하면 사람과 기타 사물 모두 저 보석이 있으나, 다만 사람의 보석은 마치 맑은 물 속에 있는 것과 같아서 그 빛이 완전히 드러나지만, 기타 사물의 보석은 마치 진흙 속에 있는 것과 같아서 그 빛이 제대로 드러나지 못하거나 전혀 드러나지 못하는 것일 뿐이라고 했다. 대진은 정주 리학의 이런 그릇된 견해의 역사적 근원은 도가와 불교라고 지적했다. 대진은 "노장과 불교는 자신의 신(神)을 중시하여 형체를 외면한다"고 말하며, 리학의 "천지지성" 또는 "의리지성"은 도가와 불교의 "신(神)"에 상당하니, 리학가가 "천지지성"을 중시하고 "기질"과 "기질지성"을 경시한 태도는 바로 저 "자신의 신을 중시하고 형체를 외면하는" 입장이라고 말했다. /대진은 성은 곧 혈기에서 발생된 작용이니 혈기에 근거한 것이라고 지적했다.

48) 『大戴禮記』曰 : "分於道謂之命, 形於一謂之性." 言分於陰陽五行, 以有人物, 而人物各限於所分, 以成其性. 陰陽五行, 道之實體也. 血氣心知, 性之實體也. 有實體, 故可分. 惟分也, 故不齊. (『맹자자의소증』권중)

"혈기와 심지"를 "성의 실체"로 삼았다. 안원이 말한 "성과 육체 모두 천명이다"〈주2〉는 의미이다. 대진은 또 말했다.

> 성은 음양오행에서 분배된 혈기와 심지로서, 그로써 **각종 사물들이 구별된 다**(品物區以別焉). 일단 생긴 후의 모든 일, 구비된 기능, 보존된 특성은 다 그 성을 바탕으로 한다.* 그래서 『역』에 "이루어진 것이 성이다(成之者性 也)"고 했다. 기화(氣化)로 사람과 사물이 생성된 후 각기 **종류**별로 영구히 번식함에, 그 종류의 구별이 영원불변함은 각기 그 법칙(故)을 따르기 때문 이다.……그 분배된 바를 논하면 애초에 제한을 받아 편전(偏全 : 치우치거나 온전함), 후박(厚薄 : 두텁고 엷음), 청탁(淸濁 : 맑고 탁함), 혼명(昏明 : 어둡고 밝음)의 차이가 있게 되는데, 분배된 바에 따라 한 개체(종류)로 형성되어 그 성이 된다. 각기 성이 다르기는 하나 대체로 종류별로 구별이 된다.[49]

대진은 유(類)는 영원하다고 여겼다. 그 유 안의 개체는 기화에 의 해서 생긴다. 세밀히 추론하면 공상불변(共相不變)의 설에 이를 수 도 있었겠으나 다만 대진은 자각하지 못했다. 대진은 한 종류의 사 물은 각각 타고나는 기의 편전, 후박, 혼명이 대략 같다고 여겼다. 다만 이 종류와 저 종류는 같지 않다. 즉 "각종의 사물들이 구별된 다"는 말이다. 따라서 소의 성은 사람의 성과 견줄 수 없고, 사람의 성은 개의 성과 견줄 수 없다.

대진은 또 성(性)과 재(才)의 구분을 세워 이렇게 말했다.

> 기화(氣化)로 사람과 사물이 생기는데, 한정된 분배 내용을 말하면 명(命), 사람과 사물의 본시(本始)를 말하면 성(性), 그 체질(體質)을 말하면 재(才) 이다. 성을 이룬 것이 각각 다르므로 재질(才質) 또한 다르다. 재질이란 성이

---

* 『신편』VI, 38쪽 : 즉 한 종류의 사물이 이미 생긴 이후 행하고 도모하는 것은 모두 성이 발생시키는 작용이라는 말이다.
49) 性者, 分於陰陽五行, 以爲血氣心知, 品物區以別焉. 擧凡旣生以後, 所有之事, 所具 之能, 所全之德, 咸以是爲其本. 故『易』曰 : "成之者性也." 氣化生人生物, 以後各以 類滋生久矣. 然類之區別, 千古如是也. 循其故而已矣.……一言乎分, 則其限之於始, 有偏全厚薄淸濁昏明之不齊, 各隨所分而形於一, 各成其性也. 然性雖不同, 大致以 類爲之區別. (같은 곳)

드러난 내용이다. 그러니 재질을 제쳐놓고 어디서 이른바 성을 보겠는가?
……예컨대 복숭아와 살구의 성은 하얀 씨 속에 온전히 갖추어져 형태, 색깔, 냄새, 맛 등이 다 구비되어 있지만 눈에 보이지 않는다. 싹이 터서 껍질을 뚫고 나와 뿌리, 줄기, 가지, 잎이 생기면 복숭아와 살구는 완전히 다른데, 꽃이 피고 열매가 맺으면 모든 형태, 색깔, 향기, 맛이 판연히 구별된다. 이는 성이 그렇게 다르고, 모든 것은 재(才)에 의거해서 드러난다.[50]

여기서 보면 성은 잠세태, 재는 현실태이다. 잠세태는 보이지 않고 반드시 현실로 나타나야 비로소 알 수 있다. 이 성은 구체적인 것이니 리학가가 말한 성과 다르다.[51]

---

50) 氣化生人生物, 據其限於所分而言謂之命 ; 據其爲人物之本始而言謂之性 ; 據其體質而言謂之才. 由成性各殊, 故才質亦殊. 才質者, 性之所呈也. 舍才質, 安視所謂性哉? ……如桃杏之性, 全於核中之白, 形色臭味, 無一弗具, 而無可見. 及萌芽甲坼, 根幹枝葉, 桃與杏各殊. 由是爲華爲實, 形色臭味, 無不區以別者, 雖性則然, 皆據才見之耳. (『맹자자의소증』 권하)

51) 【주】대진의 이 견해는 황종희와 동시대의 동학(同學)인 진확(陳確, 1604-77)이 이미 언급했다. 진확의 자는 건초(乾初)이고 절강성 해녕(海寧) 사람으로 유종주의 제자이다. 황종희는 진확이 "스승의 학문의 40-50퍼센트를 터득했다"고 평가했다(「진건초선생묘지명(陳乾初先生墓誌銘)」, 『남뢰문안』 권8). 진확은 성선(性善)의 의미를 이렇게 논했다 : "'자기 심을 다 발휘하면 자기 본성을 알게 된다'는 한 마디는 맹자 성선설의 본뜻으로서, 인성이 선하지 않음이 없다고 함은 확충하여 재질을 다 발휘한 연후에 드러난다는 말이다. 예컨대 오곡의 본성은 심어서 김 매고 북돋우지 않으면 그 종류가 훌륭한지 어떻게 알 수 있겠는가?……그러므로 김 매고 북돋우는 일이 쌓여야 좋은 곡식의 본성은 온전해지는데, 게으르고 부지런한 차이에 따라 수확량이 다른 것을 두고 보리의 본성에 좋고 나쁨이 있다고 말한다면 결코 사실이 아니다. 마찬가지로 함양이 무르익어야 비로소 군자의 본성은 온전해지는데, 공경과 방종의 차이에 따라 공이 다른 것을 두고 사람의 본성에 선악이 있다고 말한다면 결코 사실이 아닌 것이다('盡其心者, 知其性也'之一言, 是孟子道性善本旨. 蓋人性無不善, 於擴充盡才後見之也. 如五穀之性, 不藝植, 不耘籽, 何以知其種之美耶?……是故礎蓑熟而後嘉穀之性全 ; 怠勤異獲, 而曰麳麥之性有美惡, 必不然矣. 涵養熟而後君子之性全 ; 敬肆殊功, 而曰生民之性有善惡, 必不然矣)."(같은 곳) 진확의 이 견해를 황종희는 처음에는 인정하지 않았다. 황종희는 처음에 이 견해를 비판하여 "무릇 본성이 선하다고 함은 응당 그렇고 여하튼 그러하니 확충하여 재질을 다 발휘한다고 (본성이) 향상되는 것이 아니고, 확충하여 재질을 발휘하지 않는다고 (본성이) 감퇴되는 것이 아니다(夫性之爲善, 合下如是, 到底如是, 擴充盡才, 而非有所增也. 卽不加擴充盡才, 而非有所減也)"(「여진건초론

사람의 경우 그의 혈기와 심지의 성(性) 속에 구비된 세 가지 능력이 정(情), 욕(欲), 지(知)이다. 대진은 말했다.

> 사람은 태어날 때 욕망(欲), 감정(情), 지성(知)이 있다. 이 세 가지는 혈기와 심지의 자연적 기능이다.* 욕망 충족의 대상은 음악, 미색, 냄새, 맛 등인데, 여기서 사랑하고 꺼리는 마음이 생긴다. 감정의 표출이 희로애락인데, 여기서 근심과 여유가 생긴다. 지성의 분별 대상은 미추(美醜)와 시비(是非)인데, 여기서 좋고 싫음(好惡)이 생긴다. 음악, 미색, 냄새, 맛의 욕망은 삶을 봉양하는 자원이고, 희로애락의 감정은 사물과 접촉한 반응이다. 미추와 시비를 가리는 지성은 궁극적으로 천지 귀신에 통한다.……욕망이 있고 감정이 있고 지성이 있기 때문에 욕망은 충족되고 감정은 표출될 수 있다. 천하의 일은 욕망이 충족되고 감정이 표출될 수 있으면 그만이다.[52]

사람은 오직 지성(知)이 있으므로 천하만물의 리를 알(知) 수 있다. 대진은 말했다.

> 기화(氣化)가 유행(流行)하여 부단히 낳고 낳는 것이 인(仁)이다. 그 낳고 낳는 것으로 말미암아 자연의 조리(條理)가 존재한다. 그 조리에 내재된 정연한 질서를 관찰하면 예(禮)를 알 수 있고, 그 조리가 결코 혼란될 수 없음을 관찰하면 의(義)를 알 수 있다.[53]

학서(與陳乾初論學書)」, 『남뢰문안』 권3)라고 말했다. 황종희의 이 말은 바로 "성은 마치 흐린 물 속에 든 보석과 같다"는 주자의 말과 같은 견해이다. 황종희는 나중에 "심에는 본체가 없고 공부하여 도달한 곳이 본체이다(心無本體, 工夫所至卽本體)"(「명유학안서(明儒學案序)」)고 말했는데, 다시 진확의 설을 추종한 것 같다.

* 『신편』VI, 40쪽 : 대진은 욕(欲)은 "음악, 미색, 냄새, 맛"에 관한 욕망이고, 정(情)은 희로애락의 감정이고, 지(知)는 미추, 시비를 분별하는 능력임을 밝혔다.

52) 人生而後有欲, 有情, 有知, 三者血氣心知之自然也. 給於欲者, 聲色臭味也, 而因有愛畏. 發乎情者, 喜怒哀樂也, 而因有慘舒. 辨於知者, 美醜是非也, 而因有好惡. 聲色臭味之欲, 資以養其生. 喜怒哀樂之情, 感而接於物. 美醜是非之知, 極而通於天地鬼神.……惟有欲有情而又有知, 然後欲得遂也, 情得達也. 天下之事, 使欲之得遂, 情之得達斯已矣. (『맹자자의소증』 권하)

53) 氣化流行, 生生不息, 仁也. 由其有生生有自爲之條理. 觀於條理之秩然有序, 可以知禮矣. 觀於條理之截然不可亂, 可以知義矣. (같은 곳)

사람은 지성이 있으므로 리를 알 수 있고 따라서 자연에서 필연을
인식한다. 대진은 말했다.

> 귀는 천하의 소리를, 눈은 천하의 색깔을, 코는 천하의 냄새를, 입은 천하
> 의 맛을, 마음은 천하의 의리를 변별할 수 있다.……사물(동물)은 천지의 중
> 정(中正 : 正道)을 인식하지 못하므로 스스로 절제하지 못하고 각자의 자연
> 을 이루고 있을 뿐이다. 사람은 천덕(天德)의 지성(知)이 있어서 중정을 실
> 천할 수 있으므로 사람의 자연은 천지의 순리에 조화하고 사람의 필연은 천
> 지의 법도에 조화한다. 모든 것이 자연 아닌 것이 없으나 사물의 자연은 다
> 른 문제이다. 맹자의 성선설은 사람의 재질(材質)의 자연을 절제하는 바를
> 관찰하여 선이라고 한 것이다.[54]

사람이 사물과 다른 까닭은 사물은 그저 자연이지만 사람은 지성이
있어서 필연을 인식할 수 있기 때문이다. 사람이 자기의 지성에 따
라 행하는 것이 곧 여러 도덕을 행하는 것이다.

> 리의(理義)는 사람의 심지(心知)로서, 생각하면 곧 알 수 있어서 행실이
> 미혹되지 않게 한다.……사람의 심지는 일상생활의 상황 속에서 “측은”을
> 지각하고 “수오(羞惡)”를 지각하고 “공경과 사양”을 지각하고 “시비”를 지
> 각한다. 이런 실마리를 제시한 것이 곧 성선(性善)의 의미이다.
> “측은”을 지각하여 그것을 확충하면 인(仁)을, “수오”를 지각하여 그것을
> 확충하면 의(義)를, “공경과 사양”을 지각하여 그것을 확충하면 예(禮)를,
> “시비”를 지각하여 그것을 확충하면 지(智)를 온전히 발휘할 수 있다. 이 인·
> 의·예·지는 모두 의덕(懿德 : 美德,〈제14장, 주56〉)의 조목들이다.
> 맹자는 “누구든 우물에 빠지려는 아이를 보면 깜짝 놀라 측은지심이 생긴
> 다”고 말했는데, 이른바 “측은”, 이른바 “인”이 심지(心知) 바깥에 마치 사
> 물처럼 마음속에 내장되어 있는 것이 아니다. 이미 삶을 사랑하고 죽음을 두

---

54) 耳能辯天下之聲 ; 目能辯天下之色 ; 鼻能辯天下之臭 ; 口能辯天下之味 ; 心能辯天下
之義理.……物不足以知天地之中正, 是故無節於內, 各遂其自然斯已矣. 人有天德之
知, 能踐乎中正. 其自然則協天地之順, 其必然則協天地之常. 莫非自然也, 物之自
然, 不足語於此. 孟子道性善, 察乎人之材質, 所自然有節之謂善也. (「독맹자론성
(讀孟子論性)」,『대동원집』권8)

려워할 줄 알기 때문에 아이의 위태로움에 깜짝 놀라고 아이가 죽을까봐 측은함을 느끼는 것이다. 그러니 삶을 사랑하고 죽음을 두려워하는 마음이 없다면 어떻게 놀라며 측은지심이 생기겠는가?

"수오", "사양", "시비"의 경우도 역시 이와 마찬가지이다.[55]

○사람의 지성은 작게는 미추(美醜)의 극치를 밝힐 수 있고, 크게는 시비(是非)의 극치를 밝힐 수 있다. 이리하여 자기 욕망을 충족시킬 수 있는 사람은 나아가 타인의 욕망도 충족시킬 수 있고, 자기의 감정을 표현한 사람은 나아가 타인의 감정도 표현할 수 있게 한다. 이러한 도덕의 융성은 사람들마다 모든 욕망을 충족하고 모든 감정을 표현하게 하는 것일 뿐이다.[56]

즉 사람에게 도덕이 있는 것은 사람에게 지성(知)이 있는 데서 비롯된다. '지식(知識)이 곧 도덕이다'는 설을 대진도 견지했다고 할 수 있다. 사람은 지성이 있으나 사물은 없다. 따라서 사람은 리를 인식하고 필연을 인식하여 그것에 따를 수 있고, 자기와 같은 남도 자기의 정욕과 똑같은 것이 있음을 인식하고 자기를 미루어 남에게 미칠(推己及人) 수 있다. 이것이 인성(人性)이 선할 수 있는 까닭이다.

앎(지성)의 극치에 이르면 우리의 모든 행위는 완전히 필연에 부합된다. 이 경지에 이르면 우리의 성 속에 구비된 능력이 완전히 전개된다고 할 수 있다. 대진은 말했다.

선(善)은 '필연(必然)'이고, 성(性)은 '자연(自然 : 저절로 그러함)'이다. '필연'에 귀착하는 일이란 그저 그 '자연'을 완성하면 된다. 이것이 '자연'의 극

---

55) 理義者, 人之心知, 有思輒通, 能不惑乎所行也.……人之心知, 於人倫日用, 隨在而知惻隱, 知羞惡, 知恭敬辭讓, 知是非, 端緒可擧, 此之謂性善. 於其知惻隱, 則擴而充之, 仁無不盡. 於其知羞惡, 則擴而充之, 義無不盡. 於其知恭敬辭讓, 則擴而充之, 禮無不盡. 於其知是非, 則擴而充之, 智無不盡. 仁義禮智, 懿德之目也. 孟子言今人乍見孺子將入於井, 皆有怵惕惻隱之心. 然則所謂惻隱, 所謂仁者, 非心知之外, 如有物焉, 藏於心也. 已知懷生而畏死, 故怵惕於孺子之危, 惻隱於孺子之死. 使無懷生畏死之心, 又焉有怵惕惻隱之心? 推之羞惡辭讓是非亦然. (『맹자자의소증』권중)

56) 惟人之知, 小之能盡美醜之極致, 大之能盡是非之極致. 然後能遂己之欲者, 廣之能遂人之欲. 達己之情者, 廣之能達人之情. 道德之盛, 使人之欲無不遂, 人之情無不達, 斯已矣. (『맹자자의소증』권하)

치(極致 : 완전한 발전)로서, 천지, 사람, 사물의 도는 여기서 극에 달한다.[57]

순자(荀子)는 예의가 성인의 가르침임은 알았으나, 예의도 성(性)에서 나옴은 몰랐다. 예의가 본성의 필연을 밝히는 것임은 알았으나, 필연은 바로 자연의 궁극적 법칙으로서 다만 그 자연을 완성하는 것일 뿐임은 몰랐다.[58]

필연은 자연의 극치, 즉 자연의 완전한 발전이다. 자연의 완전한 발전은 천지의 지극한 왕성함이다. 대진은 말했다.

사람은 천지의 지극한 왕성함의 상징인데, 오직 성인만이 그 왕성함을 다 발휘할 수 있다.[59]

이상에서 대진과 리학가의 차이점을 알 수 있다. 대진도 객관적인 리가 존재한다고 여겼으나 그 리가 동시에 우리의 성 속에 존재한다고 여기지는 않았다. 우리의 성은 곧 혈기와 심지이니 즉 송유(宋儒)가 말한 기질지성이다. 이 기질지성에는 만사만물의 리는 없으나 지성이 있어서 리를 인식할 수 있다. 따라서 사람은 자연을 바탕으로 위로 필연에 부합할 수 있다. "리에 대해서 사물의 존재처럼 여겨 하늘에서 얻어 마음에 구비된 것으로 여긴"[60] 송유의 설을 안원과 이공이 논박하려고 했으나 그다지 성공하지 못했다. 대진은 다른 논점에서 그들을 대신했는데 이 절의 서술 내용이 그것이다. 그러나 대진 역시 자기 논점을 견지하여 완전히 발휘하지는 못했다. 이하 상론한다.

3) 리 추구의 방법

객관적 리는 우리에게 있는 지성으로 알 수 있다. 지성으로써 리를 구하는 방법도 대진은 논급했다. 대진은 말했다.

---

57) 善, 其必然也 ; 性, 其自然也. 歸於必然, 適完其自然, 此之謂自然之極致. 天地人物之道, 於是乎盡. (『맹자자의소증』 권하)

58) 荀子知禮義爲聖人之敎, 而不知禮義亦出於性 ; 知禮義爲明其必然, 而不知必然乃自然之極則, 適以完其自然也. (『맹자자의소증』 권중)

59) 是故人也者, 天地至盛之徵也. 惟聖人, 然後盡其盛. (『원선』 권중)

60) 宋儒以理爲如有物焉, 得於天而具於心. (『맹자자의소증』 권상)

리(理)란 그릇되지 않은 감정(情)을 말한다. 감정이 바르지 못했는데 리가 획득된 경우는 없다.……내 처지를 바탕으로 다른 사람을 헤아리면 리는 명백해진다. 천리(天理)라고 함은 **"자연의 분리(分理)"**를 지칭한다. "자연의 분리"란 내 자신의 감정을 바탕으로 남의 감정을 헤아릴 때 늘 공평성을 잃지 않는 것을 지칭한다.……

　"내 감정을 바탕으로 남의 감정을 헤아려(以情絜情) 그릇됨이 없으면 행위는 참으로 그 리를 얻게 될 것이다. 그러면 감정과 리의 차이는 무엇인가?"

　"자기의 경우든 남의 경우든 감정은 마찬가지이나, 행위에서 **감정이 지나치지도 미치지 못하지도 않는 경우**가 바로 리이다."[61]

즉 인간사 방면의 리를 구하는 방법을 제시했다. "내 감정을 바탕으로 남의 감정을 헤아림"이 그것이다. 공자가 말한 "충서의 도"[62]와 『대학』에서 말한 "혈구의 도"[63]이다. 우리의 감정과 욕망의 발현은 일정한 한계가 있는데 그 한계를 넘으면 남에게 방해가 된다. 이 일정한 한계가 곧 "자연의 분리"이다. 이것을 넘으면 감정은 지나치고 이것에 미치지 못하면 감정은 미치지 못하는 것이 된다. "감정이 지나치지도 미치지 못하지도 않는 경우"가 리에 맞는 것이다.

　다른 방면의 사물의 리는 "반드시 사물을 아주 세밀히 분석해야 비로소 리를 얻을 수 있다."〈주65〉 사물 분석은 어떻게 해야 지극히 세밀할 수 있는가? 즉 사물의 리는 어떻게 해야 획득할 수 있는가? 대진은 말했다.

　만인의 마음이 찬동하는 바가 비로소 '리(理)'이고, '의(義)'이다. 즉 만인의 찬동에 이르지 못하고 그 개인의 의견(意見)에만 남아 있으면 '리'도 아니고 '의'도 아니다. **개인이 그렇다고 인정하고 천하 만세 사람들이 불변적이라고 인정**하는 것이 바로 만인의 찬동(同然)이다.……각 분야에 내재된 불변적 법

---

61) 理也者. 情之不爽失也. 未有情不得而理得者也.……以我絜之人, 則理明. 天理云者, 言乎自然之分理也. 自然之分理, 以我之情, 絜人之情, 而無不得其平是也.……問 : 以情絜情, 而無爽失, 於行事誠得其理矣. 情與理之名何以異? 曰 : 在己與人, 皆謂之情, 無過情, 無不及情之謂理. (『맹자자의소증』권상)

62) 忠恕之道. ["夫子之道, 忠恕而已矣."]〈제1편,제4장,주124〉

63) 絜矩之道.〈제1편,제14장,주74〉

칙이 바로 리이고 그와 같이 합당한 것이 바로 의이다.[64]

리는 객관적이고 불변적이다. 우리는 사물을 분석하여 그 리를 구해서 얻은 다음, 옳다고 한 것이 단지 "개인이 그렇게 인정한" 것인지 혹은 소수 사람만 그렇게 인정한 것인지 살펴야 한다. 만약 "한 사람이 그렇다고 인정하거나" 소수 사람만 그렇다고 인정하면 그것은 단지 한 사람 또는 소수 사람의 "의견"일 뿐 "리"는 아니다. "천하 만세 사람들이 불변적이라고 인정한다면" 구해서 얻은 내용은 반드시 객관적이고 불변적인 리이다.

대진은 리와 의견을 구분했다. 리는 객관적이고 공적인 것이나 의견은 주관적이고 사적인 것이다. 대진이 보기에 송유는 리가 마음에 구비되어 있다고 여긴 만큼 자주 의견을 리로 간주했다. 대진은 말했다.

> 송유들도 사물에서 리를 구해야 함을 알았다. 다만 먼저 불교에 젖어 있었기 때문에 불교에서 말한 신식(神識)을 리(理)로 바꾸어 불렀다. 그래서 그들은 리를 사물처럼 존재한다고 생각하여 "사물의 리"라고 말하지 않고 "리가 사물에 흩어져 있다"고 말했다. 사물의 리는 **반드시 사물을 아주 세밀히 분석해야 비로소 리를 얻을 수 있다.**[*] 그러나 리가 사물에 흩어져 있다면 명상 속에서 리를 구하게 되는데 그래서 그들은 "근본은 하나인데 현상은 만가지이다(一本萬殊)"고 했고 "전개하면 온 우주에 충만하고 수렴하면 깊은 곳에 내장된다"고 했는데, 이는 사실상 "두루 드러나면 모든 법계에 구비되고 수렴되면 한 티끌 속에 존재한다"는 불교의 말을 변경한 것이다.……리를 사물처럼 존재한다고 여기면 하나의 리만 존재할 수 있는데, 일마다 리가 있고 일에 따라 다르기 때문에 그들은 또 "마음이 뭇 리를 구비하고 만사에 응한

---

64) 心之所同然, 始謂之理, 謂之義. 則未至於同然, 存乎其人之意見, 非理也, 非義也. 凡一人以爲然, 天下萬世, 皆曰是不可易也, 此之謂同然.……分之各有其不易之則名曰理, 如斯而宜, 名曰義. (『맹자자의소증』권상)

 * 『신편』VI, 42-43쪽 : 정주(程朱) 리학에 따르면 하나의 공공의 리가 사물 가운데 흩어져 있고 동시에 사람 마음에도 존재하기 때문에 오로지 성찰하고 사고하면 리를 얻을 수 있다고 여겼다. 그러나 사실 리는 사물의 리이기 때문에 반드시 사물을 분석하여 극히 미세한 지경에까지 이르러야 비로소 리를 획득할 수 있다.

다"고 말했다. 그러나 마음에 있던 것이 표출된 경우 그것을 의견 말고 무슨
이름으로 부르겠는가?[65]

이 송유 비판은 실로 그 폐단을 적중했다. 송유는 불교 영향을 받
아, 만물마다 리가 있고 동시에 모든 리가 마음속에 구비되어 있다
고 여겼다. 심학가(心學家)는 더구나 심이 곧 리라고 여겼던 만큼
그들이 말한 리가 전부 리가 아닌 것은 아니었을지라도 그 리가 그
저 주관적 의견에 불과할 가능성은 매우 컸다.

4) 악의 기원

사람의 감정(情), 욕망(欲), 지성(知)은 다 그 병폐가 있다. 대진은
말했다.

욕망의 병폐는 **사심**이고, 사심이 있으면 탐욕이 수반된다. 감정의 병폐는
치우침이고, 치우침이 있으면 비뚤어짐이 수반된다.* **지성의 병폐는 편견**이
고, 편견이 있으면 오류가 수반된다. 사심이 없으면 모든 욕망은 어질고(仁),
예의(禮義)에 맞고, 치우침이 없으면 모든 감정은 반드시 조화롭고 평온해지
고, 편견이 없으면 그런 지성이 이른바 총명(聰明)이고 성지(聖智)이다.[66]

---

65) 宋儒亦知就事物求理也, 特因先入於釋氏, 轉其所指爲神識者以指理. 故視理如有物
焉, 不徒曰事物之理, 而曰理散在事物. 事物之理, 必就事物剖析至微, 而後理得. 理
散在事物, 於是冥心求理. 謂"一本萬殊";謂放之則彌六合, 券之則退藏於密;實從
釋氏所云"徧見俱該法界, 收攝在一微塵"者, 比類得之.……徒以理爲如有物焉; 則
不以爲一理而不可;而事必有理, 隨事不同, 故又言心具衆理, 應萬事. 心具之而出
之, 非意見固無可以當此者耳. (『맹자자의소증』 권하)

* 『신편』Ⅵ, 41쪽 : 욕망의 "사심", 감정의 "치우침"을 피하려면 "내 감정을 바탕으
로 남의 감정을 헤아리는(以情絜情)"〈주61〉 방법을 써야 한다. 예컨대 자기에게
호오(好惡 : 좋고 싫음)가 있으면 오로지 자기의 호오에 관심을 두고 타인의 호오
를 망각하는데 그 결과는 오직 자기 호오만 만족시키려고 하고 타인의 호오를 방
애하게 된다. 이것이 곧 사심과 치우침의 병폐이다. 이런 정황에서 자신을 돌이켜
성찰하여 남이 나를 이렇게 대우해주면 나도 그렇게 하도록 해야 한다. 이런 호오
에는 일정한 절제가 있게 되는데, 이런 호오의 절제가 곧 "천리(天理)"이다. 따라
서 대진은 "리란 그릇되지 않은 감정이다(情之不爽失也)"〈주61〉고 말했다.

66) 欲之失爲私, 私則貪邪隨之矣. 情之失爲偏, 偏則乖戾隨之矣. 知之失爲蔽, 蔽則差謬
隨之矣. 不私, 則其欲皆仁也, 皆禮義也. 不偏, 則其情必和易而平恕也. 不蔽, 則其知

감정, 욕망, 지성의 병폐가 도덕적 악의 기원이다. 그 병폐 가운데 사심과 편견에 더욱 주목해야 한다. 대진은 말했다.

> 사람이 자기 재질을 다 발휘하지 못하게 되는 병폐에는 두 가지가 있다. 사심(私)과 편견(蔽)이 그것이다.……사심의 제거에는 **'서'에 힘쓰는 일**(强恕)이 제일이고, **편견의 타파에는 학문이 제일이다.**[67]

자기의 욕망을 바탕으로 미루어 남의 욕망에 미치는 것이 "서에 힘쓰는 일"이다. 자기 욕망만 알고 남도 욕망이 있음을 알지 못하면 자기 욕망에 방종하여 남을 해치는데 이것이 사심과 욕망의 병폐이다. 지성이 그 대상을 인식하는 것은 마치 빛이 사물을 비추는 것과 같다. 빛에 가려진 곳(所蔽)이 있으면 온전히 비추지 못하듯이 지성에 편견(所蔽)이 있으면 사물의 인식에도 반드시 오류가 생긴다.[68] 지식(인식)이 곧 도덕이니 인식에 편견이 생기면 악이 생긴다.

송유는 천리(天理)와 인욕(人欲)을 구분했는데, 대진은 결단코 부인했다. 대진은 말했다.

> "송나라 이래 리학가는 '리에서 나온 것이 아니면 욕망에서 나온 것이고 욕망에서 나온 것이 아니면 리에서 나온 것이다'고 주장한다. 그리하여 리와 욕망의 경계를 구별하여 군자와 소인도 그로부터 구별된다고 여겼다. 이제 나는 그릇되지 않은 감정(情)을 리로 여긴다. 그러면 리는 욕망 안에 내재한다.* 그러므로 욕망을 없애는 것(無欲) 또한 잘못이 아니겠는가?"

> "맹자는 '마음 수양은 욕망을 줄이는 일(寡欲)이 제일이다'[『맹자』14 : 35]고 했거니와, 욕망은 없앨 수 없고 줄일 수 있을 뿐이라는 사실을 밝혔다. 사람이 자기 삶을 성취하지 않는 것보다 더 큰 병폐는 없다. 자기 삶을 성취하면서 남의 삶도 성취하려는 욕망이 인(仁)이다. **자기 삶을 성취하려고 남의 삶**

乃所謂聰明聖智也. (『맹자자의소증』권하)

67) 人之不盡其材, 患二 : 曰私, 曰蔽.……去私莫如强恕, 解蔽莫如學. (『원선』권하)

68) 『맹자자의소증』권상.

 * 『신편』VI, 41쪽 : 대진에 따르면 리는 결코 욕과 서로 대립적인 것도 아니고, 사람의 정욕 바깥에서 독립하여 정욕을 강압하는 것도 아니고, 정욕의 절제가 따라야 할 기준을 지칭한다. 그래서 대진은 "리는 욕망 안에 내재한다"고 말했다.

을 해치면서 돌아보지 않는 것이 불인(不仁)이다. 못된 짓(不仁)은 실은 자기 삶을 성취하려는 욕망에서 생긴다. 즉 그런 욕망이 없다면 못된 짓도 없을 것이다. 그러나 그런 욕망 자체를 없애면 천하 사람들은 삶의 길이 아무리 궁박해도 아주 무감각하게 대처할 것이다. 자기가 자기 삶을 성취하려고 하지 않으면서 남의 삶을 성취시키려고 하는 그런 경우는 없다. 그런즉 '올바름(正)에서 나온 것이 아니면 그릇됨(邪)에서 나온 것이고 그릇됨에서 나온 것이 아니면 올바름에서 나온 것이다'고 함은 옳지만, '리에서 나온 것이 아니면 욕망에서 나온 것이고 욕망에서 나온 것이 아니면 리에서 나온 것이다'고 함은 옳지 않다."[69]

이 논변은 결말을 지으려면 먼저 송유가 말한 인욕이 무엇을 지칭하는지 밝혀야 한다. 송유는 식욕과 성욕을 결코 악으로 여기지 않았고 다만 식욕과 성욕이 "바르지" 못한 것, 다시 말해서 욕망의 병폐를 악으로 여겼을 뿐이다. 주자는 욕망을 "물이 흘러 범람한 경우"[70]로 보았고, 범람하지 않은 경우는 욕망이라고 말하지 않았다. 따라서 송유가 악으로 간주한 욕망을 인욕(人欲), 사욕(私欲)이라고 명명한 것은 그것이 욕망의 "그릇된" 것임을 밝힌 것이다. 예컨대 "자기 삶을 성취하려고 남의 삶을 해치면서 돌아보지 않는" 욕망이 대진이 말한 사심(私)이고 송유가 말한 욕망(欲)이다. 대진이 세운 "정사(正邪)"의 구분은 자세히 살펴보면 송유의 "리욕(理欲)"의 구분과 뚜렷한 차이가 없다. 이른바 "정사"는 결국 리 혹은 대진이 말한 필연이 "정사" 분별의 기준으로 요구되기 때문이다.[71]

---

69) 問 : 宋以來之言理也, 其說爲不出於理, 則出於欲 ; 不出於欲, 則出於理. 故辨乎理欲之界, 以爲君子小人, 於此焉分. 今以情之不爽失爲理, 是理者, 存乎欲者也. 然則無欲亦非歟? 曰 : 孟子言"養心莫善於寡欲", 明乎欲不可無也, 寡之而已. 人之生也, 莫病於無以遂其生. 欲遂其生, 亦遂人之生, 仁也. 欲遂其生, 至於戕人之生而不顧者, 不仁也. 不仁實生於欲遂其生之心. 使其無此欲, 必無不仁矣. 然使其無此欲, 則於天下之人生道窮促, 亦將漠然視之. 己不必遂其生, 而遂人之生, 無是情也. 然則謂不出於正則出於邪, 不出於邪則出於正, 可也. 謂不出於理則出於欲, 不出於欲則出於理, 不可也. (『맹자자의소증』 권상) [戕 : 죽이다, 손상을 입히다]
70) 水流之至於濫. ["欲則水之流而至於濫"〈제13장,주63〉]
71) 【주】대진의 이 견해는 진확이 이미 언급했다. 진확은 말했다. "염계의 무욕(無

5) 대진과 순자

"지성의 병폐는 편견이고"〈주66〉 "편견의 타파에는 학문(배움)이 제일이다."〈주67〉 이 두 마디는 완전히 순자의 견해이다. 순자는 학문을 중시했는데, 대진도 학문을 중시했다. 대진은 말했다.

사람의 혈기(血氣)와 심지(心知)는 모두 음양오행에 근원을 둔 것으로서 곧 성(性)이다. 혈기는 음식을 섭취하여 보양되는데 소화되어 나의 혈기가 되면 다시 먹고 마신 음식으로 되지 않는데, 심지가 학문에 의지하여 자득하게 되는 경우도 그와 마찬가지이다. 혈기의 경우 전에는 약했으나 지금은 강해진 것이 혈기의 보양이고, 심지의 경우 전에는 협소했으나 지금은 광대해졌고 전에는 몽매했으나 지금은 현명해진 것이 심지의 보양이다. 따라서 "어리석은 사람이라도 반드시 현명해진다"*고 말했다.[72]

○육체는 처음은 어리나 나중에 장성한다. 덕성(德性)도 처음은 몽매하나 나중에 성지(聖智)에 이른다. 육체의 장성은 음식의 양분을 섭취하여 오랫동안

欲)의 설은 선(禪) 아닌 선이다. 유교는 다만 과욕(寡欲)을 말할 뿐이다. 인심에는 본래 이른바 천리란 없고, 천리는 인욕 가운데 드러나는 것이고, 인욕의 **합당한**(恰好) 부분이 천리이다. 원래 인욕이 없다면 천리도 없다(周子無欲之敎, 不禪而禪, 吾儒只言寡欲耳. 人心本無所謂天理 ; 天理從人欲中見, 人欲恰好處卽天理也. 向無人欲, 則亦無天理矣)."(황종희, 「여진건초서(與陳乾初書)」, 『남뢰문안』 권3) 이에 대해서 황종희는 이렇게 반박했다. "노형의 이 말은 '도심은 곧 인심의 본심이고, 의리지성은 곧 기질지성이니 기질을 떠나 이른바 성은 없다'〈주29〉는 스승의 말에서 유래했다[진확과 황종희는 유종주의 제자이다]. 그러나 그 말로 기질을 논하고 인심을 논할 수는 있으나 인욕에 적용하면 안 된다. 기질과 인심은 혼연히 유행하는 본체로서 공공의 사물인 반면에 인욕은 특정 장소에 한정된 개인의 사욕이기 때문이다(老兄此言, 從先師'道心卽人心之本心, 義理之性卽氣質之本性, 離氣質無所謂性'而來. 然以之言氣質, 言人心, 則可 ; 以之言人欲則不可. 氣質人心是渾然流行之體, 公共之物也. 人欲是落在方所, 一人之私也)."(같은 곳) 이른바 인욕이란 정의한 대로 사적인 것이고 "합당한" 것이 아니어서 아무튼 악이기 때문이다.

* 『중용』: "博學之, 審問之, 愼思之, 明辨之, 篤行之. 有弗學, 學之弗能弗措也 ; 有弗問, 問之弗知弗措也 ; ……果能此道矣, 雖愚必明, 雖柔必強."

72) 人之血氣心知, 本乎陰陽五行者, 性也. 如血氣資飲食以養, 其化也, 卽爲我之血氣, 非復所飲食之物矣. 心知之資於學問, 其自得之也亦然, 以血氣言, 昔者弱而今者強, 是血氣之得其養也. 以心知言, 昔者狹小而今者廣大, 昔者闇昧而今也明察, 是心知之得其養也. 故曰 : 雖愚必明. (『맹자자의소증』 권상)

자라는데, 이것은 **'처음 상태의 회복'이 아니다.** 덕성은 학문에 의지하여 차츰 성지에 이르는데, 이것은 '처음 상태의 회복'이 아님이 분명하다.[73]

대진에 따르면, 우리의 마음에는 뭇 리가 구비되어 있지 않으며, 마음 안에는 다만 순자가 말한 "인식할 수 있는 바탕과 실천할 수 있는 도구"[74]가 존재한다. 따라서 학문을 통해서 뭇 리를 인식하여 실천해야 한다. 지식이 풍부해지면 도덕은 이미 온전해진다. 우리의 자연이 모두 필연에 부합하는 것이 완전한 발전이다. 이 최후의 성취는 결코 "처음 상태의 회복이 아니다." 도덕의 성취는 "처음 상태의 회복이 아니다"고 함은 바로 순자의 설이다.[75]

그러나 대진과 순자의 차이는, 순자의 우주론에는 객관적 리가 없고 또 순자는 모든 예의도덕(禮義道德)은 인위(人僞)로서 인간 생활의 도구라고 여긴 반면에 대진은 객관적 리가 있고 예의도덕은 그 객관적 리의 실현이라고 여겼다는 점이다. 이 점은 대진이 리학가로부터 영향을 받은 것이다. 순자에 따르면 심(心)에는 단지 지(知), 정(情), 욕(欲) 세 가지만 있고, 그 지는 오직 이해(利害)만 알고 선악은 알지 못하나, 나중에 경험에 의해서 선은 이익을 가져오고 악은 해를 가져옴을 알게 되면서 차츰 선은 선이고 악은 악임을 알게 된다. 대진도 우리의 심에는 단지 지, 정, 욕 세 가지만 있다고 밝혔지만 그의 주장을 살펴보면 심은 지를 가지는 것 외에 또 직각적(直覺的)으로 선은 선이고 악은 악임을 깨달을(覺) 수 있다. 대진은 말했다.

> 맛, 소리, 색깔은 사물에 있고 내게 있지 않으나, 그것들이 내 혈기에 접촉되면 우리는 알아보고 기뻐한다. 더 기뻐할수록 대상은 더욱 훌륭하다. 사정의 복잡한 갈래 속에 존재하는 리의(理義 : 도덕 원리)가 우리의 심지에 접촉

---

73) 形體始乎幼小. 終乎長大. 德性始乎蒙昧, 終乎聖智. 其形體之長大也, 資於飮食之養, 乃長日加益, 非復其初. 德性資於學問, 進而聖智, 非復其初, 明矣. (같은 곳)

74) 可知之質, 可能之具. ["塗之人也, 皆有可以知仁義法正之質, 皆有可以能仁義法正之具. 然則其可以爲禹明矣."]〈제1편, 제12장, 주24〉

75) 제1편 제12장 제5절 참조.

되면 알아보고 기뻐한다. 기뻐하는 대상은 틀림없이 지극히 옳은 것이다.[76]

○맹자는 "리의가 내 마음에 즐거운 것은 마치 불고기가 내 입에 즐거운 것과 같다"고 했는데, 이는 비유가 아니다(실제 정황이다). 우리가 어떤 일을 행할 때 예의에 합당하면 심기(心氣)는 신이 나서 만족하지만, 예의에 어긋나면 심기는 꺾이고 풀이 죽는다. 이로써 예의에 대한 마음의 관계는 감각적 쾌락에 대한 혈기의 관계와 아주 똑같고, 모두 성(性)의 작용임을 알 수 있다.[77]

우리의 심은 예의를 알 수 있을 뿐더러 예의를 "즐길" 수 있다. 우리의 행위가 예의에 부합하면 마음은 신바람을 느끼나 그렇지 못하면 기가 꺾임을 느낀다. 즉 우리 마음에는 실로 보통 말하는 지(知)와 심학가가 말한 양지(良知)가 병존한다. 대진은 또 말했다.

　　순자가 배움을 중시한(重學) 것은 본심에 구비된 것이 없기 때문에 외부에서 취득한다는 입장이고, 맹자가 배움을 중시한 것은 본심에 구비되어 있기 때문에 외부의 도움을 받는다는 입장이다.
　　음식에서 섭취한 것이 몸의 혈기와 영양이 될 수 있는 까닭은 섭취한 영양의 기와 몸이 본래 타고난 기가 다 같이 천지에서 근원해서 둘이 아니기 때문이다. 즉 섭취한 것은 외부에 있으나 혈기로 변화하여 몸을 살찌우는데, 몸에 본래 타고난 기가 외부와 어울리지 않고 단순히 외부로부터 섭취하기만 하는 것은 아니다. 학문과 덕성과의 관계도 이와 마찬가지이다.[78]

이 말에서 추론하면, 우리가 뭇 리를 인식할 수 있는 까닭은 바로

---

76) 味與聲色, 在物不在我, 接於我之血氣, 能辨之而悅之. 其悅者, 必其尤美者也. 理義在事情之條分縷析, 接於我之心知, 能辯之而悅之. 其悅者, 必其至是者也. (같은 곳)

77) 孟子曰: "理義之悅我心, 猶芻豢之悅我口", 非喩言也. 凡人行一事, 有當於禮義, 其心氣必暢然自得; 悖於禮義, 其心氣必沮喪自失. 以此見心之於理義, 一同乎血氣之於嗜欲, 皆性使然耳. (『맹자자의소증』 권상) ["禮義": 원래 "理義"]

78) 荀子之重學也, 無於內而取於外. 孟子之重學也, 有於內而資於外. 夫資於飮食, 能爲身之血氣營養者, 所資以養者之氣, 與其身本受之氣, 原於天地, 非二也. 故所資雖在外, 能化爲血氣以益其內. 未有內無本受之氣與外相得, 而徒資焉者也. 問學之於德性亦然. (『맹자자의소증』 권중)

우리 내부에 먼저 뭇 리가 구비되어 있기 때문이라는 말이 되고, 우리의 성과 천지의 리는 둘이 아닌 것이 된다. 대진은 또 말했다.

> 사람의 자질은 천지의 온전한 능력을 얻어 천지의 온전한 덕에 통한다.[79]

이것은 다름 아닌 리학가의 설이 아닌가?

이상의 서술에서 우리는 대진의 학은 실로 송유와 차이가 있음을 볼 수 있었다. 그러나 대진은 그점을 중심으로 최대한 발휘하지 못했기 때문에 자기 학설을 원만한 체계로 완성시키지 못했다. 이 때문에 대진의 학은 주자나 양명 등과 필적할 수 없었다.

안원, 이공, 대진은 모두 송학을 반대했으나 그들의 논변의 공격 대상은 주로 리학가였고 심학가는 드물었다. 안원, 이공, 대진은 아마 심학이 선에 가까움은 덮을 수 없는 사실이지만, 리학은 "이치가 아주 그럴듯해서 진리를 크게 혼란시킨다"[80]고 여기고 더욱 배척했는지도 모른다. 우리가 보기에 안원, 이공, 대진의 리, 기, 성, 형에 대한 견해는 유종주, 황종희와 같은 면이 있다. 유종주와 황종희는 심학을 계승했으므로, 안원, 이공, 대진의 이 방면의 주장은 심학과 비교적 흡사했던 것이다.

---

79) 人之材得天地之全能, 通天地之全德. (『원선』 권중)
80) 彌近理而大亂眞. ["至於老佛之徒出, 則彌近理而大亂眞矣." 「중용장구서(中庸章句序)」]

제16장
청대의 금문경학

1. 청말의 입교개제운동

청인(淸人)이 논한 의리지학(義理之學) 가운데 도학과 크게 다른 면은 청대의 금문경학파(今文經學家)에서 비롯되었다. 전한의 금문경학파의 경학이 고문경학파(古文經學家)의 경학에 의해서 압도당한 이후 당·송·명 시대를 지나면서 다시 사람들의 주목을 받은 적은 없었다. 청대의 학자는 본래 고서 정리를 주요 과제로 삼았는데, 당·송·명 시대에 주목받은 고서는 청대 중엽에 이르러 일반 학자들에 의해서 이미 정리되었다. 이후 학자들은 전한시대에 성행했으나 당·송·명 학자들이 주목하지 않은 서적에도 점차 주목하게 되었다. 그리하여 『춘추공양전(春秋公羊傳)』*을 중심으로 한 금문경학파의 경

---

* 『신편』Ⅵ, 110-11쪽 : 『춘추공양전』은 금문경학의 핵심 경전이다. 『공양전』의 핵심 사상은 공자가 천명을 받은 왕으로서 한(漢)나라의 법도를 제정했다는 것이다. "한나라의 법도를 제정했다"고 함은 일련의 정치·사회 제도를 제정했다는 뜻이다. 공양학파의 견해에 따르면 이 일련의 제도가 『춘추』에 담겨 있는데, 공자가 살았던 시대는 공개적으로 법도를 제정할 조건이 아직 구비되지 못했던 만큼 공자는 그가 제정한 법을 공개적으로 논하지 못하고 그저 『춘추』라는 책 속에 담을 수밖에 없었는데, 『춘추』의 문자는 매우 간략하나 공자는 그의 "필법(書法：筆法)"을 사용해서 각 "필법"마다 매우 심오한 "미언대의(微言大義)"를 함축시켰는바, 『춘추』의 "필법"은 마치 하나의 "수수께끼(謎)"같고 수수께끼에는 "수수께끼의 답(謎底)"이 있으나, 수수께끼의 답은 공개적으로 표현되지 못하고 오직 스승과 제자 간에 구전되어 오다가 한대 초엽에 비로소 공양고(公羊高)에 의해서 글로 쓰여 『춘추』의 주해

학이 청대 중엽 이후 차츰 부흥했다. 이 학파의 경학자가 의리지학을 논급한 경우 토론한 문제 또한 도학가가 토론한 것과 달랐다.

이 학파의 경학의 부흥은 당시의 다른 방면의 조류와도 아주 잘 부응했다. 이 학파의 경학자가 새로운 문제를 가질 수 있었던 것 역시 이 새로운 조류의 영향 때문이었다. 청대 중엽 이래 중국은 점차 서양인의 압박을 감지했는데, 서양인 세력의 선구는 기독교 선교사가 그 대표였다. 그후 군사, 정치, 경제 각 방면의 압력이 이어졌다. 이 각 방면의 압력은 당시 중국인의 마음속에 각종 문제를 제기했는데, 그중에서 비교적 근본적인 것은 (1) 서양에는 종교가 있는데 왜 중국에는 없는가? 어찌 중국이 종교 없는 나라이겠는가? (2) 중국의 넓은 땅의 국민이 각 방면에서 모두 서양의 압박을 받고 있으니 어찌 중국 자체에 개선해야 할 점이 없겠는가? 당시 의식 있는 이들은 이 문제에 답하기 위해서 사상 면에서 새로운 운동을 일으켰다. 이 운동의 주요 목적은 스스로 종교를 세우고 정치를 개선하여 "자강(自強)"을 도모하려는 것, 즉 한마디로 입교(立敎)와 개제(改制)였다. 그러나 당시 경학이라는 낡은 병은 아직 깨지지 않고 있었기 때문에 사람들은 모든 견해를 여전히 경학 내에서 표출해야 했는데(제1장 참조), 전한시대에 성행한 금문경학파의 경학이 그 수요에 가장 적합했다. 금문경학파의 경학 속에서 공자의 위치는 스승에서 왕으로 나아갔고 왕에서 신으로 나아갔기 때문이다. 위서(緯書) 속에서 공자의 위치는 물론 이미 종교적 교주였던 만큼 금문경학을 주장하면 자연히 공자는 교주, 공자의 가르침은 종교로 되

가 되었는데, 그것이 『공양전』이다. /중국 전통 사회의 정치·사회 제도는 모두 한대의 유자들이 제정한 것으로서 그 내용은 『예기』에 들어 있는데, 이때 그들은 공자의 말에 가탁했으니 그것이 "탁고개제(託古改制)"였다. "공자가 천명을 받은 왕으로서 한나라의 법도를 제정했다"는 공양학파의 주장은 바로 저 "탁고개제"를 엄호한 주장이었다. 전통사회가 공고해짐에 따라서 개제는 더 이상 필요가 없었고 공양학을 논한 사람도 없었으나, 19세기 후반 중국 전통사회가 동요하자 다시 개제의 필요성이 생겼고 공양학을 논하는 사람도 생겼는데, 강유위가 말한 "변법"이 곧 "개제"였다. 완고한 보수주의자들을 설득하려고 강유위 역시 "옛것에 가탁하지(託古)" 않을 수 없었는데, 그가 공자의 "탁고개제"를 크게 강조한 것은 실은 그 스스로 "탁고개제"하려고 했기 때문이었다.

었다.* 금문경학파는 또 공자가 개제하여 "삼세(三世)"의 정치제도를 수립하여 만세를 위한 법도를 제정했다는 사상을 가지고 있었으므로, 금문경학을 논하면 당시 사람들이 생각한 이상적인 정치를 공자의 설로 가탁하여 당시에 행해지는 각종 정치·사회 제도를 개혁하는 기준으로 삼을 수 있었다. 강유위(康有爲)는 말했다.

> 하늘은 이미 대지를 살아가는 사람들이 많은 곤란을 겪고 있는 것을 슬퍼했으므로, 흑제(黑帝)는 정기[공자]를 내려〈제3장,주51〉 백성의 환란을 구제하고 신명(神明)이 되고 성왕이 되고 그 시대의 스승이 되고 만민의 보루가 되며 대지의 교주가 되게 했다. [공자는] 난세(亂世)에 태어나 바로 난세에 의거하여(據亂) **삼세(三世)**〈제2장,주97〉의 법을 수립하여 태평성세를 위해서 정신을 쏟았다. 그리하여 모국인 노나라를 기반으로 삼세의 의미를 수립하여 대지의 원근대소를 아우른 하나의 대일통(大一統)을 추구했다.[1]

당시에 이와 같은 공자가 필요했고, 이와 같은 공자는 오직 금문경학 속에 있었다. 중국철학사 중의 경학시대는 금문경학파의 경학에서 시작하여 금문경학파의 경학에서 끝이 난다. 사람이 새로운 환경에 처할 때는 가장 황당하고 기괴한 사상을 가지기 쉬운데, 금문경학파의 경학 중의 음양가 학설적 요소가 황당하고 기괴하여 새로운 환경에 처한 사람의 용도에 가장 적합했다. 주(周)나라 말(末)에서

---

* 『신편』VI, 114–15쪽 : 강유위는 참위(讖緯)는 논하지 않고 서양을 모방한다는 관점에서 공자를 하나의 종교 교주로 승인해야 한다고 주장하고, 그는 그 종교를 창립하여 "공교(孔敎)"라고 불렀다.……강유위는 중국에 본래 완벽한 교주가 있었으니 그가 곧 공자라고 했다. 서양 종교의 교주는 모두 미신에 의지해서 종파를 이루고 교주가 되었으나 공자는 미신에 의해서 종파를 이루지 않고 오직 그가 지은 육경에 의지해서 사람들의 신앙을 획득했으니 그야말로 진정한 교주이며, 인류 세계의 문화는 날로 더욱 진보하니 미신을 의지해서 종파를 이룬 교주는 이미 점차 문명세계의 교주가 되기에는 적합하지 않고 오직 미신에 의지하지 않고 종파를 이룬 공자만이 진정한 문명세계의 교주라고 주장했다. 언외의 뜻인즉 공자를 교주로 한 종교는 중국뿐만 아니라 전체 지구의 문명세계에 적합하다는 말이다.

1) 天旣哀大地生人之多艱, 黑帝乃降精而爲救民患, 爲神明, 爲聖王, 爲當世作師, 爲萬民作保, 爲大地敎主. 生於亂世, 乃據亂而立三世之法, 而垂精太平. 乃因其所生之國, 而立三世之義, 而注意於大地遠近大小若一之大一統.　(「공자개제고서(孔子改制考序)」, 『불인(不忍)』 제1책)

진한(秦漢)에 이를 때 열국(列國)의 통일이 하나의 새로운 환경이었
고, 근대에 각국이 교통하여 옛날에 통일로 여겨졌던 것이 이제 열국
중의 한 나라에 불과하게 된 것 역시 하나의 새로운 환경이었다.

2. 강유위

1) 공자의 입교개제

상술한 입교개제운동은 강유위가 핵심 주창자라고 할 수 있다.
강유위는 자가 광하(廣廈), 호는 장소(長素)이고, 광동성 남해현(南
海縣) 사람이다. 청나라 함풍(咸豊) 8년(1858)에 태어나, 무술년(戊
戌年 : 1898)에 청나라 덕종(德宗)의 변법(變法)을 도왔으나 성공하
지 못하고, 민국(民國) 16년(1927)에 세상을 떠났다.[2]

강유위의 경학은 한편으로는 고문경학파의 경학을 유흠(劉歆)의
위작이라고 공격했고, 한편으로는 공자가 개제했다는 설을 주장하
여 금문경학파의 경전은 모두 공자의 저작이라고 여겼다. 강유위는
『신학위경고(新學僞經考)』를 지어, 유흠은 왕망(王莽)의 신하로서
그가 위조한 경전은 실은 오직 신(新)왕조의 학이라고 간주했다.*
강유위는 말했다.

유흠은 경전을 날조해서 왕망의 찬탈을 도왔고 그 자신이 신(新)왕조의
신하였으니 그 경전은 신학(新學 : 신왕조의 어용 학문)에 불과하다. 이것이

---

2) 장백정(張伯楨), 『남해강선생전(南海康先生傳)』
   [『신편』VI, 97쪽 : 무술변법(戊戌變法) 실패 후 강유위는 국외로 달아났다가 1913년
   에야 귀국했다. 망명 동안에도 입헌군주 주장을 견지하여 손문(孫文)이 영도한 반
   청혁명 활동을 반대했고, 귀국 후에는 시류에 역행하여 민주 공화를 반대하고 허군
   (虛君) 공화를 고취했고 "공교"를 국교로 선전했으며, 1917년에는 선통복벽(宣統
   復辟)에 적극 가담하여 역사적 웃음거리가 되었다.]
* 『신편』VI, 111쪽 : 현존하는 『춘추』에 『공양전(公羊傳)』, 『좌씨전(左氏傳)』(약칭
   『좌전』), 『곡량전(穀梁傳)』의 3전이 있는데, 『공양전』과 『곡량전』은 금문경학이고
   『좌전』은 고문경학이다. 금문경학을 선양하려면 『좌전』을 타도해야 했는데, 강유
   위의 『신학위경고』는 바로 『좌전』 타도를 목표로 한 저작이었다.……왕망의 국호
   는 "신(新)"이고 유흠은 왕망을 찬양한 적이 있으므로 강유위는 『좌전』을 "신학"
   으로 보고 유흠의 위작으로 간주하여 "위경(僞經)"이라고 불렀다.

정확한 규정임은 재론할 여지가 없다. 후세에 한학(漢學)과 송학(宋學)이 서로 다투어 두 파벌은 서로 상극처럼 대했는데, 후세에 한학으로 간주된 것들은 모두 가규(賈逵, 30-101), 마융(馬融, 76-166), 허신(許愼), 정현(鄭玄, 127-200) 등의 학설로서 신학이지 한학이 아니다. 즉 송인(宋人)들이 받든 경은 대부분 위경(僞經)이고 공자의 경이 아니다.[3]

이러하므로 후한 이래 진(晋)·당·송·명의 경학 내용은 모두 공자의 경이 아니고, 오직 전한의 금문경학파의 경학 내용이 공자의 경이고 거기서 전한 것이 공자의 "미언대의"이다. 강유위는, 공자 이전은 "무지몽매했고"[4] 춘추전국시대 무렵에 제자(諸子)가 일제히 일어나 가르침을 창시했으나 공자가 창시한 가르침이 더욱 특출했던 까닭에 마침내 그후 으뜸으로 받들어졌다고 여겼다. 강유위는 말했다.

　무릇 사물은 거친 것이 쌓여야 정미한 것이 생기고, 천한 것이 쌓여야 귀한 것이 생기고, 우매함이 쌓여야 지혜가 생기고, 흙과 돌이 쌓여야 초목이 생기고, 곤충이 쌓여야 짐승이 생긴다. 사람은 만물의 영장이니 가장 늦게 탄생했다. [노아의] 홍수가 온 지구에 있었으니, 인류의 탄생은 홍수 이후에 있었다. 따라서 대지에 민중이 번영한 것은 하나라 우왕 시대의 일이다.

　사람과 그 지혜가 2,000년간 축적되어 사리(事理)가 모두 완비되자 마침내 더욱 우수하고 걸출한 재지(才智)의 인물들이 벌 떼처럼 일어나 우뚝 자리 잡자 저지할 수 없게 되었다. 저마다 타고난 천품과 사회적 환경에 따라 논설을 세우고 추종자를 모아 개제(改制)하고 원칙을 수립하여 천하를 개혁하려고 했다. 그런데 다만 그 천품이 음양에 의해서 제약되었고 따라서 그 학설도 많이 치우치고 폐단이 있어서 각기 한 가지 사상만 밝혔으니 마치 귀, 눈, 입, 코가 상통하지 못하는 경우와 같았다. 그러나 모두들 굳세게 고행하며 탁월한 능력을 갖추고 심오하고 진귀한 논의를 연구하며 의연히 자기의 뜻을 행하고 교(敎)를 수립하여 천하를 관장하려고 했던 사람들이다.……

---

3) 歆旣飾經佐篡, 身爲新臣, 則經爲新學. 名義之正, 復何辭焉? 後世漢宋互爭, 門戶水火. 自此視之, 凡後世所指目爲漢學者, 皆賈馬許鄭之學, 乃新學非漢學也. 卽宋人所尊述之經, 乃多僞經, 非孔子之經也. (『신학위경고(新學僞經考)』)
4) 茫昧無稽. [茫昧 : 정신이 흐리멍덩함. 無稽 : 터무니없음]

온갖 제자(諸子)의 활동이 왕성했으나 그중에서 특히 신성(神聖)한 이[공자]가 뭇 사람을 귀의시켜 대일통(大一統)으로 결집하여 마침내 만세의 모범을 세웠는바, 『논형(論衡)』에서 공자를 제자의 으뜸으로 찬양한 것이 어찌 사실이 아니겠는가? 천하 모두가 공자에 귀의하자 대도(大道)는 마침내 합당해졌고, 그에 따라 한나라 이후로는 제자가 없어졌다.[5]

공자가 세운 가르침 가운데 중요한 사상은 삼통(三統)〈제2장,주73〉과 삼세의 설이라고 강유위는 생각했다. 그는 말했다.

공자의 도는 넓고 넓어 그 웅장함은 하늘을 본받았으니 그 운행이 미치지 않는 곳이 없다.……그런데 처음은 순자의 학설로 그르쳐지고 중간에 유흠의 날조로 혼란되고 끝에는 주자의 편파성으로 찢겨지자, 마침내 소왕(素王 : 공자)의 대도는 가려져 드러나지 못했고 갇혀서 펼쳐지지 못했다.……

그래서 나는……공자의 도를 탐구하려고 이미 광범한 노력을 쏟아왔다. 처음에 송인(宋人)의 자취를 답습하며 뿌듯한 자부심을 가졌으나, 이윽고 공자가 그처럼 구애되고 편협하지 않을 것이라고 깨달았다. 그후 한인(漢人)의 길을 따라가며 분주하게 따라갔다고 생각했으나, 이윽고 공자가 그처럼 번쇄하고 무질서하지 않을 것이라고 깨달았다. 그 한계에 국한된다면 공자는 성인일지는 몰라도 신은 아닌 것이다.……

그리하여 고학(古學)의 거짓됨을 물리치고 금문학(今文學)을 추구하게 되었는데, 제(齊)·노(魯)·한(韓)의 『시(詩)』,* 구양(歐陽)씨와 대소(大小) 하후(夏侯)씨의 『서(書)』, 맹희·초연수·경방의 『역(易)』, 대소 대(戴)씨의 『예(禮)』, 공양·공량의 『춘추』 그리고 『역』의 음양의 변화와 『춘추』의 삼세의 사상이 그것이다.

---

5) 凡物積粗而後精生焉 ; 積賤而後貴生焉 ; 積愚而後智生焉.　積土石而後草木生 ; 積蟲介而禽獸生 ; 人爲萬物之靈, 其生尤後者也.　洪水者大地所共也.　人類之生皆在洪水之後, 故大地民衆, 皆蓝萌於夏禹之時.　積人積智二千年, 而事理咸備, 於是才智之尤秀傑者, 蜂出挺立, 不可遏靡.　各因其受天之質, 生人之遇, 樹論說, 聚徒衆, 改制立度, 思易天下.　惟其質毗於陰陽, 故其說亦多偏蔽, 各明一義, 如耳目口鼻, 不能相通. 然皆堅固獨行之力, 精深奧瑋之論, 毅然自行其志, 思立教以範圍天下者也.……積諸子之盛, 其尤神聖者, 衆人歸之, 集大一統, 逐範萬世.『論衡』稱孔子爲諸子之卓, 豈不然哉? 天下咸歸依孔子, 大道逐合. 故自漢以後無諸子. (『공자개제고(孔子改制考)』)

* 한대에 『시경』의 전(傳)에 사가(四家)가 있었다. 노(魯)나라 사람 신공(申公 : 申培

나는 "공자의 도는 위대하니 전부를 통찰하지 못할지라도 그 경지만 엿보
았으면 하나, 애석하게도 너무 심오하고 지나치게 보편적이어서 몇 마디 말
로써 대도의 핵심을 포괄할 수 없다"고 말하며, 마침내 모든 해설서를 버리
고 경문을 탐구하게 되었는데, 「예운(禮運)」을 읽고 호연히 "공자의 삼세의
변화와 대도의 진실이 바로 여기에 있다"고 감탄했다.……이 글이야말로 공
자의 미언(微言)의 참된 해설(眞傳)이자 만국의 최고 보전(寶典)이고 천하
만백성이 기사회생할 신방(神方)이다.[6]

강유위에 따르면 "공자의 도에는 삼세가 있고 삼통이 있고 오덕의
운세(五德之運)가 있다. 인(仁)·의(義)·지(智)·신(信)이 각각 절기에
응하여 운세를 지배하니, 인운(仁運)은 대동(大同)의 도이고 예운은
소강(小康)의 도이다."[7] 강유위는 「예운」에서 말한 "대도"는 "인간
의 원리의 지극한 공정함이고 태평세의 대동의 도이고", 「예운」에서
말한 "삼대의 번영"은 "승평세의 소강의 도이다"[8]고 하며, 『공양춘
추』에서 말한 삼세의 사상이 바로 이 내용이라고 여겼다.[9] 강유위는
또 『논어(論語)』에도 삼세의 사상이 있다고 여겨 이렇게 말했다.

公)이 지은 『시경훈고(詩經訓故)』가 『노시』, 제(齊)나라 사람 원고생(轅固生)이 지
은 『시전(詩傳)』이 『제시』, 연(燕)나라 사람 한영(韓嬰)이 시의 의미를 풀이한 『내
외전(內外傳)』이 『한시』였다. 이 삼가가 금문경에 속했다. 이 밖에 모형(毛亨)의 전
이 『모시(毛詩)』인데 고문경에 속했다. 현재 『모시』만 전해지고 있다.

6) 造乎孔子之道, 蕩蕩則天, 六通四辟, 其運無乎不在.……始誤於荀學之拘陋, 中亂於
劉歆之僞謬, 末割於朱子之偏安. 於是素王之大道, 闇而不明, 鬱而不發.……予……
所以考求孔子之道者, 旣博而且敬矣. 始循宋人之途轍, 炯炯乎自以爲得之矣 ; 旣悟孔
子不如是之拘且隘也. 繼遵漢人之門徑, 紛紛乎自以爲踐之矣 ; 旣悟其不如是之碎且
亂也. 苟止於是乎, 孔子其聖而不神矣.……旣乃去古學之僞, 而求之今文學. 凡齊魯
韓之『詩』, 歐陽大小夏侯之『書』, 孟焦京之『易』, 大小戴之『禮』, 公羊穀梁之『春秋』,
而得『易』之陰陽之變, 『春秋』三世之義. 曰 : 孔子之道大, 雖不可盡見, 而庶幾窺其藩.
惜其彌深太漫, 不得數言而賅大道之要也. 乃盡舍傳說, 而求之經文. 讀至「禮運」, 乃
浩然而嘆曰 : 孔子三世之變, 大道之眞在是矣.……是書也, 孔氏之微言眞傳, 萬國之
無上寶典, 而天下群生之起死神方載. (「예운주서(禮運注序)」, 『불인』 제5책)
7) 孔子之道, 有三世, 有三統, 有五德之運. 仁義智信, 各應時而行運. 仁運者, 大同之道.
禮運者, 小康之道. (『예운주(禮運注)』, 『불인』 제6책)
8) 大道……人理至公, 太平世大同之道也. 三代之英, 升平世小康之道也. (같은 곳)
9) 제2장 제12절 참조.

인류의 진화는 일정한 단계가 있다. 가족에서 부락이 되고 국가가 성립되고 국가로부터 대일통이 된다. 독립된 개인에서 점차 추장이 세워지고 추장에서 점차 군신제도가 정립된다. 군신제도에서 점차 입헌제도가 되고 입헌제도에서 점차 공화제도가 된다. 독립된 개인에서 점차 부부제도가 되고 부부제도에서 점차 부자관계가 정해지고, 부자제도에서 평등하게 동족을 사랑하게 되고 동족 사랑에서 점차 대동세계가 되어 다시 독립된 개인이 된다.

거란(據亂)에서 승평(升平)으로 나아가고 승평에서 태평(太平)으로 나아가는 진화에는 단계가 있으니 답습(因)과 혁신(革)이 각각 일정한 의미가 있다. 모든 나라를 살펴보아도 모두 그런 경향이 있으니, 아이를 보면 그가 자라서 어른과 노인이 된다는 것을 알 수 있고, 싹을 보면 그것이 자라서 아름드리 나무가 되어 하늘을 뒤덮게 된다는 것을 알 수 있듯이, 하·은·주 삼통의 손익(損益)을 고찰하면 백 세대 후의 변혁(變革)도 미루어 알 수 있다.

공자는 『춘추』를 지어 삼세를 펼쳐, 거란세(據亂世)에서는 자기 나라를 중심으로 삼고 중국의 다른 나라는 제외했고, 승평세에서는 중국의 모든 나라를 중심으로 삼고 오랑캐의 나라는 제외했고, 태평세에서는 원근과 대소를 막론하고 하나로 여겼는데, 진화의 이치를 추론하여 지은 것이다.

공자는 거란세에 살았으나, 지금은 지구가 소통되고 구미(歐美)가 대(大)변동하여 승평세로 진입했고, 미래에 지구의 대소원근을 막론하고 하나같이 되면 국경은 없어지고 인종도 분리되지 않고 풍속과 교화가 똑같아져 하나와 같이 태평해질 것임을 공자는 이미 알고 있었던 것이다.[10]

『논어』에서 "공자는 '은나라는 하나라 예를 답습했으므로 덜고 보탠 것을 알 수 있고, 주나라는 은나라 예를 답습했으므로 덜고 보탠

---

10) 人類進化, 皆有定位. 自族制而爲部落, 而成國家. 由國家而成大統. 由獨人而漸立酋長, 由酋長而漸正君臣, 由君臣而漸爲立憲, 由立憲而漸爲共和. 由獨人而漸爲夫婦, 由夫婦而漸定父子, 由父子而兼錫爾類, 由錫類而漸爲大同, 於是復爲獨人. 蓋自據亂進爲升平, 升平進爲太平, 進化有漸, 因革有由, 驗之萬國, 莫不同風. 觀嬰兒可以知壯夫及老人, 觀萌芽可以知合抱至參天, 觀夏殷周三統之損益, 亦可推百世之變革矣. 孔子之爲『春秋』, 張爲三世. 據亂世則內其國而外諸夏. 升平世則內諸夏, 外夷狄. 太平世則遠近大小若一. 蓋推進化之理而爲之. 孔子生當據亂之世. 今者大地旣通, 歐美大變, 蓋進至升平之世矣. 異日大地大小遠近如一, 國土旣盡, 種類不分, 風化齊同, 則如一而太平矣. 孔子已預知之. (『논어주(論語注)』)

것을 알 수 있는데, 앞으로 주나라를 계승한 왕조는 100세대 이후라도 알 수 있다'고 말하는데",[11] 강유위는 이것이 앞에서 인용된 삼통·삼세의 사상을 설명한 것이라고 주장했다.

『중용(中庸)』에 "천하를 다스림에 삼중(三重)이 있어서 과오를 줄일 수 있다"[12]고 했는데, 강유위는 "중(重)은 거듭(復)의 뜻이니" "삼중이란 삼세의 통[삼통]이다"[13]고 여겼다. 그는 또 말했다.

공자의 제도는 모두 실제 사실이다. 예컨대 건자(建子)가 정월인 백통(白統)은 백색을 숭상하여 조복과 두건은 모두 백색으로 했는데 현재의 구미 각국이 그것을 따르고 있고, 건축(建丑)은 러시아와 이슬람에서 사용하고 있다.

명당의 제도는 36개 창문이 있고 72개 문이 있는데, 건축 양식은 높고 가파르고 둥글고 넓으며 혹은 타원형이거나 사각형이어서 위는 둥글고 아래는 직각인데 구미의 궁전 건축이 이 양식을 따르고 있다. 옷은 길고 뒤에 자락이 있는데 구미 각국의 예복이 이 양식을 따르고 있다. 하루의 구분은 한밤중 혹은 닭 울 무렵 혹은 동 틀 무렵이 기준이었는데 서양에서 정오를 하루의 구분 기준으로 삼은 것 역시 저 세 단계 원리를 유추한 것이다.……

사람의 감정은 습관에 의해서 은폐되고 하나의 통(統)과 하나의 세(世)의 제도에 안주하기 때문에 다른 제도를 대하면 놀라고 의심하는데 이 때문에 많은 과오가 생기게 된다. 만약 공자의 삼중의 의미를 이해하면 아마 슬픔과 근심으로 놀라는 경우는 없어질 것이다.[14]

강유위는 삼통과 삼세의 설을 전개했고, 그것으로써 당시 사람들의

---

11) 子曰：“殷因於夏禮, 所損益可知也. 周因於殷禮, 所損益可知也. 其或繼周者, 雖百世可知也." [『논어』 2∶23] 〈부록1, 주15〉

12) 王天下有三重焉, 其寡過矣乎? [주희는 삼중을 세 가지 중요한 일인 "예에 대한 논의(議禮), 제도(制度), 고문(考文)"이라고 보았다.]

13) “重, 復也." “三重者, 三世之統也." (『중용주(中庸注)』, 『연공총서(演孔叢書)』)

14) 孔子之制, 皆爲實事. 如建子爲正月, 白統尙白, 則朝服首服皆白, 今歐美各國從之. 建丑則俄羅斯回敎行之. 明堂之制, 三十六牖, 七十二戶, 屋制高嚴貝侈, 或橢貝衡方, 或上貝下方, 則歐美宮室從之. 衣長後袿, 則歐洲各國禮服從之. 日分或日半, 或雞鳴, 或平明, 泰西以日午爲日分, 亦三重之類推也.……人情蔽於所習, 安於一統一世之制, 見他制卽驚疑之, 此所以多過也. 若知孔子三重之義, 庶幾不至悲憂眩視乎? (『중용주』)

새로운 지식과 새로운 현실을 포괄하려고 했으니 이른바 낡은 병에 새 술을 담은 것이었다. 강유위는 또 그것을 그의 정치상의 변법(變法)과 유신(維新)의 근거로 삼고자 했다. 강유위는 말했다.

> 공자의 법도는 시세에 부응하는 데에 힘썼다. 미개하고 난세(亂世)에 처하여 교화가 펼쳐지지 못했을 때 태평의 제도를 행하면 반드시 큰 해악이 생긴다. 또 승평세(升平世)를 맞아 여전히 거란(據亂)의 제도를 묵수하는 것 역시 큰 해악이다. 마찬가지로 현재는 **승평의 시대**에 해당되는 만큼 응당 자주(自主)·자립(自立)의 사상과 의회제도(公議)와 입헌(立憲)의 정치를 실현해야 하거늘 제도를 개혁하지 않으면 큰 난리가 발생하게 된다.[15]

"승평의 시대"에는 반드시 승평세의 제도를 시행해야 한다. 강유위는 그 시대에 대한 그의 정치적 주장이 바로 공자의 승평세의 제도라고 주장했다.

2) 『대동서』

공자는 삼세의 설을 말하기는 했지만 태평세(太平世)의 대동 사상에 대한 언급은 매우 간략했다. 강유위는 말했다.

> 공자는 "거란"과 "소강"의 제도는 많이 언급했지만 태평세의 대동 제도에 대한 설명은 적다. 시세에 맞게 구체적 논의를 한 것은 난세에 대한 대책을 모색한 결과였다. 공자 시대에는 세상이 아직 어린아이 상태에 있었으므로 아이를 양육하는 사람은 갑작스럽게 어른이 되기를 기대하여 곧 강보를 벗게 할 수는 없었다. 즉 거란의 제도를 모색한 것은 공자도 부득이했던 것이다. 그래서 태평의 법도와 대동의 도는 미리 찬연히 진술해놓기는 했지만 해당 시대에 살지 않았던 만큼 그 사상이 완전하지 못했을 뿐이다.
>
> 진화의 과정은 일정한 궤도가 있어서 뛰어넘을 수 없다. 이미 그 시대에 이르면 스스로 변통(變通)해야 한다. 즉 삼세의 법도와 삼통의 도는 각각 달

---

15) 孔子之法, 務在因時. 當草昧亂世, 敎化未至, 而行太平之制, 必生大害. 當升平世而仍守據亂, 亦生大害也. 譬之今當升平之時, 應發自主自立之義, 公議立憲之事. 若不改法, 則大亂生. (같은 곳)
　　『신편』VI, 113쪽 : 이것이 그의 "변법" 주장의 철학적인 근거이다.]

랐다. 공자의 고충은 오로지 시대의 폐단을 구제하는 데에 있었음을 알 수 있다. **공자는 3,000년 후에 반드시 성인이 다시 일어나 대동의 새 가르침을 선양하리라는 것을 미리 알았지만**, 승평과 태평의 궤도를 도외시하거나 난세를 다스려 소강에 이르는 과정을 그르다고 여기지 않았다.[16]

『논어』에 "주나라를 계승한 왕조는 100세(世) 이후라도 알 수 있다"고 했는데, "30년이 한 세대이니 '100세대'는 3,000년이다." 따라서 "공자는 3,000년 후에 반드시 성인이 다시 일어나 대동의 새 가르침을 선양하리라는 것을 미리 알았다"고 말했다. 강유위는 그 성인을 자처하며 『대동서(大同書)』*를 지어 "대동의 새 가르침을 선양했다."

강유위는 말했다.

광막한 원기(元氣)가 천지를 창조했다. 하늘은 각 사물(物)의 혼질(魂質)이니, 사람도 한 사물의 혼질이다. 형체가 큰 것이든 작은 것이든 그것이 태원(太元)에서 호기(浩氣)를 분배받은 것은 마치 큰 바다에서 물방울을 떠낸 것과 다름없다. 공자는 "땅은 신기(神氣)로 가득한데, 신기는 바람과 번개이며, 바람과 번개가 형체에 흘러들면 모든 생물이 뚜렷이 생긴다"고 말했다. 신(神)은 지각이 있는 전기(電)이다. 광전(光電)은 이르지 못하는 곳이 없고,

---

16) 孔子發明據亂小康之制多, 而太平大同之制少. 蓋委曲隨時, 出於撥亂也. 孔子之時, 世尙幼稚. 如養嬰兒者, 不能遽待以成人, 而驟離於襁褓. 據亂之制, 孔子之不得已也. 然太平之法, 大同之道, 固預爲燦陳, 但生非其時, 有志未逮耳. 進化之理, 有一定之軌道, 不能超度. 旣至其時, 自當變通. 故三世之法, 三統之道, 各異. 苦衷可見, 但在救時. 孔子知三千年後, 必有聖人復作, 發揮大同之新敎者, 然必不能外升平太平之軌, 則亦不疑夫撥亂小康之誤也.(『중용주』)

* 『신편』VI, 119쪽 : 1884년 청·프 전쟁 때 강유위는 27세였는데, 이 해에 『대동서』를 썼다. 이 책은 신해혁명 이후에야 겨우 일부만 발표되었고 1935년에 비로소 전서가 출판되었다. 그 몇십 년 동안 그는 계속해서 자료를 보충했다. 이 책의 기본 사상은 그의 "삼세설"에서 발전한 것이었다. 그는 당시의 구미 자본주의 국가는 이미 "승평세" 단계에 이르기는 했으나 그것뿐이고, 그 단계보다 더 높은 "태평세" 단계가 있다고 여겼다. 그는 「예운」의 대동장(大同章)의 이상(理想)에 근거하여 그가 아는 당시 자본주의 국가 내의 일련의 사회개량적 조치와 이상을 덧붙이고 다시 그 자신의 주관적 희망과 환상을 덧붙여 그 책을 썼는데, 그 내용은 민주주의의 평등 정신으로 충만해 있고 사회주의적 사상도 담고 있다.

신기는 감응하지 못하는 대상이 없다. [신기는] 귀신과 상제를 신령스럽게 하고 하늘과 땅을 낳는다.* 온전한 신기(神)이든 부분적인 신기이든 그 으뜸은 오직 사람이다. 심오하고 오묘하다! 신기의 감촉 작용이여!

전기 없는 사물도 없고, 신기 없는 사물도 없다. 무릇 신기(神 : 神氣)는 인식능력(知氣), 영혼의 앎(魂知), 정신(精爽 : 精神), 영명함(靈明), 명덕(明德)인데, 이름은 다르지만 실상은 똑같다. **지각**(覺知)이 있으면 흡인(吸攝 : 吸引)이 있는 것은 자석의 경우도 그렇거늘 하물며 사람이랴? 불인지심[不忍之心]이 흡인의 힘이다. 따라서 사람에게 인(仁)과 지(智)가 똑같이 내재하지만 지가 앞서고, 인과 지가 똑같이 작용하지만 인이 귀하다.[17]

이것은 사실상 "어진 사람은 천지만물을 일체로 여긴다"[18]는 정명도와 왕양명의 설인데, 당시 사람들이 접한 서양 물리학의 새 학설을 가지고 부회한 것이다. 맹목적인 적용(生呑活剝)에 불과하지만 요컨대 당시에 있을 수 있는 일이다. 사람은 모두 불인지심이 있으니 그 마음이 바로 대동의 가르침이 가능한 이유이다.**

사람에게 지각(覺知)이 있기 때문에 고통과 낙(苦樂)이 있다. 강

---

* 『장자』:夫道,……未有天地, 自古以固存;神鬼神帝, 生天生地.〈제6장,주3〉

17) 夫浩浩元氣, 造起天地. 天者, 一物之魂質也. 人者, 亦一物之魂質也. 雖形有大小, 而其分浩氣於太元, 揖涓滴於大海, 無以異也. 孔子曰:"地載神氣;神氣風霆;風霆流形;庶物露生." 神者, 有知之電也. 光電能無所不傳, 神氣能無所不感. 神鬼神帝, 生天生地. 全神分神, 惟元惟人. 微乎妙哉, 其神之有觸哉! 無物無電, 無物無神. 夫神者, 知氣也, 魂知也, 精爽也, 靈明也, 明德也;數者, 異名而同實. 有覺知則有吸攝, 磁石猶然, 何況於人? 不忍者, 吸攝之力也. 故仁智同藏, 而智爲先;仁智同用, 而仁爲貴矣. (『대동서』 갑부[甲部])

18) 仁者以天地萬物爲一體.〈제12장,주97;제14장,주57,주77〉

** 『신편』VI, 124-25쪽: 강유위의 사상에 내재된 시대적 특징은 "격의(格義)"로 볼 수 있다. 두 문화가 접촉하는 초기의 외국 문화 수용자는 흔히 수용한 외국 문화의 일부 측면을 즐거워하며 중국 문화의 어떤 측면과 견강부회하는데,……이런 부회가 "격의"이다.……강유위는 유신변법의 각 주장들을 제시할 때 항상 "탁고개제"의 방법을 써서 그의 추진 내용이 결코 서양 신문화의 채용이 아니라 도리어 공자의 교의의 실현이라고 설명했다. 그는 외래 문화와 대항한 것이 아니라 도리어 그 가치를 찬양했다. 그러나 그의 찬양은 오직 그것이 공자의 삼세설의 교의에 부합한다는 점에 한정되었을 뿐이었다. 그는 옛것을 가지고 새것을 해석했고 중국 고유의 문화적 안목에서 서양 전래의 문화를 비평했다.

유위는 말했다.

　　지각이 있는 생물은 뇌신경에 영혼이 들어 있다. 뇌신경이 물질 또는 비물
질적인 것과 접촉할 때 알맞거나 알맞지 않은 것이 있고, 적합하거나 적합하
지 않은 것이 있다. 그중에서 뇌신경에 적합하고 알맞은 것은 정신(神魂)이
즐거워하고, 뇌신경에 적합하지 못하고 알맞지 못한 것은 정신이 괴로워한
다. 하물며 사람의 경우 뇌신경이 더욱 영명하고 정신이 더욱 청명하여 물질
또는 비물질적인 것이 신체에 감촉할 때 더욱 복잡하고 예리하고 빠르게 반
응하므로 적합하고 적합하지 않음이 더욱 뚜렷이 드러나, 적합한 것은 수용
하고 적합하지 않은 것은 거절한다. 따라서 인도(人道)에는 오직 알맞음과
알맞지 않음이 있을 뿐이다. 알맞지 않은 것은 고통이고, 알맞고 또 알맞은
것이 낙이다. 따라서 인도는 사람을 근거로 상정한 것이니, 사람에 근거한
도에는 **고통과 낙**이 있을 뿐이다. 사람을 위한 노력에서 그들의 고통을 없애
고 낙을 만들어주는 것 외에 다른 도가 있지 않다.[19]

　○온 세상에 생명 있는 것들은 모두 낙을 구하고 고통을 벗어나려고 할 뿐
다른 도가 없다. 그들이 길을 우회하기도 하고 빌리기도 하면서 온갖 곡절을
겪고 고통을 무릅쓰면서도 마다하지 않는 것은 낙을 얻으려는 것일 뿐이다.
사람마다 성품이 다르지만 단정할 수 있는 것은 인도에는 고통을 구하고 낙
을 버리는 사람은 없다는 점이다. 법도를 수립하고 종교를 창안하여 사람들
에게 낙을 주고 고통을 없애는 것이 선(善) 가운데 선이고, 낙을 증대시키고
고통을 감소시켜주는 것은 선하기는 하지만 아직 완전한 선은 아니다. 고통
을 많게 하고 낙을 적게 하는 것은 악이다.[20]

---

19) 夫生物之有知者, 腦筋含靈. 其與物非物之觸遇也, 卽有宜有不宜, 有適有不適. 其於
　　腦筋適且宜者, 則神魂爲之樂. 其於腦筋不適不宜者, 則神魂爲之苦. 況於人乎, 腦筋
　　尤靈神魂尤淸明, 其物非物之感入於身者尤繁夥精微急捷, 而適不適尤著明焉. 適宜
　　者受之, 不適宜者拒之. 故夫人道只有宜不宜. 不宜者, 苦也 ; 宜之又宜者, 樂也. 故
　　夫人道者, 依人以爲道. 依人之道, 苦樂而已. 爲人謀者, 去苦以求樂而已, 無他道矣.
　　(『대동서』갑부)

20) 故普天下有生之徒, 皆以求樂免苦而已, 無他道矣. 其有迂其塗, 假其道, 曲折以赴,
　　行苦而不厭者, 亦以求樂而已. 雖人之性有不同乎, 而可斷斷言之曰, 人道無求苦去
　　樂者也. 立法創敎, 令人有樂而無苦, 善之善者也. 能令人樂多苦少, 善而未盡善者
　　也. 令人苦多樂少, 不善者也. (같은 곳)

이 기준을 견지하여 헤아리면 "대동의 태평의 도"는 지극히 선한 법도이자 교의이다. 강유위는 말했다.

세상의 법도를 두루 살피건대, 산 사람의 고통을 구제하고 큰 낙을 구하려고 할 경우 대동의 도를 버리고는 아마 그 길이 없을 것이다. 대동의 도는 지극히 평등하고 지극히 공정하고 지극히 어질어서 정치의 정점이니 아무리 선한 도라도 그것을 능가할 것은 없다.[21]

따라서 "신명(神明)한 성왕(聖王)인" 공자는 "삼통과 삼세의 법을 세워 거란세 이후 승평세와 태평세로 바뀌고 소강 이후 대동으로 나아간다"[22]고 여겼다.

강유위는 "인도의 고통은 헤아릴 수 없이 많아 상상할 수 없으므로" "두드러지게 큰 것만 대강 들면"[23] 다음과 같다고 여겼다.

인간(신체 조건)의 7대 고통 : (1)잉태됨, (2)요절, (3)불구, (4)야만인, (5)변경 거주인, (6)노비, (7)여자.

천재지변의 8대 고통 : (1)홍수와 가뭄에 의한 기근, (2)전염병, (3)화재, (4)수재, (5)화산 폭발, (6)건물 붕괴, (7)선박 침몰, (8)메뚜기 떼.

인간관계상의 5대 고통 : (1)홀아비와 과부, (2)고아와 무자식 노인, (3)질병에 의사가 없는 것, (4)빈궁, (5)비천.

정치상의 7대 고통 : (1)형벌과 투옥, (2)가혹한 세금, (3)병역, (4)계급, (5)압제, (6)국가의 존재, (7)가정의 존재.

감정상의 6대 고통 : (1)우둔함, (2)원한, (3)노고, (4)사랑, (5)속박, (6)욕망.

부러움의 대상으로서의 5대 고통 : (1)부자, (2)귀인, (3)장수자, (4)제왕, (5)신(神)·성인·신선·부처[부처를 포함한 모든 사람이 고통을 겪음].[24]

---

21) 徧觀世法, 舍大同之道, 而欲救生人之苦, 求其大樂, 殆無由也. 大同之道, 至平也, 至公也, 至仁也, 治之至也. 雖有善道, 無以加此矣. (같은 곳)

22) 立三統三世之法, 據亂之後, 易以升平太平 ; 小康之後, 進以大同. (같은 곳)

23) 人道之苦, 無量數不可思議.……粗擧其易見之大者.

24) 人生之苦七 : 一投胎, 二夭折, 三廢疾, 四蠻野, 五邊地, 六奴婢, 七婦女. 天災之苦八 : 一水旱飢荒, 二疫癘, 三火焚, 四水災, 五火山, 六屋壞, 七船沈, 八蝗虫. 人道之苦五 : 一鰥寡, 二孤獨, 三疾病無醫, 四貧窮, 五卑賤. 人治之苦七 : 一刑獄, 二苛稅, 三兵役, 四階級, 五壓制, 六有國, 七有家. 人情之苦六 : 一愚蠢, 二讎怨, 三勞苦, 四愛戀,

이들 여러 고통을 벗어나려면 그 근원을 알아야 한다. 강유위는 말했다.

　　이상은 모두 인도(人道)의 고통이고 조류, 짐승, 어류, 갑각류의 고통의 양상은 논하지 못했다. 그러나 삶의 슬픔을 총체적으로 살펴보면 **모든 고통의 근원은 9계(界) 때문이다.** 구계란 무엇인가?

　　첫째, 국계(國界)로서 영토와 부락의 구분이다. 둘째, 급계(級界)로서 귀천과 청탁의 구분이다. 셋째, 종계(種界)로서 황인, 백인, 갈색인, 흑인의 구분이다. 넷째, 형계(形界)로서 남녀의 구분이다. 다섯째, 가계(家界)로서 부자와 부부의 친밀함의 구분이다. 여섯째, 업계(業界)로서 농·공·상의 산업의 구분이다. 일곱째, 난계(亂界)로서 불평등, 편파성, 부당성, 불공정한 법이다. 여덟째, 유계(類界)로서 사람, 새, 짐승, 곤충, 물고기 등의 구별이다. 아홉째, 고계(苦界)로서 고통이 고통을 낳아, 대대로 계속되는 것은 상상을 초월한다.[25]

　"모든 고통의 근원이 9계 때문임"을 인식하고 이 9계를 제거하면 고통을 없앨 수 있다. 강유위는 말했다.

　　어떻게 고통을 없앨 것인가? 병을 알면 약을 쓰거니와, 저 9계를 제거하여 속박을 풀면, 초연히 날아올라 하늘에 닿고 심연에 이르러 호연한 마음으로 자유자재하며 유연히 즐거워 태평한 대동세계에서 영원한 삶과 깨달음을 누릴 것이니, 고통을 없애는 도는 바로 9계의 제거에 있을 뿐이다.

　　첫째, 국계를 제거하여 세계를 합일한다. 둘째, 급계(계급 차별)를 제거하여 인간과 민족을 평등화한다. 셋째, 종계(인종 차별)를 제거하여 인류를 통합한다. 넷째, 형계(성차별)를 제거하여 독립을 보호한다. 다섯째, 가계(가족 차별)를 제거하여 천민(天民)이 된다. 여섯째, 업계(직업 차별)를 제거하여

　　五牽累, 六願欲. 人所尊羨之苦五：一富人, 二貴者, 三老壽, 四帝王, 五神聖仙佛. (같은 곳)

25) 凡此云云, 皆人道之苦, 而羽毛鱗介之苦狀, 不及論也. 然一覽生哀, 總諸苦之根源, 皆因九界而已. 九界者何? 一曰國界, 分疆土部落也；二曰級界, 分貴賤清濁也；三曰種界, 分黃白棕黑也；四曰形界, 分男女也；五曰家界, 分父子夫婦之親也；六曰業界, 分農工商之產也；七曰亂界, 有不平, 不通, 不同, 不公之法也；八曰類界, 有人與鳥獸虫魚之別也；九曰苦界, 以苦生苦, 傳種無窮無盡, 不可思議. (같은 곳)

생업을 공공화한다. 일곱째, 난계(정치적 차별)를 제거하여 태평을 이룬다. 여덟째, 유계(사람과 동물의 차별)를 제거하여 모든 생물을 사랑한다. 아홉째, 고계를 제거하여 극락세계에 이른다.[26]

극락세계는 태평세이다. 그러나 태평세는 사람의 정치(人治)의 절정일 뿐이고 사람 위에 또 하늘이 있다. 강유위는 『중용주』에서 말했다.

> 자사가 육경을 설하여 가르침을 수립하고 삼중(三重)의 법도를 세운 것은, 구구한 임시 방편적인 입법은 말단적인 일일 뿐 공자의 신명의 뜻이 아니며 다시 또 여러 하늘이 있어서 시원의 시원으로서 끝도 방향도 없고 색도 향기도 없고 소리도 티끌도 없는, 별도의 **하늘이 창조한 세상**(天造之世)이 있어서 **생각할 수 없고 표현할 수 없는 것**이 있음을 밝힌 것이다.
> 그곳은 **신성이 노니는 곳**으로서 뭇 생물과 함께 하늘의 하늘에 동화시키려는 것으로서 바로 공자의 지극한 도이다. 하늘이 만든, 말하거나 생각할 수 없는 세상은 필시 자사가 전해들은 미언(微言)으로서 『중용』끝 부분에 미미하게 표현하여 광대무변한 세계에 접근시킨 것이었을 것이다.[27]

『중용』끝 구절에 『시』를 인용하여 "하늘이 하는 일은 소리도 없고 냄새도 없어서 지극하다"[28]고 했는데, 강유위는 이것이 곧 "하늘이 창조한 세상"이라고 여겼다. 사람의 정치의 절정 위에 다시 더 높은 경지가 있다는 것이다.

---

26) 何以救苦, 知病卽藥. 破除其界, 解其纏縛. 超然飛度, 摩天戾淵. 雖浩然自在, 悠然至樂. 太平大同, 長生永覺. 吾救苦之道, 卽在破除九界而已. 第一曰去國界, 合大地也；第二曰去級界, 平人民族也；第三曰去種界, 同人類也；第四曰去形界, 保獨立也；第五曰去家界, 爲天民也；第六曰去産界, 公生業也；第七曰去亂界, 治太平也；第八曰去類界, 愛衆生也；第九曰去苦界, 至極樂也. (같은 곳)

27) 子思蓋言六經垂教, 三重立法, 皆區區從權立法之末事, 非孔子神明之意. 尙有諸天, 元元無盡, 無方, 無色, 無香, 無音, 無塵. 別有天造之世, 不可思議, 不可言說者. 此神聖所游, 而欲與群生同化於天天, 此乃孔子之至道也. 天造不可言思之世, 此必子思所聞之微言, 而微發之於篇終, 以接混茫.

28) 上天之載, 無聲無臭, 至矣.

3. 담사동

강유위의 입교변법운동(立敎變法運動)에 참여했고 사상 면에서
도 족히 자립한 사람이 담사동(譚嗣同, 1865-98)이다. 담사동은 자
가 복생(復生)이고, 호남성 유양현(瀏陽縣) 사람이다.* 입교변법운
동에 참여했다가 무술정변 때 살해되었는데, 그때 나이 33세였다.
담사동은 경학 방면에서 강유위의 혁혁한 실적에는 미치지 못했으
나, 사상 방면에서 그의 저서 『인학(仁學)』**은 강유위보다 치밀하
게 대동 사상을 발휘했다. 담사동은 말했다.

> 무릇 인학(仁學)은 불경의 경우 『화엄경』과 심종(心宗)과 상종(相宗)의 서
> 적에 통하고, 서양의 경우 『신약』과 수학, 과학(格致), 사회학의 서적에 통하
> 고, 중국의 경우 『역』, 『춘추』, 『공양전』, 『논어』, 『예기』, 『맹자』, 『장자』,
> 『묵자』, 『사기』, 및 도연명, 주염계, 장횡거, 육구연, 왕양명, 왕부지, 황종희
> 의 글에 통한다.[29]

담사동의 사상은 여러 방면에서 잡다하게 취하여 혼합한 것이다.

---

* 『신편』VI, 126-27쪽: 담사동은 개혁을 도덕, 사상, 문화의 영역으로 확대했고 꽤
  완벽한 철학체계로 총괄 설명했다.……그는 호가 장비(壯飛)이고……그의 부친은
  호북순무(胡北巡撫)인 대관료였다. 담사동은 어린 시절 특수한 가정환경에서 전통
  윤리도덕의 억압을 받는 중에 반항 사상이 양성되어, 가정의 전통 상규를 무시했
  고 사방을 유람하며 서양의 신지식을 흡수했다.……전통사회에 대한 그의 비판은
  당시에 가장 격렬했다. 그가 바라본 당시 중국사회는 거란세에서 승평세로 진입하
  는 과도기이므로 당시의 임무는 군통(君統)의 타도라고 생각했다. 그는 황종희의
  『명이대방록(明夷待訪錄)』을 공자 이후 최고 가치 있는 글로 여기며,……"임금이
  백성을 택하지 않고 백성이 임금을 택함"을 지적하여 "민이 근본이고" "임금은
  말단임"을 천명했다. 이는 『명이대방록』의 「원군편(原君篇)」보다 진일보했고, 맹
  자가 말한 "민중군경(民重君輕)"의 정확한 해석이었다.
** 『삼송당전집』XII, 674쪽: 『인학』은 무술유신운동 실패 후 3개월 만에 일본 동경
  에서 정식 출판되기 전에 그 운동에 참가한 모든 이들에게 이미 영향을 끼쳤다.
29) 凡爲仁學者, 於佛書當通『華嚴』及心宗相宗之書, 於西書當通『新約』及算學格致社
  會學之書, 於中國書當通『易』, 『春秋』, 『公羊傳』, 『論語』, 『禮記』, 『孟子』, 『莊子』,
  『墨子』, 『史記』, 及陶淵明, 周茂叔, 張橫渠, 陸子靜, 王陽明, 王船山, 黃梨洲之書.
  (『인학』)

그 안에는 조화롭게 관통되지 못하는 점도 있으나 그 시대 사상계의 하나의 최고 대표임에는 틀림없었다.

1) 인과 "에테르"

담사동의 인(仁)에 대한 논의는 정명도와 왕양명의 "어진 사람은 천지만물을 일체로 여긴다"〈주18〉는 설을 발전시킨 것으로, 그가 이해한 서양과학인 당시의 이른바 "격치의 학(格致之學)" 속의 새로운 설을 그것에 부회했다. 담사동은 말했다.

> 물질적 현상계, 허공의 공간, 중생세계에 지극히 크고 극히 미세하여, 모든 곳에 붙고 모든 곳을 관통하고 모든 곳에 연결되어 충만된 한 물질이 있으니, 눈은 그 색을 볼 수 없고 귀는 그 소리를 들을 수 없고 입과 코는 그것을 맛보고 냄새 맡을 수 없어서 호칭할 방법이 없는, 그것을 **이태**(以太 : 에테르)라고 한다. 그것이 작용으로 드러난 것을 일컬어 공자는 인(仁) 혹은 원(元) 혹은 성(性)이라고 불렀고, 묵자는 겸애라고 불렀고, 부처는 성해(性海) 혹은 자비(慈悲)라고 불렀고, 예수는 영혼이라고 불렀고 또는 남을 자기 몸처럼 사랑하라고 했고 원수를 사랑하라고 했고, 과학자들은 흡인력 또는 인력이라고 불렀는데, 이 모두가 그것(에테르)을 지칭한다. 물질의 세계도 그것에서 생겼고, 허공도 그것에서 성립했고, 중생도 그것에서 출생했다.[30]

[『신편』VI, 130쪽 : 담사동이 나열한 이들 책의 명단은 과학, 종교, 철학, 즉 중서(中西) 문화 각 방면의 저작을 포괄한 것이라고 할 수 있다. 그는 이들 방면을 함께 뒤섞어 서로 견강부회하여 그의 "인학"을 완성했다. 이런 상호 부회가 바로 "격의"이다. 이는 중서 문화의 접촉이 심화되어갈 때 상호 이해에 필수적인 현상이었는데, 상호 부회는 곧 상호 이해이다. 담사동의『인학』은 이런 현상의 집중적 표현이고 당시의 시대정신을 드러낸 견본이다.]

30) 徧法界, 虛空界, 衆生界, 有至大, 至精微, 無所不膠粘, 不貫洽, 不筦絡, 而充滿之一物焉. 目不得而色, 耳不得而聲, 口鼻不得而臭味, 無以名之, 名之曰以太. 其顯於用也, 孔謂之仁, 謂之元, 謂之性. 墨謂之兼愛. 佛謂之性海, 謂之慈悲. 耶謂之靈魂, 謂之愛人如己, 視敵如友. 格致家謂之愛力, 吸力. 咸是物也. 法界由是生, 虛空由是立, 衆生由是出. (『인학』)

[『신편』VI, 131쪽 : 당시 서양 물리학은 전기의 전파는 반드시 일종의 물질을 매체로 삼는다고 여겨 그 물질을 에테르라고 불렀다. 그래서 당시 서양과학을 중시한 중국인들은 에테르를 전기보다 더 세미하고 근본적인 것으로 여겼다.] [에테르는 상대성 원리에 의해서 그 존재가 부정되었음.]

"이태"는 물리학에서 말하는 ether(에테르)의 음역이다. 담사동은
그것을 "원소의 근원"〈주36〉, 한 개체의 사물은 한 개체로 뭉치고
한 단체의 사물은 한 단체로 뭉칠 수 있는 원인, 이 사물이 저 사물
에 통할 수 있는 원인으로 여겼다. 담사동은 말했다.

> 에테르의 작용은 극히 신령한데 그것이 증험되는 것이 사람 몸의 뇌와
> ……허공의 전기이다. 전기는 단지 허공에만 숨어 있지 않고 모든 사물 속에
> 충만하게 관통해 있다. 뇌는 그 한 예증인데 즉 형질(形質 : 물질적 바탕)을
> 가진 전기이다. 뇌가 형질을 가진 전기라면, 전기는 형질이 없는 뇌이다. 사
> 람은 뇌신경이 오관과 모든 뼈마디를 한 몸으로 관통함을 아는 것처럼, 전기
> 가 천지만물과 나와 남을 일체로 관통시킴을 알아야 한다.[31]

공자가 말한 인(仁) 또한 에테르의 작용이다. 담사동은 말했다.

> 인(仁)과 불인(不仁)의 구별은 통하느냐 막혔느냐에 있다. 통하고 막힘의
> 근본은 오직 그것이 "인"이냐 "불인"이냐에 있다. 통함은 마치 전선이 사방
> 으로 통하여 아무리 멀어도 도달하고 다른 모든 지역도 마치 한몸처럼 여기는
> 것과 같다. 따라서 『역』의 첫머리에 원(元)을 논했고 계속해서 형(亨)을 말했
> 는데, 원은 "인"의 뜻이고 형은 통함의 뜻이다. "인"은 자연히 통하지 못하는
> 바가 없고 또 오직 통해야 "인"의 역량은 완성될 수 있다. 그로부터 자신을 이
> 롭게 하고(利) 남을 이롭게 하여 영원히 바르고(貞) 곧게 된다.[32]

이것은 정명도가 말한 "의학 책에서 수족의 마비를 일컬어 '불인'이
라고 한 것이 '인'이라는 이름의 특징을 가장 잘 표현했다"[33]는 문
단의 의미인데, 담사동은 "건은 원·형·이·정이다"[34]는『역』의 구절
을 에테르의 작용으로써 해석했다.

---

31) 以太之用之至靈而可徵者, 於人身爲腦.……於虛空則爲電, 而電不止寄於虛空, 蓋
無物不彌綸貫徹. 腦其一端, 電之有形質者也. 腦爲有形質之電, 是電必爲無形質之
腦. 人知腦氣筋通五官百骸爲一身, 卽當如電氣通天地萬物人我爲一身也. (『인학』)
32) 仁不仁之辨, 於其通與塞. 通塞之本, 惟其仁不仁. 通者如電線四達, 無遠弗屆, 異域
如一身也. 故『易』首言元, 卽繼言亨. 元, 仁也；亨, 通也. 苟仁自無不通, 亦惟通而仁
之量乃可完. 由是自利利他, 而永以貞固. (『인학』)
33) 醫書言手足痿痹爲不仁；此言最善名狀.〈제12장,주97〉
34) 乾元亨利貞. [『주역』, 53쪽]

2) 유무와 생멸

담사동은 또 모든 사물은 화학적 원소가 취합하여 생성된 것이므로 자성(自性)이 없다고 여겼다. 담사동은 말했다.

저 동물과 식물의 본성의 차이는 그 자체의 본성이 그렇기 때문인가 아니면 구성요소의 위치(배열)와 비율의 차이 때문인가? 구성요소는 73종의 원소를 벗어나지 않는다. 어떤 원소와 어떤 원소가 화합하면 다른 어떤 사물의 본성이 된다. 분리하여 다른 원소와 화합하거나 혹은 어떤 원소가 증가되고 어떤 원소가 감소되면 또 다른 사물의 본성이 된다. 또 같은 수의 원소가 화합하더라도 많고 적음과 주체와 보조의 역할이 조금이라도 차이가 나면 다른 어떤 사물의 본성으로 되는 온갖 복잡한 변화는 이루 다 기록할 수 없다. ……그러나 원소는 처음부터 원래의 모습에서 전혀 가감이 되지 않는다.[35]

"원소의 근원"이 에테르이다. 담사동은 말했다.

원소는 73종류가 있으나, **원소의 근원**(原質之原)은 하나의 에테르일 뿐이다. 하나이므로 생기지도 멸하지도 않는데, 생기지 않기에 유(有)라고 할 수 없고, 멸하지 않기에 무(無)라고 할 수 없다.[36]

여기서 보면 에테르는 또 만물의 질료인(質因)[37]이니 앞의 설명과 꼭 같지는 않다. 에테르는 불생불멸하는데, 담사동은 말했다.

그것의 불생불멸에 대한 증거가 있는가?

"눈앞에 보이는 것이 다 그 증거인데, 앞서 말한 화학적 이론의 결론에서 보면, 몇 가지 원소로 분석되고 다시 몇 가지 원소를 결합된 것에 불과하니, 이미 그러하고 원래 그러한 것들이 각 시기에 결합하고 배척하는 정도와 혼합하는 비율에 따라 이러한 사물 저러한 사물로 불릴 따름이다. 즉 하나의 원

---

35) 彼動植之異性, 爲自性爾乎? 抑無質點之位置與分劑有不同耳. 質點不出乎七十三種之原質. 某原質與某原質化合, 則成一某物之性. 析而與他原質化合, 或增某原質, 減某原質, 則又成一某物之性. 即同數原質化合, 而多寡主佐之少殊, 又別成一某物之性. 紛紜蕃變, 不可紀極.……然而原質則初無增損於故也. (『인학』)

36) 然原質猶有七十三之異 ; 至於原質之原, 則一以太而已矣. 一故不生不滅. 不生故不得言有, 不滅故不得言無. (『인학』)

37))【주】아리스토텔레스가 말한 질료인(質因 : 質料因)과 같다.

소를 조금이라도 변화시켜 다른 원소를 창조할 수 있는 것은 결코 아니다."[38]

에테르는 불생불멸하고 원소는 늘지도 줄지도 않으므로 우주간에
는 다만 변역(變易)만 있고 존망(存亡)은 없다. 담사동은 말했다.

유무(有無)란 취산(聚散 : 모임과 흩어짐)을 지칭하지 생멸(生滅)을 지칭하
지 않는다.……왕부지는 『역』을 설명하여 "한 괘에는 원래 12효가 있으나
반은 숨어 있고 반만 드러나 있다"고 말했다. 즉 위대한 역은 유무를 논한
것이 아니라 숨고 드러남(隱見)만 논했을 뿐이다.[39]

장횡거의 『정몽(正蒙)』「삼량편(參兩篇)」의 "기가 모이면 눈에 보
이는 형체가 생긴다"[40]는 구절이 바로 이 의미인데, 담사동이 장횡
거의 주장을 기반으로 당시에 들은 화학의 새 주장을 빌려서 설명
한 것 같다.

에테르는 불생불멸하나 "미미한 생멸"은 있다. 개체적 사물은 잠
시도 변화 속에 있지 않을 때가 없으니 잠시도 생멸 속에 있지 않을
때가 없다. 이 개체의 생멸은 곧 에테르의 "미미한 생멸"이다. 담사
동은 말했다.

과거를 보면 생멸은 시작이 없고, 미래를 보면 생멸은 끝이 없다. 현재에
서 보면 생멸은 끝없이 계속된다.……장자는 말하기를 "배를 골짜기에 숨겨
두고 스스로 안전하다고 말하지만 힘센 자가 밤중에 그것을 몽땅 짊어지고
달아날 수 있다"고 했으나, 나는 골짜기도 짊어지고 달아난다고 말하겠다.
또 장자는 "기러기들은 이미 저 높이 날아올랐건만 사냥꾼은 아직 늪지대를
살피고 있다"고 했으나, 나는 늪지대도 이미 날아올랐다고 말하겠다.……공
자는 냇가에 서서 "흐르는 것은 이처럼 밤낮을 가리지 않는다"고 했으나 밤
낮은 곧 냇물의 이치이고 냇물은 주야의 형상이다.……같지도 다르지도 않

38) 不生不滅有徵乎? 曰, 彌望皆是也. 如向所言化學諸理, 窮其學之所至, 不過析數原
質而使之分, 與併數原質而使之合. 用其已然而固然者, 時其好惡, 劑其盈虛而以號
曰某物某物, 如是而已. 豈能竟消磨一原質, 與別創造一原質哉? 『인학』)
39) 有無者, 聚散也, 非生滅也.……王船山之說『易』, 謂一卦有十二爻, 半隱半見. 故大
易不言有無, 隱見而已. 『인학』)
40) 氣聚則離明得施而有形. 〈제12장, 주13〉

고, 단절되지도 영속되지도 않으며, 생기면 곧 멸하고 멸하면 곧 생기니, 생
과 멸이 서로 교환될 때 미미하고 또 미미해져 더 이상 미미해질 곳이 없는
데에 이르고, 빽빽하고 또 빽빽해져 더 이상 빽빽해질 곳이 없는 데에 이른
다. 그리하여 불생불멸하는 하나로 융합된다. 불생불멸의 상태가 있더라도
미미한 생멸(微生滅)은 물론 쉽게 숨겨지지 않는다.[41]

만물은 잠시도 변화하고 생멸하지 않는 때가 없으니, 만물은 잠시
도 "일신"하지 않는 때가 없다. 담사동은 말했다.

　　변화(逝)의 반면을 살펴보면 그것은 곧 **"일신**(日新 : 부단히 새로워짐)"이
다. 공자는 말하기를 "혁(革)은 옛것을 제거함이고 정(鼎)은 새것을 취함이
다"고 했고, 또 "일신이 위대한 공덕이다"고 했는데, 선(善)은 일신의 경지
에 이르러 머문다는 뜻이고, 악은 일신하지 않는 상태에 머문다는 뜻이다.
……공덕이 새로워져야 함은 세상 사람들이 용인하면서도 유독 현재 수구적
인 비루한 선비들이 완고하게 변법을 거부하는 까닭은 대체 무엇인가?[42]

이것은 담사동이 당시의 변법운동에 부여한 철학적 근거이다.

3) 대동의 정치

　　담사동 역시 "어진 사람은 천지만물과 일체가 된다"는 사상을 중
시한 만큼 정치 방면에서는 강유위가 말한 "대동의 가르침"〈주16〉
을 강론했다. 담사동은 말했다.

　　지구의 정치에는 천하가 있을 뿐이고 국가는 없다. 장자는 말하기를 "천

---

41) 求之過去, 生滅無始. 求之未來, 生滅無終. 求之現在, 生滅息息.……莊曰:"藏舟於
壑, 自謂已固, 有大力者夜半負之而走." 吾謂將並壑而負之走也. 又曰:"鴻鵠已翔
於萬仞, 而羅者猶視乎藪澤." 吾謂並藪澤亦一已翔者也.……孔在川上曰:"逝者如
斯夫, 不舍晝夜." 晝夜卽川之理;川卽晝夜之形.……非一非二[二:異], 非斷非常.
旋生旋滅, 卽滅卽生. 生與滅相授之際, 微之又微, 至於無可微. 密之又密, 至於無可
密. 夫是以融化爲一, 而成乎不生不滅. 成乎不生不滅, 而所以成之微生滅, 固不容掩
焉矣. (『인학』)

42) 反乎逝而觀, 則名之曰日新. 孔曰:"革去故, 鼎取新." 又曰:"日新之謂盛德." 夫善
至於日新而止矣;夫惡亦至於不日新而止矣.……德之宜新也, 世容知之. 獨何以屆
今之世, 猶有守舊之鄙生, 斷斷然曰不當變法, 何哉? (『인학』)

하를 재유(在宥)한다는 말은 들었어도 천하를 다스린다는 말은 못 들었다"
고 했는데, 다스림은 국가에 해당되고 재유는 국가가 없다는 의미이다. "재
유는 자유(自由)의 다른 이름이다"는 말은 그 의미가 깊다. 사람사람마다 자
유로울 수 있으려면 반드시 국가가 없는 백성이어야 된다. 국가가 없으면 국
경이 사라지고 전쟁이 종식되고 시기가 없어지고 권모술수가 폐기되어 남과
나의 구별도 없어져 평등이 출현하니, 천하가 있어도 없는 것과 같아진다.
그리하여 군신관계는 폐기되고 귀천은 평등해지고 공리(公理)가 천명되고
빈부가 균등해져, 천리 만리의 사람들이 한 집안 사람처럼 되어 자기의 집은
잠시 머무는 여관으로 여기고 남들을 동포로 여긴다. 그래서 자기 자식에 대
한 아버지의 자애를 쓸 데가 없어지고 부모에 대한 아들의 효도를 사용할 데
가 없어진다. 형과 아우는 형우제공(友恭 : 兄友弟恭)의 관념을 잊고 부부는
부창부수(倡隨 : 夫唱婦隨)의 관념을 잊게 된다. 서양 책에서 말하는 천년왕
국이 아마 「예운」의 대동의 형상과 흡사한 것 같다.[43]

이 사상을 『역』과 『춘추』는 이미 언급했다고 담사동은 생각했다.
그는 말했다.

　내가 말하는 지구의 변화는 내 말이 아니라 『역』의 말이다. 『역』은 천하
의 도를 포괄하므로 지극히 심오하여 배척할 수 없다. 나는 일찍이 아무개
(강유위?)의 건괘 설명을 들었는데, 『춘추』의 삼세(三世) 사상에 부합하고
있었다. 『역』은 삼재(三才)를 겸하여 반복한다. 따라서 삼세가 중복되어 있
는데, 내괘(內卦)는 역순이고 외괘(外卦)는 순서에 맞다.
　"초구(初九), 숨은 용이니 쓸모가 없다(潛龍勿用)"고 함은 태평세의 원통
(元統)을 지칭한다. 교주도 없고 군주도 없다. 이 시기는 홍황태고(洪荒太古 :
혼돈 몽매한 태고)에 해당되며 인민이 매우 어리석어 교대로 추장이 되었다.
사람에 비하면 갓난아이에 해당된다. "물용(勿用)"은 쓸모가 없다는 뜻이다.

---

43) 地球之治也, 以有天下而無國也. 莊曰 : "聞在宥天下, 不聞治天下." 治者, 有國之義
也. 在宥者, 無國之義也. 曰在宥, 蓋自由之轉音, 旨哉言乎! 人人能自由, 是必爲無
國之民. 無國則畛域化, 戰爭息, 猜忌絕, 權謀棄, 彼我亡, 平等出, 且雖有天下, 若無
天下矣. 君主廢, 則貴賤平 ; 公理明, 則貧富均. 千里萬里, 一家一人. 視其家, 逆旅
也. 視其人, 同胞也. 父無所用其慈 ; 子無所用其孝. 兄弟忘其友恭 ; 夫婦忘其倡隨.
若西書中百年一覺者, 殆彷彿「禮運」大同之象焉. (『인학』)

"구이(九二), 나타난 용이 밭에 있으니(在田) 대인을 보면 이롭다"고 함은 승평세의 천통(天統)을 지칭한다. 이 시기는 점차 교주와 군주가 생기지만 인민과의 거리가 아직 멀지 않다. 따라서 "밭에 있다"고 말했다. 이 시기는 삼황오제(三皇五帝) 시대에 해당되고 사람에 비하면 어린아이에 해당된다.

"구삼(九三), 군자는 낮에는 노력하고 밤에는 경계하면 위험에 처해도 재앙이 없다"고 함은 거란세의 군통(君統)을 지칭한다. 군주가 전횡하기 시작하자 교주가 출현하여 그것을 다스리지 않을 수 없었다. 따라서 그 주장에 근심과 염려가 많다. 이 시기는 삼대(三代)에 해당되고 사람에 비하면 관례와 혼례를 치를 시기에 해당된다.

이상이 내괘의 "역삼세(逆三世)"이다.

"구사(九四), 용이 연못에서 활동하면(或躍在淵) 허물이 없다"고 함은 거란세의 군통을 지칭한다. 위로 하늘에 있지(在天 : 구오의 상태)도 않고 밭에 있지(在田 : 구이의 상태)도 않는 형상이다. "혹(或)"은 "시험삼아"의 뜻이다. 할 수 없음을 알면서도 한 사람이 공자이다. 공자의 시대부터 현재에 이르기까지가 모두 이 시기에 해당된다. 사람에 비하면 장년 이후에 해당된다.

"구오(九五), 나는 용이 하늘에 있으니 대인을 보면 이롭다"고 함은 승평세의 천통을 지칭한다. 지구의 뭇 종교는 똑같이 한 교주를 받들고 지구의 뭇 나라는 한 군주를 섬기니, 이 시기는 "대일통(大一統)"에 해당되고 사람에 비하면 지천명(知天命 : 50세)에 해당된다.

"상구(上九), 자만하는 용은 후회가 있다"고 함은 태평세의 원통을 지칭한다. 지구를 통합하여 하나의 교주, 하나의 군주가 있으며 정세는 홀로 선다. 홀로 서기 때문에 자만하고 자만하기 때문에 후회한다. 후회하면 사람마다 교주의 덕을 지니므로 교주는 폐기되고, 사람마다 군주의 권한을 가지므로 군주는 폐기되니, 이 시기는 온 세상에 민주(民主)가 행해져 사람에 비하면 공부가 순수하고 익숙해져 이른바 종심소욕불유구(從心所欲不踰矩)에 해당된다고 할 수 있다.

이것이 외괘의 "순삼세(順三世)"이다.

그러나 또 흔적은 남아 있다. "용구(用九), 뭇 용이 (구름에 숨어) 머리가 없음을 보면 길하다, 천덕은 앞장서서 과시하지 않는다"고 했고 또 "천하가 태평하다"고 한 것은 일체 중생이 보편적으로 성불한다는 말이다. 교주가

없을 뿐더러 종교도 없고, 군주가 없을 뿐더러 민주도 없고, 지구가 통일될
뿐더러 지구도 없으며, 하늘이 통합될(統天) 뿐더러 하늘도 없게(無天) 된다.
그런 연후에 지극하고 완벽해서 더 이상 덧붙일 것이 없다.[44]

여기서 인용한 것이 강유위의 설인지는 모르겠으나, "용구, 뭇 용이
머리가 없음을 보면 길하다"는 최고 경지는 강유위가 말한 "생각할
수 없고 표현할 수 없는" "신성이 노니는" 〈주27〉 경지이다.*

---

44) 吾言地球之變, 非吾之言, 而『易』之言也. 『易』冒天下之道, 故至賾而不可惡. 吾嘗
聞□□之論乾卦矣, 於『春秋』三世之義有合也. 『易』兼三才而兩之, 故有兩三世；內
卦逆而外卦順. "初九, 潛龍勿用." 太平世也, 元統也. 無敎主, 亦無君主. 於時爲洪
荒太古, 氓之蚩蚩, 互爲酋長已耳. 於人爲初生. 勿用者, 無所可用者也. "九二, 見龍
在田, 利見大人." 升平世也, 天統也. 時則漸有敎主君主矣, 然去民尙未遠也, 故曰在
田. 於時爲三皇五帝. 於人爲童稚. "九三, 君子終日乾乾, 夕惕若, 厲无咎." 據亂世
也, 君統也. 君主始橫肆, 敎主乃不得不出而劑其平. 故詞多憂慮. 於時爲三代, 於人
爲冠婚. 此內卦之逆三世也. "九四, 或躍在淵, 无咎." 據亂世也, 君統也. 上不在天,
下不在田. 或者, 試詞也. 知其不可爲而爲之者, 孔子也. 於時則自孔子之時至於今日
皆是也, 於人則爲壯年以往. "九五, 飛龍在天, 利見大人." 升平世也, 天統也. 地球
群敎, 將同奉一敎主. 地球群國, 將同奉一君主. 於時爲大一統, 於人爲知天命. "上
九, 亢龍有悔." 太平世也, 元統也. 合地球而一敎主, 一君主, 勢又孤矣. 孤故亢, 亢
故悔. 悔則人人可有敎主之德, 而敎主廢. 人人可有君主之權, 而君主廢. 於時徧地爲
民主, 於人爲功夫純熟, 所謂從心所欲不踰矩矣. 此外卦之順三世也. 然而猶有迹象
也. 至於"用九, 見群龍無首吉, 天德不可爲首也." 又曰: "天下治也." 則一切衆生,
普遍成佛. 不惟無敎主, 乃至無敎. 不惟無君主, 乃至無民主. 不惟渾一地球, 乃至無
地球. 不惟統天, 乃至無天. 夫然後至矣, 盡矣, 蔑以加矣. (『인학』)

* 『신편』 VI, 145~46쪽 : 담사동도 강유위가 말한 "삼세설"을 주장하여 서양 자본주
  의 사회가 도달한 것은 "승평세"의 단계에 불과하고 그 위에 또 "태평세"가 있다
  고 여겼다. 그는 두 종류의 "삼세", 즉 "역삼세"와 "순삼세"가 있다고 했다. 그에
  따르면 인류사회가 막 개시되었을 때 종교도 정치도 없어서 교주도 군주도 없었는
  데, 이런 사회가 "원통"이고, 이 역사 단계가 "태평세"이다. 이른바 "홍황태고(洪
  荒太古)"가 곧 그 시대였다. 이 "태평세"로부터 승평세로 진보하는데, 이 단계에
  서는 점차 교주와 군주가 생기지만 그들과 인민의 거리는 그리 멀지 않다. 이 단계
  에서 교주의 권력은 비교적 크므로 이런 사회는 "천통"이라고 불렀다. 이른바 "삼
  황오제"가 곧 이 단계였다. 사회는 다시 승평세에서 거란세로 이르는데 이 역사
  단계는 군주가 전제하므로 그 사회는 "군통"이다. 중국사회는 공자부터 19세기
  말까지 모두 이 단계에 있었다고 담사동은 생각했다. 역사 발전이 경과한 이 삼세
  가 "역삼세"이다. 중국은 눈앞의 거란세에서 변법개혁을 거치면 승평세에 진입하
  고,……승평세에서 다시 한 단계를 올라가면 "태평세"에 이른다.……인류사회의

4) 교주론

담사동은 또 논박자를 설정하여 "그대가 진술하는 사상은 고상하기는 하나, 이미 실행할 수 없는 이상 거창한 공언일 뿐 무슨 이익이 있겠는가"라고 반문했다. 이에 담사동은 말했다.

> 나는 앎을 중시하지 행위를 중시하지 않는다. 앎이란 영혼(靈魂)의 일이고, 행위는 육신(體魄)의 일일 뿐이다. 공자는 말하기를 "아는 것을 안다고 하고 모르는 것을 모른다고 하는 것이 앎이다"고 했거니와 아는 것도 앎이고 모르는 것도 앎이니, 이것은 행위는 한계가 있으나 앎은 한계가 없으며, 행위는 막힘이 있으나 앎은 막힘이 없다는 뜻이다.……가르침은 앎을 구하는 방법이다. 따라서 모든 교주(教主)와 교도(教徒)는 공언을 세상에 펼쳤고, 직접 행하는 데는 이르지 못했고, 후세 사람들의 욕과 비난과 능멸을 당하더라도 돌아보지 않았다. 예수는 살신(殺身)했으며 그의 12제자들도 다 제명에 죽지 못했다. 공자는 겨우 살신은 면했으나 그의 70제자들 중 영달한 자는 적었다. 부처와 제자들은 모두 굶주림과 곤궁 속에서 걸식하며 고행으로 끝마쳤다. 이들은 모두 신체의 목숨을 잃으면서도 선지(先知)로써 후지(後知)를 깨우치고, 선각(先覺)으로써 후각(後覺)을 깨우친 것이었으니, 어찌 실행 여부를 물을 겨를이 있었겠는가? 다만 모세와 무함마드가 권력을 가지고 그 가르침을 실행한 것은 군주의 역할이었지 어찌 교주라고 할 수 있겠는가?[45]

교주는 사람에게 알게 할 뿐이다. 그러나 "참된 앎은 실행되지 않은 것이 없다."

예수, 공자, 부처의 "삼교(三教)는 달라도 변화는 동일하고, 변화

발전 역시 "삼세"를 경과하는데 이런 삼세가 "순삼세"이다.……담사동에 따르면 그의 이상인 태평세가 사회 발전의 최후 단계이다. 그것은 사람마다 모두 자유롭고 평등하기 때문인데, 그는 자유와 평등을 사회 진보의 표지로 삼았던 것이다.

45) 吾貴知, 不貴行也. 知者, 靈魂之事也. 行者, 體魄之事也. 孔子曰: "知之爲知之, 不知爲不知, 是知也." 知亦知, 不知亦知, 是行有限而知無限, 行有窮而知無窮也.……教也者, 求知之方也. 故凡教主教徒, 皆以空言垂世, 而不克及身行之, 且爲後世詬詈戮辱而不顧也. 耶殺身, 其弟子十二人, 皆不得其死. 孔僅免於殺身, 其弟子七十人, 達者蓋寡. 佛與弟子, 皆飢困乞食, 以苦行終. 此其亡軀命, 以先知覺後知, 以先覺覺後覺, 豈暇問其行不行哉. 惟摩西穆罕默德, 以權力行其教, 君主而已矣, 何足爲教主. (『인학』)

방식은 달라도 평등은 동일하다."⁴⁶⁾ 삼교의 최고 이상은 모두 앞에
서 서술한 최고 경지이지만 삼교의 교주가 처한 시대가 달랐기에
그 주장에 차이가 있는 것처럼 보일 뿐이다. 담사동은 말했다.

『공양전』에 제시된 삼세의 설로 헤아리면 공자가 가장 불행했다. 공자의
시대는 군주의 법도가 매우 엄밀하고 번잡해져 이른바 윤상예의(倫常禮義)
의 모든 속박과 압제의 명분이 이미 사람들 마음속에 물씬 젖어 있었기 때문
에 갑자기 혁신할 수 없었다. 당시는 이미 거란세였던 만큼 공자는 어찌 할
도리가 없었다. 그는 "미언대의" 속에 겨우 은밀한 주장들에 가탁하여 완곡
하고 막연하게 그의 뜻을 밝혀놓았을 따름이다. 그가 공식적으로 표현한 말
(雅言)은 부득불 군주 제도에 규제되지 않을 수 없었으니, 거란세의 법도에
한정되었다. 이 거란세가 군통(君統)이다.……
　예수는 다음으로 불행했다. 그의 시대도 군주가 전횡한 시대였다. 그러나
예절의 차등과 제도의 상호 차별은 중국만큼 현격하지 않았고 승평세의 모
습도 있었다. 따라서 예수는 승평세에 천국의 통치(天治)를 펼칠 수 있었는
데 이것이 천통(天統)이다.……
　부처가 가장 행복했다. 그의 국토에는 본래 역대의 신성한 군주 또는 모
세, 요한, 우, 탕, 문, 무, 주공 등과 같은 부류가 없었다. 천진(天眞)을 연마하
고 본래의 소박함에 스며든 부처 자신은 세상 밖으로 출가한 사람이었으므
로 세간의 일을 회피하거나 동조할 필요가 없었다. 따라서 태평세에 그의 대
동의 설을 완전히 펼칠 수 있었으니 바로 원통(元統)이다.……
　대동의 정치는 자기 부모만 부모로 여기지 않고 자기 자식만 자식으로 여
기지 않는다. 이처럼 부자관계도 없거늘 무슨 군신관계가 있겠는가? 독재자
나 인민의 해악자가 서로 압제하고 속박할 명분을 더 이상 얻지 못했다. 부
처가 홀로 뭇 종교의 정상에 오른 것은 시대가 그러했고 정세가 부득이했기
때문이다. 다만 여기서 교주의 법신(法身)을 헤아릴 수는 없으나, 교주의 법
신은 하나일 뿐이다. 아무개가 "삼교의 교주는 하나일 뿐이다. 내가 그 하나
를 숭배하면 삼교 모두를 숭배한 셈이다"고 한 이 말을 나는 수용한다.⁴⁷⁾

---

46) 三敎不同, 同於變. 變不同, 同於平等. (『인학』)
47) 以『公羊傳』三世之說衡之, 孔最爲不幸. 孔之時, 君子之法度, 旣已甚密而孔繁. 所謂
　倫常禮義, 一切束縛箝制之名, 旣已浸漬於人人之心, 而猝不可與革. 旣已爲據亂之

이 내용은 불교를 매우 찬양하고 있다. 그런데 찬양한 까닭은 그것이 공자의 최고 이상에 부합했기 때문이다. 즉 불교에 대한 찬양은 실은 공자에 대한 찬양이 되었다.

4. 요평

금문학파의 경학을 강유위보다 조금 일찍 논했고 강유위도 그 영향을 받은 사람으로 요평(寥平)이 있다. "요평은 자가 계평(季平)이고, 호는 처음에 사익(四益)이었으나 만년에 오역(五譯)으로 고쳤다가 다시 육역(六譯)으로 고쳤고, 사천성 정연(井硏) 사람이다. 청나라 문종(文宗) 함풍 2년(1852)에 태어나 민국 21년(1932)에 81세로 세상을 떠났다."(행장)

1) 경학 1변

요평은 학설이 모두 여섯 차례 변화를 거쳤으므로 만년에 스스로 호를 "육역"으로 고쳤다. 제1변은 "금고(今古)"인데, 시기는 계미년(癸未)이다.[48] 이 시기의 학설에 따르면 "금문학파와 고문학파의 근거점은 모두 공자에서 나와 옛것을 본받아 제도 개혁을 창안할 때의 초년과 만년의 설이다."[49] 그는 『금고학고(今古學考)』[50]에서 금문과 고문 경전의 동이를 조목조목 나열하여 금학과 고학의 분

世, 孔無如之何也. 其於微言大義, 僅得託諸隱晦之辭, 而宛曲虛渺, 以著其旨. 其見於雅言, 仍不能不牽率於君主之舊制, 亦止據亂之世之法已耳. 據亂之世, 君統也. ……耶次不幸. 彼其時亦君主橫恣之時也. 然而禮儀等差之相去, 無若中國之懸絶, 有升平之象焉. 故耶得伸其天治之說於昇平之世, 而爲天統也. ……惟佛獨幸. 其國土本無所稱歷代神聖之主, 及摩西·約翰·禹·湯·文·武·周公之屬, 琢其天眞, 漓其本樸. 而佛又自爲世外出家之人, 於世間無所避就. 故得畢伸其大同之說, 於太平之世, 而爲元統也. 夫大同之治, 不獨父其父, 不獨子其子. 父子且無[且無：平等], 更何有於君臣. 擧凡獨夫民賊所爲一切箝制束縛之名, 皆無得而加諸. 而佛遂以獨高於群敎之上, 時然也, 勢不得不然也. 要非可以揣測敎主之法身也. 敎主之法身, 一而已矣. □□□□：“三敎敎主一也. 吾拜其一, 皆拜之矣.” 期言也, 吾取之. (『인학』)

48) 【주】광서(光緖) 9년(1883)이다. 『사익관경학사변기(四益館經學四變記)』참조.

49) 今古兩家所根據, 又多同出於孔子, 於是倡爲法古改制, 初年晚年之說.

50) 【주】이 책은 병술년(丙戌), 즉 광서 12년(1886)에 완성되었다.

리는 선진시대(先秦時代)에 이미 있었고 모두 공자에서 나왔다고
여겼다. 요평은 말했다.

> 『논어』에 "주나라는 이전의 두 왕조를 거울삼았으므로 그 문화가 찬란하
> 니 나는 주나라를 따른다"고 했는데, 이것은 공자 초년의 말로서 고문학의
> 기원이다. 또 『논어』에 "하나라의 절기를 행하고, 은나라의 수레를 타고, 주
> 나라의 면류관을 쓰고, 음악은 소무(韶武)를 따른다"고 했는데, 이것은 공자
> 의 만년의 말로서 금문학의 기원이다. 또 하나라와 은나라를 인습하고 개혁
> 한 주나라를 계승할 왕조의 경우 백 세대 후의 일도 알 수 있다고 했는데, 아
> 마도 「왕제(王制)」가 바로 이른바 주나라를 계승할 왕조에 관한 것이었다.[51]

공자는 초년에는 "왕명을 받들고 대인을 경외했으므로" 아직 혁명
의 뜻은 없었고 오직 주나라를 추종할 마음만 있었으나, "만년에
이르러 도가 행해지지 않음을 슬퍼하고" 마침내 성취하고자 한 바
를 "「왕제」에 기록하고 『춘추』에 빗대어 표현했는바",[52] 『예기』 속
의 「왕제」편은 공자가 지은 것이고 이른바 「왕제」란 주나라 왕의
제도를 계승한 것이다. 『주례(周禮)』의 내용은 주나라 제도이니 공
자가 초년에 추종한 것이고, 「왕제」는 주나라를 계승할 왕을 위한
제도이므로 공자가 만년에 혁명을 결심한 후에 지은 것이다. 당시에
개제를 주장한 사람은 공자만이 아니었다. "춘추시대에 뜻 있는 선
비는 모두 주나라의 문화를 개혁하려고 했으니 바로 지금 현재 정치
를 논하는 자들이 모두 개혁 경장을 바라는 것과 같았다."[53] 제자(諸
子)가 개제했다는 강유위의 설은 아마 여기에 근거한 것 같다.

공자에게는 초년의 주장과 만년의 주장이 있었던 만큼 공자가 세
상을 떠난 이후 공자의 초년설을 받든 것이 고문학이고, 공자의 만
년설을 받든 것이 금문학이다. 요평은 말했다.

51) 『論語』: "周監於二代, 郁郁乎文哉! 吾從周." 此孔子初年之言, 古學之祖也. "行夏
之時, 乘殷之輅, 服周之冕, 樂則韶舞." 此孔子晚年所言, 今學所祖也. 又言夏殷因革
繼周者, 百世可知. 按「王制」即所謂繼周之王也. (『금고학고』)
52) "尊王命, 畏大人", "至於晚年, 哀道不行", "書之「王制」, 寓之『春秋』." (같은 곳)
53) 春秋時有志之士, 皆欲改周文, 正如今之言治, 莫不欲改弦更張也. (같은 곳)

노나라는 금문학의 종가이고, 연나라와 조나라는 고문학의 종가이다.……
노나라는 공자의 고국이고 제자들이 많았기 때문에 공자 만년의 설을 학자
들은 정론으로 여겼다.……연나라와 조나라의 제자들은 공자가 『춘추』를
편수하기 이전에 작별하고 먼저 돌아갔기 때문에 오직 주나라를 추종한다는
공자의 말만 들었고 그후의 개제 등의 설은 직접 접촉한 적이 없었다. 따라
서 그들은 [만년의 설이] 이전의 주장과 상반되었기 때문에 마침내 노나라
제자들이 말을 위조하여 공자에 가탁했다고 의심하여, 오직 이전의 설만 돈
독하게 견지하고 노나라 학설을 논박했다.[54]

이후 금문학과 고문학은 끊임없이 서로 논쟁했으나, 사실 금문학과
고문학의 차이는 오직 제도 방면에만 있었다. 요평은 말했다.

『논어』는 답습하고 혁신하여 덜고 보태진 것은 오직 제도에 한정되었으
므로 인륜의 도리의 경우는 백 세대 이후까지도 알 수 있다고 여겼다. 따라
서 고문학과 금문학의 구분은 순전히 제도 방면에만 해당되고 도리 방면에
는 해당되지 않았는데, 도리는 예나 지금이나 똑같기 때문이다.[55]

이미 제도 방면에서 보면 "사실상 금문학은 고친 것은 적고 고치지
않은 것이 많았으므로 금문학에서 고치지 않은 것은 자연히 고문학
을 따랐던 만큼 경전을 해석할 때 금문학에 미비된 점은 고문학에
서 보충하면 된다."[56] 따라서 금·고 두 파는 "물·불과 음·양처럼"
"서로 반대(相妨)"되면서도 "서로 보완적(相濟)"이다.

2) 경학 2변

요평의 학설의 제2변은 "금문학을 높이고 고문학을 억제한 것(尊
今抑古)"인데, 이 시기는 무자년(戊子, 광서 14년, 1888)이다. 이 시

---

54) 魯爲今學正宗 ; 燕趙爲古學正宗.……魯乃孔子鄕國, 弟子多, 孔子晩年說, 學者以爲
定論.……燕趙弟子, 未修『春秋』以前, 辭而先反. 惟聞孔子從周之言, 已後改制等說,
未經面領. 因與前說相反, 遂疑魯弟子僞爲此言, 依託孔子. 故篤守前說, 與魯學相
難. (같은 곳)

55) 『論語』因革損益, 唯在制度. 至於倫常義理, 百世可知. 故今古之分, 全在制度, 不在
義理, 以義理今古同也. (같은 곳) [因 : (옛것을) 그대로 좇다, 근거하다]

56) 其實今學改者少不改者多. 今所不改, 自當從古. 凡解經, 苟今學所不足, 以古學補之
可也. (같은 곳)

기의 학설에 대해서 요평은 말했다.

고문학파의 연원을 고찰하면 그것은 모두 허신과 정현 이후의 날조에서 출현했다. 모든 고문학파 주창자의 학설은 순전히 유흠 이후에 『주례』와 『좌전』에 의거한 설명에서 나온 것들이었다. 또 살피건대 전한시대 이전에 경학을 논한 자들은 공자만 주장했지 결코 주공을 논하지 않았고, 육예(六藝)는 모두 [왕망의] 신경(新經)이었지 결코 옛 시대의 전적이 아니었다. 그리하여 나는 경전을 높이기 위해서 「지성편(知聖篇)」을 짓고, 고문학을 논파하기 위해서 「벽유편(闢劉篇)」을 지었다. (세상에서 찬양되는 강유위의 『공자개제고』는 나의 「지성편」을 본받고 그의 『신학위경고』는 나의 「벽유편」을 본받은 것인데, 모두 나의 본뜻을 그르친 것들이다./요평)[57]

이때는 금문 경을 공자의 저작으로 간주했다. "제왕은 실제에 실현하나 공자는 다만 공언에 가탁했는데, 육예가 곧 그 전장제도였고 현재의 육부(六部)와 그 경우가 같으며",[58] 고문 경설(經說)은 모두 유흠과 이후 사람들이 위조한 것이니, 유흠은 참으로 "공자 문하의 간신이다."[59] 요평의 이 시기의 학설은 강유위의 『공자개제고』와 『신학위경고』에서 주장한 내용과 같다. 그래서 강유위의 『개제고』는 「지성편」을 본받고, 『위경고』는 「벽유편」을 본받은 것이라고 주장했다.

요평은 이 시기에 춘추시대에 개제를 주장한 사람은 사실상 공자 한 사람뿐이었다고 여겼다. 요평은 말했다.

혹자(강유위)는 제자(諸子)는 모두 가르침을 전개하여 개제를 도모하려고 공자를 본받았다고 주장하나, 이것은 큰 잘못이다. 이제 제자의 저서를 고찰하건대 모두 『춘추』 이후 사과(四科:德行, 言語, 政事, 文學의 네 분야)의

---

57) 於是考究古文家淵源, 則皆出許鄭以後之僞撰. 所有古文家師說, 則全出劉歆以後据 『周禮』『左氏』之推衍. 又考西漢以前, 言經學者, 皆主孔子, 並無周公. 六藝皆爲新經, 并非舊史. 於是以尊經者作爲「知聖篇」, 闢古者作爲「闢劉篇」. (自注:"外間所祖述之『改制考』即祖述「知聖篇」, 『僞經考』即祖述「闢劉篇」, 而多失其宗旨.") (『경학사변기』)

58) 帝王見諸事實, 孔子徒託空言. 六藝即其典章制度, 與今六部則例相同. (「지성편」)

59) 爲聖門卓操. (『고학고(古學考)』) [卓操:동탁(董卓)과 조조(曹操)]

유파를 옛 사람에 가탁한 것에 불과하다. 자기의 학설로 가르침을 수립한 것은 공자가 최초였다. 『춘추』 이전은 단지 예술(藝術)과 복서(卜筮)의 책들만 있었고 제자의 책들은 모두 공자 이후에 출현한 것으로서 사과로부터 아홉 유파(九流)로 분화되어 모두들 [공자 이전 인물인 노자나 관자 등] 옛 사람의 이름에 가탁했으나 사실은 고서(古書)가 아니다.[60]

이렇기 때문에 공자가 유일한 대성인(大聖)이다.

3) 경학 3변

요평의 학설의 제3변은 "소대(小大)"의 학을 논한 것이다. 이 시기는 무술년(戊戌, 광서 24년, 1898)이다. 이 시기의 학설은 소강절의 설을 이용하여 정치를 황(皇)·제(帝)·왕(王)·패(伯 : 霸)의 네 종류로 분류하여, 「왕제」·『춘추』는 공자의 왕·패의 제도로써 중국을 다스린 내용이었고, 공자는 "한 측면의 성인"[61]이 아니었던 만큼 왕·패의 제도 외에 또 황·제의 제도가 있었으니, 공자의 황·제의 제도가 『주례』를 기반으로 삼고 『상서(尚書)』를 실제로 삼은 것은 마치 「왕제」의 『춘추』에 대한 관계와 같았다. 이것은 공자가 "지구를 경영한" 것인데, "『중용』에서 말한 '중국에 충만하고 오랑캐에까지 베풀어 혈기를 지닌 것 치고 받들지 않은 것이 없었다'는 경지와 「예운」에서 말한 대동의 설"이 모두 그것을 일컫는다.[62]

『춘추』·「왕제」는 공자가 중국을 다스린 제도였고, 『상서』·『주례』는 공자가 세계를 다스린 제도였음을 알 수 있는 것은 『춘추』·「왕제」와 『상서』·『주례』에서 말한 경지가 다르기 때문이다. 「황제강역도(黃帝疆域圖)」는 말한다.

「왕제」는 『춘추』의 삼천 리를 소표본(小標本)이라고 했고, 『주례』는 『상서』의, 10배를 더한 사방 삼만 리가 대표본(大標本)이라고 했다. 그리고 육합

---

60) 或以諸子皆欲傳敎, 人思改制, 以法孔子, 此大誤也. 今考子書, 皆『春秋』後四科流派, 託之古人. 按以言立敎. 開於孔子. 『春秋』以前, 但有藝術卜筮之書. 凡子家皆出於孔子以後, 由四科而分九流, 皆託名古人, 實非古書. (「지성편」)

61) 一隅之聖. [一隅 : 『순자』 「해폐편」 〈제1편, 부록4, 주14〉]

62) 經營地球……『中庸』所謂洋溢中國, 施及蠻貊, 凡有血氣, 莫不尊親. 「禮運」所言大同之說. (『경학사변기』)

(六合) 이내를 인사(人事)의 한계로 삼았다. 「추연전(鄒衍傳)」에서 대구주(大九州)는 9×9=81주의 사방이 삼천 리이고 유자들의 구주는 81분의 1에 불과했다고 했는데, 유자들이 말한 구주는 곧 『춘추』·「왕제」의 경우였다.[63]

추연의 대구주는 『주례』·『상서』에서 말한 구주로서 현재 우리가 아는 지구의 전체이다. 「황제강역도」는 말한다.

세계의 개화는 야만에서 문명으로, 국한된 지역에서 광대한 지역으로 진행한다. 춘추시대에 구주는 겨우 사방 삼천 리였다. 위로 우(虞: 순 임금의 국호)나라와 하나라로 거슬러올라가면 야만성은 더욱 심했다. 성인 공자가 당시의 기록들을 산정할 때 옛것에 가탁하여 제도를 정립한 것은 당시의 주(州) 이름에 근거했고, 황·제의 판도는 은밀하게 빗대어 말함으로써 후대의 시행을 예비했다. 수미산을 겨자씨 속에 감춘 경우였으니, 거기서 미루어 나아가면 온 사해에 이르러도 기준이 되었으니 어찌 그저 노나라가 (중국의) 다른 나라를 다스릴 것을 대비한 것에 불과했겠는가?[64]

즉 공자의 학설은 사실은 세계의 정치와 사회를 위해서 하나의 정연한 방책을 수립한 것이었고, 세계의 진화는 반드시 그것에 의지하여 진행되는데, 공자의 학설은 표면에서 보면 황·제의 통치가 고대에 이미 존재했고 그후 퇴화하여 왕·패의 통치로 강등된 것처럼 보이지만, 사실 공자의 뜻은 바로 "퇴화의 도영(倒影)을 수립하여 과거를 알고 미래를 예측함으로써 사람들이 유추할 수 있게 하려는"[65] 것이었다.

요평은 「성경세운진퇴표(聖經世運進退表)」[66]를 만들었는데, 그 표는 다음과 같다.

---

63) 「王制」說『春秋』三千里爲小標本. 『周禮』說『尙書』加十倍方三萬里爲大標本. 而六合以內, 人事盡之矣. 「鄒衍傳」所稱大九州得九九八十一方三千里. 儒者九州止得八十一分之一. 所謂儒者九州, 卽指『春秋』「王制」而言.

64) 世界開化, 由野而文, 疆宇由小而大. 春秋之時, 九州僅方三千里. 上推虞夏, 草昧尤甚. 孔聖刪書, 託古定制, 乃據當日之州名, 隱寓皇帝之版圖, 以俟後施行. 藏須彌於芥子, 推而放諸四海而準, 豈但爲魯邦治列國而已乎?

65) 立退化之倒影, 告往知來, 使人隅反. (「대성절강의(大成節講義)」, 『육역관잡저(六譯館雜著)』) [隅反: 한 측면을 제시해주면 세 측면은 미루어 이해한다는 뜻으로 "유추"를 의미함. "擧一隅不以三隅反, 則不復也"(『논어』 7: 8)에서 온 말]

66) 같은 곳.

「성경세운진퇴표」

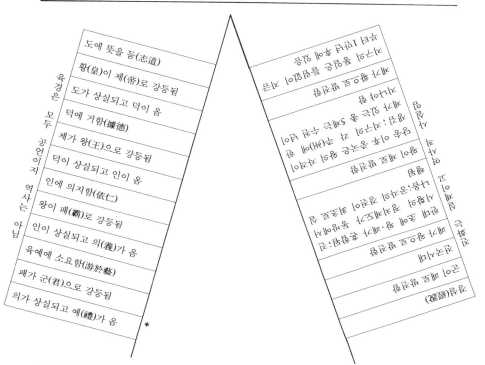

이 퇴화의 이치에 의거하여 공자는 주장을 수립했다. 그러나 퇴화로부터 진화를 알 수 있다. 오로지 퇴화만 인정한다면 요·순시대부터 춘추시대에 이르기까지 계속된 네 등급의 강등이 있었고, 진·한 무렵부터 지금까지 2,000년 동안 다시 네 등급의 강등이 있었다. 이렇게 추론하면 수천만 년 후에는 다시 사람이 살지 않을 것이다. 퇴화가 군주제 이후까지 이르면 중국은 다시 야만 상태로 돌아가 전국시대 이전의 수준이 된다.

경 자체는 공언(空言)이다. 경의 제도의 실현은 전국시대의 위 문후(魏文侯), 제 위왕(齊威王), 연 소왕(燕昭王)에서 비롯되었다. 전국시대 이전 중국의 군민(君民)의 수준은 현재의 서양과 대략 같았다. 동양인은 말(言)을 중시하고, 서양인은 행위(行)를 중시한다. 진시황과 한 무제는 모두 전례가 없는 창조자에 속했다. 경설(經說)이 역사적 사실로 변한 것은 전국시대 이후에 있었다. 서양인이 주장한 진화론은 오대주(五大州)의 소통처럼 신창(新創)의 국면이고, 요·순·주공 이전에 바다의 장벽이 이미 소통되었다가 유왕·여왕(幽厲) 이후에 삼천 리의 관문이 닫힌 것은 아니다.

* 『논어』 7:6: "子曰: '志於道, 據於德, 依於仁, 遊於藝.'"
　　『노자』 38장: "故失道而後德, 失德而後仁, 失仁而後義, 失義而後禮."

경은 이론이고 역사는 실제 사실이다. 『춘추』·「왕제」의 이론은 진한시대 이후부터 이미 점차 실제 사실로 변했다. 서양인은 아직 공자의 경전의 교훈을 받지 못했기 때문에 현재의 서양인의 수준은 춘추시대의 사람들과 대략 같다. 이후는 바로 『주례』·『상서』의 이론을 실행하여 세계가 대동에 귀의하도록 해야 한다.

이른바 금문학·고문학의 구분은 실은 공자가 중국을 다스린 제도와 세계를 다스린 제도와의 구분이다. 요평은 말했다.

> 따라서 나는 고금(古今)의 구분을 소대(小大)의 구분으로 변경했다.…… 「왕제」는 중국 내를 다스리고 오직 일존(一尊 : 하나의 권위)을 세웠다.…… 그러나 해외의 전체 지구를 다룬 삼황오제의 삼분(三墳)·오전(五典)은 순전히 『주례』에 귀속된다.……「왕제」와 『주례』는 각각 하나는 작고 하나는 크며 하나는 내적이고 하나는 외적이어서 상반되지만, 서로 완성시켜 각각 합당하게 해준다.……따라서 공자는 전 지구를 위한 신성(神聖)이 되고, 육예(六藝)는 우주를 위한 공공의 이론이 될 수 있다.[67]

공자의 경학은 전체 지구를 위한 법도를 제정한 것이 되어, 공자와 경학의 위치는 마침내 최고가 되었다.

4) 경학 4변

그러나 요평은 여기에 한정되지 않는다고 여기며, 말했다.

> 그런데 이것은 육예의 인학(人學)에 불과하여 오직 육합(六合) 이내만 언급한 것이다. 즉 『춘추』·『상서』·『예』는 다만 그 반에 불과하고, 천학(天學)인 『시』·『서』·『역』은 아직 거기에 포괄되지 않았다.[68]

즉 임인년(壬寅, 광서 28년, 1902) 이후 요평의 학설은 4변하여 "천

---

67) 故改今古之名曰小大.……以「王制」治內, 獨立一尊.……而海外全球, 所謂三皇五帝之三墳五典者, 則全以屬之『周禮』.……與「王制」一小一大, 一內一外, 相反相成, 各得其所.……孔子乃得爲全球之神聖, 六藝乃得爲宇宙之公言. (『경학사변기』)

68) 雖然, 此不過六藝之人學, 專言六合以內. 但爲『春秋』『尙書』與『禮』, 僅得其半 ; 而天學之『詩』『易』『樂』, 尙不在此數也. (같은 곳)

인(天人)"을 논했다. 요평은 말했다.

> 처음에 『춘추』·『상서』·『시』·『역』을 각각 황·제·왕·패의 도·덕·인·의에 분배했었다.……그후 나는 그 네 경전의 체제는 천인(天人)으로 분류되어 인학은 육합 이내에 해당되고, 천학은 육합 이외에 해당된다는 것을 알았다. 『춘추』는 "패"를 언급하며 "왕"을 포괄했고, 『상서』는 "제"를 언급하며 "황"을 포괄했다. 『주례』의 삼황오제의 설은 오직 『상서』에서만 언급했고, 「왕제」의 왕·패의 설은 오직 『춘추』에서만 언급했다. 황·제·왕·패에 대한 언급에서, 제도는 『주례』·「왕제」에 있었고 경은 『상서』·『춘추』에 있었다. 하나는 작고 하나는 큰 것이 인학의 두 경전이다.……인학이 육합 이내에 해당함은 이른바 "절지천통(絕地天通)"*의 경우로서 상하가 대립하여 인간에만 해당되고 하늘은 배제되었으므로 인간과 귀신은 격리되고 단절되었다.
>
> 『시』와 『역』의 경우 위로 올라가고 아래로 거니는 것을 기본 유형으로 삼은 것이니 『중용』에서 말한 "솔개가 하늘에서 날고 물고기가 연못에서 뛰노는 상하를 살피는" 경지이다. 육막(六漠 : 六幕, 천지와 사방)을 주유(周遊)하고 영혼과 환상으로 몸을 날리니 요즘의 시세로 말하면 진실로 인력으로 미칠 수 없는 대상이다. 그러나 현재의 사람이 태초의 야만 상태를 돌아보면 수천만 년 전에 불과하지만 도덕성과 풍속과 영혼과 몸의 기운은 이미 옛날과 비교할 수 없게 되었는바, 만약 다시 수천 년의 정진과 개량을 더하여 각 과학이 계속 밝혀지면 이른바 장수와 복기(服氣 : 도가의 호흡 수련법)의, 입지도 않고 먹지도 않는 경지에의 진보는 진실로 정연하게 상정할 수 있다.[69]

요평은 "천인의 학이 밝혀지자 유자들이 괴이하고 황당한 책으로

---

* 絕地天通 : 사람과 신령간의 상통을 단절함.〈제1편,제3장,주1〉

69) 初以『春秋』,『尙書』,『詩』,『易』, 分配道德仁義之皇帝王伯.……遲之又久, 乃知四經之體例, 以天人分. 人學爲六合以內, 天學爲六合以外.『春秋』言伯而包王,『尙書』言帝而包皇.『周禮』三皇五帝之說, 專言『尙書』;「王制」王伯之說, 專言『春秋』. 言皇帝王伯, 制度在『周禮』「王制」, 經在『尙書』『春秋』. 一小一大, 此人學之二經也.……人學六合以內, 所謂絕地天通, 格於上下, 人而非天, 古人神隔絕. 至於『詩』『易』, 以上征下浮爲大例;『中庸』所謂"鳶飛於天, 魚躍於淵, 爲上下察"之止境. 周遊六漠, 魂夢飛身, 以今日時勢言之, 誠爲力所不至. 然以今日之人民, 視草昧之初, 不過數千萬年, 道德風俗, 靈魂體魄, 已非昔比. 若再加數千年精進改良, 各科學繼以昌明, 所謂長壽服氣, 不衣不食, 其進步固可按程而計也. (『경학사변기』)

치부한 것들은 모두 바른 해석을 얻었다"[70]고 여겼다. 예컨대『영추
(靈樞)』,『소문(素問)』,『초사(楚辭)』,『산해경(山海經)』,『목천자전
(穆天子傳)』속의 황당무계한 말들은 모두 다른 하나의 세계를 논
한 것들로서 모두 천학이다. 또 예컨대 사마상여(司馬相如)의「대
인부(大人賦)」*는 "읽어보면 세속을 초월한 뜻이 들어 있으니" 그
내용 역시 "이 세계 안에 있지 않은 것"이다.[71] 불경 역시 천학에 속
한다. 요평은 말했다.

> 장래 세계의 진화는 중생이 모두 부처가 되는 것으로 귀결되어 사람마다
> 오곡을 먹지 않고 몸은 날아다니며 생각도 사려도 없어지는데, 요즘 사람들
> 이 상세히 논한 대로이지만, 부처가 도교에서 나와 오랑캐를 교화했다는 것
> 만은 모르고 있다.** 그 내용은 장래에 실제로 생길 일로서 천학의 결과인데,
> 한 사람이 추구하면 괴이하지만 온 세상이 함께 하면 보통이 된다.[72]

불교는 도교에서 나왔고 도교는 공자에서 나왔으니 공자의 경전이
포괄한 내용은 더욱 넓어졌다.

5) 경학 5변

　요평의『경학오변기(經學五變記)』에 대해서 그 제자 황용(黃鎔)
이 주에서 "무오년(戊午, 민국 7년, 1918)에 고금의 명목을 버리고
소대로 고쳤고 육경에 대해서 천인과 대소로 구분했다"[73]고 했다.

---

70) 自天人之學明, 儒先所稱, 詭怪不經之書, 皆得其解. (『경학사변기』)

* "어떤 대인이……세속의 각박함이 슬퍼서 홀연히 먼 곳으로 여행을 떠났네. 진홍
　깃발을 드리운 하얀 무지개 구름에 실려 하늘로 올라……하늘 문을 밀치고 상제
　의 궁궐에 들어가 옥녀(玉女)를 수레에 태우고……유도(幽都)에서 회식을 하고 영
　지 꽃을 씹으며……허무(虛無)를 타고 멀리 오른다.……"(『사기』, 3056-62쪽)

71) 讀之有凌雲之志,……不在本世界.

** 양한 무렵 이후 불교 영향력 증가에 대한 반감으로 도교인이 지어낸 말 중에, 노자
　가 만년에 중국을 떠나 서쪽 관문을 통해서 인도로 가서 부처로 환생하여 야만인
　들을 교화했으므로 불교는 그저 도교의 외국 분파일 뿐이다라고 한 주장이 있다.

72) 將來世界進化, 歸於衆生皆佛, 人人辟穀飛身, 無思無慮, 近人論之詳矣. 特未知佛卽
　出於道, 爲化胡之先驅. 所言卽爲將來實有之事, 爲天學之結果, 一人爲之則爲怪, 擧
　世能之則爲恒. (『경학사변기』)

73) 戊午改去今古名目, 歸之小大, 專就六經分天人大小.

이전에 오로지 『춘추』, 『상서』, 『서』, 『시』, 『역』에 대해서만 천인
과 대소로 분류한 것과 다르다. 육경은 인학 3경과 천학 3경으로 분
류했다. 인학 3경에 예경(禮經)이 있었다. 요평은 말했다.

> 육예 중에는 우선 소례(小禮)[74]와 소악(小樂)[75]이 있다. 이것이 "예경"인
> 데 수신·제가에 속하는 일이고 치국·평천하의 근본이다. 수신이 근본인 것
> 은 바로 이 예에 근본하기 때문이다.[76]

소례와 소악은 수신·제가의 공부이고 인학 3경의 첫째 종류이다.
둘째 종류는 『춘추』인데 "치국의 공부인 왕·패의 공부로서 인의
(仁義)를 도모하고 「왕제」를 전(傳)으로 삼는다." 이것은 바로 "인
학의 소표본으로서 유가, 묵가, 명가, 법가가 주장한 것이다."[77] 셋
째 종류는 『상서』인데 "천하를 평정하는 공부인 황·제의 공부로서
도덕(道德)을 도모하고 『주례』를 전으로 삼는다." 이것은 바로 "인
학의 대표본으로서 도가와 음양가가 주장한 것이다."[78]

천학 3경 가운데 악(樂)과 대례(大禮)가 있다. 요평은 말했다.

> 왕·패의 음악은 중국에 상당히 존재했으나, 황·제의 음악은 중국에 그런
> 세상의 국면이 있지 않았다. 해당 음악가가 태어나지 않았기 때문인데 나는
> **그저 그 주장을 보존하여 후대 사람을 기다린다.**[79]

이른바 "대례"에 대해서 요평도 상세히 설명하지 않았다. 아마 "그
저 그 주장을 보존하여 후대 사람을 기다리는" 경우인지 모르겠다.
이것이 천학 3경 가운데 첫째 종류이다. 그 둘째 종류는 『시』인데

---

74) 【주】황용의 주에 "예컨대 「곡례(曲禮)」, 「소의(少儀)」, 「내칙(內則)」, 「용경(容
經)」,「제자직(弟子職)」 등이다"고 했다.
75) 【주】황용의 주에 "13세의 아이는 작(勺 : 周公이 정한 樂章)의 춤을 추고, 성장한
아동은 상(象 : 주나라 무왕이 주[紂]를 치고 지은 음악)의 춤을 추었다"고 했다.
76) 六藝中, 先有小禮(黃註 : 如「曲禮」,「少儀」,「內則」,「容經」,「弟子職」), 小樂(黃註 :
十三舞勺, 成章舞象.) 此爲禮經, 乃修身齊家事, 爲治平根本. 修身爲本, 本此禮也.
(『경학오변기전술(經學五變記箋述)』)
77) "治國學, 王伯學, 爲仁爲義.「王制」爲之傳.""人學之小標本, 儒墨名法家主之."
78) "平天下學, 皇帝學, 爲道爲德.『周禮』爲之傳.""人學之大標本, 道家陰陽家主之."
79) 王伯之樂, 中國略有彷彿 ; 皇帝之樂, 中國無此世局. 其人未生, 空存其說以待之.

"신선이 소요하는 학문"으로서 "마치 선가의 영아연백(嬰兒鉛魄 :
납 수련법)의 정신은 떠나고 육체만 남아 있는 경지처럼 밝은 대낮
에는 몸의 껍질을 벗고 날아오를 수 없는 만큼,[80] 『시』는 오직 몽상
적인 세계에서[81] 물고기와 새가 위아래에서 논다고 말하고,[82] 『내경
(內經)』,『영추』,『소문』,『산해경』,『열자』,『장자』,『초사』, 옛 시
문과 유선(遊仙)의 시 등의 각 서적을 전으로 삼는다."[83] 강유위와
담사동도 대동의 정치 위에 또 "하늘이 창조한 세상"〈주27〉이 있
다고 여겼다. 이 모두가 요평이 말한 천학인데 요평은 특별히 상세
히 언급했을 뿐이다.[84]

5. 경학시대의 종결

　요평의 주장은 앞에서 인용한 것과 같으니 역사나 철학적 관점에
서 보면 무가치한 것이라고 할 수 있다. 다만 요평의 학은 사실상
중국철학사 중의 경학시대의 종결이라는 측면에서 보면 요평은 철
학사상의 지위가 상당히 중요하다. 제2편 제1장에서 중국철학사는
동중서 이후 이른바 경학시대에 있다고 말했다. 이 시대의 경우 각
철학자는 새로운 견해의 유무를 막론하고 모두 고대철학가의 이름
에 의존하고 대부분 경학의 이름에 의존해야 했으니, 마치 낡은 병
에 새 술을 담은 경우와 같았다. 중국과 서양이 교류한 이후 정치,

---

80)【주】황용의 주에 "『역경』은 육체를 띄울 수 있다"고 했다.
81)【주】황용의 주에 "몽상적 소요에 가탁하여 진리를 밝혔다"고 했다.
82)【주】황용의 주에 "장자는 꿈에 새가 되어 하늘에 닿았고 꿈에 물고기가 되어 물
　에 잠겼다"고 했다.
83) 神遊學……如仙家之嬰兒鍊魂[魂 : 魄], 神去形留, 不能白日飛昇, 脫此軀殼(黃註 :
　'『易經』則能形游'). 『詩』故專言夢境(黃註 : '託之夢游, 以明眞理'), 魚鳥上下(黃註 :
　'莊子夢爲鳥而戾天, 夢爲魚而潛淵'). 『內經』, 『靈樞』, 『素問』, 『山海經』, 『列子』,
　『莊子』, 『楚辭』, 古賦, 遊仙詩, 各書以爲之傳. (같은 곳) [嬰兒 : 납(鉛)]
84)【주】천학 3경 중의 셋째 종류는 응당 『역』이지만 그 다음에서 언급하지 않았다.
　내가 본 판본에 오류가 있는 것 같다. 요평의 경학 5변 이후에 또 6변이 있다. 그
　의 『경학육변기(經學六變記)』는 판본을 보지 못했으니 『오변기』의 내용과 무슨
　차이가 있는지 모르겠다.

사회, 경제, 학술의 각 방면에서 근본적 변화가 일어났다. 서양에서 도래한 이 새로운 사물을 처음에 중국인은 여전히 경학에 견주었고 이 극히 새로운 술을 여전히 낡은 병에 담으려고 했는데, 이 장에서 서술한 세 사람이 그 대표였다. 그 세 사람 중에서 요평이 가장 나중에 죽었다. 그의 경학의 5변은 민국 7년에 시작되었다. 이후 그가 논한 경학은 그 범위의 극한까지 확장되었다고 할 수 있다. 그의 견강부회에는 웃음거리에 불과한 것이 매우 많은데, 그렇게 되고 만 것은 낡은 병이 이미 극한까지 확장되어 결국 터져버린 형국을 대변한다. 따라서 요평의 학설은 실로 경학의 최후의 보루였고, 시간상으로 그 학설의 내용을 보면 모두 경학시대를 맺는 종국이라고 할 수 있다.

역사상 시대의 개변은 아무 날 아무 시로 획정할 수 없다. 이전 시대의 종결과 이후 시대의 개시는 항상 서로 뒤엉켜 있다. 이전 시대가 종결되려고 할 때 이후 시대의 주류는 이미 발현된다. 요평이 죽기 전에, 즉 그가 경학 5변을 논하기 전에 경학을 버리고 스스로 사상을 발표한 사람이 이미 출현했다. 따라서 중국철학사의 새 시대는 이미 경학시대가 종결되려고 할 때 개시되었다. 이른바 "정하기원(貞下起元)"의 사례가 바로 이것이다. 그러나 새 시대의 사상가가 아직 탁월하게 자신의 체계를 형성한 경우는 없다. 따라서 이 새 시대의 중국철학사는 아직 창조의 도중에 있으니, 이 중국철학사 역시 일단 경학시대의 종결로 끝맺는다.

부록 6
남북조의 신도가(상)*

1. 현학과 공자

제3장에서 보았듯이 양한(兩漢) 무렵은 참위서(讖緯書)의 전성기였다. 그러나 고문학파가 일어나자 참위는 점차 세력을 잃었고 공자의 지위도 반신(半神)에서 다시 "스승(師)"으로 돌아갔는데, 거기서 진일보한 발전이 도가(道家) 학설의 부흥이다. 이는 이상한 일이 아니다. 고대 제자백가 가운데 도가가 자연주의를 가장 중시했는데 그 자연주의가 바로 고문학파의 핵심 내용의 하나였기 때문이다. 이미 살폈듯이 왕충(王充)의 『논형(論衡)』도 도가적 경향이 있었다. 왕충 이후 남북조시대에 이르러 도가의 학은 더욱 흥성했다.

이 수정된 도가는 원래의 도가와 구별하여 "신도가(新道家)"로 불러 좋을 것이다. 다만 당시에는 "현학(玄學)"으로 일컬어졌다. 현학이라는 말은 『진서(晉書)』「육운전(陸運傳)」 등에 보인다. 육운은 원래 "현학"을 잘 몰랐었다. 그는 어느 날 어두운 밤에 길을 잃고 어떤 집에 들어가 묵게 되어 한 소년과 더불어 『노자(老子)』를 논했는데 매우 심원한 논의에까지 이르렀고, 새벽이 되어서야 그곳이 왕필(王弼)**의 집임을 알았는데, 그후 현학은 크게 발전했다.

또 『남사(南史)』에 따르면 송(宋)나라 때 국학이 피폐해지자 명제(明帝)는 470년에 총명관을 두고 유(儒)·현(玄)·문(文)·사(史) 네 과를 설치하고 과마다 학사 10명씩을 두었다. 또 같은 책 「유림전(儒林傳)」에 따

---

* 이것은 영역본 제2편 제5장 중에서 전면 개작된 제1절부터 제3절까지의 내용이다. 분량이 많아 각주에 넣지 않고 부록으로 실었다.

** "육운(262-303)은 왕필(226-49) 사후에 생존했으므로 이는 왕필의 유령이다."(보드 역본, 169쪽의 각주) 즉 현학의 흥성을 왕필과 관련하여 신비화하고 있다.

르면 복만용(伏曼容)은 『노자』와 『역(易)』에 뛰어났고, 조회가 파하면 원찬(袁粲)과 만나 현리(玄理)를 논했다. 또 엄식지(嚴植之)는 젊어서 노장(老莊)에 뛰어났고 현언(玄言)에 능했다. 또 태사숙명(太史叔明)도 젊어서 노장에 뛰어났고 특히 "삼현(三玄)"에 정통했다. 삼현은 안지추(顔之推)의 『안씨가훈(顔氏家訓)』「면학편(勉學篇)」에서 『노자』, 『장자』, 『주역』이라고 했다. 이상에서 『노자』와 『주역』은 사상연원은 달랐지만 유명한 왕필의 주해를 거치자 차츰 동일한 범주의 책으로 간주되었음을 알 수 있다.

주목할 만한 점은 이들 모두가 도가를 신봉하기는 했어도 일부는 여전히 공자를 최대의 성인으로 받들었고 유(儒)·도(道) 두 학파는 본래 본질적인 구별이 없다고 주장했다는 사실이다. 이 점은 『진서』의 다음 구절에도 예시되어 있다.

> 완첨(阮瞻)과 사도 왕융(王戎)이 만났을 때, 왕융이 물었다.
> **"성인은 명교를 중시한(貴名教)** 반면 노장은 **자연을 밝혔는데(明自然) 그 요지는 같은가요, 다른가요?"**
> **"같지 않을까요(將無同)?"** 〈제5장, 주7〉

여기의 "성인"은 공자를 말한다. 유·도 두 학파의 차이를 당시 사람들은 "명교의 중시"와 "자연을 밝힘"으로 개괄했다. "그 요지가 같은가, 다른가?"라고 물은 것은 그 차이는 피상적인 것에 불과하다는 점을 이미 인식했기 때문이었다. "같지 않을까"라고 대답한 것은 완전히 같다고도 할 수 없고 완전히 다르다고도 할 수 없다는 말이다.

그러면 두 학파의 진정한 구별은 어디에 있는가? 이 대답은 왕필의 이야기가 나오는 『세설신어(世說新語)』의 다음 구절에 있다.

> 왕필이 약관의 나이에 배휘(裴徽)를 방문했을 때, 배휘가 물었다.
> "무릇 무(無)란 진실로 만물의 원천인데, 성인은 그것을 언급하지 않았던 반면 노자는 끊임없이 강론한 것은 무엇 때문인가?"
> **"성인은 무를 체득했고(體無)** 게다가 무는 말할 수 없는 것이기 때문에 논의가 항상 유(有)에 미쳤지만, 노장(老莊)은 유(의 영역)**를 벗어나지 못했기** 때

문에 항상 자기들의 부족한 면(즉 無)에 대해서 강론했던 것입니다."〈제5장, 주5〉

"무"의 의미는 이하 상론한다. 다만 여기서 지적할 것은, "무를 체득한" 사람은 자신이 체득한 무 바깥의 여타의 무에 대해서는 언급할 수 없고 태초의 무 또한 근본적으로 토론할 수 없는 것이기 때문에 공자는 오직 "유"만 논했던 것이지만, 반면에 노자와 장자가 끊임없이 "무"를 강론한 까닭은 그들의 부족한 면을 추구했기 때문이었다는 점이다. "아는 사람은 말하지 않고 말하는 사람은 알지 못한다"[1]는 장자의 말이 바로 왕필의 사상을 대변한다. 한 마디로 왕필이 보기에 노자의 사상에는 여전히 "유"와 "무"의 대립이 잔존한데, 노자는 오직 "유"로부터 "무"의 관점을 얻었으므로, 마치 무가 그 자신 바깥에 존재하는 것처럼 무를 계속 토론했던 것이지만, 공자의 사상에는 "유"와 "무"의 대립이 완전히 종합되었으므로, 즉 그는 이미 "무를 체득했으므로" "무"의 관점에서 "유"를 논했고 따라서 참되게 유를 논하는 입장에 있었다.

주목할 만한 점은 왕필은 제일가는 『노자』 주해자였지만 노자를 공자와 동등한 지위에 두지 않았고, 곽상 역시 제일가는 『장자』 주해자로 간주되지만 장자를 공자와 동등한 지위에 두지 않았다는 점이다. 곽상은 『장자서(莊子序)』에서 이렇게 말했다.

장자는 근본을 알았다(知本)*고 할 수 있다. 그는 **자신의 광언(狂言 : 자문자답하고 중얼거리는 공연한 말)을 숨겨두지 못했다**. 그 말은 구체적 상황에

---

1) 知者不言, 言者不知. (「천도(天道)」, 『장자』, 489쪽)

* 『신편』IV, 181-82쪽 : 근본은 무심(無心) 또는 무심무위(無心無爲)이다. 무심한 사람의 마음은 적연부동(寂然不動)한 것이지만 아무 작위도 없는 것은 결코 아니다. 그의 작위는 받은 감동에 따라 일어나는 자연적 반응이고 부득이한 다음에나 일어나는 것이다. 따라서 그의 말은 반드시 일정한 구체적 정황과 서로 부합하고 일정한 구체적 문제를 해결하는 것이다.……곽상이 여기서 말한 진정 무심한 사람은 "성인", 즉 공자를 지칭하고, 그가 말한 "경"은 중국 전통 사회가 승인하는 공자가 지은 경전이다. 『논어』에 기록된 공자의 말들은 모두 일정한 구체적 정황 아래서 일정한 구체적 문제를 위해 대답한 말인데, 곽상은 이것이 바로 "느낌에 따라 응하여 부득이한 이후에 일어난 것"이라고 여겼다. 공자는 무심을 체득했다고 곽상은 여겼는데, 마음이 무위한다고 함은 자연에 순응한다는 말이다.

부합하지 않고 홀로 응대한 것이었다. 응대가 구체적 상황에 부합하지 않았으므로 내용이 **아무리 옳더라도 쓸모가 없고**, 말이 구체적 문제 해결을 위한 것이 아니었으므로 **아무리 고상하더라도 비실제적이었다**. 즉 장자는 **적연부동(寂然不動)하여 부득이한 다음에나 행동하는** 인물[무심의 경지에 이른 성인, 공자]에는 미치지 못하고 그저 무심(無心)을 이해했을 뿐이었다.

무릇 **마음이 무위(無爲)**하면 **감응하는 대로 반응하고** 상황에 따라 응하므로 **언어가 자연히 신중하다**. 따라서 **조화와 일체가 되어** 만대를 유전하여도 사물과 더불어 하나가 되니, 어찌 (장자처럼) **외로운 독백으로서 우주 바깥에 대해서 자유롭게 논한** 적이 있었겠는가? 이 때문에 『장자』는 "경(經)"이 되지는 못했으나 다만 제자백가 중에서는 최고라고 할 수 있다.

장자는 (진정한 무심을) 체득하지는 못했어도 그의 언설만은 매우 완벽했으니, 천지의 구조에 관통했고 만물의 특성을 천명했고 생사의 변화를 달관했으며, 그럼으로써 **내성외왕의 도**(內聖外王之道)를 천명했다. 또한 위로 조물주는 존재하지 않고 아래로 존재하는 사물 스스로 창조됨을 깨달았다.[2]

이는 장자에 대한 비평인데, 두 가지로 나눌 수 있다. 하나는 곽상은 장자의 정신 발전의 수준을 공자와 견줄 수 없다고 여겼다는 것이다. 그는 장자가 "근본"과 "마음의 무위"에 대한 지식이 있다고는 인정했지만 그저 그것들을 "알았"을 뿐 그것들과 "일체가 되지는" 못했다고 여겼다. 그 때문에 장자는 "자신의 광언을 숨겨두지 못하고" 다만 "외로운 독백으로서 우주 바깥에 대해서 자유롭게 논하는 것"에 만족했다는 것이다. 곽상의 요지는 성인은 이미 "조화와 일체가 되었으니" "마음이 무위인" 경지를 알았을 뿐더러 실제로 그의 마음은 그 상태에 있다는 것이다. 이렇게 되면 "감응하는 대로 반응할" 수 있는데 이것이 이른바 "적연부동이어서 부득이한 다음에 비로소 행동한다"는 것이다. 이와 같으므로 실

---

[2] 夫莊子者, 可謂知本矣, 故未始藏其狂言, 言雖無會而獨應者也. 夫應而非會, 則雖當無用; 言非物事, 則雖高不行; 與夫寂然不動, 不得已而後起者, 固有間矣, 斯可謂知無心者也. 夫心無爲, 則隨感而應, 應隨其時, 言唯謹爾. 故與化爲體, 流萬代而冥物, 豈曾設對獨 而游談乎方外哉! 此其所以不經而爲百家之冠也. 然莊生雖未體之, 言則至矣. 通天地之統, 序萬物之性, 達死生之變, 而明內聖外王之道, 上知造物無物, 下知有物之自造也. (『장자』 도입부, 3쪽)

제에 따라 자유롭게 반응하는데 그 반응은 특정 상황에 따라 달라진다. 그렇지만 그는 사물에 대해서 하나하나 따지는 일은 피하기 때문에 "언어가 자연히 신중하다."

곽상의 이런 비평은 완전히 왕필과 일치하고 있다. 즉 왕필이 비평했듯이 "노장은 유(의 영역)를 벗어나지 못했다"는 것이다. 곽상 역시 장자는 단지 마음이 무위인 경지를 "알았을" 뿐 몸소 진입하지는 못했다고 비평했다.

다음 비평에서 곽상은 장자의 말은, 일반 사람들의 요구가 아니라 그 자신의 요구에 맞춘, 그저 "외로운 독백"에 불과하다고 비난했다. 그래서 그는 그것들이 "아무리 옳더라도 쓸모가 없고" "아무리 고상하더라도 비실제적이다"고 말했다. 장자는 "내성외왕의 도"를 천명하기는 했으나 다만 그의 주장은 내성 측면에 치중했고 외왕 측면은 경시했다는 것이다.

이 두 가지 이유로 곽상은 장자와 진정한 성인인 공자는 "진실로 차이가 있다"고 단언했다. 이 때문에 『장자』는 경이 되지 못했던 것이고 그저 제자백가(경을 따르지 않는 철학자) 중의 최고에 불과했다고 여겼다. 이런 사실을 염두에 두면 공자와 노장의 동이 문제에 대해서 "같지 않을까요?"라는 대답의 의미를 더욱 뚜렷이 이해할 수 있다. 같은 점은 공자와 노장이 모두 "무"를 중시했다는 점이고 다른 점은 공자는 이미 무와 "합일했으나" 노장은 단지 무를 "알았을" 뿐이다는 점이다. 그러나 이 차이는 여전히 상대적인 발전과정의 차이일 뿐 공자와 노장에 근본 차이가 있다는 말은 아니다.

역사적으로 말하면 이 학설은 하나의 특수한 측면이 있으니 왕필과 곽상과 기타 신도가는 공자를 최대의 성인으로 받들었음에도 불구하고 "성인"의 의의를 유가의 방식이 아닌 도가의 방식으로 해석했다는 사실이다. 신도가는 유가에서 공자가 유일한 성인이라는 설을 채용했으나 동시에 도가철학으로 공자의 말을 재해석했다. 예컨대『논어』"안회는 자주(屢) 공(空)에 가까웠다"〈제5장,주40〉라는 구절에서 하안의『집해』는 "루(屢)는 매번의 뜻, 공(空)은 허심(虛中 : 마음이 빔, 虛心)의 뜻이다"〈제5장,주41〉고 풀이했다. 후대의 주해자는 이 의미를 확장했는데 예컨대 고환(顧歡, 420-83)은 말했다.

"무욕(無欲)"의 경지에 욕심 내지 않는 것이 성인이 따르는 도이다. "무욕"의 경지에 욕심 내는 점이 현인의 분수(한계)이다. 두 사람은 모두 다같이 "무"를 희망한다. "공(空)"의 경지에 온전하면 성(聖)의 경지로 명명되고, "공"의 경지를 얻었다 잃었다 하여 그저 매번 허심을 추구하면 현인이라고 지칭된다. 현인은 유(有)에서 보면 욕망을 소유하려고(有) 하지 않지만, 무(無)에서 보면 욕망을 없애려고(無) 힘쓴다. 이처럼 허심하지만 아직 미진한 경우 자주(屢)라는 표현 외에 무엇이 있겠는가?〈제5장,주48〉

또 태사숙명은 말했다.

안자(顏子)는 상등의 현인으로서 (성인의 덕성을) 전체적으로 체득하여 미미하기는 했지만 깊은 경지에 도달하여 진보하거나 퇴보하는 일이 없었기 때문에 의미상으로 "자주(屢)"라는 말을 썼다. 그가 인의(仁義)를 높이고 예악을 잊으며 지체를 깨뜨리고 총명을 무시하여 좌망(坐忘)하여 대통(大通)한 사실은 "유를 잊었다(忘有)"는 의미이다. "유를 잊음"이 순식간이고 완전한 경우 "공(空)"이 아니고 무엇이겠는가? 그러나 성인과 비교해보면 성인은 잊음도 잊지만(忘忘) 대현(大賢)이라도 잊음을 잊지는 못한다. 잊음을 잊지 못하기 때문에 마음에는 다시 미진한 면이 있게 된다. 한번 미진했다가 다시 "공"에 도달하기 때문에 "자주"라는 이름을 붙인 것이다. 〈제5장,주49〉

이것들은 공자의 말이 어떻게 장자의 "심제(心齋)" "좌망(坐忘)" 등의 개념으로 재해석되었는가에 대한 사례이다.

왕필과 곽상은 "현학"의 추종자였던 만큼 그들이 도가의 설을 강조한 것은 이상할 것이 없다. 그러나 여기에 하나의 의문이 있으니 왜 그들은 여전히 공자를 최대의 성인으로 받들었느냐 하는 점이다. 가능한 해석이 두 가지인데, 하나는 사회적인 것이고, 하나는 철학적인 것이다.

사회적인 면을 말하면, 한대(漢代) 초기 사상 통일에 의한 유가의 독존(獨尊) 이래 이미 공자를 최대의 성인으로 여기는 전통이 있었다. 이 책 제1편 제16장에서, 한대 이래 유가 경전은 "마치 입헌군주국의 군주처럼, 군주는 물론 '만세토록 한 혈통'이지만 통치의 정책은 각 내각에 따라 항상 변경되었다"고 말했다. 즉 왕필과 곽상 같은 신도가의 사상 속에서 공자는 군주와 같았고 노장은 그의 내각의 구성원과 같았다. 이런 견해는, 실제적으로는 도가사상이 이미 유가사상을 대체했지만 이 시기의 공자의 지위는 표면상 노장보다 높은 지위를 유지했던 사회적 전통과도 잘 부합하는 결과가 되었다.

철학적인 면을 말하면, 왕필과 곽상의 도가사상은 노장의 도가사상에 비해서 더욱 유가에 접근했다는 사실은 의심의 여지가 없다는 점이다. 이리하여 왕필과 곽상은 노장을 해석했을 뿐더러 동시에 그 관념을 비판하고 다듬었던 것이다. 우리는 현재 이미 "신유가"라는 명사로써 송명시대의 도학(道學, 즉 "진리에 대한 학문")을 지칭하는 데에 익숙해져 있는데 "신도가"라는 명사로써 왕필과 곽상의 무리의 현학을 지칭하는 것 역시 마찬가지로 타당할 것 같다. 이 점은 앞으로 차츰 명백해질 것이다.

2. 명리

위진시대(魏晉時代) 사상가들의 통상적인 토론의 주제는 이른바 "명리(名理)"였다. 예컨대 『세설신어』에 "왕장사(王長史)가 수백 마디의 주장을 펼치며 스스로 명리(名理)에 대한 탁월한 재능이라고 자찬했다"[3]고 했고, 또 유효표(劉孝標)는 주에서 [사현별전(謝玄別傳)]을 인용하며 "사현은 청담을 잘했고 명리에 뛰어났다"[4]고 말했다. "명리에 뛰어났다"고 함은 곧 "능숙하게 이름을 변별하고 이치를 분석했다(辯名析理)"〈주15〉는 말이다. 이 책 제1편 제9장에서 명가를 논했는데 예컨대 "백마는 말이 아니다",[5] "견백은 분리된다"[6]는 등의 공손룡의 논변 등은 모두 변명석리의 예이다. 오로지 이름(名)의 구별을 통해서 이치(理)를 논리적으로 분석할 뿐 실제적 사실은 전혀 상관하지 않는 것이다. 이런 활동은 일찍이 "오로지 이름에서 결단했으니 인정을 벗어났다"[7]고 비판을 받은

---

3) 王(長史)敍致作數百語, 自謂是名理奇藻. (「문학편(文學篇)」, 『세설신어』 4 : 42)
4) 玄能淸言, 善名理. (『세설신어』 4 : 41의 주)
5) 白馬非馬. 〈제1편, 제9장, 주58〉
6) 離堅白. 〈제1편, 제9장, 제7절〉
7) 專決於名, 而失人情. (사마담[司馬談]의 말) 〈제1편, 제9장, 주8〉

바 있다.

『세설신어』「문학편」은 말한다.

어떤 객이 악광(樂廣)에게 "지부지(旨不至)"라는 논제에 관해서 묻자, 악광은 문구를 분석하지 않고 단지 손에 쥐고 있던 주미(麈尾 : 먼지털이와 부채를 겸한 도구로서 당시 청담할 때 손에 드는 풍습이 있었음)를 책상에 대고 "닿지(至) 않았는가?"라고 묻자, 객이 "닿았습니다"라고 대답했다. 악광은 다시 주미를 들어올리며 "그것이 이미 닿음이었다면 거기에 어떻게 제거(去 : 주미를 책상에서 뗌)가 있을 수 있겠는가?"라고 반문했다.[8]

"지부지"는 『장자』「천하편」에 나오는 "지부지(指不至)"[9]이다. 주미가 책상에 "닿으면(至)" 보통 주미가 책상에 닿았다고 말한다. 그러나 "닿음"이 참된 닿음이라면 닿음은 "제거될" 수 없다. 이제 닿음이 제거되는 경우라면 그 닿음은 참된 닿음이 아니다. 이것은 "닿음"이라는 이름을 통해서 그 이름에 내재한 원리를 분석한 것인데 그 원리에 의해서 구체적이고 특수한 닿음의 사례를 비평하고 있다. 이것이 바로 "변명석리"의 사례이다.

이 문단에 대한 유효표의 주는 다음과 같다.

무릇 감추어둔 배는 보이지 않는 사이에 변하며 (오늘 누구와) 어깨를 부딪친 일 역시 영원히 지나갔다. 한순간도 멈출 수 없으니 홀연히 생기고 멸하기 때문에 나는 새의 그림자는 그 이동을 찾아볼 수 없고, 달리는 수레의 바퀴는 땅을 닿은 적이 없다. 그래서 (주미의) 제거는 (닿음의) 제거가 아니었으니, 그렇지 않다면 어찌 닿음(至)이 있을 수 있었겠는가? 그러나 전지(前至 : 닿음의 지속 상태 중에서 앞의 상태)는 후지(後至)와 다르지 않으므로 닿음(至)이라는 이름이 생겼고, 전거(前去)는 후거(後去)와 다르지 않으므로 제거(去)라는 이름이 성립되었다. 그러나 천하에는 "제거"의 개념은 현실에 존재하지 않으니 "제거"라는 개념은 거짓이 아니겠는가? 그것이 이

---

8) 客問樂令(樂廣) "旨不至"者, 樂亦不復剖析文句, 直以 尾柄 曰 : "至不?" 客曰 : "至!" 樂因又擧 尾曰 : "若至者, 那得去?"(『세설신어』 4 : 16)
9) 指不至. ["指不至, 物不絶"] 〈제1편, 제9장, 주100〉

미 거짓이라면 어떻게 닿음의 개념이 참될 수 있겠는가?[10]

이 주의 내용이 유효표 자신의 말인지 타인의 말을 인용한 것인지는 알 수 없다. "나는 새의 그림자는 움직인 적이 없다",[11] "수레바퀴는 땅을 닿은 적이 없다"[12]는 모두『장자』「천하편」에 서술된 역설들 중의 두 가지이다.

이 주의 대의는 다음과 같다 : 사물과 사건은 시시각각 변화 속에 있으므로 모든 순간에 생겼다가 곧 멸한다. 따라서 어떤 특정 순간에서의 나는 새의 그림자는 결코 그 이전 순간의 나는 새의 그림자가 아니다. 이전 순간의 그림자는 그 시간의 소멸과 함께 소멸되고, 이후 순간의 그림자는 그 순간에 새로 생긴 것이다. 따라서 우리가 그 두 순간을 함께 연결시키면 우리는 운동을 보게 되지만 우리가 그것들을 개별적인 것으로 간주하면 운동은 존재하지 않는다. 마찬가지의 원리가 "수레바퀴는 땅을 닿은 적이 없다"는 역설에도 존재한다.

마찬가지로 이른바 "제거"란 수많은 일순간의 "제거"를 모아놓은 것에 불과하므로 그것은 일련의 "전거"와 "후거"로 구성되어 있다. 마찬가지로 이른바 "닿음(至)"도 수많은 일순간의 닿음이 연속된 것에 불과하므로 그것은 일련의 "전지"와 "후지"로 구성되어 있다. 전지와 후지가 서로 비슷하게 보이기 때문에 하나의 통합된 "닿음"이 있는 것처럼 보이고 따라서 "닿음"이라는 명사가 성립된 것이다. 마찬가지로 전거와 후거가 비슷하게 보이기 때문에 하나의 통합된 "제거"가 있는 것처럼 보이고 따라서 "제거"라는 명사가 실제로 성립된 것이다. 그런데 오로지 일순간의 생멸만을 생각하면 사실상 "제거"는 존재하지 않는다. 마찬가지로 "닿음"도 존재하지 않는다.

이것이 "변명석리"의 사례이다.『장자』[천하편] 가운데 변자(辯者)의

---

10) 夫藏舟潛往, 交臂恒謝, 一息不留, 忽焉生滅. 故飛鳥之影, 莫見其移 ; 馳車之輪, 曾不掩地. 是以去不去矣, 庸有至乎? 至不至矣, 庸有去乎? 然則前至不異後至, 至名所以生 ; 前去不異後去, 去名所以立. 今天下無去矣, 而去者非假哉? 旣爲假矣, 而至者豈實哉? (『세설신어』 4 : 16의 주)

11) 飛鳥之影, 未嘗動也. 〈제1편, 제9장, 주103〉

12) 輪不輾地. 〈제1편, 제9장, 주98〉

역설에 "1자의 회초리를 날마다 양분하면 영원히 계속된다",[13] "연환(연결된 고리)은 풀 수 있다[14]" 등이 있는데, 이에 대해서 곽상은 말했다.

> 이것은 국가 경영과 전혀 무관한, 참으로 무용한 이야기이다. 그러나 귀족의 자제들은 규범적인 문장에 권태를 느낄 때 정신적 유희를 가져야 하는데, 만일 그들이 **능숙하게 이름을 변별하고 리를 분석함으로써(辯名析理)** 기분을 펼치고 생각을 정리하여 후세에 유전시킴으로써 백성의 성품이 방탕해지지 않게 한다면 단순히 바둑을 두는 일보다 나은* 정도에 그치겠는가?[15]

곽상은 변자들의 차원에서 진일보했는데, 장자가 말한 "물고기를 잡고 통발을 잊는다"는 경지에 도달했기 때문이다. 표면적으로 그는 변명석리를 반대한 것처럼 보이지만 실제로는 그렇지 않았다. 그가 반대한 것은 오로지 변명석리만 하는 행위였다. 곽상 자신은 실제로 변명석리에 가장 뛰어났고 그의 『장자주』는 그런 부류의 책 중에서 가장 두드러진 사례였다. 다음 제6장에서는 오로지 그의 『장자주』만 다루게 된다.

3. 왕필

왕필도 곽상처럼 "명리에 뛰어났다(善名理)."〈주4〉 이 때문에 그들의 노장 주해는 한나라 사람들, 예컨대 『회남자(淮南子)』에서 노장을 논한 것과 크게 달랐다. 형이상학 측면에서 보면 『회남자』의 논의는 우주생성론적이고, 왕필과 곽상의 주해는 본체론적이다. 우주생성론은 반드시 실제에 대해서 적극적인 주장을 펴지만 본체론은 거의 그렇지 않다. 왕필과 곽상으로 대표되는 위진시대의 신도가는 "변명석리"의 방법으로 본체론을 논했기 때문에 실제에 대한 주장이 거의 없었다. 즉 상식적인 눈

---

13) 一尺之 , 日取其半, 萬世不竭.〈제1편, 제9장, 주108〉
14) 連環可解也.〈제1편, 제9장, 주38〉
* 『논어』 17 : 22 "飽食終日, 無所用心, 難矣哉! 不有博奕者乎? 爲之, 猶賢乎已."
15) 無經國體致, 眞所謂無用之談也. 然膏粱之子, 均之 豫, 或倦於典言, 而能辯名析理, 以宣其氣, 以係其思, 流於後世, 使性不邪淫, 不猶賢於博奕者乎! (『장자』, 1114쪽 [11])

으로 보면 그들이 논한 내용은 상식인에게는 모두 극히 "허무(虛無)"하고 "공허(玄虛)"하게 들렸다.

왕필은 자가 보사(輔嗣)이고 의심할 여지 없이 중국사상사상 가장 조숙한 천재였다. 다만 일생이 너무 짧았기 때문에 이렇다 할 내용이 기술되어 있지 않는데, 『삼국지(三國志)』「종회전(鍾會傳)」에 붙어서 다음 내용이 전해진다.

> 약관의 나이 때 종회는 산양 지방의 왕필과 나란히 이름을 날렸다. 왕필은 유가와 도가를 논의하기를 좋아하고 글재주가 뛰어나 『역』과 『노자』에 대한 주해를 썼고, 상서랑(尙書郎)이 되었으며, 20여세의 나이에 세상을 떠났다. 〈제5장,주14〉

1) "무(無)"

왕필은 『주역약례(周易略例)』[명단(明象)]에서 말했다.

> 무리가 무리를 다스릴 수는 없고 무리를 다스리는 것은 소수이고, 운동은 운동을 다스릴 수 없고 천하의 운동을 제어하는 것은 저 하나(一)이다. 따라서 무리가 모두 올바로 존재할 수 있으려면 임금이 (권력의) 통일을 이룩해야 하고, 운동이 모두 바르게 운행할 수 있으려면 근원(원리)이 둘이 아니어야 한다. **모든 사물은 공연히 존재하는 것은 없고 반드시 저마다의 리가 있다.**〈제5장,주33〉 통할에는 종주가 있고 회합에는 우두머리가 있다. 그래서 번잡해도 어지럽지 않고 무리가 있어도 미혹되지 않는다.……따라서 통할에서 추적하면 사물은 아무리 많아도 하나의 원리로 제어될 수 있고, 근본에서 관찰하면 의리가 아무리 넓어도 하나의 이름으로 제시될 수 있다.[16]

이 문단은 각 괘의 단사(象辭)의 일반 의미를 해석하려는 것이다. 왕필은 또 "단사란 무엇인가? 해당 괘의 구조를 통론하여 그 괘에서 주도적인

---

16) 夫衆不能治衆, 治衆者, 至寡者也. 夫動不能制動, 制天下之動者, 貞夫一者也. 故衆之所以得咸存者, 主必致一也;動之所以得咸運者, 原必無二也. 物無妄然, 必有其理. 統之有宗, 會之有元;故繁而不亂, 衆而不惑.……故自統而尋之, 物雖衆, 則知可以執一御也;由本以觀之, 義雖博, 則知可以一名擧也. (『왕필집』, 591쪽)

것인 것을 밝힌 것이다"[17]고 말했다. 각 괘의 여섯 효 가운데 반드시 한 효가 기타 각 효를 주도한다는 말이다. 이런 맥락에서 그는 첫머리에서 모든 무리는 하나에 의해서 다스려지고 모든 운동은 고요에 의해서 다스려진다고 제시했던 것이다. 이것은 바로 그의 형이상학의 제일원리였다.

『역』「복(復)」괘의 단(彖), "복에서 천지의 마음을 볼 수 있다"라는 구절을 왕필은 이렇게 해석했다.

> 복(復)이란 근본으로 돌아간다는 말이다. 천지는 근본을 마음으로 삼는 것이다. **운동이 그치면 고요가 되지만 고요는 운동의 상대물이 아니다. 말이 그치면 침묵이 되지만 침묵은 말의 상대물이 아니다.** 그런즉 비록 천지는 광대하여 만물로 가득 차 있고 천둥이 치고 바람이 불고 **온갖 변화(萬變)**가 어우러지더라도 **고요한 지무(至無)**가 바로 천지의 근본이다. 따라서 운동이 땅 속에서 그치면 천지의 마음이 보인다. 만약 (천지가) **유(有)에 괘념하면 상이한 부류는 서로 공존할 수 없다.**〈제5장,주23〉

왕필이 말하는 천지의 "만물"과 그것의 작용에서 비롯되는 "온갖 변화"는 모든 존재(有)와 모든 변화 즉 현상계의 모든 운동을 말한다. 다만 모든 변화나 운동의 "원인" 그 자체는 반드시 변하지 않고 고요하다. 그러나 이런 종류의 고요는 운동과 동일한 수준의, 운동과 상대되는 어떤 것이 결코 아니고 다만 모든 운동을 낳는 근본이다. 즉 "운동이 그치면 고요가 되지만 고요는 운동의 상대물이 아니고, 말이 그치면 침묵이 되지만 침묵은 말의 상대물이 아니다"는 말이다. 유(존재)의 경우도 이와 마찬가지이다. 모든 유를 다스리고 생성하는 근본은 "고요한 지무(至無)"이다. 모든 유의 근본(지무) 그 자체는 유일 수 없는데 만약 유이면 모든 다른 종류들 가운데 어떤 특수한 종류의 유에 불과하여 그 자체로 모든 유의 근본은 될 수 없기 때문이다. 이런 의미에서 왕필은 "유에 괘념하면 상이한 부류는 서로 공존할 수 없다"고 말했다. 논리적 결론은, 『노자』40장의 주에서 말했듯이, "유의 시원은 무를 근본으로 삼는다"는 점이다.

---

17) 夫象者, 何也? 統論一卦之體, 明其所由之主者也. (같은 곳)

천하 사물의 수는 극히 많지만 많은 것도 하나에서 비롯된다. 『역』「계사(繫辭)」 "위대한 연역의 수는 50인데 49만 사용한다"[18]라는 구절의 왕필 주는 말한다.

> 천지의 수를 연역할 때 50이 기초가 된다. 그런데 쓰기는 49만 쓰니 즉 하나는 쓰이지 않는다. 쓰이지 않지만 나머지 수들을 통괄하는 데에 쓰인다. **수에 포함되지 않지만 다른 수를 완성하는 것**이 바로 역(易)의 태극(太極)이다. 49는 수의 극한이다. **무는 무를 통해서 밝혀질 수 없고 반드시 유에 의거해야** 하기 때문에 **존재하는 사물의 극한**(有物之極)을 통해서 반드시 **그것이 유래하는 근원**(其所由之宗)을 밝히는 것이다.[19]

이 주는 『역』「계사」의 문장을 해석하면서 본래 주나라 초기의 복서(卜筮)의 방법을 해석한 것이다. 점은 시초 줄기를 짝수, 홀수로 조작하여 진행된다. 그래서 먼저 시초 50줄기 가운데 하나의 줄기를 뽑아 한쪽에 두고 실제로 사용하는 것은 49줄기뿐이다. 왕필의 해석에 따르면 49는 다수를 나타내므로 "존재하는 사물의 극한"을 상징하고, 하나는 "그것이 유래하는 근원"이다. 50은 홀수 1, 3, 5, 7, 9의 합 25에 짝수 2, 4, 6, 8, 10의 합 30을 대충 더한 수이다(실재로는 55이다). 그러나 이 총합에서 하나는 쓰지 않고 그 나머지인 49가 "수의 극한"이다. 『노자』 39장의 주에서 왕필은 "하나는 수의 시작이고 사물의 극한(극점)이다"[20]고 말했다. 하나는 그밖의 모든 수를 구성하는 근본이기 때문에 "수에 포함되지 않지만 다른 수를 완성하는 것"이다고 말했다. 하나는 만물이 "유래하는 근원"이기 때문에 또한 "사물의 극한"이라고 묘사했다.

왕필의 철학에서 "무"는 『역』의 "태극"에 상당하고 『노자』의 "도"에 상당한다. 다만 "무"의 작용은 오직 "유"의 형식 안에 드러날 수 있다. 이런 맥락에서 왕필은 "무는 무를 통해서 밝혀질 수 없고 반드시 유에

---

18) 大衍之數五十, 其用四十有九.

19) 演天地之數, 所賴者五十也. 其用四十有九, 則其一不用也. 不用而用以之通, 非數而數以之成, 斯易之太極也. 四十有九, 數之極也. 夫無不可以無明, 必因於有, 故常於有物之極, 而必明其所由之宗也. (『왕필집』, 547-48쪽)

20) 一, 數之始而物之極也. (『왕필집』, 105쪽)

의거해야 한다"고 말했다. 『역』「계사」 "음과 양이 교대로 작용하는 것이 도이다(一陰一陽之謂道)"라는 구절의 한강백(韓康伯) 주는 말한다.

> 도란 무이다. 관통하지 않는 것이 없고 근거하지 않는 것이 없다. 또 도는 적막하고 본체가 없으니 상(象)이 될 수 없음은 두말할 나위가 없다. 반드시 **유의 작용(有之用)**이 극에 이르러야 **무의 성취(無之功)**가 드러난다.[21]

한강백의 이 설은 왕필의 설*과 똑같다. "무의 성취"를 구성하는 것은 "유의 작용"이다. 무 자체는 볼 수 없고 오직 그것의 "성취"만 볼 수 있는데 그것의 성취는 "유의 작용"으로 구성되어 있다.

『노자』 42장 "도가 하나를 낳았다(道生一)"라는 구절의 왕필 주는 말한다.

> 만물의 만가지 형상은 하나로 귀착되는데, 무엇으로부터 이 하나는 비롯되었는가? (하나는) 무로부터 비롯되었다.[22]

여기서의 하나는 도의 산물일 뿐 도 자체가 아니다. 즉 왕필의 『주역주(周易注)』의 내용과 모순된다. 거기서 하나는 만물이 "유래하는 근원"이므로 하나는 도 자체에 상당한다. 노자의 체계에서 "도는 만물을 낳으므로" 도 자체는 분명히 하나보다 높다. 왕필의 체계에서 "하나"와 "무리"는 대립하는데, "무리"는 모든 "존재하는 사물"로 조성된 것인 반면 "하나"는 이 모든 존재하는 사물이 "유래하는 근원"이기 때문이다. 이때는 하나 자체가 곧 도를 뜻한다. 이런 모순은 왕필의 『노자』 42장의 주는 노자의 원의를 해석한 것이었다면 그의 『주역주』는 자신의 사상을 표현한 것이었기 때문에 생긴 것이라고 해명할 수 있을 것 같다.

2) 의미(義)와 리(理)

왕필 『주역약례』[명상(明象)]는 말한다.

---

21) 道者, 無之稱也. 無不通也, 無不由也. 況之曰道, 寂然無體, 不可爲象, 必有之用極, 而無之功顯.
 * 왕필의 『논어석의(論語釋疑)』의 구절〈제5장, 주19〉 참조.
22) 萬物萬形, 其歸一也. 何由致一? 由於無也. (『왕필집』, 117쪽)

상(象)이란 뜻(意)을 표출하는 것이고, 언어(言)란 상을 밝히는 것이다. **뜻을 완전히 표현하려면 상이 제일이고 상을 완전히 표현하려면 언어가 제일이다.** 언어는 상에서 생기기 때문에 언어를 탐색함으로써 상을 관찰할 수 있으니 상은 뜻에서 생긴다. 따라서 상을 탐색함으로써 뜻을 관찰할 수 있다. 뜻을 통해서 상은 완전히 표현되고, 상으로써 언어는 뚜렷해진다. 따라서 언어는 상을 밝히는 수단이니 **상을 얻었으면 언어는 잊어도 되고,** 상은 뜻을 보존하는 수단이니 **뜻을 얻었으면 상은 잊어도 된다.**……그러므로 언어에 집착하는 자는 상을 얻지 못하고, 상에 집착하는 자는 뜻을 얻지 못한다. 상은 뜻을 전하려고 생긴 것인데 상에 집착하면 집착 내용은 그 뜻의 상이 아니고, 언어는 상을 전하려고 생긴 것인데 언어에 집착하면 집착 내용은 그 뜻의 언어가 아니다. 그런즉 상을 잊는 자가 바로 뜻을 얻게 되고, 언어를 잊는 자가 상을 얻게 된다. 뜻을 얻는 것은 상을 잊는 데에 달려 있고 상을 얻는 것은 언어를 잊는 데에 달려 있다. 따라서 상을 수립하여 뜻을 완전히 표현하면 상은 잊어도 되며, 획을 겹쳐서 진실(진리)을 완전히 표현할 수 있으면 획은 잊어도 된다. 그러므로 **각 부류의 사물을 종합한 것이 각각의 상이 되고 각 의미(義)를 집합한 것이 상호 징험이 된다. 그러므로 의미가 강건에 부합할 경우 하필 말(馬)(이라는 상)에 얽매이며, 부류가 유순에 부합할 경우 하필 소(라는 상)에 얽매일 필요가 있겠는가?** 괘효가 유순에 부합할 경우 하필 곤(坤)만이 소일 필요가 있겠으며, 의미가 강건에 부응할 경우 하필 건(乾)만이 말일 필요가 있겠는가?[23]

---

23) 夫象者, 出意者也. 言者, 明象者也. 盡意莫若象, 盡象莫若言. 言生於象, 故可尋言以觀象；象生於意, 故可尋象以觀意. 意以象盡, 象以言著. 故言者所以明象, 得象而忘言；象者所以存意, 得意而忘象.……是故存言者, 非得象者也；存象者, 非得意者也. 象生於意而存象焉, 則所存者乃非其象也；言生於象而存言焉, 則所存者乃非其言也. 然則忘象者乃得意者也；忘言者乃得象者也. 得意在忘象, 得象在忘言. 故立象以盡意, 而象可忘也；重 而盡情, 而 可忘也. 是故觸類可爲其象, 合義可爲其徵. 義苟在健, 何必馬乎? 類苟在順, 何必牛乎? 爻苟合順, 何必坤乃爲牛? 義苟應健, 何必乾乃爲馬? (『왕필집』, 609쪽)
  [『신편』IV, 126쪽 : 하늘도 건괘의 상으로 삼을 수 있고 말(馬)도 건괘의 상으로 삼을 수 있으며, 땅도 곤괘의 상으로 삼을 수 있고 소도 건괘의 상으로 삼을 수 있다. 건괘의 "의미(義)"(사람의 사상 속에서는 意가 됨)는 "강건"인데 하늘과 말 모두 강건의 의미(義, 意)가 있으므로 모두 건괘의 상으로 삼을 수 있다. 곤의 "의미"는 "유순"인데 땅과 소 모두 유순의 의미가 있으므로 모두 곤괘의 상으로 삼을 수 있다. 강건, 유순의 이 두 의미(義, 意)는 언어를 통해서 표시하면 "강건",

이 문단은 몇 가지 문제를 제시했다. 첫째 문제는, 왕필 당시의 사람들 가운데 유행했던, "언어는 뜻을 완전히 표현할 수 있다(言盡意)"는 이론과 연관된다. 이 이론은 원래의 도가의 견해와 상반된다. 원래의 도가는 "언어는 뜻을 완전히 표현할 수 없다(言不盡意)"고 주장했으니, "아는 사람은 말하지 않고 말하는 사람은 알지 못한다"〈주1〉는 『장자』의 말이 바로 그런 의미이다. "언어가 뜻을 완전히 표현할 수 있다"는 주장이 위진시대에 상당한 세력을 떨쳤음은 많은 자료가 증명해준다. 예컨대 『세설신어』「문학편」의 왕도(王導, 267-330)에 관한 이야기가 그것이다.

> 양자강 남쪽으로 건너간 다음 그는 단지 세 가지 원리만 강론했다. 즉 "음악에는 슬픔도 기쁨도 없다(聲無哀樂)"는 것, "양생(養生)"의 방법 그리고 "언어는 뜻을 완전히 표현할 수 있다(言盡意)"는 것이 그것이다. 그런데 이 것들은 함축성이 풍부하여 논급하지 않은 내용이 거의 없게 되었다.[24]

혜강(嵆康, 223-62)은 전에 「성무애락론(聲無哀樂論)」과 「양생론(養生論)」을 지었었다. 또 구양건(歐陽建, ?-300)은 전에 「언진의론(言盡意論)」을 지었는데, 그 요지는 다음과 같다.

> 리(理)가 마음에 터득될 때 언어가 아니면 표현되지 못하고 사물이 저 앞에 놓여 있어도 언어가 아니면 분별할 수 없다. 이름은 사물에 따라 변천하고 언어는 리에 따라 변화하는데 이것들은 서로 둘로 분리될 수 없다. 둘로 분리되지 않는 한 언어가 전부 표현되지 못한 경우는 없다.[25]

앞에서〈주23〉왕필이 "상을 얻었으면 언어는 잊어도 되고……뜻을 얻었

"유순"이라는 두 이름이 된다. 강건, 유순이라는 두 이름은 말과 소를 나타내니 이미 그것들이 나타내는 사물을 얻은 후에는 그것들을 버려도 된다. 말과 소는 강건과 유순의 "의미"를 나타내므로 그것들이 나타내는 물건을 얻은 후에는 그것들을 버려도 된다. 마치 물고기, 새를 잡으려면 반드시 도구를 사용해야 하지만 이미 물고기와 새를 잡았으면 그런 도구는 필요 없게 되는 것과 같다. 만약 그렇지 않으면 도구를 물고기나 새로 여기는 셈이 된다.]

24) 舊云 : 王丞相過江左, 止道「聲無哀樂」·「養生」·「言盡意」三理而已. 然宛轉關生, 無所不入. (『세설신어』 4 : 21)

25) 夫理得於心, 非言不暢. 物定於彼, 非名不辨. 名逐物而遷, 言因理而變, 不得相與爲二矣. 苟無其二, 言無不盡矣. (위 인용문의 유효표의 주)

으면 상은 잊어도 된다"고 주장한 점은 조기 도가와 일치한다. 그러나
그가 또 "뜻을 완전히 표현하려면 상이 제일이고 상을 완전히 표현하려
면 언어가 제일이다"고 하여 결국 "언어가 뜻을 완전히 표현한다"는 주
장에 찬동한 점은 조기 도가의 방향과 어긋난다. 그러나 진대(晉代)의 모
든 사람들이 그 주장을 견지한 것은 아니었으니 예컨대 은융(殷融)은
「상부진의(象不盡意 : 상은 뜻을 완전히 표현할 수 없다)」라는 제목의 글
을 지었다고 한다.[26]

　둘째 문제는 왕필이 말한 "뜻(意)"과 "의미(義 : 개념)"와의 관계 문제
이다. 그는 『주역약례』「명상(明象)」에서 "상이란 뜻을 표출하는 것이
다"〈주23〉고 했고 『주역주』에서 "상의 유래는 의미에서 생긴다"[27]고 했
으니, 그가 말한 "뜻"과 그가 말한 "의미"는 본질적으로 같은 것임을 알
수 있다.

　또 그는 『주역약례』에서 "모든 사물은 공연히 존재하는 것은 없고 반
드시 저마다의 리가 있다"〈주16〉고 했고, 『주역주』에서 "사물의 운동을
인식하면 그것이 그러한 까닭(所以然之理)은 모두 알 수 있다"[28]고 했으
며, "화복의 원인을 알면 쉽게 기뻐하지 않으며 필연의 리를 변별하면 자
신의 절조를 바꾸지 않는다"[29]고 했으며, 또 "의미(개념)는 리와 같다"[30]
고 했다. 이 마지막 구절에서 그는 명백히 "의미(義)"를 "리(理)"와 동일
시했다. 따라서 "의미"와 "리"는 모두 현상세계 배후의 근본 원리를 지
칭하는 명칭인데 다만 객관에 있을 경우는 리이고 사람의 마음에 있을
경우는 의미일 뿐이고 실제로는 한가지이다.

　셋째 문제는 왕필이 말한 "유(類)"와 관련된다. 앞의 인용문 말미에
"각 부류의 사물을 종합한 것이 각각의 상이 되고 각 의미(義)를 집합한
것이 상호 징험이 된다. 그러므로 의미가 강건에 부합할 경우 하필 말에
얽매이며, 부류가 유순에 부합할 경우 하필 소에 얽매일 필요가 있겠는

26) 『세설신어』 4 : 74 의 유효표의 주.
27) 象之所生, 生於義也. (「건(乾)」「문언(文言)」의 주, 『왕필집』, 215쪽)
28) 夫識物之動, 則其所以然之理, 皆可知也. (『왕필집』, 216쪽)
29) 明禍福之所生, 故不苟說(悅) ; 辨必然之理, 故不改其操. (『왕필집』, 299쪽)
30) 義猶理也. (「해(解)」, 『왕필집』, 416쪽)

가?"〈주23〉라고 했는데, 이것은 천지의 만물과 만사는 온갖 복잡한 부류가 있는데『역』의 각 괘는 모두 한 부류 혹은 몇몇 부류를 대표한다는 말이다. 예컨대 "건(乾)" 괘는 "강건"의 속성을 지닌 모든 사물을 대표하고, "곤(坤)" 괘는 "유순"의 속성을 지닌 모든 사물을 대표한다. "강건"과 "유순" 모두 해당 부류의 사물의 "의미" 혹은 "리"이고 이 문장 속에서 말한 말과 소는 각각 그것의 "상"이다. 이 "상"으로 만들어진 언어적 표현이 "언어(言)"이다. "강건"의 속성이 있는 모든 사물 예컨대 하늘, 임금, 아버지, 남편은 "건"에 의해서 대표되고, "유순"의 속성이 있는 모든 사물 예컨대 땅, 신하, 자식, 아내는 "곤"에 의해서 대표된다. 말과 소는 "건"과 "곤"의 "상"에 불과하다. 일단 "상"이 상징하는 "의미(義)"를 이해하면 그 상은 밀쳐내고 그 의미를 마음속의 "뜻"으로 간직할 수 있다. "뜻을 얻었으면 상은 잊어도 된다"는 왕필의 말은 분명히 이런 의미이다.

　이상의 세 문제에 대한 왕필의 해석에 관해서 논리적으로 결론을 추출하면 많은 면에서 송명 신유가의 리학(理學) 일파의 설과 비슷하다. 다만 왕필 자신은 그런 논리적 결론을 추출하지 못했기 때문에 그는 그가 말한 "의미" 혹은 "리"와 "도"와의 관계 역시 설명하지 못했다.*

---

* [역역본의 이 절 중의 **"3) 성인의 감정"** 항목은 제5장 제2절 〈주15〉의 인용문 중 "하안은 성인……" 이하 부분과 그 다음의 한 문단으로 구성되어 있으므로 생략한다. 다만 시작 부분과 끝 부분에 각각 다음의 문장이 첨가되어 있다.]

　"이상의 문제들은 조기 도가에서 토론된 적이 없는, 오직 왕필이 맨 처음 제시한 것들인데, 성인의 감정에 대한 그의 논의 역시 조기 도가와 부합하지 않는다."

　"왕필에 대한 이상의 논의는 조기 도가와 다른 점에 치중했기 때문에,『노자주』와『주역주』의 내용 가운데 조기 도가에서 이미 주장한 것은 논하지 않았다."

—————— 역자 참고 문헌 ——————

(상권의 "역자 참고 문헌"을 함께 참조하시오. 본문에서 그 출전을 표시할 때는 〈 〉 안의 약칭을 사용하였다.)

1. 『송명이학사』 1·2, 侯外廬 외, 박완식 역, 이론과 실천, 서울, 1993, 1995.
  『중국불교철학사』, 심재룡 편저, 철학과현실사, 서울, 1994.
  『中國哲學史』(漢唐篇), 勞思光, 鄭仁在 역, 탐구당, 서울, 1971. ⋯⋯⋯⋯⟨노사광⟩
  『중국철학사 3』, 북경대 철학과 연구실, 홍원식 역, 자작아카데미, 서울, 1979.
  『中國思想通史』 第3卷, 侯外廬, 趙紀彬, 杜國庠, 邱漢生 著, 人民出版社, 1957.

2. 『(懸吐 譯解) 原人論』, 覺性 역해, 統和叢書刊行會, 부산, 1979.
  『成唯識論 外』(한글대장경), 김묘주 역, 동국역경원, 서울, 1995.
  『선의 근원』, 宗密 述, 김무득 註釋, 우리출판사, 서울, 1991.
  『조론』, 憨山德淸 略注, 송찬우 역, 고려원, 서울, 1989.
  『고승전』, 柳月誕 편역, 자유문고, 서울, 1991.
  『지관의 이론과 실천(大乘止觀法門)』, 이상섭 역, 三養, 서울, 1995.
  『論衡』, 이주행 역, 소나무, 서울, 1996.
  『육조단경』, 鄭柄朝 譯解, 한국불교연구원, 서울, 1996.
  『왕양명철학』, 蔡仁厚, 황갑연 역, 서광사, 서울, 1996.

3. 『後漢書』(全12冊), 范曄 等撰, 李賢 等注, 中華書局, 1965.⋯⋯⋯⋯⋯⋯⟨『후한서』⟩
  『三國志』(全5冊), 陳壽 撰, 中華書局, 北京, 1975. ⋯⋯⋯⋯⋯⋯⋯⋯⟨『삼국지』⟩
  『晉書』(全10冊), 房玄齡 等撰, 中華書局, 1974. ⋯⋯⋯⋯⋯⋯⋯⋯⟨『진서』⟩
  『梁書』(全3冊), 姚思廉 撰, 中華書局, 1973. ⋯⋯⋯⋯⋯⋯⋯⋯⋯⟨『양서』⟩
  『隋書』, 魏徵 撰, 中華書局, 北京. 1975. ⋯⋯⋯⋯⋯⋯⋯⋯⋯⟨『수서』⟩
  『南史』(全6冊), 李延壽 撰, 中華書局, 北京. 1975. ⋯⋯⋯⋯⋯⋯⟨『남사』⟩
  『宋史』, 托克托 撰, 中華書局, 北京, ? ⋯⋯⋯⋯⋯⋯⋯⋯⋯⋯⟨『송사』⟩
  『中國哲學史教學資料選輯』, 北京大哲學系中國哲學史教硏室選注, 中華書局, 1981.
  『中國歷代哲學文選』(上 下), 馮契 主編, 上海古籍出版社, 1991.
  『中國哲學史資料選輯』, 中國社會科學院哲學硏究所 編, 中華書局, 1990.
  『中國哲學名著選讀』, 方克立 李蘭芝 編著, 南開大學出版社, 天津, 1996.
  『中國近代政治思想論著選輯』, 中共中央黨校文史教硏室 編, 中華書局, 1986.

4. 『春秋繁露義證』, 蘇輿 撰, 鍾哲 點校, 中華書局, 1992. ⋯⋯⋯⋯⋯⋯⟨『번로』⟩
  『春秋繁露今註今譯』, 賴炎元 註譯, 臺灣商務印書館, 臺北, 1981.
  『白虎通疏證』(全2冊), 陳立 撰, 吳則虞 點校, 中華書局, 北京, 1994.⋯⋯⟨『백호통』⟩
  『揚雄集校注』, 張震澤 校注, 上海古籍出版社, 1993. ⋯⋯⋯⋯⋯⟨『양웅집』⟩
  『太玄校釋』, 鄭萬耕 校釋, 北京師範大學出版社, 1989. ⋯⋯⋯⋯⋯⟨『태현』⟩

730

『法言義疏』(上・下), 汪榮寶 撰, 陳仲夫 點校, 中華書局, 1987.

   『法言注』, 韓敬 注, 中華書局, 1992. ....〈『법언』〉

『論衡全譯』, 袁華忠, 方家常 譯注, 貴州人民出版社, 貴陽, ...〈『논형』；원화충〉

   『論衡注釋』(全4冊), 北京大學歷史系『論衡』注釋小組, 中華書局, 1979.

『世說新語箋疏』, 劉義慶 著, 劉孝標 注, 余嘉錫 箋疏, 上海古籍出版社, 1993...〈『세
설신어』〉

   『世說新語譯注』, 張撝之 撰, 上海古籍出版社, 1996.

『顔氏家訓集解』, 王利器 撰, 中華書局, 1993. ....〈『안씨가훈』〉

『阮籍詩文選譯』, 祁欣 譯注, 巴蜀書社, 成都, 1990.

   『阮籍集校注』, 陳伯君 校注, 中華書局, 1987.

『列子集釋』, 楊伯峻 撰, 中華書局, 北京, 1979. ....〈『열자』〉

   『白話列子』, 楊伯峻 譯, 嶽麓書社, 長沙, 1990.

   『列子譯注』, 嚴北溟 嚴捷 著, 上海古籍出版社, 1986.

『莊子集釋』(全4冊)(郭象 注,成玄英 疏), 郭慶藩 撰, 中華書局, 1961. ......〈『장자』〉

『高僧傳』, 釋慧皎 撰, 湯用彤 校注, 湯一玄 整理, 中華書局, 1992. ......〈『고승전』〉

『宋高僧傳』(上・下), 贊寧 撰, 范祥雍 點校, 中華書局, 北京, 1987.......〈『송고승전』〉

『華嚴經金師子章校釋』, 方立天 校釋, 中華書局, 北京, 1983. ....〈『금사자장』〉

『大乘起信論校釋』, 高振農 校釋, 中華書局, 北京, 1992.

『壇經校釋』, 慧能 著, 郭朋 校釋, 中華書局, 北京, 1983

『神會和尙禪語錄』, 楊曾文 編校, 中華書局, 北京, 1996. ....〈『신회어록』〉

『抱朴子內篇校釋』, 王明 著, 中華書局, 北京, 1985. ....〈『포박자』〉

『張子正蒙注』(『船山全書』12), 王夫之 著, 嶽麓書社, 長沙, 1992. ....〈『정몽』〉

   『正蒙注譯』, 喩博文 注譯, 蘭州大學出版社, 蘭州, 1990.

『二程文選譯』, 郭齊 譯注, 巴蜀書社, 成都, 1994.

『朱熹集』(全10冊), 四川敎育出版社, 成都, 1996. ....〈『주희집』〉

『朱子語類』(全8冊), 中華書局, 北京, 1983. ....〈『어류』〉

王守仁, 『王陽明全集』(上・下), 上海古籍出版社, 1992. ....〈『전집』〉

『陳獻章集』(上・下), 孫通海 點校, 中華書局, 北京, 1987. ....〈『진헌장집』〉

『黃宗羲全集』(Ⅲ-Ⅷ), 浙江古籍出版社, 杭州, 1992. ....〈『황종희전집』〉

王夫之, 『船山全書』, 嶽麓書社, 長沙, 1992. ....〈『전서』〉

『孟子字義疏證全譯』(中國古代哲學名著全譯叢書 2), 巴蜀書社, 成都, 1992.

   『孟子字義疏證』(『戴震集』), 安田二郞 譯, 朝日新聞社, 東京,

─── 대본 교정표(제2편) ───

(교정표의 원칙과 기호 사용은 상권과 같다.)

414 : 8, 9　歐 → 驅〈#〉
422 : 11　是故先王 → 故先王焉〈#〉
500 : 7　中 → 仲〈#〉
511 : 그림　陰陽冬交於後 → 陰陽冬交於後相遇北方合而爲一此時爲冬至〈※〉
　　　　　陰陽夏交於前 → 陰陽夏交於前相遇南方合而爲一此時爲夏至〈※〉
　　　　　모든 起於 → 始出〈※〉
　　　　　東來 → 來東〈※〉
　　　　　모든 秋, → 秋分〈※〉
　　　　　모든 春, → 春分〈※〉
　　　　　西來 → 來西〈※〉

515 : 11　情 → 性〈#〉
521 : 8　論 → 倫〈*〉
528 : 1　治 → 志〈#〉
531 : 12　八 → 七〈#〉
532 : 4　八 → 七〈#〉
533 : 6　卷十 → 卷七〈#〉
542 : 6　八 → 十一〈※〉
547 : 10　八 → 五〈#〉
549 : 10　; 一 → 一 ; 一〈*〉
　　　13　各動 → 各種〈*〉
551 : 5　分 → 反〈*, ※〉
553 : 11　두 變而 → 動而〈#, ※〉
557 : 그림　乾形 → 陽形〈#, ※〉
　　　　　乾始 → 陽始〈#, ※〉
　　　　　乾生 → 陽生〈# ※〉
558 : 9　易緯是類謨以此 → 삭제〈#〉
　　　13　春 → 主春〈*, ※〉
　　　　　貞 → 除此〈*, ※〉
560 : 7　十 → 十四〈#〉
563 : 18　初五 → 初九〈#〉
564 : 1　終 → 中〈#〉

564 : 1　28　永 → 未〈*〉
566 : 1　戲 → 義〈#〉
568 : 9　玲 → 鈴〈#, ※〉
569 : 11　苢 → 芑〈#, ※〉
571 : 13　豖 → 豕〈*〉
586 : 1　僞 → 僞者〈#〉
　　　10　農 → 農歿〈#〉
589 : 3, 5　居獨處 → 處獨居〈#, ※〉
597 : 3　實 → 定〈#, ※〉
598 : 9　猶 → 稱〈#〉
600 : 2　모든 相 → 象〈#〉
602 : 10　常 → 嘗〈#〉
604 : 1　모든 瞻 → 贍〈#〉
606 : 12　是足 → 是〈#〉
609 : 7　瞻 → 贍〈#〉
　　　10　至 → 自〈#〉
612 : 6　害也 → 害〈#〉
　　　7　病 → 之病〈#〉
616 : 12　斥 → 丘〈#〉
624 : 5　人生 → 人〈#〉
633 : 5　年 → 卒〈#〉

642 : 3　之於 → 之與 〈#〉
653 : 12　在下 → 居下 〈#, ※〉
　　 13　當 → 自當 〈#, ※〉
655 : 3　而萬 → 萬 〈#, ※〉
656 : 4　宏 → 弘 〈#〉
658 : 4　모든 於 → 與 〈#〉
　　 5　之於 → 之與 〈#〉
659 : 13　於地 → 與地 〈#〉
664 : 1　講實 → 難實 〈#〉
　　 5　少長 → 少善 〈#〉
667 : 2　名 → 名爲 〈#〉
　　 6　本無異 → 義無異 〈#〉
670 : 13　曰 → 云 〈#〉
671 : 1　肄 → 肆, 常 → 嘗 〈#〉
　　 2　紂 → 跖 〈#〉
674 : 10　九五 → 九四 〈#〉
　　 13　以 → 已 〈#〉
675 : 6　六 → 五 〈#〉
683 : 10　人 → 入 〈*〉
686 : 2　侶 → 衆 〈#〉
　　 5　主 → 至 〈#〉
687 : 7　運 → 源 〈#〉
687 : 11, 12　惟 → 唯 〈#〉
692 : 5　已交 → 已交 〈*〉
　　 13　爲何 → 何爲 〈#〉
698 : 8　爲其 → 其爲 〈#〉
　　 13　法 → 流 〈#〉
699 : 4　史 → 術 〈#〉
　　 8　在也 → 在 〈#〉
　　 13　知 → 知哉 〈#〉
700 : 5　骨骸 → 骨骼 〈#〉
　　 8, 9　모든 骨骸 → 骨骼 〈#〉
703 : 6　無爲 → 於(當作說)無爲 〈※〉
706 : 10　但有 → 但由 〈#〉
715 : 4　衆緣 → 緣 〈#〉
726 : 9　淨 → 淨種 〈#〉

731 : 3　皆煩 → 皆擾 〈#〉
732 : 1　惟識眞 → 眞唯識 〈#〉
　　　惟 → 唯 〈#〉
737 : 5　空爲有 → 「空爲有」
748 : 5　旣 → 至 〈#〉
753 : 1　其 → 具 〈#〉
　　 7　實性 → 實；性 〈*〉
756 : 4　相異 → 相 〈#〉
764 : 12　恒 → 怕 〈#〉
　　 12　體 → 諦 〈#〉
　　 13　生出 → 出生 〈#〉
766 : 7　薰 → 熏 〈*〉
774 : 3　巳 → 已 〈*〉
777 : 6　具 → 有 〈#〉
779 : 12　傅 → 殷傅 〈#〉
783 : 2　扇 → 眉 〈#〉
784 : 1　次 → 以 〈#〉
　　 7　一生 → 一法 〈#〉
789 : 13　破 → 法 〈#〉
790 : 5　顯 → 在顯 〈#〉
792 : 7　指 → 顯 〈#〉
794 : 4　四大 → 四中 〈#〉
　　 12　處 → 食 〈#〉
795 : 11　七 → 八 〈#〉
796 : 5　七 → 八 〈#〉
802 : 6　巳 → 已 〈*〉
810 : 13　應 → 著 〈#〉
815 : 10　陽 → 陰 〈*〉
818 : 10　ce → che
820 : 8　原 → 源 〈#〉
826 : 3　主 → 立 〈#, ※〉
　　 10　順 → 慈, 爲順 〈※〉
827 : 7　繫辭 → 說卦 〈#〉
830 : 12　雍曰 → 雍對曰 〈#〉
831 : 1　奇 → 契 〈#〉
844 : 4　節 → 節者 〈#〉

848：8	已 → 己 〈#〉
10	示 → 示者 〈#, ※〉
	此云 → 此會 〈※〉
849：5	運卽 → 會卽 〈#〉
856：8	所爲 → 爲 〈#, ※〉
857：4	得 → 事 〈#, ※〉
11	無一物 → 一物無 〈#, ※〉
860：6	已 → 日 〈#〉
862：2	盡 → 蔽 〈#〉
863：12	見聞牿 → 聞見梏 〈#, ※〉
864：2	牿 → 梏 〈#,※〉
865：8	惟 → 唯 〈#, ※〉
866：6	牿 → 梏 〈#〉
870：13	在 → 則 〈#〉
876：13	是安 → 安 〈#〉
886：7	仁 → 人 〈#〉
887：3	明 → 名 〈#, ※〉
9	天理 → 人理 〈#〉
890：4	五 → 六 〈#〉
896：5	所 → 其所 〈#〉
	卽 → 皆 〈#〉
896：10	當 → 這裏當 〈#〉
11	物 → 物亦 〈#〉
900：1	辯論 → 論辨 〈#〉
900：1	以學 → 以爲 〈#〉
900：2	謂萬 → 爲萬 〈#〉
	此句謂 → 公以此句爲 〈#〉
902：8	註 → 注 〈*〉
906：12	載 → 在 〈#〉
907：12	開 → 闢 〈#, ※〉
908：10	便在 → 便只在 〈#〉
909：10	之前如 → 以前如 〈#〉
910：8	個個 → 兩個 〈#, ※〉
	今 → 而今 〈#※〉
911：6	八 → 九 〈#〉
913：2	胡 → 胡爲 〈#〉

913：12	切 → 功 〈*, ※〉
915：8	子 → 子横渠 〈#, ※〉
9	必 → 亦必 〈#, ※〉
917：13	泠 → 冷 〈#〉
918：4	學問 → 問學 〈#〉
6	緊 → 緊緊 〈#〉
7	銷 → 消 〈#〉
919：2	緊 → 緊緊 〈#〉
921：8	理 → 體 〈#, ※〉
10	工 → 功 〈#, ※〉
922：10	根本 → 本根 〈#〉
922：13	必 → 心 〈*〉
	心有 → 必有 〈#〉
924：5	下都 → 下却 〈#〉
925：4	用 → 用得 〈#〉
930：4	十 → 三十 〈#〉
11	知 → 智 〈#〉
931：1	目 → 自 〈*, ※〉
2	羅 → 個羅 〈#, ※〉
934：7	謂某 → 某 〈#, ※〉
8	拱達 → 達 〈#, ※〉
	屬 → 坐 〈#, ※〉
934：10	二年 → 元年 〈#〉
	六年 → 五年 〈#〉
12	先 → 先生 〈#, ※〉
947：6	夫 → 乎 〈*〉
949：10	仁 → 仁之 〈#〉
12	也, → 也,　草木猶有生意者也. 〈#, ※〉
950：6	止於 → 止 〈※〉
8	有 → 自有 〈#, ※〉
951：5	無 → 心之本體無 〈#, ※〉
12	正也 → 正之謂也 〈#, ※〉
952：10	賢 → 賢教 〈#, ※〉
955：1	於理 → 與理 〈#〉
959：6, 7	佛家 → 佛氏 〈#〉

734

959：8	意思 → 意 〈#〉
960：12	始終 → 終始 〈#〉
961：10	知 → 知得 〈#〉
962：6	모든 個 → 一個 〈#〉
7	非本 → 本非 〈#〉
11	氣 → 一氣 〈#〉
963：8	「蓋著 → 蓋「著
9	두번째 著 → 離 〈*〉
964：10	却 → 卽 〈#〉
965：7	情者 → 情 〈#〉
969：8	之惡 → 知惡 〈*, ※〉
980：11	理 → 禮 〈#〉
982：13	三年 → 二年 〈#〉
	二年 → 一年 〈#〉
983：2	只 → 只是 〈#〉
	而 → 而理 〈#〉
983：8	手足耳目 → 耳目手足
983：9	手足耳目 → 耳目手足心思
988：13	巳 → 已 〈#〉
	幅 → 嶹 〈*〉
992：5	之氣 → 之器 〈#〉

994：4	時』〜神乎 → 時〜神乎』
998：9	哀惡 → 哀樂 〈#〉
999：12	然 → 然則 〈#〉
1001：8	爲 → 爲如 〈#〉
13	理者 → 理也者 〈#, ※〉
	失者 → 失 〈#, ※〉
1002：2	巳 → 己 〈*〉
1004：13	生 → 心 〈#〉
	非 → 亦非 〈#〉
1008：5	無 → 能 〈#〉
1014：7	其 → 六通四辟, 其 〈#〉
1015：7	道 → 類 〈#, ※〉
1020：7	彊 → 疆 〈*, ※〉
8	三 → 五 〈#, ※〉
11	口口 → 破除 〈#, ※〉
12	口口 → 破除 〈#, ※〉
13	口口 → 保獨 〈#, ※〉
	口形 → 去形 〈*, ※〉
	口家 → 去家 〈*, ※〉
1027：2	口口 → □□
1028：11	一 → 殺 〈#〉

역자 후기

"국학을 제대로 배우지 않으면 그 어떤 것을 배워도 소용이 없다"는 아버지의 신념에 따라 신학문을 배우기 전에 사서오경 암송 중심의 가정 교육을 받은 풍우란은 북경대학교 철학과에 입학하면서 신천지가 펼쳐지는 체험을 하게 된다. 신문화운동 중에 출현한 호적(胡適)의 『중국철학사대강(中國哲學史大綱)』(1919)으로 상기된 중국사상계를 뒤로 하고 그해 겨울 미국으로 국비 유학 길에 오르면서 그의 파란만장한 철학자로서의 삶의 역정은 시작되었다. 박사논문 주제와도 연관된, 그의 철학적 화두는 "중국이 서양과 접촉한 이래 계속 핍박당하기만 하는 원인은 대체 어디에 있는가? 서양은 저렇게 부강하건만 중국은 왜 이렇게 빈약한가? 서양의 우월성은 근본적으로 어디에 있는가?"였다.

그는 귀국 후 원래 서양철학을 중국에 소개하려고 했으나 여건상 1927년부터 중국철학사를 강의하면서 1929년에 제1편 "고대철학"을 완성하여 1931년에 출판했다. 그후 1934년에 제1편을 "자학시대"로 고쳐 제2편 "경학시대"와 함께 출판했다.

그는 이 『중국철학사(中國哲學史)』(상·하권)로 일약 세계적으로 유명해졌고 계속해서 이른바 『정원육서(貞元六書)』를 저술함으로써 단순한 철학사가가 아닌 철학자로서의 위치를 확립했다. 그러나 이 때문에 그는 이후 철학을 탄압하는 철학(따라서 이미 철학이 아닌 교조)에 의해서 존립되는 정치체제가 수립됨에 따라서 더욱 박해를 받아, 가장 왕성한 지적 활동기 대부분을 거의 무위로 보냈다. 등소평의 개방체제와 더불어 불어온 "해금"을 맞아 그는 아흔을 바라보면서 『중국철학사신편(中國哲學史新編)』을 본격적으로 착수했고 마지막 힘을 불어넣어 마침내 완결하고 눈을 감았다. 풍우란의 삶을 일컬어 중국 현대사의 축소판이라고 하거니와 그 영광과 고난 그리고 신념의 삶 한가운데에 자리 잡고 있는 것이 바로 이 『중국철학사』였다.

이 『중국철학사』에 대한 평론은 매우 많으나 여기서는 풍우란이 회고록 『삼송당자서(三松堂自序)』에서 서술한 자평(自評)을 중심으로 검토한다.

풍우란은 획기적인 의미를 지닌 호적의 철학사가 자신의 철학사 탄생의 바탕이 되었음을 밝혔다. 그가 분석한 호적의 철학사 서술의 특징이자 한계는 사료에 대해서 거짓된 사항을 변별하여 배척하는 "의고(疑古)"정신과 문자의 고증과 훈고에 치중한 "한학(漢學)"의 방법이었다. 이로부터 풍우란은 사료 가운데 거짓된 논점은 물론 버려야 하지만 그 사료에 내포된 시대적, 사상적 맥락은 고찰한다는 이른바 "석고(釋古)" 정신과 문구 해석에 치우치지 않고 전체 사상을 이해하고 체득한다는 "송학(宋學)"의 방법을 가미한 서술방법론을 채택했는데, 그것은 분명히 호적의 철학사에서 얻은 경험적 교훈 덕분이라고 밝혔다.

그리하여 그의 "석고"정신은 본문에서 예컨대 "어떤 사료가 표방한 내용이 사실이 아니라고 하더라도 그런 주장이 나온 사실 자체는 까닭이 없지 않았다(亦非無故)"는 형식으로 구체화되었다. 그래서 예컨대 『열자』에 대해서 그는 열자가 썼다는 논점은 거짓이니 버려야 하지만 그것이 쓰인 위진시대의 사상 사료로는 훌륭한 내용을 담고 있다고 간주하여 그 시대의 사상으로 다루었던 것이다. 또 송학적 방법을 가미한 측면은 각 사료의 사상을 각 사료의 저자의 입장에서 서술한다는 서술방법론으로 구체화되었다.

이 책 제1편이 1931년 대학총서에 편입되면서 진인각(陳寅恪)과 김악림(金岳霖)의 심사보고가 나왔다. 그 보고들 역시 주로 방법론 측면에서 풍우란의 철학사를 호적의 철학사와 비교하여 전자의 특징적 장점을 서술했다. 먼저 진인각의 심사보고 가운데 풍우란이 앞의 회고록에서 재인용한 부분은 다음과 같다.

이 책은 자료 선택에 있어서 매우 엄중하고 논점이 치밀하다.……현재 중국의 고대철학을 논한 것들은 대체로 현재 자신의 철학을 논한 것에 불과하고 그 중국철학사는 현재 자신의 철학사에 불과한 것들이다. 그 논의가 조리와 체계가 있는 것일수록 옛 사람의 학설의 참모습과는 더욱 거리가 머니 그런 폐단은 묵학에 대한 논의에서 극에 달한다. 현재 묵학을 논한 것들은 그어떤 옛 책이나 문자에도 전혀 근거가 없는 그저 일시의 우연한 흥미에 따라변경한 것에 불과하다. 마치 도박 잘하는 자가 마음대로 국면을 조작하는 것처럼 된 것이 현재 중국의 국고 정리(整理國故)를 표방하는 일의 일반 형편이니 장탄식이 저절로 나온다. 이런 즈음에 중국철학사 연구에서 견강부회의 악습을 바로잡고 공감하는 차원에서 이해를 추구한 풍군의 이 저작이 아마 가장 근사한 것 같다. 그런 면에서 널리 읽히기를 바라는 것이다. 풍군의자료 선택에는 탁월한 식견이 있다. 현재 고증학에서 이미 판별한 옛 서적의진위 문제는 상대적인 문제에 불과하고 중요한 것은 거짓 자료의 시대와 작자를 추정하여 이용하는 것인데, 거짓 자료라도 종종 진짜 자료 못지 않게귀중하기 때문이다. 즉 어떤 거짓 자료를 그것이 표방한 시대와 작자의 진짜산물로 여기는 것은 안 되지만 그것이 위조된 시대와 작자를 고찰하여 그 시대와 작자의 사상을 설명하는 데에 사용하면 진짜 자료로 변한다는 것이다. 중국고대사의 자료인 유가와 제자백가 등의 경전은 모두 한 시대 한 작자의산물이 아닌데 전부 한 사람 한 시대의 저작으로 간주한 이전 사람들의 잘못은 물론 재론의 여지가 없다. 현재 그것들이 한 사람 한 시대의 저작이 아니라는 점은 잘 알면서, 그것을 횡적인 안목에서 일종의 학술 총서 혹은 학맥전수의 어록으로 인식하지 않고 종적인 방면에서 진위 분별에만 치중하는것은 식견이 부족한 소치이다. 풍군의 책은 특별히 이와 같은 탁월한 식견을갖추고 자료를 이용했으므로 이 또한 아주 칭찬할 만하다.……

이상은 진인각이 주로 문구 해석에서 호적의 견강부회를 비판하고 풍우란의 "석고"의 방법론에 동의한 평론이다. 다음은 김악림의 심사보고 가운데 풍우란이 재인용한 부분이다.

　　……우리는 하나의 철학적 주장에 근거해서 중국철학사를 쓸 수도 있고또 그렇지 않고 일반 철학 형식만 가지고 중국철학사를 쓸 수도 있다. 호적선생의 『중국철학사대강』은 바로 하나의 철학적 주장에 근거해서 쓴 것이

다. 우리가 그 책을 읽을 때 일종의 기이한 인상을 면하기 어렵다. **어떤 때는** 그 책의 작자가 중국사상을 연구한 미국인(원래는 '미국상인'이었으나 **발표** 할 때 김 선생의 동의 하에 '상' 자를 삭제했다)이 아닌가 하는 느낌이 들 **정** 도인데 그것은 호 선생이 부지불식간에 노출한 선입견(成見)이 다수 미국인 의 선입견이었기 때문이다. 상공업이 발달한 미국에서 경쟁은 생활의 일상 모습이고 다수 인민은 행동을 생명으로 여기고 변화를 진보로 여겨서 업적 의 성취를 성공으로 여겨 사상도 자동차의 경우처럼 나중의 것이 더 좋은 것 이라고 여긴다. 호 선생은 이런 선입견을 가지고 결과를 중시했는데 이미 결 과를 중시한 이상 그의 안목에서 볼 때 낙천안명(樂天安命)의 인물은 일종 의 달관한 폐물에 불과했다. 그는 가장 마음에 드는 사상도 옛 색채를 띠고 있으면 안 된다고 느껴서, 반드시 그것들을 근대 학설 속에 편입시켜야 비로 소 편하게 느꼈던 것이다. 또한 서양철학과 명학(논리학)은 호 선생의 전공 이 아니었던 까닭에 그는 동서 학설을 비교할 경우 견강부회를 면하지 못했 다. 철학은 선입견이 없을 수 없지만 철학사는 선입견이 있어서는 안 된다. 철학은 선입견을 벗어날 수 없겠지만 만약 일종의 철학적 주장으로 철학사 를 쓴다면 일종의 선입견으로 기타의 선입견을 형용한 격이니 그렇게 쓰인 책은 다른 방면의 가치 여하를 막론하고 좋은 철학사가 될 수 없다.

풍 선생의 태도도 중국철학사를 중국에서의 철학사로 여겼지만, 그는 일 종의 철학적 선입견으로 중국철학사를 쓰지는 않았다. 그 역시 선입견도 가 질 수 있고 주견도 가질 수 있는데, 개인적으로 알기에 풍 선생의 사상 경향 은 신(新)실재론적이다. 그러나 그는 신실재론의 관점으로 중국 고유의 철학 을 비판하지는 않았다. 그렇기 때문에 옛 사람의 사상을 꼭 찬성하지 않은 경우라도 결국 진인각 선생이 말한대로 "정신적으로 명상하여 주장을 수립 한 옛 사람과 더불어 동일한 경지에 머물렀다." 어떤 한 학설에 대한 공감과 찬성은 근본적으로 다르다. 풍 선생은 유가의 상례와 제례에 대한 이론에 십 이분 공감하고 있는 듯하지만 찬성 여부에 대해서는 감히 말하지 않았다. 풍 선생도 물론 주견이 있을 수 있다. 그렇지 않았다면 그 책을 쓸 수 없었을 것 이다. 그는 철학이란 "하나의 도리(道理)를 밝히는 도리"라고 말했는데 이 말 자체가 그의 주견의 하나라고 할 수 있다. 다만 이런 의견은 일종의 일반 철학적 형식의 문제이고 일종의 철학적 주장의 문제는 아니다. 풍 선생은 이미 철학을 "하나의 도리를 밝히는 도리"라고 여긴 이상 그가 중시한 것은 도일뿐더러 리이고, 실질일뿐더러 형식이고, 문제일뿐더러 방법이다.……

이 김악림의 논평은 호적의 철학사가 실용주의 관점에서 중국철학사를 논단한 태도를 비판하고, 각 사료의 사상은 각 사료 저작자의 입장에서 서술한 풍우란의 태도를 칭찬한 것이다.

이에 대해서 풍우란은 "여하튼 중국철학사 연구의 근대화 작업에서 호적의 선구자적 업적은 매몰될 수 없는 것이다"고 평가했다.

또 풍우란은 이 책의 큰 특징인 "자학시대"와 "경학시대"의 구분에 대해서 설명했다. 그는 중국사회 각 분야에서 근본적인 변화가 일어난 중국역사상 대변혁의 시대가 두 번 있었는데 그것이 춘추전국시대와 청나라 말엽의 중국과 서양의 교섭 시대라고 보았다. 그는 중국통사상의 시대는 이들 두 대변혁기를 기준으로 세 단계, 즉 (1) 1차 대변혁 시기의 단계, (2) 1차 대변혁시기에서 2차 대변혁시기에 이르는 사이의 단계, (3) 2차 대변혁 시기와 그 이후의 단계로 나눌 수 있다고 보았다. 그는 철학사의 단계는 통사의 단계와 상응한다고 보고, 철학사상의 셋째 단계는 아직 창조 도중에 있으므로 이 철학사는 앞의 두 단계만 다루면서 각각의 단계를 "자학시대"와 "경학시대"라고 불렀다고 했다.

그는 이 두 시대의 구분을 이전에 유례가 없던 그 자신의 독특한 안목이 반영된 것으로 자부하면서 자학시대의 특징적 의미를 이렇게 설명했다.

춘추전국시기는 백가쟁명의 시기로서, 각 철학자와 각 학파는 각자의 견해를 마음껏 발표하여 평등한 자격으로 다른 철학자와 상호 논변했으니, 이른바 "일존(一尊 : 獨尊)"은 승인되지 않았고 존재하지도 않았다. 이 시기는 중국역사상 사상과 언론이 자유로워 학술이 최고 창성한 시대였다.

다음은 1차 대변혁 시기부터 2차 대변혁 시기까지의 중간에 해당되는 경학시대에 대해서 이렇게 설명했다.

경학시대에는 이미 유가가 일존으로 확정되고 유가의 전적이 "경"으로 변했다. 이것은 모든 일반 백성의 사상에 대해서 한계를 세우고 기준을 수립하고 온갖 격식을 건립한 것이었다. 이 시대 사람들의 사상은 모두 "경"의 범위 내에서만 활동할 수 있었다. 즉 사람들은 어떤 새로운 견해가 있더라도 단지 주소(注疏)의 형식으로 발표할 수 있을 뿐이었고 실제로 그들 역시 옛 사람에 의거해야 비로소 사상을 펴는 일에 습관이 되어 있었다. 마치 두 다리에 병이 있는 사람이 지팡이의 부축을 받아야 걸을 수 있고 지팡이를 던져 버리면 그의 다리는 걸을 수 없는 경우와 같았으니, 왕부지나 대진 같이 개혁정신이 풍부했던 사상가 역시 사서오경을 벗어나 독립적으로 자신의 견해를 발표하지 못했던 것이다. 왕부지는 '육경은 내게 신국면을 열라고 책망한다'고 하면서, 역사가 자기에게 부여한 임무가 바로 사서오경의 신국면을 개창하는 것이었다고 여겼으니, "경"의 권위를 뒤집는 일은 생각할 수도 없던 것이다. 그러므로 이른바 "경학"은 사상의 경직화와 정체성의 대명사이다. 사상의 경직화와 정체성은 바로 봉건시대의 모든 일과 사물의 경직화와 정체성을 반영한다.

풍우란은 "경학"과 "자학"을 대비하여 "경학의 특징은 경직화와 정체성에 있고, 자학의 특징은 새것을 표방하고 상이한 대안을 모색하는 활발한 생동성에 있다"고 말하면서, 이런 시대 구분의 의미를 설명하여

경학과 자학이라는 두 명사로 중국역사의 두 시대를 일컬은 것은 그 두 시대의 사상 측면의 정황으로부터 각각의 사상이 반영한 그 두 시대의 온 사회적 정황을 간파한 것이었으니 가히 "화룡점정(畫龍點睛)"이라고 할 수 있다

라고 자부했다.

풍우란은 또 이 철학사의 내용에 대해서 스스로 장단점을 밝히기도 했다. 먼저 그가 "이전에 아무도 밝히지 못했던 사실이고 이후에도 변경될 수 없는 주장"이라고 자부한 장점은 다음 두 가지이다.

첫째로 이전까지 사람들은 선진의 명가가 명학이고 그 중심 논변이 '합동이(合同異), 이견백(離堅白)'이며 모두 이치에 어긋난 억지 궤변이라고 간주했다. 그러나 나는 전국시대에 변자(辯者)의 학을 '합동이, 이견백'으로 총괄하거나 '견백동이의 논변'으로 지칭한 것은 두리뭉실하게 한 말이었으므로, 실제로 변자는 두 파로 나뉘고 한 파는 '합동이'를, 한 파는 '이견백'을 주장

했으니, 전자는 혜시가 영수이고 후자는 공손룡이 영수이다고 주장했다.

　둘째로 정호와 정이 두 형제에 대해서 지금까지 그들의 철학사상이 완전히 일치한다고 여겨 '정문(程門)'으로 통칭했는데, 예를 들면 주희도 그들의 말을 인용할 때 자주 '정자왈'로 통칭하여 어느 정자인지 분간하지 않았다. 그러나 나는 그들의 철학사상은 다르다고 여겨, 정호는 이후 심학의 선구자였고 정이는 이후 리학의 선구자였다고 주장했고, 형제 두 사람이 한 시대 사상의 양대 학파를 연 것은 드문 일이다라고 말했다. 현재는 더욱 명확하게 정호의 철학사상은 주관적 관념론, 정이의 철학사상은 객관적 관념론으로 규정된다. 다 같이 관념론이기는 하지만 객관과 주관의 차이가 있는 것이다.

풍우란은 또 이 철학사의 큰 약점에 대해서 이렇게 지적했다.

　첫째로 불학에 대한 논의가 천박했다. 중국불학의 발전은 이 책에서 논한 것과 같은 그런 문제가 들어 있다. 그러나 그 문제들을 논하기는 했으나 마치 하나의 큰 냉채(큰 접시에 담은 여러 가지 음식)처럼 반찬도 많고 배열도 정연하지만 내부 관계가 결핍되어 있다. 그것은 내가 불학에 대해서 깊이 배운 적이 없었던지라 명확하게 강론하지도 못했기 때문이다. 불학의 자료는 마치 안개 자욱한 바다처럼 넓고 넓어서 단 몇 년 만에 완전히 통달되는 것이 아니다. 나는 마치 이류 화가가 직접 장안에 가보지도 않고 억지로 그 "진풍경"을 그리려고 한 경우처럼, 고작 다른 사람의 그림을 모방해서 병합해놓았을 뿐이었다. 비록 있을 것은 다 있다고 할지라도 "암중모색"의 수준을 면할 수 없었다. 불학에 깊이 통달한 임재평(林宰平)은 불학 부분의 내 원고를 보고 "설명하자면 그렇게 설명할 수도 있겠으나 아무래도 그런 모습일 것 같지는 않아 보인다"고 말했다. 그야말로 "암중모색은 아무튼 진짜가 아닌" 경우였다.

　둘째로 명청시대의 논의가 지나치게 간략하여 왕부지와 같은 대가의 경우도 슬쩍 곁들여 언급하며 지나치고 말았다. 이것은 긴박한 당시의 사정 때문이었다. 일본이 침략하여 북경의 함락이 눈앞에 닥친 형국에서, 나는 연구작업을 일단락 짓는 데에 조급했고 서둘러 출판하여 원고가 전쟁 중에 망실되는 것을 면하려고 했다. "일은 꼼꼼히 해야 좋은 작품이 나온다"고 했건만 꼼꼼히 일할 수 없었던 관계로 "거친 작업"으로 만들어져 급조품이 되고 말았다.

풍우란은 자신의 철학 활동을 네 시기, 즉 (1) 1919년부터 1926년까지(대표작 『인생철학(人生哲學)』), (2) 1926년부터 1935년까지(대표작 『중국철학사』), (3) 1936년부터 1948년까지(대표작 『정원육서』), (4) 1949년 이후(대표작 『중국철학사신편』)로 나누었다. 풍우란은 동서 문화의 차이는 그 기본 사상의 차이이고, 기본 사상은 바로 "철학"이라고 여겼다. 이들 네 시기의 연구대상은 달랐어도 자신의 평생의 일관된 관심은 동서 문화 차이의 원천으로서의 철학의 문제, 특히 중국 전통문화에 대해서 폭넓은 해석과 평론을 내리는 것이었다고 그는 밝혔다. 즉 풍우란의 철학적 주제는 자학시대와 경학시대 이후 셋째 단계인 동서 문화 접촉의 대변혁 시기를 사는 사람으로서의 철학적 활동에 관련된 것이었다.

이런 풍우란의 학문적 의식과 연관지어볼 때, 일찍이 한 미국인이 서양철학사를 쓰면서 "우리의 철학적 전통"이라는 제목을 달았듯이, 우리는 중국철학사에 대해서 "우리의 철학적 전통"의 일부라고 부를 수 있을 것이다.

번역을 마치면서 그동안 지도해주신 은사님들께 감사를 드린다. 오랜 세월 보살펴주신 이남영 교수님을 위시하여 심재룡 교수님, 송영배 교수님, 허남진 교수님 그리고 길희성 교수님께 한없는 감사를 드리며, 한국고등교육재단과 태동고전연구소에서 한문을 가르쳐주신 임창순 선생님을 위시하여 이광호 교수님, 성태용 교수님, 유초하 교수님께 깊은 감사를 드린다. 그리고 스승이자 동료로서 이끌어준 문석윤 교수, 이봉규 교수, 장원목 박사, 정상봉 교수께도 감사를 드린다.

그리고 이 책에 대해서 지대한 관심을 가지고 모든 지원을 아끼지 않은 까치글방의 박종만 사장님과 거친 문장을 좀더 논리적이고 무리 없는 문장으로 다듬어준 편집부의 김신진씨께도 감사를 드린다.

번역을 시작한 지 어느덧 5년의 세월이 훌쩍 지나갔다. 나 자신의 존재도 잊고 풍우란의 간결한 문장에 빠져들었고, 그가 구사하는 언표의 일부에 2,500년 전 성인의 언표가 그대로 섞여 있는 한자 문화의 영원성에 감동했다. 오역한 부분은 독자의 애정어린 깨우침을 소망한다.

학문을 너무도 사랑했으나 생계를 위해서 그 모든 꿈을 접어둔 나의
아버님 仁隱선생(鍾萬, 1929-)께 이 번역을 바친다.

1999. 3. 1. 서남해 바닷가에서

박성규

744

748